Linux

Linux Specials

Michael Kofler

Linux

Installation, Konfiguration, Anwendung

5., vollständig überarbeitete und erweiterte Auflage

ADDISON-WESLEY

An imprint of Pearson Education

München • Boston • San Francisco • Harlow, England
Don Mills, Ontario • Sydney • Mexico City
Madrid • Amsterdam

Die Deutsche Bibliothek – CIP-Einheitsaufnahme

Kofler, Michael

Ein Titeldatensatz für diese Publikation
ist bei Der Deutschen Bibliothek erhältlich.

Die Informationen in diesem Buch werden ohne Rücksicht auf einen eventuellen Patentschutz veröffentlicht. Warennamen werden ohne Gewährleistung der freien Verwendbarkeit benutzt.

Bei der Zusammenstellung von Texten und Abbildungen wurde mit größter Sorgfalt vorgegangen. Trotzdem können Fehler nicht vollständig ausgeschlossen werden. Verlag, Herausgeber und Autor können für fehlerhafte Angaben und deren Folgen weder juristische Verantwortung noch irgendeine Haftung übernehmen. Für Verbesserungsvorschläge und Hinweise auf Fehler sind Verlag, Herausgeber und Autor dankbar.

Umwelthinweis: Dieses Buch wurde auf chlorfrei gebleichtem Papier gedruckt. Die Einschrumpffolie – zum Schutz vor Verschmutzung – ist aus umweltverträglichem und recyclingfähigem PE-Material.

10 9 8 7 6 5 4 3 2 1
04 03 02 01
ISBN 3-8273-1861-0

Titelbild: Margot Ryzienski, Graz
Einbandgestaltung: Hommer Design, Haar bei München
Lektorat: Susanne Spitzer, München
Korrektorat: Friederike Daenecke, Zülpich
Produktion: TYPisch Müller, Arcevia
Satz: Michael Kofler, Graz
Druck und Verarbeitung: Bercker, Kevelaer
Printed in Germany

Inhaltsübersicht

Inhaltsverzeichnis

Vorwort

Die erste Version des Linux-Kernels (Versionsnummer 0.01) wurde im September 1991 von Linus Torvalds (Helsinki) ins Internet gestellt. Seither wurde Linux von Tausenden von Programmierern weltweit rasant weiterentwickelt. Was am Anfang ein Geheimtipp für Hacker war, wird mittlerweile von mehr als zehn Millionen Anwendern regelmäßig eingesetzt!

Linux hat sich als Server-Plattform so stark etabliert, dass es mittlerweile von fast allen kommerziellen Datenbanksystemen speziell an Linux angepasste Versionen gibt. Dank der immer einfacheren Installation und der zunehmend komfortablen Bedienung ist Linux aber auch für Privatanwender interessant geworden.

Was ist so besonders an Linux?

- Linux ist frei und wird mit diesem Buch gleich mitgeliefert! 'Frei' bezieht sich sowohl auf den Preis als auch auf die Verfügbarkeit des Quellcodes. Wenn Sie mit Linux nicht zufrieden sind, können Sie (entsprechende Programmierkenntnisse vorausgesetzt) gleich selbst versuchen, das Problem zu lösen.
- Unglaublich sind die Dokumentation und der Support: Während eine ausgedruckte Dokumentation bei einem kostenlosen System naturgemäß fehlt, steht eine riesige Anzahl von Online-Dokumenten zur Verfügung. Wenn Sie nach dem Studium dieser Texte noch Probleme haben oder auf einen Fehler stoßen, können Sie sich damit an die Linux-Newsgroups wenden – und die Chancen stehen gut, dass Sie innerhalb von Tagen (manchmal von Stunden) Antwort bekommen.

Warum dieses Buch?

Über Linux geistern wahre Wundergeschichten durch die Medien – und entsprechend groß ist dann die Erwartungshaltung vieler Neueinsteiger. Tatsache ist aber, dass die Installation von Linux noch immer Probleme verursachen kann (das hängt stark von Ihrer Hardware ab) und dass die Nutzung von Linux zu Beginn ungewohnt und oft weniger intuitiv ist, als Sie es von einem Windows- oder Macintosh-PC gewohnt sind. Das wichtigste Ziel dieses Buchs ist es, Ihnen bei der Überwindung der ersten Hürden zu helfen.

Sie finden hier eine kompetente Einführung in den Umgang mit Linux – von der Installation über die Konfiguration bis hin zur Anwendung der wichtigsten Programme. Das Buch hilft Ihnen, mit Linux vertraut zu werden, ohne unnötig Zeit mit Installationsproblemen oder der Suche nach der Online-Dokumentation zu vergeuden.

Gleichzeitig vermittelt es die wichtigsten Grundlagen, so dass Sie Ihr System verstehen lernen und es selbst konfigurieren können.

Damit keine falschen Erwartungen geweckt werden: Dieses Buch kann natürlich nicht auf jeden Aspekt von Linux eingehen. Dazu würden selbst zehn Bücher dieses Umfangs nicht ausreichen! Die behandelten Themen werden aber so gründlich beschrieben, dass Sie mit Linux und seinen Programmen wirklich arbeiten können. Statt einer oberflächlichen Aufzählung möglichst vieler unter Linux laufender Programme erhalten Sie eine detaillierte Beschreibung der wichtigsten Komponenten.

Mit Linux in die Zukunft!

- Wenn Ihnen Stabilität und Datensicherheit wichtiger sind als markige Werbesprüche,
- wenn Sie einen stabilen und kostenlosen Netzwerk-Server benötigen,
- wenn Sie den großen Software-Firmen nicht länger auf Gedeih und Verderb (meistens letzteres) ausgeliefert sein möchten,
- wenn Sie hinter die Kulissen Ihres Betriebssystems sehen möchten,
- wenn Sie Erfahrungen mit den unterschiedlichsten Programmiersprachen sammeln möchten (von C++ bis Python),
- wenn Sie das reiche Repertoire von Unix-Programmen aus dem wissenschaftlichen und naturwissenschaftlichen Bereich nutzen möchten,

dann liegen Sie mit Linux richtig. Lassen Sie sich von meiner Begeisterung für Linux anstecken!

Michael Kofler, Juni 2000

Erster Nachdruck: Leider (oder sollte ich aus meiner Sicht besser sagen: zum Glück) ist es unmöglich, alle paar Monate eine Neuauflage des Buchs durchzuführen. Für diesen Nachdruck konnte ich aber immerhin Anhang D im Hinblick auf die SuSE-Version 7.0 aktualisieren. (Außerdem habe ich ein paar kleine Korrekturen durchgeführt.)

Michael Kofler <linux@kofler.cc>, September 2000

http://www.kofler.cc

Dank: Dank gebührt natürlich in erster Linie all den Entwicklern (an ihrer Spitze Linus Torvalds), die Linux im Laufe der vergangen Jahre zu dem System gemacht haben, das es heute ist. Bedanken möchte ich mich im Besonderen bei den Firmen Corel und SuSE, die Versionen Ihrer hervorragenden Distributionen für dieses Buch zur Verfügung gestellt haben. Ganz besonders bedanken möchte ich mich schließlich bei Frau Margot Ryzienski für das geniale Titelbild!

Konzeption des Buchs

Das Buch ist in vier Teile gegliedert:

- Teil I (Kapitel 1 bis 4) geht auf die **Installation** und erste Nutzung von Linux ein.
- Teil II (Kapitel 5 bis 8) gibt viele Informationen zur optimalen **Konfiguration** von Linux. Gleichzeitig wird das erforderliche Hintergrundwissen vermittelt.
- Teil III (Kapitel 9 bis 14) beschäftigt sich mit dem Thema **Netzwerke/Internet**.
- Teil IV (Kapitel 15 bis 22) beschreibt schließlich die **Anwendung** des Linux-Systems – von der Eingabe einfacher Kommandos in der Shell bis hin zur Bildverarbeitung mit Gimp. (Viele Informationen in Teil IV gelten auch für eine Menge anderer Unix-Systeme, nicht nur für Linux.)

In *Teil I* werden zuerst einige elementare Fragen zu Linux beantwortet: Was ist Linux? Wie ist es entstanden? Was ist eine Distribution? Kapitel 2 erklärt den Installationsprozess von Linux. (Detailinformationen zu einigen Distributionen folgen im Anhang.) Kapitel 3 vermittelt einen Schnelleinstieg in die Bedienung eines laufenden Linux-Systems: Login, Logout, Shutdown, Umgang mit Dateien, Anzeigen und Editieren von Dateien etc. Ebenfalls sehr wertvoll für die ersten Schritte in Linux ist Kapitel 4: Es beschreibt, wo Sie die Online-Dokumentation zu Linux finden.

Teil II beginnt mit einem Kapitel über die Grundlagen von Linux: Aufbau des Dateisystems, Hardware-Einbindung, Prozessverwaltung, Bootvorgang etc. Das Kapitel ist nicht unbedingt Voraussetzung für die folgenden Kapitel zur Konfiguration, es erleichtert das Verständnis aber erheblich. Die weiteren Kapitel decken die Themen Basiskonfiguration, Kernel-Konfiguration und X-Konfiguration inklusive KDE und Gnome ab.

Teil III ist eine Einführung in das weitläufige Thema Netzwerke/Internet. Behandelt werden der Anschluss eines Linux-Rechners an ein lokales Netzwerk, der Zugang zum Internet via Modem/ISDN-Karte/ADSL sowie die Nutzung elementarer Internet-Funktionen (z.B. WWW, FTP, Mail, News). Ganz neu in diesem Buch ist ein eigenes Kapitel zur Server-Konfiguration. Es zeigt, wie Sie einen Linux-Rechner als Internet-Router für ein lokales Netzwerk einrichten und wie Sie via Linux elementare Netzwerkdienste anbieten (DHCP, DNS, NFS, Samba, Netzwerk-Drucker etc.).

Teil IV beschreibt schließlich einige wichtige Linux-Anwendungsprogramme abseits der Netzwerk-Tools. Kapitel 15 erklärt die Bedienung der bash, die unter Linux die Standard-Shell zur Eingabe von Kommandos darstellt. Kapitel 17 gibt einen Überblick über die wichtigsten Kommandos, die unter Linux zur Verfügung stehen (`ls`, `cp`, `find`, `grep` etc.). Kapitel 18 beschreibt diverse Tools, die die tägliche Arbeit in Textkonsolen bzw. unter dem X Window System erleichtern: Dateimanager, Programme zur Konvertierung von Dokumenten zwischen unterschiedlichen Formaten, Tools zum Umgang mit PostScript-Dateien und zur Bildverarbeitung etc.

Einigen besonders wichtigen Programmen werden eigene Kapitel gewidmet: dem Editor Emacs, dem Satzprogramm LaTeX, dem Textverarbeitungsprogramm LyX (genau genommen handelt es sich um eine moderne Benutzeroberfläche zu LaTeX) und dem Bildverarbeitungsprogramm Gimp, das ähnliche Funktionen wie das kommerzielle Programm Adobe Photoshop bietet.

Der *Anhang* geht schließlich auf die Besonderheiten einiger wichtiger Linux-Distributionen ein.

TIPP

Nicht alle in diesem Buch beschriebenen Programme werden mit allen Linux-Distributionen mitgeliefert. Wenn bei Ihrer Distribution ein bestimmtes Programm fehlt, finden Sie es auf jeden Fall im Internet.

ANMERKUNG

Auf Wunsch des Verlags entspricht das Buch nun der neuen deutschen Rechtschreibung. Mein Wunsch war es nicht, und es hat auch kein einziger der vielen Tausend Leser meiner Bücher einen diesbezüglichen Wunsch geäußert. Ich persönlich empfinde die Einführung der neuen Rechtschreibung als vollkommen unnötig.

Die neuen Regeln sind anders, aber weder konsequent noch durchgängig logisch. Über den Zeitraum von Jahren (wahrscheinlich Jahrzehnten) wird es ein chaotisches Nebeneinander beider Schreibweisen geben. Während dieser Zeit wird jedes Gefühl für die 'richtige' Schreibweise verloren gehen. Korrekte Rechtschreibung wird damit für alle Beteiligten noch schwieriger. Wozu also dieser Unsinn?

Neu in dieser Auflage

Das Buch wurde für diese Auflage umfassend überarbeitet und abermals stark erweitert. (Das Buch hat jetzt doppelt so viele Seiten wie in der ersten Auflage!) Die Kapitel zur Installation und Konfiguration sind einmal mehr an die erheblich weiterentwickelten Distributionen bzw. an neue Versionen vieler Komponenten (z.B. XFree86, KDE, Gnome) angepasst worden.

MP3, Audio: Linux bietet eine ganze Menge MP3-Tools an, die ich Ihnen nicht mehr länger vorenthalten möchte! Daher behandelt das Buch jetzt auch die Konfiguration der Sound-Karte sowie diverse Tools zum Abspielen und Konvertieren von MP3-Dateien. Auch das Brennen eigener Audio-CDs wird beschrieben.

Internet und Netzwerke: Aus einem Kapitel (1. Auflage) bzw. drei Kapiteln (4. Auflage) sind nunmehr sechs Kapitel geworden! Neu sind die ausführliche Behandlung der folgenden Themen: Linux als LAN-Client, Internet-Zugang mit ISDN und ADSL, Linux als Router (Internet-Zugang für ein lokales Netz) sowie Linux als Netzwerk-Server (DHCP, DNS, NFS, Samba, Absicherung des Internet-Zugangs etc.) Dabei wird immer wieder auf die Möglichkeiten zur Integration von Linux- und Windows-Rechnern in lokalen Netzen hingewiesen.

Online-Kapitel: Aus Platzgründen mussten die Kapitel zur Emacs-Programmierung und zur Tcl/Tk-Programmierung ausgelagert werden. Die Kapitel sind als PDF-Dateien weiterhin auf meiner Website verfügbar, werden aber nicht mehr gewartet.

Was Sie in diesem Buch nicht finden

Linux ist zu umfassend, als dass es in einem Buch vollständig beschrieben werden könnte. Zudem war es seit der ersten Auflage dieses Buchs eine Prämisse, nur eine Auswahl von Programmen zu beschreiben, diese dafür aber gründlich. Um Enttäuschungen zu vermeiden, sind gleich an dieser Stelle einige Dinge aufgelistet, die Sie in diesem Buch nicht finden werden:

- Dieses Buch beschreibt nur Hardware, soweit sie von mir selbst getestet werden konnte. Linux unterstützt unzählige Zusatzgeräte und Hardware-Erweiterungen (Grafik-, Netzwerk-, ISDN-, SCSI- und Sound-Karten, Scanner, ZIP-Laufwerke, USB-Geräte etc.). Bei deren Installation und Inbetriebnahme bleibt Ihnen unter Umständen ein Blick in die Online-Dokumentation nicht erspart.

- Das Buch beschäftigt sich nur sehr knapp mit dem Thema Programmierung: Einzig ein Kapitel zur bash-Programmierung führt in die Erstellung einfacher Shell-Script-Programme ein. Andere Programmiersprachen sowie die Interna des Kernels bleiben dagegen ausgespart. (Es wird aber erklärt, wie Sie den Kernel neu kompilieren können. Dazu sind keinerlei Programmierkenntnisse erforderlich.)
- Eine weitere Lücke betrifft das Thema Netzwerke: Obwohl das Buch gerade in dieser Beziehung stark erweitert wurde, beschreibt es das Thema Netzwerke/ Internet primär aus dem Blickwinkel des Privatanwenders, der lediglich seinen eigenen Rechner an das Internet anbindet bzw. ein kleines Netzwerk verwaltet. Wenn Sie Linux dagegen als Intranet- oder Internet-Server in großen Netzen und mit entsprechend höheren Sicherheits- und Geschwindigkeitsansprüchen einsetzen möchten, benötigen Sie weitergehende Literatur. Dieses Buch richtet sich an Linux-Anwender, nicht an Systemadministratoren! (Tipps für weiterführende Literatur finden Sie im Quellenverzeichnis dieses Buchs sowie auf meiner Website.)
- Das Buch macht schließlich einen Bogen um kommerzielle Programme. So schön die immer größer werdende Auswahl kommerzieller Programme ist – ApplixWare, Corel Office, Informix, Oracle, StarOffice – es würde den Rahmen dieses Buchs sprengen, auch nur eine Auswahl dieser Programme zu beschreiben.

Distributionen

Linux steht in einer Vielzahl von Distributionen zur Verfügung (z.B. Caldera, Corel, Debian, Red Hat, Slackware, Stampede, SuSE, TurboLinux, um die bekanntesten aufzuzählen). Natürlich sind diese Distributionen einander recht ähnlich – in jedem Fall erhalten Sie nach der Installation ein Linux-System, das die meisten der in diesem Buch beschriebenen Programme und Kommandos zur Verfügung stellt. Leider gibt es aber auch beträchtliche Unterschiede, was die Administration und Konfiguration betrifft.

Dieses Buch versucht, so weit das möglich ist, Linux unabhängig von irgendwelchen Distributionen zu beschreiben und gleichsam den gemeinsamen Nenner aller oder zumindest der meisten Linux-Distributionen zu finden.

Wo das nicht möglich ist, beschränkt sich das Buch auf die beiden zur Zeit populärsten Distributionen, nämlich auf Red Hat und SuSE. Einige weitere Informationen über distributionsspezifische Eigenheiten finden Sie im Anhang. Dennoch kann Ihnen dieses Buch einen gelegentlichen Blick in die mit Ihrer Distribution mitgelieferte Dokumentation nicht ersparen.

Teil I

Installation

Kapitel 1

Was ist Linux?

Um die einleitende Frage zu beantworten, werden in diesem Kapitel zuerst einige wichtige Begriffe erklärt, die im gesamten Buch immer wieder verwendet werden: Betriebssystem, Unix, Distribution, Kernel etc. Ein knapper Überblick über die Merkmale von Linux und die verfügbaren Programme macht deutlich, wie weit die Anwendungsmöglichkeiten von Linux reichen.

Es folgt ein kurzer Ausflug in die noch junge Geschichte von Linux: Sie erfahren, wie Linux entstanden ist und auf welchen Komponenten es basiert. Von zentraler Bedeutung ist dabei natürlich die General Public License (kurz GPL), die angibt, unter welchen Bedingungen Linux weitergegeben werden darf. Erst die GPL macht Linux zu einem freien System (wobei frei mehr heißt als einfach kostenlos).

1.1 Was ist Linux?

Linux ist ein Unix-ähnliches Betriebssystem. Der wichtigste Unterschied gegenüber herkömmlichen Unix-Systemen besteht darin, dass Linux zusammen mit dem vollständigen Quellcode frei kopiert werden darf. (Details zu den Bedingungen, unter denen Linux und die dazugehörigen Programme weitergegeben werden dürfen, folgen auf Seite 48.) Einschränkungen in der Funktionalität gibt es dagegen kaum; Linux ist in vielerlei Beziehung vollständiger als so manches teure Unix-System. Es unterstützt eine größere Palette von Hardware-Komponenten und enthält in vielen Bereichen effizienteren Code.

Ein **Betriebssystem** ist ein Bündel von Programmen, mit denen die grundlegendsten Funktionen eines Rechners realisiert werden: die Schnittstelle zwischen Mensch und Maschine (also konkret: die Verwaltung von Tastatur, Bildschirm etc.) und die Verwaltung der Systemressourcen (Rechenkapazität, Speicher etc.). Sie benötigen ein Betriebssystem, damit Sie ein Programm überhaupt starten und eigene Daten in einer Datei speichern können.

Im Verlauf der Geschichte der EDV sind verschiedene Betriebssysteme entstanden. Bisher hatten Sie höchstwahrscheinlich den intensivsten Kontakt mit dem Betriebssystem MS-DOS bzw. mit den darauf aufbauenden Windows-Systemen (Windows 3.1, Windows 9x). Durch eine mehr oder weniger große Nähe zu MS-DOS zeichnen sich auch die an sich eigenständigen Betriebssysteme OS/2 und Windows NT/2000 aus. Vollkommen unabhängig von MS-DOS sind einige weitere Betriebssysteme entstanden, etwa die des Apple Macintosh und der inzwischen fast schon vergessenen Homecomputer Commodore Amiga und Atari ST.

Lange vor all diesen Betriebssystemen gab es **Unix**. Unix ist also historisch gesehen ein ziemlich altes Betriebssystem. Dennoch ist es ein modernes Betriebssystem, das von Anfang an mit Merkmalen ausgestattet war, die von Microsoft erst sehr viel später (seit Windows NT) in einer vergleichbaren Form angeboten wurden. Unter Unix gibt es echtes Multitasking, eine Trennung der Prozesse voneinander (d.h. mehr Stabilität), klar definierte Zugriffsrechte für Dateien (d.h. mehr Sicherheit im Multi-User-Betrieb), ausgereifte Netzwerkfunktionen etc. Der im Vergleich zu MS-DOS große Speicherbedarf von Unix und die auf den ersten Blick abschreckende Benutzeroberfläche haben es aber zu einem Betriebssystem werden lassen, das fast ausschließlich auf teuren Workstations im wissenschaftlichen und industriellen Bereich eingesetzt wurde.

Linux ist im Prinzip nichts anderes als eine neue Unix-Variante. Zu den Besonderheiten von Linux zählt die freie Verfügbarkeit des gesamten Quelltexts und die Unterstützung von Standard-Hardware. (Linux läuft auf jedem PC.) Die weite Verbreitung, die Linux in den letzten Jahren gefunden hat, aber auch der Internet-Boom mit dem damit verbundenen großen Bedarf an stabilen und skalierbaren Hochleistungsnetzwerk-Servern, hat der schon totgesagten Unix-Welt neuen Auftrieb gegeben.

HINWEIS

Unix wird in diesem Buch als Überbegriff für diverse vom ursprünglichen Unix abgeleitete Betriebssysteme verwendet. Die Namen dieser Betriebssysteme enden im Regelfall mit -ix (Irix, Xenix etc.) und sind zumeist geschützte Warenzeichen der jeweiligen Firmen. UNIX selbst ist ebenfalls ein geschütztes Warenzeichen. Die Rechte haben in den vergangenen Jahren mehrfach den Besitzer gewechselt.)

Übrigens können Sie auf Ihrem PC problemlos mehrere Betriebssysteme parallel installieren. Sie müssen dann beim Starten des Rechners angeben, ob der Rechner unter Windows, unter Linux oder unter einem anderen Betriebssystem gestartet werden soll. Unter Linux ist sogar ein Zugriff auf das Dateisystem von DOS bzw. Windows möglich.

Der Kernel

Genau genommen bezeichnet der Begriff Linux nur den **Kernel**: Der Kernel ist der innerste Teil (Kern) eines Betriebssystems mit ganz elementaren Funktionen wie Speicherverwaltung, Prozessverwaltung und Steuerung der Hardware. Die Informationen in diesem Buch beziehen sich auf Kernel 2.2. Bis Sie dieses Buch in Händen halten, sollte aber bereits die neue Kernel-Version 2.4 verfügbar sein. Für den Normalanwender wird sich dadurch nicht allzu viel ändern.

Die Versionsnummern des Kernels sind eine Wissenschaft für sich. Es wird zwischen stabilen Anwender-Kernel-Versionen (1.2.n, 2.0.n, 2.2.n) und Entwickler-Kernel-Versionen unterschieden (auch Hacker-Kernel, 1.3.n, 2.1.n, 2.3.n). Linux-Anwender, die Wert auf ein stabiles System legen, sollten einen ausgereiften und erfahrungsgemäß sehr stabilen Anwender-Kernel verwenden. Nur wer an der Weiterentwicklung des Kernels teilnehmen möchte oder auf ein neues Feature des Entwickler-Kernels angewiesen ist, das im letzten stabilen Kernel noch nicht enthalten ist, muss mit einem Hacker-Kernel vorlieb nehmen. Die Entwickler-Kernel haben den Nachteil, dass sie oft noch unzureichend getesteten Code enthalten, die Wahrscheinlichkeit von Problemen ist daher viel größer. Die meisten Distributionen basieren auf stabilen Kerneln, bieten aber die Option, den jeweils neuesten verfügbaren Entwickler-Kernel zu installieren.

Da Linux beständig über das Internet weiterentwickelt wird, gibt es praktisch wöchentlich eine oder mehrere neue Versionen des Entwickler-Kernels. Sie brauchen aber keine Angst zu haben, dass Sie ständig irgendwelchen Updates hinterherlaufen müssen. Sobald Linux einmal stabil auf Ihrem Rechner läuft, besteht selten ein Grund, daran etwas zu ändern. Die meisten Änderungen am Kernel betreffen irgendwelche besonderen Aspekte von Linux, etwa die Anpassung des Systems an neue Hardware, die Korrektur von (zumeist nur unter seltenen Umständen auftretenden) Fehlern oder die Optimierung einer Funktion.

TIPP

Generell sollten Sie sich von Versionsnummern nicht allzu sehr verwirren lassen: Nicht nur der Kernel hat eine Versionsnummer, sondern praktisch alle unter Linux verfügbaren Libraries, Compiler, Programme, Distributionen usw. Weitere Hintergrundinformationen zum Kernel und seinen Eigenschaften finden Sie ab Seite 288. Dort wird beschrieben, wie Sie einen aktuellen Kernel selbst übersetzen können.

1.2 Was bietet Linux?

Noch immer ist die einleitende Frage – Was ist Linux? – nicht ganz beantwortet. Viele Anwender interessiert der Kernel nämlich herzlich wenig – sofern er nur läuft und die vorhandene Hardware unterstützt. Für sie umfasst der Begriff Linux, wie er umgangsprachlich verwendet wird, neben dem Kernel auch das riesige Bündel von Programmen, die zusammen mit dem Linux-Kernel in Form von Distributionen geliefert werden (siehe den folgenden Abschnitt ab Seite 41).

Dieser Abschnitt gibt einen Überblick über die wichtigsten Merkmale von Linux und die verfügbaren Anwenderprogramme. Natürlich ist diese Übersicht nicht vollständig – es würde ja keinen Sinn ergeben, hier jedes unter Linux laufende Programm aufzuzählen.

Kernel-Eigenschaften

- Linux unterstützt Multitasking (die gleichzeitige Abarbeitung mehrerer Prozesse), Multiuser-Betrieb (die gleichzeitige Nutzung durch mehrere Anwender), Paging (die Auslagerung von Speicher auf die Festplatte, wenn zu wenig RAM zur Verfügung steht), Shared Libraries (Bibliotheken mit Systemfunktionen werden nur einmal geladen, wenn sie von mehreren Prozessen benötigt werden), Interprocess Communication (IPC) und seit Version 2 sogar Symmetric Multi Processing (SMP, die Nutzung mehrerer Prozessoren).
- Linux unterstützt praktisch die gesamte gängige PC-Hardware: alle Intel-386-kompatiblen Prozessoren; die Bussysteme ISA, VLB, EISA und PCI; die meisten (E)IDE- und SCSI-Festplatten-Controller und die daran angeschlossenen Festplatten, CD-ROM-Laufwerke und Streamer; die meisten marktüblichen CD-ROM-Laufwerke, die nicht am IDE- bzw. SCSI-Bus betrieben werden; die meisten Netzwerkkarten, Mäuse etc. (Eine vollständige Liste gibt das `Hardware-HOWTO` – siehe Kapitel 4 ab Seite 113.)
- Linux unterstützt nicht nur Intel-Prozessoren, sondern auch den DEC-Alpha-Prozessor, Sun Sparc, Mips, Motorola etc. Am verbreitetsten ist aber ohne Zweifel die Intel-Variante.
- Linux verwendet ein eigenes Dateisystem (`ext2`). Dateinamen dürfen bis zu 255 Zeichen lang sein, Dateien bis zu 2 GByte und Dateisysteme bis zu 4 TByte groß

werden. Es ist mit einer Menge von Sicherheitsmerkmalen ausgestattet. (Wenn Linux auf 64-Bit-Prozessoren ausgeführt wird, dürfen Dateien auch größer als 2 GByte sein. Mit Kernel 2.4 wird das 2-GByte-Limit wahrscheinlich auch für 32-Bit-Prozessoren fallen.)

- Unter Linux kann auf viele fremde Dateisysteme zugegriffen werden: DOS, Windows 9x, NTFS (nur Lesezugriff), OS/2, Minix, NFS (über das Netz verfügbare Dateisysteme) etc. Ein Zugriff auf komprimierte DOS/Windows-Partitionen ist allerdings nicht möglich (bzw. nur über den recht umständlichen Weg des DOS-Emulators).
- Linux unterstützt mehrere Binärformate für die Ausführung von Binärdateien: a.out (Standard bis zur Kernel-Version 1.0), ELF (Standard seit Version 1.2) und iBCS2. iBCS2 ermöglicht es, kommerzielle Programme von SCO-Unix ohne eine Neuübersetzung bzw. Portierung auf Linux zu verwenden. Da immer mehr Software-Anbieter eigene Linux-Versionen ihrer Programme anbieten, verliert der iBCS2-Emulatur zunehmend an Bedeutung. (Ironie des Schicksals: mittlerweile bietet SCO einen Emulator an, damit Linux-Programme unter SCO-Unix verwendet werden können!)
- Unter Linux steht eine ganze Palette von Netzwerkprotokollen zur Verfügung (TCP/IP inklusive IPnG, PPP, SLIP etc.).

Die Minimalanforderungen zum stabilen Ausführen von Linux 2.0 im Textmodus betragen etwa 4 MByte RAM, für Version 2.2 etwa 5 MByte RAM. Besser sind aber mindestens 8 MByte, d.h. das System läuft dann erheblich schneller. Wenn Sie auch das X Window System nutzen möchten, benötigen Sie zumindest 16 MByte (besser sind 32 MByte). Und wenn Sie unter X das populäre KDE-System verwenden möchten, erhöhen sich die Minimalanforderungen auf 32 MByte (besser 64 MByte).

Wenn Sie einen alten 486er PC zur Linux-Workstation umfunktionieren möchten, ist eine ältere Kernel-Version oft ausreichend. Als sehr stabil gilt beispielsweise Version 1.2.13. Diese Version ist im Vergleich zu den 2.n-Kerneln sehr Platz sparend.

X Window System

Linux läuft nach dem Booten vorerst im Textmodus, wobei zwischen mehreren Textkonsolen gewechselt werden kann. (In der Regel stehen sechs Konsolen zur Verfügung, die mit (Alt)+(F1) bis (Alt)+(F6) erreicht werden.)

Darüber hinaus kann unter Linux das X Window System gestartet werden. Zum Betrieb von X Window ist entweder die freie Portierung XFree86 oder ein kommerzieller X-Server (z.B. von XInside oder Metro-X) erforderlich. XFree86 unterstützt praktisch alle Grafikkarten, deren Hersteller ihre Dokumentation freigegeben haben.

Das X Window System ist eigentlich nur eine Sammlung von Funktionen zur grafischen Ausgabe von Informationen auf dem Bildschirm. Darauf aufbauend existieren grafische Benutzeroberflächen (KDE, Gnome) und Anwendungsprogramme, die den Umgang mit Linux wesentlich erleichtern.

Tools

Die Eingabe von Kommandos erfolgt in einer sogenannten **Shell**. Eine Shell ist so etwas Ähnliches wie der DOS-Kommandointerpreter, nur viel leistungsfähiger. Unter Linux stehen mehrere Shells zur Auswahl. Am populärsten ist die `bash` (Bourne Again Shell). Wer damit nicht zufrieden ist, kann sich vielleicht mit der `tcsh` anfreunden (kompatibel zur C-Shell).

Zur Dateiverwaltung und Systemadministration steht eine große Anzahl von **Kommandos** zur Verfügung, etwa `ls` (entspricht `DIR` unter DOS), `cp` (entspricht `COPY`) etc. Zur Dateiverwaltung gibt es außerdem eine reiche Auswahl von Filemanagern, die entweder im Textmodus laufen (etwa `mc`, weitgehend kompatibel zum Norton Commander) oder sogar X unterstützen.

Bei **Editoren** reicht die Palette von einfachen Editoren (etwa `joe`) über den schwer zu bedienenden, aber dafür auf fast allen Unix-Systemen verfügbaren `vi` bis hin zu riesigen Editoren wie dem Emacs. Dieses Programm wird manchmal ironisch schon als eigenes Betriebssystem bezeichnet, weil es derart viele Funktionen enthält: Sie können den Emacs zum Lesen und Schreiben von E-Mails und News-Beiträgen, zum Debuggen von C-Programmen etc. verwenden. Die Bezeichnung Editor trifft also nicht mehr richtig zu.

Textverarbeitung und -formatierung

Das wichtigste (freie) Satzprogramm unter Linux ist LaTeX. Das Programm LyX bietet zu diesem nicht ganz einfach zu bedienenden Satzprogramm eine moderne Oberfläche, die beinahe WYSIWYG (what you see is what you get) ermöglicht. Daneben steht eine Fülle von Tools und Utilities zur Verfügung, um PostScript-Dateien zu bearbeiten oder in ein anderes Format zu konvertieren, um Dateien in verschiedenen Formaten auf dem Bildschirm anzuzeigen etc.

Netzwerk-Software

Linux unterstützt beinahe alle gängigen Netzwerkprotokolle, unter anderem TCP/IP, PPP und SLIP. Es ermöglicht den Aufbau von komplexen lokalen Netzen. Für die Verbindung zum Internet stehen für alle Dienste (z.B. Telnet, E-Mail, News, FTP, WWW) Client- und Server-Programme zur Verfügung. Sie können unter Linux also nicht nur Internet-Dienste nutzen, sondern auch selbst einen Internet-Server einrichten. Samba ermöglicht die Verwaltung von Netzen, auf die Windows-PCs als Clients zugreifen können (Zugriff auf Dateien, Drucker etc.).

Besondere Erwähnung verdient der Webbrowser Netscape. Dieses Programm hat kommerzielle Wurzeln. Der Konkurrenzkampf gegen den Microsoft Internet Explorer und andere Überlegungen führten dazu, dass Netscape den Quellcode frei verfügbar machte und unter eine GPL-ähnliche Lizenz stellte. Seither ist Netscape (unter dem Namen Mozilla) eines der größten Open-Source-Projekte neben Linux. Bis Sie dieses Buch in den Händen halten, sollte die neue Netscape-Version 6 verfügbar sein.

Programmierung

Unter Linux gibt es eine weite Palette von Programmiersprachen: An erster Stelle ist hier der GNU C- und C++-Compiler zu nennen, zu dem eine ganze Reihe von Utilities zur Verfügung steht (von `make` über das Versionskontrollsystem `rcs` bis zum Debugger `gdb`). Bibliotheken und Toolkits ermöglichen es, C-Programme mit grafischer Benutzeroberfläche (etwa qt, gtk) oder mit 3D-Grafik mit OpenGL (mesa) zu erstellen. Daneben gibt es viele weitere Programmiersprachen, etwa Java, Lisp, Oberon, Perl, Python, Sheme, SmallTalk und Tcl/Tk. Auch die verfügbaren Shells (bash, C-Shell) sind programmierbar.

Emulatoren

Unter Linux steht ein DOS-Emulator zur Verfügung, der die Ausführung vieler DOS-Programme (nicht aber Windows 3.1) ermöglicht. Das Projekt Wine versucht, auch die Ausführung von Windows-Programmen zu ermöglichen; dieses Projekt ist allerdings noch in der Entwicklung. Dass auch die Ausführung von Unix-Programmen möglich ist, die dem iBCS2-Standard entsprechen, wurde bei den Kernel-Eigenschaften schon erwähnt. Primär an verspielte Naturen richten sich Emulatoren für den Atari ST, den Commodore 64, den Commodore Amiga, den Sinclair ZX Spectrum etc.

Dokumentation

Die Online-Dokumentation zu Linux ist fast unüberschaubar groß. Wo Sie die Texte finden und wie Sie sie ansehen können, ist in Kapitel 4 ab Seite 113 beschrieben.

Sonstiges

- Datenbanken: mySQL (relational, weitgehend SQL-kompatibel), Postgres (objektrelational)
- Mathematik: MuPaD (Computeralgebrasystem), scilab (weitgehend MathLab-kompatibel)
- Grafik: xv (Bildbearbeitung und Konvertierung), gimp (Bildbearbeitung, ähnlich wie Adobe Photoshop), POV-Ray (Raytracing)

VORSICHT

Ein Teil der oben genannten Programme ist Shareware bzw. unterliegt Copyright-Bestimmungen, die von der GPL abweichen. Das Ausprobieren ist in jedem Fall gestattet, die regelmäßige oder kommerzielle Nutzung oder die kommerzielle Weitergabe ist aber unter Umständen eingeschränkt bzw. erfordert eine Registrierung.

Kommerzielle Programme

Die bisher aufgezählten Komponenten stehen (je nach Umfang der verwendeten Distribution und der Installation) sofort zur Verfügung. Daneben werden mit der zunehmenden Verbreitung von Linux immer mehr kommerzielle Programme auf Linux portiert. Besonders bemerkenswert ist die Tatsache, dass seit 1998 beinahe alle marktrelevanten relationalen Datenbanksysteme für Linux verfügbar sind. Damit wurde Linux als wichtige Server-Plattform von Marktgiganten wie Oracle anerkannt. Kommerzielle Software ist allerdings (mit wenigen Ausnahmen) kostenpflichtig.

Die folgende (unvollständige) Liste zählt wichtige Programme auf, die auf Linux portiert wurden: die Adabas-Datenbank, Applixware Office, das Common Desktop Environment, Corel Office (inklusive Word Perfect), die Flagship-Datenbank, IBM DB/2, die Informix-Datenbank, JavaWorkshop, LNX-DBMS, Maple, Mathematica, Metro Link Motif, die Oracle-Datenbank, Poet, Sun StarOffice. Eine umfangreiche Aufzählung kommerzieller Linux-Software finden Sie im Commercial-HOWTO-Dokument (siehe Seite 122).

Einer besonderen Erwähnung bedarf Motif: Manche kommerziellen X-Programme basieren auf Motif, einer Erweiterung des X Window Systems durch einheitliche Steuerelemente und eine Palette von Zusatzprogrammen. Motif ist für Linux in mehreren Versionen erhältlich, die bis Ende Mai 2000 aber alle kostenpflichtig waren. (Ende Mai 2000 wurde die Lizenz von Motif geändert, Motif ist jetzt – mit Einschränkungen – ebenfalls frei erhältlich.)

Es gibt zwei Arten von Motif-Programmen: solche, die die Motif-Library statisch im Programmcode enthalten, und solche, die sich auf eine Installation von Motif verlassen und die Bibliotheken dynamisch linken. Der Vorteil des ersten Typs: Motif braucht nicht installiert zu werden. Der Nachteil: Der Speicherverbrauch ist viel größer, weil jedes Motif-Programm eine eigene Kopie der Motif-Bibliothek in den Speicher lädt.

Das wohl bekannteste Programm mit einer statischen Motif-Library ist Netscape 4.n. (Netscape ab Version 6 basiert allerdings nicht mehr auf Motif, sondern auf der freien Bibliothek gtk.)

Hardware-Unterstützung

Linux unterstützt beinahe die gesamte gängige PC-Hardware. Probleme bereiten am ehesten sehr neue Hardware-Komponenten (z.B. Grafikkarten), zu denen es unter Linux bzw. XFree86 noch keine Treiber gibt. Vereinzelt (aber immer seltener) scheitern neue Treiber daran, dass die jeweiligen Firmen nicht zur Kooperation bereit sind, keine Unterlagen zur Verfügung stellen oder deren Verwendung in freiem Code verbieten.

Wenig Hoffnung gibt es für Besitzer sogenannter GDI-Drucker und anderer Hardware-Komponenten, die ausschließlich zur Verwendung unter Microsoft Windows konzipiert sind. Dazu zählen auch die sogenannten WinModems, die in

Notebooks sehr populär sind. Hier werden die Modemfunktionen nicht in Form standardisierter Hardware, sondern durch Software gebildet. Diese Software ist aber nur unter Windows verfügbar. Es gibt Versuche, vergleichbare Software auch für Linux zu entwickeln (leider zumeist ohne Unterstützung der Herstellerfirmen der WinModem-Chips). Vereinzelt bieten WinModem-Hersteller auch selbst Linux-Treiber an, allerdings nur in einer binären Form, die von einer ganz bestimmten Kernel-Version abhängig ist.

Ein wenig besser sieht es mit ISA-Plug-and-Play-Karten aus: Diese werden zwar nicht automatisch vom Kernel erkannt, können aber über die Zusatzprogramme `pnpdump` und `isapnp` konfiguriert werden. Bei den meisten Distributionen ist der automatische Aufruf von `isapnp` bereits in dem Init-Prozess integriert.

Populäre USB-Geräte (Mäuse, Tastaturen, Modems, Drucker) werden von aktuellen Linux-Versionen größtenteils erkannt. Allerdings können bei weitem noch nicht alle USB-Geräte unter Linux genutzt werden.

Allgemeine Informationen zur aktuell unterstützten Hardware finden Sie im Hardware-HOWTO (siehe auch Seite 122). Für Detailinformationen speziell zu Grafikkarten bzw. zu Laptops empfiehlt sich ein Blick auf die Website von XFree86 bzw. auf die Linux-Notebook-Seite. Außerdem verwalten einige Distributionen eigene Hardware-Kompatibilitätslisten.

Überblick:	`http://metalab.unc.edu/mdw/HOWTO/Hardware-HOWTO.html`
Grafikkarten:	`http://www.XFree86.org`
WinModems:	`http://linmodems.org/`
USB-Geräte:	`http://www.linux-usb.org/`
Notebooks:	`http://www.cs.utexas.edu/users/kharker/linux-laptop`
SuSE:	`http://cdb.SuSE.de/`
Red Hat:	`http://www.redhat.com/support/hardware/`

TIPP

Sie finden diese Links – gegebenenfalls in aktualisierter Form – auch auf meiner Homepage: `www.kofler.cc`. Generell sollten Sie *vor* dem Kauf eines neuen Rechners bzw. einer Hardware-Erweiterung sicherstellen, dass alle Komponenten von Linux unterstützt werden.

1.3 Distributionen

Als Linux-Distribution wird eine Einheit bezeichnet, die aus dem eigentlichen Betriebssystem (Kernel) und seinen Zusatzprogrammen besteht. Eine Distribution ermöglicht eine einigermaßen rasche und bequeme Installation von Linux. Alle Distributionen werden in Form von CD-ROMs verkauft. Viele Distributionen sind darüber hinaus auch im Internet verfügbar. Wegen der riesigen Datenmengen (Hunderte von MByte) ist das Kopieren einer Distribution via Internet oder eine direkte

Installation über das Netz aber zumeist nur in Universitäten bzw. Firmen mit direkter Internet-Anbindung möglich.

Die Distributionen unterscheiden sich vor allem durch folgende Punkte voneinander:

- **Umfang, Aktualität:** Die Anzahl, Auswahl und Aktualität der mitgelieferten Programme und Bibliotheken unterscheiden sich von Distribution zu Distribution.
- **Installations- und Konfigurationswerkzeuge:** Die mitgelieferten Programme zur Installation, Konfiguration und Wartung des Systems helfen dabei, Hunderte von Konfigurationsdateien des Systems auf einfache Weise richtig einzustellen. Funktionierende Installations- und Konfigurationstools stellen eine enorme Zeitersparnis dar.
- **Landesspezifische Anpassung:** Manche Distributionen vermitteln noch immer den Eindruck, Englisch sei die einzige Sprache dieser Welt. Andere Distributionen sind speziell für den Einsatz in nicht englischsprachigen Ländern vorbereitet. Das betrifft nicht nur das Tastaturlayout, sondern auch die verfügbaren Zeichensätze, die Sprache der Online-Dokumentation etc.
- **Konfiguration des Window-Systems (KDE, Gnome):** Dieser Aspekt der Konfiguration bestimmt maßgeblich das Erscheinungsbild des X Window Systems und hat großen Einfluss auf den Arbeitskomfort (Startmenü, Funktion von Maus und Tastatur, Einstellung der Farben etc.). Eine manuelle Veränderung der Konfiguration ist oft mit großem Aufwand verbunden.
- **Organisation des Init-V-Bootprozesses:** Hier geht es um den Rechnerstart, also um den Start aller erforderlichen Prozesse bis zur Login-Aufforderung. Die dabei verarbeiteten Konfigurationsdateien haben bei jeder Distribution andere Namen und befinden sich in anderen Verzeichnissen. Nicht einmal bezüglich der Zuordnung der Run-Level herrscht Einigkeit. All das macht die Wartung nicht gerade einfacher.
- **Paketsystem:** Die Verwaltung von Linux-Anwendungsprogrammen erfolgt durch Pakete (Packages). Das Paketsystem hat Einfluss darauf, wie einfach die Nachinstallation zusätzlicher Programme bzw. das Update vorhandener Programme ist. Zur Zeit sind drei zueinander inkompatible Paketsysteme üblich, RPM (unter anderem Caldera, Mandrake, Red Hat, SuSE, TurboLinux), DEB (Debian, Corel, Storm Linux) und TGZ (Slackware).
- **Live-System:** Manche Distributionen (immer weniger) ermöglichen den Betrieb von Linux direkt von einer CD-ROM. Es muss nur ein minimales Grundsystem auf die Festplatte installiert werden. Das ist zwar langsam und unflexibel, ermöglicht aber ein vergleichsweise einfaches Ausprobieren von Linux. Zudem stellt eine Live-CD eine ideale Möglichkeit dar, ein auf der Festplatte vorhandenes, aber defektes Linux-System zu reparieren.
- **Windows-Installation:** Einige Distributionen ermöglichen die Installation von Linux in ein Verzeichnis bzw. in eine große Datei einer Windows-9x-Partition. Das ist langsam und hat zahllose andere Nachteile, erspart aber die Partitionierung der Festplatte. Wie beim Live-System ist auch diese Variante vor allem zum Ausprobieren interessant.

- **Hardware-Unterstützung:** Alle Distributionen für Intel-kompatible Prozessoren laufen auf jedem Standard-PC. Wenn Sie spezielle Hardware verwenden (Multi-CPU-Mainboards, RAID-Festplattensysteme, Notebooks etc.), hängt es aber stark von der Distribution ab, wie gut derartige Hardware von den Installations- und Konfigurations-Tools unterstützt wird. Hier sind große, weitverbreitete Distributionen zumeist im Vorteil.
- **Zielplattform:** Viele Distributionen sind nur für Intel-kompatible Prozessoren erhältlich. Es gibt aber auch Distributionen für andere Rechnerplattformen, z.B. DEC Alpha, SUN Sparc, PowerPC (Macintosh).
- **Dokumentation:** Manche Distributionen werden mit Handbüchern (in elektronischer oder in gedruckter Form) ausgeliefert.
- **Support:** Bei manchen Distributionen bekommen Sie kostenlos Hilfe bei der Installation (via E-Mail und/oder per Telefon).

Die Behauptung, Linux sei frei, steht scheinbar im krassen Widerspruch zu dem Preis, der für die meisten besseren Distributionen verlangt wird (oft 100 DM und mehr). Der Grund ist aber leicht verständlich: Obwohl Linux und die meisten Anwendungsprogramme tatsächlich kostenlos über das Internet bezogen werden können, erfordert die Zusammenstellung einer aktuellen Distribution eine Menge Zeit und Know-how. Ein gutes Installationsprogramm allein (das auch programmiert und gewartet werden muss) ist den Preis einer Distribution oft schon wert! Es kann vor allem Linux- bzw. Unix-Neulingen eine Menge Zeit bei der Installation und Konfiguration ersparen.

Auch die Produktion von einer oder mehreren CDs, oft begleitet von einem Handbuch, kostet Geld. Nicht zu vernachlässigen ist schließlich das Angebot eines persönlichen Supports bei Installationsproblemen. Teuer wird eine Distribution auch dann, wenn kommerzielle Software mitgeliefert wird.

Die Frage, welche Distribution die beste ist, welche wem zu empfehlen sei etc., artet leicht zu einem Glaubenskrieg aus. Wer sich einmal für eine Distribution entschieden und sich an deren Eigenheiten gewöhnt hat, steigt nicht so schnell auf eine andere Distribution um. Ein Wechsel der Distribution ist nur durch eine Neuinstallation möglich, bereitet also einige Mühe.

Kriterien für die Auswahl einer Distribution sind die Aktualität ihrer Komponenten (achten Sie auf die Versionsnummer des Kernels und wichtiger Programme, etwa des C-Compilers), die Qualität der Installations- und Konfigurationstools, der angebotene Support, mitgelieferte Handbücher etc.

Grundsätzlich sind alle Distributionen international verwendbar (elementare Englischkenntnisse vorausgesetzt). Einige Distributionen zeichnen sich allerdings durch besondere Berücksichtigung landessprachlicher Besonderheiten aus und ersparen dem Anwender damit eine Menge Konfigurationsarbeit und Ärger. Auch der Wert eines deutschsprachigen Handbuchs ist nicht zu unterschätzen.

HINWEIS

So belebend die Konkurrenz vieler Distributionen für deren Weiterentwicklung ist, so lästig ist sie bei der Installation von Programmen, die nicht mit der Distribution mitgeliefert werden (und insbesondere bei kommerziellen Programmen). Eine fehlende oder veraltete Programmbibliothek ist oft die Ursache dafür, dass ein Programm nicht läuft. Die Problembehebung ist insbesondere für Linux-Einsteiger fast unmöglich. Manche Firmen gehen inzwischen so weit, dass sie Support zu ihren Produkten nur bei der Benutzung einer ganz bestimmten Distribution leisten. (Natürlich entscheidet sich jede Firma für eine andere Distribution ...)

Um diese Probleme zu beseitigen, wurde das Linux Standard Base (LSB) ins Leben gerufen. Es soll in Zukunft den kleinsten gemeinsamen Nenner für LSB-konforme Distributionen definieren:

`http://www.linuxbase.org`

Dass Linux wirklich frei verfügbar ist, erkennen Sie unter anderem daran, dass von den meisten Distributionen (also auch von kommerziellen) CDs mit sogenannten **FTP-Versionen** oder Download-Versionen quasi zu Dumping-Preisen verkauft werden. Der Name dieser Versionen ergibt sich daraus, dass es sich um jene Dateien handelt, die kostenlos im Internet (meist auf einem FTP-Server) verfügbar sind. Diesen Versionen fehlen alle kommerziellen Komponenten, die von der jeweiligen Distribution lizenziert wurden. Außerdem gibt es normalerweise keine Dokumentation und keinen Support.

Lassen Sie sich aber vom günstigen Preis der FTP-Versionen nicht blenden: Gerade für Einsteiger ist ein gutes Handbuch oder die Möglichkeit, während der ersten Monate eine Support-Abteilung kontaktieren zu können, sehr wertvoll.

Nicht mit Distributionen zu verwechseln sind **Server-Spiegelungen**, die von einigen Linux-Anbietern alle paar Monate neu aufgelegt werden. Eine Server-Spiegelung ist eine Kopie aller Linux-spezifischen Dateien von Internet-Servern mit Linux-Software. Auf solchen CDs finden Sie die aktuellsten Versionen aller möglichen Linux-Anwendungsprogramme und Bibliotheken (normalerweise in Form einzelner Archivdateien samt Quellcodes). Server-Spiegelungen richten sich an erfahrene Linux-Anwender, die die neuesten Versionen von Linux-Programmen und der Online-Dokumentation benötigen, aber keinen billigen bzw. schnellen Internet-Zugang haben.

Einige gängige Linux-Distributionen

Der folgende Überblick über die wichtigsten verfügbaren Distributionen (in alphabetischer Reihenfolge und ohne Anspruch auf Vollständigkeit!) soll eine erste Orientierungshilfe geben.

Caldera: Caldera Open Linux war eine der ersten Linux-Distributionen, die sich explizit an kommerzielle Anwender wandte. (Mittlerweile erheben auch viele Konkurrenten diesen Anspruch.) Je nach Distributionsvariante glänzt Caldera durch diverse kommerzielle Zusätze, insbesondere durch eine sehr gute Unterstützung von Novell-Netzwerkfunktionen. Die Caldera-Tochter Lineo entwickelt Linux-Systeme für sogenannte *embedded systems*, also z.B. Haushaltsgeräte.

Corel: Corel Linux ist eine vergleichsweise neue Distribtion. Sie ist von Debian Linux abgeleitet, was aber rein optisch nicht mehr erkennbar ist. Die Distribution zeichnet sich durch eine sehr einfache und benutzerfreundliche Installation aus (sofern alles funktioniert), bietet dafür aber weit weniger Konfigurationsmöglichkeiten. Die kommerziellen Varianten der Distribtion enthalten natürlich Corel-Applikationen (zur Zeit WordPerfect, in Zukunft wohl das gesamte Corel-Office und Corel-Draw).

Debian: Während hinter den meisten hier genannten Distributionen Firmen stehen, die mit ihren Distributionen Geld verdienen möchten, stellt Debian in dieser Beziehung eine Ausnahme dar: Die Distribution wird von engagierten Linux-Anwendern zusammengestellt, die größten Wert auf Stabilität und die Einhaltung der Spielregeln 'freier' Software legen. Manche Ideen dieser Distribution – etwa die professionelle Paketverwaltung – waren für andere Distributionen richtungsweisend und sind diesen in manchen Aspekten noch immer voraus. (Versuchen Sie einmal, Ihre Distribution zu aktualisieren, ohne den Rechner neu zu starten!) Debian ist im Laufe der letzten Jahre zwar zunehmend benutzerfreundlich geworden, für Linux-Einsteiger ist diese Distribution aber wegen des schwer zu bedienenden Paketverwaltungsprogramms `dselect` nach wie vor ungeeignet.

Mandrake: Mandrake Linux ist von Red Hat abgeleitet und zu dieser Distribution weitgehend kompatibel. Die Unterschiede treten in den eigenständigen Installations- und Konfigurationsprogrammen zutage, die mehr Komfort als beim Original versprechen.

Red Hat: Die Red-Hat-Distribution ist eine der am besten gewarteten Linux-Distributionen, die zur Zeit erhältlich sind. Die Distribution dominiert insbesondere den amerikanischen Markt. Die Paketverwaltung auf der Basis des `rpm`-Formats (Eigenentwicklung von Red Hat) wurde mittlerweile von vielen anderen Distributionen übernommen. Red Hat Linux steht in weitgehend einheitlicher Ausstattung für mehrere Rechnerplattformen zur Verfügung (Intel, DEC-Alpha, SUN-Sparc). Neben der Red-Hat-Originaldistribution gibt es eine ganze Reihe davon abgeleiteter Distributionen, die sich durch diverse Verbesserungen oder Sprachanpassungen (z.B. eine spanische Version) auszeichnen.

Slackware: Die Slackware war (nach der schon lange nicht mehr aktuellen SLS-Distribution) eine der ersten verfügbaren Linux-Distributionen. Bezüglich Wartung und Installationskomfort kann sie allerdings nicht mehr mit den anderen hier genannten Distributionen mithalten.

Storm Linux: Diese Distribution ist von Debian abgeleitet, bietet aber attraktivere Installations- und Konfigurationstools als diese.

SuSE: SuSE-Linux (Gesellschaft für Software und Systementwicklung) ist dank der hohen Aktualität, der riesigen Anzahl vorkonfigurierter Pakete, dem umfassenden Handbuch und der hervorragenden Wartung die in Europa am weitesten verbreitete Distribution. SuSE-Linux ist auch in einer internationalen Version mit englischen Menüs und Handbüchern erhältlich. Das Administrationstool YaST hilft nicht nur bei (beinahe) allen Konfigurationsproblemen (bis hin zur ISDN-Konfiguration), es löst auch ähnlich wie Debian automatisch Abhängigkeitskonflikte, die bei der Paketinstallation auftreten können.

TurboLinux: Diese von der Firma Pacific HighTech (PHT) zusammengestellte Distribution wurde speziell für die Verwendung in Japan optimiert und ist dort Marktführer. Die Distribution ist aber auch in einer englischen Version erhältlich.

Minimal-Distributionen: Neben diesen großen Distributionen gibt es im Internet einige Zusammenstellungen von Miniatursystemen (bis hin zum kompletten Linux-System auf einer einzigen Diskette!). Diese Distributionen basieren zumeist auf alten (und daher kleineren) Kernel-Versionen. Sie sind vor allem für Spezialaufgaben konzipiert, etwa für Wartungsarbeiten (Emergency-System) oder um ein Linux-System ohne eigentliche Installation verwenden zu können (direkt von einer oder mehreren Disketten). Das ist praktisch, wenn Sie Linux vorübergehend auf einem fremden Rechner nutzen möchten, dessen Festplatte Sie nicht neu partitionieren wollen oder dürfen.

Zu den faszinierendsten Linux-Distributionen diesen Typs zählt das Linux-Router-Projekt `www.linuxrouter.org`. Auf einer einzigen Diskette sind alle Programme gepackt, um einen alten 486er in einen Router für ein kleines Netzwerk umzuwandeln.

TIPP

Eine ziemlich vollständige Liste der unterschiedlichsten Linux-Distributionen (egal ob kommerziellen oder anderen Ursprungs) finden Sie im Internet:

`http://www.linuxhq.com/dist-index.html`

Werfen Sie aber auch einen Blick in die gängigen Computerzeitschriften, die immer wieder Vergleichstests zwischen den Distributionen anstellen und dabei natürlich mehr Details und vor allem eine größere Aktualität bieten als dieses Buch. Einen Überblick über einige aktuelle Distributionen bietet auch der HOWTO-Text zum Thema Distributionen – siehe Seite 122.

Die Qual der Wahl

Zum Abschluss der Arbeit an dieser Neuauflage und nach der Installation vieler Linux-Distributionen bleibt der wohl unerfüllbare Traum, die Vorteile aller Distributionen vereinen zu können, ohne ihre jeweiligen Nachteile in Kauf nehmen zu müssen!

Es ist schwierig, hier eine Empfehlung abzugeben. Gerade für Linux-Einsteiger ist es aber zumeist ein Vorteil, sich vorerst für eine der weit verbreiteten Distributionen wie SuSE oder Red Hat zu entscheiden. Der Grund: Sowohl im Internet als auch im Buch- und Zeitschriftenhandel sind hierzu die meisten Informationen verfügbar. Bei Problemen ist es vergleichsweise leichter, Hilfe zu finden. Zudem sind lang erprobte Distributionen meist die bessere Wahl, wenn es um Installations- oder Konfigurationshilfen bei ungewöhnlicher oder unüblicher Hardware geht. Schließlich ist es bei weit verbreiteten Distributionen viel einfacher, zur Distribution kompatible Ergänzungs- oder Update-Pakete zu finden.

Andererseits besteht der Charme mancher neuen Distributionen (etwa Corel) gerade darin, alte Linux- bzw. Unix-Traditionen beiseite zu schieben und neue Wege zu gehen. Gerade für Windows-Umsteiger kann das den Umgang und die Bedienung erleichtern.

1.4 Die Herkunft von Linux

In diesem Abschnitt geht es weniger um die Details von Linux als um die Fragen, warum es Linux überhaupt gibt, wie das System entwickelt wurde und warum es frei ist. Dabei spielen GNU (GNU is Not Unix) und die FSF (Free Software Foundation) eine besondere Rolle.

Linux ist ein sehr junges Betriebssystem. Die allerersten Kernel-Teile (Version 0.01) wurden allein von Linus Torvalds (Helsinki) entwickelt, der den Programmcode im September 1991 über das Internet freigab. In kürzester Zeit fanden sich weltweit Programmierer, die an der Idee Interesse fanden und Erweiterungen dazu programmierten: ein verbessertes System zur Dateiverwaltung, Treiber für diverse Hardware-Komponenten, Zusatzprogramme wie den DOS-Emulator etc. All diese Einzelkomponenten wurden ebenfalls kostenlos zur Verfügung gestellt, das Gesamtsystem wuchs mit einer atemberaubenden Geschwindigkeit. Die Entstehung dieses neuen Betriebssystems wäre ohne die weltweite Kommunikation der Programmierer via Internet unmöglich gewesen.

Ein wesentlicher Faktor dafür, dass Linux frei von den Rechten der großen Software-Firmen ist und dennoch derart schnell entwickelt werden konnte, liegt in der zu diesem Zeitpunkt schon frei verfügbaren Software. Linux ist nicht aus dem Nichts aufgetaucht, wie das manchmal fälschlich dargestellt wird, sondern baut auf einer breiten Basis freier Software auf. Für die ersten Schritte war das freie (aber im Funktionsumfang sehr eingeschränkte) Minix eine praktische Grundlage. So verwendeten die ersten Linux-Versionen noch das Dateisystem von Minix.

In ihrer Bedeutung wohl noch wichtiger waren und sind die zahlreichen GNU-Programme. GNU-Programme gibt es schon wesentlich länger als Linux. Schon vorher wurden GNU-Programme auf vielen Unix-Systemen als Ersatz für diverse Originalkomponenten verwendet – etwa der GNU-C-Compiler, der Texteditor Emacs, diverse GNU-Utilities wie `find` und `grep` etc. Sobald der Kernel von Linux so weit entwickelt worden war, dass der GNU-C-Compiler darauf zum Laufen gebracht werden konnte, stand praktisch mit einem Schlag die gesamte Palette der GNU-Tools zur Verfügung. Aus dem bloßen Kernel wurde also plötzlich ein recht vollständiges System, das dann für eine noch größere Entwicklergemeinde zu einer attraktiven Umgebung wurde.

GNU-Programme sind ebenso wie Linux (unter gewissen Einschränkungen) frei kopierbar – und zwar nicht nur als Binärprogramme, sondern mit sämtlichen Codequellen. Das ermöglicht es allen GNU-Anwendern, die Programme bei Problemen oder Fehlern selbst zu erweitern oder zu korrigieren. Aus diesen Änderungen resultieren immer bessere und ausgereiftere Versionen der diversen GNU-Programme. Nicht zuletzt auf Grund der freien Verfügbarkeit des Programmcodes stellt der GNU-C-Compiler *den* Standard in der Unix-Welt dar: Der Compiler ist praktisch auf jedem Unix-System verfügbar. (Es gibt übrigens auch Portierungen für DOS/Windows.) Linux selbst ist mit dem GNU-C-Compiler entstanden.

Erst die Kombination aus dem Linux-Kernel, den zahlreichen GNU-Komponenten, der Netzwerk-Software des BSD-Unix, dem ebenfalls frei verfügbaren X Window System des MIT (Massachusetts Institute of Technology) und dessen Portierung XFree86 für PCs mit Intel-Prozessoren sowie zahlreichen weiteren Programmen wie LaTeX machen eine Linux-Distribution zu einem kompletten Unix-System.

Linux ist natürlich nicht allein Linus Torvalds zu verdanken (auch wenn es ohne ihn Linux in seiner heutigen Form nicht gäbe). Hinter Linux stehen vielmehr eine Menge engagierter Menschen, die seit Jahren in ihrer Freizeit (seltener auch im Rahmen ihres Informatikstudiums) freie Software produzieren. (Der Kernel von Linux umfasst mittlerweile mehrere Millionen Programmzeilen!) Die wichtigsten Namen sind in der Datei `/usr/src/linux/CREDITS` enthalten. Diese Datei können Sie nach der Installation des Linux-Kernels lesen.

Rechtliches – Die General Public License

Linux ist 'frei' – aber was bedeutet das eigentlich? Oft wird frei mit kostenlos verwechselt. Es stimmt zwar, dass Linux auch kostenlos verfügbar ist (zumindest über das Internet); frei bezieht sich aber auch und vor allem auf die Verfügbarkeit des gesamten Quellcodes (*open source*). Damit sind gewisse Komplikationen verbunden: Was passiert, wenn eine Firma den Linux-Code verwendet, in einigen Punkten erweitert und das System anschließend verkauft? Auch das ist erlaubt, allerdings mit einer Einschränkung: Der Programmcode des neuen Systems muss abermals frei verfügbar sein. Diese Regelung stellt sicher, dass Erweiterungen am System allen Anwendern zugute kommen.

Das Ziel der Entwickler von GNU und Linux war es also, ein System zu schaffen, dessen Quellen frei verfügbar sind und es auch bleiben. Um einen Missbrauch auszuschließen, ist Software, die im Sinne von GNU entwickelt wurde und wird, durch die GNU General Public License geschützt (kurz GPL). Hinter der GPL steht die Free Software Foundation (FSF, siehe `www.gnu.org`). Diese Organisation wurde von Richard Stallmann (der unter anderem auch Autor des Editors Emacs ist) gegründet, um qualitativ hochwertige Software frei verfügbar zu machen.

Die Kernaussage der GPL besteht darin, dass zwar jeder den Code verändern und sogar die resultierenden Programme verkaufen darf, dass aber gleichzeitig der Anwender/Käufer das Recht auf den vollständigen Code hat und diesen ebenfalls verändern und wieder kostenlos weitergeben darf. Jedes GNU-Programm muss zusammen mit der vollständigen GPL weitergegeben werden. Durch die GPL geschützte Software ist also nicht mit Public-Domain-Software zu verwechseln, die vollkommen ungeschützt ist.

Die GPL schließt damit aus, dass jemand ein GPL-Programm weiterentwickeln und verkaufen kann, *ohne* die Veränderungen öffentlich verfügbar zu machen. Jede Weiterentwicklung ist somit ein Gewinn für *alle* Anwender.

TIPP

Die vollständige GPL finden Sie als Textdatei auf beinahe jeder Linux-CD unter den Namen `COPYING`.

Wenn Sie mehr über die Idee freier Software lesen möchten, sollten Sie den GNU Emacs installieren und (Strg)+(H), (Strg)+(P) drücken. Im Emacs wird dann ein Text angezeigt, der die Ziele der FSF beschreibt und Antworten auf oft gestellte Fragen stellt (Won't programmers starve?).

Neben der GPL existiert noch die Variante LGPL (GNU Library GPL). Der wesentliche Unterschied zur GPL besteht darin, dass eine derart geschützte Bibliothek auch von kommerziellen Produkten genutzt werden darf, deren Code *nicht* frei verfügbar ist. Ohne die LGPL könnten GPL-Bibliotheken nur wieder für GPL-Programme genutzt werden, was in vielen Fällen eine unerwünschte Einschränkung für kommerzielle Programmierer wäre.

VORSICHT

Durchaus nicht alle Teile einer Linux-Distribution unterliegen den gleichen Copyright-Bedingungen! Während der Kernel und viele Tools der GPL unterliegen, gelten für manche Komponenten und Programme andere rechtliche Bedingungen. Manche unter Linux verfügbare Programme sind Shareware (etwa das beliebte Grafikprogramm xv): Die private Nutzung von xv ist kostenlos, die kommerzielle Anwendung des Programms ist aber nur nach einer Registrierung beim Autor gestattet.

Kapitel 2

Installation

Dieses Kapitel gibt einen Überblick über die Installation eines Linux-Systems auf einem PC mit Intel-kompatiblem Prozessor. Das Kapitel bezieht sich nicht auf eine spezielle Distribution, sondern beschreibt die wesentlichen Installationsschritte (etwa die Partitionierung der Festplatte) in allgemeiner Form und vermittelt das erforderliche Grundlagenwissen (damit Sie wissen, was Sie tun). Spezifische Details zur Installation einiger ausgewählter Distributionen finden Sie im Anhang.

Der bei einer Erstinstallation mühsamste Schritt ist die in den meisten Fällen erforderliche Neupartitionierung der Festplatte. Im Verlauf dieses Kapitels werden die dazu erforderlichen Kommandos (`FDISK` und `FORMAT` unter DOS/Windows, `fdisk` unter Linux) detailliert beschrieben. Das Kapitel erklärt auch die Installation von Umsdos, wodurch das Neupartitionieren vermieden werden kann (was aber mit anderen Nachteilen verbunden ist).

So viel vorweg: Die Installation ist in den vergangenen Jahren immer einfacher geworden. Viele Detailprobleme, die in diesem Kapitel beschrieben werden, beziehen sich auf alte Hardware, die mittlerweile nur noch selten Verwendung findet!

HINWEIS

In diesem Kapitel kommen sowohl DOS- als auch Linux-Kommandos vor. Zum Teil haben diese Programme sogar gleichlautende Namen (`fdisk`!). Aus diesem Grund werden Linux-Kommandos immer in Kleinbuchstaben angegeben (sie müssen unter Linux auch so eingegeben werden). DOS-Kommandos werden dagegen immer in Großbuchstaben angegeben (obwohl es in DOS/Windows an sich egal ist, ob Sie Kommandos in Groß- oder Kleinbuchstaben eintippen).

2.1 Voraussetzungen

Damit Sie Linux installieren können, müssen mehrere Voraussetzungen erfüllt sein:

- Sie benötigen einen PC mit Intel-386-kompatiblem Prozessor. (Es gibt auch Linux-Distributionen für Systeme mit anderen Prozessoren, die werden hier aber nicht behandelt.)
- Sie benötigen genug RAM. Wie viel genug ist, hängt davon ab, wie Sie mit Linux arbeiten möchten. Im Textmodus reichen 8 MByte für ein komfortables Arbeiten. Wenn Sie als grafische Oberfläche das X Window System und KDE benutzen möchten, sind 32 MByte angebracht, besser wären 64.
- Sie benötigen eine freie Partition mit ausreichend Platz auf Ihrer Festplatte. Auch hier ist schwer zu sagen, wie viel genug ist. Für eine Minimalinstallation ohne X – etwa um einen alten 486er als Firewall zu nutzen – reichen je nach Distribution zur Not 50 bis 100 MByte. Wenn Sie dagegen eine Standardinstallation einer gängigen Distribution durchführen, stellt ein GByte das untere Minimum dar. Besser wären zwei GByte – dann haben Sie genug Spielraum zum Testen großer Pakete, für ein privates News-Archiv etc.
- Sie benötigen Hardware-Komponenten, die von Linux erkannt und unterstützt werden. Gegenwärtig ist das für den Großteil der Standard-Hardware der Fall. Probleme können exotische bzw. ganz neue Grafik- und Netzwerkkarten bereiten. USB-Geräte werden nur teilweise unterstützt. Nicht unterstützt werden sogenannte GDI-Drucker und Windows-Modems. (Aktuelle Informationen zu diesem Thema finden Sie im Internet. Eine Liste mit Links ist auf Seite 41 abgedruckt.)
- Wenn Sie mit dem X Window System komfortabel arbeiten möchten, benötigen Sie eine Maus mit drei (!) Tasten. Die mittlere Maustaste spielt unter X eine wichtige Rolle. (Bei Mäusen mit zwei Tasten können zwar auch beide Tasten gemeinsam gedrückt werden, um die fehlende dritte Taste zu simulieren. Das ist aber mühsam.)
- Falls es Hardware-Probleme gibt, benötigen Sie ein recht detailliertes Wissen über die Hardware Ihres Rechners. Oft scheitert die Installation nur daran, dass das Installationsprogramm einzelne Komponenten nicht erkennt. Durch die manuelle Angabe von Hardware-Daten können solche Probleme oft gelöst werden. Allerdings müssen Sie dazu Interrupt- und IO-Adressen kennen. Falls auf Ihrem Rechner bereits Windows installiert ist, finden Sie die relevanten Daten über die Systemsteuerung.

Rechnerkauf

Im Regelfall werden Sie schon einen Rechner besitzen, wenn Sie sich dazu entschließen, Linux zu installieren – dann müssen Sie eben mit dem leben, was da ist, und hoffen, dass Linux mit allen Komponenten zurechtkommt. In einer weitaus besseren Situation sind Sie, wenn der Rechnerkauf erst bevorsteht und Sie sich schon jetzt mit Linux beschäftigen. Sie sollten folgende Punkte beachten:

- Eine häufige Problemquelle stellen ganz neue Hardware-Komponenten dar, die Linux noch nicht kennt. Altmodische Hardware kann also auch Vorteile mit sich bringen! Achten Sie beim Rechnerkauf oder der Erweiterung darauf, dass alle Komponenten von Linux bereits unterstützt werden. In noch stärkerem Ausmaß gilt dies für Notebooks. Aktuelle Informationen darüber, welche Hardware von Linux zur Zeit unterstützt wird, finden Sie im Internet (siehe die Sammlung von Links auf Seite 41).
- Sind die Hardware-Hürden einmal überwunden, besteht das größte Hindernis für eine reibungsfreie Installation darin, dass das auf dem Rechner bereits installierte Betriebssystem (zumeist irgendeine Windows-Version) die gesamte Festplatte blockiert. Verlangen Sie von Ihrem Händler, dass er das Betriebssystem in eine Partition (maximal 6 GByte) installiert. Nur dann können Sie über den Rest der Festplatte nach Ihren Vorstellungen verfügen und dort nach Belieben weitere Partitionen für Windows, Linux oder andere Betriebssysteme anlegen.
- Falls der Rechner mit Windows NT/2000 ausgestattet sein soll, verlangen Sie von Ihrem Händler in etwa die folgende Konfiguration:

  Erste (primäre) Partition: kleine FAT-Partition (100 MByte bis 2 GByte, wenn möglich mit lauffähigem MS-DOS oder Windows 9x für Wartungsarbeiten, sonst einfach leer)

  Zweite (erweiterte) Partition: die gesamte restliche Festplatte

  Darin eine logische Partition: max. 4 GByte NTFS mit Windows NT/2000

  Was primäre, erweiterte und logische Partitionen sind, wird auf Seite 59 beschrieben.
  Diese Partitionierung hat eine Menge Vorteile: Erstens ist der Rest der erweiterten Partition frei und kann später nach Bedarf zum Anlegen weiterer logischer Partitionen sowohl für Linux als auch für Windows verwendet werden. Zweitens existiert eine FAT-Partition, die zum Datenaustausch zwischen Windows NT und Linux verwendet werden kann. Drittens ist die spätere LILO-Installation einfacher, wenn die erste Partition eine FAT-Partition ist, die auch unter Linux verändert werden kann. Und viertens ist sichergestellt, dass unterhalb der 1024-Zylinder-Grenze eine Linux-Partition eingerichtet werden kann, was die LILO-Installation ebenfalls vereinfacht.

2.2 Überblick über den Installationsprozess

Eine normale Installation von Linux erfolgt im Wesentlichen in den im Folgenden angegebenen Schritten (und in dieser Reihenfolge). Normal bedeutet hier, dass auf Ihrem Rechner bereits ein Betriebssystem installiert ist (Windows) und dass zusätzlich zu diesem Betriebssystem Linux neu installiert werden soll. Das Ziel der Installation ist es, dass das bisherige Betriebssystem weiterhin verwendbar bleibt. Nach geglückter Installation können Sie beim Neustarten des Rechners auswählen, ob Sie den Rechner unter Linux oder unter Ihrem bisherigen Betriebssystem hochfahren wollen.

Normal bezieht sich auch auf das Installationsmedium: Dieser Abschnitt geht davon aus, dass Sie Linux von einer CD-ROM installieren. Andere Varianten (Installation von der Festplatte, Installation über eine Netzwerkverbindung) werden separat behandelt (siehe Seite 81 bzw. 82).

- Starten Sie Ihren Rechner unter Windows, und werfen Sie einen Blick in die Linux-Installations-CD-ROM. Dort finden Sie in den meisten Fällen Online-Dokumentation (z.B. Installationsanleitungen, ein Handbuch im HTML- oder PDF-Format etc.).
- Wenn Ihr aktuelles Betriebssystem die gesamte Festplatte füllt, d.h. wenn Sie weder eine freie Partition noch eine leere Festplatte haben, auf die Linux installiert werden kann, müssen Sie Ihre Festplatte unter DOS/Windows neu partitionieren (Seite 58).

  Das Ziel dieses Schritts besteht darin, einen Bereich der Festplatte für Linux freizugeben, in dem später eine eigene Linux-Partition zur Aufnahme des Linux-Dateisystems eingerichtet werden kann. Bei manchen Distributionen kann dieser Schritt entfallen, wenn Sie sich dafür entscheiden, die Installation in einer großen Datei einer Windows-Partition durchzuführen. Das ist aber mit diversen Nachteilen verbunden und eignet sich primär dazu, um Linux einmal kennen zu lernen.
- Anschließend starten Sie den Rechner neu. Das Linux-Installationsprogramm wird automatisch direkt von der CD-ROM gestartet. Sollte das nicht möglich sein (etwa bei einem alten Mainboard/BIOS), müssen Sie eine oder mehrere Installationsdisketten erzeugen (Seite 66), sofern diese nicht schon mitgeliefert werden.
- Ob Sie die Installation nun von der CD-ROM oder von einer Diskette starten – auf jeden Fall wird jetzt ein minimales Linux-System ausgeführt, in dem das menügesteuerte Installationsprogramm ausgeführt wird. Dieses Programm sieht bei jeder Distribution ein wenig anders aus. Für einige Distributionen finden Sie im Anhang Details zur Bedienung dieses Programms.
- Ein wesentlicher Schritt der Installation – unabhängig von der Distribution, die Sie verwenden – ist das Anlegen von Linux-Partitionen auf der Festplatte. (Für diese Partitionen wurde ja im zweiten Arbeitsschritt Platz geschaffen.) Wie das Partitionierprogramm aussieht, hängt stark von der jeweiligen Distribution ab. Davon unabhängig finden Sie auf Seite 69 Grundlageninformationen und Partitionierungstipps.
- Bei manchen Distributionen muss der Rechner nach der Partitionierung der Festplatte neu gestartet werden. (Diese Maßnahme stellt sicher, dass die Partitionierung tatsächlich geändert wurde.)
- Im nächsten Schritt geben Sie an, welche Teile der Linux-Distribution Sie installieren möchten.
- Das jetzt installierte System wird nun mit diversen Rückfragen konfiguriert (Netzwerkeinstellungen etc.).

- Ungeklärt ist jetzt nur noch eine Frage: Wie soll Linux in Zukunft gestartet werden? Dazu bestehen im Wesentlichen zwei Möglichkeiten: durch eine Bootdiskette oder mit LILO (Linux Loader) direkt von der Festplatte. Die zweite Variante ist komfortabler, hat allerdings den Nachteil, dass sie unter Umständen mit bereits installierten Betriebssystemen inkompatibel ist (insbesondere mit Windows NT/2000).

  Daher an dieser Stelle ein Ratschlag, der in diesem Buch noch mehrfach wiederholt wird: Installieren Sie LILO während der Erstinstallation nicht auf die Festplatte! Wenn Sie einmal ein laufendes Linux-System besitzen, können Sie LILO immer noch auf die Festplatte installieren. Im Detail ist das ab Seite 256 beschrieben. (LILO kann auch auf eine Diskette installiert werden. Das birgt kein Risiko.)

Sie können jetzt mit Linux zu arbeiten beginnen (siehe Kapitel 3 ab Seite 97 zu den ersten Schritten) bzw. manuell weitere Konfigurationsschritte durchführen und Linux optimal an Ihre besonderen Ansprüche anpassen.

Insgesamt wird die Erstinstallation von Linux (inklusive Basiskonfiguration) vermutlich einige Stunden in Anspruch nehmen. Ernsthafte Probleme sind dabei kaum zu erwarten – es sei denn, Sie verwenden Hardware-Komponenten, die Linux nicht kennt.

VORSICHT

Um es nochmals zusammenzufassen: Es gibt während einer Linux-Installation nur zwei kritische Punkte, bei denen Sie unbeabsichtigt Daten anderer Betriebssysteme zerstören oder Ihren Rechner nicht mehr startbar machen können: die Partitionierung der Festplatte durch `fdisk` und die Installation von LILO auf die Festplatte.

TIPP

Besonders für Linux-Einsteiger ist es sehr zu empfehlen, dass Sie während der Installation durchgeführte Eingaben mitprotokollieren. Besonders wichtig sind Partitionsnamen (z.B. `/dev/hda5`), die Sie unter Umständen später wieder brauchen – und bis dahin haben Sie die vielen oft ähnlich lautenden Abkürzungen womöglich wieder vergessen.

Vorarbeiten

Bevor es richtig losgeht, sind noch zwei Dinge zu erledigen: Erstens müssen Sie sicherstellen, dass Sie eine leere Diskette besitzen – die benötigen Sie während der Installation. Zweitens sollten Sie in Erfahrung bringen, wie Ihre Hardware im Detail aussieht. Welchen SCSI-Kontroller verwenden Sie? Welche Grafikkarte? Welche Sound-Karte? Was ist die maximale Zeilenfrequenz (in kHz) und Bildfrequenz (in Hz) Ihres Monitors? Diese Informationen benötigen Sie möglicherweise während der Installation. (Wenn Sie Glück haben, wird Ihre Hardware vollautomatisch erkannt – aber das ist leider nicht immer der Fall.)

Die Antworten auf diese Fragen sollten Sie in der mit Ihrem Rechner mitgelieferten Dokumentation finden (ein frommer Wunsch, ich weiß ...). Falls Sie auf Ihrem Rechner bereits Windows installiert haben, können Sie die meisten Informationen aber auch dem Systemsteuerungsprogramm entnehmen.

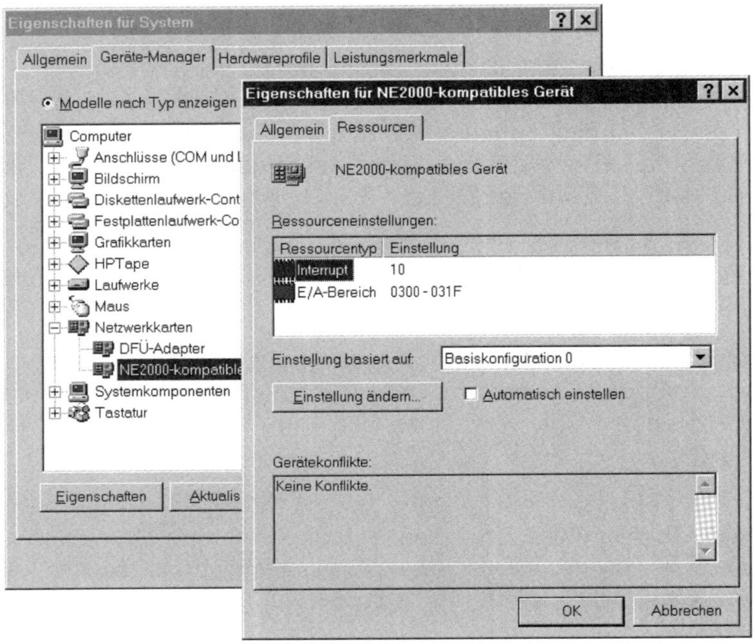

Abbildung 2.1: Die Netzwerkkarte ist NE-2000-kompatibel und verwendet den Interrupt 10 und den Adressbereich 300-31F (hexadezimal)

TIPP Unter Windows 3.1 liefert das Programm `MSD.EXE` ähnliche Informationen (wenn auch mit einer nicht ganz so eleganten Oberfläche).

Wenn es Probleme gibt ...

TIPP Lesen Sie vor Beginn der Installation auf jeden Fall die `README`-Dateien auf der CD-ROM! Diese Dateien sind in jedem Fall aktueller als mitgelieferte Handbücher bzw. als dieses Buch. Unter Windows verwenden Sie am besten `WORDPAD.EXE`. Dieses Programm kommt im Gegensatz zu `NOTEPAD.EXE` mit den Unix-Textdateien ohne die DOS-übliche Zeilentrennung zurecht.

Falls Sie zum Booten eine Diskette verwenden, kann das Diskettenlaufwerk eine ganz triviale Fehlerursache darstellen. Wenn der Rechner während des Ladens der Bootdiskette hängen bleibt, versuchen Sie, eine neue Bootdiskette zu erstellen (natürlich auf einer anderen Diskette!).

Linux kommt mit vielen Hardware-Komponenten auf Anhieb zurecht. Da aber monatlich neue Grafikkarten, CD-ROM-Laufwerke etc. auf den Markt kommen, existieren viele Hardware-Konstellationen, die Probleme bereiten. Einige Problemfälle und Lösungsmöglichkeiten werden am Ende dieses Kapitels behandelt (siehe Seite 86). Ich kann in diesem Buch aber nicht Tipps für alle erdenklichen Hardware-Konstellationen geben – ganz einfach deswegen, weil ich diese Hardware nicht besitze. (Auf meinen Rechnern läuft Linux problemlos!)

Es kann daher vorkommen, dass gerade bei Ihnen ein Installationsproblem auftritt, das in diesem Buch nicht behandelt wird. In solchen Fällen sollten Sie als Erstes die Online-Dokumentation zu Linux studieren. Hierzu ist es praktisch, wenn Sie über ein anderes Betriebssystem (Windows) oder einen anderen Rechner Zugang zum Internet haben. Nirgendwo sonst finden Sie so rasch Informationen.

Ein guter Startpunkt sind die Homepages der jeweiligen Distributionen (z.B. `www.debian.org`, `www.redhat.com`, `www.suse.de`). Das Forum, in dem Sie im Falle von Hardware-Schwierigkeiten am ehesten eine Lösung finden, sind die diesbezüglichen Linux-Newsgruppen (`de.comp.os.unix.linux.hardware`, `comp.os.linux.hardware` etc.). Eine Menge Linux-Links finden Sie auf meiner Homepage (siehe Vorwort). Sehr praktisch zur Suche in Newsgruppen ist schließlich eine News-Suchmaschine (z.B. `www.deja.com/usenet`).

Schließlich können Sie es auch mit einer E-Mail an mich versuchen (Adresse siehe Vorwort). Ich bemühe mich, Ihnen weiterzuhelfen, bin aber bei Hardware, die ich nicht selbst besitze, meist überfordert.

US-Tastaturlayout

In den ersten Phasen der Installation kann es vorkommen, dass noch kein deutscher Tastaturtreiber installiert ist und daher das amerikanische Tastaturlayout gilt. Das trifft auf jeden Fall für die Eingabe von Bootparametern unmittelbar nach dem Rechnerstart zu (wenn Sie von einer Installationsdiskette booten).

Solange das US-Tastaturlayout gilt, sind (Y) und (Z) vertauscht; außerdem bereitet die Eingabe von Sonderzeichen Probleme. Die folgende Tabelle zeigt, wie Sie diverse Sonderzeichen auf einer deutschen Tastatur trotz eines fehlenden Tastaturtreibers eingeben können. Dabei wird in der ersten Spalte die auf einer deutschen Tastatur erforderliche Tastenkombination angegeben, um das Zeichen in der zweite Spalte zu erzeugen. Verwenden Sie auch den nummerischen Tastaturblock – die dort befindlichen Sonderzeichen funktionieren mit Ausnahme des Kommas problemlos!

Tastenkürzel zur Eingabe von Sonderzeichen

Z	Y	Ö	;	Shift+9	(
Y	Z	Shift+Ö	:	Shift+0	)
-	/	Shift+-	?	Ü	[
#	\	Shift+Ä	"	+	]
ß	- (Bindestrich/Minus)	Ä	'	Shift+Ü	{
Shift+ß	_ (Unterstrich)	^	`	Shift++	}
´	=	Shift+^	~	Shift+,	<
Shift+´	+	Shift+2	@	Shift+.	>
Shift+8	*	Shift+3	#		
Shift+7	&	Shift+6	^		

Im Verlauf des Installationsprozesses können Sie dann die richtige Tastaturtabelle auswählen. Falls es auch nach der Installation noch Tastaturprobleme gibt, finden Sie auf Seite 196 (Text-Modus) bzw. auf Seite 336 (X) eine Anleitung, wie Sie dieses Manko beheben können.

2.3 Neupartitionierung der Festplatte unter DOS/Windows

Das Ziel dieses Abschnitts ist es, Platz für die Linux-Installation zu schaffen. Eine Neupartitionierung ist notwendig, wenn die Partition(en) Ihres bisherigen Betriebssystems die gesamte Festplatte füllen.

Unter einer Partition versteht man einen eigenständigen Abschnitt der Festplatte. Unter DOS/Windows bekommen Partitionen eigene Buchstaben (`C:`, `D:` etc.) und verhalten sich scheinbar wie selbstständige Festplatten.

Wenn Sie auf einer Platte mehrere Betriebssysteme (Windows 9x, Windows NT, OS/2, Linux etc.) unterbringen möchten, ist eine Zerlegung in mehrere Partitionen unabdingbar. Jedes Betriebssystem benötigt zumindest eine Partition. (Es reicht also nicht aus, dass auf einer Partition einige 100 MByte frei sind – es muss eine *eigene* Partition sein!) Das Problem besteht darin, dass die meisten Computerhändler die Festplatte beim Verkauf mit einer einzigen großen Windows-Partition füllen. Zur Neupartitionierung haben Sie mehrere Möglichkeiten.

- Sie können vorhandene Partitionen löschen und in verkleinerter Form neu anlegen. Diese Variante ist immer möglich, sie ist aber unattraktiv, weil dabei alle Daten verloren gehen. Selbst wenn Sie einen Streamer besitzen, kosten die Neuinstallation des Betriebssystems und die Wiederherstellung der Daten Stunden (wenn nicht Tage).

- Sie verkleinern eine bestehende Partition mit dem Programm FIPS. Das klappt recht gut und ohne Datenverlust, allerdings nur, wenn es sich um eine Partition für DOS/Windows 3.1/Windows 9x handelt (nicht aber bei OS/2, Windows NT/2000 etc.). FIPS ist ein kleines DOS-Programm, das mit den meisten Linux-Distributionen mitgeliefert wird.
- Sie verwenden ein kommerzielles Zusatzprogramm zur Neupartitionierung (etwa Partition Magic). Das ist zwar eine verhältnismäßig teure Lösung, sie erspart aber wie FIPS einen Datenverlust und bietet gleichzeitig einen viel höheren Bedienungskomfort. Zudem funktioniert es auch für Partitionen in anderen Formaten (inklusive Windows NT/2000).

Dieser Abschnitt geht zuerst ein wenig auf die Grundlagen von Partitionen ein. Er beschreibt dann das Programm FIPS (das mit fast allen Linux-Distributionen mitgeliefert wird) und schließlich das Programm FDISK (das unter DOS, Windows 3.1 und Windows 9x zur Verfügung steht). Falls Sie ein anderes Betriebssystem verwenden (OS/2, Windows NT), müssen Sie zur Neupartitionierung das jeweils dafür vorgesehene Tool verwenden (etwa den Festplattenmanager bei Windows NT/2000).

TIPP

Noch besser ist es, wenn Sie den ganzen Partitionierungsärger ganz vermeiden können: Bei einem Rechnerneukauf bestehen Sie darauf, dass das mitgelieferte Betriebssystem in einer kleinen Partition installiert wird (max. 6 GByte)! Sie können dann nach Belieben weitere Partitionen sowohl für Windows (zur Installation von Anwendungsprogrammen) als auch für Linux oder andere Betriebssysteme anlegen und gewinnen sehr an Flexibilität. Wenn Sie Ihren Rechner schon besitzen und die Windows-Partition nicht antasten möchten, können Sie sich natürlich auch für Linux eine zweite Festplatte besorgen.

VERWEIS

Es gibt eine spezielle Installationsvariante von Linux, die die Partitionierungsprobleme elegant umgeht. Dabei wird Linux nicht in eine eigene Partition, sondern in ein Verzeichnis bzw. in eine große Datei einer DOS/Windows-Partition installiert. Dieses Verfahren ist allerdings mit vielen technischen Nachteilen verbunden und wird nur von wenigen Distributionen unterstützt.

Partitionstypen

Bevor näher auf die Anwendung der Programme `FIPS` und `FDISK` eingegangen wird, noch einige Hintergrundinformationen: Um die Verwirrung der Anwender noch zu steigern, existieren gleich drei Typen von Festplattenpartitionen: primäre, erweiterte und logische Partitionen.

Auf einer Festplatte können maximal vier primäre Partitionen existieren. Außerdem besteht die Möglichkeit, statt einer dieser vier primären Partitionen eine erweiterte Partition zu definieren. Innerhalb der erweiterten Partition können dann mehrere logische Partitionen angelegt werden.

Eine erweiterte Partition dient nur als Container für logische Partitionen. Der einzige Sinn einer erweiterten Partition besteht also darin, das Limit von vier primären Partitionen zu umgehen. Zur eigentlichen Speicherung von Daten sind also nur primäre und logische Partitionen erlaubt.

Erschwerend kommt hinzu, dass das DOS-Programm `FDISK` nur eine einzige primäre Partition definieren kann (während das gleichnamige Linux-Kommando `fdisk` auch in der Lage ist, weitere primäre Partitionen zu bilden). In der Praxis bedeutet das, dass Sie unter DOS maximal eine primäre, eine erweiterte und darin mehrere logische Partitionen definieren können.

Das Verwirrspiel setzt sich bei der Benennung der Partitionen in einem System mit mehreren Festplatten fort. Unter DOS/Windows werden die Laufwerksbuchstaben wie folgt vergeben: `C:` für die primäre Partition der ersten Festplatte, `D:` für die primäre Partition der *zweiten* Festplatte etc. Erst nach der Benennung aller primären Partitionen kommen die logischen Partitionen an die Reihe. (Da in erweiterten Partitionen unmittelbar keine Daten gespeichert werden, erhalten diese auch keinen Buchstaben.) Wenn Sie drei Platten mit je einer primären und zwei logischen DOS-Partitionen besitzen, dann gehören also C, F und G zur ersten Platte, D, H und I zur zweiten Platte und E, J und K zur dritten Platte.

Auf Partitionen mit fremden Dateisystemen können Sie unter DOS/Windows übrigens nicht zugreifen. Die Partitionen erhalten keinen Buchstaben und sind praktisch unsichtbar.

HINWEIS

Abschließend eine letzte Zusatzinformation: das Partitionieren und das Formatieren einer Festplatte sind zwei unterschiedliche Vorgänge! Nach dem Partitionieren einer Festplatte können Sie die entstandenen Plattenbereiche zwar unter den Buchstaben C:, D: etc. ansprechen, darauf aber noch keine Daten sichern. Zur Nutzung unter DOS/Windows müssen Sie vielmehr auf den neuen Partitionen mit `FORMAT` ein Dateisystem anlegen.

Platzaufteilung der Festplatte

Bevor Sie zur Tat schreiten und die Partitionierung Ihrer Platte ändern, sollten Sie sich überlegen, wie viel Platz Sie für welches Betriebssystem reservieren möchten. Genau genommen geht es an dieser Stelle erst darum, Platz auf Ihrer Festplatte frei zu machen, um später neue Partitionen anzulegen. Wozu Sie den freien Platz dann nutzen, ist vorläufig noch offen; Sie können ja ohne weiteres später neben Linux-Partitionen auch weitere DOS/Windows-Partitionen anlegen, wenn sich die erste als zu klein erweist.

Die folgenden Richtlinien helfen Ihnen vielleicht weiter:

- Wenn Sie mit Windows 9x arbeiten, sind 2 GByte für die Windows-Systempartition eine vernünftige Größe. Wenn Sie später eine Menge Windows-Programme installieren, können Sie dazu ja ohne weiteres auch eine zweite Windows-Partition (D:) anlegen.

- Nun zu Linux: Prinzipiell kommt ein minimales Linux-System mit 50 bis 100 MByte aus (ohne X Window System) – aber nur wenige Distributionen sind überhaupt noch in der Lage, ein so kleines System zu erzeugen. Ein vernünftiger Richtwert für Linux-Einsteiger sind ebenfalls rund 2 GByte – dann bleibt auch noch etwas Platz für ein paar kommerzielle Zusatzprogramme. (Beispielsweise beansprucht allein StarOffice mehr als 160 MByte!) Mehr Details zu diesem Thema finden Sie auf Seite 73.
- Zumindest eine Linux-Partition sollte vollständig innerhalb der ersten 1024 Zylinder einer Festplatte liegen. Der Grund: Sie werden später wahrscheinlich LILO installieren, um Linux bequem von der Festplatte zu booten. Je nach BIOS- und LILO-Version ist dabei aber nur ein Zugriff auf die ersten 1024 Zylinder möglich.

  Da die Zylindergröße vom BIOS abhängt, lässt sich nicht genau sagen, welcher Speicherbereich durch die 1024 Zylinder abgedeckt wird. Im ungünstigsten Fall (bei sehr alter Hardware) liegt die Grenze bereits bei etwa 500 MByte. Im Regelfall – d.h. bei marktüblicher Hardware – liegt die Grenze bei etwa 8 GByte. Die 1024-Zylinder-Grenze gilt übrigens nur für den *Start* von Linux. Sobald der Kernel läuft, kann Linux auf die gesamte Festplatte zugreifen.

VERWEIS

Details und Hintergrundinformationen zu Zylindern folgen auf Seite 69. Übrigens besteht auch dann kein Grund zur Verzweiflung, wenn es unmöglich ist, innerhalb der ersten 1024 Zylinder eine Linux-Partition anzulegen. Mit einigen Tricks gelingt die LILO-Installation auch dann (siehe Seite 268) – und sonst können Sie immer noch mit einer Diskette booten.

Verkleinerung einer Partition durch FIPS

Mit dem Programm `FIPS.EXE`, das sich normalerweise im Verzeichnis `dosutils` von Linux-CDs befindet, können Sie in vielen Fällen eine vorhandene Partition der Betriebssysteme DOS/Windows 3.1/Windows 9x verkleinern, ohne dass dabei Daten verloren gehen.

VORSICHT

Auch wenn `FIPS` als verhältnismäßig sicher und stabil gilt, sind Probleme natürlich nie auszuschließen. Daher ist eine Sicherung aller wichtigen Daten vor der Verwendung von `FIPS` unbedingt anzuraten!

Windows 95 b, 95 OEM, 98 und ME (Millenium Edition) verwenden ein neues Dateisystem (FAT32). FIPS kommt damit erst ab Version 2.0 zurecht. Stellen Sie sicher, dass Sie eine aktuelle Version verwenden!

FIPS kann nicht mit NTFS-Partitionen von Windows NT/2000 umgehen! Zur Verkleinerung solcher Partitionen ohne Datenverlust müssen Sie kommerzielle Tools einsetzen (z.B. das schon erwähnte Partition Magic).

FIPS verkleinert eine vorhandene primäre Partition so weit wie möglich und legt im frei werdenden Raum eine zweite, neue primäre Partition an. Falls Sie mehrere Festplatten oder andere Partitionen besitzen, kann sich durch die neue Partition deren Laufwerksbuchstabe ändern (aus D: wird eventuell E:). Das gibt sich aber wieder, sobald Sie die neu gewonnene Partition als Linux-Partition einrichten.

Die verkleinerte primäre Partition kann auf keinen Fall kleiner werden als die darauf gespeicherten Daten (ist ja klar, oder?). In vielen Fällen wird die Partition sogar größer ausfallen, nämlich dann, wenn beim Defragmentieren nicht verschiebbare Dateien übrig bleiben.

FIPS teilt also eine primäre Partition in zwei kleinere primäre Partitionen. Die Teilung kann nur im freien Bereich der Partition erfolgen. (Es muss also am Ende der Partition einen Bereich geben, der nicht von irgendwelchen Dateien belegt ist). Aus diesem Grund ist es erforderlich, die Platte vorher zu defragmentieren. Dabei werden die von einer Datei belegten Sektoren zusammengeschoben (während es im fragmentierten Zustand passiert, dass die Sektoren einer Datei über die ganze Platte verteilt sind). Der erste Teil der Partition ist dann vollständig belegt, der hintere Teil ist frei. Der Zugriff auf die Platte ist jetzt etwas schneller als im fragmentierten Zustand. (Die Fragmentierung entsteht übrigens durch die normale Nutzung der Festplatte, also durch das Löschen und Anlegen verschieden großer Dateien.)

Vor dem Defragmentieren sollten Sie die Partition auf Fehler untersuchen (CHKDSK unter DOS, SCANDISK unter Windows 9x) und eventuell vorhandene Sektoren, die keiner Datei mehr zugeordnet sind, löschen.

Zum Defragmentieren steht unter DOS 6.0 das Programm DEFRAG zur Verfügung. Unter Windows 9x klicken Sie im Explorer das Symbol der Platte mit der rechten Maustaste an, wählen den Kontextmenüeintrag EIGENSCHAFTEN, Dialogblatt EXTRAS und wählen im nun erscheinenden Dialog den Button JETZT OPTIMIEREN. Sie können diesem Programm übrigens schön bei der Arbeit zusehen, wenn Sie den Button DETAILS EIN anklicken.

Das Problem bei der Anwendung der Defragmentierprogramme besteht darin, dass sie manche Systemdateien als nicht verschiebbar betrachten. Wenn Sie Pech haben und eine nicht verschiebbare Datei im hinteren Bereich der Partition liegt, kann FIPS die Partition nicht im vollen Ausmaß verkleinern. Die Dokumentation zu FIPS gibt zwar einige Tipps zum Ursprung solcher Dateien, diese treffen allerdings nur für DOS bzw. Windows 3.1 zu.

Welche Dateien unter Windows 9x als nicht verschiebbar gelten, ist leider nicht bekannt. (Auf meinem Rechner hätte eine solche Datei die Anwendung von FIPS weitgehend sinnlos gemacht. Eine nicht verschiebbare Datei befand sich in den letzten fünf Prozent einer zur Hälfte freien Partition. Es war nicht festzustellen, welche Datei schuld war. Ob Defragmentierprogramme anderer Hersteller bessere Ergebnisse erzielen, ist mir nicht bekannt.)

TIPP

Wenn die Ergebnisse der Defragmentierung enttäuschend ausfallen, können Sie versuchen, DEFRAG mit den folgenden Optionen aufzurufen.

```
DEFRAG C: /p /f /h
```

Hilft auch das nicht, können Sie die Festplatte nach nicht verschiebbaren Dateien durchsuchen und deren System- und Hidden-Attribute manuell zurücksetzen. Das DOS-Kommando `ATTRIB /S \*.* > datei` schreibt eine Liste mit den Attributen aller Dateien der Festplatte in eine Textdatei.

Diese Textdatei können Sie nun bequem in einem Editor lesen und anschließend bei einzelnen Dateien entweder mit ATTRIB oder im Explorer (rechte Maustaste, Kontextmenü EIGENSCHAFTEN) die System- und Hidden-Attribute ändern. Dabei ist allerdings einige Vorsicht angebracht! Verzichten Sie auf Änderungen direkt im Wurzelverzeichnis. Vorsicht ist auch bei der Swap-Datei geboten! Anschließend führen Sie das Defragmentierprogramm ein weiteres Mal aus und hoffen auf bessere Resultate.

Als Nächstes müssen Sie eine DOS-Bootdiskette erstellen (`FORMAT A:/s`) und darauf die Programme FIPS, RESTORRB und die Textdatei `error.txt` kopieren. Mit dieser Diskette starten Sie Ihren Rechner neu und führen dann FIPS aus. (Starten Sie FIPS *nicht* direkt aus einem laufenden System – Sie gehen damit ein erhebliches Sicherheitsrisiko ein!)

Die Bedienung von FIPS ist dann denkbar einfach: Das Programm untersucht die Festplatte und zeigt das Ergebnis der Analyse an. Die aktuellen Partitionsinformationen (Root- und Bootsektor) können auf die Diskette kopiert werden, um im Fall von Problemen die Partition mit RESTORRB später wiederherstellen zu können.

Anschließend können Sie mit den Cursortasten (←) und (→) angeben, an welcher Stelle die Partition in zwei kleinere Partitionen geteilt werden soll. (Die Teilungsstelle kann natürlich nur im ungenutzten Bereich der Partition ausgewählt werden. Es ist sinnvoll, auf der zu teilenden Partition zumindest einige MByte frei zu lassen, sonst ist anschließend ein vernünftiges Arbeiten kaum mehr möglich.) Nach mehreren Sicherheitsabfragen wird die Partition schließlich tatsächlich geteilt. (Sie können das Programm jederzeit mit (Strg)+(C) abbrechen, wenn Sie sich unsicher sind!)

Wenn Sie den Rechner nun neu starten, sollte DOS bzw. Windows wie bisher funktionieren. Allerdings sollte der freie Speicherplatz jetzt deutlich geringer sein. Dafür besitzen Sie eine neue leere Partition. Wenn Sie die Partition unter DOS/Windows nutzen möchten, müssen Sie sie dazu mit FORMAT formatieren. Höchstwahrscheinlich möchten Sie die Partition aber unter Linux verwenden: Dazu starten Sie das DOS-Programm FDISK und löschen die Partition. (Während der Installation von Linux werden Sie in diesem nun wirklich freien Bereich der Festplatte dann eine neue Linux-Partition anlegen.) Details zur Bedienung von FDISK folgen im nächsten Teilabschnitt.

HINWEIS

Zu `FIPS` existiert übrigens eine ausführliche (englische) Online-Dokumentation: `fips.doc` beschreibt die Bedienung des Programms, `errors.txt` enthält eine Liste der möglichen Fehlermeldungen und eine kurze Beschreibung, und `techinfo.txt` gibt technische Hintergrundinformationen (für die, die es interessiert). Weitere Informationen zu FIPS finden Sie auch im Internet:

`http://www.igd.fhg.de/~aschaefe/fips/`

Neupartitionierung der Festplatte mit FDISK

Es wurde bereits erwähnt, dass das Löschen einer Partition durch das Programm `FDISK` einen vollständigen Verlust aller Daten dieser Partition nach sich zieht! Daher ist ein Backup aller eigenen Daten erforderlich!

Das ist aber nicht das einzige Problem: Sie müssen sicherstellen, dass Sie nach der Ausführung von `FDISK` Disketten oder Installations-CD-ROMs haben, mit denen Sie DOS bzw. Windows neu installieren und anschließend die gelöschten Daten wiederherstellen können. (Nach dem Löschen der Partition durch `FDISK` steht ja auch kein DOS oder Windows mehr zur Verfügung!) Das Problem besteht darin, dass Sie oft von Ihrem Händler ein vorkonfiguriertes System erhalten haben. Die Installation von Windows 9x oder Windows NT auf einem 'nackten' Rechner (also ohne jedes installierte Betriebssystem) ist aber ebenso kompliziert wie die Installation von Linux – nur viel schlechter dokumentiert.

Da dies ein Buch zu Linux ist (und nicht die technische Dokumentation zu Windows 9x oder NT), muss ich Sie bezüglich der Windows-Neuinstallation leider Ihrem Schicksal überlassen. Obwohl ich keine Aktien irgendwelcher Festplattenhersteller habe, würde ich statt einer Windows-Neuinstallation den Kauf einer zweiten Festplatte zumindest in Erwägung ziehen. Sie gewinnen damit nicht nur Platz, sondern auch Flexibilität und Sicherheit. Eine andere Variante besteht darin, Ihren Händler um eine Neuinstallation in eine verkleinerte Partition zu bitten.

TIPP

Unter Windows NT/2000 steht statt FDISK der viel komfortablere Disk Administrator zur Verfügung. Aber auch bei diesem Programm gilt: Es ist nicht möglich, die Größe einer Partition zu verändern, ohne alle darauf enthaltenen Daten zu löschen.

Die Bedienung von FDISK

Es gibt zwei `fdisk`-Kommandos: das DOS/Windows-Kommando `FDISK` und das Linux-Kommando `fdisk`. Prinzipiell erfüllen beide Kommandos dieselben Aufgaben – nämlich das Anlegen und Löschen von Partitionen. Die Kommandos werden aber vollkommen unterschiedlich bedient. Außerdem unterscheiden sich die Programme durch zusätzliche Funktionen: So kann `FDISK` nur eine primäre Partition anlegen, `fdisk` dagegen vier. Es ist also eine klare Trennung zwischen dem DOS-

und dem Linux-Programm notwendig. Um Missverständnisse zu vermeiden, werden in diesem Buch DOS-Kommandos generell großgeschrieben. Dieser Abschnitt bezieht sich ausschließlich auf die DOS-Version, das Linux-`fdisk` wird ab Seite 69 beschrieben.

Nach dem Start von `FDISK` müssen Sie mit ⑤ die gewünschte Festplatte auswählen. Dieser Punkt erscheint nur, wenn Ihr System mit mehr als einer Festplatte ausgestattet ist. Ein Wechsel der aktiven Festplatte ist nur erforderlich, wenn Sie nicht die erste, sondern eine andere Festplatte neu partitionieren möchten. Lassen Sie sich zur Kontrolle mit ④ die Partitionen der gerade aktiven Festplatte anzeigen.

```
                          MS-DOS 6
                Festplatten-Installationsprogramm
             (C) Copyright Microsoft Corp. 1983-1993

Aktuelle Festplatte: 1
Eine der folgenden Optionen auswählen:

1. Erstellen einer DOS-Partition oder eines logischen DOS-Laufwerks
2. Festlegen der aktiven Partition
3. Löschen einer Partition oder eines logischen DOS-Laufwerks
4. Anzeigen der Partitionierungsdaten
5. Wechseln der aktuellen Festplatte

Optionsnummer eingeben: [1]
```

Wenn sich auf der Festplatte nur eine einzige primäre Partition befindet, müssen Sie diese mit dem Kommando ③ löschen. Anschließend richten Sie eine neue, aber kleinere primäre Partition mit dem Kommando ① ein.

Falls Sie mehrere DOS-Partitionen einrichten möchten, können Sie jetzt gleich eine erweiterte Partition erzeugen, die den gesamten restlichen Speicher der Platte füllen kann. Innerhalb der erweiterten Partition können Sie nun logische Partitionen (für DOS) einrichten. Unter Linux können Sie dann später weitere logische Partitionen (innerhalb der erweiterten Partition) für Linux einrichten.

Sie können die erweiterte Partition auch erst unter Linux einrichten. Das hat den Vorteil, dass Sie im Linux-Programm `fdisk` auch mehrere primäre Partitionen einrichten können (was mit DOS-`FDISK` nicht möglich ist). Im Regelfall ist es für die Nutzung von Linux aber egal, ob es in einer primären oder in einer logischen Partition untergebracht ist.

2.4 Installation starten

Nachdem auf der Festplatte nun Platz für Linux ist, geht es jetzt darum, die Installation zu starten. Die Linux-Installation erfolgt immer unter Zuhilfenahme eines minimalen Linux-Systems, das im Wesentlichen aus einem sogenannten Kernel und dem eigentlichen Installationsprogramm besteht. (Der Kernel ist unter anderem für die Kommunikation mit der Hardware zuständig, also für den Zugriff auf die Festplatte, für die Ansteuerung der Grafikkarte, die Abfrage der Tastatur etc.) Je nach Distribution und Hardware gibt es verschiedene Startmöglichkeiten:

- Der übliche Weg besteht darin, dass Sie die Linux-CD in das Laufwerk legen und den Rechner neu starten. Linux wird während des Neustarts direkt von dieser CD ausgeführt.
- Sollte das nicht klappen (weil Ihr altes Mainboard keinen Start direkt von der CD ermöglicht oder weil Ihre Linux-CD diese Installationsvariante nicht vorsieht), müssen Sie eine Bootdiskette verwenden. Wenn Sie Glück haben, wurde eine derartige Diskette mit der Distribution gleich mitgeliefert. Andernfalls müssen Sie die Bootdiskette selbst erstellen, was aber auch in drei Minuten erledigt ist.
- Eine weitere Variante besteht darin, ein auf der CD befindliches Installationsprogramm von DOS aus zu starten. Diese Variante wird allerdings nur noch selten angeboten, weil es immer weniger Rechner gibt, die tatsächlich noch unter DOS benutzt werden können. (Ein DOS-Fenster unter Windows reicht für diese Installationsvariante nicht aus! Windows würde durch den Linux-Installationsstart unkontrolliert beendet, was einen Datenverlust nach sich ziehen kann!)

TIPP

Damit ein Booten von einer CD-ROM oder Diskette überhaupt möglich ist, muss diese Option im BIOS Ihres Rechners aktiviert sein. Häufig ist das aus Sicherheitsgründen nicht der Fall (um so Bootsektorviren vorzubeugen).

Das BIOS steuert auf unterster Ebene Ihren Rechner. Diverse Konfigurationsdaten werden in einem kleinen BIOS-RAM gespeichert. Dieser Speicher ist durch eine Batterie gepuffert und bleibt daher auch nach dem Ausschalten erhalten.

Um die BIOS-Einstellungen zu ändern, müssen Sie unmittelbar nach dem Einschalten eine Taste drücken (häufig (Entf) oder (F1)). Wie Sie in das BIOS-Menü gelangen bzw. wie die Veränderung des BIOS im Detail erfolgt, hängt von Ihrem BIOS ab und kann daher hier nicht beschrieben werden. Informationen darüber finden Sie im Handbuch zu Ihrem Rechner (genau genommen: zum Mainboard). Beachten Sie, dass während der BIOS-Einstellung meist das amerikanische Tastaturlayout vorausgesetzt wird. Unter anderem sind (Y) und (Z) vertauscht!

Bootkernel-Interna

Der Kernel muss beim Start Ihre Hardware erkennen. Es werden zwar nicht alle Hardware-Komponenten benötigt – die Soundkarte spielt für die Installation keine

Rolle – aber zumindest der Zugriff auf die Festplatten (auch bei SCSI-Systemen), auf das CD-ROM-Laufwerk oder auf die Netzwerkkarte muss klappen. Nun gibt es leider Dutzende SCSI-Karten und vermutlich Hunderte von Netzwerkkarten, die zueinander größtenteils inkompatibel sind.

Aus diesem Grund wird vorerst ein Minimal-Kernel geladen, der nicht viel mehr als EIDE-Festplatten erkennt. Alle weiteren Hardware-Komponenten werden durch sogenannte Module unterstützt. Das Installationsprogramm versucht selbstständig, die richtigen Module zu aktivieren – und bei vielen PC-Konfigurationen klappt das tatsächlich vollautomatisch. Nur wenn das nicht der Fall ist, ist es Ihre Aufgabe, die erforderlichen Informationen (natürlich menügesteuert) anzugeben.

Installationsdisketten erzeugen

Wenn mit einer Distribution keine Installationsdisketten mitgeliefert werden und der Start von der CD-ROM nicht klappt, müssen Sie selbst zur Tat schreiten. Im Prinzip geht es nur darum, eine Datei von der CD-ROM auf eine leere Diskette zu kopieren. (Bei manchen Distributionen und/oder bei manchen Hardware-Konstellationen benötigen Sie zwei oder sogar noch mehr Disketten.)

Zum Kopieren der sogenannten Image-Dateien auf die Diskette(n) dürfen Sie nicht `COPY` oder `cp` verwenden, sondern `RAWRITE` (DOS/Windows) oder `dd` (Linux)! Der Grund: als Dateisystem für die Installationsdiskette wird nicht das DOS-Format verwendet.

Installationsdiskette unter DOS/Windows erzeugen

Das Schreiben von Bootdisketten erfolgt mit `RAWRITE.EXE`. Dieses Programm überträgt den Inhalt einer Datei Sektor für Sektor auf eine formatierte 3,5-Zoll-Diskette. Das Programm (bzw. dessen neuere Version `RAWRITE2.EXE`) befindet sich normalerweise im Verzeichnis `DOSUTILS` der Linux-CD.

Das folgende Kommando zeigt beispielhaft das Erzeugen einer Bootdiskette. Natürlich müssen Sie beim folgenden Beispiel den Laufwerksbuchstaben `Z:` für das CD-ROM-Laufwerk sowie die Pfad- und Dateinamen entsprechend Ihrer Linux-CD ändern. > ist der Eingabeprompt und darf nicht mit eingegeben werden.

```
>  Z:\DOSUTILS\RAWRITE -f z:\images\boot.img -d a:
```

Installationsdiskette unter Linux erzeugen

Falls Sie bereits ein Linux-System besitzen, können Sie die Installationsdisketten auch dort erzeugen. Hier ist `root#` der Eingabeprompt und darf nicht mit eingegeben werden.

```
root#  dd if=/cdrom/images/boot.img of=/dev/fd0
```

Bootprozess

Der Bootprozess verläuft automatisch. Die einzige Möglichkeit zur Einflussnahme besteht vor dem Start, wo Sie entweder einfach (↵) drücken oder aber zusätzliche Parameter eingeben können. Das ist nur erforderlich, wenn der Bootkernel Probleme bei der Erkennung der Hardware hat. (Versuchen Sie es also zuerst ohne zusätzliche Parameter.) Eine Liste mit wichtigen Bootparametern finden Sie auf Seite 86. Tipps zum Umgang mit dem amerikanischen Tastaturlayout, das in dieser Phase noch gilt, finden Sie auf Seite 57.

Während der Linux-Kernel gestartet wird, erscheinen diverse Meldungen zur vorgefundenen Hardware auf dem Bildschirm. Meldungen, die bereits aus dem Bildschirm hinausgeschoben wurden, können mit (Shift)+(Bild ↑) nochmals angezeigt werden. Achten Sie bei den Meldungen darauf, ob sie mit Ihrer Hardware übereinstimmen und ob Ihr Festplatten-Controller, Ihre Festplatten und Ihr CD-ROM-Laufwerk erkannt werden. Die angezeigten Meldungen haben in etwa das folgende Aussehen (im Detail sehen sie je nach vorgefundener Hardware und Kernel-Version ein wenig anders aus):

```
Linux version 2.2.0 (root@myhost) (gcc version 2.7.2.3)
  #2 Fri Jan 15 17:57:30 MET 1999
Detected 400917748 Hz processor.
Console: colour VGA+ 80x50
Calibrating delay loop... 399.77 BogoMIPS
Memory: 128012k/131008k available (804k kernel code,
  408k reserved, 1748k data, 36k init)
CPU: Intel Pentium II (Deschutes) stepping 01
Checking 386/387 coupling... OK, FPU using exception 16
  error reporting.
Checking 'hlt' instruction... OK.
POSIX conformance testing by UNIFIX
PCI: PCI BIOS revision 2.10 entry at 0xf0550
PCI: Using configuration type 1
PCI: Probing PCI hardware
Linux NET4.0 for Linux 2.2
Based upon Swansea University Computer Society NET3.039
NET4: Unix domain sockets 1.0 for Linux NET4.0.
NET4: Linux TCP/IP 1.0 for NET4.0
IP Protocols: ICMP, UDP, TCP
Starting kswapd v 1.5
pty: 256 Unix98 ptys configured
RAM disk driver initialized:  16 RAM disks of 4096K size
PIIX4: IDE controller on PCI bus 00 dev 21
PIIX4: not 100% native mode: will probe irqs later
    ide0: BM-DMA at 0xc800-0xc807, BIOS settings: hda:DMA, hdb:pio
    ide1: BM-DMA at 0xc808-0xc80f, BIOS settings: hdc:DMA, hdd:pio
hda: IBM-DHEA-38451, ATA DISK drive
hdc: IBM-DHEA-38451, ATA DISK drive
ide0 at 0x1f0-0x1f7,0x3f6 on irq 14
ide1 at 0x170-0x177,0x376 on irq 15
hda: IBM-DHEA-38451, 8063MB w/472kB Cache, CHS=1027/255/63, UDMA
hdc: IBM-DHEA-38451, 8063MB w/472kB Cache, CHS=16383/16/63, UDMA
Floppy drive(s): fd0 is 1.44M
```

```
FDC 0 is a post-1991 82077
Partition check:
 hda: hda1 hda2 < hda5 hda6 hda7 hda8 >
 hdc: [PTBL] [1027/255/63] hdc1 hdc2 < hdc5 hdc6 hdc7 >
VFS: Mounted root (ext2 filesystem) readonly.
Freeing unused kernel memory: 36k freed
Serial driver version 4.27 with no serial options enabled
ttyS00 at 0x03f8 (irq = 4) is a 16550A
ttyS01 at 0x02f8 (irq = 3) is a 16550A
```

Linux hat also 128 MByte RAM, einen Pentium-II-Prozessor mit 400 MHz, den PCI-Bus, ein Diskettenlaufwerk, zwei IDE-Festplatten und zwei serielle Schnittstellen erkannt. Weitere Hardware-Komponenten (soweit vorhanden) können später bei der Aktivierung der Module eingebunden werden. (Beachten Sie bitte, dass die Taktfrequenz nicht bei allen Prozessoren korrekt erkannt wird. Das ist kein Problem für den Betrieb von Linux.)

Wenn der Rechner während dieser Meldungen stehen bleibt, gibt es ein Problem mit der Erkennung der Hardware. Sie müssen dann einen neuen Versuch mit einem anderen Kernel oder mit der zusätzlichen Angabe von Bootparametern starten.

Wenn dagegen alles klappt, wird nach dem Laden des Kernels das Dateisystem mit den Installationsdateien geladen. Das erfolgt entweder direkt von der CD-ROM oder von einer weiteren Diskette (Sie werden zum Wechsel der Diskette aufgefordert). Der Prozess endet mit der Login-Aufforderung. Wie es jetzt weitergeht, hängt stark von der gewählten Distribution ab (siehe Anhang).

2.5 Interna zur Verwaltung der Festplatte

Dieser Grundlagenabschnitt geht ein wenig auf die Interna des Festplattenzugriffs ein. Sie können diesen Grundlagenabschnitt vorläufig überspringen, wenn Sie sich nicht für die Details der Festplattenverwaltung interessieren. In den meisten Fällen (und insbesondere bei einigermaßen modernen Rechnern) wird Ihnen das Anlegen der Linux-Partitionen auch ohne dieses Wissen gelingen. Falls dabei allerdings Probleme auftreten (etwa bei sehr großen Platten), hilft Ihnen dieser Abschnitt, die Terminologie der Warnungen und Fehlermeldungen besser zu verstehen.

Umgang mit großen Festplatten

Linux unterstützt theoretisch Partitionen bis zu 4 TByte (Terabyte, also 1024 GByte). In der Praxis werden Sie dieses Limit mangels ausreichend großer Festplatten bis auf weiteres nicht ganz ausschöpfen können. Vielmehr müssen Sie je nach Hardware bereits bei Platten ab 504 MByte mit Schwierigkeiten rechnen! Die Ursache des Problems ist das wenig vorausschauende Design des BIOS. Die Probleme betreffen nur den Bootprozess – sobald Linux einmal läuft, ist es vom BIOS unabhängig und kann die gesamte Festplatte ansprechen.

Um das Problem verständlich zu machen, ist etwas Hintergrundwissen erforderlich: Die Größe von Festplatten wird durch drei Parameter bestimmt: Zylinder, Köpfe und Sektoren. Dieses Zahlentripel wird zumeist als CHS-Geometrie der Festplatte bezeichnet (cylinder, head, sector); gelegentlich werden Sie auch den Begriff 3D-Adressen lesen (LILO-Dokumentation) – gemeint ist dasselbe.

Das 8-GByte-Limit

Aus historischen Gründen gibt es diverse Limits für die CHS-Werte: das BIOS erlaubt maximal 1024 Zylinder, 256 Köpfe und 63 Sektoren. IDE-Platten sehen wiederum maximal 65536 Zylinder, 16 Köpfe und 255 Sektoren vor. Die jeweils kleineren Zahlen führen dann zur magischen 504-MByte-Grenze (1024 Zylinder, 16 Köpfe, 63 Sektoren, 512 Byte je Sektor).

HINWEIS

Die CHS-Werte haben übrigens schon seit geraumer Zeit nichts mehr mit dem physikalischen Aufbau der Festplatte zu tun. Die Festplatte liefert nach außen hin einen bestimmten CHS-Tripel und verhält sich so, als hätte sie wirklich ebenso viele Zylinder, Köpfe und Sektoren. Tatsächlich sehen der Aufbau der Platte und die Anordnung der Daten dann ganz anders aus – aber dafür ist die Elektronik der Festplatte zuständig.

Um dieses Dilemma zu minimieren, gibt es seit einigen Jahren adaptierte BIOS-Versionen für SCSI- und EIDE-Controller. Das BIOS darf zwar weiterhin nicht mehr als 1024 Zylinder melden (das würde Kompatibilitätsprobleme verursachen), es kann aber die restlichen Werte manipulieren: Aus einer Platte, die vorgibt, 2100 Zylinder und 16 Köpfe zu besitzen (physikalischer CHS-Wert), wird scheinbar eine Platte mit 525 Zylindern und 64 Köpfen (logischer CHS-Wert, oft auch als XCHS bezeichnet). Das theoretische Maximum (immer noch DOS-kompatibel) beträgt damit ca. 8 GByte (1024 Zylinder, 256 Köpfe, 63 Sektoren).

Um das 8-GByte-Limit zu überwinden, gibt es ca. seit 1998 eine weitere BIOS-Erweiterung, die sogenannten *Extended INT13 Functions*. Dabei handelt es sich um neue BIOS-Funktionen, mit denen die tatsächliche Festplattengröße direkt an das Betriebssystem übergeben wird (also ohne irgendwelche komplizierten Berechnungen). Allerdings kommen nur relativ neue Betriebssysteme mit dieser Erweiterung zurecht. Windows ab Version 95b (also 98, ME, 2000, nicht aber NT 4), Linux ab LILO-Version 21.3 (verfügbar seit März 2000).

HINWEIS

Das 8-GByte-Limit gilt nur für den Start der Betriebssysteme. Sobald dieser einmal geglückt ist, können fast alle Betriebssysteme (außer DOS und Windows 3.1) auf die gesamte Festplatte zugreifen. Dabei werden die Sektoren der Festplatte dann im sogenannten LBA-Modus (logische Blockadressierung) adressiert – also mit einer fortlaufenden Nummer. Die (X)CHS-Adressierung wird also nur während des Starts angewandt.

Die unter DOS/Windows gültige Festplattengeometrie können Sie übrigens mit dem Programm `DPARAM.COM` ermitteln. Das Programm wird unter DOS mit dem Parameter 0x80 (für die erste Platte) oder 0x81 (zweite Platte) gestartet und liefert als Ergebnis die Anzahl der Zylinder, Köpfe und Sektoren. Das Programm befindet sich auf manchen Linux-CDs (zumeist im Verzeichnis `dos-utils`).

Wahrscheinlich fragen Sie sich jetzt, welche Konsequenzen das 8-GByte-Limit in der Praxis hat:

- Linux kann auf jeden Fall mit einer LILO-Bootdiskette mit eigenem Kernel gestartet werden. Bei vielen Distributionen kann eine derartige Diskette während der Installation erstellt werden.
- Linux kann direkt von der Festplatte gestartet werden, wenn die für den Startprozess erforderlichen Dateien innerhalb des 1024-Zylinder-Limits liegen (also im Regelfall innerhalb der ersten 8 GByte). Das kann zumeist durch eine geschickte Partitionierung der Festplatte erreicht werden (weswegen dieses Thema hier so ausführlich behandelt wird).

  Ist das nicht möglich – weil die vorhandenen Partitionen bereits mehr als 8 GByte beanspruchen –, benötigen Sie vorerst eine Bootdiskette. Später können Sie die für LILO erforderlichen Dateien in eine DOS/Windows-Partition kopieren und Ihr System ebenfalls so einrichten, dass ein komfortabler Start direkt von der Festplatte möglich ist. Dazu ist allerdings etwas Handarbeit erforderlich – siehe Seite 268.
- Bei modernen Mainboards (BIOS mit INT 13 Extension, ca. seit 1998) und mit neuen Linux-Distributionen (Red Hat ab 7.0, SuSE ab 7.0 etc.) gilt die 8-GByte-Grenze gar nicht mehr.

TIPP

In mittlerweile zum Glück sehr seltenen Fällen kommt es vor, dass das Installationsprogramm und in der Folge das Partitionierungsprogramm die Größe der Festplatte nicht korrekt erkennt. Um dieses Problem zu umgehen, müssen Sie ganz am Beginn des Installationsprozesses die CHS-Daten der Festplatte als Kernel-Parameter übergeben. Die genaue Vorgehensweise hängt von der Distribution ab. Meistens können Sie mit einer beliebigen Taste (oder mit (Shift)) den automatischen Start unterbrechen. Sie bekommen dann die Möglichkeit, eine Textzeile einzugeben, die im Regelfall wie das folgende Muster aussieht:

```
linux hda=2055,255,63
```

Das bedeutet, dass die Geometrie der ersten Festplatte durch 2055 Zylinder, 255 Köpfe und 63 Sektoren bestimmt ist (ca. 16 GByte). Dieselben Informationen müssen gegen Ende des Installationsprozesses nochmals bei der LILO-Konfiguration angegeben werden.

Disk-Manager

Was tun, wenn eine neue Festplatte mit einem alten Mainboard betrieben werden soll, dessen BIOS von XCHS/LBA noch nie etwas gehört hat? In solchen Fällen wurde früher oft ein sogenannter Disk-Manager verwendet. Dabei handelt es sich um ein kleines Programm, das unmittelbar nach dem Start des Rechners aktiviert wird und eine ähnliche CHS-Transformation wie das BIOS vornimmt. Zum Glück werden Disk-Manager inzwischen kaum mehr eingesetzt – Linux verträgt sich nämlich nicht mit allen Disk-Managern.

Das 32-GByte-Limit

Mit der stetig wachsenden Festplattengröße ist ein Überlauffehler im Linux-IDE-Treiber entdeckt worden. Dieser Fehler betrifft nicht den Start von Linux, sondern den Betrieb. Um derart große IDE-Festplatten unter Linux nutzen zu können, benötigen Sie zumindest die Kernelversion 2.2.14. (Außerdem benötigen Sie ein BIOS, das mit derart großen Festplatten zurechtkommt – bei älteren BIOS-Versionen gibt es auch hier Probleme. SCSI-Festplatten sind von dem 32-GByte-Limit übrigens nicht betroffen.)

TIPP

Die nächste magische Grenze kommt bestimmt. Eine gute Informationsquelle zu diesem Thema ist das Large-Disk-HOWTO. Wo Sie dieses Dokument finden, ist in Kapitel 4 beschrieben.

Nomenklatur zur Bezeichnung der Partitionen

DOS-Partitionen werden mit Buchstaben bezeichnet, also `C:`, `D:` etc. Unter Linux sind stattdessen sogenannte Device-Namen üblich. Normale Festplatten (IDE-Festplatten) werden als `dev/hd`*xy* bezeichnet, wobei *x* ein Buchstabe für die Festplatte ist (a für die erste Platte, b für die zweite Platte etc.) und y eine Ziffer für die Partition. SCSI-Festplatten werden analog mit dev/sdxy benannt.

Bei der Nummerierung der Partitionen gilt die Regel, dass die Ziffern 1 bis 4 für primäre oder erweiterte Partitionen reserviert sind, die Ziffern ab 5 für logische Partitionen innerhalb der erweiterten Partitionen. Aus diesem Grund kommt es recht häufig vor, dass es in der Nummerierung Löcher gibt. (Beispielsweise bezeichnet hda1 eine primäre, hda2 eine erweiterte und hda5 dann die erste logische Partition.)

Device-Namen von Festplattenpartitionen	
/dev/hda	die gesamte erste IDE-Platte
/dev/hda1	die erste primäre Partition der ersten IDE-Platte
/dev/hda2	die zweite primäre Partition der ersten IDE-Platte
/dev/hda5	die erste logische Partition der ersten IDE-Platte
/dev/hda8	die vierte logische Partition der ersten IDE-Platte
/dev/hdb	die gesamte zweite IDE-Platte
/dev/hdb1	die erste primäre Partition der zweiten IDE-Platte
/dev/sda	die gesamte erste SCSI-Platte
/dev/sda1	die erste primäre Partition der ersten SCSI-Platte
/dev/sdd3	die dritte primäre Partition der vierten SCSI-Platte

2.6 Linux-Partitionen anlegen

Einer der wichtigsten Schritte während der Linux-Installation ist das Anlegen neuer Linux-Partitionen. (Aus diesem Grund wurde ja vorher die DOS/Windows-Partition verkleinert, um Platz für Linux-Partitionen zu schaffen.) Unterschiede gibt es nur darin, wie einfach das vor sich geht. Die meisten Distributionen bieten dazu ein komfortables Werkzeug mit grafischer Benutzeroberfläche an. Nur noch ganz vereinzelt werden Sie direkt auf das Linux-Programm fdisk stoßen, dessen Bedienung eher unübersichtlich ist (siehe Seite 76).

VORSICHT

Einige Distributionen bieten an, die Festplatte ohne weitere Rückfragen selbst zu partitionieren. Dadurch gelangen Sie aber selten zu optimalen Lösungen. Außerdem löschen manche Distribution sogar schon vorhandene Partitionen. (Damit verlieren Sie alle dort gespeicherten Daten!) Drücken Sie während der Installation also nicht blind auf (↵), sondern lesen Sie sich durch, welche Bedeutung die diversen Installationsoptionen haben!

Größe und Anzahl von Linux-Partitionen

Bevor Sie irgendwelche Partitionen anlegen, sollten Sie sich einige Gedanken darüber machen, wie Sie Linux einrichten. Auf den ersten Blick ist es sicherlich am einfachsten, das gesamte Linux-System in einer einzigen, möglichst großen Partition zu installieren. Diese Partition bekommt immer den Namen /. Dabei handelt es sich genau genommen um den Punkt, an dem die Partition in das Dateisystem eingebunden wird (den `mount`-Punkt). Die /-Partition bildet die Basis des Dateisystems. Sie wird deswegen zumeist als **Systempartition** oder als Root-Partition bezeichnet. Eine gute Richtgröße für die Systempartition sind 2 GByte.

Wenn Sie etwas längerfristig denken, ist eine Aufteilung auf zumindest zwei Partitionen – eine System- und eine **Datenpartition** – vernünftiger. Der Grund: Sie können dann später problemlos eine neue oder andere Distribution in die Systempartition installieren, ohne die davon getrennte Datenpartition mit Ihren eigenen Daten zu gefährden. Bei der Datenpartition wird üblicherweise `/home` als `mount`-Punkt verwendet. Es ist nicht möglich, eine Empfehlung für die Größe der Datenpartition zu geben – das hängt zu sehr davon ab, welche Aufgaben Sie mit Ihrem Linux-System erledigen möchten.

Wegen der im vorigen Abschnitt beschriebenen Probleme, die beim Start von Linux bei großen Festplatten auftreten können, empfiehlt es sich außerdem, eine dritte Partition speziell für den Start von Linux vorzusehen. Für diese sogenannte **Bootpartition** muss als `mount`-Punkt `/boot` verwendet werden. Die Partition muss innerhalb der ersten 1024 Zylinder liegen (also im Regelfall innerhalb der ersten 8 GByte der Festplatte). Um das zu gewährleisten, ist die `/boot`-Partition normalerweise die erste Partition, die Sie anlegen. Da in `/boot` nur ganz wenig Daten gespeichert werden, kann die Partition sehr klein sein (ca. 10 MByte).

Zu guter Letzt sollten Sie noch eine **Swap-Partition** vorsehen. Linux verwendet diese Partition bei RAM-Mangel zur Auslagerung von Speicherblöcken. Eine Richtgröße für die Partition ist die Größe Ihres RAMs. Wenn Sie einen Rechner mit 64 MByte RAM besitzen, sollten Sie auch für die Swap-Partition etwa 64 MByte vorsehen. Im Gegensatz zu den anderen Partitionen gibt es bei der Swap-Partition keinen `mount`-Punkt. Die Swap-Partition wird nämlich auf eine andere Weise formatiert und später direkt angesprochen (also nicht in das Dateisystem eingebunden).

Empfehlung für den Heimgebrauch	
`/boot`	Bootpartition (für Kernel/LILO, ca. 10 MByte)
	Swap-Partition (so groß wie das RAM)
`/`	Systempartition (ca. 2 GByte)
`/home`	Datenpartition für die Daten der Anwender

Die Aufteilung der Festplatte in Partitionen lässt sich noch viel weiter treiben. Das setzt allerdings einiges an Systemkenntnis voraus und ist nur sinnvoll, wenn Linux als Netzwerk-Server für ein größeres System verwendet werden soll. Sofern auf Ihrer Festplatte noch Platz frei ist, ist es kein Problem, ein laufendes System um weitere Partitionen zu erweitern und gegebenenfalls Daten von einer vorhandenen Partition in eine neue zu verschieben (siehe Seite 209). Die Aufteilung könnte beispielsweise so aussehen:

Partitionsempfehlung für den Server-Betrieb	
/boot	Bootpartition
	Swap-Partition
/usr	Systempartition
/usr/share	Platz für zusätzliche Anwendungsprogramme
/usr/local	Platz für zusätzliche Anwendungsprogramme
/opt	Platz für zusätzliche Anwendungsprogramme
/home	Platz für die Verzeichnisse der Anwender
/var	Platz für temporäre Daten (samt News)

Fazit: Es ist nicht sinnvoll, eine riesige Partition nach dem Motto 'Schaden wird es ja nicht' anzulegen. Was schon unter DOS/Windows nicht oft gelingt, ist auch unter Linux selten möglich: das Verkleinern einer Partition ohne Datenverlust! (Es gibt mittlerweile sowohl freie als auch kommerzielle Programme, die eine verlustfreie Veränderung der Partitionsgröße versprechen, es gibt aber noch wenig praktische Erfahrung mit diesen Programmen.)

Optimierungstipps

Sowohl aus Geschwindigkeits- als auch aus Sicherheitsgründen ist es optimal, die Linux-Partitionen auf unterschiedlichen Festplatten zu installieren (falls Sie glücklicher Besitzer mehrerer Festplatten sind). Auf diese Weise kann insbesondere ein ständiges Hin- und Herfahren des Lesekopfs einer Festplatte zwischen den physikalisch auf einer Platte oft weit voneinander entfernten Partitionen vermieden werden. Bei manchen Platten ist der Zugriff auf den vorderen (äußeren) Teil der Platte deutlich schneller als auf den hinteren Teil. Das spricht dafür, die Swap-Partition vor den anderen Partitionen zu platzieren.

VORSICHT

Falls Sie mehr als zwei Festplatten besitzen, sollten Sie die Bootpartition in einer der beiden ersten Festplatten anlegen. Bei manchen Festplatten-Controllern kann während des Bootvorgangs durch LILO nur auf die beiden ersten Platten zugegriffen werden. (Einige SCSI- und IDE-Controller erlauben den Zugriff auf mehr Platten.)

Eine letzte Anmerkung: SCSI-Platten können in maximal 15 Partitionen zerlegt werden. Bei einer ungünstigen (aber häufig vorkommenden) Aufteilung der Platte in eine primäre und eine erweiterte Partition für die logischen Partitionen reduziert sich die Zahl der nutzbaren Datenpartitionen auf 12 (eine primäre und maximal 11 logische Partitionen). Bei sehr großen Platten hat es also keinen Sinn, unzählige kleine Partitionen anzulegen. (Bei EIDE-Platten sind übrigens bis zu 63 Partitionen erlaubt. Der Grund für die recht bescheidene Anzahl der SCSI-Partitionen besteht darin, dass Sie unter Linux auf bis zu 16 SCSI-Platten gleichzeitig zugreifen können, insgesamt also auf weit über 200 Partitionen.)

Die Bedienung von fdisk

Alle gängigen Distributionen bieten mittlerweile während des Installationsprozesses eine komfortable Benutzeroberfläche zu `fdisk`. Das Programm wird hier aus mehreren Gründen dennoch recht ausführlich beschrieben. Erstens erleichtert das Verständnis von `fdisk` die Bedienung jedes noch so komfortablen Partitionseditors. Zweitens ist `fdisk` oft der letzte Notnagel, wenn die grafischen Tools versagen. (Bei den meisten Distributionen können Sie mit (Alt)+(Strg)+(Fn) in eine Textkonsole wechseln und `fdisk` dort ausführen.) Drittens ist es manchmal auch im laufenden Betrieb von Linux erforderlich, eine neue Partition anzulegen. Die grafischen Installations-Tools stehen dann meist nicht mehr zur Verfügung, und Sie sind auf das alte, aber erprobte `fdisk` angewiesen.

Das Linux-Programm `fdisk` unterscheidet sich in der Bedienung stark von seinem DOS-Gegenstück. Beim Start von `fdisk` müssen Sie als Parameter den Namen der Festplatte angeben, also beispielsweise `/dev/hda` für die erste IDE-Platte oder `/dev/sdb` für die zweite SCSI-Platte. Der Festplattenname muss ohne nachfolgende Partitionsnummer angegeben werden (also nicht `/dev/hda1`)!

VORSICHT

Mit `fdisk` können Sie den Inhalt Ihrer gesamten Festplatte zerstören! Lesen Sie diese Informationen, bevor Sie das Programm verwenden! Wenn Sie `fdisk` ohne Parameter starten, bearbeitet das Programm automatisch die erste IDE-Platte, also `/dev/hda`. Wenn Sie in Wirklichkeit eine andere Platte bearbeiten möchten, kann das fatale Folgen haben!

Nach dem Start von `fdisk` können Sie sich mit (M) (menu) eine kurze Übersicht der zur Verfügung stehenden Kommandos ausgeben lassen. (P) (print) zeigt eine Liste der Partitionen an, die zur Zeit auf der ausgewählten Festplatte vorhanden sind.

Mit (N) (new) können Sie neue Festplattenpartitionen einrichten. Dabei können maximal vier primäre Partitionen eingerichtet werden. Wenn mehr als vier Partitionen verwaltet werden sollen, muss eine der vier primären Partitionen als erweitert (extended) deklariert werden. Im Bereich der erweiterten Partition dürfen dann fast beliebig viele logische Partitionen eingerichtet werden (maximal zwölf bei SCSI-Platten). Falls beim Einrichten einer neuen Festplattenpartition unterschiedliche Typen in Frage kommen (primär, erweitert oder logisch), antwortet `fdisk` mit einer zusätzlichen Rückfrage bezüglich des Festplattentyps.

Die Begriffe primär, erweitert und logisch wurden bereits auf Seite 59 erläutert. Der einzig wesentliche Unterschied zwischen dem DOS- und dem Linux-Kommando besteht darin, dass unter DOS nur eine primäre und eine erweiterte Partition eingerichtet werden können, während unter Linux bis zu vier primäre oder bis zu drei primäre plus eine erweiterte Partition gebildet werden können. Das DOS-Kommando erkennt die von Linux gebildeten Partitionen, kann sie aber nicht immer löschen. Generell sollten Sie Partitionen nur mit dem Programm löschen, mit dem Sie die Partition auch erstellt haben!

Nachdem geklärt ist, welchen Typ die neue Partition haben soll, fragt das Programm, an welcher Stelle die Partition beginnen soll (normalerweise beim ersten freien Zylinder) und wie groß sie sein soll. Die Einheit dieser Angaben ist Zylinder. Wie groß ein Zylinder ist, hängt von der Festplatte, dem BIOS und dem SCSI-Controller ab. Diese Information kann der zweiten Zeile der Ausgabe des Kommandos (P) entnommen werden (bei der Beispielplatte also 2048 * 512 Byte = 1 MByte). Die Größenangabe kann auch in der Syntax `+nM` erfolgen, um eine Partition *n* MByte groß zu machen.

Nach der Definition einer neuen Partition kann die gesamte Partitionstabelle mit (P) (print) angezeigt werden. Anschließend können weitere Partitionen definiert, bereits definierte Partitionen wieder gelöscht werden etc.

TIPP Merken Sie sich die Namen der neu angelegten Partitionen bzw. schreiben Sie sich diese Namen auf! Im Verlauf des Installationsprozesses werden Sie den Device-Namen (beispielsweise `/dev/sdc2`) noch öfter benötigen.

Zum Einrichten einer Swap-Partition muss der Typ einer neu eingerichteten Partition mit (T) (type) von 'Linux native' (83) auf 'Linux swap' (82) geändert werden.

Das folgende Protokoll zeigt, wie auf der dritten SCSI-Platte, auf der sich bisher nur eine primäre DOS-Partition befand, zwei weitere primäre Partitionen (einmal 250 MByte und einmal 150 MByte), dann eine erweiterte Partition für den gesamten restlichen Speicherplatz und darin wiederum als logische Partition eine kleine Swap-Partition (16 MByte) eingerichtet wurde.

```
root#  fdisk /dev/sdc
The number of cylinders for this disk is set to 1029.
This is larger than 1024, and may cause problems with some software.

Command (m for help):  p
Disk /dev/sdc: 64 heads, 32 sectors, 1029 cylinders
Units = cylinders of 2048 * 512 bytes
   Device Boot  Begin    Start     End  Blocks    Id  System
/dev/sdc1              1        1     200  204784    6  DOS 16-bit >=32M

Command (m for help):  m
Command action
   a   toggle a bootable flag
   c   toggle the dos compatiblity flag
   d   delete a partition
   l   list known partition types
   m   print this menu
   n   add a new partition
   p   print the partition table
   q   quit without saving changes
   t   change a partition's system id
```

```
   u   change display/entry units
   v   verify the partition table
   w   write table to disk and exit
   x   extra functionality (experts only)

Command (m for help):  n
Command action
   e   extended
   p   primary partition (1-4)
 p
Partition number (1-4):  2
First cylinder (201-1029):  201
Last cylinder or +size or +sizeM or +sizeK (201-1029):  +250M

Command (m for help):  n
Command action
   e   extended
   p   primary partition (1-4)
 p
Partition number (1-4):  3
First cylinder (452-1029):  452
Last cylinder or +size or +sizeM or +sizeK (452-1029):  +150M

Command (m for help):  n
Command action
   e   extended
   p   primary partition (1-4)
 e
Partition number (1-4):  4
First cylinder (603-1029):  603
Last cylinder or +size or +sizeM or +sizeK (603-1029):  1029

Command (m for help):  n
First cylinder (603-1029):  603
Last cylinder or +size or +sizeM or +sizeK (603-1029):  +16M

Command (m for help):  p
Disk /dev/sdc: 64 heads, 32 sectors, 1029 cylinders
Units = cylinders of 2048 * 512 bytes
   Device Boot  Begin    Start     End  Blocks   Id  System
/dev/sdc1           1        1     200  204784    6  DOS 16-bit >=32M
/dev/sdc2         201      201     451  257024   83  Linux native
/dev/sdc3         452      452     602  154624   83  Linux native
/dev/sdc4         603      603    1029  437248    5  Extended
/dev/sdc5         603      603     619   17392   83  Linux native
```

```
Command (m for help):  t
Partition number (1-5):  5
Hex code (type L to list codes):  82
Changed system type of partition 5 to 82 (Linux swap)

Command (m for help):  v
839712 unallocated sectors

Command (m for help):  w
The partition table has been altered!
Calling ioctl() to re-read partition table.
Syncing disks.
```

Damit existieren auf der dritten SCSI-Platte nun drei primäre, eine erweiterte und eine logische Partition. Die logische Partition ist als Swap-Partition gekennzeichnet. Auf der erweiterten Partition sind die Zylinder 620 bis 1029 noch ungenutzt – dort sind also noch ca. 400 MByte frei, in denen später weitere Partitionen angelegt werden können.

Bevor Sie die neue Partitionierung der Platte mit (W) (write) speichern, sollten Sie (V) (verify) ausführen: `fdisk` überprüft dann, ob alle internen Informationen mit der Platte übereinstimmen. Das ist eine zusätzliche Sicherheitskontrolle. Normalerweise besteht die Reaktion auf (V) nur darin, dass die Anzahl der von keiner primären oder logischen Partition erfassten (also noch ungenutzten) Sektoren zu je 512 Byte angezeigt wird.

TIPP

Bis Sie `fdisk` nicht mit (W) beenden, verändert das Programm nichts an Ihrer Festplatte! Ihre Eingaben werden vorerst nur gespeichert, aber noch nicht ausgeführt. Wenn Sie sich unsicher sind, können Sie `fdisk` jederzeit mit (Q) (quit) oder auch mit (Strg)+(C) verlassen – Ihre Festplatte bleibt dann so, wie sie ist.

VORSICHT

Sie dürfen mit `fdisk` nie Partitionen verändern, die momentan verwendet werden (d.h. die unter Linux angemeldet bzw. 'gemountet' sind)!

Wenn `fdisk` sich nach (W) mit der Warnung 'Re-read table failed with error 16: Device or resource busy. Reboot your system to ensure the partition table is updated.' meldet, sollten Sie diese Warnung ernst nehmen: Es ist also nicht gelungen, die veränderten Partitionsdaten neu einzulesen (obwohl diese Daten tatsächlich verändert wurden). Führen Sie daher unbedingt mit (Alt)+(Strg)+(Entf) einen Neustart durch! Starten Sie anschließend nochmals `fdisk`, und vergewissern Sie sich, dass die Partitionen wirklich so angelegt wurden, wie Sie das erwarten.

Wie ab Seite 69 beschrieben, können die Warnungen bezüglich der Zylindernummern größer 1024 normalerweise ignoriert werden. Sie betreffen nur das Booten mit LILO.

Die mit `fdisk` eingerichteten Partitionen sind noch leer, d.h. es ist kein Dateisystem installiert. So wie unter DOS nach `FDISK` das Kommando `FORMAT` ausgeführt werden muss, so ist auch unter Linux das Einrichten eines Dateisystems mit dem Kommando `mke2fs` erforderlich. Während der Installation wird dieses Kommando (nach einer Rückfrage) automatisch ausgeführt.

fdisk-Tastenkürzel	
D	Partition löschen (delete)
M	Online-Hilfe (menu)
N	Neue Partition anlegen (new)
P	Partitionsliste anzeigen (print)
Q	Programm beenden (ohne die Partitionstabelle zu verändern; quit)
T	Partitionstyp verändern (für Swap-Partition)
V	Partitionstabelle überprüfen (verify)
W	Partitionstabelle ändern (write)

Die Bedienung von cfdisk

`cfdisk` ist eine komfortablere Variante von `fdisk`. (Es handelt sich dabei um ein eigenständiges Programm, nicht nur um eine Benutzeroberfläche zu `fdisk`!) Die Bedienung erfolgt mit Cursortasten und über ein Menü. Das Programm zeigt nach dem Start alle gefundenen Partitionen mit ihrer Größe an. Mit ↑ und ↓ kann eine Partition, mit ← und → kann ein Kommando ausgewählt werden. Außerdem stehen folgende Tastaturkommandos zur Verfügung:

cfdisk-Tastenkürzel	
H	Online-Hilfe anzeigen
N	Eine neue Partition
D	Die ausgewählte Partition löschen
T	Den Typ der Partition ändern (für Swap-Partitionen)
Q	Programm beenden (ohne die Partitionstabelle zu verändern)
Shift+W	Partitionstabelle ändern (write)

2.7 Paketauswahl und Konfiguration

Was nach der Einrichtung der Partitionen noch aussteht, ist die eigentliche Installation der Linux-Distribution. Sie erfolgt durch ein komfortables, menügesteuertes Installationsprogramm und ist zumeist vollkommen problemlos. Schwierig ist höchstens die Entscheidung, welche Programme installiert werden sollen und welche nicht. (Installieren Sie im Zweifelsfall eher weniger als mehr. Sie können die Pakete immer noch nachinstallieren!)

Etwas verwirrend ist in manchen Fällen die vom Installationsprogramm anschließend durchgeführte Konfiguration des Systems. Fallweise werden Sie dabei nach Details gefragt, die Sie vielleicht noch nicht kennen oder abschätzen können. Auch hier gilt: Verschieben Sie Ihnen unverständliche Installationsschritte auf später. Bei fast allen Distributionen können entweder das Installationsprogramm oder zumindest ähnliche Werkzeuge auch im laufenden Betrieb von Linux wieder aufgerufen werden, um notwendige Konfigurationsschritte nachträglich durchzuführen bzw. zu verändern.

Die meisten Installationsprogramme konfigurieren auch gleich das X Window System. Kritisch sind hier die Erkennung der Grafikkarte sowie die korrekte Angabe der Monitordaten (maximale Auflösung, maximale Bildfrequenz). Vorsicht! Mit falschen Angaben kann ein Monitor unter Umständen zerstört werden. (Das gilt nur für alte Modelle, die keinen Schutz gegen eine zu hohe Zeilenfrequenz haben.)

Nochmals der Hinweis zum Thema Bootdiskette/LILO: Sofern das Installationsprogramm die Möglichkeit bietet, erstellen Sie unbedingt eine Bootdiskette! Falls hingegen eine LILO-Installation vorgesehen ist, vermeiden Sie die Installation in den MBR (Bootsektor) der Festplatte. Meistens können Sie alternativ angeben, dass LILO auf eine Diskette installiert wird.

Kapitel 3 geht kurz auf die Grundzüge der Bedienung von Linux ein. Kapitel 6 beschreibt die zahlreichen noch verbleibenden Konfigurationsmöglichkeiten. Details zu den Installationsprogrammen mehrerer Distributionen finden Sie im Anhang.

2.8 Installationsvarianten

Dieser Abschnitt fasst Informationen über einige Installationsformen zusammen, die in der Praxis seltener auftreten – üblicherweise dann, wenn die Installation nicht auf einem Standard-PC durchgeführt wird (sondern beispielsweise auf einem Notebook). Die Details hängen natürlich immer auch von der jeweiligen Distribution ab – werfen Sie also auch einen Blick in das Handbuch oder in die Online-Dokumentation.

Installation von der Festplatte

Eine Installation von der Festplatte ist notwendig, wenn während der Installation weder auf ein CD-ROM-Laufwerk noch auf ein Netzwerk zugegriffen werden kann. In diesem Fall müssen Sie vor Beginn der Installation alle erforderlichen Daten auf die Festplatte kopieren. (Es muss also zumindest in diesem Stadium – etwa im Betrieb unter Windows – ein CD-ROM-Laufwerk angeschlossen bzw. eine Netzwerkverbindung zugänglich sein.)

Nicht alle Distributionen unterstützen eine Installation von der Festplatte, d.h. sie bieten keine Möglichkeit, eine Festplattenpartition als Pfad zu den Installationsdaten anzugeben.

Ein weiteres Problem besteht darin, dass beim Kopieren der Installationsdateien von der CD-ROM (Unix-Dateisystem) in ein Verzeichnis einer Windows-Partition unter Umständen die Dateinamen zerstört werden. Wenn die Namen aller relevanten Dateien nicht ohnedies auf 8+3 Zeichen beschränkt sind, muss die jeweilige Distribution also auch mit den verkürzten Dateinamen zurechtkommen. (SuSE verwendet kurze Dateinamen. Red Hat kommt auch mit verstümmelten Dateinamen zurecht.)

Schließlich brauchen Sie ausreichend Platz auf Ihrer Festplatte – bei einigen Distributionen umfassen die Installationsdaten mittlerweile mehrere CDs!

Nachdem Sie die benötigten Daten auf die Festplatte kopiert haben, starten Sie die Installation wie bei Ihren bisherigen Versuchen. Allerdings geben Sie jetzt als Installationsquelle nicht mehr ein CD-ROM-Laufwerk an, sondern die Festplattenpartition, auf der sich die kopierten Installationsdateien befinden (etwa `/dev/hda1` für die erste primäre Partition auf der ersten IDE-Festplatte). Der einzige Punkt, der hier möglicherweise Probleme bereiten kann, ist die Auswahl der richtigen Festplattenpartition. Die Linux-übliche Nomenklatur zum Ansprechen von Festplatten ist auf Seite 72 beschrieben.

Linux über eine Netzwerkverbindung installieren

Der gemeinsame Nenner dieses Abschnitts besteht darin, dass die Installationsdaten weder von einem CD-ROM-Laufwerk noch von der lokalen Festplatte geladen werden, sondern über ein Netzwerk von einem anderen Rechner. Dabei gibt es je nach Distribution bis zu drei Varianten:

- FTP (File Transfer Protocol): Die Installationsdaten werden von einem FTP-Server gelesen. Diese Variante bietet sich vor allem an Universitäten an, wenn sich die gewünschte Linux-Distribution auf dem Server der örtlichen Universität befindet.
- NFS (Network File System): Die Installationsdaten werden von einem anderen Unix- oder Linux-Rechner gelesen. Der Partnerrechner muss dazu als NFS-Server konfiguriert sein; das Verzeichnis mit den Installationsdaten (oder der Pfad zum CD-ROM-Laufwerk des NFS-Servers) muss via NFS zugänglich sein.
- SMB (Server Message Block): Diese Variante ist mit NFS vergleichbar, allerdings wird statt NFS das unter Windows übliche Protokoll SMB verwendet. Diese Variante wird leider kaum mehr angeboten, obwohl sie besonders attraktiv ist. Fast überall findet sich ein Windows-PC mit Ethernet-Karte, dessen CD-ROM-Laufwerk als Datenquelle für eine Linux-Installation dienen könnte.

Alle drei Varianten setzen voraus, dass Ihr Rechner mit einer Netzwerkkarte ausgestattet und korrekt verkabelt ist. Außerdem muss der Installations-Kernel die Netzwerkkarte erkennen und das entsprechende Modul anbieten.

Während der Installation müssen Sie die folgenden Informationen angeben. (Informationen zu den hier verwendeten Fachausdrücken finden Sie übrigens ab Seite 410, wo die Grundlagen der Netzwerkkonfiguration beschrieben sind.)

Netz-Device: Als Netz-Device wird im Regelfall `eth0` verwendet (die erste Ethernet-Karte).

Host- und Domain-Name: Im Prinzip können Sie hier einen Phantasienamen angeben, der Name gilt im Regelfall nur während der Installation. Der Hostname muss den Einstellungen des NFS-Servers entsprechen. (Der Server kann beispielsweise so konfiguriert werden, dass Sie nur bei der Wahl eines bestimmten Namens, der vom Administrator vorgegeben wird, auf das Verzeichnis mit den Installationsdaten zugreifen dürfen.)

IP-Nummer des lokalen Rechners: Hier wird eine Zahl in der Form 192.168.55.37 von Ihnen erwartet: Die IP-Nummer muss in das lokale Netz passen und sollte eindeutig sein.

Network- und Broadcast-Adresse: Diese IP-Nummern beschreiben die Ausdehnung des lokalen Netzes (zumeist können Sie 255.255.255.0 für die Netzwerkmaske verwenden; die dazugehörige Broadcast-Adresse für dieses Beispiel würde 192.168.55.255 lauten).

Nameserver-Adresse: Wenn im lokalen System ein Name-Server läuft, können Sie dessen IP-Nummer angeben. Das hat den Vorteil, dass Sie später den FTP/NFS/SMB-Server direkt über dessen Namen ansprechen können. Wenn es keinen Name-Server gibt, müssen Sie später die IP-Nummer des FTP/NFS/SMB-Servers angeben.

Name oder Adresse des FTP/NFS/SMB-Servers: Das ist der Rechner, von dem die Daten gelesen werden.

Mount-Punkt bzw. FTP-Verzeichnis: Damit geben Sie den Pfad zu den Installationsdaten an (beispielsweise `/mnt/cdrom` bei einem NFS-Server).

User-Name und Passwort: Diese Angaben können entfallen, wenn der FTP-/NFS-/SMB-Server jedem den Zugriff erlaubt (selten).

Sobald der Zugriff auf die Installationsdaten gelingt, erfolgt die weitere Installation wie von der CD-ROM.

Notebook-Installation

Die Installation von Linux auf ein Notebook kann eine besondere Herausforderung darstellen – und zwar aus mehreren Gründen:

- Bei manchen Notebooks steht kein CD-ROM-Laufwerk zur Verfügung, oder es wird über nicht standardisierte Verfahren angesprochen.

- Unter Umständen kann nicht zugleich ein CD-ROM-Laufwerk und ein Diskettenlaufwerk angeschlossen werden. Wird das CD-ROM-Laufwerk zur Installation verwendet, können Sie daher keine Bootdiskette erstellen. In dem Fall ist eine LILO-Installation in den MBR (Bootsektor) der Festplatte unumgänglich – mit den damit verbundenen Risken.
- Diverse Erweiterungs-Hardware (insbesondere Netzwerkkarten) liegt zumeist in Form von PCMCIA-Karten vor. Linux unterstützt zwar viele derartige Karten, aber bei weitem nicht alle (und vor allem nicht die allerneusten Modelle). Zudem sieht nicht jede Distribution während der Installation eine PCMCIA-Erkennung vor.
- Mousepad bzw. Trackpoint sind nicht immer vollständig kompatibel zu normalen Mäusen und werden unter Umständen vom Installationsprogramm nicht erkannt. (Die Installation sollte aber auch ohne Maus gelingen. Nach Abschluss der Installation gelingt es oft durch eigenhändige Konfiguration, diese Geräte zum Leben zu erwecken.
- Damit das Notebook als solches verwendet werden kann, sollten die Stromsparfunktionen (APM, also Advanced Power Management) von Linux unterstützt werden. Dazu ist ein eigens kompilierter Kernel erforderlich, der nicht mit allen Distributionen mitgeliefert wird.
- Auch die Verwaltung der PCMCIA-Karten (die ja im laufenden Betrieb eingesteckt und wieder entfernt werden können) bedarf einer besonderen Unterstützung (`cardmgr`), die nur bei manchen Distributionen vorgesehen ist. (Beispielsweise sollte beim Einstecken einer PCMCIA-Netzwerkkarte automatisch eine Verbindung zum Netzwerk hergestellt werden. Diese Verbindung muss natürlich wieder beendet werden, wenn die Karte entfernt wird.) Wenn das nicht der Fall ist, steigt der Aufwand für die manuelle Nacharbeit.
- Die eingebauten Modems in Notebooks sind zumeist sogenannte WinModems, die von Linux nicht unterstützt werden (siehe Seite 238). Abhilfe schaffen Linux-kompatible PCMCIA-Modemkarten.
- Die in Notebooks eingesetzten Grafikchips sind oft ebenfalls wenig gebräuchlich und werden zumeist nur von sehr aktuellen XFree86-Versionen unterstützt.

Das Potenzial möglicher Probleme ist also groß. Da ich selbst eine Linux-Installation nur auf einem einzigen Notebook ausprobiert habe (SuSE 6.4 auf IBM Thinkpad 570), kann ich hier keine weiteren Erfahrungswerte angeben. Diese eine Installation von einem CD-ROM-Laufwerk verlief verblüffend problemlos. Einzig die Herstellung einer Netzwerkverbindung war mühsam. Zwei unterschiedliche, relativ neue 10/100-MBit-Ethernet-Karten (PCMCIA) waren auch mit viel Mühe nicht zum Laufen zu bringen. Erfolg brachte erst eine dritte, NE2000-kompatible 10-MBit-Karte, die dann aber sofort beim Einstecken erkannt und aktiviert wurde – sozusagen Plug-and-Play wie aus dem Bilderbuch. (Selbstredend funktioniert genau diese Karte allerdings weder mit Windows 98 noch mit Windows 2000 – jetzt habe ich also zwei PCMCIA-Karten, je nach Betriebssystem. Bestehen Sie beim Kauf solcher Karten auf einem Rückgabe- oder Umtauschrecht!)

Ein fast unerschöpfliches Angebot an Informationen zum Thema Linux und Notebooks (mit Links zu den verwandten Themen PCMCIA, WinModems etc.) finden Sie im Internet. Lesen Sie diese Seiten möglichst schon, bevor Sie sich Ihr Notebook kaufen! Achten Sie auch bei der Auswahl Ihrer Distribution darauf, dass Notebook-Installationen unterstützt werden. Das ist am ehesten bei den schon lang erprobten, weit verbreiteten Distributionen der Fall (Debian, Red Hat, SuSE etc.).

```
http://www.cs.utexas.edu/users/kharker/linux-laptop
http://metalab.unc.edu/mdw/HOWTO/Laptop-HOWTO.html
```

Windows-Installation

Die Windows-Installation ist eine relativ neue Installationsvariante, die nur von wenigen Distributionen angeboten wird (z.B. Mandrake Linux). Voraussetzung ist im Regelfall ein Windows-9x-System (nicht NT/2000). Vor der Installation muss Scan-Disk ausgeführt werden, um einen zusammenhängenden, freien Block auf der Festplatte zu schaffen. Das Linux-Installationsprogramm, das unter Windows gestartet wird, legt dort eine riesige Datei an. Linux wird gleichsam in diese Datei installiert.

Zum Start des fertig installierten Linux-Systems muss der Rechner neu gestartet werden – Linux kann also nicht direkt von Windows aus gestartet werden. Der Start erfolgt wahlweise durch eine Bootdiskette oder über ein Windows-Bootmenü (via `CONFIG.SYS`).

Der entscheidende Vorteil dieser Installationsvariante besteht darin, dass keine Partitionierung der Festplatte erforderlich ist – weder vor der Installation, um Platz für Linux zu machen, noch während der Installation. Die einzige Voraussetzung besteht darin, dass im Windows-Dateisystem ausreichend freier Speicherplatz zur Verfügung steht.

Auf den ersten Blick sieht diese Installationsvariante wie das Ei des Kolumbus aus. Zu viel Euphorie ist allerdings nicht angebracht. Die Verwendung einer herkömmlichen Datei als Basis des Linux-Dateisystems ist nicht nur ein erhebliches Sicherheitsrisikio (weil auf die Datei unter Windows direkt zugegriffen werden kann), diese Art der Installation verlangsamt Linux auch ganz erheblich. Für die professionelle Verwendung von Linux kommt diese Variante also kaum in Frage. Wenn Sie Linux dagegen einfach nur ausprobieren möchten, ohne gleich Ihren ganzen Rechner auf den Kopf zu stellen, ist die Windows-Installation durchaus interessant.

2.9 Probleme vor, während und nach der Installation

Bootparameter

Wenn Linux schon beim Laden des Kernels abstürzt, ist die Ursache fast immer in Hardware-Problemen zu suchen. Optionen, die beim Booten via LILO an den Kernel weitergegeben werden, können bei der Erkennung der Hardware helfen. Beachten Sie bitte, dass die beim LILO-Start angegebenen Optionen nur Einfluss auf die in den Kernel integrierten Treiber haben.

Um Bootoptionen eingeben zu können, drücken Sie während des LILO-Starts (Shift); es erscheint ein Eingabeprompt. Wenn Sie nun (Tab) drücken, werden die zur Verfügung stehenden Kernel-Namen angezeigt (eventuell auch Namen zum Booten anderer Betriebssysteme). Die Syntax zum Booten mit zusätzlichen Optionen lautet jetzt:

```
linux hardware=einstellung hardware=einstellungen ...
```

`hardware` bezeichnet eine Hardware-Komponente (z.B. ein CD-ROM-Laufwerk, eine Ethernet-Karte etc.). Die Einstellungen, die dafür verwendet werden sollen, müssen ohne Leerzeichen angegeben werden (z.B. `ether=10,0x300,0,0,eth0`). Wenn Einstellungen für mehrere Komponenten vorgenommen werden müssen, werden diese durch Leerzeichen (nicht Kommas) voneinander getrennt.

Die folgende Liste gibt einige wichtige Kernel-Parameter an. Beachten Sie, dass die Reihenfolge der Parameter nicht konsistent ist (manchmal wird zuerst die IO-Adresse, manchmal zuerst die IRQ-Nummer angegeben). Hexadezimale Adressen werden in der Form 0x1234 angegeben. Ohne vorangestelltes 0x wird die Zahl dezimal interpretiert.

(E)IDE-Festplatten, ATAPI-CD-ROM-Laufwerke

Parameter für Festplatten werden in der Form `hd`*x*`=`*option* angegeben. `hda` steht für die erste Festplatte, `hdb` für die zweite usw. (Genau genommen bezeichnen die Buchstaben a, b, c, d etc. das erste Gerät am ersten Controller, das zweite Gerät am ersten Controller, das erste/zweite Gerät am zweiten Controller etc. Je nachdem, ob und wie das CD-ROM-Laufwerk angeschlossen ist, kann die zweite Festplatte ohne weiteres auch `hdc` heißen.)

Parameter für den oder die Festplatten-Controller werden mit `ide`*n*`=` angegeben; hier kann für *n* ein Wert zwischen 0 und 3 verwendet werden. (Ein Controller steuert je zwei Platten, also `ide1` für `hdc` und `hdd`. Die meisten EIDE-Controller entsprechen zwei herkömmlichen Controllern und können daher vier Platten steuern.) Es dürfen mehrere Optionen hintereinander angegeben werden.

`hdx=noprobe`
Keinen Test durchführen, ob die Platte existiert bzw. wie groß sie ist. (Die Platte kann dennoch verwendet werden, wenn die Geometrie durch die folgende Option explizit angegeben wird.)

`hdx=1050,32,64`
Die Festplatte hat 1050 Zylinder, 32 Köpfe und 64 Sektoren. Diese Angaben sind nur erforderlich, wenn Linux die Geometrie der Festplatte nicht selbst erkennt. Die Angaben können dem BIOS oder der Dokumentation zur Festplatte (soweit vorhanden, was leider selten der Fall ist) entnommen werden.

TIPP

Sie können die unter DOS gültige Geometrie auch mit dem Programm `DPARAM.COM` ermitteln. Das Programm wird unter DOS mit dem Parameter 0x80 (für die erste Platte) oder 0x81 (zweite Platte) gestartet und liefert als Ergebnis die Anzahl der Zylinder, Köpfe und Sektoren. Das Programm befindet sich auf vielen Linux-CDs im Verzeichnis `dosutils`.

SCSI-Festplatten und -Controller

SCSI-Controller und die daran angeschlossenen Festplatten, CD-ROM-Laufwerke und Streamer werden in der Regel auf Anhieb erkannt und bereiten nur selten Schwierigkeiten (einmal vorausgesetzt, dass die Verkabelung und Terminierung stimmen!). Bei manchen SCSI-Controllern ist es erforderlich, dass deren BIOS aktiviert ist, damit der Kernel während des Starts controller-spezifische Parameter ermitteln kann. Die folgenden Optionen sind vor allem dann erforderlich, wenn mehr oder weniger kompatible Controller nicht korrekt erkannt werden oder kein eigenes BIOS besitzen.

TIPP

Falls Sie dennoch Probleme mit SCSI-Hardware haben, werfen Sie einen Blick auf die Verkabelung! Das SCSI-Kabel muss an beiden Enden terminiert sein, an einem Ende sogar aktiv. Die Terminierung erfolgt durch das Einfügen von Terminierungswiderständen, durch Jumper oder (bei modernen SCSI-Controllern) durch die Konfiguration (kann während des Bootens durch eine Tastenkombination aufgerufen werden). Es ist weder zulässig, dass der Bus an beiden Enden aktiv terminiert ist (einmal aktiv, einmal passiv!), noch, dass ein Gerät zwischen den Enden terminiert ist.

`aha152x=0x330,9,7`
Die Option steuert die Adaptec-Controller 1505, 1510, 1515, 1520, 1522 sowie dazu kompatible Controller. Die Option muss vor allem bei vielen Soundkarten mit integriertem SCSI-Controller angegeben werden (etwa Soundblaster-16 SCSI). Auch der Adaptec-Controller 2825 kann in einem 152x-kompatiblen Modus mit dem 152x-Treiber verwendet werden. Im obigen Beispiel wird der Controller über die IO-Adresse 0x330 und den Interrupt 9 angesprochen; er hat die SCSI-ID-Nummer 7. Es existieren weitere optionale Parameter für Reconnect (0/1), Parity (0/1), Synchronous (0/1) und Delay.

`aha1542=0x330,11,4,5`
Der Adaptec-Controller 1542 wird über die Adresse 0x330 angesprochen. Die Werte 11 und 4 geben in μs an, wie lange der ISA-Bus durch den Controller blockiert bzw. wieder freigegeben wird (um den gleichzeitigen Betrieb mehrerer Geräte am Bus zu ermöglichen). Der letzte Parameter gibt die DMA-Geschwindigkeit in MByte/s an. Werte größer 5 erfordern ein schnelles und stabiles Motherboard (Vorsicht!).

`aic7xxx=extended`
Die Option für die Adaptec-Controller 274x, 284x und 294x gibt an, ob die Geometrie der Festplatte transformiert werden soll.

`ncr5380=0x350,5,5`
`ncr53c400=0x350,5`
Die Optionen gelten für NCR 5380 bzw. 53c400 und kompatible Controller (etwa Trantor T130B). Zuerst wird die IO-Adresse, dann die Interrupt-Nummer und schließlich (nur beim 5380) der DMA-Kanal angegeben. NCR-Karten setzen eine BIOS-Version größer-gleich 3.06.0 voraus!

CD-ROM-Laufwerke (nicht ATAPI, nicht SCSI)

HINWEIS

Die folgenden Optionen gelten nur für CD-ROM-Laufwerke aus der Steinzeit! Gängige Fabrikate – egal von welchem Hersteller – werden direkt an den EIDE- oder SCSI-Bus angeschlossen und bereiten keine Probleme. Nur CD-ROM-Laufwerke der ersten Generation, die vielleicht noch in einem alten 486er-PC eingebaut sind, verwenden jeweils eigene, herstellerspezifische Schnittstellen, deren Parameter durch die folgenden Optionen gesteuert werden.

`aztcd=0x300`
IO-Adresse für Aztech CDA 268-01, Orchid CD-3110, Okano/Wearnes CDD110 und Conrad TXC. Eventuell kann als zweiter Parameter `0x79` angegeben werden, dann versucht der Treiber auch mit unbekannter CD-ROM-Firmware zurechtzukommen (kompatible Modelle).

`cdu31a=0x340,10`
IO-Adresse und Interrupt zur Ansteuerung von Sony CDU31a oder 33a. Falls dem Laufwerk kein Interrupt zugeordnet ist, kann 0 angegeben werden. Als dritter Parameter kann `PAS` für Pro Audio Spectrum angegeben werden.

`cm206=0x340,5`
IO-Adresse und Interrupt für Philips CM 206.

`gscd=0x300`
IO-Adresse für das Goldstar R-420-Laufwerk.

`mcd=0x320,10`
IO-Adresse und Interrupt zur Ansteuerung alter Mitsumi-CD-ROM-Laufwerke (FX001, FX001D, LU005 und LU005S; neuere Modelle werden über die ATAPI-

Schnittstelle angesprochen). Manche Mitsumi-Laufwerke sind auf den Interrupt 11 voreingestellt. Bei manchen Kernel-Versionen kann ein optionaler dritter Parameter angegeben werden, der die maximale Reaktionszeit auf das CD-ROM-Laufwerk vergrößert. (Je größer der Wert (etwa 5), desto länger wird gewartet.) Hilft eventuell bei timeout-Fehlermeldungen.

`mcdx=0x320,10`
Wie oben für den neuen Mitsumi-Treiber, mit dem auch Multisession-CDs gelesen werden können.

`sonycd535=0x300,10`
IO-Adresse und Interrupt für das Sony CDU 531-/535-Laufwerk.

`sbpcd=0x300,SoundBlaster`
IO-Adresse für Soundblaster-Laufwerke. Statt `SoundBlaster` ist auch `SPEA` oder `LaserMate` erlaubt (je nach Laufwerk).

`sjcd=0x300,10`
IO-Adresse und Interrupt für Sanyo-Laufwerke CDR-H94A (oft mit ISP16-Sound-Karte). Durch einen dritten Parameter kann der DMA-Kanal angegeben werden.

Sonstiges

`mem=97920k`
Gibt an, dass der Rechner mit 96 MByte RAM ausgestattet ist. Die Option kann bei manchen Rechnern mit mehr als 64 MByte RAM erforderlich sein, weil deren BIOS maximal 64 MByte meldet. Die Angabe erfolgt in kByte (wie im Beispiel oben) oder in MByte (mit einem großen `M`). Achtung: Bei manchen Systemen wird der oberste Bereich des RAMs dazu verwendet, um das BIOS dorthin zu kopieren. Daher kann es sein, dass bei einem System mit 96 MByte RAM tatsächlich etwas weniger Speicher zur Verfügung steht. Im Beispiel oben sind für diesen Fall 384 kByte frei gelassen.

`reserve=0x300,0x20`
Gibt an, dass die 32 Bytes (hexadezimal 0x20) zwischen 0x300 und 0x31F von keinem Hardware-Treiber angesprochen werden dürfen, um darin nach irgendwelchen Komponenten zu suchen. Die Option ist bei manchen Komponenten notwendig, die auf solche Tests allergisch reagieren. Die Option tritt im Regelfall in Kombination mit einer zweiten Option auf, die die exakte Adresse der Komponente angibt, die diesen Speicherbereich für sich beansprucht.

`root=/dev/hdb3`
Gibt an, dass nach dem Laden des Kernels die dritte primäre Partition des zweiten IDE-Laufwerks als Root-Dateisystem verwendet werden soll. (Analog können natürlich auch andere Laufwerke (auch SCSI) und Partitionen angegeben werden.) Die Option ist dann sinnvoll, wenn ein bereits installiertes Linux-System über eine Installationsdiskette gebootet werden soll (beispielsweise nachdem durch die Windows-9x-Installation der Bootsektor für LILO zerstört worden ist).

`vga=-2`
Normalerweise zeigt Linux im Textmodus 25 Zeilen mit je 80 Zeichen an. Wenn Sie einen großen Bildschirm haben, erhalten Sie mit der obigen Option 80*50 Zeichen und erheblich mehr Übersicht. Statt `-2` können je nach VGA-Karte auch andere Modi angegeben werden.

`ro`
Gibt an, dass das Dateisystem read-only gemountet werden soll. Das ist (in Kombination mit einer der beiden folgenden Optionen) praktisch, wenn ein defektes Dateisystem manuell repariert werden muss.

`single`
`emergency`
Wenn eine der zwei obigen Optionen verwendet wird, startet der Rechner im Single-User-Modus. (Genau genommen werden diese Optionen nicht vom Kernel ausgewertet, sondern so wie alle unbekannten Optionen an das erste vom Kernel gestartete Programm weitergegeben. Dabei handelt es sich um `/sbin/init`, das für die Initialisierung des Systems zuständig ist (siehe auch Seite 181).

Weitere Informationen

Die obige Aufzählung von Kernel-Parametern ist bei weitem nicht vollständig! Die bequemste (aber nicht immer ganz aktuelle) Informationsquelle ist das Bootprompt-HOWTO. Sehr brauchbar sind auch die HOWTO-Dokumente zu den Themen CD-ROM und Ethernet. HOWTO-Dokumente finden Sie im Internet unter:

```
http://metalab.unc.edu/mdw/HOWTO/
```

Wenn Linux schon installiert ist, sollten Sie einen Blick in die folgenden Dateien werfen:

```
/usr/src/linux/Documentation/ide.txt
/usr/src/linux/Documentation/*
/usr/src/drivers/*/README.
```

Falls Sie Zugang zu einem (auch älteren) SuSE-Handbuch haben, lohnt sich das Studium des Kapitels 'Kernel-Parameter', das sehr praxisnahe Informationen enthält.

Wenn alle Stricke reißen, kann auch ein Blick direkt in den Kernel-Code helfen. (Der Code ist teilweise ausgezeichnet dokumentiert!) Siehe auch Seite 113 zur Linux-Online-Dokumentation und auf Seite 713 zur Verwendung von `find` und `grep` zum Suchen nach Dateien.

Der Rechner kann nicht mehr gestartet werden

Bootdiskette

Wenn die während der Installation erzeugte Bootdiskette nicht die gewünschte Wirkung zeigt, können Sie es bei fast allen Distributionen auch mit der Installationsdiskette bzw. -CD-ROM versuchen. Dort geben Sie als zusätzliche Bootoption `root=/dev/xxx` an, wobei `xxx` für den Device-Namen Ihrer Rootpartition steht.

Viele Distributionen bieten darüber hinaus ein spezielles Notfallsystem. Dabei kann es sich um eine Variante des Installationssystems handeln. Bei manchen Distributionen gibt es stattdessen eigene Image-Dateien, aus denen Sie spezielle Bootdisketten für das Notfallsystem erstellen müssen (wie auf Seite 67 beschrieben). Damit Sie die Möglichkeiten eines Notfallsystems überhaupt nutzen können, benötigen Sie allerdings schon ein recht umfassendes Linux-Grundverständnis.

Booten von der Festplatte

Wenn nach dem Rechnerstart (ohne Bootdiskette, also von der Festplatte) einfach `LILO:` angezeigt wird und danach nichts mehr passiert, ist wahrscheinlich alles in Ordnung: LILO wartet lediglich darauf, dass Sie angeben, unter welchem Betriebssystem der Rechner gestartet werden soll. Drücken Sie zuerst (Shift) und dann (Tab). LILO zeigt jetzt die zur Auswahl stehenden Betriebssysteme an. Geben Sie einen der Namen über die Tastatur ein, und drücken Sie (↩).

Unangenehmer ist es, wenn LILO nicht auf Eingaben reagiert, lauter Nullen und Einser ausgibt etc. In diesem Fall ist wahrscheinlich bei der Installation von LILO etwas schief gegangen. Falls Sie mit DOS oder Windows arbeiten, besteht die einfachste Lösung darin, dass Sie den Rechner mit einer DOS-Bootdiskette neu starten und `FDISK /MBR` ausführen. Dadurch wird der Bootsektor überschrieben, und beim nächsten Neustart sollte DOS/Windows wieder normal gestartet werden. (Linux können Sie bis zu einem neuen LILO-Installationsversuch nur über eine Linux-Bootdiskette starten.)

Falls Sie außer Linux nicht DOS/Windows, sondern ein anderes Betriebssystem installiert haben (OS/2, Windows NT etc.), ist die Wiederherstellung des Bootsektors schwieriger: Sie müssen Linux mit einer Bootdiskette starten und den bei der LILO-Installation geretteten originalen Bootsektor wieder einrichten. Mehr dazu und zur korrekten (und sicheren) Installation von LILO erfahren Sie auf Seite 256.

2.10 Systemveränderungen und Erweiterungen

Wenn Ihr Linux-System einmal stabil läuft, wollen Sie es zumeist nach Ihren eigenen Vorstellungen konfigurieren, erweitern, aktualisieren etc. Informationen zu diesen Themen sind gleichsam über das gesamte Buch verstreut. Dieser Abschnitt dient daher primär als bequeme Referenz, um Ihnen die Sucharbeit so weit wie möglich zu ersparen.

Konfigurations-Tools

Zwar gibt es Bemühungen, die Konfiguration von Linux zu vereinheitlichen (siehe `www.linuxbase.org`), tatsächlich unterscheiden sich die einzelnen Distributionen allerdings erheblich voneinander. Aus diesem Grund sollten Sie zur weiteren Konfiguration zuerst die jeweils mitgelieferten Werkzeuge ausprobieren.

Corel-Steuerzentrum: Seite 1003
`linuxconf` (Mandrake, Red Hat): Seite 1032
`control-panel` (Red Hat): Seite 1037
`sndconfig` (Mandrake, Red Hat): Seite 1032
`lothar` (Mandrake): Seite 1020
YaST, YaST2 (SuSE): Seite 1054

Nicht in diesem Buch behandelt werden `webmin` und `COAS`. (Beide Programme sind Teil von Caldera Linux.)

Neben den distributionsspezifischen Werkzeugen werden in diesem Buch auch die Grundlagen und Hintergründe der Konfiguration von Linux ausführlich beschrieben. Das ist vor allem dann hilfreich, wenn die mitgelieferten Konfigurations-Tools nicht die gewünschten Ergebnisse erzielen.

Allgemeine Konfiguration, Hardware: Seite 193
XFree86-Konfiguration: Seite 311
Netzwerkkonfiguration (Anschluss an LAN): Seite 405
Modem / ISDN / ADSL: Seite 439

Paketverwaltung

Je nach Distribution existieren verschiedene Kommandos und Programme, mit denen im laufenden Betrieb weitere Software-Pakete installiert, aktualisiert oder entfernt werden können.

`rpm` (Caldera, Mandrake, Red Hat, SuSE etc.): Seite 300
`xrpm`: Seite 308
`tar`: Seite 309, 747
`kpackage` (KDE): Seite 308

`get_it` (Corel): Seite 1006
`dpkg` (Corel, Debian): Seite 1008
`rpmdrake` (Mandrake): Seite 1021
`mandrakeupdate` (Mandrake): Seite 1022
`gnorpm` (Red Hat, Gnome): Seite 1039
`up2date` (Red Hat): Seite 1042
YaST (SuSE): Seite 1059

Ein Teil dieser Werkzeuge erwartet, dass sich die zu installierenden Pakete auf einer CD-ROM bzw. bereits auf der Festplatte befinden. Einige Installations-Tools sind aber auch in der Lage, die Pakete direkt aus dem Internet zu übertragen bzw. zu aktualisieren.

Nicht in diesem Buch beschrieben werden unter anderem `setup` und `pkgtool` (Slackware) sowie `deselect` und `apt-get` (Debian).

TIPP

Sie sollten zur Installation generell nur das von der jeweiligen Distribution vorgesehene Tool verwenden und nur zur Distribution passende Pakete installieren. (Dieser Rat gilt insbesondere für Linux-Einsteiger! Die Empfehlung gilt selbst für Distributionen, die auf demselben Paketformat basieren. Wenn Sie beispielsweise eine SuSE-Distribution mit einem Red-Hat-Paket erweitern, können auf Grund unterschiedlicher Installationspfade Probleme auftreten. Dies gilt insbesondere für Pakete mit systemnahem oder distributionsabhängigem Inhalt. Installieren Sie *nie* ein `Init-V`-Paket, das für eine andere Distribution gedacht ist!)

Linux-Update

Zuerst müssen Sie sich fragen, was Sie eigentlich aktualisieren möchten: Ein bestimmtes Software-Paket, den Kernel oder die ganze Distribution?

- Für ein Programm-Update besorgen Sie sich das betreffende Paket aus dem Internet bzw. von einer aktuellen CD-ROM. Nach Möglichkeit sollte das Paket an Ihre Distribution angepasst sein – sonst sind Unverträglichkeiten beinahe vorprogrammiert (abweichende Installationspfade etc.). Zur Installation verwenden Sie das Paketverwaltungsprogramm Ihrer Distribution (siehe oben).

  Die häufigste Problemquelle sind dabei Abhängigkeiten von anderen Programmen oder Bibliotheken: Das Programm kann also nur ausgeführt werden, wenn vorher auch ein anderes Programm oder eine Programmbibliothek aktualisiert wird. (Oft gibt es aber ganze Abhängigkeitsketten, deren manuelle Auflösung sehr schwierig ist. Gerade für Linux-Einsteiger ist es oft einfacher, die Aktualisierung im Rahmen eines Distributions-Updates durchzuführen. Genau davon leben Firmen wie Red Hat und SuSE!)
- Die notwendigen Schritte für ein Kernel-Update sind auf Seite 288 beschrieben und bereiten im Regelfall keine Probleme. Schwierigkeiten gibt es nur, wenn sich

der Kernel grundlegend verändert hat – dann sind zumeist auch neue Netzwerk- und Prozessverwaltungskommandos, eine Aktualisierung des Init-V-Prozesses etc. erforderlich. (Auch in diesem Fall gilt, dass ein Distributions-Update oft einfacher ist.)

- Wenn Sie jetzt aber glauben, ein Distributions-Update sei immer die beste Lösung, muss ich Sie enttäuschen. Zwar bieten alle Distributionen derartige Updates an (d.h. Sie beginnen wie bei einer Neuinstallation, entscheiden sich dann aber für die Update-Option); aber ganz egal, wie intelligent die Paketverwaltung ist (grandios ist in dieser Beziehung Debian, wo das laufende System aktualisiert werden kann!) – ein Distributions-Update ist beinahe unweigerlich mit Ärger und unvorhergesehenem Zeitaufwand verbunden. Einmal konfigurierte Programme funktionieren plötzlich nicht mehr, Bibliotheken werden nicht gefunden etc.

  Auf jeden Fall sollten Sie Sicherheitskopieren von allen Konfigurationsdateien erstellen (am besten den Inhalt des gesamten `/etc`-Verzeichnisses, eventuell auch des `/root`-Verzeichnisses kopieren). Ebenso selbstverständlich sollte ein Backup Ihrer persönlichen Daten sein (und das nicht nur bei einem Distributions-Update, sondern regelmäßig)!

  Die Alternative zu einem Distributions-Update ist eine vollständige Neuinstallation der Distribution. Dabei verlieren Sie allerdings alle Daten auf der Systempartition. Deswegen ist es eine gute Idee, schon bei der Erstinstallation getrennte Partitionen für das System und die Daten einzurichten (Seite 73).

HINWEIS Ein Distributions-Update ist natürlich nur innerhalb einer Distribution möglich. Sie können also nicht eine alte SuSE-Distribution mit einer neuen Red-Hat-Distribution aktualisieren. Wenn Sie die Distribution wechseln möchten, müssen Sie eine Neuinstallation durchführen.

TIPP Falls Sie genug Platz auf Ihrer Festplatte haben, können Sie natürlich ein neues Linux-System in eine eigene Partition installieren und ausprobieren. Es stellt kein Problem dar, LILO so einzustellen, dass Sie den Rechner wahlweise im alten oder neuen Linux-System hochfahren können. Die jeweils andere Partition können Sie mit `mount` in das Dateisystem einbinden und so bequem Daten zwischen den beiden Distributionen austauschen. Während der Arbeit an diesem Buch hatte ich neben Windows 95 und Windows NT insgesamt vier Distributionen parallel installiert und konnte beim Booten die gerade benötigte auswählen.

TIPP Wenn Sie einmal ein stabil laufendes Linux-System haben, gibt es zumeist nur wenig Gründe, ein komplettes Update durchzuführen! Lassen Sie sich nicht von der allgemeinen Versionshysterie anstecken! Oft reicht zur Lösung eines Problems das Update eines einzelnen Pakets vollkommen aus.

2.11 Linux wieder entfernen

Falls Sie zu einem späteren Zeitpunkt den von Linux beanspruchten Platz auf der Festplatte wieder freigeben möchten, müssen Sie Linux deinstallieren. Dazu sind zumeist zwei Schritte erforderlich: Sie müssen alle Linux-Partitionen löschen und LILO vom Bootsektor der Festplatte entfernen.

Wenn LILO regulär installiert wurde, kann der ursprüngliche Bootsektor im laufenden Betrieb von Linux problemlos mit `lilo -u` wiederhergestellt werden (siehe Seite 256). Bei einigen Windows-9x-Versionen hilft auch `FDISK /MBR`, den ursprünglichen Bootsektor wiederherzustellen. Bei Windows NT/2000 müssen Sie dessen Installationsprogramm zu Hilfe nehmen, was aber ausgesprochen umständlich ist.

Etwas mühsamer ist das Löschen der Linux-Partitionen: Das muss mit dem Linux-Programm `fdisk` erfolgen (und nicht mit dem DOS-Programm `FDISK` oder einer `FDISK`-Version eines anderen Betriebssystems). Dazu müssen Sie Linux von einer Installationsdiskette oder -CD-ROM starten, beispielsweise mit der CD-ROM, mit der Sie Linux ursprünglich installiert haben. Sie führen die normale Installationsprozedur durch, bis Sie zu `fdisk` gelangen. Damit löschen Sie alle Linux-Partitionen und brechen die Installation anschließend ab. (Wenn Sie Linux normal von der Festplatte starten, müssten Sie mit `fdisk` eine Partition löschen, die gerade in Verwendung ist. Das ist nicht möglich.)

Kapitel 3

Linux-Schnelleinstieg

In diesem Kapitel wird vorausgesetzt, dass die Installation von Linux so weit gelungen ist, dass sich Ihr Rechner mit der Login-Aufforderung meldet. Das Ziel dieses Kapitels ist es, in möglichst kompakter Form zu beschreiben, wie elementare Linux-Operationen durchgeführt werden können: das Anmelden (Einloggen), das Arbeiten unter X (KDE) bzw. in einer Textkonsole, die Durchführung grundlegender Kommandos (Kopieren, Verschieben und Löschen von Dateien), das Ansehen und Ändern von Textdateien und schließlich das Beenden von Linux.

VERWEIS

Mit dem in diesem Kapitel vermittelten Wissen sind Sie in der Lage, die Konfiguration Ihres Systems selbst in die Hand zu nehmen. Details dazu folgen in den Kapiteln 6 (allgemein), 7 (X Window System) und 9 (Netzwerke).

Der Text dieses Kapitels wurde bewusst knapp formuliert, um Sie nicht gleich mit zahllosen Details zu verwirren, die vorerst nicht so wichtig sind. Wenn Sie mehr wissen möchten, können Sie vertiefende Grundlageninformationen zu Linux in Kapitel 5 nachlesen. Dort sind einige Interna des Linux-Systems beschrieben, damit Sie auch verstehen, warum ein bestimmtes Kommando funktioniert.

Details zur Bedienung der `bash` (Bourne Again Shell) gibt es in Kapitel 15 ab Seite 633. Die `bash` ist der Kommandointerpreter, mit dessen Hilfe Sie Kommandos eingeben und ausführen können. Eine alphabetisch geordnete Beschreibung der wichtigsten Linux-Kommandos und ihrer Optionen finden Sie in Kapitel 17.

3.1 Linux starten und beenden

Um Linux zu starten, müssen Sie Ihren Rechner neu starten. (Es ist nicht möglich, Linux von Windows aus zu starten – es sei denn, Sie verwenden das kommerzielle Zusatzprogramm VMWare.)

Je nachdem, wie Sie Linux installiert haben, erfolgt der Start von Linux durch eine Bootdiskette oder direkt von der Festplatte. Unabhängig davon wird hierfür zumeist das Programm LILO (Linux Loader) eingesetzt. Sie erkennen das Programm daran, dass unmittelbar nach dem Rechnerstart der Text 'LILO: boot' – eventuell ergänzt durch eine Willkommensmeldung – angezeigt wird.

Wenn Sie jetzt nichts tun, wird Linux nach einer kurzen Zeit automatisch gestartet. Sie können in diesen Startprozess aber auch eingreifen. Dazu drücken Sie (Tab). (In seltenen Fällen müssen Sie vorher (Shift) drücken.) Es wird nun eine Liste mit den Namen aller Betriebssysteme angezeigt, die LILO starten kann. Normalerweise sind das zwei, Linux und Windows. Wenn Sie nicht Linux, sondern Ihr ebenfalls auf dem Rechner vorhandenes Windows-System starten möchten, geben Sie 'windows' oder 'dos' ein (oder wie immer das Betriebssystem von LILO bezeichnet wird; der Name spielt dabei nicht wirklich eine Rolle) und drücken (↵). Weitere Details zur Bedienung von LILO finden Sie auf Seite 255.

Login

Nach etwa 20 bis 30 Sekunden sollte eine sogenannte Login-Aufforderung erscheinen. Anders als bei (alten) Windows-Versionen müssen Sie sich mit Name und Passwort anmelden, bevor Sie mit Linux arbeiten können. Das ist deswegen notwendig, weil Linux zwischen verschiedenen Benutzern mit unterschiedlichen Privilegien unterscheidet.

Normalerweise geben Sie beim Login Ihren Benutzernamen (user name) und das dazugehörige Passwort ein. Wenn Linux neu installiert ist, gibt es manchmal erst einen einzigen Benutzer, nämlich `root`.

VORSICHT

> Mit `root` gelten Sie als Systemverwalter. Damit haben Sie Zugriff auf alle Dateien, dürfen uneingeschränkt alle Programme ausführen und können (durchaus unbeabsichtigt) eine ganze Menge Schaden anrichten.
>
> Arbeiten Sie nur dann als `root`, wenn es wirklich erforderlich ist!

Während der Konfiguration des Systems *müssen* Sie als `root` arbeiten, weil Sie sonst die Konfigurationsdateien gar nicht ändern können. Einer der ersten Schritte als `root` sollte auf jeden Fall darin bestehen, dass Sie das Kommando `passwd` ausführen und ein Passwort für `root` definieren, falls dies nicht schon während der Installation geschehen ist.

TIPP Die Veränderung des Passworts für `root` und das Anmelden neuer Benutzer wird in Kapitel 6 ab Seite 193 beschrieben. Hintergrundinformationen über die Verwaltung von Zugriffsrechten auf Dateien finden Sie auf Seite 144.

Je nachdem, wie Linux installiert/konfiguriert wurde, erfolgt der Login im Textmodus oder bereits im Grafikmodus (X Window System). Falls Ihr System einen Text-Login erwartet, müssen Sie das X Window System mit dem Kommando `startx` selbst starten. Innerhalb des X Window Systems erscheint als Desktop üblicherweise KDE oder Gnome.

Falls `startx` zu Fehlermeldungen führt, hat die Konfiguration des X Window Systems während der Installation nicht korrekt funktioniert. Eine Anleitung, wie Sie diesen Schritt selbst erledigen können, finden Sie in Kapitel 7.

Linux beenden (Shutdown)

VORSICHT Mindestens ebenso wichtig wie das korrekte Einloggen ist ein ordnungsgemäßes Beenden des Systems. Auf keinen Fall dürfen Sie den Rechner einfach ausschalten! Sie riskieren damit im ungünstigsten Fall ein zerstörtes Dateisystem. Auf jeden Fall werden Sie beim nächsten Neustart mit einer zeitaufwendigen Überprüfung des Dateisystems 'bestraft'.

Das Verlassen von Linux sieht unterschiedlich aus, je nachdem, ob der Login unter X oder im Textmodus erfolgte. Im ersten Fall müssen Sie zuerst das laufende Desktop-System verlassen. Unter KDE bzw. Gnome führen Sie dazu das Kommando ABMELDEN im Startmenü aus. Sie gelangen jetzt zurück zum grafischen Login-Dialog. Hier können Sie mit dem Button BEENDEN das System herunterfahren. Dabei wird nochmals zwischen den Varianten BEENDEN und NEU STARTEN unterschieden. Im ersten Fall wird der Rechner zum Schluss ausgeschaltet (funktioniert nur bei einem modernen BIOS). Im zweiten Fall wird der Rechner anschließend neu gestartet, und Sie können ein anderes Betriebssystem oder wieder Linux starten.

Im Textmodus erfolgt ein ordnungsgemäßes Herunterfahren des Systems mit dem Kommando `shutdown now`. Dieses Kommando darf allerdings nur von `root` ausgeführt werden. Sobald die Meldung 'System halted' erscheint oder der Rechner neu startet (BIOS-Meldungen), dürfen Sie den Rechner abschalten.

Auf vielen Linux-Systemen gibt es eine bequemere Alternative zum `shutdown`-Kommando: Drücken Sie im Textmodus einfach die Tastenkombination (Strg)+(Alt)+(Entf). Damit kann jeder Anwender (nicht nur `root`) das Kommando `shutdown` ausführen.

(Strg)+(Alt)+(Entf) gilt nur im Textmodus (nicht unter X). Falls Sie unter X arbeiten, müssen Sie vorher in eine Textkonsole wechseln ((Strg)+(Alt)+(F1)) oder X mit (Strg)+(Alt)+(←) beenden. Beide Varianten sind allerdings nur Notlösungen. Sie sollten X immer ordnungsgemäß über das vom Desktop vorgesehene Kommando verlassen, damit der aktuelle Zustand des Desktops gespeichert und alle Anwendungen ordnungsgemäß beendet werden können.

> TIPP
>
> `shutdown` kann nur von `root` ausgeführt werden. Wenn Linux auf (Strg)+(Alt)+(Entf) nicht reagiert (je nach Konfiguration in `/etc/inittab`) und Sie kein `root`-Passwort besitzen, den Rechner aber dennoch neu starten müssen, sollten Sie vorher zumindest das Kommando `sync` ausführen. Damit werden alle gepufferten Schreibzugriffe auf die Festplatte ausgeführt. Unmittelbar anschließend schalten Sie Ihren Rechner aus. Das ist allerdings nur eine Notlösung zur Schadensminimierung.

3.2 Tastatur und Maus unter Linux

Unter Linux gelten einige besondere Tastenkombinationen. (Details zum Umgang mit Textkonsolen folgen auf Seite 102.)

Allgemeine Linux-Tastenkombinationen	
(Strg)+(Alt), (Entf)	Linux beenden (nur in Textkonsolen)
(Strg)+(Alt), (Backspace)	X beenden (nur unter X)
(Alt)+(F1) bis (F6)	in Textkonsole 1 bis 6 wechseln (nur in Textkonsole)
(Alt)+(F7)	zu X wechseln (nur in Textkonsole)
(Strg)+(Alt)+(F1) bis (F6)	in Textkonsole 1 bis 6 wechseln (nur unter X)

Die folgenden Tastenkürzel gelten nur in einigen Programmen (z.B. in Editoren, Shell-Fenstern etc.). Die Tastenkürzel sind besonders dann hilfreich, wenn Tasten wie (Entf) oder (Pos1) auf Grund mangelhafter Konfiguration nicht wie vorgesehen funktionieren.

Häufige Tastenkombinationen (je nach Anwendung)	
(Strg)+(A)	Cursor an den Beginn der Zeile (wie (Pos1))
(Strg)+(E)	Cursor an das Ende der Zeile (wie (End))
(Strg)+(D)	ein Zeichen löschen (wie (Entf))
(Strg)+(H)	rückwärts löschen (wie (Backspace))
(Shift)+(Bild ↑/↓)	vorwärts/rückwärts blättern (in Shell-Fenstern)
(Tab)	Datei- und Kommandonamen vervollständigen

Zu den beiden letzten Zeilen der obigen Tabelle sind etwas ausführlichere Erklärungen erforderlich. Mit (Shift)+(Bild ↑) und (Shift)+(Bild ↓) können Sie den Bildschirminhalt der Textkonsolen auf- und abscrollen. Auf diese Weise können Sie die Ergebnisse der zuletzt ausgeführten Programme nochmals ansehen, auch wenn sie bereits nach oben aus dem sichtbaren Bildschirmbereich herausgeschoben wurden.

Die Kommandoerweiterung mit (Tab) gilt ebenfalls nur in Eingabekonsolen oder Textfenstern. Wenn Sie ein Kommando ausführen oder einen Dateinamen angeben möchten, brauchen Sie nur die ersten Buchstaben eintippen. Anschließend drücken Sie (Tab). Wenn der Dateiname bereits eindeutig erkennbar ist, wird er vollständig ergänzt, sonst nur so weit, bis sich mehrere Möglichkeiten ergeben. Ein zweimaliges Drücken von (Tab) bewirkt, dass eine Liste aller Dateinamen angezeigt wird, die mit den bereits eingegebenen Anfangsbuchstaben beginnen.

Text mit der Maus kopieren

Besonderheiten gibt es auch bei der Maus. Während Sie unter Windows gewohnt sind, Texte mit (Strg)+(C) zu kopieren und mit (Strg)+(V) wieder einzufügen, wird dazu in Linux einfach die Maus verwendet. Zuerst markieren Sie den Textbereich mit der gedrückten linken Maustaste. (Alternativ können Sie bei manchen Programmen mit der linken Maustaste den Startpunkt, dann mit der rechten Maustaste den Endpunkt des Texts markieren.) Der so markierte Text kann jetzt mit der mittleren Maustaste in ein anderes Programm (oder an eine andere Stelle im Text) eingefügt werden. Das Markieren und Kopieren erfolgt also alleine mit der Maus, ohne Tastatur. (Sie brauchen allerdings eine Maus mit drei Tasten!) Wenn Sie sich einmal an diese Methode gewöhnt haben, werden Sie sich immer fragen, warum das unter Windows nicht möglich ist.

3.3 KDE-Schnelleinstieg

KDE ist zwar nicht das einzige Desktop-System, es wird aber mittlerweile von sehr vielen Linux-Distributionen als Default-System installiert. Die folgenden Zeilen geben einige Tipps zu den ersten Schritten in KDE. (Detailliertere Informationen – auch zum Windows-Manager fvwm und zu Gnome – finden Sie in Kapitel 8.)

Prinzipiell orientiert sich die Bedienung von KDE stark an der von Windows. Es gibt eine sogenannte Kontrollleiste (normalerweise am unteren Bildschirmrand), über die Sie Programme starten sowie KDE verlassen können. Außerdem gibt es eine Programmleiste (normalerweise am oberen Bildschirmrand), in der für jedes laufende Programm ein Button angezeigt wird. Die Programmleiste ermöglicht den raschen Wechsel zwischen den Programmen.

Im Unterschied zu Windows kennt KDE auch den Begriff von Arbeitsflächen (die oft auch als virtuelle Desktops bezeichnet werden). Dabei handelt es sich zumeist um vier Desktops, zwischen denen Sie auf Knopfdruck wechseln können. Der Sinn dieser Arbeitsflächen besteht darin, dass Sie unterschiedliche Programme in unterschiedlichen Arbeitsflächen starten können. Damit vermeiden Sie das sonst übliche Chaos von Dutzenden sich überlagernden Fenstern.

Die mittlere und die rechte Maustaste haben auf der Arbeitsoberfläche eine besondere Bedeutung. Die mittlere Taste führt zu einem Menü, in dem alle zur Zeit laufenden Programme aufgezählt sind. Das Menü bietet also eine einfache Möglichkeit, zwischen Programmen zu wechseln. Die rechte Taste führt in ein Menü mit einigen elementaren KDE-Kommandos (Online-Hilfe, KDE verlassen etc.).

Auf den Arbeitsflächen werden neben Fenstern auch Icons dargestellt. Diese haben dieselbe Bedeutung wie unter Windows. Sie ermöglichen den raschen Start von Programmen bzw. den bequemen Wechsel in ein bestimmtes Verzeichnis bzw. den einfachen Zugriff auf die Verzeichnisse einer CD-ROM, Diskette oder Windows-Partition.

TIPP

Generell ist unter KDE nie ein Doppelklick erforderlich. Ein einfacher Mausklick reicht zum Start von Programmen bzw. zum Aktivieren von Symbolen. Bei KDE 1.*n* gibt es dabei leider kein sichtbares Feedback. Wenn der Start eines größeren Programms etwas länger dauert (z.B. Netscape), haben Sie etwas Geduld, und starten Sie das Programm nicht noch einmal! Ab KDE 2.0 wird sich das ändern, d.h. es wird dann eine optische Rückmeldung geben, dass das Programm gerade gestartet wird.

Zu den wichtigsten KDE-Programmen zählt der Dateimanager. Er wird über das KDE-Menü mit dem Kommando PERSÖNLICHES VERZEICHNIS gestartet und zeigt dann den Inhalt des Arbeitsverzeichnisses (des sogenannten Home-Verzeichnisses) an. Die Bedienung des Programms ist weitgehend intuitiv. Viele Operationen können einfach mit Drag & Drop ausgeführt werden.

TIPP

Sowohl beim KDE-Dateimanager als auch bei den meisten anderen KDE-Programmen gelangen Sie mit der rechten Maustaste in ein Kontextmenü, das Kommandos zur Bearbeitung des gerade aktiven Objekts enthält.

Die Konfiguration der meisten KDE-Komponenten (Aussehen der Fenster, Platzierung der Kontrollleiste, Bildschirmhintergrund, Bildschirmschoner etc.) erfolgt durch das sogenannte Kontrollzentrum. Das Programm wird über das KDE-Startmenü aufgerufen.

3.4 Umgang mit Textkonsolen

Microsoft Windows können Sie ausschließlich im Grafikmodus verwenden. Für Linux gilt das nicht. Linux funktioniert sowohl im Grafikmodus (mit dem X Window System, das die Basis für KDE, Gnome etc. darstellt) als auch in sogenannten Textkonsolen. Natürlich ist das Arbeiten unter X intuitiver. Mit Textkonsolen kommen Sie nur in Kontakt, wenn die Konfiguration von X noch nicht durchgeführt wurde oder wenn Sie Linux auf einem alten Rechner betreiben, dessen Hardware einen sinnvollen Betrieb von X nicht zulässt (z.B. nur 8 MByte RAM). Der Rechner ist deswegen nicht nutzlos – ein alter 486er kann unter Linux immer noch als Firewall oder Drucker-Server verwendet werden. Für derartige Aufgaben reicht die Rechengeschwindigkeit meistens noch aus.

Kurz und gut: Textkonsolen haben auch im Zeitalter grafischer Benutzeroberflächen Ihre Berechtigung, und Sie sollten damit umgehen können (was ohnedies kinderleicht ist). In der Standardeinstellung stehen sechs Textkonsolen zur Verfügung. Der Wechsel zwischen diesen Textkonsolen erfolgt mit (Alt)+(F1) für die erste Konsole, (Alt)+(F2) für die zweite etc.

Bevor Sie in einer Textkonsole arbeiten können, müssen Sie sich einloggen. Wenn Sie mit der Arbeit fertig sind oder wenn Sie sich unter einem anderen Namen anmelden möchten, müssen Sie sich wieder ausloggen. Dazu drücken Sie einfach (Strg)+(D) (anstatt ein neues Kommando einzugeben).

Linux ist ein Multitasking-System. Das bedeutet, dass Sie in der einen Konsole ein Kommando starten, und bis dieses beendet ist, können Sie in der zweiten Konsole etwas anderes erledigen. Sie können sich auch in einer Konsole als `root` anmelden, um administrative Aufgaben zu erledigen, während Sie in der anderen Konsole unter Ihrem normalen Login-Namen E-Mails lesen.

TIPP

Unix/Linux-Benutzer sind aus historischen Gründen so stark mit der Idee von Textkonsolen verbunden, dass sie darauf auch unter X nicht verzichten. Dort werden solche Konsolen natürlich in Form von Fenstern angezeigt und üblicherweise Shell-Fenster genannt. (Eine Shell ist ein Kommandointerpreter, mit dem Kommandos über die Tastatur eingegeben und ausgeführt werden.) Das noch immer populärste Programm zu diesem Zweck ist `xterm`, es gibt aber zahllose Alternativen (`kvt`, `gnome-terminal` etc.). Ein wirklicher Unix-Fan hat mindestens zehn derartige Fenster gleichzeitig offen und verliert nie den Überblick, welcher Benutzer und welches Verzeichnis in welchem Fenster aktiv sind und welches Kommando dort gerade ausführt wird ...

3.5 Kommandos, Dateien und Verzeichnisse

Auch wenn die Bedeutung von textorientierten Kommandos abgenommen hat, seit auch unter Linux/Unix grafische Benutzeroberflächen üblich sind, spielen sie noch immer eine große Rolle. Natürlich können Sie Dateien mit dem KDE-Dateimanager von einem Ort zum anderen verschieben. Sie können dazu aber auch ein `mv`-Kommando eingeben. Mit etwas Übung ist die Ausführung solcher Kommandos deutlich schneller und flexibler als die Bedienung grafischer Tools; und falls Sie unter einer Textkonsole oder via `telnet` über eine Netzwerkverbindung arbeiten, haben Sie ohnedies keine andere Wahl.

Mit Linux werden zahllose Kommandos und Programme mitgeliefert. (Die Unterscheidung zwischen Kommandos und Programmen ist eine rein sprachliche. Es handelt sich in jedem Fall um Programme. Als Kommandos werden zumeist kleinere Programme bezeichnet, die zum alltäglichen Umgang mit Linux erforderlich sind.) Zum Ausführen von Kommandos geben Sie einfach den Kommandonamen, eventuell einige Parameter und schließlich (↵) ein. In diesem Buch werden die Eingabe eines Kommandos (fett) und das Ergebnis so dargestellt:

```
root#  ls -l         # Inhalt des aktuellen Verzeichnisses
lrwxrwxrwx   1 root  root    14 Nov 16 13:08 linux -> /usr/src/linux/
-rw-------   1 root  root  7081 Nov 21 15:50 mbox
-rw-r--r--   1 root  root    46 Nov 21 09:29 setup.prot
```

VORSICHT

Das Doppelkreuz # am Beginn einer Zeile bedeutet, dass hier eine Eingabe vom Benutzer `root` vorgenommen wurde. Wenn in der ersten Textspalte statt # ein $ angegeben ist, kann das Kommando auch von anderen Anwendern durchgeführt werden. Die beiden Zeichen gelten als Eingabeprompt und werden am Beginn der Eingabezeile automatisch angezeigt. Sie dürfen diese Zeichen *nicht* mit eingeben!

Auf Ihrem Rechner wird vor dem # oder $ noch das aktuelle Verzeichnis und eventuell der Rechnername angegeben. Auf diese Angaben wird in diesem Buch aus Gründen der Übersichtlichkeit generell verzichtet. Die folgenden Zeilen (bis wieder eine Zeile mit # oder $ beginnt) sind das Ergebnis des Kommandos.

TIPP

Innerhalb der Kommandozeile tritt oft ein zweites # auf: Dieses Zeichen kennzeichnet jetzt einen Kommentar. Wenn Sie Kommandos eingeben, müssen Sie Kommentare nicht mit eingeben (obwohl es auch nicht schadet). Die Doppelbedeutung von # als `root`-Prompt und als Kommentarzeichen kann manchmal Verwirrung stiften, insbesondere, wenn in diesem Buch Listings abgedruckt werden, die mit Kommentaren eingeleitet werden. Die richtige Bedeutung des Zeichens geht aber aus dem Zusammenhang immer eindeutig hervor.

Verzeichnisse

Mit `cd` können Sie wie unter DOS das aktuelle Verzeichnis wechseln. `pwd` zeigt das aktuelle Verzeichnis an. Ein wesentlicher Unterschied zwischen DOS und Linux besteht darin, dass als Trennzeichen zwischen den Verzeichnissen / (und nicht \) verwendet wird. Wenn Sie irrtümlich \ verwenden, meldet sich Linux meistens mit der Fehlermeldung, dass die angegebene Datei nicht existiert. Diese Fehlermeldung resultiert daraus, dass Linux \ und das nachfolgende Zeichen als Sonderzeichen interpretiert.

Neu ist auch der Begriff des Heimatverzeichnisses. (Oft wird auch die Bezeichnung Home-Verzeichnis verwendet.) Nach dem Einloggen befinden Sie sich automatisch in einem Verzeichnis, das Ihnen allein gehört. Die darin enthaltenen Dateien und

Unterverzeichnisse gehören Ihnen. Sie können allen anderen Systembenutzern (mit Ausnahme von root) die Bearbeitung dieser Daten – sogar das Lesen des Dateiverzeichnisses mit ls – verbieten.

Das Heimatverzeichnis wird mit der Tilde ~ abgekürzt. Bei root heißt das Heimatverzeichnis /root. Bei fast allen anderen Linux-Anwendern befindet sich das Heimatverzeichnis in /home/name. Mit cd ohne die Angabe weiterer Parameter wechseln Sie in das Heimatverzeichnis zurück.

Das Dateisystem beginnt mit dem Wurzelverzeichnis /. Auch wenn das Dateisystem mehrere Festplatten oder ein CD-ROM-Laufwerk umfasst, bilden diese Laufwerke alle einen einheitlichen Verzeichnisbaum. Die Daten des CD-ROM-Laufwerks werden üblicherweise mit /cdrom oder /mnt/cdrom angesprochen. Aus diesem Grund besteht unter Linux keine Notwendigkeit für die Laufwerksbuchstaben A:, C: etc., die unter DOS üblich sind.

TIPP

Einen Überblick über den weit verzweigten Linux-Verzeichnisbaum finden Sie auf Seite 138. Dabei geht es vor allem um die Frage, nach welchen Kriterien die Dateien im Verzeichnisbaum verteilt sind.

Dateien

Das Inhaltsverzeichnis des aktuellen Verzeichnisses kann mit ls angezeigt werden. Mehr Informationen erhalten Sie mit ls -l. Mit dieser Option entspricht ls weitgehend dem DOS-Kommando DIR. Dateinamen, die mit einem Punkt beginnen, werden von ls normalerweise nicht angezeigt, sie sind also unsichtbar. Aus diesem Grund werden solche Dateinamen oft für Konfigurationsdateien verwendet. Damit ls auch diese Dateien anzeigt, muss zusätzlich die Option -a verwendet werden.

Beachten Sie bitte, dass Linux bei den Dateinamen zwischen Groß- und Kleinbuchstaben unterscheidet. readme, Readme und README bezeichnen drei verschiedene Dateien! Dateinamen dürfen im Linux-Standarddateisystem 255 Zeichen lang sein.

Mit cp können Sie Dateien kopieren, mit mv umbenennen und mit rm löschen. Dabei ist auch die Angabe von Joker-Zeichen erlaubt, die ähnlich, aber nicht genauso wie unter DOS funktionieren. Der für den Anfang wichtigste Unterschied besteht darin, dass * alle Dateien erfasst, während *.* nur solche Dateien erfasst, die einen Punkt im Dateinamen haben. Gehen Sie am Anfang vorsichtig mit Jokerzeichen um, besonders in Kombination mit rm! Wenn Sie statt rm das Kommando echo verwenden, werden alle durch eine Kombination von Jokerzeichen erfassten Verzeichnisse und Dateien auf dem Bildschirm angezeigt (z.B. echo *.tex).

Wenn Sie eine Datei suchen, verwenden Sie am einfachsten das Kommando find -name '*name*'. Linux durchsucht dann den gesamten Verzeichnisbaum ab dem gerade aktuellen Verzeichnis nach einem Dateinamen, in dem name vorkommt. Wenn Sie vorher in das Wurzelverzeichnis / wechseln, wird das gesamte Dateisystem durchsucht. Das kann ziemlich lange dauern, besonders wenn ein CD-ROM-Laufwerk eingebunden ist.

TIPP Die Funktion der Jokerzeichen wird ab Seite 133 beschrieben. Eine Referenz aller Kommandos zur Dateiverwaltung finden Sie in Kapitel 17 ab Seite 693.

3.6 Textdateien anzeigen und editieren

Solange Sie mit KDE oder Gnome arbeiten, stehen Ihnen zahlreiche komfortable Programme zum Anzeigen bzw. Verändern von Textdateien zur Verfügung – unter KDE beispielsweise `kedit` und `kwrite`, unter Gnome etwa `gedit`. Die Bedienung dieser Programme ist so intuitiv, dass hier keine weitere Beschreibung erforderlich ist. Stattdessen finden Sie an dieser Stelle Erklärungen zu einigen oft eingesetzten Kommandos und Programmen, die auch in einer Textkonsole bzw. in einem Shell-Fenster funktionieren.

Um einen Text am Bildschirm anzuzeigen, können Sie die Kommandos `cat`, `more` und `less` verwenden. `cat` entspricht dem DOS-Kommando `TYPE` und zeigt die Datei ohne Pause bis zu ihrem Ende an. `more` und `less` ermöglichen ein seitenweises Betrachten des Textes. Bei `less` können Sie sich frei mit den Cursortasten im Text bewegen (sogar rückwärts). `more` wird beim Erreichen des Dateiendes automatisch beendet, `less` müssen Sie durch die Eingabe von (Q) dazu auffordern. `more` und `less` können auch als Filter zur seitenweisen Anzeige anderer Informationen verwendet werden.

```
user$  cat datei       # zeigt die ganze Textdatei an
user$  more datei      # seitenweise Anzeige der Datei
user$  less datei      # seitenweise Anzeige der Datei, auch rückwärts
user$  ls -l | more    # seitenweise Anzeige des Dateiverzeichnisses
```

TIPP Wenn Sie mit einem dieser drei Programme eine Datei anzeigen, die keine Texte, sondern binäre Daten enthält, kann es passieren, dass der Terminalemulator diese Daten als Sonderzeichen interpretiert und dabei durcheinander kommt. In diesem Fall werden am Bildschirm nur noch seltsame Zeichen angezeigt, d.h. die Zuordnung des Zeichensatzes stimmt nicht mehr. Um Abhilfe zu schaffen, führen Sie das Kommando `reset` aus.

Emacs, Jove und Jed

Editoren gibt es für Linux wie Sand am Meer – die Frage ist nur, welcher auf Ihrem Rechner gerade installiert ist. Dieser Abschnitt fasst die elementaren Kommandos des `emacs` zusammen. Die Kommandos gelten auch für die mehr oder weniger kompatiblen Editoren `xemacs`, `jove` und `jed`. Die folgenden Abschnitte beschreiben einige weitere Editoren.

Emacs-Tastenkürzel	
Strg+X, Strg+F	lädt eine neue Datei
Strg+X, Strg+S	speichert die aktuelle Datei
Strg+X, Strg+W	speichert die Datei unter einem neuen Namen
Strg+G	bricht die Eingabe eines Kommandos ab
Strg+K	löscht eine Zeile
Strg+X, U	macht das Löschen rückgängig (Undo)
Strg+X, Strg+C	beendet den Emacs (mit Rückfrage zum Speichern)

Im `jed` kann Entf erst verwendet werden, wenn zuvor ein Bereich markiert wurde. Dazu wird das erste Zeichen mit Strg+Leertaste gekennzeichnet und der Cursor an das Ende des Bereichs gestellt. Entf löscht den Bereich, Einfg fügt ihn (an anderer Stelle) wieder ein. In diesem Punkt unterscheidet sich `jed` vom Original-Emacs.

Der Emacs wird in Kapitel 19 ab Seite 831 detailliert beschrieben. Diese Beschreibung gilt zwar nur für den Original-Emacs, alle elementaren Kommandos funktionieren aber auch in `jove` und `jed`.

TIPP: Achten Sie beim Editieren von Konfigurationsdateien darauf, dass auch die letzte Zeile mit ↵ abgeschlossen wird. Manche Linux-Programme bearbeiten Dateien nicht korrekt, wenn in der letzten Zeile das Zeilenende fehlt. (Das gilt natürlich auch dann, wenn Sie mit einem anderen Editor arbeiten.)

Joe

`joe` ist ein sehr einfacher Editor. Die Tastenkürzel sind zumeist dem nicht mehr ganz neuen Textverarbeitungsprogramm Wordstar nachempfunden. Wenn `joe` mit der Option `-asis` gestartet wird, kommt das Programm sogar mit deutschen Sonderzeichen zurecht.

Mit `man joe` erhalten Sie einen umfangreichen Hilfetext zu `joe`. Dieser Text beschreibt alle weiteren Kommandos. `joe` kann mit Hilfe der Datei `~\.joerc` konfiguriert werden. Als Ausgangsbasis kann `/usr/lib/joe/joerc` verwendet werden.

Joe-Tastenkürzel	
Strg+K, H	blendet das Hilfefenster ein/aus
Strg+K, E	lädt eine neue Datei
Strg+K, D	speichert die Datei (wahlweise unter neuem Namen)
Strg+Y	löscht eine Zeile
Strg+Shift+-	macht das Löschen rückgängig (Undo)
Strg+C	beendet `joe` (mit Rückfrage zum Speichern)

pico

Noch bescheidener im Befehlsumfang, dafür aber auch einfacher zu bedienen ist `pico`. Dieser Editor steht nur zur Verfügung, wenn Sie das E-Mail-Programm `pine` installiert haben. Der Vorteil des `pico`: Die beiden unteren Bildschirmzeilen zeigen eine Übersicht der zur Verfügung stehenden Kommandos an. Eine Kurzbeschreibung des `pico` finden Sie auf Seite 526.

vi, vim und elvis

`vim` und `elvis` sind zwei `vi`-kompatible Editoren. Der Original-`vi` ist aus urheberrechtlichen Gründen nicht Teil von Linux. Das Kommando `vi` kann aber zumeist dennoch ausgeführt werden und bewirkt dann automatisch den Start von `vim` oder `elvis`.

Die Bedienung des `vi` ist (höflich formuliert) etwas unkonventionell. (`vi`-Profis behaupten freilich hartnäckig, dass es keinen besseren Editor gibt.) Obwohl der Editor für Linux-Einsteiger also kaum die erste Wahl darstellt, ist eine kurze Beschreibung hier dennoch angebracht:

- Der `vi` ist vergleichsweise kompakt und steht eventuell auch dann zur Verfügung, wenn kein anderer Editor läuft (etwa bei Wartungsarbeiten, wenn Linux von einer Notfalldiskette gebootet wurde).
- Der `vi` steht unter praktisch allen Unix-Systemen zur Verfügung und stellt insofern einen Standard dar. Aus diesem Grund wird der `vi` von diversen Programmen automatisch als Editor aufgerufen, wenn dies nicht explizit durch eine entsprechende Konfiguration verhindert wird. In solchen Fällen müssen Sie zumindest wissen, wie Sie den Editor wieder verlassen können.

Da ich selbst kein besonderer `vi`-Fan bin, beschränkt sich die `vi`-Einführung auf das folgende Zitat eines News-Beitrags von Oliver Rebach (mit dessen freundlicher Zustimmung, danke!). Der Beitrag entstand übrigens im Rahmen einer hitzigen Debatte in `de.comp.os.unix.linux.misc`, ob und wie ausführlich der `vi` in diesem Buch beschrieben werden soll ...

> Das ist der Editor. Heißt `vi`. Du brauchst jetzt sechs Funktionen: mit (I) fügst Du ein, mit (Esc) hörst Du damit auf, (X) löscht ein Zeichen, (D) (D) eine Zeile. Mit (:) (W) (Q) *dateiname* speicherst Du, und (:) (Q) (!) bricht ab. Alles verstanden? Prima, Rest bringst Du Dir später selbst bei.

Der wichtigste fundamentale Unterschied zu anderen Editoren besteht also darin, dass der `vi` zwischen verschiedenen Modi unterscheidet. Die Texteingabe ist nur im Insert-Modus möglich. Die Eingabe der meisten Kommandos erfolgt im Complex-Command-Modus, der mit (:) aktiviert wird. Vorher muss gegebenenfalls der Insert-Modus durch (Esc) verlassen werden. Abschließend folgt hier noch eine Referenz der elementaren Kommandos:

vi-Tastenkürzel	
(I)	wechselt in den Insert-Modus
(Esc)	beendet den Insert-Modus
(H) / (L)	Cursor-Bewegung links/rechts
(J) / (K)	Cursor-Bewegung ab/auf
(X)	löscht ein Zeichen
(D) (D)	löscht die aktuelle Zeile
(P)	gelöschte Zeile an der Cursor-Position einfügen
(U)	generelles Undo
(:)	wechselt in den Complex-Command-Modus
Kommandos im Complex-Command-Modus	
:w *name*	speichert den Text unter einem neuen Namen
:wq	speichert und beendet den `vi`
:q!	beendet den `vi`, ohne zu speichern
:help	startet die Online-Hilfe

3.7 CD-ROMs, Disketten und Windows-Partitionen

Etwas ungewohnt für Windows-Anwender ist die Art und Weise, wie unter Linux auf CD-ROMs, Disketten sowie auf Windows-Partitionen zugegriffen wird. Anders als unter Windows gibt es dafür keine Buchstaben. Stattdessen erfolgt der Zugriff direkt über ein Verzeichnis des Dateisystems. Der Inhalt einer CD-ROM steht dann beispielsweise unter dem Verzeichnis `/cdrom` oder `/mnt/cdrom` zur Verfügung.

Der zweite Unterschied besteht darin, dass externe Datenträger bzw. fremde Partitionen explizit in das Dateisystem eingebunden werden. Falls Sie in einer Textkonsole arbeiten, müssen Sie zum Einbinden des Datenträgers das Kommando `mount` ausführen.

Beinahe genauso kompliziert ist es, die CD-ROM (oder einen anderen Datenträger) wieder aus dem Laufwerk zu entfernen. Das ist erst erlaubt, nachdem die CD-ROM wieder vom Dateisystem getrennt wurde (Kommando `umount`). Dieses Kommando kann allerdings erst dann ausgeführt werden, wenn kein Programm mehr auf Daten der CD-ROM zugreift. Als Zugriff gilt auch, wenn in irgendeinem Programm (Dateimanager, Shell-Fenster, Konsole) das aktuelle Verzeichnis ein CD-ROM-Verzeichnis ist.

KDE, Gnome

Wenn Sie unter KDE oder Gnome arbeiten, vereinfacht sich die Sache ein wenig. Die meisten Installationsprogramme sehen für alle gefundenen Laufwerke (CD-ROM, Diskette) sowie für alle erkannten Windows-Partitionen Icons vor. Wenn Sie eines dieser Icons anklicken, wird das betroffene Laufwerk automatisch in das Dateisystem eingebunden. Außerdem erscheint der Dateimanager in einem neuen Fenster mit dem Inhalt des Datenträgers.

Bevor Sie die Diskette bzw. CD-ROM wieder aus dem Laufwerk nehmen können, müssen Sie den Dateimanager (und alle anderen Programme, die auf den Datenträger zugreifen) beenden. Anschließen klicken Sie das Laufwerk-Icon mit der rechten Maustaste an und führen im Kontextmenü das Kommando UNMOUNT aus.

HINWEIS

Vereinzelt verwenden Distributionen sogenannte Supermount- oder Automount-Verfahren. Dabei verhält sich das System eher wie unter Windows gewohnt. Bei einem Zugriff auf das `/cdrom`-Verzeichnis wird die CD-ROM automatisch in das Dateisystem eingebunden. Wenn Sie die CD aus dem Laufwerk entfernen, wird sie automatisch wieder aus dem Dateisystem entfernt.

Manueller Zugriff

Wenn Sie in einer Textkonsole arbeiten bzw. wenn kein entsprechend konfigurierter Desktop zur Verfügung steht, müssen Sie `mount` und `umount` selbst durchführen. Im einfachsten Fall lauten die Kommandos:

```
root#  mount /cdrom
root#  umount /cdrom
```

Bei manchen Distributionen müssen Sie statt `/cdrom` ein anderes Verzeichnis angeben – z.B. `/mnt/cdrom`. Welches Verzeichnis bei Ihnen gilt, können Sie feststellen, wenn Sie sich die Datei `/etc/fstab` ansehen. Dort sind alle bekannten Laufwerke und Partitionen mit dem unter Linux gültigen Verzeichnis aufgezählt. Im Detail ist der Aufbau von `/etc/fstab`, aber auch der Umgang mit CD-ROMs, Disketten und fremden Partitionen auf Seite 209 beschrieben.

TIPP

Falls Sie auf DOS/Windows-Disketten (und nicht auf Disketten mit einem anderen Dateiformat) zugreifen möchten, können Sie sich die Mühe mit `mount` und `umount` sparen. Stattdessen können Sie einfach die Kommandos `mdir`, `mcopy` etc. verwenden. Einen Überblick über diese Kommandos finden Sie auf Seite 735. Die Kommandos sind allerdings nicht bei jeder Distribution automatisch installiert.

Kapitel 4

Dokumentation zu Linux

Zu Linux gibt es unglaublich viel Dokumentation, die teilweise gleich mitgeliefert wird und teilweise im Internet zu finden ist. Als letzte Rettung (für Experten) bietet sich schließlich der Blick in den Quellcode an, der oft ebenfalls gut dokumentiert ist.

Dieses Kapitel gibt einen zusammenfassenden Überblick darüber, welche Dokumentationsdateien es gibt, wo sie sich befinden und wie sie gelesen werden können. Das Kapitel beginnt mit einem Abschnitt, der beschreibt, wie ein Teil der Texte bereits vor einer Installation unter DOS/Windows gelesen werden kann. Der Rest des Textes beschreibt dann die verschiedenen Formen der Online-Dokumentation in einem laufenden Linux-System: `man`- und `info`-Texte, FAQs (Frequently Asked Questions), HOWTOs etc.

TIPP

Informationen zur Konvertierung von Online-Dokumentation in verschiedene Formate (DVI, PostScript, HTML etc.) sowie zum Ausdruck dieser Dokumente finden Sie in Kapitel 18 ab Seite 776.

4.1 man – Das Online-Handbuch zu fast allen Kommandos

man ist ein Programm zur Anzeige der Online-Dokumentation zu vielen Programmen und C-Funktionen. Die Konzeption von man-Seiten zur Online-Dokumentation für Unix-Systeme ist zeitlich gesehen schon ziemlich alt. Deshalb stehen man-Seiten vor allem für die traditionellen Unix-Kommandos, für viele C-Funktionen und für zahlreiche Datenformate zur Verfügung.

TIPP: Die man-Texte zu einigen wichtigen Kommandos liegen auch in deutscher Übersetzung vor. Allerdings muss dazu ein entsprechendes Paket installiert werden, das nur mit wenigen Distributionen mitgeliefert wird (etwa ger_man bei SuSE).

Der größte Nachteil von man-Seiten ist die fehlende Strukturierung der Texte, die sich vor allem bei langen man-Texten negativ auswirkt. Aus diesem Grund erfolgt die Dokumentation zu GNU-Programmen häufig durch info, das Querverweise innerhalb des Hilfetextes ermöglicht. info ist im nächsten Abschnitt beschrieben.

Es gibt mehrere Programme zur Anzeige von man-Texten: Die beiden am häufigsten benutzten Versionen sind man für den Textmodus und xman für das X Window System. Noch komfortabler als xman ist tkman, allerdings steht diese Variante auf vielen Systemen nicht zur Verfügung und setzt eine Tcl/Tk-Installation voraus. Manche Distributionen liefern schließlich HTML-Versionen der man-Seiten mit (oder ein Programm zur dynamischen Konvertierung), so dass die Dokumentation auch mit einem Webbrowser gelesen werden kann.

Die folgenden Abschnitte gehen zuerst auf man, xman und tkman ein; anschließend folgen einige Informationen über die interne Organisation und Formatierung von man-Dateien.

TIPP: Falls Sie KDE oder Gnome installiert haben, können Sie man-Texte auch komfortabel mit den jeweiligen Help-Browsern lesen. (Warum beide Programme in der gegenwärtigen Version keine Möglichkeit bieten, in diesem Text zu suchen, bleibt freilich schleierhaft. Insofern ist man funktioneller.) Die folgenden Beispiele zeigen, wie Sie die man-Seite zu ls und ein Inhaltsverzeichnis aller man-Seiten anzeigen können.

```
user$ gnome-help-browser man:ls
user$ gnome-help-browser whatis:ls
user$ gnome-help-browser toc:man
user$ kdehelp man:ls
user$ kdehelp 'man:(index)'
```

Bedienung von man

man [optionen] [bereich] thema

man sucht die als Thema angegebene Manual-Datei in allen dem System bekannten man-Verzeichnissen. Wenn statt eines Themas ein Dateiname angegeben wird (etwa /cdrom/man/man1/abc.1), dann wird der Inhalt dieser Datei angezeigt.

-a zeigt der Reihe nach alle gleichnamigen man-Seiten an. (Ohne diese Option wird gewöhnlich nur die erste von mehreren gleichnamigen Dateien aus unterschiedlichen Themengebieten angezeigt. Bei manchen Linux-Distributionen gilt -a aber als Defaulteinstellung.)

-f *schlüsselwort*
zeigt die Bedeutung eines Schlüsselworts an (einen einzeiligen Text). Die Option entspricht whatis wort.

-k *schlüsselwort*
zeigt eine Liste aller vorhandenen man-Texte an, in denen das Schlüsselwort vorkommt. Dabei wird allerdings keine Volltextsuche durchgeführt. Vielmehr werden nur die Schlüsselwörter jedes man-Textes analysiert. Die Option entspricht apropos wort bzw. SEARCH APROPOS im xman.

-S *bereichsliste*
berücksichtigt nur die angegebenen Themenbereiche. Die Option ist dann nützlich, wenn zwischen mehreren gleichnamigen man-Texte unterschieden wird.

Die optionale Angabe eines Bereichs schränkt die Suche nach man-Texten auf einen Themenbereich ein – etwa man 3 printf. Das ist dann notwendig, wenn mehrere gleichnamige man-Texte in unterschiedlichen Themenbereichen existieren. man zeigt in diesem Fall nur den ersten gefundenen man-Text an.

TIPP: Falls die Optionen -f und -l bzw. die Kommandos whatis und apropos nicht funktionieren, fehlt wahrscheinlich eine Datenbank mit den Inhaltsangaben zu den man-Texten. Abhilfe schafft die Ausführung des ziemlich rechenintensiven Programms /usr/sbin/makewhatis.

In vielen Unix- und Linux-Büchern werden zusammen mit den Kommandos gleich die man-Nummern angegeben – etwa find(1). Damit wissen Sie gleich, wie Sie man aufrufen müssen. man kennt die Themenbereiche 1 bis 9 und n. (Manchmal werden Kommandos von Programmiersprachen in zusätzlichen Bereichen mit anderen Buchstaben eingeordnet.)

1 Benutzerkommandos
2 Systemaufrufe
3 Funktionen der Programmiersprache C

4 Dateiformate, Device-Dateien
5 Konfigurationsdateien
6 Spiele
7 Diverses
8 Kommandos zur Systemadministration
9 Kernel-Funktionen
n Neue Kommandos

Wenn Sie alle gleichnamigen man-Texte (aus allen Bereichen) lesen möchten, müssen Sie man mit der Option -a verwenden. man zeigt jetzt den ersten gefundenen man-Text an. Sobald Sie den Text gelesen haben und man mit (Q) beenden, erscheint der man-Text zum nächsten Abschnitt.

Sobald ein man-Text einmal auf dem Bildschirm angezeigt wird, stehen – sofern in /usr/lib/man.config als Anzeigeprogramm less eingestellt wurde – unter anderem die folgenden Tastenkürzel zur Navigation im Text zur Verfügung:

man-Tastenkürzel	
(Cursortasten)	Text nach oben oder unten verschieben
(Pos1), (Ende)	an den Beginn/das Ende des Textes springen
(Y), (E)	Zeile nach oben oder nach unten
(U), (D)	Seite nach oben (up) oder nach unten (down)
(G), (Shift)+(G)	an den Beginn/das Ende des Textes springen
(/) muster (↩)	vorwärts suchen
(?) muster (↩)	rückwärts suchen
(N), (Shift)+(N)	Suche vorwärts wiederholen (next)
(Shift)+(N)	Suche rückwärts wiederholen
(Q)	beenden (quit)
(H)	Hilfetext mit weiteren Tastenkürzeln anzeigen

Besonderheiten der X-Variante xman

Der Start von xman erfolgt üblicherweise als Hintergrundprogramm, so dass im Terminalfenster weitergearbeitet werden kann. Nach xman & erscheint im spröden Charme früher X-Programme ein kleines Steuerungsfenster, über das mit dem Button HELP ein Hilfetext zur Bedienung von xman angezeigt werden kann. MANUAL PAGE führt zu einem größeren Fenster, in dem der gewünschte Hilfetext ausgesucht werden kann. Es besteht keine Möglichkeit, xman das gewünschte Hilfethema direkt beim Aufruf als Parameter zu übergeben, wie das bei man der Fall ist.

`xman [optionen]`

`-bothshown`
: teilt das Hauptfenster in zwei Abschnitte (Themenliste und Hilfetext).

`-notopbox`
: startet `xman` ohne das Steuerungsfenster.

Im Hauptfenster können Sie sich über das Menü SECTION für jeden der neun Hilfethemenbereiche eine Liste der zur Verfügung stehenden Texte ansehen. Das gewünschte Thema wird durch Anklicken mit der Maus ausgewählt.

Das interessanteste Menükommando lautet SEARCH: Damit kann rasch ein bestimmtes Hilfethema gesucht und angezeigt werden. Wenn die Suche mit APROPOS beendet wird, zeigt `xman` eine Liste von Themen an, in denen der Suchbegriff vorkommt. (Die Apropos-Suche ist allerdings keine Volltextsuche. Es werden lediglich die Schlüsselwörter zu jedem `man`-Text durchsucht.)

`xman` unterstützt die Maus nicht nur bei der Themenauswahl und beim Scrollen des `man`-Textes. Mit (Shift) und der mittleren Maustaste können Sie sehr rasch zwischen dem Themenverzeichnis und dem `man`-Text wechseln. (Strg) und die linke Maustaste führen zur Anzeige des OPTIONS-Menüs, (Strg) und die mittlere Maustaste zur Anzeige des SECTIONS-Menüs.

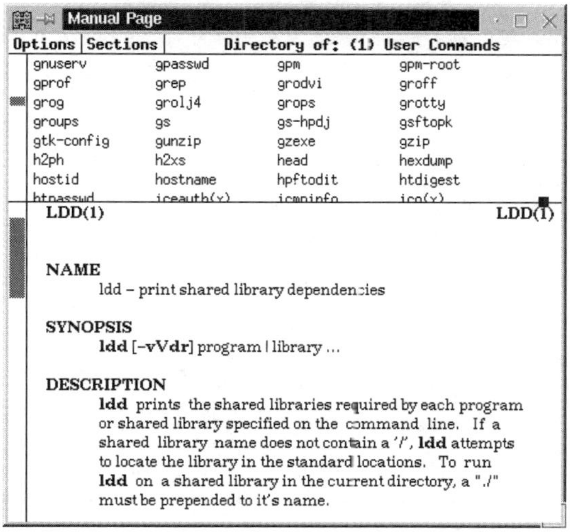

Abbildung 4.1: man-Texte mit xman lesen

Die Tastenkürzel innerhalb von `xman` stimmen leider nicht mit denen von `man` überein. Insbesondere können die Cursortasten nicht zum Scrollen des Hilfetextes verwendet werden.

xman-Tastenkürzel	
(F), (B)	eine Seite vor (forward) oder zurück (backward)
(Leertaste)	eine Seite vor
(1) bis (4)	ein bis vier Zeilen vor
(Strg)+(S)	Manual-Text suchen

tkman

`tkman` bietet wie `xman` eine X-Oberfläche für die Darstellung von `man`-Seiten an. Sobald die Installation von `tkman` einmal geglückt ist (das Programm setzt unter anderem die Programmiersprachen Tcl und Tk voraus), bietet `tkman` gegenüber `xman` folgende Vorteile:

- Bequeme Verfolgung von Querverweisen auf andere `man`-Seiten einfach durch Doppelklick auf den Begriff
- Verwaltung einer Liste aller zuletzt betrachteten `man`-Texte
- Bequemes Suchen innerhalb eines `man`-Textes
- Die Möglichkeit, Testpassagen hervorzuheben und diese Hervorhebungen bleibend zu speichern
- Weitgehende Konfigurationsmöglichkeiten

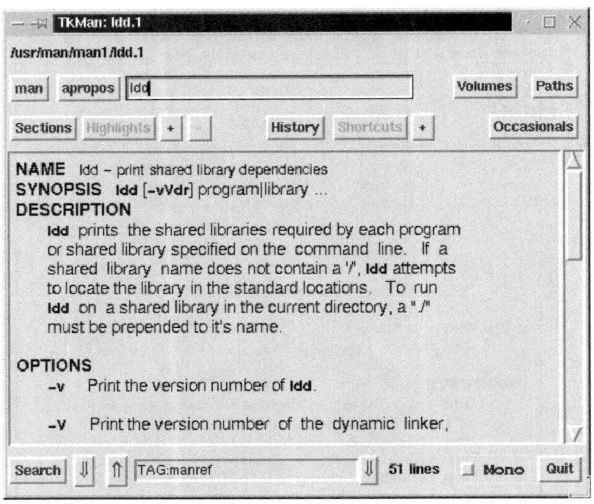

Abbildung 4.2: man-Texte mit tkman lesen

man-Interna

Die zentrale Steuerungsdatei für man ist /etc/man.config. Dort sind die Pfade für diverse Dateien eingestellt. Unter anderem ist in dieser Datei fixiert, dass zur Anzeige von man-Texten das Programm less verwendet wird. (Aus diesem Grund stimmen die Tastaturkommandos zur Steuerung von man und less während der Anzeige eines Textes überein.)

Eine Veränderung von man.config ist in der Regel nicht erforderlich. Wenn Sie zusätzliche Verzeichnisse angeben möchten, in denen man suchen soll, können Sie in /etc/profile die Umgebungsvariable MANPATH entsprechend einstellen. In der Standardkonfiguration sucht man in den folgenden Verzeichnissen nach Manual-Texten:

```
/usr/man
/usr/local/man
/usr/X11R6/man
```

Jedes dieser Verzeichnisse hat die Unterverzeichnisse man1 bis mann mit man-Quelltexten. Damit diese Texte auf dem Bildschirm angezeigt werden können, müssen sie mit dem Programm groff in das ASCII-Format übersetzt werden. Damit dieser Vorgang nicht bei jedem Lesen wiederholt werden muss, werden die formatierten man-Texte in eigenen Verzeichnissen gespeichert (entweder cat1 bis catn in den oben erwähnten Verzeichnissen oder in einem eigenen Unterverzeichnis /var/man bzw. /var/catman. Manchmal werden man-Texte auch nur in der formatierten Form installiert (um Platz zu sparen) – das ist aber ungünstig, wenn der Text ausgedruckt werden soll.

Die Konfiguration von xman kann zusätzlich durch Einträge in ~/.Xdefaults bzw. ~/.Xressources verändert werden (siehe xman-Manualtext).

TIPP Informationen zur Konversion von man-Quelldateien in lesbare ASCII-Dokumente oder in PostScript-Dateien finden Sie auf Seite 787.

4.2 info – Hypertext-Online-Hilfe für GNU-Programme

info ist ein wesentlich leistungsstärkeres Programm als man. Es eignet sich besonders zur Darstellung umfangreicher Hilfetexte, weil es mit Querverweisen über mehrere Dateien zurechtkommt. info ist das bevorzugte Dokumentationsformat für alle GNU-Tools (etwa find, grep), für den GNU-C-Compiler mit allen Erweiterungen und Library-Funktionen und für den Emacs.

TIPP

Statt `info` können Sie auch den Editor `emacs` oder `xemacs` starten und mit (Alt)+(X) info (↵) oder mit (Strg)+(H), (I) in den Info-Modus wechseln (siehe auch Seite 841). Dort werden alle Querverweise farbig hervorgehoben und können durch einen Klick mit der mittleren Maustaste bequem verfolgt werden.

`info`-Texte sind meistens im Verzeichnis `/usr/info` gespeichert (je nach System auch in `/usr/local/info` oder `/usr/share/o/info`). Umfangreiche Hilfetexte sind normalerweise auf mehrere komprimierte Dateien verteilt, deren Dateiname mit `.info-nn.gz` oder nur mit `--nn.gz` endet.

`info` `[optionen] [thema]`

`info` wird üblicherweise mit dem Parameter `thema` aufgerufen. Das Thema gibt an, welche Info-Datei aus dem `/usr/info`-Verzeichnis betrachtet werden soll. Wenn `info` ganz ohne Parameter gestartet wird, zeigt das Programm eine Übersicht der verfügbaren Hilfethemen an (Datei `/usr/info/dir`). Themen, die in `dir` nicht enthalten sind, können nur über die Option `-f` betrachtet werden! Das ist beispielsweise für die `elisp`-Dateien (Dokumentation zur Lisp-Programmierung für den Emacs) der Fall. `info` kann daher nicht automatisch alle `info`-Dateien bearbeiten, die sich in `/usr/info` befinden.

`-f datei`
: lädt die angegebene Datei statt einer Datei aus `/usr/info`. Im Gegensatz zum Thema muss der Dateiname vollständig angegeben werden (`jarg300.info.gz` und nicht nur `jarg300`). Wenn der `info`-Text auf mehrere Dateien verteilt ist, muss mit `-f` die erste Datei (etwa `elisp-1.gz`) angegeben werden.

info-Tastenkürzel	
(Leertaste)	Text nach unten scrollen
(Backspace)	Text nach oben scrollen
(B), (E)	zum Anfang/Ende der Info-Einheit springen (beginning/end)
(Tab)	Cursor zum nächsten Querverweis (*) bewegen
(↵)	Querverweis zu anderer Info-Einheit verfolgen
(N)	nächste Info-Einheit derselben Hierarchiestufe (next)
(P)	vorige Info-Einheit derselben Hierarchiestufe (previous)
(U)	eine Hierarchieebene nach oben (up)
(L)	zurück zum zuletzt angezeigten Text (last)
(H)	ausführliche Bedienungsanleitung (help)
(?)	Kommandoübersicht
(Q)	entfernt das Hilfefenster (quit)

VERWEIS

Zu info existiert ein man-Text, der die Grundzüge der Bedienung des Programms beschreibt. Informationen zu den Interna von Info-Dateien und zu texinfo finden Sie auf Seite 788. Mit texi2html können Sie schließlich info-Dateien in das HTML-Format umwandeln – siehe Seite 789.

TIPP

Falls Sie Gnome oder KDE installiert haben, können Sie info-Texte auch sehr komfortabel mit dem jeweiligen Hilfesystem lesen. Die folgenden Beispiele zeigen, wie der info-Text zu emacs sowie ein Inhaltsverzeichnis aller info-Texte angezeigt wird:

```
user$ gnome-help-browser info:emacs
user$ gnome-help-browser toc:info
user$ kdehelp 'info:(emacs)'
user$ kdehelp 'info:(dir)'
```

4.3 Linux-spezifische Online-Dokumentation

Dokumentation in anderen Formaten lesen

Die Linux-spezifische Online-Dokumentation liegt in den unterschiedlichsten Formaten vor. Die folgende Liste gibt einige Tipps, wie die Dokumente am besten gelesen werden können.

- ASCII-Format: Solche Texte können direkt mit less oder mit jedem beliebigen Editor gelesen werden. Mit den Programmen a2ps oder mpage ist eine Umwandlung in eine PostScript-Datei und ein anschließender Ausdruck möglich.
- PostScript-Format (Kennung *.ps): Diese Dateien können mit dem X-Programm ghostview oder kghostview gelesen werden. Dank gs ist ein Ausdruck auch dann möglich, wenn Sie keinen PostScript-Drucker besitzen.
- DVI-Format (*.dvi): Solche Dateien sind das Ergebnis einer TEX- oder LATEX-Übersetzung und können mit xdvi oder kdvi gelesen werden. Über dvips ist eine Umwandlung in eine PostScript-Datei möglich.
- HTML-Format (*.html): Die Dateien können mit jedem WWW-Browser (Lynx, Netscape, kdehelp) gelesen werden.
- Adobe-Acrobat-Format (*.pdf): Hierbei handelt es sich um eine komprimierte Variante zum PostScript-Format, die sich vor allem für Internet-Dokumente mit aufwendigem Layout durchgesetzt hat. Zum Lesen können ghostview, kghostview, xpdf oder acroread verwendet werden.

Bei allen Varianten außer der letzten kann es vorkommen, dass die Datei komprimiert ist. Solche Dateien sind an der Dateierweiterung .gz oder .bz2 zu erkennen. Zur Dekompression führen Sie gunzip datei.gz bzw. bunzip2 datei.bz2 aus. Dadurch wird die komprimierte Datei durch eine entkomprimierte Version ersetzt.

Manchmal werden mehrere Dateien zu einer gemeinsamen Archivdatei zusammengefasst (Kennung `.tar`), die zumeist auch noch komprimiert ist (Kennung `.tgz`).

VERWEIS

Die oben erwähnten Programme dienen nicht nur zum Lesen der Online-Dokumentation und werden daher an anderen Stellen in diesem Buch beschrieben:

`less`: Seite 202; Tastenkürzel wie bei `man` (Seite 116)
`ghostview`, `kghostview`: PostScript-Viewer, Seite 794
`xdvi`, `kdvi`: DVI-Viewer, Seite 796
`dvips`: Konvertierung DVI → PostScript
Lynx, Netscape, `kdehelp`: Internet-Tools, Seite 491
`acroread`: PDF-Viewer, Seite 798
`bunzip2`, `gunzip`, `tar`: Standardkommandos, Seite 699, 720 bzw. 747

FAQ – Frequently Asked Questions

Unter Linux spielen FAQs im Vergleich zu den HOWTO-Texten nur eine untergeordnete Rolle. Im Internet sind zwar unzählige FAQs zu diversen Programmiersprachen, Netzwerkfragen und anderen Unix-Themen (Sicherheit etc.) zu finden, mit den Linux-Distributionen werden aber zumeist nur ganz wenige mitgeliefert (wenn, dann zumeist im Verzeichnis `/usr/doc/FAQ` oder `/usr/doc/faq`).

Besonders interessant ist die `Linux-FAQ`: Diese Datei sollte bei Problemen mit Linux die erste Anlaufstelle sein. Sie behandelt Themen wie Installation, Kompatibilitätsprobleme, den Umgang mit dem Linux-Dateisystem, das X Window System etc.

HOWTO – Wie geht das?

HOWTO-Texte unterscheiden sich von den FAQ-Dateien in erster Linie dadurch, dass sie systematischer aufgebaut sind und Grundlagenwissen vermitteln. HOWTO-Texte sind die wohl wichtigste Informationsquelle zu Linux bezüglich Installation, Konfiguration und Hardware-Problemen. Der einzige Nachteil besteht darin, dass die Texte zum Teil sehr umfangreich sind. Sie erhalten oft weit mehr Informationen, als Sie eigentlich haben wollten.

Zu den behandelten Themen gehören Informationen zum Umgang mit speziellen Hardware-Komponenten (SCSI-Platten, CD-ROM-Laufwerke, Streamer, Ethernet-Karten, Tastaturen) und zu Teilaspekten der Linux-Anwendung (Ausdruck, Netzwerkkonfiguration inklusive UUCP, Term und News etc.). Insgesamt beanspruchen die HOWTO-Texte im ASCII-Format über 13 MByte – das ist ein Textumfang, der den dieses Buchs um ein Vielfaches übersteigt! (Zum Vergleich: Die `*.tex`-Dateien dieses Buchs umfassen ca. 2 MByte.)

Die HOWTO-Dateien befinden sich zumeist in `/usr/doc/HOWTO`. Es gibt zwei HOWTO-Typen, normale und Mini-Ausgaben. Beide Versionen sind in verschiedenen Formaten verfügbar (Unterverzeichnis `other-formats`). Am interessantesten ist sicherlich die HTML-Version, die mit jedem WWW-Browser gelesen werden kann und dank verschiedener Schriftgrößen und Querverweise erheblich übersichtlicher und lesefreundlicher als die ASCII-Variante ist.

TIPP

Die aktuellen Versionen finden Sie – wie immer – im Internet:

`http://www.linuxdoc.org/`

Ein Teil der HOWTO-Dokumente liegt auch in deutscher Übersetzung vor, zuletzt zu finden unter folgender Adresse:

`http://www.tu-harburg.de/~semb2204/dlhp/`

TIPP

Grundsätzlich sollten Sie bei allen Online-Dateien einen Blick auf das Datum der letzten Änderung werfen. Gelegentlich geistern noch Dateien umher, die inhaltlich schon längst durch neuere Versionen der beschriebenen Programme überholt sind.

Linux-HOWTOs

```
3Dfx
AI-Alife
AX25
Access
Alpha
Assembly
Bash-Prompt
Belgian
Benchmarking
Beowulf
BootPrompt
Bootdisk
Busmouse
CD-Writing
CDROM
COPYRIGHT.gz
CVS-RCS
Chinese
Commercial
Config
Consultants
Cyrillic
DNS
DOS-Win-to-Linux
DOS-to-Linux
DOSEMU
Danish
Diskless
Distribution
ELF
Ecology
Emacs-Beginner
Emacspeak
Esperanto
Ethernet
Finnish
Firewall
Framebuffer
French
Ftape
GCC
German
Glibc2
HAM
Hardware
Hebrew
IP-Masquerade
IPCHAINS
IPX
IR
ISP-Hookup
Installation
Intranet-Server
Italian
Java-CGI
Kernel
Keyboard-and-Conso
KickStart
Kiosk
LDAP
Laptop
LinuxDoc+Emacs+Isp
Loopback-Encrypted
MGR
MILO
MIPS
MP3
Mail-Administrator
Mail
Mail-User
Modem
Multi-Disk
Multicast
Mutt-GnuPG-PGP
NET-3
NET3-4
NFS
NIS
Networking-Overvie
Online-Troubleshoo
Optical-Disk
Oracle
PCI
PCMCIA
PLIP-Install
PPP
PalmOS
Parallel-Processin
Pilot
Plug-and-Play
Polish
Portuguese
PostgreSQL
Printing
Printing-Usage
Quake
RPM
Reading-List
Root-RAID
SCSI-Programming
SMB
SMP
SRM
Security
Serbian
Serial
Serial-Programming
Shadow-Password
Slovenian
Software-Building
Software-Release-P
Sound
Sound-Playing
Spanish
TclTk
TeTeX
```

```
Text-Terminal
Thai
Tipps
Turkish
UMSDOS
UPS
UUCP
Unicode
Unix-Internet-Fund
User-Group
VAR
VME
VMS-to-Linux
VPN-Masquerade
Vim
Virtual-Services
WWW
WWW-mSQL
XFree86
XFree86-Video-Timi
XWindow-User
```

Linux-Mini-HOWTOs

```
3-Button-Mouse
ADSL
ADSM-Backup
AI-Alife
Advocacy
Alsa-sound
Apache+SSL+PHP+fp
Automount
Backup-With-MSDOS
Battery-Powered
Boca
BogoMips
Bridge+Firewall
Bridge
Bzip2
Cable-Modem
Cipe+Masq
Clock
Coffee
Colour-ls
Cyrus-IMAP
DHCP
DPT-Hardware-RAID
Diald
Diskless
Ext2fs-Undeletion
Fax-Server
Firewall-Piercing
GIS-GRASS
GTEK-BBS-550
Hard-Disk-Upgrade
INDEX
INDEX.html
IO-Port-Programmin
IP-Alias
IP-Masquerade
IP-Subnetworking
ISP-Connectivity
Install-From-ZIP
Kerneld
LBX
LILO
Large-Disk
Leased-Line
Linux+DOS+Win95+OS
Linux+FreeBSD
Linux+NT-Loader
Linux+Win95
Linux-Modem-Sharin
Loadlin+Win95
Loopback-Root-FS
Mac-Terminal
Mail-Queue
Mail2News
Man-Page
Modules
Multiboot-with-LIL
NCD-X-Terminal
NFS-Root-Client
NFS-Root
Netrom-Node
Netscape+Proxy
Netstation
News-Leafsite
Offline-Mailing
PLIP
Partition-Rescue
Partition
Path
Pre-Installation
Process-Accountin
Proxy-ARP-Subnet
Public-Webbrowser
Qmail+MH
Quota
RCS
RPM+Slackware
Red Hat-CD
Remote-Boot
Remote-X-Apps
SLIP-PPP-Emulator
Saving-Space
Secure-POP+SSH
Sendmail+UUCP
Sendmail-Address
Small-Memory
Software-Building
Software-RAID
Soundblaster-AWE
StarOffice
Staying-Updated
Term-Firewall
TkRat
Token-Ring
Ultra-DMA
Update
Upgrade
VAIO+Linux
VPN
Vesafb
Visual-Bell
Windows-Modem-Sha
WordPerfect
X-Big-Cursor
XFree86-XInside
Xterm-Title
ZIP-Drive
ZIP-Install
```

LDP – Das Linux Documentation Project

Noch längere Texte – nämlich ganze Bücher – sind im Rahmen des Linux Documentation Project entstanden. Auch diese Texte waren ursprünglich nur in elektronischer Form verfügbar; zumindest der Linux Network Administrator ist aber auch in Buchform erschienen (sogar in deutscher Übersetzung).

Steve Frampton: Linux System Administration Made Easy
Sven Goldt, Sven van der Meer etc.: Linux Programmer's Guide
Larry Greenfield: Linux User's Guide
Michael K. Johnson: The Linux Kernel Hacker's Guide
Olaf Kirch: The Linux Network Administrator's Guide
Gerhard Mourani: Get Acquainted with Linux Security and Optimization System
Ori Pomerantz: The Linux Kernel Module Programming Guide

David A. Rusling: The Linux Kernel
Kurt Seifried: Linux Administrator's Security Guide
Paul Sheer: Rute Users Tutorial and Exposition
Matt Welsh: Linux Installation and Getting Started
Lars Wirzenius: Linux System Administrator's Guide

HINWEIS

Wenn diese Dokumente nicht mit Ihrer Distribution mitgeliefert wurden, finden Sie diese Dokumente (und eine Menge weiterer) in verschiedenen Formaten im Internet:

`http://www.linuxdoc.org/guides.html`

Kernel-Dokumentation

Eine Menge hardware-spezifische Informationen finden Sie im Verzeichnis `/usr/src/linux/Documentation` (nur wenn Sie den Kernel-Code installiert haben). Die Informationen setzen zumeist ein recht gutes Grundwissen zur Hardware Ihres Rechners und zum Teil auch zur Programmierung voraus. Die Mühe beim Lesen lohnt sich aber oft! Selten finden Sie derart fundierte Informationen über die Interna Ihres Rechners. (Übrigens ist auch der Kernel-Code recht gut dokumentiert; wenn Sie ein bestimmtes Hardware-Problem haben, kann ein Blick in die entsprechenden `*.c`-Dateien nicht schaden.)

Sehr informativ sind auch die Hilfetexte, die zur Kernel-Konfiguration zur Verfügung stehen. Selbst wenn Sie den Kernel nicht neu kompilieren möchten, sollten Sie einfach einmal `make xconfig` oder `make menuconfig` im Verzeichnis `/usr/src/linux` ausführen und die diversen Hilfetexte lesen. (Sie können auch direkt die ASCII-Datei `Documentation/Configure.help` lesen, wenngleich der endlose Text weniger übersichtlich ist.)

TIPP

Mit etwas Glück brauchen Sie nicht gleich den gesamten Kernel-Code zu installieren, der weit über 50 MByte Ihrer Festplatte füllt. Stattdessen bieten manche Distributionen einige Kernel-Dokumentations-Packages an (z.B. `kernel-doc` bei Red Hat, `lx_docu` bei SuSE). Damit werden nur die Dokumentationsdateien in ein Verzeichnis wie `/usr/doc/kernel` installiert.

KDE- und Gnome-Hilfe

Hilfe zu KDE-Programmen erhalten Sie einfach durch (F1). Bei Gnome-Programmen müssen Sie das Hilfemenü oder einen entsprechenden Button verwenden. In beiden Fällen wird die Dokumentation im HTML-Format angezeigt, d.h. die KDE- und Gnome-Hilfeprogramme `kdehelp` und `gnome-help-browser` sind eigentlich Webbrowser.

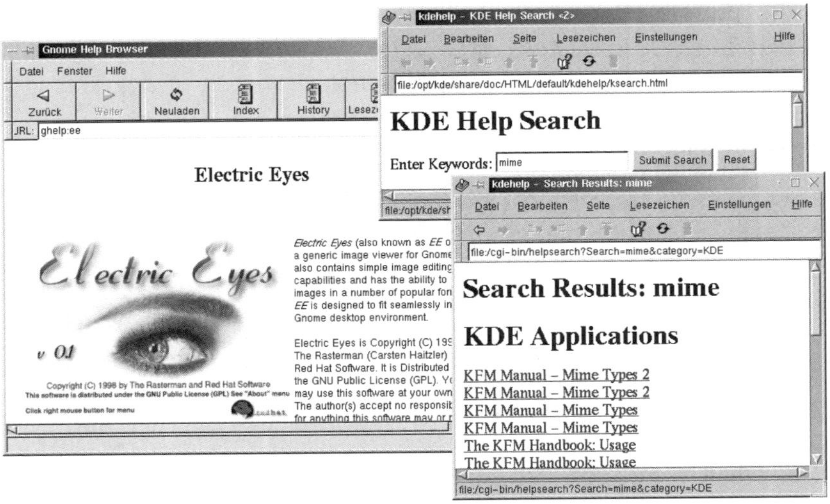

Abbildung 4.3: Gnome- und KDE-Hilfesystem

Wie bereits in den vorherigen Abschnitten erwähnt, können die beiden Hilfesysteme auch zum Lesen von `man`- und `info`-Texten verwendet werden. Wenn das gewünschte Dokument nicht schon in der Kommandozeile angegeben wurde, führt bei `kdehelp` SEITE|INHALT und bei `gnome-help-browser` der Button INDEX zu einer Startseite mit Inhaltsübersicht.

Ein besonders attraktives Feature von `kdehelp` ist die Möglichkeit, eine Volltextsuche in KDE- und `man`-Dokumenten durchzuführen (in Zukunft auch für `info`-Texte). Dazu führen Sie in `kdehelp` einfach DATEI|SUCHEN aus. Die Suchfunktion ist allerdings verhältnismäßig langsam.

Dokumentation zu individuellen Software-Paketen

Die Zusatzdokumentation zu Softwarepaketen jeder Art (Programmiersprachen, Tools etc.) wird üblicherweise in das Verzeichnis `/usr/doc/`*`name`*`/` oder `/usr/doc/packages/`*`name`*`/` installiert. Der Umfang und die Aktualität dieser Dateien variieren stark. Oft handelt es sich nur um eine README-Datei mit dem Copyright und einer kurzen Information darüber, wo sich die restliche Dokumentation befindet.

Natürlich halten sich nicht alle Programme an diese Konvention (das wäre ja wirklich zu einfach). Werfen Sie auf jeden Fall auch einen Blick in die Installationsverzeichnisse der jeweiligen Programme. Beispielsweise finden Sie zu LaTeX (teTeX-Distribution) eine Menge Online-Dokumentation im folgenden Verzeichnis:

```
/usr/lib/teTeX/texmf/doc
```

TIPP

Bei einigen Programmen (etwa Gimp) ist die Online-Dokumentation so umfangreich, dass sie in einem eigenen Paket untergebracht und oft nicht automatisch installiert wird. Oft lohnt es sich also, einen genauen Blick in die Liste der nicht installierten Pakete zu werfen.

Distributionsabhängige Dokumentation

Die verschiedenen Linux-Distributionen unterscheiden sich unter anderem auch dadurch, wie die Online-Dokumentation verfügbar gemacht wird. Die folgende Liste gibt einen ersten Überblick; weitere Informationen finden Sie im Anhang dieses Buchs, wo distributionsspezifische Details beschrieben werden.

- Zu manchen Distributionen gibt es ein umfangreiches Installationshandbuch, das sowohl in ausgedruckter Form als auch als Online-Dokument in diversen Formaten verfügbar ist (PS, HTML).
- Viele Distributionen machen die im HTML-Format verfügbare Dokumentation durch eine zentrale Startseite besser zugänglich
- Einige Distributionen versuchen durch Zusatztools (z.B. `helptool` bei Red Hat) die Volltextsuche in den vorhandenen Online-Dokumenten zu erleichtern.
- Bei fast allen Distributionen finden sich darüber hinaus tagesaktuelle Informationen auf den jeweiligen Homepages (siehe oben).

4.4 Dokumentation im Internet

Etwas überspitzt könnte man sagen: Die mit einer Distribution mitgelieferte Dokumentation ist schon veraltert, bevor Sie mit der Installation fertig sind. Die folgenden Adressen sollen einen Startpunkt für die Recherche im Internet geben. (Sie finden die – gegebenenfalls aktualisierten – Links auch auf der Homepage des Autors: `www.kofler.cc`.)

Linux Documentation Projekt: Ein guter Startpunkt für die Suche nach Linux-Dokumentation ist die folgende Seite:

`http://www.linuxdoc.org/`

HOWTOs: Die aktuellen Versionen der Linux-HOWTOs finden Sie an der oben angegebenen Adresse sowie hier:

`http://metalab.unc.edu/mdw/HOWTO/`

Ein Teil dieser Dokumente steht auch in einer deutschen Übersetzung zur Verfügung:

`http://www.tu-harburg.de/~semb2204/dlhp/`

Übersetzungen in andere Sprachen finden Sie hier:

`http://metalab.unc.edu/pub/Linux/docs/HOWTO/translations/`

Newsgroups: Es gibt zahllose Newsgroups zum Thema Linux (siehe auch Kapitel 13). Auch wenn Sie die darin stattfindenden Diskussionen nicht ständig verfolgen, können Sie sehr bequem in einem riesigen Archiv alter News-Beiträge suchen. Wenn Sie irgendwelche Konfigurations- oder Hardware-Probleme haben, stoßen Sie hier mit sehr großer Wahrscheinlichkeit auf andere Linux-Anwender, die dieselben Probleme auch schon hatten (und mit etwas Glück auch lösen konnten).

`http://www.deja.com/usenet`

Distributions-Homepages: Auf den Homepages der Distributionen finden Sie oft tagesaktuelle Informationen über Sicherheitslücken und andere Probleme diverser Programme. Debian verwaltet zu allen Paketen Informationen über Bug-Reports und (soweit vorhanden) deren Lösung. Bei SuSE gibt es eine Support-Datenbank, in der häufig auftretende Probleme samt Lösung beschrieben werden. Neben einer Suchfunktion gibt es hier auch einen alphabetischen Index. Wenn Sie beispielsweise mit Ihrer ISDN-Konfiguration nicht zurechtkommen, werden Sie hier am ehesten fündig. Sehr oft gelten die hier präsentierten Informationen auch für andere Distributionen.

`http://www.debian.org`
`http://www.redhat.com`
`http://www.suse.de` bzw. `http://www.suse.com`

Google-Suchmaschine: Im Internet gibt es zahllose Suchmaschinen (etwa altavista). Die Suchmaschine Google sticht darunter insofern heraus, als sie die Suche nach Linux-spezifischen Dokumenten besonders erleichert (und meistens bessere Ergebnisse liefert als andere Suchmaschinen).

`http://www.google.com/linux`

Linux-Programme: Wenn Sie die neueste Version oder auch nur die Homepage zu einem beliebigen Linux-Programm suchen, ist `freshmeat.net` der beste Startpunkt:

`http://www.freshmeat.net/appindex/`

RFCs: RFC steht für *request for comment*. Dahinter verbergen sich Dokumente, die diverse Protokolle (darunter z.B. TCP, IP, FTP, PPP etc.) im Detail beschreiben. Das etwas merkwürdige Kürzel RFC deutet auf die Entstehungsgeschichte dieser Protokolle hin: Sie wurden im Regelfall nicht durch eine Person, Organisation oder Firma diktiert, sondern sind aus einem (oft langwierigen) Diskussionsprozess entstanden. Die hier dargestellten Informationen sind eher technischer Natur. RFCs finden Sie auf vielen Web- und FTP-Servern. Die folgenden drei Adressen sind exemplarisch.

`http://www.rfc.net`
`http://www.faqs.org/rfcs/`
`ftp://ftp.nic.de/pub/doc/rfc`

Teil II

Konfiguration

Kapitel 5

Linux-Grundlagen

Der Umstieg von DOS/Windows oder von einem anderen nicht Unix-kompatiblen Betriebssystem auf Linux verursacht häufig Schwierigkeiten. Viele dieser Schwierigkeiten sind darauf zurückzuführen, dass Linux auf der Oberfläche viele Ähnlichkeiten und Parallelen zu anderen Betriebssystemen aufweist, obwohl es in der Konzeption und internen Verwaltung gravierende Unterschiede gibt. Dieses Kapitel versucht, ein wenig hinter die Kulissen zu blicken und beschreibt die Grundlagen von Linux.

Im ersten Teil dieses Kapitels dominieren Informationen zu verschiedenen Ebenen des Linux-Dateisystems: vom Umgang mit Dateien und Verzeichnissen (inklusive der Verwendung von Jokerzeichen, Zugriffsrechten, Links) über den Aufbau des Linux-Verzeichnisbaums (FSSTND) bis hin zu den I-Nodes, die Linux-intern zur Verwaltung der Daten verwendet werden.

Weitere Textabschnitte befassen sich etwas intensiver mit Linux-Interna und sind wahrscheinlich erst dann zu verstehen, wenn Sie sich ein wenig an Linux gewöhnt haben. Sie behandeln die Besonderheiten der Prozessverwaltung (Linux ist ja ein Multitasking-System), die Verwaltung von Libraries und den System-V-Init-Prozess (steuert den Rechnerstart und den Shutdown).

Die Lektüre dieses Kapitels ist für die Konfiguration von Linux nicht unbedingt notwendig. Dieses Kapitel hilft aber dabei, dass Sie auch verstehen, was Sie tun. Spätestens dann, wenn Sie die Konfiguration Ihres Rechners an einem Punkt verändern möchten, der in diesem oder anderen Büchern nicht mehr beschrieben ist, ist ein Grundverständnis von Linux und seiner Funktionsweise unverzichtbar.

TIPP Wenn Sie noch nie mit einem Unix-System gearbeitet haben, sollten Sie sich zumindest für die Abschnitte 5.1 (Seite 132) und 5.4 (Seite 171) Zeit nehmen! Sie ersparen sich dadurch wahrscheinlich eine Menge Frustration, wenn Linux nicht so reagiert, wie Sie es mit Ihren DOS- oder Windows-Erfahrungen erwarten würden.

5.1 Grundlagen der Dateiverwaltung

Dieser Abschnitt beleuchtet unterschiedliche Aspekte der Dateiverwaltung unter Linux. Die Themenpalette reicht dabei von beinahe trivialen Dingen (welche Dateinamen erlaubt sind) bis hin zu den Interna der Dateiverwaltung (I-Nodes etc.). Der Abschnitt soll Ihnen dabei helfen, das Linux-Dateisystem nicht nur zu verwenden, sondern vor allem auch verstehen zu lernen. Die wichtigsten Themen sind:

- Dateien und Verzeichnisse (Dateinamen, Jokerzeichen * und ?, Verzeichnisse)
- Linux-Verzeichnisstruktur (Wo befinden sich welche Dateien? Wofür stehen die Kürzel `bin`, `sbin`, `lib`, `usr`, `home` etc.?)
- Besitzverhältnisse und Zugriffsrechte (Wer darf welche Dateien lesen, verändern, ausführen? Benutzer- und Gruppenverwaltung (users und groups))
- Links (Feste und symbolische Verweise auf andere Dateien und Verzeichnisse)
- Zugriff auf mehrere Datenträger (Wozu dient das Kommando `mount`? Wie werden CD-ROMs und Disketten in das Linux-Dateisystem eingebunden?)
- Import- und Export von DOS-Textdateien (Zeilenende (CR+LF unter DOS, nur LF unter Linux), deutsche Sonderzeichen)
- Verschiedene Dateisysteme (Warum gibt es unterschiedliche Dateisysteme wie `ext2fs` (Linux-Standard), `msdos`, `iso9660` (CD-ROM) etc.?)
- Interna (Wie erfolgt die Verwaltung des Dateisystems Linux-intern? Was sind I-Nodes?)

Dateien und Verzeichnisse

Wenn Sie bisher unter DOS/Windows gearbeitet haben, dann wird die neue Freiheit bei den Dateinamen eines der ersten Dinge sein, die Sie an Linux schätzen lernen. Ganz kurz die wichtigsten Fakten:

- Unter Linux sind Dateinamen bis zu 255 Zeichen zulässig.
- Es wird zwischen Groß- und Kleinschreibung unterschieden.
- Sonderzeichen sind im Prinzip erlaubt, allerdings sind bei der Bearbeitung solcher Dateien gewisse Regeln zu befolgen.
- Dateien, die mit einem Punkt beginnen, gelten als versteckte Dateien (siehe Seite 137).

Der letzte Punkt bedarf noch einiger Anmerkungen: Sie können in Dateinamen beliebig viele Punkte verwenden. Der Punkt ist in Linux-Dateinamen ein Zeichen wie jedes andere, auch wenn er häufig zur Trennung von Namensteilen verwendet wird. `README.bootutils.gz` ist ein ganz normaler Dateiname, der andeutet, dass es sich um eine komprimierte README-Datei zum Thema Bootutilities handelt.

Dateinamen, die bei der Eingabe von Kommandos nicht eindeutig als solche erkennbar sind (etwa Dateinamen mit Leerzeichen), müssen in Hochkommata gestellt werden (etwa `"a b"`). Selbst die Verwendung deutscher Sonderzeichen ist möglich. Sie sollten sich aber bewusst sein, dass deutsche Sonderzeichen eine Quelle potenzieller Schwierigkeiten sein können. Das wohl noch geringste Übel besteht darin, dass Dateinamen mit deutschen Sonderzeichen durch `ls` nicht richtig sortiert werden.

HINWEIS

Linux unterstützt verschiedene Dateisysteme, darunter auch das MS-DOS-Dateisystem. Die obigen Ausführungen gelten nur für das Standard-Linux-Dateisystem `ext2s`. Bei anderen Dateisystemen gelten strengere Restriktionen bezüglich der maximalen Zeichenanzahl von Dateinamen etc. (siehe auch Seite 158).

Jokerzeichen

Im täglichen Umgang mit Dateien werden Sie häufig ganze Gruppen von Dateien bearbeiten – etwa alle Dateien mit der Endung `.tex`. Um das zu ermöglichen, sind bei der Eingabe von Linux-Kommandos zwei Jokerzeichen erlaubt: `?` zur Spezifikation *eines* beliebigen Zeichens und `*` zur Spezifikation beliebig vieler (auch null) Zeichen.

Auf den ersten Blick sieht das genauso aus wie unter DOS. Tatsächlich sind die Jokerzeichen unter Linux deutlich flexibler als unter DOS. Der wohl wichtigste Unterschied besteht darin, dass `*` fast alle Zeichen erfasst, also auch Punkte (sofern sie nicht am Beginn des Dateinamens stehen). Wenn Sie alle Dateien erfassen möchten, heißt es jetzt `*` und nicht wie unter DOS `*.*`! (Anmerkungen zu versteckten Dateien folgen etwas weiter unten.)

Ein weiterer Unterschied besteht darin, dass auch mehrere Jokerzeichen Linux nicht aus dem Gleichgewicht bringen. Sie können beispielsweise mit `*graf*` alle Dateien suchen, die `graf` in ihrem Namen enthalten – also etwa `grafik.doc`, `apfelgraf` und `README.graf`.

Wenn Ihnen die Jokerzeichen `?` und `*` zu allgemein sind, können Sie eine stärkere Einschränkung durch die Angabe eckiger Klammern erreichen. `[abc]` steht als Platzhalter für einen der drei Buchstaben `a`, `b` oder `c`. Wenn innerhalb der eckigen Klammern ein Bindestrich zwischen zwei Buchstaben oder Ziffern angegeben wird, dann ist ein Zeichen dazwischen gemeint: `[a-f]*` erfasst demnach alle Dateien, die mit einem Buchstaben zwischen `a` und `f` beginnen. `*[_.-]*` meint alle Dateien, die irgendwo in ihrem Dateinamen zumindest einen Punkt, Unterstrich oder Bindestrich enthalten. Durch ein Ausrufezeichen kann der Ausdruck negiert werden: `[!a-z]*` meint alle Dateien, die mit einem Großbuchstaben oder mit einem Sonderzeichen beginnen. `*.[hc]` erfasst alle Dateien, die mit `.c` oder `.h` enden.

Die Jokerzeichen können auch für Verzeichnisse verwendet werden. `*/*.tex` erfasst alle `*.tex`-Dateien, die sich in Unterverzeichnissen des aktuellen Verzeichnisses befinden (nur eine Ebene, also nicht auch Dateien in Unter-Unterverzeichnissen). /usr/*bin/* erfasst alle Dateien in den Verzeichnissen /usr/bin und /usr/sbin.

Beim Kopieren von Dateien wird oft ein weiteres Sonderzeichen benötigt – der Punkt als Platzhalter für das aktuelle Verzeichnis. So werden durch das Kommando cp projekt/*.c . alle *.c-Dateien aus dem Verzeichnis project in das aktuelle Verzeichnis kopiert.

Jokerzeichen für Dateinamen

?	genau ein beliebiges Zeichen
*	beliebig viele (auch null) beliebige Zeichen
[abc]	genau eines der angegebenen Zeichen
[a-f]	ein Zeichen aus dem angegebenen Bereich
[!abc]	keines der angegebenen Zeichen
[^abc]	wie oben
~	Abkürzung für das Heimatverzeichnis

Im Umgang mit Verzeichnissen sind außerdem die beiden Dateien . und .. (genaugenommen handelt es sich um Links) von Bedeutung. . verweist auf das aktuelle Verzeichnis, .. auf das übergeordnete Verzeichnis.

VERWEIS

Für die Auswertung der Jokerzeichen ist nicht das jeweils aufgerufene Kommando zuständig, sondern die Shell, aus der das Kommando aufgerufen wird. bash, die unter Linux gebräuchlichste Shell, kennt neben den gerade beschriebenen Jokerzeichen eine Menge weiterer Sonderzeichen, die bei der Ausführung eines Kommandos eine besondere Wirkung haben (siehe Seite 645).

Komplikationen bei der Verwendung von Jokerzeichen

Der Umgang mit Jokerzeichen sieht auf den ersten Blick einfacher aus, als er in Wirklichkeit ist. Wenn Sie Schwierigkeiten mit Jokerzeichen haben, sollten Sie einfach einige Experimente mit echo jokerzeichen durchführen. Dieses Kommando zeigt einfach alle durch eine Jokerzeichen-Kombination erfassten Dateinamen auf dem Bildschirm an, ohne die Dateinamen zu verändern.

Ein Problem besteht darin, dass * nicht nur Dateien, sondern auch Verzeichnisse erfasst. ls * zeigt aus diesem Grund nicht nur alle Dateien im aktuellen Verzeichnis an, sondern auch den Inhalt aller Unterverzeichnisse, die über * erfasst werden. Beim Kommando ls kann dieses Problem durch die Option -d umgangen werden, bei anderen Kommandos steht diese Option allerdings nicht zur Verfügung.

Wenn Sie alle Verzeichnisse (nicht aber normale Dateien) bearbeiten möchten, hilft die Jokerzeichenkombination */. weiter: Mit ihr werden alle 'Dateien' erfasst, die als Unterverzeichnis einen Verweis auf sich selbst enthalten – und das ist eben nur bei Verzeichnissen der Fall. (Verzeichnisse gelten intern als eine Sonderform einer Datei – daher die Hochkommata.)

```
user$    echo */.
```

Die Tatsache, dass nicht das jeweilige Programm, sondern schon die Shell für die Verarbeitung der Jokerzeichen zuständig ist, hat nicht nur Vorteile. So ist es etwa unmöglich, mit `ls -R *.tex` nach allen `*.tex`-Dateien auch in Unterverzeichnissen zu suchen. (Die Option `-R` für das Kommando `ls` bewirkt ein rekursives Durchsuchen von Unterverzeichnissen und ist mit der Option `/S` des DOS-Kommandos `DIR` vergleichbar.)

Der Grund dafür ist recht einfach: Die Shell erweitert das Muster `*.tex` für das *aktuelle* Verzeichnis und übergibt an `ls` die Liste der gefundenen Dateien. `ls` zeigt diese Dateien an. Wenn Sie keine Verzeichnisse mit der Endung `.tex` haben, ist `ls` damit am Ende – auch die Option `-R` kann daran nichts mehr ändern. Rekursiv durchsucht werden nämlich nur die Verzeichnisse, die als Parameter übergeben werden.

Zum Suchen nach Dateien stellt Linux deshalb das sehr viel flexiblere Kommando `find` zur Verfügung. Im Beispiel unten wird eine Liste aller `*.tex`-Dateien im aktuellen und in allen untergeordneten Verzeichnissen angezeigt.

```
user$    find . -name '*.tex'
```

Dieselbe Ursache hat auch das Scheitern des Versuchs, `*~`-Dateien in allen Unterverzeichnissen zu löschen. Das Kommando `rm -r *~` versagt trotz der Option `-r` für ein rekursives Bearbeiten von Unterverzeichnissen. Der Grund: `*~` wird bereits von der `bash` erweitert, und zwar für das aktuelle Verzeichnis. Unterverzeichnisse werden nur berücksichtigt, wenn sie einen Namen aufweisen, der mit ~ endet. (Beabsichtigt ist ja genau das Gegenteil, nämlich Dateien mit ~ in gewöhnlichen Verzeichnissen zu löschen.)

Das Löschen aller Backup-Dateien in Unterverzeichnissen gelingt erst mit dem folgenden Kommando. Dabei wird die Liste aller in Frage kommenden Dateien mit `find` gebildet und via Kommandosubstitution (`$(kommando)`) an `rm` weitergeleitet.

```
user$    rm $(find -name '*~')
```

Falls es sich um *sehr* viele Dateien handelt, tritt bei der Ausführung des obigen Kommandos ein Fehler auf: Die Kommandozeile mit allen `*~`-Dateien wird so lang, dass sie die maximale Kommandozeilenlänge überschreitet. In solchen Fällen muss `find` mit der `-exec`-Option verwendet werden – siehe Seite 713.

VORSICHT

Eines der gefährlichsten Linux-Kommandos ist `rm -rf *`: Damit werden rekursiv alle Dateien und alle Verzeichnisse (ausgehend vom aktuellen Verzeichnis) gelöscht.

Ein weiterer Unterschied zu MS-DOS zeigt sich, wenn Sie versuchen, ein Kommando der Art mv *.x *.y auszuführen (beispielsweise um alle *.x-Dateien in *.y-Dateien umzubenennen). Das ist unter Linux nicht unmittelbar möglich. Der Grund für diese Einschränkung ist wieder derselbe wie oben beschrieben: Die Shell ersetzt *.x durch die Liste aller Dateien, die diesem Muster entsprechen. Für *.y gibt es keine gültigen Dateinamen. An das Kommando cp wird daher eine Liste mehrerer Dateien und der Ausdruck *.y übergeben – und mv kann damit verständlicherweise wenig anfangen.

Dazu ein konkretes Beispiel: Angenommen, im aktuellen Verzeichnis befinden sich nur die Dateien markus.x, peter.x und ulrike.x. Wenn Sie mv *.x *.y ausführen, ersetzt die Shell das Muster *.x durch die drei genannten Dateien. Die Shell findet keine passenden Dateien für *.y und übergibt das Muster so, wie es ist. Erst jetzt wird das Kommando mv gestartet. Es bekommt folgende Parameter, mit denen es erwartungsgemäß nichts anfangen kann:

```
user$  mv markus.x peter.x ulrike.x *.y
```

Selbst wenn an mv als Parameterliste markus.x peter.x ulrike.x markus.y peter.y ulrike.y übergeben würde, wäre die Wirkung nicht die erwünschte. mv ist prinzipiell nicht in der Lage, mehrere Dateien umzubenennen. Entweder werden *mehrere* Dateien in ein anderes Verzeichnis verschoben, oder es wird nur *eine* Datei umbenannt. mv hat zwar einige Ähnlichkeiten mit dem DOS-Kommando RENAME, mehr aber auch nicht.

Jokerzeichen für Fortgeschrittene

Unix-Experten haben natürlich auch für dieses Problem eine Lösung gefunden: Sie verwenden den Streameditor sed. Wegen der eher komplizierten Bedienung von sed eignen sich Beispiele wie das folgende eigentlich nur zur Shell-Programmierung. Kurz zur Funktionsweise: ls liefert die Liste der Dateien, die umbenannt werden sollen, und gibt sie an sed weiter. sed bildet daraus mit dem Kommando s (regular find and replace) eine Liste von cp-Kommandos und gibt diese wiederum an eine neue Shell sh weiter, die die Kommandos schließlich ausführt. Durch die Zeile unten werden alle *.xxx-Dateien in *.yyy-Dateien kopiert.

```
user$  ls *.xxx | sed 's/\(.*\)\.xxx$/cp & \ 1.yyy/' | sh
```

Eine andere Alternative wäre die Formulierung einer kleinen Schleife. (Das setzt voraus, dass die bash und nicht eine andere Shell verwendet wird.) Durch das Kommando unten werden von allen *.tex-Dateien Kopien mit der Endung tex~ gebildet. (Die Endung ~ wird häufig zur Kennzeichnung von Backup-Dateien verwendet.)

```
user$  for i in *.tex; do cp $i $i~; done
```

VERWEIS

Die obigen Beispiele funktionieren zwar, sind aber für den täglichen Einsatz zu kompliziert. Im Rahmen von Kapitel 16 zur Shell-Programmierung werden die neuen Kommandos `regmv` und `regcp` vorgestellt, die mit ganz einfachen regulären Ausdrücken zurechtkommen, etwa in der Art `regcp 'b-*.eps bild*.ps'` (siehe Seite 674).

Versteckte Dateien

Unter Unix gelten Dateien, deren Name mit einem Punkt beginnt, als versteckte Dateien. `*` berücksichtigt deswegen nicht wirklich alle Dateien in einem Verzeichnis: Dateien, die mit einem Punkt beginnen (häufig Konfigurationsdateien, die unsichtbar sein sollen), werden ignoriert.

Wenn Sie nun glauben, Sie könnten unsichtbare Dateien mit `.*` erfassen, wird alles noch schlimmer: Damit sind nämlich nicht nur unsichtbare Dateien gemeint, die mit `.` beginnen, sondern auch die Verzeichnisse `.` und `..` (also das aktuelle und das übergeordnete Verzeichnis). Wenn das jeweilige Kommando in der Lage ist, ganze Verzeichnisse zu bearbeiten, können die Folgen fatal sein.

Das Problem kann mit dem Suchmuster `.[!.]*` umgangen werden. Damit werden alle Dateinamen erfast, deren erstes Zeichen ein Punkt ist, die mindestens ein weiteres Zeichen aufweisen, das kein Punkt ist, und die beliebig viele (auch null) weitere Zeichen haben.

```
user$  echo .[!.]*
```

Beim Kommando `ls` kann die Option `-a` verwendet werden. Sie führt dazu, dass alle Dateien (auch unsichtbare) angezeigt werden. Allerdings dürfen bei dieser Verwendung von `ls` keine Masken (etwa *rc*) angegeben werden. `-a` funktioniert nur dann, wenn `ls` sich die Dateien selbst suchen darf (und nicht die Shell diese Aufgabe übernimmt).

Wirklich universell funktioniert auch in diesem Fall nur `find`. Das folgende Kommando findet alle versteckten Dateien im aktuellen und allen untergeordneten Verzeichnissen:

```
user$  find . -name '.*'
```

Verzeichnisse

Der Verzeichnisbaum von Linux beginnt im Wurzelverzeichnis. Laufwerksangaben wie `C:` sind unter Linux weder möglich noch sinnvoll (siehe auch Seite 148). Innerhalb dieses Buchs gelten alle weiteren Verzeichnisse als *untergeordnet* – das Wurzelverzeichnis steht also – bildlich gesehen – ganz oben. In manchen Büchern ist die Nomenklatur gerade umgekehrt, was zwar dem Baumbild (Wurzel unten, Verästelung oben) besser entspricht, aber nicht mit dem üblichen Sprachgebrauch übereinstimmt.

Zwei Unterverzeichnisse existieren in jedem Verzeichnis: `.` als Verweis auf das aktuelle Verzeichnis und `..` als Verweis auf das übergeordnete Verzeichnis.

Eines der größten Probleme beim Neueinstieg in Unix/Linux besteht darin, eine bestimmte Datei im weit verästelten Verzeichnissystem zu finden. Eine erste Orientierungshilfe bietet der folgende Abschnitt. Sehr zweckmäßig sind auch die Kommandos `find`, `locate` und `grep`: `find` sucht nach einem bestimmten Dateinamen und `grep` nach einer Zeichenkette innerhalb einer Datei. Durch die Kombination der beiden Kommandos ist mit etwas Übung beinahe jede Datei auffindbar (siehe Seite 713 und 719). `locate` funktioniert ähnlich wie `find`, setzt aber auf einer vorher erstellten Datenbank auf und ist daher ungleich schneller (Seite 725).

Linux-Verzeichnisstruktur (Filesystem Hierarchy Standard)

Ein typisches Unix-System besteht aus Tausenden von Dateien. Während der Entwicklung von Unix haben sich bestimmte Regeln herauskristallisiert, in welchen Verzeichnissen welche Dateien normalerweise gespeichert werden. Diese Regeln wurden an die Besonderheiten von Linux angepasst und in einem eigenen Dokument zusammengefasst: dem Filesystem Hierarchy Standard (FHS). Die meisten Linux-Distributionen halten sich bis auf wenige Ausnahmen an diesen Standard.

HINWEIS

Die genaue Spezifikation des FHS – aktuelle Version 2.0 – finden Sie im Internet. (Mit manchen Distributionen wird der Text auch im Rahmen der Dokumentation mitgeliefert.)

`http://www.pathname.com/fhs/`

Die in diesem Abschnitt zusammengefassten Informationen geben eine erste Orientierungshilfe (mehr nicht!). Dabei wurde nicht nur der FHS berücksichtigt, sondern auch die Gepflogenheiten populärer Linux-Distributionen.

Das Dateisystem beginnt mit dem Wurzelverzeichnis. Es enthält im Regelfall nur die Linux-Kernel-Datei sowie die folgenden Verzeichnisse:

`/bin`

enthält elementare qLinux-Kommandos zur Systemverwaltung, die von allen Benutzern (nicht nur von `root` wie bei den Dateien in `/sbin`) ausgeführt werden können. Weitere Programme befinden sich in `/usr/bin`.

`/boot`

enthält Dateien, die zum Booten des Systems (im Regelfall durch LILO) verwendet werden. Bei manchen Distributionen befindet sich hier auch der Kernel, andere Distributionen verwenden dafür das Verzeichnis `/`.

/dev

enthält alle Device-Dateien. Auf fast alle Hardware-Komponenten – etwa die serielle Schnittstelle oder eine Festplattenpartition – wird über sogenannte Device-Dateien zugegriffen (eigentlich sind es keine richtigen Dateien). Mehr Informationen zur Nomenklatur der Device-Dateien finden Sie auf Seite 169.

/etc

enthält Konfigurationsdateien für das ganze System. Die Dateien steuern das Hochfahren des Rechners, die Tastaturbelegung, die Defaulteinstellungen für diverse Linux-Komponenten (etwa Netzwerkkonfiguration) und für verschiedene Programme (etwa `emacs`). X-spezifische Konfigurationsdateien sollten sich laut FHS im Unterverzeichnis `/etc/X11` befinden, diese Konvention wird allerdings nicht von allen Distributionen befolgt. Viele Dateien aus `/etc` sind in den Kapiteln zum Thema Konfiguration ab Seite 193 beschrieben. Werfen Sie auch einen Blick in das Stichwortverzeichnis (Buchstabe E)!

/home

enthält die Heimatverzeichnisse aller Linux-Anwender. Das Heimatverzeichnis ist jenes Verzeichnis, in dem sich der Anwender nach dem Einloggen automatisch befindet und auf dessen Dateien er uneingeschränkte Zugriffsrechte hat. (Prinzipiell ist es für den Systemverwalter (`root`) möglich, Heimatverzeichnisse außerhalb von `/home` anzulegen. Das ist aber unüblich. `root` selbst hat sein Heimatverzeichnis in `/root`. Der Grund besteht darin, dass sich die Anwenderheimatverzeichnisse oft auf einer eigenen Partition oder Platte befinden. `root` sollte aber auch dann arbeiten können, wenn diese Partition oder Platte vorübergehend unzugänglich ist.)

/lib

enthält einige gemeinsame Bibliotheken (shared libraries) oder symbolische Links darauf. Die Dateien werden zur Ausführung von Programmen benötigt. `/lib/modules` enthält Kernel-Module, die im laufenden Betrieb dynamisch aktiviert/deaktiviert werden.

/lost+found

ist normalerweise leer. Enthält es doch Dateien, dann handelt es sich um Dateifragmente, die beim Versuch, das Dateisystem zu reparieren (`fsck`), nicht mehr zugeordnet werden konnten. (Mit anderen Worten: es wurden keine Links gefunden, die auf diese Sektoren der Festplatte zeigen. Damit ist unklar, zu welcher Datei der Sektor einmal gehört hat.) Anstatt derartige Dateifragmente einfach zu löschen, kopiert `fsck` diese in das `lost+found`-Verzeichnis. `fsck` wird automatisch während des Systemstarts ausgeführt, wenn Linux nicht ordnungsgemäß beendet wurde (Stromausfall, Absturz etc.) oder wenn das Dateisystem längere Zeit nicht mehr überprüft wurde. Ziel von `fsck` ist es, das Dateisystem wieder in einen klar definierten Zustand zu bringen.

/mnt

enthält Unterverzeichnisse wie `cdrom` oder `floppy`, an deren Stelle externe Dateisysteme eingebunden werden. Auf vielen Systemen erfolgt das Einbinden fremder Systeme auch direkt in einem Wurzelverzeichnis (etwa `/cdrom`). Das widerspricht zwar den Regeln des FHS, ist dafür aber bequemer (weniger Tippaufwand).

/opt
enthält Zusatzpakete, die nachträglich installiert werden können. Auf manchen Systemen werden hierin Office-Pakete und andere kommerzielle Programme installiert. (Ein zweiter möglicher Ort für solche Programme ist `/usr/local`.)

/proc
enthält Unterverzeichnisse für alle laufenden Prozesse. Es handelt sich hierbei nicht um echte Dateien! Das `/proc`-Verzeichnis spiegelt lediglich die Linux-interne Verwaltung der Prozesse wider (siehe Seite 171).

/sbin
enthält Kommandos zur Systemverwaltung. Ein gemeinsames Merkmal aller darin gespeicherten Programme besteht darin, dass sie nur von `root` ausgeführt werden dürfen.

/tmp
enthält temporäre Dateien. Oft werden temporäre Dateien aber auch in `/var /tmp` gespeichert.

/usr
stellt das für den typischen Anwender wichtigste Verzeichnis dar. Es enthält alle Anwendungsprogramme, das komplette X-System, die Quellcodes zu Linux etc. Idealerweise sollten sich im `/usr`-Verzeichnis nur statische (nicht veränderliche) Daten befinden. Die Trennung zwischen statischen und veränderlichen Daten ist dann von großer Bedeutung, wenn Linux direkt von einer CD-ROM (read-only!) laufen soll: Dann befinden sich auf der CD-ROM die statischen Daten und im `/var`-Verzeichnis alle dazugehörigen variablen Dateien. Ebenso sollte es möglich sein, das `/usr`-Verzeichnis in einer eigenen Partition read-only in das Dateisystem einzubinden. Das bietet den Vorteil der größeren Sicherheit (und den Nachteil der umständlicheren Wartung).

/var
enthält veränderliche Dateien. Wichtige Unterverzeichnisse sind `adm` (distributionsabhängige Administrationsdateien), `lock` (Locking-Dateien zum Zugriffsschutz auf Devices), `log` (Logging-Dateien), `mail` (E-Mail-Dateien, oft auch in `spool/mail`) und `spool` (zwischengespeicherte Druckdateien, News-Dateien etc.).

Die grundsätzliche Struktur der Verzeichnisse auf Wurzelebene ist also recht gut zu verstehen. Die Probleme beginnen erst mit der Unterteilung von `/usr` und `/var` in zahllose Unterverzeichnisse. Prinzipiell werden dabei viele Verzeichnisse gleich benannt wie in der Wurzel-Ebene – etwa `bin` für ausführbare Programme.

Dabei tritt das Problem auf, dass es mehrere Gruppen ausführbarer Programme gibt: textorientierte Kommandos, X-Programme etc. Dementsprechend viele Möglichkeiten bestehen, diese Programme zu verstecken. Aus historischen Gründen werden durch Links oft mehrere parallele Pfade verwaltet. So führt /usr/bin/X11 zu denselben Programmen wie /usr/X11R6/bin (und alle Pfade sind logisch bzw. historisch begründbar).

Eine vollständige Beschreibung der Verzeichnisstruktur ist von vornherein ausgeschlossen (zumal sie sich bei neuen Versionen ohnedies wieder ändern kann). Dieser Abschnitt endet deswegen mit einer kurzen Beschreibung der Unterverzeichnisse von /usr:

/usr-Verzeichnisse	
/usr/X11	Link auf /usr/X11R6
/usr/X11R6	X
/usr/bin	Ausführbare Programme
/usr/dict	Wörterbücher und verwandte Daten; eventuell Link auf /usr/share/dict
/usr/doc	Online-Dokumentation, FAQ (freqently asked questions)
/usr/games	Spiele; evtl. Link auf /usr/share/games
/usr/include	C-Include-Dateien
/usr/info	Online-Dokumentation für info; evtl. Link auf /usr/share/games
/usr/lib	Diverse Libraries, außerdem zahllose Unterverzeichnisse für C-Compiler, diverse andere Programmiersprachen, große Programmpakete wie emacs oder LaTeX etc.
/usr/local	Anwendungen und Dateien, die nicht unmittelbar zur Linux-Distribution gehören oder später installiert wurden
/usr/man	Online-Dokumentation für man; evtl. Link auf /usr/share/games
/usr/sbin	Nur von root ausführbare Programme
/usr/share	Architekturunabhängige Daten (z.B. Emacs-Lisp-Dateien, ghostscript-Zeichensätze etc.)
/usr/spool	Link auf /var/spool (Spool-Dateien für den Ausdruck)
/usr/src	Quellcode zu Linux (und evtl. zu anderen Programmen)
/usr/tmp	Link auf /var/tmp (temporäre Dateien)

Besitzverhältnisse und Zugriffsrechte

Unix und damit auch Linux ist als Mehrplatzsystem (Multi-User-System) konzipiert – es können also mehrere Anwender gleichzeitig darauf arbeiten. Früher war es üblich, dass an einem Unix-Rechner mehrere Terminals angeschlossen waren, damit tatsächlich mehrere Personen simultan und unabhängig voneinander den (damals sehr teuren) Rechner verwenden konnten.

Auf einem typischen Linux-PC (eine Tastatur, ein Bildschirm, keine Terminals) ist diese Form der Nutzung nicht möglich. Aber auch dort ist es nicht ungewöhnlich, dass verschiedene Personen (zu unterschiedlichen Zeiten) mit dem Computer arbeiten. Bei vernetzten Linux-PCs ist auch ein echter Multi-User-Betrieb möglich: Über das Netz können sich weitere Benutzer (die jeweils Tastatur und Bildschirm ihres Rechners wie ein Terminal verwenden) einloggen und auf Ihrem Rechner Daten bearbeiten.

Bei einem Multi-User-System darauf zu vertrauen, dass keiner der Benutzer die Daten anderer Benutzer absichtlich oder unabsichtlich verändert, wäre natürlich grob fahrlässig. Aus diesem Grund verwaltet jedes Unix-System die registrierten Benutzer in mehreren Anwendergruppen. Jeder Benutzer darf bestimmen, ob seine Dateien von anderen Mitgliedern seiner Gruppe sowie von anderen Benutzern außerhalb seiner Gruppe gelesen, verändert und (bei Programmen) ausgeführt werden dürfen.

Dazu werden zusammen mit jeder Datei bzw. mit jedem Verzeichnis folgende Informationen gespeichert:

- Der Besitzer (owner) der Datei
- Die Gruppe, die der Datei zuzuordnen ist
- Neun Zugriffsbits (rwxrwxrwx für Read/Write/Execute für den Besitzer, für Gruppenmitglieder und für den Rest der Welt)

Der Besitzer (user) einer Datei ist in der Regel die Person, die die Datei erzeugt hat. Der Besitzer kann nachträglich durch `chown` verändert werden. Als Gruppe wird normalerweise die primäre Gruppe des Besitzers verwendet. Falls der Besitzer mehreren Gruppen angehört, kann mit `chgrp` die Gruppenzugehörigkeit geändert werden. (Mehr Informationen zu Benutzern und Gruppen finden Sie auf Seite 144.)

Der Zustand dieser Bits, der Besitzer sowie die Gruppenzugehörigkeit einer Datei können mit `ls -l` betrachtet werden. Für eine typische Textdatei liefert `ls` das folgende Ergebnis: Die Datei darf vom Besitzer `michael` gelesen und verändert werden. Da es sich um eine Textdatei handelt, ist das erste x-Bit deaktiviert, die Datei kann also nicht ausgeführt werden. Alle anderen Benutzer, egal, ob sie Mitglied der `users`-Gruppe sind oder nicht, dürfen diese Datei lesen (aber nicht verändern).

```
michael$  ls -l header.tex
-rw-r--r--   1 michael  users        3529 Oct  4 15:43 header.tex
```

HINWEIS `ls -l` zeigt nicht nur den Zustand der neun Zugriffsbits an, sondern sieht in der ersten Textspalte Platz für ein weiteres Zeichen vor. Darin wird der Dateityp angegeben (- für eine normale Datei, `d` für ein Verzeichnis (directory), `l` für einen symbolischen Link etc.).

Wenn `michael` möchte, dass diese Datei nur von den Mitgliedern der `users`-Gruppe, nicht aber von Anwendern außerhalb der Gruppe gelesen werden kann, dann muss er das letzte r-Bit deaktivieren. Das erfolgt mit dem Kommando `chmod` (siehe Seite 701). Zur `users`-Gruppe gehören auf den meisten Systemen alle gewöhnlichen Anwender.

```
michael$  chmod o-r header.tex
michael$  ls header.tex -l
-rw-r-----   1 michael  users        3529 Oct  4 15:43 header.tex
```

Möglicherweise soll der Zugriff auf die Datei `header.tex` auf zwei Anwender beschränkt werden, `michael` und `kathrin`. Dazu kann eine neue Gruppe gebildet werden, der nur die beiden angehören. (Wenn `michael` und `kathrin` das Dokumentations-Team einer Firma bilden, wäre als Gruppenname etwa `dokuteam` sinnvoll; siehe Seite 144.)

```
michael$  chgrp dokuteam header.tex
michael$  ls header.tex -l
-rw-r-----   1 michael  dokuteam     3529 Oct  4 15:43 header.tex
```

HINWEIS

Dateien von anderen Benutzern dürfen in ein eigenes Verzeichnis kopiert werden, wenn das r-Bit für die Gruppe bzw. für alle anderen Anwender aktiv ist. Die Kopie der Datei gehört dann demjenigen, der das `cp`-Kommando ausgeführt hat. Daher ist es nun möglich, die Zugriffsbits der Kopie zu verändern und die Kopie anschließend zu verändern oder auszuführen (wenn es sich um ein Programm handelt).

Zugriffsrechte auf Verzeichnisse

Die neun Zugriffsbits haben im Prinzip auch bei Verzeichnissen Gültigkeit, allerdings besitzen sie dort eine etwas abweichende Bedeutung: Das r-Bit erlaubt es anderen Anwendern, den Inhalt des Verzeichnisses mit `ls` anzusehen. Das x-Bit ermöglicht es darüber hinaus, mit `cd` in dieses Verzeichnis zu wechseln. Wenn sowohl x als auch w gesetzt sind, ist es anderen Benutzern sogar erlaubt, fremde Dateien in das Verzeichnis zu kopieren.

Zugriffsrechte auf Devices

Der Zugriff auf diverse Hardware-Komponenten (Diskettenlaufwerke, Drucker, Modem (d.h. serielle Schnittstelle), Streamer) erfolgt über Devices. Um gezielt steuern zu können, welcher Benutzer auf welche Devices zugreifen darf, sind den Devices unterschiedliche Benutzergruppen zugeordnet. Beispielsweise ist `/dev/ttyS1` (die zweite serielle Schnittstelle, an der normalerweise das Modem angeschlossen ist) der Gruppe `uucp` zugeordnet.

```
root#  ls -l /dev/ttyS1
crw-rw----   1 root     uucp       5,  65 Jul 18  1994 /dev/ttyS1
```

Wenn Sie möchten, dass der User `hubert` auf das Modem zugreifen darf, fügen Sie in der Datei `/etc/group` einfach den User-Namen `hubert` an die `uucp`-Zeile an. Damit gehört `hubert` jetzt auch der `uucp`-Gruppe an und darf auf Dateien (und Devices) dieser Gruppe zugreifen.

```
# Änderung in der Datei /etc/group
uucp::14:uucp,hubert
```

Sonderrechte und Privilegienwirtschaft

Neben den Anwendern gibt es noch den Systemverwalter, der quasi über den Dingen steht. Es hat üblicherweise den Namen `root` und ein streng geheimes Passwort. Der Systemverwalter darf unabhängig von Besitzverhältnissen und Zugriffsrechten auf alle Daten zugreifen, neue Anwender einrichten, Zugriffsrechte, Besitzverhältnisse und Passwörter verändern etc. Er hat auch als einziger Zugriff auf die Programme zur Systemverwaltung (beispielsweise `shutdown`, `mount`, `fdisk` etc.). Durch die Trennung zwischen Systemverwaltern und Benutzern wird vermieden, dass Anwender das System als Ganzes gefährden können.

Wenn Sie allein auf Ihrem eigenen Linux-PC arbeiten, sind natürlich Sie selbst Ihr Systemverwalter. Aus Gründen der Bequemlichkeit liegt es nahe, dann einfach immer als `root` zu arbeiten. Sie brauchen sich dann nie um Zugriffsrechte zu kümmern, können jederzeit alle Programme ausführen etc. Die Gefahr, dass Sie dabei unbeabsichtigt Dateien verändern und die Funktion oder Stabilität von Linux beeinträchtigen, ist allerdings recht groß. Es ist also durchaus auch bei der Einzelnutzung Ihres Rechners sinnvoll, zumindest einen Benutzer für den alltäglichen Betrieb von Linux einzurichten und auch zu verwenden.

TIPP

Wenn Sie sich nicht als `root` einloggen, hat das unter anderem den Nachteil, dass Sie `shutdown` bzw. die verwandten Kommandos `halt` und `reboot` nicht ausführen können. Einen bequemen Ausweg, der Ihnen das Einloggen als `root` nur zum Abschalten des Rechners erspart, ist die Tastenkombination Strg+Alt+Entf. Damit wird das Kommando `reboot` ausgeführt, und zwar ohne Rücksicht darauf, ob Sie `root`-Privilegien haben oder nicht.

HINWEIS

Die Wirkung der Tastenkombination Strg+Alt+Entf kann in `/etc/inittab` eingestellt werden. Die folgende Einstellung bewirkt einen raschen Shutdown:

```
# Einstellung in /etc/inittab
ca::ctrlaltdel:/sbin/shutdown -t3 -r now
```

Verwaltung von Gruppen und Benutzern

In der Datei `/etc/passwd` wird eine Liste aller Benutzer gespeichert (eine Zeile je Benutzer). In dieser Liste werden unter anderem das Passwort (in verschlüsselter Form), die UID-Nummer (User Identification), die GID-Nummer (Group Identification) für die Gruppenzugehörigkeit, das Heimatverzeichnis und die Shell gespeichert. Der Benutzer `michael` hat also die UID 501 und gehört der Gruppe 100 an (`users`, siehe unten).

```
root#  less /etc/passwd
root:o9KzgKPOp1yHk:0:0:root:/root:/bin/bash
bin:*:1:1:bin:/bin:
...
michael:XBGiYtODixV62:501:100:Michael Kofler:/home/michael:/bin/bash
kathrin:sdkfjghsdf89g:502:100:Kathrin Huber:/home/kathrin:/bin/bash
```

HINWEIS

Falls ein Shadow-Password-System installiert ist (mittlerweile die Defaulteinstellung vieler Distributionen), werden Passwörter nicht in `/etc/passwd`, sondern in der davon getrennten Datei `/etc/shadow` gespeichert. Das erhöht die Sicherheit des Systems, weil der Zugriff auf `shadow` stärker eingeschränkt werden kann als der Zugriff auf `passwd`.

Die Datei `/etc/group` enthält eine Liste aller Gruppen. Zu jeder Gruppe wird deren GID gespeichert. Außerdem können in jeder Zeile zusätzliche Benutzer aufgezählt werden, die zu der jeweiligen Gruppe gehören. Auf diese Weise besteht die Möglichkeit, dass ein Benutzer mehreren Gruppen angehören kann – der in `passwd` genannten Hauptgruppe und beliebig vielen Zusatzgruppen. Die Zugehörigkeit zu mehreren Gruppen kann zur individuellen Einstellung der Zugriffsrechte genutzt werden. So gehört `michael` nicht nur zur Gruppe `users` (siehe oben), sondern auch zu den Gruppen `uucp` und `dokuteam`.

```
root#  cat /etc/group
root::0:root
bin::1:root,bin,daemon
...
uucp::14:uucp,michael
man::15:man
users::100:games
dokuteam::101:kathrin,michael
```

HINWEIS

Einige Distributionen – etwa Red Hat – weisen jedem neuen Benutzer automatisch eine eigene primäre Gruppe zu, die den Benutzernamen trägt. Die Gruppe `users` gilt in diesem Fall nur als eine (von mehreren) Zusatzgruppen. Das hat in bestimmten Fällen Vorteile, die im Manual von Red Hat (FAQs) beschrieben sind.

HINWEIS

Zusammen mit jeder Datei werden UID- und GID-Nummern gespeichert. Das Kommando `ls` (und zahllose andere Kommandos) greifen auf `passwd` und `groups` zu, um die zu den Nummern gehörenden Namen anzuzeigen. Wenn via NFS die Dateisysteme fremder Rechner eingebunden werden, müssen Sie darauf achten, dass die UID- und GID-Nummern auf beiden Rechnern übereinstimmen – andernfalls kann es erhebliche Probleme geben.

Neue Benutzer können im Prinzip durch die direkte Veränderung der /etc/passwd-Datei eingerichtet werden (siehe auch Seite 206). Zur Einrichtung neuer Gruppen muss die Datei /etc/group erweitert werden. Dabei müssen Sie darauf achten, dass die neue Gruppe eine noch nicht benutzte GID bekommt. Erheblich einfacher ist es aber, dafür adduser oder das Konfigurationsprogramm der jeweiligen Distribution zu verwenden (etwa usercfg bei Red Hat, YaST bei SuSE). Das Einrichten neuer Gruppen und Benutzer kann nur von root durchgeführt werden.

Feste und symbolische Links

Links sind Verweise auf Dateien. Durch Links kann von verschiedenen Orten in der Verzeichnisstruktur auf ein- und dieselbe Datei zugegriffen werden, ohne dass diese Datei physikalisch mehrfach gespeichert werden muss. Links sind damit ein wichtiges Hilfsmittel zur Vermeidung von Redundanzen. Im Linux-Dateisystem kommen Links besonders häufig in /bin- und /lib-Verzeichnissen vor. (Sehen Sie sich beispielsweise /usr/bin oder /usr/lib mit ls -l genauer an!)

Am einfachsten sind Links anhand eines Beispiels zu verstehen: Angenommen, im Verzeichnis test befindet sich die Datei abc; durch das Kommando ln abc xyz wird scheinbar eine neue Datei xyz erstellt. In Wahrheit sind aber abc und xyz nur zwei Verweise auf ein und dieselbe Datei. Die einzige Möglichkeit, das zu überprüfen, bietet das Kommando ls mit der Option -l. Es gibt in der zweiten Spalte an, wie viele Links auf eine bestimmte Datei zeigen (im vorliegenden Beispiel 2). Wenn zusätzlich die Option -i verwendet wird, gibt ls auch den I-Node der Datei an, der bei Links (und nur dann) identisch ist.

```
root#  ls -li
 59293 -rw-r--r--   1 root     root     1004 Oct  4 16:40 abc
root#  ln abc xyz
root#  ls -li
 59293 -rw-r--r--   2 root     root     1004 Oct  4 16:40 abc
 59293 -rw-r--r--   2 root     root     1004 Oct  4 16:40 xyz
```

Wenn Sie nun eine der beiden Dateien verändern (egal welche), ändert sich automatisch auch die andere Datei (weil es ja in Wirklichkeit nur eine einzige Datei gibt). Wenn Sie eine der beiden Dateien löschen, reduzieren Sie dadurch nur die Anzahl der Links.

Linux kennt zwei Formen von Links. Das obige Beispiel hat feste Links (hard links) vorgestellt, wie sie standardmäßig durch das Kommando ln erzeugt werden (siehe auch Seite 724). Wird ln dagegen mit der Option -s verwendet, erzeugt das Kommando symbolische Links. Symbolische Links (manchmal auch weiche Links bzw. soft links genannt) haben den Vorteil, dass sie innerhalb des Dateisystems von einer physikalischen Festplatte auf eine andere verweisen können und dass sie nicht nur auf Dateien, sondern auch auf Verzeichnisse angewandt werden können. (Beides ist mit festen Links normalerweise nicht möglich. Einen Sonderfall stellen feste Links auf Verzeichnisse dar, die zwar möglich sind, aber nur vom Superuser erstellt werden können.)

Durch `ls` wird bei symbolischen Links angezeigt, wo sich die Ursprungsdatei befindet. Es wird allerdings kein Zähler verwaltet, der angibt, von wie vielen Stellen auf die Ursprungsdatei verwiesen wird.

Intern besteht der Unterschied zwischen festen und symbolischen Links darin, dass im einen Fall der I-Node, im anderen Fall der Dateiname oder (bei Links über ein Verzeichnis hinaus) die Pfadangabe gespeichert wird.

```
root#  ln -s abc efg
root#  ls -li
 59293 -rw-r--r--   2 root     root    1024 Oct  4 16:40 abc
 59310 lrwxrwxrwx   1 root     root       3 Oct  4 16:52 efg -> abc
 59293 -rw-r--r--   2 root     root    1024 Oct  4 16:40 xyz
```

Symbolische Links verhalten sich ein wenig anders als feste Links. Das Löschen der Ursprungsdatei (also `abc`) verändert zwar den Link auf diese Datei nicht, `efg` verweist jetzt aber auf eine leere (gar nicht vorhandene) Datei. Wird dagegen der symbolische Link gelöscht, hat das keinen Einfluss auf die Ursprungsdatei.

Symbolische Links können nicht nur für Dateien, sondern auch für Verzeichnisse erstellt werden. Das kann einige Verwirrung stiften, weil durch einen symbolischen Link ganze Verzeichnisbäume scheinbar verdoppelt werden. In Wirklichkeit stellt der Verzeichnis-Link aber nur einen zusätzlichen Pfad zu denselben Dateien und Unterverzeichnissen dar.

Auch dazu ein Beispiel: LaTeX ist standardmäßig in einer etwas unübersichtlichen Verzeichnisstruktur installiert. Wenn Sie auf die LaTeX 2_ε-Dateien bequem (und ohne die Angabe von sechs Unterverzeichnissen) zugreifen möchten, definieren Sie den folgenden Link:

```
user$  ln -s /usr/lib/teTeX/texmf/tex/latex latex2e
user$  ls -l latex2e
lrwxrwxrwx   1 user     user          30 Oct  4 17:20 latex2e ->
  /usr/lib/teTeX/texmf/tex/latex
```

Nun können Sie auf alle Dateien, die sich in `/usr/lib/teTeX/texmf/tex/latex` befinden, bequem über das Link-Verzeichnis `latex2e` zugreifen. Dazu abschließend noch ein Tip: Wenn Sie den Inhalt von `latex2e` ansehen möchten, müssen Sie das nachfolgende Verzeichniszeichen mit angeben (also `latex2e/` statt einfach `latex2e`).

```
user$  ls -l latex2e/
total 35
drwxr-xr-x   2 root     root          1024 Nov  6 18:09 algorithm
drwxr-xr-x   2 root     root          1024 Nov  6 18:09 amsfonts
....
```

Generell sollten Sie versuchen, möglichst keine absoluten, sondern nur relative Pfadangaben in Links zu verwenden. Damit vermeiden Sie Probleme, die sich beim Mounten von Verzeichnissen per NFS oder beim Verschieben von Verzeichnissen ergeben können.

Sowohl symbolische als auch feste Links haben Vorteile. Symbolische Links sind einfacher in der Handhabung. Dafür verbrauchen feste Links weniger Speicher und sind schneller.

Links auf Programme

Unter Linux kommt es relativ häufig vor, dass mehrere, oft ganz unterschiedlich arbeitende Kommandos durch symbolische oder feste Links auf ein und dasselbe Programm verweisen (führen Sie `ls -l /usr/bin` aus!). Obwohl offensichtlich jedes Mal diese eine Programmdatei ausgeführt wird, verhält sich das Programm ganz unterschiedlich, je nachdem, über welchen Link es aufgerufen wurde.

Die Erklärung ist recht einfach: Bei der Programmerstellung wurden diese unterschiedlichen Aufrufmöglichkeiten bereits eingeplant. Bei der Ausführung des Programms wird dann jedes Mal getestet, durch welchen Kommandonamen das Programm gestartet wurde. Wenn der Name erkannt wird, startet das Programm die entsprechenden Routinen, andernfalls liefert es eine Fehlermeldung.

Ein gutes Beispiel für diese Vorgehensweise bieten die `mtools`-Kommandos zur Bearbeitung von MS-DOS-Disketten. Die Kommandos `mattrib`, `mcd` etc. verweisen auf eine einzige Programmdatei, nämlich `mtools`. Wenn Sie versuchen, `mtools` direkt aufzurufen, liefert das Programm eine Fehlermeldung, weil der Kommandoname `mtools` in der Liste der dreizehn möglichen Kommandos nicht vorkommt.

5.2 Dateisysteme und Partitionen

Zugriff auf mehrere Festplatten(partitionen)

Unter DOS/Windows ist es üblich, jeden Datenträger (Festplatten oder Festplattenpartitionen, Disketten und CD-ROMs etc.) mit einem eigenen Buchstaben anzusprechen, also `A:` und `B:` für Diskettenlaufwerke, `C:`, `D:` etc. für die Festplatten. Unter Linux ist ein anderer Ansatz üblich: Alle Festplatten (und auch alle anderen Datenträger, also Disketten- und CD-ROM-Laufwerke etc.) sind in einem einzigen Dateisystem vereint. Anstatt die zweite Festplatte via `D:` anzusprechen, müssen Sie nur einen bestimmten Verzeichnispfad angeben. Je nach Installation könnte es beispielsweise sein, dass Sie die Daten, die physikalisch auf der zweiten Festplatte gespeichert sind, über das Verzeichnis `/home` oder `/var` ansprechen. Alle anderen Dateien des

Wurzelverzeichnisses oder in anderen Verzeichnissen befinden sich (physikalisch) auf der ersten Festplatte.

Der typische Anwender merkt also gar nicht, dass seine Daten auf mehrere Festplatten verteilt sind. (Natürlich ist es auch möglich, dass Linux tatsächlich nur eine einzige Festplatte(npartition) benutzt.) Die Organisation des Dateisystems erfolgt bereits beim Starten des Systems. An welcher Stelle im Dateibaum die verschiedenen Festplatten(partitionen) eingebunden werden, wird über die Datei `/etc/fstab` gesteuert. Informationen über den Aufbau dieser Datei und über die richtige Installation des Dateisystems finden Sie auf Seite 209.

Wenn Sie nicht sicher sind, wie Ihr Linux-System zur Zeit organisiert ist, führen Sie am einfachsten das Kommando `df` aus. Dieses Kommando zeigt an, an welcher Stelle im Dateisystem Festplatten eingebunden sind und wie viel Platz auf den einzelnen Festplatten noch frei ist. Im Beispiel unten sind zwei Partitionen der SCSI-Festplatte 3 aktiv. Das Basisdateisystem befindet sich auf einer 300-MByte-Partition, auf der noch 124 MByte frei sind. Über den Pfad `/mnt/dosi` kann auf eine 200-MByte-Partition zugegriffen werden. Der Pfadname deutet darauf hin, dass es sich dabei um eine DOS/Windows-Partition handelt, die unter Windows mit `I:` angesprochen wird. Es ist sinnvoll, aussagekräftige Namen zu verwenden, die Entscheidung obliegt aber Ihnen. Sie können eine Festplattenpartition auch im Pfad `/asterix/obelix` einbinden, wenn Ihnen das lieber ist.

```
root# df
Filesystem          1024-blocks   Used Available Capacity Mounted on
/dev/sdc7               308223  168861    123951      58%   /
/dev/sdc5               204564   79304    125260      39%   /mnt/dosi
```

Am ehesten werden Sie mit den oben beschriebenen Verfahren der Festplattenverwaltung konfrontiert, wenn Sie während der Arbeit unter Linux auf eine zur Zeit nicht in das Linux-System eingebundene Windows-Partition Ihrer Festplatte zugreifen möchten. Das Kommando zur Erfüllung solcher Wünsche lautet `mount`. Mit diesem Kommando können Sie während des laufenden Betriebs von Linux zusätzliche Datenträger in das System einbinden bzw. wieder aus ihm entfernen. Das folgende Beispiel zeigt eine typische Anwendung. (Aktuelle Distributionen sind so weit vorkonfiguriert, dass der Zugriff auf eine Windows-Partition mit einem Mausklicks möglich ist. Hinter den Kulissen wird aber auch dort ein `mount`-Kommando ausgeführt.)

VORSICHT

Veränderungen am Dateisystem können Sie nur dann durchführen, wenn Sie als `root` eingeloggt sind. Wenn das nicht der Fall ist, müssen Sie in eine freie Textkonsole wechseln und dort beim Login `root` eingeben.

Die Device-Namen in diesem Abschnitt repräsentieren mein System. Jede Linux-Installation sieht anders aus! Aus diesem Grund ist die Wahrscheinlichkeit sehr groß, dass Sie auf Ihrem Rechner *andere* Device-Namen angeben müssen!

Angenommen, auf dem DOS-Laufwerk `C:` befindet sich eine Textdatei, die Sie unter Linux bearbeiten möchten. Zur Zeit ist diese Festplattenpartition unter Linux nicht ansprechbar. Bei der Ausführung des `mount`-Kommandos müssen Sie im Wesentlichen drei Informationen angeben: den Device-Namen für das Laufwerk `C:`, den Namen eines Verzeichnisses, an dessen Stelle die Festplatte eingebunden werden soll, und den Namen des Dateisystems.

Der Device-Name hängt davon ab, ob Sie mit IDE- oder SCSI-Platten arbeiten und wie die Festplatte organisiert (partitioniert) ist. Die Nomenklatur für Devices wurde bereits auf Seite 72 beschrieben. Wenn Sie unsicher sind, hilft zumeist `fdisk -l` weiter.

Die folgende Tabelle fasst die Nomenklatur für IDE- und SCSI-Festplatten bzw. Partitionen zusammen. Beachten Sie, dass die Nummerierung meistens Löcher aufweist: Bei einer IDE-Festplatte mit einer primären Datenpartition, einer erweiterten Partition (die intern ebenfalls als primär gilt) sowie zwei logischen Partitionen sind die Device-Namen `/dev/hda1`, `-2`, `-5` und `-6` gültig.

Device-Namen von Festplatten(partitionen)	
`/dev/hda` bis `/dev/hdf`	maximal 8 IDE-Festplatten
`/dev/sda` bis `/dev/sdp`	maximal 16 SCSI-Festplatten
`/dev/...1` bis `/dev/...4`	maximal 4 primäre Partitionen
`/dev/hd.5` bis `/dev/hd.63`	maximal 59 logische Partitionen (IDE)
`/dev/sd.5` bis `/dev/sd.15`	maximal 11 logische Partitionen (SCSI)

Welches Verzeichnis Sie bei `mount` angeben, spielt im Prinzip keine Rolle. Wenn Sie nicht schon von früheren Festplattenzugriffen ein für diesen Zweck vorgesehenes Verzeichnis haben, erzeugen Sie einfach mit `mkdir` ein neues Verzeichnis. Der übliche Ort ist ein Unterverzeichnis zu `/mnt`.

Der Dateisystemtyp hängt davon ab, wie die Partition bzw. Festplatte formatiert ist. Am häufigsten sind die Typen `ext2` (Linux-Dateisystem), `msdos` (MS-DOS, Dateinamen mit 8+3 Zeichen), `vfat` (Windows 9x) und `ntfs` (Windows NT/2000, read-only).

```
root# mkdir /dosc
root# mount -r -t msdos /dev/hda1 /dosc
root# df
Filesystem         1024-blocks   Used Available Capacity Mounted on
/dev/sdc7              308223  168887    123925      58%   /
/dev/sdc5              204564   79304    125260      39%   /mnt/dosi
/dev/hda1               45860   44096      1764      96%   /mnt/dosc
```

Sie können jetzt über den Pfad `/mnt/dosc` alle Dateien in Laufwerk `C:` lesen. `ls /mnt/dosc` zeigt beispielsweise den Inhalt des Wurzelverzeichnisses an. Die `mount`-

Option -r (read only) verhindert, dass Dateien auf Laufwerk C: verändert werden können.

TIPP

Die Eingabe aller mount-Optionen ist ziemlich mühsam. Wenn Sie öfter auf das DOS-Laufwerk C: zugreifen müssen, sollten Sie /etc/fstab ändern. (Bei den meisten Distributionen erfolgt das während der Installation automatisch!) In dieser Datei werden alle Dateisysteme eingetragen, die automatisch beim Systemstart gemountet werden. fstab kann auch Laufwerke oder Partitionen enthalten, die zwar momentan noch nicht gemountet werden, deren Parameter und Optionen aber schon voreingestellt werden sollen. Wenn fstab die folgende Zeile aufweist, kann /mnt/dosc ganz bequem durch mount /mnt/dosc eingebunden werden. mount liest die fehlenden Parameter aus fstab. Weitere Informationen zur Konfiguration von fstab finden Sie auf Seite 209.

```
# in /etc/fstab
/dev/hda1 /mnt/dosc msdos defaults,noauto 0 2
```

Mit umount können Sie ein Laufwerk wieder aus dem Dateisystem entfernen. umount kann wie mount nur von root ausgeführt werden und auch nur dann, wenn alle Zugriffe auf die Dateien der Festplatte abgeschlossen sind. Der Device-Name oder der Einbindungspunkt muss an umount übergeben werden. Die beiden folgenden Kommandos sind daher gleichwertig.

```
root#  umount /dev/hda1
root#  umount /mnt/dosc
```

Die Syntax des Kommandos mount ist auf Seite 733 beschrieben. Weitere Beispiele zu mount finden Sie in den beiden folgenden Abschnitten zum Zugriff auf CD-ROM- und auf Diskettenlaufwerke. Auf die Einbindung von anderen Datenträgern wie Streamern, optischen (Wechsel-)Platten etc. wird hier nicht eingegangen. Zum Umgang mit Druckern (die als Peripheriegerät ebenfalls in das Dateisystem eingebunden sind), finden Sie weitere Informationen auf Seite 229.

VERWEIS

Der Datenaustausch zwischen Linux und DOS/Windows bereitet bei Textdateien Probleme, weil unterschiedliche Kodierungen für den Zeichensatz verwendet werden (betrifft nur DOS) und weil das Zeilenende in Textdateien unterschiedlich gekennzeichnet ist (betrifft DOS und Windows). Informationen zum Umgang mit Textdateien finden Sie auf Seite 778.

Zugriff auf CD-ROM-Laufwerke

CD-ROM-Laufwerke werden im Prinzip wie Festplatten verwaltet. Es gibt aber zwei wesentliche Unterschiede: Erstens ist bei einem CD-ROM-Laufwerk ein Wechsel der CD möglich (während Sie eine herkömmliche Festplatte nie im laufenden Betrieb wechseln können). Zweitens weisen CD-ROMs ein eigenes, standardisiertes Dateisystem auf, das mit iso9660 bezeichnet wird.

Alle marktüblichen Distributionen sind so weit vorkonfiguriert, dass der Zugriff auf CD-ROM-Laufwerke unter KDE/Gnome mit einem Mausklick möglich ist (siehe auch Seite 383). Auch im manuellen Betrieb reicht ein einfaches `mount` bzw. `umount`-Kommando:

```
user$  [u]mount /cdrom
```

Bei den meisten Distributionen ist das Einbinden von CD-ROMs allen Benutzern erlaubt. Manche Distributionen legen mehr Wert auf Sicherheit und erlauben das nur `root`. Außerdem unterscheiden sich die Distributionen durch das Verzeichnis, bei dem CD-ROMs in das Dateisystem eingebunden werden. Neben `/cdrom` ist auch `/mnt/cdrom` gebräuchlich – aber prinzipiell ist natürlich jedes Verzeichnis erlaubt. (Werfen Sie einen Blick in die Datei `/etc/fstab`, dann wissen Sie, wie das Verzeichnis bei Ihrer Distribution heißt. Details zum Aufbau dieser Datei finden Sie auf Seite 213.)

CD-ROM manuell ins Dateisystem einbinden

Sollte sich auf alten oder falsch konfigurierten Linux-Systemen die Notwendigkeit ergeben, das `mount`-Kommando mit allen Optionen einzugeben, können Sie sich an dem folgenden Beispiel orientieren:

```
root#  mount -t iso9660 -o ro /dev/hdc /cdrom
```

Die Option `-t iso9660` bedeutet, dass auf der CD-ROM das ISO-9660-Dateisystem verwendet wird. `-o ro` bedeutet, dass das Dateisystem für den read-only-Zugriff eingebunden werden soll. (Bei CD-ROMs erscheint das selbstverständlich, Linux zeigt aber eine Warnung an, wenn Sie die Option vergessen.) Der Device-Name gibt an, wo und wie das CD-ROM-Laufwerk mit Ihrem Rechner verbunden ist. `/cdrom` ist schließlich das Verzeichnis zum Ansprechen des Laufwerks. Dieses Verzeichnis muss existieren, bevor `mount` ausgeführt werden kann.

Die folgende Liste gibt an, welche Device-Namen beim Zugriff auf das CD-ROM-Laufwerk verwendet werden. Alle marktüblichen CD-ROM-Laufwerke sind entweder am EIDE- oder am SCSI-Bus angeschlossen. Die folgende Liste fasst die entsprechenden Device-Namen zusammen. Wenn Sie nicht wissen, welchen Laufwerkstyp Sie verwenden und wie das Laufwerk mit dem Controller verbunden ist, haben Sie die größte Trefferwahrscheinlichkeit mit `/dev/hdb` oder `/dev/hdc`.

`/dev/cdrom`	Link auf das voreingestellte CD-ROM-Device
`/dev/hda`	IDE/ATAPI: Laufwerk 1, EIDE-Controller 1
`/dev/hdb`	IDE/ATAPI: Laufwerk 2, EIDE-Controller 1
`/dev/hdc`	IDE/ATAPI: Laufwerk 1, EIDE-Controller 2
`/dev/hdd`	IDE/ATAPI: Laufwerk 2, EIDE-Controller 2
`/dev/scd0`	SCSI-Laufwerk 1
`/dev/scd1`	SCSI-Laufwerk 2

TIPP

Bei manchen Distributionen ist das Ausführen von Programmen direkt von der CD aus Sicherheitsgründen nicht erlaubt. Um diesen Sicherheitsmechanismus zu umgehen, müssen Sie bei `mount` die zusätzliche Option `-o exec` angeben. (Das ist nur `root` erlaubt.)

HINWEIS

Bei der ersten Generation von CD-ROM-Laufwerken glaubte noch jeder Hersteller, dass er eine eigene Schnittstelle benötigt. Die Folge war eine entsprechend große Anzahl von Kernel-Modulen für jede dieser Schnittstellen. Heute werden Sie nur noch bei Uralt-PCs auf solche CD-ROM-Laufwerke stoßen. Damit Sie darauf unter Linux zugreifen können, müssen die entsprechenden Kernel-Module verfügbar sein. Außerdem müssen Sie den richtigen Device-Namen verwenden, z.B. `/dev/mcd` für Uralt-Mitsumi-Laufwerke. Weitere Informationen finden Sie im CD-ROM-HOWTO.

CD-ROM wechseln

Etwas ungewohnt im Umgang mit CDs ist der Aufwand beim Wechseln einer CD. Sie dürfen nicht einfach das Laufwerk öffnen, die CD wechseln und dann einfach mit der neuen CD weiterarbeiten! Bei den meisten CD-ROM-Laufwerken ist das gar nicht möglich, d.h. solange die CD in das Dateisystem eingebunden ist, reagiert das Laufwerk nicht auf das Drücken der Auswurftaste.

Vielmehr müssen Sie, während sich die alte CD noch im Laufwerk befindet, `umount` ausführen und die CD so quasi abmelden. Dabei wird überprüft, ob Linux noch irgendwelche Daten von der CD benötigt. Wenn das der Fall ist, meldet `umount` *device is busy*. Das ist beispielsweise der Fall, wenn in irgendeiner Konsole das aktuelle Verzeichnis auf das CD-ROM-Laufwerk verweist. Führen Sie `cd` aus!

Nur wenn kein Zugriff auf die CD vorliegt, wird die CD freigegeben. Jetzt wechseln Sie die CD und melden die neue CD ebenso an wie die alte.

```
root#  umount /cdrom
root#  mount  /cdrom
```

HINWEIS

Wenn `umount` den Fehler *device is busy* liefert, bedeutet das, dass ein anderes Programm noch Daten der CD-ROM nutzt. Das ist unter anderem auch dann der Fall, wenn in irgendeiner Shell ein Verzeichnis der CD-ROM geöffnet ist. Führen Sie dort `cd` aus, um in das Heimatverzeichnis zu wechseln. Bei der Suche nach dem Prozess, der die `umount`-Probleme verursacht, kann `fuser` helfen. Führen Sie `fuser -m /cdrom` aus!

Eine weitere mögliche Fehlerursache ist NFS: Wenn das CD-ROM-Laufwerk via NFS auf einem anderen Rechner genutzt wurde, ist ein `umount` oft selbst dann unmöglich, wenn dieser Rechner das CD-ROM-Laufwerk längst wieder freigegeben hat. Hier hilft leider nur ein Neustart der NFS-Dämonen – siehe auch Seite 586.

supermount, automount, autorun, eject

Bei Mandrake Linux können Sie CDs ohne `mount/umount` einlegen, lesen und wechseln. Damit das funktioniert, ist allerdings ein Kernel-Patch erforderlich (also eine Veränderung am Standard-Kernel). In `/etc/fstab` muss als Dateisystem `supermount` angegeben werden. `supermount` funktioniert in ähnlicher Weise auch für Disketten. Wie weit sich dieses sehr benutzerfreundliche Konzept auch in anderen Distributionen durchsetzen wird, ist noch nicht abzusehen. Weitere Informationen finden Sie hier:

`http://supermount.cornpops.cx/`

Eine andere Möglichkeit, um CDs, Disketten oder Dateisysteme bei Bedarf automatisch einzubinden und nach einer gewissen Zeit der Inaktivität wieder zu deaktivieren bietet `automount` (basierend auf den `autofs`-Kernel-Funktionen). Weitere Details finden Sie im Automount-Mini-HOWTO.

Eine dritte Variante stellt der Dämon `autorun` dar, der zur Zeit (Version 6.2) von Red Hat Linux in Kombination mit KDE eingesetzt wird. Das Programm überwacht alle CD-Laufwerke (default: einmal pro Sekunde). Sobald eine CD eingelegt wird, wird diese gemäß `/etc/fstab` in das Dateisystem eingebunden. Anschließend wird automatisch die Datei `autorun` im Wurzelverzeichnis der CD-ROM ausgeführt. (Auf der Red-Hat-CD handelt es sich hierbei um ein Script, das wahlweise `kpackage` oder `gnorpm` startet.) `autorun` kümmert sich nicht darum, die CD wieder aus dem Dateisystem zu entfernen – dafür sind Sie selbst verantwortlich.

VORSICHT

`autorun` kann ein Sicherheitsrisiko darstellen, weil eine CD diesen Mechanismus ausnutzen kann, um unauffällig ein Programm zu starten. Das ist besonders fatal, wenn Sie als `root` arbeiten.

`autorun` wird bei Red Hat 6.2 von KDE gestartet (nicht aber von Gnome!). Das können Sie abstellen, indem Sie die Datei `Autorun.kdelnk` aus `~/Desktop/Autostart` löschen.

Variante vier kommt ebenfalls bei Red Hat Linux (seit Version 6.1) zum Einsatz, allerdings nur, wenn Sie unter Gnome arbeiten. In diesem Fall überwacht der Gnome-Dämon `magicdev` das CD-ROM-Laufwerk. Sobald eine CD eingelegt wird, wird diese in das Dateisystem eingebunden und – diesmal zumindest erst nach Rückfrage – das Programm `autorun` ausgeführt. Falls Sie das nicht möchten, verlassen Sie Gnome und deinstallieren dann das `magicdev`-Paket:

```
root#  rpm -e --nodeps magicdev
```

TIPP

Der sehr uneinheitliche Umgang mit CD-ROMs führt dazu, dass es bisweilen schwierig ist, eine CD aus dem CD-Laufwerk wieder herauszubekommen. In manchen Fällen (Mandrake!) hilft das Kommando `eject` weiter.

Lange Dateinamen auf CD-ROMs

Fast alle Linux-CDs verwenden lange Dateinamen, die im ISO-9660-Standard eigentlich nicht vorgesehen waren. Um solche Dateinamen dennoch zu unterstützen, verwenden Linux-CDs die sogenannte Rockridge-Extension. Diese Erweiterung zum ISO-Standard gibt an, wie Zusatzinformationen zu den Dateien gespeichert werden können. Die Rockridge-Extension ist keine Linux-spezifische Besonderheit, sondern ein Standard in der Unix-Welt.

Die Rockridge-Extension ist freilich nicht die einzige Möglichkeit, lange Dateinamen auf CDs unterzubringen. Apple und Microsoft (Joliet) haben jeweils eigene ISO-9660-Erweiterungen definiert.

Linux ist in der Lage, lange Dateinamen auch gemäß der Joliet-Erweiterung korrekt zu interpretieren. Damit können Windows-CDs unter Linux problemlos genutzt werden. Umgekehrt gilt das leider nicht, d.h. Windows ist nicht in der Lage, lange Dateinamen gemäß der Rockridge-Spezifikation anzuzeigen. Stattdessen werden bei solchen CDs unter Windows alle Dateinamen auf 8+3 Zeichen verstümmelt.

Falls Sie auch unter Windows die langen Dateinamen sehen, handelt es sich um eine sogenannte Hybrid-CD. Solche CDs entsprechen beiden Spezifikationen (Joliet und Rockridge). Die Informationen über die Dateinamen sind daher doppelt abgespeichert, die eigentlichen Dateien aber nur einfach.

Photo-CDs, Audio-CDs, CD-RWs, DVDs etc.

Photo-CDs entsprechen im Wesentlichen normalen Daten-CDs. Die einzige Besonderheit besteht im eigenen Dateiformat für die Fotos, die in mehreren Auflösungen gespeichert werden. Weitere Details finden Sie auf Seite 793.

Audio-CDs werden dagegen ganz anders als Daten-CDs behandelt. Sie werden nicht mit `mount` in das Dateisystem eingebunden, sondern mit speziellen Programmen direkt ausgelesen. Wenn Sie Audio-CDs abspielen möchten, stehen dazu gleich eine ganze Menge Programme zur Auswahl – etwa `kscd` oder `gtcd`. Auch das digitale Auslesen von Audio-Tracks (etwa zur späteren Umwandlung in MP3-Dateien) ist möglich. Einen Überblick über Audio- und MP3-Tools finden Sie ab Seite Seite 809.

Mit einem CD-Write oder CD-RW-Laufwerk können Sie selbst Daten- und Audio-CDs erzeugen. Auch dazu steht unter Linux eine ganze Palette von Programmen zur Verfügung, die ab Seite 822 beschrieben werden.

Herkömmliche Daten-CDs in CD-Write- oder in DVD-Laufwerken werden genauso wie in normalen CD-ROM-Laufwerken behandelt – Sie brauchen also keine besonderen Treiber, um normale CDs zu lesen. Dasselbe gilt auch für die meisten Daten-DVDs, die sowohl das ISO-9660-Format als auch das neuere Universal Disk Format (UDF) unterstützen. (Dabei kommt ein sogenanntes *hybrid file system* zum Einsatz.) Derartige DVDs können wie ganz normale CDs angesprochen werden.

Manche Daten-DVDs verwenden allerdings ausschließlich das neuere UDF. Das gilt auch für CDs, die in einem CD-RW-Laufwerk beschrieben wurden (*packet writing*). Unter Linux wird UDF ab Kernel 2.4 offiziell unterstützt, zu Kernel 2.2.n gibt es entsprechende Patches, die aber leider nicht mit allen Distributionen auf der Basis von Kernel 2.2.n mitgeliefert werden.

Schwieriger wird es, wenn Sie unter Linux Video-DVDs ansehen möchten (das war ja der eigentliche Grund für die Entwicklung der DVD). Nachdem die DVD-Industrie Linux lange Zeit ignorierte, entstanden schließlich Open-Source-Projekte zum Abspielen von DVDs. Diese Projekte fanden große Beachtung in den Medien, weil dabei die (relativ schwachen) DVD-Kopierschutzmechanismen geknackt wurden. Die technische Überwindung dieser Hürde löst allerdings nicht die vielen juristischen Probleme, die daraus entstehen. Daher werden Open-Source-Tools zum Ansehen von DVDs zur Zeit nicht mit den gängigen Distributionen mitgeliefert.

VERWEIS

Weitere Hinweis zum Umgang mit CD-ROM-Laufwerken finden Sie im CD-ROM-HOWTO. Ausführliche Informationen zum Schreiben von CDs gibt das CD-Writing-HOWTO. Informationen zu den Thema DVD und UDF finden Sie im Internet, beispielsweise hier:

```
http://www.dvddemystified.com/
http://linuxvideo.org/
http://www.trylinux.com/projects/udf/
http://linux-udf.sourceforge.net/
```

Zugriff auf Diskettenlaufwerke

Auch der Zugriff auf Diskettenlaufwerke kann nach demselben Schema wie bei CD-ROMs erfolgen. Es sind dieselben Kommandos beim Einbinden einer Diskette in das Dateisystem erforderlich. Ebenso muss `umount` ausgeführt werden, bevor die Diskette aus dem Laufwerk entfernt wird.

Diskettenlaufwerke werden unter Linux mit den Device-Namen `/dev/fd0` und `/dev/fd1` angesprochen. Auf manchen sicherheitsbewussten Systemen darf nur `root` auf diese Devices zugreifen. Wenn Sie auch normalen Anwendern den Zugriff ermöglichen wollen, müssen Sie diese Anwender in die `disk`-Gruppe aufnehmen und/oder die Zugriffsbits ändern (siehe Seite 141).

Der einzige Unterschied bei der Ausführung von `mount` besteht darin, dass Sie jetzt statt `iso9660` das Dateisystem der Diskette angeben müssen. (Dabei wird es sich wohl meistens um Disketten im DOS/Windows-Format handeln – also geben Sie die Option `-t vfat` an. Prinzipiell sind aber auch Disketten in beliebigen anderen, von Linux unterstützten Dateisystemen möglich.) Noch bequemer ist es, `-t auto` zu verwenden – dann versucht Linux selbstständig, das Dateisystem zu erkennen.

Die Prozedur mit `mount` und `umount` nur zum Lesen oder Schreiben einiger weniger Dateien mutet vielleicht etwas umständlich an (ganz zu schweigen von der Tatsache, dass diese Kommandos nur als `root` ausführbar sind). Daher gibt es eine Gruppe von Kommandos, die speziell zum bequemeren Zugriff auf MS-DOS-Disketten konzipiert wurden. Diese Kommandos beginnen mit dem Buchstaben `m` und ermöglichen alle üblichen Operationen mit MS-DOS-Disketten, ohne diese vorher anzumelden: das Formatieren (`mformat`), die Anzeige des Disketteninhalts (`mdir`), das Kopieren von Dateien in beide Richtungen (`mcopy`) etc. Die Kommandos sind in Kapitel 17 ab Seite 729 beschrieben.

Zugriff auf Streamer

Linux unterstützt unterschiedliche Streamer-Typen: IDE- und SCSI-Streamer sowie Streamer, die an den Floppy-Controller bzw. an die parallele Schnittstelle angeschlossen sind.

Streamer werden *nicht* mit `mount` in das Dateisystem eingebunden, weil sie kein Dateisystem enthalten (sondern nur eine oder mehrere Archivdateien). Stattdessen werden Daten direkt mit `tar` oder `cpio` zum oder vom Streamer übertragen. Je nach Streamer müssen dabei die folgenden Devices verwendet werden:

`/dev/st*`	SCSI-Streamer, Band wird automatisch zurückgespult
`/dev/nst*`	SCSI-Streamer, Band wird nicht zurückgespult
`/dev/ht*`	IDE-Streamer, Band wird automatisch zurückgespult
`/dev/nht*`	IDE-Streamer, Band wird nicht zurückgespult
`/dev/ftape`	Floppy-Streamer
`/dev/rmt*`	QIC-02-Streamer mit eigener Interface-Karte

Wie bei `/dev/fd*` kann es notwendig sein, dass Sie die Zugriffsrechte auf diese Devices ändern. Mit `mt` können Bänder vor- oder zurückgespult werden. Siehe auch Seite 735 (`mt`) und 747 (`tar`).

VERWEIS

Weitere Informationen zur Unterstützung von Floppy-Streamern finden Sie im Ftape-HOWTO. Informationen zu Geräten, die über die parallele Schnittstelle bzw. via USB betrieben werden, finden Sie unter:

```
http://www.linux-usb.org/
http://www.torque.net/parport/
/usr/src/linux/Documentation/paride.txt
```

5.3 Dateisystemtypen

Wie aus dem vorigen Abschnitt bereits andeutungsweise hervorgegangen ist, unterstützt Linux mehrere Typen von Dateisystemen. (Um es positiver zu formulieren: Sie werden kaum ein anderes Betriebssystem finden, das mit derart vielen Dateisystemen problemlos zurechtkommt!) In den folgenden Absätzen wird kurz beschrieben, warum eine derartige Fülle von Dateisystemtypen unterstützt wird und welche Bedeutung diese Dateisystemtypen haben.

VERWEIS

Welche Dateisysteme Linux in seiner aktuellen Version unterstützt, können Sie der Datei `/usr/src/linux/fs/filesystems.c` entnehmen. Detailliertere Informationen geben die Dateien des Verzeichnisses `/usr/src/linux/Documentation/filesystems`. Einen exzellenten Überblick darüber, unter welchem Betriebssystem Sie auf welche Dateisysteme zugreifen können (und welche Hilfsprogramme es dazu gibt), finden Sie im Filesystem-HOWTO.

Beachten Sie bitte, dass insbesondere bei Unix-fremden Dateisystemtypen viele Einschränkungen gegenüber der üblichen Linux-Dateiverwaltung gelten: So ist bei manchen Dateisystemen die Länge von Dateinamen limitiert, es können keine Links erstellt werden etc.

Welche der oben beschriebenen Dateisystemtypen tatsächlich verfügbar sind, hängt davon ab, wie der Linux-Kernel kompiliert wurde. Sehr häufig wird auf manche, ohnedies nur selten benötigte Dateisystemtypen verzichtet, um den Kernel möglichst kompakt zu halten. Wenn sich später die Notwendigkeit ergibt, doch auf so ein Dateisystem zuzugreifen, müssen Sie den Kernel neu kompilieren (siehe Seite 288).

Alle weiteren Ausführungen dieses Kapitels und (mit wenigen Ausnahmen) der gesamte Text dieses Buchs beziehen sich auf das Dateisystem `ext2`, das unter Linux *den* Standard schlechthin darstellt.

Linux-Dateisysteme

- Das zur Zeit übliche Linux-eigene Dateisystem heißt **ext2** (extended filesystem, Version 2). Es unterstützt Dateinamen bis zu 255 Zeichen, Dateien bis zu 2 GByte und kann Datenträger bis zu 4 TByte (Terabyte, also 1024 GByte) verwalten. Aufgrund zahlreicher verwaltungstechnischer Details und der großen Ausgereiftheit des Codes ist es zuverlässiger und sicherer als alle anderen unter Linux verfügbaren Dateisystemtypen. Seit `quota` in den Kernel integriert wurde (Version 2), kann der maximale Platzbedarf individueller Benutzer beschränkt werden.
- Der Vorgänger zu `ext2` war **ext**. `ext` hat heute keine Bedeutung mehr.
- Das Reiser-Dateisystem, dessen Name **reiserfs** sich von seinem Initiator Hans Reiser ableitet, ist relativ neu und wird noch nicht von allen Distributionen standardmäßig unterstützt. Seine Hauptvorteile gegenüber `ext2` sind die etwas höhere Geschwindigkeit und die Journaling-Option. Diese ermöglicht es,

das Dateisystem nach einem Rechnerabsturz sehr schnell wieder herzustellen (während bei `ext2` eine zeitaufwendige Überprüfung erforderlich ist). Dem steht der Nachteil gegenüber, dass das Dateisystem noch nicht so erprobt und stabil ist. (Einige weitere Informationen zum Thema Journaling finden Sie auf Seite 166.)

- Das **auto**-Dateisystem ist in Wirklichkeit kein eigenes Dateisystem, sondern ein Merkmal des Kernels, das Dateisystem in manchen Fällen automatisch zu erkennen. Statt des Namens des Dateisystems wird in `/etc/fstab` bzw. bei `mount` das Schlüsselwort `auto` angegeben. Der Kernel erkennt dann selbstständig die wichtigsten Dateisysteme, unter anderem `minix`, `ext2`, `iso9660` und `ntfs`.

  Beachten Sie, dass das `auto`-Dateisystem nichts mit `autofs` zu tun hat. `autofs` ist eine Kernel-Erweiterung, die automatisch für gerade benötigte Dateisysteme `mount` ausführt. Wird das Dateisystem eine Weile nicht mehr verwendet, wird ebenfalls automatisch `umount` ausgeführt. Weitere Details finden Sie im Automount-Mini-HOWTO.

Unix-Derivate

- Die allerersten Linux-Experimente wurden mit dem **minix**-Dateisystem durchgeführt. Minix ist als Lehrsystem konzipiert. Es ist erheblich leistungsschwächer und vor allem nicht frei kopierbar. Aus diesen und anderen Gründen wurde das `minix`-Dateisystem schon sehr rasch von `ext` abgelöst und hat heute für Linux nur noch geringe Bedeutung.
- Das **sysv**-Dateisystem ermöglicht den Zugriff auf SCO-, Xenix- und Coherent-Partitionen.
- Das **ufs**-Dateisystem ermöglicht den Read-Only-Zugriff auf Partitionen von FreeBSD, NetBSD, NextStep und SunOS. (BSD ist ähnlich wie Linux ein freies Unix-Derivat.) Zum Zugriff auf BSD-Partitionen ist zusätzlich die BSD-disklabel-Erweiterung erforderlich. Eine analoge Erweiterung existiert auch für Sun-OS-Partitionstabellen.

DOS, Windows und OS/2

- Der **msdos**-Treiber ermöglicht das Lesen und Schreiben von alten MS-DOS- und Windows-3.1-Partitionen (mit kurzen Dateinamen, 8+3-Konvention).
- Mit Windows 95 haben sich endlich auch in der Microsoft-Welt lange Dateinamen etabliert. Linux kann Windows-95-Partitionen mit dem **vfat**-Treiber lesen und verändern. Seit Kernel 2.2 können damit auch `vfat32`-Partitionen gelesen und beschrieben werden, wie sie seit Windows 95b bzw. Windows 98 üblich sind, um große Partitionen effizient zu verwalten. Der `vfat`-Treiber kann schließlich auch zum Zugriff auf normale MS-DOS-Dateisysteme verwendet werden, weswegen der separate `msdos`-Treiber nur noch geringe Bedeutung hat.
- **ntfs** ermöglicht den Lesezugriff auf Windows-NT-Partitionen (Windows NT 4 und 2000). Der `ntfs`-Treiber enthält auch bereits experimentelle Schreibfunktionen, die aber noch nicht ausgereift sind und auf keinen Fall verwendet wer-

den sollten, bevor nicht ein Backup der NT-Partition durchgeführt wurde. In der Defaulteinstellung ist ein Zugriff auf NTFS-Partitionen nur durch `root` möglich. Der NTFS-Treiber ist offizieller Bestandteil von Kernel 2.2. Der Status in Kernel 2.4 ist aber noch unklar, weil der Code zur Zeit nicht gewartet wird.

- Der **hpfs**-Treiber ermöglicht den Zugriff auf OS/2-Partitionen (in aktuellen Versionen sowohl Lese- als auch Schreibzugriff).

CD-ROM- und Netzwerk-Dateisysteme

- Der **iso9660**-Treiber erlaubt den Zugriff auf CD-ROMs. ISO 9660 hat sich als Norm für die Dateiverwaltung auf CD-ROMs herauskristallisiert. Dank ISO 9660 ist es möglich, ein und dieselbe CD-ROM auf den unterschiedlichsten Rechnern und Betriebssystemen zu lesen.

  ISO 9660 sieht eigentlich nur kurze Dateinamen vor. Lange Dateinamen werden je nach Betriebssystem durch unterschiedliche und zueinander inkompatible Erweiterungen unterstützt. Linux kommt sowohl mit der unter Unix üblichen **Rockridge**-Erweiterung zurecht als auch mit der von Microsoft eingeführten **Joliet**-Erweiterung.
- Als Nachfolger zu ISO 9660 beginnt sich allmählich das Universal Disk Format zu etablieren. Zur Zeit kommt es vor allem bei manchen DVDs sowie bei CD-Rs und CD-RWs (packet writing) zum Einsatz. Unter Linux wird **udf** ab Kernel 2.4 offiziell unterstützt; zu Kernel 2.2.n gibt es entsprechende Patches. Weitere Informationen finden Sie unter:

  `http://www.trylinux.com/projects/udf/`
  `http://linux-udf.sourceforge.net/`
- Dateisysteme müssen sich nicht auf der lokalen Festplatte befinden – sie können auch über ein Netzwerk eingebunden werden. Der Linux-Kernel unterstützt zur Zeit vier Netzwerk-Dateisysteme:

  nfs (Network File System) ist die unter Unix wichtigste Variante.
  coda ist am ehesten mit NFS vergleichbar. Es bietet eine Menge Zusatzfunktionen, ist aber noch nicht sehr verbreitet.
  ncp (Netware Core Protocol) ist die Novell-Variante.
  smbfs (Server Message Buffer) ist das Netzwerk-Dateisystem von Microsoft.

Sonstige

Das **proc**-Dateisystem ist nicht wirklich ein Dateisystem. Es dient vielmehr zur Abbildung von Verwaltungsinformationen des Kernels bzw. der Prozessverwaltung. Details dazu finden Sie auf Seite 172.

usbdevfs ist ebenfalls kein richtiges Dateisystem. Es handelt sich eher um Informationsfunktionen, die üblicherweise in das `proc`-Dateisystem eingebunden sind (`/proc/bus/usb`). Ausführliche Informationen zum aktuellen Status der USB-Unterstützung unter Linux finden Sie unter:

http://www.linux-usb.org/
http://linuxusbguide.sourceforge.net/

Auch beim **devpts**-Dateisystem handelt es sich um kein richtiges Dateisystem. `devpts` ermöglicht vielmehr via `/dev/pts/*` den Zugriff auf Pseudo-TTYs (kurz PTYs) gemäß der Unix-98-Spezifikation. (Pseudo-Terminals emulieren eine serielle Schnittstelle. Sie werden Unix/Linux-intern beispielsweise von Terminal-Emulatoren wie `xterm` eingesetzt. Dabei kommen traditionell Devices wie `/dev/ttyp`*n* zum Einsatz. Die Unix-98-Spezifikation definiert stattdessen neue Devices. Weitere Details finden Sie im Text-Terminal-HOWTO.)

Daneben unterstützt Linux eine Reihe weiterer Dateisysteme (etwa die des Commodore Amiga, des Apple Macintosh, des Arcon etc.), auf die hier nicht weiter eingangen wird.

5.4 Interna des Dateisystems

Dies ist kein Lehrbuch zu Unix, insofern ist eine langatmige Erklärung, wie das Linux-Dateisystem intern aufgebaut und verwaltet wird, hier eigentlich fehl am Platz. Mit etwas Hintergrundwissen wird es Ihnen aber viel leichter fallen, Unix- und Linux-typische Merkmale des Dateisystems – beispielsweise Links – zu verstehen.

Aufbau des ext2-Dateisystems

Gruppenbild

Die folgenden Absätze sind fallweise ein wenig vereinfacht dargestellt. Beispielsweise werden manche Verwaltungsdaten aus Geschwindigkeits- und Sicherheitsüberlegungen mehrfach gesichert, was hier aus Gründen der Übersichtlichkeit einfach ignoriert wird. Mehr Details (inklusive einiger sehr übersichtlicher Abbildungen) zum Linux-Dateisystem finden Sie im Linux-Anwenderhandbuch von LunetIX (siehe Quellenverzeichnis). Allgemeine Informationen zur Organisation eines Unix-Dateisystems (ohne Berücksichtigung der Linux-Besonderheiten) finden Sie in jedem besseren Unix- oder Informatiklehrbuch.

Ausgangspunkt aller Überlegungen ist eine Festplatte bzw. eine Partition einer Festplatte, auf der normalerweise einige 100 MByte linearer Speicherplatz zur Verfügung stehen. Der erste Schritt zur effizienten Verwaltung dieser Datenmenge besteht darin, den Speicherplatz in Blöcke zu je 1024 Byte (1 kByte) aufzuteilen und durchzunummerieren. Anschließend werden diese Blöcke in mehrere Gruppen geteilt, die jeweils zur Speicherung verschiedener Datentypen vorgesehen sind.

Die beiden ersten Gruppen bestehen aus jeweils nur einem einzigen Block. Der erste Block (Bootblock) enthält ein Miniprogramm zum Starten des Betriebssystems. Der zweite Block (Superblock) gibt an, wie groß die vier weiteren Gruppen sind.

Die Gruppen drei und vier bestehen aus mehreren Blöcken und sind als Bitmaps organisiert. Jedes Bit innerhalb dieser Bitmaps gibt an, ob der dazugehörige I-Node (siehe unten) bzw. Datenblock in den Gruppen fünf bzw. sechs frei oder belegt ist. Die Bedeutung dieser Bitmaps besteht darin, dass beim Anlegen einer neuen Datei rasch festgestellt werden kann, wo auf der Festplatte sich noch freie Datenblöcke befinden.

ext2-Datenblocktypen

Block 1	Gruppe 1	Bootblock
Block 2	Gruppe 2	Superblock
Block 3 bis n1	Gruppe 3	I-Node-Bitmap (Welche Blöcke für I-Nodes sind frei?)
Block n1+1 bis n2	Gruppe 4	Daten-Bitmaps (Welche Blöcke für Daten sind frei?)
Block n2+1 bis n3	Gruppe 5	Speicherplatz für I-Nodes (je acht I-Nodes pro Block)
Block n3+1 bis n4	Gruppe 6	Speicherplatz für Daten (je 1024 Bytes pro Block)

Gruppe 6 ist die bei weitem größte Gruppe. In ihr wird der tatsächliche Inhalt der Dateien gespeichert, während die fünf anderen Gruppen reine Verwaltungsinformationen beinhalten. (Wie Sie in den folgenden Textabschnitten feststellen werden, müssen einzelne Blöcke in Gruppe 6 ebenfalls für Verwaltungsinformationen verwendet werden: bei umfangreichen Dateien für Querverweise auf weitere Datenblöcke und bei Verzeichnissen zur Speicherung des Verzeichnisinhalts.)

I-Nodes

I-Nodes (Informationsknoten) liefern den Schlüssel zur Verwaltung der Daten. In den I-Nodes werden in 128 Bytes alle Verwaltungsinformationen zu einer Datei mit Ausnahme des Dateinamens gespeichert. (Der Dateiname wird in Verzeichnissen gespeichert – dazu später mehr.) Zu den im I-Node gespeicherten Informationen gehören (unter anderem):

- Die ID-Nummer des Besitzers und der Gruppe
- Die Zugriffsrechte
- Die Dateigröße
- Die Anzahl der Links
- Der Zeitpunkt der Erstellung, der letzten Änderung, des letzten Lesezugriffs und des Löschens der Datei
- Verweise auf die ersten zwölf Datenblöcke der Datei
- Ein-, zwei- und dreifach indirekte Verweise auf bis zu 16 Millionen weitere Datenblöcke. (Linux-Versionen, die auf 32-Bit-Prozessoren laufen, beschränken die Dateigröße zur Zeit allerdings auf 2 GByte. Das ist kein `ext2`-Limit, sondern eines der `libc`-Bibliothek. Es soll mit Kernel-Version 2.4 beseitigt werden.)

TIPP

Beim Formatieren eines `ext2`-Dateisystems durch das Kommando `mke2fs` kann die I-Node-Dichte angegeben werden. Normalerweise wird beim Formatieren für je 4 kByte ein I-Node vorgesehen (bei einer Partition mit 100 MByte also 25.000 I-Nodes). In der Praxis bedeutet das, dass in der Partition nur 25.000 Dateien gespeichert werden, selbst dann, wenn die Dateien sehr klein sind und weniger als 100 MByte beanspruchen würden. Wenn Sie wissen, dass auf einer Partition sehr viele kleine Dateien (oder symbolische Links) angelegt werden müssen, können Sie eine größere I-Node-Dichte wählen (etwa ein I-Node alle 1024 Byte). Da die I-Nodes aber selbst auch Platz verbrauchen, sinkt dadurch der effektiv nutzbare Datenbereich der Partition.

Dateien

Eine Datei besteht aus einem I-Node mit den Verwaltungsinformationen und mehreren Datenblöcken mit den eigentlichen Daten. Entscheidend ist die Tatsache, dass die Verwaltungsinformationen von den eigentlichen Daten vollkommen getrennt sind und daher unabhängig voneinander bearbeitet werden können. Wenn eine Datei in ein neues Verzeichnis verschoben wird, müssen dabei nur die Verwaltungsinformationen, nicht aber die eigentlichen Daten verändert werden!

Die Anzahl der erforderlichen Datenblöcke ergibt sich aus der Dateigröße. Eine wesentliche Information des I-Nodes besteht in der Angabe, *wo* (d.h. in welchen Datenblöcken) die Daten der Datei gespeichert sind. Die Nummern der ersten zwölf Datenblöcke sind unmittelbar im I-Node gespeichert. Wenn die Datei größer als 12 kByte ist, verweist ein weiterer I-Node-Wert auf einen Block, der selbst keine Daten, sondern Verweise auf bis zu 256 weitere Datenblöcke enthält (einfach indirekt).

Bei Dateien, die größer als 268 kByte sind, ist auch das nicht ausreichend: Dann verweist ein weiterer I-Node-Wert auf einen Block, der auf 256 weitere Blöcke mit Verweisen zeigt, die dann schließlich zu 256∗256 Datenblöcken führen (zweifach indirekt). Die maximale Dateigröße beträgt jetzt bereits 65.796 kByte. Bei noch größeren Dateien ist eine dreifach indirekte Adressierung erforderlich, durch die weitere 256∗256∗256 Datenblöcke angesprochen werden können.

Verzeichnisse

Verzeichnisse werden im Prinzip wie Dateien verwaltet. Inhaltlich können Sie sich ein Verzeichnis am einfachsten in Form einer Textdatei vorstellen. In dieser Textdatei sind zeilenweise alle Dateien und Unterverzeichnisse aufgezählt. Jede Zeile dieser Textdatei enthält den Namen einer Datei sowie die I-Node-Nummer dieser Datei. Außerdem enthält diese Textdatei einen Verweis auf sich selbst (`.`) und einen Verweis auf das übergeordnete Verzeichnis (`..`). Diese beiden Querverweise erleichtern und beschleunigen die Verzeichnisverwaltung.

Damit ergibt sich folgendes Bild: Der erste I-Node verweist auf das Wurzelverzeichnis. Im Wurzelverzeichnis befinden sich alle Informationen über die Namen und

I-Nodes der darin gespeicherten Dateien und Unterverzeichnisse. Über die I-Nodes der Unterverzeichnisse ist ein Zugriff auf deren Dateien und weitere Unterverzeichnisse möglich etc.

Feste Links

Feste Links werden ganz einfach dadurch eingerichtet, dass von mehreren Orten in Verzeichnissen auf denselben I-Node einer Datei verwiesen wird. Das heißt, dass eine Datei, auf die mehrere Links zeigen, dennoch nur einen I-Node hat. Aus diesem Grund müssen alle festen Links einer Datei dieselben Besitzer, Gruppen, Zugriffsrechte etc. aufweisen.

Innerhalb der I-Node-Daten einer Datei befindet sich ein Zähler, der mit jedem zusätzlichen Link um 1 erhöht, mit jedem Löschen um 1 verringert wird. Wenn der Zähler 0 erreicht, existiert überhaupt kein Link mehr auf die Datei. Der I-Node sowie die Datenblöcke mit den eigentlichen Daten der Datei können damit freigegeben werden; die Datei hört auf zu existieren. Feste Links sind damit eine Verallgemeinerung der ganz normalen Dateiverwaltung. Im Prinzip könnten Sie sagen, dass eine einfache Datei eben eine Datei mit nur einem Link ist.

Symbolische Links

Etwas anders sieht es bei symbolischen Links aus: Dort werden im Verzeichnis sowohl der Dateiname des Links als auch der gesamte absolute Dateiname (inklusive aller Verzeichnisse) der eigentlichen Datei gespeichert. Im Gegensatz zu allen anderen Verzeichniseinträgen wird bei symbolischen Links keine I-Node-Nummer gespeichert! (Die Zieldatei könnte sich außerhalb des aktuellen Datenträgers befinden. Dort gilt eine eigene Nummerierung der I-Nodes, woraus sich Mehrdeutigkeiten ergeben. Aus diesem Grund muss der Verweis in Form des absoluten Dateinamens gespeichert werden.)

Bei symbolischen Links ist es prinzipiell möglich, dass der Link ins Leere zeigt (also auf eine Datei, die gar nicht mehr existiert). Dieser Fall kann eintreten, wenn die Datei gelöscht wurde, aber auch, wenn eines der Verzeichnisse ihres Zugriffspfads umbenannt wurde, wenn der Datenträger nicht oder an einer anderen Stelle in das Dateisystem eingebunden wurde etc. Ein Verzeichnis mit einigen Dateien, Verzeichnissen und Links sieht dann beispielsweise so aus:

I-Node	*Datei- oder Verzeichnisname*	*Pfadangabe für den symbolischen Link*
53	.	
17	..	
63	`datei1`	
97	`datei2`	
143	`datei3`	
	`datei4`	`/users/harald/brief.doc`
143	`datei5`	

`datei3` und `datei5` sind feste Links auf dieselbe Datei (gleiche I-Node-Nummer). `datei4` ist ein symbolischer Link (keine I-Node-Nummer, dafür absolute Pfadangabe).

Fragmentierung des ext2-Dateisystems

Im Gegensatz zu DOS/Windows gibt es unter Linux kein Programm, mit dem Sie das Dateisystem defragmentieren können. Dazu besteht normalerweise auch keine Notwendigkeit, weil das Dateisystem intelligenter verwaltet und eine Fragmentierung weitestgehend vermieden wird. (Unter 'Fragmentierung' versteht man den Zustand, dass einzelne Dateien nicht in aneinanderliegenden Blöcken, sondern über die ganze Partition verteilt gespeichert werden. Dazu kann es kommen, wenn abwechselnd Dateien gelöscht, neu angelegt, verlängert oder verkürzt werden.)

ext2-Dateisystem reparieren, Sicherheitsaspekte

Im Superblock (Gruppe 2) existiert ein sogenanntes Valid-Bit, das beim Hochfahren des Systems (genauer: beim Einbinden der Festplatte in das Dateisystem durch `mount`) gelöscht wird. Erst wenn die Festplatte beim Herunterfahren des Systems regulär wieder abgemeldet wird (`umount`) und dabei alle im RAM zwischengespeicherten Informationen gesichert werden, wird dieses Valid-Bit wieder gesetzt.

Beim nächsten Hochfahren von Linux wird das Valid-Bit überprüft. Wenn es auf 0 steht, Linux also zuletzt nicht ordnungsgemäß beendet worden ist (Stromausfall, Druck auf die Reset-Taste), wird automatisch eine Reparatur des Dateisystems durch `e2fsck` eingeleitet. In vielen Fällen stellt sich dabei heraus, dass gar nichts passiert ist bzw. dass alle Dateien ordnungsgemäß rekonstruiert werden können. Andernfalls werden die Reste nicht mehr rekonstruierbarer Dateien im `/lost+found`-Verzeichnis der jeweiligen Partition gespeichert. Falls es sich um Textdateien gehandelt hat, können Sie vielleicht aus den Überresten noch brauchbare Informationen entnehmen.

HINWEIS

Eine automatische Dateisystemkontrolle wird übrigens in regelmäßigen Abständen auch dann durchgeführt, wenn der Rechner immer korrekt heruntergefahren wird: nämlich nach einer vorgegebenen Anzahl von Bootprozessen (*/dev/xxx has reached maximal mount count*) bzw. nach einer vorgegebenen Zeitspanne seit der letzten Kontrolle. Lassen Sie sich davon nicht beunruhigen! (Die Häufigkeit der automatischen Kontrolle kann durch `tune2fs` eingestellt werden – siehe Seite 753.)

Etwas schwieriger ist es, wenn Sie das Dateisystem aus irgendeinem Grund manuell mit `fsck` überprüfen bzw. korrigieren möchten: Diese Operation darf nur durchgeführt werden, wenn das Dateisystem nicht (oder zumindest nur read-only) gemountet ist. Datenpartitionen können Sie einfach mit `umount` abmelden. Bei der Root-Partition ist das aber nicht möglich. In diesem Fall können Sie den Rechner im Single-User-Modus und Read-Only hochfahren. Dazu müssen Sie bei LILO die zusätzlichen Bootoptionen `ro single` angeben. Eine andere Variante besteht darin, dass Sie den Rechner mit den Linux-Installationsdisketten hochfahren und `e2fsck` von dort ausführen.

Bei der Definition des `ext2`-Dateisystems wurde versucht, ein möglichst sicheres System zu schaffen. Das spiegelt sich in zahlreichen Details wider. So sind einige besonders kritische Informationen mehrfach (also redundant) an verschiedenen Orten auf der Festplatte gespeichert. Das ist besonders dann hilfreich, wenn sich Ihr Rechner mit einer Meldung der Art *can't read superblock* meldet. (Wenn das wirklich passiert, muss schon einiges ziemlich schief gegangen sein. Mir ist das zum Glück noch nie passiert.)

Normalerweise wird der Superblock mit praktisch allen wichtigen Informationen im ersten Block der Partition gespeichert. Kopien dieser Daten werden alle 8192 Blöcke gespeichert. Sie können daher versuchen, mit `e2fsck -f -b 8193 device` auf die erste Kopie des Superblocks zuzugreifen und auf dieser Basis das Dateisystem wiederherzustellen.

ext2-Einschränkungen

`ext2` ist zwar ein modernes Dateisystem, dennoch gibt es Einschränkungen bzw. ein Potenzial für Verbesserungen.

- Die maximale Dateigröße beträgt momentan (für 32-Bit-Intel-Systeme) zwei GByte. Genau genommen ist das kein Limit des ext2-Dateisystems, sondern eines der `libc`-Bibliothek. Die einfachste Lösung besteht daher darin, Linux auf einem 64-Bit-System (z.B. DEC-Alpha) zu verwenden. Eine weitere Möglichkeit besteht darin, ein Partitions-Device direkt als Datei anzusprechen, wodurch die Datei bis zur Partitionsgröße wachsen kann. Diese Vorgehensweise erlaubt allerdings nur eine einzige Datei pro Partition.
- Die automatische Kontrolle des Dateisystems nach einem Absturz/Stromausfall bzw. nach der Überschreitung des Zeit- oder `mount`-Limits (siehe `tune2fs`) dauert verhältnismäßig lange (und umso länger, je größer die Partition ist). Abhilfe würde ein sogenanntes *journaling file system* bringen, bei dem Schreibvorgänge protokolliert werden. Anhand dieser Protokollinformationen kann das Dateisystem sehr viel rascher wieder in einen konsistenten Zustand gebracht werden. (Allerdings ergibt sich aus der Protokollierung ein kleiner Performance-Overhead im laufenden Betrieb.)
- Dem ext2-Dateisystem fehlt die Möglichkeit, einzelne Verzeichnisse (mit Inhalt) transparent zu komprimieren oder zu verschlüsseln.

Zur Zeit wird intensiv daran gearbeitet, diese Einschränkungen zu überwinden. Eine neue Version des Linux-Dateisystems `ext2` (mit dem wenig überraschenden Namen `ext3`) entsteht zur Zeit. Die wesentlichste Neuerung wird das Journaling sein.

Sehr weit fortgeschritten ist die Entwicklung eines vollkommen neuen Dateisystems für Linux, des Reiser-Dateisystems (`reiserfs`). Dieses Dateisystem ist vor allem in Hinblick auf den effizienten Umgang mit kleinen Dateien optimiert. Außerdem unterstützt es das Journaling. Als erste Distribution bietet SuSE seit Version 6.4 bereits bei der Installation die Möglichkeit, `reiserfs`-Partitionen anzulegen (allerdings nicht als Root-Partition).

Schließlich werden zur Zeit mehrere ehemals kommerzielle Dateisysteme anderer Unix-Derivate auf Linux portiert (jeweils als Open-Source-Projekte): SGI XFS, IBM JFS etc. Es ist allerdings noch nicht abzusehen, wann aus diesen Projekten tatsächlich stabil funktionierende Dateisysteme entstehen.

VERWEIS

Aktuelle Informationen zu den Neu- und Weiterentwicklungen im Umfeld der Dateisysteme finden Sie im Filesystem-HOWTO sowie auf den folgenden Seiten (soweit die Links nicht schon geändert sind, bis Sie dieses Buch in Händen halten):

```
http://web.mit.edu/tytso/www/linux/ext2.html
ftp://ftp.uk.linux.org/pub/linux/sct/fs/jfs/
http://devlinux.com/projects/reiserfs/
http://oss.sgi.com/projects/xfs/
http://oss.software.ibm.com/developerworks/opensource/jfs/
```

RAID

RAID steht für *Redundant Array of Inexpensive/Independent Disks* (es gibt zwei Definitionen). Die Grundidee besteht darin, Partitionen mehrerer Festplatten logisch miteinander zu verknüpfen. Das Ziel ist dabei, ein zuverlässigeres und/oder schnelleres Gesamtsystem zu erreichen:

- Durch RAID kann die Datenübertragung gesteigert werden, indem der Datenzugriff quasi parallel erfolgt: Während das System beispielsweise auf Daten von Festplatte 1 wartet, können bereits weitere Daten von Festplatte 2 angefordert werden etc.
- Durch RAID kann aber auch die Sicherheit gesteigert werden, indem Daten redundant (mehrfach) gespeichert werden. Das ist dann allerdings mit Geschwindigkeitseinbußen verbunden.

Der folgende Überblick über verschiedene RAID-Level geht davon aus, dass Partitionen *unterschiedlicher* Festplatten miteinander verbunden werden. (Theoretisch können auch Partitionen *einer* Festplatte verbunden werden, das ist aber nicht sinnvoll – weder vom Sicherheits- noch vom Geschwindigkeitsstandpunkt aus.)

Verschiedene RAID-Level

Linear Concatenation: Hier werden mehrere physikalische Partitionen zu einer größeren virtuellen Partition verbunden. Der Vorteil besteht darin, dass sehr große Partitionen gebildet werden können, die über mehrere Festplatten reichen. Es gibt keinen Geschwindigkeitsvorteil, und das Ausfallrisiko ist höher. (Wenn eine Festplatte ausfällt, sind *alle* Daten verloren.)

RAID-0 (Striping): Auch hier werden mehrere Partitionen zu einer größeren Partition vereint. Allerdings werden die Partitionen nicht der Reihe nach linear beschrieben; vielmehr werden die Daten quasi parallel in kleinen Blöcken (z.B. 4 kByte) auf die einzelnen Partitionen verteilt, so dass beim Zugriff auf eine längere Datei die Daten alternierend von allen Festplatten gelesen werden. Daraus ergibt sich im Optimalfall eine Vervielfachung der Datenrate (d.h. bei drei Festplatten eine Verdreifachung). In der Praxis ist dieser Effekt aber sowohl durch physikalische Grenzen (z.B. maximale Übertragungsrate des SCSI-Bus) als auch durch den zusätzlichen Overhead beschränkt. Das Ausfallrisiko ist wie bei der linearen Verbindung von Partitionen hoch (eine defekte Festplatte führt zum Verlust *aller* Daten).

RAID-1 (Mirroring): Hier werden dieselben Daten in zwei Partitionen gespeichert. Wenn eine Festplatte ausfällt, stehen alle Daten auf der anderen Festplatte zur Verfügung. Der Vorteil ist die höhere Sicherheit, der Nachteil die halbierte Kapazität. Die Geschwindigkeit hängt von der Implementierung ab: bei Hardware-RAID kann bei Schreiboperationen weitgehend die gleiche Geschwindigkeit wie bei einem normalen Zugriff auf eine Partition erreicht werden, bei Lese- und Suchoperationen ist sogar eine Beschleunigung möglich. Bei Software-RAID ist das Mirroring aber deutlich langsamer.

RAID-5 (Parity Striping): RAID-5 funktioniert im Prinzip wie RAID-0, allerdings werden zusätzlich in einer (für jeden Datenblock wechselnden) Partition Paritätsinformationen gespeichert. Wenn eine Festplatte ausfällt, können die gesamten Daten rekonstruiert werden. RAID-5 versucht also, die Vorteile von RAID-0 und RAID-1 zu vereinen, ohne die Nachteile zu übernehmen. Wenn n gleich große Partitionen zu einer virtuellen RAID-5-Partition verbunden werden, steht immerhin $n - 1$ mal der Platz einer Partition für Daten zur Verfügung. Der Performance-Overhead zur Verwaltung der Paritätsinformationen kann zumindest teilweise durch Striping ausgeglichen werden.

EIDE- versus SCSI-Festplatten

Aufgrund seines Funktionsprinzips bietet das SCSI-System für alle RAID-Varianten und unabhängig von einer Software- oder Hardware-Implementierung große Vorteile. Der wichtigste Vorteil besteht darin, dass sich Festplatten nach der Entgegennahme eines Kommandos vorübergehend vom SCSI-Bus abmelden können, bis die Daten tatsächlich zur Verfügung gestellt werden können. In der verbleibenden Zeit ist der SCSI-Bus frei zur Übertragung von Kommandos bzw. Daten von anderen Platten. Zudem gibt es für SCSI-Platten sehr effiziente (aber auch teure) RAID-Controller.

Wenn Sie EIDE-Platten verwenden möchten, kommt nur Software-RAID in Frage (siehe unten). Eine optimale Performance kann nur erzielt werden, wenn die Festplatten an unterschiedlichen Controllern angeschlossen sind – d.h. die in der Praxis häufigste und sinnvollste EIDE-Konfiguration ist ein RAID-0-System mit zwei Festplatten an zwei Controllern. Nur für diesen Grenzfall kann das theoretische Potenzial von RAID-0 selbst mit EIDE-Festplatten beinahe ausgeschöpft werden, d.h. die Datenübertragungsrate für große Dateien kann annähernd verdoppelt werden.

Hardware- versus Software-RAID

RAID kann entweder durch einen RAID-Controller (einen SCSI-Controller mit zusätzlichen RAID-Funktionen) oder per Software realisiert werden. Beide Varianten haben Vorteile: Hardware-RAID belastet den Rechner (die CPU) nicht und ist im Regelfall schneller und stabiler. Insbesondere unterstützt Hardware-RAID den Austausch und die Restauration defekter Platten im laufenden System (*hot swap*).

Software-RAID kommt dafür auch mit EIDE-Platten zurecht und verursacht keine zusätzlichen Kosten. Je nach RAID-Level kann die gleiche Datenübertragungsrate wie mit Hardware-RAID erreicht werden (allerdings bei einer höheren CPU-Belastung).

Bei Hardware-RAID hängt die Kernel-Unterstützung von der jeweiligen SCSI-Karte ab. Software-RAID wird im Prinzip schon seit Kernel 2.0 unterstützt; mit Kernel 2.2 wurden die RAID-Funktionen stark überarbeitet und erweitert. Die Grundidee ist aber gleichgeblieben: zwischen dem Treiber zum Festplattenzugriff (IDE/SCSI) und dem Dateisystemtreiber (z.B. `ext2`) wird eine Zwischenschicht gesetzt. Der sogenannte *Multi Devices Driver Support* (kurz `md`) bildet aus mehreren Festplatten-Partitionen ein neues, logisches Device, auf das der Dateisystemtreiber zugreifen kann (`/dev/md`*n*).

VERWEIS

Auf Seite 223 finden Sie konkrete Informationen, wie Sie ein RAID-0-System (Striping) zur Optimierung des Festplattenzugriffs einrichten können. Voraussetzung ist natürlich, dass Sie zumindest zwei Festplatten mit Linux-Partitionen haben. Weitere Informationen sowie Tipps zur Installation anderer RAID-Level finden Sie im Multi-Disk-HOWTO, im Root-RAID-HOWTO und im Software-RAID-Mini-HOWTO.

Devices

Im Linux-Dateisystem werden nicht nur Dateien verwaltet, sondern auch Devices und Prozesse (siehe unten). Der Begriff Device bezeichnet dabei die gesamte Hardware des Rechners, also etwa Festplatten, Diskettenlaufwerke, serielle und parallele Schnittstellen, den Arbeitsspeicher (RAM) etc. Devices sind durch drei Informationen charakterisiert: die Major Device Number, die Minor Device Number und den Typ des Zugriffs (block- oder zeichenorientiert).

Dazu einige Erläuterungen: Die Major Device Number gibt an, welcher Treiber des Linux-Kernels für die Verwaltung zuständig ist. Zur Zeit existieren viele verschiedene Treiber, die in der Datei `/usr/src/linux/Documentation/devices.txt` aufgelistet sind. Bei vielen Treibern kann durch die Minor Device Number zwischen verschiedenen (verwandten) Einzelgeräten unterschieden werden, etwa beim Treiber für Diskettenlaufwerke zwischen Laufwerken unterschiedlichen Typs ($3\frac{1}{2}$ oder $5\frac{1}{4}$ Zoll, DD oder HD etc.), beim Treiber für Festplatten zwischen unterschiedlichen Partitionen etc. Der Zugriffstyp gibt an, ob die Geräte gepuffert sind (das ist bei allen blockorientierten Geräten wie Festplatten etc. der Fall) oder nicht (zeichenorientierte Geräte wie serielle oder parallele Schnittstelle).

Wenn Sie mit `ls -l` das Inhaltsverzeichnis von `/dev` betrachten, werden statt der Dateigröße die Device-Nummern (major und minor) ausgegeben. Das erste Zeichen der Zugriffsbits lautet `b` oder `c` (block- oder zeichenorientiert). Neue Device-Dateien können mit dem Kommando `mknod` eingerichtet werden (siehe Seite 732).

Linux-intern befinden sich im `/dev`-Verzeichnis nur I-Nodes, aber keine dazugehörigen Dateien. Die gesamten Verwaltungsinformationen werden also innerhalb der I-Nodes gespeichert. Manche Device-Dateien sind in Form von Links realisiert. So zeigt `/dev/mouse` auf die Device-Datei, die für die Schnittstelle zuständig ist, an der die Maus tatsächlich angeschlossen ist (häufig die erste serielle Schnittstelle oder `psaux` bei PS/2-Mäusen). Die folgende Liste gibt einen Überblick über die wichtigsten Device-Namen:

/dev/*xxx*-Namen	
`*bm`	Diverse Bus-Mäuse
`*cd*`	Alte CD-ROM-Laufwerke (Mitsumi, Sony ...)
`cdrom`	Verweis auf CD-ROM-Device
`console`	Das gerade aktive virtuelle Terminal
`fd*`	Diskettenlaufwerke
`ftape*`	Link auf Floppy-Streamer ohne Rückspulen
`hd*`	IDE-Laufwerke (gewöhnliche Festplatten)
`ht*`	IDE-Streamer mit automatischem Rückspulen
`kmem`	Speicher (RAM) im Core-Format (für Debugger)
`lp*`	Parallele Schnittstellen für Drucker etc.
`mem`	Speicher (RAM)
`modem`	Defaultschnittstelle für Modem
`mouse`	Defaultschnittstelle für Maus
`psaux`	PS/2-Maus
`nftape*`	Link auf Floppy-Streamer mit Rückspulen
`nrft*`	Floppy-Streamer mit Rückspulen
`nht*`	IDE-Streamer ohne automatisches Rückspulen
`nst*`	SCSI-Streamer ohne automatisches Rückspulen
`port`	IO-Ports
`pts/*`	Virtuelle Terminals gemäß Unix 98
`ptyp*`	Virtuelle Terminals unter X (Master)
`ram`	RAM-Disk
`rft*`	Floppy-Streamer ohne Rückspulen
`rmt*`	Streamer ohne SCSI

`sd*`	SCSI-Laufwerke
`scd*`	SCSI-CD-ROM-Laufwerke
`st*`	SCSI-Streamer mit automatischem Rückspulen
`tape*`	Default-Streamer
`tty*`	Virtuelle Terminals im Textmodus
`ttyp*`	Virtuelle Terminals unter X (Slave)
`ttyS*`	Serielle Schnittstellen
`usb*`	USB-Geräte (siehe auch `/proc/bus/usb`)

Einige Device-Dateien haben eine besondere Funktion: So dient `/dev/null` als 'schwarzes Loch', an das Daten gesendet werden können, die dort für immer verschwinden (etwa zur Umleitung von Kommandoausgaben, die nicht angezeigt werden sollen). `/dev/zero` ist eine unerschöpfliche Quelle von 0-Bytes, die manchmal dazu verwendet wird, Dateien bis zu einer vorgegebenen Größe mit Nullen zu füllen.

TIPP

Wenn Sie auf bestimmte Devices nur als `root` zugreifen können, dann liegt das möglicherweise daran, dass nur `root` Schreiberlaubnis für das jeweilige Device hat. Um auch anderen Benutzern Zugriff auf diese Devices zu ermöglichen, können Sie den Benutzer in `/etc/group` in jener Gruppe anführen, der das Device gehört (kann mit `ls -l /dev/...` festgestellt werden). Auf Single-User-Systemen können Sie auch mit `chmod a+rw device` den Zugriff liberalisieren – Sie öffnen damit aber auch eine Sicherheitslücke!

In älteren Linux-Systemen wurden serielle Schnittstellen über die Device-Dateien `/dev/cua*` angesprochen. Ab der Kernel-Version 2.2 gibt es diese Devices nicht mehr, es muss die (schon länger alternativ zur Verfügung stehende) Device-Bezeichnung `ttyS*` verwendet werden.

Eine vollständige Beschreibung aller unter Linux zur Zeit definierten Devices samt der dazugehörigen Device-Nummern finden Sie in der Datei `/usr/src/linux/Documentation/devices.txt`.

Informationen zur Prozessverwaltung im /proc-Verzeichnis

Informationen zu Prozessen werden Linux-intern verwaltet. Um dem Anwender einen einfachen Zugriff auf diese Daten zu geben, werden die Verwaltungsinformationen im `/proc`-Verzeichnis abgebildet: Jedem Prozess ist ein eigenes Unterverzeichnis im `/proc`-Verzeichnis zugeordnet. Innerhalb des Prozessverzeichnisses befinden sich dann einige Dateien mit diversen Verwaltungsdaten.

Wichtige /proc-Dateien	
/proc/bus/usb/*	USB-Informationen
/proc/bus/pci/*	PCI-Informationen
/proc/cpuinfo	CPU-Informationen
/proc/ide/*	IDE-Laufwerke und -Controller
/proc/interrupts	Nutzung der Interrupts
/proc/ioports	Nutzung des IO-Speichers
/proc/mdstat	RAID-Zustand
/proc/modules	aktive Module
/proc/net/*	Netzwerkzustand und -Nutzung
/proc/partitions	Partitionen der Festplatte
/proc/pci	PCI-Informationen
/proc/scsi/*	SCSI-Laufwerke und -Controller
/proc/sys/*	System- und Kernel-Informationen
/proc/version	Kernel-Version

Auf weitere Details wird hier nicht eingegangen. Sie sollten nur wissen, dass das /proc-Verzeichnis *keinen* Speicher auf der Festplatte beansprucht, sondern nur ein Abbild betriebssysteminterner Daten ist. Das gilt auch für die scheinbar sehr große Datei /proc/kcore, die den Arbeitsspeicher abbildet.

Zum Teil liegen proc-Dateien im Textformat vor. Manche dieser Dateien können mit cat oder more, nicht aber mit less angezeigt werden! (Es handelt sich hierbei nicht um richtige Dateien. less ist zwar in vielerlei Hinsicht gegenüber cat und more optimiert, ist aber gleichzeitig restriktiver, was das erlaubte Datenformat angeht.)

5.5 Prozessverwaltung

Linux ist ein Multitasking-System, d.h. dass mehrere Programme (Prozesse, Tasks) quasi gleichzeitig ausgeführt werden. Quasi bedeutet in diesem Zusammenhang, dass die Prozesse nicht wirklich gleichzeitig abgearbeitet werden (dazu wären mehrere Rechner oder zumindest mehrere Prozessoren erforderlich), dass aber zumindest dieser Eindruck entsteht. Dazu wird den Programmen der Reihe nach jeweils ein wenig Rechenzeit (Bruchteile von Sekunden) zugeordnet. Damit läuft jedes Programm ein wenig langsamer, aber immer noch ohne spürbare Unterbrechungen.

Welche Prozesse momentan laufen, kann leicht mit dem Kommando ps mit der Option -x festgestellt werden. (Zur Ausführung dieses Kommandos sollten Sie sich als root einloggen – sonst werden nur die Prozesse angezeigt, die Sie gestartet haben).

```
root# ps -x
  PID TTY STAT  TIME COMMAND
    1  ?  S     0:00 init
    7  ?  S     0:00 bdflush (daemon)
    8  ?  S     0:00 update (bdflush)
   38  ?  S     0:00 /usr/sbin/syslogd
   40  ?  S     0:00 /usr/sbin/klogd
   42  ?  S     0:00 /usr/sbin/inetd
   44  ?  S     0:00 /usr/sbin/lpd
   47  ?  S     0:00 /usr/sbin/crond
   52  ?  S     0:00 gpm
   55 v01 S     0:00 -bash
   56 v02 S     0:00 -bash
   57 v03 S     0:00 /sbin/agetty 38400 tty3
   58 v04 S     0:00 /sbin/agetty 38400 tty4
   59 v05 S     0:00 /sbin/agetty 38400 tty5
   60 v06 S     0:00 /sbin/agetty 38400 tty6
   66 v01 S     0:03 emacs grundl.tex
   74 v02 R     0:00 ps -x
```

Zu dem Zeitpunkt, als das obige Kommando im virtuellen Terminal 2 (v02) ausgeführt wurde, war im Terminal 1 der Texteditor emacs aktiv. In beiden Terminals lief außerdem die Bourne-Shell (bash) als Kommandointerpreter. Die vier verbleibenden Terminals warteten auf den Login. Die restlichen Prozesse (ID 1 bis 52) sind keinem Terminal zugeordnet und dienen zur Linux-internen Verwaltung der Hardware (Tastatur, Maus, Drucker ...).

Der Wert in der PID-Spalte gibt die Prozessnummer an. Wenn Sie diese Nummer kennen, können Sie außer Kontrolle geratene Programme oder Hintergrundprozesse mit dem Kommando kill gewaltsam stoppen.

Prozesse können verschiedene Zustände annehmen. Die zwei häufigsten Zustände sind R (running) und S (sleeping, das Programm hat also gerade nichts zu tun und wartet auf Eingaben). Programme können auch vorübergehend unterbrochen werden und weisen dann den Zustand T (stopped) auf. (Der Editor emacs kann beispielsweise mit (Strg)+(Z) in diesen Zustand versetzt werden.) %programmname nimmt die Abarbeitung eines unterbrochenen Prozesses wieder auf.

Die Linux-intern verwalteten Prozesse werden im Verzeichnis /proc des Dateisystems abgebildet. Dabei handelt es sich nicht um real auf der Festplatte existierende Dateien, sondern lediglich um Informationen, die über das Dateisystem übersichtlich dargestellt werden.

Dass Sie auf einem Multitasking-System arbeiten, merken Sie in der Regel erst dann, wenn Sie zum ersten Mal zeitaufwendige Kommandos ausführen (etwa zur Durchführung eines längeren Ausdrucks, zum Formatieren einer Diskette). Wenn Sie so ein Kommando starten, müssen Sie normalerweise auf das Ende der Ausführung warten, bevor Sie weiterarbeiten können. Unter Linux können Sie aber auch ganz einfach in ein anderes Terminal wechseln und dort – praktisch verzögerungsfrei –

weiterarbeiten. (Unter X wechseln Sie einfach in ein anderes Terminalfenster. Wenn keines mehr frei ist, öffnen Sie einfach ein neues Fenster.)

Hintergrundprozesse

In vielen Fällen gibt es aber noch eine bequemere Möglichkeit, zeitaufwendige Prozesse auszuführen. Dazu starten Sie das Programm einfach als Hintergrundprozess, indem Sie an die Kommandozeile ein `&` anhängen:

```
root#  fdformat /dev/fd0H1440 > /dev/null &
```

Durch das obige Kommando wird eine HD-Diskette in Laufwerk A: im Hintergrund formatiert. Nach der Eingabe des Kommandos kann sofort weitergearbeitet werden. Da die laufende Ausgabe der gerade formatierten Spur durch `fdformat` beim Arbeiten stören würde, werden alle Ausgaben mit > auf das Device `/dev/null` umgeleitet (also unterdrückt). Das Formatieren der Diskette kostet dabei so wenig Rechenzeit, dass sich praktisch keine Verzögerungen ergeben (ganz im Gegensatz zum Arbeiten unter MS-Windows, wo der ganze Rechner blockiert ist).

Verteilung der Rechenzeit

Im alltäglichen Betrieb von Linux – besonders beim Arbeiten im Textmodus – ist die Rechenkapazität im Regelfall mehr als ausreichend, um alle laufenden Prozesse auszuführen. In diesem Fall wird die verbleibende Rechenzeit in einem Idle-Prozess gleichsam vernichtet. Dieser Prozess ist im Prinzip eine Endlosschleife, die immer dann ausgeführt wird, wenn gerade nichts anderes zu tun ist. Anders sieht es aus, wenn Linux gerade überfordert ist (z.B. wenn Sie ein Programm kompilieren, gleichzeitig unter X einen Text scrollen etc.). In solchen Fällen versucht Linux, die zur Verfügung stehende Rechenzeit gerecht an alle Prozesse zu verteilen.

In manchen Fällen kann es sinnvoll sein, einem Prozess bewusst mehr oder weniger Rechenzeit zuzuteilen. Dazu dient das Kommando `nice`, mit dem Programme mit reduzierter oder (nur von `root`) erhöhter Priorität gestartet werden können.

Einen guten Überblick darüber, welches Programm gerade wie viel Rechenzeit beansprucht, gibt das Kommando `top`. Es läuft endlos, bis es durch (Q) gestoppt wird, und zeigt alle fünf Sekunden eine (nach Rechenzeit geordnete) Statistik der laufenden Prozesse an. Es sollte nach Möglichkeit in einem eigenen Terminal(fenster) gestartet werden.

Dämonen

Als Dämonen (engl. daemons) werden Hintergrundprozesse zur Systemverwaltung bezeichnet. Diese Prozesse werden während des Hochfahrens des Rechners in den Dateien des Verzeichnisses /etc/rc.d gestartet. Den Prozessen ist kein Terminal zugeordnet, weswegen in der TTY-Spalte des ps-Kommandos nur ein Fragezeichen angezeigt wird (siehe oben). Im Folgenden wird ganz kurz die Bedeutung einiger besonders wichtiger Linux-Dämonen beschrieben:

crond	Batchdämon (startet andere Prozesse zu vorgegebenen Zeiten); die Steuerung erfolgt durch /etc/crontab sowie durch benutzerspezifische Dateien in /var/cron/tabs
inetd	Startet je nach Bedarf andere Netzwerkdämonen; Steuerung durch /etc/inetd.conf
klogd	Protokollierung von Kernel-Meldungen (üblicherweise in /var/adm/* oder /var/log/*)
lpd	Druckerspooler
syslogd	Protokollierung von Systemmeldungen (üblicherweise in /var/adm/* oder /var/log/*); Steuerung durch /etc/syslog.conf

Auch wenn auf die Steuerung der Dämonen in diesem Buch nicht detailliert eingegangen wird, sind auch für Anwender ohne allzu tief reichende Systemkenntnisse einige Zusatzinformationen ganz nützlich.

Zuerst zu crond: Wenn Ihr Rechner plötzlich – scheinbar unvermittelt – damit beginnt, die Festplatte zu durchsuchen, Ihnen E-Mails zusendet etc., dann ist die Ursache fast immer der automatische Start von Prozessen durch crond. Bei manchen Distributionen ist hier mehr vorkonfiguriert, als für eine Nutzung von Linux auf einem Stand-Alone-Rechner sinnvoll ist. Werfen Sie einen Blick in die systemweite Datei /etc/crontab, in die Dateien in den Verzeichnissen /etc/cron.* sowie in die benutzerspezifischen Dateien in /var/cron/tabs/*.

Um die globale cron-Konfiguration zu verändern, können Sie /etc/crontab bzw. die Dateien in /etc/cron* direkt mit einem Editor bearbeiten. Wenn Sie dagegen benutzerspezifische cron-Einträge vornehmen möchten, sollten Sie dazu das Kommando crontab -e einsetzen. (Führen Sie vorher export EDITOR=emacs aus, wenn Sie nicht mit dem vi arbeiten möchten. Die Manual-Seiten zu cron und crontab geben weitere Informationen.)

TIPP

Bei manchen Distributionen wird eines der folgenden grafischen Tools zur Bearbeitung der cron-Konfigurationsdateien mitgeliefert: gcrontab (Gnome), kcrontab und KCron (beide KDE) und vcron (Tcl/Tk). Mit Einschränkungen kann auch linuxconf zur cron-Konfiguration eingesetzt werden (nur für benutzerspezifische Aufgaben). Die genannten Programme bieten mehr Komfort als crontab, sind allerdings noch nicht gleichermaßen ausgereift und stabil.

Die beiden Log-Dämonen `klogd` und `syslogd` protokollieren eine Menge wichtiger Meldungen des Kernels und diverser anderer Programme in Log-Dateien. Wenn es beim Betrieb von Linux Probleme gibt, sind die darin enthaltenen Informationen unverzichtbar und weisen oft auf die Ursache des Problems hin.

Die Log-Dateien haben allerdings die unangenehme Eigenschaft, dass ihre Größe allmählich ins Uferlose wächst. Daher ist es hin und wieder notwendig, die Log-Dateien zu verkürzen. Je nach Konfiguration kann das automatisch durch `crond` erfolgen (z.B. einmal pro Woche), automatisch bei jedem Systemstart oder aber manuell. Die einfachste Methode besteht darin, die Dateien einfach zu löschen (gegebenenfalls nachdem ein Backup der Datei an einem anderen Ort angelegt wurde). Beim nächsten Systemstart werden dann neue Log-Dateien angelegt. Diese Methode hat allerdings den Nachteil, dass die Protokollierung bis zu einem Neustart der Dämonen unterbrochen ist. Die Kommandos des `prune`-Pakets (das zumeist gesondert installiert werden muss) ermöglichen eine komfortablere Manipulation der Log-Dateien.

VERWEIS

Neben den erwähnten Dämonen existieren unzählige weitere, die unter anderem Netzwerkdienste (ftp, http, NFS) zur Verfügung stellen, Kernel-Module dynamisch laden bzw. entfernen etc. Mehr Informationen zu diversen Dämonen und ihrer Konfiguration finden Sie im Buch 'Linux Systemadministration' von Jochen Hein.

Pipes

Pipes haben eigentlich nichts mit der Prozessverwaltung zu tun, sie stellen aber eine recht eindrucksvolle Anwendung des Multitasking-Systems dar. Pipes sind eine Art Datenübertragungseinrichtung zwischen zwei Prozessen: Der eine Prozess liefert an den zweiten Prozess Daten, die dieser weiterverarbeitet. Pipes werden durch die Aneinanderreihung von Kommandos mit dem Zeichen | gebildet.

```
user$ ls -l | more
```

stellt ein einfaches Beispiel für eine Pipe dar: `ls` liefert eine Liste mit den Dateien des aktuellen Verzeichnisses. Diese Liste wird an `more` weitergegeben, das sich um die seitenweise Ausgabe auf dem Bildschirm kümmert.

```
user$ cat grundl.tex | grep I-Node
```

gibt alle Zeilen der Textdatei `grundl.tex` aus, in denen das Wort 'I-Node' vorkommt.

Programme wie `more` oder `grep`, die Daten über die Standardeingabe entgegennehmen und nach der Bearbeitung an die Standardausgabe weiterleiten, werden häufig als Filter bezeichnet. Mehrere solche Filter können (jeweils durch | getrennt) hintereinander gestellt werden.

5.6 Libraries

Praktisch alle Linux-Programme verwenden dieselben Standardfunktionen, beispielsweise zum Zugriff auf Dateien, zur Ausgabe am Bildschirm, zur Unterstützung von X etc. Es wäre sinnlos, wenn jedes noch so kleine Programm all diese Funktionen unmittelbar im Code enthalten würde – riesige Programmdateien wären die Folge. Stattdessen bauen die meisten Linux-Programme auf sogenannten Shared Libraries auf: Bei der Ausführung eines Programms werden automatisch auch die erforderlichen Libraries geladen. Der Vorteil: Wenn mehrere Programme Funktionen derselben Library nutzen, muss die Library nur einmal geladen werden.

Bibliotheken spielen eine zentrale Rolle dabei, ob und welche Programme auf Ihrem Rechner ausgeführt werden können. Zum ersten Mal sind Bibliotheken bei der Installation von StarOffice in das Blickfeld vieler Anwender geraten. StarOffice hat in den Versionen 3 und 4 jeweils neuere Bibliotheken verlangt, als mit den damals gängigen Distributionen mitgeliefert wurden. Damit Sie bei solchen oder ähnlichen Problemen nicht ganz hilflos den Tiefen der Linux-Interna ausgeliefert sind, vermittelt dieser Abschnitt einige Grundlageninformationen zu Bibliotheken.

Dynamisch und statisch gelinkte Programme

Die meisten Linux-Programme greifen auf Shared Libraries zurück. Das spart sowohl Festplattenkapazität (weil die Binärdateien der Programme kompakt sind) als auch RAM (weil derselbe Code nicht mehrfach geladen werden muss). Für MS-Windows-Programmierer: Shared Libraries sind in ihrem Konzept mit MS-Windows-DLLs (Dynamic Link Libraries) zu vergleichen.

Beim Kompilieren eines Programms besteht aber auch die Möglichkeit, Libraries statisch zu linken. Das bedeutet, dass die Library-Funktionen direkt in den Programmcode integriert werden. Das Programm ist dadurch umfangreicher, dafür aber nicht von irgendwelchen Libraries abhängig. Das ist vor allem zur Systemwartung recht brauchbar (wenn aus irgendeinem Grund die Shared Libraries nicht vorhanden sein sollten). Zum Teil stehen aus diesem Grund einige ganz elementare Programme in einer statischen Version zur Verfügung.

Aus rechtlichen Gründen sind statisch gelinkte Motif-Programme besonders beliebt: Die Motif-Library durfte nämlich bis Ende Mai 2000 nur gegen die Zahlung von Lizenzgebühren weitergegeben werden. (Mittlerweile hat sich die Lizenz geändert, es dürfen nun auch die Motif-Bibliotheken unter bestimmten Voraussetzungen frei weitergegeben werden.) Statisch gelinkte Programme mit der Motif-Library waren dagegen schon immer frei. Das bekannteste Beispiel für ein statisch gelinktes Motif-Programm ist Netscape bis Version 4.n. (Wenig Freude mit statisch gelinkten Programmen haben naturgemäß die Besitzer der entsprechenden Libraries: Für sie bedeuten diese Programme eine vollkommen unnötige Verschwendung von Ressourcen.)

Bibliotheksformate und -versionen

Im Laufe der letzten Jahre hat es zweimal eine ebenso grundlegende wie inkompatible Veränderung der Linux-Bibliotheken gegeben.

- Zuerst erfolgte ein Wechsel der Bibliotheken vom a.out-Format in das ELF-Format.
- Etwas später begann die Umstellung von der Bibliothek libc 5 auf die glibc 2, die auch unter dem Namen libc 6 angesprochen wird. (Die Umstellung erfolgte vor einigen Jahren mit Red Hat 5.0, Debian 2.0 und SuSE 6.0, um einige wichtige Distributionen zu nennen. Mittlerweile ist glibc 2.1 aktuell.)

In beiden Fällen gab es technische Gründe für den Bibliothekswechsel. Die jeweils neuen Formate bzw. Versionen ermöglichen eine bessere Verwaltung der Libraries, neue Funktionen, eine bessere Kompatibilität zwischen den verschiedenen Linux-Plattformen (Intel, Sun-Sparc, DEC-Alpha) etc.

Das Problem bei den Bibliotheksumstellungen besteht darin, dass kompilierte Programme nur dann ausgeführt werden können, wenn die dazu passenden Bibliotheken installiert sind und auch gefunden werden können. Der Versuch, ein glibc-Programm auf einer alten Distribution ohne glibc-Unterstützung auszuführen, endet mit der folgenden kryptischen Fehlermeldung:

```
root#  programmxy
bash: /usr/local/bin/programmxy: No such file or directory
```

In solchen Fällen ist ein Distributions-Update wohl die beste Lösung. Eine andere Möglichkeit, um das gewünschte Programm auszuführen, besteht in der Beschaffung eines alten Kompilats, das noch mit den alten Bibliotheken gelinkt ist. (Suchen Sie im Internet nach Programmen für alte Distributionen.)

TIPP Weitere Informationen finden Sie im ELF- und im Glibc-HOWTO. Hilfreich sind auch die `man`-Texte zu `ld` und `ldconfig`.

Probleme mit Shared Libraries

Sofern Sie Linux nur als Anwender nutzen (nicht als Programmierer), werden Sie mit Bibliotheken eigentlich nur dann konfrontiert, wenn sie fehlen. Meistens treten solche Probleme auf, wenn Sie ein neues Programm nachträglich installieren. Beim Versuch, das Programm zu starten, tritt eine Fehlermeldung auf, in der das Fehlen einer bestimmten Library angezeigt wird. (Aktuelle Programmversionen sind oft mit der allerneuesten Version der jeweiligen Bibliothek gelinkt, die auf Ihrem Rechner vielleicht noch nicht installiert ist. Bei älteren Programmversionen kann gerade das Gegenteil der Fall sein. Sie sind womöglich noch mit einem alten Bibliothekstyp gelinkt, der von Ihrer Distribution gar nicht mehr unterstützt wird.)

Der erste Schritt zur Problembehebung ist das Kommando `ldd`: Dem Kommando wird als Parameter der Dateiname des Programms übergeben. Als Reaktion listet ldd alle Libraries auf, die das Programm benötigt. Außerdem wird angegeben, wo sich eine passende Library befindet und welche Libraries fehlen bzw. nur in einer veralteten Version zur Verfügung stehen.

```
user$  ldd /bin/ls
        libc.so.6 => /lib/libc.so.6 (0x40003000)
        /lib/ld-linux.so.2 => /lib/ld-linux.so.2 (0x00000000)

user$  ldd /usr/bin/emacs
        libXaw3d.so.6 => /usr/X11R6/lib/libXaw3d.so.6 (0x40000000)
        libXmu.so.6 => /usr/X11R6/lib/libXmu.so.6 (0x4004f000)
        libXt.so.6 => /usr/X11R6/lib/libXt.so.6 (0x4005f000)
        libSM.so.6 => /usr/X11R6/lib/libSM.so.6 (0x400a2000)
        libICE.so.6 => /usr/X11R6/lib/libICE.so.6 (0x400ac000)
        libXext.so.6 => /usr/X11R6/lib/libXext.so.6 (0x400c0000)
        libX11.so.6 => /usr/X11R6/lib/libX11.so.6 (0x400cb000)
        libncurses.so.4 => /usr/lib/libncurses.so.4 (0x40165000)
        libm.so.6 => /lib/libm.so.6 (0x401a3000)
        libc.so.6 => /lib/libc.so.6 (0x401bc000)
        /lib/ld-linux.so.2 => /lib/ld-linux.so.2 (0x00000000)
```

Das Kommando ls benötigt zur Ausführung lediglich die libc-Bibliothek und die ld, während der Editor Emacs eine ganze Palette von Libraries benötigt. Kurz einige Informationen zur Nomenklatur der Libraries: Das Kürzel .so weist darauf hin, dass es sich um eine Shared Library handelt (im Gegensatz zu .a für statische Libraries).

Die folgende Ziffer gibt die Hauptversionsnummer an. ls benötigt also Version 6 der libc-Bibliothek. Wie Sie sich mit ls leicht überzeugen können, ist libc.so.6 eigentlich ein Link auf die tatsächliche Bibliothek, libc-2.0.7.so (also glibc 2).

```
user$  ls -lG /lib/libc-* /lib/libc.*
-rwxr-xr-x 1 root 3061550 May 10 1998 /lib/libc-2.0.7.so
lrwxrwxrwx 1 root      13 Jun 12 1998 /lib/libc.so.6 -> libc-2.0.7.so
```

In den typischen Library-Verzeichnissen (zumeist /lib, /usr/lib, /usr/local /lib, /usr/X11R6/lib und /opt/lib) befinden sich Links von der Library-Hauptversion auf die tatsächlich installierte Library.

Die passenden Bibliotheken werden beim Start eines Programms wie folgt gefunden: Für die Verbindung zwischen Programm und Bibliotheken ist ld.so zuständig. Damit dieser sogenannte *runtime linker* nicht jedes Mal alle Verzeichnisse nach Bibliotheken durchsuchen muss, wertet er die Datei /etc/ld.so.cache aus. Dabei handelt es sich um eine Binärdatei mit allen relevanten Bibliotheksdaten (Versionsnummern, Zugriffspfaden etc.).

Bei manchen Distributionen wird die Datei /etc/ld.so.cache automatisch bei jedem Rechnerneustart durch das Programm ldconfig aktualisiert. Wenn neue Bibliotheken installiert werden, muss ldconfig manuell ausgeführt werden. Vorher muss ld.so.config gegebenenfalls um neue Verzeichnisse ergänzt werden. Je nach Distribution kümmert sich der Paketmanager bzw. das Setup-Programm darum.

`ldconfig` wertet seinerseits `/etc/ld.so.conf` aus. Diese Datei enthält eine Liste mit allen Bibliotheksverzeichnissen. Bei Red Hat 6.2 sieht diese Datei beispielsweise so aus:

```
/usr/X11R6/lib
/usr/lib
/usr/kerberos/lib
/usr/i486-linux-libc5/lib
/usr/lib/qt-2.1.0/lib
/usr/lib/qt-1.45/lib
```

Das Verzeichnis `/lib` wird auf jeden Fall berücksichtigt und fehlt daher in `ld.so.config`.

libc-Update

Normalerweise sollte es keine Notwendigkeit geben, `libc` manuell zu aktualisieren. Am besten wird die `libc` im Rahmen eines Updates der Distribution durchgeführt. Unter Umständen ist es auch möglich, das `libc`-Paket einfach durch eine aktuellere Version zu ersetzen – aber dabei ist bereits große Vorsicht geboten!

VORSICHT

Ein `libc`-Update ist ein gefährlicher Eingriff in Ihr System. Zum einen funktionieren neue `libc`-Versionen manchmal nur dann, wenn auch eine aktuelle Version von `ld` (und möglicherweise von anderen Programmen) installiert wird. Zum anderen darf es auf keinen Fall passieren, dass während eines Library-Updates der Link von der Hauptnummer einer Library (auch nur vorübergehend) ins Leere zeigt! Das System ist dadurch komplett blockiert, weil praktisch kein Kommando ohne `libc` ausgeführt werden kann!

Verwenden Sie zum Update keine Pakete von einer anderen Distribution! Die Verwaltung der Bibliotheksdateien ist distributionsabhängig.

Sollte es dennoch erforderlich sein, ein `libc`-Update manuell durchzuführen, kopieren Sie die betreffende Datei zuerst in das `/lib`-Verzeichnis. Anschließend richten Sie den Link von der Hauptversion der Bibliothek auf die aktuelle Bibliotheksdatei mit `lin -sf` neu ein. Anschließend führen Sie das Kommando `ldconfig` aus, um die neue Bibliothek in die Cache-Liste der Library-Verwaltung einzufügen.

Die folgenden Zeilen demonstrieren die prinzipielle Vorgehensweise. Hier wird eine neue Version der libc5-Bibliothek installiert.

```
root#  cp /cdrom/verzeichnis_xy/libc.so.5.4.33 /lib
root#  cd /lib
root#  ln -sf libc.so.5.4.33 libc.so.5
root#  ldconfig
```

TIPP

Wenn etwas schief geht, können Sie auf das statisch gelinkte Kommando `sln` zurückgreifen und eventuell einen fehlerhaften Link korrigieren. `sln` funktioniert wie `ln`, ist aber nicht auf `libc` angewiesen (sondern enthält eine ältere Version dieser Library direkt in der Programmdatei).

5.7 Systemstart (Init-V)

Dieser Abschnitt beschreibt die Vorgänge, die zwischen dem Einschalten Ihres Rechners und der Login-Aufforderung stattfinden. Im Wesentlichen wird dabei der Kernel geladen und das erste Programm – nämlich `init` – gestartet. `init` kümmert sich dann um die Basiskonfiguration des Systems (Einbinden von Dateisystemen) und den Start zahlloser Dämonen (mit Netzwerkfunktionen, zur Druckerunterstützung usw.).

Für den ersten Teil, nämlich den Kernel-Start, ist zumeist LILO zuständig (siehe Seite 256). Der Kernel kann aber auch direkt von einer Bootdiskette geladen und ausgeführt werden. Durch LILO können an den Kernel diverse Parameter übergeben werden (siehe Seite 86). Nach dem Start des Kernels kann dieser vorläufig nur im Read-Only-Modus auf die Root-Partition zugreifen.

Der Ablauf des zweiten Teils, also die Ausführung des Programms `/sbin/init`, hängt sehr stark von der jeweiligen Distribution ab. Zwar orientieren sich fast alle Distributionen (mit der Ausnahme von Slackware) am System-V-Init-Prozess, wie er auf vielen anderen Unix-Rechnern üblich ist. Im Detail gibt es aber dennoch viele Unterschiede: insbesondere in welchen Verzeichnissen sich welche Init-Dateien befinden, mit welchen Nummern oder Buchstaben die Runlevel beschrieben sind etc.

VORSICHT

Abschließend noch eine Warnung: Bei der Veränderung von Dateien, die den Init-Prozess betreffen, ist allergrößte Vorsicht geboten! Wenn Sie Pech haben, können Sie nach einer inkorrekten Änderung Linux nicht mehr hochfahren. Damit fehlt also auch die Möglichkeit, Ihren Fehler zu korrigieren! (Abhilfe: Versuchen Sie als Erstes, im Single-User-Modus zu starten, indem Sie im LILO als zusätzlichen Bootparameter `single` oder `emergency` angeben. Hilft auch das nichts, müssen Sie mit einer Installationsdiskette booten, das Root-System von Hand mounten und die Reparatur so durchführen. Auf den meisten Installationsdisketten fehlt allerdings ein (brauchbarer) Editor – sorgen Sie also dafür, dass Sie zumindest Backup-Dateien aller veränderten Dateien besitzen.)

VORSICHT

Versuchen Sie nie, ein Init-V-Paket einer anderen Distribution zu installieren! Leider sehen die Details des Init-V-Prozesses bei jeder Linux-Distribution ein wenig anders aus. Dieser Abschnitt beschreibt den Init-V-Prozess am Beispiel von Red Hat Linux 6.2. Am Ende des Abschnitts finden Sie einige Ergänzungen zur SuSE-Variante des Systemstarts (Seite 190). Wenn Sie eine andere Distribution verwenden, müssen Sie die Details des Init-V-Prozesses selbst erforschen oder in der Dokumentation nachlesen.

HINWEIS

Im folgenden Text ist ständig von Script-Dateien die Rede. Ein Script ist ein zumeist kleines Programm, das von einem Interpreter ausgeführt wird. Bei allen in diesem Abschnitt behandelten Script-Programmen dient die `bash` als Interpreter. Die `bash` wird unter Linux primär als Kommandointerpreter verwendet (vergleichbar mit `COMMAND.COM` unter DOS). Diese interaktive Verwendung der `bash` ist in Kapitel 15 beschrieben. Eine Einführung in die `bash`-Programmierung finden Sie in Kapitel 16.

Runlevel

Der Kernel startet `/sbin/init` als erstes Programm. Dabei werden alle nicht ausgewerteten Kernel-Parameter weitergegeben. Auf diese Weise kann beispielsweise erreicht werden, dass Linux im Single-User-Modus gestartet wird. (Details siehe in der `man`-Page zu `init`.)

`init` ist also der erste laufende Prozess. Alle weiteren Prozesse werden entweder direkt von `init` oder indirekt durch Subprozesse von `init` gestartet. (Führen Sie `pstree` oder `ktop` aus, dann erkennen Sie sofort die dominierende Rolle von `init`.) Bei einem Shutdown ist `init` der letzte noch laufende Prozess, der sich um das korrekte Beenden aller anderen Prozesse kümmert.

Von zentraler Bedeutung für das Verständnis der System-V-Mechanismen ist der Begriff des Runlevels: Sie können Ihren Rechner in unterschiedlichen Runleveln betreiben. Der Normalfall ist der Multi-User-Modus mit Netzwerk (Runlevel 3). Für Rechner, die nur unter X betrieben werden, bietet sich der erweiterte Runlevel 5 an (Multi-User, Netzwerk, automatischer Start von X durch `xdm`). Speziell für Wartungsarbeiten gibt es auch eingeschränkte Modi, nämlich Runlevel 2 (Multi-User ohne Netzwerk) oder Runlevel 1 (Single-User). Für den Shutdown sind die Runlevel 0 (Halt) und 6 (Reboot) reserviert.

VORSICHT

Die Runlevel-Nummerierung ist zwischen den Distributionen leider uneinheitlich. SuSE und Debian verwenden andere Run-Level als Red Hat. Die jeweilige Bedeutung der Runlevel ist in `/etc/inittab` dokumentiert.

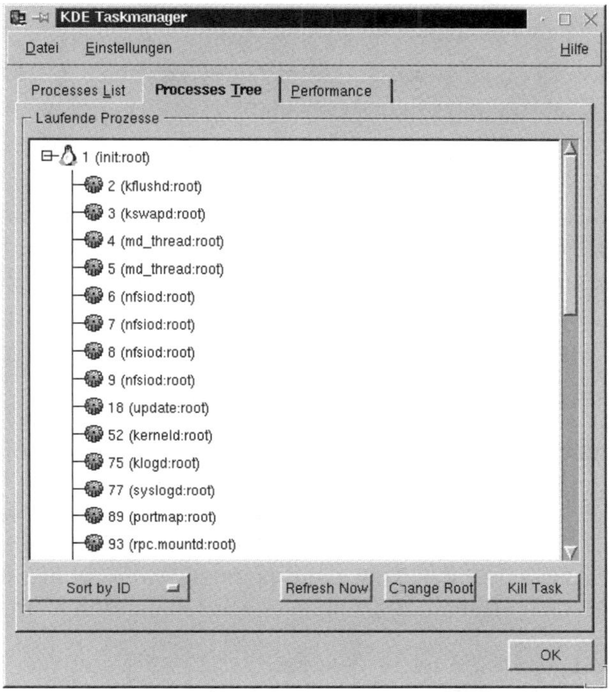

Abbildung 5.1: Die Prozesshierarchie

Beim Systemstart wird der Default-Runlevel durch die `initdefault`-Zeile in `/etc/inittab` vorgegeben. `root` kann den Runlevel auch im laufenden Betrieb durch `init` *x* verändern. (Für *x* muss eine Zahl oder ein Buchstabe angegeben werden, die bzw. der den Runlevel beschreibt.) Beispielsweise ist es für manche Wartungsarbeiten sinnvoll, in den Single-User-Modus zu wechseln. Auch durch `shutdown` und (Strg)+(Alt)+(Entf) wird der Runlevel verändert – Linux wechselt zum Shutdown in den Level 6.

TIPP Der Default-Runlevel bestimmt, ob der Login nach dem Start des Rechners im Textmodus oder unter X erscheint. Um zwischen Text- und X-Login umzuschalten, ändern Sie einfach *n* in der Zeile `id:`*n*`:initdefault:`.

TIPP Je nach Distribution werden verschiedene Programme mitgeliefert, um den Init-V-Prozess zu konfigurieren, beispielsweise `ksysv` (KDE), `tksysv` (Tcl/Tk), `chkconfig` (Red Hat), `drakxservices` (Mandrake) und `rctab` (SuSE). Der Umgang mit diesen Werkzeugen sieht vielleicht einfach aus; dennoch sollten Sie nur dann Veränderungen durchführen, wenn Sie wirklich wissen, was Sie tun!

Inittab

Beim Systemstart wird `init` durch die Datei `/etc/inittab` gesteuert. Für die Syntax der `inittab`-Einträge gilt folgendes Schema:

```
id-code:runlevel:action:command
```

`id-code` besteht aus zwei Zeichen, die die Zeile eindeutig identifizieren. Der `runlevel` gibt an, für welchen Runlevel der Eintrag gilt. `action` enthält eine Anweisung für `init`. `command` gibt an, welches Linux-Kommando oder Programm gestartet werden soll.

Die folgende Liste zählt die wichtigsten `action`-Schlüsselwörter auf (eine vollständige Beschreibung erhalten Sie mit `man inittab`):

`ctrlaltdel:`	gibt an, wie `init` auf Strg+Alt+Entf reagieren soll.
`initdefault:`	definiert den Default-Runlevel für `init`.
`once:`	`init` startet das angegebene Kommando beim Runlevel-Wechsel.
`respawn:`	`init` startet das Kommando nach seinem Ende wieder neu.
`sysinit:`	`init` startet das Kommando einmal während des Bootprozesses.
`wait:`	`init` wartet auf das Ende des nachfolgenden Kommandos.

Das folgende Listing gibt die leicht gekürzte `inittab`-Datei von Red Hat wieder. Als Default-Runlevel gilt 3. Bei einem normalen Systemstart führt `init` daher die Script-Dateien `rc.sysinit` und `rc 3` aus. Außerdem wird der `update`-Dämon gestartet. (Bei manchen Distributionen heißt dieses Programm `bdflush`. Unabhängig vom Namen ist es dafür zuständig, dass gepufferte Datenblöcke regelmäßig auf der Festplatte gesichert werden.) Schließlich wird für die Textkonsolen 1 bis 6 das Programm `mingetty` gestartet, das einen Login ermöglicht. (Wenn Sie mehr Textkonsolen haben möchten, ist hier der richtige Ort für Veränderungen.)

```
# /etc/inittab für Red Hat 6.2
#   0 - Halt                      4 - unbenutzt
#   1 - Single-User               5 - X11
#   2 - Multi-User ohne NFS       6 - Reboot
#   3 - Multi-User mit NFS
# Default-Runlevel
id:3:initdefault:

# Systeminitialisierung nach einem Reboot
# (Dateisystem testen, eventuell fsck ausführen, Swapping aktivieren,
# alle in fstab genannten Dateisysteme einbinden)
si::sysinit:/etc/rc.d/rc.sysinit

# Start des jeweiligen Runlevel
# (Start von Netzwerkdiensten, Drucker-Dämon, Aktivierung des
# lokalen Tastaturlayouts etc.)
l0:0:wait:/etc/rc.d/rc 0
l1:1:wait:/etc/rc.d/rc 1
```

```
l2:2:wait:/etc/rc.d/rc 2
l3:3:wait:/etc/rc.d/rc 3
l4:4:wait:/etc/rc.d/rc 4
l5:5:wait:/etc/rc.d/rc 5
l6:6:wait:/etc/rc.d/rc 6

# der Dämon kümmert sich um das regelmäßige Speichern
# gepufferter Datenblöcke auf der Festplatte
ud::once:/sbin/update

# Reaktion auf <Strg>+<Alt>+<Entf>
ca::ctrlaltdel:/sbin/shutdown -t3 -r now

# Logins in sechs Textkonsolen ermöglichen
1:12345:respawn:/sbin/mingetty tty1
2:2345:respawn:/sbin/mingetty tty2
3:2345:respawn:/sbin/mingetty tty3
4:2345:respawn:/sbin/mingetty tty4
5:2345:respawn:/sbin/mingetty tty5
6:2345:respawn:/sbin/mingetty tty6

# nur in Runlevel 5: xdm starten
x:5:respawn:/usr/bin/X11/xdm -nodaemon
```

TIPP

Beim Start von `mingetty` wird der Bildschirm gelöscht. Dagegen wäre an sich nichts einzuwenden, allerdings gehen damit auch die letzten Meldungen des Startprozesses verloren, die manchmal durchaus wichtig sind. Sie können dieses Verhalten vermeiden, wenn Sie bei `mingetty` für die erste Konsole die Option `--noclear` verwenden, also:

```
1:12345:respawn:/sbin/mingetty --noclear tty1
```

Systeminitialisierung

Noch bevor die im nächsten Abschnitt beschriebenen rc-Dateien die runlevel-spezifischen Dienste starten oder stoppen, wird unmittelbar nach dem Rechnerstart eine Systeminitialisierung durchgeführt (`si:`-Zeile in `inittab`). Bei Red Hat wird dazu das Script `/etc/rc.d/rc.sysinit` ausgeführt (bei Debian `/etc/init.d/rcS`, bei SuSE `/sbin/init.d/boot`).

`/etc/rc.d/rc.sysinit` erledigt unter anderem die folgenden Aufgaben:

- Initialisierung der Variable `PATH`; die Pfade in `PATH` werden später noch mehrfach erweitert. Um alle relevanten Dateien zu finden, führen Sie in `/etc` das folgende Kommando aus:

  ```
  root#  find -type f -exec grep -q PATH {} \; -print
  ```

- Initialisierung der Variablen NETWORKING und HOSTNAME; dazu wird (sofern vorhanden) die Datei /etc/sysconfig/network eingelesen.
- /proc-Dateisystem aktivieren
- Diverse Defaulteinstellungen (Environment-Variablen) und Funktionen aus der Datei /etc/rc.d/functions einlesen
- Einige Kernel-Parameter einstellen (gemäß /etc/sysctl.conf)
- Datum und Uhrzeit einstellen (gemäß den Einstellungen in /etc/sysconfig /clock)
- Tastaturlayout für Textkonsole einstellen (gemäß den Einstellungen in /etc /sysconfig/keyboard)
- Hostname setzen (gemäß der oben initialisierten Variable HOSTNAME)
- Swap-Partitionen einbinden (gemäß /etc/fstab)
- NIS-Domainname setzen: Der Network Information Service ermöglicht bei geeigneter Konfiguration die zentrale Administration eines Netzwerks von Rechnern.
- Root-Partitionen überprüfen: Die Partition ist momentan nur im Read-Only-Modus eingebunden.
- ISA-Plug-and-Play-Hardware-Komponenten initialisieren: isapnp konfiguriert Plug-and-Play-Komponenten auf der Basis der Datei /etc/isapnp.conf. Diese Datei kann durch pnpdump erzeugt werden und muss dann manuell editiert werden. Falls Sie ISA-Plug-and-Play-Karten verwenden, sollten Sie einen Blick in die man-Texte von isapnp, pnpdump und isapnp.conf werfen.
- Root-Partition im Read-Write-Modus neu einbinden
- Quota für die Root-Partition aktivieren: Das Quota-System ermöglicht es, den maximalen Platzbedarf von Heimatverzeichnissen zu beschränken.
- Modul-Abhängigkeiten aktualisieren (depmode -a)
- Module für Sound-Karte aktivieren
- RAID-Unterstützung aktivieren: Falls /etc/mdtab existiert, werden die dort angeführten virtuellen Partitionen durch mdadd erzeugt. Siehe auch Seite 223.
- Partitionen überprüfen, die laut /etc/fstab in das Dateisystem eingebunden werden sollen
- Partitionen einbinden (keine NFS-Partitionen, weil Netzwerkdienste noch nicht zur Verfügung stehen)
- Quota für das gesamte Dateisystem aktivieren
- Serielle Schnittstellen initialisieren (durch /etc/rc.d/rc.serial, sofern diese Datei existiert)
- Falls ein SCSI-Streamer gefunden wurde, das entsprechende Kernel-Modul aktivieren
- Kernel-Meldungen in /var/log/dmesg speichern

- Falls während der vorangegangenen Vorgänge die Taste (I) gedrückt wurde, wird mit `touch` die Datei `/var/run/confirm` erzeugt; die Existenz dieser Datei wird von `/etc/rc.d/rc` überprüft: falls sie existiert, erscheint in der Folge bei der Ausführung aller `rc`*n*`.d`-Script-Dateien eine Rückfrage (YES/NO/CONTINUE, wobei CONTINUE bedeutet, dass die weiteren Script-Dateien ohne Rückfrage ausgeführt werden sollen)

rc-Dateien

`init` bzw. `inittab` sind für die Steuerung des `init`-Prozesses zuständig; die eigentliche Arbeit erfolgt aber in den zahllosen `rc`-Script-Dateien, die von `/etc/rc.d/rc` aus gestartet werden.

An `rc` wird der neue Runlevel *n* übergeben. `rc` verarbeitet zuerst die Datei `/etc/rc.d/init.d/functions`, wo einige Makros wie `daemon` und `killproc` definiert sind. Dann werden alle `rc`*n*`.d/K*`-Script-Dateien zum Beenden laufender Prozesse ausgeführt. Schließlich werden alle `rc`*n*`.d/S*`-Script-Dateien zum Starten der neuen Prozesse für den jeweiligen Runlevel ausgeführt.

Bei einem Runlevel-Wechsel werden nur solche Funktionen gestoppt, die im vorigen Runlevel gestartet wurden, im neuen Runlevel aber nicht mehr benötigt werden. Ebenso werden nur solche Funktionen neu gestartet, die bisher noch nicht aktiv waren. Um das festzustellen, wird beim Start jeder Funktion eine Datei in `/var/lock/subsys` angelegt. Diese Datei wird beim Ende der Funktion wieder gelöscht.

Die folgende Aufstellung zeigt, welche Script-Dateien für einige ausgewählte Runlevel ausgeführt werden. Bei einem Wechsel in den Single-User-Modus werden also beispielsweise diverse Netzwerkdienste, `cron` und `syslog` gestoppt.

```
rc1.d  (Single-User)
K00linuxconf  K20rwhod     K65identd    K90network    S00single
K05keytable   K30sendmail  K70nfslock   K92ipchains   S20random
K10xfs        K60atd       K75netfs     K95kudzu
K15gpm        K60crond     K84apmd      K96pcmcia
K20nfs        K60lpd       K89portmap   K99syslog

rc3.d  (Multi-User mit Netzwerk)
K20nfs        S11portmap   S30syslog    S60lpd        S99linuxconf
K20rwhod      S14nfslock   S35identd    S75keytable   S99local
K92ipchains   S16apmd      S40atd       S80sendmail
S05kudzu      S20random    S40crond     S85gpm
S10network    S25netfs     S45pcmcia    S90xfs

rc6.d  (Reboot)
K00linuxconf  K20rwhod     K65identd    K89portmap    K99syslog
K05keytable   K30sendmail  K70nfslock   K90network    S00killall
K10xfs        K60atd       K75netfs     K92ipchains   S01reboot
```

```
K15gpm          K60crond        K80random    K95kudzu
K20nfs          K60lpd          K84apmd      K96pcmcia
```

Genau genommen befinden sich in den `rcn.d`-Verzeichnissen nicht unmittelbar die Script-Dateien, sondern lediglich Links darauf. Das hat den Vorteil, dass die Script-Dateien für mehrere Runlevel verwendet und zentral verändert werden können.

Die Namen der Links sind keineswegs so willkürlich, wie sie aussehen: Der Anfangsbuchstabe gibt an, ob es sich um ein Start- oder Kill-Script handelt. (Die S- und K-Links verweisen auf dieselbe Datei; allerdings wird das Script je nach Anfangsbuchstabe von `rc` mit dem Parameter `start` oder `stop` ausgeführt.) Die nachfolgende Nummer bestimmt die Reihenfolge, in der die Script-Dateien ausgeführt werden. (`sendmail` kann beispielsweise erst dann gestartet werden, wenn die Netzwerk-Software schon läuft.)

Die eigentlichen Script-Dateien sind im Verzeichnis `/etc/rc.d/init.d` gespeichert. Diese Programme lesen zuerst Konfigurationsinformationen aus den Dateien in `/etc/sysconfig` ein. Anschließend werden die entsprechenden Programme – also Netzwerk-Dämonen, Maus-Treiber etc. – gestartet.

Ein gemeinsames Merkmal aller Runlevel-Script-Dateien besteht darin, dass sie wahlweise mit den Parametern `start` oder `stop` ausgeführt werden (je nachdem, ob die Funktion gestartet oder beendet werden soll). Fallweise sind auch die Parameter `status`, `restart` und `reload` vorgesehen. Das ist dann sinnvoll, wenn einzelne Funktionen nach der Veränderung von Konfigurationsdateien manuell neu gestartet werden sollen (also ohne einen Runlevel-Wechsel).

TIPP: Weitere Informationen über das Konzept des Red-Hat-Init-V-Prozesses finden Sie im Verzeichnis `/usr/doc/initscripts`.

Init-Script-Dateien

Abschließend folgen hier noch ein paar Informationen zu den wichtigsten Script-Dateien in `/etc/rc.d/init.d`. Die Dateien sind in alphabetischer Reihenfolge beschrieben. Die Reihenfolge, in der die Script-Dateien ausgeführt werden, können Sie dem obigen Listing entnehmen.

- `crond` startet den `cron`-Dämon, der für den regelmäßigen Start diverser Programme zuständig ist.
- `halt` beendet alle laufenden Prozesse, deaktiviert das Swapping und meldet schließlich alle Dateisysteme ab. Anschließend wird der Rechner angehalten oder neu gestartet.
- `identd` startet einen gleichnamigen Dämon, der externen Programmen (meistens Mail- und News-Servern) Authentifzierungsinformationen zur Verfügung stellt.
- `inet` startet den Dämon `inetd`, der einige TCP/IP-Ports überwacht. Falls an diesen Ports Daten eintreffen, werden die entsprechenden Programme (`ftp`-Server, `telnet`-Server etc.) gestartet (siehe Seite 584).

- `keytable` aktiviert das in `/etc/sysconfig/keyboard` eingestellte Tastaturlayout.
- `kudzu` versucht zu erkennen, ob sich die Hardware seit dem letzten Rechnerstart verändert hat. Dazu werden Kernel-Meldungen (z.B. über PCI-Geräte) ausgewertet und mit dem zuletzt gültigen Status in `/etc/sysconfig/hwconf` verglichen. Falls eine Veränderung festgestellt wird, versucht `kudzu` die neue Hardware auch gleich zu konfigurieren. `kudzu` ist eine Red-Hat-Spezialität, die in dieser Form zur Zeit nur in Distributionen zu finden ist, die von Red Hat abgeleitet sind (z.B. Mandrake Linux).
- `lpd` startet den Drucker-Dämon (zuständig für das Spooling).
- `nfs` startet die NFS-Server-Dämonen (damit andere Rechner auf das Dateisystem des lokalen Rechners zugreifen können).
- `network` initialisiert die Netzwerk-Interfaces. Das Script wertet `/etc/sysconfig/network` aus. Bei einem Rechner ohne Netzwerkkarten wird hier zumindest das sogenannte Loopback-Interface aktiviert, damit lokale Netzwerkdienste (etwa für den Drucker-Spooler) funktionieren. Soweit konfiguriert, werden hier auch Ethernet-Karten sowie PPP- oder SLIP-Verbindungen (über die serielle Schnittstelle) eingebunden.
- `pcmcia` lädt die Kernel-Module zur Unterstützung von PCMCIA-Karten (nur für Laptops).
- `sendmail` startet `sendmail`. Dieses Programm ist für das Versenden (nicht für den Empfang) von E-Mails zuständig. Einige einleitende Informationen zur Konfiguration von `sendmail` finden Sie auf Seite 531.
- `single` aktiviert den Single-User-Modus: Dazu werden zuerst alle laufenden Prozesse gestoppt. Anschließend wird `init 1` ausgeführt.
- `syslog` startet die Protokoll-Dämonen `syslogd` und `klogd`.
- `xfs` startet den Font-Server `xfs`, der dafür verantwortlich ist, dass unter X alle Zeichensätze zur Verfügung stehen (siehe auch Seite 347).

Die oben erwähnten Konfigurationsdateien in `/etc/sysconfig` können bei einigen Distributionen bequem durch diverse Administrations-Tools eingestellt werden.

VORSICHT

Die System-V-Init-Script-Dateien sind zumeist sehr fehlertolerant formuliert – wenn einzelne Dämonen nicht installiert sind, wird dieser Umstand ohne Fehlermeldung hingenommen. Das erschwert bisweilen aber die Fehlersuche. Wenn ein Netzwerkdienst nicht funktioniert, vergewissen Sie sich, ob die erforderlichen Programme (bei Red Hat etwa die Pakete `nfs-utils`, `wu-ftpd` etc.) überhaupt installiert sind. Testen Sie mit `ps -x`, welche Dämonen wirklich laufen. (Manche Dämonen werden von `inetd` nur auf eine konkrete Anfrage eines Netzwerkdiensts hin gestartet. Die Steuerung von `inetd` erfolgt durch `/etc/inetd.conf`.)

Chronologische Abfolge des Systemstarts

Falls Sie vor lauter rc-Dateien mittlerweile den Überblick verloren haben, wird hier nochmals die chronologische Abfolge dargestellt:

- /sbin/init: Mit diesem Programm beginnt der System-V-Prozess. Es wird vom Kernel gestartet und durch /etc/inittab gesteuert.
- /etc/rc.d/rc.sysinit kümmert sich um die Systeminitialisierung beim Booten (Kernel-Module, Dateisysteme, Swapping).
- /etc/rc.d/rc steuert die Runlevel. Das Script wird von init unter Angabe des gewünschten Runlevels *n* gestartet. Es liest /etc/rc.d/init.d/functions und führt anschließend alle Script-Dateien aus, zu denen es Links in /etc/rc.d/rc*n*.d findet.
- /etc/rc.d/init.d/* startet bzw. beendet diverse Dämonen. Die Script-Dateien werden von rc gestartet, falls /etc/rc.d/rc*n*.d für den jeweiligen Runlevel Links enthält. Einige Script-Dateiein werden durch Konfigurationsinformationen in den /etc/sysconfig/*-Dateien gesteuert.
- Bei Red Hat eignet sich /etc/rc.d/rc.local für zusätzliche (persönliche) Veränderungen. rc.local wird nach allen anderen rc-Dateien gestartet.

VORSICHT

In rc.local sollten keine Dämonen gestartet werden (auch nicht gpm), weil es im Gegensatz zu 'richtigen' rc-Dateien keine Start-/Kill-Unterscheidung gibt. Die in rc.local gestarteten Prozesse werden bei einem Runlevel-Wechsel nicht nur nicht beendet, sie werden anschließend fälschlicherweise auch noch ein weiteres Mal gestartet.

SuSE-Init-V-Prozess

Die folgende Liste gibt die Nummerierung der Runlevel bei SuSE an. Dabei gilt je nach Installation Level 2 oder 3 als Default-Level.

```
0 - Halt                          3 - Multi-User mit Netz und xdm
S - Single-User                   4 - unbenutzt
1 - Multi-User ohne Netz          5 - unbenutzt
2 - Multi-User mit Netz           6 - Reboot
```

Die rc-Script-Dateien befinden sich in /sbin/init.d. Das hat den Vorteil, dass sich im /etc-Verzeichnis wirklich nur Konfigurationsdateien befinden, während alle ausführbaren Programme in /sbin untergebracht sind.

SuSE verwendet /etc/rc.config sowie die Dateien im Unterverzeichnis /etc /rc.config.d als zentrale Konfigurationsdateien. Sowohl YaST als auch der Init-V-Prozess greifen auf diese Datei zu. Die Dateien sind so gut mit Kommentaren versehen, dass in vielen Fällen auch manuelle Änderungen möglich sind. Allerdings müssen Sie anschließend das Programm SuSEconfig ausführen, damit die neuen Einstellungen auch auf andere Systemdateien übertragen werden. (Wenn Sie `rc.config` via YaST verändern, wird `SuSEconfig` automatisch ausgeführt.)

Die Abfolge der Script-Dateien sieht bei einem normalen Systemstart folgendermaßen aus:

- `init`, Aufruf von `/etc/inittab`
- `/etc/inittab`: Einstellung diverser Default-Einstellungen, Aufruf von `/sbin/init.d/boot` und `/sbin/init.d/rc`
- `/sbin/init.d/boot`: Swap-Partition aktivieren, Dateisysteme einbinden, Host- und Domain-Name einstellen, eventuell Loopback-Interface aktivieren; Aufruf von `/sbin/init.d/boot.d/S*` und `/sbin/init.d/boot.local`
- Script-Dateien in `/sbin/init.d/boot.d/S*`: z.B. Boot-Time-Initialisierung des USB-Systems
- `/sbin/init.d/boot.local`: In der Datei können lokale Anpassungen an den Init-V-Prozess durchgeführt werden; das Script sollte ausschließlich Kommandos enthalten, die nur ein einziges Mal beim Systemstart (nicht aber bei jedem Runlevel-Wechsel) ausgeführt werden sollen.
- `/sbin/init.d/rc`: Hier werden die für den jeweiligen Runlevel zuständigen Script-Dateien ausgeführt; bei einem Systemstart mit Runlevel 2 wären das z.B. alle `/sbin/init.d/rc2.d/S*`-Dateien.
  `rc` ist auch für Runlevel-Wechsel zuständig; in diesem Fall wird zuerst getestet, welche Funktionen sich durch den Runlevel-Wechsel ändern; nur solche Funktionen werden gestoppt (Script-Dateien `rc`*alt*`.d/K*`) bzw. neu gestartet (`rc`*neu*`.d/S*`); Funktionen, die durch den neuen Runlevel unverändert bleiben, werden hingegen nicht gestoppt und neu gestartet.
- `/sbin/init.d/rc.d/rc`*n*`.d/*`: Hierbei handelt es sich um Links auf die Runlevel-Dateien `/sbin/init.d`; die Links geben an, welche Funktionen in welchem Runlevel gestartet werden sollen.

Wenn Sie eigene Runlevel-Funktionen in den Init-V-Prozess integrieren möchten, sollten Sie als Vorbild für die Start-/Stoppdatei das Muster `/sbin/init.d/skeleton` verwenden. SuSE-konforme Runlevel-Dateien können mit den Parametern `start`, `stop`, `restart`, `reload`, `probe` und `status` ausgeführt werden. Zur Veränderung der Liste von Runlevel-Funktionen, die je nach Runlevel gestartet bzw. wieder gestoppt werden sollten, können Sie das Kommando `rctab` zu Hilfe nehmen.

TIPP Weitere Informationen zum SuSE-Systemstart finden Sie in der Datei `/sbin/init.d/README` bzw. in der Manualseite zu `init.d`.

Kapitel 6

Konfiguration und Administration

Die meisten Distributionen bieten eigene Konfigurationsprogramme an, die sowohl während als auch nach der Installation verwendet werden können: COAS bei Caldera, das Steuerzentrum bei Corel, `DrakConf` bei Mandrake, `linuxconf` und `control-panel` bei Red Hat, `setup` bei Slackware, YaST bei SuSE etc.

Dieses Kapitel erlaubt einen Blick hinter die Kulissen dieser Konfigurationsprogramme. Das Ziel dieses Kapitels ist es, dass Sie verstehen, was wo wie gesteuert und voreingestellt wird. Damit sind Sie nicht irgendwelchen Tools ausgeliefert, sondern können selbst Hand anlegen, wenn etwas nicht so funktioniert, wie es soll. Wichtige Themen sind die Administration des Dateisystems, die Benutzerverwaltung, die Installation von LILO, der Umgang mit Modulen, das Neukompilieren des Kernels sowie der Zugriff auf diverse Hardware-Komponenten (z.B. Sound-Karten).

TIPP

Die meisten Konfigurationsdateien befinden sich im `/etc`-Verzeichnis. Eine Referenz der im Buch behandelten Dateien finden Sie im Stichwortverzeichnis unter dem Buchstaben E.

VERWEIS

Die Konfiguration des X Window Systems wird im nächsten Kapitel behandelt. Die Netzwerk- und Internet-Konfiguration ist ein so umfassendes Thema, dass es dazu gleich mehrere Kapitel gibt – beginnend mit Seite 405. Informationen zu einigen distributionsspezifischen Konfigurationsprogrammen finden Sie im Anhang ab Seite 998.

Erwarten Sie bitte nicht, dass dieses Buch alle Konfigurationsmöglichkeiten abdeckt! Je mehr Sie mit Linux tun wollen, desto komplexer werden auch die Konfigurationsmöglichkeiten. Es gibt mittlerweile eine ganze Reihe von Büchern, die sich explizit mit der Netzwerk- bzw. Systemadministration beschäftigen.

6.1 Überlebensregeln

Bevor Sie mit Veränderungen an Ihrem System beginnen, sollten Sie sich die Zeit für diesen kurzen Abschnitt nehmen! Ein grundsätzliches Problem dieses Kapitels besteht nämlich darin, dass viele Konfigurationsdateien von der jeweiligen Distribution abhängig sind und im Wechselspiel mit dem dazugehörigen Konfigurationsprogramm stehen.

Überlebensregel 1: Machen Sie sich mit dem zu Ihrer Distribution gehörenden Konfigurationsprogramm vertraut, bevor Sie die Konfigurationsdateien direkt verändern! Wenn es möglich ist, eine Einstellung mit dem mitgelieferten Konfigurationsprogramm vorzunehmen, ist das einem manuellen Eingriff vorzuziehen. (Der Grund: Das distributionsabhängige Konfigurationskonzept und manuelle Änderungen in einzelnen Dateien können sich leicht in die Quere kommen, und gerade für Linux-Einsteiger ist es beinahe unmöglich, dabei den Überblick zu bewahren.) Lesen Sie die jeweiligen Abschnitte zu diesem Thema im Anhang.

Überlebensregel 2: Sie sind gut beraten, wenn Sie vor dem Beginn jeglicher Konfigurationsarbeiten eine Sicherheitskopie des gesamten `/etc`-Verzeichnisses anlegen (hier befinden sich die meisten Konfigurationsdateien)!

```
root# mkdir /etc-backup
root# cp -a /etc/* /etc-backup
```

Überlebensregel 3: Ein Teil der in diesem Kapitel beschriebenen Maßnahmen betrifft den Init-V-Prozess, der ebenfalls stark distributionsabhängig ist. Das Prinzip dieses Prozesses wird am Beispiel von Red Hat Linux ab Seite 181 beschrieben. Ergänzungen zum SuSE-Init-V-Prozess finden Sie ab Seite 190.

Red Hat und SuSE sehen jeweils eine eigene Datei für unkomplizierte lokale Anpassungen vor. Darin sollten allerdings keine Hintergrundprozesse (Dämonen) gestartet werden.

Red Hat: `/etc/rc.d/rc.local`. Dieses Script wird nach allen Runlevel-Script-Dateien der Runlevel 2 (Multiuser ohne Netz), 3 (Multiuser mit Netz) und 5 (Multiuser mit Netz und xdm) ausgeführt.

SuSE: `/sbin/init.d/boot.local`. Diese Script wird am Ende der Systeminitialisierung (aber noch *vor* den Runlevel-Script-Dateien) ausgeführt.

Überlebensregel 4: Viele Konfigurationseinstellungen erfolgen ganz einfach dadurch, dass eine Umgebungsvariable der Shell (das ist der Kommandointerpreter, mit dem Sie Kommandos eingeben) verändert wird. Dieses Kapitel setzt voraus, dass Sie als Shell das Programm `bash` verwenden. (Diese Shell ist der Standard unter Linux.) Nun gibt es aber unterschiedliche Orte, an denen Sie `bash`-Umgebungsvariablen verändern können:

- `/etc/profile`: global (also für alle Nutzer)
- `/etc/profile.d/*.sh`: Variante bei Red Hat
- `/etc/profile.local`: Variante bei SuSE
- `~/.profile`: für einen bestimmten Nutzer

In diesem Kapitel wird nicht weiter auf die `profile`-Varianten eingegangen. Stattdessen ist immer nur von `/etc/profile` die Rede. In welcher `profile`-Datei Sie die Veränderung wirklich durchführen, bleibt Ihnen überlassen.

TIPP

Falls Sie unter X arbeiten, werden Veränderungen in `profile`-Dateien erst nach einem erneuten Login gültig (d.h. Sie müssen X verlassen!).

Allgemeine Informationen zur `bash` finden Sie in einem eigenen Kapitel ab 633. Detailinformationen zu den `bash`-Konfigurationsdateien finden Sie auf Seite 678.

Überlebensregel 5: Wenn Sie eine Konfigurationsdatei in Ihrer Distribution nicht finden, kann das mehrere Ursachen haben: Eine Möglichkeit besteht darin, dass die zugrunde liegenden Programmpakete gar nicht installiert sind. Machen Sie sich daher mit der Paketverwaltung Ihrer Distribution vertraut! Einen Überblick darüber, welche Programme bei welcher Distribution zur Verfügung stehen, finden Sie auf Seite 92.

Noch wahrscheinlicher ist freilich die zweite Möglichkeit: Die Datei existiert zwar, befindet sich aber an einem anderen Ort. (Die Verzeichnispfade variieren nicht nur von Distribution zu Distribution, sondern manchmal auch von Version zu Version!) Verwenden Sie zur Suche die folgenden Kommandos:

`locate`: siehe Seite 725
`find`: siehe Seite 713
`grep`: siehe Seite 719

So finden Sie alle Dateien, deren Name oder Verzeichnis `gpm` enthält:

```
root#  locate gpm
```

Das folgende Kommando zeigt, wie Sie in `/etc` und allen Unterverzeichnissen nach Dateien suchen können, deren Inhalt (nicht der Dateiname) das Wort `gpm` enthält:

```
root#  cd /etc
root#  find -type f -exec grep -q gpm  \; -print
```

Überlebensregel 6: Nutzen Sie die Online-Dokumentation (Kapitel 4), die unter Umständen aktueller als dieses Kapitel ist!

6.2 Textkonsole, Textkommandos

Bei modernen Linux-Distributionen werden Sie nie mit der Textkonsole konfrontiert. Bereits der erste Login erfolgt im X Window System. Was geschieht aber, wenn bei der Konfiguration von X die Grafikkarte nicht erkannt wurde? Oder wenn Sie einen alten 486er-PC mit wenig RAM als Firewall konfigurieren? In solchen Fällen müssen Sie sich mit den Textkonsolen anfreunden. Die folgenden Tipps helfen Ihnen dabei, die Arbeit in den Textkonsolen möglichst komfortabel zu gestalten. Ein Teil der hier präsentierten Tipps – etwa zur Konfiguration von `less` – gilt auch dann, wenn Sie Textkommandos in einem X-Terminal-Fenster verwenden.

Eine Menge der in diesem Abschnitt beschriebenen Probleme resultiert daraus, dass Unix (auf dem Linux ja basiert) ursprünglich für amerikanische Verhältnisse entwickelt wurde, also für die US-Tastatur und einen 7-Bit-ASCII-Zeichensatz. Natürlich ergab sich schon rasch die Notwendigkeit, zusätzliche Zeichen (die Sonderzeichen der europäischen Länder) zu berücksichtigen. Auch wenn bezüglich des Zeichensatzes weitgehend Einigkeit herrscht – der für große Teile Europas übliche Zeichensatz heißt ISO-Latin 1 –, so fehlt doch jede Konformität bei der Unterstützung dieses Zeichensatzes.

Es existiert also keine zentrale Datei, in der Sie dem System mitteilen, dass Sie den ISO-Latin-1-Zeichensatz verwenden möchten. Das eine Programm benötigt eine bestimmte Option, für das nächste muss eine Systemvariable gesetzt werden, das dritte Programm wird über eine Konfigurationsdatei zur Zusammenarbeit überredet etc. Bei den marktüblichen Distributionen sind diese Einstellungen bereits per Default durchgeführt – aber wenn es Probleme gibt, sollte dieser Abschnitt weiterhelfen.

HINWEIS

Eine Menge nützlicher Tipps zur Anpassung von Linux an die deutsche Sprache enthält die HOWTO-Datei `German-HOWTO`. Vergleichbare HOWTOs gibt es auch für eine Reihe weiterer Länder bzw. Sprachen. Allgemeine Informationen zu den HOWTO-Dokumenten finden Sie ab Seite 122).

Erheblich größer sind die Probleme in asiatischen Ländern, wo die Zeichen durch zwei Byte codiert werden und spezielle Eingabeformen existieren. Mangels eigener Erfahrungen gehe ich auf diese Besonderheiten aber nicht ein.

Tastatur in Textkonsolen

Die zentrale Anlaufstelle für die Tastaturverwaltung ist das Programm `loadkeys`. Es lädt eine Tabelle, die die Zuordnung zwischen Tastaturcodes und Zeichen steuert. Im deutschen Sprachraum sollte nach der Installation `de-latin1.map` eingestellt sein. Eine Variante dazu ist `de-latin1-nodeadkeys.map`. Der einzige Unterschied besteht darin, dass die Sonderzeichen `, ', ~ und ^ unmittelbar eingegeben werden (und nicht erst durch ein nachfolgendes Leerzeichen). Mit dem folgenden Kommando können Sie eine neue Tastaturtabelle ausprobieren. (Komprimierte Tabellen werden automatisch dekomprimiert.)

```
root# loadkeys /usr/lib/kbd/keymaps/i386/type/name.map
```

Damit die jeweilige Tastaturtabelle beim Systemstart automatisch geladen wird, muss die Einstellung bleibend gespeichert werden. Leider hat die Konfigurationsdatei bei fast jeder Distribution einen anderen Namen (ein Problem, das im Verlauf dieses Kapitels noch oft auftreten wird!).

Red Hat: Der Name der Tastaturtabelle wird in `/etc/sysconfig/keyboard` eingetragen:

```
# /etc/sysconfig/keyboard (Red Hat)
KEYBOARDTYPE="pc"
KEYTABLE="de-latin1"
```

SuSE: Hier ist es die Datei `/etc/rc.config`. Die angegebene Datei wird in den Unterverzeichnissen von `/usr/lib/kbd/keymaps` gesucht.

```
# /etc/rc.config (SuSE)
KEYTABLE="de-latin1-nodeadkeys.map.gz"
```

Corel, Debian: Die Tastaturtabelle wird aus `/etc/kbd/default.map` entnommen. Wenn Sie die Tastaturtabelle ändern möchten, müssen Sie die erforderliche Tabelle dorthin kopieren. Die Tastaturdateien befinden sich im Verzeichnis `/usr/share/keymaps`.

Tastenkürzel für Euro und Cent

Damit Sie in der Textkonsole das Euro- und Cent-Symbol mit (Altgr)+(E) bzw. mit (Altgr)+(C) eingeben können, müssen die beiden folgenden Zeilen in Ihrer Tastaturtabelle stehen:

```
# /usr/lib/kbd/keymaps/i386/include/euro.map.gz
altgr keycode  18 = currency   # Euro-Symbol
altgr keycode  46 = cent       # Cent-Symbol
```

Bei den meisten Distributionen wird dazu die Datei `euro.map.gz` mitgeliefert, die von den Tastaturtabellen via `include` genutzt wird. Die Tastatureingabe sollte daher auf Anhieb funktionieren. (Wenn das nicht der Fall ist, müssen Sie die obige Datei selbst erzeugen. Anschließend führen Sie das Kommando `loadkeys euro` aus.)

VERWEIS

Mehr Probleme als die Eingabe des Euro-Symbols macht normalerweise die Anzeige dieses Symbols am Bildschirm – aber die Auswahl des richtigen Konsolenfonts überwindet auch dieses Hindernis (siehe Seite 199). Informationen zur Verwendung des Euro-Symbols im X Window System finden Sie auf Seite 340. Weitere Informationen zum Thema Linux/KDE/Euro finden Sie unter:

`http://monitor.blvk.ch/euro/`

Zusätzliche Tastenkürzel

Sie können die Tastaturtabellen in `/usr/lib/kbd/keymaps` selbst erweitern und damit den Funktionstasten Zeichenketten oder bestimmten Tastenkombinationen besondere Funktionen zuordnen.

VORSICHT

Bevor Sie sich hier auf größere Änderungen einlassen, sollten Sie sich mit Linux, mit Anwendungsprogrammen wie dem Emacs und dem X Window System vertraut machen. Viele Eingriffe in die Tastaturtabelle sind nicht portabel, d.h. sie funktionieren oft nur im Textmodus und auch dort oft nur bei der Befehlseingabe im Kommandointerpreter.

Wenn Sie die beiden folgenden Zeilen an das Ende von `de-latin1-nodeadkeys` stellen, können Sie den Cursor sowohl bei der Kommandoeingabe in der Shell (`bash`) als auch in manchen Editoren mit (Strg)+(←) bzw. mit (Strg)+(→) wortweise bewegen.

```
# Ergänzung in /usr/lib/kbd/keymaps/quertz/de-latin1-nodeadkeys
control keycode 105 = Meta_b  # Shift + <-- ergibt 'Meta-Back'
control keycode 106 = Meta_f  # Shift + --> ergibt 'Meta-Forward'
```

HINWEIS

Die Konfiguration der Tastatur unter X wird ab Seite 336 beschrieben. Die Reaktion auf die Tastenkombination (Strg)+(Alt)+(Entf) wird durch die Datei `/etc/inittab` gesteuert, d.h. der Shutdown durch diese Tastenkombination kann dort (de)aktiviert werden (siehe Seite 181).

Weitere Informationen zur Verwaltung der Tastatur erhalten Sie mit `man loadkeys`, `man keymaps`, `man showkey` und `man dumpkeys`. Mit dem Programm `showkey` können Sie feststellen, welche Codes den einzelnen Tasten zugeordnet sind. `dumpkeys` gibt die aktuelle Tastaturzuordnung aus. Werfen Sie auch einen Blick in den Keyboard-HOWTO-Text!

Zeichensatz in Textkonsolen

Mit dem Programm `setfont` können Sie zwischen mehreren Zeichensätzen auswählen, die zur Darstellung der Zeichen in den Textkonsolen verwendet werden. Die zur Auswahl stehenden Zeichensatzdateien befinden sich im Verzeichnis `/usr/lib/kbd/consolefonts`. Allerdings sind nur in den wenigsten dieser Dateien (`iso01.*`) deutsche Sonderzeichen vorgesehen.

Falls Sie einen anderen Zeichensatz als den Defaultzeichensatz verwenden möchten, können Sie diesen mit `setfont` ausprobieren. Bei der Auswahl eines geeigneten Zeichensatzes müssen Sie die erforderliche Größe berücksichtigen. Je nachdem, ob Sie Linux im 25- oder 50-Zeilenmodus betreiben, benötigen Sie einen 8∗16- oder einen 8∗8-Zeichensatz.

TIPP

Das Kommando `setfont` ist auch sehr praktisch, wenn ein Programm (meistens das X-System) den Zeichensatz zerstört. Ohne die Angabe eines weiteren Parameters stellt das Programm den Standardzeichensatz (8*16) wieder her. Falls Sie im 50-Zeilenmodus arbeiten, benötigen Sie einen 8*8- oder 8*9-Zeichensatz, der mit `setfont -9` wieder hergestellt wird.

Zeichensatz mit Euro-Symbol

In den meisten Konsolenzeichensätzen ist leider kein Euro-Symbol vorgesehen. Damit das Euro- und das Cent-Symbol auch in der Textkonsole angezeigt werden können, müssen Sie einen der `lat0-`*n*`.psfu.gz`-Zeichensätze aus `/usr/lib/kbd/consolefonts` benutzen. Diese Zeichensätze enthalten auch viele europäische Sonderzeichen.

Mausunterstützung

Die Verwendung der Maus ist eigentlich nur im X Window System vorgesehen. Das Programm `gpm` erlaubt eine eingeschränkte Benutzung der Maus auch im Textmodus. Nachdem dieses Programm gestartet wurde, kann die Maus durch das Drücken der linken Maustaste eingeschaltet werden. Jetzt ist der Mauscursor sichtbar, die Maus kann bewegt werden. Bei gedrückter linker Maustaste kann nun ein Bildschirmausschnitt markiert werden. Ein Doppelklick markiert ein Wort, ein Dreifachklick markiert eine ganze Zeile.

Durch Drücken der mittleren Maustaste werden die gespeicherten Zeichen an der aktuellen Cursorposition eingefügt. Wenn beim Aufruf von `gpm` die Option `-B132` verwendet wird, kann das Einfügen mit der rechten Maustaste durchgeführt werden (interessant für Mäuse mit nur zwei Tasten).

Die Maus eignet sich also im Regelfall nur als Eingabeerleichterung und zum Kopieren von Text zwischen den Textkonsolen. Es ist aber nicht möglich, mit der Maus die Position des Cursors (etwa in einem Editor) zu verändern. Linux-Programme, die im Textmodus arbeiten, wissen nichts von der Existenz der Maus. Das Einfügen von Text erscheint den Programmen wie eine normale Tastatureingabe. Ausnahmen sind lediglich Programme, die speziell auf die Zusammenarbeit mit `gpm` ausgerichtet sind, wie z.B. Emacs, `lynx`, `mc`, `slrn` und `tin`.

Beim Aufruf von `gpm` muss nach der Option `-t` der Maustyp angegeben werden: `mman` für MouseMan-kompatible Mäuse, `ms` für eine Microsoft-kompatible Maus, `msc` für Mouse Systems, `logi` für Logitech, `bm` für eine ATI- oder Bus-Maus bzw. `ps2` für eine Maus am PS/2. (`gpm -t help` zeigt eine vollständige Liste aller Maustypen an.) Bei Drei-Tasten-Mäusen stehen die Chancen mit `msc` oder `mman` am besten.

```
root#   gpm -t mman
```

Beim Ausprobieren ist `gpm -k` sehr praktisch, mit dem ein laufender `gpm` wieder gestoppt wird. Erst dann kann `gpm` mit anderen Parametern neu gestartet werden.

`gpm` setzt voraus, dass von `/dev/mouse` ein Link auf die richtige Schnittstelle zeigt (zumeist `/dev/ttyS0` oder `/dev/ttyS1` für die serielle Schnittstelle, `/dev/psaux` für PS/2-Mäuse, `/dev/usb/usbmouse0` für USB-Mäuse). Tipps zum Umgang mit der seriellen Schnittstelle finden Sie ab Seite 241 im Rahmen der Modemkonfiguration.

`gpm` wird mittlerweile von fast allen Distributionen automatisch eingerichtet. Da `gpm` ein im Hintergrund laufender Prozess ist (im Unix-Jargon: ein Dämon), sollte dieser Prozess durch das Init-V-System bei einem Wechsel des Runlevels automatisch gestartet bzw. wieder gestoppt werden (siehe Seite 181).

Inverse oder farbige Textdarstellung in Textkonsolen

Üblicherweise werden die Textkonsolen mit schwarzem Hintergrund und weißer Schrift angezeigt. Besonders augenfreundlich ist das aber nicht. Mit dem Kommando `setterm` kann auf eine inverse Bildschirmdarstellung umgestellt werden. Damit alle Konsolen in den Genuss dieser Bildschirmdarstellung kommen, muss das Kommando in `/etc/profile` aufgenommen werden. (`profile` wird bei jedem Login ausgewertet.)

```
# Ergänzung in /etc/profile oder ~/.profile
# schwarze Schrift auf weißem Grund
setterm -inversescreen
```

Statt `setterm -inv` (hier in der zulässigen Kurzschreibweise) können Sie übrigens auch `setterm -background white -foreground black -store` ausführen. Sie erreichen damit weitgehend dieselbe Wirkung, können nach diesem Schema aber auch andere Farben (blauen Hintergrund, rote Schrift) einstellen. Mit den `setterm`-Optionen `ulcolor` und `hbcolor` kann zudem die Schriftfarbe für unterstrichenen und für fetten Text eingestellt werden. (Diese Attribute werden beispielsweise bei der Anzeige von `man`-Texten genutzt.)

TIPP

Da zahlreiche Programme Farben in Textkonsolen auf die unterschiedlichste Weise nutzen (`ls`, `less`, `minicom`, `jed` etc.) ist es schwierig, eine Einstellung zu finden, in der alle Programme optimale Ergebnisse liefern. Die meisten Programme gehen einfach davon aus, dass weiße Schrift auf schwarzem Grund angezeigt wird. `setterm -inv` verursacht vergleichsweise wenig Probleme, die Einstellung anderer Farbschemata ist aber oft problematisch.

Textmodus mit 80*50 Zeichen

Wenn Sie einen großen Monitor haben, sind 80*25 Zeichen im Textmodus nicht das Optimum. Mit 80*50 Zeichen erreichen Sie erheblich mehr Übersichtlichkeit. Diesen Textmodus müssen Sie allerdings bereits beim Booten als Kernel-Option angeben. Aus diesem Grund hängt die Konfiguration davon ab, wie Sie Linux booten.

Wenn Sie eine Bootdiskette verwenden, können Sie das Kernel-Image mit `rdef -v /dev/fd0 -2` entsprechend verändern. Beim Booten durch LILO können Sie entweder beim Booten die Option `vga=-2` eintippen oder in `/etc/lilo.conf` die Zeile `vga=extended` einfügen. Details zum Bootvorgang und zu seiner Konfiguration finden Sie in diesem Kapitel ab Seite 252.

TIPP

Neuere Versionen von `setfont` verändern – entgegen den Informationen aus dem `man`-Text – auch den Video-Modus. `setfont` kann somit zur nachträglichen Veränderung der Zeilenanzahl verwendet werden.

Seit Kernel 2.2 funktioniert die Aktivierung besonderer Textmodi nur noch, wenn die entsprechende Option der Gruppe *Console Drivers* aktiviert ist!

Mit dem Paket `SVGATextMode` können Sie in die Textkonsole in (beinahe) beliebigen Auflösungen verwenden. Das Programm wird mit den meisten Distributionen mitgeliefert.

Spracheinstellung

Unabhängig davon, ob Sonderzeichen prinzipiell eingegeben und angezeigt werden können, arbeiten manche textorientierten Linux-Kommandos im Defaultzustand immer noch im 7-Bit-Modus. Diese Programme haben daher Probleme mit allen Sonderzeichen, die außerhalb des US-ASCII-Zeichensatzes definiert sind. In vielen Fällen schafft die Umgebungsvariable `LC_TYPE`, die von manchen Programmen ausgewertet wird, Abhilfe.

```
# Ergänzung in /etc/profile oder ~/.profile
export LC_TYPE=ISO-8859-1
```

Andere Programme werten die Umgebungsvariable `LANG` und/oder `LC_ALL` und/oder `LINGUAS` aus, mit der jeweils die Landessprache eingestellt werden kann (im folgenden Beispiel für die deutsche Sprache). Die Angabe der ISO-Codierung ist optional, d.h. in den meisten Fällen führt bereits `LANG=de_DE` zum gewünschten Ergebnis. Bei Red Hat Linux wird `LANG` in `/etc/sysconfig/i18n` eingestellt.

```
# Ergänzung in /etc/profile oder ~/.profile oder
#             /etc/sysconfig/i18n (Red Hat)
export LANG=de_DE.ISO-8859-1
```

VERWEIS

Bei vielen anderen Programmen gibt es eigene Umgebungsvariablen oder Konfigurationsdateien, die eingestellt werden müssen. Spezielle Informationen zum Programm `less` (Textanzeige) und zum Emacs (Editor) finden finden Sie auf den Seite 202 und 833. Bei KDE kann die gewünschte Sprache für alle Programme einfach über ein Konfigurationsprogramm eingestellt werden – siehe Seite 378. Eine Menge Hintergrundinformationen zum Thema *Locales and Internationalization* finden Sie im glibc-Manual:

`http://www.gnu.org/manual/`

Konfiguration von less

`less` dient zur seitenweisen Anzeige von Textdateien auf dem Bildschirm und gehört damit zu den meistgenutzten Linux-Kommandos bei der Arbeit in Textkonsolen. Bei vielen Distributionen wird das Programm auch zur Anzeige von `man`-Texten eingesetzt.

Falls `less` Texte mit europäischen Sonderzeichen nicht korrekt anzeigt, schafft die Zuweisung des Textes 'latin1' an die Umgebungsvariable `LESSCHARSET` Abhilfe. Diese Zuweisung sollte in `/etc/profile` vorgenommen werden.

```
# Ergänzung in /etc/profile
export LESSCHARSET=latin1
```

`less` kann aber auch sonst noch erheblich komfortabler gestaltet werden. In der Umgebungsvariable `LESS` können Defaultoptionen für `less` eingestellt werden. Recht praktisch ist `-mm`: Damit wird bei jeder Datei die gerade aktuelle Zeilennummer angezeigt. (Bei sehr langen Textdateien beansprucht das etwas Zeit, weswegen die Option per Voreinstellung meist nicht aktiv ist.)

In der Umgebungsvariable `LESSOPEN` kann ein Shell-Script (also ein kleines Programm) angegeben werden, das bei jedem `less`-Aufruf automatisch gestartet wird. Dieses Programm kann beispielsweise dazu verwendet werden, dass komprimierte Dateien automatisch dekomprimiert werden, dass mit `less` das Inhaltsverzeichnis von `tar`-Archiven betrachtet werden kann etc. Bei der Slackware- und SuSE-Distribution ist eine entsprechende Script-Datei standardmäßig installiert, bei anderen Distributionen sollten Sie sich die Mühe machen und die Dateien selbst installieren – es lohnt sich!

```
# Ergänzung in /etc/profile oder ~/.profile
export LESSCHARSET=latin1
export LESS=-MM
export LESSOPEN="|lesspipe.sh %s"
```

`lesspipe.sh` muss sich in einem `PATH`-Verzeichnis befinden, üblicherweise in `/usr/bin`. In dem Programm wird je nach Dateierweiterung zuerst `tar` (Archivdateien), `rpm` (Paketdateien), `gunzip` (komprimierte Textdateien) oder `groff` (`man`-

Texte) aufgerufen. Die Ergebnisse dieser Programme werden dann an `less` weitergeleitet. `lesspipe.sh` arbeitet also als Filter. Die betrachtete Datei wird dadurch natürlich nicht verändert!

```
#!/bin/sh
# Datei /usr/bin/lesspipe.sh
lesspipe()
  case "$1" in
  *.tar) tar tvvf $1 2>/dev/null ;;  # Inhalt von .tar und .tgz
  *.tgz) tar tzvvf $1 2>/dev/null ;;
  *.tar.gz) tar tzvvf $1 2>/dev/null ;;
  *.tar.Z) tar tzvvf $1 2>/dev/null ;;
  *.tar.z) tar tzvvf $1 2>/dev/null ;;
  *.rpm) rpm -qpli $1  2>/dev/null ;; # Inhalt von .rpm
  *.Z) gzip -dc $1  2>/dev/null ;;    # Inhalt von kompr. Dateien
  *.z) gzip -dc $1  2>/dev/null ;;
  *.gz) gzip -dc $1  2>/dev/null ;;
  *.zip) unzip -l $1 2>/dev/null ;;
                                      # groff
  *.1|*.2|*.3|*.4|*.5|*.6|*.7|*.8|*.9|*.n|*.man) FILE=`file -L $1` ;
  src    FILE=`echo $FILE | cut -d ' ' -f 2`
    if [ "$FILE" = "troff" ]; then
      groff -s -p -t -e -Tascii -mandoc $1
    fi ;;
  esac

lesspipe $1
```

Zu guter Letzt können sogar die Tastenkürzel von `less` konfiguriert werden. Dazu müssen Sie eine `lesskey`-Datei verwenden (siehe den gleichnamigen `man`-Text). Außerdem muss die Umgebungsvariable `LESSKEY` den Dateinamen der `lesskey`-Datei enthalten. SuSE benutzt diesen Mechanismus.

Einstellung des Defaulteditors

Einige Programme und Kommandos – etwa das Mail-Programm `elm` oder das Kommando `crontab` – starten zum Ansehen oder Editieren von Dateien selbstständig einen Editor. Diese Programme nehmen dabei auf die Umgebungsvariablen `EDITOR` und/oder `VISUAL` Rücksicht. Wenn diese Variablen nicht voreingestellt sind, wird normalerweise der `vi` gestartet, der von allen Editoren der unkomfortabelste ist. Die Voreinstellung dieser Variablen erfolgt in der Datei `/etc/profile`:

```
# Ergänzung in /etc/profile oder ~/.profile
# damit kein Programm den vi aufruft
export EDITOR=/usr/bin/emacs
export VISUAL=$EDITOR
```

6.3 Datum und Uhrzeit

Alle Distributionen verfügen über Tools zur komfortablen Einstellung der Systemzeit. Dennoch ist es wissenswert, wie die Zeit intern verwaltet wird: Auf Unix/Linux-Rechnern wird wegen der möglichen internationalen Vernetzung des Rechners eine weltweit einheitliche Uhrzeit verwendet, nämlich GMT. Diese Abkürzung steht für *Greenwich Mean Time*, die das Maß der Dinge (zumindest der Zeit) auf allen Unix-Rechnern ist.

Wenn Sie eine Datei speichern, dann wird nicht die aktuelle Ortszeit gespeichert, sondern eine auf diesen internationalen Standard umgerechnete Zeit. Wenn Sie die Datei anschließend mit `ls -l` ansehen, wird die Uhrzeit wieder auf die Ortszeit am Standort des Rechners zurückgerechnet. Dieses kompliziert erscheinende Verfahren ermöglicht es festzustellen, welche Datei 'neuer' ist: eine um 18:00 Ortszeit in München gespeicherte Datei oder eine um 12:30 Ortszeit in New York gespeicherte Datei.

Damit das alles funktioniert, muss Linux zuerst einmal wissen, in welcher Zeitzone sich der Rechner befindet. Die Einstellung der Zeitzone erfolgt je nach Distribution über verschiedene Dateien:

Corel/Debian: `/etc/timezone`
Red Hat: `/etc/sysconfig/clock` (Variable `ZONE`)
SuSE: `/etc/rc.config` (Variable `TIMEZONE`)

Bei `/etc/localtime` handelt es sich übrigens nicht um eine gewöhnliche Datei, sondern um einen Link auf die Zeitzonendatei (z.B. auf `/usr/share/zoneinfo /America/Los_Angeles`.

Als zweite Information muss Linux wissen, welche Uhrzeit sich in der CMOS-Uhr des Rechners befindet. Die Uhrzeit wird beim Rechnerstart mit `clock` gelesen. In Frage kommen die lokale Zeit oder GMT. Falls Sie den Rechner auch unter DOS/Windows verwenden, ist es praktischer, die Uhr auf lokaler Zeit zu belassen. Linux teilen Sie den Zustand in den folgenden Dateien mit:

Corel/Debian: `/etc/default/rcS` (Variable `GMT`)
Red Hat: `/etc/sysconfig/clock` (Variable `UTC`)
SuSE: `/etc/rc.config` (Variable `GMT`)

Während des Init-V-Prozesses werden diese Einstellungen ausgewertet und als Parameter an das Kommando `hwclock` übergeben, das die CMOS-Uhr ausliest und die Systemzeit einstellt.

6.4 Benutzer- und Gruppen, Passwörter

Während der Installation von Linux werden der Benutzer `root` und normalerweise zumindest ein weiterer Benutzer eingerichtet. Im laufenden Betrieb können Sie dann das Konfigurations-Tool Ihrer Distribution verwenden, um weitere Benutzer anzulegen. Wenn es nur darum geht, ein Passwort zu verändern, hilft das Kommando `passwd` weiter.

Dieser Abschnitt gibt einige Informationen darüber, wie und wo Benutzerinformationen und Passwörter verwaltet werden, wie also die Interna der Benutzerverwaltung aussehen. (Grundlagen über das Unix-Prinzip von Benutzern und Gruppen werden ab Seite 141 beschrieben.)

Passwörter ändern

Um Ihres eigenen Passwort zu verändern, führen Sie das Kommando `passwd` aus. Sie werden jetzt zweimal hintereinander aufgefordert, ein neues Passwort einzutippen. Die Eingabe wird dabei nicht am Bildschirm angezeigt. Nur wenn beide Eingaben übereinstimmen, wird das neue Passwort akzeptiert. Ab jetzt müssen Sie bei jedem Einloggen das neue Passwort verwenden.

`root` kann darüber hinaus auch das Passwort jedes beliebigen Anwenders verändern:

```
root#  passwd hofer
Changing password for hofer
Enter the new password (minimum of 5, maximum of 8 characters)
Please use a combination of upper and lower case letters and numbers.
New password:  ******
Re-enter new password:  ******
Password changed.
```

Die Passwörter aller Anwender werden bei alten Linux-Systemen in der Datei `/etc/passwd` gespeichert. Sie können diese Datei mit einem normalen Editor bearbeiten (natürlich nur, wenn Sie als `root` eingeloggt sind). Eine direkte Veränderung von Passwörtern in dieser Datei ist aber nicht möglich, weil diese verschlüsselt sind. Sie können ein Passwort nur ganz löschen, indem Sie in der betreffenden Zeile (die mit dem Anwendernamen beginnt) die Zeichen zwischen dem ersten und dem zweiten Doppelpunkt löschen. Das ist insofern praktisch, als Sie sich dann wieder ganz ohne Passworteingabe einloggen können.

VORSICHT

Es stellt ein erhebliches Sicherheitsrisiko dar, Linux ohne Passwort für `root` zu betreiben. Diese Vorgehensweise ist nur dann in Erwägung zu ziehen, wenn Sie sicher sind, dass wirklich nur Sie mit Ihrem Rechner arbeiten. Beachten Sie, dass sich auch über das Internet jemand einloggen kann (selbst dann, wenn Sie nur eine Modemverbindung mit SLIP oder PPP verwenden)!

In `/etc/passwd` befinden sich neben `root` eine Menge weiterer User (`bin`, `adm` etc.). Auch diese User sollten mit Passwörtern oder `*`-Zeichen statt des Passworts ausgestattet sein, wenn das nicht schon standardmäßig der Fall ist. (Der `*` verhindert ein Einloggen – quasi ein nicht knackbares Passwort.)

Bei neueren Linux-Systemen enthält `/etc/passwd` nur noch Informationen zu den vorhandenen Accounts; die eigentlichen Passwörter werden aber in `/etc/shadow` gespeichert. Dieses System ist deutlich sicherer, weil `shadow` im Gegensatz zu `passwd` nur von `root` gelesen werden kann.

TIPP

Was tun, wenn Sie Ihr `root`-Passwort vergessen haben? In diesem Fall müssen Sie Ihren Rechner mit einer Installations- oder Rettungsdiskette booten. Legen Sie mit `mkdir` ein neues Verzeichnis (in der RAM-Disk des Installations- oder Rettungssystems) an, und binden Sie dort jene Partition ein, auf der sich Ihr Linux-System befindet:

```
mount -t ext2 /dev/xxx /verz
```

Jetzt haben Sie Zugriff auf die Datei `/verz/etc/passwd` bzw. `/verz/etc/shadow` und können darin das `root`-Passwort löschen. Den dazu erforderlichen Editor müssen Sie mit der Pfadangabe `/verz/usr/bin` starten.

Wenn Sie andere Benutzer daran hindern möchten, auf die gerade beschriebene Weise das `root`-Passwort zu verändern, müssen Sie im BIOS Ihres Rechners die Bootreihenfolge auf `C:, A:` setzen (damit nicht von einer Diskette gebootet werden kann) und das BIOS durch ein Passwort absichern. Dieses Passwort sollten Sie dann aber wirklich nicht vergessen ...

Neue Benutzer einrichten

Bei der Systemwartung und Konfiguration führt kein Weg an `root` vorbei. Für die tagtägliche Arbeit sollten Sie allerdings einen oder mehrere Benutzer einrichten (auch dann, wenn Sie Ihren Rechner allein verwenden). Das hat in erster Linie den Vorteil, dass Sie nicht ungewarnt und ungewollt Systemdateien verändern oder löschen können. Außerdem werden Ihre privaten Daten in einem eigenen Verzeichnis gespeichert und können daher einfacher gesichert werden (etwa für ein Backup oder bei einem Systemwechsel).

TIPP Wenn Sie rasch ein Kommando als `root` ausführen möchten, sich aber nicht als `root` angemeldet haben, können Sie mit dem Kommando `su -l` den aktuellen User in `root` ändern. Dazu müssen Sie natürlich das Passwort kennen. `exit` oder (Strg)+(D) führt wieder zurück zum ursprünglichen User.

Die Anmeldung eines neuen Benutzers (Users) erfolgt am einfachsten über die Konfigurationsprogramme der jeweiligen Distribution (etwa `linuxconf` bei Red Hat, YaST bei SuSE). Bei vielen Distributionen steht darüber hinaus auch das Kommando `adduser` oder `useradd` zur Verfügung. Falls Sie KDE installiert haben, können Sie das komfortable Programm `kuser` zur Verwaltung einsetzen (siehe Bild 6.1).

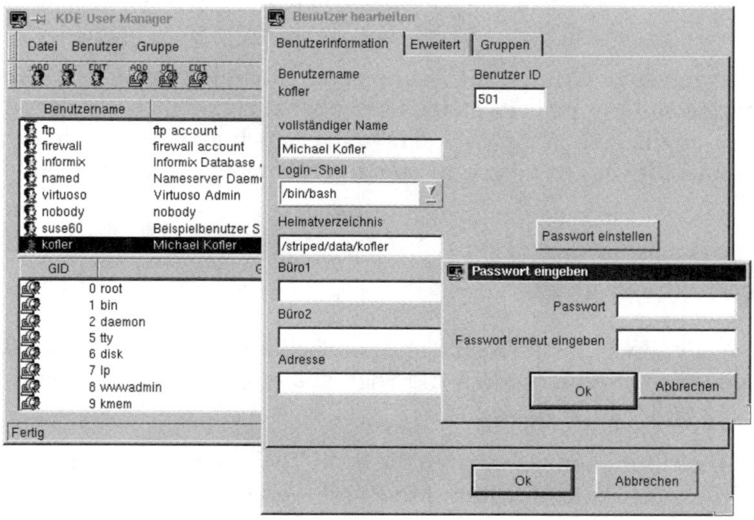

Abbildung 6.1: KDE-Benutzerverwaltung

Hintergrundinformationen

Die Benutzerverwaltung wird in erster Linie durch die zwei Dateien `/etc/passwd` und `/etc/group` gesteuert. Für jeden Anwender enthält `passwd` eine Zeile nach folgendem Muster:

```
# eine Zeile in /etc/passwd
kofler:x:501:100:Michael Kofler:/home/kofler:/bin/bash
```

Dabei ist `kofler` der Login-Name. 501 ist die UID (Identifikationsnummer des Benutzers), 100 die GID (Identifikationsnummer der primären Gruppe), `Michael Kofler` der vollständige Name (für E-Mail, News etc.), `/home/kofler` das Verzeichnis des Benutzers und `/bin/bash` seine Shell. Die UID muss eine eindeutige Nummer sein, die für die Verwaltung der Zugriffsrechte von Dateien wichtig ist.

Die dazugehörende Zeile in /etc/passwd mit den Passwortinformationen sieht so aus:

```
# eine Zeile in /etc/shadow
kofler:En7VMkIfzu6Kc:11050:0:99999:7:0::
```

Die Zeichenkette En7VMkIfzu6Kc ist das verschlüsselte Passwort. Wenn auf die Zeichenkette verzichtet wird, kann der Login ohne Passwort verwendet werden. Wenn statt der Zeichenkette ein * eingetragen ist, ist der Login gesperrt. (Das ist bei vielen administrativen Accounts der Fall, die nicht von realen Personen, sondern lediglich von Systemprozessen und -dämonen genutzt werden.) Die Zahlen in /etc/shadow geben an, wann das Passwort zum letzten Mal geändert wurde, wie lange es noch gültig ist etc.

Die GID muss mit einer Gruppe aus /etc/group übereinstimmen. Im Regelfall wird die GID der users-Gruppe verwendet. Es ist aber auch möglich, eine neue Gruppe in /etc/group anzulegen. Wenn der neue Nutzer auch anderen Gruppen angehören soll, muss seine UID in /etc/group zu den entsprechenden Gruppen hinzugefügt werden.

```
# eine Zeile aus /etc/group
users::100:kofler
```

Statt der bash können Sie auch eine andere Shell angeben (etwa tcsh für C-Shell-Anhänger). Der neue Nutzer kann die Shell später ohnedies problemlos mit chsh wechseln.

Viele Linux-Distributionen verwenden die PAM-Tools zur Authentifizierung von Anwendern (Pluggable Authentication Modules). Vereinfacht ausgedrückt geht es bei PAM um Mechanismen, wie ein Programm erfährt, ob ein Anwender tatsächlich derjenige ist, der er vorgibt zu sein. Der Vorteil von PAM besteht darin, dass nicht jedes sicherheitskritische Kommando (etwa login, passwd, xdm, xlock) Code zur Passwortüberprüfung benötigt. Stattdessen können derartige Kommandos auf PAM zurückgreifen (das seinerseits /etc/shadow auswertet). Die Konfiguration von PAM erfolgt durch die Dateien in /etc/pam.d. Eine umfassende Dokumentation finden Sie in /usr/doc/pam bzw. /usr/doc/packages/pam.

Zugriffsrechte

Als root haben Sie automatisch Zugriff auf alle Dateien und Devices des Systems. (Devices sehen aus wie Dateien und ermöglichen den Zugriff auf die Hardware – etwa /dev/ttyS1 für die zweite serielle Schnittstelle, an der oft ein Modem hängt.) Wenn Sie sich dagegen als normaler Benutzer ohne root-Privilegien einloggen, werden Sie feststellen, dass Ihnen eine Menge Dinge nicht mehr erlaubt sind: Sie können nicht mehr auf die Diskettenlaufwerke zugreifen, dürfen das Modem nicht mehr verwenden etc.

Auf Single-User-Systemen ist eine Abhilfe ganz einfach dadurch möglich, dass Sie die Zugriffsrechte der Devices liberaler einstellen. Dazu loggen Sie sich als `root` ein, wechseln in das Verzeichnis `/dev` und führen für die betroffenen Devices das folgende `chmod`-Kommando aus:

```
root#  cd /dev
root#  chmod a+rw fd*
```

Statt `/dev/fd*` (für alle Devices, die auf Diskettenlaufwerke verweisen) müssen Sie den jeweiligen Device-Namen einsetzen, etwa `ttyS*` für serielle Schnittstellen, `lp*` für die parallelen Schnittstellen (Drucker) etc.

VORSICHT

Wenn Sie nicht allein auf Ihrem Rechner arbeiten, stellt `chmod a+rw` ein erhebliches Sicherheitsrisiko dar! Gezielter können Sie Zugriffsrechte verteilen, wenn Sie in der Datei `/etc/group` bei bestimmten Gruppen (etwa bei `uucp`) jene Benutzer aufzählen, die auf Dateien oder Devices dieser Gruppe (etwa auf die serielle Schnittstelle für die Modembenutzung) zugreifen dürfen. Dafür können Sie die Zugriffsbits der Device-Dateien unverändert lassen. Weitere Informationen zum Thema Zugriffsrechte finden Sie ab Seite 141.

6.5 Administration des Dateisystems

Wenn Linux richtig konfiguriert ist, können Sie sofort nach dem Systemstart auf verschiedene Festplattenpartitionen, auf das CD-ROM-Laufwerk etc. zugreifen. Im Mittelpunkt dieses Abschnitts steht die Datei `fstab`, die dafür verantwortlich ist. Außerdem wird das Einrichten von Swap-Partitionen und -Dateien behandelt.

TIPP

Eine Menge Hintergrundinformationen zu den Interna des Dateisystems vermittelt das Kapitel 5 ab Seite 148. Wie immer gilt der Hinweis, dass Sie `/etc/fstab` mit den diversen Konfigurationsprogrammen bearbeiten können (siehe etwa `linuxconf` in Abbildung 6.2). Für KDE-Freunde bietet sich zu diesem Zweck auch `kfstab` an.

Die Datei fstab

Die Datei `/etc/fstab` gibt an, welche Datenträger in das Dateisystem aufgenommen werden. Auf jeden Fall muss `fstab` aus den zwei Zeilen bestehen, die (je nach Konfiguration) etwa wie folgt aussehen. (Weitere Festplattenpartitionen, CD-ROMs und Disketten können manuell mit `mount` in das Dateisystem eingebunden werden.)

```
# zwei beispielhafte Zeilen in /etc/fstab
/dev/hda2    /        ext2    defaults 0 1
/proc        /proc    proc    defaults 0 0
```

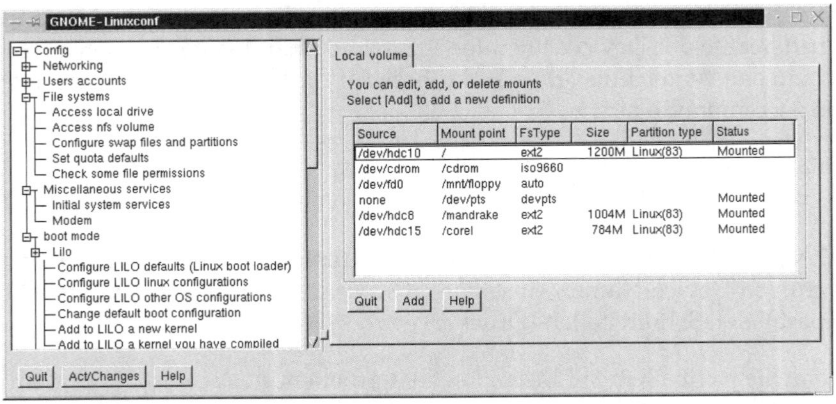

Abbildung 6.2: Konfiguration von /etc/fstab mit linuxconf

Damit wird das Systemverzeichnis auf der zweiten Festplattenpartition der ersten IDE-Platte eingerichtet. (Je nachdem, auf welcher Festplattenpartition Sie Linux installiert haben, müssen Sie statt `/hda2` natürlich den Device-Namen Ihrer Linux-Partition angeben!) Mit der zweiten Zeile wird das System zur Prozessverwaltung in das Dateisystem eingebunden. Die Dateien und Verzeichnisse des `/proc`-Verzeichnisses existieren nicht tatsächlich auf der Festplatte; es handelt sich nur um ein Abbild von Daten, die kernel-intern verwaltet werden.

Aus den beiden Zeilen geht bereits das Format von `fstab` hervor: In der **ersten Spalte** muss der Device-Name des Datenträgers angegeben werden. (Zur Nomenklatur für Festplattenpartitionen finden Sie auf Seite 72 zahlreiche Beispiele.) Wenn Verzeichnisse fremder Rechner via NFS eingebunden werden, lautet der Device-Name `rechnername:/verzeichnis`.

Die **zweite Spalte** gibt an, wo der Datenträger in den Dateibaum eingebunden ist. Linux verwaltet mehrere Festplatten nicht wie unter DOS in eigenen Systemen (die dort mit `C:`, `D:` etc. angesprochen werden), sondern in einem einheitlichen Dateibaum. Die in der zweiten Spalte angegebenen Verzeichnisse müssen im Wurzeldateisystem bereits existieren. Die Verzeichnisse müssen nicht leer sein, allerdings können Sie nach einem geglückten Einbinden auf die darin enthaltenen Dateien nicht mehr zugreifen (sondern nur auf die Dateien des eingebundenen Datenträgers).

Die **dritte Spalte** gibt das Dateisystem an:

Von Linux unterstützte Dateisysteme	
`auto`	Dateisystem automatisch erkennen (CD-ROMs, Disketten)
`devpts`	Pseudo-Terminals gemäß Unix-98-Spezifikation
`ext2`	Linux-Standard (ext2-Dateisystem)
`ext3`	sobald das ext3-Dateisystem verfügbar ist
`hpfs`	OS/2-Dateisystem
`iso9660`	CD-ROMs, DVDs
`minix`	Minix-Dateisystem (gebräuchlich für Unix-Disketten)
`msdos`	MS-DOS-Partitionen oder -Disketten (kurze Dateinamen)
`nfs`	Unix-Netzwerkverzeichnis (NFS)
`ntfs`	Windows-NT/2000-Dateisystem (nur Lesezugriff)
`proc`	Prozessverwaltung (`/proc`)
`reiserfs`	Reiser-Dateisystem
`smbfs`	Windows-Netzwerkverzeichnis (Samba)
`supermount`	CD-ROMs/Disketten automatisch einbinden (Mandrake)
`swap`	Swap-Partitionen oder -Dateien
`udf`	Universal Disk Format (DVDs, CD-RWs)
`usbdevfs`	Verwaltung von USB-Geräten (`/dev/usb`)
`vfat`	DOS/Windows-9x-Dateisystem (lange Dateinamen)

Die **vierte Spalte** bestimmt Optionen für den Zugriff auf den Datenträger. Mehrere Optionen können durch Kommata (keine Leerzeichen) getrennt werden.

mount-Optionen	
`block=`*n*	Blockgröße (z.B. für CD-ROM-Laufwerke)
`conv=auto`	Automatische Konversion von DOS-Textdateien (siehe Seite 779)
`exec`	Programmausführung zulassen (für CD-ROM-Laufwerke)
`default`	Voreinstellung
`gid=`*n*	Gruppenzugehörigkeit der Dateien (für DOS und OS/2)
`noauto`	Datenträger wird nicht automatisch eingebunden
`noexec`	Keine Programmausführung erlaubt
`ro`	Read only (Schreibschutz)
`sw`	Swap (Swap-Datei oder -Partition)
`sync`	Schreibzugriffe nicht puffern (langsamer, aber sicherer)
`uid=`*n*	Benutzerzugehörigkeit der Dateien (für DOS und OS/2)
`umask=`*m*	Inverse Zugriffsbits der Dateien (für DOS und OS/2)
`user`	Jeder Benutzer darf `(u)mount` ausführen

Mit den Optionen gid=*n*, uid=*n* und umask=*m* können die Zugriffsrechte von Dateien voreingestellt werden. Das ist bei Dateisystemen sinnvoll, wo diese Informationen nicht gespeichert bzw. von Linux nicht ausgewertet werden können (DOS, Windows, OS/2). Ohne die Verwendung dieser Optionen gehören DOS-Dateien root; die Dateien können zwar von allen Benutzern gelesen, aber nur von root verändert werden. Die drei Optionen ermöglichen einen liberaleren Zugriff.

Beachten Sie, dass der umask-Wert erstens oktal und zweitens invers zu dem des Kommandos chmod interpretiert wird (siehe Seite 701). umask=0 bedeutet daher, dass jeder alle Dateien lesen, schreiben und ausführen darf.

Die Option noauto hat den Sinn, dass der in dieser Zeile genannte Datenträger zwar nicht sofort verfügbar ist, aber bequem mit mount name angemeldet werden kann, ohne dass jedes Mal alle weiteren mount-Optionen explizit angegeben werden müssen. (Alle fehlenden Angaben werden automatisch aus fstab gelesen.) Das kann beispielsweise für CD-ROM-Laufwerke oder für selten benötigte Datenpartitionen sinnvoll sein. (Eine Partition, die nicht in das System eingebunden ist, kann normalerweise auch nicht zerstört werden.)

Die Option user ermöglicht es normalen Benutzern, das betreffende Dateisystem mit umount ab- und mit mount wieder anzumelden. Dazu ist ansonsten nur root in der Lage. Die user-Option ist vor allem für oft zu wechselnde Medien sinnvoll (Disketten, CD-ROMs).

Die Option exec ist für CD-ROM-Laufwerke gedacht. Aus Sicherheitsgründen können darauf befindliche Linux-Programme normalerweise nicht ausgeführt werden. exec deaktiviert diesen Schutz.

Die **fünfte Spalte** enthält Informationen für das Programm dumpfs und wird zur Zeit ignoriert. Die **sechste Spalte** gibt an, ob und wie die Dateisysteme auf Richtigkeit überprüft werden. Dabei sollte für das Wurzelverzeichnis 1 und für alle anderen veränderlichen Dateisysteme 2 angegeben werden. Dateisysteme, die nicht überprüft werden sollen (z.B. die CD-ROM, proc und swap), bekommen 0.

Einen ähnlichen Inhalt wie fstab hat die Datei mtab: Sie enthält eine Liste aller Datenträger, die *momentan* eingebunden sind. mtab ändert sich also dynamisch mit jedem mount- oder umount-Befehl.

HINWEIS

Informationen zu fstab erhalten Sie mit man fstab. Eine Menge weiterer Informationen, die ebenfalls auf fstab zutreffen, bekommen Sie mit man mount. Dort sind insbesondere alle rund 30 Optionen beschrieben, die für mount und fstab gleichermaßen gelten. (fstab ist ja eigentlich nur eine zentrale Sammlung von Optionen, die später an mount weitergereicht werden.)

DOS-, Windows- und OS/2-Partitionen einbinden

Sie können unter Linux auch auf DOS-, Windows- und OS/2-Partitionen zugreifen. Beim DOS-Dateisystem gelten natürlich auch alle dort üblichen Einschränkungen (Dateinamen mit maximal 8+3 Zeichen, keine Links). Bei Windows wird das Dateisystem von Windows 9x (inklusive FAT32) sowie jenes von Windows NT 4 bzw. Windows 2000 unterstützt. NT-Dateisysteme können allerdings nur gelesen (nicht verändert) werden.

Je nachdem, wer auf die Partition zugreifen darf, müssen Sie in `fstab` die `gid`-, `uid`- und `umask`-Optionen verwenden (siehe oben). Wenn Sie hier keine Einstellungen vornehmen, hat nur `root` Zugriff auf die Partitionen.

Wenn Sie DOS-Partitionen nur hin und wieder benötigen, können Sie den `fstab`-Eintrag mit der Option `noauto` versehen. Die Partition wird jetzt nur noch bei Bedarf eingebunden (d.h. wenn Sie beispielsweise `mount /mnt/dos` ausführen). Das beschleunigt den Systemstart und minimiert das Risiko einer versehentlichen Veränderung von Daten.

Die notwendigen Ergänzungen in `fstab` sehen folgendermaßen aus (wobei Sie wiederum die bei Ihrem System gültigen Device-Namen und Verzeichnisse einsetzen müssen):

```
# Erweiterung zu /etc/fstab
# DOS-Partition /dev/hda5 als /mnt/dosc in das Dateisystem einbinden
/dev/hda5       /mnt/dosc      msdos   defaults      0   0
# wenn nur ein Lesezugriff (kein Schreiben) erwünscht ist
/dev/hda6       /mnt/dosd      msdos   ro            0   0
# Windows-9x-Partition
/dev/hda7       /mnt/win95     vfat    defaults      0   0
# Windows-9x-Partition, freier rw-Zugriff für alle Nutzer
/dev/hda8       /mnt/win95-rw  vfat    umask=0       0   0
# Windows-NT/Windows-2000-Partition (read-only)
/dev/hda9       /mnt/nt        ntfs    ro,defaults   0   0
# OS/2-Partition
/dev/hda10      /mnt/os2       hpfs    defaults      0   0
```

CD-ROM- oder DVD-Laufwerk einbinden

Ähnlich wie bei Festplattenpartitionen sieht es auch bei CD-ROM-Laufwerken aus. Diese werden üblicherweise an der Stelle `/mnt/cdrom` oder `/cdrom` in das Dateisystem eingebunden. Statt `/dev/hdb` müssen Sie den Device-Namen Ihres Laufwerks einsetzen.

```
# Erweiterung zu /etc/fstab
# CD-ROM-Laufwerk als /cdrom in das Dateisystem einbinden
/dev/hdb        /cdrom    iso9660    ro,user,noauto,exec  0   0
```

Die Option `ro` bedeutet, dass am CD-ROM-Laufwerk keine Daten verändert werden können (read only). `user` erlaubt es jedem Anwender (nicht nur `root`), das CD-ROM-Laufwerk mit `mount` bzw. `umount` an- bzw. wieder abzumelden. `noauto` bewirkt, dass die CD-ROM nicht automatisch beim Systemstart in das Dateisystem eingebunden wird (sondern erst auf Wunsch durch `mount`).

Statt `iso9660` können Sie auch `auto` angeben. Das hat den Vorteil, dass nun auch DVDs verwendet werden, die nur das Universal Disk Format UDF, nicht aber das ISO-9660-Dateisystem unterstützen. (Die meisten zur Zeit erhältlichen Daten-DVDs unterstützen beide Dateisysteme.)

Statt `/dev/hdb` müssen Sie gegebenenfalls `/dev/hdc` oder `/dev/hdd` angeben, wenn das CD-ROM-Laufwerk am zweiten Controller angeschlossen ist.

VERWEIS

Die Device-Namen für die verschiedenen CD-ROM-Typen sind auf Seite 151 aufgezählt. Bei einem CD-Wechsel müssen Sie `umount` und `mount` ausführen, damit Linux sich an das dadurch veränderte Dateisystem anpasst (siehe Seite 153).

Seit Kernel 2.2 erkennt Linux auch Joliet-CDs. Dabei handelt es sich um CD-ROMs für Windows 9x/NT mit langen Dateinamen. Diese CD-ROMs entsprechen zwar dem ISO-9660-Standard, allerdings nutzen sie nicht die unter Unix übliche Rockridge-Extension, sondern die von Microsoft eingeführte Joliet-Erweiterung zur Darstellung langer Dateinamen. Wenn Sie noch einen alten Linux-Kernel verwenden, können Sie Joliet-CD-ROMs zwar ebenfalls verwenden, allerdings sehen Sie dann nur die Kurzform der Dateinamen.

TIPP

Wenn Sie eine Linux-CD einbinden und darauf befindliche Programme unmittelbar ausführen möchten, müssen Sie unter Umständen die Option `exec` verwenden. Wenn diese Option weder in `/etc/fstab` noch bei `mount` angegeben wird, ist das Ausführen von Programmen von einer CD-ROM aus Sicherheitsgründen verboten.

```
root# mount -o exec /cdrom
```

Netzwerkverzeichnisse (NFS, Samba)

VERWEIS

Das Einbinden von Unix- und Windows-Netzwerkverzeichnissen wird in den Netzwerkkapiteln dieses Buchs beschrieben – siehe Seite 430.

Virtuelle Dateisysteme (proc, usbdevfs, devpts)

Linux kennt eine Reihe virtueller Dateisysteme. Dabei handelt es sich um Linux-interne Verwaltungsinformationen, die wie Dateisysteme angesprochen werden. Tatsächlich existieren diese Dateien aber nicht auf irgendeiner Festplatte, sondern werden vom Kernel zur Verfügung gestellt. Linux bzw. die unter Linux laufenden Programme sind auf diese Dateisysteme angewiesen.

Zur Zeit sind drei derartige Dateisysteme üblich: Das `proc`-Dateisystem stellt Informationen über die Kernel- und Prozessverwaltung zur Verfügung (Verzeichnis `/proc`). Das `usbdevfs`-Dateisystem hilft bei der Verwaltung von USB-Geräten (Verzeichnis `/proc/usb`), und das `devpts`-Dateisystem stellt die Devices `/dev/pts` zur Verfügung. Dabei handelt es sich um virtuelle Pseudo-Terminals gemäß der Unix-98-Spezifikation, die von einigen Programmen zur Kommunikation benötigt werden. Weitere Details zu diesen drei Dateisystemen finden Sie auf Seite 160 und 172.

```
# in /etc/fstab: Dateisysteme zur internen Verwaltung
proc           /proc           proc        defaults 0 0
usbdevfs       /proc/bus/usb   usbdevfs    defaults 0 0
devpts         /dev/pts        devpts      defaults 0 0
```

Swap-Partitionen einbinden

Das Einrichten einer Swap-Partition erfolgt normalerweise im Rahmen der Installation. Falls das nicht der Fall war, benötigen Sie eine eigene, leere Festplattenpartition, die mit dem Programm `fdisk` eingerichtet werden kann. Mit dem `fdisk`-Kommando `T` muss der Partitionstyp von 83 (Linux) auf 82 (Linux swap) gestellt werden. Nachdem die Partition mit `mkswap` formatiert wurde, kann sie mit `swapon` aktiviert werden.

Damit die Swap-Partition bei einem Neustart von Linux automatisch verwendet wird, muss die Festplattenpartition in die Datei `fstab` eingebunden werden:

```
# Erweiterung zu /etc/fstab
# Swap-Partition einbinden
/dev/sdc6      none      swap          sw     0     0
```

Swap-Datei einbinden

Das Einrichten einer Swap-Datei ist eigentlich eine Notlösung. Der Zugriff auf eine Swap-Datei ist erheblich langsamer als der Zugriff auf eine eigene Swap-Partition. Der Vorteil einer Swap-Datei besteht darin, dass sie ohne ein Neupartitionieren der Festplatte eingerichtet werden kann.

Swap-Dateien werden üblicherweise im Verzeichnis /dev angelegt. Der erste Schritt besteht darin, dass mit dem Kommando dd eine leere Datei mit einer vorgegebenen Größe erzeugt wird. Dabei wird als Datenquelle /dev/zero verwendet. Aus diesem Device können beliebig viele Nullbytes gelesen werden. Die Größenangabe erfolgt in Blöcken, wobei die Blockgröße auf 1024 Bytes eingestellt wird. Anschließend wird die Swap-Datei wie eine Swap-Partition mit mkswap formatiert und mit swapon aktiviert. Das folgende Beispiel erzeugt eine recht kleine Swap-Datei mit knapp einem MByte.

```
root# dd bs=1024 if=/dev/zero of=/dev/swapfile count=1000
1000+0 records in
1000+0 records out
root# mkswap /dev/swapfile 1000
Setting up swapspace, size = 1019904 bytes
root# sync
root# swapon -v /dev/swapfile
swapon on device /dev/swapfile
```

Swap-Dateien können wie Swap-Partitionen in fstab aufgenommen werden:

```
# Erweiterung zu /etc/fstab
# Swap-Datei einbinden
/dev/swapfile  none     swap          sw       0  0
```

Ob und wie viel Swap-Speicher zur Verfügung steht bzw. tatsächlich verwendet wird, kann mit dem Kommando free überprüft werden. Alle Angaben erfolgen in KByte.

```
root# free
             total     used     free   shared  buffers    cached
Mem:        127696    66600    61096    57760     4612     32192
-/+ buffers/cache:    29796    97900
Swap:       144512        0   144512
```

Das bedeutet, dass insgesamt 124 MByte RAM und 141 MByte Swap-Speicher zur Verfügung stehen. (Wo die restlichen 4 MByte RAM geblieben sind, bleibt unklar. Beachten Sie, dass 1 MByte 1024 kByte sind.)

Der Swap-Speicher ist vollkommen ungenutzt. Vom RAM werden 65 MByte genutzt. Davon werden aber 35 MByte als Puffer bzw. Cache für Dateien verwendet, nur 29 MByte für laufende Programme und deren Daten. (Zu diesem Zeitpunkt liefen KDE 1.0 und der XEmacs 20.4. Außerdem waren einige Shell-Fenster offen.)

Linux-Dateisysteme über mehrere Partitionen verteilen

Im Installationskapitel wurden die Vorteile aufgezählt, die eine Installation von Linux auf zwei oder mehrere Partitionen mit sich bringt (siehe Seite 73). Insbesondere können Sie auf diese Weise eine weit gehende Trennung des eigentlichen Linux-Systems von Ihren persönlichen Daten erreichen.

Dieser Abschnitt beschreibt Wege, wie Sie eine derartige Aufteilung Ihrer Dateien auf mehrere Partitionen nachträglich selbst durchführen können. Vorweg ein kurzer Überblick:

- Als Erstes richten Sie mit `fdisk` eine neue Partition ein. (`fdisk` ist auf Seite 76 beschrieben.)
- Anschließend müssen Sie diese Partition formatieren (üblicherweise mit `mkfs -t ext2` oder kurz `mke2fs`. Damit wird in dieser Partition ein Linux-Dateisystem eingerichtet.
- Damit das Dateisystem beim Systemstart automatisch aktiviert wird, ist eine entsprechende Veränderung von `/etc/fstab` erforderlich.
- Abschließend müssen Sie Daten, die sich bisher auf der zu klein gewordenen Partition befanden, in die neue Partition übertragen werden. Dieser Abschnitt erläutert drei mögliche Varianten für diesen Vorgang.

VORSICHT

Das Einrichten zusätzlicher Linux-Partitionen ist ein weit reichender Eingriff in das Linux-System. Wenn Sie den Beispielen hier nicht einfach blind folgen möchten, sollten Sie vorher den Grundlagenabschnitt zur Dateiverwaltung aus Kapitel 5 (Seite 132) und die Beschreibung einiger elementarer Kommandos wie `cp`, `ln` und `mount` in Kapitel 17 (Seite 693) nachlesen.

Formatierung einer neuen Partition
Formatieren Sie auf keinen Fall die Partition, in der sich Linux befindet! Mit `fdisk -l` können Sie feststellen, welche Partitionen als Linux-Partitionen vorgesehen sind. `df` zeigt eine Liste aller Partitionen an, die bereits in das Dateisystem eingebunden sind und auf keinen Fall formatiert werden dürfen.

```
root#  mkfs -t ext2 /dev/sdc3
mke2fs 0.5a, 5-Apr-94 for EXT2 FS 0.5, 94/03/10
64256 inodes, 257024 blocks
12851 blocks (5.00%) reserved for the super user
First data block=1
Block size=1024 (log=0)
Fragment size=1024 (log=0)
32 block groups
8192 blocks per group, 8192 fragments per group
2008 inodes per group
Superblock backups stored on blocks:
  8193, 16385, 24577, 32769, 40961, 49153, 57345, 65537, 73729,
  ..., 212993, 221185, 229377, 237569, 245761, 253953
Writing inode tables: done
Writing superblocks and filesystem accounting information: done
```

Für die weitere Vorgehensweise gibt es mehrere Varianten: Die einfachste besteht darin, dass Sie die neue Partition über ein neues Verzeichnis – etwa `/home1` – ansprechen. Wenn der Platz in Wurzelsystem schon eng wird, ist es zumeist besser, bereits vorhandene Daten – etwa aus /home – in die neue Partition zu transferieren. Die dritte Variante ist noch ein bisschen komplexer und ermöglicht es, mit Hilfe von symbolischen Links mehrere Verzeichnisse des Wurzelsystems in die neue Partition zu verlagern.

Die folgenden Beispiele beziehen sich auf das Heimatverzeichnis /home. Sie können aber vollkommen analog vorgehen, wenn Sie /usr/local, /var/spool oder andere Verzeichnisse in eine neue Partition verschieben möchten.

Beachten Sie bitte, dass in allen weiteren Beispielen /dev/sdc3 als Name für die neue Partition verwendet wird. Sie müssen statt /dev/sdc3 natürlich den Namen Ihrer eigenen Partition einsetzen.

Variante 1 – Zugriff auf die zweite Partition über ein neues Verzeichnis

Diese Variante ist vor allem Linux-Einsteigern zu empfehlen. Sie ist einfach durchzuführen und praktisch risikofrei. Um die frisch formatierte Partition anzusprechen, müssen Sie lediglich mit mkdir ein neues Verzeichnis erzeugen und die Partition mit mount an dieser Stelle in den Dateibaum einbinden:

```
root# mkdir /home1
root# mount -t ext2 /dev/sdc3 /home1
```

Alle Daten, die sich auf der Partition /dev/sdc3 befinden, können jetzt über /home1 angesprochen werden. Sie können jetzt beispielsweise einen neuen Anwender anmelden, der sein Arbeitsverzeichnis in /home1 erhält. Die Daten werden damit physikalisch auf der neuen Festplattenpartition gespeichert.

Damit beim nächsten Start von Linux die neue Partition automatisch zur Verfügung steht und nicht erst mit mount eingebunden werden muss, ist eine Ergänzung von fstab erforderlich:

```
# Erweiterung zu /etc/fstab
# /dev/sdc3 als /home1 in das Dateisystem einbinden
/dev/sdc3        /home1     ext2          defaults     0 2
```

TIPP

Die Verlagerung der Heimatverzeichnisse auf eine eigene Partition hat enorme Vorteile bei einem Systemwechsel oder Update. Vor der Neuinstallation müssen zumeist nur die Daten aus /root und /etc gerettet werden (Backup, beispielsweise in ein Verzeichnis von /home1). Anschließend kann die root-Partition neu formatiert und eine neue Distribution installiert werden. Nach der Installation wird die Datei fstab wie oben beschrieben geändert, damit ein Zugriff auf die eigene Datenpartition wieder möglich wird. Jetzt muss nur noch die neue Datei /etc/passwd adaptiert werden, damit wieder alle alten Logins zur Verfügung stehen!

TIPP

Wenn Sie genug Platz auf Ihrer Festplatte haben, können Sie *zwei* Systempartitionen und eine gemeinsame Datenpartition vorsehen. Dann können Sie eine neue Linux-Distribution in die zweite Systempartition installieren. Auf diese Weise können Sie zwei Linux-Distributionen parallel (und mit einer gemeinsamen Datenpartition) verwenden. LILO können Sie so einrichten, dass Sie wahlweise mit dem einen oder dem anderen Linux-System hochfahren (siehe Seite 256). (Während der Arbeit an diesem Buch hatte ich bis zu fünf Linux-Distributionen auf einem Rechner parallel installiert.)

Variante 2 – Zugriff auf die zweite Partition über ein schon vorhandenes Verzeichnis

Die erste Variante ist zwar einfach, aber nicht besonders elegant. Sie hat im Wesentlichen zwei Nachteile: Erstens gibt es jetzt zwei Orte für Heimatverzeichnisse, nämlich `/home` und `/home1`. Zweitens ist es nicht möglich, den bisher in `/home` beanspruchten Platz freizugeben. (Sehr häufig ist eine zu kleine Systempartition der Anlass, das System nachträglich auf zwei Partitionen zu verteilen.)

Besser wäre es, wenn alle Anwender Ihr Heimatverzeichnis weiterhin in `/home` vorfänden. Das setzt voraus, dass alle Daten aus dem bereits vorhandenen `/home`-Verzeichnis in die neue Partition kopiert werden. Bevor Sie die unten aufgelisteten Kommandos ausführen, müssen Sie sicherstellen, dass niemand eines der Verzeichnisse in `home` verwendet, dass also nur `root` eingeloggt ist.

```
root#  mv /home /home.bak                     #  /home in /home.bak umbenennen
root#  mkdir /home                            #  neues leeres Verzeichnis /home
root#  mount -t ext2 /dev/sdc3 /home          #  neue Partition hier einbinden
root#  cp -dpR /home.bak/* /home              #  alle Daten aus /home.bak kopieren
```

Wenn alles geklappt hat, dann können Sie mit `ls /home` das `/home`-Verzeichnis wie bisher ansprechen. Physikalisch befinden sich die Daten jetzt aber auf einer eigenen Festplattenpartition, nämlich auf `/dev/sdc3` (dritte Partition der dritten SCSI-Platte). Überzeugen Sie sich mit `ls -R /home` davon, dass wirklich alle Daten kopiert wurden. In `/home.bak` befindet sich zur Zeit noch eine Sicherheitskopie des alten Verzeichnisses. Wenn Sie sicher sind, dass alle Daten kopiert wurden, können Sie diese Kopie zu einem späteren Zeitpunkt mit `rm -r /home.bak` löschen.

Die neue Partition für `/home` wurde bisher nur mit `mount` eingebunden. Damit das beim nächsten Systemstart automatisch erfolgt, müssen Sie die folgende Zeile in `fstab` aufnehmen:

```
# Erweiterung zu /etc/fstab
# /dev/sdc3 als /home in das Dateisystem einbinden
/dev/sdc3        /home     ext2          defaults          0 2
```

So wie Sie in diesem Beispiel `/home` auf eine neue Partition verlagert haben, hätten Sie im Prinzip jedes beliebige andere Verzeichnis (oder Unterverzeichnis) behandeln können. Systemdaten aus den Verzeichnissen `/bin`, `/dev`, `/etc`, `/lib`, `/root` und `/sbin` sollten allerdings nie aus dem Wurzelverzeichnis entfernt werden.

Variante 3 – Zugriff auf die zweite Partition über mehrere Verzeichnisse

Variante 2 hat den Nachteil, dass es nicht möglich ist, zwei voneinander unabhängige Verzeichnisse auf der neuen Partition einzurichten. Beispielsweise könnte es sinnvoll sein, sowohl `/home` mit den Benutzerdaten als auch `/usr/local` mit nachträglich installierten, eigenen Programmen in der neuen Partition unterzubringen. Da die neue Partition nicht gleichzeitig als `/home` und als `/usr/local` via `fstab` eingebunden werden kann, scheint das unmöglich zu sein.

In solchen Situationen helfen symbolische Links weiter. Sie binden die neue Partition in irgendeinem neuen Verzeichnis in das Dateisystem ein (etwa `/localpart` für die lokale Datenpartition), kopieren die betreffenden Verzeichnisse in die neue Partition und richten dann Links von den ursprünglichen Verzeichnissen auf die neuen Orte ein.

```
root# mkdir /localpart                          # neues Verzeichnis
root# mount -t ext2 /dev/sdc3 /localpart        # hier die neue Partition einbinden
root# cp -dpR /home /localpart                  # /home dorthin kopieren
root# cp -dpR /usr/local /localpart             # /usr/local dorthin kopieren
root# mv /home /home.bak                        # /home umbenennen
root# mv /usr/local /usr/local.bak              # /usr/local umbenennen
root# ln -s /localpart/local /usr/local         # Link in die neue Partition
root# ln -s /localpart/home /home               # Link in die neue Partition
```

Wenn Sie jetzt auf Daten in `/usr/local` zugreifen, verweist der Link auf `/localpart/local`, also in die neue Partition. Diese Links sind transparent, d.h. beim täglichen Arbeiten merken Sie nichts davon. Damit die neue Partition in Zukunft automatisch an der Stelle `/localpart` in das Dateisystem eingebunden wird, ist wiederum eine Ergänzung in `fstab` erforderlich:

```
# Erweiterung zu /etc/fstab
# /dev/sdc3 als /localpart in das Dateisystem einbinden
/dev/sdc3        /localpart ext2          defaults        0 2
```

Prinzipiell können Sie auf diese Weise beliebig viele Verzeichnisse verlagern. Dabei müssen Sie aber immer darauf achten, dass die Zugriffsrechte gewahrt bleiben. Gegebenenfalls müssen Sie bei neu erstellten Verzeichnissen oder Links mit `chown` den Eigentümer oder mit `chmod` die Zugriffsbits verändern.

6.6 Festplatten-Tuning

Dieser Abschnitt richtet sich explizit an fortgeschrittene Linux-Anwender. Er zeigt zwei Möglichkeiten, wie – je nach Hardware – die Geschwindigkeit des Dateizugriffs deutlich erhöht werden kann. Die erste Variante – die Nutzung des Bus-Master-DMA-Modus – ist für alle Anwender interessant, die ein modernes Mainboard und EIDE-Festplatten verwenden. Die zweite Variante – die Verteilung von Daten auf mehrere Partitionen – setzt mehrere Festplatten voraus (und idealerweise ein SCSI-System).

Bus-Master-DMA-Modus

Der Bus-Master-DMA-Modus ermöglicht eine besonders effiziente Datenübertragung zwischen EIDE-Festplatten/-CD-ROM-Laufwerken und dem Hauptspeicher. Die Übertragung erfolgt dabei nicht Byte für Byte über die CPU, sondern über einen DMA-Kanal (*Direct Memory Access*). Es wird also eine vorübergehende direkte Verbindung zwischen der Festplatte und dem Hauptspeicher hergestellt; die Übertragung wird durch den DMA-Controller gesteuert. Die Vorteile des Bus-Master-DMA-Modus sind offensichtlich: die Datenübertragungsrate ist deutlich höher, gleichzeitig sinkt die CPU-Belastung beim Laden/Speichern großer Dateien, weil der DMA-Controller und nicht die CPU sich darum kümmert.

Damit Sie den Bus-Master-DMA-Modus nutzen können, müssen sowohl Ihr Mainboard als auch Ihre Festplatte diesen Modus unterstützen. Das ist mittlerweile bei vielen modernen Mainboards (z.B. mit dem Intel-Triton-Chipset) und Festplatten der Fall. Was die Mainboard-Unterstützung anbelangt, empfiehlt sich ein Blick in das Manual sowie in die Kernel-Meldungen, die während des Bootens sowie durch das Kommando `dmesg` angezeigt werden:

```
root#  dmesg
...
PIIX4: IDE controller on PCI bus 00 dev 21
PIIX4: not 100% native mode: will probe irqs later
    ide0: BM-DMA at 0xc800-0xc807, BIOS settings: hda:DMA, hdb:pio
    ide1: BM-DMA at 0xc808-0xc80f, BIOS settings: hdc:DMA, hdd:pio
...
```

Ob Ihre Festplatte die DMA-Übertragung unterstützt, können Sie mit `hdparm` leicht feststellen (`/dev/hda` bezeichnet die erste EIDE-Festplatte):

```
root#  hdparm -i /dev/hda
...
DMA=yes
...
```

VORSICHT

Selbst wenn alle Voraussetzungen erfüllt sind, wird der DMA-Modus aus Sicherheitsgründen häufig *nicht* automatisch aktiviert: Je nach Chipset, Länge des Festplattenkabels (laut Spezifikation sind nur 45 cm erlaubt!) usw. kann der DMA-Modus nämlich zu Problemen mit der Zuverlässigkeit führen. Aus diesen Gründen sollten erste Experimente mit dem DMA-Modus mit großer Vorsicht durchgeführt werden: Führen Sie für alle nicht benötigten Partitionen `umount` aus! Ideal ist es, wenn Ihnen für erste Tests mit dem DMA-Modus eine eigene Partition zur Verfügung steht, die keine wertvollen bzw. ungesicherten Daten enthält.

Ob der DMA-Modus bereits aktiv ist, können Sie mit `hdparm -d` feststellen:

```
root #  hdparm -d /dev/hda
/dev/hda:
 using_dma    =  0 (off)
```

Die Aktivierung erfolgt für jede Festplatte getrennt durch `hdparm -d1`. (`-d0` deaktiviert den Modus wieder, falls das erforderlich sein sollte.)

```
root#  hdparm -d1 /dev/hda
/dev/hda:
 setting using_dma to 1 (on)
 using_dma    =  1 (on)
```

Zur Kontrolle, ob alles funktioniert, können Sie beispielsweise einen umfangreichen Verzeichnisbaum in eine Partition der Festplatte, für die der DMA-Modus aktiviert wurde, kopieren:

```
root#  mkdir /test-partition/test1
root#  cp -a /usr /test-partition/test1
root#  cp -a /test-partition/test1 /test-partition/test2
```

Anschließend sollten Sie einen Blick in `/var/log/messages` werfen: Wenn Sie dort Fehlermeldungen oder Warnungen mit dem Text 'DMA disabled' finden, hat der Kernel den DMA-Modus nach Problemen automatisch wieder abgeschaltet.

Wenn alles wunschgemäß klappt, können Sie das `hdparm`-Kommando in den Init-Prozess einbauen, so dass es automatisch beim Start des Rechners ausgeführt wird. Die geeignete Datei hängt von der Distribution ab. Bei SuSE ist es `/sbin/init.d/boot.local`, bei Red Hat `/etc/rc.d/rc.local`.

DMA funktioniert selbstverständlich auch mit den meisten SCSI-Controllern. Dort ist das allerdings ein seit langem genutztes Feature, das nicht extra aktiviert werden muss.

HINWEIS

Neben dem hier ausführlich beschriebenen DMA-Modus können mit `hdparm` je nach Mainboard und Festplatte einige weitere Parameter eingestellt werden, um den Zugriff auf die Festplatte weiter zu optimieren: `-cn` zur Aktivierung des 32-Bit I/O-Supports, `-mn` zum gleichzeitigen Einlesen mehrerer Blöcke (Maximum: siehe `MaxMultSect` mit `hdparm -i`), `-Xn` zur Aktivierung verschiedener Transfermodes etc. Lesen Sie die Manualseite zu `hdparm`, bevor Sie mit diesen Optionen experimentieren!

VERWEIS

Weitere Informationen zu diesem Thema finden Sie im `man`-Text zu `hdparm` (das neben dem Bus-Master-DMA-Modus auch andere Möglichkeiten zur Geschwindigkeitsoptimierung bietet) und in den Kommentaren von `drivers/block/ide-dma.c` (2.2.n Kernel-Code). Grundlageninformationen zum Bus-Master-DMA-Modus (unabhängig von Linux) finden Sie auf dem Webserver von Intel:

`http://developer.intel.com/design/chipsets/drivers/busmastr/`

Weitere Informationen finden Sie im Ultra-DMA-Mini-HOWTO.

Striping (RAID-0)

RAID steht für *Redundant Array of Inexpensive/Independent Disks* (es gibt zwei Definitionen). Die Grundidee besteht darin, Partitionen mehrerer Festplatten logisch miteinander zu verknüpfen. Als Ergebnis erhalten Sie ein zuverlässigeres und/oder schnelleres Gesamtsystem. Grundlageninformationen zu RAID finden Sie in einem eigenen Abschnitt ab Seite 167.

An dieser Stelle geht es darum, eine sehr einfache Form von RAID, nämlich das Striping, zu konfigurieren. Der Lohn für diese Arbeit besteht darin, dass manche Festplattenoperationen beinahe n-mal schneller durchgeführt werden können (wobei n die Anzahl der Festplatten bezeichnet).

Es gibt drei wesentliche Voraussetzungen für das Striping:

- Sie benötigen zumindest zwei Festplatten (ideal wären SCSI-Platten), auf denen jeweils Platz für eine neue Partition ist.
- Die Kernel-Komponenten *Multiple devices* und *RAID-0* müssen zur Verfügung stehen (wahlweise direkt in den Kernel integriert oder als Module). Das ist bei allen marktgängigen Distributionen der Fall. (Wenn nicht, muss der Kernel neu kompiliert werden. Sie finden die entsprechenden Optionen in der Gruppe *Block devices*.)
- Schließlich benötigen Sie einige RAID-Kommandos zur Administration. Bei SuSE befinden sich diese Kommandos im Paket `mdutils` (Serie `ap`), bei Red Hat im Paket `raidtools`.)

VORSICHT

Mit den aktuellen Linux-Distributionen werden zur Zeit unterschiedliche Versionen der RAID-Kommandos ausgeliefert. SuSE 6.*n* setzt auf RAID 0.4, Red Hat vertraut schon seit geraumer Zeit der neuen Generation von RAID-Tools (zur Zeit Version 0.9). Die beiden RAID-Versionen verwenden unterschiedliche Kommandos und unterschiedliche Konfigurationsdateien. Dieser Abschnitt berücksichtigt beide Fälle, sie brauchen jeweils nur das zu Ihrer Version passende Kommando ausführen!

Der Zugriff auf die virtuellen RAID-Partitionen erfolgt über die Devices `/dev/md*`. Bei einigen älteren Distributionen sind diese allerdings noch nicht automatisch eingerichtet. Dann schaffen die folgenden Kommandos Abhilfe:

```
root#  mknod /dev/md0 b 9 0
root#  mknod /dev/md1 b 9 1
root#  mknod /dev/md2 b 9 2
root#  mknod /dev/md3 b 9 3
root#  chown root.disk /dev/md*
root#  chmod 660 /dev/md*
```

RAID 0.4

Dieser Abschnitt beschreibt den Umgang mit RAID 0.4. Wenn Sie RAID 0.9 oder eine aktuellere Version verwenden, lesen Sie bitte den folgenden Abschnitt!

Der erste Schritt zur RAID-0-Partition besteht nun darin, zwei (oder mehrere) ungenutzte Partitionen (im folgenden Beispiel `/dev/hda10` und `/dev/hdc10`) zu einem Multiple-Disk-Device (`/dev/md0`) zusammenzufassen:

```
root#  mdadd /dev/md0 /dev/hda10 /dev/hdc10
```

Die bei `mdadd` angegebenen Partitionen sollten gleich groß sein. Ist das nicht der Fall, funktioniert das Striping nur für einen Teil der Gesamtkapazität der Partitionen, d.h. der theoretisch mögliche Geschwindigkeitsgewinn kann nur teilweise erreicht werden.

Anschließend müssen Sie klarstellen, dass dieses neue Device als RAID-0-Partition angesprochen werden soll (Option `-p0`). Dabei wird als Seitengröße (page size) der Defaultwert von 4 kByte verwendet. Das bedeutet, dass die Daten in 4-kByte-Blöcken auf die Festplatten verteilt werden. Bei Bedarf kann mit `-c`*n*`k` aber auch eine andere Seitengröße angegeben werden.

```
root#  mdrun -p0 /dev/md0
```

Als Nächstes müssen Sie auf der neuen virtuellen Partition `/dev/md0` ein Dateisystem anlegen. (Vorsicht: Dabei gehen alle bisher gespeicherten Daten in den bei `mdadd` genannten Partitionen verloren!)

```
root#  mke2fs /dev/md0
```

Jetzt kann die neue Partition mit `mount` in das Linux-Dateisystem eingebunden werden. Die Partition wird über das Verzeichnis `/striped` angesprochen – selbstverständlich können Sie stattdessen auch einen anderen Namen verwenden.

```
root#  mkdir /striped
root#  mount -t ext2  /dev/md0 /striped/
```

Alle Dateien, die innerhalb des `/striped`-Verzeichnisses gespeichert werden, nutzen jetzt die RAID-0-Funktionen. Verwaltungsinformationen über alle md-Devices erhalten Sie mit dem folgenden Kommando:

```
root#  cat /proc/mdstat
Personalities : [1 linear] [2 raid0] [3 raid1] [4 raid5]
read_ahead 128 sectors
md0 : active raid0 hdc10[1] hda10[0] 2056256 blocks 4k chunks
unused devices: <none>
```

Bevor Sie Ihren Rechner abschalten, müssen Sie `umount` und `mdstop` bzw. `raidstop` ausführen:

```
root#  umount /striped
root#  mdstop /dev/md0
```

Wenn Sie Ihren Rechner das nächste Mal starten, müssen Sie die oben angeführten Kommandos (mit Ausnahme von `mke2fs`!) wiederholen. Dabei ist entscheidend, dass die Kommandos mit denselben Optionen ausgeführt werden und dass insbesondere die Reihenfolge der Partitionen unverändert bleibt! Auf die Dauer ist das natürlich lästig.

Prozess automatisieren: Um diesen Vorgang zu automatisieren, benötigen Sie die Datei `/etc/mdtab`. Diese Datei dient als Äquivalent zu `/etc/fstab` und enthält Informationen über die Parameter der md-Devices.

`/etc/mdtab`: Die Datei wird mit `mdcreate` erzeugt. Achten Sie darauf, dass Sie die Festplatten-Devices in der gleichen Reihenfolge wie beim ursprünglichen mdadd-Kommando angeben!

```
root#  mdcreate raid0 /dev/md0 /dev/hda10 /dev/hdc10
```

Die resultierende Datei `/etc/mdtab` enthält eine zusätzliche Prüfsumme und sieht so aus:

```
# /etc/mdtab entry für /dev/md0
/dev/md0          raid0,4k,0,96e7219c      /dev/hda10 /dev/hdc10
```

Das Device `/dev/md0` kann jetzt durch ein einziges Kommando ohne viele Parameter aktiviert werden:

```
root#  mdadd -ar
```

/etc/fstab: Die folgende manuelle Ergänzung in /etc/fstab verhilft zu mehr Komfort bei mount:

```
# fstab Ergänzung
/dev/md0      /striped   ext2  defaults   0  1
```

Damit kann mount nun so ausgeführt werden:

```
root#  mount /striped
```

Falls Sie eine aktuelle Distribution verwenden, sind die Konfigurationsarbeiten damit abgeschlossen. Sowohl SuSE als auch Red Hat kümmern sich automatisch darum, RAID-Partitionen beim Starten bzw. beim Herunterfahren des Systems zu aktivieren bzw. zu deaktivieren. Sollte das nicht der Fall sein, müssen Sie gegebenenfalls die Init-V-Dateien ändern, die beim Systemstart (rc.sysinit oder boot) bzw. beim Herunterfahren (halt) ausgeführt werden.

RAID 0.9

Bei RAID 0.9 muss das System vorweg in der Datei /etc/raidtab definiert werden. (/etc/raidtab ist das Gegenstück zu /etc/mdtab.) Die folgenden Zeilen zeigen beispielhaft den Aufbau dieser Datei:

```
# /etc/raidtab
raiddev /dev/md0
  raid-level 0
  nr-raid-disks 2
  nr-spare-disks 0
  chunk-size 32
  persistent-superblock 1
  device /dev/hda10
  raid-disk 0
  device /dev/hdc10
  raid-disk 1
```

Das bedeutet, dass abermals ein auf zwei Festplatten verteiltes RAID-0-System erstellt werden soll. chunk-size gibt die Seitengröße an, die hier mit 32 kByte etwas größer gewählt wurde. (Es gibt keine einfache Regel, bei welcher Größe eine optimale Geschwindigkeit erreicht wird – probieren Sie es aus. Das Software-RAID-HOWTO empfiehlt 32 kByte als guten Startwert.) persistent-superblock bedeutet, dass am Ende jeder Partition einige Verwaltungsinformationen gespeichert werden, die eine richtige Zusammensetzung des RAID-Systems selbst dann ermöglichen, wenn die Reihenfolge der Festplatten im System vertauscht wurde.

Das so definierte RAID-System wird nun mit mkraid erzeugt:

```
root# mkraid /dev/md0
handling MD device /dev/md0
analyzing super-block
disk 0: /dev/hda10, 24097kB, raid superblock at 24000kB
disk 1: /dev/hdc10, 24066kB, raid superblock at 24000kB
```

Die weiteren Schritte entsprechen denen bei RAID 0.4: Es wird zuerst ein Dateisystem angelegt, anschließend kann die Partition genutzt werden.

```
root# mke2fs /dev/md0
root# mkdir /striped
root# mount -t ext2  /dev/md0 /striped/
```

Wie bei RAID 0.4 sollten Sie die neue Partition in /etc/fstab aufnehmen, um den Tippaufwand bei mount zu minimieren bzw. um zu erreichen, dass die Partition beim Systemstart automatisch in das Dateisystem eingebunden wird.

Sofern der Kernel mit RAID-Autodetection-Unterstützung kompiliert wurde (was beispielsweise bei aktuellen Red-Hat-Distributionen der Fall ist), kümmert sich der Kernel automatisch um die Aktivierung des RAID-Systems beim Systemstart bzw. um die Deaktivierung beim Herunterfahren des Rechners. Es sind keine Init-Script-Dateien erforderlich! (Ohne RAID-Autodetection müssen Sie die Kommandos raidstart bzw. raidstop verwenden.)

RAID für die /root-Partition

RAID kann nicht ohne weiteres für die /root-Partition verwendet werden. Der Grund besteht darin, dass das Lesen einer RAID-Partition erst funktioniert, nachdem die entsprechenden Kernel-Module aktiv sind. Dazu müssen der Kernel und diverse Konfigurationsdateien aber zuerst einmal geladen werden (also ein klassisches Henne-Ei-Problem).

HINWEIS: Informationen, wie RAID dennoch auch für die /root-Partition verwendet werden kann, finden Sie im Root-RAID-HOWTO und im Software-RAID-Mini-HOWTO. Sehr hilfreich sind außerdem die Informationen in /usr/src/linux/Documentation/md.txt.

Swap-Partitionen

Für den geschwindigkeitssüchtigen Linux-Fan stellt sich natürlich die Frage, ob ein Striping auch für Swap-Partitionen möglich ist. Die Antwort lautet natürlich 'ja', allerdings bedarf es dafür weder aufwendiger Vorbereitungen noch des Multiple-Device-Treibers. Der Linux-Kernel verteilt die Swap-Daten automatisch auf alle Swap-Partitionen gleicher Priorität, bevor er damit beginnt, Swap-Partitionen niedrigerer Priorität zu beschreiben. (Hintergrundinformationen gibt man 2 swapon.)

Sie müssen also lediglich dafür sorgen, dass den auf unterschiedlichen Festplatten liegenden Swap-Partitionen dieselbe Priorität gegeben wird. (Normalerweise ist das nicht der Fall, vielmehr bekommen die Swap-Partitionen eine durchlaufende Prioritätsnummer.) Wenn Sie die Prioritätsnummer vorgeben möchten, müssen Sie in `/etc/fstab` die Option `pri=`*n* verwenden:

```
# Änderung (fett) in /etc/fstab
...
/dev/hda9    swap     swap      pri=1    0   0
/dev/hdc9    swap     swap      pri=1    0   0
...
```

Benchmarks

Wie sehr sich die Maßnahmen tatsächlich auf die Arbeitsgeschwindigkeit auswirken, hängt von vielen Parametern ab: von Ihrer Hardware, von der Häufigkeit und der Art des Datenzugriffs Ihrer Anwendungen etc. Um reproduzierbare Maßzahlen für die Disk-Performance zu erhalten, wird häufig das Programm `bonnie` eingesetzt. Sie finden das Programm in Internet, z.B. bei:

`ftp://ftp.redhat.com/pub/contrib/i386/bonnie-`*n*`.rpm`

Das Programm erzeugt eine Testdatei vorgegebener Größe und führt darin verschiedene Schreib-, Lese- und Suchoperationen durch. Dabei wird auch die CPU-Auslastung gemessen. Damit die Ergebnisse reproduzierbar sind, muss die Dateigröße ein Mehrfaches des Hauptspeichers betragen – andernfalls messen Sie nicht die Disk-Performance, sondern die Caching-Effizienz von Linux (und die ist ziemlich gut ...).

Für die unten abgedruckten Zahlen betrug die Dateigröße 400 MByte. Die Tests wurden auf einer normalen Partition mit und ohne DMA-Übertragung sowie auf einer RAID0-Partition mit DMA durchgeführt. Das Testsystem war mit einem Pentium II 400, Intel BX Chipset, 128 MByte RAM und zwei IBM 8.4-GByte-EIDE-Festplatten an `/dev/hda` und `/dev/hdc` ausgestattet. Es ist also ohne weiteres möglich, dass die Ergebnisse auf Ihrem Rechner ganz anders (in positiver wie in negativer Hinsicht) ausfallen.

```
root#  bonnie -s 400
         -------Sequential Output-------- ---Sequential Input-- --Random--
         -Per Char- --Block--- -Rewrite-- -Per Char- --Block--- --Seeks---
         K/sec %CPU K/sec %CPU K/sec %CPU K/sec %CPU K/sec %CPU  /sec %CPU
ohne DMA   3318 34.8  3797 27.5  1891 53.4  3571 72.4  4281 70.0  47.9  6.9
mit DMA    7387 47.7  6927 12.7  2924  9.3  7402 33.2  7921 10.0  52.5  0.7
DMA+RAID0 12659 81.8 11979 21.9  4558 15.2  9322 43.4 13961 19.3  62.3  0.9
```

Dazu ein kurzer Kommentar: Die Aktivierung des DMA-Datentransfers führt bei den meisten Operationen beinahe zu einer Verdoppelung der Datenübertragungsrate (beim Lesen großer Datenblöcke von 4.3 auf 7.9 MByte/s). Bei allen Operationen mit Ausnahme des Schreibens einzelner Zeichen (per char) sinkt gleichzeitig die CPU-Belastung dramatisch (beim Lesen großer Datenblöcke von 70 auf 10 Prozent!). Einzig die Anzahl der Random-Access-Zugriffe pro Sekunde verändert sich kaum

– hier ist die Positionierzeit der Festplatte der beschränkende Faktor, der sich auch durch eine DMA-Übertragung nicht verändert.

RAID0 beschleunigt Block-Operationen (also das Lesen und Schreiben großer zusammenhängender Datenmengen) nochmals erheblich. Bei kleinen Datenblöcken (per char) ist der Effekt etwas weniger ausgeprägt, aber immer noch gut sichtbar. Die Anzahl der Random-Access-Zugriffe pro Sekunde wird auch durch Striping nur geringfügig verbessert. Die höhere Geschwindigkeit wird durch eine höhere CPU-Auslastung erkauft. Mit anderen Worten: Striping ist vor allem dann sinnvoll, wenn Sie oft große Dateien bearbeiten (Bildverarbeitung), hilft aber beim Zugriff auf kleine Dateien bzw. auf kleine Datensegmente großer Dateien wenig. (Für viele Anwendungen ist aber gerade das der Normalfall!) Bessere Striping-Ergebnisse könnten vermutlich mit SCSI-Festplatten erzielt werden; damit wäre es auch sinnvoll, mehr als zwei Festplatten zu verbinden.

6.7 Druckerkonfiguration

Bei allen Linux-Distributionen erfolgt die Druckerkonfiguration bereits wähend der Installation oder später sehr komfortabel durch ein Konfigurationsprogramm. (`linuxconf` sieht zur Zeit übrigens noch keine Druckerkonfiguration vor. Unter Red Hat Linux verwenden Sie ausgezeichnete Programm `printtool`, unter SuSE YaST oder YaST2, unter Mandrake `printerdrake` und unter Corel den Druckerdialog des Steuerzentrums.)

TIPP: Damit eine neue Druckereinstellung aktiv wird, müssen Sie unter Umständen `lpd` neu starten. Dazu führen Sie `/etc/rc.d/init.d/lpd restart` (Red Hat) oder `/sbin/init.d/lpd restart` (SuSE) aus.

Was dank toller Konfigurationsprogramme ganz einfach aussieht, erfordert hinter den Kulissen allerdings einen ziemlich komplexen Prozess, der hier zuerst überblicksartig und in der Folge etwas detaillierter beschrieben wird.

- Auf der untersten Ebene befindet sich das Device für die parallele Schnittstelle, an die der Drucker angeschlossen ist (normalerweise `/dev/lp0`).
- Druckjobs werden allerdings nicht direkt dorthin gesandt, sondern an einen Druckerspooler (üblicherweise das Programm `lpd`), der sich um die Zwischenspeicherung und Weiterleitung kümmert.
- Grundsätzlich unterstützen die meisten Unix-Programme nur ein einziges Druckformat, nämlich PostScript. Damit Sie Dokumente auch ohne PostScript-Drucker ausgeben können, wird das Programm GhostScript (`gs`) zur Konvertierung von PostScript in das Format Ihres Druckers eingesetzt. Bei korrekter Konfiguration kümmert sich der Druckerspooler um den automatischen Aufruf von `gs`.

- Aus Anwendersicht erfolgt der Ausdruck einer PostScript-Datei mit dem Kommando `lpr datei`. `lpr` gibt die Datei an `lpd` weiter. Auch X-Programme (z.B. Netscape) greifen auf `lpr` zurück, ohne dass Sie dies normalerweise bemerken.

VERWEIS

Dieser Abschnitt geht davon aus, dass der Drucker an die parallele Schnittstelle angeschlossen ist und nur vom lokalen Rechner verwendet werden soll. Hinweise, wie Sie unter Linux einen externen Drucker-Server (Unix/Linux oder Windows/Samba) nutzen können, finden Sie auf Seite 434. Tipps dazu, wie Sie selbst einen Drucker-Server einrichten können, gibt es auf Seite 590 (Linux) und 611 (Samba).

Dokumente ausdrucken

Vor einer Beschreibung der Details der Druckerkonfiguration folgen hier noch einige Hinweise dazu, wie Sie Dokumente ausdrucken können, wenn die Druckerkonfiguration geklappt hat. Wenn Sie in einer Textkonsole arbeiten, lautet das Kommando ganz einfach:

```
user$  lpr datei
```

Damit wird die Datei an den Standarddrucker gesendet. Wenn Sie mehrere Drucker (oder mehrere unterschiedliche Konfigurationen für denselben Drucker) konfiguriert haben und nicht den Standarddrucker verwenden möchten, müssen Sie den Namen des Druckers explizit mit der Option `-P` angeben. Beachten Sie, dass der Option kein Leerzeichen folgt!

```
user$  lpr -Pdruckername datei
```

`lpr` kann mit | an andere Textkommandos angefügt werden. Das bewirkt, dass das Ergebnis des ersten Kommandos direkt ausgedruckt wird. Mit dem folgenden Beispiel wird der Inhalt des aktuellen Verzeichnisses ausgedruckt.

```
user$  ls -l | lpr
```

Auch X-Programme verwenden `lpr` zum Ausdruck, dort werden Sie aber nicht unmittelbar damit konfrontiert. Stattdessen müssen Sie zumeist nur den Namen des Druckers eingeben oder auswählen. Im Zweifelsfall lautet dieser Name `lp`. Abbildung 6.3 zeigt einen KDE-Druckdialog. Die Auswahl des Standarddruckers erscheint hier ein wenig unübersichtlich, weil SuSE zu jedem Drucker gleich drei Konfigurationen mit jeweils mehreren Namen vorsieht.

Drucker-Devices (parallele Schnittstelle)

Linux kennt drei Devices für die parallele Schnittstelle, `/dev/lp0` bis `/dev/lp2`. Normalerweise ist Ihr Drucker an `/dev/lp0` angeschlossen. (Falls Sie ein sehr altes

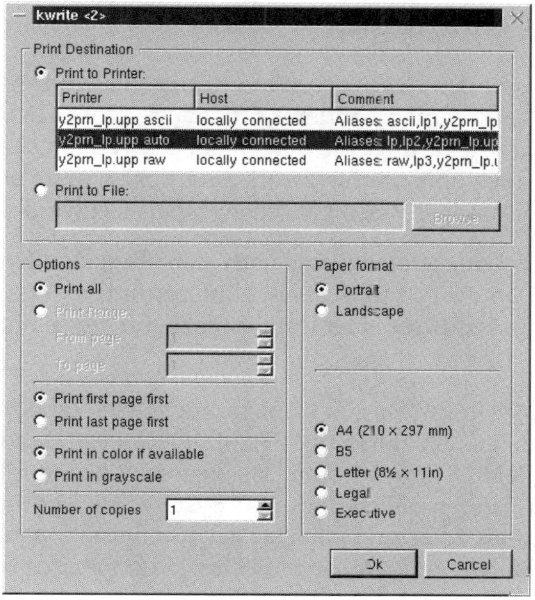

Abbildung 6.3: KDE-Druckdialog

Linux-System mit einem Kernel vor Version 2.2 verwenden, wird der Drucker dagegen zumeist als `/dev/lp1` angesprochen.)

Wenn Sie nur das Device testen möchten, aber noch keinen Drucker eingerichtet haben, können Sie als `root` eine Datei direkt an den Drucker senden. Dazu führen Sie einfach ein `cp`-Kommando aus, dem Sie als Ziel das Schnittstellen-Device angeben. Durch ein nachgestelltes `&` erreichen Sie einen Ausdruck im Hintergrund.

```
root#  cp datei /dev/lp0 &
```

Ein Ausdruck gelingt nur, wenn der Drucker den Inhalt der Datei interpretieren kann. Mit anderen Worten: An einen PostScript-Drucker müssen Sie eine PostScript-Datei senden, an einen HP DeskJet eine Datei mit Druckanweisungen im Deskjet-Format etc.

Damit Sie die parallele Schnittstelle überhaupt verwenden können, muss die entsprechende Option (Parallel Printer Support) beim Kompilieren des Kernels eingestellt sein. Bei allen Distributionen sind die Funktionen für die parallele Schnittstelle entweder direkt in den Kernel integriert oder stehen als Modul zur Verfügung.

HINWEIS

Das direkte Ansprechen der Schnittstelle ist nur eine Notlösung bzw. eine Hilfe beim Test, bis `lpd` korrekt konfiguriert ist. Aus diesem Grund sind die Zugriffsrechte für `/dev/lp`*n* üblicherweise so eingestellt, dass nur `root` drucken darf.

Der Drucker-Dämon lpd

Damit nicht jeder Linux-Benutzer wissen muss, an welchem Device der Drucker angeschlossen ist, ob gerade jemand anderes druckt etc., gibt es in der Unix-Welt Kommandos zur Druckeransteuerung, die den Ausdruck vereinfachen. Diese Kommandos ermöglichen es, auch über das Netzwerk zu drucken, und verwalten einen Spooler, in dem auszudruckende Dateien zwischengespeichert werden.

Unter Linux ist eine Druckersteuerung nach dem Berkeley System (BSD) üblich. Wenn der Drucker-Dämon `lpd` (das ist ein Hintergrundprozess) richtig konfiguriert wird, dann erfolgt der Ausdruck einer Datei einfach mit dem eingangs schon erwähnten Kommando `lpr datei`.

HINWEIS

Wie so oft in der Unix-Welt gibt es nicht nur einen Standard, sondern mehrere. Deswegen bieten manche Linux-Distributionen verschiedene Drucksysteme zur Auswahl. Relativ populär sind das System V sowie LPRng. Die Funktionalität ähnelt in beiden Fällen dem BSD-System, die Kommandos heißen aber anders (z.B. `lp` statt `lpr`), und auch bei der Konfiguration gibt es Unterschiede. In diesem Kapitel werden nur die BSD-Druckkommandos behandelt.

Konfiguration von lpd

`lpd` ist ein sogenannter Dämon, also ein Hintergrundprozess, der beim Hochfahren des Systems gestartet wird. `lpd` bildet die Schnittstelle zwischen dem Drucker und den Kommandos `lpr` (Ausdruck), `lpq` (Statusanzeige), `lprm` (Spool-Dateien löschen) und `lpc` (weitergehende Steuerung des Spoolers).

TIPP

`lpd` setzt voraus, dass auf dem Rechner zumindest die sogenannten Loopback-Netzwerkfunktionen zur Verfügung stehen. Das ist nach einer Standardinstallation immer der Fall, auch dann, wenn Sie gar keine Netzwerkkarte besitzen. Überzeugen Sie sich mit `ping localhost`!

Beim Start von `lpd` wird die Datei `/etc/printcap` ausgewertet. Diese Datei enthält in einer leider ziemlich unübersichtlichen Syntax die Daten zur Konfiguration des Druckers (oder der Drucker, falls mehrere angeschlossen sind). Die Minimaldefinition eines Druckers in `printcap` sieht folgendermaßen aus:

```
# /etc/printcap
lp:lp=/dev/lp0:sd=/usr/spool/lp0:sh
```

Die Zeile beginnt mit einer durch das Zeichen | getrennten Liste von Druckernamen. `lp` gilt als Defaultdrucker. Das ist besonders dann von Interesse, wenn `/etc/printcap` Definitionen für mehrere Drucker enthält (oder auch nur mehrere Einträge für ein- und denselben Drucker). Die folgende Zeile beschreibt denselben Drucker. Dieser kann jetzt aber über drei unterschiedliche Namen angesprochen werden (`druckername`, `zweitername` oder `drittername`). Um mit `lpr` eine Datei zu drucken, müssten Sie jetzt `lpr -Pdruckername datei` ausführen.

```
# /etc/printcap
druckername|zweitername|dritttername:lp=/dev/lp0:sd=/usr/spool/lp0:sh
```

Nach dem Namen folgen die diversen Einstellungen, die durch Doppelpunkte voneinander getrennt sind. Geben Sie innerhalb der Zeile keine Leerzeichen ein! `lp=` stellt das Druckerdevice ein (`/dev/lp0` entspricht `LPT1:` unter DOS). `sd=` stellt das Verzeichnis ein, in dem Spool-Dateien gespeichert werden sollen. `sh` bewirkt, dass `lpd` auf den Ausdruck einer Titelseite vor jedem Ausdruck verzichtet.

Die folgende `printcap`-Datei hat im Wesentlichen dieselbe Wirkung wie die obige, ist aber etwas übersichtlicher formuliert und gibt dem Drucker einen Namen. Die Einstellung `mx#0` bewirkt, dass die Größe von Druckdateien unbegrenzt ist. (Ohne dieses Kommando ist die Größe auf 1 MByte beschränkt, was ausgesprochen lästig ist. Sie können diese Einschränkung aber auch durch `lpr -s` umgehen – dann wird beim Druck einer Datei keine Kopie durchgeführt, sondern nur ein symbolischer Link angelegt.)

Beachten Sie, dass die zusammengehörenden Zeilen durch den Backslash (\) getrennt werden müssen. Die einzelnen Einträge müssen beidseitig durch Doppelpunkte eingeklammert sein, sonst kommt `lpd` durch die Leerzeichen der Einrückung in Schwierigkeiten.

```
# /etc/printcap
lp|minoltasp3500:\
  :lp=/dev/lp0:\
  :sd=/usr/spool/lp0:\
  :mx#0:\
  :sh
```

HINWEIS

Eine Veränderung von `printcap` wirkt sich erst nach einem Neustart von `lpd` aus! Dazu führen Sie `/etc/rc.d/init.d/lpd restart` (Red Hat) oder `/sbin/init.d/lpd restart` (SuSE) aus.

Eine gute Übersicht über die Schlüsselwörter in `/etc/printcap` liefert `man printcap`.

Sofern Ihr Drucker ein PostScript-Drucker ist, können Sie jetzt mit `lpr psdatei` eine PostScript-Datei ausdrucken. (Wenn Sie keine PostScript-Datei zur Hand haben, können Sie rasch eine mit `a2ps textdatei -o psdatei` oder mit `mpage textdate > psdatei` erzeugen; siehe Seite 780.)

Druckerfilter

In der obigen Form von `printcap` funktioniert ein Ausdruck nur dann, wenn Sie eine PostScript-Datei auf einem PostScript-Drucker ausdrucken möchten. Ist das nicht der Fall, müssen die an `lpr` übergebenen Daten zuerst manuell in das Druckerformat konvertiert werden.

Um diese Aufgabe zu automatisieren, sieht `lpd` ein Filterkonzept vor: In `printcap` kann mit dem Kommando `if=` ein Filterprogramm eingestellt werden. Beim Aufruf von `lpr` wird die Datei dann durch den angegebenen Filter bearbeitet und das Ergebnis an den Drucker übertragen. (Ein 'Filter' ist also einfach ein Programm, das Eingabedaten verarbeitet und Ausgabedaten liefert.) Das Filterprogramm kümmert sich je nach Konfiguration gleich um zwei Konvertierungsschritte.

- Zuerst versucht es, das Format der übergebenen Daten zu erkennen (ASCII-Dateien, GIF-Bilddateien, LaTeX-Dateien, `*.dvi`-Dateien etc.) und diese durch den Aufruf diverser Übersetzungsprogramme in PostScript-Dateien umzuwandeln (`a2ps`, `latex`, `dvips` etc.). Für welche Datentypen das funktioniert, hängt sowohl von der Leistungsfähigkeit des Druckers als auch von den installierten Konvertierungstools ab. Unter Umständen kümmert sich der Filter auch automatisch darum, komprimierte Dateien vorher zu dekomprimieren.
- Im zweiten Schritt werden die PostScript-Dateien durch den Aufruf von `gs` in das Format des angeschlossenen Druckers umgewandelt (natürlich nur, wenn es sich nicht ohnedies um einen PostScript-Drucker handelt).

VERWEIS

Beim zweiten Konvertierungsschritt kommt `gs` zum Einsatz. Dieses Programm sowie eine Reihe anderer Tools zum Umgang mit PostScript-Dateien sind in einem eigenen Abschnitt auf Seite 776 beschrieben. Einen Überblick, welche Drucker von `gs` unterstützt werden, finden Sie in den Hardware-Kompatibilitätslisten der jeweiligen Distribution oder (nicht immer ganz aktuell) unter:

`http://www.cs.wisc.edu/ ghost/printer.html`

Je nach Distribution werden unterschiedliche Filter installiert, von denen hier zwei erwähnt werden sollen:

rhs-printfilter: Diese Red-Hat-Eigenentwicklung wird auch von einigen anderen Distributionen verwendet (z.B. Corel, Mandrake). Die erforderlichen Konfigurationsdateien werden im Verzeichnis `/var/spool/lpd/`*name* untergebracht, wobei *name* der in `printcap` verwendete Druckername ist. `/etc/printcap` sieht folgendermaßen aus:

```
# /etc/printcap mit rhs-printfilter (Red Hat)
lp:\
        :sd=/var/spool/lpd/lp:\
        :mx#0:\
        :sh:\
        :lp=/dev/lp0:\
        :if=/var/spool/lpd/lp/filter:
```

apsfilter: Dieses Paket wird unter anderem von SuSE eingesetzt. Die Konfiguration erfolgt mit YaST (ADMINISTRATION|HARDWARE|DRUCKER) oder deutlich eleganter mit YaST2. Dabei werden gleich drei Druckerschnittstellen eingerichtet: `lp`, `raw` und `ascii`.

```
# /etc/printcap mit apsfilter (SuSE)
ascii|lp1|y2prn_lp.upp--ascii-lp|y2prn_lp.upp ascii:\
        :lp=/dev/lp0:\
        :sd=/var/spool/lpd/y2prn_lp.upp--ascii-lp:\
        :lf=/var/spool/lpd/y2prn_lp.upp--ascii-lp/log:\
        :af=/var/spool/lpd/y2prn_lp.upp--ascii-lp/acct:\
        :if=/var/lib/apsfilter/bin/y2prn_lp.upp--ascii-lp:\
        :la@:mx#0:\
        :tr=:cl:sh:
lp|lp2|y2prn_lp.upp--auto-lp|y2prn_lp.upp auto:\
        :lp=/dev/lp0:\
        :sd=/var/spool/lpd/y2prn_lp.upp--auto-lp:\
        :lf=/var/spool/lpd/y2prn_lp.upp--auto-lp/log:\
        :af=/var/spool/lpd/y2prn_lp.upp--auto-lp/acct:\
        :if=/var/lib/apsfilter/bin/y2prn_lp.upp--auto-lp:\
        :la@:mx#0:\
        :tr=:cl:sh:
raw|lp3|y2prn_lp.upp--raw-lp|y2prn_lp.upp raw:\
        :lp=/dev/lp0:\
        :sd=/var/spool/lpd/y2prn_lp.upp--raw-lp:\
        :lf=/var/spool/lpd/y2prn_lp.upp--raw-lp/log:\
        :af=/var/spool/lpd/y2prn_lp.upp--raw-lp/acct:\
        :if=/var/lib/apsfilter/bin/y2prn_lp.upp--raw-lp:\
        :la@:mx#0:\
        :tr=:cl:sh:
```

Trotz der unübersichtlichen `printcap`-Datei funktioniert `apsfilter` ganz ähnlich wie `rhs-printfilter`. Für den Anwender besteht der einzig wesentliche Unterschied darin, dass durch die zwei zusätzlichen Druckernamen `raw` und `ascii` die automatische Konvertierung umgangen werden kann. Wenn `raw` als Druckername verwendet wird, werden die Daten unverändert an den Drucker weitergegeben. Wird dagegen `ascii` verwendet, interpretiert der Filter die Daten als ASCII-Text und führt die notwendigen Konvertierungen durch, um diesen Text unverändert auszudrucken.

```
root#  lpr datei.dvi        # automatische Konvertierung in das Druckerformat
root#  lpr -Praw datei      # Ausdruck ohne Konvertierung
root#  lpr -Pascii datei    # die Datei als ASCII-Text behandeln
```

TIPP

Die apsfilter-Funktionen können global mit `/etc/apsfilterrc` sowie individuell für jeden Drucker mit `/etc/apsfilterrc.*.upp` konfiguriert werden. Bei den Dateien `/var/lib/apsfilter/bin/`*name* handelt es sich um Links auf das Script `/var/lib/apsfilter/apsfilter`. Der komplizierte Name wird im Script ausgewertet, d.h. ein Teil der Konfigurationsinformationen ist im Namen des Links verschlüsselt. Weitere Informationen finden Sie im SuSE-Handbuch.

Verwaltung des Spoolers

Alle an den Drucker gesandten Daten werden von `lpd` im Verzeichnis `/var/spool/lpd/*` zwischengespeichert, bis der Ausdruck abgeschlossen ist. Es ist daher möglich, mehrere Druckkommandos hintereinander auszuführen, bevor der Ausdruck der ersten Datei abgeschlossen ist.

Eine Liste aller zwischengespeicherten Dateien bzw. Druckaufträge erhalten Sie mit dem Kommando `lpq`. Dabei werden auch die Größe der Datei sowie eine Jobnummer angegeben. Diese Jobnummer können Sie als Parameter von `lprm` angeben, um eine Datei aus dem Druckerspooler zu entfernen. Beachten Sie bitte, dass alle Spool-Daten auf der Festplatte gespeichert werden. Ein Neustart von Linux ändert daran nichts. `lpd` stellt nach dem Neustart fest, dass es noch nicht ausgedruckte Dateien gibt, und wird weiterhin versuchen, die Daten an den Drucker zu übertragen.

HINWEIS

`lpq` und `lprm` gelten automatisch für den Default-Drucker `lp`. Wenn Sie mehrere Drucker konfiguriert haben, müssen Sie wie bei `lpr` den Namen des Druckers mit der Option `-P`*name* (ohne Leerzeichen!) angeben.

Eine feinere Kontrolle über den Druckvorgang gestattet das Kommando `lpc`. Nach dem Start dieses Kommandos befinden Sie sich in einer eigenen Arbeitsumgebung, in der Sie Kommandos wie `status`, `help` etc. ausführen können. Mit `topq` können Sie einen Druckjob in der Warteliste nach oben befördern. Als Parameter müssen Sie den Druckernamen und die Jobnummer angeben. Ein Teil der Kommandos in `lpc` (so auch `topq`) darf nur von `root` ausgeführt werden. `exit`, `bye` oder `quit` beenden `lpc`.

Natürlich gibt es auch komfortablere Programme zur Verwaltung des Drucker-Spoolers – beispielsweise das KDE-Programm `klpq` (Abbildung 6.4).

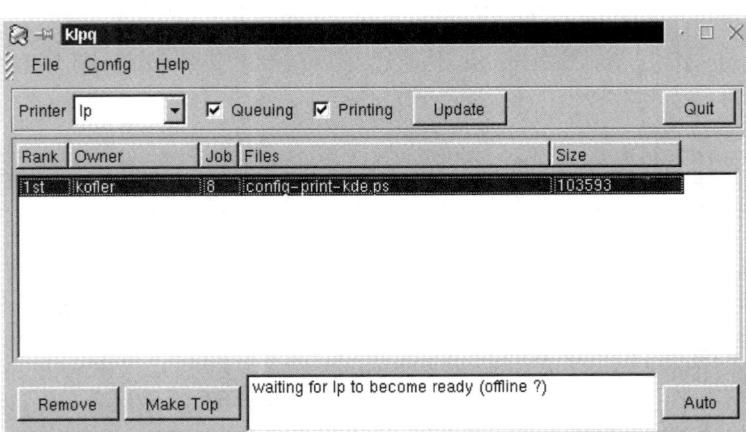

Abbildung 6.4: Verwaltung des Drucker-Spoolers mit klpq

6.8 Modem/Serielle Schnittstelle

Eine Konfiguration des Modems ist normalerweise nicht erforderlich. Dieser Abschnitt behandelt daher in erster Linie die optimale Verwendung der seriellen Schnittstelle zur Verbindung zwischen Modem und Computer.

HINWEIS

Dieser Abschnitt geht davon aus, dass Sie ein richtiges Modem verwenden, egal ob ein externes, das über die serielle Schnittstelle mit Ihrem Computer verbunden ist, oder ein internes, das die serielle Schnittstelle selbst zur Verfügung stellt. Informationen zu anderen Modemtypen finden Sie im nächsten Abschnitt.

Im Normalfall haben Sie Ihr Modem an die erste oder zweite serielle Schnittstelle angeschlossen. (Unter Umständen beansprucht die Maus die erste serielle Schnittstelle.) Unter Linux sprechen Sie das Modem über `/dev/ttyS0` (entspricht COM1: unter DOS/Windows) bzw. über `/dev/ttyS1` an (COM2:).

Bei manchen Distributionen wird bei der Modemkonfiguration ein Link eingerichtet, der von `/dev/modem` auf `/dev/ttyS`*n* zeigt. Dieser Link ist aber nicht unbedingt erforderlich und kann die Ursache von Locking-Problemen sein (wenn zwei Programme gleichzeitig auf die serielle Schnittstelle zugreifen möchten).

```
root#  ls -l /dev/ttyS0,1 /dev/modem
lrwxrwxrwx  1 root root      10  Jan  5  /dev/modem -> /dev/ttyS0
crw-rw----  1 root uucp   4, 64  Jan  5  /dev/ttyS0
crw-rw----  1 root uucp   4, 65  Dec 11  /dev/ttyS1
```

TIPP

Bis zum Linux-Kernel 2.0.*n* konnte das Modem auch über `/dev/cua`*n* angesprochen werden. Ab Kernel 2.2 ist das nicht mehr möglich!

Am einfachsten können Sie Ihr Modem nun mit den Programmen `minicom` oder `seyon` ausprobieren (siehe Seite 801). Starten Sie eines dieser Programme, und geben Sie `ATH` und ⏎ ein. Damit fordern Sie das Modem auf, eine eventuell bestehende Verbindung zu unterbrechen. Das Modem antwortet mit `OK`. Jetzt wissen Sie, dass die Kommunikation zwischen Linux und dem Modem klappt. Gegebenenfalls müssen Sie beim Start von `minicom` oder `seyon` angeben, über welche Schnittstelle das Modem angesprochen werden soll.

Nur wenn dieser Test nicht problemlos klappt oder wenn Sie den Eindruck haben, dass Ihr Modem (nach einer Internet-Konfiguration) die Daten deutlich langsamer überträgt, als es eigentlich sollte, sind die weiteren Informationen in diesem Kapitel für Sie von Interesse.

HINWEIS

Eine wichtige Voraussetzung für die Verbindung zwischen Modem und Computer über die serielle Schnittstelle besteht darin, dass der Kernel die serielle Schnittstelle unterstützt bzw. das entsprechende Modul laden kann. Das ist bei allen gängigen Distributionen automatisch der Fall. Wenn Sie selbst einen Kernel kompilieren, achten Sie darauf, dass die Option CHARACTER DEVICES|STANDARD SERIAL SUPPORT aktiviert ist!

Achten Sie auch darauf, dass die seriellen Schnittstellen bei einigen Mainboards im BIOS-Setup aktiviert werden müssen!

Modemtypen

Ein Modem verbindet den Computer und den Telefonanschluss. Dabei gibt es mehrere unterschiedliche Typen:

Externe Modems: Externe Modems sind Zusatzgeräte mit eigenem Netzteil, die über ein Kabel mit der seriellen Schnittstelle des Computers verbunden werden. Sie haben zwar den Nachteil, dass sie einen erheblichen Kabelsalat verursachen, bereiten dafür aber viel weniger Probleme bei der Inbetriebnahme. Ein weiterer Vorteil besteht darin, dass sich diese Modems leicht ein- und ausschalten lassen (etwa um auf diese Weise einen Reset durchzuführen, ohne gleich den Rechner neu zu starten).

Interne Modems: Interne Modems bestehen nur aus einer Steckkarte; die serielle Schnittstelle ist integriert. Von Linux werden solche Modems genauso wie externe Modems angesprochen. Die einzig mögliche Problemquelle ist die Plug-and-Play-Konfiguration mancher Steckkarten. Weiterführende Informationen finden Sie im Modem- und im Plug-and-Play-HOWTO.

PCMCIA-Modems: Hierbei handelt es sich um Modems bzw. ISDN-Adapter in Form einer PCMCIA-Karte. Grundsätzlich werden solche Modems von Linux unterstützt, die Frage ist nur, ob Linux auch gerade Ihre PCMCIA-Karte kennt. Mehr Informationen zum Thema PCMCIA finden Sie auf Seite 247.

WinModems: Neben den 'richtigen' Modems gibt es auch sogenannte WinModems. Dabei werden diverse Modemfunktionen nicht durch die Hardware des Modems zur Verfügung gestellt, sondern per Software emuliert – und diese Software gibt es nur unter Windows (daher der Name). WinModems werden unter Linux zur Zeit mit ganz wenigen Ausnahmen nicht unterstützt, was in erster Linie daran liegt, dass die Hardware-Firmen die erforderlichen Spezifikationen zur Entwicklung von Modem-Treibern nicht für Open-Source-Projekte zur Verfügung stellen. Am ehesten werden Sie als Notebook-Besitzer mit WinModems konfrontiert – in den meisten Notebooks befinden sich leider WinModems. Mehr Informationen zu diesem unerfreulichen Thema finden Sie unter:

`http://linmodems.org/`

HINWEIS

Eines der wenigen WinModems, zu denen momentan immerhin Binärtreiber (ohne Quellcode) verfügbar sind, ist jenes von Lucent. Der aktuelle Treiber ist bei der oben genannten Website zu finden. Es handelt sich dabei um ein Kernel-Modul und ein winziges Installationsprogramm. Dieses erzeugt eine Device-Datei für das Modem (`/dev/ttyS14`), richtet einen Link von `/dev/modem` auf dieses Device ein, kopiert die Moduldatei `ltmodem.o` in das Verzeichnis `/lib/modules/`*n*`/misc` und fügt an `/etc/rc.d/rc.local` das Kommando `/sbin/insmod -f ltmodem` an.

Sofern `rc.local` von der jeweiligen Distribution während des Initprozesses ausgeführt wird, wird das Modul beim Systemstart ausgeführt. Bei Red Hat klappt das auf Anhieb, bei SuSE müssen Sie das Kommando selbst in `/sbin/init.d/boot.local` einfügen.

Die Option `-f` bei `insmod` bewirkt, dass das Modem selbst dann geladen wird, wenn es nicht zum laufenden Kernel passt. (Das ist deswegen erforderlich, weil das Modul für einen ganz bestimmten Kernel kompiliert ist. Dass Sie zufällig dieselbe Kernel-Nummer verwenden, ist unwahrscheinlich. Mit etwas Glück funktioniert das Modul aber dennoch.

Auf meinem Notebook hat dieses Prozedere trotz aller Skepsis überraschend gut funktioniert. Es gelang innerhalb von zehn Minuten, das Modem in Betrieb zu nehmen und mit YaST eine PPP-Verbindung zum Provider herzustellen. Manchmal ist die Konfiguration von Linux wirklich einfacher, als man zu hoffen wagt.

USB-Modems: Neuerdings gibt es auch USB-Modems bzw. USB-ISDN-Adapter. Sofern Ihr Kernel USB unterstützt und das Modem erkennt, können Sie solche Modems einfach über `/dev/usb/ttyACM*` ansprechen (statt `/dev/ttyS*`). Ob und wie Ihr Modem von Linux unterstützt wird, erfahren Sie unter:

`http://www.linux-usb.org/`

Allgemeine Informationen zu USB und Linux gibt es unter:

`http://linuxusbguide.sourceforge.net/`

ISDN-Adapter: Während Modems auf einer analogen Datenmodulierung basieren, kann bei einem ISDN-Telefonanschluss auf diese Modulierung verzichtet werden. Insofern sind ISDN-Karten also keine Modems, auch wenn sie manchmal so bezeichnet werden. Der Umgang mit ISDN-Karten wird auf Seite 463 beschrieben.

ADSL Network Terminator (ANT): ANTs verbinden Ihren Computer mit einem ADSL-Internet-Zugang. Umgangssprachlich werden diese Geräte oft ADSL-Modems genannt, was genauso falsch ist wie bei ISDN-Adaptern. Informationen zu ADSL finden Sie auf Seite 473.

Modemsteuerung

Als Steuerungssprache zwischen Computer und Standardmodems hat sich der Hayes-AT-Befehlssatz als Quasistandard etabliert. Beinahe jedes gängige Modem versteht diese Kommandos. Beispielsweise bedeutet das Kommando `ATDT12345`, dass das Modem die Nummer 12345 wählen soll.

Ein Anwendungsbeispiel für die AT-Befehle finden Sie auf Seite 457, wo gezeigt wird, wie mit einer Script-Datei der PPP-Verbindungsaufbau automatisiert werden kann. Dabei wird mit einem AT-Kommando der Lautsprecher des Modems ausgeschaltet. (Damit entfällt das lästige Gepiepse während des Wählens.)

Modemgeschwindigkeit

Umgangssprachlich gibt es zwei 'Modemgeschwindigkeiten', die oft verwechselt werden: Die eine Geschwindigkeit meint die Übertragungsrate zu einem anderen Modem (etwa dem des Internet-Providers) über die Telefonleitung, die andere Geschwindigkeit gibt an, wie schnell die Kommunikation zwischen Ihrem Computer und Ihrem Modem über die serielle Schnittstelle stattfindet.

Die Datenübertragungsrate zwischen zwei modernen Modems beträgt zur Zeit bis zu 56.000 Bits pro Sekunde (bps). Ob diese Rate tatsächlich erreicht werden kann, hängt allerdings davon ab, wie weit beide Modems (Ihres und das, das Sie angewählt haben) kompatibel sind und wie gut die Leitungsqualität ist. Außer beim Modemkauf haben Sie keinen Einfluss auf die Übertragungsrate. Das Modem wählt automatisch die bestmögliche Übertragungsrate, eine spezielle Konfiguration ist nicht notwendig.

Nun zur Geschwindigkeit der seriellen Schnittstelle: Diese beträgt bei typischen PCs maximal 115.200 bps (bei moderner Hardware eventuell auch 230.400 bps). Sie werden sich jetzt vermutlich fragen, weswegen die serielle Schnittstelle schneller als das Modem arbeiten soll. Der Grund: Wenn sich beide Modems einig sind, können die Daten zur Übertragung komprimiert werden. In diesem Fall ist der tatsächliche Datenfluss also höher als die maximale Übertragungsrate.

Während Sie auf die Übertragungsrate keinen Einfluss haben, kann die Geschwindigkeit der seriellen Schnittstelle beeinflusst werden – dazu mehr im übernächsten Teilabschnitt. Wenn die serielle Schnittstelle in der Defaulteinstellung zu langsam konfiguriert ist (was bei manchen Rechnern vorkommt), stellt sie für das Modem einen Engpass dar. Erwarten Sie aber keine Wunder – mehr Daten, als das Modem anliefert, kann die serielle Schnittstelle auch bei maximaler Geschwindigkeit nicht weiter an den Computer übertragen!

Zugriff auf die serielle Schnittstelle

Normalerweise dürfen auf `/dev/ttyS`*n* nur `root` sowie alle Mitglieder der Gruppe `uucp` zugreifen. Damit auch andere Nutzer die serielle Schnittstelle verwenden dürfen, müssen Sie diese entweder der Gruppe `uucp` zuordnen (z.B. mit `linux-`

`conf`, `kuser` oder YaST). Noch einfacher ist es, den Zugriff auf das Device einfach für alle Nutzer freizugeben:

```
root#  chmod a+rw /dev/ttyS n
```

Die meisten Programme, die auf eine serielle Schnittstelle zugreifen, legen eine Locking-Datei an. Damit signalisieren sie allen anderen Programmen, dass die Schnittstelle momentan blockiert ist. Locking-Dateien werden normalerweise in `/var/lock` gespeichert. Das Problem besteht auch hier darin, dass der Zugriff auf dieses Verzeichnis `root` vorbehalten ist. Die einfachste Lösung ist, einfach allen Anwendern Schreibzugriff auf `/var/lock` zu geben.

Eleganter (und sicherer) ist es aber auch in diesem Fall, alle Modemnutzer der Gruppe `uucp` zuzuordnen. Bei SuSE ist nicht einmal das ausreichend, weil selbst `uucp`-Gruppenmitglieder keinen Schreibzugriff auf das `lock`-Verzeichnis haben. Abhilfe schafft das folgende Kommando:

```
root#  chmod g+w /var/lock
```

Erkennung der seriellen Schnittstelle

Bei manchen Rechnern läuft die serielle Schnittstelle in der Defaultkonfiguration zu langsam und stellt für das Modem einen Engpass dar. Wenn Ihr Modem also deutlich langsamer arbeitet als erwartet (bzw. die unter Windows erreichten Datenraten unter Linux ausbleiben), müssen Sie sich mit den hier beschriebenen Kommandos anfreunden.

Erste Informationen über die serielle Schnittstelle werden im Regelfall schon während des Rechnerstarts angezeigt. Diese Informationen können Sie jederzeit mit `dmesg` wiederholen.

```
root#  dmesg
...
Serial driver version 4.13p with no serial options enabled
ttyS00 at 0x03f8 (irq = 4) is a 16550A
ttyS01 at 0x02f8 (irq = 3) is a 16550A
```

Eine zweite Möglichkeit, Informationen über die seriellen Schnittstellen zu ermitteln, bietet das Kommando `setserial`:

```
root#  setserial -bg /dev/ttyS*
/dev/ttyS0 at 0x03f8 (irq = 4) is a 16550A
/dev/ttyS1 at 0x02f8 (irq = 3) is a 16550A
```

Die Geschwindigkeit der seriellen Schnittstelle wird normalerweise durch das Programm vorgegeben, das mit dem Modem kommuniziert (z.B. ein Terminalemulator). Die Schnittstellengeschwindigkeit kann daher nicht global eingestellt werden, sondern muss durch Konfigurationsdateien für die einzelnen Programme (etwa `minirc.dfl` für das Terminalprogramm `minicom`) vorgegeben werden.

Mit `setserial` können auch nicht automatisch erkannte Parameter der seriellen Schnittstelle eingestellt werden. In so einem Fall ist es sinnvoll, `setserial` im Rahmen des Init-V-Prozesses auszuführen. Debian, Red Hat und SuSE sehen dafür bereits entsprechende Script-Dateien vor, die automatisch ausgeführt werden, sofern sie existieren.

```
/etc/rc.boot/0setserial    Corel/Debian (wird von rcS ausgeführt)
/etc/rc.d/rc.serial        Red Hat (wird von rc.sysinit ausgeführt)
/sbin/init.d/serial        SuSE (Link von /sbin/init.d/rc?.d)
```

VORSICHT Natürlich müssen Sie zur korrekten Anwendung von `setserial` die tatsächlichen Daten der seriellen Schnittstelle kennen! Der Versuch, nicht zutreffende Daten einzustellen, kann im ungünstigsten Fall damit enden, dass sich der Rechner aufhängt!

Geschwindigkeit der seriellen Schnittstelle

Falls Sie mit `pppd` auf die serielle Schnittstelle zugreifen (Internet-Zugang), können Sie die Geschwindigkeit vorweg mit dem Kommando `stty` einstellen. Das Eingabeumleitungszeichen < ist übrigens korrekt, obwohl Sie vielleicht > erwarten würden: `stty` verändert die Geschwindigkeit, indem es Daten von der Schnittstelle liest. Zulässige Geschwindigkeiten sind z.B. 38.400, 57.600, 115.200 und 230.400 (selten).

```
root#  stty ispeed 115200 < /dev/ttyS1
```

Manche Programme können nur bis zu einer Geschwindigkeit bis zu 38.400 Bits pro Sekunde konfiguriert werden (was einstmals als absolutes Maximum betrachtet wurde). Um auch bei diesen Programmen eine höhere Schnittstellengeschwindigkeit zu erzielen, muss mit dem Zusatzprogramm `setserial` die Option `spd_hi` oder `spd_vhi` für die jeweilige Schnittstelle gesetzt werden. Damit wird erreicht, dass beim Ansprechen der jeweiligen Schnittstelle der Wunsch nach 38.400 bps automatisch in 57.600 bps oder 115.200 bps umgesetzt wird.

```
root#  setserial /dev/ttyS1 spd_hi  #  57600 statt 38400 bps
root#  setserial /dev/ttyS1 spd_vhi # 115200 statt 38400 bps
```

Mit Tricks kann bei neuen Modellen sogar eine Geschwindigkeit von 230.400 bps erreicht werden (laut Modem-HOWTO):

```
root#  setserial /dev/ttyS1 spd_cust baud_base 230400 divisor 1
```

TIPP Eine Menge weiterer Informationen zum Umgang mit der seriellen Schnittstelle und mit diversen Modems (auch mit exotischen Modellen) finden Sie in den Modem- und Serial-HOWTO-Texten.

6.9 Sound-Karten

Die Konfiguration von Sound-Karten war unter Linux lange relativ umständlich und kompliziert. Mittlerweile hat sich das zum Glück geändert. Viele marktübliche Sound-Karten werden von den Installations- oder Konfigurationsprogrammen der meisten Distributionen auf Anhieb erkannt und richtig konfiguriert. Die wichtigsten Konfigurations-Tools sind:

- `sndconfig` (Corel, Mandrake, Red Hat)
- `lothar` (Mandrake)
- YaST2 (SuSE ab 6.4, ALSA-Konfiguration)
- `alsaconf` (distributionsunabhängig, ALSA-Konfiguration)

Wenn die Konfiguration ohne Fehlermeldung funktioniert hat, sollten Sie Ihre Sound-Karte noch testen. Dazu spielen Sie einfach eine `*.wav`-Sound-Datei mit `play` oder `aplay` (für ALSA) ab:

```
user$  play file.wav
```

TIPP

Falls Sie mit KDE arbeiten, können Sie statt `play` den MediaPlayer `kmedia` einsetzen. Zur Einstellung der Lautstärke steht unter KDE das Programm `kmix`, unter Gnome `gmix` zur Verfügung. Manchmal ist im Mixer die Lautstärke auf 0 gestellt – dann können Sie natürlich nichts hören, selbst wenn sonst alles funktioniert.

WAV-Dateien finden Sie bei einer KDE-Installation z.B. im Verzeichnis `/opt/kde/share/sounds/`. Verwenden Sie gegebenenfalls zur Suche einfach `locate .wav`.

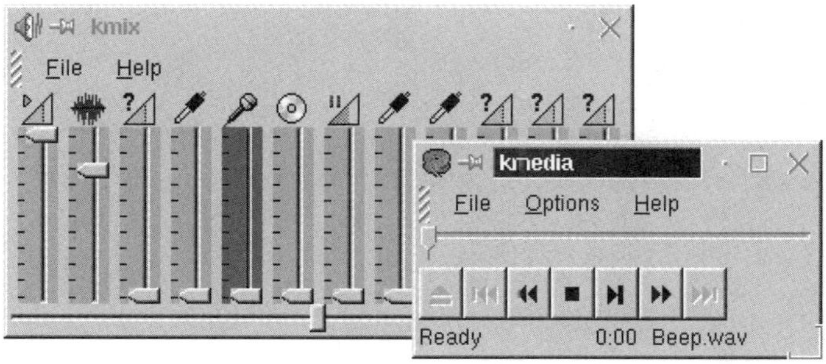

Abbildung 6.5: KDE-Sound-Tools

HINWEIS

Dieser Abschnitt geht nur auf die elementaren Sound-Funktionen ein. Das Ziel ist es, dass Sie Sound-Dateien (WAV, MP3 etc.) abspielen können. Weitergehende Funktionen – etwa Mehrkanalanwendungen, MIDI-Anwendungen etc. – werden in diesem Buch nicht behandelt. Für derart fortgeschrittene Anwendungen sollten Sie die weiter unten Seite abgedruckten Websites besuchen.

Linux-Sound-Systeme

Zur Zeit gibt es gleich drei verschiedene Sound-Systeme für Linux:

- **OSS/Free alias OSS/Lite:** OSS/Free ist zur Zeit als einziges Sound-System direkt Teil des Standard-Kernel-Codes. OSS/Free steht bei jeder aktuellen Linux-Distribution zur Verfügung und ist frei (*open source*). Die Abkürzung OSS steht übrigens für *Open Sound System*.
- **OSS/Linux:** Das ist die kommerzielle Variante zu OSS/Free. Der wesentliche Unterschied besteht darin, dass es Support gibt und einige zusätzliche Sound-Karten bzw. besondere Eigenschaften von Sound-Karten unterstützt werden. Bei manchen Distributionen werden zeitlich limitierte Demoversionen von OSS/Linux mitgeliefert.
- **ALSA:** ALSA steht für *Advanced Linux Sound Architecture* und soll in Zukunft ebenfalls in den offiziellen Kernel-Code integriert werden und längerfristig OSS/Free ablösen. ALSA ist weitestgehend mit OSS/Free kompatibel, bietet aber zusätzlich eine eigene API für Programmierer und einige weitergehende Funktionen. ALSA wird zur Zeit allerdings erst mit relativ wenigen Distributionen mitgeliefert (z.B. mit SuSE).

Allen drei Systemen ist gemeinsam, dass die Funktionen in Form von Kernel-Modulen realisiert sind. Damit Linux Ihre Sound-Karte ansprechen kann, müssen die entsprechenden Module geladen werden. Damit das automatisch klappt, sobald die Sound-Funktionen genutzt werden sollen, muss `/etc/modules.conf` richtig eingestellt werden. (Hintergrundinformationen zur Bedeutung von `/modules.conf` finden Sie auf Seite 281.)

VERWEIS

In diesem Buch wird das Thema Sound nochmals in Kapitel 18 aufgegriffen, wo es um die Themen Audio-CDs, MP3 etc. geht. Die folgende Liste enthält außerdem einige wichtige Internet-Adressen:

`http://www.linux.org.uk/OSS/`
`http://www.opensound.com/`
`http://www.4front-tech.com/`
`http://www.alsa-project.org/`
`http://sound.condorow.net/`
`http://www.multimedia4linux.de/`

Konfiguration von OSS/Lite

Dieser Abschnitt setzt voraus, dass die Sound-Funktionen als Kernel-Module zur Verfügung stehen (`/lib/modules/`*n*`/sound*.o`). Bei einer PCI-Sound-Karte besteht die einzige Konfigurationsarbeit darin, die richtige `alias`-Anweisung in `/etc/modules.conf` bzw. `/etc/conf.modules` einzutragen. Die folgenden Zeilen zeigen, wie dies bei einer Red-Hat- bzw. bei einer Mandrake-Distribution aussieht (jeweils für eine Soundblaster-PCI-128-Karte).

```
# in /etc/conf.modules, Red Hat
alias sound-slot-0 es1371
# in /etc/conf.modules, Mandrake
alias sound es1371
```

Wie erkennen Sie nun Ihre Sound-Karte, und woher wissen Sie, welches Modul erforderlich ist? Die erste Frage beantwortet (zumindest bei PCI-Karten) zumeist `lspci` oder `cat /proc/pci`.

```
root#  lspci
...
00:0c.0 Multimedia audio controller: Ensoniq ES1371 [AudioPCI-97]
...
```

Die zweite Frage ist schwieriger zu beantworten. Eine zentrale Referenz, die die Bezeichnungen von Sound-Karten den Modulnamen zuordnet, scheint es nicht zu geben. Hilfreich ist in vielen Fällen die Hardware-Datenbank von Red Hat:

`http://www.redhat.com/support/hardware`

Zum Ziel führt aber zumeist auch eine Suche nach der exakten Bezeichnung der Sound-Karte im Kernel-Code oder in `www.deja.com/usenet`. Aber auch ein genauer Blick in die Dateien von `/usr/lib/`*n*`/modules/misc` kann weiterhelfen – beim vorliegenden Beispiel lautet der Modulname einfach `es1371`.

HINWEIS

Bei älteren Plug-and-Play-ISA-Sound-Karten treten oft Probleme auf. Die prinzipielle Vorgehensweise sieht folgendermaßen aus: Sie führen das Programm `pnpdump` aus und leiten die Ausgabe in eine Datei. Die Ergebnisse von `pnpdump` werden dann zur Erstellung von `/etc/isapnp.conf` verwendet. Dazu kommentieren Sie jene Zeilen aus, die Ihrer Hardware entsprechen (d.h. Sie entfernen das #-Zeichen). Schließlich stellen Sie sicher, dass `isapnp` beim Systemstart ausgeführt wird. (Bei den meisten Distributionen ist das automatisch der Fall, sobald `/etc/isapnp` existiert. Weitere Informationen zu diesem Thema finden Sie in den Manualseiten von `pnpdump`, `isapnp` und `isapnp.conf` sowie im Plug-and-Play-HOWTO.

VERWEIS

Sehr ausführliche Hintergrundinformationen finden Sie in der Kernel-Dokumentation: `/usr/src/linux/Documentation/sound`.

Eine weitere Informationsquelle ist das Sound-HOWTO. Dieser Text geht allerdings davon aus, dass die Sound-Funktionen direkt in den Kernel kompiliert werden. Das ist nicht erforderlich. Der übliche Weg ist mittlerweile, mit Modulen zu arbeiten.

Konfiguration von ALSA

ALSA basiert wie OSS auf Kernel-Modulen. Ob auf Ihrem Rechner ALSA-Module installiert sind, erfahren Sie durch einen Blick in `/lib/modules/`*n*`/misc`: dort befindliche `snd*.o`-Dateien sind ASLA-Module. `sound*.o`-Dateien sind hingegen OSS-Module.

Wenn Ihre Distribution keine ALSA-Module mitliefert, müssen Sie diese in der Regel selbst kompilieren. Damit ALSA verwendet werden kann, müssen im Kernel (ab Version 2.2) die Sound-Grundfunktionen integriert sein. Es dürfen dagegen keinen OSS-Treiber für spezifische Sound-Karten in den Kernel integriert sein (sonst gibt es Konflikte mit den ALSA-Treibern). Sind diese Voraussetzungen nicht erfüllt, muss auch der Kernel selbst neu kompiliert werden.

ALSA verwendet übrigens keine Device-Dateien in `/dev`, sondern in `/proc /asound`. Diese Device-Dateien werden bei der Installation von ALSA angelegt (Script `snddevices`). `/dev/snd` ist ein Link auf `/proc/asound/dev`.

Zur Konfiguration von ALSA verwenden Sie entweder das von Ihrer Distribution mitgelieferte Konfigurationsprogramm oder das zu ALSA gehörende Programm `alsaconf`. Anschließend können Sie die Lautstärke mit `alsamixer` oder `amixer` einstellen und eine WAV-Datei mit `aplay` abspielen. `alsactl` ermöglicht eine weitergehende Steuerung diverser Spezialfunktionen von Sound-Karten.

Die folgenden Zeilen zeigen beispielhaft die Einstellungen in `/etc/modules.conf` (wieder für eine SoundBlaster-PCI-128-Karte). Nur die ersten vier Zeilen betreffen die eigentliche ALSA-Konfiguration. Die restlichen Einstellungen dienen dazu, dass Programme, die OSS-Funktionen nutzen, auch weiterhin funktionieren.

```
# in /etc/modules.conf, mit SuSE YaST2
# ALSA native support
alias char-major-116 snd
options snd snd_major=116 snd_cards_limit=1
alias snd-card-0 snd-card-ens1371
options snd-card-ens1371 snd_index=0 snd_id=card1
# OSS/Free emulation
alias sound-slot-0 snd-card-0
alias sound-service-0-0 snd-mixer-oss
alias sound-service-0-1 snd-seq-oss
alias sound-service-0-3 snd-pcm-oss
alias sound-service-0-8 snd-seq-oss
alias sound-service-0-12 snd-pcm-oss
```

VERWEIS

Mit dem `alsa`-Paket wird eine umfassende Dokumentation mitgeliefert (bei SuSE zu finden in `/usr/doc/packages/alsa`). Auf der ASLA-Homepage finden Sie ein ALSA-HOWTO, ein ALSA-Mini-HOWTO und einen schon etwas älteren ALSA-FAQ-Text. An Dokumentation herrscht also kein Mangel!

`http://www.alsa-project.org/`

6.10 Notebooks/Laptops

Dieser Abschnitt beschreibt ganz kurz einige Besonderheiten der Linux-Konfiguration für Notebooks. Insbesondere wird erklärt, wie die Verwaltung von PCMCIA-Karten funktioniert und welche Möglichkeiten es gibt, Linux möglichst batteriesparend zu betrieben.

VERWEIS

Dieser Abschnitt geht davon aus, dass Sie Linux bereits erfolgreich auf Ihrem Notebook installiert haben. (Einige Tipps dazu finden Sie auf Seite 83.) Hinweise zum Thema WinModems finden Sie auf Seite 238.

Das SuSE-Handbuch enthält seit Version 6.4 ein sehr informatives Kapitel zu diesem Thema (lesenswert auch für Besitzer anderer Distributionen). Eine Menge weiterer notebook-spezifischer Informationen finden Sie schließlich im Laptop-HOWTO, im IR-HOWTO (Infrarot-Funktionen) und auf der folgenden Website:

`http://metalab.unc.edu/mdw/HOWTO/Laptop-HOWTO.html`

PCMCIA

Die fast unaussprechliche Abkürzung PCMCIA steht für *Personal Computer Memory Card International Association*. PCMCIA-Karten sind kreditkartengroße Erweiterungskarten für Notebooks, wobei die Erweiterungen natürlich nicht auf Speicherkarten beschränkt sind, sondern eine weite Palette umfassen. Für die meisten Linux-Anwender sind Ethernet-, Modem-, ISDN-Karten wohl die wichtigsten.

Die größte Herausforderung für die PCMCIA-Programmierung besteht darin, dass PCMCIA-Karten (im Gegensatz zu den meisten anderen Hardware-Komponenten) im laufenden Betrieb hinzugefügt und entfernt werden können. Wenn Sie eine Ethernet-Karte einstecken, sollte Linux das nicht nur erkennen und die erforderlichen Treiber (Kernel-Module) aktivieren; es sollte anschließend auch die Netzwerkkommandos ausführen, um das Notebook an das lokale Netz anzuschließen.

Es gibt zwei Typen von PCMCIA-Karten, sogenannte PC-Karten und CardBus-Karten. Der Unterschied besteht darin, dass die Datenübertragung zwischen Notebook und Karte im einen Fall über einen 16-Bit-Bus, im anderen Fall über einen 32-Bit-Bus erfolgt. CardBus-Karten haben daher einen potenziellen Geschwindigkeitsvorteil. Linux unterstützt prinzipiell beide Kartentypen, allerdings bereiten zur Zeit die CardBus-Karten häufiger Probleme als die älteren PC-Karten.

VERWEIS

Die Konfiguration von PCMCIA-Ethernet-Karten wird im Rahmen der allgemeinen Netzwerkkonfiguration in Kapitel `lanclient` beschrieben. Weitere Informationen zum Thema PCMCIA finden Sie im PCMCIA-HOWTO, in der mit dem PCMCIA-Paket mitgelieferen Dokumentation (bei SuSE z.B. in `/usr/doc/packages/pcmcia`) sowie im Internet:

`http://pcmcia.sourceforge.org/`
`http://home.snafu.de/wehe/pcmcia_linux.html`

cardmgr

PCMCIA wird von Linux in Form von Kernel-Modulen unterstützt (siehe Verzeichnis `/lib/modules/`*n*`/pcmcia`). Eine zentrale Rolle bei der Verwaltung dieser Module spielt das Programm `cardmgr`. Es ist dafür zuständig, dass das Einstecken und Entfernen von PCMCIA-Karten bemerkt wird und dass entsprechend darauf reagiert wird. Dieses Programm wird zusammen mit dem PCMCIA-Core-Modul während des Init-Prozesses geladen. Bei Red Hat sind dafür das Script `/etc/rc.d/init.d/pcmcia` und die Steuerungsdatei `/etc/sysconfig/pcmcia` zuständig. Bei SuSE sind es `/sbin/init.d/pcmcia` und `/etc/rc.config` mit diversen PCMCIA-Variablen.

`cardmgr` greift auf diverse Dateien in `/etc/pcmcia` zurück. Die wichtigste Datei heißt `config`. Dabei handelt es sich um eine schier endlose Liste, die den Identifikationszeichenketten diverser PCMCIA-Karten die korrekten PCMCIA-Module zuordnet. Anhand dieser Datei weiß `cardmgr` also, welche Treiber zur Ansteuerung der Karte erforderlich sind.

Wenn Sie eine PCMCIA-Karte besitzen, die von Linux nicht erkannt wird, kann eine Veränderung von `/etc/pcmcia/config` eventuell weiterhelfen – und zwar dann, wenn die Karte zu einer anderen von Linux unterstützten Karte kompatibel ist. `cardctl ident` zeigt die Identifikationsinformationen der Karte an. Anhand dieser Daten können Sie nun in `config` einen neuen Eintrag einfügen, bei dem Sie mit `bind` das Modul angeben, das `cardmgr` verwenden soll. (Vorsicht: Wenn Sie ein ungeeignetes Modul angeben, kann Linux unter Umständen abstürzen.)

Die Datei `/etc/pcmcia/network` wird automatisch ausgeführt, wenn eine Netzwerkkarte eingesteckt bzw. entfernt wird. Die Datei ist also dafür zuständig, die Netzwerkfunktionen zu aktivieren bzw. zu stoppen. Die Funktion und Konfiguration dieses Scripts ist in hohem Maße distributionsabhängig (siehe auch Kapitel 9).

Hilfsprogramme

`cardctl` hilft bei der Verwaltung der PCMCIA-Einschübe. `cardctl ident` zeigt beispielsweise die Indentifikationsinformationen der eingesteckten Karten an. Sie können mit dem Kommando auch die Stromversorgung von PCMCIA-Karten unterbrechen etc.

TIPP

`cardinfo` bietet ähnliche Funktionen und eine attraktivere X-Oberfläche. Unter Gnome steht je nach Distribution auch `glaptop` zur Verfügung, das zur Steuerung diverser Notebook-Eigenschaften dient (inklusive PCMCIA).

6.11 Batterie und Stromsparfunktionen (APM)

APM steht für *Advanced Power Management*. Bei den meisten Notebooks, aber auch bei vielen modernen PCs stellt das BIOS APM-Funktionen zur Verfügung. Damit lässt sich der aktuelle Zustand der Batterie feststellen, der Rechner in einen Standby-Zustand versetzen bzw. vollständig ausschalten etc.

Damit Linux APM nutzen kann, müssen die APM-Funktionen in den Kernel integriert sein. (Die Linux-APM-Funktionen können nicht zu einem Modul kompiliert werden.) Ob Ihr Kernel die APM-Funktionen enthält, können Sie am einfachsten mit `cat /proc/apm` feststellen. Wenn diese Datei nicht existiert, wurde der Kernel ohne APM kompiliert. Abhilfe schafft die Installation eines anderen vorkompilierten Kernels oder das Neukompilieren. (APM wird durch eine Option bei den Grundeinstellungen aktiviert.)

VERWEIS

Weitere Informationen zu diesem Thema finden Sie im Battery-Powered-Mini-HOWTO, in der Dokumentation zum Paket `apmd` und im Laptop-HOWTO.

Hilfsprogramme

`apm` zeigt den aktuellen Zustand der Stromversorgung an (online/offline, Batterie-Inhalt). Das Programm wertet dazu `/proc/apm` aus. Die X-Programme `xapm` und `xosview` und das KDE-Tool `kbatmon` zeigen ebenfalls den Batteriezustand an.

apm -S versetzt den Computer in den Standby-Modus. (Bei den meisten Notebooks wird dabei nur das Display abgeschaltet. Eventuell wird auch die Prozessorfrequenz reduziert und die Festplatte ausgeschaltet. Ein Tastendruck weckt den Computer wieder auf.)

apm -s aktiviert den Suspend-Modus. (Bei den meisten Notebooks wird der Rechner dadurch fast vollständig abgeschaltet und benötigt nur noch sehr wenig Energie. Einzig der Inhalt des RAMs bleibt erhalten, so dass die Arbeit sofort wieder fortgesetzt werden kann. Das Notebook kann nur durch eine bestimmte, herstellerabhängige Tastenkombination wieder zum Leben erweckt werden.)

apmsleep versetzt das Notebook wie apm -s/S in den Standby- oder in den Suspend-Modus. Der Unterschied besteht darin, dass der Rechner nach einer vorgegebenen Zeit automatisch wieder aktiviert wird.

apmd

Der APM-Dämon ist ein Hintergrundprogramm, das je nach Batteriezustand automatisch verschiedene Operationen ausführen kann (Warnungen anzeigen, Rechner herunterfahren etc.). apmd wird dazu während des Init-Prozesses gestartet. (Bei SuSE muss dazu START_APM in /etc/rc.config auf yes gestellt werden.) Zur Konfiguration von apmd verwenden Sie bei Red Hat /etc/sysconfig/apmd, bei SuSE /etc/rc.config.d/apmd.rc.config. Weitere Konfigurationsmöglichkeiten bietet das Script /usr/sbin/apmd_proxy.

TIPP

Wenn Sie unter KDE arbeiten, können Sie die Notebook-Erweiterung des Control-Panels verwenden, um diverse Einstellungen durchzuführen (automatische Warnung, wenn die Batterie leer wird etc.). Diese Erweiterungen stehen bei manchen Distributionen in einem separaten Paket zur Verfügung (SuSE: kcmlapto).

Energie sparender Betrieb von Linux

Am meisten Energie verbrauchen die drei folgenden Komponenten: CPU, Display, Laufwerke (Festplatte, CD-ROM- und Diskettenlaufwerk). Energie verbrauchen aber natürlich auch alle anderen Komponenten. Entfernen Sie also PCMCIA-Karten, die Sie gerade nicht benötigen, etc.

CPU: Im Regelfall haben Sie auf die CPU wenig Einfluss, es gibt aber Ausnahmen: Beispielsweise benötigen Desktop-Systeme wie KDE oder Gnome deutlich mehr Ressourcen als einfache Fenster-Manager. Wenn Sie dennoch KDE oder Gnome verwenden möchten, deaktivieren Sie zumindest Funktionen wie das Verschieben des gesamten Fensterinhalts oder das ständige Neuzeichnen des Fensterinhalts während der Veränderung der Fenstergröße. Deinstallieren Sie sämtliche Netzwerk-Server-Dienste und Dämonen, die Sie nicht benötigen (oder verhindern Sie zumindest deren Start, indem Sie die entsprechenden Init-Links in den datrc?.d-Verzeichnissen entfernen). Verwenden Sie einen einfachen Bildschirmschoner (nicht einen, der komplizierte 3D-Berechnungen durchführt).

Display: Aktivieren Sie den Suspend-Modus, wenn Sie längere Zeit nicht arbeiten. Es ist prinzipiell möglich, `apm -S` wie einen Bildschirmschoner zu verwenden. Dadurch wird der Bildschirm nach einer gewissen Zeit automatisch abgeschaltet (siehe Battery-Powered-Mini-HOWTO). Diese Maßnahme ist allerdings ein zweischneidiges Schwert, weil die Display-Hintergrundbeleuchtung nur eine begrenzte Anzahl von Ein-/Aus-Zyklen überlebt. Wählen Sie also keine zu kleine Zeitspanne für das automatische Abschalten.

Festplatte: Hier gibt es das größte Potenzial für Sparmaßnahmen. Wenn Sie längere Zeit einen Text bearbeiten (ohne ihn zu speichern), benötigen Sie dazu die Festplatte eigentlich nicht. Dennoch wird die Festplatte normalerweise kaum zur Ruhe kommen.

Zum einen protokolliert `syslogd` alle möglichen Ereignisse (und bei jeder neuen Protokollzeile wird die Festplatte wieder gestartet). Zum anderen erstellen Editoren wie der Emacs nach einigen Zeichen automatisch eine Sicherheitskopie Ihrer Arbeit (was an sich ja eine segensreiche Einrichtung ist). Schließlich startet der `cron`-Dämon immer wieder irgendwelche Script-Programme, um temporäre Dateien zu löschen, die `updatedb`-Datenbank zu aktualisieren etc.

Abhilfe schafft eine Kombination mehrerer Schritte, die sich wegen Ihrer Komplexität allerdings nur für fortgeschrittene Linux-Anwender empfehlen. (Die Steuerung dieser Funktionen durch einen komfortablen Dialog wird wohl bis auf weiteres ein Wunschtraum bleiben.)

- Bei Notebooks gilt: Weniger ist mehr! Deinstallieren Sie alle Dämonen und Server, die Sie nicht brauchen. Selbst bei so elementaren Diensten wie `crond` oder `syslogd` ist die Frage erlaubt, ob sie für ein Notebook wirklich erforderlich sind. Wenn ja, sollten die Dämonen zumindest so konfiguriert werden, dass sie so selten wie möglich aktiv werden (`crond` z.B. nur alle ein bis zwei Stunden).
- Starten Sie gewisse Aktionen nur, wenn der Rechner gerade am Stromnetz hängt. Ob das der Fall ist, lässt sich mit `apm` leicht testen. Dazu müssen Sie lediglich die vierte Zeichenkette aus der `apm`-Ausgabe extrahieren.

  `cat /proc/apm | cut -d" " -f4` liefert 0x00, wenn das Notebook von der Batterie versorgt wird, dagegen 0x01, wenn es eine Verbindung zum Stromnetz gibt. Mit den folgenden Zeilen können Sie ein Script vorzeitig abbrechen, wenn das Notebook seinen Strom gerade von einer Batterie bezieht:

  ```
  test -f /proc/apm && \
      test $(cat /proc/apm | cut -d" " -f4) = "0x00" && exit
  ```

- Mit `hdparm -S` *n* können Sie die Festplatte nach einer gewissen Zeit automatisch in den Ruhezustand zu versetzen. (n-Werte zwischen 1 und 240 geben ein Vielfaches von fünf Sekunden an.) Idealerweise sollte `hdparm` je nach Stromversorgung (Batterie/Netz) eingestellt werden. Der ideale Ort für solche Maßnahmen ist (die ausgezeichnet kommentierte) Datei `/usr/sbin/apmd_proyx`. (Das setzt natürlich voraus, dass `apmd` läuft!)

- Um zu verhindern, dass der Emacs allzu oft eine Sicherheitskopie Ihrer Dateien erstellt, können Sie die beiden folgenden Zeilen in `.emacs` einfügen. Damit werden Texte erst nach 2500 geänderten Zeichen/Anschlägen gespeichert.

```
(setq auto-save-interval 2500)
(setq auto-save-timeout nil)
```

- Um zu verhindern, dass die Festplatte wegen jedem einzelnen Byte, das vielleicht gespeichert werden soll, wieder anläuft, können Sie die Einstellungen des Update-Dämons verändern. Bei diesem Dämon handelt es sich nicht um ein eigenständiges Programm, sondern um eine in den Kernel integrierte Funktion, die dafür zuständig ist, dass gewünschte Speicheroperationen tatsächlich durchgeführt werden. Die aktuellen Einstellungen können Sie mit `cat /proc/sys/vm/bdflush` ermitteln und mit `echo "n m o ..." > /proc/sys/vm/bdflush` verändern. Informationen zur Bedeutung der neun Zahlenwerte in dieser Datei finden Sie in `/usr/src/linux/Documentation/proc.txt`.

  Der Nachteil dieser Maßnahme sollte Ihnen natürlich auch klar sein. Falls Linux wirklich einmal abstürzt, verlieren Sie wahrscheinlich Daten – und zwar selbst dann, wenn Sie die Datei explizit gespeichert haben! Der Grund: die Änderungen befanden sich zwar im Schreib-Cache, wurden aber noch nicht auf der Festplatte durchgeführt. Das Kommando `sync` erzwingt übrigens ein sofortiges Speichern aller offenen Änderungen.

  Generell ist eine Veränderung der Parameter des Update-Dämons eine sehr heikle Angelegenheit. Es ist vernünftiger, hier nicht herumzuspielen und das Problem an der Wurzel zu beheben (also zu verhindern, dass Programme wie `syslogd` überhaupt Daten speichern möchten, wie dies in den ersten Punkten dieser Aufzählung beschrieben wurde).

6.12 Bootprozess/LILO

Der Begriff 'Bootvorgang' bezieht sich in diesem Abschnitt nur auf den Start des Kernels und auf den Zugriff auf die Root-Partition. Sobald das gelungen ist, wird das System initialisiert. Dafür ist das Programm `/sbin/init` zuständig, das vom Kernel als Erstes gestartet wird. (Der Init-V-Prozess wird oft ebenfalls zum Bootvorgang gezählt. Er wird allerdings nicht hier, sondern in einem eigenen Abschnitt ab Seite 181 beschrieben.)

Zum Booten ist es erforderlich, dass die Linux-Kernel-Datei von der Diskette oder der Festplatte geladen werden kann. Der Kernel muss alle Treiber zum Zugriff auf die Root-Partition enthalten. Das Laden und Starten des Kernels ist die Aufgabe von LILO (Linux Loader). Dieses Programm steht daher im Mittelpunkt dieses Kapitels.

LILO startet nicht nur Linux, es kann auch dazu verwendet werden, andere Betriebssysteme (DOS, OS/2, diverse Windows-Versionen) hochzufahren. LILO ist insofern ein Schlüsselelement im Hinblick auf Dual- oder Multi-Bootsysteme, bei denen Sie nach dem Rechnerstart angeben können, welches Betriebssystem geladen werden soll.

Dieser Abschnitt hat immer die friedliche Koexistenz mehrerer Betriebssysteme im Auge. Falls auf Ihrem Rechner als einziges Betriebssystem Linux installiert ist, brauchen Sie keine Rücksicht auf andere Betriebssysteme zu nehmen. In diesem Fall ist die LILO-Konfiguration weitgehend trivial, und Sie können den Großteil dieses Abschnitts einfach überblättern. (Es ist aber dennoch sinnvoll, dass Sie die Funktionsweise von LILO verstehen. Außerdem müssen Sie auch bei einem reinen Linux-System auf das 1024-Zylinderlimit Rücksicht nehmen.)

VORSICHT

Die LILO-Installation zählt neben der Partitionierung der Festplatte zu den kritischsten Teilen einer Linux-Installation. Wenn Sie dabei blind dem Installationsprogramm Ihrer Distribution vertrauen, ist die Chance recht groß, dass alles auf Anhieb funktioniert. Leider kann aber auch einiges schief gehen – und mit etwas Pech können Sie danach weder Linux noch ihr altes Betriebssystem booten!

Dieses Dilemma können Sie vermeiden, wenn Sie den folgenden Ratschlag befolgen: Erstellen Sie während der Linux-Installation eine Bootdiskette, bzw. installieren Sie LILO auf eine Diskette (nicht auf die Festplatte)! Fast alle Distributionen bieten diese Möglichkeit.

Mit dieser Diskette können Sie Linux booten. Dann sollten Sie sich die Mühe machen und diesen Abschnitt lesen, bevor Sie LILO auf Ihre Festplatte installieren. Lesen Sie insbesondere die Abschnitte ab Seite 267, wo es darum geht, ein Backup des Bootsektors zu erstellen bzw. den Bootsektor nach einer fehlgeschlagenen LILO-Installation wieder herzustellen!

Bevor es mit den zahlreichen LILO-Details losgeht, hilft ein kurzer Überblick bei der Orientierung in diesem recht langen Abschnitt.

- **LILO bedienen:** Vielleicht haben Sie Linux (samt LILO) schon installiert? Nach dem Rechnerstart (egal, ob von einer Diskette oder von der Festplatte) erscheinen die vier Buchstaben 'lilo' auf dem Bildschirm. Seite 255 beschreibt, wie es dann weiter geht.
- **LILO-Grundlagen:** Ganz egal, ob Sie LILO manuell einrichten (Konfigurationsdatei `/etc/lilo.conf`) oder ob Sie dazu ein Tool Ihrer Lieblingsdistribution einsetzen – Sie sollten wissen, was Sie dabei eigentlich tun! Ab Seite 256 wird das erforderliche Grundlagenwissen vermittelt und ab Seite 259 das Format der LILO-Konfigurationsdatei beschrieben.

- **LILO-Bootdisketten:** LILO kann wahlweise auf die Festplatte oder auf eine Diskette installiert werden. Erste Experimente sollten unbedingt mit einer Diskette durchgeführt werden! Ab Seite 262 werden drei verschiedene Möglichkeiten beschrieben, Bootdisketten zu erzeugen.
- **LILO-Installation auf der Festplatte:** Noch eleganter ist natürlich die LILO-Installation auf die Festplatte. Beim Rechnerstart können zwischen verschiedenen Betriebssystemen auswählen (z.B. Windows oder Linux) – und das ohne langsame Zugriffe auf Disketten. Allerdings besteht die Gefahr, dass Sie nach einer fehlerhaften LILO-Installation auf die Festplatte weder Windows noch Linux starten können! Daher ist bei diesem Schritt Vorsicht angebracht. Auf Seite 267 wird nicht nur die Installation von LILO in den MBR (Master Boot Record) beschrieben, sondern auch, wie Sie vorher eine Sicherheitskopie dieses Sektors erstellen und wie Sie LILO später einmal deinstallieren können.
- **LILO und das 1024-Zylinder-Limit:** Im Gegensatz zu Linux ist LILO auf das BIOS angewiesen. Dieses ist allerdings heute noch kompatibel mit Systemen aus der Computer-Steinzeit und verursacht daher häufig Probleme. Ab Seite 268 finden Sie Hintergrundinformationen zu diesem Limit – und Tipps, wie dieses Limit umgangen werden kann.
- **LILO und Windows NT/Windows 2000:** LILO ist leider nicht in der Lage, direkt Windows NT bzw. Windows 2000 zu starten. Dennoch stellt es kein Problem dar, ein Multi-Bootsystem für Linux und Windows NT bzw. Windows 2000 einzurichten. Ab Seite 273 wird beschrieben, wie das geht.
- **SCSI-Systeme starten:** Wie oben bereits erwähnt, stellen SCSI-Systeme eine besondere Herausforderung dar. Es muss sichergestellt werden, dass der Kernel die erforderlichen SCSI-Treiber enthält bzw. dass diese Treiber als Module von einer RAM-Disk geladen werden. Details dazu finden Sie ab Seite 271.
- **LILO-Fehlermeldungen:** Wenn der Start von Linux durch LILO nicht klappt, versucht LILO zumindest Fehlermeldungen anzugeben. Deren Interpretation ist allerdings eine eigene Kunst. Seite 275 gibt eine Einführung in diese Kunst.
- **LILO-Konfigurationshilfen:** Sie können sich bei der LILO-Konfiguration von den Tools der diversen Distributionen helfen lassen. Das spart etwas Tippaufwand, führt aber meist nur dann zum gewünschten Ergebnis, wenn Sie auch verstehen, was Sie tun (und wenn das Tool der jeweiligen Distribution die Gegebenheiten Ihres Systems richtig erkennt, was leider nicht immer der Fall ist). Ab Seite 277 werden ganz kurz linuxconf und YaST beschrieben.
- **LILO-Alternativen:** LILO ist zwar die gängigste Weise, um Linux zu starten, es gibt aber auch Alternativen. Die bekannteste davon heißt `loadlin` und wird auf Seite 278 beschrieben.

HINWEIS

Wenn bei der Linux-Installation die LILO-Installation schief gegangen ist und der Rechner sich nach dem nächsten Start gar nicht (oder wie bisher nur unter Windows) starten lässt, besteht noch immer Hoffnung. Bei den meisten Distributionen können Sie zum Booten Ihres neuen Systems auch die Installationsdiskette oder -CD-ROM einsetzen. Auch dort befindet sich normalerweise LILO, das aber nach einer bestimmten Zeitspanne automatisch das Installationsprogramm startet. Um das zu verhindern, geben Sie nach Erscheinen der Buchstaben 'lilo' eine Kommando nach dem folgenden Muster an:

```
linux root=/dev/hda6
```

Damit wird nicht das Installationsprogramm gestartet, sondern der Kernel geladen und anschließend die Partition `/dev/hda6` als Root-Partition zur Initialisierung des Systems verwendet. Statt `/dev/hda6` müssen Sie den Namen der Partition angeben, in der sich die Linux-Root-Partition befindet.

Bei manchen Distributionen ist ein derartiger Systemstart auf der Installationsdiskette bzw. -CD-ROM nicht vorgesehen. Dafür finden Sie auf der CD-ROM dann meistens Anweisungen, wie Sie zu diesem Zweck eine sogenannte Notfalldiskette erstellen können.

VERWEIS

Zu LILO gibt es eine umfangreiche Online-Dokumentation. `man lilo.conf` und `man lilo` beschreiben das Installationsprogramm und das Format der Steuerungsdatei. Eine detailliertere Beschreibung finden Sie zumeist in `/usr/doc/lilo` oder `/usr/doc/packages/lilo`. Informativ sind auch die Mini-HOWTOs: LILO, Linux+NT-Loader, Multiboot-with-LILO; sowie NT-OS-Loader + Linux.

Bedienung von LILO

Dieser Abschnitt beschreibt die Bedienung von LILO während des Bootvorgangs. Es setzt also voraus, dass LILO bereits auf einer Diskette oder auf der Festplatte installiert ist. LILO macht sich beim Start durch die Texte `LILO` und `boot` bemerkbar.

Normalerweise ist LILO so eingestellt, dass das Programm jetzt einige Sekunden darauf wartet, ob der Anwender irgendwelche Eingaben durchführen möchte. Ist das nicht der Fall, wird automatisch das bei der Konfiguration eingestellte Defaultsystem gestartet (zumeist Linux). Die Wartezeit können Sie verkürzen, indem Sie einfach (↵) drücken.

Wenn Sie dagegen in den Bootprozess eingreifen möchten, drücken Sie die Taste (Tab). (In seltenen Fällen müssen Sie vorher (Shift) drücken.) LILO zeigt jetzt eine Liste mit den zur Auswahl stehenden Betriebssystemen an – zumeist Linux und Windows. LILO kann aber auch so konfiguriert werden, dass zwischen mehreren Linux-Distributionen gewählt werden kann oder dass zum Start von Linux unterschiedliche

Kernel verwendet werden können. Am Ende der Liste erscheint wieder der LILO-Prompt.

```
LILO
boot:  <Tab>
linux    windows
boot:
```

Sie können den Namen des gewünschten Betriebssystems über die Tastatur auswählen und mit ↵ dessen Start auslösen.

Bei Linux-Systemem können Sie darüber hinaus noch Kernel-Optionen angeben. Dazu geben Sie zuerst den Namen des gewünschten Betriebssystems und dann die gewünschten Optionen ein. Besonders interessant sind die Optionen `root=` (Auswahl einer anderen Root-Partition), `ro` (Linux read-only starten) und `single` (Linux im Single-User-Modus starten). Mit dem folgenden Kommando wird Linux gestartet. Allerdings wird statt der vordefinierten Defaultpartition `/dev/hdc7` als Root-Partition verwendet.

```
boot:  linux root=/dev/hdc7 <Return>
```

HINWEIS

Eine Tabelle mit den wichtigsten Parametern finden Sie auf Seite 86. Beachten Sie, dass bei der LILO-Eingabe normalerweise das amerikanische Tastaturlayout gilt. Y und Z sind vertauscht, die Sonderzeichen befinden sich an ungewohnten Stellen. Eine Übersetzungstabelle für die deutsche Tastatur finden Sie auf Seite 57. (Seit LILO-Version 20 ist es zwar möglich, ein anderes Tastaturlayout einzustellen, diese Option wird aber leider selten genutzt. Eine der wenigen positiven Ausnahmen ist Mandrake Linux.)

LILO-Interna

Der LILO (Linux Loader) ist ein winziges Programm, das im Bootsektor (also im ersten Sektor) einer Diskette, Festplatte oder Festplattenpartition installiert werden kann. Das Programm ermöglicht die Auswahl zwischen mehreren installierten Betriebssystemen und insbesondere den Start von Linux. LILO ist die schnellste und beliebteste Methode, um Linux zu starten. (Alle Informationen in diesem Kapitel gelten ab LILO-Version 20.)

VORSICHT

Die LILO-Installation ist eine kritische Angelegenheit, besonders dann, wenn LILO in den MBR (Master Boot Record) der Festplatte installiert wird. Sollte dabei etwas schief gehen, können Sie Ihren Rechner ohne Bootdiskette weder unter Ihrem bisherigen Betriebssystem noch unter Linux hochfahren! Besonders problematisch ist die LILO-Installation auf Rechnern mit Windows NT/2000, wenn die erste Festplattenpartition eine NTFS-Partition ist (d.h. keine FAT-Partition). Wenn Sie bei einer derartigen Konstellation LILO in den MBR installieren, können Sie anschließend möglicherweise NT nicht mehr starten!

VORSICHT

Auch wenn Sie den Disk-Manager EZ-Drive verwenden, dürfen Sie LILO auf keinen Fall im MBR installieren! Diese Einschränkung gilt vermutlich auch für andere Disk-Manager. (Disk-Manager erlauben den Zugriff auf große EIDE-Platten mit alten BIOS-Versionen, siehe Seite 69.) Wenn Sie LILO dennoch verwenden möchten, ist nur eine Installation auf einer Diskette oder im ersten Sektor der Linux-Partition möglich – siehe LILO-Dokumentation!

Bei den meisten Distributionen kann die LILO-Konfiguration als Teil des Installationsprozesses erfolgen. Wegen der oben beschriebenen Risiken hat eine manuelle LILO-Installation aber Vorteile. Sie haben eine viel bessere Kontrolle darüber, was wirklich passiert, können eine Backup-Diskette für den MBR erstellen etc. LILO in den MBR zu installieren ist keine Voraussetzung für den Betrieb von Linux! In den ersten Tagen – bis Sie ein wenig Sicherheit im Umgang mit Linux gewonnen haben – können Sie ohne weiteres auch von einer Diskette booten.

VORSICHT

Noch zwei Warnungen: Wenn Sie zuerst LILO und später irgendeine Version von Microsoft Windows installieren, wird LILO ungefragt überschrieben. An sich ist es kein Problem, LILO anschließend wieder herzustellen. Allerdings benötigen Sie eine Bootdiskette, damit Sie Linux überhaupt starten können (um dann dort das Kommando `lilo` auszuführen). Werfen Sie Ihre Bootdiskette also auch nach einer erfolgreichen LILO-Installation nicht weg!

Wenn Sie einen neuen Kernel installieren (oder den Kernel neu kompilieren), müssen Sie LILO neu installieren (siehe Seite 299). Denken Sie daran, auch Ihre Bootdiskette zu aktualisieren!

Funktionsweise

Die Funktion von LILO besteht (vereinfacht ausgedrückt) darin, dass es die Datei mit dem Linux-Kernel lädt und ausführt. Das hört sich allerdings einfacher an, als es in Wirklichkeit ist:

Genau genommen befindet sich im Bootsektor der Festplatte bzw. der Diskette ein winziges Programm (first stage), dessen einzige Aufgabe darin besteht, das größere LILO-Hauptprogramm zu laden (second stage). (Der Bootsektor, also der erste Sektor der Festplatte oder Diskette, wäre viel zu klein, um das gesamte LILO-Programm zu speichern! Der Code im Bootsektor wird vom BIOS beim Rechnerstart automatisch ausgeführt – daher spielt der Bootsektor eine derart wichtige Rolle für den Rechnerstart.)

Das LILO-Hauptprogramm (es handelt sich um die Datei `/boot/boot.b`) befindet sich irgendwo auf der Festplatte. Der Bootsektor mit dem Startprogramm enthält unter anderem die Nummern der Sektoren, auf denen das Hauptprogramm zu finden ist.

Sobald das LILO-Hauptprogramm läuft, bietet es dem Anwender die Möglichkeit, via Tastatur zwischen verschiedenen Betriebssystemen auszuwählen (siehe Seite

255). Wenn sich der Anwender für Linux entscheidet, muss LILO die Kernel-Datei laden. Dazu wurde bei der Installation von LILO eine Tabelle erstellt (die Datei `/boot/map`), die der Reihe nach alle Sektoren enthält, auf denen sich die Kernel-Datei befindet.

Der Grund für diese ungewöhnliche Vorgehensweise ist folgender: Während LILO läuft, fehlen noch jegliche Informationen über DOS-, Linux- oder andere Dateisysteme. Die Festplatte ist aus der Sicht von LILO eine riesige Ansammlung von Datensektoren. LILO muss daher in jeder Phase wissen, wo sich die als Nächstes benötigten Datensektoren befinden.

Aufgrund der obigen Beschreibung sollte auch klar sein, dass LILO nur funktioniert, solange der Ort der Kernel-Datei auf der Festplatte unverändert bleibt. (Jedes Kopierkommando und insbesondere jedes Neukompilieren des Kernels löst eine Veränderung aus, auch wenn der Dateiname unverändert bleibt! LILO muss in solchen Fällen durch die Ausführung des Kommandos `lilo` neu installiert werden! `lilo` führt dabei die Vorbereitungsarbeiten durch, d.h. es erzeugt aktualisierte Versionen von `/boot/boot.b` und `/boot/map` und speichert deren Startsektoren und andere Informationen im Bootsektor.)

LILO wird ausgeführt, bevor irgendein Betriebssystem läuft. Aus diesem Grund ist LILO – im Gegensatz zu Linux – auf das BIOS angewiesen, um Sektoren von der Festplatte zu lesen. Das BIOS lässt aus historischen Gründen aber nur einen Zugriff auf die ersten 1024 Zylinder der Festplatte zu. Die sich daraus ergebenden Probleme (samt Lösungsvorschlägen) sind ab Seite 268 beschrieben. Lesen Sie unbedingt diesen Abschnitt, wenn Ihre Festplatte größer als 8 GByte ist oder wenn Sie ein altes Mainboard verwenden.

Neben dem Zylinder-Limit existiert eine zweite Einschränkung: Ältere BIOS-Versionen können während des Bootprozesses nur die beiden ersten Festplatten ansprechen. Auf einem System mit mehreren Festplatten muss sich die Kernel-Datei also auf einer der beiden ersten Platten befinden. (Diese Einschränkung gilt nur bei alten Mainboards. Moderne Mainboards bzw. SCSI-Controller kennen dieses Problem nicht.)

Sowohl das Zylinder-Limit als auch die Limitierung auf zwei Festplatten gelten (wenn überhaupt) nur für LILO bzw. für den Ort der LILO-Dateien (inklusive Kernel). Sobald der Kernel einmal läuft, können alle Festplatten vollständig genutzt werden. Die `root`-Partition) von Linux kann sich also durchaus auf der fünften Platte ab Zylinder 2500 befinden, solange nur der Kernel für LILO erreichbar ist.

LILO kann momentan außer Linux die Betriebssysteme DOS, Windows 3.1/9x/ME (entspricht im Bootprozess jeweils DOS), OS/2 und einige Unix-Varianten booten. Nicht unterstützt wird leider Windows NT/2000, das auf einen eigenen Bootloader angewiesen ist. Bei Windows NT/2000 kann aber umgekehrt der NT-Bootloader dazu eingesetzt werden, um LILO zu starten. Dieser Kooperationsweg ist ab Seite 273 beschrieben.

LILO-Konfiguration

Die Installation des LILO besteht aus zwei Schritten: Zuerst wird die Konfigurationsdatei `/etc/lilo.conf` erstellt, anschließend das Kommando `lilo` ausgeführt. Dieses Kommando wertet die Konfigurationsdatei aus, erstellt daraus einen neuen Bootsektor und schreibt diesen an den durch `lilo.conf` angegebenen Ort. Dabei handelt es sich zumeist um den MBR einer Festplatte oder Diskette, es kann sich aber auch um eine gewöhnliche Datei handeln.

TIPP

Selbst wenn Sie `lilo.conf` nicht ändern, müssen Sie `lilo` jedes Mal aufrufen, wenn sich die Kernel-Datei verändert (z.B. nach einem neuen Kompilieren)! Für LILO ist nicht der Dateiname relevant, sondern die Sektoren, in denen die Datei gespeichert ist.

Die Datei `lilo.conf` besteht aus zwei Teilen: Der erste Teil steuert das generelle Verhalten des Bootprogramms, der zweite Teil (Schlüsselwort `image` bzw. `other`) listet alle Betriebssysteme auf, die durch LILO gestartet werden (DOS, Windows, Linux). Das erste Betriebssystem dieser Liste gilt automatisch als Defaultbetriebssystem. Kommentare werden durch das Doppelkreuz (#) eingeleitet.

Im Prinzip können Sie in jeder Festplattenpartition ein eigenes Betriebssystem (etwa unterschiedliche Linux-Distributionen) installieren und LILO zur Auswahl der gewünschten Partition verwenden. Sie können LILO auch dazu verwenden, um zwischen verschiedenen Linux-Kernel-Dateien innerhalb einer Partition zu unterscheiden (etwa `vmlinuz`, `vmlinuz.old`). Das ist insbesondere dann interessant, wenn Sie eine neue Linux-Version testen möchten, ohne auf die alte zu verzichten.

Global Section: Der erste Teil von `/etc/lilo.conf` beginnt mit der Anweisung `boot=` und gibt an, wohin LILO installiert werden soll. Zur Installation auf eine Diskette geben Sie `/dev/fd0` an. Um LILO in den MBR der ersten IDE-Platte zu installieren, verwenden Sie `/dev/hda`, für die erste SCSI-Platte `/dev/sda`.

`prompt` bewirkt, dass LILO den Prompt (die Zeichen 'boot:') anzeigt und so verdeutlicht, dass jetzt Eingaben möglich sind. `prompt` sollte immer verwendet werden. Wird `prompt` nicht verwendet, erscheint der Eingabe-Prompt nur, wenn die (Shift)-Taste gedrückt wird.

`delay` gibt an, wie viele Zehntelsekunden `LILO` beim Booten auf ein manuelles Eingreifen wartet. Am schnellsten geht es mit 0, dann müssen Sie aber schon vor dem Start von LILO (Shift) gedrückt halten, wenn Sie nicht das Defaultbetriebssystem verwenden möchten.

Wenn Sie nur `prompt`, nicht aber `delay` angeben, wartet Linux unbegrenzt auf die Auswahl eines Betriebssystems. Damit ist ein unbeaufsichtigten Neustart ausgeschlossen. Wenn Linux als (Netzwerk-)Server eingesetzt wird, ist das aber nicht sinnvoll! Hier sollte LILO so konfiguriert werden, dass Linux (z.B. nach einem Stromausfall) ungefragt und ohne weitere Eingriffe sofort wieder gestartet wird.

`compact` ermöglicht ein besonders schnelles Laden des Kernels (besonders von der Diskette), funktioniert aber nicht auf jedem Rechner bzw. mit jedem Festplatten-Controller.

Mit der Option `map` kann die Datei angegeben werden, in der die Sektornummern der Kernel-Dateien und anderer Dateien gespeichert werden. Ohne diese Option wird `/boot/map` verwendet, was zumeist eine sinnvolle Voreinstellung ist. Die Option muss nur verwendet werden, wenn sich die Datei an einem anderen Ort befindet (z.B. auf einer Bootdiskette).

Eine weitere Option, auf deren Angabe oft verzichtet wird, ist `install`: Damit wird angegeben, in welche Datei das LILO-Hauptprogramm (der second stage loader) gespeichert wird. Die Defaulteinstellung lautet `/boot/boot.b`.

Die Option `linear` bewirkt, dass die Sektoradressen in `/boot/map` nicht als CHS-Tripel gespeichert werden (Cylinder, Head, Sector), sondern als LBA-Werte (Logical Block Addressing, siehe auch Seite 69). Wenn sich LILO und das BIOS bei der Interpretation der CHS-Geometrie der Festplatte nicht einig sind, bietet `linear` oft die einfachste Lösung. `linear` muss oft verwendet werden, wenn Sie ein altes Mainboard oder einen alten SCSI-Controller verwenden.

```
# Beispiel für /etc/lilo.conf (Teil 1)
# LILO global section
boot = /dev/fd0           # Installation im MBR einer Diskette
delay = 100               # 10 Sekunden warten
# prompt                  # Eingabe erzwingen (kein automatischer Start)
# compact                 # schneller, besonders bei Disketten; kann bei
                          # manchen Festplatten Probleme verursachen
# map=/boot/map           # ohnedies Defaulteinstellung
# install=/boot/boot.b # ohnedies Defaulteinstellung
# linear                  # manchmal bei alter Hardware erforderlich
```

In manchen Fällen (große Platten, altes BIOS etc.) hat LILO Probleme mit der Festplattengeometrie. Als ersten Lösungsversuch sollten Sie es mit der `linear`-Option versuchen. Wenn auch das nicht hilft, müssen Sie die Option `disk` mit deren Suboptionen `bios`, `sectors`, `heads` und `cylinders` verwenden. Hintergrundinformationen zu diesem Thema finden Sie auf Seite 69 sowie in der LILO-Dokumentation.

```
disk=/dev/hda      # Zusatzinformationen für Device /dev/hda
  bios=0x80        # 0x80 für die 1. Platte, 0x81 für die 2. Platte ...
  sectors=63       # Anzahl der Sektoren
  heads=255        # Anzahl der Köpfe
  cylinder=522     # Anzahl der Zylinder
```

Linux-Image: Nun zum zweiten Teil von `lilo.conf`: Dort sind der Reihe nach bis zu 16 Betriebssystemvarianten aufgezählt, die wahlweise gestartet werden können. Die erste Variante gilt als Defaulteinstellung. Gemeinsames Merkmal aller Einträge ist das Kommando `label`, das der jeweiligen Variante einen Namen gibt. Diese Namen sind bei der manuellen Auswahl des Betriebssystems einzugeben – wählen Sie also kurze und aussagekräftige Namen ohne Leer- und Sonderzeichen.

TIPP

Sofern bei der LILO-Konfiguration keine spezielle Tastaturtabelle angegeben wird (Schlüsselwort `keytable`, siehe LILO-Dokumentation), gilt für die Eingabe der Label-Namen beim LILO-Start das US-Tastaturlayout. Wenn Sie mit einer deutschen Tastatur arbeiten, vermeiden Sie Label-Namen mit Sonderzeichen und mit den Buchstaben Y und Z!

Um Linux zu booten, müssen außer `label` noch die Kommandos `image` und `root` angegeben werden. `image` bestimmt den Ort der Kernel-Datei, `root` die Partition, auf der sich das Wurzelverzeichnis befindet.

Linux-Optionen: `read-only` gibt an, dass die Root-Partition zuerst read-only gemountet wird. Der Init-Prozess kann dann das Dateisystem kontrollieren und gegebenenfalls reparieren, bevor es im Read-Write-Modus neu (und endgültig) gemountet wird. Diese Option sollte immer verwendet werden!

Mit `append` können zusätzliche Kerneloptionen angegeben werden (etwa um Hardware-Probleme zu vermeiden). Die wichtigsten Optionen sind auf Seite 86 beschrieben. Die Optionen gelten nur für in den Kernel integrierte Funktionen, nicht aber für Module, die später geladen werden. (Moduloptionen werden in `/etc/modules.conf` angegeben – siehe Seite 281.)

`initrd` gibt den Namen einer RAM-Disk-Datei an, die von LILO geladen werden soll. Das bietet die Möglichkeit, gleich nach dem Start des Kernels ein Installationssystem zu starten oder Module nachzuladen. Gerade diese zweite Variante ist sehr wichtig, wenn Sie Linux von einem SCSI-System starten möchten – siehe Seite 271.

`vga` bestimmt den VGA-Modus: Dabei steht `extended` für den erweiterten Modus mit 50 Zeilen, `normal` für den Standardmodus, `ask` für eine Rückfrage während des Bootens und eine beliebige Zahl n größer 0 für den VGA-Modus n. (Vorsicht! Wenn Sie einen Modus angeben, den Ihre VGA-Karte nicht kennt, können Sie Linux nicht korrekt verwenden! Die Angabe des VGA-Modus funktioniert zudem nur, wenn dies im Kernel vorgesehen ist. Das ist bei den meisten Distributionen standardmäßig der Fall. Andernfalls ist es auch kein Unglück, Linux startet mit 80*25 Zeichen.)

```
# Beispiel für /etc/lilo.conf (Teil 2)
# Linux images
image = /boot/vmlinuz                     # Kernel-Datei
        label = linux                     # Name
        root = /dev/hda8                  # Root-Device
        read-only                         # zuerst read-only laden
        # initrd = /boot/initrd           # SCSI-System
        # vga = extended                  # Textmodus 80x50 Zeichen
# Alternative: 'linuxbak' zum Booten einer älteren Kernel-Version
image= /boot/vmlinuz.bak                  # Kernel-Datei
        label = linuxbak                  # Name
        root = /dev/hda8                  # Root-Device
        read-only                         # zuerst read-only laden
        # initrd = /boot/initrd           # SCSI-System
```

```
        # append = "aic7xxx=extended" # Kernel-Option für SCSI-Karte
        # vga = extended              # Textmodus 80x50 Zeichen
```

DOS, Windows 3.1, Windows 9x, Windows ME: Bei DOS- und Windows-Varianten (außer NT) wird das Schlüsselwort `other` zur Angabe der Partition verwendet. Mit den folgenden Zeilen wird Betriebssystem gestartet, das sich in der ersten Partition der ersten Festplatte befindet.

```
# Datei /etc/lilo.conf, Teil 2
# DOS/Windows
other = /dev/hda1                     # DOS/Windows-Partition
        label = windows               # Name
```

HINWEIS

Die obigen Zeilen starten unter Umständen auch den Boot Loader von Windows NT – aber leider nicht immer. Der Start klappt bei manchen NT-Installationen, wenn die erste Partition der Festplatte eine FAT-Partition ist (nicht NTFS!) und der NT-Boot-Loader im Bootsektor dieser Partition untergebracht ist. Das ist aber nicht bei allen NT-Installationen der Fall. Es kann auch sein, dass der NT-Boot-Loader im MBR der Festplatte untergebracht ist bzw. dass der NT-Boot-Loader bestimmte Daten im MBR erwartet, die er dort (nach einer LILO-Installation) nicht findet. Daher sollten Sie bei NT-Systemen LILO nie in den MBR der Festplatte installieren und stattdessen den auf Seite 273 beschriebenen Weg begehen.

Die beiden folgenden Zeilen sehen fast so aus wie oben – aber es gibt einen wesentlichen Unterschied. Hier wird nicht eine bestimmte Partition angegeben, sondern die gesamte Festplatte (keine Partitionsnummer!). Damit ist der MBR der Festplatte gemeint, der von LILO ausgeführt wird. Das ist nur sinnvoll, wenn nicht LILO selbst in eben diesen MBR installiert wurde (sondern in den MBR einer anderen Festplatte oder einer Diskette). Eine Anwendung dieser Variante ist nur selten sinnvoll – etwa bei Systemen mit mehreren Festplatten.

```
other = /dev/hdb                      # MBR der 2. Festplatte
        label = windows               # Name
```

HINWEIS

Eine Menge weiterer LILO-Optionen werden in der Online-Dokumentation beschrieben – etwa `message` zur Ausgabe eines Informationstextes, `keytable` zur Definition eines bestimmten Tastaturlayouts, `password` für den Passwortschutz des Bootprozesses etc.

LILO-Bootdiskette

Selbst wenn Sie längerfristig LILO auf die Festplatte installieren möchten, benötigen Sie zuerst eine Bootdiskette! Der Grund: Wenn bei der LILO-Installation etwas schief geht, wenn bei einer späteren Installation von Windows LILO überschrieben wird etc., benötigen Sie eine Möglichkeit, Linux dennoch starten zu können und gegebenenfalls LILO neu einzurichten.

Es gibt drei Möglichkeiten, Linux-Bootdisketten zu erzeugen:

- LILO-Bootdisketten ohne Kernel: Hier wird LILO in den MBR der Diskette geschrieben. LILO greift dann auf die Kernel-Datei der Festplatte zu. Vorteil: Sehr schneller Bootprozess (von der Diskette werden nur wenige Byte gelesen). Nachteile: Wenn der Kernel auf der Festplatte nicht gefunden wird (nach einem Neukompilieren, wegen des 1024-Zylinder-Limits etc.), ist die Bootdiskette vollkommen nutzlos.
- LILO-Bootdiskette mit Kernel: Auf der Diskette wird ein Dateisystem angelegt. Anschließend werden alle LILO-relevanten Daten (`boot.b`, die Kernel-Datei etc.) auf die Diskette kopiert. LILO wird abermals in den MBR der Diskette installiert, findet jetzt aber alle zum Booten relevanten Dateien auf der Diskette. Vorteil: Zuverlässig, kein 1024-Zylinder-Limit. Nachteil: Der Bootprozess dauert um einige Sekunden länger.
- Bootdiskette ohne LILO: Hier wird die Kernel-Datei ohne Dateisystem direkt auf die Sektoren der Diskette geschrieben (beginnend mit dem MBR-Sektor). Beim Booten wird der Kernel ebenso geladen. Vorteil: geringerer Konfiguationsaufwand, wie bei der obigen Variante keine Probleme mit dem 1024-Zylinder-Limit. Nachteil: inflexibel, d.h. kein LILO-Prompt, keine RAM-Disk-Möglichkeit (SCSI-Systeme!).

Im Regelfall haben Sie während der Linux-Installation die Möglichkeit, eine Bootdiskette zu erstellen (wobei aber nicht immer klar wird, um welchen Typ es sich dabei handelt). Im Folgenden finden Sie Informationen, wie Sie Bootdisketten aller drei Typen selbst erstellen können. Obwohl Variante 2 (LILO mit Kernel) am aufwendigsten ist, sollten Sie sich dafür entscheiden. Diese Variante bietet die größte Sicherheit, dass Sie Linux in einem unvorhergesehenen Notfall wirklich starten können.

LILO-Bootdiskette ohne Kernel

Zum Einrichten benötigen Sie eine `lilo.conf`-Datei nach dem folgenden Muster. Entscheidend ist die erste Zeile mit der `boot`-Option, in der als Ziel für die LILO-Installation der MBR der Diskette angegeben wird. (Da beim Booten nur dieser eine Sektor gelesen wird, ist es überflüssig, auf der Diskette ein bestimmtes Dateisystem anzulegen.)

`/boot/vmlinuz` muss auf einen Kernel zeigen, der alle zum Zugriff auf die Root-Partition erforderlichen Treiber enthält. Pfad- und Device-Angaben müssen Sie an die Gegebenheiten Ihres Rechners anpassen. Unter Umständen benötigen Sie zusätzliche Optionen, die im Konfigurationsabschnitt beschrieben wurden (bei SCSI-Systemen `initrd`, siehe Seite 271).

```
# Datei /etc/lilo.conf
```

```
boot=/dev/fd0                    # Device des Diskettenlaufwerks
prompt                           # LILO-Eingabe-Prompt anzeigen
timeout=100                      # 10 Sekunden warten
image = /boot/vmlinuz            # Kernel-Datei
        label = linux
        root = /dev/hda8         # Root-Device
        read-only
        # initrd = /boot/initrd  # bei SCSI-Systemen
other=/dev/hda1
        label=windows
```

Nachdem Sie die Konfigurationsdatei korrekt eingerichtet haben legen Sie eine formatierte Diskette in das Laufwerk und führen `lilo` aus.

```
root# lilo
Added linux *
Added windows
```

LILO-Bootdiskette mit eigenem Kernel

Mit etwas mehr Aufwand ist es möglich, eine LILO-Bootdiskette zu erstellen, die zusätzlich einen eigenen Kernel besitzt. Auf dieser Diskette müssen sich ein Dateisystem (minix oder ext2), die Kernel-Datei und andere für den Bootprozess erforderliche Dateien (`boot.b` und `map`) befinden. Die Vorbereitungsarbeiten sehen folgendermaßen aus:

```
root# mkfs -t ext2 /dev/fd0 1440          # ext2-Dateisystem anlegen
root# mkdir /floppy                       # falls Verzeichnis nicht existiert
root# mount -t ext2 /dev/fd0 /floppy/     # ins Dateisystem einbinden
root# mkdir /floppy/boot
root# cp /boot/vmlinuz /floppy/boot       # Kernel kopieren
root# cp /boot/boot.b /floppy/boot/       # boot.b kopieren
root# cp /boot/initrd /floppy/boot/       # bei SCSI-Systemen
```

Der zweite Schritt besteht darin, dass Sie eine eigene LILO-Konfigurationsdatei für die Diskette erstellen. Der wesentliche Unterschied gegenüber der Konfigurationsdatei aus dem obigen Beispiel besteht darin, dass `map` und `install` jetzt auf Dateien der Diskette verweisen (statt wie sonst üblich auf Festplattendateien).

Die Datei `/floppy/boot/map` wurde in den obigen Kommandos übrigens nicht vergessen. Sie wird durch die Ausführung des `lilo`-Kommandos erzeugt.

Im Beispiel unten sind drei Bootvarianten vorgesehen. In der Defaulteinstellung wird versucht, von der Festplatte zu booten (das geht am schnellsten). Falls es dabei zu einem Absturz kommt (etwa weil die Kernel-Datei nicht mehr da ist, wo sie von LILO erwartet wird), kann ein neuer Versuch gestartet und beim LILO-Prompt die Variante `linuxfromdisk` gewählt werden. Beachten Sie, dass bei dieser Variante `image` auf die Kernel-Datei der Diskette verweist! Als dritte Variante ist – der Vollständigkeit halber – noch das Booten von DOS/Windows möglich.

```
# /etc/lilo.conf-floppy
boot = /dev/fd0                     # Device des Diskettenlaufwerks
prompt                              # LILO-Prompt anzeigen
delay = 100                         # 10 Sekunden warten
install=/floppy/boot/boot.b         # auf der Diskette!
map=/floppy/boot/map                # auf der Diskette!
# compact                           # Kernel schneller laden,
                                    # funktioniert aber nicht immer
image =  /boot/vmlinuz              # Kernel von der Festplatte
        label = linux
        root = /dev/hda8            # Tragen Sie Ihr root-Device ein!
        read-only
image =  /floppy/boot/vmlinuz       # Kernel von der Diskette
        label = linuxfromdisk
        root = /dev/hda8            # Tragen Sie Ihr root-Device ein!
        read-only
other = /dev/hda1                   # Windows 9x
        label = windows
```

Um diese LILO-Konfiguration auf der Diskette zu installieren, sind folgende Kommandos erforderlich:

```
root#  chmod go-w /etc/lilo.conf-floppy   # sonst beschwert sich LILO
root#  lilo -C /etc/lilo.conf-floppy      # LILO installieren
root#  ls -lR /floppy/
   drwxrwxr-x   2 root     root          80 Jun 16 20:24 boot

   /floppy/boot:
   total 11
   -rw-rw-r--   1 root     root        3708 Jun 16 19:39 boot.b
   -rw-------   1 root     root        7168 Jun 16 20:24 map
   -rw-rw-r--   1 root     root      403672 Jun 16 19:37 vmlinuz
root#  sync                               # gepufferte Operationen ausführen
root#  umount /floppy
```

TIPP Besitzer von Red Hat Linux können eine LILO-Bootdiskette viel einfacher erstellen. Sie müssen nur das folgenden Kommando mit der korrekten Kernel-Nummer ausführen:

```
root# mkbootdisk --device /dev/fd0 2.0.36-0.7
```

HINWEIS Noch mehr Informationen zum Erstellen von ausgeklügelten Bootdisketten, die sogar ein eigenes `root`-Dateisystem besitzen und sich daher für Wartungsaufgaben eignen, finden Sie im HOWTO-Text zum Thema Bootdisketten. Bei den meisten Distributionen kann die Installationsdiskette für diesen Zweck verwendet werden.

Bootdiskette ohne LILO

Wenn Sie zu einem späteren Zeitpunkt eine neue Bootdiskette (beispielsweise mit einem neu kompilierten Kernel) erstellen möchten, sieht die Vorgehensweise folgendermaßen aus:

```
root#  fdformat /dev/fd0                # Diskette formatieren (falls unformatiert)
root#  cp /boot/vmlinuz /dev/fd0        # Kernel dorthin kopieren
root#  rdev                             # Bootpartition ermitteln
/dev/sdc2 /
root#  rdev /dev/fd0 /dev/sdc2          # diese Partition im Kernel einstellen
root#  rdev -R /dev/fd0 1               # Bootpartition zuerst read only anmelden
root#  rdev -v /dev/fd0 -2              # optional: erweiterter VGA-Modus
```

In den obigen Zeilen gehe ich davon aus, dass die Kernel-Datei den Namen `/boot/vmlinuz` hat. Bei einigen Distributionen befindet sich die Kernel-Datei direkt im Wurzelverzeichnis (also `/vmlinuz`) oder hat einen anderen Namen. Wenn Sie gerade einen neuen Kernel kompiliert haben (siehe Seite 288), hat die neue Kernel-Datei den Namen `/usr/src/linux/arch/i386/boot/zImage` oder `.../bzImage`.

Statt `cp` können Sie übrigens auch das in vielen anderen Linux-Büchern angegebene Kommando `dd` verwenden, um die Kernel-Datei auf die Diskette zu übertragen (Seite 707). Beide Kommandos funktionieren für diese Anwendung gleich: sie übertragen die Kernel-Datei direkt in die ersten Sektoren der Diskette. Auf der Diskette befindet sich damit kein Dateisystem, sondern nur eine Serie von Datenblöcken. (Falls sich vor dem `cp`- oder `dd`-Kommando ein Dateisystem auf der Diskette befand, wird es überschrieben.) Auf dieser Diskette kann keine zweite Datei mehr gespeichert werden, ohne die erste zu zerstören.

Entscheidend bei der Erstellung einer Bootdiskette ist, dass mit `rdev` die korrekte Root-Partition angegeben wird (sonst kann zwar der Kernel geladen werden, der laufende Kernel findet aber die Partition mit dem Linux-Dateisystem nicht). Die korrekte Bezeichnung der Root-Partition (im obigen Beispiel also `/dev/sdc2`) können Sie am leichtesten feststellen, wenn Sie `rdev` ohne Parameter aufrufen. Alternativ gibt `df` an, welche Dateisysteme sich auf welchen Partitionen befinden.

Die zwei weiteren `rdev`-Kommandos sind optional. Mit dem ersten verändern Sie den Kernel so, dass der erweiterte VGA-Modus verwendet wird. Das zweite Kommando bewirkt, dass das Dateisystem zuerst read-only eingebunden wird. Linux testet dann, ob das Dateisystem fehlerfrei ist, und bindet es erst dann im Read-write-Modus ein.

VORSICHT Falls Sie Linux auf einer SCSI-Festplatte installiert haben, benötigen Sie einen Kernel, in den der erforderliche SCSI-Treiber integriert ist. Einen derartigen Kernel müssen Sie sich im Regelfall selbst kompilieren, da mit den meisten gängigen Distributionen nur noch ein Kernel ohne SCSI-Treiber mitgeliefert wird. Einfacher ist es im Regelfall, eine LILO-Bootdiskette zu erstellen, bei der Sie das SCSI-Modul als RAM-Disk einbinden können.

LILO-Installation in den Bootsektor der Festplatte

VORSICHT

Nochmals: Von allen LILO-Varianten ist diese die gefährlichste! Sie ist je nach NT-Installation inkompatibel mit dem Windows-NT-Bootmanager und in jedem Fall inkompatibel mit Disk-Managern (DOS-Zugriff auf große EIDE-Platten bei sehr altem BIOS)!

Sicherungskopie des Bootsektors erstellen

Bei der Ausführung von `lilo` zur Installation in den MBR einer Festplatte wird automatisch getestet, ob sich im Verzeichnis `/boot` bereits eine Sicherheitskopie des Bootsektors befindet. Nur wenn das nicht der Fall ist (also beim ersten Ausführen von `lilo`), kopiert das Kommando den aktuellen Bootsektor in die Datei `/boot/boot.0300` (bei IDE-Platten) oder `/boot/boot.0800` (bei SCSI-Platten). Wenn Sie den Bootsektor manuell sichern möchten, müssen Sie eines der folgenden Kommandos ausführen, *bevor* Sie `lilo` zum ersten Mal ausführen. Das erste Kommando gilt für die erste IDE-Platte, das zweite Kommando gilt für die erste SCSI-Platte:

```
root#  dd if=/dev/hda of=/boot/bootsektor.ide  bs=512 count=1
root#  dd if=/dev/sda of=/boot/bootsektor.scsi bs=512 count=1
```

Wenn Sie den aktuellen Bootsektor auf eine Diskette übertragen möchten, benötigen Sie eine formatierte Diskette (siehe `fdformat` auf Seite 712). Anschließend führen Sie eines der beiden folgenden Kommandos aus:

```
root#  dd if=/dev/hda of=/dev/fd0 bs=512 count=1  # für die 1. IDE-Platte
root#  dd if=/dev/sda of=/dev/fd0 bs=512 count=1  # für die 1. SCSI-Platte
```

Wenn sich die so erstellte Diskette beim Einschalten des Rechners in Laufwerk A: befindet, bootet der Rechner so wie vom bisher auf der Festplatte befindlichen Bootsektor!

LILO einrichten

Zum Einrichten benötigen Sie eine `lilo.conf`-Datei, die bis auf die `boot`-Zeile so aussieht wie die Diskettenversion. Pfad- und Device-Angaben müssen Sie an die Gegebenheiten Ihres Rechners anpassen. Unter Umständen benötigen Sie zusätzliche Optionen, die im Konfigurationsabschnitt oben beschrieben wurden.

```
# Datei /etc/lilo.conf
boot=/dev/hda                          # Device der ersten IDE-Platte
# boot=/dev/sda                        # Device der ersten SCSI-Platte
prompt
timeout=100
image = /boot/vmlinuz                  # Kernel-Datei
```

```
        label = linux
        root = /dev/hda8              # Root-Device
        read-only
        # initrd = /boot/initrd       # bei SCSI-Systemen
other=/dev/hda1
        label=dos
```

Um LILO zu installieren, führen Sie als `root` das Kommando `lilo` aus:

```
root# lilo
```

LILO von der Festplatte entfernen

Um LILO wieder von der Festplatte zu entfernen, müssen Sie den Bootsektor wiederherstellen. Im einfachsten Fall führen Sie dazu einfach `lilo -u` aus. LILO liest dann aus `/boot` den bei der ersten LILO-Installation gesicherten Bootsektor und überschreibt damit den aktuellen LILO-Bootsektor.

```
root# lilo -u
```

Wenn Sie eine eigene Sicherheitskopie des Bootsektors angelegt haben, können Sie diesen mit `dd` wieder installieren. Das erste Kommando gilt für die erste IDE-Platte, das zweite Kommando gilt für die erste SCSI-Platte:

```
root# dd if=/boot/bootsektor.ide of=/dev/hda bs=512 count=1
root# dd if=/boot/bootsektor.scsi of=/dev/sda bs=512 count=1
```

Falls es bei der Deinstallation von LILO Probleme gibt, können Sie DOS über eine Bootdiskette starten und dort `FDISK /MBR` ausführen. Damit wird ein Bootsektor zum automatischen Start von DOS/Windows eingerichtet (und der LILO-Bootsektor überschrieben). Diese Vorgehensweise ist allerdings bei einigen Windows-9x-Versionen und bei allen NT-Versionen unmöglich!

LILO und das 1024-Zylinder-Limit

Wie bereits erwähnt wurde, ist LILO beim Laden der Kernel-Datei von der Festplatte auf das BIOS angewiesen. Aus historischen Gründen ermöglicht das Standard-BIOS nur eine Adressierung der ersten 1024 Zylinder der Festplatte. Bei einigermaßen modernen Mainboards entsprechen diese 1024 Zylinder ca. den ersten 8 GByte der Festplatte. Im ungünstigsten Fall (bei sehr alter Hardware) liegt die Grenze aber bereits bei etwa 500 MByte. (Das hängt davon ab, wie die Organisation der Festplatte interpretiert wird, d.h. wie viele Sektoren und Blöcke ein Zylinder umfasst; siehe Seite 69.)

LILO erkennt dieses Problem, und zeigt die Warnung *device exceeds 1024 cylinder limit* an, wenn `lilo.conf` auf eine Dateien verweist, die sich außerhalb der 1024-Zylinder-Grenze befinden.

Da handelsübliche Festplatten schon lange viel größer als die magischen 8 GByte sind und nicht nur Linux, sondern auch alle anderen Betriebssysteme beim Booten mit den BIOS-Einschränkungen kämpfen, sind die in den letzten Jahren ausgelieferten Mainboards mit einer BIOS-Erweiterung ausgestattet (den sogenannten Extended INT13 Functions). Als erstes Betriebssystem benutzte Windows 95B diese Erweiterung. Unter Linux hat es ein wenig länger gedauert, aber seit März 2000 ist die erweiterte LILO-Version 21.4 erhältlich, die zu dieser BIOS-Erweiterung kompatibel ist.

LILO ab Version 21.4

Wenn Sie eine neue LILO-Version und ein moderneres Mainboard (ca. ab 1998) verwenden, ist die 1024-Zylinder-Grenze überwunden. Sie müssen in `lilo.conf` lediglich das neue Schlüsselwort `lba32` einfügen. (Ihre LILO-Version können Sie übrigens mit `lilo -V` ermittteln.)

```
# in Datei /etc/lilo.conf
boot=/dev/hda                      # Device der ersten IDE-Platte
prompt
timeout=100
lba32                              # überwindet die 1024-Zylinder-
                                   #   Grenze
image = /boot/vmlinuz              # Kernel-Datei
        label = linux
        root = /dev/hda8           # Root-Device
        read-only
```

Ältere LILO-Versionen, ältere Mainboards

Als diese Zeilen geschrieben wurden, gab es noch keine einzige Distribution mit der neuen LILO-Version. (Das wird sich aber wohl ändern, bis Sie dieses Buch in den Händen halten.) Zudem kennen viele ältere Mainboards die erweiterten INT13-Funktionen noch nicht. Natürlich gibt es auch in solchen Fällen Möglichkeiten, Linux zu booten:

- Am einfachsten ist es, eine LILO-Bootdiskette mit Kernel zu erstellen (siehe Seite 264).
- Am elegantesten ist es, eine kleine `/boot`-Partition unterhalb der 1024-Zylinder-Grenze anzulegen, in der sich alle für LILO relevanten Dateien befinden. Manche Distributionen schlagen bei der Installation automatisch vor, eine derartige Partition einzurichten. Wenn die ersten 1024 Zylinder der Festplatte allerdings schon mit anderen Partitionen gefüllt sind, ist diese Variante ausgeschlossen. Elegant ist diese Variante deswegen, weil keinerlei Änderungen an `/etc/lilo.conf` notwendig sind, weil direkt von der Festplatte gebootet wird und weil alle Daten von Linux-Partitionen stammen.
- Falls sich innerhalb der ersten 1024 Zylinder eine DOS- oder Windows-Partition (nicht NTFS!) befindet, können Sie die für LILO relevanten Dateien auch dorthin

kopieren. Der Nachteil dieser Variante besteht darin, dass LILO nicht mehr funktioniert, sobald sich der Ort der LILO-Dateien in der Windows-Partition ändert (etwa nachdem die Partition mit einem Programm wie `CHKDSK.EXE` oder `SCANDISK.EXE` defragmentiert wird).

Die folgende Beschreibung erklärt, wie Sie die Kernel-Datei und andere Bootinformationen in einer DOS- oder Windows-Partition unterhalb dieser Grenze unterbringen. Dabei wird angenommen, dass die Partition als `/dev/hda1` angesprochen und vorübergehend als `/dosc` in das Linux-Dateisystem eingebunden wird.

```
root#  mkdir /dosc                         # wenn das Verzeichnis nicht existiert
root#  mount -t vfat /dev/hda1 /dosc       # Device-Name der Windows-Partition
root#  mkdir /dosc/lilo
root#  cp /boot/vmlinuz /dosc/lilo         # Kernel-Datei
root#  cp /boot/* /dosc/lilo
```

In `/etc/lilo.conf` müssen die Pfadangaben zur Kernel-Datei und eventuell zu anderen Dateien entsprechend geändert werden. Neu im Vergleich zu bisherigen `lilo.conf`-Dateien sind die Optionen `install` und `map`, die nicht mehr (wie in der Defaulteinstellung) in das Linux-Verzeichnis `/boot` zeigen, sondern in das DOS-Verzeichnis `C:\LILO`.

Beachten Sie aber, dass die Einstellung für `root` unverändert bleibt! (Die `root`-Option gibt an, wo sich die Linux-Root-Partition befindet. Deren Ort hat sich nicht verändert!)

```
# Datei /etc/lilo.conf
boot=/dev/hda
prompt
timeout=100
install=/dosc/lilo/boot.b
map=/dosc/lilo/map
image= /dosc/lilo/vmlinuz
       root = /dev/hda8         # Linux Root-Partition
       label = linux
       read-only
other=/dev/hda1
        label=windows
```

Jetzt können Sie `lilo` ausführen. Die DOS-Partition muss dabei noch immer gemountet sein. Bei einem Neustart lädt LILO die Kernel-Datei aus der DOS-Partition und startet danach Linux.

VORSICHT

Das Problem bei dieser Art der LILO-Installation besteht darin, dass LILO darauf angewiesen ist, dass sich der Ort der Kernel-Datei nicht ändert. (LILO speichert nicht den Dateinamen, sondern die Sektornummern, auf denen sich die Datei befindet.) Wenn Sie die DOS-Partition defragmentieren oder das `lilo`-Verzeichnis verschieben, kopieren etc., kann sich der Ort der Datei auf der Platte ändern. LILO findet dann die Kernel-Datei nicht mehr, und das Booten schlägt fehl. Abhilfe: Linux muss mit einer Bootdiskette gestartet, die DOS-Partition eingebunden und `lilo` abermals ausgeführt werden.

TIPP

Wenn Sie einen neuen Kernel installieren, müssen Sie die DOS-Partition wieder mounten, die neue Kernel-Datei dorthin kopieren und `lilo` neu ausführen. Die Datei `/boot/vmlinuz` spielt im Gegensatz zu einer 'normalen' LILO-Konfiguration keine Rolle – es kommt einzig auf `/dosc/lilo/vmlinuz` an!

VERWEIS

Eine exzellente Kompilation ausführlicher Informationen zum Thema große Festplatten (d.h. wahrscheinlich mehr, als Sie je wissen wollten) finden Sie im Large-Disk-HOWTO.

Booten von einer SCSI-Festplatte

Treiber für diverse Hardware-Komponenten, die nicht zum Booten, sondern erst später benötigt werden, können im laufenden Betrieb von Linux als Module nachgeladen werden (siehe auch Seite 281). Der von LILO geladene Kernel benötigt daher kaum Treiber für bestimmte Hardware. Bei den meisten Distributionen werden daher vorkompilierte Kernel mitgeliefert, die nur den Treiber für IDE-Festplatten enthalten.

Einen Sonderfall stellen in dieser Beziehung SCSI-Systeme dar. Wenn sich Linux auf einer SCSI-Festplatte befindet, wird der SCSI-Treiber bereits zum Booten benötigt. Damit nicht für jede SCSI-Karte ein spezieller Kernel kompiliert werden muss (das war früher die übliche Vorgehensweise), wird zumeist ein besonderer Trick angewandt: Das Modul für die SCSI-Karte wird in eine RAM-Disk-Datei geschrieben. Diese Datei wird noch von LILO in eine RAM-Disk geladen. Von dort aus kann der Kernel auf das Modul zugreifen.

Dieses Prinzip ist mittlerweile bei den meisten Distributionen üblich. In den Details gibt es aber Unterschiede, weswegen die folgenden Beschreibungen speziell für die Distributionen Red Hat bzw. SuSE gelten. Wenn Sie eine andere Distribution verwenden, müssen Sie das dort geltende Bootkonzept selbst nachlesen bzw. ergründen.

HINWEIS

Wenn Sie sich Ihren Kernel kompilieren, ist es das Einfachste, die erforderlichen SCSI-Treiber direkt in den Kernel zu integrieren (anstatt diese Treiber zu Modulen zu kompilieren). Die Anleitung hier gilt nur für Standardkernel ohne integrierte SCSI-Treiber.

Dieselbe Vorgehensweise wie für SCSI-Systeme kann übrigens auch für RAID-Systeme eingesetzt werden, sofern die Root-Partition eine RAID-Partition ist.

Red Hat: Die RAM-Disk-Datei wird mit `mkinitrd` erzeugt. Das Kommando wertet die Zeile `scsi_hostadapter` in `/etc/modules.conf` bzw. `/etc/conf.modules` aus. Alle dort genannten SCSI-Module werden in die angegebene `initrd`-Datei geschreiben.

```
# in /etc/modules.conf bzw. /etc/conf.modules
alias scsi_hostadapter aic7xxx
```

Bei der Ausführung von `mkinitrd` muss als erster Parameter der Name der neuen `initrd`-Datei, als zweiter Parameter die Kernel-Versionsnummer angegeben werden (kann mit `uname -r` ermittelt werden).

```
root# mkinitrd /boot/initrd 2.2.12-32
```

Die resultierende RAM-Disk muss dann wie im folgenden Beispiel durch `initrd=/boot/initrd` als zusätzliche `image`-Option in `/etc/lilo.conf` angegeben werden.

```
# Datei /etc/lilo.conf
boot=/dev/sda                         # Device der ersten SCSI-Platte
prompt
timeout=100
image = /boot/vmlinuz                 # Kernel-Datei
        label = linux
        root = /dev/sda8              # Root-Device
        read-only
        initrd = /boot/initrd         # RAM-Disk-Datei mit SCSI-Modulen
other=/dev/sda1
        label=dos
```

SuSE (ab Version 6.3): Hier wird das Kommando `mk_initrd` zum Erstellen der RAM-Disk-Datei eingesetzt. An das Kommando müssen keine Parameter übergeben werden. Die RAM-Disk-Datei wird unter dem Namen `/boot/initrd` gespeichert.

`mk_initrd` wertet die Variable `INITRD_MODULES` in der Datei `/etc/rc.config` aus. Im folgenden Beispiel gehe ich davon aus, dass sich Ihr Linux-System auf einer SCSI-Festplatte befindet, die über eine SCSI-Karte von Adaptec angesprochen wird.

```
# in /etc/rc.config
INITRD_MODULES="aic7xxx"
```

Die Datei `/etc/lilo.conf` sieht genauso aus wie bei Red Hat.

TIPP

Im Detail ist das SuSE-Bootkonzept hier beschrieben:

`http://sdb.suse.de/sdb/de/html/adrian_6.3_boot.html`

LILO durch den Windows-NT-Bootmanager starten

Windows NT bzw. Windows 2000 verwendet einen eigenen Bootmanager, der ähnlich wie LILO funktioniert und normalerweise in den MBR der ersten Festplatte oder der ersten Partition installiert wird. Mit dem Bootmanager können Sie verschiedene NT-Versionen und oft auch noch ein schon bisher vorhandenes Windows 9x starten.

HINWEIS

Wenn in diesem Abschnitt einfach von Windows NT die Rede ist, sind sowohl Windows NT 4.0 als auch Windows 2000 gemeint. Das Bootsystem dieser beiden Windows-Versionen ist zum Glück identisch.

LILO ist nicht in der Lage, Windows NT selbst zu starten, wenn der von NT vorgegebene Bootsektor durch LILO überschrieben wird. Dieser Abschnitt beschreibt daher den umgekehrten Weg: Der Bootmanager von Windows NT bleibt, wo er ist, er wird aber mit einem zusätzlichen Menüeintrag ausgestattet, um LILO zu starten. Beim Rechnerstart können Sie sich also bequem zwischen NT und LILO entscheiden. (Innerhalb von LILO stehen dann unter Umständen abermals mehrere Optionen zur Auswahl, also z.B. verschiedene Linux-Kernel.)

Meiner Meinung nach ist das die bei weitem eleganteste Art, Linux auf einem Windows-NT-System zu booten, weil auch bei Windows-Neuinstallationen und -Updates (Service Packs etc.) keine Probleme zu erwarten sind.

HINWEIS

Der NT-Bootmanager und die dazugehörigen Dateien werden grundsätzlich in die erste Partition der ersten Festplatte installiert. Dieser Abschnitt geht davon aus, dass es sich bei dieser Partition um eine DOS-Partition (bzw. Windows-9x-Partition) handelt, nicht aber um eine NTFS-Partition.

Die hier beschriebene Vorgehensweise funktioniert selbst dann, wenn die erste Partition eine NTFS-Partition ist. Die Einrichtung von LILO wird dadurch aber etwas umständlicher, weil NTFS-Partitionen unter Linux nicht verändert werden dürfen. (Der NTFS-Treiber sieht zwar einen read-write-Modus vor, dieser hat aber experimentellen Charakter und sollte nicht verwendet werden.) Sie müssen daher die unten beschriebene Datei `bootsec.lin` auf eine Diskette kopieren, den Rechner unter NT neustarten und dann `bootsec.lin` in die NT-Partition kopieren und `BOOT.INI` verändern.

TIPP

Wenn Sie den NT-Bootmanager versehentlich durch LILO überschrieben haben, können Sie mit `lilo -u` versuchen, den Bootsektor wiederherzustellen. Ist das nicht möglich, müssen Sie den Bootsektor mit dem Installationsprogramm bzw. mit einer Emergency-Diskette von Windows NT/2000 wiederherstellen. Selbst wenn Sie die erforderlichen Disketten haben, ist das eine mühsame Angelegenheit.

LILO-Konfiguration

Der erste Schritt besteht darin, dass Sie den Bootsektor der Linux-Root-Partition Ihrer Festplatte mit `dd` in eine Datei kopieren. Diese Partition können Sie mit `rdev` ermitteln (im Beispiel unten `/dev/hda8`). Passen Sie bei der Eingabe des `dd`-Kommandos auf! Mit falschen Parametern kann `dd` eine Menge Schaden anrichten!

```
root#  rdev
/dev/hda8 /
root#  dd if=/dev/hda8 bs=512 count=1 of=/boot/bootsec.lin
```

Nun ändern Sie `/etc/lilo.conf` so, dass `lilo` nicht den Bootsektor einer Festplatte oder Diskette verändert, sondern direkt die oben angegebene Datei `/boot/bootsec.lin`. Die restlichen LILO-Einstellungen erfolgen wie bei der Installation von LILO in den MBR der Festplatte (siehe Seite 256 bzw. Seite 267). Wenn Sie das nächste Mal `lilo` ausführen, wird also nur die Datei `bootsec.lin` verändert.

```
# in /etc/lilo.conf
boot=/boot/bootsec.lin
# ... alle anderen Einstellungen wie bisher
```

Der nächste Schritt besteht darin, dem NT-Startprogramm `NTLDR` beizubringen, dass es neben diversen Microsoft-Produkten auch noch Linux gibt. Sämtliche für den Startprozess erforderlichen Dateien befinden sich in der ersten Partition der ersten Festplatte (ganz unabhängig davon, auf welcher Festplatte/Partition NT selbst installiert ist). `bootsec.lin` muss daher ebenfalls in diese Partition kopiert werden.

Wenn es sich bei dieser ersten Partition um eine FAT-Partition handelt (also um ein herkömmliches DOS/Windows-Dateisystem), können Sie diese Partition mit `mount` in das Dateisystem einbinden und `bootsec.lin` einfach in dessen Wurzelverzeichnis kopieren. Wenn es sich dagegen um eine NTFS-Partition handelt, müssen Sie `bootsec.lin` auf eine DOS-Diskette kopieren, NT starten und die Datei unter NT von der Diskette in die NTFS-Partition kopieren.

Jetzt müssen Sie nur noch die `NTLDR`-Konfigurationsdatei `BOOT.INI` ändern (erstellen Sie vorher ein Backup!): Diese Datei befindet sich ebenfalls im Wurzelverzeichnis der ersten Partition. Ein Beispiel für diese Datei ist unten abgedruckt. (Im Detail kann die Datei je nach Ihrer Hardware-Konfiguration ein wenig anders aussehen. Lange Zeilen sind hier aus Platzgründen auf zwei Zeilen verteilt, als Trennzeichen wurde \ verwendet. In `BOOT.INI` müssen diese Zeilen allerdings zusammenbleiben!)

```
[boot loader]
timeout=60
default=multi(0)disk(0)rdisk(1)partition(2)\WINNT4
[operating systems]
multi(0)disk(0)rdisk(1)partition(2)\WINNT=\
"Microsoft Windows 2000 Professional" /fastdetect
C:\="Microsoft Windows"
```

An das Ende dieser Datei fügen Sie nun noch eine weitere Zeile an, nämlich:

```
C:\bootsec.lin="LILO"
```

Falls Sie diese Änderung unter Linux durchführen, müssen Sie auf die korrekten Zeilentrennzeichen achten. (Unter DOS/Windows ist ja ein zusätzliches Ctrl-M-Zeichen am Zeilenende üblich. Die Eingabe dieses Zeichens ist mit den meisten Unix-Editoren umständlich (Emacs: (Strg)+(Q), (Strg)+(M)). Am einfachsten kopieren Sie eine beliebige Zeile und ändern diese. Beim Kopieren bleibt Ctrl-M am Zeilenende erhalten.)

Wenn Sie Ihren Rechner jetzt neu starten, wird LILO als zusätzliche Zeile neben den bisher schon vorhandenen Betriebssystemen angeführt. Wenn Sie diese Option wählen, startet `NTLDR` den LILO. Dort bestehen dann alle Möglichkeiten von LILO, d.h. je nach Konfiguration können Sie sich jetzt noch zwischen verschiedenen Linux-Kerneln entscheiden.

TIPP

Noch mehr Informationen zum Thema LILO und Windows NT finden Sie im NT OS Loader + Linux Mini-HOWTO. Bei der Veränderung von `BOOT.INI` können Sie sich auch von dem Windows-Programm `BOOTPART.EXE` helfen lassen. Weitere Informationen finden Sie unter:

`http://www.winimage.com/bootpart.htm`

LILO-Fehlermeldungen

Sollte der Start von Linux nicht gelingen, gibt LILO fast immer zumindest einen Hinweis, was die Ursache des Fehlers sein könnte. LILO zeigt während eines vierteiligen internen Startprozesses der Reihe nach die vier Buchstaben 'LILO' an. Gibt es während des Startprozesses Probleme, erscheinen nicht alle Buchstaben – und das erlaubt Rückschlüsse auf die Ursache des Problems. Außerdem zeigt LILO unter Umständen eine Fehlernummer an.

Die folgende Liste gibt zu beiden Varianten einige weitere Informationen. Im Detail sind die Fehlercodes im LILO-Benutzerhandbuch beschrieben (üblicherweise in der Datei `/usr/doc/packages/lilo/user.dvi`).

- **Kein Buchstabe von 'LILO':** LILO wurde vermutlich gar nicht installiert (oder nicht dorthin, wo Sie gedacht hatten.

- **L:** Der erste Teil von LILO konnte geladen werden, nicht aber der zweite. Wahrscheinliche Fehlerursache: LILO hat Probleme, die Festplattengeometrie richtig zu interpretieren. Mögliche Abhilfe: Fügen Sie die Option `linear` in `lilo.conf` ein oder geben Sie die Festplattengeometrie mit `sectors`, `heads` und `cylinders` explizit an.
- **LI:** Auch der zweite Teil von LILO konnte geladen werden, aber beim Ausführen traten Probleme auf. Wahrscheinliche Fehlerursache: abermals Probleme mit der Festplattengeometrie, oder `/boot/boot.b` konnte nicht gefunden werden. Wurde die Datei nach der Konfiguration von LILO nochmals verändert? Hat sich die Reihenfolge der Festplatten geändert (z.B. Einbau von `hdb` zwischen `hda` und `hdc`)? Abhilfe: Wie oben; führen Sie das Kommando `lilo` nochmals aus.
- **LIL:** LILO konnte gestartet werden, hat aber Probleme beim Lesen von `/boot/map`. Mögliche Fehlerursache/Behebung: Wie oben, aber für `/boot/map`.
- **LILO:** LILO konnte erfolgreich gestartet werden und hat alle Konfigurationsdateien gefunden.
- **Fehlercode 00:** Problem beim Lesen der Sektoren der Kernel-Datei. Mögliche Ursachen: Die Kernel-Datei wurde nach der Installation von LILO verändert (z.B. Neukompilierung), ohne `lilo` neu auszuführen. Oder Sie haben die Option `linear` verwendet und dabei das 1024-Zylinder-Limit überschritten. (Wenn diese Option verwendet wird, erkennt LILO die Überschreitung dieses Limits bei der Installation unter Umständen nicht.) Abhilfe: Kopieren Sie die Kernel-Datei in eine Partition, die vollständig unterhalb der 1024-Zylinder-Grenze liegt und installieren Sie LILO neu.
- **Fehlercode 01:** Auch wenn das LILO-Benutzerhandbuch behauptet, dass dieser Fehler gar nicht auftreten sollte, ist er einer der häufigsten. Normalerweise erscheint eine endlose Reihe von 01-Codes, bis der Rechner neu gestartet wird. LILO teilt damit mit, dass ein oder auch viele unzulässige Kommandos ausgeführt wurden.

  Eine Ursache kann darin bestehen, dass LILO die Festplatte nicht findet, auf der sich die Kernel-Datei befindet (insbesondere, wenn sich der Kernel nicht auf der ersten Festplatte befindet). In diesem Fall kann die explizite Angabe der Festplattennummer durch die `bios`-Option weiterhelfen (z.B. `bios=0x81` für die zweite Platte).

  Einmal ließ sich das Problem lösen, indem die Option `message=...` auskommentiert wurde, die eine Linux-Distribution per Default vorgesehen hatte. (Auf den Begrüßungstext kann man gern verzichten.) Aber auch alle anderen oben schon erwähnten Tipps (Option `lilo`, explizite Angabe der Festplattengeometrie etc.) können vielleicht helfen.
- **Fehlercode 02:** 'Address mark not found': Eine mögliche Ursache ist eine defekte Diskette. Installieren Sie LILO auf eine neue Diskette.
- **Fehlercode 04:** 'Sector not found': Abermals ist ein Geometrieproblem die wahrscheinlichste Ursache. Abhilfe wie oben. Falls Sie `compact` verwenden, kommentieren Sie diese Option aus.

TIPP

LILO kennt noch eine Reihe weiterer Fehlercodes. Hier wurden nur die häufigsten dokumentiert. Eine vollständige Liste finden Sie in der schon erwähnten LILO-Dokumentation (Datei `user.dvi` bzw. `user.ps`).

LILO-Konfigurationshilfen

Anstatt `linux.conf` selbst zu erstellen, können Sie dazu zumeist auch das Konfigurationsprogramm Ihrer Distribution verwenden. In der Vergangenheit hatten diese Tools aber immer Probleme mit den in diesem Abschnitt beschriebenen Sonderfällen (SCSI-Systeme, 1024-Zylinder-Limit, Windows NT/2000).

Linuxconf (Red Hat): Bei Linuxconf ist die Konfiguration von `lilo.conf` über mehrere Dialoge verteilt (Startpunkt: BOOT MODE|LILO). Als Installationsort kann eine beliebige Partition, der MBR der Festplatte (geben Sie `/dev/hda` bzw. bei SCSI-Systemen `/dev/sda` an) oder eine Diskette ausgewählt werden. Das Ergebnis ist in letzterem Fall eine LILO-Bootdiskette ohne Kernel.

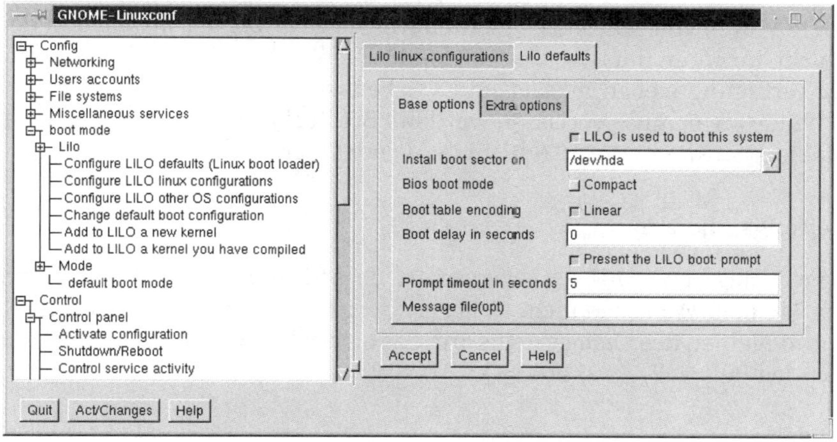

Abbildung 6.6: LILO-Konfiguration mit Linuxconf

mkbootdisk (Red Hat): Dieses Kommando erstellt eine LILO-Bootdiskette mit Kernel. Als einziger Parameter muss die Kernel-Nummer (`uname -r`) angegeben werden.

YaST (SuSE): Wenn Sie sich während der Installation von SuSE für die Erstellung einer Bootdiskette entscheiden, handelt es sich dabei um eine LILO-Bootdiskette mit Kernel.

Im laufenden Betrieb können Sie LILO mit ADMINISTRATION|KERNEL- UND BOOTKONFIGURATION|LILO konfigurieren. LILO wird wahlweise in den MBR der Festplatte, in den Bootsektor einer bestimmten Partition oder auf eine Diskette installiert (LILO-Bootdiskette *ohne* Kernel!).

Mit ADMINISTRATION|KERNEL- UND BOOTKONFIGURATION|RESCUE-DISKETTE können Sie eine Notfalldiskette erzeugen. Dabei handelt es sich um ein minimales Linux-System, das direkt von der Diskette gestartet werden kann. Es enthält einige elementare Tools (Editoren, `fdisk` etc.), mit denen unter Umständen (und nur mit viel Sachkenntnis) ein beschädigtes Linux-System wieder zum Laufen gebracht werden kann. Diese Diskette kann auch auch zum Booten eines vorhandenen Linux-Systems auf der Festplatte verwendet werden (sofern Sie den Devicenamen der Root-Partition kennen).

KLILO (KDE): Bei manchen Distributionen wird `klilo` als weitere Alternative mitgeliefert. Es bietet im Wesentlichen dieselben Funktionen wie `linuxconf` und YaST.

Linux von DOS aus starten (LOADLIN)

Mit dem Programm `LOADLIN.EXE` können Sie Linux von DOS aus starten. Durch eine entsprechende Konfiguration von `AUTOEXEC.BAT` kann DOS so eingerichtet werden, dass Sie nach dem Booten zwischen Linux und DOS wählen können.

Der größte Vorteil von `LOADLIN` besteht darin, dass Sie bei der Installation den Bootsektor nicht anrühren müssen. Der Nachteil besteht darin, dass DOS als Betriebssystem zur Verfügung stehen muss. (Ein DOS-Fenster unter Windows ist *nicht* ausreichend! Windows 9x muss verlassen werden.) Bei Rechnern, auf denen nur Windows NT installiert ist, kann `LOADLIN` nicht verwendet werden.

Vorbereitungsarbeiten

Die Verwendung von `LOADLIN` setzt voraus, dass Sie den Device-Namen Ihrer Root-Partition kennen. Wenn Sie nicht sicher sind, führen Sie `df` aus, und schreiben Sie den Device-Namen des Dateisystems auf, das an der Stelle / gemountet ist (das wäre im folgenden Beispiel `/dev/sda15`).

```
root# df
Filesystem          1024-blocks   Used Available Capacity Mounted on
/dev/sda15              303251  261723     25867      91%   /
/dev/scd0               584560  584560         0     100%   /cdrom
/dev/sda12              303251  114286    173304      40%   /home1
/dev/sda11              303251  189963     97627      66%   /usr/local
```

Des Weiteren benötigen Sie eine Kopie der Kernel-Datei, die unter DOS gelesen werden kann. Sie müssen die Datei also in eine DOS-Partition kopieren. Am einfachsten binden Sie dazu die DOS-Partition C: in das Linux-Dateisystem ein und kopieren die Kernel-Datei (zumeist `/boot/vmlinuz`) dorthin. Ein sinnvoller Ort ist das Verzeichnis `C:\LOADLIN`, das Sie gegebenenfalls unter Linux anlegen können. Bei `mount` müssen Sie statt `/dev/sda1` den Namen der ersten DOS-Partition angeben. Wenn Sie den Namen nicht wissen, führen Sie `fdisk -l` aus.

```
root#  mkdir /dosc
root#  mount -t msdos /dev/sda1 /dosc   # /dev/sda1: Ort der DOS-Partition
root#  mkdir /dosc/loadlin
root#  cp /boot/vmlinuz /dosc/loadlin
root#  cp /cdrom/dosutils/loadlin.exe /dosc/loadlin
root#  umount /dosc
```

Loadlin manuell aufrufen

Damit sind die Vorbereitungsarbeiten unter Linux abgeschlossen. Verlassen Sie Linux mit (Strg)+(Alt)+(Entf), und booten Sie DOS. Falls Sie normalerweise mit Windows arbeiten, verlassen Sie Windows wieder! (Es reicht nicht, unter Windows ein DOS-Fenster zu öffnen! Bei Windows 95 können Sie sofort unter DOS booten, indem Sie beim Booten (F8) drücken und die entsprechende Option wählen.) Unter DOS können Sie `loadlin` jetzt testen:

```
>  C:
>  CD \LOADLIN
>  SMARTDRV /C                    # (nur bei Windows 3.1)
>  LOADLIN vmlinuz root=/dev/sda15 ro
```

Statt `/dev/sda15` müssen Sie den Device-Namen Ihrer Linux-Root-Partition angeben. Falls Sie zum Kernel-Start andere Parameter benötigen, geben Sie diese bitte ebenfalls an (siehe Seite 86). Falls Sie in Linux im Textmodus mit 80*50 Zeichen arbeiten möchten, geben Sie die Option `vga=-2` an.

VORSICHT Beachten Sie, dass Sie nach dem Start von Linux nur noch durch einen Neustart zurück zu DOS kommen. Speichern Sie vorher alle eventuell noch geöffneten Dateien, beenden Sie Windows etc. Falls Sie Windows 3.1 verwenden, bewirkt das Kommando `SMARTDRV /C`, dass alle eventuell noch offenen Schreiboperationen auf der Festplatte durchgeführt werden.

Automatischer Start von Windows 9x oder Linux

Bis jetzt ist der Linux-Start von DOS aus noch recht unbequem. Die erste Verbesserung könnte darin bestehen, dass Sie eine Batch-Datei schreiben, die den `loadlin`-Start mit allen Parametern erledigt. Noch eleganter ist es freilich, wenn gleich beim Start des Rechners ein Menü erscheint, in dem Sie zwischen DOS/Windows und Linux auswählen können. Eine entsprechende Konfiguration ist sowohl für DOS 6.0 möglich (um wahlweise DOS, Windows 3.1 oder Linux zu starten) als auch für DOS 7.0 (um wahlweise Windows 9x oder Linux zu starten).

HINWEIS Dieser Abschnitt beschränkt sich auf die Variante für Windows 9x. Wenn Sie Windows 3.1 oder eine DOS-Version installiert haben, lesen Sie die erforderlichen Schritte bitte in `dosutils/loadlin.doc/manual.txt` nach. Die Konfiguration ist nicht schwieriger als die für Windows 95, es gilt aber eine andere Syntax.

Der Bootprozess von Windows 9x wird durch die zwei Textdateien `C:\MSDOS.SYS` und `C:\CONFIG.SYS` gesteuert. Beide Dateien sind schreibgeschützt und zumeist unsichtbar. Wenn Sie im Explorer arbeiten, müssen Sie mit ANZEIGE|OPTIONEN angeben, dass Sie wirklich alle Dateien sehen möchten. Das Schreibgeschützt-Attribut können Sie mit der rechten Maustaste und dem Kontextmenüeintrag EIGENSCHAFTEN ändern. Bevor Sie Änderungen an den Dateien vornehmen, erstellen Sie Sicherheitskopien!

In `MSDOS.SYS` können Sie zusätzliche Optionen für den Bootprozess angeben. Praktisch sind etwa `BootGUI=0` (Windows nicht automatisch starten; der Rechner startet im DOS-Modus, Windows kann manuell mit `win` gestartet werden) und `BootMenuDelay=2` (gibt Ihnen zwei Sekunden Zeit, das Systembootmenü mit (F8) zu aktivieren, bremst damit aber auch jeden Bootvorgang).

```
; Datei C:\MSDOS.SYS
[Paths]
WinDir=C:\WINDOWS
WinBootDir=C:\WINDOWS
HostWinBootDrv=C
[Options]
BootMulti=1
BootGUI=0
Network=1
Logo=0
BootMenuDelay=2
;The following lines are required for compatibility with
;other programs.
;Do not remove them (MSDOS.SYS needs to be >1024 bytes).
;xxxxxxxxxxxxxxxxxxxxxxxxxxxxxxxxxxxxxxxxxxxxxxxxxxxxxxxxxxxxxxxxa
; ...
```

Weitaus interessanter ist `CONFIG.SYS`. Hier können Sie ein zweites Menü definieren, das automatisch nach dem optionalen Systembootmenü ((F8) drücken) angezeigt wird. Die Definition des Menüs erfolgt durch den `[menu]`-Abschnitt am Beginn der Datei. Die Syntax ist einfach: Das erste Wort nach dem Schlüsselwort `menuitem` dient zur internen Identifikation, der folgende Text wird im Menü angezeigt. `menudefault` wählt einen der Einträge als Defaulteintrag aus und gibt die Zeit (in Sekunden) an, während der der Benutzer zwischen anderen Einträgen wählen kann.

Anschließend muss für jede Menü-ID ein eigener Abschnitt definiert werden, in dem die für diesen Eintrag erforderlichen Kommandos angegeben werden. Diese Kommandos orientieren sich daran, was schon in Ihrer `CONFIG.SYS`-Datei steht. Normalerweise sind für den Windows-Start kaum Device-Treiber erforderlich (weil Windows eigene Treiber verwendet), wohl aber für den DOS-Start. Die Zeile `shell=win` startet Windows und ist nur dann sinnvoll, wenn in `MSDOS.SYS` die Einstellung `BootGUI=0` verwendet wird. Die folgende Datei orientiert sich an den Besonderheiten meines Rechners. Schreiben Sie nichts blind ab, sondern experimentieren Sie vorsichtig mit Ihrer eigenen Datei!

```
rem Datei config.sys
[menu]
menuitem=Win95, Windows 95
menuitem=DOS, im DOS-Modus starten
menuitem=Linux, Linux, die bessere Alternative!
menudefault=Linux,10

[Win95]
shell=win

[DOS]
DEVICE=C:\SCSI\ASPI8DOS.SYS /D
DEVICE=C:\SCSI\ASPICD.SYS /D:ASPICD0
device=C:\WINDOWS\COMMAND\display.sys con=(ega,,1)
Country=043,850,C:\WINDOWS\COMMAND\country.sys

[Linux]
shell=c:\loadlin\loadlin.exe @c:\loadlin\linux1.par
```

Der für Linux relevante Teil in `CONFIG.SYS` beschränkt sich auf eine einzige Zeile. Darin wird mit `shell` das Programm `LOADLIN` gestartet. Die Parameter für `LOADLIN` werden nicht direkt in `CONFIG.SYS` angegeben, weil DOS aus unerfindlichen Gründen alle Parameter in Großbuchstaben umwandelt. `LOADLIN` ist aber auf die richtige Groß- und Kleinschreibung angewiesen. Die Parameterdatei `linux1.par` sieht auf meinem Rechner folgendermaßen aus:

```
c:/loadlin/vmlinuz root=/dev/sda15 ro vga=-2
```

Natürlich können Sie `CONFIG.SYS` um mehrere Einträge für verschiedene Linux-Varianten erweitern, etwa um wahlweise mit einem alten oder einem neuen Kernel zu booten.

TIPP Weitere Informationen zum Aufbau der Dateien `MSDOS.SYS` und `CONFIG.SYS` finden Sie in guten Büchern zur Windows-9x-Administration.

6.13 Kernel-Module

Dieser und der nächste Abschnitt beschäftigen sich mit dem Kernel. Der Kernel ist jener Teil von Linux, der für elementare Funktionen wie Speicherverwaltung, Prozessverwaltung, Zugriff auf Festplatten und Netzwerkkarten etc. zuständig ist. Der Linux-Kernel verfolgt dabei ein modularisiertes Konzept: Anfänglich – also beim Hochfahren des Rechners – wird ein Basis-Kernel geladen, der nur jene Funktionen enthält, die zum Rechnerstart erforderlich sind.

Wenn im laufenden Betrieb Zusatzfunktionen benötigt werden (z.B. für spezielle Hardware), wird der erforderliche Code als Modul mit dem Kernel verbunden. Werden diese Zusatzfunktionen eine Weile nicht mehr benötigt, kann das Modul wieder aus dem Kernel entfernt werden. Das modularisierte Konzept hat viele Vorteile:

- Kernel-Module können nach Bedarf eingebunden werden. Wenn ein bestimmtes Modul nur selten benötigt wird, kann so Speicher gespart werden, d.h. der Kernel ist nicht größer als unbedingt notwendig und optimal an die Hardware des Nutzers angepasst.
- Bei einer Änderung der Hardware (z.B. einer neuen Netzwerkkarte) muss kein neuer Kernel kompiliert, sondern nur das entsprechende Modul eingebunden zu werden. Bei den meisten Linux-Distributionen erfolgt das automatisch.
- Bei der Entwicklung eines Kernel-Moduls muss nicht ständig der Rechner neu gestartet werden. Es reicht, ein Modul neu zu kompilieren. Anschließend kann es bei laufendem Betrieb getestet werden.
- Hardware-Hersteller können Module als Binärdateien zur Unterstützung ihrer Hardware zur Verfügung stellen, ohne dass sie den Code freigeben müssen. Das ist bisher allerdings nur sehr vereinzelt geschehen und birgt natürlich auch viele Nachteile in sich. (Wenn ein Fehler entdeckt wird, kann dieser nur vom Hersteller, nicht aber vom Anwender korrigiert werden, weil der Quellcode nicht verfügbar ist.)

Damit Kernel-Module tatsächlich automatisch geladen werden, sobald sie benötigt werden, ist seit Kernel 2.2 die (in den Kernel integrierte Komponente) `kmod` verantwortlich. Bei älteren Kerneln übernimmt der externe Kernel-Dämon `kerneld` dieselbe Aufgabe. Sowohl `kmod` als auch `kerneld` werden durch die Datei `/etc/modules.conf` gesteuert.

HINWEIS

Laut Dokumentation sollte die Steuerungsdatei für die Modulfunktionen `/etc/modules.conf` heißen. Tatsächlich ist das allerdings nur bei ganz wenigen Distributionen der Fall (etwa SuSE). Stattdessen heißt die Datei zumeist `/etc/conf.modules`. Aus Kompatibilitätsgründen berücksichtigen `kmod` und `kerneld` beide Dateinamen.

VERWEIS

Im Mittelpunkt dieses Abschnitts steht der Umgang mit Modulen, d.h. deren manuelle oder automatische Einbindung. Der nächste Abschnitt beschreibt, wie der Kernel (samt allen dazugehörenden Modulen) neu kompiliert werden kann. Dabei besteht auch die Möglichkeit, einzelne Module direkt in den Kernel zu integrieren.

Weitere Informationen zu diesem Thema finden Sie in den `man`-Seiten zu den unten vorgestellten Modulkommandos, im Kerneld-Mini-HOWTO sowie in den Dateien `/usr/src/linux/Documentation/modules.txt` und `./kmod.txt`.

Kommandos zur Modulverwaltung

Alle gängigen Distributionen sind so eingerichtet, dass Module automatisch gestartet werden – entweder vom Programm `kerneld` (bis Version 2.0) oder direkt durch den Kernel (ab Version 2.2). Ein Beispiel: Sie binden mit `mount` eine CD-ROM in Ihr Dateisystem ein. Daraufhin wird automatisch das `isofs`-Modul aktiviert, das zum Lesen des ISO-9660-Dateisystems der CD-ROM erforderlich ist.

Mit anderen Worten: Im Regelfall erfolgt die Modulverwaltung automatisch und transparent, ohne dass Sie mit den im Folgenden beschriebenen Kommandos zur manuellen Modulverwaltung eingreifen müssen. Sollte es aber einmal nicht funktionieren (etwa nach einem nicht ganz geglückten Kernel-Update), sollten Sie die Modulkommandos kennen, um Module auch manuell zu laden.

`insmod` `modulname [option=wert ...]`

Integriert das angegebene Modul in den Kernel. Der Modulname wird ohne Pfadinformationen und ohne die Kennung `.o` angegeben, also etwa `insmod nfs` für das NFS-Modul. `insmod` sucht nach dem Modul im Verzeichnis `/lib/modules/`*n*`/fs/nfs.o`, wobei *n* die Version des laufenden Kernels ist. Mit `insmod` können diverse Optionen an das Modul übergeben werden (so wie die Kernel-Optionen bei monolithischen Kerneln, siehe Seite 86).

Mit `insmod -f` versucht das Kommando, ein Modul selbst dann zu laden, wenn es nicht für die laufende Kernel-Version kompiliert wurde. Ob das tatsächlich funktioniert, hängt davon ab, ob es zwischen der Kernel- und der Modul-Version irgendwelche Inkompatibilitäten gibt. Die Option ist vor allem dann sinnvoll, wenn Hardware-Hersteller ein Modul nur als Binärversion (ohne Quellcode) zur Verfügung stellen. Dieses Modul ist nur in seltenen Glücksfällen gerade für die von Ihnen verwendete Kernel-Version kompiliert. Mit `-f` bringen Sie das Modul vielleicht dennoch zum Laufen.

`modprobe` `modulname [option=wert ...]`

`modprob` ist eine erweiterte Variante von `insmode`. Das Kommando beachtet Modulabhängigkeiten und lädt gegebenenfalls auch alle Module, die als Voraussetzung für das gewünschte Modul benötigt werden. Außerdem werden alle in `/etc/modules.conf` angegebenen Moduloptionen berücksichtigt.

`modprob -c` zeigt alle zur Zeit gültigen Moduloptionen und anderen Einstellungen an. Diese Einstellungen ergeben sich sowohl aus den Defaulteinstellungen des Quelltexts des `modutils`-Pakets als auch aus den Einstellungen in `/etc/modules.conf`.

`modprob` funktioniert nur, wenn die Abhängigkeitsdatei `/lib/modules/`*n*`/modules.dep` existiert (siehe `depmod` etwas weiter unten).

rmmod modulname

Entfernt das angegebene Modul wieder aus dem Kernel und gibt den belegten Speicher frei. Das Kommando kann nur erfolgreich ausgeführt werden, wenn das Modul gerade nicht verwendet wird. `rmmod -a` entfernt alle zur Zeit nicht benötigten Module aus dem Speicher.

lsmod

`lsmod` liefert eine Liste aller momentan in den Kernel integrierten Module.

depmod

`depmod -a` erzeugt die Modulabhängigkeitsdatei `modules.dep` im Verzeichnis `/lib/modules/`*n*. Dabei werden die in den Modulen definierten und genutzten Symbole ausgewertet. Außerdem wird die Datei `/etc/modules.conf` berücksichtigt.

`modules.dep` wird normalerweise bereits bei der Installation der Kernel-Module erstellt. Es besteht selten die Notwendigkeit, `depmod` manuell auszuführen.

kmod

`kmod` ist kein unabhängiges Programm, sondern ein Bestandteil ab Kernel 2.2. Es lädt im laufenden Betrieb von Linux automatisch jene Module, die gerade benötigt werden (etwa um auf ein CD-ROM-Laufwerk zuzugreifen). `kmod` berücksichtigt dabei die Modulkonfigurationsdatei `/etc/modules.conf` (über den Umweg von `modprobe`). `kmod` löst das Programm `kerneld` ab, das diese Aufgabe für Kernel-Version 2.0 erfüllt hat. `kmod` kümmert sich allerdings im Gegensatz zu `kerneld` nicht darum, ungenutzte Kernel-Module wieder aus dem Speicher zu entfernen.

Modulkonfiguration (modules.conf)

Normalerweise funktioniert die Modulverwaltung wie von Zauberhand: Wenn Sie `mount /cdrom` (oder ein vergleichbares Kommando) ausführen, wird automatisch das Modul für das CD-ROM-Dateisystem geladen. Falls es sich beim CD-ROM-Laufwerk um ein SCSI-Laufwerk handelt, wird auch das SCSI-Modul aktiviert (falls es nicht ohnedies schon geladen ist). Während der Initialisierung der Netzwerkfunktionen wird automatisch der erforderliche Treiber für Ihre Ethernet-Karte geladen.

Damit dies alles wie hier beschrieben funktioniert, berücksichtigt `kmod` zahlreiche Defaulteinstellungen, die im `modutils`-Paket für `depmod` definiert sind. Darüber hinausgehende Einstellungen müssen in der `/etc/modules.conf` durchgeführt werden (bei älteren Distributionen: `/etc/conf.modules`). Darum kümmern sich zumeist die Installations- und Konfigurationsprogramme Ihrer Distribution. Leider funktioniert das nicht immer – besonders dann nicht, wenn Sie Hardware verwenden, die von Ihrer Distribution nicht erkannt wird (z.B. einen Scanner). In solchen Fällen müssen Sie `modules.conf` selbst anpassen.

Syntax

`/etc/modules.conf` enthält im Wesentlichen drei Typen von Kommandos:

- `alias`-Anweisungen geben an, für welche Devices welche Kernel-Module eingesetzt werden. Ein Beispiel: Für das Device `/dev/eth0` soll das Modul `rtl8139` verwendet werden.

  ```
  alias eth0 rtl8139
  ```

- `options`-Anweisungen geben an, mit welchen Optionen ein bestimmtes Modul geladen werden soll. Die folgende Anweisung bewirkt, dass das Modul `ne` (für NE-2000-kompatible Ethernet-Karten) mit der Option `io=0x300` geladen wird.

  ```
  options ne io=0x300
  ```

- `path`-Anweisungen geben an, in welchem Verzeichnis sich die Kernel-Module befinden. Normalerweise lautet dieses Verzeichnis `/lib/modules/`*n*, wobei *n* die vollständige Kernel-Nummer ist (z.B. 2.2.14). `path`-Anweisungen sind nur notwendig, wenn die Module an einem anderen Ort installiert sind. Das folgende Beispiel gibt an, wo sich die Module für verschiedene Dateisysteme befinden. Dabei wird `uname` verwendet, um die Kernel-Nummer festzustellen.

  ```
  path[fs]=/lib/modules/`uname -r`
  ```

Daneben gibt es noch zahlreiche weitere Kommandos, die aber nur in Ausnahmefällen benötigt werden (etwa `post-install` mit der Angabe eines Kommandos, das nach dem Laden eines bestimmten Moduls automatisch ausgeführt werden soll). Weitere Informationen bekommen Sie mit `man modules.conf`.

> **HINWEIS**
>
> `/etc/modules.conf` kann je nach Distribution eine Datei mit wenigen Zeilen (Corel) oder eine mit Hunderten von Zeilen sein (SuSE). Bei der ersten Variante verlässt sich die Distribution auf die Default-Einstellungen von `modprobe`. Der Vorteil: `modules.conf` ist übersichtlicher. Der Nachteil: Die Modulverwaltung ist stark von den Defaulteinstellungen abhängig, die sich (bei neuen Kernel-Versionen) immer wieder ändern.
>
> Wenn Sie wissen möchten, welche Defaulteinstellungen gelten, benennen Sie `modules.conf` vorübergehend um und führen dann `modprobe -c` aus.

Beispiele

SCSI-Karte: Wenn Ihr Rechner mit einer SCSI-Karte ausgestattet ist, muss das entsprechende Modul zum Zugriff auf SCSI-Komponenten geladen werden. Die entsprechende Zeile sieht folgendermaßen aus (hier für eine Adaptec-SCSI-Karte).

```
alias scsi_hostadapter aic7xxx
```

HINWEIS

Falls die SCSI-Karte bereits zum Systemstart benötigt wird, d.h., wenn sich das Linux-System auf einer SCSI-Festplatte befindet, muss das Modul für die jeweilige SCSI-Karte via RAM-Disk direkt von LILO geladen werden. Die erforderlichen Konfigurationsschritte sid auf Seite 271 beschrieben.

Im Regelfall ist ein direktes Laden des Moduls für die SCSI-Karte allerdings auch dann sinnvoll, wenn das Modul nicht zum Booten benötigt wird. Der Grund: Der mit `scsi_hostadapter` angegebene Treiber wird zwar automatisch geladen, sobald das Kernelmodul mit den SCSI-Grundfunktionen geladen wird; allerdings sind diese Funktionen bei vielen Distributionen im mitgelieferten Kernel bereits integriert (sind also Teil des Kernels, nicht davon getrennt in einem Modul).

Da der Kernel zu einem Zeitpunkt von LILO geladen wird, zu dem auf `/etc/modules.conf` noch gar nicht zugegriffen werden kann, bleibt die `scsi_hostadapter`-Einstellung wirkungslos. Wenn Sie später versuchen, eine SCSI-Komponente zu benutzen, tritt eine Fehlermeldung auf: *The kernel does not recognize /dev/scd0 as a block device (maybe 'insmod driver'?)*

Die Lösung besteht darin, das Modul (etwa `aic7xxx`) nun manuell mit `insmod` oder `modprob` zu laden. Das ist auf die Dauer natürlich lästig. Daher ist es am einfachsten, das betreffende Modul gleich beim Systemstart zu laden. Die andere Möglichkeit besteht darin, den Kernel so neu zu kompilieren, dass die SCSI-Grundfunktionen wirklich als Module (`scsi_mod.o`, `sr_mod.o`, `st.o` etc.) zur Verfügung stehen. Nur dann funktioniert `scsi_hostadapter` wie geplant.

Falls Sie keine SCSI-Karte verwenden, geben Sie statt des Modulnamens `off` an.

Dateisysteme: Bei manchen Dateisystemen weicht deren Name vom Modulnamen ab. Die folgende `alias`-Anweisung bewirkt, dass für das bei CD-ROMs übliche ISO-9660-Dateisystem das `isofs`-Modul geladen wird.

```
alias iso9660 isofs
```

Netzwerkkarten: Bei Netzwerkkarten wird für jedes Netzwerk-Device das erforderliche Modul angegeben:

```
alias eth0 ne
alias eth1 rtl8139
```

Unter Umständen müssen Sie zu den Modulen noch Optionen angeben:

```
options ne   io=0x300 irq=5
```

Netzwerkprotokolle: Soweit die Netzwerkprotokolle nicht ohnedies schon direkt im Kernel enthalten sind, werden auch sie als Module geladen. Der Kernel sucht in solchen Fällen nach einer Protokollfamilie mit dem Namen `net-pf-`*n*. Die Umsetzung in Modulnamen erfolgt wieder via `alias`. Das folgende Beispiel bewirkt, dass für die Protokollfamilie 5 das AppleTalk-Modul geladen wird:

```
alias net-pf-5 appletalk
```

Wenn Sie dieses Protokoll nicht brauchen (und womöglich auch das entsprechende Modul nicht installiert haben), erspart die folgende Anweisung lästige Fehlermeldungen:

```
alias net-pf-5 off
```

Wenn Netzwerkdaten via PPP oder SLIP übertragen werden, sucht der Kernel nach sogenannten *Line-Discipline*-Treibern mit dem Namen `tty-ldisc-`*n*. Die Modulnamen sind ein wenig aussagekräftiger, weswegen auch hier `alias`-Anweisungen erforderlich sind.

```
alias tty-ldisc-1 slip
alias tty-ldisc-3 ppp
```

Sound-Karte: Unter Linux stehen verschiedene Sound-Systeme zur Verfügung. Das zur Zeit populärste ist OSS/Lite. (Es ist Teil des Standardkernels.) Damit seine Funktionen genutzt werden können, reicht in `modules.conf` normalerweise eine einzige Zeile, die angibt, welches Sound-Hardware-Modul verwendet werden soll.

```
alias sound es1371
```

Weitere Informationen zu diesem Thema (auch zur Konfiguration von ALSA, dem zweiten wichtigen Sound-System unter Linux) finden Sie ab Seite 243.

Character- und Block-Devices: Der Zugriff auf die meisten Hardware-Komponenten erfolgt durch block- und zeichenorientierte Device-Dateien `/dev/xxx`. Aus der Sicht des Kernels werden diese Device-Dateien nicht durch ihren Namen, sondern durch die Major- und Minor-Device-Nummer charakterisiert (siehe auch Seite 169). Die folgenden Zeilen geben einige Beispiele, wie diese Devices Kernel-Modulen zugeordnet werden.

```
alias block-major-2 floppy
alias block-major-3 ide-probe
alias char-major-10-0 busmouse
alias char-major-10-1 psaux
alias char-major-10-2 msbusmouse
```

VERWEIS

Leider gibt es zur Zeit kein Dokument, das die zahlreichen Facetten der Konfiguration von `modules.conf` zusammenfassend beschreibt. Informationen über die prinzipielle Syntax erhalten Sie mit `man modules.conf`. Einige praktische Informationen gibt das leider schon recht alte Kerneld-Mini-HOWTO. (Die darin enthaltenen Informationen zu `/etc/modules.conf` gelten auch für `kmod`.) Einen guten Überblick über viele Kernel- und Modul-Optionen gibt schließlich das BootPrompt-HOWTO.

Eine Auflistung aller `char`- und `block`-Devices finden Sie in der Datei `devices.txt` im Verzeichnis `/usr/src/linux/Documentation`. Hilfreich ist auch die Datei `modules.txt` im selben Verzeichnis. Die Defaulteinstellungen für `modprob` sind in der Quellcodedatei `util/alias.h` des `modutils`-Pakets definiert.

Nicht benötigte Module automatisch entfernen

Das bei Kernel 2.0.n verwendete Programm `kerneld` hat sich automatisch darum gekümmert, dass eine Weile nicht mehr benötigte Module wieder aus dem Kernel entfernt werden (so dass der von ihnen blockierte Speicher wieder freigegeben wird). Seit Kernel 2.2.n übernimmt `kmod` die meisten Aufgaben von `kerneld` – nicht allerdings das automatische Aufräumen.

Um nicht mehr benötigte Module aus dem Kernel zu entfernen, wird bei manchen Distributionen in regelmäßigen Abständen `rmmod -a` ausgeführt. Falls das bei Ihrer Distribution nicht der Fall ist, können Sie `crontab` so verändern, dass das Kommando alle fünf Minuten ausgeführt wird.

```
root#  export EDITOR=emacs
root#  crontab -e
```

Durch `crontab` wird ein Editor zur Veränderung der `crontab`-Datei für `root` gestartet. Dort geben Sie die folgende Zeile ein:

```
0-59/5 * * * * test -f /proc/modules && /sbin/rmmod -a
```

6.14 Kernel neu kompilieren

Der durchschnittliche Linux-Anwender muss im Regelfall den Kernel nicht selbst kompilieren. Bei allen aktuellen Distributionen wird ein brauchbar Default-Kernel und eine umfangreiche Sammlung von Erweiterungsmodulen mitgeliefert. Dennoch kann es Gründe geben, den Kernel neu zu kompilieren.

- Sie wollen in Ihrem Bekanntenkreis mit Insider-Wissen auftrumpfen: 'Ich habe den neuesten Linux-Kernel selbst kompiliert!'
- Sie wollen Ihr System besser kennen lernen. (Das Motto dieses Buchs ist es ja, Ihnen auch einen Blick hinter die Linux-Kulissen zu ermöglichen.)
- Sie wollen den Kernel optimal an Ihre Hardware (z.B. an Ihren Prozessor) anpassen. Daraus kann sich unter Umständen ein kleiner Geschwindigkeitsvorteil ergeben.
- Sie brauchen besondere Funktionen, die im mitgelieferten Kernel weder integriert sind noch als Modul vorliegen. Das gilt etwa, wenn Sie ganz spezielle Firewall-Netzwerkfunktionen benötigen. (Deren Einsatz setzt allerdings mehr Expertenwissen voraus, als in diesem Buch vermittelt wird.)
- Sie möchten eine aktuellere Version des Kernels verwenden oder den Kernel durch einen Patch erweitern. (Patches helfen oft dabei, sehr neue Hardware anzusprechen, ohne gleich auf einen Entwickler-Kernel umzusteigen.)
- Sie möchten selbst an der Kernel-Entwicklung teilnehmen und daher mit dem neuesten Entwickler-Kernel experimentieren.

Keine Angst, das Kompilieren setzt keinerlei Programmierkenntnisse voraus! Sie müssen lediglich einige Fragen zur Ausstattung Ihres Rechners beantworten. Anschließend erfolgt das Kompilieren vollautomatisch. Das Kompilieren stellt auch kein Sicherheitsrisiko dar – und wenn Sie nach der folgenden Anleitung vorgehen, können Sie Ihren Rechner anschließend sowohl mit dem alten als auch mit dem neuen Kernel hochfahren.

Damit Sie den Kernel kompilieren können, müssen der Kernel-Code, ein geeigneter Compiler (siehe unten) sowie die dazugehörenden Tools (z.B. `make`, diverse Libraries) installiert sein. Achtung, der Kernel-Code ist recht umfangreich! Der Code und die entstehenden Binärdateien beanspruchen zusammen mehr als 70 MByte.

Kernel-Versionsnummern

Es gibt 'stabile' Kernel-Versionen (1.0.n, 1.2.n, 2.0.n, 2.2.n, 2.4.n) sowie sogenannte Entwickler- bzw. Hacker-Kernel (1.1.n, 1.3.n, 2.1.n, 2.3.n etc.). Für die überwiegende Mehrheit aller Linux-Anwender hat es keinen Sinn, ständig der neuesten Version des Entwickler-Kernels hinterherzurennen! Entwickler-Kernel sind nur für die Linux-Anwender gedacht, die sich an der Kernel-Entwicklung beteiligen möchten, den neuesten Code testen und vielleicht korrigieren möchten. Dabei sind Probleme zu erwarten! Sobald Sie einmal einen auf Ihren Rechner abgestimmten Kernel installiert haben und dieser einwandfrei läuft, gibt es zumeist keinen Grund für ein Update.

HINWEIS

Dieser Abschnitt basiert auf Kernel 2.2.n. Bis Sie dieses Buch in den Händen halten, ist vermutlich schon Kernel 2.4 verfügbar. Als diese Zeilen geschrieben wurden, waren zahlreiche Details von Kernel 2.4 noch nicht absehbar, so dass hier auf eine womöglich unkorrekte Beschreibung ganz verzichtet wurde.

Kernel-Parameter verändern

Nicht immer, wenn ein Detail im Kernel geändert werden soll, muss der Kernel gleich neu kompiliert werden. Eine Reihe von Kernel-Funktionen können dynamisch – also im laufenden Betrieb – verändert werden. Diese Art des Eingriffs ist insbesondere zur Steuerung von Netzwerkfunktionen gebräuchlich. Die Veränderungen werden über das `/proc`-Dateisystem durchgeführt. Das folgende Beispiel zeigt, wie die Masquerading-Funktion aktiviert wird (um den Rechner als Internet-Gateway für andere Rechner einzusetzen):

```
root#  echo 1 > /proc/sys/net/ipv4/ip_forward
```

Einen eleganteren Weg bietet das Kommando `sysctl`, das mit den meisten aktuellen Distributionen mitgeliefert wird. Das analoge Kommando, um Masquerading wieder abzuschalten, würde so aussehen:

```
root#  sysctl -w net.ipv4.ip_forward=1
```

`sysctl -a` liefert eine Liste aller Kernel-Parameter zusammen mit ihren aktuellen Einstellungen. Mit `sysctl -p` können die in einer Datei gespeicherten `sysctl`-Einstellungen durchgeführt werden. Als Dateiname wird üblicherweise `/etc/sysctl.conf` verwendet. Die Syntax ist in der Manualseite zu `sysctl.conf` beschrieben. Einige Distributionen (z.B. Red Hat) sehen vor, dass diese Datei während des Init-V-Prozesses automatisch ausgewertet und ausgeführt wird.

Überblick

Bevor es richtig losgeht, noch ein Überblick über die folgenden Teilabschnitte:

- Kernel-Code installieren bzw. aktualisieren: erklärt, woher Sie einen aktuellen Kernel-Code bekommen und wie Sie ihn installieren (inklusive Patches)
- Kernel konfigurieren: erklärt die Einstellung Hunderter von Optionen
- Kernel kompilieren: erklärt, wie Sie den Kernel kompilieren und installieren

TIPP

Weitere Informationen zur Kompilierung des Kernels finden Sie in `/usr/src/linux/README` sowie in den Dateien in `usr/src/linux/Documentation`. Lesen Sie auch die Linux-Kernel-FAQ! Wichtige Informationsquellen im Internet sind:

```
http://www.tux.org/lkml/
http://www.linuxhq.com/
```

Kernel-Code installieren bzw. aktualisieren

Der Quellcode für den Kernel befindet sich im Verzeichnis `/usr/src/linux`. Falls dieses Verzeichnis leer ist, haben Sie den Kernel-Code nicht installiert. Alle Distributionen bieten die Installation des Kernel-Codes zumindest als Option an. Allerdings ist der mit der Distribution mitgelieferte Kernel oft ohnedies schon veraltet.

Aktuelle Kernel-Versionen (in Form von komprimierten `tar`-Archiven) finden Sie im Internet, beispielsweise unter den folgenden Adressen:

```
ftp://ftp.gwdg.de/pub/linux/kernel/v2.2
ftp://ftp.funet.fi/pub/Linux/PEOPLE/Linus/v2.2
```

Auf den Internet-Servern der jeweiligen Distributionen finden Sie zumeist auch Kernel-Dateien der stabilen Versionen im jeweiligen Paketformat. Entwickler-Kernel sind dort eher selten zu finden.

Um ein Update des Kernel-Codes durchzuführen, bestehen prinzipiell zwei Möglichkeiten:

- Mit sogenannten Patch-Dateien können Sie einen Versionswechsel von einer Version zur unmittelbar nächsten durchführen. Um beispielsweise von Version 2.2.29 zu 2.2.30 zu gelangen, müssen Sie mit dem Kommando `patch` den Kernel-Patch `patch-2.2.30` ausführen. `patch-2.2.30` ist eine Textdatei, die beschreibt, an welchen Stellen die einzelnen Dateien der Quellcodes von Version 2.2.29 verändert werden müssen. (Der vollständige und unveränderte Quellcode der jeweils vorherigen Version ist also die Voraussetzung für die Durchführung eines Updates!) Patch-Dateien haben den Vorteil, dass sie relativ klein sind und leicht per FTP über das Internet beschafft werden können.
- Bei größeren Versionswechseln – etwa von 2.2.3 auf 2.2.30 – müssten Sie der Reihe nach Dutzende Patches ausführen. Das ist unpraktisch und fehleranfällig. Aus diesem Grund gibt es den Kernel-Code auch als Komplettpaket. Typische Dateinamen sind etwa `linux-2.2.30.tar.bz2`. Solche komprimierten Archivdateien (Größe ca. 11 MByte) müssen im Verzeichnis `/usr/src` mit `tar` installiert werden.

Nun zu den Details: Neue Kernel werden in der Regel in `/usr/src/linux` installiert. Wenn sich in diesem Verzeichnis schon ein vorhandener Kernel befindet, entsteht natürlich ein Chaos. Daher ist es sinnvoll, den alten Kernel-Code entweder zu löschen (`rm -rf /usr/src/linux`), oder, falls Sie ausreichend Platz haben, umzubenennen. (Im Folgenden gilt die Annahme, dass momentan Kernel 2.2.29 installiert ist und ein Update auf Version 2.2.30 durchgeführt werden soll.)

```
root#  cd /usr/src
root#  mv linux linux-2.2.29  # Backup des bisherigen Kernel-Codes
```

Manchmal ist /usr/src/linux auch nur ein Link auf das Verzeichnis, in dem sich der zur Zeit installierte Linux-Code befindet:

```
root#  cd /usr/src
root#  ls -l linux
lrwxrwxrwx   1 root  root    11 Apr 30 16:58 linux -> linux-2.2.29
```

In diesem Fall müssen Sie nur den Link löschen, bevor Sie den neuen Kernel-Code installieren:

```
root#  rm linux
```

Jetzt entpacken Sie den neuen Kernel-Code in das Verzeichnis linux. Kernel-Archive sind immer komprimiert, entweder mit gzip oder (immer häufiger) mit bzip2. Im Folgenden sind die tar-Optionen für beide Varianten angegeben:

```
root#  cd /usr/src
root#  tar -xIvf linux-2.2.30.tar.bz2
root#  tar -xzvf linux-2.2.30.tar.gz
```

Falls Sie diesen Kernel auf die nächste Version aktualisieren möchten, müssen Sie sich die Patch-Datei patch-2.2.31.gz (beispielsweise via FTP) besorgen. Anschließend wechseln Sie in das Verzeichnis ./linux, dekomprimieren den Patch und wenden ihn mit patch -p1 auf den Kernel-Code an.

```
root#  cd /usr/src/linux
root#  bunzip2 -cd patch-2.2.31.bz2 | patch -p1
```

Falls die Patch-Datei unkomprimiert vorliegt, lautet das Patch-Kommando:

```
root#  patch -p1 < patch-2.2.31
```

Mit dem folgenden Kommando können Sie einen Patch wieder rückgängig machen:

```
root#  patch -R -p1 < patch-2.2.31
```

HINWEIS

Kernel-Patches gelten immer für den offiziellen, von Linus Torvalds freigegebenen Kernel-Code. Viele Distributionen verwenden allerdings modifzierte Kernel, in die bereits diverse, nicht 'offizielle' Patches eingebaut sind. Diese Patches stellen oft die Voraussetzung dafür dar, dass bestimmte Spezialfunktionen der jeweiligen Distribution funktionieren.

Bevor Sie selbst den Kernel-Code durch einen Patch verändern, sollten Sie sich immer vergewissern, dass Sie eine korrekte Ausgangsbasis haben. Informationen über den aktuellen Kernel-Code sowie eine Sammlung inoffizieller Patches, die dem Kernel zusätzliche Funktionen verleihen (die aber noch nicht ausreichend getestet oder nicht allgemein erwünscht sind), finden Sie unter den folgenden Adressen:

http://www.linuxhq.com/
http://www.linuxmama.com/

Kernel konfigurieren

Bevor Sie den Kernel kompilieren können, müssen Sie in der Datei `.config` im Verzeichnis `/usr/src/linux` alle Optionen eintragen, die für den neuen Kernel gelten (welche SCSI-Karte, welche Ethernet-Karte, welche Netzwerkfunktionen etc.). `.config` wird nicht manuell editiert, sondern mit einem eigenen Konfigurationsprogramm, das via `make` gestartet wird. Seit Kernel-Version 2.0 stehen dazu drei unterschiedliche Varianten zur Verfügung. (Sie müssen aus den drei unten aufgelisteten `make`-Varianten eine wählen.)

```
root#  cd /usr/src/linux
root#  make config          oder
root#  make menuconfig      oder
root#  make xconfig
```

`make config` weist am wenigsten Komfort auf. Sie müssen eine endlose Liste von Fragen der Reihe nach beantworten. Der Vorteil dieser Variante: Es müssen keinerlei Zusatzprogramme installiert werden.

Schon erheblich bequemer ist `make menuconfig`: Die Konfiguration erfolgt noch immer im Textmodus, allerdings können die einzelnen Konfigurationspunkte jetzt aus einem Menü ausgewählt werden. Daher ist es möglich, ganz rasch nur einen einzelnen Punkt zu verändern, ohne alle anderen Einstellungen zu wiederholen. `make menuconfig` funktioniert nur, wenn die `ncurses`-Bibliothek mit Funktionen zur Bildschirmsteuerung installiert ist.

Noch anspruchsvoller ist `make xconfig`: Diese Variante läuft nur unter X und nur dann, wenn Tcl/Tk installiert ist. Dafür erfolgt die Konfiguration jetzt per Mausklick und mit einem sehr ansprechenden Programm.

Unabhängig davon, für welche Variante Sie sich entscheiden, bleibt Ihnen eine Menge Fragen zur Kernel-Konfiguration nicht erspart. Verlassen Sie sich dabei nicht auf eine sinnvolle Voreinstellung – auch wenn das bei vielen Optionen der Fall ist! Lesen Sie im Zweifelsfall die sehr informativen Hilfetexte, die zu jeder Option zur Verfügung stehen. Wenn Sie wenig Erfahrung mit Linux haben, werden aber auch diese Erläuterungen Sie verwirren. Daher gibt dieser Abschnitt noch einige grundlegende Informationen zu diesem Thema, ohne aber auf jede einzelne Option einzugehen.

Grundsätzliches

Prinzipiell müssen Sie sich zwischen zwei Kernel-Typen entscheiden: Monolithische Kernel enthalten alle benötigten Treiber direkt im Kernel und unterstützen keine Module. Modularisierte Kernel sind über die integrierten Treiber hinaus in der Lage, im laufenden Betrieb zusätzliche Module aufzunehmen. Im Regelfall ist ein modularisierter Kernel die bessere Entscheidung.

Bei vielen Komponenten haben Sie die Wahl zwischen drei Optionen: YES / MODULE / NO. YES bedeutet, dass diese Komponente direkt in den Kernel integriert wird.

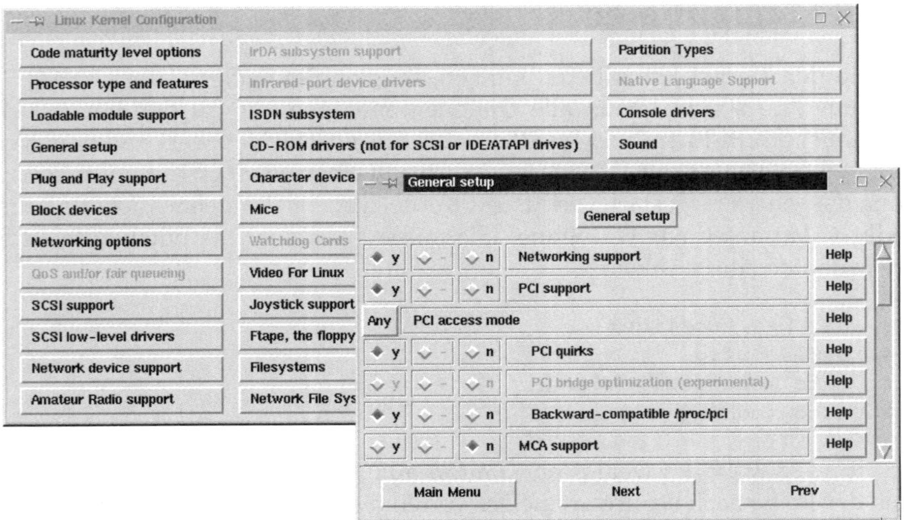

Abbildung 6.7: Kernel-Konfiguration unter X

MODULE bedeutet, dass diese Komponente als Modul kompiliert wird (nur sinnvoll bei einem modularisierten Kernel). NO bedeutet, dass die Komponente überhaupt nicht kompiliert wird. Bei einem monolithischen Kernel müssen Sie NO bei allen Komponenten angeben, die Sie nicht benötigen (sonst wird der Kernel unnötig groß). Bei einem modularisierten Kernel sparen Sie durch NO zwar ein wenig Zeit (weil das Modul nicht kompiliert werden muss), Sie verlieren aber an Flexibilität. Wer weiß, ob Sie das Modul nicht doch irgendwann benötigen?

VORSICHT

Ganz egal, ob Sie einen modularisierten oder einen monolithischen Kernel bilden: Auf jeden Fall müssen Sie alle Komponenten direkt integrieren (also Option YES), die Sie zum Booten benötigen. Wenn sich beispielsweise die Root-Partition auf einer SCSI-Platte befindet, darf der entsprechende SCSI-Treiber kein Modul sein, sondern muss integrativer Bestandteil des Kernels sein. Wenn die Root-Partition ein `ext2`-Dateisystem ist (was vermutlich bei 99,9 Prozent aller Linux-Rechner der Fall ist), dann muss auch dieses Modul in den Kernel integriert sein.

Optionen über Optionen ...

Code Maturity Level: Hier können Sie angeben, ob auch Alpha-Treiber und andere halbfertige Komponenten bei der Konfiguration berücksichtigt werden sollen. Normalerweise ist das nicht der Fall! Nur wenn Sie brandneue Kernel-Komponenten testen möchten, müssen Sie hier YES angeben.

Processor Type: Die Auswahl des Prozessors (386, 486, Pentium oder Pentium Pro) hat Einfluss auf die Geschwindigkeit und Größe des Codes. Beachten Sie bitte, dass der Code auf-, aber nicht abwärtskompatibel wird. 486er-Code kann also problemlos auf jedem Pentium ausgeführt werden, umgekehrt kann PentiumPro-Code auf einem herkömmlichen Pentium einen Absturz verursachen! *Math emulation* ist nur notwendig, wenn Sie einen sehr alten Prozessor ohne Koprozessor haben (z.B. 386, 486 SX). Wenn Sie ein Mainboard mit nur einer CPU besitzen (der Regelfall), stellen Sie die Option *Symetric multi-processing* auf NO.

Loadable Module Support: Gibt an, ob und wie der Kernel mit Modulen umgehen kann. Wenn Sie einen modularisierten Kernel bilden möchten, müssen Sie *Enable module support* auf YES stellen. *Set version information* bezieht sich darauf, ob der Kernel auch Module laden soll, die für eine andere Kernel-Version kompiliert wurden. Normalerweise ist das nicht erforderlich, also NO.

Kernel module loader (kurz `kmod`) ist eine Neuerung in Kernel 2.2, die das Programm `kerneld` ersetzt. Wenn Sie Kernel-Module nicht manuell laden möchten, müssen Sie hier YES angeben!

General setup: *Networking support* benötigen Sie auf jeden Fall, auch wenn Sie kein Netzwerk besitzen. (Viele interne Kommandos bauen auf dem Netzwerkprotokoll auf.) Auch *PCI* müssen Sie bei allen modernen Mainboards auf YES setzen.

System V IPC ist eine weitere Form der Linux-internen Kommunikation, auf der manche Programme aufbauen (vor allem der DOS-Emulator) – daher empfiehlt sich auch hier YES.

Neue Distributionen bestehen ausschließlich aus ELF-Programmen. Daher benötigen Sie auf jeden Fall *ELF support*. Manchmal müssen aber auch ältere Programme im `a.out`-Binärformat ausgeführt werden – daher sollten Sie hier YES oder MODULE wählen.

Die Option *Parallel port support* bezieht sich auf die parallele Schnittstelle, an der üblicherweise der Drucker angeschlossen wird: YES oder MODULE.

Plug and Play Support: Hier kann die (nach wie vor geringe) Unterstützung für Plug-and-Play-Karten aktiviert werden. Erwarten Sie nicht, dass der Kernel dank dieser Option jede Plug-and-Play-Hardware vollautomatisch erkennt – im Regelfall brauchen Sie weiterhin das Zusatzprogramm `isapnp`.

Block Devices: *Floppy support* ist wahrscheinlich selbstverständlich. Auch bei *Enhanced IDE support* ist die korrekte Einstellung fast immer YES (nicht MODULE, weil der Zugriff auf EIDE-Festplatten schon während des Bootens funktionieren muss!). Einige weitere Optionen betreffen EIDE-Spezialgeräte und Bugfixes. (Manche EIDE-Karten sind fehlerhaft, der Kernel enthält Code, der diese Fehler umgeht.)

Use DMA by default aktiviert den Bus-Master-DMA-Mode, wenn Mainboard und Festplatte erkannt werden. Ist das nicht der Fall, muss das Kommando `hdparm` verwendet werden, um diesen Performace steigernden Modus manuell zu aktivieren (siehe Seite 221). In seltenen Fällen führt die automatische DMA-Aktivierung zu Problemen – in diesem Fall müssen Sie hier NO angeben.

Den *Loopback device support* benötigen Sie normalerweise nur, wenn Sie vorhaben, CD-ROMs zu brennen. Es handelt sich hierbei nicht um das aus der Netzwerkkonfiguration bekannte Loopback-Interface, sondern um die Möglichkeit, eine Datei als Dateisystem zu nutzen. Wenn diese Komponente zur Verfügung steht, können Sie ein ISO-Image mit `mount` als Read-Only-Dateisystem einbinden und testen.

Multiple devices support ermöglicht es, mehrere Festplattenpartitionen zu einer logischen Partition zu verknüpfen (RAID, siehe auch Seite 223).

Manche Distributionen (insbesondere Red Hat) verwenden in der Defaultkonfiguration zum Booten eine RAM-Disk, um von dort Module zu laden. Wenn Sie bei den entsprechenden Modulen (meist einem SCSI-Treiber) YES angeben, entfällt dieser Umweg. Allerdings müssen Sie dann auch `/etc/lilo.conf` entsprechend ändern. Wenn Sie dagegen weiterhin eine RAM-Disk beim Booten verwenden möchten, müssen Sie bei den Optionen *RAM disk support* und *Initial RAM disk* jeweils YES angeben (nicht MODULE!).

Networking Options: Hier sind Sie gut beraten, wenn Sie im Zweifelsfall die Defaulteinstellungen übernehmen. Sie benötigen auf jeden Fall TCP/IP-Unterstützung. *IP forwarding/gatewaying* ist dann wichtig, wenn Ihr Rechner die Verbindung zwischen einem lokalen Netz und dem Internet herstellen soll oder wenn der Rechner als PPP- oder SLIP-Server arbeiten soll. Für die normale Verwendung von PPP/SLIP ist die Option nicht erforderlich. Einige weitere Optionen, bei denen Sie öfter Änderungen vornehmen müssen, folgen etwas später (*Network device support*).

SCSI Support: Wenn Sie eine SCSI-Festplatte verwenden, müssen Sie die beiden ersten Optionen bejahen, bei einem Streamer oder einem CD-ROM-Laufwerk auch die beiden folgenden. SCSI-Support benötigen Sie auch, wenn Sie ein ZIP-Laufwerk über die parallele Schnittstelle betreiben möchten.

Den *SCSI Generic Support* benötigen Sie nur, wenn Sie SCSI-Komponenten direkt ansprechen möchten. Am häufigsten ist das bei CD-Write-Geräten der Fall.

SCSI Low-level Drivers: Hier werden eine Menge SCSI-Karten zur Auswahl gestellt. Suchen Sie nach Ihrer Karte, und wählen Sie die entsprechende Option (und nur diese) mit YES aus, wenn sich Ihr Root-Dateisystem auf einer SCSI-Platte befindet! Übrigens zählt auch der Treiber für ZIP-Laufwerke an der parallelen Schnittstelle zu den SCSI-Low-level-Komponenten.

Network Device Support: Wenn Sie in irgendeiner Form mit einem anderen Rechner kommunizieren möchten, müssen Sie bei der ersten Option YES angeben. Das gilt auch, wenn Ihr Rechner nur via PPP/SLIP mit dem Internet verbunden werden soll. Die folgenden Optionen müssen Sie in der fast endlosen Optionsliste suchen.

Dummy net support ist in vielen Fällen für die SLIP- oder PPP-Konfiguration erforderlich. *PLIP* ermöglicht den Datenaustausch über die parallele Schnittstelle (nur selten sinnvoll); eine Druckeransteuerung ist dann nicht mehr möglich. *PPP* und *SLIP* sind zwei Varianten, um einen Internet-Zugang über die serielle Schnittstelle einzurichten. Wenn Sie nicht wissen, welche Variante Ihr Internet-Provider bevorzugt (wahrscheinlich PPP), wählen Sie im Zweifelsfall beide.

Eine große Gruppe von Optionen startet mit *Ethernet*: Stellen Sie hier die entsprechenden Optionen auf YES oder MODULE, wenn Sie eine entsprechende Karte besitzen. Die beliebten NE-2000-kompatiblen Karten zählen zur Untergruppe *Other ISA cards*. Die PCI-Version dieser Karte befindet sich dagegen in der Untergruppe *EISA, PCI and onboard controllers*. Aktivieren Sie keine Netzwerkkarten, die Sie nicht besitzen!

ISDN Support: Die ISDN-Unterstützung in Kernel 2.2.0 ist nicht optimal, der dort enthaltene Code zum Teil älter als der in Kernel 2.0.3n. Das wird sich wahrscheinlich im Laufe der ersten 2.2.n-Kernel ändern. Informationen zum Thema ISDN finden Sie auch auf folgender WWW-Seite:

`http://alumni.caltech.edu/~dank/isdn/`
`http://www.suse.de` (Support-Datenbank, Stichwort ISDN)

CD-ROM Drivers: In sehr vielen Fällen müssen Sie hier *keine* Option auswählen, selbst dann nicht, wenn Sie ein CD-ROM-Laufwerk besitzen. Hier sind nur solche CD-ROM-Laufwerke aufgezählt, die ein eigenes Interface haben. Die meisten gängigen CD-ROM-Laufwerke sind dagegen IDE-Laufwerke (siehe *Block devices*) oder SCSI-Laufwerke (siehe *SCSI support*).

Character Devices: Die Optionen *Virtual terminal* und *Support for console* müssen YES lauten – sonst können Sie sich lokal nicht einmal einloggen.

Standard serial support und *Parallel printer support* benötigen Sie, damit Sie die serielle und parallele Schnittstelle nutzen können. *Mouse support* bezieht sich auf Mäuse, die nicht an die serielle Schnittstelle angeschlossen sind – unter anderem die immer beliebteren PS/2-Mäuse. Entscheiden Sie sich im Zweifelsfall für YES – dann können Sie in der Gruppe *Mice* den betreffenden Treiber aktivieren.

Filesystems: *Quota support* ermöglicht es, den Platzbedarf einzelner Nutzer einzuschränken (erfordert aber die Installation von Zusatzprogrammen).

Wenn Sie auf DOS- oder Windows-Partitionen zugreifen wollen, müssen Sie *DOS-FAT* (Basissystem) sowie wahlweise *MSDOS support* oder den erweiterten *VFAT support* (Windows 9x) auswählen. *Umsdos* ist dagegen nur dann notwendig, wenn Ihr Linux in einer DOS-Partition installiert ist.

ISO-9660 ist unentbehrlich, wenn Sie CD-ROM-Laufwerke verwenden möchten. Die Option JOLIET ist von Interesse, wenn Sie die vollständigen Dateinamen auch bei CD-ROMs für Microsoft-Windows sehen möchten.

Proc support ist auf jeden Fall erforderlich, damit Sie Programme wie `ps` oder `top` verwenden können. *Second extended filesystem* ist das wichtigste Dateisystem für Linux. Hier müssen Sie YES angeben, damit Sie booten können!

Network File Systems: *NFS support* benötigen Sie, wenn Sie Dateisysteme fremder Rechner via Netz nutzen möchten. *SMB support* ermöglicht es, Windows-Dateisysteme über das Netz zu nutzen (wie NFS für Unix-Dateisysteme). Das setzt allerdings die Installation zusätzlicher Programme und einige Installationsarbeit voraus.

Native Language Support: Einige Microsoft-Dateisysteme (NTFS, Joliet-CD-ROMs) unterstützen Unicode-Zeichen in Dateinamen. Damit diese erkannt werden, müssen die entsprechenden Sprachoptionen aktiviert werden. Auf jeden Fall sollten Sie die Codepages 437 (US), 850 (Europe) sowie alle NLS-ISO-Optionen aktivieren. Am besten entscheiden Sie sich einfach bei allen Optionen für MODULE! (Die ganze Gruppe *Native Language Support* ist nur dann aktiv, wenn Sie bei *Filesystems* ein Dateisystem auswählen, das die Sprachoptionen benötigt!)

Console Drivers: Damit Linux Text auf VGA-Karten darstellen kann, muss die Option *VGA text* auf YES gestellt werden. *Video mode selection* ermöglicht es, via LILO spezielle VGA-Textmodi zu aktivieren (z.B. mit 80*50 Zeichen).

Sound: Wenn Ihnen der Pieps aus dem Lautsprecher nicht reicht, können Sie hier Ihre Sound-Karte auswählen und je nach Bedarf DMA-, IO- und Interrupt-Nummern einstellen. Im Regelfall ist es empfehlenswert, Sound-Unterstützung als Modul zu aktivieren – die Kernel-Datei wächst durch die Sound-Unterstützung sonst ziemlich stark an.

Kernel kompilieren und installieren

Nachdem Sie mit der Konfiguration des Kernels vermutlich einige Zeit verbracht haben, muss jetzt der Rechner arbeiten. Mit den folgenden Kommandos beschäftigen Sie Ihren Rechner eine Zeit lang (rund zehn Minuten bei einem Pentium 133).

```
root#  cd /usr/src/linux
root#  make dep              # Abhängigkeiten überprüfen
root#  make clean            # alte Objektdateien löschen
root#  make bzImage          # Kompilierung starten
```

TIPP

Vergessen Sie nicht, dass Linux ein Multitasking-System ist! Sie können in eine andere Konsole wechseln und sich dort die Online-Dokumentation zu irgendeinem Thema durchlesen, einen Brief schreiben etc. Sofern Sie nicht sehr zeitaufwendige Operationen durchführen, werden die Verzögerungen durch das gleichzeitige Kompilieren kaum spürbar sein!

Das Ergebnis am Ende dieses Prozesses ist die Datei `bzImage` im Verzeichnis `/usr/src/linux/arch/i386/boot`. Der komprimierte Kernel sollte je nach Konfiguration ca. 500 kByte groß sein.

Module kompilieren

Bei der Kernel-Konfiguration können Sie bei sehr vielen Kernel-Komponenten wählen, ob diese Komponente direkt in den Kernel integriert oder als Modul kompiliert wird. Durch `make zImage` (siehe oben) wird dann nur der generische Kernel ohne die angegebenen Module erzeugt. Die ausgewählten Module müssen mit `make modules` extra erzeugt werden. Dabei werden verstreut über den Dateibaum des Kernel-Codes Moduldateien mit der Kennung `*.o` erzeugt. Im Verzeichnis `modules` werden Links auf diese Dateien eingerichtet.

VORSICHT

Zum Booten von Linux benötigen Sie je nach Rechnerkonfiguration zumindest die Treiber für die Festplatte (eventuell SCSI!), für das darauf enthaltene Dateisystem (meistens ext2) sowie die Module mit der elementaren Netzwerkunterstützung (ohne spezifische Hardware-Treiber).

Mit `make modules_install` werden die Moduldateien schließlich dorthin installiert, wo die Programme zur Modulverwaltung (etwa `insmod`) diese erwarten, nämlich in das Verzeichnis `/lib/modules/`*n* (wobei *n* die aktuelle Kernel-Version ist).

```
root#  cd /usr/src/linux
root#  make modules
root#  make modules_install
```

Kernel installieren

Der so erzeugte neue Kernel ist natürlich noch nicht aktiv! Bisher wurde nur eine neue Datei erstellt, sonst nichts! Der neue Kernel kann erst beim nächsten Start von Linux aktiviert werden und auch dann nur, wenn Sie entweder eine neue Bootdiskette erzeugen oder das Programm `lilo` aufrufen und die neue Kernel-Datei im Bootprogramm aktivieren.

Die aktive Kernel-Datei befindet sich normalerweise im Linux-Wurzelverzeichnis `/` oder in `/boot` und hat üblicherweise den Namen `vmlinuz`. Bevor Sie den neu generierten Kernel dorthin verschieben, sollten Sie die vorhandene und erprobte Kernel-Datei `vmlinuz` in `vmlinuz.bak` umbenennen:

```
root#  mv /boot/vmlinuz  /boot/vmlinuz.bak
root#  mv /usr/src/linux/arch/i386/boot/bzImage /boot/vmlinuz
```

Wenn Linux mit LILO gestartet wird, kommt zu den schon vorhandenen Einträgen in `/etc/lilo.conf` ein neuer Eintrag, der ein Booten des alten Kernels (Datei `/vmlinuz.bak`) ermöglicht. Statt `/dec/hda8` müssen Sie natürlich die Root-Partition Ihres Rechners angeben. Lesen Sie unbedingt vorher den Abschnitt zur LILO-Konfiguration (Seite 256)!

```
# LILO configuration file: /etc/lilo.conf
... wie bisher
# automatisch Linux von /dev/hda8 booten
image = /boot/vmlinuz
  root = /dev/hda8
  label = linux
  read-only
# Alternative: 'linuxbak' zum Booten des alten Kernels
image= /boot/vmlinuz.bak
  root = /dev/hda8
  label = linuxbak
  read-only
```

Die veränderte LILO-Konfigurationsdatei muss jetzt nur noch durch einen Aufruf von `lilo` aktiviert werden. Wenn das Booten des neuen Kernels mit einem Absturz endet, versuchen Sie es einfach noch einmal. Drücken Sie während des Bootens die (Shift)-Taste, und geben Sie 'linuxbak' als Bootkernel an. Auf diese Weise können Sie mit dem alten Kernel booten und das Kompilieren nochmals versuchen.

Als Alternativen zu LILO kann der neue Kernel natürlich auch auf eine Bootdiskette übertragen oder `loadlin` zum Booten verwendet werden (siehe Seite 262 bzw. 278).

6.15 Paketverwaltung (RPM)

Die Paketverwaltung hilft bei der Installation zusätzlicher Pakete sowie beim Aktualisieren bzw. Entfernen vorhandener Pakete. Dieser Abschnitt beschreibt das Kommando `rpm`, das zu diesem Zweck bei fast allen Distributionen eingesetzt wird.

Vorbemerkungen

RPM ist nicht das einzige Paketformat. Vor ein paar Jahren wurden stattdessen komprimierte `tar`-Archive mit der Dateikennung `*.tgz` verwendet (daher TGZ-Format). Die Slackware-Distribution verwendet dieses Format noch immer. Damit sind allerdings eine Menge Unzulänglichkeiten verbunden:

- Es ist nur sehr schwer möglich, einen Überblick über die zur Zeit installierten Pakete (und deren Versionen) zu bewahren.
- Es ist unmöglich festzustellen, zu welchem Paket eine bestimmte Datei gehört.
- Updates von Paketen sind problematisch (gelinde gesagt). Beispielsweise werden bei einem Update auch Konfigurationsdateien überschrieben, weil im TGZ-Paket Informationen darüber fehlen, welche Dateien welchen Zweck erfüllen.
- Es fehlen Abhängigkeitsinformationen. Es kann also ein Paket x installiert werden, obwohl das zur Ausführung erforderliche Paket y fehlt.

Ein Teil dieser Einschränkungen lässt sich durch die Verwaltung von Zusatzinformationen umgehen, die entweder innerhalb des Pakets (in einer Datei mit einem besonderen Namen) oder außerhalb verwaltet werden (in einer zentralen Paketbeschreibungsdatei). So kannte die SuSE-Distribution schon Paketabhängigkeiten, lange bevor auf RPM umgestellt wurde.

Dennoch kristallisierte sich während der stürmischen Entwicklung von Linux rasch die Notwendigkeit eines moderneren Formats heraus. Das Resultat waren dann leider gleich zwei Formate, die mehr oder weniger parallel entwickelt wurden und mittlerweile auch weitgehend dieselben Merkmale haben: das RPM-Format (Red Hat Package Manager) und das DEB-Format (Debian). Beide Formate sind frei (GPL), können also auch von anderen Distributionen verwendet werden.

In diesem Kapitel wird nur das RPM-Format eingehend beschrieben, das sich mittlerweile als Quasistandard durchzusetzen scheint. (Neben Red Hat wird es unter anderem in den Distributionen von Caldera, Mandrake und SuSE eingesetzt.)

VERWEIS

Allgemeine Informationen zur Durchführung von Software-Updates finden Sie auf Seite 92. Dort finden Sie auch einen Überblick über Tools zur Paketverwaltung für die diversen Distributionen.

Informationen zum Umgang mit TGZ-Paketen finden Sie am Ende dieses Abschnitts (siehe Seite 309) sowie bei der Beschreibung des `tar`-Kommandos (Seite 747). Falls Sie mit Slackware arbeiten, sollten Sie außerdem die Online-Dokumentation zu `setup` und `pkgtool` lesen.

TIPP

Zur Umwandlung von Paketen zwischen den verschiedenen Formaten existiert das Perl-Script `alien`, das von manchen Distributionen mitgeliefert wird.

RPM-Grundlagen

Die meisten RPM-Pakete bestehen aus zwei Dateien: Die eine Datei befindet sich üblicherweise im Verzeichnis `RPMS` und enthält die für die Installation des Pakets erforderlichen Binärdateien (daher Binärpaket). Die zweite Datei ist im Verzeichnis `SRPMS` untergebracht und enthält den Quellcode, der erforderlich war, um das Binärpaket zusammenzustellen (Quellpaket).

Der Paketname enthält ziemlich viele Informationen: `abc-2.0.7-1.i386.rpm` bezeichnet beispielsweise das Paket `abc` mit der Versionsnummer 2.0.7, `rpm`-Release 1. (Falls bei der Zusammenstellung eines Pakets ein Fehler passiert ist, zusätzliche Online-Dokumentation beigefügt oder andere Änderungen durchgeführt werden, entstehen Release-Ziffern größer als 1 für eine bestimmte Versionsnummer. Die Versionsnummer bezieht sich also auf das eigentliche Programm, die Release-Nummer auf die `rpm`-Zusammenstellung.)

Die Kennung i386 weist darauf hin, dass das Paket Binärdateien für die Intel-Version von Linux enthält. (Es gibt ja auch Linux-Versionen für andere Prozessoren.) Die Datei mit dem Quellcode zum abc-Paket hat den Dateinamen abc-2.0.7-1.src.rpm.

Die Paketdatei enthält neben den zu installierenden Dateien zahlreiche Verwaltungsinformationen: eine kurze Paketbeschreibung, abermals Informationen über Versionsnummern, die Einordnung in die Gruppenhierarchie (wird beispielsweise von den Programmen kpackage und gnorpm ausgewertet), Abhängigkeiten von anderen Paketen etc. Abhängigkeiten bestehen dann, wenn ein Paket eine bestimmte Programmiersprache wie Perl oder eine bestimmte Library voraussetzt. In diesem Fall müssen zuerst diese Pakete installiert werden.

rpm verwaltet eine Datenbank mit Informationen über alle installierten Binärpakete. Diese Datenbank wird in sieben *.rpm-Dateien im Verzeichnis /var/lib/rpm gespeichert.

Die Dateien der rpm-Datenbank dürfen auf keinen Fall verändert werden! Damit die Dateien aktuell sind, dürfen Pakete nicht einfach durch Löschen der Dateien, sondern müssen durch ein Deinstallieren (rpm -e) entfernt werden. Der Platzbedarf für die vier Dateien ist relativ groß (bei einem System mit 600 MByte etwa 12 MByte).

HINWEIS

Trotz der Kennung *.rpm handelt es sich bei den vier Datenbankdateien nicht um rpm-Pakete, sondern um Dateien in einem rpm-spezifischen binären Format. Die Datenbank enthält nur Informationen zu Binärpaketen; eventuell auch installierte Pakete mit Quellcode werden nicht in die Datenbank aufgenommen.

rpm-Kommando

Für die meisten Anwender erfüllt rpm nur Administrationsaufgaben. Fortgeschrittene Anwender können mit rpm aber auch eigene Pakete zusammenstellen – auf diesen Aspekt der rpm-Anwendung wird hier allerdings nicht eingegangen.

TIPP

Je nach Distribution stehen als Alternative zu rpm auch Programme mit mehr Komfort zur Verfügung: gnorpm, kpackage, YaST etc. Einen Überblick gibt ein eigener Abschnitt ab Seite 1039.

Der Vorteil des direkten Einsatzes von rpm besteht darin, dass zum einen der Overhead anderer Programme gespart wird (Verwendung ohne X); zum anderen bietet rpm aber erheblich mehr Möglichkeiten, um Informationen über Pakete und deren Dateien zu ermitteln.

```
rpm --install [optionen] dateiname
rpm --install [optionen] ftp://ftpserver/dateiname
```

`-i` oder `--install` installiert das angegebene Paket. Wenn es sich um ein Binärpaket handelt, wird es automatisch am vorgegebenen Ort im `root`-Verzeichnis installiert. Bei der zweiten Variante wird automatisch eine ftp-Verbindung hergestellt.

Wenn zusätzlich die Option `--test` verwendet wird, führt `rpm` keine Veränderungen durch, sondern gibt nur aus, was bei einer tatsächlichen Installation passieren würde.

Der Installationsort kann durch die zusätzliche Option `--root verzeichnis` verändert werden.

Mit der Option `--nodeps` können Sie ein Paket selbst dann installieren, wenn `rpm` glaubt, dass diverse Abhängigkeiten nicht erfüllt sind. Die Option `--force` erzwingt eine Installation in jedem Fall (selbst dann, wenn `rpm` glaubt, dass das Paket bereits installiert ist).

Mit der Option `--noscripts` erreichen Sie, dass auf die automatische Ausführung von Installationsprogrammen verzichtet wird. (Unter Umständen funktioniert das gerade installierte Programm dann aber nicht ordnungsgemäß.)

TIPP In der aktuellen Version ist es leider nicht möglich, nur eine einzelne Datei oder ausgewählte Dateien zu installieren. Sie können nur das gesamte Paket (oder gar nichts) installieren. Aus dieser Verlegenheit hilft unter anderem der Dateimanager `mc`, der den Inhalt von `*.rpm`-Dateien als virtuelles Verzeichnis anzeigt und einzelne Dateien extrahieren kann.

Wenn es sich beim angegebenen Paket um ein Quellpaket handelt, werden der Programmcode und die Konfigurationsdateien in `/usr/src` installiert. Der Installationsort kann in diesem Fall durch eine Veränderung von `/etc/rpmrc` eingestellt werden.

```
rpm --upgrade [optionen] dateiname
rpm --upgrade [optionen] ftp://ftpserver/dateiname
```

Mit `-U` oder `--upgrade` können Sie ein bereits vorhandenes Binärpaket aktualisieren. Von den veränderten Konfigurationsdateien des bisherigen Pakets werden automatisch Backup-Dateien erzeugt, alle anderen Dateien des bisherigen Pakets werden gelöscht. Mit der zusätzlichen Option `--oldpackage` können Sie ein neueres Paket durch ein älteres ersetzen. Auch beim Upgrade kann durch `--nodeps` erreicht werden, dass Paketabhängigkeiten ignoriert werden.

```
rpm --verify [optionen] packagename
```

Mit `-V` bzw. `verify` können Sie überprüfen, ob sich irgendwelche Dateien eines Pakets gegenüber der Originalinstallation verändert haben. (Wenn sich keine Datei geändert hat, gibt `rpm` nichts aus.) Als Parameter wird nicht wie bei der Installation der gesamte Dateiname, sondern nur der Paketname angegeben (also etwa `abc` für die Paketdatei `abc-2.0.7-1.i386.rpm`).

```
rpm --erase [optionen] packagename
```

Die Option `-e` bzw. `--erase` entfernt ein vorhandenes Paket. Wenn Sie zusätzlich die Option `--nodeps` verwenden, wird das Paket selbst dann entfernt, wenn andere Pakete davon abhängig sind.

```
rpm --query -a
rpm --query [optionen] packagename
rpm --query -f [optionen] datei
rpm --query -p [optionen] packagedatei
```

Die Option `-q` bzw. `--query` bietet sehr viele unterschiedliche Anwendungsmöglichkeiten, die die Syntax etwas unübersichtlich machen. Die drei ersten Syntaxvarianten beziehen sich auf bereits installierte Pakete, mit der vierten Variante können Informationen zu einer noch nicht installierten `*.rpm`-Datei ermittelt werden.

In der einfachsten Form mit der zusätzlichen Option `-a` liefert `rpm` eine unsortierte Liste aller Pakete.

Wenn Sie als Parameter einen Paketnamen angeben (etwa `abc`), testet `rpm`, ob das Paket installiert ist. Wenn das der Fall ist, liefert `rpm` den vollständigen Namen mit Versions- und Release-Nummer (`abc-2.0.7-1`).

Mit der zusätzlichen Option `-f` können Sie feststellen, zu welchem Paket eine bestimmte Datei Ihres Systems gehört. Das ist besonders bei Konfigurationsdateien sehr nützlich. Beispielsweise liefert `rpm -qf /etc/fdprm` den Paketnamen `util-linux-2.5-7`.

Die Zusatzoption `-p` ermöglicht es, Informationen über ein noch nicht installiertes Paket zu ermitteln. Als Parameter muss in diesem Fall der Dateiname einer `*.rpm`-Datei verwendet werden. Diese Option kann auch auf Pakete mit Quellcode angewandt werden.

Die drei letzten Syntaxvarianten können mit einigen weiteren Optionen verbunden werden. `rpm` liefert dann nicht nur den Paketnamen mit Versions- und Release-Nummer, sondern auch weitere Informationen:

`-i` : Kurzbeschreibung des Pakets, komprimierte Größe
`-l` : Liste aller Dateien des Pakets
`-lv` : wie oben, aber mit Dateigröße, Zugriffsrechten etc.
`-c` : Liste aller Konfigurationsdateien des Pakets
`-d` : Liste aller Dateien mit Online-Dokumentation zum Paket
`--scripts`: Liste aller Installationsprogramme

```
rpm --query [optionen] --whatprovides name
rpm --query [optionen] --whatrequires name
rpm --query [optionen] --provides [-p] paketdatei
rpm --query [optionen] --requires [-p] paketdatei
```

Die obigen Query-Optionen dienen zur Feststellung von Paketabhängigkeiten. Mit den Optionen `whatprovides` und `whatrequires` können alle bereits installierten Pakete gesucht werden, die das Paket oder die Library `name` zur Verfügung stellen bzw. erfordern. Dabei ist auf die exakte Schreibweise zu achten. Diese zwei Optionen sind nicht geeignet, um noch nicht installierte Pakete zu durchsuchen!

Mit den Optionen `provides` und `requires` kann eine Liste aller Pakete und Libraries erstellt werden, die ein bestimmtes Paket zur Verfügung stellt bzw. benötigt. Die Optionen können auch für noch nicht installierte Paketdateien (Option `-p`) eingesetzt werden. `provides` und `requires` stellen gewissermaßen die Umkehrung zu `whatprovides` und `whatrequires` dar. Im einen Fall wird nach Abhängigkeiten gesucht, die sich aus einem Paket ergeben, im anderen Fall wird nach Paketnamen gesucht, die diese Abhängigkeiten erfüllen.

Alle vier Optionen können mit `-i`, `-l`, `-lv`, `-c` und `-d` kombiniert werden (siehe oben).

Beispiele

`root#` **`rpm -i /cdrom/Red Hat/RPMS/xv-3.10a-5.i386.rpm`**
installiert das Grafikprogramm xv.

`root#` **`rpm -qa`**
liefert eine Liste aller installierten Pakete.

`root#` **`rpm -qa | grep XFree86`**
liefert eine Liste aller installierten Pakete, deren Namen die Zeichenkette `XFree86` enthält.

`root#` **`rpm -qi perl`**
liefert Informationen zum Perl-Paket (falls dieses installiert ist).

`root#` **`rpm -ql perl`**
listet alle Dateien des Perl-Pakets auf.

```
root# rpm -qd perl
```
listet alle Dokumentations-Dateien des Perl-Pakets auf.

```
root# rpm -qip /cdrom/Red Hat/RPMS/perl-5.003-4.i386.rpm
```
liefert Informationen zum Perl-Paket auf der CD-ROM.

```
root# rpm -qf /usr/lib/libz.so
```
gibt an, aus welchem Paket die Datei `/usr/lib/libz.so` stammt.

```
root# rpm -qp --provides xpm-3.4h-3.i386.rpm
```
gibt an, welche Pakete/Libraries das `xpm`-Paket zur Verfügung stellt.

```
root# rpm -qp --requires pine-3.95-2.i386.rpm
```
gibt an, welche Pakete/Libraries zum Betrieb von `pine` erforderlich sind.

```
root# rpm -q --whatprovides libc.so.5
```
gibt an, welches (bereits installierte) Paket die `libc`-Library zur Verfügung stellt.

```
root# rpm -q --whatrequires libc.so.5
```
liefert eine fast endlose Liste aller installierten Pakete, die auf die `libc`-Library angewiesen sind.

TIPP

Datei suchen: Trotz aller unbestrittenen Vorteile von `rpm` ergibt sich oft ein Problem: In welchem (noch nicht installierten) Paket befindet sich eine bestimmte Datei? Die Antwort auf beide Fragen gibt das folgende Kommando. Es gibt sämtliche verfügbaren Informationen zu allen Paketen eines Verzeichnisses via `less` am Bildschirm aus. In `less` können Sie mit (/) einen Suchtext eingeben und so nach Dateinamen suchen.

```
root# rpm -qpli /cdrom/Red Hat/RPMS/* | less
```

Paketabhängigkeiten: Das erste Mal werden Sie wahrscheinlich mit Abhängigkeiten konfrontiert, wenn Sie bei einem Installationsversuch die folgende Fehlermeldung erhalten:

```
root#  cd /cdrom/Red Hat/RPMS
root#  rpm -i vga_tetris-0.4-3.i386.rpm
failed dependencies:
        libvga.so.1 is needed by vga_tetris-0.4-3
        libvgagl.so.1 is needed by vga_tetris-0.4-3
```

`vga_tetris` kann also erst installiert werden, wenn `libvga` und `libvgagl` zur Verfügung stehen. Wenn Sie nun aber nach dem `libvga`-Paket auf der CD-ROM suchen, werden Sie erstaunt feststellen, dass es dieses Paket gar nicht gibt. In der Abhängigkeitsliste können Library-Namen, Paketnamen und sogenannte virtuelle Paketnamen auftreten. Die Suche nach dem erforderlichen Paket sieht so aus:

```
root#  rpm -qpi --provides *.rpm | less
```

In less verwenden Sie (/), um nach dem Text libvga zu suchen. Auf diese Weise stellen Sie fest, dass sich sowohl libvga als auch libvgagl im Paket aout-libs befinden. (Dieses Paket enthält Libraries im alten a.out-Format, die nur aus Kompatibilitätsgründen zu alten Linux-Programmen erforderlich sind.) Nachdem Sie das aout-libs-Paket installiert haben, funktioniert auch die Installation von vga_tetris. (Wenn Sie Pech haben, ist aout-libs aber wiederum von anderen Paketen abhängig, die Sie vorher installieren müssen.)

HINWEIS: Wenn Sie die rpm-Dokumentation lesen, werden Sie vielleicht erwarten, dass die Paketsuche einfacher mit der Option --whatprovides libvga erfolgen kann. Diese Option ist aber nur für bereits installierte Packages vorgesehen, was bei Installationsproblemen nichts nützt.

Paketabhängigkeiten gelten auch für die Deinstallation. Sie können beispielsweise kein Paket entfernen, von dem andere Programme noch abhängig sind. Wenn Sie also sowohl svgalib als auch vgq_tetris installiert haben und nun svgalib wieder zu entfernen versuchen, erhalten Sie folgende Fehlermeldung:

```
root#  rpm -e aout-libs
removing these packages would break dependencies:
        libvgagl.so.1 is needed by vga_tetris-0.4-3
        libvga.so.1 is needed by vga_tetris-0.4-3
```

In manchen Fällen – etwa dann, wenn Sie einzelne Pakete nicht mit rpm, sondern mit tar installiert haben – beschwert sich rpm über nicht erfüllte Abhängigkeiten, obwohl die fehlenden Dateien vorhanden sind. (Sie fehlen lediglich in der rpm-Datenbank.) In solchen Fällen können Sie eine Installation oder Deinstallation mit --nodeps erzwingen. Verwenden Sie diese Option aber wirklich nur dann, wenn Sie wissen, was Sie tun!

TIPP: Eine ausführliche Online-Dokumentation zu rpm erhalten Sie mit man rpm, im RPM-HOWTO sowie in den README-Dateien in /usr/doc/rpm bzw. /usr/doc/packages/rpm.

rpm-Benutzeroberflächen

Zwar verwenden mittlerweile die meisten Distributionen dasselbe Paketformat, der Austausch von Paketen zwischen unterschiedlichen Distributionen ist aber nach wie vor schwierig. Gründe dafür sind nicht nur eine unterschiedliche Vorkonfiguration und voneinander abweichende Installationspfade, sondern auch die Verwaltung der Abhängigkeitsinformationen, für die es keinen Standard gibt.

Aus diesem Grund wird mit beinahe jeder Distribution ein eigenes Programm mitgeliefert, das zwar auf rpm aufbaut, aber Zusatzfunktionen bietet. Einige Programme werden im Anhang beschrieben:

rpmdrake (Mandrake): siehe Seite 1021
gnorpm (Red Hat): siehe Seite 1039
YaST (SuSE): siehe Seite 1054

Daneben gibt es aber auch eine Reihe distributionsunabhängiger Tools, die den Umgang mit RPM-Archiven erleichtern – beispielsweise xrpm, kpackage (KDE) und mc (siehe Seite 763).

Zu den größten Vorzügen von kpackage zählt die Tatsache, dass dieses Programm nicht nur mit RPM-Paketen zurechtkommt, sondern auch mit DEB-, TGZ- und BSD-Paketen. (Bei letzteren handelt es sich um Pakete von BSD-Unix. Unter Linux ist es normalerweise nicht sinnvoll, derartige Pakete zu installieren.) kpackage verspricht sogar die Unterstützung von KISS (KDE Installation System) – allerdings gibt es zur Zeit kaum Pakete in diesem noch sehr neuen und unerprobten Format (Dateikennung *.installer).

kpackage zeigt in der linken Fensterhälfe einen Baum mit der Pakethierarchie an. Der Aufbau dieser Hierarchie ist nicht durch kpackage vorgegeben, sondern wird den Paketen entnommen. Entsprechend unsystematisch ist das Ergebnis, wenn Pakete unterschiedlicher Herkunft dargestellt werden.

In der rechten Fensterhälfte werden Informationen über das links ausgewählte Paket angezeigt (wahlweise die Paketbeschreibung oder eine Liste der darin enthaltenen Dateien).

Mit OPTIONS|OPTIONS stellen Sie ein, ob kpackage nur die schon installierten Pakete anzeigen soll oder auch neue Pakete, die sich auf einer CD-ROM, in einem Verzeichnis oder auf einem FTP-Server befinden. Die Orte, wo kpackage nach neuen Paketen suchen soll, stellen Sie mit OPTIONS|LOCATIONS OF UNINSTALLED PACKAGES ein.

Paketinstallationen, -deinstallationen und -updates sind mit diversen Menükommandos problemlos möglich. Sie können ein zu installierendes Paket auch einfach vom KDE-Dateimanager in das kpackage-Fenster ziehen (Drag-and-Drop). kpackage ist nicht in der Lage, automatisch nicht erfüllte Paketabhängigkeiten aufzulösen. Dafür können Sie nach Paketen oder Dateien suchen (um festzustellen, zu welchem Paket eine bestimmte Datei gehört).

HINWEIS

kpackage funktioniert nur dann zufrieden stellend, wenn die verwalteten Pakete in Kategorien eingeordnet sind (group-Information in RPM-Paketen) und wenn sich die neu zu installierenden Pakete in einem Verzeichnis auf einer CD-ROM bzw. auf einem FTP-Server befinden. Bei SuSE 6.4 sind beide Voraussetzungen nicht erfüllt: Sehr viele Pakete fallen in die Kategorie 'unsorted', und auf den SuSE-CDs sind neu zu installierende Pakete auf zahlreiche Verzeichnisse verteilt. Zu allem Überfluss findet die mit SuSE 6.4 mitgelieferte kpackage-Version nicht einmal die RPM-Datenbank. Fazit: Verwenden Sie YaST! Trotz der nicht mehr ganz zeitgemäßen Bedienung kommt nur dieses Programm mit den SuSE-Paketabhängigkeiten zurecht und findet die auf sechs CDs verteilten Pakete problemlos.

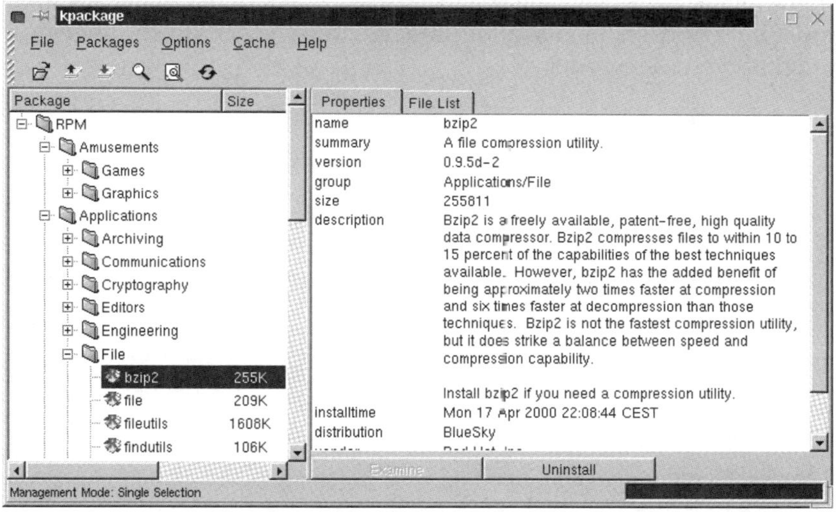

Abbildung 6.8: Paketverwaltung mit kpackage

Manuelle Installation zusätzlicher Programme mit tar

Vor allem bei erfahrenen Linux-Anwendern kommt es häufig vor, dass Linux-Software installiert werden soll, die nicht in Form eines Pakets einer bestimmten Distribution organisiert ist. Ganze GBytes von Linux-Software im tar-Format finden Sie auf den diversen Linux-Internet-Servern oder auf CDs mit Kopien dieser Dateien (sogenannte Server-Spiegelungen).

Die komprimierten Archive weisen üblicherweise die Dateikennungen `*.tgz` oder `*.tar.gz` auf. Die Archive müssen mit dem Programm `tar` auf Ihrem Rechner installiert werden. (Details zum Umgang mit `tar` finden Sie auf Seite 747.)

```
root#  tar -tzf archiv.tar.gz             # Inhalt des Archivs anzeigen
root#  tar -xzf archiv.tar.gz             # alle Dateien relativ zum aktuellen
                                            Verzeichnis installieren
root#  tar -xzf archiv.tar.gz  "*.tex"    # nur *.tex-Dateien installieren
root#  tar -xzf archiv.tar.gz -C verz     # in ein Verzeichnis installieren
```

In vielen Fällen liegt die Software nur im Quellcode vor und muss vor ihrer Verwendung noch kompiliert werden. Dazu wird vorausgesetzt, dass Sie den GNU C-Compiler mit seinen diversen Tools (manchmal auch groff, texinfo, awk, Tcl/Tk, Perl) bereits installiert haben.

VORSICHT

Die Installation von Software-Pakten durch `tar` umgeht die Paketverwaltung des jeweiligen Systems. Die RPM-Datenbanken 'wissen' daher nichts von den Programmen, die Sie installiert haben. Aus diesem und anderen Gründen ist es immer vorzuziehen, Pakete zu installieren, die speziell für die jeweilige Distribution vorbereitet wurden.

Kapitel 7

XFree86

Das X Window System (kurz X) stellt eine Sammlung von Funktionen und Protokollen dar, mit deren Hilfe grafische Informationen auf dem Bildschirm ausgegeben und Maus und Tastatur verwaltet werden. Diese Funktionen stehen auch für den Netzbetrieb zur Verfügung.

XFree86 ist eine freie Implementierung dieses X Window Systems. XFree86 stand ursprünglich nur für Betriebssysteme mit Intel-Prozessoren zur Verfügung (386, 486 etc., daher die Zahl 86 im Namen), mittlerweile läuft es aber auch auf vielen anderen Prozessoren.

Dieses Kapitel beschreibt verschiedene Aspekte der Konfiguration des XFree86-Servers. Nebenbei lernen Sie einige Grundlagen zum Thema Grafikhardware. Weitere Themenschwerpunkte sind die Verwendung von Tastatur und Maus unter X, der Umgang mit X-Ressourcen sowie einige Interna wie die Installation zusätzlicher Zeichensätze.

VERWEIS

X ist die Basis für eine grafische Benutzeroberfläche für Linux. Der Begriff 'Benutzeroberfläche' ist unter Unix/Linux aber mit Vorsicht zu genießen: Im Gegensatz zur MS-Windows- oder Macintosh-Welt werden das Aussehen und die Bedienung von X-Programmen durch die vom jeweiligen Programm benutzte Bibliothek, den gerade aktiven Windows-Manager etc. beeinflusst. X selbst stellt noch keine Benutzeroberfläche zur Verfügung. Mehr Informationen zu diesem Thema sowie zu `fvwm`, KDE und Gnome finden Sie im nächsten Kapitel.

7.1 Konfiguration des X-Servers

Die Installationsprogramme der diversen Linux-Distributionen funktionieren mittlerweile so gut, dass X sofort nach (oder bereits während) der Installation zur Verfügung steht. Dieses Kapitel blickt hinter die Kulissen der Konfiguration von XFree86 und zeigt, wie Sie die Konfiguration gegebenenfalls selbst verändern können. Kurz ein Überblick über den Aufbau dieses recht langen Abschnitts:

HINWEIS

Dieser Abschnitt basiert auf XFree86, Version 3.3.6. Diese Version wurde mit den meisten Distributionen ausgeliefert, als dieses Buch geschrieben wurde.

Version 4.0 stand zu diesem Zeitpunkt ebenfalls schon zur Verfügung. Diese Version war allerdings noch nicht ausreichend stabil, weswegen keine einzige Distribution bereits auf diese neue Version setzte. Eine erste Einführung in VFree86 4.0 finden Sie auf Seite 333.

Dokumentation

Zu XFree86 existiert eine Menge Online-Dokumentation. Sehr ausführlich und aktuell sind die `man`-Seiten zu XFree86: Unter anderem existieren Seiten zu `XFree86` (Überblick), zu `Xserver` (allgemeine Optionen für den Betrieb von X) und je nach Installation zu `XF86_Mono`, `XF86_VGA16`, `XF86_SVGA` sowie Texte zu spezifischen Grafikkarten, etwa `XF86_Mach64`. Der `man`-Text zu `XF86Config` (achten Sie auf die korrekte Groß- und Kleinschreibung) liefert schließlich eine Beschreibung aller in der Konfigurationsdatei erlaubten Schlüsselwörter.

Einen guten Überblick gibt der HOWTO-Text zu `XFree86`. Schließlich befinden sich im Verzeichnis `/usr/X11R6/lib/X11/doc` viele `README`-Texte. Eine erste Einführung gibt `Quickstart.doc`, einen Überblick über die Veränderungen gegenüber der letzten Version erhalten Sie in `RELNOTES`. Die Dateien `README.`*Chip* enthalten Informationen zu bestimmten Grafik-Chips.

HINWEIS

Weitere Informationen zum XFree86-Projekt und zur gerade aktuellen Version finden Sie im Internet:

`http://www.XFree86.org`

Bei manchen Distributionen (etwa SuSE) werden die dort verfügbaren HTML-Dateien als Dokumentationspaket gleich mitgeliefert.

Kommerzielle X-Server

Neben dem freien X-Server von XFree86 gibt es auch kommerzielle Server (MetroX, AcceleratedX), die sich insbesondere durch die Unterstützung von Grafikkarten auszeichnen, die von XFree86 nicht bzw. noch nicht unterstützt werden. (Der Hintergrund ist oft ein rechtlicher: Manche Hersteller von Grafikkarten – glücklicherweise immer weniger – sind nicht zu einer Offenlegung der Schnittstellen bereit. Der Quellcode zu XFree86 ist aber frei verfügbar und soll es auch bleiben.)

Der aktive X-Server wird durch den Link von `/usr/X11R6/bin/X` auf das Server-Programm bestimmt. Wenn Sie den X-Server wechseln möchten, müssen Sie also diesen Link ändern. Bei manchen Distributionen zeigt `/usr/X11R6/bin/X` auf `/etc/X11/X`. In diesem Fall zeigt dann erst dieser Link auf den Server. Weitere Informationen zu kommerziellen Servern und deren Konfiguration entnehmen Sie bitte der jeweiligen Produktdokumentation.

Kleines X-Glossar

X Window System: Das X Window System (kurz X) bezeichnet eigentlich nur die Basisfunktionen zum Zeichnen von Punkten, Rechtecken etc. X beinhaltet auch ein Netzwerkprotokoll, das es ermöglicht, ein X-Programm auf Rechner A auszuführen und die Ergebnisse (via Netzwerk) auf Rechner B darzustellen. Die meisten Linux-Distributionen verwenden X11R6.3. (XFree86 4.0 basiert auf dem neueren X11R6.4.) Das X Window System wurde vom MIT (Massachusetts Institute of Technology) entwickelt.

X-Server: Der X-Server stellt die Schnittstelle zwischen dem X Window System und der Hardware (Grafikkarte, Maus) her. Unter Linux sind der freie Server von XFree86 und die beiden kommerziellen Server MetroX und AcceleratedX verbreitet.

XFree86 ist Teil von X11R6 und stellt eine freie Portierung des X-Systems für Rechner mit Intel 386-Prozessoren oder dazu kompatiblen Prozessoren dar. XFree86 wurde vom *XFree86 Procject, Inc.* entwickelt (*XFree86@XFree86.org*). XFree86 zeichnet sich vor allem durch die Unterstützung zahlloser Grafikkarten aus. XFree86 ist nicht nur für Linux, sondern auch für andere Unix-Systeme verfügbar.

Virtueller Bildschirm: Der X-Server ist in der Lage, einen virtuellen Bildschirm zu verwalten, der größer ist als der tatsächlich am Monitor sichtbare Bildausschnitt.

Beispielsweise wird der virtuelle Bildschirm zumindest auf 1024∗768 Punkte eingestellt, selbst wenn Ihr Monitor nur 800∗600 Punkte flimmerfrei darstellen kann. Die Veränderung des sichtbaren Ausschnitts erfolgt vollkommen verzögerungsfrei, sobald Sie die Maus an den Rand des Bildschirms bewegen.

Windows-Manager: Der Windows-Manager ist ein X-Programm, das für die Verwaltung der Fenster zuständig ist. Unter X stehen verschiedene Windows-Manager zur Verfügung, die sich durch eine unterschiedliche Bedienung und auch durch eine unterschiedliche optische Gestaltung der Fensterrahmen auszeichnen. Der am weitesten verbreitete Windows-Manager unter Linux war lange Zeit `fvwm`; mit der Entwicklung von KDE und Gnome ist allerdings auch in die Welt der Windows-Manager neue Bewegung gekommen. Informationen zu Auswahl, Konfiguration und Bedienung der Windows-Manager finden Sie ab Seite 360.

Virtueller Desktop: Ein virtueller Desktop ist eine vergrößerte Benutzeroberfläche, die quasi aus mehreren neben- und übereinander angeordneten Bildschirmen besteht. Da Sie aber tatsächlich nur einen Monitor haben, können Sie immer nur einen dieser virtuellen Bildschirme sehen. Sie können aber sehr bequem zwischen diesen Bildschirmen wechseln und beispielsweise in einem Bildschirm einige Shell-Fenster, in einem zweiten Bildschirm den Emacs und in einem dritten Bildschirm das seitenfüllende Programm `ghostview` laufen lassen.

Virtuelle Desktops werden vom Windows-Manager oder vom Desktop-System (KDE, Gnome) verwaltet (nicht von X). Um die Verwirrung zu steigern, verwendet das Konfigurationsprogramm `ConfigXF86` den Begriff 'virtual Desktop', obwohl dort ein virtueller Bildschirm gemeint ist; die Nomenklatur ist also nicht immer einheitlich.

X-Ressourcen: Die meisten Konfigurationsdetails (etwa die Größe des Zeichensatzes, Farben etc.) der unter X laufenden Programme werden durch eine X-Ressourcendatei gesteuert. Diese Datei ist also die zentrale Anlaufstelle zur Konfiguration der X-Programme (aber nicht des X-Basissystems). Details dazu finden Sie ab Seite 344.

Motif: Motif ist eine grafische Oberfläche, die auf X aufsetzt. In Motif sind zusätzliche Steuerelemente (Widgets) definiert, die der Oberfläche ihr charakteristisches Aussehen (Look-and-Feel) geben. Zu Motif gehört ein eigenes Set von Anwendungsprogrammen (Editor, Dateimanager etc.). Motif ist lizenzpflichtig, darf also nicht wie Linux frei kopiert werden. Einzelne Programme mit einer Motif-ähnlichen Oberfläche wurden allerdings als Freeware entwickelt und sind auch unter Linux verfügbar.

OpenLook: OpenLook ist neben Motif eine weitere Oberfläche, die auf X aufbaut. OpenLook wurde vor einiger Zeit von Sun freigegeben (unter anderem, um so die Verbreitung zu fördern). Deswegen zählen der OpenLook-Windows-Manager und einige OpenLook-Anwendungsprogramme zum Lieferumfang mancher Linux-Distributionen.

CDE: CDE steht für Common Desktop Environment. Es handelt sich um eine Benutzeroberfläche, die wiederum auf Motif aufbaut und zusätzliche Komponenten zur

Bedienungserleichterung enthält (Hilfesystem, Toolbars etc.). CDE ist der Versuch, eine einheitliche Benutzeroberfläche für diverse UNIX-Systeme zu schaffen. Unter Linux ist die Bedeutung von CDE wegen des relativ hohen Preises (zusätzlich zu dem von Motif) bislang aber gering.

KDE und Gnome: KDE und Gnome sind zwei freie Benutzeroberflächen und stellen moderne Alternativen zu Motif, Openlook und CDE dar. KDE besteht aus einem eigenen Windows-Manager und zahllosen Programmen und Utilities, die einen homogenen, einfach zu nutzenden Desktop ergeben. Gnome bietet im Prinzip dieselben Funktionen, basiert aber auf einer anderen Bibliothek und sieht daher ein wenig anders aus. Zudem hat Gnome keinen eigenen Windows-Manager. KDE und Gnome werden im nächsten Kapitel ausführlich beschrieben.

Grundlagenwissen zu Monitor und Grafikkarte

Es ist vielleicht nicht unbedingt erforderlich, die in diesem Teilabschnitt vermittelten Informationen zu kennen, um eine X-Konfiguration durchzuführen. Es erleichtert aber den Konfigurationsprozess erheblich, wenn Sie nicht blind irgendwelchen Anweisungen folgen, sondern wirklich wissen, was Sie tun. Und bei Konfigurationsproblemen führt an diesen Hintergrundinformationen ohnedies kein Weg vorbei.

Bildaufbau: Das Bild am Monitor kommt zustande, indem ein Elektronenstrahl zeilenweise die ganze Bildschirmoberfläche überstreicht und dabei winzige Punkte zum Leuchten bringt (oder auch nicht, wenn der Punkt schwarz dargestellt werden soll). Um ein flimmerfreies Bild zu ermöglichen, wird dieser Prozess mehrere Male in der Sekunde (60 bis 100 Mal) wiederholt. Die Information, welcher Punkt der Bildschirmoberfläche in welcher Farbe dargestellt werden soll, liefert die Grafikkarte. Im Monitor steuert diese Information die Intensität des Elektronenstrahls.

Horizontaler Rücklauf (HSync): Die Abtastung des Bildschirms beginnt in der linken oberen Ecke des Bildschirms. Von dort bewegt sich der Elektronenstrahl nach rechts, überstreicht also die erste Zeile. Anschließend springt der Elektronenstrahl zurück zum Beginn der Zeile und bewegt sich gleichzeitig um eine Zeile nach unten. Während dieses horizontalen Rücklaufs hat der Elektronenstrahl die Intensität 0, so dass der Rücklauf am Bildschirm nicht sichtbar ist. Der horizontale Rücklauf wird durch den HSync-Impuls ausgelöst, der von der Grafikkarte an den Monitor übertragen wird. (Physikalisch wird der Rücklauf durch eine Veränderung der elektromagnetischen Felder realisiert, die den Elektronenstrahl im Bereich der Bildfläche ablenken. Solche Veränderungen können nicht unendlich schnell durchgeführt werden, d.h. der Rücklauf nimmt etwas Zeit (einige Mikrosekunden) in Anspruch.)

Vertikaler Rücklauf (VSync): Nachdem auf diese Weise alle Zeilen überstrichen wurden und sich der Elektronenstrahl jetzt also in der rechten unteren Ecke des Bildschirms befindet, wird durch den VSync-Impuls der vertikale Rücklauf ausgelöst. Während dieses Rücklaufs bewegt sich der Elektronenstrahl zurück in die linke obere Ecke des Bildschirms. Natürlich ist der Elektronenstrahl auch während dieser Zeit abgeschaltet – sonst gäbe es quer über den ganzen Bildschirm eine Leuchtspur. Der vertikale Rücklauf dauert aus technischen Gründen um Größenordnungen länger als der horizontale Rücklauf. Während dieser Zeit könnten mehrere Zeilen abgetastet werden.

Frequenzen: Die Kenndaten des Bildaufbaus werden durch drei Frequenzen charakterisiert (siehe unten). Als Einheit für Frequenzen gilt Hz (Hertz, also Schwingungen pro Sekunde). kHz und MHz geben analog 1000 bzw. 1.000.000 Schwingungen pro Sekunde an.

Vertikale Bildfrequenz (vertical refresh): Die vertikale Bildfrequenz gibt an, wie oft (pro Sekunde) die ganze Bildschirmfläche neu gezeichnet wird. Je größer diese Zahl ist, desto stabiler wirkt das Bild. Etwa ab 70 Bildern pro Sekunde (70 Hz) wirkt das Bild flimmerfrei.

Horizontale Zeilenfrequenz (HSync): Diese Frequenz gibt an, wie viele Zeilen pro Sekunde vom Elektronenstrahl überstrichen werden. Bei einer Bildauflösung von 640∗480 Punkten (also 480 Zeilen) und bei einer Bildfrequenz von 60 Hz beträgt die horizontale Zeilenfrequenz 31,5 kHz. (Falls Sie mitrechnen: 60 mal 480 ergibt tatsächlich nur 28,8 kHz. Die etwas höhere Frequenz ist notwendig, weil auch etwas Zeit für den vertikalen Rücklauf berücksichtigt werden muss.)

Pixelfrequenz (Video-Bandbreite): Diese Frequenz gibt die Anzahl der Bildpunkte (Pixel) an, die während einer Sekunde von der Grafikkarte an den Monitor übertragen werden. Bei 640∗480 Punkten und 60 Hz ergibt sich ein Wert von 18,4 MHz. Wegen des durch den vertikalen und horizontalen Rücklauf bedingten Overheads beträgt die Pixelfrequenz aber tatsächlich 25 MHz.

Interlace-Modus: Der Interlace-Modus ist eine zuverlässige Methode, um in kurzer Zeit Kopfweh und in etwas längerer Zeit ein Augenleiden zu bekommen. Dabei wird beim Bildschirmaufbau nicht jede Zeile berücksichtigt, sondern nur jede zweite Zeile. Beim ersten Bild wird also die 1., 3., 5. etc. Zeile aufgebaut, beim zweiten Bild die 2., 4., 6. etc. Auf diese Weise kann eine höhere Auflösung trotz geringerer Pixelfrequenz erzielt werden. Das Ergebnis ist allerdings ein leicht flimmerndes Bild, wenn Sie keinen Monitor mit extrem lange nachleuchtendem Phosphor verwenden.

Der Monitor: Der Bildaufbau hängt von zwei Hardware-Komponenten ab, vom Monitor und der Grafikkarte. Von den technischen Daten leichter zu verstehen ist sicherlich der Monitor. Bei modernen Geräten sind drei Eckdaten wichtig:

- der vertikale Synchronisationsbereich (Bildfrequenz, z.B. 50 bis 90 Hz)
- der horizontale Synchronisationsbereich (Zeilenfrequenz, z.B. 30 bis 57 kHz)
- die maximale Bandbreite (Pixelfrequenz, z.B. 75 MHz)

Sehr alte Monitore können sich nicht nach Belieben auf irgendeine Frequenz in diesen Bereichen einstellen, sondern unterstützen nur einige fest vorgegebene Frequenzen.

Synchronisationsprobleme treten dann auf, wenn die Grafikkarte einen Datenstrom an den Monitor liefert, den dieser nicht exakt entschlüsseln kann. Das kann daran liegen, dass Synchronisationsimpulse zu früh, zu spät oder zu wenig ausgeprägt übertragen werden oder wenn die Eckdaten des Monitors nicht eingehalten werden.

VORSICHT

Wirklich gefährlich wird es, wenn die Grenzfrequenzen (insbesondere die maximale Zeilenfrequenz) überschritten werden, d.h. wenn die Grafikkarte zu viele Daten zu schnell anliefert. Dann kann der Elektronenstrahl des Monitors den Daten nicht mehr folgen, einzelne Bildschirmbereiche oder auch der ganze Bildschirm werden zu lange und zu intensiv bestrahlt, dadurch überhitzt und in relativ kurzer Zeit zerstört (innerhalb weniger Sekunden).

Eine Überschreitung der zulässigen Bandbreite ist dagegen ziemlich unkritisch (sofern die maximale Zeilenfrequenz eingehalten wird). Das Ergebnis ist im Regelfall ein unscharfes Bild, weil der Signalverstärker des Monitors überfordert ist. Aus diesem Grund wird die Bandbreite bei neuen XFree86-Konfigurationsprogrammen gar nicht mehr berücksichtigt.

Die Grafikkarte: Die Aufgabe der Grafikkarte besteht unter anderem darin, Pixeldaten für den Bildschirmaufbau zur Verfügung zu stellen. (Außerdem soll die Grafikkarte Zeichenoperationen unterstützen – das ist hier aber nicht von Interesse.) Alle zur Zeit gängigen Grafikkarten können dabei mehrere Grafikmodi mit unterschiedlicher Auflösung und Frequenz erzeugen – unter Umständen auch solche Grafikmodi, mit denen Ihr Monitor nicht mehr zurechtkommt.

Auch für die Grafikkarte spielen Frequenzen eine wichtige Rolle. Während der Monitor den in einer bestimmten Pixelfrequenz angelieferten Datenstrom verstehen muss, ist in der Grafikkarte die exakte Erzeugung dieser Pixelfrequenzen ein Problem. Alte Grafikkarten können oft nur wenige vorgegebene Frequenzen generieren, während moderne Karten einen frei programmierbaren Frequenzgenerator besitzen. Bei alten Grafikkarten zählen die verfügbaren Frequenzen zu den wichtigsten Konfigurationsdaten.

Farben: Aus der Sicht des Monitors stellen Farben kein Problem dar. Der Monitor bekommt einfach einen analogen Wert, der die Intensität eines Farbanteils (Rot, Grün oder Blau) widerspiegelt. Ob dabei 16, 256 oder mehr Farben dargestellt werden, spielt keine Rolle.

Für die Grafikkarte stellen Farben dagegen sehr wohl ein Problem dar: Zum einen müssen intern umso mehr Daten verarbeitet werden, je größer die Anzahl der Farben ist. Ein Bild mit 256 Farben beansprucht doppelt so viel Speicher wie eines mit 16 Farben. Dieser Speicher muss kontinuierlich in hoher Geschwindigkeit ausgelesen werden. Moderne Grafikkarten kommen dabei auf einen Datenstrom von über 500 MByte je Sekunde!

Zum anderen muss für jedes Pixel dessen digitales Muster in ein analoges Signal umgewandelt werden. Die dafür erforderlichen Digital-Analog-Converter (DAC) sind dazu aber nur bis zu einer bestimmten Frequenz in der Lage. Bei manchen Grafikkarten ist die DAC-Frequenz geringer als die theoretisch von der Karte unterstützte

Bandbreite. Außerdem scheint es bei einigen Grafikkarten-Herstellern üblich zu sein, die Chips für den DAC ständig zu ändern, weswegen bei manchen Grafikkarten die exakte Bezeichnung des DAC-Chips genau in die Konfigurationsdatei eingetragen werden muss.

Beschleunigerkarten: Hinter diesem unschönen Wort verbergen sich Grafikkarten (Accelerated Cards), bei denen Zeichenoperationen durch einen eigenen Grafik-Chip unterstützt werden. Während bei sehr alten Grafikkarten der Rechner bei einer Grafikoperation jedes einzelne Pixel selbst verändern muss, sind die seit einigen Jahren marktüblichen Beschleunigerkarten in der Lage, manche Operationen wie das Verschieben eines Bildbereichs selbstständig durchzuführen. Der Rechner (die CPU) wird dadurch entlastet, das ganze System läuft schneller. Der Nachteil: Jeder Hersteller verwendet eigene Chips zur Beschleunigung elementarer Grafikoperationen, daher ist auch für jede Kartenfamilie ein eigener Grafiktreiber erforderlich.

Der Konfigurationsprozess

Das Ziel der folgenden Ausführungen besteht darin, zu einem stabilen, möglichst hochauflösenden und flimmerfreien Bild am Monitor zu gelangen. Weitere Details der X-Konfiguration (X-Ressourcen, Konfiguration des Windows-Managers) sind dann das Thema weiterer Abschnitte ab Seite 360.

Die zentrale Konfigurationsdatei für XFree86 heißt `XF86Config`. Diese Datei enthält im Textformat alle relevanten Daten Ihrer Grafikkarte und Ihres Monitors. Um dieses Datei zu verändern, müssen Sie sich als `root` einloggen. Leider befindet sich `XF86Config` je nach Distribution an unterschiedlichen Orten.

`/etc/X11/XF86Config`	`Corel, Debian, Mandrake, Red Hat`
`/etc/XF86Config`	`SuSE, XFree86 Default-Position`

Bei der Erstellung von `XF86Config` ist Ihnen je nach Distribution eine ganze Palette von Konfigurationsprogrammen behilflich:

`XF86Setup`	Seite 320
`xf86config`	Seite 324
`xvidtune`	Seite 325
Steuerzentrum (Corel)	Seite 1004
`Xconfigurator` (Mandrake, Red Hat)	Seite 1043
`sax` (SuSE)	Seite 1053

VORSICHT

Verwenden Sie nie eine XFree86-Konfigurationsdatei, die Sie von einem Freund, Bekannten, über das Netz oder sonstwoher bekommen haben, ohne vorher den Monitorabschnitt an die technischen Daten Ihres Monitors anzupassen (siehe unten) – Sie riskieren sonst das vorzeitige Ableben Ihres Monitors!

Unterstützte Grafikkarten

XFree86 unterstützt die meisten gängigen Grafikkarten – mit der Ausnahme ganz neuer Modelle, die inkompatibel zu ihren Vorgängern sind. (Allerdings werden nicht immer alle Fähigkeiten der Grafikkarte ausgenutzt.)

TIPP Informationen darüber, welche Grafikkarten zur Zeit von XFree86 unterstützt werden, finden Sie in der README-Datei des XFree86-Pakets (bzw. bei `www.xfree86.org`).

XFree86 stellt für jede Familie von Grafikkarten einen eigenen X-Treiber zur Verfügung – beispielsweise `XF86_Mach64` für alle ATI-Grafikkarten mit einem Mach-64-Chip. Jeder dieser Treiber ist in einem eigenen Paket verpackt. Ein erster Schritt zur Inbetriebnahme von X besteht also darin, das richtige XF86-Treiberpaket zu installieren.

Der oder die Treiber werden in das Verzeichnis `/usr/X11R6/bin` installiert. Der gewünschte Treiber wird durch einen Link von `/usr/X11R6/bin/X` auf die Treiberdatei ausgewählt. Bei manchen Distributionen zeigt `/usr/X11R6/bin/X` auf `/etc/X11/X` oder auf `/var/X11R6/bin/X`. In diesem Fall zeigt dann erst dieser Link auf den Server.

```
user#  ls -l /usr/X11R6/bin/X
lrwxrwxrwx 1 root root X -> ../../../etc/X11/X
user#  ls -l /etc/X11/X
lrwxrwxrwx 1 root root /etc/X11/X -> ../../usr/X11R6/bin/XF86_Mach64
```

Falls Sie nicht wissen, welcher Chip in Ihrer Grafikkarte arbeitet, sollten Sie einen Blick in die Dokumentation zu Ihrer Grafikkarte werfen. Wenn das nichts hilft (oder keine Handbücher zu finden sind), können Sie das Programm `SuperProbe` ausführen. In den meisten Fällen ermittelt dieses Programm zuverlässig Ihre Grafikhardware. Im ungünstigsten Fall kann es aber auch einen Absturz verursachen, den Zeichensatz zerstören oder zu Synchronisationsproblemen führen. Sie sollten das Programm also nur ausführen, wenn sich nicht gerade mehrere Stunden Arbeit in noch ungesicherten Dateien befinden. Deutlicher formuliert: Melden Sie vor der Ausführung von `SuperProbe` alle nicht benötigten Dateisysteme mit `umount` ab, und führen Sie `sync` aus.

Auf meinem Rechner sieht das Ergebnis von `SuperProbe` folgendermaßen aus:

```
root#  SuperProbe
First video: Super-VGA
        Chipset: ATI 88800GX-D (Port Probed)
        Memory:  2048 Kbytes
        RAMDAC:  ATI 68860 15/15/24-bit DAC w/pixel-mux
                 (with 6-bit wide lookup tables (or in 6-bit mode))
                 (programmable for 6/8-bit wide lookup tables)
```

```
      Attached graphics coprocessor:
              Chipset: ATI Mach64
              Memory:  2048 Kbytes
```

Eine weitere Möglichkeit, Informationen über die Grafikkarte zu erlangen, bietet die virtuelle Datei `/proc/pci` mit Informationen über die am PCI-Bus angeschlossenen Karten:

```
root#  cat /proc/pci
PCI devices found: [...]
  Bus  1, device   0, function  0:
    VGA compatible controller: ATI Mach64 GB (rev 92).
      Medium devsel.  Fast back-to-back capable.  IRQ 226.
        Master Capable.  Latency=64.  Min Gnt=8.
      Prefetchable 32 bit memory at 0xe3000000.
      I/O at 0xd800.
      Non-prefetchable 32 bit memory at 0xe2000000.
```

In beiden Fällen ist somit klar, dass der Mach64-Treiber benötigt wird. Sollte es für Ihre Grafikkarte tatsächlich keinen geeigneten Treiber geben, hilft im Regelfall einer der drei folgenden Treiber weiter. Diese Treiber laufen auf den meisten VGA-Karten, nutzen aber nicht immer alle Merkmale und Besonderheiten der Karte aus.

XF86_MONO	Monochrome-Treiber (schwarzweiß)
XF86_VGA16	16-Farben, Standard-VGA
XF86_SVGA	Standardtreiber für Super-VGA (inkl. Matrox)

TIPP

Bevor Sie sich eine neue Grafikkarte kaufen, sollten Sie sich unbedingt vergewissern, dass diese Karte bereits von XFree86 unterstützt wird! XFree86 unterstützt zwar viele Grafikkarten, aber durchaus nicht alle (und auch nicht alle mit derselben Zuverlässigkeit). Informationen darüber, welche Grafikkarten unterstützt werden, finden Sie in den README-Dateien zu XFree86 bzw. auf dem XFree86-Webserver: `www.xfree86.org`

Das Konfigurationsprogramm XF86Setup

Seit Version 3.2 gilt `XF86Setup` als Standardkonfigurationsprogramm von XFree86. Allerdings liefern manche Distributionen stattdessen ihre eigenen Konfigurationsprogramme aus. Damit das Programm verwendet werden kann, müssen allerdings einige Voraussetzungen erfüllt sein:

- Das Programm muss installiert sein. Je nach Distribution ist das Programm in einem eigenen Paket enthalten. Zur Ausführung ist außerdem der VGA16-Treiber erforderlich (noch ein Paket, das oft nicht installiert ist).
- Ihre Grafikkarte und Ihr Monitor müssen den VGA-Standardmodus unterstützen (640*480 Pixel bei 16 Farben).

Maus

`XF86Setup` wird im Textmodus ausgeführt und startet zuerst den VGA16-X-Server, bevor es als X-Programm mit Mausunterstützung, Buttons etc. in Erscheinung tritt. Im Idealfall erkennt das Programm die angeschlossene Maus auf Anhieb, andernfalls sollte diese im ersten Konfigurationsschritt eingestellt werden. Die Bedienung des Programms kann zur Not ausschließlich mit (Tab) und den Cursortasten erfolgen. Zur Auswahl einiger Buttons kann auch (Alt)+(Anfangsbuchstabe) verwendet werden.

Die Auswahl des Maustyps ist bei No-Name-Fabrikaten oft Glückssache. Im ersten Versuch sollten Sie es mit *Microsoft compatible* (funktioniert auch für manche Drei-Tasten-Mäuse) oder mit *Mouseman* probieren. Die Herstellernamen sind nicht immer aussagekräftig, eine Logitech-Maus kann ohne weiteres das Microsoft- oder Mouseman-Protokoll befolgen. Mit APPLY übernehmen Sie die Einstellungen und können diese sofort testen. Dabei sollten Sie alle drei Maustasten drücken – die entsprechenden Felder im Maussymbol (rechts in Abbildung 7.1) sollten dabei schwarz werden.

Wenn die Maus überhaupt nicht reagiert, müssen Sie unter Umständen ein anderes Device auswählen. Am wahrscheinlichsten sind `/dev/mouse` (ein Link auf das tatsächliche Device), `/dev/ttyS0` oder `/dev/ttyS1` (die erste bzw. zweite serielle Schnittstelle) sowie `/dev/psaux` (PS/2-Mäuse).

Falls Sie mit einer Maus mit nur zwei Tasten arbeiten, sollten Sie außerdem die Option EMULATE3BUTTONS aktivieren. Sie können dann durch gleichzeitiges Drücken beider Maustasten die fehlende mittlere Maustaste simulieren. (Das ist allerdings nur eine Notlösung. Geben Sie ein paar Mark für eine Drei-Tasten-Maus aus, es lohnt sich!)

TIPP

Falls Sie X auf einem Notebook mit Trackpoint als Mausersatz installieren, sollten Sie es mit dem Maustyp PS/2 und der Schnittstelle `/dev/psaux` versuchen. Sehr zu empfehlen ist zudem ein Blick auf die Linux-Notebook-Seite im Internet:

`http://www.cs.utexas.edu/users/kharker/linux-laptop`

Tastatur

Nach der Konfiguration der Maus (vergessen Sie nicht APPLY!) betrifft der nächste Punkt die Tastatur. Die Einstellungen für eine deutsche Tastatur lauten:

MODEL: Generic 102 Key
LAYOUT: German
VARIANT: –
GROUP SHIFT/LOCK BEHAVIOUR: R-Alt switches group while pressed

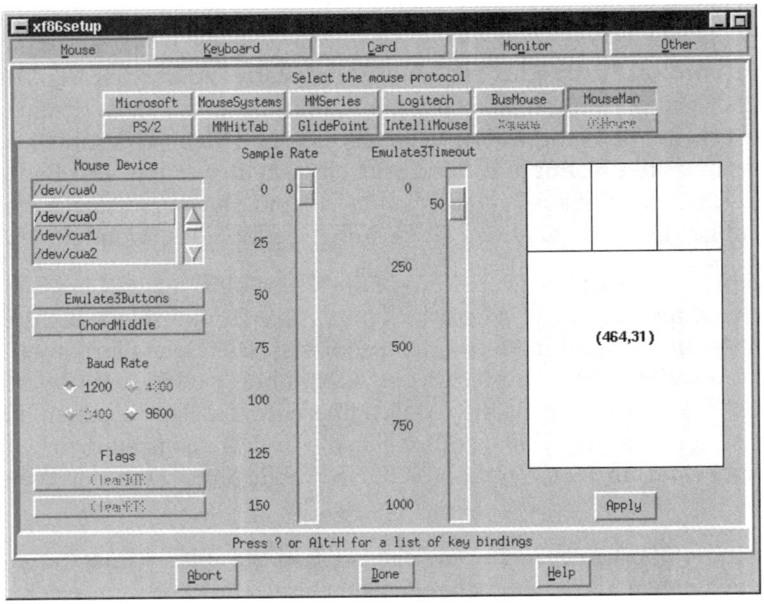

Abbildung 7.1: Einstellung der Maus mit XF86Setup

Im Optionsfeld CONTROL KEY POSITION können Sie die (CapsLock)-Taste zu einer zusätzlichen (Control)-Taste machen und so (CapsLock) deaktivieren – aber das ist Geschmackssache.

Grafikkarte

Zur Auswahl der Grafikkarte wird Ihnen eine schier endlose Liste angeboten, in der Sie Ihre Grafikkarte suchen müssen. Das klingt einfacher, als es manchmal ist – oder sind Sie sicher, ob Sie eine *ATI Graphics Expression with 68875 RAMDAC* haben oder ob *ATI Mach 64* die bessere Entscheidung ist? Bevor Sie Ihren Rechner zerlegen und durch einen Blick auf die Grafikkarte zu ergründen versuchen, welche Chips nun wirklich auf der Grafikkarte stecken, entscheiden Sie sich für die am wenigsten spezifische Angabe, von der Sie vermuten, dass sie korrekt ist. Wenn dadurch nur der richtige X-Treiber ausgewählt wird, erkennt dieser im Regelfall die Details selbst.

Nur wenn Sie sehr genau über Ihre Grafik-Hardware Bescheid wissen, können Sie über den Button DETAILED SETUP spezifische Angaben über zusätzliche Optionen, den vorhandenen Grafikspeicher etc. machen.

Wenn Sie vollkommen unschlüssig sind, sollten Sie das oben schon erwähnte Programm `SuperProbe` einsetzen, das in vielen Fällen die verwendete Grafik-Hardware erkennt (in seltenen Fällen aber auch einen Absturz verursachen kann!).

Monitor

Das Konfigurationsprogramm möchte nun die zulässigen Bereiche für die horizontale Zeilenfrequenz (kHz) und für die vertikale Bildfrequenz (Hz) von Ihnen wissen. Sie können dazu entweder einen der vorgeschlagenen Monitortypen auswählen oder die Werte direkt eingeben.

Die erforderlichen Daten finden Sie im Handbuch oder Datenblatt zu Ihrem Monitor (und, wenn Sie Glück haben, sogar auf der Rückseite Ihres Monitors). Für eine ganze Reihe von Monitoren finden Sie diese Daten auch in der Datei `doc/Monitors` (bei den Schlüsselwörtern `VertRefresh` und `HorizSync`). Hintergrundinformationen dazu, was diese Daten bedeuten, finden Sie ab Seite 315.

VORSICHT

Wenn Sie für die horizontale Zeilenfrequenz oder für die vertikale Bildfrequenz zu große Werte angeben, riskieren Sie, dass Ihr Monitor zerstört wird! XFree86 verwendet diese Werte, um eventuell nicht mit Ihrem Monitor verträgliche Grafikmodi von vornherein auszuschließen.

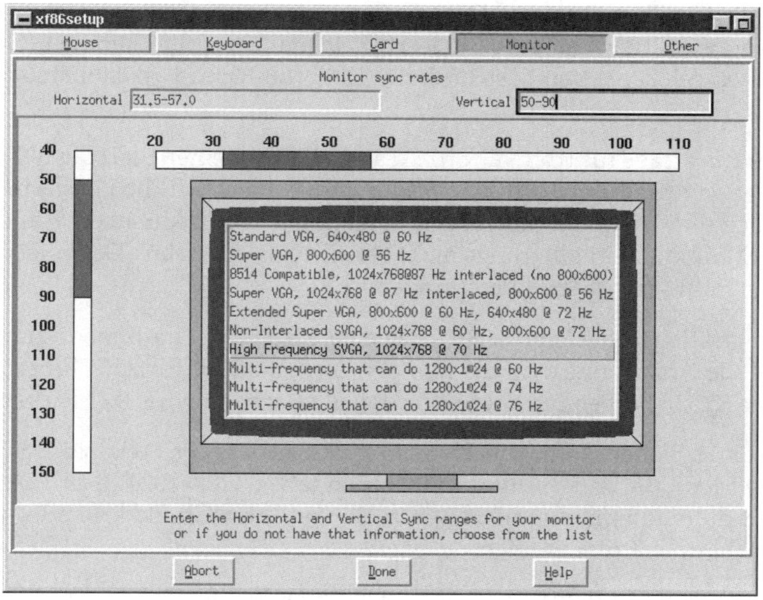

Abbildung 7.2: Einstellung des Monitors mit XF86Setup

Abschluss der Konfiguration

Im fünften Schritt von `XF86Setup`, dem Menüpunkt OTHER, können Sie die Voreinstellungen unverändert übernehmen. Wenn Sie anscheinend DONE anklicken, wird der X-Server gemäß Ihren Einstellungen gestartet. Wenn alles klappt, erscheint auf Ihrem Monitor ein stabiles Bild. Sie können nun per Maus entscheiden, ob Sie die

Einstellungen speichern, die Bildlage mit `xvidtune` (siehe Seite 325) noch optimieren möchten oder das Programm mit QUIT verlassen.

Wenn es dem Monitor nach dem Start von X dagegen nicht gelingt, sich zu synchronisieren, bestehen zwei Möglichkeiten: Die eine ist die Tastenkombination (Alt)+(Strg)+(+), wobei die Taste (+) vom nummerischen Tastenblock verwendet wird; damit können Sie in einen weniger hoch auflösenden Grafikmodus wechseln. Hilft auch das nicht, müssen Sie das Konfigurationsprogramm mit (Alt)+(Strg)+(BackSpace) abbrechen, anschließend neu starten und alle Konfigurationsschritte wiederholen.

Das Konfigurationsprogramm xf86config

`xf86config` ist die textbasierte Alternative zu `XF86Setup`. Das Programm ist zwar nicht übermäßig komfortabel, führt aber im Regelfall ebenfalls zum Ziel. Die Einstellungen sind im Prinzip dieselben wie in `XF86Setup` – daher werden hier nur noch einige ergänzende Details beschrieben.

Nach der Monitor- und Grafikkarteneinstellung fragt `xf86config` nach Identifikations- und Beschreibungszeichenketten. Hier reicht es, wenn Sie einfach (↵) drücken und so die Defaultvorschläge bzw. leere Zeichenketten übernehmen. Der einzige Zweck dieser Zeichenketten besteht darin, Ihre `XF86Config`-Datei etwas 'lesbarer' zu machen.

Nach einer Rückfrage führt `xf86config` anschließend einen Start des VGA-Treibers mit der Option `-probeonly` durch. Dabei wird `X` nicht wirklich gestartet – es werden lediglich die von der Grafikkarte unterstützten Pixelfrequenzen festgestellt. Der X-Probelauf funktioniert allerdings nicht bei allen Grafikkarten. Daher ist es oft sinnvoll, diesen Punkt mit (N) zu überspringen.

Das Konfigurationsprogramm stellt jetzt eine Liste von Grafikmodi zur Auswahl. Dabei gibt die Abkürzung bpp die Bits per Pixel an: 8 Bit für 256 Farben, 16 Bit für 32.768 oder 65.536 Farben und 24 Bit für den Echtfarbenmodus (2^{24} Farben).

In den meisten Fällen kann die Liste so gelassen werden, wie sie ist. Sehr hoch auflösende Modi, die darin aufgezählt werden (etwa 1280*1024 Pixel), werden beim Start von `X` automatisch eliminiert, wenn sie von Ihrer Grafikkarte oder von Ihrem Monitor nicht unterstützt werden.

Nach einer abschließenden Rückfrage speichert das Konfigurationsprogramm die soeben erstellte Konfigurationsdatei. Achten Sie darauf, dass die Datei am richtigen Ort gespeichert wird (bzw. kopieren Sie die Datei anschließend an den für Ihre Distribution erforderlichen Ort).

Das Konfigurationsprogramm `xf86config` hat leider die unangenehme Eigenheit, die Konfigurationsdatei mit zahllosen weiteren Abschnitten anzufüllen, die im konkreten Fall gar nicht benötigt werden. Das und die zahllosen Kommentare machen die Konfigurationsdatei länger und unübersichtlicher als notwendig. Details zur manuellen Konfiguration folgen ab Seite 325.

Das Programm xvidtune

Das Programm `xvidtune` ist kein Konfigurationsprogramm, sondern vielmehr ein Hilfsmittel zur Optimierung einer bereits vorhandenen Konfigurationsdatei. (Zu `xvidtune` wird zur Zeit auch eine KDE-Variante namens `kvidtune` entwickelt.)

Mit `xvidtune` können Sie für alle Modi (Buttons PREV und NEXT) die Größe und Position des Bilds verändern. Die Änderungen der Bildposition können Sie wahlweise mit TEST testen (dann wird nach wenigen Sekunden der alte Modus wiederhergestellt) oder mit APPLY bleibend einstellen. Mit Ⓡ (restore) gelangen Sie auch dann wieder zu einem stabilen Bild, wenn der Monitor nicht mehr synchronisiert und die Maus daher nicht mehr bedient werden kann. Sobald Sie das Programm beenden, werden alle Einstellungen in `XF86Config` gespeichert.

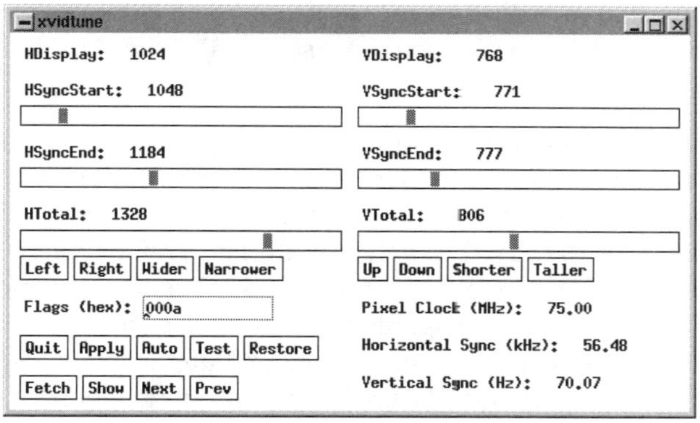

Abbildung 7.3: xvidtune zur Feineinstellung der Bildlage

Der Aufbau von XF86Config

Dieser Abschnitt beschreibt die Konfigurationsdatei `XF86Config`. Sie benötigen diese Informationen, wenn Sie die Konfigurationsdatei manuell optimieren möchten – und das ist trotz der stark verbesserten Konfigurationsprogramme noch immer oft unvermeidlich. `XF86Config` besteht im Wesentlichen aus vier Teilen:

- Im ersten Teil werden globale Optionen (in erster Linie zu Maus, Tastatur und den Orten von Verzeichnissen) eingestellt (`Section Files`, `ServerFlags`, `Keyboard` und `Pointer`).

- Der zweite Teil enthält einen oder mehrere `Monitor`-Abschnitte. Darin werden die Eckdaten des Monitors und die vom Monitor unterstützten Grafikmodi angegeben.
- Der dritte Teil enthält einen oder mehrere `Device`-Abschnitte zur Einstellung der technischen Daten der Grafikkarte.
- Die Konfigurationsdatei endet mit einem oder mehreren `Screen`-Abschnitten. Dort werden einzelne `Monitor`- und `Device`-Abschnitte miteinander kombiniert.

VERWEIS

An dieser Stelle werden nur die Abschnitte `Monitor`, `Device` und `Screen` beschrieben. Die korrekte Einstellung dieser drei Abschnitte reicht aus, um zu einer stabilen Grafikdarstellung zu gelangen. Informationen zu den anderen Abschnitten erhalten Sie ab Seite 337 (Tastatur und Maus) bzw. ab Seite 347 (Zeichensätze).

Für eine korrekte Konfiguration wäre eigentlich nur jeweils *ein* `Monitor`-, `Device`- und `Screen`-Abschnitt erforderlich. Einige Konfigurationsprogramme (insbesondere `xf86config`) liefern allerdings schier endlose Konfigurationsdateien mit redundanten Informationen, die nur Verwirrung stifen. Welche Abschnitte werden nun tatsächlich verwendet?

Am leichtesten fällt die Beantwortung dieser Frage, wenn Sie vom letzten Teil der Konfigurationsdatei ausgehen. Von den `Screen`-Abschnitten ist derjenige gültig, der Ihrem Grafiktreiber entspricht. Wenn Sie mit einem Super-VGA-Treiber arbeiten (und `/usr/X11R6/bin/X` auch auf diesen Treiber zeigt), dann sind die `Screen`-Abschnitte für den Mono-Treiber, den 16-Farben-Treiber und die Gruppe der Accelerated-VGA-Treiber überflüssig. Sie können die Konfigurationsdatei ein wenig 'aufräumen' und diese Abschnitte einfach aus der Datei löschen. (Speichern Sie aber vorher die ursprüngliche Konfigurationsdatei unter einem eigenen Namen.)

Sobald Sie den relevanten `Screen`-Abschnitt identifiziert haben, kennen Sie auch die entscheidenden `Monitor`- und `Device`-Abschnitte. Deren Namen werden nämlich bei den Schlüsselwörtern `Monitor` und `Device` am Beginn des `Screen`-Abschnitts angegeben. Sie müssen jetzt nur noch die `Monitor`- bzw. `Device`-Abschnitte suchen, in denen dieselben Namen nach dem Schlüsselwort `Identifier` angegeben sind.

Wenn Sie mit dem Super-VGA-Treiber arbeiten, enthalten beispielsweise die drei folgenden Abschnitte alle relevanten Daten:

```
Section "Device"
    Identifier  "sigma legend II"
    ...
EndSection
Section "Monitor"
    Identifier  "nec 4d"
    ...
EndSection
```

```
Section "Screen"
    Driver      "svga"                # für den Super-VGA-Treiber
    Device      "sigma legend II"     # Verweis auf die Grafikkarte
    Monitor     "nec 4d"              # Verweis auf den Monitor
    ...
EndSection
```

Der Device-Abschnitt: Im Device-Abschnitt für die Grafikkarte geht es im Wesentlichen darum, die von der Grafikkarte unterstützten Pixel-Frequenzen aufzuzählen und (falls erforderlich) zusätzliche Informationen zu dem auf der Karte befindlichen RAM-DAC anzugeben.

Zuerst zu den Pixelfrequenzen: Im Regelfall werden einfach alle von der Grafikkarte unterstützten Frequenzen durch eine oder mehrere `Clock`-Zeilen aufgezählt. Die Angaben erfolgen in MHz. Die Frequenzen können entweder mit `X -probeonly` ermittelt werden oder, falls das nicht funktioniert, aus den Dateien `Devices` oder `modeDB.txt` (Verzeichnis `/usr/X11R6/lib/X11/doc`) entnommen werden.

Die meisten Grafikkarten unterstützen nicht nur eine bestimmte Anzahl starrer Frequenzen, sondern sind mit einem frei programmierbaren Frequenzgenerator ausgestattet. In diesem Fall entfallen die `Clock`-Zeilen. Stattdessen muss der Typ des Frequenzgenerators mit dem Schlüsselwort `ClockChip` angegeben werden.

Alle weiteren Einstellungen und Optionen hängen stark von der jeweiligen Grafikkarte ab. Sie sind in den `README`-Dateien sowie (sehr ausführlich) in den treiberspezifischen `man`-Seiten (z.B. `man XF86_SVGA`) beschrieben.

Das folgende Beispiel zeigt den Device-Abschnitt für eine Grafikkarte in einem alten Rechner des Autors. (Es handelt sich um eine ET4000 Super-VGA-Karte.) Entscheidend war hier die richtige `Clocks`-Zeile (sie wurde aus `modeDB.txt` kopiert) und die Option `"legend"`, ohne die die Grafikkarte nicht funktioniert (`man XF86_SVGA`).

```
Section "Device"
    Identifier "sigma legend II"
    VendorName "sigma"
    BoardName "legend II"
    Clocks 25 28 0 40 36 40 45 58 32 36 31 35 50 48 33 65
    Option "legend"
EndSection
```

Die folgenden Zeilen gelten für eine weitere Grafikkarte von mir. Entscheidend für die korrekte Funktion war diesmal die Einstellung für die Größe des Grafikspeichers.

```
Section "Device"
   Identifier        "Primary Card"
   VendorName        "Unknown"
   BoardName         "ATI Xpert@Work, 3D Rage Pro"
   VideoRam          8192
EndSection
```

Monitor-Abschnitt: Der Monitor-Abschnitt beginnt mit drei Frequenzangaben: Der maximalen Videobandbreite (Pixelfrequenz in MHz), dem zulässigen Bereich für die horizontale Zeilenfrequenz und dem zulässigen Bereich für die vertikale Bildfrequenz. Diese Angaben sollten eigentlich kein Problem darstellen. (Was diese Frequenzen bedeuten, wurde im Grundlagenabschnitt am Beginn dieses Kapitels erklärt.) Erheblich mehr Probleme bereiten dagegen die Grafikmodi, die ebenfalls hier eingetragen werden müssen. Für die Angaben sind zwei Syntaxvarianten möglich:

```
ModeLine "640x480"  25.175 640  664  760  800   480  491  493  525
# oder
Mode "640x480"
  DotClock   25.175
  HTimings   640  664  760  800
  VTimings   480  491  493  525
  Flags
EndMode
```

Die beiden obigen Angaben durch `ModeLine` oder `Mode` sind inhaltlich gleichwertig: Es wird ein Grafikmodus mit 640∗480 Pixeln beschrieben. Die Zeichenkette `"640x480"` ist gleichzeitig auch der Name dieses Modus. Der Zahlenwert 25.175 gibt die Pixelfrequenz (Videobandbreite) in MHz an. Die Pixelfrequenz muss mit einem der `Clock`-Werte aus dem `Device`-Abschnitt übereinstimmen, damit der Modus gültig ist. Wenn mehrere gleichnamige Modi angegeben werden, verwendet X den ersten gültigen Modus.

Die nächsten vier Werte (in der Einheit Pixel) betreffen das horizontale Timing: Eine einzelne Bildschirmzeile mit 640 *sichtbaren* Pixeln wird in Wirklichkeit aus 800 *virtuellen* Pixeln zusammengesetzt. Die ersten 640 Pixel werden tatsächlich angezeigt. Während der verbleibenden 160 Pixel wird der Elektronenstrahl durch den HSync-Impuls zurück an den Beginn der nächsten Zeile bewegt. Während dieser Zeit hat der Elektronenstrahl die Intensität 0.

640	640 Bildschirmpixel anzeigen
664	24 weitere Pixel dunkel tasten
760	96 Pixel lang einen HSync-Impuls erzeugen
800	nochmals 40 Pixel dunkel tasten, d.h. insgesamt 800 virtuelle Punkte

Ganz analog wie beim horizontalen Timing sind auch die Angaben für das vertikale Timing (Einheit Bildschirmzeilen) zu interpretieren:

480	480 Zeilen anzeigen
491	11 Zeilen dunkel tasten
493	2 Zeilen lang einen VSync-Impuls erzeugen
525	nochmals 32 Zeilen dunkel tasten, d.h. insgesamt 525 virtuelle Zeilen

Aus den jeweils letzten Werten der Vierergruppen und der Pixelfrequenz ergeben sich übrigens die horizontale Zeilenfrequenz und die vertikale Bildfrequenz: 25,175

MHz dividiert durch 800 Pixel pro Zeile ergibt eine Zeilenfrequenz von 31,469 kHz. Die Zeilenfrequenz, dividiert durch 525 Zeilen pro Bild, liefert die vertikale Bildfrequenz von 60 Hz. Die `ModeLine`-Angaben geben keine Auskunft über die Anzahl der Farben, die in diesem Modus zur Verfügung stehen – aus der Sicht des Monitors spielt das auch keine Rolle. (Viele Grafikkarten können hoch auflösende Modi allerdings nur mit einer geringen Zahl von Farben darstellen.)

Eine ganze Palette vordefinierter `ModeLine`-Zeilen finden Sie in der von `xf86config` erzeugten Konfigurationsdatei sowie in den Dateien `Monitors` und `README.Config`. Je nach den Fähigkeiten Ihrer Grafikkarte bzw. Ihres Monitors können bzw. müssen Sie diese Werte manuell anpassen, um ein optimales Bild zu erhalten.

Wenn Sie beispielsweise das Bild nach rechts verschieben möchten, müssen Sie den Abstand nach dem HSync-Impuls vergrößern. Damit die Gesamtzahl der Pixel (800) gleich bleibt, müssen Sie entweder die Zeit vor dem HSync-Impuls oder die Länge des HSync-Impulses verkürzen. Sie könnten es beispielsweise mit `640 660 752 800` probieren.

Wenn Sie das Bild verbreitern oder schmaler machen möchten, müssen Sie das Verhältnis zwischen der Anzahl der sichtbaren Pixel und der virtuellen Pixel verändern. Die folgenden Angaben machen das Bild ein wenig breiter: `640 660 752 790`. Allerdings verändern sich dadurch auch die Zeilen- und die Bildfrequenz ein wenig, womit nicht jeder Monitor zurechtkommt.

Bei vielen Grafikkarten können Sie sogar die sichtbare Auflösung verändern. Die folgenden Angaben erhöhen die horizontale Auflösung von 640 auf 656 Punkte: `656 676 772 800`.

Ganz analog können Sie auch die Angaben für das vertikale Timing variieren. Ob es dabei allerdings wirklich zu einem stabilen Bild kommt, hängt stark von den technischen Daten Ihres Monitors und Ihrer Grafikkarte ab.

TIPP

Zur Feineinstellung können Sie auch das oben beschriebene Programm `xvidtune` oder dessen KDE-Variante `kvidtune` verwenden. Mit diesem Programm können Sie einen Teil der Timing-Werte im laufenden Betrieb von X interaktiv verändern.

An die `ModeLine`-Zeilen können verschiedene Optionen angefügt werden: `Interlace` für den Interlace-Modus (nur bei einer ungeraden Anzahl virtueller Zeilen möglich), `+/-HSync` und `+/-VSync`, um die Polarität des Synchronisationsimpulses zu verändern, sowie `Composite` und `+/-CSync` für ein zusammengesetztes Synchronisationssignal (enthält HSync und VSync).

Das folgende Beispiel zeigt den `Monitor`-Abschnitt meines fast schon steinzeitlichen NEC-4D-Monitors. Es werden drei Auflösungen definiert, 640∗480 Punkte bei 71 Hz, 816∗612 Punkte bei 75 Hz sowie 1024∗768 Punkte bei 63 Hz.

```
Section "Monitor"
    Identifier "nec 4d"
    VendorName "nec"
    ModelName "4d"
    BandWidth 75
    HorizSync 30-57
    VertRefresh 50-90
    ModeLine "640x480"  31    640  664  704  832    480 489 492 520
    ModeLine "816x612"  50    816  824  960 1040    612 612 614 635
    ModeLine "1024x768" 65   1024 1065 1065 1260    768 780 785 810
EndSection
```

Als zweites Beispiel folgt der `Monitor`-Abschnitt für einen moderneren Bildschirm:

```
Section "Monitor"
   Identifier      "iiyama 450"
   VendorName      "unknown"
   ModelName       "unknown"
   HorizSync       31.5-102
   VertRefresh     40-100
   Modeline "1280x1024" 157.50 1280 1344 1504 1728
                               1024 1025 1028 1072 +hsync +vsync
   Modeline "1152x864"  137.65 1152 1184 1312 1536
                                864  866  885  902 -hsync -vsync
   Modeline "1024x768"  115.50 1024 1056 1248 1440
                                768  771  781  802 -hsync -vsync
EndSection
```

Screen-Abschnitt: Der `Screen`-Abschnitt gibt an, welcher `Monitor`-Abschnitt mit welchem `Device`-Abschnitt für welchen VGA-Treiber kombiniert werden soll. Der Abschnitt enthält einen oder mehrere `Display`-Teilabschnitte. Jeder Teilabschnitt gilt für eine bestimmte Farbtiefe (8, 16 oder 24 bpp, d.h. *bits per pixel*).

Jeder `Display`-Abschnitt enthält eine Liste aller Grafikmodi, die unterstützt werden sollen. Diese Liste wird mit dem Schlüsselwort `Modes` eingeleitet und enthält die Namen der oben in `ModeLine` definierten Grafikmodi. Dabei spielt auch die Reihenfolge eine Rolle – der erste Modus gilt als Defaultmodus. In die anderen Modi können Sie der Reihe nach mit (Strg)+(Alt)+(+) oder (-) (nummerischer Tastenblock) wechseln.

Bei Grafikkarten mit ausreichend Speicher können Sie mit `Virtual` einen virtuellen Bildschirm definieren, der größer als der tatsächlich sichtbare Ausschnitt ist. Mit der Maus können Sie sich dann in diesem virtuellen Bildschirm verzögerungsfrei bewegen. Sie sollten allerdings nicht den gesamten zur Verfügung stehenden Speicher für den virtuellen Bildschirm verwenden, um etwas Platz für einen Font-Cache zu lassen (das führt zu einer signifikanten Beschleunigung). Mit dem Schlüsselwort `ViewPort` wird das erste sichtbare Pixel beim Start von X angegeben (nur von Interesse, wenn der virtuelle Bildschirm größer ist als die reale Auflösung).

TIPP

Das Arbeiten mit einem virtuellen Bildschirm ist gewöhnungsbedürftig. Wenn Sie der durch manche Konfigurationsprogramme automatisch eingerichtete virtuelle Bildschirm stört, müssen Sie die `Virtual`-Anweisung auskommentieren. (In diesem Fall orientiert sich die Größe des virtuellen Bildschirms am höchstauflösenden Grafikmodus, der innerhalb des `Screen`-Abschnitts genannt wird.)

```
Section "Screen"        # für eine SVGA-Karte
    Driver "vga256"
    Device "sigma legend II"
    Monitor "nec 4d"
    Subsection "Display"
        Depth    8    # 8 bpp, also 256 Farben
        Modes    "1024x768" "640x480" "816x612"
        Virtual  1024 900
        ViewPort 0 0
    EndSubsection
EndSection
```

Bei einigen Accelerated-VGA-Treibern können gleichzeitig mehrere `Display`-Abschnitte mit unterschiedlicher Farbtiefe (8, 15, 16, 24 oder 32 bpp) angegeben werden (siehe `man XF86_Accel`). Beim Start des X-Servers wird normalerweise der 8-bpp-Modus aktiviert. Die `Display`-Abschnitte mit höheren Auflösungen kommen nur zur Geltung, wenn bei `startx` mit `-- -bpp 16` oder `24` explizit eine höhere Farbtiefe angegeben wird. Alternativ zu dieser Option können Sie im `Screen`-Abschnitt durch `DefaultColorDepth` *n* den Defaultmodus ändern.

```
Section "Screen"
   Driver            "Accel"
   Device            "Primary Card"
   Monitor           "Primary Monitor"
   DefaultColorDepth 24
   SubSection "Display"
      Depth          8
      Modes          "1280x1024" "1152x864" "1024x768"
   EndSubSection
   SubSection "Display"
      Depth          15
      Modes          "1280x1024" "1152x864" "1024x768"
   EndSubSection
   SubSection "Display"
      Depth          24
      Modes          "1280x1024" "1152x864" "1024x768"
   EndSubSection
EndSection
```

X testen

Nach dem Erstellen von `XF86Config` wird X normalerweise mit dem Kommando `/usr/bin/startx` gestartet. Dieses Script startet nach dem X-Server auch einen Windows-Manager (z.B. `fvwm`, siehe nächstes Kapitel).

Beim Start von X werden noch in der Textkonsole einige Meldungen angezeigt. Sofern die Konfigurationsdatei keine syntaktischen Fehler enthält oder der vorgefundenen Hardware nicht eindeutig widerspricht, wird unmittelbar danach der Grafikmodus aktiviert. Im Idealfall erscheint jetzt sofort ein stabiles Bild – dann ist die Konfiguration schon so gut wie gelungen.

Je nach Konfiguration werden beim Start von X gleich einige Anwendungsprogramme gestartet. Darüber hinaus können Sie mit den Maustasten ein Menü zum Start weiterer Programme aufrufen. Zu Anfang ist das wichtigste Programm sicherlich `xterm`. Es ermöglicht wie in einer Textkonsole die Eingabe von Kommandos und den Start anderer Programme.

VERWEIS

Weitere Informationen zu den unterschiedlichen Möglichkeiten, X zu starten, den Windows-Manager auszuwählen und zu konfigurieren finden Sie ab Seite 360. Einige X-Programme sind in Kapitel 18 ab Seite 757 beschrieben.

Details zum Start von X finden Sie auch in den `man`-Seiten zu `startx`, `openwin`, `xdm`, `xinit` und `X`.

Wenn nach der Ausführung von `startx` dagegen kein sichtbares Bild erscheint (d.h. wenn der Monitor schwarz bleibt) oder wenn zwar ein Bild erscheint, der Monitor dieses aber nicht synchronisieren kann (das Bild 'läuft'), können Sie versuchen, in einen anderen Grafikmodus zu wechseln. Normalerweise sind in der Konfigurationsdatei mehrere Grafikmodi (z.B. 640∗480 Punkte, 800∗600 Punkte, 1024∗768 Punkte etc.) vorgesehen, zwischen denen im laufenden Betrieb von X mit (Strg)+(Alt)+(+) oder (-) (jeweils vom nummerischen Tastenblock) gewechselt werden kann. Es ist durchaus möglich, dass je nach Monitor zumindest in manchen dieser Modi ein stabiles Bild angezeigt werden kann.

Gelingt die Synchronisation des Bildschirms nicht, dann sollten Sie X zur Schonung Ihres Monitors möglichst rasch wieder verlassen. Dazu drücken Sie (Strg)+(Alt)+(Backspace). Normalerweise sollten Sie sich jetzt im Textmodus wiederfinden (also in der Textkonsole, in der Sie X gestartet haben). Wenn Sie Pech haben, ist dort allerdings alles schwarz, oder es gelingt auch hier nicht mehr, ein stabiles Bild anzuzeigen. In diesem zum Glück sehr unwahrscheinlichen Fall hilft nur ein Neustart (mit `shutdown` oder (Strg)+(Alt)+(Entf)). Mit anderen Worten: Mit einer gewissen Portion Pech müssen Sie nach dem X-Testversuch Ihren Rechner neu booten, und zwar im Blindflug (weil Sie auch im Textmodus nicht mehr arbeiten können). Beenden Sie also alle anderen gerade laufenden Programme, *bevor* Sie irgendwelche Experimente mit X durchführen.

Damit Sie die Ausgaben beim Start von X auch dann lesen können, wenn es Schwierigkeiten gibt, können Sie diese Ausgaben zur Protokollierung mit `startx >& log` in eine Datei umleiten. Statt `startx` können Sie auch `X -probeonly` ausführen: Dabei versucht der VGA-Treiber, die Frequenzen Ihrer Grafikkarte zu testen, ohne X wirklich zu starten. Sie kommen also unmittelbar wieder in den Textmodus zurück. Auf diese Weise können Sie relativ problemlos testen, ob die Konfigurationsdatei syntaktisch in Ordnung ist. Sie erhalten dieselben Meldungen wie bei `startx`.

7.2 XFree86 Version 4.0

Mit Version 4.0 hat sich XFree86 in vielen Punkten fundamental verändert.

- Bis Version 4.0 gab es eine ganze Reihe unterschiedlicher Treiber (z.B. die Binärdatei `XF86_Mach64` für ATI-Karten mit Mach-64-Chips). Die Datei `X` war normalerweise ein Link auf den richtigen Treiber.

  Ab Version 4.0 gibt es nun noch einen einzigen X-Server, nämlich `/usr/X11R6/bin/XFree86`. Die Funktionen, die spezifisch für bestimmte Grafikkarten sind, befinden sich jetzt in Zusatzmodulen (etwa `./modules/drivers/ati_drv.o` für alle ATI-Karten). Diese Zusatzmodule werden dynamisch geladen, d.h. je nach Bedarf bzw. je nach Einstellung in `XF86Config`.

  Eine besondere Eigenschaft dieser Module besteht darin, dass sie nur noch vom Prozessor, nicht mehr aber vom Betriebssystem abhängig sind. Das erleichtert die Wartung und Weitergabe von Updates ganz wesentlich. Theoretisch sind nun auch reine Binärmodule möglich, wenn ein Anbieter einer Grafikkarte die Informationen zur Entwicklung von Open-Source-Modulen nicht zur Verfügung stellt und den Treiber stattdessen selbst entwickelt.
- Der Aufbau der Konfigurationsdatei `XF86Config` hat sich in einigen wesentlichen Punkten verändert – mehr dazu erfahren Sie etwas weiter unten. Generell können alte Konfigurationsdateien nicht ohne Änderung weiterverwendet werden.
- Einige Kommandozeilenoptionen beim Aufruf des X-Servers haben sich geändert. Insbesondere muss die gewünschte Farbtiefe nun mit `-depth` statt bisher mit `-bpp` angegeben werden.
- Was der Macintosh schon bald ein Jahrzehnt kann, ist nun auch unter X möglich: ein virtuelles Riesendisplay, das sich über mehrere Monitore erstreckt. Das klappt allerdings nur mit einigen ausgewählten Grafikkarten. Außerdem haben zur Zeit sämtliche Windows-Manager Probleme mit einer derartigen Konfiguration.
- DCC-Unterstützung: DCC steht für *Display Data Channel* und bietet eine Kommunikationsmöglichkeit zwischen Monitor und Grafikkarte bzw. Computer. Soweit verfügbar, kann XFree86 diese Informationen jetzt auswerten. Das ist besonders für die Konfiguration praktisch.

- GLX/DRI: Die *Direct Rendering Infrastructure* ermöglicht es, 3D-Funktionen auf der Basis von Open GL mit Hardware-Unterstützung durch die Grafikkarte innerhalb eines X-Fensters zu nutzen. In der Praxis bedeutet das, dass 3D-Funktionen besser, einfacher und vor allem viel effizienter genutzt werden können. Das kommt Spielen und professionellen 3D-Anwendungen gleichermaßen zugute.
- Unicode: Die Unicode-Unterstützung ist nach wie vor nicht perfekt, aber deutlich besser als früher. Insbesondere ist `xterm` Unicode-fähig (UTF-8-Codierung, Option `-u8`), außerdem werden einige Unicode-Fonts mitgeliefert.

Als diese Zeilen geschrieben wurden, war XFree86 4.0 zwar schon einige Wochen offiziell verfügbar – die schöne neue Versionsnummer kann jedoch nicht darüber hinwegtäuchen, dass XFree86 momentan noch den Charakter einer Beta-Version hat:

- Zahlreiche Grafikkarten, die von Version 3.3 unterstützt werden, werden von Version 4.0 zur Zeit noch nicht oder zumindest nicht in einer vergleichbaren Geschwindigkeit unterstützt. Das betrifft in vielen Fällen eher ältere als neuere Modelle. (Insbesondere gibt es den SVGA-Treiber nicht mehr. Für einen Teil der Karten, die durch diesen Treiber unterstützt wurden, gibt es nun Spezialtreiber. Der andere Teil wird zur Zeit aber nicht bzw. nur mehr im VGA-Modus unterstützt.)
- Bei vielen Treibern sind Spezialfunktionen (accelerated support) noch nicht aktiv. Bei den betroffenen Grafikkarten ist Version 4.0 daher deutlich langsamer als 3.3.
- Es gibt noch keine benutzerfreundlichen Konfigurationsprogramme.
- Version 4.0 ist noch zu neu, um ausreichend ausgetestet und stabil zu sein.

Änderungen in XF86Config

Die Konfigurationsdatei lautet nach wie vor `XF86Config`, als mögliche Orte sind unter anderem die Verzeichnisse `/etc/` oder `/etc/X11` oder `usr/X11R6/etc/` vorgesehen. Im Prinzip sind die Syntax und der Aufbau der Datei im Vergleich zur XFree86-Version 3.n gleich geblieben. Es gibt allerdings einige Änderungen und eine ganze Menge Erweiterungen, von denen hier allerdings nur die wichtigsten beschrieben werden. Eine vollständige Beschreibung aller Schlüsselwörter finden Sie in der Dokumentation zu XFree86 4.0 'X Server (New Design)'.

Files-Abschnitt: Mit dem Schlüsselwort `ModulePath` wird das Verzeichnis mit den XFree86-Modulen angegeben.

```
# in /etc/X11/XF86Config ab Version 4.0
Section Files
  ...
  ModulePath     "/usr/X11R6/lib/modules"
EndSection
```

Device-Abschnitt: Mit dem Schlüsselwort `Driver` wird der Name des Treibers für die Grafikkarte angegeben. Diese Information ist erforderlich, damit XFree86 weiß, welches Treibermodul es laden muss. Mit `BusID` kann darüber hinaus die PCI-Busnummer der Grafikkarte angegeben werden. (Das ist wichtig, wenn mehrere Grafikkarten gleichzeitig verwendet werden.)

```
Section "Device"
  BoardName      "Rage3DProAGP"
  BusID          "1:0:0"
  Driver         "ati"
  Identifier     "Device[0]"
  VendorName     "ATI"
EndSection
```

Monitor- und Modes-Abschnitt: Der Monitor-Abschnitt ist unverändert geblieben. Der einzige Unterschied im Modes-Abschnitt besteht darin, dass die von der VESA (Video Electronics Standards Association) definierten Standardmodes nicht mehr explizit angegeben werden müssen. Aus diesem Grund kann auf den Modes-Abschnitt oft ganz verzichtet werden. Hier sind die folgenden Beispielzeilen nur abgedruckt, um das Zusammenspiel aus Device-, Monitor-, Modes- und Screen-Abschnitt zu illustrieren.

```
Section "Monitor"
  HorizSync      31-69
  Identifier     "Monitor[0]"
  ModelName      "1024x768@75Hz"
  VendorName     "--> VESA"
  VertRefresh    50-85
  UseModes       "Modes[0]"
EndSection
Section "Modes"
  Identifier     "Modes[0]"
  Modeline       "1024x768" 86.98 1024 1040 1216 1328
                            768 768 778 802 +hsync +vsync
EndSection
```

Screen-Abschnitt: Dieser Abschnitts wird jetzt mit dem Schlüsselwort `Identifier` benannt (statt wie bisher mit `Driver`). Dieser Name ist für Querverweise von anderen Abschnitten erforderlich.

```
Section "Screen"
  DefaultDepth  24
  SubSection "Display"
    Depth       24
    Modes       "1024x768"
  EndSubSection
  Device        "Device[0]"
  Identifier    "Screen[0]"
  Monitor       "Monitor[0]"
EndSection
```

InputDevice-Abschnitt: Dieser Abschnitt ist neu. Er ersetzt die alten `Keyboard`-, `Pointer`- und `XInput`-Abschnitte. Für jedes Eingabegerät ist ein eigener `InputDevice`-Abschnitt erforderlich, der durch das Schlüsselwort `Identifier` gekennzeichnet ist. Die folgenden Zeilen gelten für eine deutsche Tastatur und eine PS/2-Maus.

```
Section "InputDevice"
  Driver          "Keyboard"
  Identifier      "Keyboard[0]"
  Option          "Protocol"        "Standard"
  Option          "XkbLayout"       "de"
  Option          "XkbModel"        "pc104"
  Option          "XkbRules"        "xfree86"
  Option          "XkbVariant"      "nodeadkeys"
EndSection
Section "InputDevice"
  Driver          "mouse"
  Identifier      "Mouse[1]"
  Option          "Device"          "/dev/pointer0"
  Option          "Name"            "AutoDetected"
  Option          "Protocol"        "PS/2"
  Option          "Vendor"          "AutoDetected"
EndSection
```

7.3 Maus und Tastatur unter X

Dieser Abschnitt beschäftigt sich mit den Besonderheiten von Maus und Tastatur unter X. Dabei werden die vielfältigen Probleme bei der Konfiguration der Tastatur ausführlich erläutert. Außerdem werden wichtige Tastenkürzel und Mausverfahren beschrieben. (Werfen Sie auch einen Blick in den Keyboard-HOWTO-Text!)

Konfiguration der Tastatur

Die Tastatur ist eine Quelle beständigen Ärgers unter X. Programme, die eigentlich für den Textmodus konzipiert sind, reagieren unter X auf die meisten Funktionstasten ((Pos1), (Ende) etc.) nicht mehr korrekt. Bei echten X-Programmen ist es auch eher ein Glücksspiel, ob sie die wichtigsten Tastenkombinationen erkennen oder nicht. Das hängt unter anderem mit der unterschiedlichen Herkunft der Programme zusammen – manche stammen aus der Motif-Welt, andere sind unter OpenLook entstanden etc.

Erstaunlicherweise sind es nicht die deutschen Sonderzeichen, die Probleme verursachen, sondern die Funktionstasten (bis hin zum uralten Unix-Problem, (Backspace) und (Entf) auseinander zu halten). In diesem Abschnitt wird versucht, die wichtigsten Hintergründe zu erklären und die verschiedenen Dateien aufzuzählen, die einen Einfluss auf die Tastatur unter X haben.

Tastaturoptionen in XF86Config

Falls Sie XFree86 als X-Server verwenden, ist die Datei `XF86Config` die zentrale Anlaufstelle auch für die Konfiguration der Tastatur. Bei einer deutschen Tastatur sollte der `Keyboard`-Abschnitt folgendermaßen aussehen:

```
# deutsche Tastatureinstellung in XF86Config
Section "Keyboard"
   Protocol        "Standard"
   XkbRules        "xfree86"
   XkbModel        "pc102"
   XkbLayout       "de"
   XkbOptions      "grp:switch"
EndSection
```

Die Tilde

Die Tilde ~ wird unter X wie ´ ` und ^ zur Komposition zusammengesetzter Buchstaben verwendet. (~) (a) führt daher zum Buchstaben ã. Um eine normale Tilde einzugeben (für das Heimatverzeichnis), müssen Sie stets (~) (Leertaste) eingeben, was einigermaßen lästig ist. Das folgende Kommando ermöglicht eine unmittelbare Eingabe der Tilde.

```
user$  xmodmap -e "keycode 35 = plus asterisk asciitilde"
```

Das Kommando gilt nur für das deutsche Tastaturlayout! Wenn Sie möchten, dass es immer ausgeführt wird, müssen Sie die Anweisung in `xinitrc` oder `~/.xinitrc` einfügen. (Details zum Startprozess und zu `xinitrc` finden Sie ab Seite 365.)

Nummerischer Tastenblock

Eingaben mit dem nummerischen Tastenblock werden von X standardmäßig im Cursor-Modus ausgewertet (also ohne NumLock). In früheren XFree86-Versionen war es möglich, NumLock automatisch zu aktivieren, indem zum einen im `Keyboard`-Abschnitt in `XF86Config` die Anweisung `Xleds 1 2 3` und zum anderen in `xinitrc` die Anweisung `xset led 2` oder `3` eingefügt wurde. Seit XFree Version 3.3 funktioniert diese Vorgehensweise nicht mehr (vermutlich wegen des geänderten Protokolls zur Verarbeitung von Tastaturereignissen). Sie müssen (NumLock) also per Tastatur aktivieren.

VORSICHT

Beachten Sie bitte, dass ein aktiviertes NumLock große Probleme im Zusammenspiel mit diversen Programmen und insbesondere mit `fvwm2` bzw. `fvwm95` bereitet: NumLock wird wie (Shift) oder (Strg) als Zustand betrachtet, der aber in den üblichen `fvwm`-Konfigurationsdateien nicht berücksichtigt ist. Die Folge: diverse Fensteroperationen und vor allem der Fensterwechsel per Mausklick bzw. durch Tastenkombinationen funktionieren nicht mehr. Mehr zu diesem unerfreulichen Thema finden Sie bei der Beschreibung von `fvwm` ab Seite 395.

Veränderung der Tastenzuordnung mit xmodmap

Mit `xmodmap` kann die Zuordnung zwischen einer Taste und dem damit erzeugten Zeichen geändert werden. Die Verwendung von `xmodmap` ist bei den X-Servern von XFree86 nur in Ausnahmefällen erforderlich – etwa zur Lösung des leidigen (Backspace)/(Entf)-Problems.

Mit `xmodmap -pke` wird die zur Zeit gültige Tastaturtabelle in der für `xmodmap` erforderlichen Syntax ausgegeben. `xmodmap datei` verarbeitet die in der Datei angegebenen Definitionen; `xmodmap -e definition` ermöglicht die Neudefinition einer einzelnen Taste. Anwendungsbeispiele finden Sie in den folgenden Teilabschnitten.

Backspace und Entf

Es war einmal vor langer Zeit ein Computer, der hatte eine Tastatur ohne die Taste (Entf). Zu dieser Zeit waren Computeranwender noch bescheiden, freuten sich darüber, dass sie ihre Eingaben überhaupt korrigieren konnten, und begnügten sich mit (Backspace). Damals entstand die erste Version von Unix. Seither sind viele, viele Jahre vergangen. Die Rechner wurden immer leistungsfähiger, die Tastaturen etwas komfortabler. Allein die Unterscheidung zwischen (Backspace) und (Entf) erwies sich als ein derart hartnäckiges Problem, dass selbst die Computermeister ihrer Zeit keine Lösung fanden. Und wenn Unix (und Linux) nicht gestorben sind, dann ärgern sich ihre Anwender noch heute ...

Nach diesem – natürlich frei erfundenen – Märchen zurück in die Realität: Nach dem Start von Linux können Sie mit dem Programm `xev` testen, wie X intern auf das Drücken verschiedener Tasten reagiert. Bei manchen (älteren) Linux-Distributionen werden Sie feststellen, dass das Drücken von (Entf) und (Backspace) zum gleichen Keysym-Text `Delete` führt. Diese Zeichenkette erhalten X-Programme als Reaktion auf das Drücken einer Taste. Es ist also nicht weiter verwunderlich, dass X-Programme nicht zwischen (Entf) und (Backspace) unterscheiden können.

Um überhaupt eine Möglichkeit zur Unterscheidung zu schaffen, muss `xmodmap` eingesetzt werden. Mit der folgenden Anweisung erreichen Sie, dass das Drücken von (Backspace) in Zukunft die Keysym-Zeichenkette 'BackSpace' liefert:

```
# Ergänzung in xinitrc (nur bei alten XFree86-Versionen erforderlich)
xmodmap -e "keycode 22=BackSpace"
```

`xinitrc` finden Sie je nach Distribution in `/etc/X11/xinit` oder in `/usr/X11R6/lib/X11/xinit`. Falls das Heimatverzeichnis die Datei `.xinitrc` enthält, hat diese Datei Vorrang gegenüber dem globalen `xinit`.

HINWEIS

Die internen Tastennummern im Textmodus (für die Programme `loadkeys` und `showkey`) und unter X (für die Programme `xmodmap` und `xev`) stimmen nicht überein! Im Textmodus hat die Taste (Backspace) die Nummer 14, unter X die Nummer 22.

Für einige modernere X-Programme ist diese Anweisung bereits ausreichend; (Backspace) und (Entf) funktionieren wunschgemäß. Einige weitere Programme werden mit `BackSpace` gar nichts anfangen können und dafür weiterhin die `Delete`-Zeichenkette als `BackSpace` interpretieren. Bei solchen Programmen hilft häufig ein Eingriff in `~/.Xdefaults` oder `~/.Xresources` weiter (siehe auch Seite 344).

Tasten in Textmodus-Programmen

Auch unter X werden Sie häufig mit Programmen arbeiten, die eigentlich für den Textmodus konzipiert sind (`jed`, `pine` etc.). Für solche Programme hat die obige Anweisung wenig gebracht. Die tollste Reaktion liefert der Editor `jed`: (Backspace) ruft nun die Online-Hilfe auf, während (Entf) die Wirkung von (Backspace) hat!

Programme für den Textmodus werden unter X in einem Terminal- oder Shell-Fenster ausgeführt, das durch das Programm `xterm` gebildet wird. Dieser Umstand ermöglicht es, mit einer einzigen Veränderung der Ressourcen für `xterm` eine korrekte Unterstützung für fast alle herkömmlichen Programme zu erreichen. Fügen Sie die folgenden Zeilen in die Datei `~/.Xdefaults` oder `~/.Xresources` ein (je nach Distribution):

```
! in ~/.Xdefaults oder ~/.Xresources
*VT100.Translations: #override \
       <KeyPress>BackSpace: string(0x7f)\n\
       <KeyPress>Delete: string(0x04)\n\
       <KeyPress>Home: string(0x01)\n\
       <KeyPress>End: string(0x05)
```

Diese Einstellung bezieht sich eigentlich auf das VT100-Widget – dieses ist aber die Basis von `xterm`. Die Keysym-Zeichenkette `BackSpace` wird durch das Zeichen mit dem Code 127 und die Keysym-Zeichenkette `Delete` durch das Zeichen mit dem Code 4 (das entspricht (Strg)+(D)) ersetzt. Nach demselben Muster lässt sich auch gleich eine Zuordnung von (Pos1) zu (Strg)+(A) und von (Ende) zu (Strg)+(E) durchführen, so dass auch diese Tasten wie im Textmodus verwendet werden können, um an den Anfang bzw. an das Ende einer Zeile zu springen.

Damit werden die vier Tasten von sehr vielen Programmen richtig interpretiert. Getestet wurden diese Einstellungen unter anderem mit dem Emacs im Textmodus (`emacs -nw`), mit `jed`, `jove`, `pine`, `bash` etc.

Damit auch die X-Version von Emacs (Backspace) und (Entf) erkennt, müssen Sie die folgende Zeile in `~\.emacs` aufnehmen:

```
; in ~/.emacs
(global-set-key [delete]  'delete-char)   ;<Entf> Zeichen löschen
```

HINWEIS: Hundertprozentig ist die Simulation der Tastatur für Programme im Textmodus auch jetzt noch nicht: Beispielsweise wird in den Emacs-Emulatoren `jed` und `jove` die Taste (Alt) nicht erkannt. Wenn diese Programme unter X verwendet werden sollen, muss statt einer Tastenkombination mit (Alt) die Taste (Esc) verwendet werden. Die obige `.Xdefaults`-Einstellung gilt nicht für die ebenfalls als Terminals verwendbaren Programme `cmdtool` und `rxvt`.

Tastatureinstellungen direkt durch xmodmap

Wenn Sie unter X *nur* mit konventionellen Programmen arbeiten, gibt es noch eine Lösung: Sie könnten den Tasten (Backspace), (Entf), (Pos1) und (Ende) durch `xmodmap` die Codes 0x7f, 4, 1 und 5 zuweisen (statt der Texte `BackSpace`, `Delete`, `Home` und `End`):

```
# in xinitrc (diese Vorgehensweise ist nicht zu empfehlen!)
xmodmap -e "keycode  22=0x7f"  # <Backspace> liefert den Code 127
xmodmap -e "keycode 107=0x04"  # <Entf> liefert Strg+D
xmodmap -e "keycode  97=0x01"  # <Pos1> liefert Strg+A
xmodmap -e "keycode 103=0x05"  # <Ende> liefert Strg+E
```

Textmodusprogramme, die unter `xterm` oder einem anderen Terminalprogramm ausgeführt werden, bekommen jetzt auf jeden Fall die vom Textmodus bekannten Codes. Allerdings werden jetzt auch echte X-Programme die eingestellten Zeichencodes erhalten und können damit (mit wenigen Ausnahmen) nichts anfangen. Aus diesem Grund stellt diese Vorgehensweise eine Sackgasse dar.

X und das Euro-Symbol

Bei neueren Distributionen ist die Tastatur bereits so konfiguriert, dass die Tastenkombination (AltGr)+(E) dem Unicode-Zeichen 0x20ac zugeordnet ist. Davon können Sie sich mit dem Programm `xev` leicht vergewissern. (0x20ac ist der international vereinbarte Ort für das Euro-Symbol im Unicode-Zeichensatz. Die Tastenkombination (AltGr)+(E) gilt für Tastaturen in Deutschland, Österreich und der Schweiz. In anderen Ländern sind andere Tastenkombinationen zur Eingabe des Euro-Symbols üblich.)

Leider gibt es zur Zeit kaum X-Programme und X-Zeichensätze, die vollständig Unicode-kompatibel sind. (Das bessert sich zusehends. Insbesondere soll KDE 2.0

Unicode-kompatibel sein.) Wenn auf die Eingabe von AltGr+E also keine Reaktion erfolgt, können Sie sich mit der folgenden Notlösung behelfen:

```
xmodmap -e 'keycode 26 = e E currency EurcSign'
```

Damit wird AltGr+E dem internationalen Währungszeichen zugeordnet (das normalerweise so ähnlich aussieht wie eine Überlagerung aus einem o und einem x). Jetzt benötigen Sie noch einen Zeichensatz, in dem dieses Währungszeichen durch das Euro-Symbol ersetzt ist. Das ist für neuere Zeichensätze in ISO-8859-15-Codierung der Fall. Um einen derartigen Zeichensatz auszuprobieren, starten Sie `xterm` mit dem folgenden Kommando:

```
user$  xterm -fn -misc-fixed-medium-r-normal--*-ISO8859-15
```

Jetzt können Sie in `xterm` das Euro-Symbol eingeben und sehen. Analog können Sie diesen Zeichensatz natürlich auch im Emacs oder jedem anderen Programm verwenden, bei dem der Zeichensatz konfigurierbar ist. Eine wirklich universelle Lösung zu diesem Problem wird es aber erst geben, wenn X, KDE, Gnome etc. generell das Unicode-Format unterstützen (und nicht wie jetzt nur punktuell und mit vielen Verrenkungen).

VERWEIS

Weitere Informationen zu diesem Thema (auch zur Tastaturkonfiguration für andere Länder) finden Sie im Unicode-HOWTO sowie an den folgenden Adressen im Internet:

```
http://www.cl.cam.ac.uk/ mgk25/unicode.html
http://www.li18nux.org/
http://www.hp.com/visualize/support/technotes/linux/
      localization.html
http://monitor.blvk.ch/euro
```

Globale Tastenkombinationen

Wenn Sie unter X arbeiten, gelten zumeist die folgenden Tastenkombinationen:

X-Tastenkürzel	
Strg+Alt+Backspace	beendet X
Strg+Alt+Fn	Wechsel in die Textkonsole 1 bis 6
Alt+F7	Wechsel aus der Textkonsole zurück ins X Window System
Strg+Alt+(+) / (-)	Wechsel des Grafikmodus

Die Tastenkombinationen Strg+Alt+Backspace, +(+) sowie +(-) können durch die Schlüsselwörter `DontZap` und `DontZoom` im Abschnitt `Server` in `XF86Config` deaktiviert werden.

Die Tastenkombination (Strg)+(Alt)+(Entf) kann unter X *nicht* zum Neustarten von Linux verwendet werden. Zum Neustart müssen Sie entweder in eine Textkonsole wechseln und dort (Strg)+(Alt)+(Entf) drücken oder das Kommando `shutdown -r now` in einem Terminalfenster eingeben.

Weitere Tastenkürzel werden durch den aktiven Windows-Manager definiert (siehe Seite 360).

Eingabefokus

Im X Window System können mehrere Programme gleichzeitig laufen – es kann aber immer nur ein Programm Tastatureingaben empfangen. Je nach Konfiguration des Windows-Managers gilt wahlweise das Programm als aktiv, das zuletzt angeklickt wurde, oder das, über dem sich gerade der Mauszeiger befindet. Vor allem die zweite Variante bereitet all jenen Umstellungsschwierigkeiten, die bisher mit MS-Windows gearbeitet haben. Abhilfe schafft eine andere Konfiguration des Windows-Managers (siehe Seite 400).

Noch ungewohnter ist bei manchen Programmen die Verwaltung des Eingabefokus innerhalb eines Fensters (probieren Sie es beispielsweise bei `xman` mit dem Kommando SEARCH): Eingaben können nur in dem Feld durchgeführt werden, über dem die Maus steht. Da die Eingabefelder oft recht klein sind, reicht ein minimales Verschieben der Maus schon aus, um Ihre Eingaben ins Leere zu senden. Viele neue Programme orientieren sich in dieser Beziehung glücklicherweise am Verhalten von Motif-Programmen, wo der Eingabefokus durch einen Maustastenklick in einem Feld fixiert wird.

Konfiguration der Maus

Falls Sie einen X-Server von XFree86 verwenden, ist der Abschnitt `Pointer` in `XF86Config` für die Mauskonfiguration verantwortlich. Die beiden wichtigsten Optionen, `Device` und `Protocol`, geben an, an welcher Schnittstelle die Maus angeschlossen ist (zumeist `/dev/mouse` oder `/dev/ttyS0`) und welches Protokoll die Maus verwendet. Die Liste der möglichen Protokolle entnehmen Sie bitte der Manualseite zu `XF86Config`. Das Protokoll `Auto` sollte die Maus selbstständig erkennen – das hat bei meinen Modellen allerdings nicht funktioniert.

Bei Zwei-Tasten-Mäusen erreichen Sie mit der Option `Emulate3Buttons`, dass das gleichzeitige Drücken beider Tasten zur Simulation der fehlenden dritten Taste verwendet werden kann. `Emulate3Timeout` gibt dabei an, mit welcher Verzögerung das Drücken einer einzelnen Taste verarbeitet wird. Manche Drei-Tasten-Mäuse von Logitech funktionieren nur dann, wenn die Option `ChordMiddle` benutzt wird.

```
# Mauseinstellung in XF86Config
Section "Pointer"
```

```
    Device   "/dev/psaux" # Anschluss an PS2-Stecker
    Protocol "PS/2"       # PS/2-Maus mit 2 oder 3 Tasten
    # Emulate3Buttons     # nur bei Zwei-Tasten-Mäusen
    # Emulate3Timeout 50  # Verzögerungszeit in ms
    # ChordMiddle         # nur für einige Drei-Tasten-Mäuse
                          #   von Logitech
EndSection
```

Radmaus (IntelliMouse)

Für Radmäuse sind die Protokolle `IntelliMouse` und `IMPS/2` vorgesehen (zweiteres für Radmäuse am PS/2-Anschluss). Damit funktioniert das Rad zwar noch nicht so wie unter Windows, aber es kann zumindest als dritte Maustaste verwendet werden. (Lediglich einige KDE-Programme können die Maussignale auf Anhieb richtig interpretieren, beispielsweise `kvt`.)

Es geht aber noch besser: Fügen Sie in `XF86Config` die unten abgedruckte `ZAxisMapping`-Zeile ein. Damit werden die Bewegungen des Rades den (gar nicht vorhandenen) Maustasten 4 und 5 zugeordnet. Außerdem müssen Sie das Paket `imwheel` installieren und nach dem Start von X mit `imwheel -k` als Hintergrundprozess starten. Das Programm verarbeitet die Maustastensignale für die Tasten 4 und 5 und wandelt diese in Tastatursignale um, die dann bei den meisten Programmen ein Scrollen des Bildschirminhalts auslösen.

```
# IntelliMouse-Einstellung in XF86Config
Section "Pointer"
  Device        "/dev/psaux"
  Protocol      "imps/2"
  ZAxisMapping  4 5
EndSection
```

`imwheel` kann durch `/etc/imwheelrc` oder durch `~/.imwheelrc` gesteuert werden. In dieser Datei können Sie angeben, welche Tastatureingaben bei welchen Programmen simuliert werden sollen.

Wenn Sie `imwheel -k` nicht nach jedem X-Start manuell ausführen möchten, können Sie das Kommando natürlich auch in `xinitrc` oder `xsession` angeben. (Diese Dateien werden ab Seite 365 ausführlich beschrieben.)

Verwendung der Maus

Texte mit der Maus kopieren und einfügen

In praktisch allen X-Programmen können Sie die Maus dazu verwenden, Textausschnitte zu kopieren und sie anschließend an einer anderen Stelle (oder in einem anderen Programm) wieder einzufügen. Die Bedienung der Maus erfolgt dabei wie im Textmodus, wenn dort das Programm `gpm` verwendet wird. Das Markieren von

Textausschnitten erfolgt bei gedrückter linker Maustaste. Der markierte Text wird dabei automatisch in einen Puffer kopiert. Sobald Sie die mittlere Maustaste drücken, wird der Text dort eingefügt, wo der aktive Eingabecursor steht. Mit der rechten Maustaste können Sie die Größe einer Textmarkierung verändern.

Bedienung von Bildlaufleisten

Viele X-Programme sind mit standardisierten Schiebebalken ausgestattet (beispielsweise `xterm`). Die Größe des grauen Schiebefelds gibt die relative Größe des sichtbaren Ausschnitts an. Während es beim Aussehen noch gewisse Ähnlichkeiten gibt, weicht die Bedienung stark von dem ab, was Sie möglicherweise von MS-Windows gewöhnt sind:

Die Schiebebalken werden mit gedrückter mittlerer Maustaste verschoben. Das Drücken der linken Maustaste bewegt den Schiebebalken nach unten, das Drücken der rechten Maustaste bewegt ihn nach oben. Dabei gibt die aktuelle Position der Maus an, wie weit der Schiebebalken bewegt wird: Wenn die Maus im Schiebebalken ganz oben steht, wird das Schiebefeld nur ganz wenig bewegt (eine Zeile). Wenn die Maus dagegen ganz unten steht, wird das Schiebefeld eine ganze Seite weiterbewegt.

Maus unsichtbar machen

Normalerweise ist die Maus unter X ständig sichtbar. Gerade bei Programmen, die primär über die Tastatur bedient werden, kann das lästig sein – die Maus verdeckt oft gerade die Zeichen, die man sehen möchte. Das Programm `unclutter` bietet Abhilfe. Es wird als Hintergrundprozess gestartet und macht die Maus automatisch unsichtbar, wenn sie sich über einem Fenster befindet und mehrere Sekunden nicht bewegt wurde. Die Maus wird sofort wieder sichtbar, wenn sie bewegt wird bzw. wenn eine Maustaste gedrückt wird. `unclutter` gehört beispielsweise bei Debian zum Lieferumfang. Bei den meisten anderen Distributionen muss das Paket im Internet gesucht werden.

7.4 X-Ressourcen

Ressourcen stellen eine Besonderheit des X-Systems dar. Sie ermöglichen die bequeme Einstellung der Eigenschaften der meisten X-Programme – von der Hintergrundfarbe eines `xterm`-Fensters bis hin zur Schriftart im Emacs. Damit Sie das Konzept der Ressourcendateien verstehen, ist ein kleiner Ausflug in die Interna des X-Systems erforderlich.

HINWEIS

Es gibt natürlich auch X-Programme, die zusätzlich oder ausschließlich eigene Konfigurationsdateien verwenden. Ein Motiv für den Verzicht auf X-Ressourcen ist oft der Versuch, ein gleichbleibendes Konfigurationsverfahren für unterschiedliche Rechnerplattformen zu finden. Auf der Suche nach dem kleinsten gemeinsamen Nenner bleiben die X-Ressourcen dann auf der Strecke.

Grundlagen

X-Programme sind aus sogenannten Widgets zusammengesetzt. Widgets sind grafische Steuerelemente für bestimmte Aufgaben. Es existieren beispielsweise Widgets für Textfelder, für Buttons etc. Widgets haben bestimmte Merkmale – beispielsweise `font` für den Zeichensatz, `background` für die Hintergrundfarbe etc. Widgets können hierarchisch verschachtelt werden – d.h. in einem Rahmen-Widget für ein Menü können sich mehrere Button-Widgets für die einzelnen Menükommandos befinden.

Die vollständige Bezeichnung eines Details eines X-Programms – etwa der Hintergrundfarbe des VT100-Widgets des `xterm`-Programms – ergibt sich einfach aus der Zusammensetzung aller Komponenten. Die Komponenten werden durch Punkte verbunden. Um die Hintergrundfarbe auf Weiß zu setzen, ist in der Ressourcendatei die folgende Zeile erforderlich:

```
xterm.vt100.background: white
```

Dieses Konzept wird in den meisten X-Programmen durch zusätzliche private Ressourcen erweitert. Aus diesem Grund lassen sich nicht nur die Eigenschaften von Widgets verändern, sondern auch viele globale Einstellungen. (Dieser Unterschied ist insofern interessant, als die Einstellung der Widget-Eigenschaften automatisch funktioniert, ohne dass im X-Programm dazu eine einzige Zeile Code erforderlich ist. Aus diesem Grund sind in den `man`-Texten von X-Programmen oft nur die programmspezifischen Erweiterungen dieses Ressourcenkonzepts beschrieben.) Die folgende Zeile ist ein typisches Beispiel für eine programmspezifische Ressourceneinstellung (hier für den Terminalemulator `seyon`).

```
Seyon.hangupBeforeDial: off
```

Noch ein Detail der Ressourceneinstellung ist erwähnenswert: Bei der Bildung der Namen darf das Jokerzeichen `*` verwendet werden. Das Zeichen hat dieselbe Bedeutung wie bei Dateinamen, es erstreckt sich aber auch über mehrere Komponenten von Ressourcennamen. Beispielsweise bewirkt die erste der beiden folgenden Zeilen, dass *alle* Hintergrundflächen beliebiger Programme und Widgets gelb eingefärbt werden! Ausgenommen sind nur die Widgets, für die explizit eine andere Farbe eingestellt wurde. Die zweite Zeile färbt alle Widgets des `seyon`-Programms blau.

```
*background: yellow
seyon*background: blue
```

Ressourcendateien

Ressourcendateien können an verschiedenen Orten im Verzeichnisbaum gespeichert werden. Automatisch erkannt werden diese Dateien je nach Distribution an den folgenden Stellen. Dabei haben die Einstellungen in den weiter unten angegebenen Dateien Vorrang:

Orte von X-Ressourcendateien

Defaulteinstellungen ausschließlich für den `xdm`-Login:
`/etc/X11/xdm/Xresources` oder
`/usr/X11R6/lib/X11/xdm/Xresources`

Optionale lokale Defaulteinstellungen werden bei vielen Systemen nur von `startx` (nicht aber von `xdm`) berücksichtigt:
`~/.Xresources`

Globale Defaulteinstellungen für ein bestimmtes Programm:
`/usr/X11R6/lib/X11/app-defaults/progname`

Lokale Einstellungen des jeweiligen Anwenders:
`~/.Xdefaults` (bei Red Hat)
`~/.Xresources` (bei SuSE)

Die `Xresources`-Dateien werden nur einmal beim Start von X eingelesen (siehe Seite 365). Die Einstellungen im `app-defaults`-Verzeichnis sowie in `.Xdefaults` werden dagegen bei jedem Start eines X-Programms berücksichtigt.

Vorrang gegenüber allen hier angegebenen Ressourcendateien haben Optionen, die unmittelbar beim Programmstart angegeben werden. Das betrifft natürlich auch Programme, die von `xinitrc` oder über den `fvwm` gestartet werden.

Die Syntax innerhalb der Ressourcendateien ist aus den obigen Beispielen schon weitgehend hervorgegangen. Groß- und Kleinschreibung spielt in den meisten Fällen keine Rolle (es gibt aber Ausnahmen!). Ungewöhnlich ist die Kennzeichnung von Kommentaren: Diese werden nicht wie in anderen Programmen mit einem # eingeleitet, sondern stattdessen mit einem Ausrufezeichen. Außerdem müssen Kommentare allein in einer Zeile stehen – es ist nicht erlaubt, an eine Ressourceneinstellung einen Kommentar anzuhängen.

Wenn Sie die Ressourceneinstellungen verändern möchten, besteht die einfachste Vorgehensweise darin, dass Sie sich an vorhandenen `.Xdefaults`-Dateien orientieren und daraus die für Sie brauchbaren Zeilen in Ihre eigene `.Xdefaults`-Datei kopieren (und vielleicht einige Einstellungen ändern). Beispiele für Ressourceneinstellungen finden Sie in den Dateien des `app-defaults`-Verzeichnisses.

TIPP Detailinformationen zu den zulässigen Ressourceneinstellungen finden Sie in den `man`-Texten zum jeweiligen Programm. Das grundsätzliche Konzept von Ressourcen ist in den `man`-Texten zu `X` und zu `xrdb` beschrieben.

7.5 X-Zeichensätze (Fonts)

Die Verwaltung von Zeichensätzen unter X und die Verwendung dieser Fonts in X-Programmen ist ein sehr komplexes Thema, das hier aus Platzgründen nicht in allen Facetten behandelt werden kann. Die folgenden Informationen sollten aber ausreichen, um das System prinzipiell zu verstehen und neue Zeichensätze einzubinden.

VERWEIS Wenn Sie sich eingehender mit Zeichensätzen beschäftigen möchten, können Sie das Font-HOWTO lesen. Eine Menge Informationen finden Sie außerdem unter:

```
http://www.redhat.com/knowledgebase/newfontsystem/
http://www.moisty.org/ brion/linux/TrueType-HOWTO.html
http://www.gimp.org/fonts.html
http://www.nwalsh.com/comp.fonts/FAQ
```

Grundsätzlich kennt X nicht skalierbare und skalierbare Zeichensätze. Nicht skalierbare Zeichensätze liegen nur in bestimmten Größen als Bitmaps vor (z.B. in 8, 10, 11, 12, 14, 17, 18, 20, 24, 25 und 34 Punkt). Solche Zeichensätze können zwar in beliebiger Größe angezeigt werden (X verkleinert bzw. vergrößert einfach die Zeichen des nächstgelegenen Zeichensatzes); derart erzeugte Zeichen sehen allerdings häßlich aus und sind nur sehr schwer zu lesen.

Demgegenüber wird bei skalierbaren Zeichensätzen die *Form* jedes Zeichens beschrieben. Sobald ein Zeichen zum ersten Mal benötigt wird, erzeugt der X-Server aus der mathematischen Beschreibung des Zeichens eine Bitmap. Qualitativ ist das Ergebnis gut, allerdings kann die erstmalige Darstellung einige Zeit dauern und (bei der gleichzeitigen Verwendung vieler Zeichensätze und -größen) eine Menge Speicherplatz beanspruchen.

HINWEIS Unter Microsoft Windows wirken Zeichensätze meist glatter als im X Window System. Das liegt daran, dass mittels Antialiasing die Buchstabenränder durch Pixel in Graustufen gezeichnet werden. Antialiasing wird vom X Window System leider nicht unterstützt (Version 11, Release 6.3 und 6.4). Zwar bieten einzelne Programme wie `gimp`, `ghostview`, `xdvi` oder `acroread` eine Antialiasing-Option, hierbei wird dieser Effekt aber durch eine sehr zeitaufwendige Vorausberechnung der Seite in einer höheren Auflösung erzielt.

HINWEIS

In noch einem Punkt ist Microsoft Windows dem X Window System zur Zeit voraus: Beinahe alle Zeichensätze können auf jedem beliebigen Drucker ausgedruckt werden. Unter X gilt das nur in Ausnahmefällen (nämlich bei einigen PostScript-Schriftarten, die auch als X-Schriften zur Verfügung stehen).

Zeichensatzverwaltung

Zeichensatzdateien befinden sich üblicherweise in den Unterverzeichnissen zu `/usr/X11R6/lib/X11/fonts`. Bei nicht skalierbaren Zeichensätzen gibt es für jede Zeichensatzgröße und für jedes Attribut eine eigene Datei; bei skalierbaren Zeichensätzen reicht eine Datei für alle Größen aus.

Jedes Zeichensatzverzeichnis enthält außerdem die Datei `fonts.dir`, die für die Zuordnung der Zeichensatzdateien zu den X-internen Zeichensatznamen zuständig ist.

HINWEIS

Die X-Zeichensatznomenklatur ist im Rahmen des Gimp-Textkommandos auf Seite 972 beschrieben. Eine Liste aller verfügbaren Zeichensätze kann mit `xlsfonts` erstellt werden. Stattdessen können Sie auch die übersichtlicheren Programme `xfontsel` oder `kfontmanager` (KDE) einsetzen.

Damit XFree86 die Zeichensatzdateien auch findet, müssen die Pfade zu den Zeichensatzverzeichnissen im `Files`-Abschnitt von `XF86Config` angeführt werden. (Diese Angaben sind nicht erforderlich, wenn ein Font-Server verwendet wird – siehe unten. Der `Files`-Abschnitt enthält auch den Pfad zu einer Datei mit den Namen der RGB-Farben, die hier aber nicht von Interesse sind.)

```
# Ausschnitt aus XF86Config
Section "Files"
   RgbPath     "/usr/X11R6/lib/X11/rgb"
   FontPath    "/usr/X11R6/lib/X11/fonts/misc:unscaled"
   FontPath    "/usr/X11R6/lib/X11/fonts/75dpi:unscaled"
   FontPath    "/usr/X11R6/lib/X11/fonts/100dpi:unscaled"
   FontPath    "/usr/X11R6/lib/X11/fonts/URW"
   FontPath    "/usr/X11R6/lib/X11/fonts/freefont"
   FontPath    "/usr/X11R6/lib/X11/fonts/Type1"
   FontPath    "/usr/X11R6/lib/X11/fonts/Speedo"
   FontPath    "/usr/X11R6/lib/X11/fonts/misc"
   FontPath    "/usr/X11R6/lib/X11/fonts/75dpi"
   FontPath    "/usr/X11R6/lib/X11/fonts/100dpi"
   FontPath    "/opt/StarOfficeNN/fonts/type1"
EndSection
```

Das Schlüsselwort `unscaled` bedeutet, dass X bei sämtlichen Zeichensätzen des jeweiligen Verzeichnisses auf eine eigene Skalierung verzichtet. Das Schlüsselwort kann auch bei nicht skalierbaren Zeichensätzen eingesetzt werden. Das führt dann dazu, dass nicht skalierbare Zeichensätze wirklich nur in den vordefinierten Größen verwendet werden können.

In der obigen Zeichensatzliste sind einige Pfade doppelt angegeben, einmal mit dem `unscaled`-Zusatz und später nochmals ohne. Die Folge: Bei der Suche nach einem Zeichensatz einer bestimmten Größe versucht es X zuerst mit einem passenden, nicht skalierten Bitmap-Standardzeichensatz. Gibt es keinen passenden Zeichensatz, werden auch die skalierten Zeichensätze berücksichtigt. Scheitert die Suche auch hier, wird als Notlösung ein nicht skalierter Zeichensatz durch den X-Server vergrößert oder verkleinert – mit den schon erwähnten mangelhaften Ergebnissen.

HINWEIS

Die Reihenfolge der Pfade in `XF86Config` hat einen entscheidenden Einfluss auf die Darstellungsqualität. Wenn ein X-Programm eine Schrift ohne die genaue Angabe aller Parameter verlangt, dann wird anhand der Pfadreihenfolge in `XF86Config` die erste passende Schrift zurückgegeben. (X-Programme geben nur im Ausnahmefall wirklich alle Parameter einer Schrift – inklusive Herstellername etc. – an.) Daher sollten die unskalierten Schriften, die in allen Größen scharf dargestellt werden können, am Beginn des `Files`-Abschnitts stehen!

XFree86-Standardzeichensätze

75-dpi-Zeichensätze: Zum XFree86-Grundpaket gehören ausschließlich nicht skalierte Zeichensätze für eine Bildschirmauflösung von 75 dpi. (Informationen zum dpi-Wert und dessen Veränderung folgen auf Seite 354.) Zu den Standardzeichensätzen zählen unter anderem Courier, Helvetica, New Century Schoolbook, Times und Utopia von der Firma Adobe, Lucida von B&H sowie Charter von der Firma Bitstream. Diese Zeichensätze werden üblicherweise in die folgenden Verzeichnisse installiert:

```
/usr/X11R6/lib/X11/fonts/75dpi
/usr/X11R6/lib/X11/fonts/latin2/75dpi
/usr/X11R6/lib/X11/fonts/misc
```

100-dpi-Zeichensätze: Zu XFree86 gibt es außerdem ein eigenes Paket, das mit Ausnahme der `misc`-Zeichensätze dieselben Zeichensätze nochmals für eine höhere Bildschirmauflösung von 100 dpi enthält. Beachten Sie, dass dieses Paket nicht immer automatisch installiert ist! Eine Installation kann selbst dann sinnvoll sein, wenn Sie die voreingestellten 75 dpi beibehalten wollen. Manche Programme (etwa LyX) berücksichtigen nämlich alle installierten Zeichensätze, um eine optimale Textdarstellung zu ermöglichen.

```
/usr/X11R6/lib/X11/fonts/100dpi
/usr/X11R6/lib/X11/fonts/latin2/100dpi
```

Speedo- und Type-1-Zeichensätze (skalierbar): Schließlich werden mit XFree86 noch einige Speedo- und Type-1-Zeichensätze mitgeliefert – bei SuSE etwa im Paket `xfntscl`. Auch diese Zeichensätze werden selten automatisch installiert.

Speedo ist der Name des Zeichensatzformats der Firma Bitstream. Type-1-Zeichensätze folgen den Formatvorlagen der Firma Adobe. Ihr großer Vorteil besteht darin, dass sie als PostScript-Zeichensätze ohne zusätzliche Konversionstools gleichzeitig auch zum Ausdruck geeignet sind (nicht nur zur Bildschirmanzeige). Bei beiden Zeichensatztypen handelt es sich generell um skalierbare Zeichensätze.

Mitgeliefert werden die Schriftarten Courier und Utopia von Adobe sowie Charter und Courier von Bitstream. (Courier-Schriften stehen damit unter X mehrfach zur Verfügung, skaliert und nicht skaliert, von verschiedenen Firmen etc. Sie können beispielsweise den Zeichensatzdialog von Gimp verwenden, um die feinen Unterschiede zu ergründen.)

```
/usr/X11R6/lib/X11/fonts/Speedo
/usr/X11R6/lib/X11/fonts/Type1
```

HINWEIS

Natürlich gibt es von Firmen wie Adobe, Bitstream etc. noch viel, viel mehr Zeichensätze als die wenigen, die mit XFree86 mitgeliefert werden! Das Problem besteht darin, dass diese Zeichensätze im Regelfall nicht frei sind, sondern (wie jedes andere kommerzielle Produkt) bezahlt werden müssen. Die meisten mit XFree86 mitgelieferten Zeichensätze stehen auch nur deswegen zur Verfügung, weil sie von diesen Firmen – gleichsam als Spende – freigegeben wurden.

Zusätzliche Zeichensätze

URW-Zeichensätze (Ghostscript): Die Firma URW hat für Ghostscript ein Paket skalierbarer PostScript-Standardzeichensätze spendiert (AvantGarde, Bookman, Courier, Helvetica, New Century Schoolbook, Palatino, Times, Symbol, ZapfChancery sowie ZapfDingbats). Die Zeichensätze sehen ganz ähnlich wie die Adobe-Originale aus; sie können im Rahmen der GPL weitergegeben und damit auch außerhalb von GhostScript verwendet werden. Der übliche Installationsort lautet:

```
/usr/X11R6/lib/X11/fonts/URW
```

Falls die Zeichensätze mit Ihrer Distribution nicht mitgeliefert werden (je nach GhostScript-Version), finden Sie die Dateien auch im Internet:

```
http://www.gimp.org/urw-fonts.tar.gz
```

Gimp-Zeichensätze: Gimp-Anwender haben eine Sammlung von freien bzw. als Shareware verfügbaren Zeichensätzen zusammengestellt. Natürlich können auch diese Zeichensätze außerhalb von Gimp verwendet werden. Da die Copyright-Bedingungen einiger dieser Zeichensätze zum Teil recht fragwürdig sind, werden Sie diese Zeichensätze eher selten auf einer CD erhalten. Der übliche Installationsort lautet:

```
/usr/X11R6/lib/X11/fonts/freefont
```

Im Internet finden Sie die Zeichensätze am folgenden Ort:

ftp://ftp.gimp.org/pub/gimp/fonts/

HINWEIS

Nach der Installation neuer Zeichensätze müssen Sie in XF86Config den Pfad des jeweiligen Verzeichnisses angeben und X anschließend neu starten! Die Zeichensätze können nur dann korrekt verwendet werden, wenn sich die Datei fonts.dir in den Verzeichnissen befindet.

fonts.dir kann mit dem Programm mkfontdir aus fonts.scale erzeugt werden. (Bei skalierbaren Zeichensätzen sind fonts.dir und fonts.scale identisch.) Die Informationen für fonts.scale müssen Sie allerdings zumeist selbst zusammenstellen bzw. im Internet suchen. Bei Type-1-Zeichensätzen nimmt das Perl-Script type1inst Ihnen diese Arbeit ab. Dieses Programm ist ebenfalls im Internet zu finden, z.B.:

ftp://sunsite.unc.edu/pub/Linux/X11/xutils

Font-Server

X kümmert sich normalerweise selbst darum, Zeichensatzdateien zu lesen und in ein Format umzuwandeln, das eine Bildschirmdarstellung ermöglicht. Diese Aufgabe kann aber auch an ein externes Programm delegiert werden, das im Hintergrund (und womöglich auf einem anderen Rechner) läuft. Dieses Programm wird als Font-Server bezeichnet.

Zur Konfiguration eines Font-Servers kann es zwei Gründe geben: Zum einen ist X während der Skalierung von Zeichensätzen blockiert, was vor allem bei Rechnern mit einer sehr langsamen CPU irritierend ist (vorübergehende Blockierung der Maus). Zum anderen gibt es Font-Server, die mit Zeichensätzen zurechtkommen, die X normalerweise nicht darstellen kann (z.B. TrueType-Zeichensätze).

TIPP

Insbesondere bei Debian und Red Hat sowie bei allen davon abgeleiteten Distributionen wird seit geraumer Zeit der Font-Server xfs automatisch installiert.

Der populärste Font-Server ist zur Zeit xfs. Aktuelle Versionen dieses Servers kommen mit TrueType-Schriften zurecht (siehe unten). Dieses Programm wird mit XFree86 mitgeliefert.

Bevor Sie xfs auf einer Distribution ohne automatische XFS-Installation ausprobieren können, müssen Sie eine Konfigurationsdatei anlegen. Deren Name ist nicht vorgegeben, hier wird /etc/xfs-config verwendet. Informationen zum Aufbau dieser Datei finden Sie im man-Text zu xfs.

```
# /etc/xfs-config oder
# /etc/X11/fs/config  (Red Hat, Mandrake) oder
# /etc/X11/xfs/config (Corel)
```

```
# Pfade mit Zeichensätzen
catalogue = /usr/X11R6/lib/X11/fonts/URW,
  /usr/X11R6/lib/X11/fonts/freefont,
  /usr/X11R6/lib/X11/fonts/Type1,
  /usr/X11R6/lib/X11/fonts/Speedo,
  /usr/X11R6/lib/X11/fonts/misc,
  /usr/X11R6/lib/X11/fonts/75dpi,
  /usr/X11R6/lib/X11/fonts/100dpi
# 12 Punkt als Defaultgröße (in Dezipunkt)
default-point-size = 120
# 100 bzw. 75 dpi Defaultauflösung
default-resolutions = 100,100,75,75
```

Jetzt können Sie `xfs` in einer Textkonsole starten.

```
root# xfs -config /etc/xfs-config -port 7100 &
```

Damit läuft `xfs` als Hintergrundprozess und kann über den TCP-Port 7100 angesprochen werden. Damit X den Font-Server auch findet, muss `XF86Config` verändert werden:

```
# Ergänzung in XF86Config
Section "Files"
   ...
   FontPath    "tcp/localhost:7100"
EndSection
```

Bei der Red-Hat-, Corel- und der Debian-Distribution wird `xfs` automatisch installiert und im Rahmen des Init-V-Prozesses auch gestartet (siehe auch Seite 181). Dabei wird als Port oft -1 verwendet. Die `FontPath`-Zeile in `XF86Config` sieht so aus:

```
# XF86Config bei Red Hat Linux 6.2
Section "Files"
   ...
   FontPath    "unix/:-1"
EndSection
```

TrueType-Zeichensätze

Apple-Macintosh- und Microsoft-Windows-Rechner verwenden ein anderes Zeichensatzformat als Unix-Rechner, nämlich TrueType. Wegen der weiten Verbreitung dieser Betriebssysteme gibt es ein riesiges Angebot preisgünstiger und zum Teil sogar kostenloser TrueType-Schriften. Damit Sie diese Schriften auch unter Linux verwenden können, benötigen Sie einen Font-Server, der mit diesem Zeichensatzformat zurechtkommt. Geeignet sind neuere Versionen von `xfs` oder das alternative (und zu `xfs` kompatible) Programm `xfsft`.

Dieser Abschnitt beschreibt, wie Sie neue TrueType-Fonts installieren. Dabei wird vorausgesetzt, dass Sie eine TrueType-kompatible Version von `xfs` verwenden, wie sie beispielsweise mit Red Hat oder Mandrake mitgeliefert wird.

Der erste Schritt besteht darin, TrueType-Fonts zu beschaffen. Es gibt sowohl kommerzielle Pakete als auch freie TrueType-Fonts. Das folgende Beispiel basiert auf der Schrift Verdana, die mit Microsoft Windows mitgeliefert wird. (Beachten Sie bitte, dass Zeichensatzdateien urheberrechtlich geschützt sind und nicht frei kopiert werden dürfen!)

Damit Sie neue Schriften verwenden können, kopieren Sie die Font-Dateien (Endung `*.ttf`) in ein Verzeichnis. Dort führen Sie die beiden folgenden Kommandos zur Erstellung der Dateien `fonts.scale` und `fonts.dir` aus. Die Dateien enthalten Verwaltungsinformationen für `xfs`.

```
root#  ttmkfdir -o fonts.scale
root#  mkfontdir
```

Jetzt müssen Sie nur noch das neue Verzeichnis in die `xfs`-Konfigurationsdatei aufnehmen. Anschließend starten Sie `xfs` neu. Zumeist müssen Sie auch X neu starten (sich also ausloggen und neu einloggen), damit die neuen Zeichensätze verwendet werden können.

```
root#  /etc/rc.d/init.d/xfs restart
```

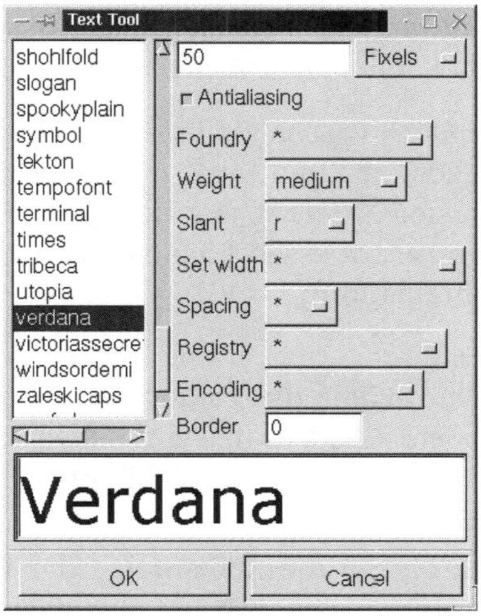

Abbildung 7.4: Die Schriftart Verdana im Zeichensatzdialog von Gimp

dpi-Wert einstellen

dpi steht für *Dots per Inch* und gibt die Bildschirmauflösung an. Dazu gleich ein Beispiel: Wenn Ihre genutzte Bildschirmbreite 36 cm beträgt (19-Zoll-Monitor) und die horizontale Auflösung 1280 Pixel, dann werden pro Inch ca. 91 Pixel dargestellt $(1280/36 * 2.56)$.

Welche Rolle spielt nun der dpi-Wert? Damit Text am Bildschirm unabhängig von der Bildschirmgröße und der Grafikauflösung gut gelesen werden kann, sollten je nach dpi-Wert unterschiedlich große Zeichensätze verwendet werden. Wenn Sie etwa Ihren 17-Zoll-Monitor mit 1280*1024 Pixel betreiben, muss der Buchstabe 'A' aus viel mehr Pixeln zusammengesetzt werden, damit er so groß erscheint wie ein 'A' auf einem 19-Zoll-Monitor bei einer Auflösung von 800*600 Pixel. Mit anderen Worten: Wenn das X Window System und die darin verwendeten Programme den korrekten dpi-Wert kennen und auswerten, kommt es nicht vor, dass Schriften mal unleserlich klein und mal unnötig klobig erscheinen.

So viel zur Theorie. In der Praxis ist es freilich noch etwas komplizierter. Zum Ersten ist XFree86 generell auf 75 dpi voreingestellt, zum Zweiten stehen im X Window System normalerweise nur Schriftarten für 75 und für 100 dpi zur Verfügung (was die Einstellung eines anderen Werts hinfällig macht), und zu guter Letzt ignorieren sehr viele X-Programme die dpi-Information überhaupt.

Um dennoch zu einer optimalen Schriftqualität zu kommen, werden daher alle möglichen Tricks verwendet: manuelle Anpassung der Schriftgröße in `.Xdefaults`, Veränderung des Zoomfaktors in Textverarbeitungsprogrammen etc. Ist ein System einmal so weit konfiguriert, kann man aber meist gut damit leben.

Perfektionisten werden dennoch wissen wollen, wie man den dpi-Faktor richtig einstellt. Leider ist es unmöglich, in `XF86Config` die Monitorgröße anzugeben. (Mit dieser Information könnte der X-Server aus der gerade aktuellen Auflösung den dpi-Faktor selbst errechnen.) Stattdessen können Sie auf zwei andere Maßnahmen zurückgreifen (auch in Kombination):

- Starten Sie X mit `startx -- -dpi` *n* und geben Sie den für Ihren Monitor errechneten bzw. den gewünschten dpi-Faktor explizit an. (Generell gilt: je größer der dpi-Wert, desto größere Zeichensätze werden verwendet.) Wenn Sie den dpi-Faktor nicht jedes Mal neu angeben möchten, können Sie stattdessen auch `xserverrc` verändern (siehe Seite 367).
- Verändern Sie in `XF86Config` die Reihenfolge der `FontPath`-Zeilen so, dass die `100dpi`-Zeilen jeweils vor den `75dpi`-Zeilen angeordnet sind. (Sie erreichen damit, dass X im Zweifelsfall die jeweils größeren Zeichensätze verwendet. Die Defaultkonfiguration ist gerade umgekehrt.)

  Achten Sie darauf, dass die 100-dpi-Zeichensätze installiert sind. (Werfen Sie einen Blick in das Verzeichnis `/usr/X11R6/lib/X11/fonts/100dpi`!)

```
# XF86Config: Vorrang der 100- gegenüber den 75-dpi-Zeichensätzen
Section "Files"
  ..
  FontPath    "/usr/X11R6/lib/X11/fonts/75dpi"
  FontPath    "/usr/X11R6/lib/X11/fonts/100dpi"
  ..
EndSection
```

Wie gesagt, berücksichtigen bei weitem nicht alle X-Programme diese Einstellungen; und selbst die Programme, die es versuchen, sind durch die Auswahl der verfügbaren Zeichensätze eingeschränkt. (Eines der wenigen Programme, das den dpi-Faktor zumindest für die Textanzeige korrekt auswertet, ist übrigens LyX. Die Größe der Menütexte ändert sich freilich auch dort nicht.)

TIPP Falls Sie einen Font-Server (etwa den `xfs`, siehe oben) verwenden, spielt natürlich auch dessen Konfiguration eine Rolle.

7.6 X im Multi-User-Betrieb

Im Textmodus können Sie sich in jeder Textkonsole unter einem anderen Namen einloggen. Unter X ist das so einfach nicht möglich. Wenn Sie mit `startx` arbeiten, müssen Sie X verlassen und `startx` unter einem anderen Login neu ausführen. Auch wenn Sie `xdm` verwenden, müssen Sie die aktuelle Sitzung (und damit alle laufenden Programme) beenden und sich neu einloggen.

In vielen Fällen geht es nur darum, rasch ein Kommando als `root` auszuführen – da wäre ein Verlassen von X sehr unkomfortabel. Da X zudem für den Netzwerkbetrieb optimiert ist, überrascht es kaum, dass es gleich mehrere Möglichkeiten gibt, unter einem fremden Login unter X zu arbeiten. Dabei sind allerdings einige Spielregeln zu beachten, die anfangs oft übersehen werden.

su: Die einfachste Möglichkeit, rasch den Benutzernamen zu ändern, bietet das Kommando `su` *name*. Wenn Sie das Kommando nicht als `root` ausführen, werden Sie nach dem Passwort des jeweiligen Anwenders gefragt. Innerhalb des Terminalfensters (zumeist `xterm`) können Sie jetzt Kommandos unter dem geänderten Namen ausführen, bis Sie durch `exit` oder (Strg)+(D) zurück in den Normalmodus wechseln. Selbst der Start von X-Programmen funktioniert, was keine Selbstverständlichkeit ist, wie die folgenden Absätze zeigen.

TIPP Damit su ein vollwertiger Ersatz für einen `root`-Login ist, müssen Sie die Option `-l` verwenden! Damit erreichen Sie, dass alle Login-Startdateien (etwa zur korrekten Definition von `PATH`) eingelesen werden.

Telnet, Rlogin: Zwei weitere Möglichkeiten, unter einem anderen Login lokal zu arbeiten, bieten `telnet localhost` (mit anschließendem Login samt Passwort) oder `rlogin -l` *name* `localhost` (mit anschließender Passwortabfrage). Beide Varianten können allerdings aus Sicherheitsgründen nicht dazu verwendet werden, um sich als `root` einzuloggen.

Die Ausführung von Kommandos bzw. Programmen, die innerhalb von `xterm` laufen, bereitet keine Probleme. Der Versuch, ein X-Programm zu starten, endet allerdings mit einer Fehlermeldung:

```
user$  xman
Error: Can't open display:
```

Der Grund: Die Umgebungsvariable `DISPLAY` ist nicht initialisiert. Die folgende Anweisung löst dieses Problem:

```
user$  export DISPLAY=localhost:0
```

`telnet` und `rlogin` können auch dazu verwendet werden, sich auf einem anderen Rechner per Netzwerk einzuloggen. Damit X-Programme gestartet werden können, muss `DISPLAY` jetzt mit dem Netzwerknamen des lokalen Rechners belegt werden. (Die Variable gibt an, auf welchem Rechner das X-Programm sichtbar werden soll.) Im Regelfall reicht das aber auch noch nicht, weil sich der lokale Rechner aus Sicherheitsgründen weigert, X-Programme eines fremden Rechners auszuführen. Sie können diesen Sicherheitsmechanismus in einem `xterm`-Fenster des lokalen Rechners durch `xhost` +*name* für einen bestimmten Benutzernamen oder Rechnernamen deaktivieren. `xhost +` schaltet den Schutzmechanismus vollständig ab. (Das ist ein Sicherheitsrisiko!)

Um den Prozess an einem Beispiel zu illustrieren: Sie arbeiten am lokalen Rechner `jupiter`, möchten aber auf dem leistungsstärkeren Rechner `saturn` ein X-Programm starten (und am lokalen Rechner bedienen). Dazu führen Sie folgende Kommandos aus:

```
user$  xhost +saturn
user$  rlogin saturn
password:  ******
user$  export DISPLAY=jupiter:0
user$  netscape     # Netscape läuft auf saturn, wird aber lokal
                    # (auf jupiter) angezeigt
```

Obwohl Sie alle drei Kommandos im selben `xterm`-Fenster ausführen, werden ab dem `rlogin` alle Kommandos nicht mehr lokal, sondern am Rechner `saturn` ausgeführt. Der lokale Rechner ist ausschließlich für die Ein- und Ausgabe zuständig. (Bei X-Programmen müssen jetzt sämtliche Grafikkommandos über das Netzwerk übertragen werden!)

TIPP

Prinzipiell können X-Programme selbst dann extern ausgeführt werden, wenn nur eine PPP-Verbindung vorliegt. In der Praxis verhindert die zu langsame Netzverbindung dann aber ein vernünftiges Arbeiten. Abhilfe schafft in solchen Fällen das Paket `dxpc`, das den X-Datenstrom zur Übertragung komprimiert. Allerdings muss dieses Paket auf beiden beteiligten Rechnern installiert sein und gestartet werden.

`http://ccwf.cc.utexas.edu/~zvonler/dxpc`

xterm: Gerade in `fvwm`-Konfigurationsdateien ist es oft wünschenswert, durch ein Kommando `xterm` zu starten und dabei gleich einen Login für `root` zur Verfügung zu stellen. Das erforderliche Kommando sieht so aus:

```
xterm -title "root" -bg red -e su -l - &
```

Das neue `xterm`-Fenster wird dabei gleich mit dem Titel 'root' und einer roten Hintergrundfarbe optisch hervorgehoben.

`xterm` kann auch mit `telnet` oder `rlogin` kombiniert werden. Die folgenden Zeilen geben einige Beispiele:

```
xterm -e telnet localhost &         # login für den lokalen Rechner
xterm -e telnet -l name jupiter &   # login für 'name' auf 'jupiter'
xterm -e rlogin localhost &         # login für den lokalen Rechner
xterm -e telnet -l name jupiter &   # login für 'name' auf 'jupiter'
```

7.7 Bildschirmschoner

Durch das Kommando `xset s` *n* in `xinitrc` können Sie erreichen, dass der Bildschirm nach *n* Sekunden Inaktivität schwarz und nach einer Mausbewegung automatisch wieder sichtbar wird. Wenn es nur darum geht, den Monitor zu schonen, ist das ausreichend.

Nun gibt es für Linux eine ganze Sammlung schöner Bildschirmschoner, die in den meisten Distributionen manuell aktiviert werden können (Paket `xlock` bzw. `xlockmore`). Das Programm `xlock` kann auch dazu verwendet werden, Tastatur und Bildschirm zu sperren, wenn Sie den Rechner für kurze Zeit verlassen – daher der Name `lock`. Da wäre es natürlich wünschenswert, wenn diese Bildschirmschoner sich ebenfalls automatisch starten ließen.

Genau diese Aufgabe übernimmt das Programm `xautolock`, das allerdings nicht von allen Distributionen mitgeliefert wird. (Sie finden es im Internet, beispielsweise im Sunsite-Archiv oder auf einem der zahllosen Mirrors). `xautolock -time` *n* `&` wird am einfachsten in `xinitrc` als Hintergrundprozess gestartet. *n* gibt die Anzahl der Minuten an, nach denen der Bildschirmschoner bei Inaktivität gestartet werden soll. Wenn nicht `xlock` (Defaulteinstellung) als Bildschirmschoner verwendet werden soll, kann mit der Option `-lock` ein anderes Programm angegeben werden.

Eine Alternative zu `xautolock` ist `xscreensaver -timeout` *n*. Dieses Programm ist allerdings mit `xlock` inkompatibel, zum Anzeigen der Bildschirmschonergrafik muss also ein anderes Programm verwendet werden. Zusammen mit `screensaver` werden normalerweise diverse dazu geeignete Programme mitgeliefert, etwa `qix`, `helix` etc. Prinzipiell ist jedes Programm zur Anzeige eines Hintergrundmusters geeignet, sofern es auf das `root`-Fenster von X zugreifen kann. Etwas verwirrend ist allerdings die Auswahl dieses Programms: Um zu erreichen, dass `xscreensaver` ein bestimmtes Programm verwendet (und nicht irgendwelche Defaultprogramme, die womöglich gar nicht installiert sind), sind folgende Einstellungen in `~/.Xdefaults` erforderlich (hier mit `xdaliclock`, einer futuristischen Uhr, als Bildschirmschoner):

```
! xscreensaver
xscreensaver.monoPrograms:
xscreensaver.colorPrograms:
xscreensaver.programs:  \
  xdaliclock -bg black -fg darkblue -root
```

TIPP

Wenn Sie KDE oder Gnome verwenden, können Sie den Bildschirmschoner dort sehr komfortabel einstellen. KDE und Gnome werden im nächsten Kapitel beschrieben.

Wenn Sie einen Bildschirmschoner im Textmodus wünschen, führen Sie einfach `setterm -blank` *n* aus, wobei *n* die Anzahl der Minuten angibt, nachdem der Bildschirmschoner aktiv wird.

Kapitel 8

X-Benutzeroberflächen (KDE, Gnome, fvwm)

In diesem Kapitel geht es um die Bedienung des X Window Systems. Diese hängt stark davon ab, welchen Windows-Manager und (wenn überhaupt) welches Desktop-System Sie verwenden. In der Einleitung des Kapitels wird beschrieben, welche Funktionen ein Windows-Manager hat und worin er sich von einem ganzen Desktop-System unterscheidet. Anschließend werden die drei zur Zeit wichtigsten Vertreter dieser Zunft, nämlich die Desktop-Systeme KDE und Gnome sowie der Windows-Manager fvwm, eingehend beschrieben.

HINWEIS

Die X-Experten werden schon bei der Überschrift dieses Kapitels erschaudern. Vergleicht der Autor wieder einmal Äpfel mit Birnen! Das hat folgenden Hintergrund: `fvwm` ist ein Windows-Manager, KDE ist ein Bündel von X-Programmen inklusive eines eigenen Windows-Managers, und Gnome ist ein weiteres Programmbündel, diesmal aber ohne eigenen Windows-Manager. Keine Angst, diese Feinheiten werden auf den nächsten Seiten erklärt!

Der gemeinsame Nenner dieses Kapitels ist die Benutzeroberfläche, mit der Sie als typischer Linux-Anwender konfrontiert werden – und die Chancen stehen gut, dass es eine der drei im Titel genannten Varianten ist.

8.1 Einführung

Windows-Manager

Ein Windows-Manager kümmert sich primär darum, wie Programmfenster auf dem Bildschirm dargestellt werden. Er stattet die Fenster mit einer Titelleiste und Buttons aus und hilft bei deren Verwaltung (Verschieben, Verkleinerung zu Icons, Programmwechsel per Mausklick). Viele Windows-Manager bieten zudem über ein Menü die Möglichkeit, häufig benötigte Programme zu starten.

Diese scheinbar elementaren Funktionen werden *nicht* vom X Window System zur Verfügung gestellt. Das ist gleichzeitig ein Vor- und ein Nachteil. Der Vorteil: Die Benutzeroberfläche ist nicht durch X-Systemfunktionen eingeschränkt und kann durch den Windows-Manager beinahe beliebig gestaltet werden. Der Nachteil: Diese Flexibilität führt dazu, dass Linux-Rechner nicht einheitlich bedient werden können, weil jeder Anwender seine eigene Meinung hat, welches nun der beste Windows-Manager ist.

Rein optisch ist der Einfluss des Windows-Managers an der Gestaltung der Fenster ersichtlich. Es versteht sich von selbst, dass der Fensterrahmen bei jedem Windows-Manager anders aussieht und dass natürlich auch die Bedienung der Fenster uneinheitlich ist.

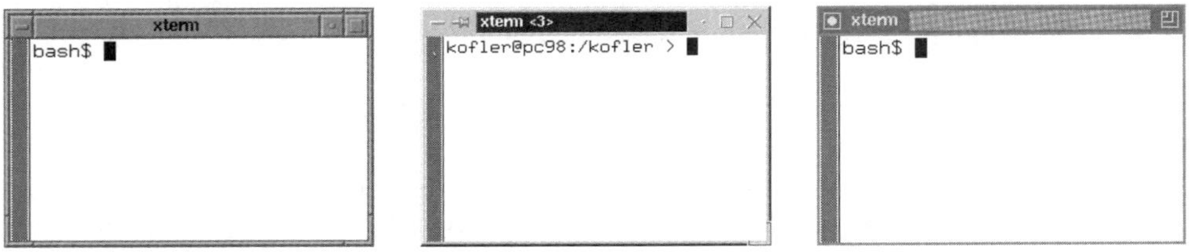

Abbildung 8.1: Das Terminalfenster xterm, dargestellt durch die Windows-Manager fvwm 1.2, kwm und twm

> **HINWEIS** Als ob der Windows-Manager und die GUI-Bibliotheken nicht schon genug Konfusion brächten, unterstützen moderne Bibliotheken zur X-Programmierung auch noch sogenannte *Themes*. Das ist eine weitere Möglichkeit, das Aussehen von Standardelementen (Buttons, Bildlaufleisten) zu variieren und den Desktop noch individueller, farbenprächtiger, exotischer etc. zu gestalten. Themes werden von einigen Windows-Managern unterstützt und gewinnen unter KDE und Gnome zunehmend an Beliebtheit.

Unter Linux steht Ihnen je nach Distribution gut ein Dutzend verschiedener Windows-Manager zur Verfügung. Die folgende, keineswegs vollständige Liste zählt einige populäre Vertreter auf:

- Die größte Verbreitung hat in den vergangenen Jahren `fvwm` gefunden, der gleich in drei Versionen (1.2, 2.0 und 95) zur Verfügung steht. (Es ist nicht bekannt, wofür das Kürzel `fvwm` steht; vielleicht Free Virtual Windows-Manager.)
- Falls Sie KDE-Nutzer sind, verwenden Sie in der Regel den `kwm`, also den KDE-Windows-Manager. (KDE ist mehr als nur ein Windows-Manager – dazu später mehr. Sie können mit KDE auch einen anderen Windows-Manager als `kwm` verwenden – das ist aber selten sinnvoll.)
- Gnome besitzt keinen eigenen Windows-Manager, sondern kann mit jedem beliebigen Windows-Manager verwendet werden. Besonders gut funktioniert die Zusammenarbeit mit Windows-Managern, die 'Gnome compliant' sind. (Diese Definition schreibt vor, welche Kommunikationsmechanismen der Windows-Manager verstehen muss.) Der wohl beliebteste Windows-Manager in der Gnome-Szene ist Enlightenment (der Default bei Red Hat). Ebenfalls recht populär sind Blackbox, Icewm und WindowMaker.
- Erwähnenswert ist schließlich noch der `twm` (Tab Windows-Manager), weil er als einziger Windows-Manager fixer Bestandteil des X-Systems ist. Er zeichnet sich zwar durch geringen Bedienungskomfort aus, stellt aber oft eine Notlösung dar, wenn kein anderer Windows-Manager installiert ist bzw. wenn es Startprobleme gibt.

Desktop-Environment

Was ist ein Desktop? Eine eindeutige Antwort auf diese Frage gibt es wohl nicht. Die folgende Liste zählt zumindest einige Merkmale auf:

- Ein Desktop-Environment bietet eine Benutzeroberfläche für elementare Operationen (Umgang mit Dateien etc.).
- Die Bedienung ist so intuitiv wie möglich (Drag-and-Drop, Icon-Symbole).
- Menüs und Dialogtexte erscheinen in der eingestellten Landessprache.
- Zum eigentlichen Desktop gehört ein Bündel von einheitlich zu bedienenden Anwendungsprogrammen für häufig benötigte Operationen (z.B. ein Texteditor, ein Taschenrechner).
- Alle Desktop-Komponenten sind einfach zu konfigurieren (durch Dialoge, nicht durch kryptische Textdateien).
- Zu allen Komponenten bzw. Programmen steht eine umfassende Online-Dokumentation in einem leicht zu lesenden Format (HTML) zur Verfügung.
- Der Austausch und die Nutzung von Daten unterschiedlicher Desktop-Programme ist unkompliziert.
- Internet-Funktionen (etwa der Zugriff auf ftp-Verzeichnisse) werden von allen Komponenten transparent unterstützt. Lokale und externe Daten können auf die gleiche Weise bearbeitet werden.

In der Geschichte von Unix gab es schon mehrfach den Versuch, die Bedienung durch verschiedene Desktops zu erleichtern. Am bekanntesten wurden zwei kommerzielle Systeme: Motif besteht aus einer Bibliothek zur X-Programmierung, einer ganzen Kollektion von Utilities und einem eigenen Windows-Manager. Das Common Desktop-Environment (CDE) ging hinsichtlich Bedienungskomfort und der erfassten Funktionen noch einen Schritt über Motif hinaus. Allerdings ist es keinem dieser Systemen gelungen, einen echten Standard zu setzen; die Funktionsvielfalt, die Microsoft-Windows- bzw. Apple-Macintosh-Anwender schon lange genossen, blieb Unix- (und damit auch Linux-)Anwendern verwehrt.

Mit dem KDE (K-Desktop-Environment) und Gnome (GNU Network Object Model Environment) hat sich dies mittlerweile geändert. Dabei handelt es sich jeweils um Desktop-Environments, die den Anspruch erheben, einen modernen, einfach zu bedienenden und vor allem freien Desktop für Linux zu schaffen. KDE und Gnome sind relativ junge Projekte – sie wurden im Oktober 1996 bzw. im August 1997 begonnen.

Aus Anwendersicht unterscheiden sich KDE und Gnome vor allem durch zwei Punkte: die Funktionsfülle und das Look-and-Feel. Was die Funktionsfülle betrifft, hat KDE zur Zeit einen großen Vorsprung vor Gnome. Es gibt also viel mehr KDE- als Gnome-Programme. Die Faszination, die von KDE und Gnome ausgeht, entspringt aber vor allem dem modernen Aussehen, das selbst eingefleischten Windows- oder Macintosh-Fans Worte der Bewunderung entlockt.

Natürlich gibt es auch technische Unterschiede: So basieren die Systeme auf unterschiedlichen Bibliotheken (Qt bzw. Gtk – siehe auch den folgenden Abschnitt). KDE enthält einen eigenen Windows-Manager, während Gnome in Kombination mit einem fremden Windows-Manager verwendet werden muss. Das gibt zwar mehr Flexibilität (niemandem wird sein Lieblings-Windows-Manager weggenommen), schadet aber dem Ziel einer einheitlichen Bedienung.

Der Streit KDE versus Gnome

Wenn man mal von der schon fast seit Jahrzehnten geführten Diskussion absieht, ob nun Emacs oder vi der beste Editor dieser Welt sei, hat kein anderes Thema für so viel Diskussionsstoff in Linux-spezifischen Newsgruppen gesorgt wie die Frage, welcher Desktop für Linux besser wäre, KDE oder Gnome. Mittlerweile hat sich dieser Streit weitgehend beruhigt, dennoch erscheint hier eine kurze Erklärung angebracht, warum es für Linux bis auf weiteres *zwei* konkurrierende Desktops geben wird.

Grundsätzlich waren sich KDE- wie Gnome-Fans einig, dass Linux einen neuen, modernen, einfach zu bedienenden Desktop braucht. Der Kern des Konflikts war auch nicht die Frage, ob KDE oder Gnome schöner, funktioneller etc. wäre. Vielmehr ging es um die Bibliotheken, auf denen die beiden Desktops aufbauen. (Diese Bibliotheken stellen jeweils Funktionen zur X-Programmierung zur Verfügung, etwa zur Gestaltung von Menüs, Symbolleisten etc.)

KDE basiert auf Qt, einer kommerziellen Bibliothek der Firma Troll Tech. Diese Bibliothek darf zwar für freie Softwareprojekte kostenlos genutzt und weitergegeben werden, es galten aber (insbesondere für Qt 1.n) eine Menge Einschränkungen im Vergleich zur GPL/LGPL. Mittlerweile gibt es die neue Lizenz QPL (Q Public Licence), die zwar nicht so 'frei' ist wie LGPL, aber doch frei genug, um von der Open-Source-Entwicklergemeinde allgemein akzeptiert zu werden.

Gnome basiert dagegen auf dem Gtk (Gimp Tool Kit), also einer Bibliothek, die ursprünglich nur für die Benutzeroberfläche von Gimp entwickelt wurde. (Gimp ist ein Bildverarbeitungsprogramm – siehe Kapitel 22.) Die Gtk ist wirklich freie Software und untersteht der LGPL.

KDE-Anhänger argumentierten, dass die freie Weitergabe von Qt ausreichend sei. Für die Gnome-Entwickler (und viele andere) war es aber inakzeptabel, dass der Desktop für ein freies Betriebssystem unter der Obhut einer Firma stand, die beispielsweise die volle Kontrolle über Veränderungen und Korrekturen ihrer Bibliothek behalten wollte.

Das Lizenzproblem wurde also mittlerweile gelöst – aber für eine Zusammenführung von KDE und Gnome war es da bereits zu spät. Mittlerweile hat sich auch die Argumentation geändert, und die Anhänger der jeweiligen Entwicklergemeinden schwören, dass die von Ihnen favorisierte Bibliothek einfach besser zu programmieren sei.

Kurz und gut, Linux wird in absehbarer Zeit mit zwei Desktop-Systemen leben. Viele Distributionen liefern einfach beide Systeme aus und überlassen dem Anwender die Wahl (während der Installation). Allerdings sieht es momentan so aus, als würde KDE in nächster Zeit den Linux-Desktop dominieren. Selbst auf Dual-Systemen (KDE/Gnome) setzt die überwiegende Mehrheit der Anwender KDE ein, das momentan ausgereifter, vollständiger und besser dokumentiert ist. Dieser Trend wird durch einige Distributionen verstärkt, die sich explizit auf KDE beschränken (z.B. Corel).

KDE- und Gnome-Anwendungsprogramme

Bei fast allen Distributionen können unabhängig vom Desktop sowohl KDE- als auch Gnome-Programme ausgeführt werden (d.h. es werden automatisch alle erforderlichen Bibliotheken auch des jeweils anderen Systems installiert). Ein KDE-Programm – z.B. KLyX – bedeutet in diesem Zusammenhang ein Programm auf der Basis der Qt-Bibliothek. Ein Gnome-Programm – z.B. Gimp – ist eines auf der Basis der Gtk-Bibliothek. Naturgemäß unterscheiden sich KDE- und Gnome-Programme ein wenig in Aussehen und Bedienung, was gerade für Linux-Einsteiger nicht besonders angenehm ist.

Um diese Doppelgleisigkeit so erträglich wie möglich zu machen, bemühen sich die Entwickler, Features wie Drag-and-Drop kompatibel zu gestalten. Das Ziel ist also, dass Sie beispielsweise ein Datei-Icon vom KDE-Dateimanager über einem Gnome-Programm loslassen, und dieses lädt dann die Datei.

Eine Vereinheitlichung der Benutzeroberfläche aller wichtigen Linux-Programme ist trotz KDE und Gnome für die nächste Zukunft nicht zu erwarten. Zwar wurden bereits für eine große Anzahl von Programmen spezielle Versionen für KDE und/oder Gnome geschaffen (z.B. `kghostview` als KDE-Variante zu `ghostview`). Diese Programme weisen bislang aber nur selten die gleiche Qualität wie die Originalprogramme auf. Zudem ist es weder sinnvoll noch wünschenswert, dass alle Programme portiert werden: Sowohl der Wartungsaufwand als auch die (Platz-)Probleme bei Mehrfachinstallationen würden ins Unermessliche steigen.

Schon erfreulicher ist die Tatsache, dass KDE und Gnome auch der Entwicklung neuer Anwendungsprogramme einen spürbaren Impuls gegeben haben. Auch wenn es seltsam anmutet, dass der Desktop-Zweigleisigkeit jetzt eigene Gnome- und KDE-Office-Pakete folgen sollen – wenn auch nur einige dieser Komponenten bis zur allgemeinen Benutzbarkeit entwickelt werden, ist viel gewonnen.

HINWEIS

In diesem Buch werden X-Anwendungsprogramme – unabhängig davon, ob sie speziell für ein Desktop-System optimiert wurden – in den betreffenden Kapiteln beschrieben (z.B. alle Internet-Tools in den Internet-Kapiteln 10 und 12). Eine Beschreibung diverser X-Tools und -Utilities finden Sie in Kapitel 18. Dieses Kapitel beschreibt nur die Grundfunktionen von fvwm, KDE und Gnome.

Probleme

Jetzt bleibt noch zu erwähnen, dass die neuen Desktop-Systeme nicht frei von Kinderkrankheiten sind. Das erste große Ärgernis tritt beim Versuch auf, nachträglich Programme zu installieren, die nicht mit der jeweiligen Distribution mitgeliefert wurden: Das klappt praktisch nie! Entweder fehlen die erforderlichen Bibliotheken ganz, oder sie sind zu alt. Der Versuch, neue Bibliotheken zu installieren, scheitert an anderen Paketabhängigkeiten oder führt zu Inkompatibilitäten mit Programmen, die bisher funktioniert haben. Bis auf weiteres hat der durchschnittliche Linux-Anwender damit fast keine Chance, rasch ein neues, vom Internet heruntergeladenes KDE- oder Gnome-Programm selbst zum Laufen zu bringen (es sei denn, das Programm wurde speziell für die jeweilige Distribution kompiliert).

TIPP

SuSE begegnet diesem Problem mit dem LinuKs: Das ist eine große Sammlung von KDE-Programmen, die speziell für bestimmte SuSE-Distributionen kompiliert wurden:

`http://www.suse.de/de/support/download/LinuKS/`

Ein zweites Ärgernis ist die mangelnde Stabilität: KDE und Gnome wurden und werden unglaublich schnell entwickelt. Daher ist es eine logische Konsequenz, dass die vielen neuen Programme noch nicht dieselbe Stabilität haben wie ihre seit Jahren bewährten (und entsprechend lang getesteten und verbesserten) Vorgänger.

8.2 X-Startprozess

Wenn Sie nach der Installation einer Distribution und der Konfiguration von XFree86 `startx` ausführen bzw. einen grafischen Login durchführen, erscheint automatisch der von der jeweiligen Distribution als Defaultsystem vorgesehene Windows-Manager bzw. Desktop. Dieser Abschnitt erklärt, was beim Start von X vor sich geht, wie das gewünschte Desktop-System ausgewählt wird und welche Konfigurationsdateien dabei im Spiel sind.

TIPP: Eine weitere gute Informationsquelle zu diesem Thema ist das X-Window-User-HOWTO.

Text-Login oder grafischer Login

Nach dem Systemstart erscheint je nach Konfiguration ein Login in einer Textkonsole oder ein grafischer Login. Im ersten Fall muss X nach dem Login explizit durch `startx` gestartet werden. Im zweiten Fall wird X automatisch gestartet (und zwar bereits für den Login).

Die Textvariante hat den Vorteil, dass sie sicherer ist. Ein Login ist selbst dann möglich, wenn es bei der Konfiguration von X irgendwelche Probleme gegeben hat. Aber auch bei der grafischen Variante ist bei Konfigurationsproblemen nicht alles verloren. Wechseln Sie einfach mit Strg+Alt+F1 zurück in eine Textkonsole!

Falls für den grafischen Login das Programm `kdm` oder `gdm` eingesetzt wird, können Sie beim Login gleich auswählen, welches der installierten Desktop-Systeme gestartet werden soll (KDE, Gnome oder auch nur ein Windows-Manager). Beim älteren `xdm` muss das gewünschte Desktop-System hingegen durch Konfigurationsdateien eingestellt werden.

TIPP: Ob beim Systemstart ein Text-Login oder ein grafischer Login durchgeführt wird, hängt vom Default-Runlevel in `/etc/inittab` ab. Diese Datei ist ab Seite 181 ausführlich beschrieben. Zur Veränderung des Default-Runlevels müssen Sie nur *n* in der Zeile `id:`*n*`:initdefault` verändern.

Überblick über die Konfigurationsdateien

Welche Konfigurationsdateien beim Start von X ausgewertet werden, hängt sowohl von der Distribution als auch vom Login-Typ ab. Vorweg ein erster Überblick:

Text-Login: Falls Sie X mit `startx` starten, ist zumeist eine der folgenden Dateien für den Start des Windows-Managers zuständig (lokale Dateien – sofern vorhanden – haben Vorrang):

`~/.xinitrc`	(lokal)
`~/.Xclients`	(lokal, nur Red Hat)
`/etc/X11/xinit/xinitrc`	(global, Red Hat, Debian)
`/etc/X11/xinit/Xclients`	(global, nur Red Hat)
`/usr/X11R6/lib/X11/xinit/xinitrc`	(global, Defaultposition, SuSE)

Grafischer Login: Wenn X dagegen automatisch beim Systemstart durch `xdm` gestartet wird, kommen folgende Dateien ins Spiel:

`~/.xsession`	(lokal)
`/etc/X11/xdm/Xsession`	(global, Red Hat, Debian)
`/usr/X11R6/lib/X11/xdm/Xsession`	(global, Defaultposition, SuSE)

Distributionsspezifische Eigenheiten

Red Hat: In Linuxconf können Sie im Menüpunkt MISCELLANEOUS|INITAL SYSTEM SERVICES den Default-Runlevel angeben (3 für Text-Login, 5 für X-Login). Für den X-Login wird automatisch `gdm` eingesetzt. Das lässt sich aber durch die Datei `/etc/X11/prefdm` verändern.

Die Auswahl des gewünschten Default-Desktops für den gerade aktuellen Benutzer erfolgt sehr komfortabel mit dem X-Programm `switchdesk`. Dieses Programm verändert die Datei `~/.Xclients-default`. Damit die Einstellung gültig wird, muss X neu gestartet werden.

SuSE: In YaST können Sie mit ADMINISTRATION|LOGIN einstellen, ob ein Text-Login oder ein grafischer Login durchgeführt werden soll (wahlweise mit `xdm` oder `kdm`).

Mit ADMINISTRATION|EINSTELLUNGEN SUSEWM können Sie den globalen Default-Desktop bzw. Windows-Manager für alle Anwender angeben. (Diese Einstellung wird in `/etc/SuSEconfig/profile` gespeichert.) Die weiteren Einstellungen in diesem YaST-Dialog beziehen sich darauf, ob YaST nach der (De-)Installation von Programmen die Startmenüs für die diversen Windows-Manager aktualisieren soll (so dass in diesen Menüs nur solche Programme angezeigt werden, die tatsächlich installiert sind).

Schließlich kann jeder Anwender das gewünschte Desktop-System bzw. den Windows-Manager (unabhängig von der globalen Einstellung durch YaST) durch eine Veränderung der Systemvariablen `$WINDOWMANAGER` (ohne S zwischen WIN-

DOW und MANAGER!) einstellen. Solche Veränderungen sollten in `~/.profile` durchgeführt werden.

```
# in ~/.profile
export WINDOWMANAGER="startkde"          #für KDE
export WINDOWMANAGER="gnome-session"     #für Gnome
export WINDOWMANAGER="fvwm2"             #für fvwm
```

X-Startprozess bei einem Text-Login

Dieser Abschnitt beschreibt, was passiert, wenn X nach einem Text-Login durch das Kommando `startx` gestartet wird.

startx [client-optionen] [-- [server-optionen]]

Die Script-Datei `/usr/X11R6/bin/startx` hat eigentlich nur die Aufgabe, Client- und Server-Optionen an `xinit` zu übergeben. Erst `xinit` ist dann für den eigentlichen X-Start zuständig.

`startx` führt das Kommando `xinit client -- server` aus. `client` und `server` sind beliebig lange – unter Umständen auch leere – Zeichenketten, die folgendermaßen zusammengesetzt werden:

Client: Falls an `startx` Client-Optionen übergeben werden, übergibt `startx` diese (und nur diese) unverändert an `xinit`.

Andernfalls wird die Datei `~/.xinitrc` gesucht. Wenn die Datei existiert, wird ihr Name übergeben.

Andernfalls wird (je nach Distribution) `/usr/X11R6/lib/X11/xinit/xinitrc` oder `/etc/X11/xinit/xinitrc` gesucht. Wenn die Datei existiert, wird ihr Name übergeben.

Andernfalls werden keine Parameter an `xinit` übergeben.

Server: Falls an `startx` Server-Optionen übergeben werden (also Parameter hinter `--`), übergibt `startx` diese (und nur diese) unverändert an `xinit`.

Andernfalls wiederholt sich dasselbe Spiel wie bei der Client-Konfigurationsdatei: Suche nach `~/.xserverrc`, Suche nach `xserverrc` oder Verzicht auf jegliche Optionen. Abschließend noch ein Beispiel, wie `.xserverrc` aussehen könnte, um X mit einer dpi-Voreinstellung von 200 zu starten (siehe auch Seite 354):

```
exec X -dpi 200
```

Normalfall: Die vielen Konfigurationsmöglichkeiten lassen den Startprozess etwas verwirrend aussehen. Der Regelfall ist erheblich einfacher: `startx` wird gänzlich ohne Parameter ausgeführt; an `xinit` wird wahlweise die lokale Konfigurationsdatei

`.xinitrc` oder die globale Konfigurationsdatei `xinitrc` übergeben; eine Konfigurationsdatei für den Server gibt es zumeist nicht, d.h. es wird `xinit` überlassen, den Server auszuwählen.

Das Kommando `startx -- -bpp 16` bewirkt, dass die übliche `xinitrc`-Datei verwendet wird, dass aber an den Server die Option `-bpp 16` übergeben wird, damit dieser 65.536 statt nur 256 Farben unterstützt. Wenn Sie das zur Defaulteinstellung machen möchten, bietet sich dazu das Schlüsselwort `DefaultColorDepth` *n* im `Screen`-Abschnitt von `XF86Config` an. Ab XFree86 4.0 muss statt `-bpp 16` die neue Option `-depth 16` verwendet werden.

xinit [client-optionen] [-- [server-optionen]]

`xinit` startet den nach `--` angegebenen Server und anschließend das Client-Programm. Wenn die Angabe des Servers fehlt (der Normalfall), startet `xinit` automatisch den Server `/usr/X11R6/bin/X`. Wenn die Angabe des Clients fehlt, startet `xinit` automatisch `xterm` als einzigen Client.

Im Regelfall erfolgt die Angabe der Clients durch eine `xinitrc`-Datei. Dabei handelt es sich um ein Shell-Script, das zuerst diverse X-Clients (beispielsweise `xterm`, `netscape` etc.) startet und anschließend mit `exec` den gewünschten Windows-Manager aufruft.

Beachten Sie, dass länger laufende X-Programme mit nachgestelltem `&` im Hintergrund gestartet werden müssen (sonst würde der Windows-Manager erst nach dem Ende der Clients gestartet, was keinen Sinn ergibt). Beachten Sie aber auch, dass der Windows-Manager mit `exec` im Vordergrund gestartet werden muss, weil X beendet wird, sobald das Client-Script (und damit das letzte darin gestartete Programm) beendet wird. Im einfachsten Fall sieht `xinitrc` so aus:

```
#!/bin/sh
# xinitrc - Minimalversion
# (~/.xinitrc oder /etc/X11/xinit/xinitrc
#              oder /usr/X11R6/lib/X11/xinit/xinitrc)
xterm -ls -geometry 80x30+10+10 &             # Shell-Fenster
exec fvwm                                     # Windows-Manager
```

Im Regelfall ist `xinitrc` komplexer aufgebaut. Erstens enthält es zumeist Code zum automatischen Einlesen von `Xressource`- und `Xmodmap`-Dateien. Zweitens enthält es bei manchen Distributionen Code, durch den die Datei `~/.Xclients` statt der direkt in `xinitrc` angegebenen Programme gestartet wird. Das ermöglicht es, im Heimatverzeichnis nur `~/.Xclients` zur privaten Konfiguration anzulegen (und ansonsten das globale `xinitrc` zu verwenden). Das folgende Listing gibt eine etwas gekürzte Variante von `xinitrc` für Red Hat wieder.

```
#!/bin/sh
# /etc/X11/xinit/xinitrc
# (c) 1999, 2000 Red Hat, Inc.
userresources=$HOME/.Xresources
usermodmap=$HOME/.Xmodmap
userxkbmap=$HOME/.Xkbmap
sysresources=/etc/X11/xinit/Xresources
sysmodmap=/etc/X11/xinit/Xmodmap
sysxkbmap=/etc/X11/xinit/Xkbmap
# merge in defaults
if [ -f "$sysresources" ]; then
    xrdb -merge "$sysresources"
fi
if [ -f "$userresources" ]; then
    xrdb -merge "$userresources"
fi

# merge in keymaps
if [ -f "$sysxkbmap" ]; then
    setxkbmap `cat "$sysxkbmap"`
    XKB_IN_USE=yes
fi
if [ -f "$userxkbmap" ]; then
    setxkbmap `cat "$userxkbmap"`
    XKB_IN_USE=yes
fi

# xkb and xmodmap don't play nice together
if [ -z "$XKB_IN_USE" ]; then
    if [ -f "$sysmodmap" ]; then
        xmodmap "$sysmodmap"
    fi
    if [ -f "$usermodmap" ]; then
        xmodmap "$usermodmap"
    fi
fi
unset XKB_IN_USE

# The user may have their own clients they want to run.  If they don't,
# fall back to system defaults.

# run all system xinitrc shell scripts.
for i in /etc/X11/xinit/xinitrc.d/* ; do
    if [ -x "$i" ]; then
        . "$i"
    fi
done
```

```
if [ -f $HOME/.Xclients ]; then
    exec $HOME/.Xclients
elif [ -f /etc/X11/xinit/Xclients ]; then
    exec /etc/X11/xinit/Xclients
else
       # failsafe settings.  Although we should never get here
       # (we provide fallbacks in Xclients as well) it can't hurt.
       xclock -geometry 100x100-5+5 &
       xterm -geometry 80x50-50+150 &
       if [ -f /usr/bin/netscape -a -f /usr/doc/HTML/index.html ]; then
               netscape /usr/doc/HTML/index.html &
       fi
       if [ -f /usr/X11R6/bin/fvwm ]; then
               exec fvwm
       else
               exec twm
       fi
fi
```

Im Fall von Red Hat existiert die Datei `/etc/X11/xinit/Xclients`, so dass der letzte `else`-Block nie zur Anwendung kommen sollte.

TIPP

Beachten Sie bitte, dass der automatische Start von Programmen nicht nur durch `xinit`- oder `Xclients`-Dateien erfolgen kann, sondern auch durch die Konfigurationsdatei des Windows-Managers oder durch Dateien im Autostart-Verzeichnis des Desktop-Systems.

xinitrc verändern

Wenn Sie einen anderen Windows-Manager einstellen möchten, ohne auf die distributionsspezifischen Steuerungsmechanismen zurückzugreifen, kopieren Sie einfach die globale Datei `xinitrc` in Ihr Heimatverzeichnis und geben ihr dort den Namen `~/.xinitrc`. Der Start des Windows-Managers erfolgt mit `exec`.

```
# in ~/.xinitrc
exec startkde         # KDE starten
exec gnome-session    # Gnome starten
exec fvwm2            # fvwm2 starten
```

X-Startprozess mit grafischem Login

In diesem Fall wird am Ende des Init-V-Prozesses automatisch X gestartet. Anschließend erscheint ein grafischer Login-Dialog, der oft auch als X-Login bezeichnet wird. In diesem Dialog kann sich der Anwender anmelden. Erst jetzt wird das Desktop-System bzw. der Windows-Manager gestartet. Nach dem Ausloggen erscheint automatisch wieder der Login-Dialog.

Es sind zur Zeit drei verschiedene Programme üblich, mit denen der X-Login durchgeführt werden kann: `xdm` (X Display Manager), `gdm` (Gnome Display Manager) und `kdm` (KDE Display Manager). `xdm` ist die älteste und einfachste Variante. `gdm` und `kdm` bieten einige zusätzliche Funktionen: Zum einen kann vor dem Login das Desktop-System ausgewählt werden. (Sie können also durchaus mit `gdm` KDE starten oder mit `kdm` Gnome!) Zum anderen kann der Dialog auch dazu verwendet werden, um den Rechner herunterzufahren bzw. abzuschalten.

Welches dieser drei Programme zum Einsatz kommt, hängt in erster Linie von der Distribution ab. Bei manchen Distributionen kann das Programm durch ein Konfigurationsprogramm ausgewählt werden. Intern erfolgt der Aufruf des Display-Managers im Rahmen des Init-V-Prozesses:

Corel: Der Display-Manager wird wahlweise durch das Script `/sbin/init.d/xdm` oder `kdm` gestartet. Das gewünschte Script wird durch einen Link aus dem Verzeichnis `sbin/rc3.d` ausgewählt. (Bei Corel ist als Default-Display-Manager `kdm` vorgesehen, und Sie sollten dies normalerweise nicht ändern.)

Red Hat, Mandrake: Der Display-Manager wird direkt via `/etc/inittab` gestartet.

```
# in /etc/inittab
x:5:respawn:/etc/X11/prefdm -nodaemon
```

Die Datei `/etc/X11/prefdm` gibt an, welcher Display-Manager verwendet werden soll.

SuSE: Der Display-Manager wird durch das Script `/sbin/init.d/xdm` gestartet. Dieses Script wird wiederum durch einen Link aus dem Verzeichnis `sbin/rc3.d` gestartet. Der gewünschte Display-Manager wird durch die Variable `DISPLAYMANAGER` in der Datei `/etc/rc.config` eingestellt.

TIPP

Wenn Ihr System momentan einen Text-Login vorsieht, können Sie den gewünschten Display-Manager zum Ausprobieren einfach als `root` starten. Eine weitere Variante besteht darin, als `root` den Run-Level durch `init` *n* zu verändern.

X Display Manager (xdm)

`xdm` ist bei den meisten Distributionen so vorkonfiguriert, dass es dieselben Konfigurationsdateien wie bei `startx` verwendet.

Das Aussehen des Login-Fensters von `xdm` kann durch die Datei `Xresources` gesteuert werden. Die Syntax ist die gleiche wie bei den anderen Ressourcendateien (siehe Seite 344). `Xresources` gilt nur für `xdm` (nicht für die durch `xdm` gestarteten Programme!) und befindet sich je nach Distribution in unterschiedlichen Verzeichnissen:

`/etc/X11/xdm/Xresources`	(Corel, Red Hat, Manrake)
`/usr/X11R6/lib/X11/xdm/Xresources`	(Defaultposition, SuSE)

`xdm` startet bei seiner Ausführung vorläufig nur das X-System, aber noch keinen Windows-Manager. Im X-Fenster wird lediglich ein Fenster zum Einloggen zur Verfügung gestellt. Bei manchen Distributionen wird zudem via `Xsetup_0` und `xbanner` ein farbenprächtiges Logo angezeigt. Erst nach dem Einloggen wird das Shell-Script `Xsession` ausgeführt. (Alle genannten Dateien haben denselben Pfad wie `Xresources`.)

`xdm` testet, ob sich im Heimatverzeichnis des gerade eingeloggten Anwenders die Datei `.xsession` befindet. Wenn das der Fall ist, wird die Datei ausgeführt. `.xsession` hat dieselbe Funktion wie das oben erwähnte `.xinitrc`, d.h. es ist für die Berücksichtigung von zusätzlichen X-Ressourcen, für den Start von Programmen und den Windows-Manager zuständig. In vielen Fällen reicht ein Link auf `.xinitrc`, falls die Datei existiert.

Die folgenden Zeilen geben die Datei `/etc/X11/xdm/Xsession` der Red-Hat-Distribution wieder (aus Gründen der Übersichtlichkeit ein wenig gekürzt). Die Zeilen sollen nur als Beispiel dienen, um den prinzipiellen Ablauf zu dokumentieren.

```
#!/bin/bash -login
# /etc/X11/xdm/Xsession bei Red Hat
#!/bin/bash -login
# (c) 1999, 2000 Red Hat, Inc.
xsetroot -solid '#356390'
userresources=$HOME/.Xresources
usermodmap=$HOME/.Xmodmap
sysresources=/etc/X11/xinit/Xresources
sysmodmap=/etc/X11/xinit/Xmodmap

# merge in defaults
if [ -f "$sysresources" ]; then
    xrdb -merge "$sysresources"
fi
if [ -f "$userresources" ]; then
    xrdb -merge "$userresources"
fi

# merge in keymaps
if [ -f "$sysxkbmap" ]; then
    setxkbmap `cat "$sysxkbmap"`
    XKB_IN_USE=yes
fi
if [ -f "$userxkbmap" ]; then
    setxkbmap `cat "$userxkbmap"`
    XKB_IN_USE=yes
fi
```

```
# xkb and xmodmap don't play nice together
if [ -z $XKB_IN_USE ]; then
    if [ -f "$sysmodmap" ]; then
        xmodmap "$sysmodmap"
    fi
    if [ -f "$usermodmap" ]; then
        xmodmap "$usermodmap"
    fi
fi

unset XKB_IN_USE

# run all system xinitrc shell scripts.
for i in /etc/X11/xinit/xinitrc.d/* ; do
    if [ -x "$i" ]; then
        . "$i"
    fi
done

# now, we see if xdm/gdm/kdm has asked for a specific environment
case $# in
1)
    case $1 in
    failsafe)
        exec xterm -geometry 80x24-0-0
        ;;
    gnome)
        exec gnome-session
        ;;
    kde)
        exec startkde
        ;;
    anotherlevel)
        # we assume that switchdesk is installed.
        exec /usr/share/apps/switchdesk/Xclients.anotherlevel
        ;;
    esac
esac

# otherwise, take default action
if [ -x "$HOME/.xsession" ]; then
    exec "$HOME/.xsession"
elif [ -x "$HOME/.Xclients" ]; then
    exec "$HOME/.Xclients"
elif [ -x /etc/X11/xinit/Xclients ]; then
    exec /etc/X11/xinit/Xclients
else
    exec xsm   # should never get here; failsafe fallback
fi
```

Weitere Optionen und Steuerungsmöglichkeiten für `xdm` sind im sehr ausführlichen `man`-Text beschrieben. Aufschlussreich ist auch die Dokumentation zu `xbanner`, die sich bei Red Hat in `/usr/doc/xbanner` befindet.

KDE Display Manager (kdm)

`kdm` ist weitgehend mit `xdm` kompatibel, d.h. es werden dieselben Konfigurationsdateien verwendet. `kdm`-spezifische Einstellungen werden am einfachsten im KDE-Kontrollzentrum durchgeführt; sie werden in der Datei `kdmrc` gespeichert. (Deren Ort hängt davon ab, wie KDE installiert ist. Unter SuSE finden Sie die Datei im Verzeichnis `/opt/kde/share/config/`.

Damit in `kdm` mehrere Desktop-Systeme bzw. Windows-Manager ausgewählt werden können, ist die Zeile mit dem Schlüsselwort `SessionTypes` verantwortlich:

```
# in kdmrc
SessionTypes=kde;enlightenment;fvwm;fvwm2;gnome;failsafe
```

In `kdm` werden die dort genannten Zeichenketten in einem Listenfeld angezeigt. Wenn der Anwender einen dieser Einträge auswählt, wird die Zeichenkette als Parameter an `Xsession` bzw. `.xsession` übergeben. Dieses Script ist dafür verantwortlich, den Session-Parameter auszuwerten und den richtigen Windows-Manager zu starten. Über den optimalen Weg der Auswertung hat man sich bei den Distributoren offensichtlich noch nicht geeignet – vier Distributionen, vier Wege!

Red Hat: Bei Red Hat erfolgt die Auswertung direkt in `/etc/X11/xdm/Xsession` (oder in einem lokalen `~/.xsession`-Script).

SuSE: In `/usr/X11R6/lib/X11/xdm/Xsession` wird der Session-Parameter in der Variablen `WINDOWMANAGER` gespeichert. Der Inhalt dieser Variablen wird dann als Name des Start-Scripts für den jeweiligen Windows-Manager verwendet:

```
exec $WINDOWMANAGER
```

Damit das auch im Falle von KDE und Gnome funktioniert (die ja üblicherweise nicht mit `kde` oder `gnome`, sondern mit `startkde` bzw. `gnome-session` gestartet werden), sieht SuSE zwei eigene Scripts vor, um KDE und Gnome zu starten:

```
/usr/X11R6/bin/kde
/usr/X11R6/bin/gnome
```

Mandrake: Bei Mandrake wird in /etc/X11/xdm/Xsession das Script chksession aufgerufen. Dieses Script hilft bei der Verwaltung der diversen möglichen Sessions. Die Datenbank der Sessions wird in /etc/X11/window-managers gespeichert. Diese Datei hilft bei der Zuordnung zwischen der kdm-Session-Zeichenkette (z.B. 'kde') und dem erforderlichen Startkommando (z.B. /usr/bin/startkde).

Corel: Corel verwendet ebenfalls eine Datei namens /etc/X11/window-managers. Der Aufbau dieser Datei hat allerdings keinerlei Ähnlichkeit mit jener von Mandrake – es ist einfach eine Liste mit den Pfadnamen aller installierten Windows-Manager bzw. Desktop-Systeme. Die Auswertung erfolgt direkt in /etc /X11/Xsession.

Gnome Display Manager (gdm)

gdm ist das Gnome-Gegenstück zu kdm. Die Funktionen sind im Prinzip dieselben, einzig die Optik sieht ein wenig anders aus. gdm wird von Red Hat als Default-Display-Manager eingesetzt. Die meisten Konfigurationsdetails können bequem mit gdmconf eingestellt werden; sie werden in /etc/X11/gdm/gdm.conf gespeichert.

Die möglichen Desktop-Systeme werden als Script-Dateien in einem Verzeichnis angegeben. Der Ort des Verzeichnisses geht aus gdm.conf hervor:

```
# in /etc/X11/gdm/gdm.conf
SessionDir=/etc/X11/gdm/Sessions/
```

Die Namen der Session-Dateien werden in gdm in einem Menü zur Auswahl des gewünschten Desktops angezeigt. Nach einem Login wird die ausgewählte Session-Script-Datei einfach ausgeführt. Die Dateien erfreuen durch Minimalismus:

```
#!/bin/bash -login
# /etc/X11/gdm/Session
/etc/X11/xdm/Xsession gnome
```

VERWEIS

gdm ist zwar viel klarer als xdm oder kdm konzipiert, dennoch würde ein bisschen Dokumentation nicht schaden. Diese beschränkt sich momentan auf eine einzige kurze Datei, die zu allem Überfluss mit Red Hat nicht mitgeliefert wird und nur schwer zu finden ist:

http://cvs.gnome.org/lxr/source/gdm/docs/gdm-manual.txt

8.3 KDE

Dieser Abschnitt gibt eine Einführung in die Kernkomponenten von KDE 1.1.2. Bis Sie das Buch in den Händen halten, gibt es möglicherweise bereits KDE 2.0. Aktuelle Informationen finden Sie auf der KDE-Website `www.kde.org`.

VERWEIS

Dieses Kapitel beschränkt sich auf KDE-Grundlagen. KDE-Programme, die unabhängig von KDE unter Linux verwendet werden können, sind nach inhaltlichen Gesichtspunkten geordnet in anderen Kapiteln dieses Buchs beschrieben – der KDE-E-Mail-Client etwa im Kapitel zu E-Mail und News. Die folgende Liste nennt einige wichtigsten Programme samt Seitennummern.

`kdehelp`: Hilfesystem, siehe Seite 125
`kpackage`: RPM-Paketverwaltung, siehe Seite 308
`kppp`: PPP-Konfiguration, siehe Seite 451
`kmail`: E-Mail-Programm, siehe Seite 520
`kfm`: Dateimanager, siehe Seite 767
`kghostview`: PostScript-Viewer, siehe Seite 796
`kdvi`: DVI-Viewer, siehe Seite 798
`klyx`: Textverarbeitungsprogramm, siehe Seite 921

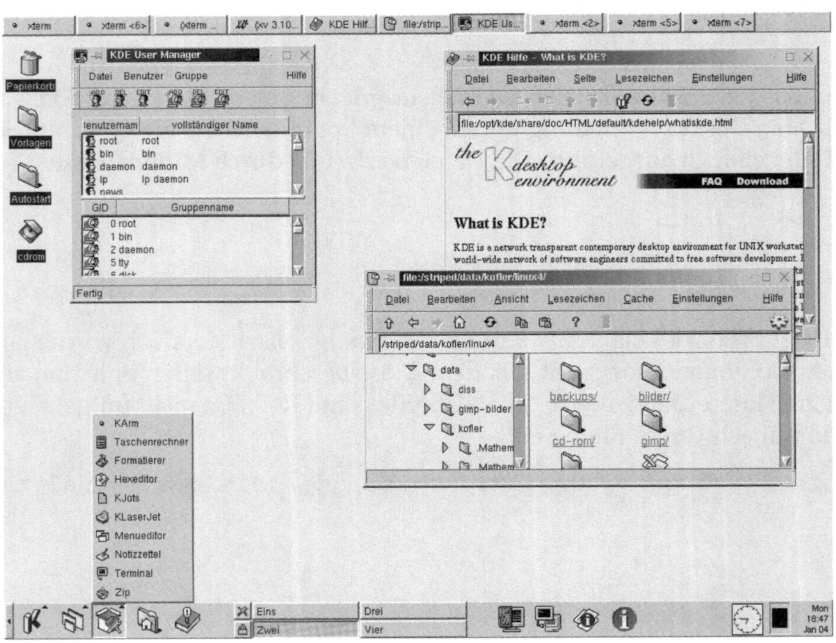

Abbildung 8.2: Das K-Desktop-Environment

Überlebensregeln

- Doppelklicks sind in KDE verpönt und nur in Ausnahmefällen erforderlich. Zum Start von Programmen, zum Öffnen von Verzeichnissen etc. reicht ein einfacher Klick.
- Bei sehr vielen Programmen bzw. KDE-Komponenten kann mit der rechten Maustaste ein Kontextmenü aufgerufen werden.
- Fast alle KDE-Programme kommen mit Drag-and-Drop zurecht. Sie können beispielsweise eine Textdatei aus dem Dateimanager ziehen und über dem Editor-Programm (`kedit`) fallen lassen. (Falls der bisherige Text im Editor verändert wurde, wird der neue Text in einer weiteren Instanz des Editors angezeigt, andernfalls ersetzt der neue Text den alten.) In manchen Fällen erscheint beim Loslassen der Maustaste ein Kontextmenü, das Ihnen die Wahl zwischen KOPIEREN, BEWEGEN oder VERKNÜPFUNG (Link) lässt. (Esc) bricht die Operation ab.
- KDE-Programme werden normalerweise direkt per Menü konfiguriert. (Bei einigen zentralen KDE-Komponenten erfolgt die Konfiguration im KDE-Kontrollzentrum – siehe unten.) Eine manuelle Veränderung von Konfigurationsdateien ist zwar prinzipiell auch möglich, aber nur selten notwendig – etwa dann, wenn zu einzelnen Optionen noch kein entsprechender Konfigurationsdialog existiert.
- Verlassen Sie KDE nicht mit (Strg)+(Alt)+(Backspace)! Verwenden Sie stattdessen den Button ABMELDEN (das X-Icon im Panel). KDE speichert dann Informationen über momentan laufende Programme und versucht, den aktuellen Zustand beim nächsten KDE-Start möglichst exakt wiederherzustellen. (Das funktioniert allerdings nur bei KDE-Programmen zufriedenstellend.)

> TIPP
>
> Falls Sie mit SuSE arbeiten, finden Sie unter der folgenden Webadresse speziell für SuSE-Distributionen kompilierte Pakete diverser KDE-Zusatzprogramme, die noch nicht so stabil sind, dass Sie standardmäßig mitgeliefert werden. Wenn Sie also Lust haben, einige neue KDE-Programme auszuprobieren, sich aber nicht damit plagen möchten, diese Programme selbst zu kompilieren, ist das die ideale Adresse:
>
> `http://www.suse.de/de/support/download/LinuKS/`

> TIPP
>
> Zu KDE-Programmen gibt es zwar normalerweise keine `man`-Texte, dafür aber fast immer eine ausführliche Online-Hilfe. Allgemeine Fragen zu KDE werden in den KDE-FAQs beantwortet:
>
> `http://www.kde.org/documentation/faq/kdefaq.html`

Konfiguration

Wichtige KDE-Komponenten werden über das KDE-Kontrollzentrum (`kcontrol`) konfiguriert. Dieses Programm wird über das Startmenü des KDE-Panels gestartet. Bisweilen brauchen Sie allerdings einen siebten Sinn, um zu erraten, in welchem Punkt des hierarchischen Listenfelds sich die gesuchte Einstellungsmöglichkeit befindet.

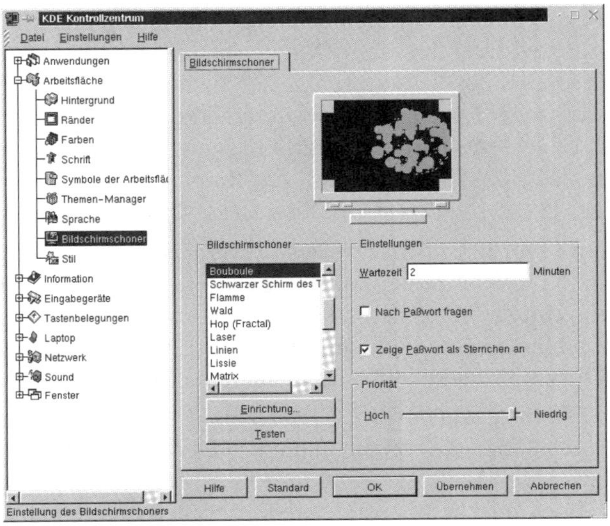

Abbildung 8.3: Das KDE-Kontrollzentrum

Sprache: Ein charakteristisches Merkmal von KDE besteht darin, dass zu den meisten Programmen alle Menü- und Dialogtexte in zahlreichen Sprachen zur Auswahl stehen. In der Defaultkonfiguration werden allerdings englische Texte angezeigt. Wenn Ihnen deutsche Menütexte lieber sind, wählen Sie in DESKTOP|SPRACHE deutsche Texte aus. (Programme, bei denen keine deutschen Texte zur Verfügung stehen, zeigen weiterhin die englischen Texte an.)

Schriftgröße: In DESKTOP|STIL können Sie die Schriftart und -größe für Menü- und Dialogtexte einstellen. Allerdings gelingt es vielen KDE-Programmen nicht, ihre Dialoge an die Schriftgröße anzupassen. Bei einer zu großen Schrift werden Texte abgeschnitten, bei einer kleinen Schrift bleiben Buttons unförmig groß.

Im gleichen Dialog können Sie auch einstellen, ob Kontrollkästchen, Auswahllisten, Buttons etc. wie unter Windows 9x aussehen sollen oder ob das eher Unix-typische Look-and-Feel erhalten bleiben soll.

Fensterplatzierung: Der Ort, an dem neue Fenster erscheinen, kann im Dialog FENSTER|EIGENSCHAFTEN eingestellt werden. Je nach Einstellung übernimmt der KDE-Windows-Manager die Platzierung selbst oder überlässt Ihnen diese Aufgabe. (Eine wirklich zufrieden stellende Einstellung zum Arbeiten mit Programmen, die oft kleine Fenster öffnen (Gimp!), habe ich allerdings nicht gefunden.)

Im gleichen Dialogblatt können Sie auch angeben, ob nur der Fensterrahmen oder auch der Inhalt verschoben werden soll und ob der Fensterinhalt bei einer Veränderung der Größe sofort neu gezeichnet werden soll. Beide Optionen sind nur bei leistungsstarken Rechnern sinnvoll.

Wenn Sie Fenster verschieben, rasten diese an den Rändern des Desktops sowie an den Rändern anderer Fenster ein. Das Ausmaß dieser Einrastfunktion kann im Dialog DESKTOP|DESKTOP verändert werden. (0 schaltet die Funktion aus.)

Fenstertitelanimation: Wenn das Fenster zu schmal ist, um den gesamten Fenstertitel anzuzeigen, bewegt sich der Fenstertitel wie bei einer Laufschrift in der Titelzeile. Diese eher irritierende als nützliche Animation können Sie in FENSTER|TITELLEISTE abstellen.

Bildschirmschoner: KDE enthält eine ganze Palette von Bildschirmschonern. Die Konfiguration erfolgt im Punkt DESKTOP|BILDSCHIRMSCHONER.

Weitere Konfigurationsmöglichkeiten werden in den folgenden Abschnitten beschrieben.

Das KDE-Panel

Das KDE-Panel (kurz KPanel) ist die zentrale Steuerungskomponente von KDE. Es hilft beim Starten von Programmen, beim Wechsel zwischen laufenden Programmen, beim Wechsel zwischen verschiedenen Desktops etc. In der Defaultkonfiguration wird das KPanel am unteren Bildschirmrand angezeigt, Buttons mit einer Liste aller laufenden Programme (vergleichbar mit der Windows-Taskleiste) am oberen Bildschirmrand (siehe Abbildung 8.2).

Die zwei wichtigsten Icons im KPanel sind der dreidimensionale Buchstabe K, der zum KDE-Startmenü führt, sowie das Fenster-Icon, das einen bequemen Wechsel zwischen den zur Zeit laufenden Programmen ermöglicht. (Der Inhalt dieses Menüs wird auch durch (Strg)+(Esc) bzw. nach dem Drücken der mittleren Maustaste auf dem Desktop angezeigt.)

Die weiteren, vorkonfigurierten Icons dienen zum Start diverser KDE-Programme (Dateimanager, Hilfesystem etc.) und ersparen die bisweilen mühsame Navigation durch die Ebenen des Startmenüs. Wichtig sind schließlich das Icon mit dem Buchstaben X zum Beenden von KDE sowie jenes mit dem Vorhängeschloss zum vorübergehenden Sperren des Bildschirms. (Die Arbeit in KDE kann erst nach der Eingabe des Login-Passworts fortgesetzt werden. Bis dahin ist ein Bildschirmschoner aktiv.)

Panel-Konfiguration

Optionen zum Erscheinungsbild des Panels können per Kontextmenü sowie im KDE-Kontrollzentrum mit ANWENDUNGEN|PANEL eingestellt werden. Dort kann unter anderem die Position des Panels und der Taskleiste eingestellt werden (oben, unten oder links). Die Taskleiste kann auch unsichtbar gemacht werden. (Zum Wechsel zwischen den laufenden Programmen können ja auch das Panel-Icon FENSTERLISTE bzw. diverse Maus- und Tastenkürzel verwendet werden.)

Nun zum Inhalt des Panels: Die darin angezeigten Icons können mit der mittleren Maustaste verschoben werden. Mit der rechten Maustaste gelangen Sie zu einem Kontextmenü, dessen Kommandos unter anderem die Eigenschaften des Eintrags verändern können. Die Icon-Form kann übrigens im Dialogblatt AUSFÜHREN durch Anklicken des quadratischen Icon-Buttons verändert werden; es erscheint dann die beinahe endlose Liste vorgefertigter KDE-Icons. (Solange kein Icon eingestellt ist, wird der Icon-Button als leere, graue Fläche angezeigt.)

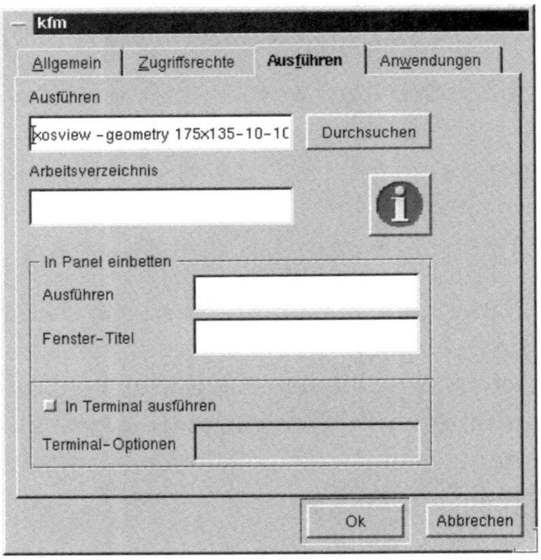

Abbildung 8.4: Eigenschaften eines Panel-Icons

Die im Panel angezeigte Icon-Liste wird über das KDE-Startmenü, Eintrag PANEL|-PROGRAMM HINZUFÜGEN erweitert. Das Menü enthält eine Liste aller im Startmenü aufgezählten Programme.

Das führt natürlich sofort zu der Frage, wie das Startmenü verändert werden kann: Dazu führen Sie PANEL|MENÜ BEARBEITEN aus. Der nun erscheinende Menüeditor (`kmenuedit`) zeigt sowohl das aktuelle Startmenü als auch das individuelle Menü an (das einfach ein Submenü zum Startmenü ist). Sie können nun einzelne Submenüs durch Anklicken öffnen (und durch nochmaliges Anklicken wieder schließen). Über ein Kontextmenü können Sie vorhandene Einträge ändern, per Drag-and-Drop können Sie einzelne Einträge kopieren und mit der mittleren Maustaste die Reihenfolge der Einträge verändern.

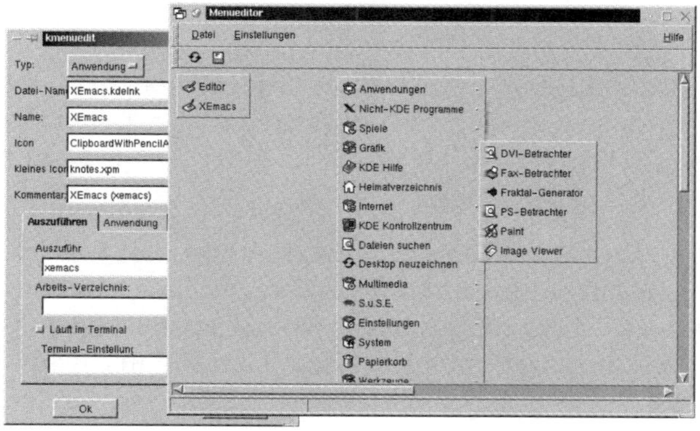

Abbildung 8.5: KDE-Menüeditor

Programme im Icon ausführen

Normalerweise erscheinen Programme beim Start in einem eigenen Fenster. In seltenen Fällen ist es aber sinnvoll, dass die Ausgaben des Programms direkt in einem Icon im Panel erfolgen. Um ein Icon so zu konfigurieren, müssen Sie die beiden Panel-Textfelder ausfüllen. Entscheidend ist der Fenstertitel: Dort geben Sie an, welchen Text das Programm (wenn es normal gestartet wird) im Fenstertitel anzeigt. Das KPanel benötigt diesen Text, um das Fenster gleichsam einzufangen. Damit die Einstellungen wirksam werden, müssen Sie das Panel per Kontextmenü neu starten. Das Programm wird sofort gestartet (nicht erst, wenn Sie das Icon anklicken).

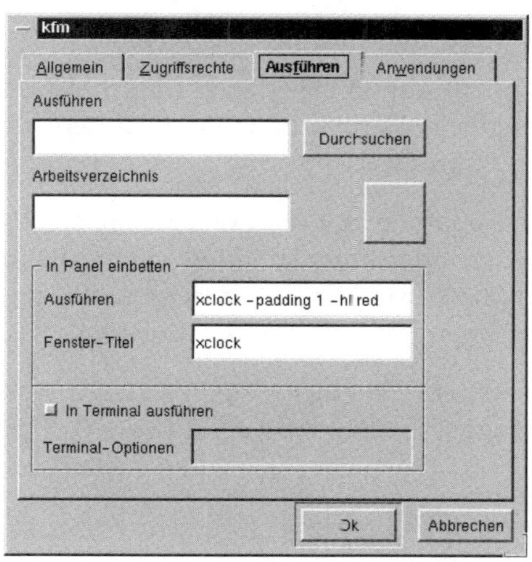

Abbildung 8.6: xclock zeigt die Uhrzeit in einem Icon an

Panel-Tools

Panel-Tools sind kleine Programme, die Statusinformationen am rechten bzw. unteren Rand des KPanels anzeigen. Wichtige Vertreter sind `kbiff` (zeigt an, ob neue E-Mail eingetroffen ist), `kcpumon` (zeigt die CPU-Auslastung an) und `kapm` (zeigt den Batteriezustand bei Laptops an).

Wenn Sie möchten, dass Panel-Tools automatisch gestartet werden, müssen Sie im Autostart-Verzeichnis einen Link auf das betreffende Programm anlegen. Dazu ziehen Sie am einfachsten das Programmicon vom Dateimanager (Verzeichnis `/opt/kde/bin`) auf das Autostart-Symbol auf dem Desktop und wählen dann die Option VERKNÜPFUNG.

Desktop-Management

Virtuelle Desktops

KDE verwaltet in der Defaulteinstellung vier virtuelle Desktops, zwischen denen Sie mit den KPanel-Buttons EINS bis VIER bzw. mit (Strg)+(Tab) wechseln können. Eine weitere Möglichkeit zum Fensterwechsel besteht darin, dass Sie die Maus über den rechten bzw. unteren Rand des Desktops hinausbewegen. Zu einem Wechsel kommt es allerdings nur, wenn Sie entsprechende Einstellungen in DESKTOP|DESKTOP vornehmen. Diese Funktion ist allerdings sehr gewöhnungsbedürftig.

Die Anzahl der Desktops kann im Kontrollzentrum unter ANWENDUNGEN|PANEL|-DESKTOP geändert werden (maximal acht). Per Doppelklick auf die KPanel-Buttons können Sie den Desktops aussagekräftigere Namen geben.

Mit DESKTOP|HINTERGRUND können Sie den Hintergrund jedes Desktops individuell einstellen. (Unterschiedliche Farbverläufe oder Hintergrund-Bitmaps erleichtern die Orientierung in den Desktops.)

Fenster sind normalerweise immer nur in dem Desktop sichtbar, in dem sie gestartet wurden. Sie können Fenster allerdings anheften – dann bleibt das Fenster auch bei einem Desktop-Wechsel immer am selben Ort sichtbar. Dazu klicken Sie das Symbol der Pinboard-Nadel am linken Rand des Fenstertitels an.

Wenn Sie ein Fenster von einem Desktop in einen anderen bewegen möchten, können Sie auch auf das Fenstermenü, Eintrag AUF ARBEITSPLATZ|DESKTOP-NAME zurückgreifen.

Desktop-Pager

Bei der Verwaltung des Desktops können Sie sich durch den sogenannten Desktop-Pager (`kpager`) helfen lassen. Dabei handelt es sich um ein Programm, das eine verkleinerte Sicht aller Desktops bietet. Fenster können ganz einfach mit der Maus aktiviert und zwischen verschiedenen Desktops verschoben werden.

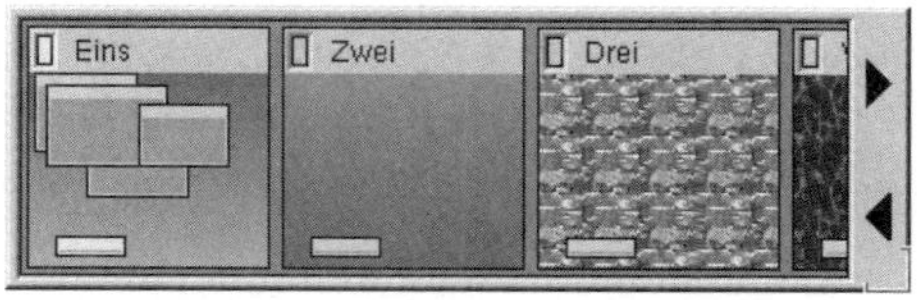

Abbildung 8.7: Der KDE-Desktop-Pager

Icons auf dem Desktop

KDE zeigt in der Defaultkonfiguration drei Icons auf dem Desktop an. Dabei handelt es sich um Symbole für die Verzeichnisse in `~/Desktop`. Per Drag-and-Drop oder durch das Kontextmenükommando NEU können Sie beliebig viele weitere Icons auf dem Desktop ablegen. Dabei kann es sich beispielsweise um Links auf Dateien, um weitere Verzeichnisse, aber auch um Symbole für Geräte bzw. für Partitionen handeln (Device-Icons).

Der Umgang mit Icons ist an sich problemlos, so dass hier nur das Einrichten eines Device-Icons näher beschrieben wird. Zum Beispiel soll ein Icon für das CD-ROM-Laufwerk eingerichtet werden. Führen Sie das Desktop-Kontextmenükommando NEU|DEVICE aus, und geben Sie dem Objekt den Namen `cdrom.kdelnk`. Anschließend klicken Sie das Icon mit der rechten Maustaste an und verändern dessen Eigenschaften im Dialogblatt GERÄT. Dort müssen Sie den Device-Namen, das Mount-Verzeichnis und das Dateisystem angeben (siehe Abbildung 8.8). Außerdem sollten Sie zwei unterscheidbare Icons angeben, die den Zustand des Geräts illustrieren (d.h. ob es zur Zeit in das Dateisystem eingebunden ist).

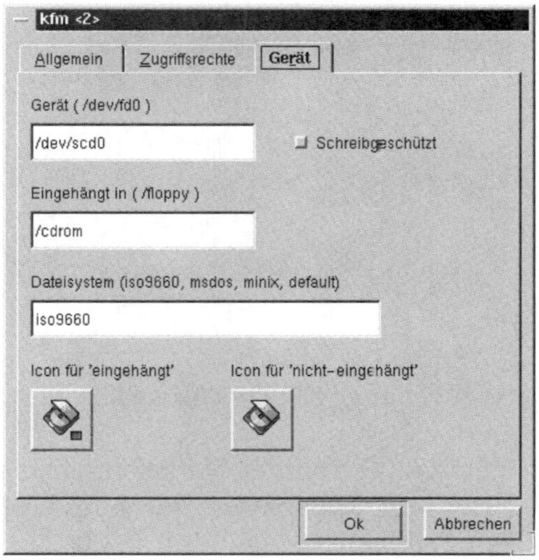

Abbildung 8.8: CD-ROM-Icon

Wenn Sie das Icon nun anklicken, wird die CD-ROM am Punkt `/cdrom` in den Verzeichnisbaum eingebunden. Gleichzeitig wird der KDE-Dateimanager gestartet und zeigt den Inhalt der CD-ROM an. Um die CD-ROM wieder aus dem Verzeichnisbaum zu lösen (`umount`), klicken Sie das Icon mit der rechten Maustaste an und führen AUSHÄNGEN aus.

Disk Navigator

Beim Disk Navigator handelt es sich um eine unscheinbare Erweiterung des KDE-Startmenüs, die dabei hilft, rasch ein Fenster mit dem Dateimanager bzw. mit einem Shell-Terminal für ein bestimmtes Verzeichnis zu öffnen. Gleichzeitig können Sie bequem auf die zuletzt eingesetzten Programme und Verzeichnisse zugreifen werden, ohne sich dabei durch verschachtelte Menüs bzw. Verzeichnishierarchien zu quälen. Sobald Sie auch nur wenige Minuten den Disk Navigator ausprobiert haben, werden Sie dessen Vorzüge nicht mehr missen wollen!

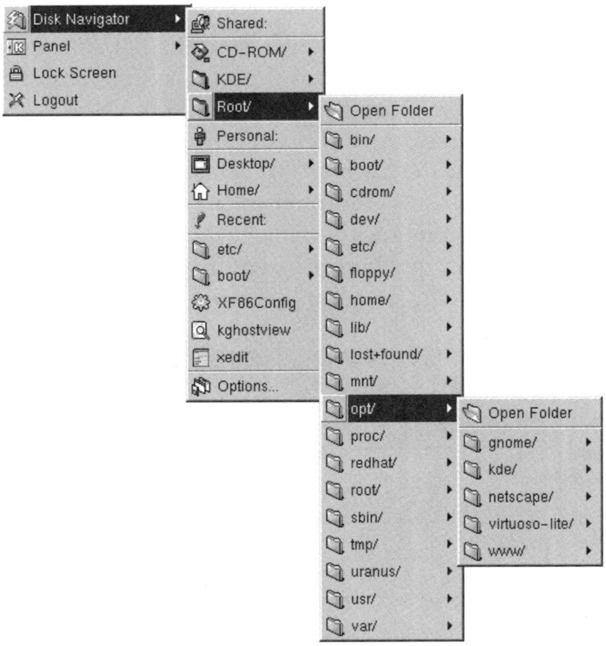

Abbildung 8.9: Disk Navigator

Um den Dateimanager in einem bestimmten Verzeichnis zu starten, verwenden Sie einfach die Menüeinträge des Disk Navigators. Für jedes Unterverzeichnis wird ein eigenes Untermenü angeboten. Wenn Sie den Eintrag OPEN FOLDER zusammen mit (Shift) auswählen, wird ein Terminal-Fenster geöffnet, in dem das ausgewählte Verzeichnis gleich als aktuelles Verzeichnis gilt.

Unterhalb des Menüpunkts RECENT werden die vier zuletzt ausgewählten Dateien, Verzeichnisse bzw. über das KDE-Menü gestarteten Programme angezeigt. Die Anzahl der Einträge ist ebenso wie die Einträge im PERSONAL- und im SHARED-Bereich des Menüs konfigurierbar (Kommando OPTIONS).

KDE-Interna

rc-Dateien: Die meisten KDE-Programme speichern Statuseinstellungen (Schriftgröße, Optionen etc.) in der Datei `~/.kde/share/config/`*name*`rc`. Dabei handelt es sich um eine Textdatei, die ähnlich strukturiert ist wie die aus Windows 3.1 bekannten `*.ini`-Dateien. Die im KPanel angezeigten Programmicons werden beispielsweise in `~/.kde/share/config/kpanelrc` gespeichert. (Die Namen der Dateien mit den Einstellungen von Bildschirmschonern lauten übrigens nicht *name*`rc`, sondern *name*`.kssrc`.)

Applikationsspezifische Verzeichnisse: Bei manchen KDE-Programmen gibt es so viele Konfigurationsdateien, dass eine einzelne Datei zu unhandlich wäre. Solche Programme legen normalerweise ein eigenes Konfigurationsverzeichnis in `~/.kde/apps` an, etwa `~/.kde/apps/klyx`.

kdelnk-Dateien: Verknüpfungen zu Programmen oder Objekten, die in KDE als Icons dargestellt werden (am Desktop, im Startmenü und im Panel), werden in Textdateien mit der Kennung `.kdelnk` gespeichert. Beispielsweise besteht das gesamte KDE-Startmenü aus einer Reihe von Verzeichnissen, die `.kdelnk`-Dateien enthalten (Pfad `/opt/kde/share/applnk`). Bei Verzeichnissen übernimmt die Datei `.directory` die Rolle der `.kdelnk`-Datei.

Die `.kdelnk`-Dateien können zahllose Informationen enthalten, beispielsweise den Objektnamen in mehreren Sprachen, den Namen des Icons, Informationen zum Datentyp etc. KDE kennt dabei mehrere Objekttypen für `.kdelnk`-Dateien: Programme, Verzeichnisse, Devices (Links auf Geräte oder Partitionen), FTP- und URL-Links und MIME-Datentypen.

KDE-Verzeichnisse: Die folgende Liste fasst die Orte der wichtigen KDE-Verzeichnisse zusammen:

```
~/.kde/share/applnk         Persönliches Menü
~/.kde/share/apps           Programmspezifische Daten
~/.kde/share/config         Lokale Konfigurationseinstellungen
~/.kde/share/icons          Lokale Icons
~/.kde/share/mimelnk        Lokale MIME-Typen
~/Desktop                   Desktop-Informationen
~/Desktop/Autostart         Programme automatisch starten
~/Desktop/Templates         Muster für neue kdelink-Objekte
~/Desktop/Trash             Papierkorb
/opt/kde/bin                Programme
/opt/kde/share/applnk       Startmenü
/opt/kde/share/apps         Programmspezifische Daten
/opt/kde/share/config       globale Konfigurationseinstellungen
```

/opt/kde/share/doc	Online-Dokumentation (mehrsprachig)
/opt/kde/share/icons	Icons
/opt/kde/share/locale	Menü- und Dialogtexte (mehrsprachig)
/opt/kde/share/mimelnk	MIME-Datentypen
/opt/kde/share/toolbar	Icons für Symbolleisten
/opt/kde/share/wallpapers	Hintergrund-Bitmaps

Maus- und Tastenkürzel des KDE-Windows-Managers

Die folgenden Tabellen fassen die Defaultkürzel des KDE-Windows-Managers zusammen. (Wie so vieles andere sind auch diese Kürzel im Kontrollzentrum konfigurierbar.)

Mauskürzel am Desktop	
Mittlere Maustaste	Menü mit Liste aller laufenden Programme
Rechte Maustaste	Menü mit einigen elementaren Kommandos

Mauskürzel im Fenstertitel	
Mittlere Maustaste	Fenster ganz nach unten bewegen
Rechte Maustaste	Fenstermenü (maximieren, minimieren, bewegen)
Doppelklick	Fenster maximieren

Mauskürzel im Fensterinneren	
Linke Maustaste + Alt	Fenster verschieben
Mittlere Maustaste + Alt	Fenster ganz nach unten
Rechte Maustaste + Alt	Fenstergröße ändern

Tastenkürzel	
Strg+Esc	Liste aller laufenden Programme
Alt+Tab	Aktives Programm wechseln
Strg+Tab	Virtuellen Desktop wechseln
Strg+Alt+Esc	Fenster zerstören (`xkill`)
Alt+F2	Programm starten
Alt+F3	Fenstermenü anzeigen
Alt+F4	Fenster schließen, Programm beenden
Strg+F1 bis F8	Virtuellen Desktop 1 bis 8 aktivieren

8.4 Gnome

Dieser Abschnitt gibt eine erste Einführung in die Kernkomponenten von Gnome. Als Grundlage gilt dabei die Default-Konfiguration von Red Hat 6.2 (Gnome 1.0 in Kombination mit Enlightenment 0.15).

VERWEIS

Dieses Kapitel beschränkt sich auf die Gnome-Grundlagen. Gnome-Programme, die unabhängig von Gnome unter Linux verwendet werden können, sind nach inhaltlichen Gesichtspunkten geordnet in anderen Kapiteln dieses Buchs beschrieben. Die folgende Liste nennt die wichtigsten Programme samt Seitennummern.

`gnome-help-browser`: Hilfesystem, siehe Seite 125
`gmc`: Dateimanager, siehe Seite 766
`ee`: Grafikformatkonversion, siehe Seite 792
`gimp`: Bildverarbeitung, siehe Seite 951
`gnome-linuxconf`: Systemkonfiguration, siehe Seite 1032
`gnorpm`: Paketmanagement, siehe Seite 1039

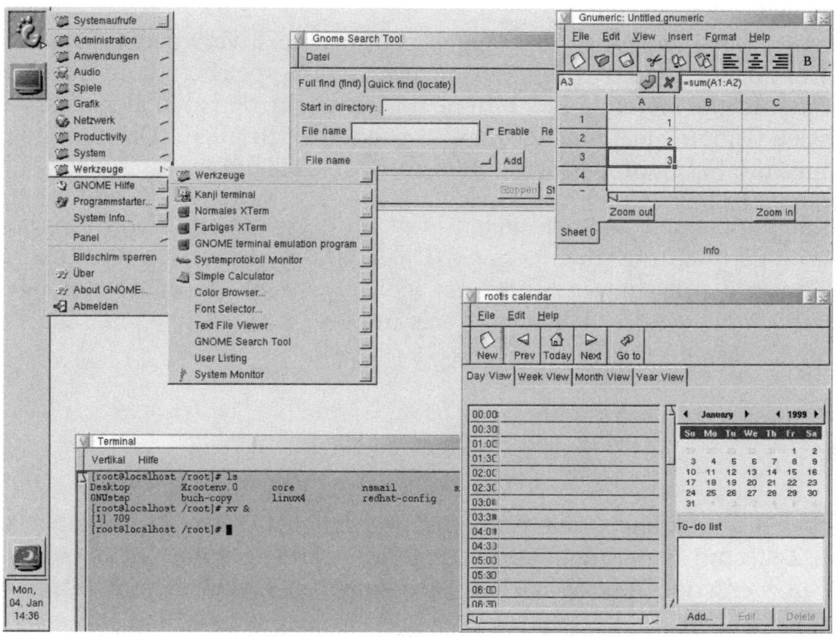

Abbildung 8.10: Die Benutzeroberfläche von Gnome

Überlebensregeln

- Im Gegensatz zu KDE ist in Gnome zum Auslösen von Icon-Aktionen (also etwa zum Start eines Programms) ein Doppelklick erforderlich.
- Bei sehr vielen Programmen bzw. Gnome-Komponenten kann mit der rechten Maustaste ein Kontextmenü aufgerufen werden.
- Fast alle Gnome-Programme kommen mit Drag-and-Drop zurecht. Sie können beispielsweise eine Textdatei aus dem Dateimanager ziehen und über dem Editor-Programm (`gedit`) fallen lassen oder Icons vom Startmenü auf den Desktop bewegen. Wenn Sie zusätzlich zur linken Maustaste (Strg) drücken, kopieren Sie das Objekt. (Für die Verwaltung und Darstellung von Icons auf dem Desktop ist übrigens der Dateimanager `gmc` zuständig. Daher muss dieses Programm gestartet sein, bevor Icons auf dem Desktop verwendet werden können.)
- Gnome-Programme werden normalerweise direkt per Menü konfiguriert. (Bei einigen zentralen Gnome-Komponenten erfolgt die Konfiguration im Gnome-Kontrollzentrum – siehe unten.) Eine manuelle Veränderung von Konfigurationsdateien ist zwar prinzipiell auch möglich, aber nur selten notwendig – etwa dann, wenn zu einzelnen Optionen noch kein entsprechender Konfigurationsdialog existiert.
- Verlassen Sie Gnome nicht mit (Strg)+(Alt)+(Backspace)! Verwenden Sie stattdessen das Kommando LOG OUT des Startmenüs. Gnome speichert dann Informationen über momentan laufende Programme und versucht, den aktuellen Zustand beim nächsten Gnome-Start möglichst exakt wiederherzustellen. (Das funktioniert allerdings nur bei Gnome-Programmen zufriedenstellend.)

HINWEIS

Gnome erleichtert zwar in vielen Punkten die Bedienung von Programmen, aber es gibt natürlich auch Mängel: Dazu zählt sicherlich die noch mangelhafte Unterstützung der Tastatur. Sehr viele Operationen können nur per Maus durchgeführt werden. Bei vielen Programmen klappt nicht einmal die Verwendung des Menüs mit (Alt)+(Anfangsbuchstabe).

Konfiguration

Gnome bietet unglaublich viele Konfigurationsmöglichkeiten. Nehmen Sie sich ein bisschen Zeit zum Experimentieren – es lohnt sich! Die Arbeit macht einfach viel mehr Spaß, wenn der Desktop nach den persönlichen Vorlieben konfiguriert ist.

Wichtige Gnome-Komponenten werden über das Gnome-Kontrollzentrum (`gnome-cc`) konfiguriert. Dieses Programm wird über das Startmenü des Gnome-Panels gestartet: SYSTEM|GNOME CONTROL CENTER. Die Bedienung ist so einfach, dass hier keine weiteren Erklärungen notwendig sind.

Sprache: Das Gnome-Kontrollzentrum bietet keinen eigenen Punkt, um die gewünschte Sprache zur Beschriftung von Menüs, Dialogen etc. einzustellen. Viel-

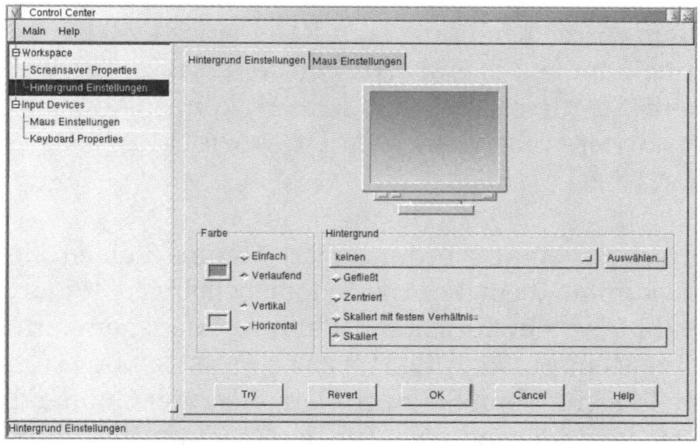

Abbildung 8.11: Das Gnome-Kontrollzentrum

mehr wird die Systemeinstellung in den Umgebungsvariablen `$LANG` und `$LC_ALL` ausgewertet. (Diese Variablen können am einfachsten in `/etc/profile` eingestellt werden. Die bei Red Hat vorgesehenen Konfigurationsdateien sind auf Seite 1030 beschrieben.

Window Manager: Sämtliche Einstellungen, die nicht unmittelbar Gnome, sondern den Window Manager betreffen, müssen über dessen jeweiliges Konfigurationsprogramm bzw. durch die direkte Veränderung der Konfigurationsdatei eingestellt werden.

Besonders komfortabel ist die Konfiguration von Enlightenment: das Gnome-Kontrollzentrum bietet in DESKTOP|WINDOW MANAGER einen Button zum Start des Konfigurationseditors `e-conf` an. In diesem Programm kann vom Stil der Fensterdekorierung bis zum Verhalten des Eingabefokus, der Maus und der Tastatur (frei definierbare Tastenkürzel) jedes nur erdenkliche Detail verändert werden.

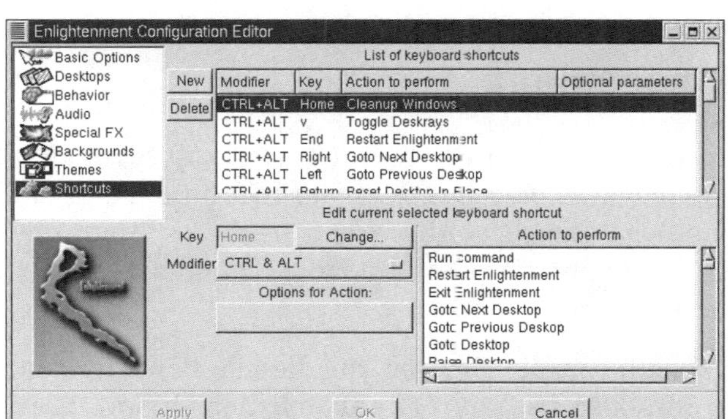

Abbildung 8.12: Der Enlightenment Konfigurationseditor

TIPP

Wenn die Maus ausreichend lange am Rand eines Desktop-Bereichs steht, interpretiert Enlightenment dies als Wunsch, in den nächsten Desktop-Bereich zu wechseln. Wenn Sie dieses Verhalten irritiert, können Sie es mit `e-conf` leicht abstellen: Deaktivieren Sie einfach im DESKTOP-Dialogblatt die Option EDGE FLIP RESISTANCE.

Wie bereits mehrfach erwähnt wurde, besitzt Gnome keinen eigenen Windows-Manager, sondern kommt (beinahe) mit jedem beliebigen Windows-Manager zurecht. Die Auswahl des gewünschten Windows-Managers erfolgt im Gnome-Kontrollzentrum im Menüpunkt ARBEITSPLATZ|FENSTERMANAGER. Eine Veränderung wird sofort wirksam. Wenn Sie beim Verlassen von Gnome die Session-Daten speichern, gilt diese Veränderung auch für die Zukunft. (Die Information, welcher Windows-Manager von Gnome verwendet werden soll, befindet sich also in der Session-Datei `~/.gnome/session`.)

Autostart: Beim Start von Gnome werden automatisch alle zuletzt verwendeten Programme gestartet (sofern beim Verlassen von Gnome der Session-Zustand gespeichert worden ist). Darüber hinaus können Sie im Kontrollzentrum eine Liste von Programmen angeben, die auf jeden Fall gestartet werden sollen (Menüpunkt START-SEQUENZ).

Schriftgröße in Menüs, Dialogen etc: Wenn Ihnen die Gnome-Standardschrift zu groß oder zu klein ist, müssen Sie die Datei `~/.gtkrc` verändern. (Diese Konfigurationsdatei beeinflusst das Aussehen der GTK-Bibliothek, mit deren Hilfe Gnome Menüs, Dialoge etc. anzeigt.) Das folgende Beispiel stellt eine 18-Punkt-Helvetica als Defaultschrift ein:

```
# ~/.gtkrc
style "user-font"
  { font="-adobe-helvetica-medium-r-normal--18-120-*-*-*-*-*-*" }
```

Desktop-Management

Für die Anzeige und Verwaltung der auf dem Desktop sichtbaren Icons (die unter anderem vom Dateimanager oder aus dem Startmenü per Drag-and-Drop dort platziert werden können), ist gmc zuständig. Wenn Sie dieses Programm mit EXIT verlassen, verschwinden auch sämtliche Desktop-Icons. Damit die Icons wieder erscheinen, müssen Sie gmc neu starten.

Laufwerke: gmc erstellt für alle Devices, für die alle Benutzer `mount` und `umount` ausführen dürfen (die also in `/etc/fstab` mit der Option `user` gekennzeichnet sind), ein Icon. Üblicherweise handelt es sich bei diesen Devices um das CD-ROM- und das Diskettenlaufwerk.

Ein Doppelklick auf die entsprechenden Symbole führt dazu, dass das Device in das Dateisystem eingebunden wird (sofern das noch nicht der Fall ist) und ein gmc-Fenster mit dem Inhaltsverzeichnis erscheint. Mit dem Kontextmenükommando UNMOUNT DEVICE wird das Device wieder aus dem Dateisystem herausgelöst.

Virtuelle Desktops: Für die Verwaltung der virtuellen Desktops ist der Window Manager zuständig. Falls Sie Enlightenment verwenden, beachten Sie bitte, dass dieser Window Manager nicht nur mehrere virtuelle, übereinander liegende Desktops verwaltet, sondern auch mehrere sogenannte 'desktop areas' für jeden Desktop. Diese Doppelgleisigkeit bietet zwar ein Höchstmaß an Flexibilität, kann aber auch verwirrend sein. (In der Defaulteinstellung von Red Hat 6.0 gibt es allerdings nur einen Desktop mit 2*2 Desktopbereichen.)

Ein visuelles Feedback für diese Organisation des virtuellen Großbildschirms gibt der Gnome-Pager, der in das Gnome-Panel integriert ist (siehe unten). Dieses Applet ermöglicht in erster Linie einen raschen Wechsel des aktiven Desktop-Bereichs.

Das Gnome-Panel

Die zentrale Steuerungsstelle von Gnome ist das `panel`. Es enthält das Startmenü sowie Icons zum raschen Start von Programmen. Außerdem gibt es eine Menge sogenannter Gnome-Applets, die ihre Ausgaben in kleinen Bereichen des Panels anzeigen (z.B. die CPU-Auslastung oder den Batteriezustand bei Laptops).

Das Panel kann mit der rechten Maustaste auf dem Bildschirm verschoben werden (links, rechts, oben, unten). Über die Kontextmenüeinträge GLOBAL PROPERTIES und THIS PANEL PROPERTIES können diverse Erscheinungsdetails verändert werden (Farbe, Hintergrund-Bitmap).

Startmenü: Das Gnome-Startmenü enthält eine Kollektion der wichtigsten Gnome-Programme. Es kann sehr komfortabel mit dem Gnome-Menüeditor `gmenu` editiert werden (SETTING|MENU EDITOR). Intern wird der Systemteil des Startmenüs durch eine Kollektion von Links im Verzeichnis `/usr/share/gnome/apps` gebildet. Der benutzerspezifische Teil des Menüs wird im Verzeichnis `~/.gnome/app` abgebildet.

Um einzelne Start-Buttons von wichtigen Programmen direkt im Panel zu platzieren, verschieben Sie die betreffenden Icons einfach per Drag-and-Drop vom Startmenü an den gewünschten Ort. (Anschließend können Sie per Kontextmenü die Eigenschaften des Buttons – also das aufzurufende Programm, das Icon etc. – verändern.) Mit dem Panel-Kontextmenüeintrag ADD DRAWER können Sie auch ein weiteres Menü (zusätzlich zum Startmenü) in das Panel integieren.

TIPP

Alle Elemente innerhalb des Panels können bequem mit der rechten Maustaste verschoben werden. Wenn Ihnen ein Panel nicht reicht, können Sie auch mehrere Panels verwenden. Diese werden mit ADD NEW PANEL erzeugt und können anschließend wie das Haupt-Panel konfiguriert werden.

Panel-Applets

Neben dem Startmenü werden im Panel normalerweise auch einige eingebettete Programme ausgeführt, sogenannte Applets. In der Default-Konfiguration sind nur der Pager, der einen bequemen Wechsel zwischen Desktops und Fenstern ermöglicht, und die Uhr aktiv. Daneben gibt es eine Reihe weiterer Applets, die über das Startmenü in das Panel integriert werden können: Kommando PANEL|ADD APPLET.

Gnome merkt sich beim Verlassen, welche Applets Sie verwendet haben und aktiviert diese beim nächsten Start wieder. Wenn Sie ein Applet aus dem Panel entfernen möchten, müssen Sie es mit der rechten Maustaste anklicken und REMOVE ausführen.

Pager: Der Pager besteht eigentlich aus zwei Teilen: Im linken Teil wird ein verkleinertes Abbild aller Desktops angezeigt. Mit der linken Maustaste können Sie den aktiven Desktop-Bereich auswählen.

Im rechten Teil des Pagers werden Buttons für alle im aktiven Desktop-Bereich laufenden Programme angezeigt. Die Farbe der Icons erlaubt einen Rückschluss darauf, ob das Fenster momentan geöffnet ist (Schwarzweiß-Darstellung), oder ob das Programm minimiert ist (farbige Darstellung).

Mit der linken Maustaste aktivieren Sie das gewünschte Programm. Das Programm bekommt damit zwar den Eingabefokus, allerdings wird sein Fenster nicht in den Vordergrund gerückt, was bisweilen irritierend ist. Um ein verdecktes Fenster sichtbar zu machen, gibt es zwei Möglichkeiten: Entweder Sie drücken nach dem Aktivieren des Programms (Strg)+(Alt)+(↑), oder Sie klicken den Button im Pager zweimal mit der mittleren Maustaste an. Damit wird das Fenster zuerst in ein Icon verkleinert und danach wieder vergrößert. Dabei wird es über allen anderen Fenstern platziert. Wirklich elegant ist keine der Lösungen – aber das wird sich wohl in der weiteren Entwicklung von Gnome noch bessern.

QuickLaunch: Dieses Applet ermöglicht den bequemen Start einiger oft benötigter Programme und erspart so den Weg durch die Hierarchien des Startmenüs. Die gewünschten Programme werden vom Startmenü einfach per Drag-and-Drop in das Applet platziert und dort als kleine Icons dargestellt. Ein Mausklick startet das Programm.

Mini-Commander: Dieses Applet gehört zu meinen Favoriten! Es stellt eine kleine Eingabezeile zur Verfügung, in der Kommandos ausgeführt werden können. (Endlich brauchen Sie zu diesem Zweck nicht mehr in ein Terminal-Fenster wechseln!) Im Applet kann (Tab) zur Expansion (eindeutiger) Kommandonamen verwendet werden. Über den History-Button können Sie bequem auf die zuletzt verwendeten Kommandos zurückgreifen. Und dank des Konfigurationsdialogs ist sogar die Definition beliebiger Abkürzungen (Makros) möglich.

TIPP Das Mini-Commander-Applet kann übrigens mit der Maus aus dem Panel herausgezogen werden und wird dann in einem eigenständigen Fenster angezeigt.

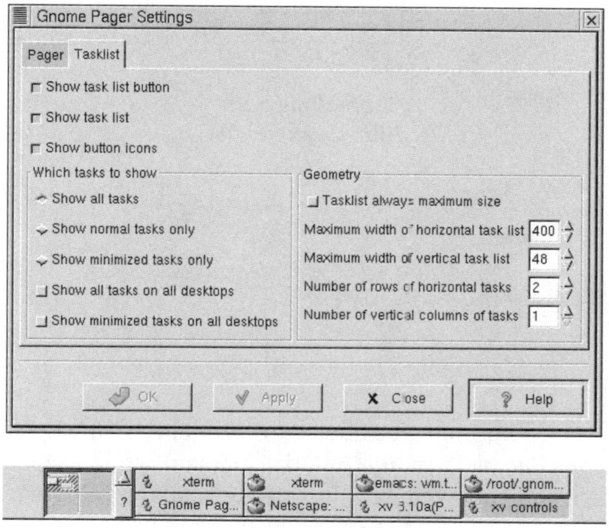

Abbildung 8.13: Der Gnome-Pager (unten) und sein Konfigurationsdialog (oben)

Abbildung 8.14: QuickLauncher-Applet

Monitore: Sehr nützlich sind schließlich diverse Monitor-Applets, die die CPU-Auslastung, die Größe der Swap-Datei, den Inhalt der Batterie (bei Laptops), den Inhalt der Mail-Box etc. darstellen. Werfen Sie einen Blick in die Submenüs ADD APPLETS und probieren Sie die Programme einfach aus!

Interna

desktop-Dateien: Ähnlich wie bei KDE gibt es auch in Gnome Dateien, in denen Objektinformationen zu Programmen, Verzeichnissen etc. gespeichert werden. Diese Dateien haben die Kennung `.desktop`; Verzeichnisinformationen werden in `.directory`-Dateien gespeichert. Informationen zur gewünschten Sortierung von Einträgen innerhalb eines Verzeichnisses werden in `.order`-Dateien verwaltet.

Die folgenden Zeilen zeigen die Datei `~/.gnome/apps/emacs.desktop`, mit der im persönlichen Teil des Startmenüs ein Icon für den Emacs angezeigt wird.

Abbildung 8.15:
Mini Commander

```
[Desktop Entry]
Name[en_US]=GNU Emacs
Exec=emacs
Icon=/usr/share/pixmaps/emacs.png
Terminal=false
MultipleArgs=false
Type=Application
```

Desktop-Icons: Informationen darüber, auf welche Objekte (Dateien, WWW-Adressen) die Icons verweisen, werden in Dateien im Verzeichnis `~/.gnome-desktop` gespeichert. Alle weiteren Informationen (Icon-Name, Platzierung am Desktop, Beschriftung etc.) werden dagegen in `~/.gnome/metadata.db` gespeichert.

Gnome-Verzeichnisse: Die folgende Liste fasst die Orte der wichtigsten Gnome-Verzeichnisse zusammen:

```
~/.gnome                        Lokale Konfigurationsdateien
~/.gnome/apps                   Persönliches Menü
~/.gnome-desktop                Icons am Desktop
/usr/share/applets              Menü für Panel-Applets
/usr/share/control-center       Links zu den Kontrollzentrum-Komponenten
/usr/share/gnome/apps           Gnome-Startmenü
/usr/share/gnome/help           Online-Dokumentation (mehrsprachig)
/usr/share/locale               Menü- und Dialogtexte (mehrsprachig)
/usr/share/pixmaps              Icons
```

Maus- und Tastenkürzel von Enlightenment

Die folgenden Tabellen fassen die bei Red Hat gültigen Defaultkürzel des Window-Managers Enlightenment zusammen. Beachten Sie, dass diese Kürzel konfigurierbar sind (Dialogblatt SHORTCUTS in `e-conf`).

Mauskürzel auf dem Desktop	
Mittlere Maustaste	Startmenü für einige wichtige Programme
Rechte Maustaste	Desktop- und gmc-Kommandos

Mauskürzel im Fenstertitel	
Rechte Maustaste	Fenstermenü (maximieren, minimieren, bewegen)
Doppelklick	Fenster minimieren (auf Titelleiste reduzieren)

Mauskürzel im Fensterinneren	
Linke Maustaste + Alt	Fenster verschieben
Mittlere Maustaste + Alt	Fenstergröße ändern
Rechte Maustaste + Alt	Fenstermenü (Vorsicht, Defaulteintrag CLOSE!)

Tastenkürzel	
Alt+Tab	aktives Programm wechseln
Alt+F1, F2 ...	zum Desktop-Bereich *n* wechseln
Alt+Shift+cursor keys	Desktop-Bereich wechseln
Strg+Alt+←	voriger Desktop
Strg+Alt+→	nächster Desktop
Strg+Alt+↑	Fenster ganz nach oben
Strg+Alt+↓	Fenster ganz nach unten
Strg+Alt+I	Fenster in Icon verkleinern
Strg+Alt+R	Fenster in Titelleiste verkleinern
Strg+Alt+S	Fenster ankleben (stick/unstick)
Strg+Alt+X	Fenster schließen (Vorsicht)

8.5 fvwm (Virtual Windows-Manager)

In der Zeit vor KDE und Gnome war `fvwm` lange der Standard-Windows-Manager beinahe aller Linux-Distributionen. Das Programm vereint eine komfortable Bedienung mit geringem Speicherverbrauch. `fvwm` ist praktisch unbegrenzt konfigurierbar (Tastenkürzel, Menüs, Icons, Module wie GoodStuff etc.). Wofür das F in der Abkürzung steht, weiß aber anscheinend niemand mehr – im `man`-Text werden die Begriffe feeble, famous oder foobar vorgeschlagen.

Mittlerweile ist `fvwm` nicht mehr so populär, wird aber immer noch mit den meisten Distributionen mitgeliefert bzw. kann nachträglich installiert werden. Sein großer Vorteil gegenüber KDE und Gnome besteht im viel geringeren Ressourcenverbrauch. `fvwm` bietet sich also besonders dann an, wenn Sie Linux auf einem alten Rechner mit einer langsamen CPU und wenig RAM ausführen.

`fvwm` steht momentan in mehreren Versionen zur Verfügung. Version 1.2n zeichnet sich durch den geringsten Speicherverbrauch aus. Version 2.n bietet ungleich mehr Konfigurationsmöglichkeiten, allerdings wurde dazu auch die Syntax der Konfigurationsdatei geändert. `fvwm` 2.n wird ab Seite 401 beschrieben. `fvwm95` ist eine Variante zu `fvwm` 2.n. Das Look-and-Feel ist dem von Windows 95 verblüffend ähnlich. `fvwm95` wird ab Seite 402 kurz beschrieben.

`http://www.fvwm.org`

NumLock-Problem

Ein Problem aller fvwm-Versionen besteht darin, dass NumLock seit X11R6 wie (Shift) oder (Strg) als Modifier gilt. Dieser Umstand wird zur Zeit weder von fvwm noch in den üblicherweise mitgelieferten fvwm-Konfigurationsdateien berücksichtigt. Wenn also beispielsweise (Alt)+(Tab) als Tastenkombination zum Fensterwechsel definiert ist, funktioniert diese Tastenkombination nicht mehr, sobald NumLock aktiv ist.

Es gibt zwei Möglichkeiten zur Lösung dieses Problems: die Anpassung der fvwm-Konfigurationsdatei oder die Veränderung des Tastaturlayouts durch xmodmap.

fvwm-Konfiguration: Im Fall von Tastenkombinationen ist verhältnismäßig einfach Abhilfe möglich. Als erstes müssen Sie mit xmodmap feststellen, welche Modify-Nummer (NumLock) auf Ihrem System hat:

```
root#  xmodmap
shift        Shift_L      (0x32),  Shift_R    (0x3e)
lock         Caps_Lock    (0x42)
control      Control_L    (0x25),  Control_R (0x6d)
mod1         Alt_L        (0x40)
mod2         Num_Lock     (0x4d)
mod3         Mode_switch  (0x71)
mod4
mod5         Scroll_Lock  (0x4e)
```

Im obigen Beispiel ist das also Nummer 2. Jetzt werfen Sie einen Blick in die fvwm-Konfigurationsdatei (deren Dateiname je nach fvwm-Version variiert, siehe unten) und suchen nach Zeilen wie den beiden folgenden:

```
#               Context  Modifier  Function
Key Tab         A        M         CirculateUp
Key Tab         A        SM        CirculateDown
```

Diese Zeilen bewirken, dass in jedem Kontext (also unabhängig von der Position der Maus) durch (Alt)+(Tab) die Funktion CirculateUp und durch (Shift)+(Alt)+(Tab) die Funktion CirculateDown ausgeführt wird. M steht dabei für Meta, was auf PC-Tastaturen (Alt) entspricht. (Bei fvwm2 bzw. fvwm95 müssen statt der circulate-Kommandos die Anweisungen Next [CurrentScreen *] Focus bzw. Prev [CurrentScreen *] Focus verwendet werden.)

Jetzt erweitern Sie die Konfigurationsdatei durch zwei weitere Zeilen:

```
Key Tab         A        M2        CirculateUp
Key Tab         A        SM2       CirculateDown
```

Damit erkennt fvwm die beiden Tastenkombinationen nun auch dann, wenn NumLock aktiv ist. Analoge Änderungen sind auch für Mauskombinationen möglich.

Falls fvwm so konfiguriert ist, dass der Eingabefokus der Tastatur per Mausklick in ein bestimmtes Fenster gesetzt wird, bleibt ein Problem bestehen: Diese Form des

Fensterwechsels funktioniert nur, wenn NumLock deaktiviert ist. Das Schlüsselwort `ClickToFocus` kennt keine Möglichkeit, Modifier anzugeben.

Tastaturtabelle ändern: Die zweite Lösungsvariante läuft darauf hinaus, die Taste (Num) zu deaktivieren und die Tasten des nummerischen Block neu zu definieren, so dass auch ohne NumLock die Eingabe von Zahlen möglich ist.

```
! file to be read by xmodmap
! redefines numeric keypad to be used without NumLock
keycode 79 = 7
keycode 80 = 8
keycode 81 = 9
keycode 83 = 4
keycode 84 = 5
keycode 85 = 6
keycode 86 = plus
keycode 87 = 1
keycode 88 = 2
keycode 89 = 3
keycode 90 = 0
keycode 91 = comma
! deactivates NumLock key
keycode 77 =
```

Diese Datei muss bei jedem Start von X eingelesen werden. Dazu können Sie die Datei entweder unter dem Namen `~/.Xmodmap` in Ihr Heimatverzeichnis kopieren oder als globale Konfigurationsdatei unter dem Namen `/usr/X11R6/lib/X11/xinit/.Xmodmap` einrichten. Die Datei sollte bei den meisten Distributionen automatisch während des Startprozesses verarbeitet werden (siehe Seite 365). Wenn das nicht klappt, kopieren Sie `Xmodmap-numeric` nach `/etc/X11` und fügen das folgende Kommando in `xinitrc` ein:

```
# Erweiterung in ~/.xinitrc oder /etc/X11/xinit/xinitrc
#                           oder /usr/X11R6/lib/X11/xinit/xinitrc
xmodmap /etc/X11/Xmodmap-numeric
```

fvwm 1.2n

Die Bedienung des `fvwm` zu beschreiben ist insofern schwierig, als praktisch alles konfigurierbar ist: vom Aussehen der Fenster bis zur Reaktion auf das Drücken einer bestimmten Maustaste. Jede Distribution zeichnet sich in dieser Beziehung durch eigene Konfigurationsdateien aus. Zum Teil sind darin zahlreiche Tastenkürzel definiert, die Maus hat, je nachdem an welcher Stelle welche Taste gedrückt wird, die unterschiedlichsten Bedeutungen etc.

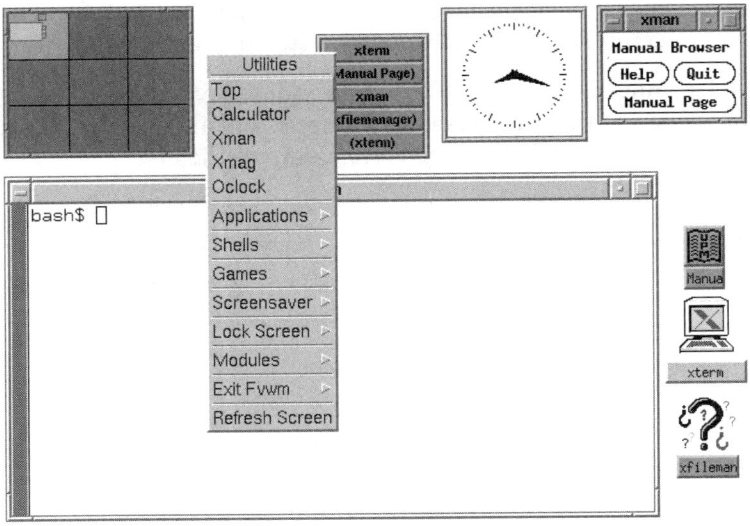

Abbildung 8.16: Die X-Oberfläche des fvwm

Menüs

Im `fvwm` sind (in den meisten Konfigurationen) alle drei Maustasten mit eigenen Menüs belegt. Wenn die linke Maustaste gedrückt wird, während sich die Maus über dem Bildschirmhintergrund befindet, erscheint ein Menü zum Start der wichtigsten X-Programme (Terminalfenster, Editoren, `xman`, `seyon` etc.). Über dieses Menü kann `fvwm` auch verlassen oder neu gestartet werden. (Normalerweise stehen nicht alle Programme, die in diesem Menü aufgezählt sind, tatsächlich zur Verfügung. In diesem Fall erfolgt auf das Anklicken des jeweiligen Menüeintrags einfach keine Reaktion.)

Das mit der mittleren Maustaste aktivierte Menü werden Sie vermutlich seltener benötigen: Es ermöglicht Ihnen, Fenster zu verschieben, ihre Größe zu verändern etc. Diese Aktionen können Sie ohne Zuhilfenahme des Menüs auch direkt im Fenster durchführen.

Das Drücken der rechten Maustaste zeigt ein Menü an, in dem alle zur Zeit laufenden X-Programme aufgelistet sind. Die Auswahl eines dieser Einträge aktiviert das entsprechende Programm. Falls das dazugehörige Fenster als Icon dargestellt wurde, wird es automatisch vergrößert. Außerdem wechselt `fvwm` automatisch in den Teil des virtuellen Desktops, in dem sich das Programm befindet.

Virtueller Desktop, Pager, GoodStuff

Der X-Server kann nur einen Bildschirm verwalten (der aber bereits größer als der am Monitor sichtbare Ausschnitt sein kann, wenn ausreichend Grafikspeicher zur Verfügung steht). `fvwm` geht noch einen Schritt weiter: Es dürfen Fenster in verschiedenen virtuellen Bildschirmen platziert werden. Mehrere Bildschirme können zu einem 'Desk' zusammengefasst werden, mehrere Desks ergeben dann den virtuellen Desktop.

Am Anfang wird Ihnen vermutlich ein Bildschirm ausreichen. Mehrere Bildschirme sind beispielsweise für den Netzwerkbetrieb praktisch (alle Verbindungen zu einem bestimmten Rechner auf einem Bildschirm), für die Programmentwicklung (Editor und Debugger in unterschiedlichen Bildschirmen) etc.

TIPP: Wenn Sie mit einem virtuellen Desktop arbeiten, ist es zumeist sinnvoll, den virtuellen Bildschirm des X-Servers zu aktivieren (Schlüsselwort `Virtual` im `Screen`-Abschnitt von `XF86Config`).

Für die Verwaltung des Desktops ist das Modul `FvwmPager` zuständig. Per Mausklick mit der linken Taste können Sie den aktiven Bildschirm auswählen. Mit der mittleren Maustaste können Sie ein Fenster direkt am Pager beliebig über alle Bildschirme verschieben. Mit der rechten Maustaste können Sie den sichtbaren Bildschirmausschnitt über die eigentlichen Bildschirmgrenzen hinweg platzieren (das ist allerdings nur selten sinnvoll).

Je nach Konfiguration kann `fvwm` so eingestellt werden, dass sich der sichtbare Bildschirm automatisch über den gesamten Desktop bewegt, sobald die Maus an einen Bildschirmrand bewegt wird. In der Beispielkonfiguration wurde darauf verzichtet, weil dieses Verhalten vor allem am Beginn sehr irritierend ist.

Bleibt noch das Modul `FvwmGoodStuff` zu erwähnen: Dabei handelt es sich um eine Art Kommandozentrale, in der Buttons zum Start von X-Programmen platziert werden können. In der Beispielkonfiguration wurde nur ein Button für `xterm` aufgenommen.

GoodStuff kann auch andere Module aufnehmen und deren Inhalt anzeigen. In der Beispielkonfiguration wurde der Pager in GoodStuff integriert. (Andernfalls wäre der Pager ein eigenes Fenster.)

Abbildung 8.17: GoodStuff

GoodStuff ist zumeist so konfiguriert, dass es immer an derselben Position bleibt ('sticky'), unabhängig davon, welcher Ausschnitt des Desktops gerade sichtbar ist.

Konfiguration

Die Konfiguration des `fvwm` erfolgt wahlweise durch `~/.fvwmrc` oder, wenn diese Datei fehlt, durch die globale Datei `system.fvwmrc`. Diese Datei befindet sich je nach Distribution an unterschiedlichen Orten:

`~/.fvwmrc`	(lokal)
`/etc/X11/fvwm/system.fvwmrc`	(global)
`/usr/X11R6/lib/X11/fvwm/system.fvwmrc`	(global)

TIPP

Online-Informationen zur `fvwm`-Konfiguration finden Sie unter anderem in den sehr ausführlichen `man`-Texten zu `fvwm`, `FvwmIconBox`, `FvwmPager` und `FvwmWinList`.

Wenn Sie eine neue Konfiguration ausprobieren möchten, ist das am schnellsten und bequemsten durch einen Neustart von `fvwm` möglich, der üblicherweise mit einem Menükommando durchgeführt werden kann. Beim Neustart bleiben alle X-Programme erhalten (auch der Editor zur Veränderung von `.fvwmrc`)!

Die folgenden Absätze beschreiben ohne jeden Anspruch auf Vollständigkeit einige besonders wichtige Schlüsselwörter in der Konfigurationsdatei:

`ClickToFocus`: Ein Fenster wird nur dann aktiv (bekommt den Eingabefokus), wenn es angeklickt wird. Wenn vor dieses Schlüsselwort das Kommentarzeichen # gesetzt wird, bekommt ein Fenster bereits dann den Eingabefokus, wenn die Maus über dieses Fenster bewegt wird. Das kann anfänglich sehr irritierend sein, spart aber eine Menge Mausklicks. Wie bereits erwähnt wurde, funktioniert `ClickToFocus` nur, wenn NumLock inaktiv ist.

`AutoRaise` n: Bestimmt die Zeit in Millisekunden, nach der ein Fenster nach oben bewegt wird, wenn sich der Mauscursor über diesem Fenster befindet. Diese Einstellung ist praktisch, wenn `ClickToFocus` deaktiviert ist: Dann wird das jeweils aktive Fenster nach kurzer Zeit auch zum obersten Fenster.

`IconBox` *x1 y1 x2 y2*: Gibt den Bereich an, in dem Icons platziert werden sollen. Negative Zahlenwerte beziehen sich auf den rechten bzw. unteren Bildschirmrand.

`DeskTopSize` n, `DeskTopScale` n, `Pager` $x\,y$: Die drei Schlüsselwörter steuern Größe und Position des Fensters für den virtuellen Desktop. Wenn dieses Fenster Sie stört und Ihnen ein Bildschirm ausreicht, können Sie die drei Zeilen auskommentieren.

`OpaqueMove` n: Gibt an, bis zu welchem Prozentsatz der Bildschirmgröße Fenster mit ihrem Inhalt verschoben werden. Bei $n = 0$ werden unabhängig von der Fenstergröße nur die Rahmen verschoben, was am schnellsten geht. Wenn Sie einen schnellen Rechner (und vor allem eine schnelle Grafikkarte) haben, sollten Sie es mit $n = 100$ versuchen – es sieht eindrucksvoll aus!

fvwm 2.n

Version 2.n des `fvwm` zeichnet sich durch neue Funktionen, noch mehr Konfigurationsmöglichkeiten, mehr optische Gestaltungsmöglichkeiten und einen etwas höheren Speicherverbrauch aus. Das beliebte Modul GoodStuff hat einen neuen Namen bekommen: `FvwmButtons`. Fenster können über den Menüeintrag STICK 'angepinnt' werden. Das Fenster wird jetzt durch horizontale Linien in der Titelleiste hervorgehoben. Wenn Sie mit einem Virtual Desktop arbeiten, wird das Fenster in jedem Desktop angezeigt (während gewöhnliche Fenster nur in dem Desktop sichtbar sind, in dem sie gestartet wurden).

Der offensichtlichste Unterschied beim Versionswechsel von der Vorgängerversion besteht darin, dass die alten `.fvwmrc`-Konfigurationsdateien nicht mehr verwendet werden können. Um die Umstellungsarbeiten zu erleichtern, enthält bei den meisten Distributionen das `fvwm2`- oder `fvwm95`-Paket das Script `fvwmrc_convert`, mit dem alte Konfigurationsdateien in die neue Syntax übersetzt werden können.

Der wohl häufigste Anpassungswunsch betrifft die Grundfunktionen der Maus. Viele aus `fvwm` 1.24 bekannte Schlüsselwörter gibt es auch in `fvwm2`, allerdings müssen diese jetzt mit `Style` verwendet werden. Die beiden folgenden Zeilen zeigen, wie die beiden wichtigsten Mausmodi eingestellt werden:

```
Style "*" ClickToFocus     #Fenster erhält durch Anklicken den Fokus
Style "*" MouseFocus       #Fenster erhält Fokus, sobald sich die Maus
                           #darüber befindet
```

Falls Sie `MouseFocus` verwenden, ist es praktisch, wenn das aktive Fenster nach einer kurzen Zeit automatisch in den Vordergrund kommt. Diese Funktion übernimmt nicht mehr `fvwm` selbst, sondern das Modul `FvwmAuto`. Dieses Modul wird durch eine Zeile in der `fvwm`-Konfigurationsdatei aktiviert:

```
Module FvwmAuto 200        #Fenster mit Fokus nach 200 ms in den
                           #Vordergrund bringen
```

Auch die Namen der Konfigurationsdateien haben sich geändert:

`~/.fvwm2rc`	(lokal)
`/etc/X11/fvwm2/system.fvwm2rc`	(global)
`/usr/X11R6/lib/X11/fvwm2/.fvwm2rc`	(global)

TIPP: `fvwm2` ist sehr ausführlich dokumentiert: Neben dem `man`-Text zu `fvwm2` gibt es einen sehr informativen FAQ-Text.

fvwm95-2

Obwohl `fvwm95-2` genau genommen nur eine Variante zu `fvwm2` ist (andere Defaulteinstellungen in der mitgelieferten Konfigurationsdatei, ein zusätzliches Modul zur Simulation der Windows-Startleiste), ist der optische Unterschied verblüffend. X sieht plötzlich wie Windows 95 aus und verhält sich auch so ähnlich. (Ob das nun ein Vor- oder Nachteil ist, sei dahingestellt.) `fvwm95-2` setzt `fvwm2` nicht voraus. (Mit `fvwm2` wird aber viel Online-Dokumentation mitgeliefert, die auch für `fvwm95-2` gilt.)

Der Start der 95er-Version erfolgt in `xinitrc` bzw. in `xsession` durch das Kommando `fvwm95-2`. Zur Konfiguration sind folgende Dateien vorgesehen:

`~/.fvwm2rc95`	(lokal)
`/etc/X11/fvwm95-2/system.fvwm2rc95`	(global)
`/usr/X11R6/lib/X11/fvwm95-2/system.fvwm2rc95`	(global)

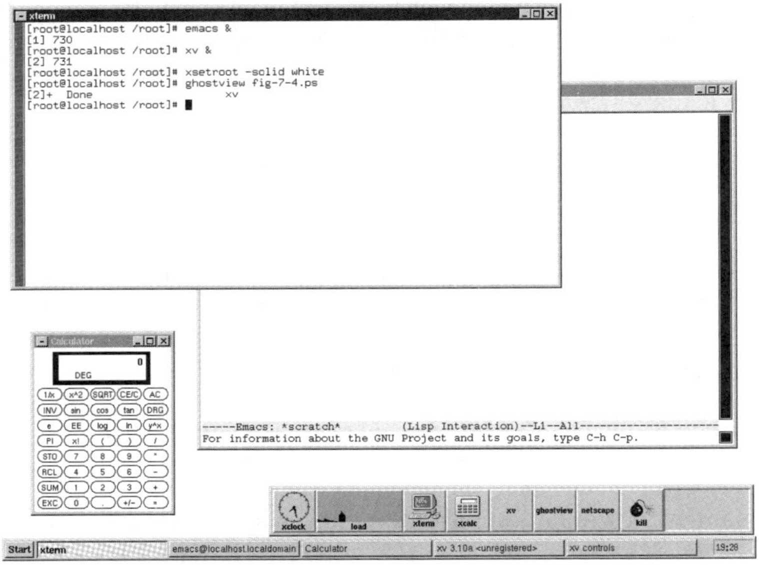

Abbildung 8.18: fvwm 95

Teil III

Netzwerke/Internet

Kapitel 9

Linux als Netzwerk-Client

Dieses Kapitel beschreibt, wie ein Linux-Rechner in ein lokales Netzwerk (LAN) eingebunden wird. Sofern das LAN mit dem Internet verbunden ist, können die Internet-Funktionen auch unter Linux genutzt werden. Grundsätzlich sind dabei keinerlei Probleme zu erwarten; mit etwas Erfahrung ist die Konfiguration in ein bis zwei Minuten erledigt.

Im Verlauf dieses Kapitels lernen Sie, wie Sie eine Ethernet-Netzwerkkarte unter Linux einbinden und welche Parameter Sie einstellen müssen, um die Verbindung sowohl zum lokalen Netzwerk als auch zum Internet herzustellen. Das Kapitel geht auch auf die Nutzung der wichtigsten Dienste in lokalen Netzen ein, nämlich auf den Zugriff auf Dateien und Verzeichnisse im Netz (NFS, Samba) und auf die Benutzung von Druckern im Netz.

VERWEIS

Dieses Kapitel ist das erste einer ganzen Reihe zum Thema Netzwerke/Internet. Falls Sie die Verbindung zum Internet selbst herstellen müssen, finden Sie dazu im nächsten Kapitel Informationen (PPP, Modem, ISDN, ADSL). Informationen zur Nutzung der wichtigsten Netzwerkdienste und Internet-Dienste (WWW, FTP, E-Mail, News) werden in den Kapiteln 11 bis 13 behandelt. Wenn Sie Ihren Linux-Rechner schließlich nicht als Client, sondern als Server innerhalb eines lokalen Netzwerks verwenden möchten, gibt das Kapitel 14 dazu einleitende Informationen.

9.1 Schnelleinstieg

Wenn Sie bereits Netzwerkkenntnisse besitzen, finden Sie hier eine Kurzanleitung, wie Sie Linux innerhalb weniger Minuten so konfigurieren, dass der Rechner in das lokale Netz eingebettet ist. Sofern das Netzwerk eine Internet-Verbindung zur Verfügung stellt (Internet-Gateway), können Sie auch die elementaren Internet-Dienste (z.B. WWW, FTP, Telnet) sofort nutzen.

Alle hier beschriebenen Konfigurationsarbeiten können wahlweise durch das Installationsprogramm Ihrer Linux-Distribution, durch die Konfigurationstools Ihrer Distribution oder manuell durchgeführt werden (d.h., durch die direkte Veränderung diverser Dateien im `/etc`-Verzeichnis). Dieser Abschnitt beschränkt sich aber auf die Konfiguration unter Zuhilfenahme von linuxconf (Red Hat) bzw. YaST (SuSE).

VERWEIS

Wenn Ihnen die in diesem Abschnitt verwendeten Begriffe wie IP-Nummer, Gateway, Hostname etc. unbekannt sind, finden Sie in den folgenden Abschnitten die erforderlichen Hintergrundinformationen bis hin zu Informationen, welche Konfigurationsdateien Sie gegebenenfalls manuell verändern können. Falls Sie den Internet-Zugang selbst via Modem/ISDN/ADSL einrichten müssen, hilft Ihnen das nächste Kapitel weiter.

Netzwerkeinbindung mit linuxconf

Red Hat bietet zwei unterschiedliche Tools zur Netzwerkkonfiguration zur Auswahl: Einerseits das X-Programm `netcfg` (kann auch über `control-panel` gestartet werden), andererseits das Gnome-Programm `linuxconf`. In diesem Buch wird nur `linuxconf` beschrieben.

Die Netzwerkkonfiguration findet im Dialog CONFIG|NETWORKING|CLIENT|BASIC HOST INFORMATION statt. Dort wählen Sie ADAPTOR 1 aus (also das erste Netzwerk-Interface) und aktivieren die Option ENABLED (damit das Interface auch tatsächlich genutzt wird).

Auf jeden Fall einstellen müssen Sie die Listenfelder NET DEVICE (wählen Sie `eth0`) und KERNEL MODULE (das für Ihre Netzwerkkarte erforderliche Modul des Kernels). Dazu müssen Sie wissen, was für eine Netzwerkkarte Sie besitzen (bei PCI-Karten können Sie das meist aus der Datei `/proc/pci` ermitteln) und welches Modul dafür zuständig ist.

TIPP

Im Regelfall hat Red Hat das richtige Modul bereits ermittelt – entweder bei der Installation oder bei der automatischen Hardware-Erkennung während des Systemstarts, nachdem Sie eine neue Netzwerkkarte eingebaut haben. Allerdings erkennt `linuxconf` nicht immer das Ergebnis dieser Erkennung. Werfen Sie einen Blick in die Datei `/etc/conf.modules`. Wenn es dort eine Zeile der Art `alias eth0 xyz` gibt, dann ist `xyz` der Modulname für die Netzwerkkarte.

Bei PCMCIA-Karten geben Sie kein Kernel-Modul an. Für die richtige Erkenung ist das PCMCIA-Programm `cardmgr` verantwortlich (siehe auch Seite 247). Der Karte wird dann automatisch das Device `eth0` zugeordnet.

Die restlichen Einstellungen in `linuxconf` hängen davon ab, ob es in Ihrem lokalen Netzwerk einen DHCP-Server gibt. Wenn das der Fall ist, klicken Sie die Option DHCP an, und die Konfiguration ist fertig.

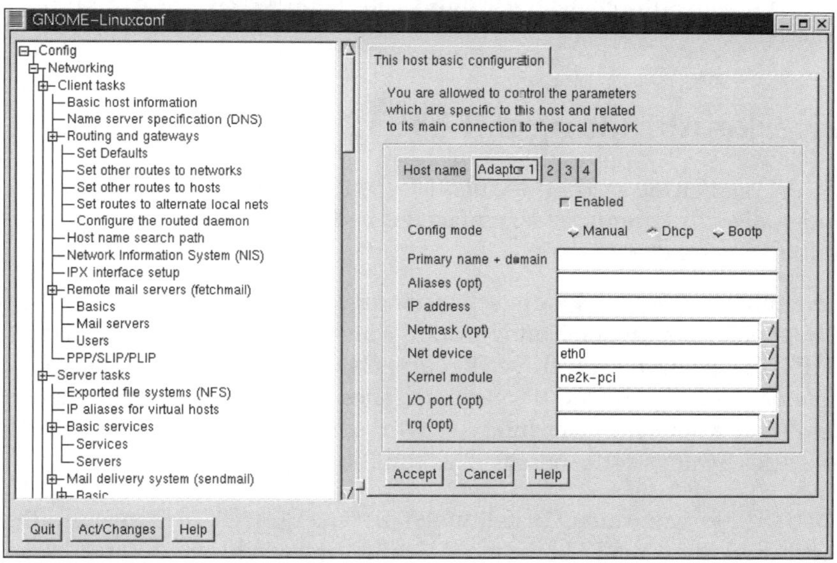

Abbildung 9.1: Netzwerkkonfiguration mit linuxconf

Wenn es keinen DHCP-Server gibt, müssen Sie im Dialog ADAPTER 1 noch die gewünschten IP-Adressen angeben. Nach Abschluss dieses Dialogs müssen Sie im Dialog CONFIG|NETWORKING|CLIENT|NAME SERVER eine oder mehrere DNS-Adressen angeben (damit Internet-Namen zu IP-Nummern aufgelöst werden können).

Sofern es im lokalen Netzwerk ein Internet-Gateway gibt, müssen Sie dieses in einem weiteren Dialog angeben: CONFIG|NETWORKING|CLIENT|ROUTING AND GATEWAYS |SET DEFAULTS. Die Option ENABLE ROUTING ist nicht erforderlich.

Schließen Sie sämtliche Dialoge mit ACCEPT ab, und klicken Sie schließlich den `linuxconf`-Button ACT/CHANGES an, um alle durchgeführten Einstellungen tatsächlich auszuführen. Anschließend sollte die Netzwerkverbindung bereits funktionieren. (Auf Seite 410 finden Sie einen Überblick, wie Sie das testen können.)

Aus nicht nachvollziehbaren Gründen funktioniert die Aktivierung des Netzwerks durch `linuxconf` nicht immer. Versuchen Sie in solchen Fällen, das folgende Kommando auszuführen:

```
root#  /etc/rc.d/init.d/network restart
```

Hilft auch das nicht, müssen Sie (in sehr seltenen Fällen) X verlassen und zuerst `init 1`, dann `init 3` ausführen. Damit werden sämtliche Netzwerkdienste gestoppt und neu gestartet.

Netzwerkeinbindung mit YaST2

Ab SuSE 6.4 können Sie YaST2 (Modul NETWORK/BASE) zur Netzwerkkonfiguration verwenden. Das Programm ist so einfach zu bedienen, dass ein einziger Absatz zur Beschreibung ausreicht!

YaST2 erkennt die Netzwerkkarte selbstständig. Anschließend können Sie zwischen DHCP oder einer manuellen Konfiguration wählen. Bei der zweiten Variante müssen Sie die IP-Adresse und – soweit verfügbar – Gateway- und DNS-Adressen angeben. (Die Gateway-Adresse ist die IP-Nummer jenes Rechners im lokalen Netz, der den Internet-Zugang herstellt.) Das Interface wird sofort in Betrieb genommen, d.h. nach Abschluss des Dialogs sollte bereits alles funktionieren.

TIPP

Mit YaST2 können auch Einstellungen für eine PCMCIA-Netzwerkkarte durchgeführt werden. YaST2 kümmert sich allerdings nicht um deren korrekte Erkenung – dafür ist das PCMCIA-Programm `cardmgr` verantwortlich (siehe auch Seite 247).

Netzwerkeinbindung mit YaST

Falls Sie mit einer älteren SuSE-Version arbeiten oder YaST2 nicht funktioniert, können Sie YaST zur Konfiguration verwenden. Das ist allerdings etwas umständlicher.

Installation der Netzwerkkarte: Mit ADMINISTRATION|HARDWARE|NETZWERKKARTE gelangen Sie in den Dialog zur Installation der Netzwerkkarte. Dort geben

Sie als Netzwerktyp eth0 an. Die Netzwerkkarte wählen Sie mit F3 aus. YaST speichert die Daten in /etc/modules.conf, versucht aber nicht, die Netzwerkkarte zu aktivieren. Bevor getestet werden kann, ob die Einstellungen korrekt sind, muss noch eine elementare Netzwerkkonfiguration durchgeführt werden.

TIPP Bei PCMCIA-Karten geben Sie einfach den Typ pcmcia an. Ob Ihre Karte tatsächlich erkannt wird, hängt allerdings vom PCMCIA-Verwaltungsprogramm cardmgr ab (siehe Seite 247).

Netzwerkkonfiguration: Die restlichen Einstellungen werden im Dialog ADMINISTRATION|NETZWERK|GRUNDKONFIGURATION durchgeführt. Dieser Dialog zeigt eine Liste aller installierten Netzwerk-Devices an. Diese Liste sollte momentan leer sein. (Das Loopback-Interface wird darin nicht angezeigt!)

Wählen Sie mit den Cursortasten das erste Device aus (Nummer 0) und stellen Sie als Device-Typ mit F5 Ethernet ein. F6 führt in einen weiteren Dialog, in dem Sie die IP-Adresse Ihres Rechners, die Netzmaske (zumeist 255.255.255.0) und die Gateway-Adresse angeben müssen.

Für den Fall, dass es im lokalen Netzwerk einen DHCP-Server gibt, der allen Clients bei deren Start IP-Nummern zuweist, können Sie auf die direkte Angabe der IP-Nummern verzichten. Stattdessen geben Sie mit F3 an, dass zur automatischen IP-Konfiguration DHCP verwendet werden soll.

Aktivieren Sie das Netzwerk-Interface nun mit F4, und speichern Sie die Einstellungen mit F10. YaST fühlt sich allerdings auch jetzt noch nicht veranlasst, dieses Netzwerk-Interface tatsächlich in Betrieb zu nehmen oder auch nur zu testen. Sie könnten dazu den Rechner neu starten – bequemer ist es allerdings, einfach nur das folgende Kommando auszuführen:

```
root# /sbin/init.d/network start
```

Falls Sie die Netzwerkkonfiguration verändert (und nicht neu definiert) haben, müssen Sie restart statt start verwenden. Und falls Sie DHCP verwenden, lautet das korrekte Kommando:

```
root# /sbin/init.d/dhclient start oder restart
```

DNS-Konfiguration: Sofern Sie die IP-Adresse des Internet-Gateways im lokalen Netz angegeben haben, sollte jetzt bereits eine Verbindung zum Internet möglich sein – allerdings nur, wenn Sie die IP-Adresse explizit angeben (z.B. 204.71.200.68). Damit Linux die IP-Adresse aus einer Internet-Adresse wie www.yahoo.com selbst ermitteln kann, muss es auf einen Nameserver (DNS) zugreifen. Dessen IP-Adresse geben Sie in YaST im Menüpunkt KONFIGURATION|NETZWERK|NAMESERVER an. Die Einstellung wird sofort wirksam.

Netzwerk testen

Mit `ifconfig` können Sie nun testen, ob das Interface erfolgreich aktiviert wurde. Außerdem können Sie mit `ping` *ipadresse* testen, ob eine Netzwerkverbindung zu einem anderen Rechner im lokalen Netzwerk oder im Internet hergestellt werden kann. Schließlich können Sie mit `ping www.yahoo.com` testen, ob auch die DNS-Konfiguration klappt (d.h., ob die zu `www.yahoo.com` passende IP-Nummer gefunden wird). Wenn das funktioniert, müssen Sie nur noch Netscape (oder einen anderen WWW-Browser) starten, und schon können Sie durch das Internet surfen. Ausführlichere Informationen zum Test der Konfiguration finden Sie auf Seite 428.

9.2 Netzwerk- und Internet-Grundlagen

Netzwerk-Glossar

Um Linux in ein lokales Netz einzubinden, muss die Netzwerkkarte erkannt und TCP/IP konfiguriert werden. Beide Schritte können wahlweise sofort bei der Installation, zu einem späteren Zeitpunkt mit dem jeweiligen Konfigurationstool (siehe den vorigen Abschnitt) oder manuell erfolgen. Ganz egal, für welche Variante Sie sich entscheiden – in jedem Fall müssen Sie wissen, welche Bedeutung die diversen Netzwerkbegriffe haben. Das folgende Glossar soll dabei eine Hilfestellung bieten.

TCP/IP: Beinahe alle zur Zeit gängigen Betriebssysteme (Unix/Linux, Windows, Apple, Novell) unterstützen TCP/IP als Netzwerkprotokoll. Dieses Protokoll regelt die Kommunikation zwischen Rechnern, und zwar sowohl in einem lokalen Netzwerk (LAN, Intranet) als auch im weltweiten Internet. Aus diesem Grund spielt es für viele Netzwerkdienste (etwa FTP) keine Rolle, ob der andere Rechner fünf Meter entfernt an das lokale Netz angeschlossen ist oder ob es sich dabei um einen Rechner in Japan handelt. (Natürlich wird im zweiten Fall die Geschwindigkeit geringer sein.)

Das *Internet Protocol* (IP) bildet die Basis für das *Transmission Control Proctocol* (TCP). In Kombination übernimmt TCP/IP zwei wesentliche Aufgaben: Es identifiziert jeden Rechner durch eine eindeutige Nummer (IP-Adresse) und kümmert sich darum, dass Daten, die an eine bestimmte Adresse abgesandt wurden, tatsächlich beim Empfänger eintreffen. Die Daten werden in Form von kleinen Paketen übertragen.

HINWEIS

Selbst wenn Ihr Rechner nicht in einem Netzwerk eingesetzt wird und Sie weder eine Netzwerkkarte noch ein Modem besitzen, benötigen Sie die TCP/IP-Netzwerkfunktionen! Eine ganze Menge von Linux-Programmen verwendet dieses Protokoll nämlich zur lokalen Kommunikation. Aus diesem Grund muss selbst auf Rechnern ohne Netzwerkanbindung TCP/IP zusammen mit dem sogenannten Loopback-Interface installiert werden (siehe unten).

Voraussetzung dafür, dass die TCP/IP-Netzwerkfunktionen unter Linux überhaupt verwendet werden können, ist der Kernel. Die Netzwerkfunktionen müssen darin entweder fest integriert sein oder als Module zur Verfügung stehen. (Das ist bei allen gängigen Distributionen automatisch der Fall.)

PPP: Wenn die Verbindung zum Internet nicht über die Infrastruktur eines lokalen Netzes erfolgt, sondern direkt via Modem oder ISDN-Karte, kommt meist das *Point-to-Point Protocol* zum Einsatz. Es ermöglicht die Übertragung von TCP/IP-Daten über eine Telefonleitung. PPP wird im Detail im nächsten Kapitel behandelt.

Host- und **Domainname:** IP-Nummern (siehe unten) mögen für Computer praktisch sein, für Menschen sind sie aber schwer einprägbar. Aus diesem Grund kann der Rechner parallel auch durch die Kombination aus Host- und Domainnamen identifiziert werden. (Beim Hostnamen handelt es sich um den eigentlichen Rechnernamen. Der Domainname benennt das Teilnetz, innerhalb dessen der Rechner angesprochen werden kann. Der Domainname kann auch mehrteilig sein.)

In einem lokalen Netz dienen Host- und Domainnamen primär als Gedächtnisstütze für die Anwender. Meine Testrechner sind beispielsweise nach den Planeten unseres Sonnensystems benannt (z.B. `jupiter`), als Domain dient `sol`. Daraus ergibt sich dann der vollständige Name `jupiter.sol`.

TIPP

Als Hostname sollte nicht der Name des Rechnerherstellers, seines Besitzers oder einer anderen Person, der Name eines Projekts etc. verwendet werden – all das kann Verwirrung stiften. Verwenden Sie kurze und einprägsame Namen von Tieren, Pflanzen, Planeten, Flüssen oder was immer Ihnen einfällt. Deutsche Sonderzeichen sind nicht erlaubt.

Vermeiden Sie `localhost` als Hostnamen! Dieser Name hat insofern eine Sonderstellung, als er als vollständiger ('fully qualified') Netzwerkname gilt. Wenn `localhost` nun mit einem beliebigen Domainnamen kombiniert wird, kann es je nach Konfiguration zu Problemen kommen. Wenn Ihnen gar nichts besseres einfällt, verwenden Sie `myhost` und `mydomain`.

Weniger flexibel sind Sie bei der Wahl des Domainnamen. Der Name muss mit dem bereits im Netzwerk verwendeten Domainnamen übereinstimmen. (Bei einem öffentlich im Internet sichtbaren Netz – was bei lokalen Netzen so gut wie nie der Fall ist – müssen Sie den Domainnamen bei einem Internet-Service-Provider bzw. einem Network Information Center (kurz NIC) registrieren – z.B. bei `www.nic.de` für die .de-Domainnamen oder bei `www.corenic.org` für .com-, .net- und .org-Domainnamen.)

IP-Adresse oder **IP-Nummer:** IP-Nummern dienen dazu, einen Rechner innerhalb eines Netzwerks eindeutig zu identifizieren. Eine typische IP-Nummer für einen Rechner in einem lokalen Netz wäre 192.168.0.75. Hintergrundinformationen zu IP-Nummern finden Sie ab Seite 413.

Interface: Die IP-Adresse bezeichnet genau genommen nicht einen Rechner, sondern ein IP-Interface. Ein Rechner hat oft mehrere Interfaces mit unterschiedlichen IP-Adressen. Typische Interfaces sind das Loopback-Interface (127.0.0.1, siehe unten), das Ethernet-Interface und das PPP- oder SLIP-Interface.

Wenn von *der* IP-Adresse die Rede ist (als gäbe es nur eine einzige), dann ist diejenige Adresse gemeint, über die der Rechner von außen (also etwa im lokalen Netz) angesprochen wird. Im Regelfall ist das die IP-Nummer des Ethernet-Interface, die dem Host- und Domainnamen zugeordnet und innerhalb des Netzwerks eindeutig ist.

Interface-Name: Linux-intern bekommen alle Interfaces einen Interface-Namen zugewiesen. Typische Namen sind `lo` für das Loopback-Interface, `eth0`, `eth1` etc. für die Ethernet-Interfaces und `ppp0` für das erste PPP-Interface.

Loopback-Interface: Dieses Interface spielt eine besondere Rolle: Es ermöglicht die Verwendung des Netzwerkprotokolls für lokale Dienste, also zur Kommunikation innerhalb des Rechners. Als IP-Nummer ist 127.0.0.1 vorgesehen. (Die meisten Distributionen kümmern sich automatisch um die Installation des Loopback-Interface, wenn nicht explizit eine richtige Netzwerkkonfiguration durchgeführt wird.)

Das Loopback-Interface ist notwendig, damit das Netzwerkprotokoll auch dann läuft, wenn gar kein Netzwerk existiert. Das sieht widersinnig aus, ist aber für viele elementare Linux-Kommandos erforderlich. Der Grund: Manche Kommandos bauen ihre Kommunikation auf dem Netzwerkprotokoll auf, ganz egal, ob die Daten lokal auf dem Rechner bleiben oder über ein Netz auf einem fremden Rechner weiterverarbeitet werden. Ein Beispiel dafür ist der Druckerdämon `lpd`, der das Spooling für den Drucker übernimmt und sowohl lokal als auch von fremden Rechnern genutzt werden kann.

Network-Mask und **Broadcast-Adresse:** Die Ausdehnung eines lokalen Netzes wird durch zwei Masken ausgedrückt. (Dabei handelt es sich abermals um vierteilige Ziffferngruppen, die intern als Bitmuster für IP-Adressen verwendet werden.) Wenn das lokale Netz alle Nummern 192.168.0.n umfasst, lautet die dazugehörige Netmask 255.255.255.0 und die Broadcast-Adresse 192.168.0.255.

Das resultierende Netzwerk wird jetzt mit 192.168.0.0/255.255.255.0 oder kurz mit 192.168.0.0/24 bezeichnet. (Die Kurzschreibweise gibt die Anzahl der binären Einser der Netmask an.) Zwei Rechner mit den IP-Adressen 192.168.0.71 und 192.168.0.72 können sich in diesem Netzwerk also direkt miteinander verständigen (weil die IP-Nummern im Bereich der Network-Maske übereinstimmen). Die maximale Anzahl von Rechnern, die gleichzeitig in diesem Netz kommunizieren können, beträgt 254 (.1 bis .254) – die Nummern .0 und .255 sind ja reserviert.

Gateway: Ein Gateway ist ein Rechner, der an der Schnittstelle zwischen zwei Netzen steht (oft zwischen dem lokalen Netz und dem Internet). Damit Ihr Linux-Rechner in einem lokalen Netz auf das Internet zugreifen kann, muss bei der Konfiguration die Gateway-Adresse angegeben werden.

Die Gateway-Adresse bezeichnet also einen Rechner im lokalen Netz – z.B. 192.168. 0.1. Dieser Rechner hat insofern eine Sonderstellung, als er (z.B. über eine ISDN-Karte) mit dem Internet in Verbindung steht. Der ganze Internet-Netzwerkverkehr erfolgt daher über den Gateway-Rechner.

Name-Server: Ein Name-Server ist ein Programm, das Rechnernamen bzw. Internet-Adressen (z.B. `www.yahoo.com`) in IP-Nummern übersetzt. Bei kleinen Netzen erfolgt die Zuordnung zwischen Namen und Nummern oft über eine Tabelle (Datei `/etc/hosts`). Im Internet übernehmen Rechner mit entsprechenden Datenbanken diese Aufgabe. Statt des Begriffs Name-Server ist auch die Abkürzung DNS für *Dynamic Name Server* oder *Services* üblich.

Wenn Sie in einem Webbrowser die Seite `www.yahoo.com` ansehen möchten, wird daher als erstes der Name-Server kontaktiert, um die IP-Nummer des Webservers von `www.yahoo.com` herauszufinden. Erst nachdem das gelungen ist, wird eine Verbindung mit dieser IP-Adresse hergestellt.

DHCP: Diese Abkürzung steht für *Dynamic Host Configuration Protocol*. DHCP wird oft in lokalen Netzwerken verwendet, um die Administration des Netzwerks zu zentralisieren. Anstatt bei jedem Rechner getrennt die IP-Adresse, das Gateway, den Name-Server etc. einzustellen, wird ein Rechner als DHCP-Server konfiguriert (siehe auch Seite 569). Alle anderen Rechner im lokalen Netzwerk nehmen beim Systemstart Kontakt mit dem DHCP-Server auf und fragen diesen, welche Einstellungen sie verwenden sollen. Damit reduziert sich die Client-Konfiguration auf ein Minimum.

IP-Nummern

Es wurde bereits erwähnt, dass IP-Nummern zur Identifizierung von Rechnern innerhalb eines Netzwerkes verwendet werden. Das gilt sowohl in lokalen Netzen als auch im Internet. Dieser Abschnitt vermittelt Hintergrundinformationen über die Verwendung von IP-Nummern.

Theoretisch gibt es 256^4, also rund 4 Milliarden IP-Nummern. Tatsächlich sind aber weit weniger IP-Nummern verfügbar, weil zum einen ein Teil der Nummern reserviert ist (unter anderem alle IP-Nummern, die mit .0 bzw. .255 enden) und zum anderen IP-Nummern früher in recht großzügigen Paketen vergeben wurden.

Mit dem rasanten Wachstum des Internets bereitet die Forderung nach weltweit eindeutigen IP-Nummern für alle im Internet präsenten Rechner zunehmend Probleme. Bis sich das IPv6 durchsetzt (eine neue Version des Internet-Protokolls, das neben vielen anderen Verbesserungen auch einen vergrößerten Adressraum bietet), werden IP-Nummern ein knappes Gut bleiben.

IP-Nummern im Internet: Wenn Sie einen eigenen Webserver mit dem Internet verbinden möchten, benötigen Sie sowohl einen weltweit gültigen Domainnamen (z.B. 'meinefirma.de') als auch eine eigene IP-Adresse. Beides bekommen Sie am einfachsten über Ihren Internet-Provider bzw. über ein Network Information Center (kurz NIC).

Für Privatanwender oder kleine Organisationen ist dies im Regelfall aber gar nicht notwendig. Für das lokale Netzwerk werden IP-Adressen des sogenannten privaten Adressraums verwendet (Details folgen gleich). Die Internet-Anbindung erfolgt über einen Internet-Service-Provider, der (für den Zeitraum der Verbindung) eine weltweit gültige IP-Adresse zur Verfügung stellt.

Falls Sie zudem mit einer eigenen Website im Internet präsent sein möchten, erfolgt dies im Regelfall ebenfalls über den Umweg eines Service-Providers. Der Rechner mit dem Webserver und Ihren HTML-Dokumenten befindet sich beim Provider (und nicht bei Ihnen zu Hause), für die IP-Adresse ist abermals der Provider zuständig. Diese Vorgehensweise hat zudem den Vorteil, dass Sie keine ständige Verbindung zum Internet benötigen, Ihre Website aber dennoch immer erreichbar ist.

Kurz gefasst: Eine eigene, international eindeutige IP-Adresse benötigen Sie nur dann, wenn Ihr Rechner ständig im Internet erreichbar sein soll und Sie zu diesem Zweck eine direkte Anbindung in das Internet haben (z.B. durch eine Standleitung). Das trifft normalerweise nur für große Firmen bzw. Universitäten zu.

IP-Nummern in lokalen Netzen: Rechner in lokalen Netzen sind für das Internet im Regelfall unsichtbar. Das bedeutet, dass diese Rechner zwar bei geeigneter Konfiguration Internet-Funktionen nutzen können, dass diese Rechner aber umgekehrt vor unkontrollierten Zugriffen aus dem Internet geschützt sind. Daraus ergibt sich, dass die IP-Nummern in lokalen Netzen nur innerhalb dieses Netzes eindeutig sein müssen, nicht aber weltweit.

Da die IP-Nummern ohnedies knapp sind, ist das ein willkommenes Sparpotenzial. Es wurden daher im IP-Zahlenraum drei Bereiche für lokale Netzwerke reserviert:

10.0.0.0 – 10.255.255.255
172.16.0.0 - 172.31.255.255
192.168.0.0 – 192.168.255.255

Der erste Bereich ermöglicht es, ein sehr großes lokales Netz zu bilden (theoretisch mit 16 Millionen Rechnern – das reicht auch für sehr große Firmen). Beim zweiten Bereich handelt es sich eigentlich um 32 Teilnetze mit je ca. 65.000 Adressen (z.B. 172.23.0.0 bis 172.23.255.255). Der dritte Bereich besteht aus 256 kleinen Teilnetzen. (Eines davon ist z.B. 192.168.75.0 bis 192.168.75.255.)

Ganz egal, in welchem Teilnetz Sie Ihr lokales Netz bilden – es ist sichergestellt, dass es zu keinen Adresskonflikten mit 'richtigen' IP-Internet-Adressen kommt.

Meist wollen Sie freilich auch innerhalb des lokalen Netzes Internet-Funktionen nutzen (z.B. WWW-Seiten lesen). Um dies zu ermöglichen, muss innerhalb des lokalen Netzwerkes ein Rechner als sogenannter Gateway zum Internet konfiguriert werden. Dieser Rechner stellt die Verbindung zum Internet her (sei es über ADSL, ISDN, Modem oder andere Techniken) und leitet alle Internet-Anforderungen des lokalen Netzes weiter. Das Gateway hat außerdem die Aufgabe, die LAN-IP-Nummern durch eine weltweit gültige IP-Nummer zu ersetzen. Diese Funktion wird Masquerading genannt und ist in Kapitel 14 beschrieben.

Dynamische IP-Nummern: Dass eine IP-Nummer zur Identifizierung des Rechners im Netzwerk erforderlich ist, sollte mittlerweile klar sein. Aber woher weiß der Rechner, welche IP-Nummer er verwenden soll? Die einfachste Möglichkeit besteht darin, die IP-Nummer bei der Konfiguration explizit vorzugeben. Bei kleinen lokalen Netzen ist das die übliche Vorgehensweise. Der erste Rechner im Netz bekommt z.B. die Nummer 192.168.0.1, der nächste .2 etc. Die Nummer wird in der Datei `/etc/hosts` gespeichert.

Mit steigender Größe des Netzwerks wird diese dezentrale Konfiguration allerdings zunehmend aufwendig. Um dies zu vermeiden, werden häufig dynamische IP-Adressen eingesetzt. Dazu muss ein Rechner innerhalb des Netzwerks als DHCP-Server konfiguriert werden. (DHCP steht für *Dynamic Host Configuration Protocol.*) Alle anderen Rechner treten beim Start der Netzwerkfunktionen mit dem DHCP-Server in Kontakt und bekommen von diesem eine IP-Nummer zugewiesen.

Das hat vor allem zwei Vorteile: Erstens kann das gesamte Netzwerk zentral verwaltet werden (anstatt an jedem einzelnen Rechner Parameter einstellen zu müssen). Und zweitens geht der Administrationsaufwand pro Client gegen Null. Um einen Client in das Netz einzubinden, muss nur noch der Rechnername angegeben und die DHCP-Option aktiviert werden. Alle anderen Daten (eigene IP-Adresse, IP-Adressen von DNS und Gateway etc.) werden dann via DHCP übermittelt.

Daneben gibt es noch einen dritten Vorteil, der allerdings eher für Internet-Service-Provider interessant ist: Da die IP-Adressen dynamisch zugewiesen werden und nicht immer alle Rechner gleichzeitig im Netzwerk sind, reichen vergleichsweise wenig IP-Adressen aus, um eine große Anzahl von Teilnehmern zu versorgen. Jedes Mal, wenn sich ein Anwender via Modem oder IDSN beim Provider einwählt, erhält er die nächste gerade freie Adresse.

Ein Rechner – mehrere IP-Nummern: Ein Rechner kann mehrere IP-Nummern besitzen – und das ist sogar der Regelfall! Wenn bisher immer von *der* IP-Nummer gesprochen wurde, dann war diejenige gemeint, die dem Interface der Netzwerkkarte zugeordnet ist. Das ist die Nummer, mit der der Rechner innerhalb des Netzes identifiziert wird. (Das bedeutet also genau genommen: nicht der Rechner hat eine IP-Nummer, sondern das Interface der Netzwerkkarte auf diesem Rechner.)

Darüber hinaus ist jeder Unix/Linux-Rechner unter der Adresse 127.0.0.1 bzw. unter dem Namen `localhost` erreichbar. Dieses bereits erwähnte Loopback-Interface ist ausschließlich für den lokalen Netzwerkverkehr reserviert. Ob es funktioniert, können Sie ganz einfach testen:

```
user$  ping localhost
PING localhost (127.0.0.1): 56 data bytes
64 bytes from 127.0.0.1: icmp_seq=0 ttl=255 time=0.136 ms
64 bytes from 127.0.0.1: icmp_seq=1 ttl=255 time=0.085 ms
64 bytes from 127.0.0.1: icmp_seq=2 ttl=255 time=0.077 ms
--- localhost ping statistics ---
3 packets transmitted, 3 packets received, 0% packet loss
round-trip min/avg/max = 0.077/0.099/0.136 ms
```

`ping` sendet Datenpakete an die angegebene Adresse und misst, wie lange es dauert, bis die Ankunft der Pakete bestätigt wird. `ping localhost` sollte auch dann funktionieren, wenn Ihr Rechner keine Netzwerkkarte besitzt!

Schließlich kann es sein, dass ein Rechner mit mehreren Netzwerkkarten ausgestattet ist. Jede dieser Karten gilt als eigenes Interface und hat daher eine eigene IP-Nummer. Auch die mit einem Modem oder einer ISDN-Karte hergestellte PPP-Verbindung zum Internet bildet ein Interface. Diesem Interface wird ebenfalls eine IP-Nummer zugeordnet, wobei diese Nummer im Regelfall vom Internet Provider bestimmt wird. (Es handelt sich um eine dynamische IP-Nummer.)

Ein möglicher Grund, einen Rechner mit mehreren Netzwerkkarten auszustatten, besteht oft darin, mit diesem Rechner zwei Teilnetze mit unterschiedlichen Adressräumen zu verbinden. Der Rechner wird dann als Router bezeichnet. Ein Beispiel dafür ist das Internet-Gateway eines Netzwerks. Während eine Internet-Verbindung besteht, hat der Gateway-Rechner zumindest drei IP-Adressen: die Loopback-Adresse 127.0.0.1, eine Adresse innerhalb des lokalen Netzes und schliesslich eine vom Internet Service Provider zugeteilte globale Internet-Adresse. (Genau genommen führt ein Gateway meist gar kein Routing, sondern Masquerading durch. Diese Feinheit wird in Kapitel 14 genauer beschrieben.)

Konsequenzen: Welche IP-Nummer sollen Sie nun also verwenden?

- Ihr Rechner ist nicht Teil eines lokalen Netzes: Abgesehen von 127.0.0.1 für das Loopback-Interface benötigen Sie gar keine IP-Adresse. (Das gilt auch für den Fall, dass dieser Rechner später via Modem/ISDN/ADSL mit dem Internet verbunden wird.) Ihre einzige Konfigurationsaufgabe besteht darin, Domain- und Hostnamen anzugeben.
- Ihr Rechner ist Teil eines bestehenden lokalen Netzes: Die IP-Nummer muss sich innerhalb der gültigen Adressen für dieses Netzwerk befinden (z.B. 192.168.0.*) und muss darin eindeutig sein. Falls es im Netz einen DHCP-Server gibt, brauchen Sie keine IP-Nummer angeben, müssen aber angeben, dass der Rechner als DHCP-Client arbeiten soll.
- Ihr Rechner soll ein lokales Netz gründen: Entscheiden Sie sich für einen privaten IP-Adressraum (z.B. 192.168.0.*), und weisen Sie dem Rechner eine IP-Nummer daraus zu.

Netzwerk- und Internet-Dienste

Sobald Sie eine Verbindung zum lokalen Netz bzw. zum Internet hergestellt haben, können Sie eine ganze Menge von Diensten in Anspruch nehmen. Im Detail werden diese Funktionen in diesem und den folgenden Kapiteln vorgestellt. Dieser Abschnitt soll lediglich einen ersten Überblick geben.

Gemeinsamer Dateizugriff: Eine wesentliche Motivation zur Bildung lokaler Netze besteht darin, gemeinsame Dateien mühelos auszutauschen. Der Zugriff auf die Dateien ist transparent und erfolgt über das normale Dateisystem (d.h., für den Anwender ist kein Unterschied erkennbar, ob sich die Datei auf der lokalen Festplatte oder auf einem anderen Rechner im Netz befindet). Dazu sind zwei Protokolle üblich: in der Unix/Linux-Welt das *Network File System* (NFS), in der Windows-Welt das *Server Message Block* System (SMB). Linux unterstützt beide Protokolle.

Gemeinsamer Zugriff auf Drucker: Eine beinahe ebenso elementare Funktion lokaler Netze besteht darin, dass mehrere Rechner einen gemeinsamen Drucker benutzen können. Auch hierfür gibt es unterschiedliche Verfahren. Unter Unix/Linux ist dafür ein Drucker-Dämon zuständig (also ein im Hintergrund laufendes Programm), unter Windows kommt abermals SMB zum Einsatz. Wieder gilt, dass Linux mit beiden Welten kommunizieren kann.

World Wide Web, HTML, HTTP: WWW-Dokumente enthalten formatierten Text, Grafiken und Querverweise (Links). Die Formatierung der Textdateien erfolgt gemäß den Regeln der *Hypertext Markup Language* (HTML). Zur Übertragung derartiger Dateien kommt das *Hypertext Transfer Protocol* (HTTP) zum Einsatz. Zum Lesen von WWW-Dokumenten benötigen Sie einen sogenannten WWW-Browser, etwa den Netscape Communicator.

FTP: FTP steht für *File Transfer Protocol*. Es ermöglicht die Übertragung beliebiger (binärer) Dateien. Eine besondere Variante ist *Anonymous FTP*: Auf vielen großen Internet-Servern (vor allem an Universitäten) existieren riesige Festplatten, auf deren Dateien Sie ohne Passwort zugreifen können. Auf diese Weise können Sie sich zum Beispiel die aktuellsten Linux-Patches herunterladen.

E-Mail: Die bekannteste Internet-Anwendung ist das Versenden elektronischer Briefe (Electronic Mail). Das E-Mail-Protokoll (MIME) erlaubt auch das Versenden von binären Daten (sogenannten *Attachements*).

Mailing-Listen: E-Mail- oder Diskussionslisten stellen eine Erweiterung der E-Mail-Idee dar. Nachdem Sie sich in einer Diskussionsliste angemeldet haben, erhalten Sie eine Kopie von jeder Nachricht (E-Mail), die an diese Diskussionsliste versandt wurde. Diskussionslisten existieren zu oft sehr spezialisierten Themen – beispielsweise zum Wissensaustausch über einen bestimmten Aspekt der Quantenphysik oder zur Entwicklung von SMP (Symmetric Multi Processing) für Linux. Diskussionslisten haben den Vorteil, dass Sie ständig auf dem aktuellen Stand bleiben. Andererseits erhalten Sie aber auch ständig sehr viel Post, die Sie erst einmal verarbeiten müssen.

News: Newsgruppen stellen eine öffentliche Variante zu den gerade erwähnten Diskussionslisten dar. Der wesentliche Unterschied besteht darin, dass Sie die Diskussionsbeiträge nicht automatisch zugesandt bekommen. Stattdessen müssen Sie mit einem News-Reader selbst in den vorhandenen Texten nach für Sie interessanten Nachrichten suchen. News ist schwieriger zu konfigurieren, aber bequemer zu nutzen.

Telnet, rlogin, ssh: Telnet ermöglicht es Ihnen, auf einem anderen Rechner zu arbeiten, als wäre es Ihr eigener (Passwort vorausgesetzt). Alle Eingaben, die Sie auf Ihrer Tastatur ausführen, werden auf dem per Internet verbundenen Rechner ausgeführt; umgekehrt werden alle Ergebnisse auf Ihrem Rechner angezeigt. Ganz ähnliche Funktionen wie Telnet, aber etwas mehr Sicherheitsmerkmale, bietet `rlogin`. Noch sicherer ist `ssh` (*secure shell*).

HINWEIS

Im Zusammenhang mit Netzwerken ist immer wieder von Clients und Servern die Rede. Generell gilt, dass die meisten Netzwerkdienste von einem Server zur Verfügung gestellt werden und von vielen Clients genutzt werden können. Der Begriff Server kann dabei sowohl den Rechner bezeichnen, auf dem der Dienst angeboten wird, als auch das Programm, das diese Funktion erfüllt (z.B. ein HTTP-Server wie Apache, der HTML-Dokumente im Netzwerk/Internet zur Verfügung stellt). Dieselbe Doppeldeutigkeit gibt es auch beim Begriff Client: Damit kann der Client-Rechner, aber auch ein Client-Programm gemeint sein (z.B. Netscape, mit dem HTML-Dokumente gelesen werden).

Dieses und die vier folgenden Kapitel beschreiben die Konfiguration von Linux aus der Client-Sicht (also aus der Sicht des Anwenders, der diese Dienste einfach nutzen möchte). Kapitel 14 beschreibt, wie Linux konfiguriert werden kann, um einige Dienste als Server anzubieten. Während die Beschreibung der Client-Dienste in diesem Buch relativ umfassend ist, gäbe es zum Thema Server-Konfiguration noch viel mehr zu schreiben (nämlich ganze Bücher). Für viele fortgeschrittene Anwendungen muss hier aus Platzgründen auf weiterführende Literatur verwiesen werden.

9.3 Manuelle Konfiguration der Netzwerkkarte

Sie können Ihre Netzwerkkarte bereits während der Installation von Linux oder auch zu einem beliebigen späteren Zeitpunkt unter Zuhilfenahme des Konfigurationsprogramms Ihrer Distribution identifizieren. Für die Distributionen Red Hat und SuSE wurde die Vorgehensweise auf Seite 406 beschrieben.

Dieser Abschnitt gibt einige Hintergrundinformationen zu diesem Vorgang, erklärt also, was hinter den Kulissen passiert und wie Sie die Konfiguration zur Not auch von Hand durchführen können. Dabei wird vorausgesetzt, dass Sie zur Kommunikation in Ihrem Netzwerk eine 10- oder 100-MBit-Ethernet-Karte verwenden.

Linux unterstützt beinahe alle gängigen Netzwerkkarten (siehe Hardware-HOWTO). Die Kommunikation mit diesen Karten erfolgt durch den Kernel bzw. durch Kernel-Module. Das Problem besteht nun darin, dass es für unterschiedliche Karten unterschiedliche Module gibt und Linux nicht selbstständig erkennt, welches Modul benötigt wird. Eben diese Information muss je nach Distribution in die Datei `/etc/modules.conf` oder `/etc/conf.modules` eingetragen werden. Die entsprechende Zeile in dieser Datei kann beispielsweise so aussehen:

```
# in /etc/modules.conf oder /etc/conf.modules
alias eth0 rtl8139
```

Wenn nun während der Initialisierung des Netzwerks (üblicherweise beim Rechnerstart) die erste Ethernet-Schnittstelle mit dem Device-Namen `eth0` in Betrieb genommen werden soll, wird hierzu das Kernel-Modul `rtl8139` verwendet. Das ganze Geheimnis der Konfiguration der Ethernet-Karte besteht also darin, `/etc/modules.conf` richtig zu modifizieren. (Einige Distributionen versuchen mittlerweile, diesen Schritt zu automatisieren, das gelingt aber nicht in allen Fällen.)

Möglicherweise wissen Sie nicht, was für eine Netzwerkkarte Sie besitzen. Falls es sich um eine PCI-Karte handelt, gibt die virtuelle Datei `/proc/pci` Auskunft. Aus den folgenden Zeilen können Sie entnehmen, dass meine Karte den Realtek-Chip 8139 verwendet.

```
# cat /proc/pci
...
  Bus  0, device   9, function  0:
    Ethernet controller: Realtek 8139 (rev 16).
      Medium devsel.  Fast back-to-back capable.  IRQ 9.
      Master Capable.  Latency=32.  Min Gnt=32.Max Lat=64.
      I/O at 0xc000 [0xc001].
      Non-prefetchable 32 bit memory at 0xe1800000 [0xe1800000].
...
```

Bei ISA-Karten gibt es leider keine so komfortable Informationsquelle. Falls Sie auf Ihrem Rechner Windows installiert haben, können Sie dort in der Systemsteuerung nachsehen, um welchen Kartentyp es sich handelt. Ist das nicht möglich, können Sie zur Not auch Ihren Rechner öffnen und nachsehen, ob der Modellname (oder der Name des Chips) auf der Karte zu erkennen ist. (ISA und PCI sind die Bezeichnungen zweier PC-Bussysteme. Mit ISA-Karten werden Sie im Regelfall nur noch auf älteren Rechnern konfrontiert.)

TIPP

Wenn Sie nicht wissen, was für eine Netzwerkkarte Sie haben, versuchen Sie es mit NE 2000 (ISA), NE 2000 (PCI) oder Realtek 8129/8139 (PCI). Das sind drei zur Zeit gängige Billigfabrikate.

Der zweite Schritt besteht darin, der erkannten Karte den richtigen Treiber (siehe `/lib/modules/2.`*n*`.`*n*`/net/*` zuzuordnen. Besonders hilfreich ist dabei die Liste im Hardware-HOWTO.

Bei ISA-Karten gibt es unter Umständen noch eine Komplikation: Das Modul ist im Regelfall nicht in der Lage, den IO-Bereich der Karte bzw. den richtigen Interrupt zu erkennen. Diese Information muss ebenfalls in /etc/modules.conf eingetragen werden, und zwar in Form einer alias-Zeile. Für eine NE-2000-kompatible ISA-Karte sieht das beispielsweise so aus:

```
# in /etc/modules.conf oder /etc/conf.modules
alias eth0 ne
options ne      io=0x300
```

Linux kommt auch mit mehreren Netzwerkkarten gleichzeitig zurecht (sofern es zu keinen Konflikten mit den IO-Adressbereichen bzw. Interrupts kommt). Auch hierzu ein Beispiel:

```
# in /etc/modules.conf oder /etc/conf.modules
alias eth0 ne
alias eth1 ne
options ne      io=0x300,0x320 irq=5,7
```

VERWEIS

Weitere Informationen zu diesem Thema finden Sie im Hardware- und im Ethernet-HOWTO sowie im Internet unter:

http://cesdis.gsfc.nasa.gov/linux/drivers/

Um zu testen, ob die Konfiguration von /etc/modules.conf in Ordnung ist, aktivieren Sie am besten manuell das Netzwerk-Interface. Das erforderliche Kommando hierfür lautet ifconfig. Dabei müssen Sie als Parameter den Namen des Interface (eth0 und eine IP-Adresse angeben. Wenn Sie das Kommando ohne Parameter ausführen, werden alle aktiven Interfaces aufgelistet (inklusive Loopback-Interface).

```
root#  ifconfig eth0 192.168.0.98
root#  ifconfig
eth0   Link encap:Ethernet  HWaddr 00:48:54:39:B0:26
       inet addr:192.168.0.98  Bcast:192.168.0.255  Mask:255.255.255.0
       UP BROADCAST RUNNING MULTICAST  MTU:1500  Metric:1
       RX packets:0 errors:0 dropped:0 overruns:0 frame:0
       TX packets:0 errors:0 dropped:0 overruns:0 carrier:0
       collisions:0 txqueuelen:100

lo     Link encap:Local Loopback
       inet addr:127.0.0.1  Mask:255.0.0.0
       UP LOOPBACK RUNNING  MTU:3924  Metric:1
       RX packets:0 errors:0 dropped:0 overruns:0 frame:0
       TX packets:0 errors:0 dropped:0 overruns:0 carrier:0
       collisions:0 txqueuelen:0
```

Um das Interface zu deaktivieren, führen Sie ifconfig mit der Option down aus:

```
root#  ifconfig eth0 down
```

HINWEIS

Einen Sonderfall stellen PCMCIA-Netzwerkkarten dar. Für deren Erkennung ist das PCMCIA-Verwaltungsprogramm `cardmgr` verantwortlich – siehe auch Seite 247. `cardmgr` ist so vorkonfiguriert, dass eine PCMCIA-Netzwerkkarte beim Einstecken sofort aktiviert wird. Dabei wird ihr ein Ethernet-Device zugewiesen. Änderungen an `modules.conf` sind nicht erforderlich.

9.4 Manuelle Konfiguration elementarer Netzwerkfunktionen

Konfigurationsdateien ohne DHCP

Ist die Netzwerkkarte einmal erkannt, bereitet die restliche Konfiguration kaum noch Probleme. Im Regelfall verwenden Sie dazu abermals das Konfigurationsprogramm Ihrer Distribution (linuxconf, YaST etc.). Wenn Sie dennoch wissen möchten, wo Sie manuell eingreifen können, finden Sie in diesem Abschnitt einige Informationen. Primäres Ziel dieses Abschnitts ist es, Ihnen ein besseres Verständnis dafür zu geben, wie die Netzwerkfunktionen gesteuert und gestartet werden!

VORSICHT

Um es nochmals zu betonen: Verwenden Sie, so weit wie möglich, die Konfigurationswerkzeuge Ihrer Distribution! Das Zusammenspiel sämtlicher Konfigurationsdateien, deren Inhalt zum Teil redundant ist, sich aber nicht widersprechen darf, ist gerade für Einsteiger sehr schwierig zu durchschauen. Viele Distributionen reagieren auf eine direkte Änderung von Konfigurationsdateien allergisch oder überschreiben Ihre Änderungen bei der nächsten Gelegenheit wieder.

HINWEIS

Für alle Beispiele in diesem Abschnitt gilt: Der behandelte Rechner heißt `uranus`, seine Domain `sol`. Andere Rechner im lokalen Netz heißen `jupiter`, `saturn` etc. Das lokale Netz verwendet 192.168.0.*-Adressen. Der lokale Rechner hat die IP-Nummer 192.168.0.98. Der Gateway-Rechner im lokalen Netz hat die IP-Nummer 192.168.0.1. Namen und Nummern haben natürlich nur Beispielcharakter.

Dieser Abschnitt geht davon aus, dass Sie nicht DHCP verwenden. Änderungen, die sich durch den Einsatz von DHCP ergeben, werden im nächsten Abschnitt beschrieben.

`/etc/HOSTNAME` oder **`/etc/hostname`**: Die Bedeutung dieser Datei ist leider nicht bei allen Distributionen einheitlich. Bei SuSE enthält diese Datei nur den Hostnamen (ohne Domainnamen). Bei Red Hat enthält die Datei dagegen den vollständigen Rechnernamen, bestehend aus Host- und Domainnamen (beispielsweise `jupiter.sol`).

/etc/hosts: Die Datei enthält eine Liste der bekannten IP-Nummern und der zugeordneten Namen: 127.0.0.1 ist die Standard-IP-Nummer für das Loopback-Device. 192.168.0.98 ist die IP-Nummer, unter der der Rechner `uranus.sol` im lokalen Netz erreichbar ist. Statt `uranus.sol` ist auch der Kurzname `uranus` erlaubt.

```
# /etc/hosts
127.0.0.1     localhost            # Loopback-Interface des Rechners
192.168.0.98  uranus.sol uranus    # IP-Adresse des Rechners
```

Wenn Sie die anderen Rechner im lokalen Netz ebenfalls namentlich ansprechen möchten, müssen Sie auch deren Namen in `/etc/hosts` angeben. Statt `ping 192.168.0.100` können Sie dann also einfach `ping neptun` ausführen, um die Verbindung zum Rechner `neptun` zu testen.

```
# /etc/hosts
127.0.0.1      localhost              # Loopback-Interface des Rechners
192.168.0.98   uranus.sol   uranus    # IP-Adresse des Rechners
192.168.0.99   jupiter.sol jupiter    # IP-Adressen anderer Rechner
192.168.0.100  neptun.sol   neptun    #   im LAN
```

VERWEIS

Analoge Einträge sind natürlich in den `/etc/hosts`-Dateien aller Rechner im lokalen Netz erforderlich. Wenn es sich dabei um sehr viele Rechner handelt, wird die Administration der vielen `/etc/hosts`-Dateien zunehmend mühsam. Um dem zu entgehen, können Sie im lokalen Netzwerk einen DHCP-Server und einen eigenen Name-Server installieren.

Der DHCP-Server ist dann für die Zuordnung von IP-Nummern an die Clients zuständig. Der Name-Server hilft bei der Auflösung von IP-Nummern in lokale Hostnamen. Der Name-Server übernimmt gleichzeitig die Rolle eines Zwischenspeichers (Cache) für externe IP-Nummern, wodurch die häufigen Anfragen an einen externen DNS entfallen. Die Konfiguration eines DHCP-Servers ist in Kapitel 14 beschrieben.

HINWEIS

Bei SuSE-Distributionen wird seit Version 6.3 standardmäßig das Programm `nscd` installiert und während des Init-Prozesses aktiviert. `nscd` steht für *Name Server Cache Dämon*. Das leider nur dürftig dokumentierte Programm ersetzt zwar keinen richtigen Name-Server, es merkt sich aber bei entsprechender Konfiguration Login-, Gruppen- und Hostnamen sowie deren IP-Nummern. Der Dämon ist Teil des `shlibs`-Pakets, die dazugehörigen `man`-Seiten befinden sich im `libc`-Paket.

Wenn nur das Loopback-Interface konfiguriert wird (also keine lokale Netzwerkeinbindung besteht), muss in der `localhost`-Zeile auch der Hostname sowie der vollständige Rechnername (bestehend aus Host- und Domainname) eingetragen werden:

```
# /etc/hosts (wenn es kein lokales Netz gibt, nur Loopback)
127.0.0.1        localhost   uranus   uranus.sol
```

/etc/host.conf: Die Datei gibt an, wie TCP/IP unbekannte IP-Nummern ermitteln soll. Die folgende Beispieldatei bestimmt, dass zuerst die Datei /etc/hosts ausgewertet (Schlüsselwort hosts) und danach der in /etc/resolv.conf angegebene Name-Server befragt werden soll (bind). Die zweite Zeile erlaubt, dass einem in /etc/hosts angegebenen Hostnamen mehrere IP-Adressen zugeordnet werden dürfen.

```
# /etc/host.conf
order hosts, bind
multi on
```

/etc/resolv.conf: Die Datei steuert, wie Namen in IP-Nummern umgesetzt werden. Die IP-Nummern für dieses Netz werden hosts.conf entnommen.

Mit dem Schlüsselwort domain und search wird erreicht, dass unvollständige Namen (etwa jupiter) mit dem Domainnamen erweitert werden (zu jupiter.sol). Das erhöht in erster Linie die Bequemlichkeit, weil lokale Internet-Namen in verkürzter Form angegeben werden können. Bei search dürfen mehrere Domainnamen angegeben werden (bei domain nur einer); dafür hat der domain-Name Vorrang gegenüber den search-Namen, wird also zuerst getestet. Wenn wie hier nur ein einziger Domainname angegeben wird, kann auf die domain-Zeile verzichtet werden.

Die wichtigsten Einträge in /etc/resolv.conf werden mit dem Schlüsselwort nameserver eingeleitet: Damit können bis zu drei IP-Adressen von Name-Servern angegeben werden. Diese Server werden immer dann angesprochen, wenn die IP-Adresse eines nichtlokalen Rechnernamens (z.B. www.yahoo.com) ermittelt werden soll. Die Angabe eines Name-Servers ist daher unbedingt erforderlich, damit Internet-Adressen in IP-Nummern aufgelöst werden. (Als Privatanwender erhalten Sie die IP-Nummer eines DNS von Ihrem Internet-Service-Provider. In größeren lokalen Netzen gibt es zumeist eigene Name-Server (siehe oben) direkt im lokalen Netz – fragen Sie Ihren Systemadministrator nach der IP-Nummer!)

```
# /etc/resolv.conf
domain sol                 # Hostnamen gelten für .sol
search sol                 # Hostnamen gelten für .sol
nameserver 192.92.138.35   # erster DNS
nameserver 195.3.96.67     # zweiter DNS (falls der erste ausfällt)
```

Gateway-Konfiguration: Hierfür gibt es leider keinen einheitlichen Standard. Bei Red Hat werden die Adresse des Gateways und sein Interface in einer Variablen in /etc/sysconfig/network angegeben. Die Datei wird von /etc/sysconfig /network-scripts/ifup ausgewertet, wo es zum Aufruf des Kommandos route kommt.

```
# in /etc/sysconfig/network (Red Hat)
GATEWAY="192.168.0.1"
GATEWAYDEV="eth0"
```

Bei SuSE steuert die Datei `/etc/route.conf`, wohin Netzwerkpakete geleitet werden. Die Datei wird während des Init-Prozesses von `/sbin/init.d/route` ausgewertet. In diesem Script wird wiederum das Kommando `route` ausgeführt.

Die folgende Beispieldatei bewirkt, dass Pakete mit den IP-Adressen 192.168.0.* (lokales Netzwerk) über das erste Ethernet-Interface geleitet werden. Alle anderen IP-Adressen (`default`) werden an die Adresse 192.168.0.1 gesandt. Dieser Rechner dient als Gateway und kümmert sich um die Weiterleitung (in das Internet).

```
# /etc/route.conf (SuSE, wird von YaST genieriert)
192.168.0.0     0.0.0.0          255.255.255.0     eth0
default         192.168.0.1
```

Noch einige Worte zum Kommando `route`, das unabhängig von den Distributionen den gemeinsamen Nenner darstellt. Dieses Kommando dient dazu, die direkt vom Kernel verwaltete Routing-Tabelle zu verändern. Diese Tabelle gibt an, wohin IP-Pakete geleitet werden sollen. Wenn Sie `route` ohne Parameter ausführen, wird die aktuelle Tabelle ausgegeben. Für das vorliegende Beispiel sieht diese Tabelle folgendermaßen aus:

```
root#  route -n
Kernel IP routing table
Destination  Gateway      Genmask        Flags Metric Ref   Use Iface
192.168.0.0  *            255.255.255.0  U     0      0       0 eth0
loopback     *            255.0.0.0      U     0      0       0 lo
default      192.168.0.1  0.0.0.0        UG    0      0       0 eth0
```

Pakte mit IP-Adressen der Form 192.168.0.* werden über das Ethernet-Interface `eth0` weitergeleitet. IP-Adressen 127.*.*.* sind lokal, die Pakete werden an das Loopback-Interface geleitet. Alle anderen Pakete (`default`) werden an das Gateway 192.168.0.1 weitergesandt, wobei dieses Gateway über das Eternet-Interface `eth0` erreichbar ist.

> VORSICHT
>
> Veränderungen in den hier beschriebenen Dateien werden zum größten Teil erst dann wirksam, wenn die jeweils zugrunde liegenden Programme neu gestartet werden bzw. wenn zumindest die Konfigurationsdateien neu eingelesen werden. Am sichersten ist es, durch `init` zuerst alle Netzwerkfunktionen zu beenden und diese dann neu zu starten. Bei Red Hat und SuSE führen Sie dazu `init 1`, danach `init 2` aus. Bei anderen Distributionen sollten Sie sich zuerst durch einen Blick in `/etc/inittab` vergewissen, ob die Init-Nummern 1 und 2 tatsächlich passend sind. Die Kommandos müssen in einer Textkonsole ausgeführt werden (nicht unter X!).

Konfigurationsdateien mit DHCP

Wenn Sie den Rechner als DHCP-Client konfigurieren, ist der Konfigurationsaufwand ein bisschen kleiner. (Dieser Abschnitt beschreibt nur die Veränderungen, die sich gegenüber einer Konfiguration ohne DHCP ergeben.)

Zuerst einmal muss sichergestellt werden, dass der DHCP-Client auf dem Rechner ausgeführt wird. Die dafür erforderliche Konfiguration sieht bei jeder Distribution anders aus.

Red Hat: In der Datei `ifcfg-eth0` muss sich die folgende Variablenzuweisung befinden:

```
# /etc/sysconfig/network-scripts/ifcfg-eth0
BOOTPROTO="dhcp"
...
```

SuSE: In der zentralen Konfigurationsdatei `rc.config` sind folgende Einstellungen erforderlich:

```
# /etc/rc.config
DHCLIENT="yes"
IFCONFIG_0="dhcpclient"    # für das Interface eth0
...
```

/etc/hosts: Da weder die eigene noch andere IP-Nummern im Voraus bekannt sind, ist diese Datei jetzt fast leer. Sie muss aber weiterhin die `localhost`-Zeile enthalten:

```
# /etc/hosts
127.0.0.1       localhost
```

Wenn es keinen lokalen Name-Server gibt, ist es manchmal sinnvoll, in `hosts` auch die Namen einiger oft benötigter Server im lokalen Netz anzugeben. (Deren IP-Adressen sind üblicherweise konstant.)

/etc/resolv.conf: Für diese Datei ist jetzt der DHCP-Client verantwortlich. Die Datei wird automatisch erzeugt bzw. überschrieben, sobald der DHCP-Client vom DHCP-Server die zur Zeit gültigen IP-Adressen für die Name-Server erhalten hat.

Gateway-Konfiguration: Auch die hierfür erforderlichen Konfigurationsdateien werden automatisch vom DHCP-Client erstellt bzw. überschrieben.

Aktivierung des Netzwerk-Interface

Zum Start der Netzwerkfunktionen muss das Netzwerk-Interface `eth0` aktiviert werden. (Wenn es mehrere Karten gibt, dann natürlich auch `eth1` etc.) Diese Aktivierung findet während des Systemstarts im Rahmen des Init-V-Prozesses statt. Das erforderliche Kommando `ifconfig` haben Sie ja bereits in Abschnitt 9.3 kennen gelernt. Ähnlich wie bei `route` gibt es allerdings von Distribution zu Distribution große Unterschiede, auf Basis welcher Informationen und von welchem Script `ifconfig` ausgeführt wird. Daher wird hier abermals die Vorgehensweise von Red Hat und SuSE exemplarisch vorgestellt.

Red Hat: Diese Distribution treibt die Verschachtelung von Konfigurations- und Script-Dateien auf die Spitze. Im Rahmen des Init-Prozesses wird das Script `/etc/rc.d/init.d/network` ausgeführt. Darin werden zuerst diverse Konfigurationseinstellungen aus `/etc/sysconfig/network` eingelesen.

Anschließend wird getestet, ob sich im Verzeichnis `/etc/sysconfig/network-scripts` Konfigurationsdateien mit dem Namen `ifcgf-`*`interface`* befinden. Diese Dateien enthalten jeweils die Informationen über die einzelnen Netzwerk-Interfaces. Bei einer typischen Konfiguration (loopback plus eine Ethernet-Karte) existieren die Dateien `ifcfg-lo` und `ifcfg-eth0`:

```
# /etc/sysconfig/network-scripts/ifcfg-eth0 (Red Hat)
DEVICE="eth0"
ONBOOT="yes"
BOOTPROTO="none"          # oder "dhcp"
NETMASK="255.255.255.0"
IPADDR="192.168.0.99"
```

Für jede gefundene `ifcgf-`*`interface`*-Datei wird nun das Script `/etc/sysconfig/network-scripts/ipup` ausgeführt, das die Konfigurationsdaten einliest und schließlich (unter Zuhilfenahme weiterer Script-Dateien) das Interface mit `ifconfig` einrichtet und mit `route` in die IP-Routing-Tabelle einfügt. (Analog wird zum Abmelden eines Interface `ifdown` ausgeführt. Bei `ifup` und `ifdown` handelt es sich um Links, die Script-Dateien befinden sich in Wirklichkeit im Verzeichnis `/sbin`.)

SuSE: Hier wird im Rahmen des Init-Prozesses `/sbin/init.d/network` ausgeführt. Darin wird die zentrale Konfigurationsdatei `/etc/rc.config` eingelesen und ausgewertet. Alle dort eingetragenen Network-Interfaces werden mit `ifconfig` aktiviert. (Dass der Vorgang bei SuSE vergleichsweise übersichtlich ist, liegt nicht zuletzt daran, dass sich das `network`-Script nicht um das Routing kümmert. Dafür ist das `route`-Script zuständig, das um einiges komplexer ausfällt.) Das folgende Listing gibt einzelne Zeilen aus `/etc/rc.config` wieder.

```
# Auszüge aus /etc/rc.config (SuSE)
IPADDR_0=192.168.0.98
NETDEV_0=eth0
IFCONFIG_0="192.168.0.98 broadcast 192.168.0.255 netmask \
  255.255.255.0 up"
NAMESERVER="192.92.138.35 195.3.96.67"
FQHOSTNAME="uranus.sol"
```

DHCP-Client starten

Falls der Rechner als DHCP-Client konfiguriert ist, muss während des Init-V-Prozesses auch ein DHCP-Client-Programm gestartet werden. Unter Linux sind je nach Distribution verschiedene DHCP-Client-Programme gebräuchlich. Die vielfältigsten Konfigurationsmöglichkeiten bietet `dhclient`. Für einfache Anwendungen reichen `dhcpcd` oder `pump` aus. Die Verwendung dieser Programme ist einfach (sofern keine Sonderwünsche erfüllt werden sollen).

```
root#  dhcpcd eth0
root#  dhclient eth0
root#  pump -i eth0
```

Red Hat: Die DHCP-Konfiguration ist direkt in die oben schon beschriebenen Script-Dateien integriert. Das Programm `pump` wird vom Script `/sbin/ifup` gestartet.

SuSE: Hier gibt es für DHCP ein eigenes Init-V-Script: `/sbin/init.d/dhclient`. Dieses Script übernimmt die Rolle von `network`, das bei DHCP-Interfaces vorzeitig abgebrochen wird. In `dhclient` wird der DHCP-Client `dhcpcd` ausgeführt.

Wenn während des Rechnerstarts des Clients keine Verbindung zum DHCP-Server hergestellt werden kann, wird das DHCP-Client-Programm nach einer einstellbaren Zeit (`timeout`) automatisch beendet. Dem Client stehen dann keine Netzwerkfunktionen zur Verfügung. Wenn der DHCP-Server später wieder läuft, können Sie wahlweise das DHCP-Client-Programm oder (besser) das betreffende Init-Script ausführen, für Red Hat bzw. SuSE also:

```
root#  /etc/rc.d/inid.d/network restart
root#  /sbin/init.d/dhclient restart
```

Host- und Domainname durch DHCP einstellen

Beachten Sie, dass `dhcpcd` und `pump` normalerweise nur die diversen IP-Adressen konfigurieren, nicht aber Host- und Domainnamen. DHCP sieht auch eine Übertragung von Host- und Domainnamen vor. Wenn Sie möchten, dass diese Informationen ausgewertet werden, ist ein wenig Handarbeit erforderlich:

Red Hat: `pump` scheint nicht in der Lage zu sein, Host- und Domainname zu empfangen. Auf jeden Fall sind alle Versuche gescheitert, via `pump` (in Red Hat 6.2) den Host- und Domainnamen gemäß DHCP-Konfiguration einzustellen. Installieren Sie `dhcpcd` (das Paket wird mit Red Hat 6.2 mitgeliefert) und ersetzen Sie in `/etc/ifup` den Aufruf von `pump` durch das Kommando `dhcpcd -D -H $DEVICE`.

SuSE: Im Script `/sbin/init.d/dhclient` muss `dhcpcd` mit den zusätzlichen Optionen `-D -H` aufgerufen werden. Eine entsprechende Zeile ist im Script bereits vorgesehen, Sie muss lediglich auskommentiert werden. (Dafür muss der folgenden Zeile mit den normalen `dhcpcd`-Aufruf natürlich ein Kommentarzeichen vorangestellt werden.)

Netzwerkfunktionen testen

Wenn Sie `ifconfig` ohne Parameter ausführen, werden alle bekannten Netzwerk-Interfaces aufgelistet. Für das Loopback- und ein Ethernet-Interface sollte das Resultat etwa so aussehen:

```
root# ifconfig
eth0   Link encap:Ethernet  HWaddr 00:48:54:39:B0:26
       inet addr:192.168.0.98  Bcast:192.168.0.255  Mask:255.255.255.0
       UP BROADCAST RUNNING MULTICAST  MTU:1500  Metric:1
       RX packets:862 errors:0 dropped:0 overruns:0 frame:0
       TX packets:1251 errors:0 dropped:0 overruns:0 carrier:0
       collisions:0 txqueuelen:100
       Interrupt:9 Base address:0xc000

lo     Link encap:Local Loopback
       inet addr:127.0.0.1  Mask:255.0.0.0
       UP LOOPBACK RUNNING  MTU:3924  Metric:1
       RX packets:1837 errors:0 dropped:0 overruns:0 frame:0
       TX packets:1837 errors:0 dropped:0 overruns:0 carrier:0
       collisions:0 txqueuelen:0
```

Mit `ping` können Sie nun in mehreren Stufen diverse Netzwerkfunktionen testen. `ping localhost` testet, ob das Loopback-Interface (und damit die elementaren Netzwerkfunktionen) funktionieren. Dazu benötigen Sie nicht einmal eine Netzwerkkarte.

```
root# ping localhost
PING localhost (127.0.0.1): 56 data bytes
64 bytes from 127.0.0.1: icmp_seq=0 ttl=255 time=0.152 ms
64 bytes from 127.0.0.1: icmp_seq=1 ttl=255 time=0.114 ms
--- localhost ping statistics ---
2 packets transmitted, 2 packets received, 0% packet loss
round-trip min/avg/max = 0.114/0.133/0.152 ms
```

Indem Sie statt `localhost` die IP-Nummer eines anderen Rechners im lokalen Netz angeben, testen Sie, ob das lokale Netz funktioniert:

```
root# ping -c 2 192.168.0.99
PING 192.168.0.99 (192.168.0.99): 56 data bytes
64 bytes from 192.168.0.99: icmp_seq=0 ttl=255 time=0.274 ms
64 bytes from 192.168.0.99: icmp_seq=1 ttl=255 time=0.150 ms
--- 192.168.0.99 ping statistics ---
2 packets transmitted, 2 packets received, 0% packet loss
round-trip min/avg/max = 0.150/0.212/0.274 ms
```

Wenn Sie dem Rechner mit der IP-Nummer 192.168.0.99 in `/etc/hosts` einen Namen gegeben haben oder wenn es im Netz einen Name-Server gibt, können Sie bei `ping` statt der IP-Nummer den Rechnernamen angeben.

Als Nächstes können Sie testen, ob die Verbindung zum Internet gelingt (d.h., ob die Verbindung über das Gateway hergestellt werden kann und ob der Zugriff auf den Name-Server funktioniert).

```
root# ping -c 2 www.yahoo.com
PING www.yahoo.com (216.32.74.53): 56 data bytes
64 bytes from 216.32.74.53: icmp_seq=0 ttl=239 time=236.860 ms
64 bytes from 216.32.74.53: icmp_seq=1 ttl=239 time=239.709 ms
--- www.yahoo.com ping statistics ---
2 packets transmitted, 2 packets received, 0% packet loss
round-trip min/avg/max = 236.860/238.284/239.709 ms
```

Wenn das nicht funktioniert, sind mehrere Ursachen denkbar. Vielleicht ist der Server von Yahoo gerade unerreichbar. Probieren Sie einfach eine andere bekannte Internet-Adresse aus.

Es kann auch sein, dass am Server von Yahoo aus Sicherheitsgründen `ping` deaktiviert ist. (In diesem Fall sollte aber immerhin die IP-Adresse angezeigt werden. Damit wissen Sie, dass DNS funktioniert, auch wenn Sie keine Antwort bekommen.)

Möglicherweise ist das Gateway nicht erreichbar. Testen Sie, ob das Gateway selbst mit `ping` erreichbar ist. (Das Gateway liegt im lokalen Netz und hat – um beim Beispiel dieses Kapitels zu bleiben – die IP-Nummer 192.168.0.1. Ist dieser Rechner gerade abgeschaltet?)

Eventuell war die Gateway-Konfiguration hat nicht erfolgreich. Führen Sie `route` aus. Die Option `-n` bewirkt, dass IP-Nummern statt Namen angezeigt werden. Solange es Probleme mit der Erreichbarkeit des Name-Servers gibt, ist das vorzuziehen. Entscheidend beim Ergebnis von `route` ist die letzte Zeile. Für alle IP-Adressen, die nicht in den Zeilen davor genannt wurden, gilt 192.168.0.1 als Gateway:

```
root# route -n
Kernel IP routing table
Destination  Gateway      Genmask         Flags Metric Ref Use Iface
192.168.0.0  0.0.0.0      255.255.255.0 U     0      0   0   eth0
127.0.0.0    0.0.0.0      255.0.0.0       U     0      0   0   lo
0.0.0.0      192.168.0.1 0.0.0.0         UG    0      0   0   eth0
```

Falls Sie das Gateway selbst eingerichtet haben: Haben Sie an das Masquerading gedacht? (Die Einzelheiten dazu finden Sie in Kapitel 14.)

Ist der Name-Server selbst erreichbar? Versuchen Sie, mit `ping` einen Kontakt zum Name-Server herzustellen. (Verwenden Sie z.B. die IP-Nummer des Name-Servers Ihres Internet-Providers, siehe `/etc/resolv.conf`.)

Wenn dagegen alles klappt, steht Ihnen die weite Welt des Internets jetzt offen. Die Nutzung der diversen Dienste wird ab Kapitel 11 beschrieben.

9.5 Zugriff auf Verzeichnisse/Dateien im Netz

Bei mehreren miteinander vernetzten Rechnern liegt der Wunsch natürlich nahe, direkt auf die Dateien anderer Rechner zuzugreifen. Eine im Internet sehr populäre Möglichkeit ist FTP (siehe Seite 502). Sie können diesen Dienst aber auch in lokalen Netzen nutzen, wenn auf dem Rechner, der die Daten zur Verfügung stellt, ein FTP-Server installiert und konfiguriert ist. Unter Linux ist dies oft schon in der Default-Konfiguration der Fall (was allerdings ein Sicherheitsrisiko ist); andernfalls ist das Einrichten eines einfachen FTP-Servers eine Frage von Minuten (siehe Seite 585).

Dieser Abschnitt beschreibt zwei andere Varianten, die in der Anwendung deutlich bequemer sind und deswegen in lokalen Netzen viel öfter als FTP eingesetzt werden: das Einbinden ganzer Verzeichnisse in das Dateisystem. Damit erreichen Sie, dass Sie auf externe Dateien ebenso zugreifen können wie auf lokale Dateien. Dabei können Sie wahlweise das unter Unix/Linux übliche *Network File System* (NFS) nutzen oder das in der Microsoft-Welt übliche *Server-Message-Block*-Protokoll (SMB) einsetzen.

Zugriff auf Dateien via NFS

Damit Sie NFS verwenden können, müssen einige Voraussetzungen erfüllt sein: Der Rechner, dessen Dateien Sie lesen oder verändern möchten, muss über das Netz erreichbar sein (testen Sie das mit `ping`). Außerdem muss dort ein NFS-Server installiert sein, und dieser Server muss so konfiguriert sein, dass Sie die Erlaubnis zum Dateizugriff auf das gewünschte Verzeichnis haben. (Details zur NFS-Server-Konfiguration finden Sie auf Seite 586.)

Sind diese drei Voraussetzungen erfüllt, ist der Zugriff auf ein NFS-Verzeichnis denkbar einfach. Ein einfaches `mount`-Kommando genügt:

```
root#  mount -t nfs uranus:/data /externaldata
```

Damit wird das Verzeichnis `/data` des Rechners `uranus` auf dem lokalen Rechner unter dem Verzeichnis `/externaldata` verfügbar. (Das Verzeichnis `/externaldata` muss natürlich existieren, bevor `mount` ausgeführt wird!) Von jetzt an können Sie auf alle Daten in `uranus:/data` so zugreifen, als würden sie sich am lokalen Rechner befinden. (Ob Sie die Daten auch verändern dürfen, hängt von den Konfigurationseinstellungen am NFS-Server ab.)

TIPP

Statt des Rechnernamens können Sie auch die IP-Nummer angeben – also beispielsweise `192.168.0.17:/data`. Das ist eine Notlösung, wenn kein lokaler Name-Server existiert und der Name des NFS-Servers nicht in `/etc/hosts` eingetragen ist.

Mit `umount` wird das NFS-Verzeichnis wieder aus dem lokalen Dateisystem entfernt.

```
root#  umount /externaldata
```

TIPP Wenn die Netzwerkverbindung unterbrochen ist, sollten Sie `umount` mit der Option `-f` ausführen – sonst müssen Sie sehr lange warten, bis `umount` ausgeführt wird!

Selbstverständlich können Sie NFS-Verzeichnisse auch in `/etc/fstab` eintragen. Eine entsprechende Zeile sieht beispielsweise so aus:

```
# Ergänzung in /etc/fstab
uranus:/data    /externaldata  nfs  user,ncauto,exec  0  0
```

Zugriff auf Dateien via SMB

Das in der Windows-Welt übliche *Server-Message-Block*-Protokoll (SMB) ist das Gegenstück zu NFS für Unix/Linux. Damit Sie SMB unter Linux nutzen können, müssen Sie Samba installieren. Samba ist ein ganzes Bündel von Programmen, dessen Hauptaufgabe eigentlich darin besteht, Windows-Clients Zugriff auf Dateien und Drucker zu geben, obwohl sowohl die Daten als auch die Drucker von Linux verwaltet werden. Mit Samba können Sie unter Linux ähnliche Funktionen anbieten wie Windows NT. (Informationen zur Samba-Konfiguration für den Server-Betrieb finden Sie in Kapitel 14.)

Samba enthält allerdings auch einige Funktionen, mit denen Linux auf Ressourcen zugreifen kann, die von Windows-Rechnern zur Verfügung gestellt werden. Dieser Abschnitt erklärt, wie Sie unter Linux auf Dateien zugreifen können, die von einem Windows-Rechner via SMB zur Verfügung gestellt werden – also gleichsam Samba aus Client-Sicht. Als Fortsetzung wird auf Seite 435 beschrieben, wie Sie unter Linux auch Drucker nutzen können, die von einem Windows-Rechner zur allgemeinen Verwendung freigegeben wurden.

Grundsätzlich gibt es drei Möglichkeiten, Dateien aus Windows-Verzeichnissen unter Linux anzusprechen: SMB-kompatible Datei-Manager, das Programm `smbclient` sowie das Netzwerkdateisystem `smbfs`.

HINWEIS Damit Sie die Samba-Client-Funktionen nutzen können, müssen natürlich die entsprechenden Pakete installiert sein. Unter Red Hat benötigen Sie `samba-client` und `samba-common` (beide aus der Gruppe `Application/System`), unter SuSE einfach das `samba`-Paket (Gruppe `n`).

Eine weitere Voraussetzung besteht darin, dass die im Netz befindlichen Windows-Rechner ihre Ressourcen freigeben (also z.B. den Zugriff auf ein Verzeichnis der Festplatte). Die entsprechenden Einstellungen müssen sowohl global durchgeführt werden (Datei- und Druckerfreigabe in den Netzwerkeinstellungen), als auch individuell für einzelne Verzeichnisse oder Drucker (Freigabe im Eigenschaftendialog des Windows-Explorers). Werfen Sie gegebenenfalls einen Blick in ein Buch über Windows-Netzwerkkonfiguration!

SMB-kompatible Datei-Manager

Die bequemste Art des SMB-Datenzugriffs bieten Datei-Manager, die das SMB-Protokoll direkt unterstützen. Zur Zeit ist das leider nur beim Corel-Datei-Manager der Fall, aber auch Konquerer (der neue KDE-Datei-Manager, verfügbar ab KDE 2.0) wird diese Fähigkeit haben.

smbclient

Das Textkommando `smbclient` ist ähnlich zu bedienen wie ein FTP-Client (siehe auch Seite 502). Mit `smbclient -L` *name* werden alle freigegebenen Ressourcen des Rechners *name* angezeigt.

```
root# smbclient -L venus
added interface ip=192.168.0.2 bcast=192.168.0.255
  nmask=255.255.255.0
Got a positive name query response from 192.168.0.11 (192.168.0.11)
Password: ******
        Sharename      Type      Comment
        ---------      ----      -------
        HP III         Printer
        C              Disk

        Server               Comment
        ---------            -------
        VENUS                Unknown User

        Workgroup            Master
        ---------            -------
        SOL                  VENUS
```

Mit `smbclient //venus/c` stellen Sie eine Verbindung zum Rechner `venus` für das freigegebene Verzeichnis `c` her. Dabei werden Sie nach einem Passwort gefragt. Falls der Windows-Rechner so konfiguriert ist, dass die Anmeldung über einen Benutzernamen erfolgt, müssen Sie diesen mit der Option `-U` angeben.

Anschließend können Sie wie bei FTP Verzeichnisse mit `ls` ansehen, mit `cd` wechseln, mit `get` Dateien auf den lokalen Rechner übertragen (*download*) und mit `put` Dateien auf dem externen Rechner speichern (*upload*). (Einen Überblick über die wichtigsten Kommandos bekommen Sie mit `help`. Eine ausführliche Beschreibung der Kommandos finden Sie in der Manualseite zu `smbclient`.)

smbfs-Dateisystem

Die auf ersten Blick eleganteste Variante besteht darin, ein externes Verzeichnis wie bei NFS in das lokale Dateisystem einzubinden. Dazu geben Sie eines der beiden folgenden Kommandos an (je nachdem, ob die Windows-Freigabe auf der Basis von Benutzernamen erfolgt oder nicht):

```
root# mount -t smbfs //venus/c /externaldata
root# mount -t smbfs -o username=name //venus/c /externaldata
```

Damit wird das auf dem Windows-Rechner venus unter dem Namen c freigegebene Verzeichnis in das Linux-Dateisystem eingebunden. Die Daten stehen jetzt unter dem Linux-Verzeichnis /externaldata zur Verfügung. (Dieses Verzeichnis muss vor dem Ausführen von mount natürlich schon existieren.)

Bei der Ausführung des Kommandos werden Sie nach dem Passwort gefragt. Sie können das Passwort aber auch direkt angeben. Das Kommando ist hier nur aus Platzgründen über zwei Zeilen verteilt.

```
root# mount -t smbfs -o username=name,password=pw \
            //venus/c /externaldata
```

HINWEIS

Die Passwort-Abfrage erscheint selbst dann, wenn gar kein Passwort erforderlich ist. Sie können die Abfrage vermeiden, indem Sie die Option passwort= ohne Angabe eines Passwort verwenden – dann gilt eine leere Zeichenkette als Passwort. Vergessen Sie das Zeichen = nicht!

Intern wird von mount das Kommando smbmount ausgeführt. In dessen Manualseite finden Sie daher eine Beschreibung der weiteren Optionen, die bei mount angegeben werden können. Selbstverständlich ist auch ein entsprechender Eintrag in /etc/fstab möglich.

```
# Ergänzung in /etc/fstab
//venus/c    /externaldata  smbfs  user,noauto,exec  0  0
```

In der Praxis bereitet die Nutzung des smbfs-Dateisystems (übrigens eine Linux-spezifische Funktion von Samba, die unter anderen Unix-Varianten nicht zur Verfügung steht) leider oft Schwierigkeiten. Beispielsweise bleiben Änderungen in Verzeichnissen oft unsichtbar (besonders wenn ein Windows-9x-Rechner die Daten zur Verfügung stellt). Das ist inbesondere dann problematisch, wenn mehrere Anwender gleichzeitig Daten verändern möchten. Wenn es in Ihrem Netzwerk einen Linux-Server gibt, der anderen Rechnern Daten zur Verfügung stellt, sollten Sie für Linux-Clients daher NFS und nicht SMB verwenden.

VORSICHT

umount kann nur ausgeführt werden, solange die Netzwerkverbindung besteht! Ist das nicht mehr der Fall, wird umount erst nach einem Timeout von 15 Minuten beendet.

Besonders ärgerlich ist das, wenn Sie einen Linux-Rechner herunterfahren (shutdown), aber noch ein nicht mehr zugängliches SMB-Verzeichnis im Dateisystem präsent ist. In diesem Fall ist der shutdown für 15 Minuten blockiert. (Zu diesem Zeitpunkt sind leider auch die Linux-Partitionen aktiv. Wenn Sie einfach die Reset-Taste drücken, müssen beim nächsten Rechnerstart alle Linux-Verzeichnisse überprüft werden.)

9.6 Zugriff auf Drucker im lokalen Netzwerk

Dieser Abschnitt beschreibt, wie Sie einen im Netzwerk verfügbaren Drucker unter Linux benutzen können. Dabei wird unterschieden, ob der Drucker von einem Linux/Unix-Rechner oder von einem Windows-Rechner verwaltet wird. (Manche Distributionen sehen auch den Ausdruck auf Druckern in Novell-Netzen vor. Diese Variante wird hier allerdings nicht berücksichtigt.)

Ausdruck auf Linux- bzw. Unix-Netzwerkdruckern

Grundlagen

Damit ein Ausdruck nicht auf einem lokalen Drucker, sondern auf einem Unix-/ Linux-Drucker im Netzwerk erfolgt, sind in `/etc/printcap` zwei Schlüsselwörter erforderlich: `rm` gibt den Rechnernamen des Servers an, `rp` den Druckernamen bzw. den Namen der Warteschlange. Dafür entfällt das Schlüsselwort `lp` zur Angabe eines lokalen Drucker-Device. Die folgenden Zeilen zeigen eine einfache `printcap`-Datei, um Daten auf dem Drucker `lp` des Rechners `uranus` auszudrucken.

```
# /etc/printcap
lp0:\
   :sd=/var/spool/lpd/lp0:\
   :mx#0:\
   :sh:\
   :rm=uranus:\
   :rp=lp:
```

Falls es sich bei dem Netzwerkdrucker nicht um ein PostScript-Modell handelt und sich der Server nicht selbst um die Umwandlung der PostScript-Daten in das Format des Druckers kümmert, muss auf der Client-Seite auch ein Filter eingerichtet werden (wie bei einem lokalen Drucker, siehe Seite 233). `/etc/printcap` muss dazu um eine weitere Zeile mit dem Schlüsselwort `if` ergänzt werden.

HINWEIS

Beachten Sie, dass ein Ausdruck am Server nur möglich ist, wenn der Drucker am Server korrekt konfiguriert ist, wenn der Client die Erlaubnis hat, am Server zu drucken, und wenn die Netzverbindung zum Server funktioniert (`ping` *`servername`*.

Informationen zum Einrichten eines Linux-Drucker-Servers – also eine Betrachtung dieses Themas aus Server-Sicht – finden Sie auf Seite 590. Dort wird auch auf die Frage eingegangen, wo die Daten gefiltert werden sollen (beim Client oder beim Server), wenn es sich beim Drucker nicht um einen PostScript-Drucker handelt.

Konfigurationshilfen

Red Hat: Am schnellsten gelingt die Konfiguration eines Windows-Netzwerkdruckers mit dem Programm `printtool` der Red-Hat-Distribution. (Corel und Mandrake bieten vergleichbare Werkzeuge an.) Sie müssen lediglich den Rechnernamen des Servers (mit REMOVE HOST) und den Namen des Druckers (mit REMOTE QUEUE) angeben. Falls der Netzwerkdrucker nicht als PostScript-Drucker angesprochen wird, muss außerdem ein Filter angegeben werden.

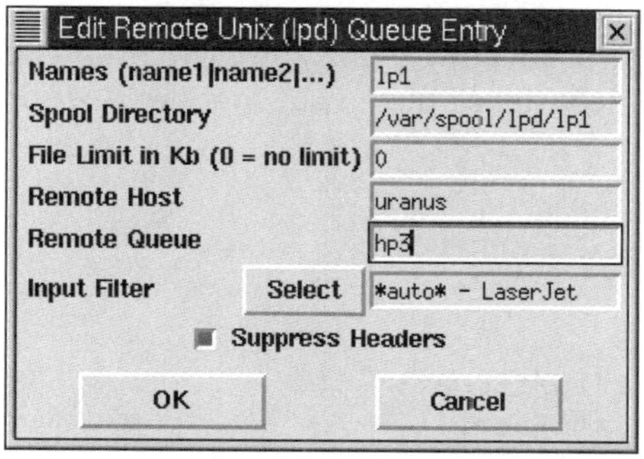

Abbildung 9.2: Konfiguration eines Unix- bzw. Linux-Netzwerkdruckers mit printtool

SuSE: Eher jämmerlich sieht es bei SuSE aus, was die Konfiguration eines Netzwerkdruckers betrifft. YaST2 sieht (zumindest in Version 6.4 noch) überhaupt keine Konfiguration eines Unix-Netzwerkdruckers vor. YaST ist dazu zwar in der Lage (ADMINISTRATION|NETZWERK|NETZWERKDRUCKER), allerdings nur für PostScript-Drucker. Falls es sich beim Netzwerkdrucker nicht um einen PostScript-Drucker handelt, muss die Umwandlung (Filterung) der Daten in das jeweilige Druckerformat auf dem Server erfolgen.

TIPP

Theoretisch ist es auch möglich, mit `lprsetup` einen Filter einzurichten, der im SuSE-Handbuch als Bypass-Filter bezeichnet wird. (Schwer verständliche) Informationen zur Bedienung von `lprsetup` finden Sie in dem folgenden SuSE-Support-Datenbankartikel:

`http://sdb.suse.de/sdb/de/html/jsmeix_print-netzwerk.html`

Ausdruck auf Samba/Windows-Netzwerkdruckern

Grundlagen

Bevor ein Dokument auf einem Windows-Drucker ausgegeben wird, ist einiges an Vorarbeit erforderlich: Zuerst müssen die Ausgangsdaten vom PostScript-Format in das Format des Druckers umgewandelt werden. Das erledigt wie beim Ausdruck an einem lokalen Drucker ein Filter. Anschließend werden diese Daten an das Script smbprint weitergeleitet. Dieses Script ruft wiederum smbclient auf, um die Daten an den Windows-Rechner zu übertragen.

Bei allen drei Schritten können Fehler auftreten. Die Fehlersuche wird zudem dadurch erschwert, dass bei den meisten Distributionen nichts protokolliert wird. (Wenn Sie selbst eine einfache Protokollierung einführen möchten, verändern Sie am besten das Script smbprint. Die Datei befindet sich bei jeder Distribution in einem anderen Verzeichnis – verwenden Sie zur Suche locate!)

Die erforderliche Datei /etc/printcap sieht etwa wie im folgenden Muster aus. Entscheidend ist, dass als Drucker-Device /dev/null angegeben wird. Der eigentliche Ausdruck erfolgt nicht direkt über lpd, sondern über das filter-Script.

```
# /etc/printcap
lp:\
  :sd=/var/spool/lpd/lp:\
  :mx#0:\
  :sh:\
  :if=/var/spool/lpd/lp/filter:\
  :af=/var/spool/lpd/lp/acct:\
  :lp=/dev/null:
```

Im filter-Script werden die Konfigurationsdateien in /var/spool/lpd/lp ausgewertet. Wenn aus diesen Dateien hervorgeht, dass der Ausdruck auf einem Windows-Netzwerkdrucker erfolgen soll, wird das Script smbprint aufgerufen. Dieses wertet die Datei /var/spool/lpd/lp/.config aus, in der der Rechnername, der Druckername und gegebenenfalls auch der Login-Name und das Password gespeichert sind.

```
share='\\uranus\hplaserj'
hostip=
user='printguest'
password='printguest'
workgroup=''
```

HINWEIS

Bei Corel sieht der Prozess ein wenig anders aus: smbprint ruft nicht direkt smbclient auf, sondern das Corel-spezifische und undokumentierte Programm CopyAgent, das vermutlich zum Corel-Dateimanager gehört. An dieses Programm werden weder der bei der Druckerkonfiguration angegebene Benutzername noch das Passwort übergeben. (Dass diese zwei Parameter bei der Druckerkonfiguration angegeben werden können, ist also vollkommen irreführend!) Es ist mir weder mit Corel 1.0 noch mit Version 1.1 gelungen, einen Windows-Drucker (NT-Server) richtig zu konfigurieren.

Konfigurationshilfen

Red Hat: Am schnellsten gelingt die Konfiguration eines Windows-Netzwerkdruckers abermals mit dem Programm `printtool` der Red-Hat-Distribution. Achten Sie darauf, dass der Name des Windows-Rechners und der Druckername ohne die für Windows-Verzeichnisse üblichen \-Zeichen angegeben wird. Außerdem müssen Sie sicherstellen, dass die Pakete `samba-common` und `samba-client` installiert sind; diese Pakete sind für die Kommunikation mit dem Windows-Rechner erforderlich. (Wenn Sie die Installation vergessen, erhalten Sie keine Fehlermeldung.)

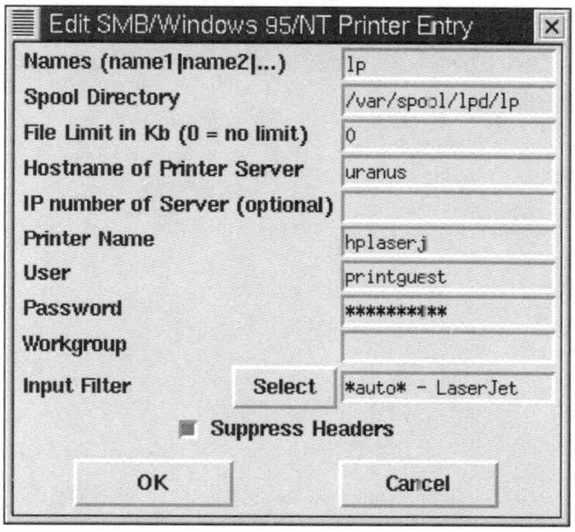

Abbildung 9.3: Konfiguration eines Windows-Netzwerkdruckers mit printtool

VORSICHT

Beachten Sie bitte, dass der für das Drucken angegebene Benutzername und das dazugehörende Passwort unverschlüsselt in `/var/spool/lpd/`*name*`/.config` gespeichert werden. Es ist daher aus Sicherheitsgründen unbedingt erforderlich, auf dem Windows-Rechner einen eigenen Account anzulegen, der nur zum Drucken gedacht ist, ansonsten aber möglichst keinen Zugang zum Rechner bzw. zu dessen Dateien gewährt. Dieser Drucker-Login muss mit einem Passwort ausgestattet werden, das sonst nicht verwendet wird!

Mandrake: Mandrake verwendet exakt dieselben Konfigurationsdateien wie Red Hat. Das Konfigurationsprogramm `printerdrake` ist allerdings weniger ausgereift als das von Red Hat. Irritierend ist, dass eine einmal durchgeführte Druckerkonfiguration nicht mehr verändert werden kann. Seltsam ist auch, dass für den Windows-Rechner eine IP-Adresse angegeben werden muss (obwohl der Ausdruck im Regelfall auch ohne diese Adresse gelingt).

SuSE: Wie bereits im vorigen Abschnitt erwähnt, sieht YaST2 zur Zeit (Version 6.4) noch keine Konfiguration eines Netzwerkdruckers vor. Sie müssen zur Konfiguration daher YaST verwenden: Führen Sie ADMINISTRATION|NETZWERK|DRUCKER ÜBER SAMBA ANSTEUERN aus, und geben Sie zuerst den Druckertyp (meistens ANDERE) und dann den Namen des Druckermodells an. Bei den Windows-spezifischen Daten müssen Sie den Rechnernamen (ohne \-Zeichen!), den Namen des Druckers sowie den Benutzername und das Passwort für den Windows-Rechner angeben.

YaST richtet jetzt einen neuen Drucker ein und teilt Ihnen den Druckernamen mit. (Sie haben keine Möglichkeit, diesen Namen selbst zu bestimmen. Sie können aber in `/etc/printcap` einen zusätzlichen Alias-Namen angeben.)

VORSICHT

Wie bei Red Hat werden auch bei SuSE der Windows-Login-Name und das Passwort im Klartext gespeichert, und zwar in der Datei `/etc/aspfilterrc.`*name*. Wenn Sie zum Drucken ein Passwort benötigen, verwenden Sie unbedingt eines, das nur den Zugang zum Drucker ermöglicht und nicht sonst irgendwie verwendet wird!

Kapitel 10

Internet-Zugang via Modem/ISDN/ADSL

Das vorige Kapitel hat gezeigt, wie ein Linux-Rechner an ein schon vorhandenes lokales Netzwerk angeschlossen wird und wie das darin enthaltene Gateway zum Internet genutzt wird.

Als Privatanwender oder als Mitglied in einem LAN, das nicht mit dem Internet verbunden ist (auch das gibt es!) müssen Sie sich um die Internet-Anbindung selbst kümmern. Die drei populärsten Wege führen über ein Modem, eine ISDN-Karte oder ein ADSL-Network-Termination-Gerät (NAT, umgangssprachlich meist ADSL-Modem genannt).

Dieses Kapitel beschreibt die Konfiguration für alle drei Varianten. Wenn ein Modem oder eine ISDN-Karte eingesetzt wird, kommt dabei das Protokoll PPP zur Übertragung der TCP/IP-Daten zum Einsatz. Bei ADSL hängt es vom Provider ab, ob PPP benötigt wird oder nicht, in vielen Fällen ist das aber auch hier der Fall. Aus diesem Grund beginnt das Kapitel mit einem Abschnitt mit PPP-Grundlagen, die unabhängig von der eingesetzten Technologie gelten.

VERWEIS

Voraussetzung für dieses Kapitel ist die Kenntnis des Netzwerk-Vokabulars (siehe den Grundlagenabschnitt ab Seite 410 im vorigen Kapitel!). Falls Sie mit einem Modem arbeiten, finden Sie Informationen über den Umgang mit der seriellen Schnittstelle und über die Konfiguration des Modems auf Seite 237. Oft sind für erste Experimente auch die Terminalemulatoren `minicom` oder `seyon` nützlich (siehe auch Seite 801).

Sobald der Internet-Zugang zustande gekommen ist, können Sie die diversen Dienste des Internets nutzen. Diese sind in den Kapiel 11 bis 13 beschrieben.

10.1 PPP-Grundlagen

Der Internet-Zugang für Privatanwender erfolgt im Regelfall durch sogenannte Internet-Provider. Das Grundprinzip ist einfach: Die Provider-Firma verfügt über einen vollwertigen Internet-Anschluss. Gegen eine Gebühr können Sie über die Telefonleitung mit einem Rechner des Providers in Verbindung treten. Dabei gibt es drei Varianten, die Telefonleitung zu nutzen: analog (Modem), digital in einem eingeschränkten Frequenzband (ISDN) oder digital in einem erweiterten Frequenzband (ADSL, SDSL). Normalerweise stellt Ihnen der Internet-Provider auch eine oder mehrere E-Mail-Adressen zur Verfügung, außerdem meist etwas Platz auf seinem Webserver, damit Sie eine eigene Homepage gestalten können.

Wie kommt nun PPP ins Spiel? Eine serielle Verbindung (also z.B. Telefonleitung plus Modem) ist eigentlich nicht dazu geeignet, TCP/IP-Daten zu übertragen. Genau hier hilft PPP: Die Abkürzung steht für *Point-to-Point Protocol* und ermöglicht eine TCP/IP-Verbindung zwischen zwei Rechnern über eine serielle Verbindung. Solange diese Verbindung zwischen Ihrem Rechner und dem Server des Providers existiert, ist Ihr Rechner ein echtes Mitglied im Internet. Neben PPP gibt es das mittlerweile kaum noch gebräuchliche Protokoll SLIP (*Serial Line IP*).

TIPP

Dieser Abschnitt liefert Grundlageninformationen zum Thema PPP. Vielleicht interessiert es Sie aber gar nicht, wie PPP funktioniert, und Sie wollen einfach möglichst rasch eine Verbindung zu Ihrem Internet-Provider herstellen. In diesem Fall überspringen Sie die folgenden Seiten und lesen auf Seite 449 bzw. auf Seite 463 weiter, wo benutzerfreundliche Konfigurationsprogramme beschrieben sind. Wenn Sie Glück haben, funktioniert der Internet-Zugang innerhalb von zwei Minuten. Wenn Sie Pech haben, ist immer noch Zeit für die Grundlagenlektüre!

HINWEIS

Es gibt auch Internet-Provider, die statt der Telefonleitung das Kabel-TV-Netz verwenden. Möglicherweise werden in Zukunft auch Stromleitungen zur Datenübertragung eingesetzt. Die technischen Hintergründe sind zwar ganz andere, für den Anwender sieht diese Art des Internet-Zugangs aber ähnlich aus wie bei ADSL und erfordert auch eine ähnliche Konfiguration des Rechners.

VORSICHT

Eine Internet-Verbindung funktioniert immer in beide Richtungen – d.h. Sie haben Zugang zu Rechnern im Internet, aber andere Internet-Anwender haben theoretisch auch Zugang zu Ihrem Rechner. Es ist unbedingt erforderlich, dass alle Benutzer Ihres Rechners (`/etc/passwd`) durch Passwörter abgesichert sind. Wenn Ihr Rechner über längere Zeit ohne Unterbrechung 'online' ist, wie dies oft bei einem ADSL-Zugang der Fall ist, sollten Sie sich auch Gedanken über die Konfiguration eines Firewalls machen. Kapitel 14 gibt dazu einleitende Informationen.

PPP-Datenblatt

Von Ihrem Internet-Provider bekommen Sie in der Regel ein Informationsblatt, auf dem alle relevanten Daten für Ihren Internet-Zugang zusammengefasst werden. Diese Informationen sehen so ähnlich aus wie die folgende Liste. (Alle hier abgedruckten Passwörter und IP-Nummern sind natürlich frei erfunden. Versuchen Sie also nicht, mit diesen Daten eine Verbindung aufzubauen.)

Von diesen Daten sind für PPP eigentlich nur die ersten drei relevant. Alle weiteren Daten beziehen sich auf die Internet-Dienste, die Sie nutzen können, sobald die PPP-Verbindung hergestellt ist.

```
PPP
Telefonnummer:                  123456
PPP-User-Name (Login):          hofer
PPP-Passwort:                   qwe44trE

Internet-Zugang/WWW
Domain-Name-Server (DNS):       199.85.37.2
WWW-Proxy-Server:               www-proxy.provider.de (Port: 8080)

E-Mail und News
E-Mail-Adresse:                 hofer@provider.de
SMTP-Mail-Server:               mail.provider.de
Pop-Mail-Server:                pop.provider.de
News-Server (NNTP):             news.provider.de
```

Telefonnummer: Diese Nummer müssen Sie mit Ihrem Modem bzw. mit der ISDN-Karte wählen, um mit dem Internet-Provider in Kontakt zu treten. (Bei ADSL-Zugängen benötigen Sie keine Telefonnummer).

User-Name und **Passwort:** Der User-Name und das Passwort sind erforderlich, um die PPP-Verbindung zum Provider herzustellen. Im obigen Beispiel stimmt der User-Name mit dem Namen in der E-Mail-Adresse überein, das muss aber nicht immer so sein.

DNS-Adresse: Aufgabe des Domain-Name-Servers ist es, Internet-Adressen (etwa `www.yahoo.com`) in IP-Adressen zu übersetzen – siehe Seite 410. Die DNS-Adresse muss in `/etc/resolv.conf` eingetragen werden (im Regelfall nicht direkt, sondern mit linuxconf, YaST oder einem anderen Konfigurationsprogramm).

HINWEIS

Viele Internet-Provider sind in der Lage, die DNS-Adresse während des Verbindungsaufbaus zu übertragen. Unter Microsoft Windows wird diese Adresse automatisch berücksichtigt. Unter Linux ist dies zwar auch möglich, ist zur Zeit aber nur von wenigen Distributionen vorgesehen. Es ist aber zu erwarten, dass in Zukunft immer mehr Distributionen PPP-Konfigurationsdateien mitliefern, die die DNS-Konfiguration im Script `/etc/ppp/ip-up` automatisieren.

Wenn Sie die DNS-Adresse explizit angeben müssen, die Adresse aber nicht wissen, hilft ein Start von Windows (natürlich nur, wenn Sie dort einen Internet-Zugang installiert haben): Stellen Sie die Verbindung her; dann führen Sie in einem DOS-Fenster das Programm `ipconfig /all` aus oder starten das bei manchen Windows-Versionen verfügbare Programm `winipcfg.exe`. Beide Programme geben Auskunft über den zur Zeit verwendete DNS.

Proxy-Server: Ein Proxy-Cache dient als Zwischenspeicher für oft benötigte WWW-Seiten. Er kann in manchen Fällen die Übertragung von HTML-Dokumenten beschleunigen. Der Server-Name muss bei der Konfiguration des Browsers angegeben werden (siehe Seite 493). Die Adresse des Proxy-Servers ist bereits in der internettypischen Schreibweise ohne IP-Nummern angegeben; das setzt also bereits voraus, dass der Zugriff auf den DNS funktioniert.

E-Mail-Adresse: Das ist Ihre E-Mail-Adresse. Der Provider stellt gleichsam ein Postfach zur Verfügung, wo Sie Ihre E-Mails abholen können.

Mail-Server: Die beiden Mail-Server-Adressen benötigen Sie, damit Sie selbst verfasste E-Mails beim Provider zur Weiterleitung abgeben bzw. dort Ihre zwischengespeicherte Post abholen können. Details folgen in Kapitel 12.

News-Server: Falls Sie Beiträge aus Newsgruppen lesen bzw. selbst verfassen möchten, ist auch die Adresse des News-Servers von Bedeutung. Details folgen in Kapitel 13.

Authentifizierung

Prinzipiell sieht die Herstellung einer Internet-Verbindung via PPP folgendermaßen aus: Im ersten Schritt wird eine Verbindung zum Provider aufgebaut. Wenn mit einem Modem- oder einer ISDN-Karte gearbeitet wird, muss dazu die Telefonnummer des Providers gewählt werden. Bei der Modem-Variante kümmert sich das Zusatzprogramm `chat` darum, bei ISDN `ippp`. Bei ADSL wird via Ethernet eine Verbindung zum ANT hergestellt, und je nach Protokoll (PPTP, PPPOE etc.) kümmert sich ein entsprechendes Programm darum, beim Provider die PPP-Verbindung quasi anzufordern. In allen Varianten geht es also zuerst einmal darum, dass Ihr Rechner und der des Providers miteinander 'sprechen' können.

Ist dieser Zustand erreicht, kommt `pppd` ins Spiel. (`pppd` steht für PPP-Dämon. Das ist das Programm, das für die Verarbeitung der PPP-Daten zuständig ist.) Die erste

Aufgabe von pppd besteht darin, die Authentifizierung durchzuführen: Ihr Rechner muss sich beim Provider anmelden und stellt dazu den PPP-Benutzernamen und das PPP-Passwort zur Verfügung. Der Provider prüft diese Informationen und aktiviert schließlich die PPP-Datenübertragung (bzw. verweigert sie, wenn die Informationen falsch sind). Zur Authentifizierung gibt es nun eine Menge Varianten. Die beiden populärsten sind PAP und CHAP.

HINWEIS

pppd wird durch eine Reihe von Dateien in /etc/ppp gesteuert. Die wichtigste Datei ist options, in der diverse globale Optionen angegeben werden. Für die Authentifizierung wichtig sind pap-secrets und chap-secrets. Eine detaillierte Beschreibung der Konfigurationsdateien finden Sie ab Seite 445.

PAP steht für *Password Authentication Protocol*. Bei dieser Variante gibt der Client (also Ihr Rechner) den Login-Namen und das Passwort bekannt. Diese Daten müssen in der Datei /etc/ppp/pap-secrets gespeichert werden, und zwar (für das Beispiel dieses Kapitels) in der folgenden Form:

```
#in /etc/ppp/pap-secrets
"hofer"          *        "qwe44trE"
```

An pppd muss beim Start der Parameter name hofer übergeben werden (oder was immer der Login-Name ist). Das dazugehörende Passwort liest pppd selbst aus pap-secrets. (Diese Datei kann daher beliebig viele Name/Passwort-Paare enthalten.) Die Optionen papcrypt in /etc/ppp/options bewirkt, dass das Passwort verschlüsselt übertragen wird, was etwas sicherer ist. (Das funktioniert allerdings nur, wenn der Provider tatsächlich verschlüsselte Passwörter erwartet!)

CHAP steht für *Challenge Handshake Authentication Protocol* und ist sicherer als PAP. Hier initiiert der Server (also der Provider) die Authentifizierung und sendet ein sogenanntes 'challenge'-Paket an den Client. pppd verwendet diese Daten, um aus dem Passwort einen sogenannten 'hash'-Wert zu berechnen. pppd sendet dann den PPP-Login-Namen und den Hash-Wert zurück an den Provider. (Auf diese Weise wird vermieden, dass das Passwort selbst übertragen wird!)

Auch wenn das Authentifizierungsverfahren also ein wenig anders aussieht als bei PAP, ändert sich für die Konfiguration nicht viel. Login-Name und Passwort müssen in etc/ppp/chap-secrets angegeben werden, wobei diese Datei dasselbe Format wie pap-secrets aufweist.

HINWEIS

Wenn PPP via Modem genutzt wird, gibt es noch eine dritte Authentifizierungsvariante: Noch bevor pppd gestartet wird, übergibt chat den Benutzernamen und das Passwort. Diese Variante stammt aus der Zeit alter Mailbox-Systeme, wo die gesamte Kommunikation über eine serielle Leitung und im ASCII-Format durchgeführt wurde. Mehr Informationen dazu finden Sie ab Seite 458.

VERWEIS

Weitergehende Informationen über Authentifizierungsoptionen etc. geben die sehr umfangreiche man-Seite zu pppd sowie das PPP-HOWTO. Einen exzellenten Überblick über die Authentifizierungsverfahren, CHAP-Varianten (es gibt mehrere!) sowie Tipps, wie man erkennen kann, welches Verfahren der Provider erwartet, finden Sie auf der folgenden Seite im Internet:

`http://axion.physics.ubc.ca/ppp-linux.html`

HINWEIS

PPP wird hier aus Client-Sicht beschrieben. pppd kann auch dazu verwendet werden, einen PPP-Server einzurichten. Das ist dann erforderlich, um externen Anwendern die Möglichkeit zu geben, sich via Telefon bei Ihrem Rechner einzuloggen. Informationen zur Konfiguration von pppd als Server finden Sie in der Dokumentation und im PPP-HOWTO.

PPP automatisch starten und stoppen

Wenn PPP auf einem Stand-Alone-Rechner in Kombination mit einem Modem eingesetzt wird, ist eine manuelle Aktivierung/Deaktivierung meist ausreichend: Wenn Sie surfen oder Ihre E-Mail lesen möchten, starten Sie PPP (mit einem Kommando). Wenn Sie damit fertig sind, beenden Sie PPP wieder.

Dient der Rechner dagegen als Internet-Zugang für ein lokales Netz, ist eine manuelle Aktivierung/Deaktivierung nicht besonders praktisch. PPP sollte automatisch starten, sobald ein Anwender Internet-Funktionen benötigt. Ebenso sollte die Verbindung beendet werden (um unnötige Telefonkosten zu vermeiden), wenn eine gewisse Zeit keine Daten mehr übertragen werden. Eine derartige Automatisierung (*Dial-on-Demand*, manchmal DoD abgekürzt) bietet sich insbesondere in Kombination mit ISDN oder ADSL an, wo der PPP-Verbindungsaufbau nur ein bis zwei Sekunden dauert. (Bei einem Modem vergeht meist mehr als eine halbe Minute, bis die Verbindung endlich genutzt werden kann. Bis dahin melden viele Programme bereits einen *timeout*-Fehler.)

Grundsätzlich gibt es zwei Verfahren, um Dial-on-Demand zu erreichen. Das elegantere besteht darin, in der pppd-Optionsdatei einige zusätzliche Parameter anzugeben. Die folgenden Zeilen geben dafür ein Beispiel: demand bedeutet, dass die Verbindung nur bei Bedarf erstellt werden soll. (pppd erstellt dazu sofort eine 'virtuelle' Verbindung, anhand der das Programm feststellen kann, ob Daten übertragen werden sollen.) connect gibt ein Script an, das ausgeführt wird, um die Verbindung herzustellen. idle gibt schließlich an, nach wie vielen Sekunden die Verbindung beendet werden soll, wenn keine Daten übertragen werden.

```
# in /etc/ppp/options
demand
connect /etc/ppp/connect-script
idle 120
ktune
```

Leider funktioniert dieser Mechanismus (zur Zeit noch) nicht in Kombination mit den meisten ADSL-Protokollen. In solchen Fällen muss `diald` eingesetzt werden. `diald` richtet eine virtuelle SLIP-Verbindung ein. (SLIP ist gewissermaßen der Vorgänger zu PPP und nicht mehr sehr populär. `diald` benötigt SLIP aber intern, unabhängig davon, auf welchem Protokoll – meist PPP – die reale Verbindung schließlich basiert.) Sobald `diald` Datenverkehr auf der virtuellen Verbindung feststellt, wird die tatsächliche Verbindung hergestellt. Bis zu diesem Zeitpunkt werden die bereits übertragenen Daten zwischengespeichert und dann an die wirkliche Verbindung weitergeleitet.

VERWEIS

Erste Informationsquelle sollten einmal mehr die umfangreichen `man`-Texte zu `pppd` bzw. `diald` sein. Die beiden folgenden Internet-Adressen vermitteln einen guten Einstieg in `pppd` bzw. in `diald`.

`http://www.nic.com/~cannon/Linux/`
`http://diald.sourceforge.net/`

Ein Beispiel für Dial-on-Demand in Kombination mit `pptp` (ADSL) finden Sie auf Seite 480.

Eine Problemquelle bei beiden Varianten besteht darin, dass häufig eine Verbindung aufgebaut wird, wenn dies gar nicht erwünscht ist. Ursache sind zumeist diverse im Hintergrund laufende Prozesse, die regelmäßig versuchen, eine Verbindung zum Internet herzustellen (etwa Mail- oder News-Server, aber auch ein lokaler Name-Server, der unbekannte Namen in IP-Nummern aufzulösen versucht). Durch eine geeignete Konfiguration dieser Programme oder auch durch Paketfilter für `pppd` bzw. `diald` (so dass diese Programme nur auf bestimmte IP-Daten reagieren, nicht einfach auf alle), können diese unerwünschten Verbindungen meist unterbunden werden. Der Aufwand für die Konfiguration und für die Suche nach den Ursachen dieser unerwünschten Verbindungen kann allerdings beträchtlich sein.

pppd-Konfigurationsdateien

`/etc/ppp/options` (Modem/PPP) oder **`/etc/ppp/ioptions`** (ISDN/IPPP): `pppd` und die ISDN-Variante `ipppd` kennen Dutzende von Optionen, die in den `man`-Seiten ausführlich beschrieben sind. Hier werden nur die wichtigsten Optionen in alphabetischer Reihenfolge kurz zusammengefasst – und das sind schon ziemlich viele. (SuSE verwendet statt `ioptions` den Dateinamen `options.ipppn`, um getrennte Einstellungen für mehrere `ippp`-Devices verwalten zu können.)

`connect script`
: Zum Verbindungsaufbau wird das angegebene Script ausgeführt. Diese Option muss angegeben werden, damit `demand` verwendet werden kann.

`crtscts`
: Der Datenfluss über die serielle Schnittstelle wird mit RTS/CTS kontrolliert. Die Option ist nur beim Verbindungsaufbau via Modem von Interesse; in diesem Fall sollte sie verwendet werden.

`debug`
: Der Verbindungsaufbau wird ausführlich via `syslogd` protokolliert (also in `/var/log/xxx`-Dateien, je nach Konfiguration von `syslogd`). Wenn Sie verhindern möchten, dass auch die Passwörter mitprotokolliert werden, können Sie das durch die zusätzliche Option `hide-password` vermeiden.

`defaultroute`
: Sobald die PPP-Verbindung hergestellt wurde, wird die IP-Adresse als Default-Routing-Ziel für IP-Pakete definiert. Diese Option ist fast immer erforderlich (es sei denn, Sie kümmern sich um das Routing selbst, beispielsweise im `ip-up`-Script).

`demand`
: Die Verbindung wird nicht sofort aufgebaut, sondern erst dann, wenn tatsächlich Daten übertragen werden sollen. Dazu wird das mit `connect` angegebene Script ausgeführt. (Durch `demand` wird automatisch auch `persist` aktiviert, es sei denn, dies wird explizit durch die Option `nopersist` verhindert.)

`idle` *n*
: Die Verbindung soll automatisch beendet werden, wenn *n* Sekunden lang keine Daten übertragen werden. Das vermeidet vergessene Verbindungen und kann eine Menge Telefonkosten sparen!

`ktune`
: Die Option erlaubt es `pppd`, Kernel-Einstellungen zu verändern. Das ist notwendig, damit das Datenpaket, das die Internet-Verbindung initiiert, nicht verloren geht.

`lcp-echo-interval` *n*
: Sendet alle *n* Sekunden eine Echo-Anforderung an den Provider. Damit kann festgestellt werden, ob die Verbindung noch besteht.

`lcp-echo-failure` *n*
: Gibt an, nach wie vielen unbeantworteten Echo-Anforderungen `pppd` die Verbindung beenden soll. Je nach `persist/nopersist` wird `pppd` dann beendet, oder es wird versucht, die Verbindung neu herzustellen.

`lock`
: `pppd` richtet eine Locking-Datei für die PPP-Schnittstelle ein (z.B. die serielle Schnittstelle bei der Verwendung eines Modems). Das verhindert, dass ein zweites Programm (z.B. ein Terminal-Emulator) gleichzeitig auf die Schnittstelle zugreift.

`mru` *n* und `mtu` *n*

Stellt die gewünschten Werte für die *Maximum Receive Unit* und die *Maximum Transmit Unit* ein. MRU und MTU geben die Blockgröße der Datenpakete an. Normalerweise gilt für MRU die Defaulteinstellung 1500. Eine Veränderung der Defaultwerte kann aus zwei Gründen sinnvoll sein:

Zum einen bewirkt eine Verkleinerung von MTU/MRU bei sehr langsamen (Modem-)Verbindungen bessere Reaktionszeiten (wichtig z.B. zum komfortablen Arbeiten mit `telnet`). Die kleinste sinnvolle Einstellung beträgt 296 (256 Byte Daten plus 40 Byte für den TCP/IP-Header.

Zum anderen gibt es bei einer Reihe von ADSL-Providern Protokollprobleme bei Paketen mit 1500 Byte (oder mehr). Hier muss der Wert auf 1490 reduziert werden. (Eine weitere Verkleinerung ist nicht sinnvoll, weil dadurch die Geschwindigkeit leidet.) Sie können die aktuelle Einstellung von `mtu` übrigens mit `ifconfig` überprüfen, sobald eine PPP-Verbindung hergestellt ist.

`name "`*abc*`"`

`pppd` verwendet *abc* sowohl als Rechnername für die Authentifizierung als auch als Login-Name, sofern beim Aufruf von `pppd` kein anderer Name angegeben wird. Für die PPP-Beispielkonfiguration dieses Kapitels (Seite 441) müsste also `name "hofer"` verwendet werden.

`noauth`

Die PPP-Gegenstelle (also der Provider) braucht sich nicht zu authentifizieren. Diese Option ist fast immer erforderlich.

`noipdefault`

Diese Option bewirkt, dass der Provider die IP-Adresse für die PPP-Verbindung bestimmt (und nicht Ihr Rechner). Da fast alle Internet-Provider die IP-Adressen dynamisch vergeben, muss diese Option fast immer verwendet werden! (Mit anderen Worten: Bei jedem Login erhalten Sie eine andere IP-Adresse, nämlich die erste gerade freie IP-Nummer des Providers. Das Verfahren ist dasselbe wie bei einem DHCP-Server in einem lokalen Netzwerk – siehe Seite 569.)

`nopersist`

Bewirkt das Gegenteil von `persist`. `pppd` wird beendet, wenn die Verbindung verloren geht (oder wegen eines `idle`-Timeouts beendet wird).

`persist`

`pppd` versucht bei einem ungewollten Verbindungsabbruch automatisch, die Verbindung wiederherzustellen. Diese Option gilt automatisch, wenn `demand` verwendet wird.

`pty script`

Die Option gibt ein Script bzw. Programm an, das statt eines Devices zur Kommunikation verwendet werden kann. Die Option ist dann sinnvoll, wenn `pppd` ein externes Programm verwenden soll, das ein zusätzliches Kommunikationsprotokoll unterstützt (beispielsweise PPP over Ethernet, kurz PPPoE).

`usepeerdns`
Viele PPP-Server übertragen beim Verbindungsaufbau zwei DNS-Adressen. Die Option `usepeerdns` bewirkt, dass `pppd` diese Adressen beim Verbindungsaufbau ermittelt und an das Script `if-up` übergibt. Bei manchen Distributionen (z.B. SuSE) ist dieses Script so vorkonfiguriert, dass die DNS-Adressen automatisch in `/etc/resolv.conf` eingetragen werden.

Ein Dial-on-Demand-Beispiel in Kombination mit `pptp`/ADSL finden Sie auf Seite 480. Dort wird auch die praktische Anwendung vieler der hier aufgezählten Optionen demonstriert.

`/etc/ppp/pap-secrets` und **`/etc/ppp/chap-secrets`**: Die beiden Dateien enthalten eine Liste aller Login-Namen und Passwörter für die PAP- bzw. CHAP-Authentifizierung. Normalerweise (d.h. wenn nur eine Verbindung für einen Benutzer verwaltet wird) enthalten die Dateien nur eine einzige Zeile nach folgendem Muster:

```
#/etc/ppp/pap-secrets bzw. /etc/ppp/chap-secrets
"hofer"          *        "qwe44trE"
```

Statt des * zwischen Name und Passwort kann die IP-Adresse angegeben werden, zu der die Verbindung hergestellt werden soll. In diesem Fall gilt die Passwortinformation nur für diese IP-Nummer. Das ist ein zusätzlicher Schutzmechanismus gegen missbräuchliche Verwendung, der aber nur möglich ist, wenn die IP-Nummer bekannt und unveränderlich ist. (Bei ADSL-Verbindungen kann hier die IP-Adresse des ANT angegeben werden.)

`/etc/ppp/ip-up` und **`/etc/ppp/ip-down`**: Diese beiden Script-Dateien werden unmittelbar nach Herstellung der Verbindung bzw. nach deren Beendigung ausgeführt. Mögliche Anwendungen sind etwa das Einrichten oder Verändern von Routing-, Masquerading- und Firewall-Funktionen. Anwendungsbeispiele finden Sie in Kapitel 14.

HINWEIS

Viele PPP-Server übertragen beim Verbindungsaufbau zwei DNS-Adressen. Wenn `pppd` mit der Option `usepeerdns` gestartet wird, stehen die beiden Adressen in `ip-up` in den Variablen `DNS1` und `DNS2` zur Verfügung. Das kann dazu verwendet werden, `/etc/resolv.conf` dynamisch beim Verbindungsaufbau zu verändern. In dem mit SuSE mitgelieferten `ip-up`-Script ist diese Möglichkeit vorgesehen.

TIPP

Achten Sie darauf, dass Ihre Script-Dateien ausführbar sind: `chmod u+x`!

Sowohl mit Red Hat als auch mit SuSE werden vorkonfigurierte `ip-up`- und `ip-down`-Dateien mitgeliefert. Darüber hinausgehende Veränderungen sollten in `ip-up.local` bzw. `ip-down.local` durchgeführt werden. Diese Dateien werden automatisch ausgeführt, sofern sie existieren.

VERWEIS

Weitere Dokumentation zu PPP finden Sie im PPP-HOWTO und PPP-FAQ, im SuSE-Installationshandbuch (sehr praxisnah!) und in den sehr ausführlichen man-Seiten zu pppd.

10.2 Modem-Verbindung

Voraussetzungen

Die hier aufgezählten Voraussetzungen sind bei allen zur Zeit gängigen Linux-Distributionen automatisch erfüllt. Im Regelfall muss einzig /etc/resolv.conf angepasst werden. Sollte es aber unerwartete Probleme geben, dann gibt diese Liste einen ersten Anhaltspunkt für die Fehlersuche.

- Sie benötigen ein Standardmodem (kein sogenanntes Windows-Modem, das unter Linux nicht unterstützt wird), und Sie müssen wissen, über welche Schnittstelle das Modem angesprochen wird (üblicherweise /dev/modem, wobei das ein Link auf /dev/ttyS0 oder /dev/ttyS1 ist). Falls es beim Zugriff auf das Modem Probleme gibt, oder wenn die Übertragungsgeschwindigkeit kleiner ausfällt als erwartet, finden Sie im Abschnitt zur Modemkonfiguration ab Seite 237 Tipps und Hinweise.
- Die Netzwerkfunktionen des Linux-Systems müssen so weit konfiguriert sein, dass ping localhost fehlerfrei funktioniert. Ist das nicht der Fall, vermittelt Kapitel 9 ab Seite 405 die erforderlichen Grundlagen.
- Damit Linux Internet-Adressen in IP-Nummern auflösen kann, muss in /etc/resolv.conf die Adresse des DNS-Servers der Providers angegeben werden. Ein Beispiel für den Aufbau dieser Datei ist auf Seite 423 zu sehen. Bei den meisten Linux-Distributionen sollte die DNS-Adresse nicht direkt in die Datei, sondern durch ein Konfigurationsprogramm eingetragen werden.

Tools zur komfortablen PPP-Konfiguration gibt es beinahe wie Sand am Meer! Im Folgenden werden die drei Varianten kppp, linuxconf und wvdial kurz beschrieben. Weitere Alternativen wären tkppp und gnome-ppp. Sollte es mit diesen Tools wider Erwarten nicht klappen, finden Sie am Ende dieses Abschnitts Informationen zur manuellen Konfiguration.

PPP-Konfiguration mit wvdial/YaST

Wie bereits einleitend beschrieben, gibt es unterschiedliche Authentifizierungsverfahren für PPP, weswegen der PPP-Verbindungsaufbau bei jedem Provider ein bisschen anders durchgeführt werden muss. Aus diesem Grund ist die PPP-Konfiguration bisweilen recht mühsam.

wvdial versucht, Ihnen diese Arbeit abzunehmen. Im Regelfall beschränkt sich die Konfiguration auf die Eingabe von nur drei Daten: Telefonnummer, PPP-Login und PPP-Passwort. wvdial versucht dann nach dem Verbindungsbau selbstständig, alle anderen Parameter gleichsam zu erraten. In sehr vielen Fällen funktioniert dies auf Anhieb.

Zur Konfiguration rufen Sie einfach wvdial.tcl auf. Falls Sie mit SuSE-Linux arbeiten, kann die wvdial-Konfiguration auch direkt mit YaST erledigt werden: ADMINISTRATION|NETZWERK|PPP.

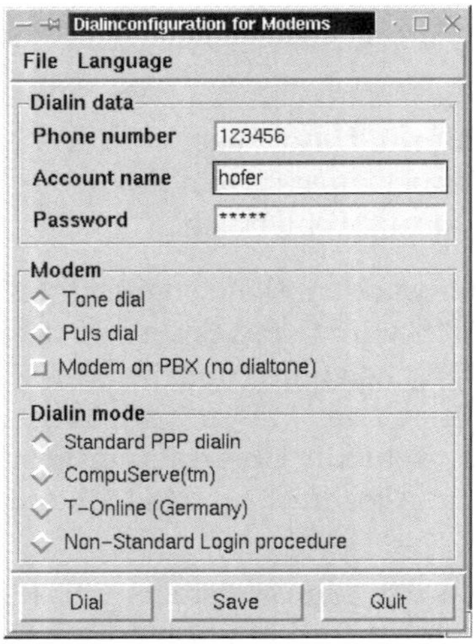

Abbildung 10.1:
PPP-Konfiguration mit wvdial

In Zukunft führen Sie jedes Mal, wenn Sie eine Internet-Verbindung benötigen, das Kommando wvdial aus (ohne YaST, einfach in einem Terminal-Fenster). Mit (Strg)+(C) beenden Sie die Verbindung wieder. Wenn außer root auch andere Benutzer wvdial verwenden dürfen, müssen Sie diese Benutzer den Gruppen uucp und dialout zuordnen.

VERWEIS

Die Homepage zu WvDial (inklusive FAQ) befindet sich unter:

http://www.worldvisions.ca/wvdial/

Eine umfassende Sammlung von Tipps und Tricks bei der Behebung von wvdial-Problemen bietet die SuSE-Support-Datenbank:

http://sdb.suse.de/sdb/de/html/index.html

TIPP

Zu wvdial existiert auch die KDE-Version kwvdial, die zur Zeit aber erst von wenigen Distributionen mitgeliefert wird.

http://www.cnss.ca/~ppatters/KWvDial.html

PPP-Konfiguration mit kppp (KDE)

Nach dem ersten Start von kppp muss ein neuer Zugang (Account) eingerichtet werden. Dazu klicken Sie zuerst EINSTELLUNGEN und dann NEU an.

Im Dialogblatt WÄHLEN geben Sie für diesen Zugang Namen und Telefonnummer an. Das einfachste Authentifizierungsverfahren ist im Regelfall PAP. Dazu müssen Sie im Hauptfenster den User-Namen und das Passwort angeben. Wenn Sie sich dagegen für SCRIPT BASIERT entscheiden, müssen Sie im Dialogblatt LOGIN-SCRIPT die chat-Zeichenkettenpaare angeben (wie bei einer manuellen Konfiguration). Eine DNS-Adresse müssen Sie nur dann angeben, wenn Sie `/etc/resolv.conf` nicht korrekt konfiguriert haben. Bei den restlichen Einstellungen können Sie zumeist die Voreinstellungen verwenden.

Nach der Eingabe der Zugangsinformationen müssen Sie noch das Gerät (gemeint ist die serielle Schnittstelle), das Modem und pppd konfigurieren. Im Regelfall reicht es aus, wenn Sie das richtige Device für die serielle Schnittstelle auswählen.

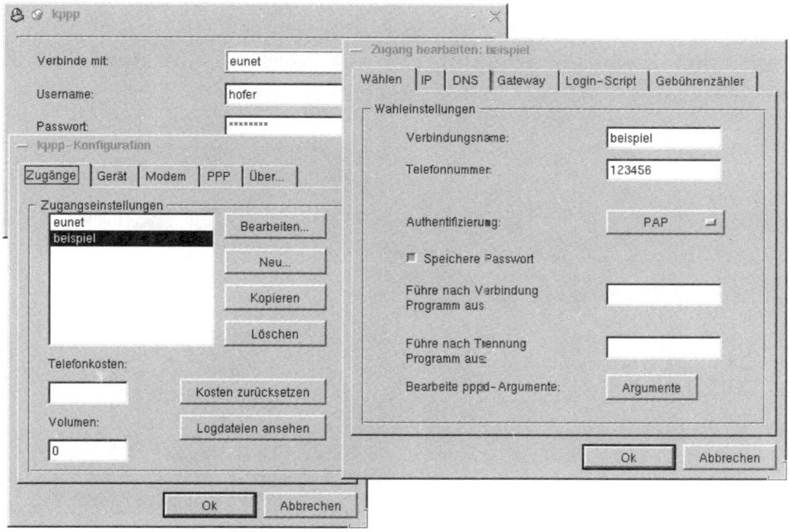

Abbildung 10.2: PPP-Konfiguration mit kppp

Damit kann es auch schon losgehen. Mit VERBINDEN versucht kppp, PPP einzurichten. Dabei wird in einem Terminalfenster die Modem-Kommunikation angezeigt, was bei der Fehlersuche hilfreich ist. Wenn die Verbindung einmal hergestellt ist, zeigt DETAILS, wie viele Daten bisher übertragen wurden.

Zu den attraktivsten Funktionen zählt die Telefongebührenmessung von kppp. Dazu muss für den Zugang im Dialogblatt GEBÜHRENZÄHLER die Gebührenzählung aktiviert und eine Telefongesellschaft ausgewählt werden. (Das Programm enthält Gebührenregeln für überraschend viele Tarife in der ganzen Welt.) Die Logging-

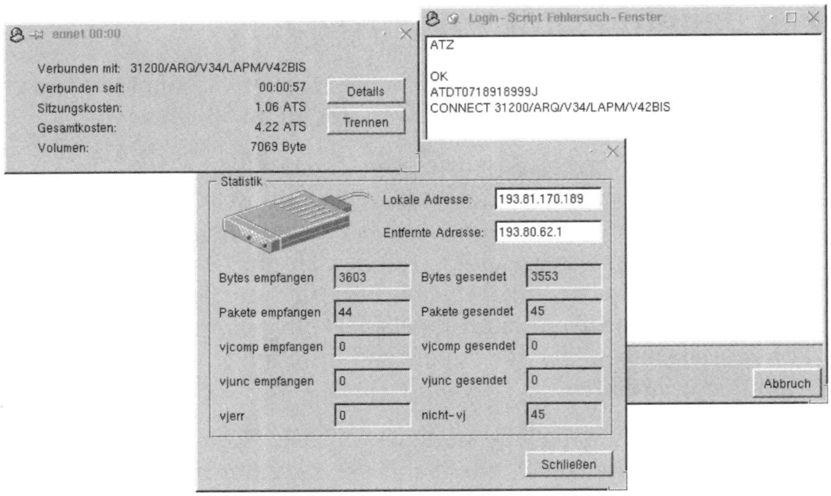

Abbildung 10.3: Informationen über die PPP-Verbindung

Dateien mit einer Zusammenstellung der anfallenden Daten und Gebühren kann dann über den Dialog EINSTELLUNG angezeigt werden.

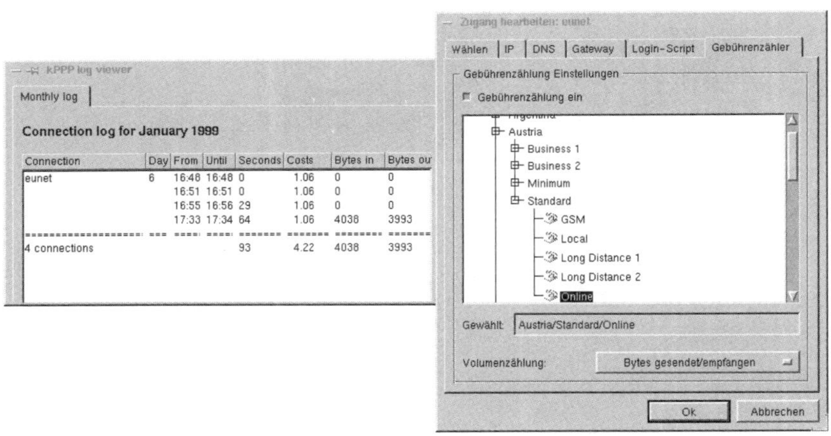

Abbildung 10.4: Gebührenzählung mit kppp

VORSICHT

Wenn kppp *pppd died unexpectedly* meldet, dann gibt es zwei sehr wahrscheinliche Ursachen: entweder fehlt `/etc/ppp/options` ganz, oder diese Datei oder `~/.ppprc` enthält das Schlüsselwort `lock`. (Das bedeutet, dass sich `pppd` um das Locking kümmern soll. Das ist zumeist sinnvoll, nicht aber in Verbindung mit `kppp`, das sich selbst darum kümmert. Entfernen Sie `lock`!) Im Zweifelsfall versuchen Sie es einfach mit einer vollkommen leeren Datei `/etc/ppp/options`. Lesen Sie auch die hervorragende Online-Dokumentation!

kppp wird normalerweise als SETUID-Programm installiert. Das bedeutet, dass das Programm root-Rechte hat, egal, von wem es ausgeführt wird. Das ist zwar ein Sicherheitsmanko (die Online-Dokumentation erklärt, wie es behoben werden kann), hat aber einen großen Vorteil: Im Gegensatz zu den anderen in diesem Kapitel vorgestellten Script-Dateien kann es ohne große Probleme von allen Anwendern verwendet werden (nicht nur von root). Die einzige Voraussetzung besteht darin, dass auch pppd von jedem Nutzer ausgeführt werden darf. Dazu reicht folgendes Kommando:

```
root#  chmod a+x /usr/sbin/pppd
```

PPP-Konfiguration mit linuxconf (Red Hat)

VERWEIS

Red Hat meint es besonders gut mit PPP-Anwendern. Nicht weniger als fünf Tools zur PPP-Konfiguration werden mitgeliefert! In diesem Buch beschrieben werden kppp (voriger Abschnitt), linuxconf (dieser Abschnitt) und das relativ neue Gnome-Programm rp3 (nächster Abschnitt). Nicht beschrieben wird die PPP-Konfiguration mit netcfg (kann auch über das Control Panel gestartet werden) sowie wvdialconf (Textmodus-Variante von wvdial).

Für den ersten Versuch sollten Sie rp3 verwenden. Das Programm ist sehr einfach zu bedienen und führt in den meisten Fällen zum Erfolg.

Die Online-Dokumentationen zu den diversen Red-Hat-PPP-Tools finden Sie im Getting Started Guide sowie im Internet:

http://www.redhat.com/support/docs/howto/

Im verschachtelten Hauptmenü von linuxconf verbirgt sich die PPP-Konfiguration unter CONFIG|NETWORKING|CLIENT|PPP. Mit dem Button NEW erzeugen Sie das neue PPP-Device ppp0. Im INTERFACE-Dialog müssen Sie die Telefonnummer, die serielle Schnittstelle, den Login-Namen und das Passwort angeben. Falls Sie die Identifizierung mit PAP durchführen möchten (zumeist die einfachste Alternative), müssen Sie die entsprechende Option aktivieren – in der Defaulteinstellung ist das nicht der Fall.

ACCEPT führt Sie zurück in den Hauptdialog. Mit einem Klick auf den Interface-Namen ppp0 gelangen Sie in einen neuen Dialog mit weiteren Konfigurationsmöglichkeiten. Dort können Sie unter anderem die Geschwindigkeit der seriellen Schnittstelle und diverse pppd-Parameter einstellen. Interessant ist die Option ALLOW ANY USER TO (DE)ACTIVATE PPP, dank der in der Folge nicht nur root auf PPP zurückgreifen kann. Mit CONNECT und DISCONNECT sollte es nun möglich sein, PPP auszuprobieren.

Natürlich möchten Sie in Zukunft nicht jedes Mal linuxconf starten, um PPP zu aktivieren bzw. zu beenden. Zu diesem Zweck führen Sie das X-Programm usernet aus. (Genau genommen handelt es sich bei usernet um einen Link auf das im nächsten Abschnitt beschriebene Programm rp3. Allerdings verhält sich rp3 ein

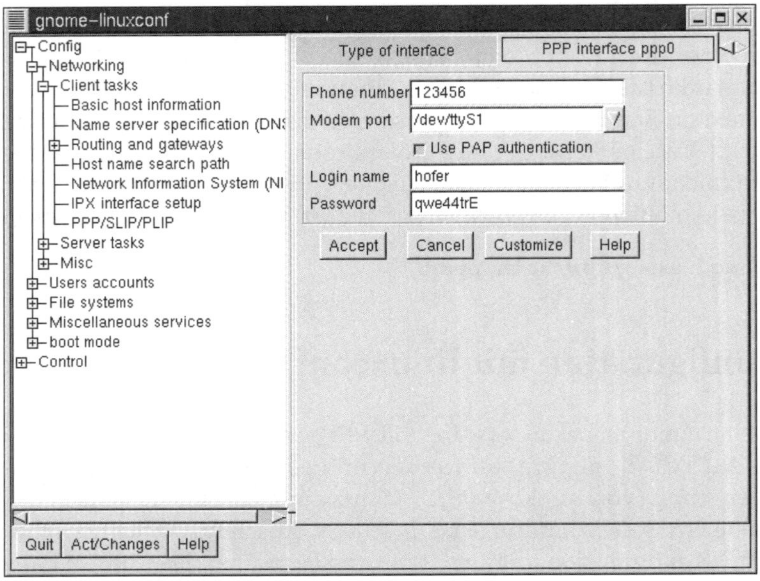

Abbildung 10.5: PPP-Konfiguration mit linuxconf

wenig anders, wenn es über den Link `usernet` gestartet wird.) Das Programm zeigt den aktuellen Zustand der Verbindung an. Durch einen einfachen Mausklick können Sie die Verbindung herstellen bzw. wieder trennen (jeweils mit Rückfrage).

PPP-Konfiguration mit rp3 (Red Hat, Gnome)

`rp3` ist ein relativ neues Gnome-Programm, das eigentlich nur eine grafische Benutzeroberfläche zu dem weiter oben schon erwähnten Programm `wvdial` darstellt.

Zur Konfiguration führen Sie das Kommando `rp3-config` aus. Es erscheint ein farbenfroher Assistent ganz im Stile vergleichbarer Programme für Microsoft Windows. Das Programm versucht im ersten Schritt, das Modem zu erkennen (was im Regelfall auch gelingt, sofern dieses eingeschaltet ist). Im zweiten Schritt geben Sie einen Account-Namen (eine beliebige Zeichenkette) und die Telefonnummer des Providers an. Im dritten Schritt geben Sie Ihren PPP-Login-Namen und das Passwort an. Im vierten Schritt wird schließlich eine recht spärliche Liste vordefinierter Provider angezeigt. Im Normalfall werden Sie Ihren Provider dort nicht finden – klicken Sie einfach 'Normal ISP' an.

Die Konfigurationsdaten werden nun als neuer Account im Fenster INTERNET CONNECTIONS angezeigt. Über den EDIT-Button können Sie dort einige weitergehende Einstellungen durchführen. Dazu zählt auch die Angabe einer DNS-Adresse, die aber nur dann erforderlich ist, wenn Ihr Provider beim Verbindungsaufbau keine DNS-Informationen weitergibt.

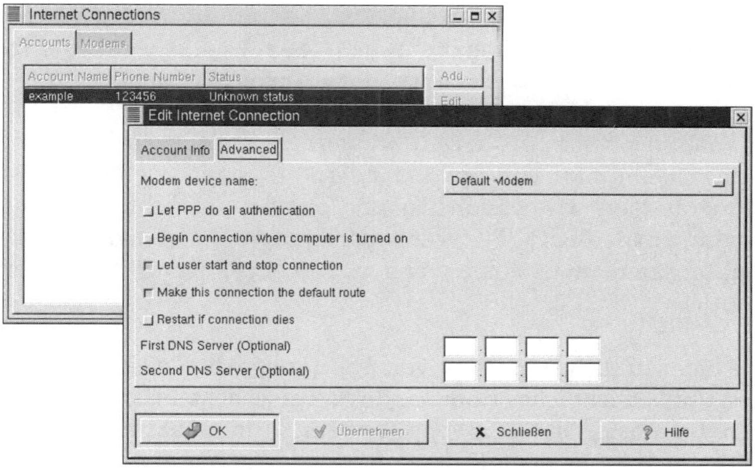

Abbildung 10.6: PPP-Konfiguration mit rp3-config

Zum eigentlichen Verbindungsaufbau verlassen Sie `rp3-config` und starten stattdessen `rp3`. Dort müssen Sie die gewünschte Schnittstelle auswählen (den Account-Namen, den Sie oben verwendet haben). Nach dem Verbindungsaufbau erscheint ein kleines Fenster, das den aktuellen Zustand der Verbindung anzeigt. Durch einen einfachen Mausklick können Sie die Verbindung herstellen bzw. trennen. `rp3` kann auch als Applet im Gnome-Panel verwendet werden.

Manuelle PPP-Konfiguration mit chat

Die PPP-Konfigurationstools sind mittlerweile so ausgereift und die Login-Verfahren bei den diversen Internet-Providern so weit standardisiert bzw. dokumentiert, dass für eine manuelle PPP-Konfiguration eigentlich keine Notwendigkeit bestehen sollte. Wenn Sie sich aber dennoch dafür interessieren, was hinter den Kulissen passiert, finden Sie hier einige Informationen.

Die Voraussetzung für den PPP-Verbindungsaufbau via Modem ist das Programm `chat`: Es übernimmt die Kommunikation mit dem Modem (also insbesondere das Wählen). Wenn Sie eines der oben beschriebenen Konfigurationstools einsetzen, um die PPP-Verbindung herzustellen, werden Ihnen die `chat`-Details verborgen. Wenn Sie PPP dagegen manuell konfigurieren möchten (oder müssen!), führt an `chat` kein Weg vorbei.

Das folgende Kommando zeigt, wie `chat` als `connect`-Parameter von `pppd` eingesetzt wird. Die `chat`-Parameter bestehen aus Zeichenketten, die an das Modem gesandt werden bzw. auf die gewartet wird (jeweils abwechselnd).

```
root# pppd lock connect \
  'chat -v "" ATZ OK ATDT123456 login: hofer password: qwe44trE' \
  /dev/ttyS1 115200 modem crtscts defaultroute debug
```

HINWEIS

pppd kann nur von root ausgeführt werden. Probleme gibt es genau genommen nicht beim Start von pppd, sondern erst dann, wenn dieses Programm mit Programmen wie ifconfig und route versucht, die neue Internet-Verbindung in das TCP/IP-System einzubinden. Die von root errichtete PPP-Verbindung kann in der Folge aber von allen eingeloggten Anwendern verwendet werden.

Anstatt wie hier sämtliche Optionen von pppd sowie die Zeichenketten für chat in ein einziges, unübersichtliches Kommando zu verschachteln, ist es besser, die pppd-spezifischen Parameter in /etc/ppp/options unterzubringen und die chat-Zeichenketten in einer eigenen Datei (z.B. /etc/ppp/ppp.chat). Die beiden Dateien könnten beispielsweise folgendermaßen aussehen:

```
# /etc/ppp/options
lock
modem
crtscts
defaultroute
debug
hide-password
connect 'chat -f /etc/ppp/ppp.chat'
```

```
# /etc/ppp/ppp.chat
TIMEOUT 20
ABORT "NO CARRIER"
ABORT BUSY
ABORT "NO DIALTONE"
ABORT ERROR
"" +++ATZ
OK ATDT123456
CONNECT ""
login: hofer
password: qwe44trE
```

pppd kann auf Basis dieser Dateien jetzt einfach so aufgerufen werden:

```
root# pppd /dev/ttyS1 115200
```

Falls die PPP-Authentifizierung mit PAP oder CHAP erfolgt (und nicht wie im obigen Beispiel direkt durch chat, muss in /etc/ppp/options der Loginname (Option name "hofer") angegeben werden. Außerdem müssen /etc/ppp/pap-secrets bzw. chap-secrets den Loginnamen und das Passwort enthalten (siehe Seite 442).

chat-Funktionsweise

Der Aufruf von `pppd/chat` und die Funktion der Konfigurationsdateien sollte klar sein. Das Problem besteht nun darin, `/etc/ppp/ppp.chat` korrekt einzustellen.

Im Wesentlichen werden an `chat` mehrere Paare von Zeichenketten übergeben. `chat` wartet, bis es die jeweils erste Zeichenkette dieses Paars vom Modem empfängt. (`""` bedeutet, dass `chat` nicht warten soll.) Anschließend sendet das Programm die jeweils zweite Zeichenkette an das Modem (z.B. ATZ für ein Reset des Modems). Nun wartet es auf die dazu passende Antwort (OK), sendet die nächste Zeichenkette (Telefonnummer wählen mit ATDT), wartet wieder auf die Antwort etc.

`chat` erwartet Eingaben aus der Standardeingabe und schreibt Zeichenketten in die Standardausgabe. Damit `chat` mit dem Modem kommuniziert, lenkt `pppd` sowohl die Ein- als auch die Ausgabe auf das Modem-Device um.

Die oben abgedruckte `ppp.chat`-Beispieldatei enthält neben den Zeichenkettenpaaren (beginnend mit `""`) auch einige globale Einstellungen: die `TIMEOUT`-Zeit, nach der die Kommunikation spätestens abgebrochen werden soll, sowie diverse `ABORT`-Zeichenketten, nach deren Empfang die Kommunikation ebenfalls abgebrochen werden soll. Das hat den Vorteil, dass das Nichtzustandekommen einer Verbindung auf Grund diverser Ursachen (Leitung besetzt etc.) sofort erkannt wird.

Erstellen der chat-Konfigurationsdatei

Das eigentliche Problem bei der Erstellung der `chat`-Konfigurationsdatei besteht darin, dass Sie wissen (oder erraten) müssen, welche Art der PPP-Initialisierung Ihr Provider erwartet.

Wahlvorgang: Unabhängig vom Provider sind die folgenden Zeilen zum Wählen. (ATZ oder ATDT sind Modem-Kommandos. Diese sind im Handbuch Ihres Modems dokumentiert. Die Standardkommandos sind zum Glück bei allen gängigen Modems gleich. Selten benötigte Spezialkommandos, etwa zur Einstellung der Übertragungsgeschwindigkeit, müssen Sie aber dem Handbuch entnehmen.)

```
"" +++ATZ
OK ATDT123456
CONNECT ""
```

Modemlautsprecher: Bei vielen Modems wird der Lautsprecher erst nach der Herstellung der Verbindung ausgeschaltet. Die Geräuschkulisse ist bei den ersten Experimenten zwar ganz praktisch (beispielsweise hört man das Besetztzeichen), auf die Dauer wird sie aber lästig. Bei den meisten Modems kann der Lautsprecher abgeschaltet werden. Das erforderliche Kommando müssen Sie in Ihrem Modem-Handbuch suchen. Bei US-Robotics-Modems lautet es beispielsweise ATM0. Das Kommando wird durch OK quittiert. Sie müssen also in `/etc/ppp/ppp.chat` noch eine Zeile einfügen (am besten unmittelbar nach der `ATZ`-Zeile):

```
ATM0 OK
```

Authentifizierung: Im günstigsten Fall sind Sie jetzt schon fertig: Der Provider startet automatisch PPP nach dem Verbindungsaufbau und fordert eine PAP- oder CHAP-Authentifizierung an. Manche Provider (immer weniger) erwarteten allerdings, dass die Authentifizierung bereits während des Verbindungsaufbaus erfolgt (also bevor PPP gestartet wird). Dazu müssen Sie in die `chat`-Konfigurationsdatei zwei Zeilen nach dem folgenden Muster einbauen:

```
login: hofer
password: qwe44trE
```

Beachten Sie bitte, dass diese Zeilen Beispielcharakter haben. Die Details sind vom Protokoll Ihres Internet-Providers abhängig. So fordern manche Provider nicht durch 'login', sondern durch 'User-Name:' zum Login auf.

PPP starten: Bei den meisten Providern wird PPP nach dem Verbindungsaufbau bzw. nach dem Login automatisch gestartet. Manche Provider müssen dazu allerdings erst aufgefordert werden. Beispielsweise meldet sich der Provider nach dem Login mit 'Welcome' und erwartet dann das Kommando 'ppp'. In diesem Fall erweitern Sie die `chat`-Konfigurationsdatei einfach um diese beiden Schlüsselwörter:

```
welcome ppp
```

PPP-Verbindung testen

Zum Testen der Verbindung können Sie die auf Seite 428 beschriebenen Kommandos einsetzen (`ifconfig`, `ping`, `route`). Wenn das Ergebnis von `ifconfig` in etwa so aussieht, haben Sie gewonnen!

```
root#  ifconfig
lo     Link encap:Local Loopback
       inet addr:127.0.0.1  Bcast:127.255.255.255  Mask:255.0.0.0
       UP BROADCAST LOOPBACK RUNNING  MTU:3584  Metric:1
       RX packets:14 errors:0 dropped:0 overruns:0 frame:0
       TX packets:14 errors:0 dropped:0 overruns:0 carrier:0
       collisions:0

ppp0   Link encap:Point-to-Point Protocol
       inet addr:199.85.96.166  P-t-P:199.85.37.3  Mask:255.255.255.0
       UP POINTOPOINT RUNNING  MTU:1006  Metric:1
       RX packets:7 errors:0 dropped:0 overruns:0 frame:0
       TX packets:7 errors:0 dropped:0 overruns:0 carrier:0
       collisions:0
```

PPP-Verbindung beenden

Um die PPP-Verbindung zu beenden, müssen Sie `pppd` beenden. Da dieses Programm im Hintergrund läuft (es ist ja ein sogenannter Dämon), müssen Sie dazu `killall` einsetzen:

```
root#  killall pppd
```

Wenn Sie möchten, dass die Verbindung automatisch beendet wird, sobald eine Weile keine Daten übertragen werden, sollten Sie in der `pppd`-Optionsdatei die gewünschte Zeit in Sekunden mit der `idle`-Option angeben.

Verbindungsaufbau mit Terminalemulator testen

Wenn Sie Probleme mit der richtigen Einstellung der `chat`-Datei haben, können Sie sich mit einem Terminalemulator (`minicom` oder `seyon`) direkt bei Ihrem Internet-Providers einwählen. Sie sehen dann im Klartext, was passiert, d.h. ob (und wie) der Provider nach Login und Passwort fragt. Das könnte in etwa so aussehen (Eingaben sind fett hervorgehoben).

```
ATDT123456
CONNECT 57600/REL
Internet Provider login:  hofer
Password:  qwe44trE
PPP session beginning.... ~/#.!$!!$!$!$
```

Sobald im Terminalemulator merkwürdige Zeichen angezeigt werden, wissen Sie, dass der Provider PPP gestartet hat. Sie können diese PPP-Verbindung sofort nutzen: Dazu müssen Sie den Terminalemulator verlassen und anschließend `pppd` starten. Dabei ist es entscheidend, dass Sie die gerade eingerichtete Telefonverbindung *nicht* unterbrechen. Falls Sie mit `minicom` arbeiten, verlassen Sie dieses Programm mit (Strg)+(A), (Q). Bei `seyon` verwenden Sie den Button CANCEL und antworten auf die nun erscheinende Rückfrage, dass das Programm nicht auflegen soll.

Beim Aufruf von `pppd` müssen Sie Ihr Modem-Device und die Schlüsselwörter `crtscts` und `defaultroute` angeben. `pppd` übernimmt damit die Kontrolle über die serielle Schnittstelle und richtet dort eine PPP-Verbindung ein. `defaultroute` bewirkt, dass `pppd` mit dem Partnerprogramm des Internet-Providers die IP-Adressen austauscht.

```
root#  /usr/lib/ppp/pppd /dev/ttyS1 crtscts defaultroute &
```

ppp-on und ppp-off

Leider kommt mitunter auch bei einer perfekt ausgeklügelten `chat`-Konfigurationsdatei die PPP-Verbindung nicht beim ersten Versuch zustande: Vielleicht ist die Telefonnummer des Providers gerade besetzt, oder der Server des Providers ist gerade überfordert, oder ... Aus diesem immer wiederkehrenden Ärger entstand das Script `ppp-on`, das automatisch mehrere Versuche macht und besser konfigurierbar ist.

- Das Programm geht davon aus, dass die `chat`-Parameter und die `pppd`-Optionen in `/etc/ppp/ppp.chat` bzw. `/etc/ppp/options` gespeichert sind (siehe oben).
- Zuerst wird überprüft, ob die serielle Schnittstelle von einem anderen Programm blockiert wird (`minicom`, `seyon`). Die Variablen `LOCKDIR` und `DEVICE` müssen eventuell angepasst werden.
- Nach dem Start von `pppd` wird getestet, ob es dem Programm geglückt ist, eine Verbindung herzustellen. Dazu wird mit `ifconfig` getestet, ob das PPP-Network-Interface aktiv ist. Normalerweise dauert es einige Zeit, bis sich beide Seiten über die Modem-Geschwindigkeit und über die PPP-Modalitäten geeinigt haben (typisch sind 20 bis 30 Sekunden).
- Falls es Probleme gibt, wird mit `ppp-off` die Leitung unterbrochen und nach 30 Sekunden ein neuer Versuch gestartet.

```
#!/bin/sh
# ppp-on: PPP-Verbindung herstellen
LOCKDIR=/var/lock       # Locking-Verzeichnis
DEVICE=ttyS1            # serielle Schnittstelle
INTERFACE=ppp0          # PPP-Interface
DIALLIMIT=15            # Anzahl der Wählversuche
CONNECTLIMIT=15         # Anzahl der Tests, ob ppp läuft

# Locking-Kontrolle
if [ -f $LOCKDIR/LCK..$DEVICE ]
then
    echo "PPP device is locked"
    exit 1
fi

# eventuell Geschwindigkeit der seriellen Schnittstelle erhöhen
# stty ispeed 115200 < /dev/$DEVICE

# mehrere Wählversuche (Variable i)
i=0
while [ 1 ]; do
  echo -n "dialing ... "
  pppd /dev/$DEVICE 115200
  sleep 10
  # hat es funktioniert?
  echo -n "trying to establish ppp ."
```

```
    j=0
    while [ $j -lt $CONNECTLIMIT ]; do
      # Test mit ifconfig, ob ppp-Verbindung läuft
      echo -n "."
      x=$(/sbin/ifconfig | grep $INTERFACE | wc -l)
      if [ $x -ne 0 ]; then
        break 2   # aus beiden Schleifen springen
      fi
      sleep 2
      j=$[j+1]
    done
    # es hat nicht funktioniert
    echo
    echo -n "no connect (busy?) or no ppp"

    # Neuer Wählversuch?
    i=$[i+1]
    if [ $i -ge $DIALLIMIT ]; then
      echo "after $DIALLIMIT tries, "
      echo "try running this script again later :-("
      ./ppp-off  # sicher ist sicher
      exit 1
    fi
    echo ", I'll try again soon ..."
    ./ppp-off    # sicher ist sicher
    sleep 30
done

# Erfolgsmeldung anzeigen
echo " ppp is up!"
/sbin/ifconfig
```

VERWEIS

ppp-on ist ein Beispiel für ein Shell-Script, also für ein kleines Programm, das von der Shell ausgeführt wird. Eine Shell ist eine Art Kommandointerpreter. Genauere Informationen finden Sie in Kapitel 15. Eine Einführung in die Shell-Programmierung gibt Kapitel 16.

Zur bequemen Unterbrechung einer PPP-Verbindung können Sie das Shell-Programm ppp-off verwenden. Das Programm beendet pppd durch ein kill-Kommando. Außerdem wird eine eventuell übrig gebliebene Locking-Datei von pppd gelöscht:

```
#!/bin/sh
# ppp-off: ppp beenden
INTERFACE=ppp0
MODEM=/dev/ttyS1
killall pppd
rm -f /var/run/$INTERFACE.pid
```

PPP-Fehlersuche

Wenn `chat` erfolgreich eine Verbindung aufbaut, aber PPP dennoch nicht funktioniert, sollten Sie einen Blick in die `pppd`-Fehlermeldungen werfen, die via `syslog` protokolliert werden. Die Protokolldatei hat je nach der Einstellung in `/etc/syslog.conf` einen Namen wie `/var/log/messages`. Die Protokollierung wird sehr viel ausführlicher, wenn Sie die `pppd`-Option `debug` verwenden.

Aus den Meldungen sollte insbesondere hervorgehen, welche Authentifizierung der Provider erwartet und ob es dabei zu Problemen kommt. Falls Sie eine Fehlermeldung der Art 'all had bit 7 set to 0' erhalten, deutet das darauf hin, dass der Provider PPP gar nicht gestartet hat. Wahrscheinlich müssen Sie in `chat` den Login durchführen und/oder ein Kommando angeben, das den Provider auffordert, PPP zu starten.

Die folgenden Zeilen zeigen, wie ein Protokoll von `pppd` im Debug-Modus aussehen kann. Der Provider schlägt eine Authentifizerung mit CHAP vor. `pppd` ist dazu aber nicht in der Lage (weil auf dem Rechner keine Datei `/etc/ppp/chap-secrets` vorgesehen ist) und schlägt stattdessen vor, PAP zur Authentifizierung zu verwenden. Damit ist der Provider zum Glück auch zufrieden, so dass die Authentifizierung glückt. Die restlichen Zeilen dienen dazu, die IP-Nummern zu vereinbaren, unter denen Ihr Rechner (hier 213.33.17.1) und der Server des Providers (172.18.90.132) miteinander kommunizieren.

```
pppd 2.3.10 started by root, uid 0
Using interface ppp0
Connect: ppp0 <--> /dev/ttyS1
sent [LCP ConfReq id=0x1 <asyncmap 0x0> <magic 0xcf711cb6> <pcomp> <accomp>]
rcvd [LCP ConfReq id=0x75 <auth chap MD5> <magic 0x81dc2b41>]
sent [LCP ConfNak id=0x75 <auth pap>]
rcvd [LCP ConfAck id=0x1 <asyncmap 0x0> <magic 0xcf711cb6> <pcomp> <accomp>]
rcvd [LCP ConfReq id=0x76 <auth pap> <magic 0x81dc2b41>]
sent [LCP ConfAck id=0x76 <auth pap> <magic 0x81dc2b41>]
sent [PAP AuthReq id=0x1 user="hofer" password="******"]
rcvd [PAP AuthAck id=0x1 ""]
sent [IPCP ConfReq id=0x1 <addr 0.0.0.0> <compress VJ 0f 01>]
kernel: PPP BSD Compression module registered
kernel: PPP Deflate Compression module registered
sent [CCP ConfReq id=0x1 <deflate 15> <deflate(old#) 15> <bsd v1 15>]
rcvd [IPCP ConfReq id=0x6c <compress VJ 0f 00> <addr 172.18.90.132>]
sent [IPCP ConfAck id=0x6c <compress VJ 0f 00> <addr 172.18.90.132>]
rcvd [IPCP ConfNak id=0x1 <addr 213.33.17.1>]
sent [IPCP ConfReq id=0x2 <addr 213.33.17.1> <compress VJ 0f 01>]
rcvd [IPCP ConfReq id=0x6d <compress VJ 0f 00> <addr 172.18.90.132>]
sent [IPCP ConfAck id=0x6d <compress VJ 0f 00> <addr 172.18.90.132>]
rcvd [LCP ProtRej id=0x77 80 fd 01 01 00 0f 1a 04 78 00 18 04 78 00 15 03 2f]
rcvd [IPCP ConfAck id=0x2 <addr 213.33.17.1> <compress VJ 0f 01>]
local  IP address 213.33.17.1
remote IP address 172.18.90.132
Script /etc/ppp/ip-up started (pid 1416)
Script /etc/ppp/ip-up finished (pid 1416), status = 0x0
```

10.3 ISDN

Nach Erscheinen der 4. Auflage dieses Buchs wurde in deutschen Linux-Newsgroups bereits diskutiert, ob man mir eine ISDN-Karte schenken müsse, damit ich endlich ISDN beschreibe. Nun, jetzt ist es endlich so weit, ein ISDN-Anschluss hat den Weg in meine Wohnung gefunden und ISDN damit Eingang in dieses Buch.

Grundlagen

Passiv/aktiv: Es gibt zwei Typen von ISDN-Karten, aktive und passive. Vereinfacht ausgedrückt haben aktive Karten mehr eigene Intelligenz und entlasten damit die CPU ein wenig. (Im Zeitalter von Gigahertz-Prozessoren ist das jedoch irrelevant.) Sie sind aber teurer und werden eher selten eingesetzt. Zudem werden sie unter Linux nur sehr vereinzelt unterstützt. Bei passiven Karten muss sich die Software um Protokollfragen etc. kümmern. Sehr viele passive Karten verwenden den gleichen Chip-Satz von Siemens, der unter Linux gut unterstützt wird. Generell ist die Erfolgswahrscheinlichkeit mit einer passiven Karte also größer – aber Sie sollten sich auf jeden Fall vor dem Kauf erkundigen, ob Ihre Karte unterstützt wird! (Sie finden diese Informationen in den ISDN-FAQs.)

Terminaladapter: Es gibt ISDN-Karten (bzw. externe Adapter), die über eine serielle Schnittstelle (seltener über eine Ethernet-Schnittstelle) an den Computer angeschlossen werden. Aus der Sicht von Linux sind derartige Karten/Adapter *keine* ISDN-Geräte, sondern Modems (siehe den vorherigen Abschnitt) bzw. Netzwerkkarten (siehe das vorige Kapitel).

SyncPPP/RawIP: Es gibt mehrere Möglichkeiten, wie die Daten zur Übertragung verpackt werden (*encapsulation*). Die zwei bekanntesten Formen sind RawIP und SyncPPP. RawIP wäre aus technischer Sicht die elegantere Lösung, die meisten Provider bieten aber nur SyncPPP an. (Linux unterstützt beide Formen.)

1TR6/DSS1 (Euro-ISDN): Auch hier geht es um Protokolle, allerdings auf einer anderen Ebene. 1TR6 ist ein alter, nationaler Standard, der während der ISDN-Anfangszeiten in Deutschland zum Einsatz kam. 1TR6 ist heute kaum mehr gebräuchlich. DSS1 alias Euro-ISDN hat 1TR6 abgelöst und gilt in sehr vielen (auch nichteuropäischen) Ländern als Standard.

TIPP

Wenn Sie sich unsicher sind, welche dieser Varianten bei Ihnen zutrifft: Die Wahrscheinlichkeit ist sehr groß, dass Sie eine passive Karte besitzen und Ihr Provider SyncPPP und Euro-ISDN unterstützt.

MSN: Diese Abkürzung steht für *Multiple Subscribe Number* und gilt nur bei DSS1. (Bei 1TR6 wird stattdessen die Endgeräte-Auswahlziffer EAZ verwendet.) Bei der MSN handelt es sich um die Telefonnummer Ihres ISDN-Anschlusses (ohne Vorwahl). Eine Besonderheit bei der ISDN-Konfiguration besteht darin, dass nicht nur die Telefonnumer des Providers, sondern auch die eigene Telefonnummer (eben die MSN) angegeben werden muss. Die MSN wird beim Verbindungsaufbau an die Gegenstelle übermittelt. Ist die MSN falsch bzw. fehlt sie, ist ein Verbindungsaufbau nicht möglich. (Keine Regel ohne Ausnahme! In manchen Ländern kann als MSN auch einfach 0 angegeben werden.)

Dial-on-Demand (DoD): ISDN bietet exzellente Voraussetzungen für Dial-on-Demand. Zum einen funktioniert der Verbindungsaufbau sehr schnell (meist in weniger als einer Sekunde – allein deshalb lohnt es sich, Ihr altes Modem endlich jemand anderem zu schenken!). Zum anderen unterstützt der ISDN-Dämon `ipppd` DoD sehr gut.

Daher bieten die meisten Konfigurationsprogramme eine entsprechende Option an (Auto-Dialing, Wählmodus `auto` oder so ähnlich). Wenn Sie sich für diese Variante entscheiden, wird der ISDN-Dämon bereits beim Systemstart aktiviert. Sobald irgendein Programm eine Internet-Verbindung benötigt (z.B. wenn Sie in Netscape eine Web-Adresse eingeben), stellt der Dämon automatisch die Verbindung her. Ebenso automatisch beendet der Dämon die Verbindung nach einer Weile wieder.

Das Problem besteht darin, dass es sich nur sehr schwer vermeiden lässt, dass derartige Verbindungen unbeabsichtigt hergestellt werden – etwa weil ein Domain-Server kontaktiert wird etc. Auch wenn diese Verbindungen sehr kurz sind, kann das sehr teuer werden, weil die meisten Telefongesellschaften jeden Verbindungsaufbau getrennt verrechnen (und es daher billiger ist, eine Verbindung für längere Zeit zu nutzen als drei kurze Verbindungen herzustellen). Kurz und gut: Dial-on-Demand ist sehr komfortabel, aber auch gefährlich.

VERWEIS

Sehr viele weiterführende Informationen finden Sie in den ISDN-FAQs und im ISDN-HOWTO (nur auf Deutsch verfügbar). Dort werden auch Themen wie Fax mit ISDN, diverse Dial-on-Demand-Probleme, Kanalbündelung etc. beschrieben. Die Dokumente sind üblicherweise Teil der ISDN-Pakete für Linux (z.B. `isdn4k-utils` bei Red Hat, `i4l` bei SuSE). Sie finden die Texte natürlich auch im Internet:

```
http://www.isdn4linux.de/faq/
http://www.tu-harburg.de/~semb2204/dlhp/HOWTO/
    DE-ISDN-HOWTO.html
```

Eine weitere wichtige Informationsquelle – vor allem was die Unterstützung bestimmter Karten betrifft – ist die Kernel-Dokumentation:

```
/usr/src/linux/Documentation/isdn/*
```

TIPP

Wenn Sie mit ISDN arbeiten, sollten Sie immer das Programm `xisdnload` (oder einen anderen ISDN-Monitor) im Hintergrund laufen lassen. `xisdnload` zeigt in einem kleinen Fenster an, ob gerade eine Verbindung besteht (rot) oder nicht (grün). Außerdem wird der aktuelle Datendurchsatz dargestellt. Eine Variante zu `xisdnload` ist das KDE-Programm `kisdnload`. Mit SuSE wird stattdessen `kimon` mitgeliefert (siehe Seite 469).

Konfigurationstools

Die meisten aktuellen Distributionen liefern eigene Konfigurationstools mit. Wenn das nicht der Fall ist, müssen Sie (nach der Installation der ISDN-Pakete) `isdn setup` ausführen. `isdn` ist ein leider sehr minimalistisches Konfigurationsprogramm im Textmodus, mit dem es aber gelingen sollte, zumindest ansatzweise korrekte Konfigurationsdateien zu erstellen.

HINWEIS

Eine attraktivere Variante ist das Programm `kisdn`. Dabei handelt es sich um ein ISDN-Konfigurationsprogramm, das unter KDE läuft. Der größte Nachteil besteht darin, dass es sich um ein kommerzielles (aber immerhin sehr preisgünstiges) Programm handelt. Weitere Informationen sowie eine kostenlose Testversion finden Sie hier:

`http://www.milleniumx.de`

Red Hat (isdn-config)

Bei aktuellen Red-Hat-Versionen steht zur ISDN-Konfiguration das relativ neue Programm `isdn-config` zur Verfügung. (Das Programm soll ab KDE Version 2.0 auch innerhalb des KDE-Kontrollzentrums verwendbar sein.)

HINWEIS

Bei Red Hat 6.2 kann `isdn-config` nur unter KDE, nicht aber unter Gnome verwendet werden. Aufgrund eines Problems im Zusammenspiel zwischen `isdn-config` und Enlightenment (dem von Red Hat eingesetzten Windows-Manager für Gnome) werden `isdn-config`-Fenster zum Teil nicht richtig angezeigt, was die Konfiguration unmöglich macht.

Die Bedienung des Programms ist intuitiv und einfach: Im ersten Schritt wählen Sie im HARDWARE-Dialog Ihre ISDN-Karte aus. Außerdem muss hier das gewünschte Protokoll (zumeist DSS1) angegeben werden.

Anschließend wechseln Sie in den PROVIDER-Dialog. Dort können Sie einen Provider aus einer vordefinierten Liste auswählen. Falls Ihr Provider dort nicht erscheint, erzeugen Sie einfach einen neuen Provider-Eintrag, was mit wenig Arbeit verbunden ist. Es gibt folgenden Felder:

- Provider Name: Zeichenkette zur Identifizierung des Providers
- Phone Number: die Telefonnummer des Internet-Providers
- HUP timeout: die Zeit in Sekunden, nach der die Verbindung automatisch getrennt wird, wenn sie nicht benutzt wird
- MSN: die für die ISDN-Karte gültige Telefonnummer (also Ihre eigene Telefonnummer, ohne Vorwahl)
- Encapsulation: das gewünschte Protokoll, meist SyncPPP
- Dialmode: `auto`, wenn der Verbindungsaufbau automatisch erfolgen soll, sonst `manual`; `off` bedeutet, dass ISDN ganz deaktiviert wird, d.h. dass der ISDN-Dämon während des Init-V-Prozesses gar nicht gestartet wird
- Authentification: zumeist PAP
- Login Name: Ihr Benutzername beim Provider (im Beispiel dieses Kapitels `hofer`)
- Passwort: Ihr Passwort (`qwe44trE`)
- DNS: die Adresse des DNS des Providers

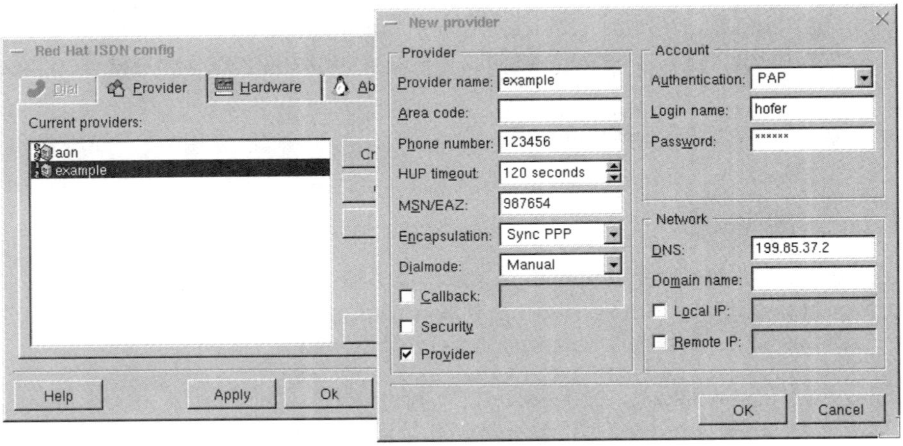

Abbildung 10.7: ISDN-Konfiguration mit isdn-config

Nachdem die Konfiguration abgeschlossen ist, können Sie `isdn-config` auch zum Verbindungsaufbau verwenden. Dazu starten Sie den IPPP-Dämon mit Start. Je nach der Einstellung bei Dialmode wird die ISDN-Verbindung dann automatisch hergestellt, sobald Sie Daten aus dem Internet anfordern (z.B. indem Sie in Netscape eine Adresse angeben) oder indem Sie den Button Connect anklicken. Hangup beendet die Verbindung wieder.

Den IPPP-Dämon können Sie statt mit `isdn-conf` auch mit den folgenden Kommandos starten bzw. stoppen:

```
root#  /etc/rc.d/init.d/isdn start
root#  /etc/rc.d/init.d/isdn stop
```

Sobald der IPPP-Dämon einmal läuft, können Sie zum manuellen Verbindungsaufbau auch die beiden folgenden Kommandos verwenden:

```
root#  isdnctrl dial ippp0
root#  isdnctrl hangup ippp0
```

Ein weiteres Programm für den manuellen Verbindungsaufbau ist das grafische Tool `rp3`. Wenn Sie dieses Programm mit `rp3 -i ippp0` aufrufen, erscheint ein kleines Fenster, das den aktuellen Zustand der Verbindung anzeigt. Durch einen einfachen Mausklick können Sie die Verbindung herstellen bzw. trennen. `rp3` kann auch als Applet im Gnome-Panel verwendet werden.

SuSE (YaST2)

SuSE war eine der ersten Linux-Distributionen (wenn nicht *die* erste), die ein Tool zur ISDN-Konfiguration anbot. Mittlerweile wirkt YaST in dieser Beziehung allerdings recht alt. Wenn Sie eine aktuelle SuSE-Version besitzen, ist das aber kein Problem – seit SuSE 6.4 können Sie statt YaST auch das neue YaST2 zur ISDN-Konfiguration verwenden.

Nachdem Sie das Modul NETWORK/MODEM+ISDN gestartet haben, versucht YaST2 automatisch, Ihre ISDN-Karte zu erkennen. (Gelingt das nicht, müssen Sie das alte YaST verwenden – siehe den nächsten Abschnitt.) Anschließend können Sie Ihren Internet-Provider aus einer vordefinierten Liste auswählen. Wenn Sie Ihren Provider hier nicht finden, müssen Sie den Provider-Eintrag neu definieren, was aber auch kein Problem ist:

Wählen Sie in der Provider-Liste NEW aus, und geben Sie die Telefonnummer des Providers, Ihren PPP-Loginnamen und das Passwort an. Im nächsten Dialog wählen Sie das gewünschte Protokoll (meist EURO-ISDN), den Device-Typ (meist SYNC-PPP), den Callback-Modus (üblicherweise OFF) und den Wählmodus (AUTO oder MANUAL) aus. Für erste Experimente ist MANUAL sicherer. Wenn Sie möchten, dass andere Benutzer außer `root` ISDN starten dürfen, dekativieren Sie die Option ISDN ACCESS FOR ROOT ONLY.

Im nächsten Dialog sollen Sie Ihre IP-Adresse für das ISDN-Interface angeben. Das ist ziemlich unlogisch, weil fast alle Provider Ihnen die IP-Nummer zuweisen. (Dementsprechend muss die Option DYNAMIC IP-ADRESS aktiviert werden.) Geben Sie hier eine IP-Nummer an, die bei Ihrer Konfiguration *nicht* in Verwendung ist – beispielsweise 192.168.0.253. (Sofern Ihr Rechner Teil eines lokalen Netzwerks ist, sollten Sie hier eine IP-Nummer angeben, die im Netzwerk nicht verwendet wird. Falls im Netzwerk DHCP verwendet wird, sollte die Nummer außerhalb des DHCP-Adressbereichs liegen.)

Ebenso verwirrend ist die Angabe der IP-Adresse des Point-to-Point-Partners (also Ihres Internet-Providers). Im Regelfall wissen Sie diese IP-Adresse nicht, und Sie brauchen sie auch nicht zu wissen. Geben Sie abermals eine Adresse an, die nicht im Konflikt mit tatsächlichen Adressen steht – beispielsweise 192.168.0.254.

Kurz eine Hintergrundinformation, wozu diese Adressen verwendet werden: ipppd – der Dämon für ISDN-PPP-Verbindungen – wird schon beim Systemstart gestartet. Dabei müssen irgendwelche IP-Nummern angegeben werden, gleichsam als Platzhalter für die richtigen IP-Nummern, die aber erst beim tatsächlichen Verbindungsaufbau bekannt werden. Der Verbindungsaufbau erfolgt je nach Wählmodus erst bei einer expliziten Aufforderung (isdnctrl dial ippp0) oder auch automatisch (sobald ein Programm Daten aus dem Internet anfordert).

Die Optionen DYNAMIC DNS ASSIGNMENT und START ISDN DURING SYSTEM BOOT sollten beide aktiviert werden. Die erste Option bedeutet, dass während des Verbindungsaufbaus die DNS-Adressen des Providers ermittelt und automatisch in /etc/resolv.conf eingetragen werden. Die zweite Option bewirkt, dass das ISDN-System schon beim Systemstart aktiviert wird. Dabei wird aber noch keine Verbindung aufgebaut. Das geschieht erst, wenn Sie Internet-Daten anfordern (Wählmodus AUTO) bzw. wenn Sie die Verbindung explizit mit isdnctrl dial ippp0 herstellen (Wählmodus MANUAL).

ISDN-System starten: Die Konfiguration ist damit abgeschlossen. Das ISDN-System wird allerdings nicht gestartet. (Das erfolgt erst ab dem nächsten Systemstart automatisch.) Den Rechnerneustart können Sie sich aber ersparen. Führen Sie einfach die drei folgenden Kommandos aus:

```
root# /sbin/init.d/i4l_hardware start
root# /sbin/init.d/i4l start
root# /sbin/init.d/route start
```

ISDN-Verbindung herstellen und beenden: Wenn Sie sich für den Wählmodus MANUAL entschieden haben, können Sie die ISDN-Verbindung mit isdnctrl herstellen bzw. beenden:

```
root# isdnctrl dial ippp0
root# isdnctrl hangup ippp0
```

Im Wählmodus AUTO können Sie auf isdnctrl verzichten – starten Sie einfach Netscape, und geben Sie eine Webadresse ein – ISDN wird automatisch gestartet.

HINWEIS

Die ISDN-Verbindung wird automatisch unterbrochen, wenn sie mehr als 60 Sekunden nicht genutzt wird. YaST2 bietet zur Zeit keine Möglichkeit, diese Zeit einzustellen. Wenn Sie eine längere oder kürzere Zeit wünschen, müssen Sie /etc/rc.config.d/i4l.rc.config mit einem Editor ändern (Variable I4L_IDLETIME_*n*). Anschließend müssen Sie den ISDN-Dämon neu starten. Dazu führen Sie /sbin/init.d/i4l stop und danach i4l start aus.

> **HINWEIS**
> Die meisten Provider senden beim Verbindungsaufbau die erforderliche DNS-Adresse mit. SuSE ist in der Lage, diese Informationen auszuwerten – daher ist im Regelfall keine explizite DNS-Konfiguration erforderlich. Wenn Ihr Provider keine DNS-Informationen weitergibt, müssen Sie die DNS-Adresse in YaST (also mit der alten YaST-Version) mit KONFIGURATION|NETZWERK|NAMESERVER einstellen.

kimon: Sofern Sie ISDN konfiguriert haben und KDE verwenden, startet SuSE bei jedem X-Start automatisch das Programm `kimon` (KDE-ISDN-Monitor). (Für den automatischen Start ist übrigens das von SuSE adaptierte Script `/usr/X11R6/bin/startkde` verantwortlich.)

Solange keine ISDN-Verbindung besteht, zeigt `kimon` in einem Icon des KDE-Panels zwei grüne Lämpchen an, die den Zustand der beiden ISDN-Kanäle anzeigen. Wie bei `xisdnload` gilt: Grün – keine Verbindung. Rot – Verbindung. Ob das eine besonders intuitive Farbzuordnung ist, sei dahingestellt. Am ehesten könnte man das so interpretieren: Rot – Gefahr, Telefonkosten!

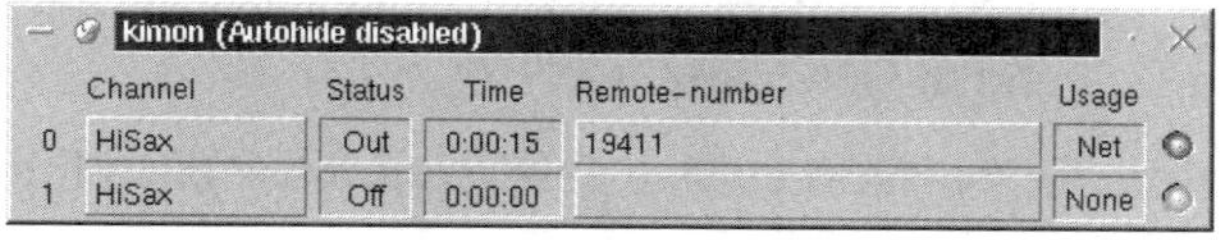

Abbildung 10.8: Der ISDN-Monitor kimon

`kimon` erwacht zum Leben, wenn eine ISDN-Verbindung hergestellt wird. Es erscheint dann für 30 Sekunden ein kleines Fenster, das den Zustand der ISDN-Verbindung anzeigt. Das Fenster verschwindet dann automatisch wieder. (Dieses Verhalten kann mit den `kimon`-Optionen verändert werden.) Im `kimon`-Fenster kann durch Anklicken des roten bzw. grünen Lämpchens die Verbindung unterbrochen bzw. wiederhergestellt werden.

> **VORSICHT**
> Wenn Sie das `kimon`-Icon im KDE-Panel anklicken, wird sofort eine ISDN-Verbindung hergestellt bzw. eine vorhandene Verbindung getrennt (ohne Rückfrage). Dieses mehr als seltsame Verhalten lässt sich leider nicht durch irgendwelche Optionen abstellen.

SuSE (YaST)

Die alte YaST-Version sieht zwar nicht so modern aus, was die Optik und das Design der Dialoge betrifft, funktioniert dafür aber sehr zuverlässig.

Hardware-Konfiguration: In ADMINISTRATION|HARDWARE|ISDN können Sie in einem Listenfeld Ihre ISDN-Karte auswählen. Das richtige Protokoll lautet fast immer Euro-ISDN (DSS1). Die Option I4L STARTEN bedeutet, dass ISDN bereits während des Bootprozesses aktiviert wird. Diese Option muss ausgewählt werden, damit ISDN getestet und verwendet werden kann. (Tatsächlich erfolgt der Verbindungsaufbau aber erst, wenn Sie eine Internet-Verbindung wünschen.) Mit dem Button STARTEN probieren Sie die Einstellungen aus. Wenn dabei kein Fehler auftritt, speichern Sie die Einstellungen.

Netzwerkkonfiguration: Damit ist aber erst sichergestellt, dass Linux mit Ihrer Hardware (ISDN-Karte) zurechtkommt. Der zweite Teil der Konfiguration erfolgt in ADMINISTRATION|NETZWERK|NETZWERK GRUNDKONFIGURATION. Dort stellen Sie mit (F5) als Device 'ISDN SyncPPP' ein.

Mit (F6) gelangen Sie in den Dialog für die Netzwerkadresse. Dort müssen Sie die IP-Adressen für Ihr ISDN-Interface und für den Provider eintragen. Diese Adressen werden allerdings nie benutzt! Tragen Sie IP-Adressen ein, die in Ihrem Netzwerk nicht genutzt werden (z.B. 192.168.0.253 und 192.168.0.254). Weitere Erlärungen finden Sie oben bei der YaST2-Konfiguration.

Nachdem Sie den Adressdialog verlassen haben, können Sie das Interface mit (F4) aktivieren. (Noch immer passiert nichts, aber ohne Aktivierung können Sie ISDN später nicht ausprobieren.)

ISDN-Parameter: Jetzt geht es mit (F8) weiter in den Dialog für die ISDN-Parameter. Dort geben Sie die folgenden Daten an:

- MSN: die für die ISDN-Karte gültige Telefonnummer (also Ihre eigene Telefonnummer, ohne Vorwahl)
- ANZURUFENDE NUMMER: die Telefonnummer des Internet-Providers
- NUMMERN, DIE ANRUFEN DÜRFEN: normalerweise keine
- WÄHLMODUS: `auto`, wenn der Verbindungsaufbau automatisch erfolgen soll, sonst `manual`
- IDLE-TIME: die Zeit in Sekunden, nach der die Verbindung automatisch getrennt wird, wenn sie nicht benutzt wird
- ISDN-CALLBACK-KONFIGURATION: `off` (es sei denn, der Provider ruft Sie zurück; dann müssen Sie auch die NUMMERN, DIE ANRUFEN DÜRFEN ändern
- NAME DES PPP-LOGINS: Ihr Benutzername beim Provider (im Beispiel dieses Kapitels `hofer`)
- PPP-PASSWORT: Ihr Passwort (`qwe44trE`)

Mit STARTEN können Sie die Konfiguration ausprobieren. Gestartet wird allerdings nicht die ISDN-Verbindung, sondern lediglich der Dämon `ipppd`. Sofern keine Fehlermeldungen auftreten, ist die ISDN-Konfiguration jetzt bereit.

Die Nutzung von ISDN erfolgt jetzt wie nach der Konfiguration durch YaST2 – siehe Seite 468 ab dem Absatz *ISDN-Verbindung herstellen und beenden.*

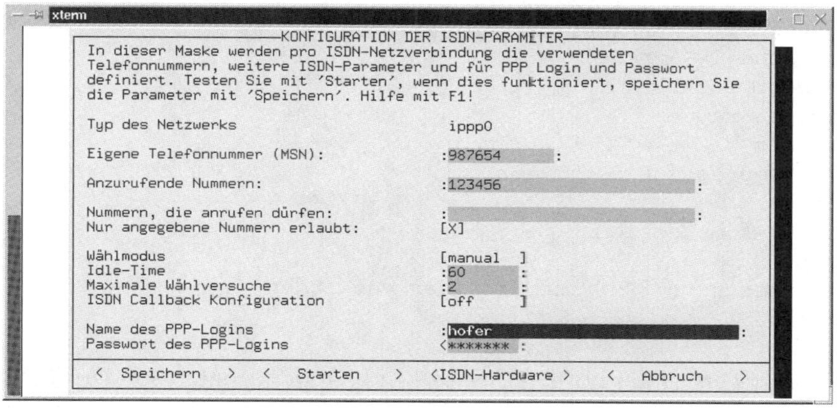

Abbildung 10.9: ISDN-Konfiguration mit YaST

ISDN-Interna

Die ISDN-Funktionen werden vom Kernel zur Verfügung gestellt (üblicherweise durch die Module `/lib/modules/`*n*`/misc/isdn.o`, `slhc.o` und ein weiteres hardware-spezifisches Modul). Im Gegensatz zu den meisten anderen Kernel-Modulen erfolgt die Initialisierung dieses Moduls allerdings nicht automatisch auf der Basis von Einstellungen in `/etc/modules.conf`. Stattdessen gibt es eine eigene Konfigurationsdatei, die beim Starten des Systems während des Init-V-Prozesses ausgewertet wird. Natürlich ist das bei jeder Distribution unterschiedlich gelöst:

Red Hat:
Init-V-Datei: `/etc/rc.d/init.d/isdn`
Konfigurationsdatei (Hardware): `/etc/sysconfig/isdncard`

SuSE:
Init-V-Datei (Hardware): `/sbin/init.d/i4l_hardware`
Konfigurationsdatei (Hardware):
`/etc/rc.config.d/i4l_hardware.rc.config`

TIPP: Viele Hintergrundinformationen zum Umgang mit den ISDN-Modulen finden Sie in den README-Dateien in `/usr/src/linux/Documentation/isdn`.

Für den eigentlichen Verbindungsaufbau ist der ISDN-Dämon `ipppd` zuständig. Auch wenn sich dieser Dämon intern sehr stark von `pppd` unterscheidet, erfolgt seine Konfiguration weitgehend gleich wie bei `pppd`. Es werden dieselben Authentifizierungsdateien in `/etc/ppp/*` ausgewertet, und in `/etc/ppp/ioptions` können viele Optionen auf die gleiche Weise wie für `pppd` angegeben werden. Viele Optionen können auch mit `isdnctrl` eingestellt werden, wovon die meisten Distributionen Gebrauch machen.

```
# Beispiel für /etc/ioptions
# dynamische IP-Adressen
ipcp-accept-local
ipcp-accept-remote
noipdefault
# keine Kompression der Daten
-bsdcomp
# keine ID-Kompression
-vjccomp
# DNS Adressen vom Service Provider verwenden
ms-get-dns
```

HINWEIS

Red Hat verwendet normalerweise keine Optionendatei, sondern erstellt die Optionenliste in /etc/rc.d/init.d/isdn. Ein Teil dieser Optionen wird beim Start von ipppd übergeben, der Rest mit isdnctrl eingestellt. SuSE verwendet statt ioptions die Datei options.ipppn, stellt darüber hinaus in /sbin/init.d/i4l aber auch einige Optionen mit isdnctrl ein.

Bei den meisten Distributionen wird ipppd im Rahmen des Init-V-Prozesses gestartet. Der Dämon bleibt dann in Bereitschaft, bis er selbstständig erkennt, dass eine Verbindung benötigt wird (Demand-Mode) bzw. bis dieser Verbindungsaufbau explizit durch isdnctrl initiiert wird.

Red Hat:
Init-V-Datei: /etc/rc.d/init.d/isdn
Konfigurationsdatei (isdn4k-utils): /etc/isdn/isdn.conf

SuSE:
Init-V-Datei (Hardware): /sbin/init.d/i4l_hardware
Init-V-Datei (Netzwerk-Interface): /sbin/init.d/i4l
Konfigurationsdatei (Netzwerk): /etc/rc.config
Konfigurationsdatei (ISDN-Parameter): /etc/rc.config.d/i4l.rc.config
Konfigurationsdatei (ipppd): /etc/ppp/options.ippp0

isdnctrl kann auch dazu eingesetzt werden, diverse Parameter von ipppd nachträglich zu verändern (z.B. den Wählmodus). Die zahlreichen isdnctrl-Kommandos sind in den Manualseiten ausführlich dokumentiert.

10.4 ADSL

Technische Grundlagen

ADSL steht für *Asymetric Digital Subscriber Line* und bezeichnet einen neuen technischen Standard zur Übertragung relativ großer Datenmengen über eine normale Telefonleitung (also zwei verdrillte Kupferkabel).

ADSL verwendet zur Datenübertragung ein Frequenzband oberhalb der normalen Telefondienste. Aus diesem Grund können diese Dienste (ein Telefongespräch bei Analoganschlüssen, zwei bei ISDN-Anschlüssen) weiterhin unbeschränkt benutzt werden. Da ADSL den normalen Telefonbetrieb nicht stört (und auch keine Leitungen blockiert), bieten die meisten ADSL-Anbieter einen zeitlich unbeschränkten ADSL-Zugang an (also quasi eine Standleitung) – allerdings oft mit einem Mengenlimit.

ADSL bezieht sich eigentlich nur auf die relativ kurze Strecke zwischen dem Endanwender und dem nächstgelegenen Wählamt bzw. der nächsten Vermittlungsstelle (maximal ca. 4 Kilometer). Von dort werden die Daten in die an das Internet angepasste Netzwerkinfrastruktur des Telekom-Unternehmens bzw. Providers eingeleitet (das sogenannte Backbone-Netz, im Regelfall auf der Basis von ATM unter Verwendung von Glasfaserleitungen).

Die Besonderheit von ADSL besteht darin, dass die sogenannte 'letzte Meile' zwischen dem Wählamt und dem Endanwender ohne die sehr teure Errichtung neuer Leitungen überbrückt werden kann. Damit das funktioniert, sind sowohl beim Wählamt bzw. Provider als auch beim Endanwender entsprechende technische Erweiterungen erforderlich:

- **DSLAM:** Die Geräte auf Provider-Seite (also im Wählamt bzw. in der Vermittlungsstelle) heißen DSLAMs (*Digital Subscriber Line Access Multiplexer*) und sind verhältnismäßig aufwendig. Da zudem das Backbone-Netz bis zu jedem Wählamt bzw. bis zu jeder Verbindungsstelle geführt werden muss, steht ADSL zur Zeit meist nur in größeren Städten zur Verfügung (wo sich die erforderlichen Infrastrukturerweiterungen am schnellsten rechnen).
- **Splitter und ANT:** Auf der Anwenderseite (also an Ihner Telefonbuchse) werden im Regelfall gleich zwei Geräte angeschlossen. Ein sogenannter Splitter trennt das Frequenzband in den niederfrequenten Bereich für die herkömmlichen Telefon- bzw. ISDN-Dienste und in den hochfrequenten ADSL-Bereich auf. Dort wird der sogenannte *ADSL Network Terminator* angeschlossen. Dieses Gerät wird umgangssprachlich meist als ADSL-Modem bezeichnet. Die Verbindung zwischen dem ANT und Ihrem Computer erfolgt schließlich über ein Ethernet-Kabel. (Mit anderen Worten: Ihr Computer benötigt eine Ethernet-Karte, damit er mit den ANT kommunizieren kann.)

Splitter und ANT erhalten Sie normalerweise von Ihrem ADSL-Anbieter. (Die Geräte bleiben aber im Eigentum des Anbieters und müssen bei Kündigung des ADSL-Dienstes zurückgegeben werden.)

Varianten: Grundsätzlich ist es möglich, Splitter und ANT in einem einzigen Gerät zu vereinen. Außerdem gibt es eine ADSL-Variante (G.Lite), die ganz ohne Splitter auskommt. Das wird aber mit anderen Nachteilen erkauft (z.B. Inkompatibilität mit ISDN). Schließlich gibt es ANT in Form einer PC-Steckkarte. Das ist natürlich eine elegante Lösung, allerdings werden die zur Zeit erhältlichen Karten nicht von Linux unterstützt. Zu guter Letzt gibt es ANT, die via USB (statt via Ethernet) mit dem PC kommunizieren, wobei Linux auch hierfür noch keine geeigneten Treiber aufweist.

xDSL: Was ist an ADSL nun asymmetrisch? Die Übertragung von Daten von der Verbindungsstelle zu Ihrem Haushalt ist deutlich schneller als in die umgekehrte Richtung. (In der Praxis bedeutet das, dass Surfen im Internet schneller ist als etwa das Versenden von E-Mail oder ein FTP-Upload.) Diese Asymmetrie hat technische Ursachen. Als Alternative zu ADSL gibt es eine Reihe symmetrischer Varianten (SDSL, HDSL etc.). Diese Varianten sind aber entweder teurer in der Realisierung, oder sie funktionieren nur für eine kleinere Entfernung zwischen Vermittlungsstelle und Anwender, oder sie sind insgesamt langsamer.

Für Privatanwender ist ADSL daher meist die bessere Wahl (soweit Sie überhaupt eine Wahl haben). Für Firmen oder Anwender, die das Internet nicht nur nutzen möchten (hauptsächlich zum Download), sondern selbst Server-Dienste anbieten möchten (hauptsächlich zum Upload), ist ADSL hingegen ungeeignet und SDSL eine interessante Alternative.

Geschwindigkeit: Wie schnell ADSL ist, hängt in erster Linie von Ihrem Provider ab. Es gibt zahllose ADSL-Geschwindigkeitsvarianten. Das theoretische Maximum liegt bei 8 Mbit/s für den Upload und 768 Kbit/s für den Download. Die meisten Provider bieten aber deutlich weniger an (z.B. 768 Kbit/s für den Upload und 128 Kbit/s für den Download).

Protokolle (PPPoE, PPPoA, PPTP): Nach diesen hardware-orientierten Informationen noch einige Ergänzungen zur Software bzw. zu den Protokollen: Prinzipiell ist es möglich, über eine ADSL-Verbindung direkt das TCP/IP-Protokoll zu übertragen. In diesem Fall könnte die Verbindung zwischen dem ANT und dem Rechner also ebenso einfach wie die Verbindung zweier Rechner in einem lokalen Netzwerk erfolgen.

In der Praxis kommt aber (leider) auch bei ADSL meist PPP zum Einsatz. Aus der Sicht eines Internet-Providers stellt PPP einen Vorteil dar, weil die schon vorhandene Infrastruktur für Modem- und ISDN-Zugang (dynamische IP-Nummernvergabe, Authentifizierung, interne Verwaltung und Abrechnung etc.) fast unverändert auch für ADSL genutzt werden kann. Für den Anwender ist PPP aber ein Nachteil, weil es einen höheren Konfigurationsaufwand bedingt und zudem einen Teil der Übertragungskapazität beansprucht.

Um PPP überhaupt via ADSL zu übertragen, wird zumeist das *Point-to-Point Protocol over Ethernet* (kurz PPPoE) eingesetzt. Als Varianten dazu kommen seltener auch das *Point-to-Point Tunneling Protocol* (kurz PPTP) sowie *Point-to-Point Protocol over ATM* (kurz PPPoA) zum Einsatz. (ATM steht wiederum für *Asynchronous Transfer Mode*. ATM war ursprünglich als Alternative bzw. Nachfolger zum Ethernet konzipiert. Zur Zeit wird ATM aber fast nur für sehr schnelle Backbone-Infrastrukturen eingesetzt.)

- **PPPoE** ist ein öffentliches Protokoll (aber kein Internet-Standard), das im RFC-Text 2516 dokumentiert ist. Es wird ab Kernel 2.4 direkt von Linux unterstützt werden. Wenn mit früheren Kernel-Versionen gearbeitet wird, stehen gleich mehrere PPPoE-Implementierungen zur Auswahl, z.B. `pppoe`, `PPPOEd` und `rp-pppoe`. Die Implementierungen sind zum Teil als eigenständige Programme, zum Teil als Kernel-Erweiterungen realisiert. Die erste Variante ist einfacher zu installieren, die zweite effizienter (d.h. geringere CPU-Belastung).
- **PPTP** ist ein von Microsoft definiertes (bzw. aus anderen Standards weiterentwickeltes) Protokoll, das ebenfalls öffentlich dokumentiert ist (RFC 2637). Seine ursprüngliche Aufgabe bestand darin, sogenannte *Virtual Private Networks* (VPNs) über Internet-Verbindungen zu ermöglichen (also eine sichere Verbindung zweier Rechner in einem an sich unsicheren Netz). Aufgrund einer Reihe gravierender Sicherheitsmängel genießt die PPTP-Implementierung von Microsoft in Linux-Kreisen allerdings nur geringes Vertrauen. Für den ADSL-Zugang stellen diese Sicherheitsbedenken nicht wirklich ein Problem dar. (In gewisser Weise ist ein Internet-Zugang immer unsicher und sollte durch einen Firewall abgesichert werden – mehr dazu erfahren Sie in Kapitel 14.)

  Unter Linux wird PPTP client-seitig durch das `PPTP-linux` unterstützt. (Mit dem Paket `PoPToP` besteht auch die Möglichkeit, Linux als PPTP-Server einzurichten – das ist hier aber nicht von Interesse.)
- **PPPoA** hat einen ähnlichen Status wie PPPoE und ist im RFC-Text 2364 dokumentiert. PPPoA ist dann interessant, wenn die Verbindung zwischen ANT und Rechner via ATM erfolgt (und nicht via Ethernet). PPPoA wird unter Linux zur Zeit nur als Kernel-Patch zu 2.3.n-Kerneln unterstützt. Ob dieser Patch in Kernel 2.4 integriert sein wird, war noch unklar, als dieser Text geschrieben wurde.

Voraussetzungen

Bevor Sie mit der PPTP- oder PPPoE-Konfiguration beginnen, sollten einige Voraussetzungen erfüllt sein:

- Sie brauchen natürlich einen ADSL-Anschluss inklusive eines ANT mit einer Ethernet-Netzwerkbuchse. (ATM wird in diesem Kapitel nicht behandelt.) Für die Installation und den Test dieses ANT ist Ihr Internet-Provider verantwortlich.

- Ihr Rechner muss mit einer Netzwerkkarte ausgestattet sein, die korrekt konfiguriert ist. Die Konfiguration hängt vom Protokoll ab (PPTP/PPPoE) – die Einzelheiten folgen in den nächsten Abschnitten.
- Der Rechner und der ANT müssen entweder direkt oder über einen Hub (nur bei PPTP) miteinander verbunden werden.

  Vorsicht, bei manchen ANT sind die Anschlüsse in der Buchse für das Netzwerkkabel verkreuzt. Das bedeutet, dass Sie ANT und Rechner durch ein normales (nicht gekreuztes) Ethernet-Kabel verbinden können. Wenn Sie den ANT allerdings an einen Hub anschließen, müssen Sie dazu ein verkreuztes Kabel verwenden, um so die Verkreuzung in der ANT-Buchse aufzuheben. (Im Normalfall ist es gerade umgekehrt: Zur direkten Verbindung zweier Geräte muss ein gekreuztes Kabel verwendet werden, zur Verbindung via Hub dagegen ein normales.)
- Vergessen Sie die DNS-Konfiguration nicht! Wenn Ihr Provider DNS-Informationen beim Verbindungsaufbau überträgt und Ihre Distribution mit `ip-up`-Scripts zur Auswertung dieser Informationen ausgestattet ist, reicht die Zeile `usepeerdns` in `/etc/ppp/options`. Andernfalls müssen Sie die DNS-Adressen manuell angeben, entweder mit dem Konfigurationsprogramm Ihrer Distribution oder direkt in der Datei `/etc/resolv.conf`. Details dazu finden Sie im vorigen Kapitel.

HINWEIS ADSL ist noch eine ziemlich neue Technologie ohne gefestigte Standards. Beinahe jedes ADSL-Angebot ist anders zu konfigurieren. Außerdem scheint es beinahe wöchentlich neue Protokolle, neue ANT etc. zu geben. Aus diesem Grund ist ADSL momentan den meisten Linux-Konfigurationsprogrammen unbekannt – Sie müssen also selbst Hand anlegen. Auch dieser Abschnitt kann nicht ADSL in seiner ganzen Breite beschreiben – meine praktischen Erfahrungen des Autors beschränken sich auf einen einzigen Provider (die österreichische Telekom mit ihrem ADSL-Angebot 'AON-Speed' mit PPTP).

TIPP Während Sie versuchen, ADSL in Betrieb zu nehmen, sollten Sie in einem Terminal-Fenster `tail -f /var/log/messages` ausführen. Damit sehen Sie immer die aktuellsten `syslog`-Meldungen, die oft Aufschluss über Konfigurationsprobleme geben.

Router als Alternativen zur eigenen ADSL-Konfiguration

Anstatt Ihren Rechner – egal ob mit Linux oder einem anderen Betriebssystem – direkt an den NAT anzuschließen, können Sie zwischen NAT und Rechner einen sogenannten Router anschließen. Das ist noch ein Gerät in der Größe eines Modems, das sich sowohl um den Verbindungsaufbau zum Internet-Provider als auch um die erforderlichen Protokolle kümmert. Aus Anwendersicht stellt der Router ein fast vollständig vorkonfiguriertes Gateway zum Internet dar, üblicherweise mit eigenem DHCP-Server, mit Masquerading und manchmal sogar mit Firewall-Funktionen. (Genau genommen ist der Begriff Router hier nicht wirklich zutreffend. Es findet kein Routing im Sinne von TCP/IP statt. Es hat sich aber bei den meisten Herstellern eingebürgert, derartige Geräte als Router zu bezeichnen.)

Zu den einfachen Routern gibt es auch Varianten: Falls mehrere Rechner an diesen Router angeschlossen werden sollen, können Sie einen Router mit integriertem Hub verwenden. (Damit sind Sie allerdings weniger flexibel als mit einem externen Hub!) Falls Ihr Provider es zulässt, können Sie auch auf den vom Provider vorgegebenen NAT verzichten und stattdessen einen Router mit integriertem NAT einsetzen. (Vorher müssen Sie aber klären, ob das Gerät mit den vom Provider angebotenen Protokollen kompatibel ist.)

Der Vorteil dieser Vorgehensweise: Sie ersparen sich die unter Umständen mühsame Konfiguration. Der Nachteil: Diese Vorgehensweise ist teuer und inflexibel. Zur Zeit ist die ADSL-Welt noch sehr in Bewegung, es gibt kaum gefestigte Standards. Es ist schwer zu sagen, ob Ihr Router auch in einem Jahr noch mit den dann üblichen ADSL-Protokollen zurechtkommt bzw. ob ein entsprechendes Software-Update möglich ist.

Echte Linux-Anhänger werden eher den umgekehrten Weg gehen wollen: Besorgen Sie sich einen alten 486er, bauen Sie zwei Netzwerkkarten ein, und konfigurieren Sie den Rechner so, dass dieser die Rolle des Routers übernimmt (inklusive Masquerading, DHCP, Firewall etc.)! Wie das geht, wird in Kapitel 14 beschrieben. Dort werden auch die gerade erwähnten Fachbegriffe erklärt.

PPTP-Konfiguration

Grundlagen

Konfiguration der Netzwerkkarte: Dieser Abschnitt geht davon aus, dass die auf Seite 475 beschriebenen Voraussetzungen erfüllt sind. Zur Konfiguration der Netzwerkkarte müssen Sie wissen, unter welcher IP-Nummer der ANT angesprochen wird. Diese Information sollte aus der mit dem ANT mitgelieferten Dokumentation hervorgehen. (In diesem Buch wird angenommen, dass die IP-Adresse 10.0.0.138 lautet.)

Sie müssen die IP-Nummer und die Netzwerkmaske für das Netzwerk-Interface so wählen, dass der ANT erreichbar ist. (Wenn der ANT die IP-Nummer 10.0.0.138 hat, dann wählen Sie für das Netzwerk-Interface die Nummer 10.0.0.n, wobei n weder 0 noch 255 noch 138 ist. Als Maske verwenden Sie 255.255.255.0.) Es darf keine Gateway-Adresse eingestellt werden. (Allgemeine Informationen zur Netzwerkkonfiguration finden Sie im vorigen Kapitel.)

Ob die Verbindung zwischen Ihrem Rechner und dem ANT funktioniert, können Sie durch ein einfaches `ping`-Kommando testen.

```
root#  ping 10.0.0.138
PING 10.0.0.138 (10.0.0.138): 56 data bytes
```

```
64 bytes from 10.0.0.138: icmp_seq=0 ttl=15 time=4.674 ms
64 bytes from 10.0.0.138: icmp_seq=1 ttl=15 time=3.737 ms
...
```

Bei den meisten ANT können Sie diverse Konfigurationsdetails – inklusive der IP-Adresse – verändern. Der übliche Weg besteht darin, einen Webbrowser zu starten und die zur Zeit gültige IP-Adresse des ANT anzugeben. Es sollten dann die Konfigurationsseiten des ANT erscheinen. Manche ANT lassen sich weniger komfortabel via `telnet` konfigurieren. (Voraussetzung ist, dass Sie Loginnamen und Passwort kennen.) Generell sollten Sie die Konfiguration des ANT wirklich nur dann verändern, wenn Sie wissen, was Sie tun!

Je nach Modell und Konfiguration verwenden ANT auch die von einem DHCP-Server zugewiesene IP-Adresse (sofern der ANT an ein lokales Netz mit DHCP-Server angeschlossen ist).

VERWEIS

Weiterführende Informationen finden Sie im ADSL-Mini-HOWTO sowie (speziell zu PPTP) im Internet:

`http://members.aon.at/heimo.schoen/aon-howto.html` deutsch
`http://www.rhapsodyk.net/adsl/HOWTO/` französisch
`http://babelfish.altavista.com/` zur Übersetzung
`http://home.pages.at/heaven/adsl/`

pptp installieren

Das Paket `pptp-linux` wird zur Zeit noch nicht mit den gängigen Linux-Distributionen mitgeliefert. Sie finden den Quellcode des Programms im Internet:

`http://www.pdos.lcs.mit.edu/~cananian/Projects/PPTP/`

Entpacken Sie den Code mit `tar -xzf pptp-linux-latest.tar.gz`, und kompilieren Sie den Code ganz einfach mit dem Kommando `make`. Als Resultat erhalten Sie das Programm `pptp`, das Sie in das Verzeichnis `/usr/bin` kopieren. Achten Sie darauf, dass das Programm nur von `root` ausführbar ist.

HINWEIS

Falls Sie mit dem Alcatel ANT ADSL 1000, Version BBAA (siehe Aufkleber auf der Rückseite) arbeiten, benötigen Sie eine gepatchte Version von `pptp`, die einen Fehler im Alcatel ANT umgeht. Diese gepatchte Version finden Sie unter:

`http://infolibre.free.fr/adsl/`

TIPP

Kompilierte Versionen von `pptp` – sowohl die Standardversion als auch jene für das BBAA-Alcatel-ANT – finden Sie im AON-HOWTO von Heimo Schön:

`http://members.aon.at/heimo.schoen/aon-howto.html`

Grundkonfiguration, erster Test

pptp ist eng mit pppd verzahnt. Die gesamte Konfiguration betrifft daher pppd-Konfigurationsdateien (siehe Seite 442 für die Authentifizierung und Seite 445 für die restlichen Optionen). Im Regelfall benötigen Sie nur die ersten vier Zeilen (wobei Sie statt hofer Ihren PPP-Login-Namen einsetzen). usepeerdns bewirkt eine automatische DNS-Konfiguration, allerdings nur dann, wenn dies im ip-up-Script Ihrer Distribution vorgesehen ist. Die debug-Option hilft bei der Fehlersuche, wenn es nicht auf Anhieb funktioniert. Informationen zu den anderen, hier auskommentierten Optionen folgen etwas weiter unten.

```
# /etc/ppp/options
name "hofer"
noauth
noipdefault
defaultroute
usepeerdns
# debug
# hide-password
```

In /etc/ppp/pap-secrets muss das zum Login-Namen passende Passwort angegeben werden. Wenn die IP-Adresse des ANT bekannt ist, geben Sie auch diese Adresse an, sonst einen Stern (dann gilt das Passwort für alle IP-Adressen).

```
# /etc/ppp/pap-secrets
"hofer"  10.0.0.138 "qwe44trE"
```

Um ADSL zu starten, müssen Sie jetzt nur noch das folgende Kommando ausführen (wobei Sie statt 10.0.0.138 die IP-Adresse Ihres ANT einsetzen):

```
root#  pptp 10.0.0.138
```

Ob die Verbindung funktioniert, können Sie mit ifconfig, ping etc. feststellen (siehe Seite 428). Um ADSL wieder zu beenden, sind die zwei folgenden Kommandos erforderlich:

```
root#  killall pppd
root#  killall pptp
root#  rm -f /var/run/pptp/*
```

Wenn es Probleme gibt, werfen Sie einen Blick in /var/log/messages. Die folgenden Zeilen zeigen einen geglückten Verbindungsaufbau (mit debug-Option und mit PAP-Authentifizierung). Die Warnung bezüglich des fehlenden Moduls char-major-108 können Sie ignorieren. Sie weist auf eine noch nicht vorhandenen Kernel-Funktion hin (die Unterstützung für ein generisches PPP-Device, z.B. /dev/ppp). Diese Funktion wird nicht benötigt.

```
pptp[2775]: Client connection established.
pptp[2776]: pptp: call_id = 0  peer_call_id = 0
pptp[2775]: Incomming call established.
modprobe: modprobe: Can't locate module char-major-108
pppd[2778]: pppd 2.3.10 started by root, uid 0
pppd[2778]: Connect: ppp0 <--> /dev/ttya0
pppd[2778]: sent [LCP ConfReq id=0x1 <asyncmap 0x0> <magic 0x61778a51>
            <pcomp> <accomp>]
pppd[2778]: sent [LCP ConfReq id=0x1 <asyncmap 0x0> <magic 0x61778a51>
            <pcomp> <accomp>]
pppd[2778]: rcvd [LCP ConfReq id=0x98 <auth chap MD5> <magic 0x3f669b52>]
pppd[2778]: sent [LCP ConfNak id=0x98 <auth pap>]
pppd[2778]: rcvd [LCP ConfAck id=0x1 <asyncmap 0x0> <magic 0x61778a51>
            <pcomp> <accomp>]
pppd[2778]: rcvd [LCP ConfReq id=0x99 <auth pap> <magic 0x3f669b52>]
pppd[2778]: sent [LCP ConfAck id=0x99 <auth pap> <magic 0x3f669b52>]
pppd[2778]: sent [LCP EchoReq id=0x0 magic=0x61778a51]
pppd[2778]: sent [PAP AuthReq id=0x1 user="hofer" password="qwe44trE"]
pppd[2778]: rcvd [LCP EchoRep id=0x0 magic=0x3f669b52]
pppd[2778]: rcvd [PAP AuthAck id=0x1 ""]
pppd[2778]: sent [IPCP ConfReq id=0x1 <addr 0.0.0.0> <compress VJ 0f 01>]
pppd[2778]: sent [CCP ConfReq id=0x1 <deflate 15> <deflate(old#) 15>
            <bsd v1 15>]
pppd[2778]: rcvd [IPCP ConfReq id=0x29 <compress VJ 0f 00>
            <addr 172.18.90.132> < 90 06 00 00 00 00>]
pppd[2778]: sent [IPCP ConfRej id=0x29 < 90 06 00 00 00 00>]
pppd[2778]: rcvd [IPCP ConfNak id=0x1 <addr 213.33.17.28>]
pppd[2778]: sent [IPCP ConfReq id=0x2 <addr 213.33.17.28> <compress VJ 0f 01>]
pppd[2778]: rcvd [LCP ProtRej id=0x9a 80 fd 01 01 00 0f 1a 04 78
            00 18 04 78 00 15 03 2f]
pppd[2778]: rcvd [IPCP ConfReq id=0x2a <compress VJ 0f 00>
            <addr 172.18.90.132>]
pppd[2778]: sent [IPCP ConfAck id=0x2a <compress VJ 0f 00>
            <addr 172.18.90.132>]
pppd[2778]: rcvd [IPCP ConfAck id=0x2 <addr 213.33.17.28> <compress VJ 0f 01>]
pppd[2778]: local  IP address 213.33.17.28, remote IP address 172.18.90.132
```

Dial-on-Demand und andere Sonderwünsche

ADSL automatisch starten: Die weitere Konfiguration hängt stark von Ihren Anforderungen und von der Art der Abrechnung Ihres ADSL-Zugangs ab. Wenn Sie ADSL zeitlich unbeschränkt verwenden können (und höchstens in Ihrer Übertragungsmenge beschränkt sind), ist es das beste, ADSL bereits beim Rechnerstart zu aktivieren. Dazu erstellen Sie nach dem Muster eines vorhandenen Init-V-Scripts ein neues Script `adsl` und richten in den Verzeichnissen `rc`*n*`.d` Start- und Stopp-Links darauf ein. (Grundlagen zur Init-V-Konfiguration finden Sie auf Seite 181.)

ADSL-Verbindungsprobleme reduzieren: Theoretisch sollte die ADSL-Verbindung nach ihrem Start bis zum Herunterfahren des Rechners erhalten bleiben. Die Praxis sieht allerdings oft ganz anders aus! Probleme beim Provider führen oft dazu, dass die Verbindung vorzeitig abbricht. Besonders tückisch daran ist, dass `pppd` dies unter Umständen gar nicht bemerkt. Die folgenden zwei Ergänzungen in `/etc/ppp/options` schaffen Abhilfe:

```
# Ergänzung in /etc/ppp/options
lcp-echo-interval 15
lcp-echo-failure 2
```

Damit wird alle 15 Sekunden eine Echo-Aufforderung (LCP echo request) an den Internet-Provider gesendet. Wenn dieser zweimal hintereinander nicht antwortet, nimmt pppd an, dass die Verbindung tot ist, und quittiert ebenfalls den Dienst.

PPPD automatisch neu starten: Wahrscheinlich denken Sie sich, dass mit dem durch den Echo-Test ausgelösten Ende von pppd nicht viel gewonnen ist. Laut pppd-Dokumentation wäre es leicht, dem abzuhelfen – durch die zusätzliche Option persist in der options-Datei. pppd wird dann nicht beendet, sondern versucht, eine neue Verbindung aufzubauen. Leider funktioniert das zur Zeit noch nicht in Kombination mit pptp.

Das winzige Script adsl-forever bietet einen anderen Lösungsweg. Dabei handelt es sich um eine Endlosschleife, in der alle drei Sekunden mit ifconfig getestet wird, ob das ppp0-Interface noch existiert. Ist das nicht der Fall, werden die eventuell noch laufenden Programme beendet (was bisweilen einige Hartnäckigkeit erfordert). Auch das Kommando ifconfig sollte eigentlich nicht erforderlich sein, es hat sich aber herausgestellt, dass das Interface ppp0 manchmal weiter existiert, obwohl pppd nicht mehr läuft. Anschließend wird pptp neu gestartet.

```
#!/bin/bash
# /sbin/adsl-forever
while [ 1 ]; do
  # test if ppp0 interface is up
  if  ! $(ifconfig | grep -q ^ppp0); then
    killall -q pppd
    killall -q pptp
    sleep 5
    killall -q -9 pppd
    killall -q -9 pptp
    ifconfig ppp0 down  &> /dev/null
    rm -f /var/run/pptp/*
    /usr/bin/pptp 10.0.0.138
  fi
  sleep 15
done
```

VERWEIS

adsl-forever ist ein Beispiel für ein Shell-Script, also für ein kleines Programm, das von der Shell ausgeführt wird. Eine Shell ist eine Art Kommandointerpreter. Genauere Informationen finden Sie in Kapitel 15. Eine Einführung in die Shell-Programmierung gibt Kapitel 16.

Falls Sie adsl-forever in einem Init-V-Script starten, müssen Sie das Endlosprogramm dort auch stoppen. Das Code-Fragment könnte so aussehen:

```
# Init-V-Script um /sbin/adsl-forever zu starten bzw. zu beenden
...
case "$1" in
    start)
        echo "start adsl"
        /sbin/adsl-forever &
        ;;
    stop)
        echo "shutting down adsl"
        killall adsl-forever
        killall -q pppd
        killall -q pptp
        ifconfig ppp0 down  &> /dev/null
        rm -f /var/run/pptp/*
        ;;
    restart)
...
```

Dial-on-Demand: Wenn Ihr ADSL-Provider ein Zeitlimit vorgibt (z.B. 50 oder 100 Stunden im Monat), werden Sie mit dem Script `adsl-forever` wahrscheinlich nicht glücklich werden. Es sind aber nur noch kleine Änderungen an `/etc/ppp/options` erforderlich, dann funktioniert auch Dial-on-Demand. (Genau genommen ist Dial-on-Demand hier irreführend – es wird ja keine Nummer gewählt. Connect-on-Demand wäre treffender.)

Im Prinzip ist Dial-on-Demand mit einigen wenigen `pppd`-Optionen leicht zu realisieren: `demand` bedeutet, dass `pppd` die Verbindung erst dann aufbaut, wenn sie benötigt wird. Diese Option bedingt die `connect`-Option, in der ein Script angegeben wird, das zum Verbindungsaufbau ausgeführt wird. Für eine ADSL-Verbindung ist ein derartiges Script überflüssig. Da `pppd` aber darauf besteht, wird das Programm `/bin/true` aufgerufen.

`idle 240` bewirkt, dass die Verbindung nach vier Minuten Untätigkeit beendet wird. Sobald die Verbindung wieder benötigt wird, wird sie wieder hergestellt. `ktune` erlaubt es `pppd`, Kernel-Optionen zu verändern. Das ist notwendig, damit das Datenpaket, das die Internet-Verbindung initiiert, nicht verloren geht (sondern nach erfolgtem Verbindungsaufbau tatsächlich übertragen wird).

```
# in /etc/ppp/options
# Dial-on-Demand; funktioniert leider nicht mit pptp!
demand
connect /bin/true
idle 240
ktune
```

In Kombination mit `pptp` funktioniert das alles – bis auf den letzten Punkt. Ist die Verbindung einmal unterbrochen, gelingt ein zweiter Verbindungsaufbau nicht mehr. Daher ist eine kleine Variation dieses Themas erforderlich: Die zusätzliche Option `nopersist` bewirkt, dass `pppd` jetzt nach der `idle`-Zeitspanne sofort beendet wird.

Das oben abgedruckte Script `adsl-forever` kümmert sich darum, dass `pptp` danach neu gestartet wird.

```
# in /etc/ppp/options
# Dial-on-Demand; funktioniert in Kombination
# mit dem Script mit adsl-forever
demand
connect /bin/true
idle 240
ktune
nopersist
```

PPPoE-Konfiguration

HINWEIS

Da es in meiner Wohngegend zur Zeit keinen Provider gibt, der ADSL via PPPoE anbietet, hatte ich keine Möglichkeit, PPPoE selbst zu testen. Anders als im Rest dieses Buches, wo Konfigurationsvarianten, Programme etc. tatsächlich getestet wurden, ist dieser Abschnitt also eher eine geordnete Sammlung von Informationen aus dritter Hand. Das wird sich vermutlich in der nächsten Auflage dieses Buchs ändern – bis dahin muss ich um Ihr Verständnis bitten.

Grundlagen

Es gibt nicht eine, sondern gleich eine ganze Reihe von Möglichkeiten, PPPoE mit Linux zum Laufen zu bringen. Auf der PPPoE-Seite von SuSE (Adresse siehe unten) werden gleich vier verschiedene Treiber genannt. Dabei gibt es zwei grundsätzliche Typen:

- Einige Treiber sind als Kernel-Erweiterungen realisiert. Das bedeutet, dass Sie den Kernel-Code patchen und neu kompilieren müssen, sofern Ihre Distribution nicht schon einen Kernel mit PPPoE-Unterstützung ausliefert. Momentan ist das einzig bei SuSE der Fall. Andere Distributionen werden aber wohl folgen, spätestens wenn Kernel 2.4 verfügbar ist. (In Kernel 2.4 wird PPPoE wahrscheinlich standardmäßig integriert sein.)
- Die restlichen Treiber arbeiten im User-Mode (also ohne Kernel-Eingriff). Das ist nicht ganz so effizient, aber nachträglich viel einfacher zu installieren. Angesichts der Leistung marktüblicher Rechner ist die Geschwindigkeitseinbuße sicherlich verschmerzbar.

Dieser Abschnitt stellt von beiden Kategorien den zur Zeit jeweils populärsten Vertreter vor.

Konfiguration der Netzwerkkarte: Dieser Abschnitt geht davon aus, dass die auf Seite 475 beschriebenen Voraussetzungen erfüllt sind. Die Konfiguration des Netzwerk-Interface für die Verbindung zum ANT ist einfach: Weder die IP-Adresse noch die

Netzmaske werden berücksichtigt. (Geben Sie 0.0.0.0 ein.) Das Netzwerk-Device darf nicht als Gateway konfiguriert werden! (Allgemeine Informationen zur Konfiguration von Netzwerkkarten finden Sie im voransgegangenen Kapitel.)

MTU-Problem: Im Internet werden Daten nicht Byte für Byte, sondern in Paketen übertragen. Die Ethernet-Defaultgröße für solche Pakete ist 1500 Byte. Falls sich auf dem Weg zwischen zwei Internet-Partnern Hard- oder Software befindet, für die die Datenpakete zu groß sind, werden sie automatisch in kleinere Pakete zerlegt und später wieder zusammengesetzt. Das ist allerdings nicht besonders effizient, weswegen manche Betriebssysteme (unter ihnen Linux) versuchen, die maximale Paketgröße durch das Versenden spezieller ICMP-Pakete herauszufinden. Diese Pakete werden allerdings von manchen Firewalls verschluckt, weswegen die Feststellung der richtigen Paketgröße versagt und mit etwas Pech die Datenübertragung ganz scheitert.

Dieses Problem tritt normalerweise nicht auf, weil der kleinste gemeinsame Nenner, nämlich eine Paketgröße von 1500 Byte, selten unterschritten wird. Genau das passiert aber bei PPPoE-Verbindungen, weil ein paar der 1500 Byte für zusätzliche Protokollinformationen verloren gehen. Hier müssen MTU (*Maximum Transmit Unit*) und MRU (*Maximum Receive Unit*) auf 1490 reduziert werden (`mtu`- und `mru`-Optionen in `/etc/ppp/options`). Je nach Dokumentation finden Sie statt 1490 auch eine ganze Reihe anderer Werte, etwa 1412, 1452, 1484 und 1492. Aus Geschwindigkeitsgründen sollte ein möglichst hoher Wert gewählt werden. (1492 scheint das oberste Limit zu sein. In den Beispielen dieses Buchs wird 1490 verwendet – aber experimentieren Sie gegebenenfalls selbst.)

Soweit eine etwas vereinfachte Darstellung des Problems. Nun zu seinen möglichen Lösungen:

- Bei einem Stand-Alone-Rechner, der via ADSL/PPPoE mit dem Internet verbunden ist, reichen die schon erwähnten `mtu`- und `mru`-Optionen in `/etc/ppp/options` aus.
- Wenn der Rechner hingegen mittels Masquerading ein Gateway in das Internet darstellt und von mehreren Clients genutzt wird (siehe Kapitel 14), muss die MTU-Einstellung auch bei allen Clients vorgenommen werden. Bei einem DHCP-System ist das mit wenig Arbeit verbunden, weil der MTU-Wert zentral in `dhcpd.conf` eingestellt werden kann (Option `interface-mtu`).

  Andernfalls muss aber jedes System manuell konfiguriert werden. Unter Linux müssen alle Ethernet-Interfaces mit `ifconfig` unter Verwendung der Option `mtu 1490` initialisiert werden. (Das gilt allerdings nicht für das Interface, das die Verbindung zwischen dem lokalen Rechner und dem ANT herstellt!) Unter Windows müssen Registry-Einstellungen verändert werden:

  Windows 9x:
  `HKEY_LOCAL_MACHINE/System/CurrentControlSet/Services/Class/NetTrans/000X/MaxMTU=1490`, wobei 1490 eine Zeichenkette ist

Windows NT:
`HKEY_LOCAL_MACHINE/System/CurrentControlSet/Services/El90x1/Parameters/Tcpip/MTU=1490`, wobei 1490 ein DWORD ist

Siehe auch: `http://www.ecf.toronto.edu/~stras/pppoe.html`

- Diese manuelle Konfiguration zahlreicher Client-Rechner ist natürlich sehr unbequem. Um das Problem zu umgehen, verwenden neuere PPPoE-Treiber ein sogenanntes *MSS Clamping*. Dabei wird die MSS-Option von TCP-Datenpaketen an den (lokal auf dem Gateway geltenden) MTU-Wert angepasst. (MSS steht für *Maximum Segment Size*. Um wirklich zu verstehen, was hier vor sich geht, müssen Sie TCP-Experte sein.)

  Wie das MSS Clamping durchgeführt wird, hängt vom PPPoE-Treiber ab. `pppoed` liefert zu diesem Zweck ein zusätzliches Kernel-Modul mit. Bei `pppoe` ist die Funktion in den Treiber eingebaut und kann mit einer Option aktiviert werden. Die Details folgen etwas weiter unten.

  Beachten Sie, dass Sie dank MSS Clamping zwar nicht die MTU/MRU-Einstellung aller Clients verändern müssen, dass aber weiterhin die MTU/MRU-Optionen in `/etc/ppp/options` für den lokalen Rechner durchgeführt werden müssen!

VERWEIS

Weiterführende Informationen finden Sie im ADSL-Mini-HOWTO, in der SuSE-Support-Datenbank (suchen Sie nach ADSL/XDSL/TDSL) sowie speziell zu PPPoE im Internet:

`http://www.suse.de/~bk/PPPoE-project.html`
`http://lbs.hh.schule.de/ak/linux/tdsl/welcome.htm`
`http://www.pullmoll.de/pppoe.htm`
`http://www.cs.toronto.edu/~kal/hse/resource.html`
`http://navasgrp.home.att.net/tech/cable_dsl.htm`
`http://www.rodsbooks.com/network/network-dsl.html`
`news:comp.dcom.xdsl`

pppoed (Kernel-Lösung)

Das `pppoed`-Paket von Jamal Hadi Salim besteht aus einer Kernel-Erweiterung und dem Programm `pppoed` (das seinerseits wieder auf `pppd` zurückgreift). Eine aktuelle Version des Pakets finden Sie im Internet:

`http://www.davin.ottawa.on.ca/pppoe/`

Mit SuSE-Linux ab Version 6.4 wird ein entsprechend gepatchter Kernel gleich mitgeliefert. Bei den anderen Distributionen müssen Sie einen zu `pppoed` passenden Kernel patchen und neu kompilieren. Bei der Konfiguration müssen Sie die Option TTY SUPPORT FOR PPPOX in der Gruppe NETWORK DEVICES aktivieren. Wenn diese Funktion als Modul kompiliert wird, muss die folgende Zeile in `modules.conf` eingetragen werden:

```
# Ergänzung in /etc/modules.conf
alias char-major-144 pppox
```

Falls das Device /dev/pppox0 noch nicht existiert, muss es erzeugt werden. Über dieses Device erfolgt die Kommunikation zwischen pppd und pppoed.

```
root# mknod /dev/pppox0 c 144 0
```

Sofern Sie pppoed als Quellcode installiert haben, müssen Sie auch das Programm selbst kompilieren (einfach make) und die resultierende Binärdatei in ein Verzeichnis kopieren, wo sie ausgeführt werden kann.

Als Nächstes müssen die PPP-Konfigurationsdateien (options, pap-secrets etc.) erstellt werden. Für options werden in der pppoed-Dokumentation bzw. im entsprechenden Beitrag der SuSE-Support-Datenbank die folgenden Einstellungen empfohlen:

```
# /etc/ppp/options
name "hofer"    #setzen Sie Ihren PPP-Loginnamen ein
defaultroute
nocrtscts
noaccomp
sync
lock
local
noauth
mru 1490
mtu 1490
usepeerdns
# keine Kompression
noaccomp
nopcomp
# Fehlersuche
hide-password
# debug
```

Jetzt müssen Sie pppoed nur noch starten. Dazu reicht im Normalfall das folgende Kommando aus:

```
root# pppoed
```

Wenn der ANT nicht am Netzwerk-Interface eth0 angeschlossen ist, müssen Sie das gewünschte Interface mit -I angeben:

```
root# pppoed -I eth1
```

Dial-on-Demand: Laut Dokumentation funktioniert Dial-on-Demand mit pppoed problemlos. Achten Sie darauf, dass der Dateiname von pppoed korrekt angegeben ist.

```
# Ergänzungen in /etc/ppp/options
demand
idle 240
ktune
connect '/usr/bin/pppoed -G'
```

mssclampfw-Modul: Mit dem pppoed-Paket wird auch der Programmcode für das zusätzliche Kernel-Modul mssclampfw mitgeliefert, das eine Lösung für das eingangs beschriebene MTU-Problem darstellt. Wenn Sie das Modul verwenden möchten (weil Ihr Rechner als Internet-Gateway für andere Rechner verwendet werden soll), kompilieren Sie den Programmcode mit make.

Mit make install wird das Modul in das Verzeichnis /lib/modules/*n*/net kopiert. Außerdem werden Init-V-Scripts eingerichtet, damit das Modul beim Systemstart automatisch aktiviert wird. Das setzt allerdings eine Red-Hat-Verzeichnisstruktur voraus. Bei anderen Distributionen müssen Sie selbst dafür sorgen, dass das Modul am Ende des Init-V-Prozesses geladen wird. (Informationen zum Init-V-Prozess finden Sie auf Seite 181.)

pppoe (Roaring Penguin PPPoE, User-Space-Lösung)

pppoe von der Firma Roaring Penguin ist eine reine User-Space-Lösung. Es bedarf keiner Änderung am Kernel. Daher bietet sich pppoe vor allem dann an, wenn Sie keinen Kernel mit pppoed-Unterstützung haben (siehe oben) und auch keine Lust haben, selbst einen neuen Kernel zu kompilieren. pppoe untersteht wie pppoed der GPL, ist also kostenlos sowohl in Binärform als auch mit Quellcode erhältlich:

http://www.roaringpenguin.com/pppoe.html

Wenn Sie pppoe selbst kompilieren, führen Sie dazu ./configure und dann make aus. make install installiert die Dateien, führt dabei aber möglicherweise mehr Veränderungen durch, als Ihnen lieb ist (z.B. eine Installation von einfachen Masquerading- und Firewall-Script-Dateien). Werfen Sie vorher einen Blick in das Makefile!

Das Script adsl-setup hilft schließlich dabei, den ADSL-Zugang zu konfigurieren. Mit adsl-connect stellen Sie die Verbindung her. Das Script enthält eine Endlosschleife, die die Verbindung immer wieder neu errichtet, falls sie unterbrochen wird. Das Script sieht auch Dial-on-Demand vor.

HINWEIS

pppoe und die hier erwähnten Script-Dateien sind ausgezeichnet dokumentiert – wenn Sie Probleme haben, werfen Sie einen Blick in die Dokumentation!

Das mit SuSE 6.4 mitgelieferte Paket rp_pppoe ist unvollständig. Es enthält zwar das eigentliche Programm pppoe, aber nur einen Teil der Script-Dateien bzw. der Dokumentation. Das sollte zwar eigentlich reichen, um pppoe zum Laufen zu bringen – aber im Zweifelsfall sollten Sie sich das vollständige Paket aus dem Internet herunterladen.

Wenn Sie pppoe selbst konfigurieren, beginnen Sie wie üblich mit pap- bzw. chap-secrets und options. Es sind dieselben Einstellungen wie bei pppoed erforderlich (mit Ausnahme der connect-Option, hier müssen Sie /usr/bin/true angeben).

pppoe wird via pppd gestartet. Dabei wird die pty-Option von pppd genützt, um pppoe als Subprozess zu starten. pty kann natürlich, wie alle pppd-Optionen, auch in der options-Datei angegeben werden.

```
root#  pppd pty "pppoe [pppoe_options]" [pppd_options]
```

Die folgende Liste zählt die wichtigsten pppoe-Optionen auf. Mehr Details finden Sie auf der pppoe-Manualseite.

-I eth*n*
: gibt das Ethernet-Interface an (üblicherweise eth0 oder eth1).

-T *n*
: gibt eine Timeout-Zeit (in Sekunden) an. Wenn während dieser Zeit keine Datenübertragung stattfindet, wird pppoe beendet. Das stellt sicher, dass pppoe bei einem Verbindungsabbruch beendet wird.

-s
: gibt an, dass pppoe PPP-Pakete synchron (statt per Default asynchron) kapseln soll. Das reduziert die CPU-Belastung durch pppoe, kann auf langsamen Rechnern aber instabil sein (Verbindungsabbruch). Wenn Sie -s verwenden, müssen Sie auch die pppd-Option sync verwenden!

-m *n*
: gibt die gewünschte Paketgröße (in Byte) für das MSS-Clamping an. In der Manualseite wird die Einstellung -m 1412 empfohlen, unabhängig von der MTU/MRU-Einstellung für pppd. (adsl-connect ist hier mit 1492 vorkonfiguriert.)

Kapitel 11

WWW, FTP, Telnet

Dieses Kapitel beschreibt, wie Sie auf einem Rechner mit Internet-Verbindung elementare Netzwerkdienste nutzen können. Dazu zählen WWW (also das Surfen im Internet), FTP (Übertragung von Dateien) und Telnet (Arbeiten auf anderen Rechnern).

VERWEIS

Das Kapitel setzt voraus, dass Ihr Rechner mit dem Internet verbunden ist – siehe die beiden vorangegangenen Kapitel. Informationen zu den Funktionen E-Mail und News finden Sie in den zwei folgenden Kapiteln.

11.1 World Wide Web (WWW)

Einführung

Zum Lesen von WWW-Dokumenten benötigen Sie einen sogenannten Browser. Bekannte Browser sind der Netscape Communicator und (unter Windows) der Internet-Explorer. Dabei handelt es sich jeweils um riesige Programmpakete, die neben den WWW-Funktionen auch andere Internet-Dienste integrieren (FTP, News, E-Mail etc.).

Unter Linux stehen neben dem Browser Netscape noch eine Menge kleinerer Webbrowser wie `lynx` oder `kfm` (der KDE-Dateimanager) zur Auswahl. Bevor diese Programme beschrieben werden, müssen noch einige Begriffe erklärt werden, die in unmittelbarem Zusammenhang mit dem WWW stehen:

HTML steht für *Hypertext Markup Language* und bezeichnet das Dokumentenformat für das WWW. HTML-Dokumente liegen im ASCII-Format vor und können im Prinzip mit jedem Editor erstellt werden. HTML-Anweisungen sind in spitze Klammern eingeschlossen, etwa `<H1>` für eine Überschrift erster Ordnung. Mehr Komfort beim Erstellen eigener HTML-Texte erzielen Sie mit eigenen HTML-Editoren oder durch die Verwendung eines Textverarbeitungsprogramms, das einen HTML-Exportfilter besitzt.

HTTP steht für *Hypertext Transfer Protocol* und definiert, wie HTML-Dokumente über das Netz übertragen werden. Im Regelfall werden Sie als Anwender damit nicht konfrontiert – es wird Ihnen nur auffallen, dass alle WWW-Adressen mit `http://` beginnen. Wenn Sie selbst WWW-Dokumente über das Netz zur Verfügung stellen möchten (und dazu nicht die Dienste eines Internet-Providers in Anspruch nehmen), müssen Sie einen Webserver konfigurieren (genau genommen: einen http-Server). Unter Linux wird dazu üblicherweise Apache eingesetzt.

VERWEIS

Die Konfiguration von Apache wird in diesem Buch nicht behandelt. Es gibt zahlreiche exzellente Bücher zu diesem Thema. Startpunkt für die Informationssuche im Internet ist `www.apache.org`.

URL steht für *Universal Resource Locator* und bezeichnet eine WWW-Adresse im Format `type://...`. Als Typenbezeichnung kommen unter anderem `ftp`, `http`, `https` (wie `http`, aber mit Verschlüsselung) und `file` in Frage.

Bookmarks (also Lesezeichen) werden dazu verwendet, die aktuelle WWW-Adresse in einer Liste zu speichern. Zu einem späteren Zeitpunkt kann die Seite dann rasch wiedergefunden werden.

Manche WWW-Browser verwalten einen eigenen **Cache**, in dem die WWW-Dokumente, auf die zuletzt zugegriffen wurde, lokal auf der Festplatte gespeichert werden. Bei einem wiederholten Zugriff wird nur getestet, ob sich das Dokument geändert hat. Wenn das nicht der Fall ist, wird auf eine erneute Übertragung verzichtet und stattdessen die lokale Datei verwendet.

Viele große Netzwerke und insbesondere fast alle Internet-Provider verwalten darüber hinaus einen **Proxy-Cache**, der im Prinzip dieselbe Aufgabe wie ein lokaler Cache übernimmt, nur für mehrere Benutzer gleichzeitig. Wenn ein zweiter Benutzer auf dasselbe WWW-Dokument wie der erste zugreift, wird die Proxy-Kopie verwendet. Der Proxy-Cache vermindert also nicht die Datenmenge, die zu Ihrem Rechner übertragen wird; er vermindert aber den Datenfluss zwischen Ihrem Internet-Server und dem Rest der Welt und verringert so Wartezeiten für oft benutzte Dokumente. Allerdings muss der Webbrowser entsprechend konfiguriert werden, damit der Proxy-Cache in Anspruch genommen wird.

Eine besondere Variante eines Proxys bietet das Programm `wwwoffle`: Wenn es lokal auf dem Rechner eingerichtet wird, können einmal besuchte Webseiten zu einem späteren Zeitpunkt nochmals gelesen werden, ohne dass eine Internet-Verbindung besteht. Das Programm kann auch zuvor markierte Webdokumente oder -verzeichnisse auf einen Rutsch übertragen und so die Zeit minimieren, während der eine Telefonverbindung zum Internet besteht. Mehr Informationen zu diesem kostensparenden Zusatzprogramm finden Sie auf Seite 498.

VERWEIS

Zur Einrichtung professioneller Proxy-Caches wird unter Linux zumeist `squid` eingesetzt. Aus Platzgründen ist eine Beschreibung dieses Programms hier aber nicht möglich. Weiterführende Informationen finden Sie in Büchern zur Linux-Server-Konfiguration (siehe Literaturverzeichnis). Startpunkt im Internet ist `www.squid-cache.org` mit einem sehr ausführlichen FAQ-Dokument.

Der Linux-Kernel kann so eingerichtet werden, dass der gesamte http-Verkehr automatisch zum Proxy-Cache umgeleitet wird. Der Cache wird dann als 'transparent' bezeichnet. Das bedeutet, dass der Cache ohne irgendwelchen Konfigurationsaufwand durch den Anwender automatisch bei jedem http-Zugriff verwendet wird. (Diese Vorgehensweise ist insbesondere dann sehr praktisch, wenn Sie den Proxy-Cache dazu einsetzen, um einzelne Webadressen – eventuell nur für einzelne Anwender – gezielt zu sperren. Das bietet sich beispielsweise in Schulen an.) Informationen dazu gibt es ebenfalls im Squid-FAQ, aber auch in guten Büchern zum Thema Sicherheit bzw. Firewalls.

TIPP

Eine Menge Linux-spezifische Links ins Internet finden Sie auf meiner Homepage:

`http://www.kofler.cc`

Netscape

Der Netscape Communicator (Version 4.*n*) bzw. dessen seit langem angekündigter Nachfolger Netscape 6 sind mehr als einfache WWW-Browser: Zu den eingebauten Funktionen zählen E-Mail- und News-Verwaltung, Java-Interpreter etc. Das Programm ist seit Herbst 1997 ein Open-Source-Projekt, d.h. der Quellcode ist frei verfügbar.

Nach der Installation kann der Browser je nach Konfiguration (und Distribution) durch eines der folgenden Kommandos gestartet werden: `netscape`, `communicator` oder `netscape-communicator`. Beim ersten Start wird nach der Anzeige diverser Copyright-Meldungen und Warnungen das Verzeichnis `~/.netscape` angelegt, in dem lokale Konfigurationsdaten, Bookmarks und zwischengespeicherte Dateien (Cache) gespeichert werden.

VERWEIS

Dieser Abschnitt beschreibt nur die WWW-Funktionen von Netscape. Die FTP-, E-Mail- und News-Funktionen von Netscape werden samt ihren Konfigurationsmöglichkeiten separat beschrieben: FTP ab Seite 506, E-Mail ab Seite 518) und News ab Seite 545.

Bedienung

Die Bedienung von Netscape ist wie bei den anderen WWW-Browsern unkompliziert. Über File|Open Page oder File|Open Page|Choose File bzw. durch die direkte Eingabe der Adresse im Feld Location kann das Dokument ausgewählt werden, das angezeigt werden soll. Wenn als Adresse der Name eines lokalen Verzeichnisses angegeben wird, zeigt Netscape automatisch alle Dateien und Unterverzeichnisse an; Sie können sich dann per Mausklick zu der Datei bewegen, die Sie interessiert.

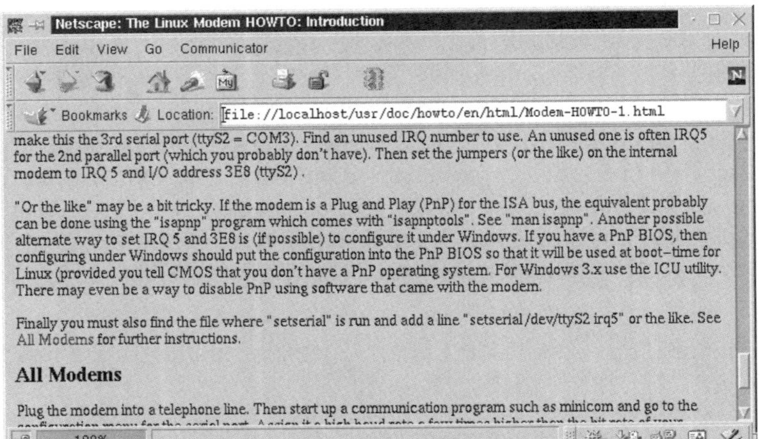

Abbildung 11.1: Eine WWW-Seite im Netscape Communicator

Mit Bookmarks|Add Bookmark können Sie die Adresse des aktuellen Dokuments in der Bookmark-Liste speichern. (Das klappt auch mit lokalen Dateien; Sie können sich also ein Lesezeichen anlegen, das auf den HOWTO-Index verweist.)

Die Bookmark-Liste wird rasch unübersichtlich lang. Mit COMMUNICATOR|BOOKMARKS|EDIT BOOKMARKS öffnen Sie ein eigenes Fenster, in dem Sie die Bookmarks in Verzeichnissen organisieren, sortieren und neu beschriften können.

Eine feine Sache ist das Kommando FILE|NEW|NAVIGATOR WINDOW (kurz Alt+N): Damit kann ein weiteres WWW-Fenster geöffnet werden. Das ermöglicht es, parallel mehrere WWW-Dokumente gleichzeitig zu laden und lesen. Vor allem bei einer langsamen Übertragung kann so die Wartezeit besser genutzt werden.

Wenn Sie die Datei, auf die ein Link verweist, nicht anzeigen, sondern auf Ihren Rechner übertragen möchten, können Sie den Link mit der rechten Maustaste anklicken. Durch das Kommando SAVE LINK AS wird eine Dateiauswahlbox geöffnet, in der Sie angeben können, in welchem Verzeichnis und unter welchem Namen die Datei gespeichert werden soll.

Konfiguration

Die Konfiguration von Netscape erfolgt mit EDIT|PREFERENCES. Dort stehen in mehreren Untergruppen zahllose Optionen zur Verfügung, von denen hier nur die wichtigsten beschrieben werden.

Schriftarten: Unter der Kategorie APPEARANCE|FONTS können Sie unter anderem die gewünschte Schriftart und -größe einstellen.

Kleine Icons in der Symbolleiste: In der Kategorie APPEARANCE erreichen Sie mit der Option PICTURES ONLY eine Platz sparende Anzeige der Symbolleiste.

Startseite: Netscape versucht, nach dem Start automatisch eine Verbindung zu `www.netscape.com` (oder zur Startseite Ihrer Distribution) herzustellen. Wenn Sie das verhindern möchten, können Sie in der Kategorie NAVIGATOR die Option BLANK PAGE auswählen oder eine andere Internet-Adresse angeben.

Dateitypen/Programme: Wenn Sie einen Link anklicken, der nicht auf eine HTML-Datei bzw. auf ein Bild zeigt, weiß Netscape grundsätzlich nicht, wie es mit dieser Datei verfahren soll. Es könnte beispielsweise die Datei als Textdatei anzeigen, die Datei laden und mit einem anderen Programm anzeigen (etwa bei PostScript-Dateien durch `ghostview`) oder die Datei auf der Festplatte speichern (etwa bei komprimierten Archivdateien). Einige Voreinstellungen finden Sie in der Kategorie NAVIGATOR|APPLICATIONS. Abbildung 11.2 zeigt die Konfiguration zur Anzeige von PostScript-Dateien.

VERWEIS: Der Konfigurationsdialog berücksichtigt sowohl die globalen als auch die lokalen MIME-Einstellungen. Veränderungen werden in den lokalen MIME-Dateien gespeichert. Hintergrundinformationen zur MIME-Konfiguration finden Sie auf Seite 769.

Bilder: Wenn Sie Bilder nicht automatisch übertragen wollen, deaktivieren Sie die Option AUTOMATICALLY LOAD IMAGES in der Kategorie ADVANCED. Es müssen

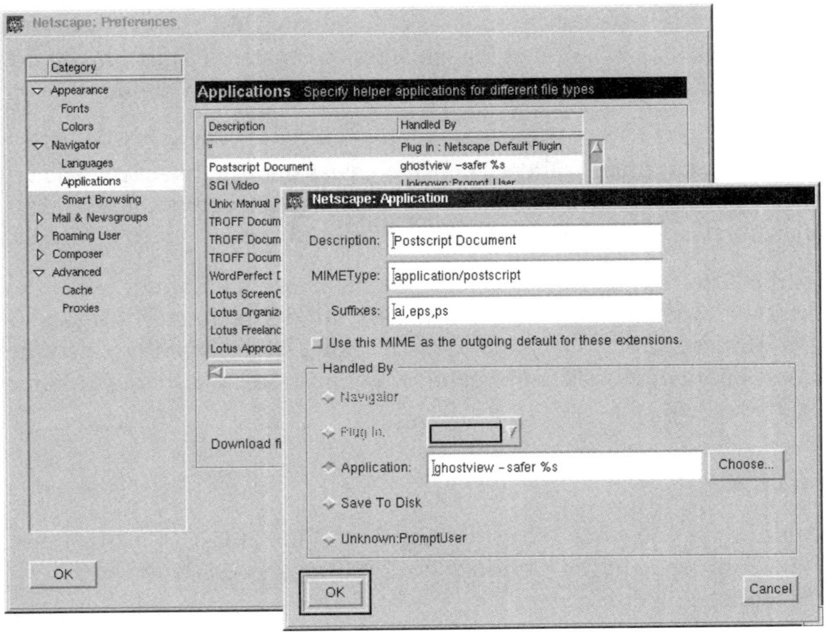

Abbildung 11.2: Konfiguration von Netscape Communicator

jetzt sehr viel weniger Daten übertragen werden, die Anzeige von Dokumenten erfolgt entsprechend schneller. Wenn Sie ein Bild dennoch sehen möchten, müssen Sie nur das ersatzweise angezeigte Icon anklicken. Durch das Anklicken des IMAGES-Buttons werden alle Bilder des Dokuments geladen.

Java, JavaScript: Java und JavaScript sind zwei Programmiersprachen zur Ausführung von Programmen, die in WWW-Dokumente integriert werden können. Falls Sie Java und/oder JavaScript aus Sicherheitsgründen deaktivieren möchten, können Sie das durch die Optionen der Kategorie ADVANCED tun.

Cache/Proxy: Der Communicator verwaltet einen lokalen Cache für die zuletzt geladenen Dokumente. Die Parameter des Caches können in der Kategorie ADVANCED|CACHE eingestellt werden. Wenn Sie genug Platz auf Ihrer Festplatte haben, vergrößern Sie den Disk-Cache!

Falls Sie über einen Proxy-Cache auf das Internet zugreifen möchten, sollten Sie dessen Adresse in der Kategorie ADVANCED|PROXIES als MANUAL PROXY CONFIGURATION eintragen.

Smart Browsing: Seit Version 4.5 hat der Communicator ein neues Feature: Wenn Sie den Button WHAT'S RELATED anklicken, bietet das Programm Ihnen eine Auswahl vergleichbarer Webseiten an. Diese Funktion ist allerdings nicht unumstritten. Damit sie funktioniert, speichert Netscape eine Liste aller Webseiten, die Sie besuchen (und zwar nicht lokal, sondern auf einem Server der Firma Netscape).

Vom Standpunkt des Datenschutzes ist das zumindest ein zweifelhaftes Vorgehen. Wenn Sie diesbezügliche Bedenken haben, können Sie die Funktion in der Kategorie NAVIGATOR|SMART BROWSING leicht deaktivieren.

Probleme

Netscape 4.n genießt (zu Recht) keinen besonders guten Ruf, was seine Stabilität betrifft. Abstürze sind an der Tagesordnung. (Dagegen bietet offensichtlich das stabilste Betriebssystem keinen Schutz.)

Während ein normaler Absturz eines Programms zwar ärgerlich ist, aber kein Problem darstellt (Sie müssen Netscape eben neu starten), bleibt Netscape manchmal auch hängen und reißt dabei unter Umständen den Tastatur- und Mausfokus an sich. Mit etwas Pech wird X dadurch vollständig blockiert – und dann hört der Spaß auf. (Oft ist Netscape übrigens nur für eine gewisse Zeit blockiert, bis ein Netzwerk-Timeout eintritt. Mit etwas Geduld lösen sich manche Probleme von selbst ...)

Hier einige Tipps zum gewaltsamen Beenden von Netscape. (Diese Tipps gelten im Prinzip für jedes Programm, das unter Linux läuft.)

- Falls Tastatur und Maus noch funktionieren, können Sie Netscape sehr bequem mit `xkill` 'abschießen'. (Führen Sie in einem Terminal-Fenster das Kommando `xkill` aus, und klicken Sie Netscape an – fertig.)
- Ist die Tastatur blockiert, funktionieren meistens noch immer einige spezielle Tastenkombinationen wie (Strg)+(Alt)+(Fn), um in die Textkonsole n zu wechseln. Dort funktioniert dann auch die Tastatur wieder. Loggen Sie sich ein, und beenden Sie Netscape mit `killall -9 netscape`.
- Sollten wirklich alle Stricke reißen und ist die Tastatur vollkommen blockiert (auch das ist mir in den letzten Monaten einige Male passiert!), besteht immer noch die Möglichkeit, sich über ein Netzwerk via `telnet` einzuloggen und `kill` so auszuführen. Diese Variante ist natürlich nur möglich, wenn Sie in einem lokalen Netz arbeiten (und nur, wenn ein `telnet`-Login erlaubt ist).

  Sollte X selbst nach dem Ende von Netscape blockiert bleiben, können Sie versuchen, auch X gewaltsam zu beenden und bzw. schließlich `shutdown` auszuführen. All diese Varianten sind besser als der Druck auf die Reset-Taste!

Bevor Sie Netscape neu starten, müssen Sie die wegen des gewaltsamen Endes übrig gebliebene Locking-Datei noch löschen – siehe unten.

TIPP

Manchmal tritt eine weitere Spielart der Netscape-Probleme zutage. Sie glauben, das Programm (normal oder mit `xkill`) beendet zu haben, aber in Wirklichkeit läuft es im Hintergrund unsichtbar weiter und verbraucht dabei CPU-Leistung und Speicher. Wenn Sie diesen Verdacht haben, testen Sie `top` oder `ps ax`, ob der Netscape-Prozess noch am Leben ist. In diesem Fall beenden Sie ihn mit `kill -9`.

Locking-Datei: Netscape sollte nur einmal gestartet werden. (Wenn Sie es mehrfach starten, gibt es Probleme mit der Verwaltung der Lesezeichen, des Caches etc.) Daher führt der Versuch, das Programm ein zweites Mal zu starten, zu einer Warnung. Netscape erkennt anhand der Datei `~/.netscape/lock`, dass es schon läuft.

Nun kann es aber passieren, dass Sie diese Warnmeldung selbst dann erhalten, wenn Netscape momentan nicht läuft. In diesem Fall wurde Netscape beim letzten Mal nicht richtig verlassen (Absturz), d.h. `~/.netscape/lock` wurde nicht gelöscht. In diesem Fall müssen Sie die Datei manuell löschen:

```
user$  rm ~/.netscape/lock
```

TIPP: Es gibt übrigens selten einen Grund, Netscape mehrfach zu starten. Zum einen können Sie mit (Alt)+(N) beliebig viele neue Fenster öffnen. Zum anderen können Sie mit dem Kommando `netscape -remote "openUrl adresse"` in einer schon laufenden Netscape-Instanz ein neues Dokument anzeigen.

kfm (KDE-Dateimanager)

Das Programm `kfm` ist nicht nur ein Dateimanager, sondern auch ein ziemlich vollwertiger Webbrowser. Ab KDE 2.0 wird `kfm` durch das neue und erheblich erweitertet Programm `konquerer` ersetzt, das unter anderem Java-Support verspricht.

Die Bedienung von `kfm` ist problemlos, die Konfiguration erfolgt mit EINSTELLUNGEN|BROWSER KONFIGURIEREN (siehe auch Seite 767).

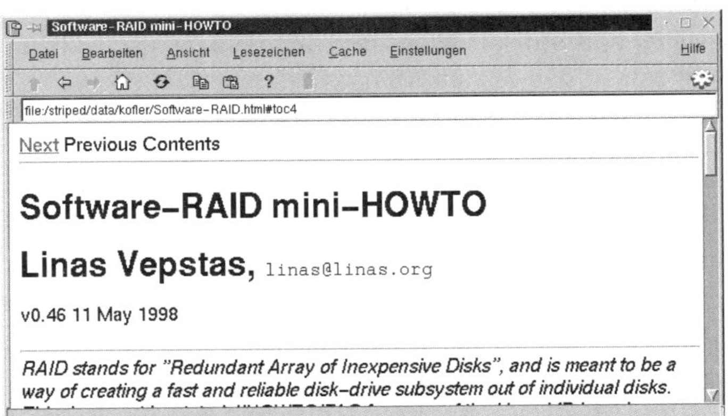

Abbildung 11.3: HTML-Dateien mit kfm lesen

TIPP: Achten Sie darauf, dass WWW-Adressen in `kfm` vollständig, d.h. mit den vorangestellten Zeichen `http://` angegeben werden müssen! Netscape ergänzt diese Informationen automatisch, `kfm` interpretiert Adressen ohne `http://` dagegen als Dateinamen!

Lynx

Lynx hat gegenüber anderen WWW-Browsern einen großen Vorteil: Es läuft im Textmodus. Diesen Vorteil betrachten viele Anwender als Nachteil, weil deswegen viele Merkmale des WWW natürlich wegfallen (Textattribute, Bilder). Dafür ist Lynx aber sehr genügsam, was den Verbrauch von Speicher und Rechenkapazität angeht, und es setzt keine X-Installation voraus.

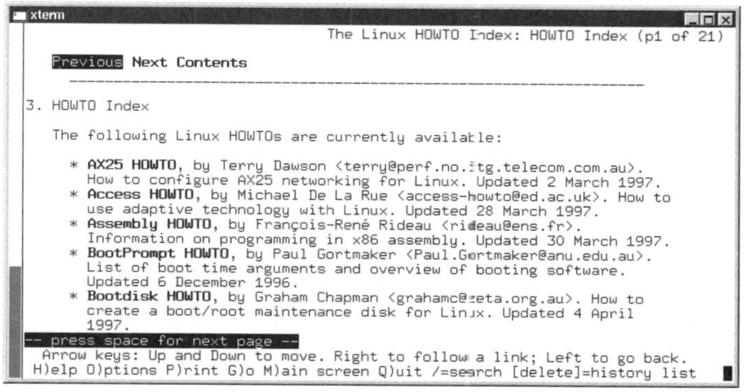

Abbildung 11.4: Lynx – HTML-Dateien im Textmodus lesen

Die Bedienung von Lynx ist einfach: Im Regelfall wird das Programm mit der Angabe einer WWW-Adresse oder eines Namens einer HTML-Datei gestartet. Lynx lädt das Dokument und zeigt die erste Seite an. Anschließend gelten die folgenden Tastenkürzel:

Lynx-Tastenkürzel	
Bild ↑, Bild ↓	Cursor eine Seite auf/ab
Einfg, Entf	Cursor um zwei Zeilen auf/ab
↑, ↓	Cursor zum vorigen/nächsten Querverweis
↩, →	Einem Querverweis folgen
←	Zurück zum letzten Dokument
Backspace	Liste der bisher angezeigten Dokumente anzeigen
/	Text im aktuellen Dokument suchen
A	Verweis auf das Dokument in die Bookmark-Liste einfügen (wird in der Datei `~/lynx_bookmarks.html` gespeichert)
D	Dokument auf den Rechner übertragen
E	Editor starten
G	WWW-Adresse per Tastatur eingeben
K	Alle verfügbaren Tastenkürzel anzeigen
O	Einstellung von Optionen
V	Bookmark-Liste anzeigen

Lynx kann mit der Angabe eines Verzeichnisses gestartet werden: Das Programm zeigt dann eine Liste aller darin enthaltenen Dateien und Unterverzeichnisse an, die wie Querverweise ausgewählt werden können. Textdateien im ASCII-Format können direkt in Lynx angezeigt werden.

Neuere Versionen von Lynx zeigen Überschriften und Links in unterschiedlichen Farben an und können per Maus bedient werden. (Mit der linken Taste folgen Sie einem Link, die rechte Taste führt zurück zur vorherigen Seite.) Diese Funktionen können mit den Optionen `-color` und `-use_mouse` aktiviert werden.

Lynx hat noch eine weitere Funktion: Das Programm kann als Konverter HTML → ASCII verwendet werden und so HTML-Dokumente in eine gut lesbare Textdatei verwandeln. Das folgende Kommando demonstriert diese Anwendung:

```
user$  lynx -dump quelle.html > ziel.txt
```

TIPP

Zu Lynx existiert ein ausführlicher man-Text. `lynx -help` gibt einen Überblick über die verfügbaren Kommandooptionen. Im Betrieb kann mit (K) eine Liste der Tastaturkommandos angezeigt werden. Mit (H) oder (?) wird die Hilfe aufgerufen – allerdings werden die Hilfetexte über das Netz gelesen. Wenn Sie Lynx nur zum Lesen lokaler Dateien verwenden und keine Netzverbindung haben, können Sie diese Hilfefunktion nicht nutzen.

11.2 Offline surfen (WWWoffle)

Webdokumente können Sie normalerweise nur 'online' lesen, d.h. während Ihr Rechner mit dem Internet verbunden ist. Das Programm WWWoffle verspricht scheinbar das Gegenteil, kann aber natürlich auch keine Wunder vollbringen. Das Programm ist dennoch ausgesprochen praktisch:

- Es verwaltet einen Cache, in dem alle einmal gelesenen WWW-Dokumente gespeichert werden. Sie können diese Dokumente zu einem späteren Zeitpunkt problemlos nochmals lesen, und zwar auch dann, wenn gerade keine Internet-Verbindung besteht. (Im Prinzip entspricht das dem Offline-Modus des Internet Explorers.)
- Wenn Sie offline Links von Dokumenten anklicken, die momentan nicht lokal zur Verfügung stehen, merkt sich WWWoffle das Dokument. Sobald wieder eine Internet-Verbindung existiert, werden alle vorgemerkten Dokumente auf einmal übertragen. Anschließend kann die Verbindung unterbrochen werden. Sie können die gewünschten Dokumente jetzt in Ruhe und ohne weitere Telefonkosten lesen.
- Das Lesen einzelner Dokumente ist oft unbefriedigend. Mit WWWoffle können Sie daher auch ganze Gruppen von Dokumenten (die von einer Startseite durch Links verbunden sind) zur Übertragung kennzeichnen. Dabei kann eine beliebige Link-Tiefe angegeben werden.

TIPP

WWWoffle kann noch viel mehr, als hier verraten wird. Lesen Sie die umfassende Online-Dokumentation, und werfen Sie einen Blick auf die WWWoffle-Homepage!

`http://www.gedanken.demon.co.uk/wwwoffle/`

HINWEIS

Die Installation von WWWoffle ist nur sinnvoll, wenn Sie keine ständige Verbindung zum Internet haben. WWWoffle ist nicht als Ersatz für professionelle Proxy-Caches für große Netzwerke gedacht (wie etwa Squid), sondern für private Anwender mit vergleichsweise geringem Datendurchsatz.

Installation und Konfiguration

WWWoffle steht für die meisten Distributionen als vorkonfiguriertes Paket zur Verfügung. Nach der Installation brauchen Sie nur noch die Konfigurationsdatei `wwwoffle.conf` (üblicherweise in `/etc/wwwoffle`) an Ihre Wünsche anpassen. Im Regelfall reicht es aus, wenn Sie dort den Proxy-Server Ihres Internet-Providers angeben:

```
# Änderung in /etc/wwwoffle/wwwoffle.conf
...
Proxy
{
 http://* = www-proxy.provider.de:8080
}
```

Anschließend starten Sie den WWWoffle-Dämon mit dem folgenden Kommando:

```
root# wwwoffled -c /etc/wwwoffle/wwwoffle.con
```

Als nächsten Schritt müssen Sie Ihren Webbrowser konfigurieren, damit dieser WWWoffle berücksichtigt. Dazu deaktivieren Sie den Cache (diese Aufgabe übernimmt jetzt WWWoffle) und stellen als WWW- und FTP-Proxy-Server `localhost:8080` ein.

Falls Sie den Netscape Communicator verwenden, führen Sie EDIT|PREFERENCES aus. Im Dialogblatt ADVANCED|CACHE reduzieren Sie die Größe des Disk-Caches auf 0. Im Dialogblatt ADVANCED|PROXIES stellen Sie die WWW- und FTP-Proxies manuell auf `localhost` und Port 8080.

HINWEIS

Es gibt jetzt zwei Proxy-Server, die Sie nicht durcheinander bringen sollten: Auf Ihrem Rechner agiert WWWoffle als lokaler Proxy-Server. Das ist der Proxy-Server, mit dem Ihr Webbrowser kommuniziert. WWWoffle seinerseits liest WWW-Dokumente vom Proxy-Server Ihres Internet-Providers.

Jetzt ist es Zeit für einen ersten Test, ob WWWoffle korrekt läuft: Geben Sie in Ihrem Webbrowser `http://localhost:8080` als Adresse ein. Der Webbrowser liest damit eine von WWWoffle erzeugte Startseite. Dort finden Sie eine Menge weitere Informationen und Steuerungsmöglichkeiten für WWWoffle.

Bedienung

WWWoffle läuft jetzt beinahe vollautomatisch. Sie müssen dem Programm lediglich mitteilen, ob momentan eine Internet-Verbindung besteht oder nicht. Jedes Mal, wenn Sie PPP starten, müssen Sie dazu folgendes Kommando ausführen:

```
user$  wwwoffle -online
```

Wenn Sie PPP beenden, lautet das entsprechende Kommando:

```
user$  wwwoffle -offline
```

Wenn Sie im Offline-Modus einen nicht lokal verfügbaren Link anklicken, wird im Webbrowser ein Hinweis angezeigt, dass die Seite für eine spätere Übertragung vorgemerkt wird (siehe Abbildung 11.5).

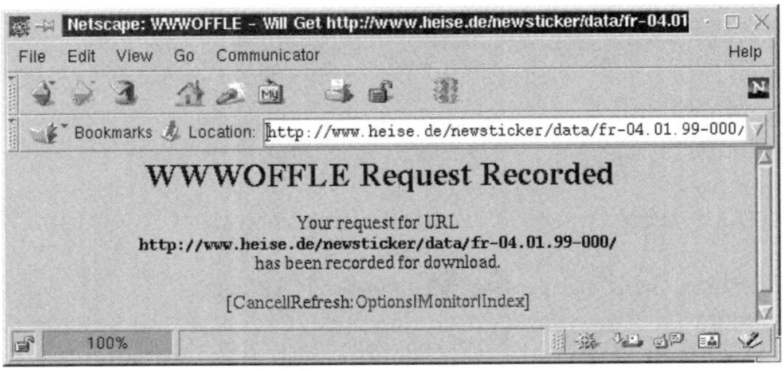

Abbildung 11.5: Das WWW-Dokument wird später übertragen.

Damit die Übertragung tatsächlich durchgeführt wird, müssen Sie das nächste Mal, wenn Sie eine Internet-Verbindung hergestellt haben, ein weiteres `wwwoffle`-Kommando ausführen:

```
user$  wwwoffle -fetch
```

Wenn Sie mit dem nächsten `fetch`-Kommando ein ganzes WWW-Verzeichnis übertragen möchten, müssen Sie das Verzeichnis vorher in WWWoffle angeben. Dazu geben Sie in Ihrem Webbrowser die Adresse `http://localhost:8080/refresh-options/` an.

WWWoffle automatisieren

Auf die Dauer ist das manuelle Ausführen von `wwwoffled` bei jedem Rechnerstart und `wwwoffle` bei jeder Änderung des PPP-Zustands natürlich unbefriedigend. Eine Automatisierung ist aber nicht schwierig. Sie müssen dafür sorgen, dass `wwwoffled` im Rahmen des Init-V-Prozesses gestartet wird. Für diesen Zweck sehen die meisten Distributionen eine `rc.local`-Datei vor. (Informationen zum Init-V-Prozess finden Sie auf Seite 181.)

Besonders einfach haben es SuSE-Anwender. Dort ist das `wwwoffle`-Paket bereits komplett vorkonfiguriert. Zum automatischen Start müssen Sie lediglich eine Zeile in `/etc/rc.config` verändern (mit YaST oder einem Texteditor):

```
# Änderung in /etc/rc.config
START_WWWOFFLE="yes"
```

Problemlos ist auch die Integration der `wwwoffle`-Kommandos in die `ppp-on`- und `ppp-off`-Script-Dateien, die ab Seite 460 vorgestellt wurden:

```
# am Ende von ppp-on
wwwoffle -online
wwwoffle -fetch

# am Beginn von ppp-off
wwwoffle -offline
```

Wenn Sie zum Internet-Aufbau keine eigenen PPP-Scripts verwenden, können Sie die hier genannten `wwwoffle`-Kommandos auch in die Standard-PPP-Scripts einfügen, d.h. in `/etc/ppp/ip-up` und `ip-down`.

HINWEIS

`wwwoffle` speichert die übertragenen WWW-Dokumente im Verzeichnis `/var/spool/wwwoffle`. (In `wwwoffle.conf` kann natürlich auch ein anderes Verzeichnis eingetragen werden.) Wenn die Dateien ein bestimmtes Alter erreicht haben, werden sie automatisch wieder gelöscht. Dennoch kann es passieren, dass das Verzeichnis stärker wächst, als Ihnen lieb ist. Eine differenzierte Steuerung, wann Dateien gelöscht werden sollen bzw. wie groß das Verzeichnis maximal werden darf, bietet der `purge`-Abschnitt von `wwwoffle.conf`.

Probleme

Beim Betrieb von `wwwoffle` ist es gelegentlich passiert, dass das Programm bestimmte Seiten, die sich bereits im Cache befanden, nicht mehr neu vom Internet laden wollte. Stattdessen meldete der Webbrowser nach einiger Zeit, dass die Datei leer sei. Ein direkter Zugriff auf die Seite (nachdem die Proxy-Einstellung `localhost` deaktiviert wurde) sind dagegen möglich.

Die Ursache des Problems ist unklar geblieben; die in den FAQs genannten Lösungsvorschläge für das Problem führten nicht zum Ziel. Geholfen hat dagegen, den Cache für die betroffene Webadresse zu löschen. Dazu richten Sie Ihren Webbrowser auf die Adresse `http://localhost:8080/index/http/?none`. Sie sehen nun eine Liste aller Websites, die sich im `wwwoffle`-Cache befinden. Klicken Sie nun den Link `[Del All]` bei der Website an, die Probleme bereitet. Der nächste Zugriff auf eine Seite dieser Website sollte wieder gelingen.

11.3 File Transfer Protocol (FTP)

FTP ermöglicht die Übertragung von Binärdateien zwischen Rechnern, die per Internet verbunden sind. Dass FTP eine praktische Sache ist, um Daten mit weit entfernten Kollegen auszutauschen, leuchtet sofort ein. Seine große Popularität verdankt FTP aber der Spielart Anonymous-FTP: Viele große Internet-Server an Universitäten und von Internet-Providern bieten allen Anwendern Zugang zu sogenannten FTP-Archiven. Dieser Zugang ist (im Gegensatz zum sonstigen FTP) nicht durch ein Passwort versperrt. Um Anonymous-FTP nutzen zu können, müssen Sie lediglich als User-Namen `anonymous` und als Passwort Ihre Mail-Adresse angeben.

Die Anzahl der Programme, die Sie für FTP verwenden können, ist unübersehbar: Neben dem klassischen Kommando `ftp` können Sie unter anderem die folgenden Programme verwenden:

- `ftp`: der Urahn aller FTP-Clients, spartanische Benutzeroberfläche
- `ncftp`: Alternative zu `ftp`, ebenfalls textbasierte Benutzeroberfläche, aber komfortabler zu bedienen
- `mirror`, `wget`: Script-Programme zur rekursiven Übertragung ganzer FTP-Verzeichnisse
- `xftp`: FTP-Client mit X-Benutzeroberfläche
- `caitoo`: Download-Manager mit KDE-Oberfläche, ermöglicht eine Zeitsteuerung der Übertragung (z.B. Übertragung während der Nacht)
- `gFTP`, `IglooFTP`: FTP-Clients mit Gnome-Oberfläche
- `mc`, `gmc`, `kfm`: in die Dateimanager integrierte FTP-Funktionen
- Netscape, Lynx, Emacs, XEmacs

Dieser Abschnitt beschränkt sich primär auf die Beschreibung von `ftp`, das Sie für die ersten Versuche verwenden sollten. Sobald Sie ein wenig Erfahrung mit `ftp` gesammelt haben, werden Sie mit der Bedienung der anderen Programme keinerlei Probleme haben – jedes der oben aufgezählten Programme bietet weit mehr Komfort als `ftp`!

Viele Datenarchive werden gespiegelt, d.h. in regelmäßigen Abständen (täglich oder wöchentlich, zumeist in der Nacht) von einem Internet-Server zum anderen übertragen. Der Sinn dieser Spiegelungen (mirror) besteht darin, dass Einzelanwender immer auf den geografisch nächstgelegenen Server zugreifen können, ohne befürchten zu müssen, darauf veraltete Daten zu finden. Sie sollten sich immer bemühen, auf einen möglichst nahe gelegenen FTP-Server zuzugreifen.

TIPP

Wenn Sie eine Datei benötigen, aber nicht wissen, in welchem FTP-Server sie gespeichert ist, können Sie bei den zwei folgenden Webadressen danach suchen:

```
http://ftpsearch.com/
http://www.ftpsearch.de/
```

HINWEIS

Wenn sich zwischen dem FTP-Server und Ihrem Rechner ein Firewall befindet oder wenn Sie in einem lokalen Netzwerk arbeiten, das mittels Masquerading mit dem Internet verbunden ist, bereiten viele FTP-Clients Probleme. In solchen Fällen hilft es fast immer, den Client in einen sogenannten passiven Modus zu versetzen. Leider gibt es dafür kein einheitliches Kommando – werfen Sie also einen Blick in die Dokumentation! (Manche Clients erkennen derartige Situationen selbstständig und aktivieren den passiven Modus automatisch.)

Das Kommando ftp

Wahrscheinlich fragen Sie sich, warum an dieser Stelle ausgerechnet der am wenigsten komfortable FTP-Client – also das Programm `ftp` – so ausführlich beschrieben wird. Dafür gibt es vielfältige Gründe: Erstens funktioniert dieses Programm zuverlässiger und stabiler als all die anderen Clients, wo offensichtlich das Hauptaugenmerk auf eine schöne Benutzeroberfläche gelegt wurde; zweitens veranschaulicht der Umgang mit `ftp` sehr gut das Prinzip von FTP (das ja für alle anderen Programme auch gilt); und drittens ist die Bedienung der meisten anderen FTP-Clients so einfach, dass eine langatmige Beschreibung überflüssig ist.

Eine FTP-Sitzung wird mit dem Kommando `ftp` eingeleitet. Da Dateien aus bzw. in das aktuelle Verzeichnis übertragen werden, sollten Sie vorher mit `cd` in das gewünschte Arbeitsverzeichnis wechseln. Beim Start von `ftp` wird die gewünschte Internet-Adresse des FTP-Servers angegeben.

Nach dem Verbindungsaufbau und der Eingabe von User-Name und Passwort kann es losgehen: Mit den Kommandos `cd`, `pwd` und `ls`, die dieselbe Bedeutung wie unter Linux haben, können Sie sich durch die Verzeichnisse des FTP-Archivs bewegen. Um eine Datei vom FTP-Archiv in das aktuelle Verzeichnis Ihres Rechners zu übertragen, führen Sie `get datei` aus. Der Dateiname bleibt dabei unverändert. Umgekehrt können Sie mit `put` eine Datei aus Ihrem aktuellen Verzeichnis in ein Verzeichnis des FTP-Archivs übertragen. (Das geht freilich nur dann, wenn Sie eine Schreiberlaubnis für das Verzeichnis haben. Bei Anonymous-FTP ist das zumeist nur für ein Verzeichnis mit einem Namen wie `/pub/incoming` der Fall.)

HINWEIS

Bevor Sie eine Datei übertragen, müssen Sie mit `binary` in den Binärmodus umschalten. Im Textmodus interpretiert FTP die Dateien als Texte und versucht, diese in das Format des jeweiligen Rechners zu konvertieren. Binärdateien werden durch so eine Konvertierung unbrauchbar. (Die meisten FTP-Server sind glücklicherweise so konfiguriert, dass `binary` als Defaulteinstellung gilt.)

Eine FTP-Sitzung wird mit dem Kommando `quit` oder `bye` beendet. Die folgende Tabelle fasst die wichtigsten Kommandos zusammen, die während einer FTP-Sitzung ausgeführt werden können:

ftp-Kommandos	
`?`	zeigt eine Liste aller FTP-Kommandos an
`!`	ermöglicht die Ausführung von Shell-Kommandos
`ascii`	wechselt in den Textmodus
`binary`	wechselt in den Binärmodus
`bye`	beendet FTP
`cd verz`	wechselt in das angegebene Verzeichnis
`close`	beendet die Verbindung zum FTP-Server
`get datei`	überträgt die Datei vom FTP-Archiv in das aktuelle Verzeichnis
`help kommando`	zeigt eine kurze Info zum angegebenen Kommando an
`ls`	zeigt die Liste der Dateien an
`mget *.muster`	überträgt alle passenden Dateien vom FTP-Archiv in das aktuelle Verzeichnis (siehe auch `prompt`)
`open`	stellt die Verbindung zum fremden Rechner her (wenn es beim ersten Versuch nicht geklappt hat)
`prompt`	aktiviert/deaktiviert die automatische Rückfrage vor der Übertragung jeder Datei durch `mget`
`put datei`	überträgt die Datei vom aktuellen Verzeichnis in das FTP-Archiv
`quit`	beendet FTP
`reget datei`	setzt die Übertragung einer bereits teilweise übertragenen Datei fort
`user`	ermöglicht einen neuen Login (wenn es beim ersten Versuch nicht funktioniert hat)

Beispiel

Das folgende Beispiel zeigt, wie vom FTP-Server `ftp.redhat.com` das PPP-Paket 2.2 kopiert wird. Aus Platzgründen wurden einige auf dem Bildschirm angezeigte Texte und Verzeichnisse verkürzt. Um die Lesbarkeit zu verbessern, wurden außerdem alle empfangenen Texte gegenüber der eigenen Eingaben um einige Zeichen eingerückt.

TIPP Das Beispiel zeigt trotz der verkürzten Texte, dass während einer FTP-Sitzung oft beträchtliche Textmengen angezeigt werden. Sie sollten daher in einem X-Shell-Fenster oder im Shell-Modus von Emacs arbeiten, wo Sie mühelos durch die bisher angezeigten Texte scrollen können. `less` kann in FTP-Sitzungen nicht verwendet werden.

```
user$  ftp ftp.redhat.com
    Connected to speedy.redhat.com.
    Please use a mirror if possible

    FTP Site                  Directory
    ========                  =========
    ftp.gwdg.de               /pub/linux/install/redhat
    ...

    speedy.redhat.com FTP server (Version wu-2.4.2-academ[BETA-9](1)
    Thu Feb 29 15:50:44 EST 1996) ready.
Name (ftp.redhat.com:kofler): >  anonymous
    331 Guest login ok, send your complete e-mail address as password.
Password: >  kofler@ping.at
    Welcome to the Red Hat Software Linux archive.
    There are currently 72 users using this ftp archive.
    Guest login ok, access restrictions apply.
    Remote system type is UNIX.
    Using binary mode to transfer files.
ftp>  ls
    ...
    drwxrwxr-x   3 root     root          1024 May 24 20:26 mirrors
    drwx--x--x   3 root     root          1024 May 27 17:10 private
    drwxr-xr-x  15 root     root          1024 Jun  5 16:16 pub
    ...
ftp>  cd pub
    Please read the file README
      it was last modified on Fri Mar 15 17:30:04 1996 - 83 days ago
ftp>  ls
    ...
    drwxr-xr-x  10 504      504           1024 Jun  5 21:08 contrib
    drwxrwxr-x   2 root     root          1024 May 31 21:07 current
    ...
ftp>  cd contrib/RPMS
ftp>  ls p*
    ...
    -rw-rw-r--   1 504    504     19428 Mar  1 01:17 portmap-3.0-1.i386.rpm
    -rw-rw-r--   1 504    504    707936 Feb  8 22:06 postgres95-1.0-2.i386.rpm
    -rw-r--r--   1 504    504     81095 Apr 28 00:02 ppp-2.2.0f-1.i386.rpm
    -rw-r--r--   1 504    504     82548 May 17 22:52 privtool-0.96-1.i386.rpm
    -rw-r--r--   1 504    504     11003 Apr  3 22:24 procmeter-1.1-1.i386.rpm
    ...
ftp>  get ppp-2.2.0f-1.i386.rpm
    PORT command successful.
    Opening BINARY mode data connection for
    ppp-2.2.0f-1.i386.rpm (81095 bytes).
    Transfer complete.
    81095 bytes received in 28.3 secs (2.8 kBytes/sec)
ftp>  bye
```

Um die Menge der zu übertragenden Daten möglichst klein zu halten, sind Dateien auf FTP-Servern fast ausnahmslos mit `compress` oder `gzip` komprimiert. Ausnahmen stellen nur kleinere Textdateien dar. Nach dem Datentransfer müssen Sie `gunzip`, `compress` oder bei Archivdateien `tar` verwenden, um die Dateien zu dekomprimieren.

Moderne FTP-Clients

Der FTP-Zugriff mit Programmen wie dem Netscape Communicator oder `kfm` ist um einiges komfortabler als das Kommando `ftp`. Sie brauchen nur statt einer WWW-Adresse die Adresse eines FTP-Servers anzugeben. Achten Sie dabei auf die korrekte Syntax (hier am Beispiel des Red-Hat-FTP-Servers):

```
ftp://ftp.redhat.com
```

Der FTP-Client erledigt die Login-Prozedur als `anonymous` für Sie und zeigt die Liste der Dateien und Verzeichnisse an, in der Sie dann nur noch die gewünschte Datei anklicken müssen.

TIPP

Wenn Sie einen FTP-Server nicht als `anonymous` nutzen möchten, kennen viele FTP-Clients die folgende Syntax:

```
ftp://server@username
```

Anschließend werden Sie automatisch zur Angabe des Passworts aufgefordert.

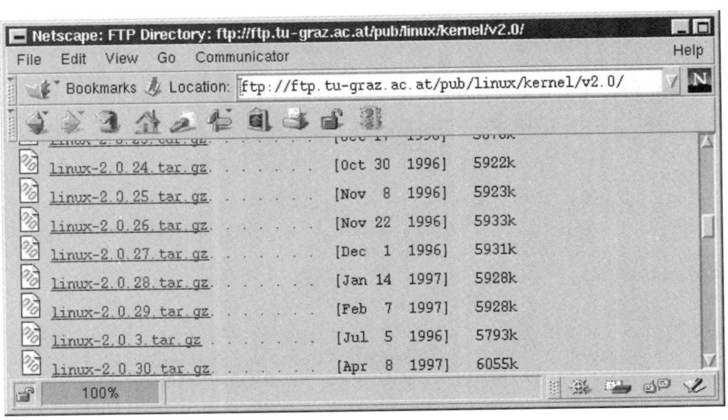

Abbildung 11.6: FTP mit Netscape

11.4 Telnet und rlogin

`telnet` und `rlogin` ermöglichen es, auf einem anderen Rechner zu arbeiten, als stünde er vor Ihnen. Falls Sie in der Universität oder Firma einen Rechner mit Internet-Anschluss haben, können Sie sich von Ihrem Linux-Rechner zu Hause dort einloggen, `pine` starten, um die E-Mail zu lesen, testen, ob ein längerer Job noch läuft oder mit anderen Parametern neu gestartet werden muss etc. Da `telnet/rlogin` in der Regel im Textmodus verwendet wird, reicht selbst eine langsame Modem-Verbindung aus, um noch einigermaßen sinnvoll arbeiten zu können.

Die Voraussetzung für die Benutzung von `telnet/rlogin` besteht darin, dass beide Rechner vernetzt sind (lokales Netz oder Internet). Außerdem muss am Partnerrechner ein `telnet`- oder `rlogin`-Dämon aktiviert sein, der auf den Verbindungswunsch antwortet. Bei Unix/Linux-Rechnern ist das fast immer der Fall. (Dieser Abschnitt beschreibt nur die Nutzung dieser Dienste, also die Client-Sichtweise. Hinweise zur Konfiguration des `telnet`-Dämons finden Sie auf Seite 586.)

`telnet` und `rlogin` sehen für den Anwender praktisch gleich aus. Die Programme unterscheiden sich in erster Linie durch das Login-Verfahren. Wenn `rlogin` korrekt konfiguriert ist, können Sie sich unter Ihrem Namen auf mehreren Rechnern einloggen, ohne jedes Mal das Passwort anzugeben.

An `telnet` bzw. `rlogin` wird beim Aufruf der vollständige Name des Rechners übergeben, auf dem Sie arbeiten möchten. Wenn der Rechner im Netz gefunden wird, loggen Sie sich mit Ohrem Benutzernamen und Passwort ein. Wenn Sie sich wieder ausloggen möchten, verwenden Sie `exit` oder (Strg)+(D).

```
kofler@saturn$  telnet jupiter.sol
Trying 192.168.0.99...
Connected to jupiter.sol
Escape character is '^]'.

Red Hat Linux release 6.1de (Cartman)
Kernel 2.2.12-32 on an i686

jupiter.sol login:  kofler
Password:  *******
Last login: Fri Jun  7 07:17:23 from saturn
...
kofler@jupiter$  exit
logout
Connection closed by foreign host.
```

HINWEIS

telnet und rlogin verwenden ein sehr unsicheres Protokoll, bei dem unter anderem das Passwort unverschlüsselt zwischen den Rechnern übertragen wird. Um zu vermeiden, dass das root-Passwort auf diese Weise allzuleicht in falsche Hände geraten kann, ist es mit telnet und rlogin grundsätzlich unmöglich, sich als root einzuloggen. Wenn Sie auf einem anderen Rechner als root arbeiten möchten, müssen Sie sich zuerst unter einem anderen Namen einloggen und dann su ausführen.

Zu telnet und rlogin gibt es übrigens eine sichere Alternative, nämlich ssh (secure shell). Der einzige Nachteil besteht darin, dass dieses Programm nicht so weit verbreitet ist und die Kommunikation zwischen Rechnern mit unterschiedlichen Betriebssystemen daher selten so unproblematisch ist wie mit telnet.

Grundsätzlich können Sie während einer telnet/rlogin-Sitzung sogar X-Programme starten. Die X-Programme werden auf dem fremden Rechner ausgeführt (nutzen also beispielsweise die dort vorhandene Hardware voll aus), werden aber auf dem lokalen X-Server angezeigt und empfangen hier auch Tastatur- und Mauseingaben. Da jetzt das gesamte X-Protokoll über das Netz übertragen werden muss, erfordert diese Form des Arbeitens bei einer Modem-Verbindung vermutlich mehr Geduld, als Sie aufbringen werden. Weitere Details zu den Sicherheitsmechanismen von X (xhost, DISPLAY-Variable) finden Sie ab Seite 355.

Kapitel 12

E-Mail

Dieses Kapitel beschäftigt sich mit den Grundlagen, der Bedienung und der Konfiguration eines E-Mail-Systems. Während die Nutzung von E-Mail ausgesprochen einfach ist, kann sich die optimale Konfiguration schwierig gestalten. Das Hauptaugenmerk wird dabei auf die Offline-Nutzung gelegt, die bei der Minimierung der Telefonkosten hilft.

12.1 Grundlagen

E-Mail ist die Abkürzung für *Electronic Mail* und bezeichnet das Versenden von Nachrichten (Briefen) über das Internet. Es handelt sich dabei um eine der ältesten und noch immer wichtigsten Anwendungen des Internets. Ursprünglich war E-Mail nur zum Versenden von 7-Bit-ASCII-Texten gedacht. Mittlerweile kommt E-Mail aber auch mit deutschen Sonderzeichen und HTML-Texten zurecht. Zudem können per E-Mail beliebige Dateien (Bilder etc.) versendet werden.

Wenn Sie E-Mail in Kombination mit PPP/SLIP verwenden, können Sie Ihr E-Mail-System als sogenanntes Offline-System konfigurieren. Der Name rührt daher, dass E-Mail gelesen bzw. geschrieben wird, ohne dass eine Netzverbindung vorhanden ist. Lediglich zur Übertragung der Nachrichten von und zum Provider muss kurzzeitig eine Internet-Verbindung hergestellt werden. Diese Vorgehensweise hat also den Vorteil, dass Sie eine Menge Telefonkosten sparen. Sie müssen nur kurzzeitig eine Verbindung zum Provider herstellen, um neu eingetroffene E-Mail dort abzuholen oder selbst verfasste E-Mail zu versenden.

Manche E-Mail-Programme können auch so konfiguriert werden, dass zum Betrieb der Programme ununterbrochen eine Netzwerkverbindung bestehen muss. Diese Variante kann in lokalen Netzen durchaus praktikabel sein; dieses Buch beschränkt sich aber grundsätzlich auf die Offline-Konfiguration.

Im Rahmen dieses Kapitels werden die folgenden Aspekte von E-Mail behandelt:

- Interna von Mail-Programmen unter Linux (siehe Seite 511): Selbst wenn Sie schon E-Mail-Erfahrung mit einem anderen Betriebssystem haben, werden Sie hier eine Menge wichtiger Informationen finden.
- Arbeitstechniken beim Umgang mit Mail-Programmen (siehe Seite 514): Dieser Abschnitt richtet sich vor allem an E-Mail-Einsteiger. Es beschreibt einige grundlegende Begriffe und Arbeitstechniken, etwa die Verwendung von Mappen und Adressbüchern, das Versenden von Binärdateien per E-Mail etc.
- Konfiguration und Bedienung von Standalone-Systemen (siehe Seite 518): Hier geht es um Programme, die alle E-Mail-Funktionen (Empfangen, Lesen, Verfassen und Senden) selbst erledigen. Zu dieser Kategorie von E-Mail-Programmen zählen Netscape und KDE Mail. Diese Programme sind sehr leicht zu konfigurieren und zu benutzen.
- Einrichtung eines klassischen Unix-E-Mail-Systems (siehe Seite 531): Anstatt alle Funktionen mit einem Programm zu erledigen, können Sie diese Aufgaben auch auf mehrere Programme verteilen. Das erfordert zwar etwas mehr Mühe bei der Konfiguration, bietet dann aber auch bessere Möglichkeiten zur Automatisierung und mehr Freiheit bei der Auswahl anderer E-Mail-Clients (etwa `pine`).

HINWEIS

Das Thema E-Mail sieht auf den ersten Blick einfacher aus, als es in Wirklichkeit ist. Zwar ist die Bedienung eines einmal konfigurierten Systems problemlos, der Weg dorthin ist aber variantenreich. Einige fortgeschrittene Aspekte werden in diesem Kapitel aus Platzgründen nicht behandelt, etwa die Signatur und Verschlüsselung von E-Mail-Nachrichten (`pgp`) und die automatische Verarbeitung und Beantwortung von E-Mail (`procmail`).

Interna der Mail-Verwaltung

Die typische E-Mail-Konfiguration auf einem Microsoft-Windows-PC sieht so aus, dass *ein* Programm (z.B. Netscape oder Outlook) für alle E-Mail-Aufgaben genutzt wird, d.h. sowohl für das Lesen und Verfassen von Nachrichten als auch für deren Empfang und für den Versand. Das E-Mail-Programm arbeitet also als Stand-Alone-System.

Ganz anders sieht die typische E-Mail-Konfiguration auf einem Unix-Server aus. Hier werden für die einzelnen Teilaufgaben unterschiedliche Programme verwendet:

- Zum einen gibt es einen sogenannten *Mail Transport Agent*, der sich um das Versenden bzw. Weiterleiten von E-Mails kümmert. Im Regelfall wird dazu das Programm `sendmail` verwendet, gelegentlich auch `smail`. Das Programm läuft im Hintergrund und ist ständig in Bereitschaft.
- Zum anderen gibt es eine große Auswahl von *Mail User Agents* (die oft auch *Mail-Clients* genannt werden). Diese Programme stellen die Benutzeroberfläche für den Endanwender dar, ermöglichen also das Lesen und Verfassen von E-Mails. Jeder Anwender kann sich für den E-Mail-Client seiner Wahl entscheiden, z.B. für `pine`, `elm`, Emacs oder Netscape. Die E-Mail-Clients gehen davon aus, dass die eintreffende E-Mail sich im Verzeichnis `/var/spool/mail/`*name* befindet und dass zu sendende E-Mail einfach an den lokalen *Mail Transport Agent* übergeben werden kann.

Nach dieser Einleitung nun zu Linux: Hier gibt es keine 'typische' Konfiguration, weil Linux sowohl im privaten Bereich (einer oder wenige Nutzer, Internet via PPP) als auch als Server (viele Nutzer, Internet oft via Standleitung) genutzt wird. Dieses Buch beschäftigt sich primär mit der ersten Variante, also mit Linux auf einer privaten Workstation.

Wenn Sie sich nicht lange mit der Konfiguration aufhalten möchten, sollten Sie sich für einen Alleskönner unter den E-Mail-Programmen entscheiden, also für ein Programm, das die Aufgaben von *Mail Transport* und *Mail User Agent* vereint. Hierfür bietet sich neben Netscape auch das KDE-Mail-Programm `kmail` an.

Die Alternative besteht darin, ein (aus Unix-Sicht) mehr oder weniger 'klassisches' E-Mail-System zu konfigurieren und dieses für den Offline-Betrieb zu optimieren. In diesem Fall müssen Sie sich mit den Programmen `sendmail` und `fetchmail` anfreunden. Diese beiden Programme übertragen selbst verfasste E-Mails an den Provider bzw. holen dort die für Sie eingetroffenen Nachrichten ab.

Die Variante mit `sendmail/fetchmail` ist zwar mit deutlich mehr Konfigurationsarbeit verbunden, hat aber durchaus ihre Vorteile: Erstens haben Sie jetzt freie Wahl, was den E-Mail-Client betrifft. Auch ein nachträglicher Wechsel des E-Mail-Programms ist mühelos möglich. Zweitens können Sie das System besser automatisieren, d.h. das Empfangen und Versenden von E-Mail durch Script-Dateien durchführen.

Dieses Buch – wie könnte es anders sein – behandelt beide Varianten:

- Netscape:
  Konfiguration für den Standalone-Betrieb: siehe Seite 518
  Konfiguration als Client zu `sendmail/fetchmail`: siehe Seite 519
- KDE-Mail:
  Konfiguration für den Standalone-Betrieb: siehe Seite 520
  Konfiguration als Client zu `sendmail/fetchmail`: siehe Seite 521
- `pine`:
  Konfiguration als Client zu `sendmail/fetchmail`: siehe Seite 522
- `sendmail` und `fetchmail`:
  Konfiguration für den Offline-Betrieb: siehe Seite 531

TIPP

Sowohl für Gnome als auch für KDE sind eine ganze Reihe sehr mächtiger E-Mail-Clients in Entwicklung – unter anderem Balsa, Tradeclient, CSCMail und Evolution (alle Gnome) sowie Magellan (KDE). Balsa orientiert sich am bekannten Windows-E-Mail-Client Eudora. Magellan und Evolution sollen bei Fertigstellung auch über Groupware-Funktionen verfügen (vergleichbar mit Lotus-Notes-Clients). Ein Teil der Programme verspricht IMAP-Unterstützung. Aktuelle Informationen über den Entwicklungsstand dieser Programme finden Sie im Internet:

```
http://www.balsa.net
http://www.tradeclient.org
http://www.cyberdeck.org/cscmail/
http://www.helixcode.com/apps/evolution.php3
http://www.kalliance.org
```

Wo wird die Mail gespeichert?

Vorsicht – diese Frage klingt einfacher, als sie ist! Die Antwort ist zweigeteilt: Zuerst wird das Lesen von E-Mail betrachtet, dann das Versenden.

Nachrichten lesen mit POP: Nehmen wir an, Sie haben einen POP-Account bei einem Internet-Provider. (POP steht für *Post Office Protocol* und ist das zur Zeit gängigste Protokoll, um Nachrichten vom Internet-Provider abzuholen.) Wenn Ihnen nun ein Freund eine E-Mail sendet, dann landet die Nachricht zunächst auf dem Server Ihres Internet-Providers.

Sobald Sie zum nächsten Mal eine Verbindung zu Ihrem Provider herstellen, können Sie die Nachricht dort abholen (unter Nutzung von POP). Wie oben bereits beschrieben, können Sie dazu unterschiedliche Programme verwenden – und davon ist der nächste Ort der Nachricht abhängig.

Wenn Sie ein Standalone-Programm verwenden, speichert dieses die Nachricht sofort in einer lokalen `inbox`-Datei. Dort bleiben Nachrichten so lange, bis sie in einen anderen Ordner bewegt oder gelöscht werden. (Viele E-Mail-Programme belassen Nachrichten selbst dann in der Datei, wenn diese bereits als gelöscht markiert oder verschoben sind und im Programm gar nicht mehr angezeigt werden. Erst die explizite Aufforderung, den Ordner zu komprimieren (FILE|COMPACT in Netscape) entfernt die Nachrichten endgültig.)

Nun zur zweiten Variante: Wenn Sie die Nachrichten vom Internet-Provider mit `fetchmail` abholen, werden sie zunächst in der Datei `/var/spool/mail/`*name* zwischengelagert. Jedes als Client konfigurierte E-Mail-Programm kann nun auf diese Datei zugreifen. Die weitere Vorgehensweise hängt dann allerdings vom jeweiligen Programm ab:

- `pine`, `mutt` und `elm` verändern diese Mail-Datei nur nach einer Rückfrage. Beide Programme zeigen die Nachrichten in einem `Inbox`-Ordner an, obwohl sich die Nachrichten noch in `/var/spool/mail` befinden. (Es ist normalerweise nicht wünschenswert, zu viele Nachrichten in `Inbox` zu belassen. Bewegen Sie die Nachrichten in lokale Ordner!)
- Die Programme `Mail`, GNU-Emacs, XEmacs, Netscape und `kmail` entfernen alle Nachrichten aus `/var/spool/mail` und übertragen sie in eine lokale Datei.

Die folgende Tabelle zeigt den `Inbox`-Ort für diverse E-Mail-Programme (in der Defaultkonfiguration):

```
elm          /var/spool/mail/username
GNU Emacs    ~/RMAIL
kmail        ~/Mail/inbox
Mail         ~/mbox
Netscape     ~/nsmail/Inbox
mutt         /var/spool/mail/username
pine         /var/spool/mail/username
XEmacs       ~/#*VM-MAIL*#
```

Das Verhalten der unterschiedlichen Programme wird hier deswegen so ausführlich beschrieben, um Ihnen die Suche nach 'verlorener' Mail zu ersparen. In keinem Fall wird Mail unaufgefordert gelöscht. Sie wird nur an eine andere Stelle übertragen, wo sie nur von einem bestimmten Programm (aber nicht von allen Programmen) weiterbearbeitet werden kann.

Egal, wie die Nachricht vom Internet-Provider in das lokale E-Mail-Programm gelangt ist, der letzte Ort ist gewöhnlich ein Ordner, also eine lokale Textdatei.

HINWEIS

Die wichtigste Alternative zu POP lautet IMAP. Diese Abkürzung steht für *Internet Message Access Protocol*. Der wesentliche Unterschied zu POP besteht darin, dass die Nachrichten auf dem Server des Internet-Providers bleiben. IMAP ist also nicht für den Offline-Betrieb gedacht. Das Protokoll hat aber Vorteile für Personen, die auf ihre E-Mail von unterschiedlichen Orten/Rechnern/Betriebssystemen aus zugreifen, weil alle Nachrichten zentral verwaltet werden (und nicht auf diversen Rechnern, Partitionen etc. landen).

Von den in diesem Abschnitt behandelten Programmen kommen insbesondere `fetchmail` und Netscape mit IMAP zurecht. IMAP wird in diesem Buch allerdings nicht weiter beschrieben.

Nachrichten versenden: Abschließend noch ein paar Worte zu Nachrichten, die Sie selbst versenden. Auch deren Verbleib nach dem Absenden hängt von der Konfiguration ab. Bei Standalone-Systemen werden die Nachrichten zumeist in einem Ordner namens `outbox` gespeichert, bis sie an den Internet-Provider übergeben werden. Anschließend landen sie im Ordner `sent-mail` (oder so ähnlich), damit Sie später noch wissen, was Sie alles an wen versandt haben.

Ein wenig anders sieht es aus, wenn das E-Mail-Programm als Client arbeitet. Dann übergibt das Programm die Nachricht sofort nach dem Verfassen an `sendmail`. Wenn `sendmail` sie nicht sofort an den Internet-Provider weiterleiten kann (etwa weil momentan keine Internet-Verbindung besteht), werden die Nachrichten bis auf weiteres im Verzeichnis `/var/spool/mqueue` zwischengespeichert. In diesem Verzeichnis wird jede Nachricht in einer eigenen Datei unter einem eher kryptischen Dateinamen gespeichert. Normalerweise sollten Sie in diesem Verzeichnis nichts verändern – `sendmail` kümmert sich selbstständig um die hier zwischengespeicherten Dateien. Eine Liste der zwischengespeicherten Mails können Sie mit `mailq` anzeigen.

Glossar, Arbeitstechniken

Damit die Beschreibung der E-Mail-Programme im nächsten Abschnitt besser verständlich ist, finden Sie hier Erklärungen zu einigen Begriffen bzw. Arbeitstechniken, die bei allen E-Mail-Programmen beinahe gleich gehandhabt werden. Wenn Sie schon E-Mail-Erfahrung haben, können Sie diesen Abschnitt überspringen.

Die Kopfzeilen einer E-Mail

E-Mail-Kopfzeilen	
`From: adresse`	E-Mail-Adresse des Absenders
`To: adresse`	E-Mail-Adresse des Empfängers
`Subject: inhalt`	Kurzbeschreibung des Inhalts (eine Zeile)
`Reply-To: adresse`	Antwort nicht an `From:`, sondern an die hier angegebene Reply-Adresse senden
`Cc: adresse`	Eine Kopie der Mail wird an die Cc-Adresse versandt
`Bcc: adresse`	Wie Cc:, allerdings erfährt der eigentliche Adressat nicht, dass die Mail auch an eine andere Person versandt wurde (blind carbon copy)

Mappen (Folder)

Wenn Sie einige Wochen lang mehrere E-Mails täglich erhalten und diese einfach speichern, werden Sie rasch feststellen, dass es damit nicht getan ist. Sie verlieren in der langen Liste von gespeicherten E-Mails in `inbox` und `sent-mail` nämlich rasch die Orientierung. Aus diesem Grund können E-Mails in verschiedenen Mappen (Foldern) gespeichert werden. Sie können zu diesem Zweck Mappen mit beliebigen Namen anlegen (etwa `privat` für private Nachrichten, `linux` für Linux-spezifische E-Mails etc.). Sie können auch zu einem späteren Zeitpunkt einzelne Nachrichten aus einer Mappe löschen oder in eine andere übertragen.

Manche Anwender verwenden E-Mail-Programme sogar als Minidatenbank, um diverse Textstücke, News-Nachrichten, unter Umständen sogar WWW-Seiten zu archivieren. Das bietet sich deswegen an, weil viele WWW- und News-Browser in der Lage sind, das aktuelle Dokument per E-Mail zu verschicken. Das E-Mail-Programm ist zwar nicht als Datenbank konzipiert (und wird dementsprechend langsam, wenn zu viele Nachrichten gespeichert werden), dafür ist die Bedienung aber in den meisten Fällen so einfach und einleuchtend, dass diese Nachteile in Kauf genommen werden.

Wie die Nachrichten in den Mappen intern gespeichert werden, ist Sache des E-Mail-Programms. Unter Linux/Unix halten sich aber beinahe alle Programme an den ungeschriebenen Standard, alle E-Mails einer Mappe einfach in Form einer sehr langen Textdatei zu speichern. Das hat nicht zuletzt den Vorteil, dass es beim Wechsel des E-Mail-Programms möglich ist, das vorhandene E-Mail-Archiv weiter zu verwenden. (Es muss höchstens in ein anderes Verzeichnis verschoben werden.)

HINWEIS Das unter Microsoft Windows recht beliebte E-Mail-Programm Outlook hält sich – beinahe erwartungsgemäß – nicht an diesen Standard. Es ist daher nicht ohne weiteres möglich, E-Mail-Mappen von Outlook in einem anderen E-Mail-Programm zu nutzen.

Text im E-Mail-Archiv suchen

So einfach die interne Organisation von E-Mail-Mappen ist, so schwierig ist es, darin eine Nachricht wiederzufinden. (Eine Ausnahme stellt hier Netscape dar, das eine brauchbare Suchfunktion hat.) In solchen Fällen bietet das Kommando `grep` Abhilfe, das einfach auf die E-Mail-Datei angewendet wird.

Das folgende Kommando sucht nach dem zwischen Hochkommas angegebenen Text in allen sent-mail-Dateien des Jahres 98. Für jeden gefundenen Eintrag werden der Dateiname und die betreffende Textzeile angezeigt.

```
user$  grep "Suchtext" ~/mail/send-mail-*98
```

Durch die `grep`-Optionen `-3` (drei Zeilen vor und nach der gefundenen Zeile anzeigen) und `-n` (Zeilennummer anzeigen) kann das Suchergebnis detaillierter angezeigt werden.

TIPP: Sie können übrigens auch eine ganze E-Mail-Mappe in einen Texteditor laden und dort durchsuchen. Achten Sie aber darauf, dass Sie den Text dabei nicht verändern – sonst kommt das E-Mail-Programm womöglich mit der Organisation der Nachrichten durcheinander!

Adressbücher

Der mühsamste und fehleranfälligste Schritt beim Verfassen von E-Mails ist die Eingabe der Adresse. Die Kürzel sind oft schwer zu merken, Tippfehler wirken sich fatal aus. Das Problem ist insofern weniger dramatisch, als die Adresse beim Verfassen einer Antwort (REPLY) auf eine E-Mail automatisch eingetragen wird.

Dennoch kommt es vor, dass Sie eine Nachricht quasi aus heiterem Himmel verfassen möchten. In solchen Fällen ist es angenehm, wenn Sie die Adresse aus einer Adressliste entnehmen können. Alle E-Mail-Programme unterstützen die Verwaltung solcher Adresslisten. Dabei kann die Adresse auch aus einer bereits vorhandenen E-Mail extrahiert werden, um den Tippaufwand (und die Fehlerwahrscheinlichkeit) zu minimieren.

Signatur

Es gehört zum guten Ton in der Internet-Welt, E-Mails und News-Beiträge mit einigen Zeilen Text abzuschließen, die neben Daten wie Firmenname, Adresse etc. auch persönliche Statements ('I love Linux') enthalten können. Damit Sie diesen Text nicht ständig neu eingeben müssen, fügen die meisten E-Mail-Programme am Ende der Nachricht automatisch den Inhalt der Datei `~/.signature` ein.

Umgang mit Binärdateien

E-Mails bestehen normalerweise nur aus ASCII-Text. Alle modernen E-Mail-Programme unterstützen darüber hinaus den Mail-Standard MIME. Diese Abkürzung steht für *Multipurpose Internet Mail Extensions*. Dank MIME können Sie auch binäre Dateien versenden. Bei manchen E-Mail-Programmen können Sie Bilder oder HTML-formatierten Text sogar direkt ansehen.

Probleme gibt es, wenn der Empfänger Ihrer Nachrichten kein Programm hat, das MIME unterstützt. Dort wird dann die codierte Datei direkt als Text angezeigt. Das sieht dann etwa wie im folgenden Listing aus.

```
--1371616636-894403337-790290599:#100
Content-Type: TEXT/PLAIN; CHARSET=US-ASCII; NAME="bild.ps"
Content-Transfer-Encoding: BASE64
Content-ID: <Pine.3.89.9501170859.B100@hofer.muenchen>
Content-Description: Abbildung
I0ZJRyAyLjENCjgwIDINCjEgNCAwIDEgLTEgMCAwIDAgMC4wMDAwMCAxIDAu
MDAwIDE4NiAyMTQgMTY4IDE2OCA2OSA5NCAzMDQgMzM0DQoxIDQgMCAxIC0x
...
MCAwLjAwMDAwIDAgMTIgMTA1IDM3NCAxMjkga2psa2psamxramxqbGtqbGtq
--1371616636-894403337-790290599:#100--
[EOB]
```

uuencode und uudecode

Die Kommandos `uuencode` und `uudecode` sind ein Relikt der Vergangenheit, als MIME noch nicht als Standard etabliert war. Sie dienen dazu, eine Binärdatei in das ASCII-Format umzuverwandeln bzw. aus einer ASCII-Datei wieder die ursprüngliche Binärdatei herzustellen. Auf diese Weise lassen sich selbst mit uralten E-Mail-Programmen Binärdateien versenden. Für den unwahrscheinlichen Fall, dass Sie eine derartige E-Mail erhalten oder selbst versenden müssen, ist hier die Syntax der beiden Kommandos angegeben:

```
user$  uuencode datei name > uudatei
user$  uudecode uudatei
```

`uuencode` codiert `datei` und speichert das Resultat in `uudatei`. `name` gibt an, welcher Dateiname innerhalb der codierten Datei gespeichert werden soll. Im Regelfall wird für `datei` und `name` derselbe Dateiname angegeben. `uudecode` kann daher den Dateinamen ohne weitere Informationen wiederherstellen.

12.2 Netscape Messenger

Mit der Messenger-Komponente von Netscape können Sie E-Mail und News lesen und verfassen. Vom Netscape-Hauptfenster starten Sie Messenger mit COMMUNICATOR|MESSENGER oder mit Alt+2.

Bevor Sie Messenger verwenden können, müssen Sie im Dialogblatt EDIT|PREFERENCES|MAIL|IDENTITY Ihren vollständigen Namen und Ihre E-Mail-Adresse angeben. Einige weitere Angaben sind optional: etwa der Dateiname der Signatur oder die Reply-Adresse. (Das ist nur notwendig, wenn der Empfänger seine Antwort nicht an Ihre Absenderadresse, sondern an eine andere Adresse senden soll.)

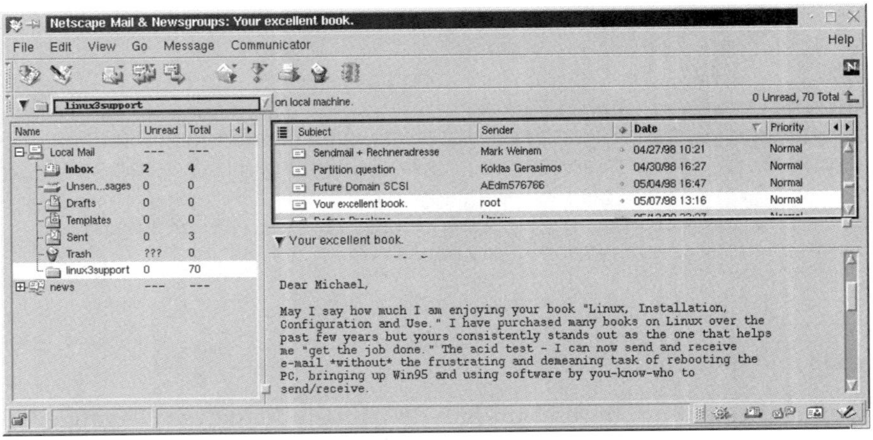

Abbildung 12.1: E-Mails lesen mit Netscape

Konfiguration als Standalone-System

Wenn Sie die Mail-Funktionen *ohne* Zusatzprogramme wie `sendmail` oder `fetchmail` verwenden möchten, sind die folgenden Einstellungen im Blatt MAIL SERVERS des Dialogs PREFERENCES erforderlich:

INCOMING MAIL SERVER: Hier müssen Sie die Internet-Adresse des POP-Servers Ihres Internet-Providers angeben (`pop.provider.de` für den Beispielnutzer von Seite 441). Als USER NAME müssen Sie den Login-Namen für den POP-Account angeben. Das kann, muss aber nicht der gleiche Name wie in Ihrer E-Mail-Adresse sein (also `hofer`). Beim ersten Verbindungsaufbau werden Sie nach einem Passwort gefragt. Wenn sich Netscape dieses Passwort in der Folge merken soll, müssen Sie die entsprechende Option aktivieren. (Das Passwort wird dann in verschlüsselter Form in `~/.netscape/preferences.js` gespeichert.)

Die Option CHECK FOR MAIL EVERY ... MINUTES sollten Sie deaktivieren – sie ist im Offline-Betrieb nicht sinnvoll. Schließlich können Sie noch angeben, ob gelesene E-Mail auf dem Server Ihres Internet-Providers bleiben sollen. Diese Einstellung ist für erste Tests ausgesprochen praktisch (sonst kann schon einmal eine E-Mail in den Konfigurationswirren verloren gehen), muss dann aber unbedingt deaktiviert werden; andernfalls wächst Ihre E-Mail-Liste beim Provider so lange an, bis Ihr dort verfügbarer Speicherplatz erschöpft ist.

Unter OUTGOING MAIL SERVER geben Sie den Namen des Servers Ihres Providers ein, an den die von Ihnen verfassten E-Mails zur Auslieferung weitergeleitet werden sollen (`mail.provider.de` beim Beispielanwender `hofer`).

Wenn Sie kein anderes Verzeichnis angeben, werden alle E-Mail-Ordner (inklusive `Inbox`) normalerweise im Verzeichnis `~/nsmail` gespeichert.

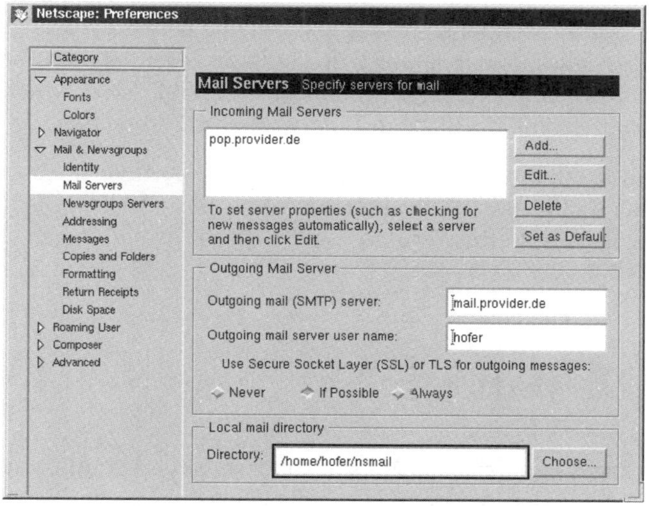

Abbildung 12.2: Konfiguration als Standalone-System

Konfiguration als Client zu sendmail/fetchmail

Wenn Netscape nur zum Lesen lokaler E-Mails verwendet werden soll (und sich `sendmail` und `fetchmail` um die Weiterleitung kümmern, siehe Seite 531), sehen einige Konfigurationsdetails ein wenig anders aus:

Als INCOMING MAIL SERVER verwenden Sie jetzt das mit Netscape mitgelieferte Programm `move-mail`. Als USER NAME müssen Sie den Namen angeben, unter dem Ihre E-Mails in `/var/spool/mail` gespeichert werden (in aller Regel Ihr lokaler Login-Name). Sie sollten die Option CHECK FOR MAIL EVERY ... MINUTES aktivieren und eine kleine Zeitspanne (eine Minute) angeben – es ist ja kein großer Aufwand, einmal pro Minute den Inhalt einer lokalen Datei zu überprüfen.

Netscape legt beim Lesen von E-Mails eine Locking-Datei in `/var/spool/mail` an. Das klappt allerdings nur, wenn das Programm in diesem Verzeichnis Daten schreiben kann. Aus diesem Grund müssen die Zugriffsrechte für `/var/spool/mail` eventuell erweitert werden:

```
root#  chmod a+w /var/spool/mail
```

Das hat den Nachteil, dass jetzt jeder Nutzer nach Belieben in diesem Verzeichnis Daten ablegen kann. Die einzige Alternative bestünde darin, ein externes Programm `movemail` mit SETUID-Rechten zu verwenden, das die Mail aus dem Verzeichnis liest.

Als OUTGOING MAIL SERVER geben Sie `localhost` an. Auf die Angabe des USER NAME können Sie hier verzichten.

Bedienung

Die Bedienung von Messenger sollte keine Probleme bereiten. Noch zwei Details zur Verwendung als Standalone-System: Um Mails zu lesen, stellen Sie eine Internet-Verbindung her und führen das Kommando FILE|GET NEW MESSAGES aus. Anschließend können Sie die PPP-Verbindung wieder unterbrechen.

Jetzt lesen Sie in Ruhe Ihre E-Mails. Wenn Sie Antworten verfassen, verwenden Sie zum Absenden FILE|SEND LATER. Erst nachdem Sie alle E-Mails geschrieben haben, stellen Sie abermals eine Verbindung zu Ihrem Provider her und führen jetzt FILE|SEND UNSENT MESSAGES aus.

12.3 KDE Mail

Das Programm `kmail` gehört zu KDE, kann aber selbstverständlich auch unabhängig davon verwendet werden. Es bietet ähnliche Funktionen wie Netscape Messenger mit dem zusätzlichen Vorteil der KDE-Integration (Drag-and-Drop). Ein weiteres Plus ist die recht gute Tastaturbedienung. Andererseits ist `kmail` noch nicht so ausgereift wie Messenger und bietet weniger Konfigurationsoptionen (was die Konfiguration aber eher erleichtert).

Einige E-Mail-Ordner (`inbox`, `outbox`, `sent-mail` und `trash`) werden beim ersten Start automatisch im Verzeichnis `~/.Mail` angelegt. Die Konfiguration des Programms erfolgt mit DATEI|EINSTELLUNGEN. Im Dialogblatt IDENTITÄT geben Sie Ihren vollständigen Namen und Ihre E-Mail-Adresse an.

Konfiguration als Standalone-System

E-MAIL SENDEN: Im Dialogblatt NETZWERK geben Sie als SMTP-Server die Adresse des Servers Ihres Providers an (`mail.provider.de` beim Beispielanwender `hofer`). Die richtige Port-Nummer lautet normalerweise 25.

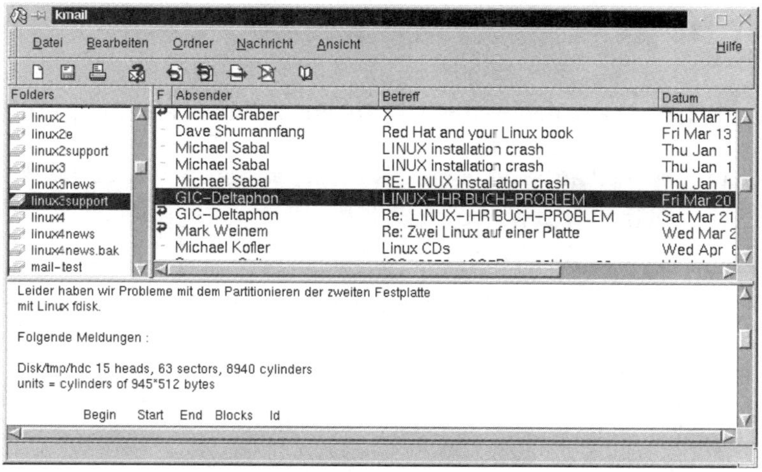

Abbildung 12.3: E-Mail lesen mit kmail

E-MAIL EMPFANGEN: Hier müssen Sie einen neuen POP-Account anlegen, dem Sie einen beliebigen Namen geben. Die Angaben für den Benutzer, sein Passwort und den POP-Server sollten kein Problem darstellen. Die Port-Nummer ist im Regelfall 110.

NACHRICHTEN ERSTELLEN: Aktivieren Sie die Option SPÄTER SENDEN, damit verfasste E-Mails erst dann verschickt werden, wenn Sie das Kommando DATEI|WARTENDE ABSENDEN ausführen.

Konfiguration als Client zu sendmail/fetchmail

E-MAIL SENDEN: Hier brauchen Sie nur die Option SENDMAIL zu aktivieren.

E-MAIL EMPFANGEN: Auch hier können Sie nicht viel falsch machen: Legen Sie ein lokales Postfach an, und geben Sie den Pfad zum lokalen E-Mail-Verzeichnis an (normalerweise `/var/spool/mail/`*user*).

Bedienung

Die Bedienung sollte ähnlich wie bei Messenger ohne weiteres einleuchten. Um nachzusehen, ob neue Nachrichten eingetroffen sind, führen Sie DATEI|NACH MAIL SEHEN aus. (Im Standalone-Betrieb müssen Sie vorher PPP aktivieren.) Zum Versenden der Antworten dient das schon erwähnte Kommando DATEI|WARTENDE ABSENDEN.

12.4 pine

pine zählt zu den klassischen E-Mail-Clients unter Linux bzw. Unix. Das Programm läuft im Textmodus, was von manchen Anwendern im Zeitalter grafischer Benutzeroberflächen als Nachteil angesehen wird. Übersehen Sie aber nicht die Vorteile:

- pine ist ein relativ 'altes' Programm, d.h. es ist ausgereift und stabil.
- pine ist via Tastatur sehr effizient zu bedienen. Diesen Vorteil werden Sie zu schätzen lernen, wenn Sie große Mengen von E-Mails verarbeiten.
- pine läuft auch in einer Textkonsole bzw. via telnet oder rlogin. (Wenn Ihr Rechner eine ständige Verbindung zum Internet hat, ist das ein entscheidender Punkt: Sie können sich von der ganzen Welt aus mit telnet einloggen und Ihre E-Mail verarbeiten.)

Leider ist die Bedienung von pine nicht ganz so intuitiv wie die der vorangegangenen Programme, weswegen dieser Abschnitt recht umfangreich ausfällt. Lassen Sie sich davon nicht abschrecken!

TIPP

Weitere Informationen zu pine (inklusive einer hervorragenden FAQ-Sammlung) finden Sie im Internet:

`http://www.washington.edu/pine`

Konfiguration

Im Gegensatz zu den oben beschriebenen Programmen Netscape und kmail kann pine nicht als Standalone-Programm für den Offline-Betrieb verwendet werden. Die Verwendung von pine setzt voraus, dass Sie entweder eine ständige Verbindung zum Internet haben oder dass Sie sendmail (siehe Seite 531) und fetchmail für den Offline-Betrieb konfigurieren (siehe Seite 536).

pine kann wahlweise durch das Kommando (S) (Setup) oder durch eine direkte Veränderung der Datei ~/.pinerc konfiguriert werden. (Die erste Variante bietet eine komfortable Online-Hilfe mit (?), dafür ist die zweite Variante für pine-Profis deutlich effizienter.)

Falls die Konfigurationsdatei noch nicht existiert, kann sie mit pine -conf > .pinerc erzeugt werden. Die Konfigurationsdatei ist ausführlich dokumentiert, so dass eine Veränderung der Einstellungen kein Problem darstellen sollte. In den folgenden Absätzen werden nur einige wichtige Einstellmöglichkeiten dokumentiert.

Account-Daten

pine verwendet in der Defaultkonfiguration sendmail zum Versenden eigener E-Mails und liest eingetroffene Nachrichten aus /var/spool/mail/*user*.

personal-name=Manfred Hofer: Gibt Ihren vollen Namen an, der als Absender angegeben werden soll. Wenn personal-name nicht eingestellt wird, verwendet pine den Namen aus der passwd-Datei.

user-domain=provider.de: Verwendet den angegebenen Domainnamen im Absender. Die Einstellung ist notwendig, wenn der Domainname Ihres Rechners (etwa galactic.network) nicht mit Ihrer E-Mail-Adresse bei Ihrem Internet-Provider (provider.de) übereinstimmt. Wenn Sie sich mit der obigen Einstellung als hofer einloggen, verwendet pine jetzt die Absenderadresse hofer@provider.de.

feature-list=allow-changing-from: In manchen Fällen reicht die Veränderung des Domainnamens nicht aus – nämlich dann, wenn Ihr E-Mail-Name vom Login-Namen abweicht. Leider ist es in pine recht umständlich, einfach einen anderen Absender für das From:-Feld anzugeben. Damit es überhaupt klappt, müssen Sie in .pinerc die Funktion allow-changing-from aktivieren. (Dazu müssen Sie die Konfigurationsdatei in einem Editor verändern.)

customized-hdrs=From:hofer@provider.de: Im zweiten Schritt können Sie jetzt den gewünschten From:-Text im Feld customized-hdrs einstellen.

Bedienung optimieren

enable-aggregate-command-set: Ermöglicht die gleichzeitige Verarbeitung mehrerer E-Mails (siehe Seite 528).

enable-bounce-cmd: Aktiviert das BOUNCE-Kommando (siehe Seite 527).

enable-tab-completion: Ermöglicht die Vervollständigung der Namen von Foldern mit (Tab) (wie in der Shell).

use-current-dir: Dateioperationen werden relativ zum Verzeichnis durchgeführt, aus dem pine gestartet wurde. (Ohne diese Einstellung wird das Heimatverzeichnis verwendet.) Die Einstellung ist praktisch, wenn Sie häufig Attachments versenden, E-Mails in Dateien speichern (EXPORT) etc.

signature-file=Dateiname: Gibt eine Datei an, die pine automatisch in jede von Ihnen verfasste Nachricht einfügt. Dabei kann es sich um ein Logo, Ihre Adresse, Telefon- und Faxnummern etc. handeln, also lauter Angaben, die Sie nicht ständig neu eingeben möchten.

editor=/usr/bin/emacs: Bestimmt den Editor, den Sie mit (Strg)+(_) (also (Shift)+(Strg)+(-)) starten können, wenn Ihnen der Standardeditor von pine nicht ausreicht.

character-set=ISO-8859-1: Gibt den Zeichensatz an, der auf Ihrem Rechner verwendet wird. Wenn diese Angabe fehlt, nimmt pine an, dass Ihr Rechner nur den US-ASCII-Zeichensatz kennt, was Probleme mit deutschen Sonderzeichen verursachen kann.

TIPP

Ausführliche Online-Informationen zu `pine` erhalten Sie über die Hilfefunktionen des Programms (RELEASE NOTES und HELP im Hauptmenü, Strg+G im Editor). Außerdem existiert ein eher knapper `man`-Text.

Bedienung

In `pine` existieren zumindest drei Mappen: `inbox` für neu eingetroffene Mail, `sent-mail` für selbst verfasste und mit `pine` versandte Nachrichten sowie `saved-messages` für Nachrichten, die mit dem Kommando SAVE aus `Inbox` dorthin übertragen werden. Wenn bei SAVE ein anderer Mappenname angegeben wird, erzeugt `pine` automatisch eine neue Mappe dieses Namens.

`pine` speichert seine Mappen (Folder) mit Ausnahme von `inbox` im Verzeichnis `~/Mail`. Für die Mappe `inbox` legt `pine` keine eigene Datei an, sondern greift auf die Mail-Datei in `/var/spool/mail` zu.

Alte E-Mails werden (nach einer Rückfrage) an jedem Monatsanfang von `sent-mail` nach `sent-mail-`*mmm*`-`*jj* übertragen, wobei *mmm* ein Kürzel für den Monat und *jj* die Jahreszahl ist. Auf diese Weise wird vermieden, dass die `sent-mail`-Mappe unbeschränkt groß wird. Außerdem können Sie bei dieser Gelegenheit alte `sent-mail`-Mappen löschen. Alle anderen Mappen sind von diesem Aufräumprozess nicht betroffen.

`pine` meldet sich nach dem Start mit folgendem Menü:

```
PINE 4.05   MAIN MENU                            Folder: INBOX  4 Messages

       ?     HELP                -  Get help using Pine
       C     COMPOSE MESSAGE     -  Compose and send a message
       I     FOLDER INDEX        -  View messages in current folder
       L     FOLDER LIST         -  Select a folder to view
       A     ADDRESS BOOK        -  Update address book
       S     SETUP               -  Configure or update Pine
       Q     QUIT                -  Exit the Pine program

 Copyright 1989-1999.  PINE is a trademark of the University of Washington.
                   [Folder "INBOX" opened with 0 messages]
? Help                   P PrevCmd                   R RelNotes
O OTHER CMDS L [ListFldrs] N NextCmd                 K KBLock
```

Wenn Sie die aktuelle Post lesen möchten, wählen Sie also über FOLDER LIST die Mappe `inbox` aus. `pine` zeigt dann eine Liste aller Nachrichten (jeweils mit Datum, Absender, Größe in Bytes und Subject-Zeile) an:

```
   1   Dec 13 Susanne Spitzer      (4,411) Re: CDs und Buecher
   2   Dec 16 Susanne Spitzer      (2,310) Re: Abgabetermin fuer Linux-CD
   3   Dec 18 christian mock       (2,493) Re: Frage zu Mail unter PPP (fwd)
 N 4   Dec 21 Michael Kofler         (401) testmail an mich selbst
```

Neue, noch nicht gelesene Mail wird mit dem vorangestellten Buchstaben N gekennzeichnet. Mit den Cursortasten können Sie nun eine Mail aussuchen und diese mit (↵) lesen.

Innerhalb einer E-Mail-Liste funktionieren bei korrekter Tastaturkonfiguration die Cursor-Tasten. Außerdem sind folgende Tastaturkommandos möglich:

pine-Tastenkürzel	
(N)	Zur nächsten E-Mail (next)
(P)	Zur vorigen E-Mail (previous)
(+)	Eine Seite nach unten blättern
(-)	Eine Seite nach oben blättern
(W)	Text innerhalb der E-Mail-Liste suchen (Suche beschränkt sich auf Überschrift)

Während des Lesens einer E-Mail stehen Ihnen einige weitere Kommandos zur Verfügung. Die möglichen Kommandos werden in zwei Kommandozeilen am unteren Bildschirmrand angezeigt. Kommandos werden durch die Eingabe des Anfangsbuchstabens ausgewählt.

```
? Help         M Main Menu   P PrevMsg     - PrevPage   D Delete     R Reply
O OTHER CMDS   V ViewAttch   N NextMsg   Spc NextPage   U Undelete   F Forward
```

OTHERS zeigt die Namen einiger weiterer selten benötigter Kommandos an:

```
? Help         Q Quit        L ListFldrs   I Index      Y Print      S Save
O OTHER CMDS   C Compose     G GotoFldr    W WhereIs    T TakeAddr   E Export
```

Die Bedeutung der meisten Kommandos ist ohnedies offensichtlich. Erklärungsbedürftig sind DELETE, UNDELETE und SAVE: Mit DELETE markieren Sie eine Nachricht als gelöscht. Die Nachricht bleibt aber vorläufig noch in der Liste; sie wird erst beim Verlassen von `pine` (und auch dann erst nach einer Rückfrage) gelöscht. Mit UNDELETE kann eine Löschmarkierung wieder aufgehoben werden.

SAVE markiert eine Nachricht ebenfalls als gelöscht, gleichzeitig wird die Nachricht aber in eine andere Mappe kopiert. Dabei wird die Mappe `saved-messages` vorgeschlagen. Sie können aber auch den Namen einer anderen Mappe angeben, die (falls sie noch nicht existiert) durch dieses Kommando erzeugt wird.

EXPORT überträgt die aktuelle Nachricht in eine Textdatei. Das ist dann praktisch, wenn Sie die Nachricht später mit einem Texteditor oder einem anderen Programm weiterverarbeiten möchten (etwa zur Entschlüsselung einer uu-codierten Nachricht).

Die Kommandos COMPOSE, REPLY und FORWARD führen alle in den Editor von `pine`. COMPOSE dient zum Verfassen einer vollkommen neuen E-Mail. Mit REPLY antworten Sie auf die aktive Nachricht. `pine` füllt dabei automatisch die `To:`- und `Subject:`-Felder aus und kann die ursprüngliche Nachricht – eingerückt durch >-Zeichen – in die Antwort einfügen. Mit FORWARD senden Sie die unveränderte

Nachricht an einen anderen Empfänger weiter. Dabei können Sie die Nachricht auch ergänzen.

Die Bedienung des Editors `pico` ist ziemlich problemlos. Lediglich (Pos1) und (Ende) bereiten oft Probleme. Auf jeden Fall funktionieren die folgenden `Strg`-Tastenkürzel.

pico-Tastenkürzel

(Strg)+(A)	zum Beginn der Zeile (entspricht (Pos1))
(Strg)+(D)	Zeichen löschen (entspricht (Entf))
(Strg)+(E)	zum Ende der Zeile (entspricht (Ende))
(Strg)+(H)	Zeichen rückwärts löschen (entspricht (Backspace))
(Strg)+(^)	setzt einen Markierungspunkt
(Strg)+(K)	löscht die aktuelle Zeile oder den markierten Text
(Strg)+(U)	fügt den gelöschten Text wieder ein
(Strg)+(R)	fügt eine Textdatei in die Nachricht ein
(Strg)+(X)	versendet die Nachricht
(Strg)+(C)	bricht das Verfassen der Nachricht ab
(Strg)+(_)	startet den in `~/.pinerc` eingestellten Editor

TIPP

Wenn Sie, während Sie eine E-Mail schreiben, auf eine alte E-Mail zugreifen oder neue E-Mails lesen möchten, können Sie den Prozess mit (Strg)+(O) unterbrechen. Die halbfertige E-Mail wird dann in der Mappe `postponed-messages` gespeichert und kann später (sobald Sie COMPOSE wählen) fertiggestellt werden. Es dürfen sogar mehrere halbfertige E-Mails zwischengelagert werden.

Mit `pine` können Sie nicht nur Ihre E-Mail verwalten, sondern auch Ihr E-Mail-Adressbuch. Im Hauptmenü gelangen Sie über ADDRESS BOOK in eine Liste, in der alle gespeicherten Adressen eingetragen sind. Wenn Sie dort das Kommando COMPOSE wählen, trägt `pine` die aktuelle Adresse gleich in das Adressfeld der neu zu verfassenden Mail ein. Umgekehrt können Sie, während Sie eine Nachricht lesen, die Absenderadresse mit dem Kommando TAKEADR in das Adressbuch aufnehmen. Das Adressverzeichnis wird in der Textdatei `~/.addressbook` gespeichert.

TIPP

Das Adressbuch eignet sich hervorragend dazu, kleine Mailing-Listen zu verwalten. Sie können beispielsweise einen Eintrag 'vertrieb' definieren und darin alle Adressen von Mitarbeitern im Vertrieb angeben. Wenn Sie eine E-Mail an diese Gruppe senden möchten, müssen Sie als Adresse nur noch 'vertrieb' eingeben.

Nachrichten sortieren, Texte suchen

Nachrichten werden innerhalb eines Folders normalerweise in der Reihenfolge des Eingangs gespeichert. Mit dem Kommando SORTINDEX (Kürzel `$`) können Sie die

Reihenfolge ändern. Die neue Sortierfolge wird allerdings nicht gespeichert. Eine bleibende Sortierfolge – die dann allerdings für alle Folder gilt – können Sie im Konfigurationsmenü einstellen (siehe oben).

In `pine` fehlt leider eine richtige Suchfunktion. WHEREIS bezieht sich immer nur auf den sichtbaren Text, d.h. entweder auf die Überschriftenliste der E-Mails oder auf eine spezielle E-Mail.

Binärdateien mit pine senden und empfangen

Wenn Sie selbst eine Datei mit einer E-Mail versenden möchten, stellen Sie den Eingabecursor beim Verfassen der Nachricht in das `Attchmnt:`-Feld und führen das Kommando (Strg)+(J) aus. `pine` fragt Sie jetzt nach dem Dateinamen der Datei, die Sie übertragen möchten, und anschließend nach einem Kommentar zu dieser Datei (eine kurze Erklärung zum Inhalt und/oder dessen Datenformat). Sie können übrigens auch mehrere Dateien mit einer E-Mail mitsenden.

Der umgekehrte Fall tritt ein, wenn Sie selbst eine E-Mail mit angehängter Datei erhalten. In diesem Fall wird in `pine` nur die normale Nachricht angezeigt. Einige Infozeilen weisen darauf hin, dass weitere Dateien zu dieser Nachricht gehören. Diese Dateien können Sie mit VIEWATTCH betrachten bzw. als eigene Datei auf Ihrem Rechner speichern. Zum Bearbeiten der ersten Anlage müssen Sie als Attachment-Nummer 2 eingeben (weil `pine` der normalen Nachricht die Nummer 1 zuweist). Ein Betrachten der beigefügten Datei hat natürlich nur dann einen Sinn, wenn die binäre Datei im Textformat vorliegt (was eher der Ausnahmefall ist).

Attachments werden durch `pine` in einem speziellen Textformat codiert. Um Übertragungsprobleme auszuschließen, werden dazu nur ASCII-Zeichen verwendet, wodurch die übertragenen Daten um 25 Prozent größer sind als die tatsächliche Dateilänge.

Alte E-Mail-Programme versenden binäre Dateien einfach als codierten ASCII-Text. Solche E-Mails sind daran zu erkennen, dass vor einer endlosen Liste von ASCII-Zeichen eine Zeile der Form `begin 664 dateiname` zu finden ist. `pine` kann so codierte Binärdateien nicht automatisch extrahieren. Sie müssen die E-Mail mit EXPORT in eine Datei übertragen und anschließend (nachdem Sie `pine` verlassen haben) `uudecode datei` ausführen (siehe auch Seite 517).

E-Mails weiterleiten (forward/bounce)

Wenn Sie mehrere E-Mail-Accounts haben – etwa einen in der Universität bzw. in Ihrer Firma, einen zweiten privat – besteht oft der Wunsch, einzelne E-Mails von einem Account zum anderen weiterzuleiten. Dazu wird im Regelfall das Kommando FORWARD verwendet. Dieses Kommando hat allerdings den Nachteil, dass sich der Absender ändert. Eine E-Mail, die ursprünglich von xy versendet wurde, sieht jetzt so aus, als wäre sie von Ihnen versendet worden. (Das stimmt ja auch: Durch FORWARD versenden Sie eine vorhandene E-Mail – eventuell mit Ergänzungen – neu.)

Wenn Sie statt FORWARD das Kommando BOUNCE verwenden, bleibt der Absender unverändert. Damit BOUNCE zur Verfügung steht, müssen Sie das Kommando in der pine-Konfiguration aktivieren (siehe oben, Option enable bounce).

Wenn Sie nicht einzelne E-Mails, sondern alle E-Mails von einer Adresse zu einer anderen weiterleiten möchten, können Sie dazu im Regelfall die Datei ~/.forward verwenden. (Voraussetzung ist, dass das E-Mail-System auf dem jeweiligen Rechner diese Datei korrekt interpretiert. Das ist bei den meisten Unix-Systemen der Fall.) Ein typischer Inhalt von .forward sieht so aus:

```
hofer@provider.de
\hofer
```

Damit werden alle ankommenden Mails für den Nutzer 'hofer' (Login-Name für den Account, in dem sich .forward befindet) an die Adresse hofer@provider.de weitergeleitet. Gleichzeitig wird eine Kopie der E-Mails lokal gespeichert (zweite Zeile; andernfalls könnten Sie die E-Mails nur noch auf Ihrem privaten Account, nicht aber auf dem lokalen Rechner lesen).

Gruppen von E-Mails bearbeiten

Wenn Sie sehr viele E-Mails erhalten, wird die Bearbeitung jeder einzelnen E-Mail rasch mühsam. Oft besteht der Wunsch, alle E-Mails, die ein bestimmtes Kriterium erfüllen, gemeinsam zu löschen, in einen bestimmten Folder zu verschieben etc. pine stellt entsprechende Kommandos zur Verfügung; diese müssen aber zuerst in der Konfiguration aktiviert werden enable-aggregate-command-set, siehe oben).

Sie können jetzt mit SELECT (Tastaturkürzel (;)) eine Gruppe von E-Mails auswählen. Dazu stehen mehrere Optionen zur Verfügung: Auswahl einer Gruppe von E-Mails, basierend auf deren Nummer (verwenden Sie diese Variante in Kombination mit dem Sortierkommando), Auswahl aller E-Mails, die einen bestimmten Text als Absender, Subject etc. enthalten, Auswahl aller E-Mails für einen Datumsbereich etc. Zur Auswahl einzelner E-Mails können Sie statt (;) auch (:) verwenden – dieses Kommando bezieht sich auf die E-Mail, in der sich gerade der Cursor befindet. Ausgewählte E-Mails werden durch ein X in der linken Spalte gekennzeichnet.

Im zweiten Schritt können Sie nun mit APPLY alle ausgewählten E-Mails bearbeiten – beispielsweise löschen, speichern, weiterleiten, Adressen extrahieren etc.

12.5 Alternativen zu pine (elm, mail, Emacs)

pine wurde als wichtigster Vertreter der textorientierten E-Mail-Clients ausführlich beschrieben. Abschließend finden Sie noch einige knappe Informationen über Alternativen zu pine. Das gemeinsame Merkmal dieser Programme besteht darin, dass sie wie pine im Textmodus verwendet werden können und eine Konfiguration von sendmail und fetchmail (oder von vergleichbaren Programmen) voraussetzen.

elm

elm ist nicht ganz so komfortabel wie pine, aber ebenfalls einfach zu bedienen. elm legt nach dem ersten Start das Verzeichnis ~/.elm an, in dem alle elm-spezifischen Dateien gespeichert werden.

Damit elm als Editor nicht den vi verwendet, müssen Sie entweder in der profile-Datei die Umgebungsvariablen EDITOR und VISUAL richtig einstellen (siehe Seite 203) oder in der Konfigurationsdatei ~/.elm/elmrc bei der Option editor= den Dateinamen Ihres Lieblingseditors eintragen:

```
# in ~/.elm/elmrc
editor=/usr/bin/emacs
```

Die Bedienung von elm erfolgt menügesteuert, die wichtigsten zur Verfügung stehenden Kommandos werden am unteren Bildschirmrand angezeigt. Eine vollständige Liste aller Kommandos bekommen Sie mit ? (Hilfefunktion). Gelesene Nachrichten werden von elm standardmäßig in die Datei ~/Mail/received übertragen. (Sie können das aber beim Verlassen von elm verhindern, wenn Sie auf die entsprechende Rückfrage mit N antworten.)

TIPP: Online-Informationen zu elm finden Sie auf der man-Seite sowie in den Dateien des Verzeichnisses /var/lib/elm. Am interessantesten ist die Datei /var/lib/elm/elmrc-info, die Auskunft über die möglichen Optionen für die Konfigurationsdatei elm.rc gibt.

mutt

mutt gilt als Nachfolger von elm. Zu den wichtigsten Unterscheidungsmerkmalen zählen die umfassenden Konfigurationsmöglichkeiten (Farbdarstellung, Tastenkürzel etc.). Weitere Informationen zu diesem Programm finden Sie im Internet:

```
http://www.cs.hmc.edu/~me/mutt/index.html
```

Mail

Auf welches Minimum sich ein Mail-Programm beschränken kann, zeigt das Programm `Mail`, das auch als `mail` oder `mailx` aufgerufen werden kann. Wenn es ohne Parameter gestartet wird, zeigt es eine nummerierte Liste aller noch nicht gelesenen Mails an. Wenn Sie eine Nummer angeben, wird diese Mail einmal am Bildschirm angezeigt.

Wenn `Mail` mit einer Mail-Adresse als Parameter gestartet wird, wartet das Programm anschließend auf die Eingabe eines Mail-Textes. Sobald Sie eine Zeile, die nur aus einem Punkt besteht, mit ⏎ abschließen, betrachtet `Mail` das als das Ende der Mail und versendet die Nachricht.

`Mail` bietet also keinerlei Komfort. Dennoch hat das Programm einen Vorteil gegenüber den anderen Mail-Programmen: Es eignet sich hervorragend zur Shell-Programmierung und damit für alle Anwendungen zur Automatisierung der Mail-Verwaltung. Online-Informationen zu `Mail` erhalten Sie mit `man Mail`.

VORSICHT

Wenn Sie Mail nicht mit Ⓧ verlassen, werden alle gelesenen E-Mails aus der lokalen Mail-Datei entfernt und in die Datei `~/mbox?` übertragen. Ein zweites Mal können Sie diese Mail nur lesen, wenn Sie sich `mbox` mit einem Editor ansehen. (Dieses Verhalten lässt sich durch die Konfiguration der Datei `/etc/mail.rc` oder `~/.mailrc?` verändern – siehe `man Mail`.)

Emacs als Mail-Programm

GNU-Emacs und XEmacs sind eigentlich Texteditoren und keine E-Mail-Programme (siehe Kapitel 19 ab Seite 831). Mit den Kommandos TOOLS|READ MAIL bzw. APPS|READ MAIL kann aber bei beiden Programmen ein sehr funktionsreicher Mail-Modus aktiviert werden (wobei die Benutzeroberfläche beim XEmacs sehr viel attraktiver ist).

Der Mail-Modus beider Emacs-Versionen hat eine Besonderheit, die am Anfang etwas irritierend ist: Die Programme lesen ohne Rückfrage die gesamte Mail-Datei `/var/spool/`*name* aus und übertragen alle Nachrichten in die eigene Mail-Datei `~/RMAIL` (GNU-Emacs) bzw. `~/#*VM-MAIL*#` (XEmacs). Die so gelesene Mail kann jetzt nur noch durch das jeweilige Programm (aber nicht mehr durch ein anderes Mail-Programm) bearbeitet werden.

12.6 sendmail- und fetchmail-Offline-Konfiguration

Mail versenden (sendmail)

Das Programm `sendmail` dient dazu, E-Mail von einem Rechner zum nächsten zu versenden. Die hier beschriebene Anwendung – das Versenden einiger weniger Mails einer Person an den Internet-Provider – stellt für `sendmail` einen Leerlaufbetrieb dar. Das Programm ist eigentlich für das Versenden großer Mengen von E-Mails konzipiert, wobei durch zahllose Optionen sehr komplexe Operationen gesteuert werden können (automatische Veränderung von Empfänger und Sender, Zurückweisung inkorrekter Adressen, automatische Warnungen, wenn eine E-Mail unzustellbar ist etc.) Tatsächlich wird das Programm weltweit von unzähligen Universitäten und Internet-Providern eingesetzt, um Millionen von E-Mails täglich zu befördern.

Diese Anwendungsmöglichkeiten erklären, warum die Konfiguration von `sendmail` eine eher komplexe Angelegenheit ist (die in diesem Kapitel nicht einmal andeutungsweise erklärt werden kann). Eine Alternative zu `sendmail` ist das Programm `smail`. Obwohl das Programm den Ruf hat, dass es einfach zu konfigurieren sei, wird es viel seltener eingesetzt.

Die meisten Linux-Distributionen sind so konfiguriert, dass `sendmail` während des Init-Prozesses (siehe Seite 181) als Hintergrundprozess (Dämon) gestartet wird.

E-Mail, die nicht sofort zustellbar ist, weil gerade keine Internet-Verbindung besteht, wird im Verzeichnis `/var/spool/mqueue` zwischengespeichert. `sendmail` unternimmt in regelmäßigen Abständen weitere Zustellversuche. Wenn die E-Mail längere Zeit nicht zustellbar ist, sendet `sendmail` eine E-Mail mit einer Warnung an den Absender.

Selbst wenn Ihr Rechner nur unregelmäßig via PPP mit dem Internet verbunden ist, sollte `sendmail` als Hintergrundprozess laufen, weil sich das Programm auch um die rechnerinterne Mail-Zustellung kümmert. (Beispielsweise senden diverse Programme bei Fehlern oder Problemen automatisch eine Mail an `root`.)

> TIPP
> Online-Informationen erhalten Sie mit `man sendmail`. Je nach Distribution befinden sich in `/usr/doc/packages/sendmail` weitere Informationen. Hilfreich ist auch das Mail-HOWTO sowie Kapitel 15 des Linux Network Administration Guide.

Konfiguration

`sendmail` wird durch die Konfigurationsdatei `/etc/sendmail.cf` gesteuert. Bei allen Distributionen wird zumindest eine fertige Konfigurationsdatei mitgeliefert. Manche Distributionen, etwa Slackware und SuSE, bieten mehrere Konfigurationsvarianten je nach Verwendungszweck zur Auswahl: für lokale Netze ohne Internet-Verbindung, für UUCP etc. Für den Offline-Betrieb ist die Variante mit Internet-Verbindung und Name-Server-Unterstützung (DNS) am besten geeignet.

Auch wenn die vorgegebene Konfigurationsdatei meist schon recht gut funktioniert, sind oft kleine Änderungen erforderlich, um `sendmail` optimal an die Besonderheiten eines PPP/SLIP-Betriebs anzupassen. `sendmail.cf` ist zum Glück recht gut mit Kommentaren versehen, so dass die Bedeutung vieler Einstellungen rasch erkennbar ist.

Bevor Sie `sendmail.cf` verändern, sollten Sie `sendmail` stoppen, anschließend wieder neu starten. Bei Red Hat führen Sie dazu die folgenden Kommandos aus:

```
root#  /etc/rc.d/init.d/sendmail stop
root#  /etc/rc.d/init.d/sendmail start
```

Bei SuSE sind die Pfade ein wenig anders:

```
root#   /sbin/init.d/sendmail stop
root#   /sbin/init.d/sendmail start
```

Hostname-Probleme

`sendmail` protokolliert Status- und Fehlermeldungen in der `/var/log/mail*`-Datei. (Der genaue Dateiname ist distributionsabhängig – siehe `/etc/syslog.conf`.) Wenn Sie Probleme mit `sendmail` haben, werfen Sie einen Blick in diese Datei.

Ein besonders häufiges Problem ist die Meldung 'unqualified host name (localhost) unknown'. `sendmail` stellt sich anschließend eine Minute schlafend, bevor es weiterarbeitet. Die Ursache des Problems liegt zumeist darin, dass als Rechnername `localhost` verwendet wird. In diesem Fall sieht `/etc/hosts` bei manchen Distributionen so aus:

```
# /etc/hosts: sendmail beklagt sich über unqualified host name
127.0.0.1       localhost
127.0.0.2       localhost.localdomain         localhost
```

Damit kommen zwar die meisten Programme zurecht, nicht aber `sendmail`. Die Unix-konforme Lösung des Problems besteht darin, dass Sie einen anderen Rechnernamen wählen (`myhost`, wenn Ihnen nichts besseres einfällt). YaST erzeugt daraus die folgende Datei `/etc/hosts`, mit der sich auch `sendmail` anfreunden kann. (Natürlich muss jetzt auch `/etc/HOSTNAME` den Namen `myhost` enthalten!)

```
# /etc/hosts: so klappt's (SuSE)
127.0.0.1       localhost
127.0.0.2       myhost.localdomain         myhost
```

Die andere Variante besteht darin, `localhost` weiter als Rechnername zu verwenden, dafür aber in `/etc/hosts` auch für `localhost` den vollständigen Rechnernamen angeben. (Das widerspricht allerdings der goldenen Regel, wonach `localhost` auch ohne Erweiterung als *fully qualified* gilt.) Red Hat ist normalerweise so konfiguriert, wenn nur ein Loopback-Netzwerk konfiguriert wurde (der Rechner also nicht Teil eines lokalen Netzes ist).

```
# /etc/hosts: so klappt's auch (Red Hat)
127.0.0.1        localhost.localdomain        localhost
```

Einstellung der Absenderadresse

Wenn Sie mit `elm`, `Mail` oder dem Emacs E-Mails versenden, dann setzt `sendmail` als Absenderadresse automatisch `loginname@hostname.domainname` ein. Das ist aber unerwünscht – der Empfänger kann ja nicht an diese Adresse antworten, sondern muss Ihre Mail-Adresse beim Internet-Provider verwenden (im Beispiel dieses Buchs: `hofer@provider.de`).

Durch eine kleine Änderung in `/etc/sendmail.cf` kann erreicht werden, dass `sendmail` statt dem eingestellten Host- und Domainnamen einen anderen Absender verwendet. Dazu geben Sie in der Masquerade-Zeile, die mit den Buchstaben `DM` beginnt, den gewünschten Absender-Domainnamen an. `sendmail` bildet den Absender jetzt aus dem Login-Namen, dem `@`-Zeichen und dem Masquerade-Text.

```
# alternative Änderung in /etc/sendmail.cf
# Rechnername starr vorgeben
DMprovider.de
```

VORSICHT

Die beiden Einstellungen haben *keinen* Einfluss auf `pine`! `pine` bildet das Absenderfeld selbst. Wie `pine` so eingestellt werden kann, dass es den gewünschten Absender angibt, wurde auf Seite 522 beschrieben. Auch Netscape und `kmail` bestimmen die Absenderadresse selbst.

Generell versendet `sendmail` nur E-Mails, aber keine News-Beiträge. Den Absender von News-Beiträgen müssen Sie also ebenfalls separat einstellen – siehe Seite 550 und 553 für die Programme `slrn` und `tin`.

Internet-Provider als Relay ansprechen

In der Standardeinstellung kümmert sich `sendmail` *selbst* um die Weiterleitung Ihrer Nachrichten, d.h. es kontaktiert direkt den Internet-Server Ihres E-Mail-Partners. Im Normalfall können Sie diese Aufgabe aber auch Ihrem Internet-Provider überlassen. Dazu teilen Sie `sendmail` mit, dass es Ihre Mail nur bis zum Mail-System des Internet-Providers befördern soll (und nicht weiter).

Diese Vorgehensweise hat einen wesentlichen Vorteil: Selbst wenn Sie eine Nachricht nach Amerika versenden und die Internet-Verbindungen dorthin gerade verstopft sind, können Sie Ihre Mail praktisch verzögerungsfrei bei Ihrem Internet-Provider abliefern und so Telefonkosten sparen. Beim Provider läuft wieder `sendmail` (oder auch ein anderer Mail Transport Agent), der Ihre Nachricht selbstständig weiterleitet, sobald dazu die Möglichkeit besteht.

Die erforderliche Änderung in `sendmail.cf` beschränkt sich wieder auf eine einzige Zeile: Sie müssen in der Zeile, die mit `DS` beginnt und normalerweise leer ist, die Adresse des Mail-Servers Ihres Internet-Providers angeben:

```
# Änderung in /etc/sendmail.cf
# "Smart" relay host (may be null)
DSprovider.de
```

TIPP Es kann sein, dass Ihr Provider aus Sicherheitsgründen kein Relaying erlaubt.

Veränderung von Timeout-Einstellungen

In `sendmail.cf` gibt es einen eigenen Abschnitt, in dem verschiedene Timeout-Einstellungen vorgenommen werden können. Diese Einstellungen steuern, wie sich `sendmail` verhält, wenn eine E-Mail längere Zeit nicht zugestellt werden kann.

Oft müssen die Zeiten vergrößert werden, sonst bekommen Sie ständig ärgerliche E-Mails von `sendmail`, die Sie über nicht zustellbare E-Mails informieren. Wenn Sie am Morgen eine E-Mail schreiben, diese aber erst am Abend via PPP versenden (weil Sie sich tagsüber beim Provider nicht einwählen dürfen oder um Telefonkosten zu sparen) ist es ja ganz natürlich, dass die E-Mail noch nicht zustellbar ist, also brauchen Sie keine Warnung.

```
# Änderung in /etc/sendmail.cf
# Nach einem Tag bekommt der Absender einer unzustellbaren
# E-Mail eine Warnung; sendmail bemüht sich aber weiter
# um die Zustellung
O Timeout.queuewarn=1d
# Nach fünf Tagen wird eine unzustellbare E-Mail an den Absender
# zurückgeschickt
O Timeout.queuereturn=5d
```

In welchen Zeitabständen `sendmail` versucht, E-Mails zuzustellen, wird beim Start von `sendmail` durch die Option `-q`*zeit* gesteuert (etwa `-q1h` für stündliche Zustellversuche). Bei Red Hat erfolgt der Start durch `/etc/rc.d/init.d/sendmail`, bei SuSE durch `/sbin/init.d/sendmail`.

sendmail.cf selbst erzeugen

`sendmail.cf` ist derart komplex aufgebaut, dass die Datei normalerweise nicht direkt editiert, sondern durch ein Neukompilieren von `m4`-Makrodateien erstellt wird.

Der Vorteil dieser Vorgehensweise besteht darin, dass die Quelldateien für sendmail.cf leichter verständlich und daher auch besser anpassbar sind als sendmail.cf selbst.

Die Voraussetzung für das Erstellen gänzlich neuer Konfigurationsdateien ist die Installation der Konfigurationsdateien zu sendmail (die allerdings nicht bei allen Distributionen mitgeliefert werden) und des Makroprozessors m4, dessen Funktion am ehesten mit dem Präprozessor eines C-Compilers vergleichbar ist. Außerdem benötigen Sie eine Menge sendmail-Grundlagenwissen. (Die 'offizielle' Dokumentation ist das 800 Seiten starke Buch 'sendmail', das im O'Reilly-Verlag erschienen ist.)

Die Quelldateien zu sendmail.cf befinden sich zumeist im Verzeichnis /usr /share/sendmail oder /usr/src/sendmail (sofern der sendmail-Quellcode installiert wurde). Das Unterverzeichnis cf enthält einige vorgefertigte Konfigurationsdateien, aus denen Sie durch einen Aufruf von m4 eine neue sendmail.cf-Datei erstellen können. In den folgenden Anweisungen können Sie statt linux.smtp.mc natürlich auch eine der vielen anderen Beispieldateien des cf-Verzeichnisses angeben.

```
root#  cd /usr/src/sendmail/cf
root#  m4 linux.smtp.mc > sendmail.cf
root#  mv /etc/sendmail.cf /etc/sendmail.cf.backup
root#  cp sendmail.cf /etc
```

Während der Ausführung von m4 werden dann diverse Konfigurationsdateien aus den Verzeichnissen domain, mailer, ostype etc. eingelesen und verarbeitet. Im Detail sind dieser Prozess und die Bedeutung der verschiedenen Einstellungen in der Datei /usr/src/sendmail/README beschrieben.

mailq

mailq oder das gleichwertige Kommando sendmail -bp zeigt eine Liste aller Mails an, die zwar von einem Mail-Programm abgesandt wurden, aber noch nicht weitergeleitet werden konnten (beispielsweise weil keine Internet-Verbindung verfügbar war). mailq ist daher eine einfache Methode, um festzustellen, ob noch nicht versendete E-Mails vorliegen.

Lokale Mail versenden

Sie können E-Mail übrigens auch dann auf Ihrem Rechner ausprobieren, wenn Sie gar keinen Internet-Anschluss haben. Als Adresse geben Sie einfach den Login-Namen des Empfängers an (etwa hofer oder root). Bei einigen Programmen (pine, Netscape) müssen Sie an den Empfängernamen @localhost anhängen, also etwa root@localhost. Der Grund: Manche E-Mail-Programme ergänzen die Kurzschreibweise root ungefragt durch @hostname.domainname, was zwar an sich korrekt ist, aber zu Problemen bei der lokalen Auslieferung durch sendmail führen kann.

Mail via POP empfangen (fetchmail)

Während `sendmail` die von Ihnen verfasste E-Mail an den Internet-Provider weiterleitet, hat das Programm `fetchmail` genau die umgekehrte Aufgabe: Es holt die für Sie eingetroffene E-Mail beim Internet-Provider ab und fügt die Nachrichten an die lokale Mail-Datei in `/var/spool/mail` an. (Eine automatische Zustellung Ihrer E-Mail bis zu Ihrem Rechner ist ja nicht möglich, weil die PPP/SLIP-Verbindung nicht ununterbrochen aufrechterhalten bleiben kann.)

Die Kommunikation zwischen dem Internet-Provider und `fetchmail` stützt sich auf das *Post Office Protocol* (kurz POP). Es gibt zwei POP-Varianten, POP2 und POP3. Die meisten Internet-Provider verwenden zur Zeit POP3.

Einige E-Mail-Programme (Netscape, `kmail`) können ebenfalls so konfiguriert werden, dass Sie E-Mail via POP beim Provider abholen. Die Verwendung von `fetchmail` lässt aber eine bessere Automatisierung des Prozesses zu.

HINWEIS Statt `fetchmail` kann auch das ältere Programm `popclient` verwendet werden. Das Programm funktioniert ähnlich, lässt sich aber nicht so gut konfigurieren und wird nicht mehr gewartet. `fetchmail` ist der Nachfolger von `popclient`.

fetchmail-Konfiguration

`fetchmail` wird üblicherweise ohne Parameter aufgerufen. Das Programm liest aus `~/.fetchmailrc` alle erforderlichen Informationen zur Kommunikation mit dem POP-Server. Damit die Konfigurationsdatei von `fetchmail` akzeptiert wird, müssen die Zugriffsrechte sehr restriktiv eingestellt werden (`chmod 600 ~/.fetchmailrc`). Die folgende Zeile zeigt anhand des Konfigurationsbeispiels dieses Kapitels den Aufbau dieser Konfigurationsdatei:

```
poll pop.provider.de protocol pop3 username hofer password qwe44trE
```

Nachdem `~/.fetchmailrc` eingerichtet wurde, sieht ein `fetchmail`-Aufruf mit der zusätzlichen Option `-v` (ausführliche Statusmeldungen) so aus:

```
root#  fetchmail -v
```

`fetchmail` testet jetzt, ob beim POP-Server `pop.provider.de` E-Mail für den User `hofer` vorliegt. Als Übertragungsprotokoll wird das zur Zeit übliche Protokoll POP3 verwendet. Wenn E-Mails vorliegen, werden diese übertragen und an das lokale `sendmail` übergeben. Dieses Programm kümmert sich um die tatsächliche Zustellung an den lokalen Anwender `hofer`. (Die lokale Zustelladresse wird aus der ursprünglichen Adresse abgeleitet. Eine E-Mail, die ursprünglich an `hofer@provider.de` adressiert wurde, wird von `sendmail` daher an `hofer@localhost` gesandt.

Schlüsselwörter in `~/.fetchmailrc`	
`poll` *popserver*	gibt den POP-Server an
`protocol` *protocol*	das gewünschte Protokoll (`POP2`, `POP3`, `APOP`, `KPOP`, `IMAP`)
`username` *name*	der Mail-Name
`password` *password*	das Passwort
`is` *localname*	optional, der lokale Zustellname
`mda "`*program*`"`	optional, Programm zur Zustellung der Nachrichten
`keep`	optional, Nachrichten auf dem Server nicht löschen (zum Testen!)
`silent`	optional, Statusmeldungen verhindern

Mit einer Ausnahme können alle Kommandos auch in Form von Optionen beim Aufruf von `fetchmail` übergeben werden. Die Ausnahme betrifft das Passwort. Ohne `~/.fetchmailrc` müssen Sie das Passwort jedes Mal interaktiv eingeben.

Mit dem Schlüsselwort `is` kann erreicht werden, dass vom Provider vorgegebene E-Mail-Namen auf anders lautende lokale Benutzernamen umgeleitet werden. Wenn Ihre E-Mail-Adresse auf einem Universitäts-Account beispielsweise `s123456@uni-xy.de` lautet, diese E-Mails auf dem lokalen Rechner aber unter dem Login `hofer` gelesen werden sollen, lautet die `~/.fetchmail`-Zeile folgendermaßen:

```
poll pop.uni-xy.de protocol pop3 username s123456 is hofer ...
```

Das Schlüsselwort `keep` ist vor allem während der Testphase praktisch. Es verhindert, dass E-Mails beim Provider gelöscht werden, nachdem sie durch `fetchmail` gelesen wurden. Es kann also nicht passieren, dass Sie E-Mails verlieren, weil beispielsweise die lokale Zustellung nicht klappt. (Mit `keep` lesen Sie dieselbe E-Mail also immer wieder – für den Dauerbetrieb ist das natürlich vollkommen ungeeignet.)

`fetchmail` spricht normalerweise über den Port 25 den lokal laufenden E-Mail-Server (normalerweise ist das `sendmail`) zur lokalen E-Mail-Zustellung an.

Alternativ können Sie über `mda` ein anderes Programm angeben, das sich um diese Aufgabe kümmert. (Das Kürzel mda steht übrigens für *Mail Delivery Agent.*) Ein geeignetes Programm ist `procmail`, das unter anderem zur automatischen Beantwortung von E-Mails ('bin zur Zeit im Urlaub'), zur Einsortierung von E-Mail in verschiedene Dateien etc. verwendet werden kann. Mehr Informationen finden Sie im ausführlichen `man`-Text sowie im Offline-Mailing-Mini-HOWTO.

Eine weniger leistungsfähige Alternative zu `procmail` stellt `deliver` dar. `deliver` erwartet die zuzustellenden Nachrichten im Standardeingabekanal. Damit diese Nachrichten im Postfach des Adressaten landen, muss dessen Name als Parameter angegeben werden, also `deliver` *name*.

Automatisierung (Offline-E-Mail)

Je nach der Art Ihres Internetzugangs bestehen unterschiedliche Möglichkeiten, die E-Mail-Zustellung zu automatisieren. Wenn Sie via Modem mit dem Internet verbunden sind, können Sie in das Script `/etc/ppp/ip-up` (bzw. in `ip-ip.local` die zwei folgenden Zeilen einfügen:

```
# Ergänzung in  /etc/ppp/ip-up oder /etc/ppp/ip-up.local
/usr/sbin/sendmail -q -v
fetchmail -v
```

Damit werden jedes Mal, wenn Sie eine Internet-Verbindung herstellen, automatisch die von Ihnen verfassten E-Mails verschickt und eventuell neu eingetroffene Nachrichten abgeholt.

Wenn Sie das Internet fast ausschließlich zum E-Mail-Lesen nutzen, können Sie auch den umgekehrten Weg beschreiten: Sie erstellen ein Script, das eine Internet-Verbindung herstellt, die E-Mails versendet/abholt und anschließend die Verbindung sofort wieder trennt. Ein derartiges Script könnte wie das folgende Muster aussehen. (Statt `ppp-on` und `ppp-off` müssen Sie die in Ihrer Distribution vorgesehenen Kommandos einsetzen, um die Verbindung herzustellen bzw. um sie wieder zu trennen.)

```
#! /bin/sh
# offlinemail
if ./ppp-on; then
  echo "send mail"
  /usr/sbin/sendmail -q -v
  echo "read mail"
  fetchmail -v
else
  echo "error"
fi
./ppp-off
```

Das Script kann nur von `root` ausgeführt werden. Daher muss sich `.fetchmailrc` im Heimatverzeichnis von `root` befinden. Damit die E-Mail dennoch `hofer` und nicht `root` zugestellt wird, müssen in `.fetchmailrc` die Schlüsselwörter `is hofer` eingefügt werden.

Noch eleganter ist es natürlich, wenn Ihnen eine ständige Internet-Verbindung zur Verfügung steht. Dann können Sie einen neuen `cron`-Job definieren, der regelmäßig (z.B. alle zehn Minuten) `fetchmail` ausführt. (Grundlageninformationen zu `cron` finden Sie auf Seite 175, ein Beispiel für die Definition eines `cron`-Jobs auf Seite 288.)

Kapitel 13

News

Zur wichtigsten Linux-Informationsquelle gehören die tagesaktuellen Diskussionen in zahllosen Newsgruppen. Dort finden Sie Tipps zur Lösung alltäglicher und ausgefallener Probleme, Meinungen über Trends in der Weiterentwicklung von Linux, Erfahrungen mit den neuesten Programmen sowie endlose Streitgespräche über Themen wie KDE versus Gnome, Emacs versus vi, GNU Emacs versus XEmacs, Red Hat versus SuSE versus andere Distributionen etc.

Dieses Kapitel beschreibt die wichtigsten Programme zum Lesen und Verfassen von News-Beiträgen (Netscape, `tin` und `slrn`). Wie schon im vorherigen Kapitel wird ein besonderes Augenmerk auf die Offline-Konfiguration gelegt, damit die Telefonrechnung trotz des News-Studiums niedrig bleibt. Hierfür bietet das Programm `leafnode` eine optimale Lösung.

13.1 Grundlagen

Einführung

Newsgruppen sind Diskussionsforen. Sie können lokal (z.B. beschränkt auf eine Universität oder auf ein Land) oder international sein. Die News-Beiträge werden auf sogenannten News-Servern gespeichert. Praktisch alle Universitäten und Internet-Provider unterhalten eigene News-Server. Im Rahmen dieses Kapitels werden Sie sogar lernen, wie Sie auf Ihrem lokalen Rechner einen eigenen (kleinen) News-Server einrichten können.

News-Beiträge können mit einem News-Client gelesen werden. Wenn Sie Antworten auf in den Beiträgen gestellte Fragen wissen oder selbst Fragen stellen möchten, können Sie selbst eine Nachricht verfassen.

Die Speicherung aller News-Beiträge aller Gruppen (es gibt Tausende!) würde unglaubliche Datenmengen erfordern. Aus diesem Grund sind News-Server so eingestellt, dass alle Beiträge nach einer gewissen Zeit (einige Tage) automatisch wieder gelöscht werden. Trotz dieser Einschränkung füllen die News-Beiträge auf großen News-Servern oft GBytes einer Festplatte.

Noch kurz einige Informationen zum Aufbau des Kapitels:

- Grundlagen: Dieser Abschnitt geht auf einige allgemeine Merkmale von News-Programmen ein (Threading, Abonnieren von Gruppen etc.) und gibt einen Überblick über Linux-spezifische Newsgruppen.
- News-Clients (siehe Seite 545): Programme zum Lesen von News-Beiträgen gibt es wie Sand am Meer. Dieses Kapitel enthält Informationen zu Netscape, `slrn` und `tin`. Diese Programme können sowohl im Online- als auch im Offline-Betrieb eingesetzt werden.
- Die Konfiguration eines Offline-Systems (siehe Seite 554): Wenn Sie News offline lesen möchten, müssen Sie auf Ihrem Rechner einen lokalen News-Server installieren. In diesem Kapitel wird dazu das Programm `leafnode` vorgestellt, das vor allem für kleine News-Server geeignet ist.

Glossar, Arbeitstechniken

News-Clients und -Server

Wie schon im vorangegangenen Kapitel zum Thema E-Mail ist die Bezeichnung News-Programm zweideutig. News-Clients liefern die Benutzeroberfläche zum News-System, ermöglichen also das Lesen und Verfassen von Nachrichten. Gängige Clients sind Netscape, `tin` und `slrn`.

News-Server kümmern sich um die Verwaltung und die Vermittlung der Nachrichten. Weltweit sind Tausende News-Server im Einsatz, die via Internet miteinander verbunden sind. Am häufigsten wird dazu das Programm `inn` eingesetzt, mit dem riesige News-Archive verwaltet werden können. Für kleinere News-Server eignet sich der in diesem Kapitel vorgestellte Server `leafnode` besser, weil dieses Programm einfacher zu konfigurieren ist.

Wenn irgendwo auf der Welt ein News-Beitrag geschrieben wird, landen Kopien dieses Beitrags weltweit auf allen Servern, die die jeweilige Newsgruppe in ihrem Archiv haben. (Aus Platzgründen kann nicht jeder Server alle Gruppen speichern.) Da die Nachricht dabei über eine Menge News-Server läuft, kann das relativ lange dauern – auch ein oder zwei Tage.

Der Platzbedarf für die Millionen Beiträge, die täglich weltweit geschrieben werden, ist natürlich sehr groß. Bei großen News-Servern umfassen die Archive Dutzende von GBytes! Aus diesem Grund müssen die Nachrichten nach einiger Zeit (je nach Konfiguration nach einigen Tagen bzw. Wochen) wieder gelöscht werden. News ist daher ein flüchtiges Medium!

TIPP

Das automatische Löschen von Beiträgen hat auch eine wesentliche Auswirkung auf das Lesen von Newsgruppen: Wenn Sie auf einen für Sie interessanten Artikel stoßen, sollten Sie ihn lokal speichern. Es kann Ihnen sonst passieren, dass Sie am nächsten Tag nochmals darauf zugreifen möchten und der Artikel schon fort ist. (Im Fachjargon: Der Artikel ist 'expired', also quasi abgelaufen.) Zum Speichern senden Sie den Beitrag am einfachsten als E-Mail an sich selbst (`name@localhost`). Dann können Sie den Beitrag im E-Mail-Programm in einem Ordner speichern und haben so eine gewisse Chance, ihn wiederzufinden. (Legen Sie einfach entsprechende Ordner an, z.B. `linux-news`.)

Wenn Sie einen News-Artikel nicht mehr finden, können Sie aber auch bei DejaNews danach suchen. Dort wird ein riesiges Archiv (auch sehr alter News-Beiträge) verwaltet:

`http://www.deja.com/usenet`

Zur Kommunikation zwischen dem News-Client, der lokal auf Ihrem Rechner ausgeführt wird, und dem News-Server Ihres Internet-Providers bestehen zwei Möglichkeiten:

- Bei einer Online-Konfiguration (die sehr einfach ist) wird eine direkte Verbindung zwischen Client und Server aufgebaut. Sie wählen aus der Liste der neuen Nachrichten die interessanten aus, diese werden wie Webseiten zum Client übertragen und angezeigt. Während Sie News lesen, muss daher ständig eine Verbindung zum Internet existieren.
- Zur Offline-Konfiguration müssen Sie auf dem lokalen Rechner einen eigenen (kleinen) News-Server erstellen. In regelmäßigen Abständen (z.B. einmal täglich) wählen Sie sich bei Ihrem Provider ein, und der lokale News-Server tritt mit dem Server des Providers in Kontakt: Dann werden alle neuen Nachrichten auf den lokalen Rechner übertragen; gleichzeitig werden alle News-Beiträge, die Sie in der

Zwischenzeit selbst verfasst haben, auf die Reise ins Internet geschickt. Je nachdem, wie viele Newsgruppen Sie regelmäßig lesen, dauert das einige Minuten.

Anschließend können Sie die Internet-Verbindung wieder unterbrechen. Zum Lesen bzw. Verfassen von Nachrichten können die News-Clients nun auf den lokalen Server zugreifen. (Dort stehen natürlich nicht alle Newsgruppen, sondern nur eine eingeschränkte Auswahl zur Verfügung.)

Welche der beiden Konfigurationsvarianten nun wirklich billiger ist (d.h. die geringsten Telefongebühren verursacht), hängt sehr stark von Ihren Lesegewohnheiten ab. Wenn Sie nur gelegentlich einen Blick in einige Newsgruppen werfen, ist eine Offline-Konfiguration nicht sinnvoll; es würden viel zu viele Nachrichten auf Ihren Rechner übertragen, die Sie nie lesen. Für ein intensives und vor allem stressfreies News-Lesen ist eine Offline-Konfiguration dagegen ideal.

Abonnements

Der News-Server, dessen Beiträge Sie lesen, speichert viel mehr Newsgruppen als für Sie interessant sind. Es ist ziemlich lästig, wenn Sie sich unter tausend Newsgruppen immer wieder die aussuchen müssen, die Sie interessiert. Aus diesem Grund besteht in allen News-Programmen die Möglichkeit, für den Leser interessante Newsgruppen zu markieren. Je nach Programm heißen solche Newsgruppen dann 'abonniert', 'subscribed' oder so ähnlich. Bei allen Programmen besteht die Möglichkeit, wahlweise nur die abonnierten oder aber alle Gruppen anzuzeigen (etwa um eine neue Gruppe zu abonnieren).

Diese Einstellung hat keinerlei Einfluss darauf, welche News-Beiträge tatsächlich auf dem am Rechner verfügbar sind oder übertragen werden. Die Abonnements-Einstellung ist lediglich ein Filter, mit dem aus den vorhandenen Newsgruppen einige herausgefiltert werden, um ein bequemeres Arbeiten zu erlauben.

Welche Newsgruppen abonniert sind, wird häufig (je nach News-Client) in der Datei `~/.newsrc` gespeichert. Dabei verwenden erfreulicherweise einige News-Programme dasselbe Format, so dass die Datei nicht für jedes Programm neu erstellt werden muss.

Threading

In Newsgruppen kommt es oft wirklich zu einer Diskussion. A stellt eine Frage, B antwortet, C korrigiert die Antwort, B wehrt sich, D liefert eine andere Antwort auf die Frage von A etc. Hierarchisch dargestellt sieht das so aus:

```
A: Wie geht das?
  B: Re: Wie geht das?
    C: Re: Wie geht das?
      B: Re: Wie geht das?
  D: Re: Wie geht das?
```

Das Problem bei der Sache ist, dass die einzelnen Beiträge nicht in dieser Reihenfolge auf dem News-Server eintreffen. Zwischen der Frage von A und der Antwort von B werden möglicherweise eine Menge anderer Beiträge versandt. Beim Lesen der Beiträge ist es aber praktisch, wenn solcherart zusammengehörende Beiträge tatsächlich in einem Block dargestellt und gelesen werden können.

Deshalb versuchen die meisten besseren News-Programme, anhand der Subject-Angaben der Beiträge und anhand interner Verwaltungsinformationen, die nicht angezeigt werden, die Beiträge nach Themen zu ordnen und so einen Thread (Zusammenhang, roter Faden durch eine Geschichte) zu bilden. Besonders schön werden Threads von Netscape dargestellt.

News-Beiträge verfassen

Bevor Sie Ihre ersten Fragen oder Antworten absenden ('posten'), einige Grundregeln:

- Adressieren Sie Textbeiträge, mit denen Sie nur die korrekte Funktion Ihres Systems testen möchten, in dafür vorgesehene Test-Gruppen (z.B. de.test).
- Überprüfen Sie anhand solcher Testnachrichten, ob Sie Ihren Absender korrekt eingestellt haben. Dieser sollte unter anderem Ihren Namen und Ihre E-Mail-Adresse enthalten.
- Lesen Sie zuerst einige Tage die Beiträge der Newsgruppe. Vielleicht löst sich die Frage damit von selbst, oder Sie erkennen, dass es sich um die falsche Newsgruppe handelt.
- Stellen Sie keine Fragen, die bereits in FAQs beantwortet sind.
- Bleiben Sie höflich. (Der Ton in den Newsgruppen ist bisweilen unnötig aggressiv und emotional.)
- Vermeiden Sie Cross-Postings (das ist das gleichzeitige Versenden einer Nachricht an mehrere Newsgruppen).
- News-Beiträge werden oft mit einer Signatur abgeschlossen, die neben dem Namen auch die Anschrift (bei Firmen, Universitäten etc.), einen flotten Spruch oder was auch immer enthalten kann. Diese Signatur wird aus einer dafür vorgesehenen Datei gelesen (meistens `~/.signature`). Beschränken Sie sich auf das Wesentliche und blähen Sie Ihre Nachrichten nicht mit riesigen Signaturen auf!
- Wenn Sie auf andere News-Beiträge reagieren, zitieren Sie nicht mehr als notwendig. Zitieren Sie aber so viel, dass der Zusammenhang auch dann noch klar ist, wenn der ursprüngliche Artikel nicht mehr verfügbar ist. (Als Zitat wird der meist durch > eingerückte Originaltext bezeichnet.)

Jeder Beitrag, auch der, den Sie gerade selbst verfasst haben, wird im News-Programm angezeigt. Allerdings kann es einige Zeit dauern, bis es so weit ist. Das sollte Sie nicht zur Annahme verleiten, es hätte nicht funktioniert, so dass Sie denselben Beitrag noch ein paarmal versenden. Gedulden Sie sich ein bisschen, bis Sie die Früchte Ihrer Arbeit sehen: Während dieser Zeit wird der Artikel vom

News-Server verarbeitet und schließlich in die News-Datenbank eingefügt. Wenn Ihr News-Programm nicht automatisch regelmäßig nach neuen Artikeln Ausschau hält, müssen Sie es dazu auffordern (in Netscape etwa mit FILE|GET MORE MESSAGES).

Wenn Sie ein lokales News-System haben, rechnen Sie mit etwa einer Minute Reaktionszeit. Wenn Sie online arbeiten, kann es auch viel länger dauern; vielleicht ist der News-Server Ihres Providers gerade mit anderen Dingen beschäftigt. (Es ist ein typischer Anfängerfehler, News-Beiträge mehrfach zu versenden, im Glauben, es hätte beim ersten Mal nicht funktioniert.)

Linux-spezifische Newsgruppen

Newsgruppen gibt es zu allen möglichen Themen: Politik, Sport, Kultur, Wissenschaft, Computer etc. Newsgruppen können moderiert oder unmoderiert sein. Moderierte Gruppen sind die Ausnahme. In diese Gruppen gelangen nur Beiträge, die vom Moderator akzeptiert wurden. Das führt dazu, dass die Qualität der Beiträge deutlich höher, die Geschwindigkeit aber geringer ist (weil der Moderator nicht Tag und Nacht News-Beiträge lesen kann). Die folgende Liste zählt einige für Linux interessante Newsgruppen auf:

Internationale (englische) Newsgruppen

`comp.lang.*`
: Diskussionsgruppen zu diversen Programmiersprachen

`comp.os.linux.*`
: Diverse weitere Linux-Gruppen

`comp.sys.ibm.pc.hardware.*`
: PC-Hardware

`comp.os.unix.*`
: Unix-Fragen

`comp.windows.x.*`
: Diskussionsgruppen zum X Window System

`gnu.*`
: Diverse Newsgruppen zu GNU-Software

Deutschsprachige Newsgruppen

`de.comp.gnu`
: GNU-Software

`de.comp.lang.*`
: Diskussionsgruppen zu diversen Programmiersprachen

`de.comp.os.unix.*`
: Allgemeine Unix-Fragen

`de.comp.os.unix.linux.*`
: Linux-spezifische Themen

TIPP

Häufig ist es schwierig, für eine bestimmte Fragestellung die richtige Newsgruppe zu finden. Ungemein hilfreich sind in solchen Fällen News-Suchmaschinen, in denen Sie ein riesiges Archiv alter und neuer News-Beiträge nach Schlüsselwörtern im Inhalt durchsuchen können. Die bekannteste derartige Suchmaschine hat die folgende Adresse:

`http://www.deja.com/usenet`

Sie können diese Suchmaschine mit jedem Webbrowser nutzen, d.h. Sie brauchen dazu keine News-Konfiguration!

13.2 News-Clients

Für Linux gibt es eine große Auswahl an Programmen zum Lesen und Verfassen von News. Dieses Kapitel beschränkt sich auf drei Varianten, nämlich auf Netscape und die beiden textorientierten Programme `slrn` und `tin`. Falls Sie mit keinem der Programme zufrieden sind, folgt hier eine unvollständige Auswahl von Programmen, die Sie dann noch ausprobieren können:

- `pine`: Konfiguration via SETUP|CONFIG. Zum Online-Lesen muss als NNTP-Server der News-Server des Internet-Providers angegeben werden. Zum Offline-Lesen ist keine Einstellung für den News-Server notwendig, dafür muss im Feld `news-collection` der Text `News *[]` eingetragen werden. `pine` beherrscht leider kein Threading. Die Bedienung ist ähnlich wie beim Lesen von E-Mails.
- `nn`, `trn`: Hierbei handelt es sich um zwei weitere News-Clients für die Textkonsole.
- GNU-Emacs/XEmacs: Bekanntlich gibt es nichts, was Sie mit diesen Programmen nicht machen können!
- `krn`, `knode`: Zwei News-Clients für das KDE-System.
- PAN: Ein News-Client für das Gnome-System.
- `knews`, `xvnews`: Noch zwei News-Clients mit X-Oberfläche. `knews` gehört übrigens trotz seines Anfangsbuchstabens *nicht* zum KDE-Projekt!

Netscape Messenger

Vom Netscape-Hauptfenster starten Sie Messenger mit COMMUNICATOR|MESSENGER oder mit Alt+2. Bevor Sie dieses Programm verwenden können, müssen Sie im Dialogblatt EDIT|PREFERENCES|MAIL|IDENTITY Ihren vollständigen Namen und Ihre E-Mail-Adresse angeben.

Zugriff auf externen Server: Im Konfigurationsblatt NEWSGROUPS SERVERS legen Sie mit ADD einen neuen News-Server an. Als Server-Namen geben Sie die Internet-

Adresse des News-Servers Ihres Providers an (`news.provider.de` für den Beispielnutzer `hofer` von Seite 441). Der richtige PORT ist im Regelfall 119. Anschließend machen Sie diesen Server mit SET AS DEFAULT zum Default-Server und löschen den von Netscape vorgegebenen Beispiel-Server `news`.

Welche Bedeutung das NEWSGROUP DIRECTORY hat, ist schleierhaft geblieben. Lassen Sie das Verzeichnis, wie es voreingestellt ist.

Zugriff auf lokalen Server: Wenn Sie einen lokalen News-Server eingerichtet haben (siehe Seite 554), besteht der einzige Unterschied zu den obigen Ausführungen darin, dass Sie als Server-Name `localhost` eintragen.

Bedienung

Die gewünschte Newsgruppe kann aus demselben Listenfeld ausgewählt werden, das auch die Mail-Ordner enthält. Beim ersten Start wird dort allerdings nur der Name des News-Servers, aber keine einzige Newsgruppe angezeigt.

Klicken Sie den Server-Eintrag mit der rechten Maustaste an, und führen Sie SUBSCRIBE TO NEWSGROUPS aus. Netscape überträgt jetzt die Liste aller verfügbaren Newsgruppen. Im Online-Betrieb via Modem dauert das einige Minuten. Diese Wartezeit fällt aber nur beim ersten Mal an. Netscape speichert die Liste in `~/.netscape/xover-cache/host-`*server*`/hostinfo.dat`.

Anschließend wird in einer Dialogbox eine hierarchische Liste aller verfügbaren Newsgruppen angezeigt. Diese Liste hat oft gigantische Ausmaße (20.000 Newsgruppen und mehr). Bei der Suche nach den gewünschten Newsgruppen hilft das SEARCH-Dialogblatt, in dem Sie beispielsweise alle Newsgruppen herausfiltern können, deren Name 'linux' enthält. (Dabei sind allerdings keine Suchmuster mit * erlaubt.) Wenn Sie die gewünschte Gruppe gefunden haben, klicken Sie den Button SUBSCRIBE an oder aktivieren das Auswahlhäkchen.

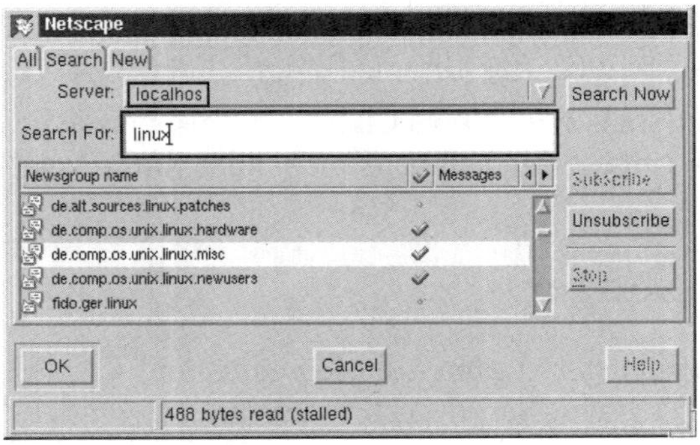

Abbildung 13.1: Newsgruppen abonnieren mit Netscape

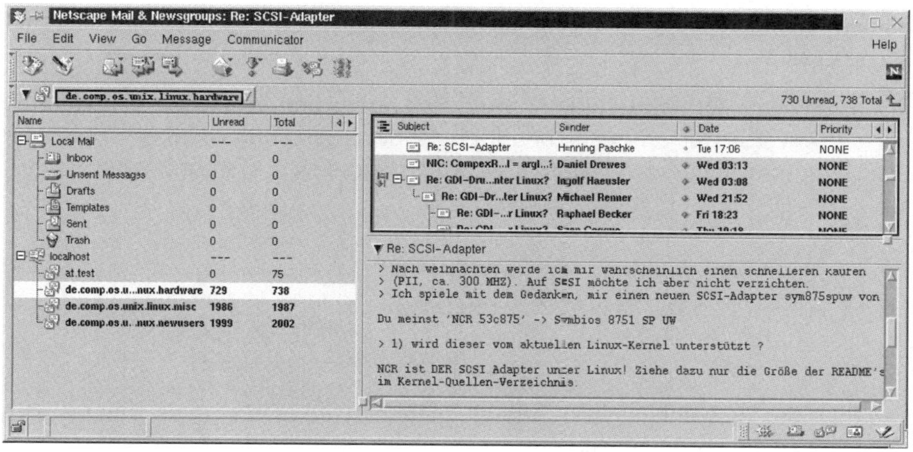

Abbildung 13.2: News lesen mit Netscape

> **HINWEIS** Damit Sie das Kommando FILE|GET NEW MESSAGES verwenden und so die Liste der News-Beiträge aktualisieren können, müssen Sie Netscape auch als Mail-Client konfigurieren. Das ist ziemlich ärgerlich, denn damit ist es unmöglich, Netscape nur als News-, nicht aber als E-Mail-Client zu verwenden.

slrn

`slrn` ist laut der Red-Hat-Paketbeschreibung der weltbeste News-Reader! Bevor auch Sie zu dieser Erkenntnis gelangen, müssen Sie sich allerdings ein bisschen Zeit nehmen, um sich mit `slrn` anzufreunden. Die tollen Features verstecken sich nämlich hinter einer spröden Oberfläche, die auch im Zeitalter von KDE und Gnome noch ohne Icons auskommt. (Dieser Abschnitt wird `slrn` natürlich nicht einmal annäherungsweise gerecht. Er sollte aber für den ersten Einstieg reichen.)

> **TIPP** Aktuelle Informationen zu `slrn` inklusive einer sehr hilfreichen FAQ-Sammlung finden Sie im Internet unter:
>
> `http://space.mit.edu/~davis/slrn`

Start

Unabhängig davon, ob das Programm zum Zugriff auf einen lokalen Server oder einen externen Server via Internet verwendet wird, muss der Server-Name in der Umgebungsvariablen `NNTPSERVER` eingestellt sein. Alternativ kann der Name auch mit der Option `-h` angegeben werden. (Für den Beispielnutzer von Seite 441 lautet der Server-Name `news.provider.de`; wenn Sie `leafnode` (wie auf Seite 554 beschrieben) als lokalen News-Server eingerichtet haben, lautet der Server-Name einfach `localhost`.)

Damit `slrn` gestartet werden kann, muss sich außerdem im Heimatverzeichnis entweder `.jnewsrc` oder `.newsrc` befinden. Ist beides nicht der Fall (weil bisher noch kein anderer News-Client verwendet wurde), meldet sich `slrn` mit einer Fehlermeldung:

```
hofer$ slrn
slrn 0.9.5.2 (Dec 11 1998 21:07:03)
Reading startup file /var/lib/slrn/slrn.rc.
Unable to open /home/hofer/.jnewsrc.  I will try .newsrc.
slrn fatal error: Unable to open /home/hofer/.newsrc.
```

Dieses Problem lässt sich leicht beheben. Versuchen Sie es nochmals, und verwenden Sie diesmal die folgenden Optionen:

```
hofer$ slrn -f ~/.newsrc -create
slrn 0.9.5.2 (Dec 11 1998 21:07:03)
Reading startup file /var/lib/slrn/slrn.rc.
Connecting to host localhost ...
Connected to host.  Posting Ok.
--The next step may take a while if the NNTP connection is slow.--
Creating /home/hofer/.newsrc...........
```

Das Einlesen der Liste aller Newsgruppen kann einige Zeit dauern – aber zum Glück ist das nur beim ersten Start erforderlich.

`srln` zeigt jetzt eine noch leere Liste aller abonnierten Newsgruppen an. Um alle Gruppen – auch die noch nicht abonnierten – anzuzeigen, geben Sie (Shift)+(L) * (↵) ein. Statt * können Sie ein beliebiges Muster angeben, etwa `de*linux*` für alle deutschsprachigen Linux-Gruppen.

HINWEIS

Je nachdem, welchen Server Sie bzw. Ihr Internet-Provider nutzt, kann es sein, dass (Shift)+(L) nicht funktioniert – es werden einfach keine Gruppen angezeigt. Das gilt insbesondere, wenn Sie `leafnode` als News-Server verwenden. Verlassen Sie `slrn` mit `Q`, und fügen Sie mit einem Editor die folgende Zeile in die Konfigurationsdatei `~/.slrnrc` ein:

```
set read_active 1
```

Sobald Sie die Gruppenliste sehen, können Sie die gewünschten Newsgruppen mit (S) abonnieren. (U) kündigt das Abo wieder. Wenn Sie jetzt nochmals (Shift)+(L) ausführen, werden nur noch die abonnierten Gruppen angezeigt.

Bedienung

Um die Nachrichten einer Gruppe zu lesen, wählen Sie die Gruppe mit den Cursortasten aus und drücken (↵). `slrn` zeigt jetzt die Liste aller Artikel an, aus denen Sie abermals mit den Cursortasten und (↵) den gewünschten Artikel auswählen können.

Im nun sichtbaren Textfenster können Sie mit (Leertaste) und (Backspace) blättern. Mit (H) und (Z) können Sie den Nachrichtentext oder die Nachrichtenliste ein- und ausblenden. Weitere Kommandos finden Sie in der folgenden Tabelle.

Abbildung 13.3: News lesen mit slrn

slrn-Tastenkürzel	
(Q)	Aktuelle Ansicht bzw. `slrn` verlassen (quit)
(?)	Online-Hilfe
Artikelliste	
(C)	Markiert alle Artikel als 'gelesen' (catchup)
(Esc), (U)	Markiert alle Artikel als 'ungelesen' (un-catchup)
(Leertaste)	Nachricht vorwärts blättern
(Backspace)	Nachricht rückwärts blättern
(H)	Nachrichtentext ein-/ausblenden
(Z)	Nachrichtenliste ein-/ausblenden
(F)	Antwort (follow up) auf Beitrag als News-Beitrag an die Newsgruppe senden
(R)	Antwort (reply) auf einen Beitrag als E-Mail direkt an den Verfasser senden
(Shift)+(P)	Neuen Beitrag verfassen (post)
Gruppenliste	
(S)	Gruppen abonnieren (subscribe)
(U)	Gruppe kündigen (unsubscribe)
(Shift)+(L)	alle Newsgruppen oder nur abonnierte Gruppen anzeigen

Konfiguration

Das Aussehen, die Bedienung und der Funktionsumfang von `slrn` kann umfassend durch die Konfigurationsdatei `~/.slrnrc` verändert werden. Die Einstellmöglichkeiten und die Syntax sind in der mitgelieferten Beispieldatei `slrn.rc` dokumentiert (normalerweise im Verzeichnis `/var/lib/slrn`).

Absenderadresse: `slrn` verwendet normalerweise den User-, Host- und Domainnamen, um die Absenderadresse zu bilden. Bei einer Offline-Konfiguration ist das aber selten optimal, es soll vielmehr die E-Mail-Adresse des Internet-Accounts verwendet werden. Die folgenden Zeilen in `.slrnrc` richten die Absenderadresse `hofer@provider.de` ein (für den Beispielnutzer Hofer von Seite 441).

```
username "hofer"
hostname "provider.de"
realname "Beispielnutzer Hofer"
```

VORSICHT

Die Absenderadresse wird zwar korrekt in alle News-Beiträge eingetragen, sie gilt aber nicht für das Kommando REPLY, mit dem Sie dem Autor einer Nachricht direkt eine E-Mail senden. In der aktuellen Version scheint es in `slrn` unmöglich zu sein, die Absenderadresse von E-Mails zu beeinflussen. Die E-Mail-Adresse wird wie unter Unix üblich aus dem Login-Namen, dem Host- und dem Domainnamen gebildet. Einzig die `sendmail`-Konfiguration kann das Problem eventuell noch lösen.

Editor: `tin` hat keinen eigenen Editor und startet als Defaulteditor den `vi`. Wenn Sie das vermeiden möchten, müssen Sie die Umgebungsvariable `EDITOR` oder `VISUAL` entsprechend einstellen.

Farben: Die voreingestellten Farben von `slrn` machen es bisweilen unmöglich, den Text auch zu lesen. Eine kleine Veränderung wirkt bereits Wunder: Die folgende Zeile bewirkt, dass Überschriften (auch im Hilfetext) in blauer Farbe auf weißem Hintergrund dargestellt werden (und nicht ohne jeden Kontrast in hellem Blaugrün).

```
color headers blue white
```

Mausbedienung: Viele Funktionen von `slrn` können dank der folgenden Zeile auch mit der Maus ausgeführt werden:

```
set mouse 1
```

Neben der Menübedienung und der Auswahl von Gruppen bzw. einzelnen Nachrichten gibt es eine Reihe nicht offensichtlicher Mauskürzel.

slrn-Mauskürzel

In der Statuszeile 'News Group':

Linke Taste	Liste vorwärts blättern
Rechte Taste	Liste rückwärts blättern
Mittlere Taste	Textansicht schließen

In der Artikelstatuszeile:

Linke Taste	zur nächsten ungelesenen Nachricht springen
Rechte Taste	zur vorigen ungelesenen Nachricht springen
Mittlere Taste	zitierten Text (`> text`) ein-/ausblenden

Im Artikeltext:

Linke Taste	Text vorwärts blättern
Rechte Taste	Text rückwärts blättern
Mittlere Taste	Textansicht schließen

tin

`tin` ist ein handliches Programm, das anfänglich vielleicht einen eher mageren Eindruck vermittelt, in Wirklichkeit aber sehr effizient zu bedienen ist. Wie für `slrn` gilt: Lassen Sie sich von der spartanischen Oberfläche nicht abschrecken!

Start

Wie bei `slrn` wertet auch `tin` den Inhalt der Umgebungsvariablen `NNTPSERVER` bzw. der Datei `/etc/nntpserver` aus. Dort muss der Name des News-Servers angegeben sein (z.B. `localhost` oder `news.provider.de`). Alternativ kann der Server-Name auch mit der Option `-g` angegeben werden.

HINWEIS

Die erste `tin`-Hürde ist unter Umständen bereits der Start. Je nachdem, wie das Programm kompiliert ist, zeigt es nach dem Start einige Fehlermeldungen an (die womöglich in `xterm` nicht einmal sichtbar sind) und verabschiedet sich sofort wieder. In diesem Fall erwartet `tin` in `/var/spool/news` ein News-Archiv, wie es vom Server `inn` erzeugt wird.

`tin` kann ein derartiges Archiv ohne Kontakt zum News-Server auslesen. Dieses eher exotische Feature versagt allerdings, wenn entweder gar kein lokaler Server oder aber ein anderer lokaler Server (z.B. `leafnode`) verwendet wird. Starten Sie `tin` mit der Option `-r`:

```
user$ tin -r
```

Bedienung

Beim ersten Start überträgt `tin` die Liste aller bekannten Newsgruppen vom Server in die lokale Datei `.newsrc`. Falls zum Server nur eine Internet-Verbindung via Modem besteht, dauert das einige Minuten. (Die Wartezeit tritt nur beim ersten Start auf.) Anschließend zeigt `tin` die noch leere Liste der abonnierten Gruppen an.

Drücken Sie (Y), um die lange Liste der nicht abonnierten Newsgruppen anzuzeigen. Jetzt können Sie den Cursor zu den gewünschten Newsgruppen bewegen und mit (S) eine einzelne Gruppe abonnieren; oder Sie abonnieren mit (Shift)+(S) alle Gruppen, die einem Suchmuster entsprechen. Geben Sie beispielsweise `de*linux*` ein, um alle deutschsprachigen Linux-Gruppen auszuwählen. Drücken Sie nochmals (Y) – dann sollte der Bildschirm etwa folgendermaßen aussehen:

```
            Group Selection (localhost  3)                h=help

   1   738  de.comp.os.unix.linux.hardware  Hardwarefragen zu Linux.
   2  1987  de.comp.os.unix.linux.misc      Alles, was sich nicht anders ..
   3  2002  de.comp.os.unix.linux.newusers  Fragen von Linux-Anfaengern.

   <n>=set current to n, TAB=next unread, /=search pattern, c)atchup,
g)oto, j=line down, k=line up, h)elp, m)ove, q)uit, r=toggle all/unread,
  s)ubscribe, S)ub pattern, u)nsubscribe, U)nsub pattern, y)ank in/out
```

Die Ziffern in der zweiten Spalte geben an, wie viele Beiträge Sie noch nicht gelesen haben. Zum Lesen der Beiträge einer Newsgruppe bewegen Sie den Cursor in diese Zeile und drücken (↵) oder (→). Der Bildschirmaufbau sieht jetzt etwa so aus:

```
   1       e2fsck meldet Fehler. Platte defekt?        Joerg Mertin
   2   + 2  MC in  Farbe?                              Kai Straube
   4   + 3  lpd - no daemon present                    Joachim Zobel
   6   + 2  Probleme beim Kompilieren des Kernels      Stefan Janke
```

Erklärungsbedürftig ist hier vor allem die zweite Spalte. Wenn hier eine Ziffer steht, handelt es sich um einen Thread mit n ungelesenen Beiträgen. Mit den Cursor-Tasten können Sie einen Beitrag oder Thread auswählen. Mit (→) können Sie den Beitrag lesen. (↓) führt zum nächsten Beitrag, (←) zurück zur Liste. Bei gelesenen Beiträgen wird das Plus-Zeichen bzw. die Threading-Ziffer entfernt. Wenn Sie die Liste verlassen und später nochmals besuchen, werden gelesene Beiträge überhaupt nicht mehr angezeigt.

TIPP Wenn Sie einen schon gelesenen Beitrag ein zweites Mal ansehen möchten, müssen Sie die ganze Gruppe mit (Z) als ungelesen markieren.

Die folgende Liste fasst die wichtigsten Tastenkürzel von `tin` zusammen. Beachten Sie, dass manche Kürzel nicht in allen Ansichten von `tin` gelten (also etwa nur, wenn gerade ein Beitrag angezeigt wird).

tin-Tastenkürzel	
↑, ↓	Vorige/nächste Nachricht oder Gruppe
→	Newsgruppe oder Beitrag lesen
←	Eine Hierarchieebene zurück
Tab	Zum nächsten ungelesenen Artikel springen
/	Text suchen
Nachrichten bearbeiten	
F	Antwort (follow up) auf einen Beitrag als News-Beitrag an die Newsgruppe senden
R	Antwort (reply) auf einen Beitrag als E-Mail direkt an den Verfasser senden (im Beitragsfenster)
W	Neuen Beitrag verfassen (write)
T	Nachricht markieren
M	(Markierte) Nachricht oder Threads als E-Mail versenden
S	Markierte Artikel oder Thread in Datei speichern
C	Alle Artikel einer Gruppe als 'gelesen' markieren
Z	Alle Artikel einer Gruppe als 'ungelesen' markieren
Gruppen bearbeiten	
S	Gruppe abonnieren (subscribe)
Shift+S	Mehrere Gruppen (mit Maske) abonnieren (die Gruppe muss sichtbar sein, drücken Sie vorher Y)
U	Gruppe kündigen
Shift+U	Mehrere Gruppen (mit Maske) kündigen
Y	Alle Newsgruppen oder nur abonnierte Gruppen anzeigen

Zahlreiche weitere Kommandos sind im sehr informativen `man`-Text beschrieben. Die eher knappe Online-Hilfe kann mit H aufgerufen werden, gibt aber nur eine Liste der Tastenkürzel an. Je nach Distribution finden Sie in `/usr/doc/tin*` weitere Informationen.

TIPP

Sie können den Start von `tin` beschleunigen, wenn Sie die Option `-nq` verwenden. `tin` berücksichtigt dann nur die bereits abonnierten Newsgruppen. Es können jetzt weder zusätzliche Gruppen abonniert werden, noch testet `tin`, ob der Server vielleicht ganz neue Newsgruppen hat.

Konfiguration

`tin` kann umfassend konfiguriert werden. Dazu können Sie entweder direkt die Datei `~/.tin/tinrc` verändern oder im Programm den Konfigurationsdialog mit Shift+M aufrufen. Unter anderem können Sie so Farben und eine Mausunterstützung aktivieren.

Editor: `tin` hat keinen eigenen Editor und startet als Defaulteditor den `vi`. Wenn Sie das vermeiden möchten, müssen Sie die Umgebungsvariable `EDITOR` oder `VISUAL` entsprechend einstellen.

Absenderadresse: `tin` verwendet normalerweise den User-, Host- und Domainnamen, um die Absenderadresse zu bilden. Bei einer Offline-Konfiguration ist das aber selten optimal, Sie sollten vielmehr die E-Mail-Adresse des Internet-Accounts verwenden. Zu diesem Zweck kann mit Shift+M auch eine veränderte Absenderadresse eingestellt werden (Option `mail_address` in `tinrc`).

VORSICHT

Wie bei `slrn` gilt auch bei `tin` die veränderte Absenderadresse nur für News-Beiträge, nicht aber für E-Mails, die mit `tin` via REPLY versandt werden. Verwenden Sie zur direkten Beantwortung von News-Beiträgen Ihr E-Mail-Programm!

13.3 Offline-News-Konfiguration (leafnode)

`leafnode` ist ein News-Server, der speziell für kleine News-Archive (maximal einige Dutzend Newsgruppen) optimiert ist. `leafnode` eignet sich damit besonders gut, um auf privaten Rechnern ohne ständigen Internet-Zugang ein eigenes News-Archiv zu verwalten.

TIPP

Die aktuellste Version von `leafnode` zusammen mit weiteren Informationen und ausgezeichneten FAQs finden Sie im Internet:

`http://www.leafnode.org/`

Falls Sie `leafnode` unter SuSE einsetzen, lesen Sie bitte `/usr/doc/packages/leafnode/README.SuSE`.

VERWEIS

Eine Alternative zu `leafnode` ist das Programm `noffle`. Eher für professionelle Ansprüche ist `inn` gedacht. Dieses Programm wird zwar normalerweise für sehr große News-Archive eingesetzt, kann aber durchaus auch für den privaten Gebrauch eingesetzt werden. Der einzig wesentliche Nachteil ist die ziemlich schwierige Konfiguration.

In den früheren Auflagen dieses Buchs gab es an dieser Stelle eine Anleitung zur Einrichtung eines Offline-News-Servers mit `inn`. Der Text wurde dankenswerterweise von Markus Dickebohm zur Verfügung gestellt. Falls Sie lieber `inn` statt `leafnode` verwenden möchten, finden Sie den Text weiterhin im Internet unter:

`http://www.uni-koeln.de/~acp66/news-0.3/news-0.3.html`

Installation und Konfiguration

leafnode wird mittlerweise mit vielen Distributionen als vorkonfiguriertes Paket mitgeliefert. (Bei Red Hat finden Sie das Programm im contrib-Verzeichnis, das oft auf einer Zusatz-CD mitgeliefert wird. Gegebenenfalls müssen Sie das recht kleine Paket von einem Red-Hat-FTP-Server auf Ihren Rechner übertragen.)

Die Informationen in diesem Kapitel beziehen sich auf Version 1.9. Bitte beachten Sie, dass die Pfade der leafnode-Binärdateien je nach Distribution abweichen können (/usr/sbin oder /usr/local/sbin oder /usr/local/bin). Sehen Sie nach, wo sich die Binaries auf Ihrem Rechner befinden, und verwenden Sie den korrekten Pfad!

config: Die Konfiguration von leafnode erfolgt in der Datei config, die sich normalerweise in /usr/lib/leafnode/config befindet (bei SuSE in /etc/leafnode). Diese Datei muss dem Benutzer news gehören, nicht root!

Die wichtigste Einstellung in dieser Datei betrifft den bzw. die News-Server, von denen leafnode News-Beiträge lesen soll. Für den Beispielnutzer von Seite 441 ist das also news.provider.de. Mit dem Schlüsselwort expire geben Sie an, wie viele Tage ungelesene News-Threads auf dem Server gehalten werden sollen. Die Defaulteinstellung lautet 20.

initialfetch gibt an, wie viele Nachrichten beim Abonnieren einer neuen Newsgruppe beim ersten Mal gelesen werden sollen. Wenn Sie hier kein Limit setzen, überträgt leafnode alle verfügbaren Nachrichten – und das kann dauern!

Das Limit maxfetch gilt für den laufenden Betrieb. Jedes Mal, wenn leafnode nach neuen Nachrichten sucht, werden maximal so viele Nachrichten übertragen. Wenn Sie Nachrichten einer viel frequentierten Newsgruppe (etwa de.comp.os.unix.linux.misc) nur sehr selten übertragen (etwa einmal pro Woche), sollten Sie einen höheren Wert wählen – andernfalls wird Ihr lokales News-Archiv lückenhaft werden. Ein zu hoher Wert ist freilich auch nicht ideal – die Übertragung vieler Nachrichten kostet nämlich geraume Zeit. (Als Faustregel: die Übertragung von zwei bis drei Nachrichten pro Sekunde ist realistisch.)

Mit maxbytes können Sie schließlich die maximale Größe der Nachrichten limitieren. Wenn Sie in erster Linie an Nachrichtentexten (und nicht an Bildern, Programmen etc. interessiert sind, die in manchen Newsgroups ebenfalls weitergegeben werden), vermeidet maybytes lästige Riesennachrichten, die sich (mehr oder weniger zufällig) in Ihre Lieblings-Newsgroups verirrt haben.

```
# /usr/lib/leafnode/config
server = news.provider.de
expire = 20
initialfetch = 500
maxfetch = 1000
maxbytes = 50000
```

Diese Einstellungen sollten für die ersten Experimente ausreichen. Die mit leafnode mitgelieferte config-Datei ist hervorragend kommentiert, so dass auch die Einstellung weiterer Optionen kein Problem darstellt.

/etc/nntpserver: Diese Datei gibt an, welchen Server lokale Clients kontaktieren sollen. Da leafnode jetzt auf Ihrem Rechner läuft, müssen Sie hier localhost angeben.

$NNTPSERVER: Diese Umgebungsvariable wird ebenfalls von manchen News-Clients abgefragt und muss daher auch auf localhost gesetzt werden. (Bei SuSE stellen Sie $NNTPSERVER in der Datei /etc/rc.config ein und führen danach das Kommando SuSEconfig aus.)

/etc/inetd.conf: Diese Datei gibt an, welche Programme für welche Internet-Dienste zuständig sind. Dort tragen Sie für das News-Protokoll nntp den exakten Pfad zum Programm leafnode ein. Achten Sie darauf, dass die Datei keine anderen nntp-Einträge aufweist!

```
# in /etc/inetd.conf
nntp stream tcp nowait news /usr/sbin/tcpd /usr/local/sbin/leafnode
```

Damit der Dämon inetd die Veränderung von /etc/inetd.conf berücksichtigt (ohne den Rechner neu zu starten), führen Sie das folgende Kommando aus. Damit wird der inetd-Prozess nicht etwa beendet. Vielmehr bedeutet das Signal -HUP, dass die Konfigurationsdatei neu eingelesen werden soll.

```
root#  killall -HUP inetd
```

Jetzt können Sie bereits einen ersten Test durchführen, ob leafnode tatsächlich startet. Dazu stellen Sie eine telnet-Verbindung zum NNTP-Server für localhost her. Wenn alles klappt, meldet sich leafnode. Sie können telnet mit Strg+], Strg+D verlassen.

```
user$  telnet localhost nntp
Trying 127.0.0.1...
Connected to myhost.mydomain.
Escape character is '^]'.
200 Leafnode NNTP Daemon, version 1.9.11 running at myhost.mydomain
 <Strg>+<]> <Strg>+<D>
```

HINWEIS: Wenn sich leafnode mit der Fehlermeldung *Unable to read configuration file* gleich wieder verabschiedet, hat die Konfigurationsdatei config vermutlich den falschen Besitzer. Führen Sie im Verzeichnis mit den Konfigurationsdateien chmod news * aus!

Betrieb

Liste der Newsgruppen einlesen

Damit sind die Konfigurationsarbeiten vorerst abgeschlossen. Stellen Sie eine Verbindung zum Internet her, und führen Sie das zu `leafnode` gehörende Kommando `fetchnews` aus:

```
root# /usr/local/sbin/fetchnews -vvv
1.9.11: verbosity level is 3
Trying to connect to news.provider.de ... connected.
Getting all newsgroups from news.provider.de
Disconnected from news.provider.de
```

`fetchnews` überträgt also die Liste aller auf dem News-Server des Internet-Providers gespeicherten Newsgruppen. Das kann mehrere Minuten dauern. (Ein einfaches Mittel, um festzustellen, ob via PPP Daten übertragen werden, ist das Kommando `ifconfig`. Es zeigt unter anderem die Anzahl der bisher übertragenen Datenpakete an. Wenn Sie `ifconfig` zwei Mal hintereinander ausführen, sollte sich die Paketanzahl ändern.) Die resultierende Liste wird in `/var/spool/news/leaf.node/groupinfo` gespeichert.

Nachrichten lesen

`leafnode` ist jetzt betriebsbereit. Sie können nun einen beliebigen News-Client (Netscape allerdings erst ab Version 4.5) verwenden und Newsgruppen abonnieren. Da bis jetzt ja nur die Liste der Newsgruppen, aber keine Beiträge geladen wurden, ist das Lesevergnügen vorerst noch gering. Pro Newsgruppe wird von `leafnode` ein Dummy-Artikel angezeigt. Diesen Artikel müssen Sie im News-Client anzeigen, denn erst dadurch merkt `leafnode`, dass Sie Interesse an dieser Newsgruppe haben.

Nachdem Sie das für einige (vorerst nicht zu viele!) Newsgruppen getan haben, werfen Sie einen Blick in das Verzeichnis `/var/spool/news/interesting.groups`:

```
user$ ls -l /var/spool/news/interesting.groups/
-rw-rw-r--  news  news   0 Jan  9 de.comp.os.unix.linux.hardware
-rw-rw-r--  news  news   0 Jan  9 de.comp.os.unix.linux.misc
-rw-rw-r--  news  news   0 Jan  9 de.comp.os.unix.linux.newusers
```

`leafnode` hat hier für jede Newsgruppe, deren Nachrichten gelesen werden sollen, eine leere Datei mit dem Namen der Newsgruppe erzeugt. Stellen Sie nun abermals eine Internet-Verbindung her, und führen Sie `fetchnews` aus. Jetzt werden tatsächlich Artikel vom News-Server Ihres Internet-Providers zum lokalen News-Server übertragen. (Mit der Option `-v` steuern Sie, wie ausführlich das Programm über seine Tätigkeiten berichten soll. Je mehr `v`'s Sie angeben, desto ausführlicher ist der Bericht.)

```
root# /usr/local/sbin/fetchnews -vv
Trying to connect to news.provider.de ... connected.
LIST ACTIVE done 120239 seconds ago, issuing NEWGROUPS
Read server info from /var/spool/news/leaf.node/news.provider.de
de.comp.os.unix.linux.newusers: considering articles 24077-24305
de.comp.os.unix.linux.newusers: 202 articles fetched, 0 killed
de.comp.os.unix.linux.misc: considering articles 30645-30874
de.comp.os.unix.linux.misc: 212 articles fetched, 0 killed
de.comp.os.unix.linux.hardware: considering articles 12376-12471
de.comp.os.unix.linux.hardware: 84 articles fetched, 0 killed
Disconnected from news.provider.de
```

Wenn Sie nun abermals Ihren News-Client starten, sollten Sie die übertragenen Nachrichten auch lesen können. Von nun an funktioniert `leafnode` praktisch automatisch: Das Programm protokolliert, für welche Newsgruppen Sie sich interessieren. Sobald Sie eine Gruppe einige Tage nicht mehr lesen, wird die Übertragung der Nachrichten eingestellt.

Das Kommando `fetchnews` könnten Sie eventuell in das Script `ip-up` oder `ppp-on` einbauen, um automatisch jedes Mal Nachrichten zu lesen, wenn Sie via PPP eine Internet-Verbindung herstellen. Falls Sie eine ständige Internet-Verbindung haben, können Sie `fetchnews` via `cron` auch automatisch einmal pro Stunde starten.

HINWEIS

Sie können die Dateien in `/var/spool/news/interesting.groups/` auch manuell löschen, wenn Sie eine Gruppe irrtümlich aktiviert haben. Umgekehrt können Sie auch neue Gruppen aktivieren, indem Sie mit `touch` einfach die entsprechenden Dateien erzeugen. Achten Sie aber darauf, dass alle Dateien in `/var/spool/news` dem Benutzer `news` gehören müssen. Führen Sie also `chown news.news *` für alle manuell erzeugten Dateien aus!

Eigene News-Beiträge senden

Wenn Sie mit einem News-Client einen eigenen Beitrag verfassen, wird dieser von `leafnode` vorerst im Verzeichnis `/var/spool/news/out.going` zwischengespeichert. Erst wenn Sie das nächste Mal `fetchnews` ausführen, werden die Beiträge zum News-Server des Internet-Providers übertragen. Beim Abholen neuer Nachrichten wird in der Folge auch Ihr eigener Beitrag vom externen News-Server abgeholt.

Das bedeutet, dass selbst verfasste Beiträge erst nach dem nächsten `fetchnews` in der Artikelliste sichtbar werden. (Mit etwas Pech – nämlich wenn der News-Server des Internet-Providers gerade sehr beschäftigt ist – können sogar zwei `fetchnews`-Kommandos erforderlich sein.) Glauben Sie also nicht, es hätte nicht funktioniert, wenn Ihre eigenen Artikel nicht sofort angezeigt werden!

Alte News-Beiträge löschen

Nach und nach füllen die übertragenen News-Beiträge die zahlreichen Unterverzeichnisse von /var/spool/news. Selbst bei wenigen Newsgruppen erreicht das Archiv sehr rasch zehn bis zwanzig MByte. Damit das Archiv nicht unbegrenzt wächst, müssen Sie sich um das Löschen alter Beiträge kümmern. Dazu dient das Programm texpire, das ebenfalls mit dem leafnode-Paket mitgeliefert wird. Das Programm muss vom Benutzer news ausgeführt werden:

```
root#  su news
news#  /usr/sbin/texpire -v
texpire 1.9.11: check mtime and atime
de.comp.os.unix.linux.hardware: 97 articles deleted, 833 kept
de.comp.os.unix.linux.misc: 217 articles deleted, 2213 kept
de.comp.os.unix.linux.newusers: 178 articles deleted, 2229 kept
total: 436 articles deleted, 5042 kept
news#  <Strg>+<D>
root#
```

Dieses Programm sollte regelmäßig (z.B. einmal täglich oder einmal wöchentlich) ausgeführt werden. Diesen Vorgang können Sie leicht automatisieren, indem Sie das Programm mit dem Kommando crontab registrieren. crontab startet einen Editor und führt nach dessen Ende alle notwendigen Veränderungen in den /var/cron-Dateien durch. (Vorsicht: crontab startet automatisch den vi, wenn Sie nicht in $EDITOR einen anderen Editor einstellen.)

```
root#  crontab -u news -e
```

Wenn Sie möchten, dass texexpire jeden Abend um 20:00 Uhr ausgeführt wird, tragen Sie im Editor folgende Zeile ein:

```
0 20 * * * /usr/local/sbin/texpire
```

Dabei gibt die erste Zahl die Minuten, die zweite Zahl die Stunden an. Wählen Sie eine Zeit, zu der Ihr Rechner üblicherweise läuft.

Kapitel 14

Netzwerk-Server-Konfiguration

Es wäre vermessen zu versuchen, die Linux-Server-Konfiguration in einem einzigen Kapitel abzuhandeln. Beinahe jeder der folgenden Abschnitte würde ein eigenes Buch rechtfertigen. (Zum Glück muss nicht ich all diese Bücher schreiben – es gibt sie schon. Werfen Sie einen Blick in das Literaturverzeichnis am Ende dieses Buchs oder auf die Buchempfehlungen auf meiner Website!)

Dieses Kapitel versucht, einen ersten Einstieg in das Thema zu geben. Es richtet sich vor allem an Personen, die verhältnismäßig kleine, lokale Netze verwalten, wobei diese Netze durchaus heterogen sein dürfen (also auch Windows-Clients umfassen können). Kurz beschrieben werden unter anderem die folgenden Funktionen: Masquerading (NAT), DHCP, DNS, FTP, Telnet, NFS, Unix-Drucker-Server und Samba. Zum Abschluss des Kapitels finden Sie noch einige elementare Informationen zum Thema Sicherheit und Firewalls.

VERWEIS

Wie Sie die hier beschriebenen Server-Dienste aus Client-Sicht nutzen, ist Thema von Kapitel 9 ab Seite 405.

Bereits in den vorangegangenen Kapiteln wurden einige Server-Funktionen beschrieben: WWWoffle in Kapitel 11, Sendmail in Kapitel 12 (allerdings nur aus der Sicht eines Einzelanwenders) sowie Leafnode in Kapitel 13.

14.1 Einführung

Überblick

- **Masquerading/NAT:** Mit Masquerading können alle Clients im lokalen Netz mit dem Internet verbunden werden. (Es gibt einen Linux-Rechner, der via ISDN oder ADSL eine Internet-Verbindung herstellen kann. Alle anderen Rechner sind mit diesem Rechner verbunden und können so ebenfalls das Internet nutzen. Es ist nicht notwendig, jeden Rechner mit seinem eigenen Modem auszustatten!)
- **DHCP:** DHCP ermöglicht eine zentrale und einfache Verwaltung der IP-Adressen und anderen Netzwerkparameter aller Clients.
- **DNS:** Ein lokaler Name-Server stellt sicher, dass die Clients gegenseitig ihre Namen kennen (Auflösung lokaler Namen in IP-Adressen). Außerdem fungiert das Programm als IP-Nummern-Cache, so dass Internet-Zugriffe (ein klein wenig) beschleunigt werden.
- **FTP:** Mit einem FTP-Server können Sie auf sehr einfache Art und Weise anderen Rechnern Zugang zu lokalen Daten gewähren.
- **Telnet:** Wenn ein Telnet-Dämon auf dem Rechner läuft, ist von jedem beliebigen Rechner im lokalen Netz ein Login möglich. Das erleichtert die Administration ganz erheblich. (Sie müssen nicht mehr immer zum Server-Rechner laufen, wenn Sie dort eine Einstellung verändern möchten.)
- **NFS-Server:** Wie ein FTP-Server gibt auch ein NFS-Server anderen Rechnern Zugang zu lokalen Dateien. Der Unterschied besteht darin, dass jetzt ganze Verzeichnisse in das lokale Dateisystem des Clients eingebunden werden können, was für den Client die Anwendung erbeblich erleichtert. Allerdings funktioniert NFS nur für Unix/Linux-Clients (nicht aber für Windows-Rechner).
- **Drucker-Server:** Ein Drucker-Server gewährt anderen Linux-/Unix-Clients im lokalen Netz Zugang zu einem gemeinsamen Drucker.
- **Samba:** Dieses Programmpaket erfüllt dieselben Aufgaben wie NFS bzw. wie ein Linux-Drucker-Server, diesmal allerdings für Windows-Clients.
- **Firewall:** Dieser Begriff bezeichnet ein ganzes Bündel an Sicherheitsmaßnahmen, um das lokale Netz gegen einen Angriff von außen (also vom Internet aus) zu schützen. Im Idealfall wird der Firewall auf einem eigens dafür vorgesehenen Rechner eingerichtet (der keine anderen Aufgaben übernimmt).

Installation von Paketen: Je nach Distribution sind die hier beschriebenen Programme nicht automatisch installiert. Denken Sie also daran, die entsprechenden Pakete zu installieren, bevor Sie lange (und vergebens) nach Konfigurationsdateien und der Online-Dokumentation suchen.

TIPP

Insbesondere bei Red Hat und verwandten Distributionen wird häufig zwischen Client- und Server-Paketen unterschieden. Oft sind nur die Client-Pakete installiert. Sie benötigen jetzt aber auch die Server-Pakete.

Konfigurationshilfen: Dieses Kapitel richtet sich an fortgeschrittene Linux-Anwender. Es werden ausschließlich die Einstellungen der diversen Konfigurationsdateien beschrieben, nicht aber eventuell zur Verfügung stehende Benutzeroberflächen zur Konfiguration. Wenn Sie das Prinzip der Konfiguration einmal verstanden haben, wird es Ihnen auch mit `linuxconf` oder anderen Programmen nicht allzu schwer fallen, die diversen Optionen einzustellen. Allzu viel Zeit sparen Sie dabei ohnedies nicht, und der Hürdenlauf durch die oft verschachtelten `linuxconf`-Dialoge ist nicht immer intuitiver als die direkte Veränderung der Konfigurationsdateien.

TIPP

`linuxconf` sieht für fast alle in diesem Kapitel beschriebenen Server-Dienste Konfigurationsdialoge vor. Allerdings sind diese Dialoge normalerweise ausgeblendet. Sie müssen die entsprechenden `linuxconf`-Module explizit aktivieren (siehe Seite 1034).

Sicherheit: Es gibt zwar am Ende dieses Kapitels einen kurzen Abschnitt zum Thema Firewalls bzw. Sicherheit, generell ist es in diesem Buch aber nicht möglich, dem Thema Sicherheit den erforderlichen Platz einzuräumen. Wenn Sie Linux als Netzwerk-Server einsetzen möchten, *müssen* Sie sich mit dem Thema Sicherheit beschäftigen – alles andere wäre hochgradig unverantwortlich.

HINWEIS

Wie bereits in der Einleitung dieses Buchs möchte ich hier nochmals betonen, dass dies kein Buch für Systemadministratoren ist. Dieses und das nächste Kapitel sollen Ihnen helfen, einige elementare Netzwerkdienste für *kleine*, möglicherweise private Netzwerke zu konfigurieren.

Wenn Sie Linux dagegen als Intranet- oder Internet-Server in großen Netzen und mit entsprechend höheren Sicherheits- und Geschwindigkeitsansprüchen einsetzen möchten, benötigen Sie weitergehende Literatur, die zum einen detaillierter auf die vielen Konfigurationsmöglichkeiten eingeht, und die zum anderen umfassend die Absicherung dieser Dienste gegen Mißbrauch beschreibt.

Topologie des Beispielnetzwerks

Um die Orientierung in diesem Kapitel zu erleichtern, werden sämtliche Beispiele anhand eines immer gleich bleibenden Netzwerks beschrieben. Der Hub enthält einen 10/100-MBit-Switch. (Abbildung 14.1 wurde übrigens mit einer Beta-Version des Linux-Programms `dia` erstellt.)

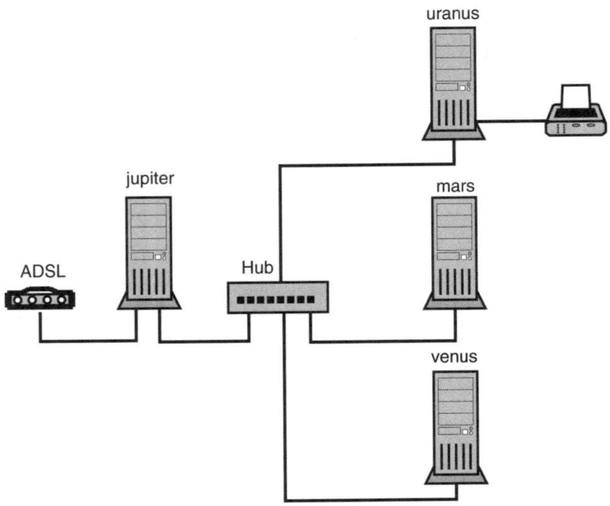

Abbildung 14.1: Topologie des Beispielnetzwerks

Jupiter (192.168.0.1)
Hardware: 486/50 mit 16 MByte RAM, zwei 10-MBit-Netzwerkkarten
Betriebssystem: SuSE 6.3
Server-Funktionen: ADSL-Zugang, Masquerading/NAT, Firewall, DHCP, DNS

Die ADSL-Verbindung wird mit PPTP on Demand hergestellt. IP-Adresse der zweiten Netzwerkkarte: 10.0.0.142, IP-Adresse des ADSL Network Terminators: 10.0.0.138.

Uranus (192.168.0.2):
Hardware: PII 400 mit 128 MByte RAM, 100-MBit-Netzwerkkarte
Drucker: PostScript- und HP-Laserjet III kompatibel
Betriebssysteme: Red Hat 6.2, SuSE 6.4, Windows 95, Windows NT 4 Workstation und Server
Server-Funktionen unter Linux: FTP, Telnet, NFS, Drucker-Server, Samba

Mars (192.168.0.10):
Hardware: PII 350 mit 128 MByte RAM, 100-MBit-Netzwerkkarte
Betriebssysteme: Corel 1.0 deutsch und 1.1 englisch, Mandrake 7, Red Hat 6.0 und 6.2, Windows NT 4 Server
Server-Funktionen unter Linux: FTP, Telnet, Samba

Venus (192.168.0.12):
Hardware: Notebook mit PII 333 und 128 MByte RAM, wahlweise 10-MBit- (Linux) oder 100-MBit-PCMCIA-Karte (Windows)
Betriebssysteme: SuSE 6.4, Windows 98, Windows 2000 Professional

14.2 Masquerading (Internet-Router)

Grundlagen

Der Ausgangspunkt für das Masquerading (Maskierung, Verkleidung) ist eigentlich immer der gleiche: Es gibt einen Rechner, der (auf welche Weise auch immer) mit dem Internet verbunden ist. Es soll aber nicht nur dieser Rechner, sondern alle Rechner im lokalen Netz Zugang zum Internet bekommen.

Das Problem dabei ist in aller Regel, dass die Clients innerhalb des lokalen Netzes sogenannte private IP-Adressen verwenden. Diese Adressen liegen in Adressbereichen, die speziell für lokale Netzwerke reserviert sind (siehe auch Seite 414). Sie sind nur innerhalb des LAN eindeutig, nicht aber darüber hinaus im Internet. Einzig der Server hat (über seine LAN-IP-Adresse hinaus) eine zweite, weltweit eindeutige IP-Adresse, die ihm vom Internet-Provider zugewiesen wird (zumeist nur vorübergehend, also solange die Verbindung zum Provider besteht).

HINWEIS

Im Folgenden wird der Rechner mit dem Internet-Zugang als Server bezeichnet, alle anderen Rechner als Clients (ganz unabhängig davon, welche Funktionen diese Rechner sonst erfüllen). Im Fall von Masquerading wird der Server oft auch als Internet-Gateway (korrekt) oder als Internet-Router bezeichnet (was genau genommen falsch ist, siehe unten).

Diese Art der Unterscheidung zwischen Client und Server gilt für das gesamte Buch – aber immer nur für eine bestimmte Funktion! Ein Rechner, der bezüglich seines Internet-Zugangs ein Client ist, kann durchaus für eine andere Funktion (etwa NFS) ein Server sein. In der Praxis werden sehr oft gleich mehrere Server-Funktionen auf einem einzigen Rechner konzentriert – das ist aber nicht zwingend notwendig (und aus Effizienzgründen – gerade in großen Netzen – auch nicht sinnvoll).

Um Adresskonflikte zu vermeiden, kann der Server die Internet-Anforderungen der Clients nicht einfach unverändert weiterleiten. (In diesem Fall würde man von einem Router sprechen. Umgangssprachlich wird auch das Masquerading oft als Routing bezeichnet, aber das ist nicht ganz exakt. Ein einfaches Routing ins das Internet ist nur möglich, wenn alle Clients international eindeutige IP-Adressen haben – und genau das ist in einem LAN nicht der Fall.)

Masquerading: Die Idee des Masquerading besteht nun darin, dass der Server für das Internet bestimmte Datenpakete von den Clients annimmt und diese dann so verändert, als würden sie vom Server stammen. Um es noch ein wenig konkreter zu formulieren: Die Absenderadresse des Datenpakets (z.B. 192.168.0.17) wird durch die IP-Adresse des Servers (z.B. 175.118.190.232) ersetzt. Diese Adressänderung wird auch als *Network Address Translation* (NAT) bezeichnet. NAT ist also ein weiterer Begriff zur Beschreibung des Masquerading. (Es gibt allerdings verschiedene NAT-Varianten. Masquerading ist nur die einfachste davon.)

Jetzt kann das Datenpaket in das Internet weitergeleitet werden. Im Regelfall kommt aus dem Internet nach einer Weile eine Antwort. (Vielleicht war das ursprüngliche Datenpaket eine Anforderung für ein HTML-Dokument einer Website. Dann ist die Antwort eben dieses HTML-Dokument in Form von IP-Paketen.) Das Problem für den Server besteht nun darin, dass er die Antwort an den richtigen Rechner weiterleitet (also an 192.168.0.17). Woher weiß er aber, welches die korrekte Zieladresse ist? Das Datenpaket wurde ja (nach der Adressänderung) von ihm selbst abgesandt, daher ist auch die Antwort an ihn adressiert (175.118.190.232).

Um eine Adressauflösung der Antwortpakete zu ermöglichen, verändert der Server nicht nur die Absenderadresse, sondern auch den Absender-Port. (TCP/IP-Kommunikation erfolgt über verschiedene Ports. Die Port-Nummer ist eine Zusatzinformation, die den gewünschten Internet-Dienst kennzeichnet. FTP verwendet z.B. normalerweise die Ports 20 und 21, HTTP 80 etc. Daneben gibt es viele Port-Nummern ohne feste Zuordnung. Diese Nummern werden unter anderem für Masquerading eingesetzt.) Für jede IP-Adresse innerhalb des lokalen Netzes wird eine bestimmte Port-Nummer verwendet.

VERWEIS

Viele weiterführende Informationen finden Sie im IP-Masquerade-HOWTO. Eine allgemeinere Beschreibung von `ipchains` (auch im Hinblick auf Firewalls und andere Anwendungen) finden Sie im IPChains-HOWTO. Empfehlenswert in diesem Zusammenhang ist außerdem das Firewall-HOWTO. Für Kernel 2.4 sind bereits das IPTables-HOWTO und – speziell für das Masquerading – das IPNAT-HOWTO in Arbeit. Die wichtigste Masquerading-Referenzadresse im Internet lautet übrigens:

`http://ipmasq.cjb.net/`

Konfiguration

Manuelle Aktivierung bzw. Deaktivierung von Masquerading

Nach dieser relativ ausführlichen Beschreibung der Masquerading-Funktionsweise erwarten Sie vielleicht eine dementsprechend komplizierte Konfiguration unter Linux. Weit gefehlt! Bei Kernel 2.2 reichen drei einfache Kommandos aus, um das Masquerading zu aktivieren!

```
root#  echo 1 > /proc/sys/net/ipv4/ip_forward
root#  /sbin/ipchains -P forward DENY
root#  /sbin/ipchains -A forward -s 192.168.0.0/24 -i ppp0 -j MASQ
```

Dazu eine kurze Erklärung: Das erste Kommando aktiviert die IP-Forwarding-Funktion des Kernels. (Diese ist aus Sicherheitsgründen in der Defaulteinstellung deaktiviert.) Bei vielen Distributionen können Sie statt `echo` auch das elegantere `sysctl`-Kommando verwenden:

```
root#  sysctl -w net.ipv4.ip_forward=1
```

Das zweite Kommando verbietet aus Sicherheitsgründen jede Weiterleitung von IP-Paketen. `ipchains` steuert bei Kernel 2.2 die internen Funktionen zur Verarbeitung von IP-Paketen. Eine kurze Beschreibung des Kommandos finden Sie am Ende dieses Kapitels (siehe Seite 612).

Das dritte Kommando hebt das zweite Kommando zum Teil wieder auf und erlaubt nun doch die Weiterleitung von Paketen, allerdings nur solchen, die aus dem Adressraum 192.168.0.* stammen, und nur an das Netzwerk-Interface `ppp0`. Dabei wird gleichzeitig Masquerading durchgeführt. Bei diesem Kommando müssen Sie natürlich die IP-Adresse an Ihren eigenen Adressraum anpassen und statt `ppp0` das betreffende Interface angeben (z.B. `ippp0`, wenn die Internet-Verbindung via ISDN hergestellt wird).

Um das Masquerading wieder zu deaktivieren, löschen Sie die Masquerading-Regel (drittes Kommando von oben) wieder. Achten Sie darauf, dass sich das Kommando nur in der Option `-D` (statt `-A`) vom ursprünglichen Kommando unterscheiden darf!

```
root#  /sbin/ipchains -D forward -s 192.168.0.0/24 -i ppp0 -j MASQ
```

Zur Sicherheit können Sie die Forwarding-Funktion des Kernels auch wieder deaktivieren, wobei Sie wahlweise eines der beiden folgenden Kommandos ausführen (je nachdem, ob `sysctrl` zur Verfügung steht oder nicht):

```
root#  echo 0 > /proc/sys/net/ipv4/ip_forward
root#  sysctl -w net.ipv4.ip_forward=1
```

HINWEIS

Die Konfigurationsinformationen in diesem Abschnitt gelten ausschließlich für Kernel 2.2! Wenn Sie noch mit dem Kernel 2.0 arbeiten, müssen Sie statt `ipchains` das Kommando `ipfwadm` verwenden. Mit dem Kernel 2.4 wird sich das Kommando abermals ändern und dann `iptables` lauten und wieder eine neue Syntax aufweisen.

VORSICHT

Es stellt ein Sicherheitsrisiko dar, einen Rechner mit dem Internet zu verbinden. Entsprechend größer ist das Risiko, via Masquerading gleich mehrere Rechner mit dem Internet zu verbinden! Wenn Sie das Masquerading einsetzen, sollten Sie auch einen Firewall verwenden! Mehr dazu erfahren Sie am Ende dieses Kapitels ab Seite 612.

Automatische Aktivierung bzw. Deaktivierung von Masquerading

Natürlich werden Sie das Masquerading nicht bei jedem Rechnerstart des Servers manuell aktivieren! Die übliche Vorgehensweise besteht darin, das Masquerading im Rahmen einer Firewall-Script-Datei zu aktivieren. Diese Script-Datei wird während des Init-V-Prozesses ausgeführt und kümmert sich neben dem Masquerading auch gleich um die bestmögliche Absicherung des Rechners gegen unerwünschten Besuch (mehr dazu ab Seite 612).

Der Dateiname für diese Script-Datei lautet meist `/etc/rc.d/init.d/firewall` oder `ipchains`. Bei SuSE heißt das Verzeichnis für derartige Dateien `/sbin/init.d/`. Allerdings liefern nicht alle Distributionen Firewall-Script-Dateien oder zumindestens Tools zur Erstellung solcher Script-Dateien mit.

TIPP

Bei Red Hat und verwandten Distributionen können Sie die Masquerading-Funktionen im Firewall-Modul von `linuxconf` aktivieren. (Die Masquerading-Funktion gilt als Sonderfall einer Forwarding-Regel.) Bei SuSE gibt es das Paket `firewals` (Serie `sec`), das ein Script zur Definition von Masquerading- und Firewall-Regeln enthält.

Prinzipiell ist es auch möglich, die Masquerading-Kommandos in den `ip-up`- bzw. `ip-down`-Script-Dateien in `/etc/ppp` auszuführen. Damit wird Masquerading aktiviert, sobald eine Internet-Verbindung hergestellt wird, und automatisch wieder deaktiviert, wenn die Verbindung getrennt wird.

Diese Vorgehensweise ist allerdings nicht mit Dial-on-Demand kompatibel. Wenn Sie also möchten, dass eine Internet-Verbindung automatisch hergestellt wird, sobald irgendein Rechner im Netzwerk ein Datenpaket an das Internet versendet, muss das Masquerading schon vorher aktiviert sein. (Andernfalls kann der PPP-Dämon nicht erkennen, dass eine Verbindung hergestellt werden soll.)

Probleme

Das Masquerading ist zwar eine elegante Lösung, um Rechnern ohne weltweit eindeutige IP-Nummer dennoch einen Internet-Zugang zu geben, es gibt aber auch Probleme, von denen hier nur die wichtigsten aufgezählt werden.

- Bei einer ganzen Reihe von Internet-Protokollen sind Schutzmechanismen vorgesehen, in denen die Zuordnung von IP-Adressen überprüft wird. Der auf Grund von Masquerading nicht mehr eindeutige Zusammenhang zwischen IP-Adresse und einem Rechner kann Schwierigkeiten verursachen.
- Manche Protokolle sehen vor, dass IP-Adressen nicht nur in den IP-Paketen übertragen werden, sondern auch innerhalb der Datenpakete (als ASCII-Text oder auch verschlüsselt). Ein bekanntes Beispiel dafür ist FTP. Damit FTP trotz des Masquerading funktioniert, muss der Masquerading-Server also nicht nur die Adressierung von IP-Paketen ändern, sondern in manchen Fällen auch deren Inhalt!

  Linux sieht hierfür für eine ganze Reihe von Internet-Diensten entsprechende Masquerading-Module vor (z.B. `ip_masq_ftp` für FTP). Die Module befinden sich üblicherweise in `/lib/modules/`*n*`/ipv4` und müssen bei Bedarf mit `modprobe` aktiviert werden:

  ```
  root# modprobe ip_masq_ftp
  ```

- Wenn der Masquerading-Server via ADSL/PPPoE mit dem Internet verbunden ist, kann es Probleme mit der maximalen IP-Paketlänge geben. Die Abhilfe besteht darin, bei allen Clients die maximale Paketlänge (MTU) zu reduzieren oder auf dem Server ein sogenanntes MSS-Clamping durchzuführen (siehe Seite 485).

TIPP

Wenn bei Clients Probleme mit FTP-Verbindungen auftreten, lassen sich diese fast immer lösen, indem der FTP-Client im passiven Modus betrieben wird. Fast jeder Client hat eine dementsprechende Einstellmöglichkeit (siehe auch Seite 502).

14.3 DHCP-Server einrichten

In Kapitel 9 wurden diverse Dateien beschrieben, mit denen die Basisparameter eines Netzwerkrechners eingestellt werden: die eigene IP-Adresse, die Adressen anderer Rechner im lokalen Netzwerk (`/etc/hosts`), die Adresse des Internet-Gateways, die Adresse eines externen Domain-Name-Servers etc. All diese Parameter können mit verschiedenen Konfigurationsprogrammen auf jedem Rechner statisch eingestellt werden.

Für kleinere Netze ist das eine praktikable Vorgehensweise. Bei größeren Netzen ist es hingegen sinnvoller, wenn *ein* Rechner sich um die Zuweisung von IP-Adressen an alle anderen Rechner kümmert. Dazu wird üblicherweise das *Dynamic Host Configuration Protocol* (DHCP) eingesetzt. Der Steuerungsrechner wird DHCP-Server, die anderen Rechner werden DHCP-Clients genannt.

DHCP hat gegenüber einer manuellen Konfiguration mehrere Vorteile:

- Die Administration erfolgt zentral und kann daher einfach verwaltet werden.
- Die Client-Konfiguration beschränkt sich damit im Regelfall auf ein absolutes Minimum. (Es müssen lediglich Rechner- und Domainname angegeben und DHCP aktiviert werden.)
- Das Einfügen neuer Rechner in das Netzwerk ist problemlos und erfordert keinerlei Veränderungen an der zentralen Konfigurationsdatei. Das ist besonders bei Notebooks attraktiv, die nur manchmal an das Netz angeschlossen werden.
- Nur tatsächlich laufende Rechner beanspruchen IP-Adressen. (Das ist nur dann ein Vorteil, wenn die IP-Adressen knapp sind. In lokalen Netzen ist das zumeist nicht der Fall.)

Ein DHCP-System ist allerdings auch mit Nachteilen verbunden:

- Die Funktion des gesamten Netzwerks hängt jetzt davon ab, dass der Rechner mit dem DHCP-Server läuft. (Sollte dieser Server ausfallen, verwenden die schon laufenden Clients einfach die zuletzt verwendete Adresse weiter. Neu eingeschalteten Clients fehlt aber jegliche Information über die Netzwerkadressen.

Die Abhängigkeit von einem Rechner kann vermindert werden, indem mehrere Rechner als DHCP-Server konfiguriert werden.)

- Die Rechner im lokalen Netz kennen ihre gegenseitigen Namen nicht. Sie können auf Rechner x nicht ein `ping` y ausführen, weil x nicht weiß, welche IP-Nummer y hat. Solange die Clients nur Internet-Dienste in Anspruch nehmen oder wenn es sich um Windows-Clients handelt, spielt diese Einschränkung keine Rolle. Wenn aber zwischen den lokalen Rechnern Unix-Dienste wie NFS genutzt werden sollen, müssen sowohl aus Gründen des Arbeitskomforts als auch zur Steuerung der Zugriffsrechte (welcher Rechner darf welche Dienste in Anspruch nehmen) allen Rechnern die Namen aller anderen Rechner bekannt sein.

  Um das zu erreichen, muss auf einem Rechner – üblicherweise auf demselben, auf dem auch der DHCP-Server läuft – ein sogenannter Name-Server eingerichtet werden. Das Zusammenspiel zwischen dem DHCP- und dem Name-Server ist allerdings problematisch und oft schwierig zu konfigurieren.

- Ein dynamisches DHCP-System stellt ein gewisses Sicherheitsrisiko dar. Jeder (der bis in Ihr Büro vordringt) kann sich mit einem Notebook bequem an das Netz anschließen. (Inwieweit dann ein Zugriff auf Daten möglich ist, hängt stark von der restlichen Konfiguration des Netzwerks ab. Aber der erste Schritt wird sehr leicht gemacht.)

In der Praxis wird oft ein Mittelweg beschritten: Obwohl die Abkürzung DHCP eigentlich den Begriff *Dynamic* enthält, wird das DHCP-System statisch konfiguriert: Das bedeutet, dass die IP-Adressen nicht dynamisch zugewiesen werden, sondern dass für jeden Rechner (genau genommen: für jede Netzwerkkarte) immer wieder dieselbe IP-Adresse eingesetzt wird. Die Konfiguration eines derartigen Systems erfordert zwar ein wenig mehr Arbeit als ein vollständig dynamisches System, hat aber immer noch den Vorteil der zentralen Wartung.

Falls kein eigener Name-Server eingerichtet wird, besteht ein weiterer Vorteil statischer IP-Adressen darin, dass es nun möglich ist, auf den Clients `/etc/hosts`-Dateien einzurichten, um so eine Namensauflösung im lokalen Netz zu ermöglichen.

Funktionsweise

Die Funktionsweise von DHCP sieht in etwa so aus: Wenn ein Rechner (also ein DHCP-Client) neu gestartet wird, schickt dieser an die Adresse 255.255.255.255 eine Rundsendung. (Durch diese Adresse erreicht die Anfrage *alle* Rechner im lokalen Netz.) Nur der DHCP-Server (unter Linux das Programm `dhcpd`) reagiert auf diese Anfrage und sendet als Antwort die erste freie IP-Adresse aus dem *Address Range* (also aus der Liste der verfügbaren IP-Adressen).

Vielleicht fragen Sie sich, wohin der Server die Antwort sendet – der Client hat ja noch gar keine IP-Adresse. Zur Adressierung reicht die MAC-Adresse aus – und die ist aus der Anfrage bereits bekannt. Bei der MAC-Adresse (*Media Access Con-*

trol) handelt es sich um eine eindeutige ID-Nummer der Netzwerkkarte, mit der jede Ethernet-Karte automatisch ausgestattet ist.

Der DHCP-Server vergibt IP-Adressen für eine bestimmte Zeit (*Lease Time*). Die Default-Zeit bei `dhcpd` beträgt einen Tag, kann aber beliebig anders eingestellt werden. Bevor diese Zeitspanne vergeht, muss der Client die Adresse beim DHCP-Server erneuern oder eine neue Adresse anfordern.

`dhcpd` speichert alle vergebenen dynamischen IP-Adressen (nicht aber statische IP-Adressen) in der Datei `/var/state/dhcp/dhcpd.leases`. Selbst wenn der Server abstürzen sollte, weiß `dhcpd` nach dem Neustart, welche Adressen an wen vergeben sind. Diese Datei muss existieren, damit `dhcpd` gestartet werden kann. (Sollten Sie die Datei aus irgendeinem Grund löschen, müssen Sie die Datei anschließend mit `touch` wieder erzeugen!)

VERWEIS

Weitere Informationen zu den technischen Hintergründen von DHCP sowie zur Konfiguration von Client und Server finden Sie in der DHCP-Dokumentation, in den `man`-Pages zu `dhcpd`, `dhcpd.conf` und `dhcp-options`, im DHCP-Mini-HOWTO, im Net-3-4-HOWTO, im New-Domain-Mini-HOWTO sowie (kurz und übersichtlich) im Home-Network-Mini-HOWTO.

DHCP-Server-Konfiguration

`/etc/dhcpd.conf`: Die erste Grundvoraussetzung für den Betrieb eines DHCP-Servers besteht darin, dass das Paket `dhcpd` installiert wird. Es wird mit allen gängigen Distributionen mitgeliefert. Anschließend muss die zentrale Konfigurationsdatei `/etc/dhcpd.conf` eingestellt werden. Die folgenden Zeilen geben dafür ein einfaches Beispiel:

```
# /etc/dhcpd.conf
# globale Optionen
# Eckdaten des lokalen Netzes
option broadcast-address 192.168.0.255;
option subnet-mask 255.255.255.0;
option routers 192.168.0.1;
# DNS-Adressen (max. 3) des Internet-Service-Providers
option domain-name-servers 199.85.37.2;
# dynamischer Adressbereich
subnet 192.168.0.0 netmask 255.255.255.0 {
  range 192.168.0.128 192.168.0.254;
  default-lease-time 86400;
  max-lease-time 86400;
```

Das Ziel der obigen Konfiguration ist es, IP-Adressen zwischen 192.168.0.128 und 192.168.0.254 dynamisch zu vergeben. (192.168.0.0 und 192.168.0.255 kommen nicht in Frage, weil sie reservierte IP-Nummern sind. 192.168.0.1 ist die Adresse des Rechners, auf dem `dhcpd` läuft, und fehlt deswegen in `range` ebenfalls. Der Bereich

192.168.0.2 bis 192.168.0.127 wurde ausgenommen, um diesen Bereich statisch zu vergeben – siehe unten.) Die maximale Gültigkeit von IP-Nummern beträgt einen Tag. (Die Zeitangabe erfolgt also in Sekunden.)

Einige Anmerkungen zu den Optionen: `routers` gibt die Adresse des Rechners an, der innerhalb des lokalen Netzwerks als Router (also z.B. als Internet-Gateway) dienen soll. Im obigen Beispiel handelt es sich dabei um denselben Rechner, der auch als DHCP-Server eingesetzt wird.

Mit `domain-name-servers` können Sie eine Liste von DNS-Adressen angeben (getrennt durch Kommas!). Wenn Sie einen lokalen DNS verwenden, geben Sie dessen Adresse an. Die Adressen werden ebenfalls an die Clients übertragen, so dass dort auf die DNS-Konfiguration verzichtet werden kann.

HINWEIS

Falls Sie in Ihrem Netzwerk einen WINS-Server laufen haben, können Sie dessen Adresse mit der Option `netbios-name-servers` angeben. WINS ist das Gegenstück zu DNS für die Windows-Welt. Ein WINS-Server kann dank Samba auch von einem Linux-Rechner zur Verfügung gestellt werden.

Wenn Ihr einziges Ziel darin bestand, alle Clients im lokalen Netz mit IP-Adressen zu versorgen, sind Sie schon fertig! Möglicherweise ziehen Sie aber (zumindest für einen Teil der Rechner) statische Adressen vor. Die folgenden Zeilen geben hierfür ein Beispiel.

Dem Rechner mit der MAC-Adresse `00:48:54:39:b0:26` wird die IP-Adresse 192.168.0.2 zugewiesen, einem weiteren Rechner die Adresse 192.168.0.10, einem dritten 192.168.0.12. Wenn Sie nicht möchten, dass der Hostname an die Clients übertragen wird, entfernen Sie die Option `use-host-decl-names`. Die meisten Clients ignorieren diese Information in der Default-Einstellung ohnedies (siehe auch Seite 427). Insofern hat die Angabe des Hostnamens hier eher den Sinn, die Datei besser lesbar zu machen.

```
# /etc/dhcpd.conf, Fortsetzung
# statische Adressen
group {
  use-host-decl-names on;
  host uranus {
    hardware ethernet 00:48:54:39:b0:26;
    fixed-address 192.168.0.2; }
  host mars {
    hardware ethernet 00:84:54:93:b0:62;
    fixed-address 192.168.0.10; }
  host venus {
    hardware ethernet 00:84:0b:26:45:93;
    fixed-address 192.168.0.12; }
  ...
}
```

Falls der Rechner mit dem DHCP-Server Zugang zu einem Name-Server mit den Namen und IP-Adressen der lokalen Rechner hat, können Sie in `/etc/dhcpd.conf` statt der IP-Adressen auch die Rechnernamen eintragen.

Sie können mit `dhcpd` auch mehrere Subnet-Bereiche und Group-Bereiche verwalten. Optionen können wahlweise am Beginn der Datei oder innerhalb geklammerter Gruppen angegeben werden. Dementsprechend gelten sie global oder nur innerhalb einer Gruppe. In `dhcpd.conf` können unzählige weitere Optionen verwendet werden. Die Details entnehmen Sie bitte den `man`-Seiten.

HINWEIS

Vielleicht fragen Sie sich, wie Sie die MAC-Adresse Ihrer Netzwerkkarte ermitteln sollen. Es gibt eine Menge Möglichkeiten: Eine wäre die dynamische DHCP-Konfiguration. Die Datei `/var/state/dhcp/dhcpd.leases` enthält die MAC-Adressen aller zur Zeit aktiven Clients, soweit diesen eine dynamische IP-Adresse zugewiesen wurde. Unter Linux können Sie die Adresse der eingebauten Netzwerkkarte auch mit `ifconfig` oder mit `dmesg` herausfinden. Unter Windows führen Sie zu diesem Zweck das Kommando `IPCONFIG.EXE /ALL` in einem DOS-Fenster aus.

dhcpd starten: Für den ersten Start von `dhcpd` (nach der Installation und der erstmaligen Erstellung von `dhcpd.conf`) wird das Programm bei Red Hat folgendermaßen gestartet:

```
root#  /etc/rc.d/init.d/dhcpd start
```

HINWEIS

Falls `dhcpd` nicht das Interface `eth0` nutzen soll, müssen Sie `/etc/rc.d/init.d/dhcpd` ändern und beim Aufruf von `dhcpd` die Option `-p eth`*n* hinzufügen.

Bei SuSE müssen Sie vor dem ersten Start einen Blick in `/etc/rc.config` werfen. Stellen Sie darin `START_DHCPD` auf `yes`. Falls das lokale Netzwerk nicht über `eth0` angesprochen wird, müssen Sie auch `START_INTERFACE` entsprechend ändern.

```
# in /etc/rc.config (SuSE)
# dhcpd automatisch starten
START_DHCPD="yes"
# lokales Netz wird über eth1 angesprochen
DHCPD_INTERFACE="eth1"
```

Anschließend starten Sie `dhcpd` mit dem folgenden Kommando:

```
root#  /sbin/init.d/dhcp start
```

Wenn Sie in Zukunft `dhcpd.conf` ändern, werden diese Einstellungen erst gültig, nachdem `dhcpd` mit `restart` neu gestartet wurde. Beachten Sie, dass dabei die `dhcpd.leases`-Datei neu erstellt wird und somit alle Informationen über die momentan vergebenen IP-Adressen verloren gehen

DHCP-Client-Konfiguration

Linux-Clients: Die Netzwerkkonfigurationsprogramme aller Linux-Distributionen sehen eine DHCP-Konfiguration vor. Intern wird dabei während des Init-V-Prozesses je nach Distribution eines der drei folgenden Programme ausgeführt: `dhclient`, `dhcpcd` oder `pump`. Beachten Sie, dass dabei normalerweise nur die diversen IP-Adressen konfiguriert werden, nicht aber Host- und Domainname. (Falls Sie das möchten, müssen Sie spezielle Optionen einstellen.)

VERWEIS

Die Client-Konfiguration mit und ohne DHCP wird ab Seite 406 beschrieben. Interna zur Konfiguration von DHCP und zum Aufruf der DHCP-Client-Programme finden Sie ab Seite 424.

Windows-Clients: DHCP wird erfreulicherweise auch unter Windows unterstützt. Der Dialog, in dem DHCP einzustellen ist, ist aber natürlich bei jeder Windows-Version woanders versteckt. Suchen Sie nach einem TCP/IP-Eigenschaftsdialog für die Netzwerkkarte. Dort sollten Sie eine Option in der Art *IP-Adresse automatisch beziehen* finden.

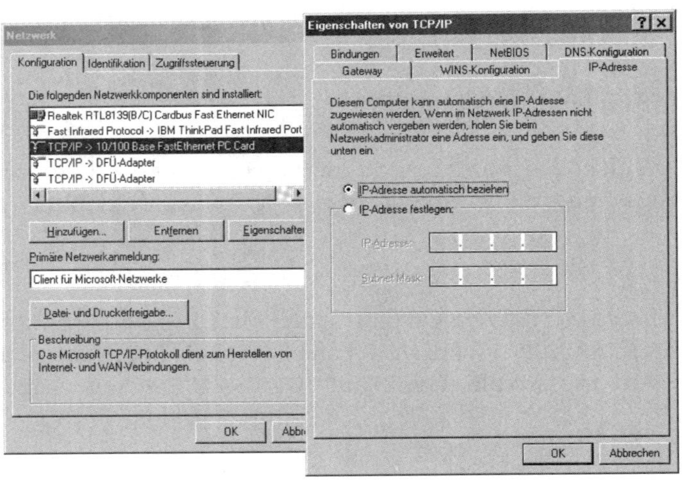

Abbildung 14.2: DHCP-Client-Konfiguration unter Windows

14.4 Domain-Name-Server einrichten

Einführung

Dank des DHCP-Servers ist es jetzt nicht mehr erforderlich, dass auf jedem Client ein Dutzend Einstellungen durchgeführt werden müssen, bis der Rechner in das Netzwerk integriert ist. Störend an der DHCP-Konfiguration (im Vergleich zu einer dezentralen Konfiguration mit umfangreichen `/etc/hosts`-Dateien auf allen Rechnern) ist allerdings der Umstand, dass die Rechner sich gegenseitig nicht kennen.

Es gibt Anwendungsfälle, in denen das keine Rolle spielt – etwa dann, wenn Ihr Ziel darin bestand, eine Reihe von Windows-Rechnern an das Internet anzuschließen. Wenn Ihre Clients dagegen ebenfalls unter Linux laufen und gegenseitig Daten austauschen möchten (FTP, Telnet, NFS, Zugang zu Netzwerkdruckern etc.), dann muss es möglich sein, dass der Rechner x das Kommando `ping` y ausführt. Damit das funktioniert, muss der Rechner x bei einem zentralen Rechner anfragen können, welche IP-Adresse y hat. Genau das ist die Aufgabe des Domain-Name-Servers!

Ein Domain-Name-Server (DNS) stellt also den Zusammenhang zwischen Rechnernamen und IP-Adressen her. Wenn ein DNS für ein lokales Netzwerk eingerichtet wird, erfüllt das Programm zwei Aufgaben:

- Der DNS verwaltet einen Cache der zuletzt benutzten Internet-Adressen. Wenn Sie also zum zweiten Mal an einem Tag zu `www.yahoo.com` surfen, muss nicht wieder der DNS Ihres Internet-Providers gefragt werden, welches nun die IP-Adresse von Yahoo ist. Der lokale DNS hat sich die Adresse schon gemerkt.
- Der DNS verwaltet die Namen und IP-Adressen der Rechner des lokalen Netzes.

Obwohl sich die Kombination von DHCP und DNS anbietet, können beide Programme selbstverständlich für sich verwendet werden. Prinzipiell ist es sogar möglich, einen DNS als IP-Cache auf einem Standalone-Rechner zu installieren (wenngleich Aufwand und Nutzen wohl nicht in einem vernünftigen Verhältnis zueinander stehen).

Als DNS wird unter Linux/Unix das Programm `named` eingesetzt, das wiederum Teil des Pakets `bind8` ist. (BIND steht für *Berkeley Internet Name Domain*.) Weltweit sind unzählige DNS im Einsatz, die alle gegenseitig in Kontakt stehen. Wenn also ein DNS einen Namen nicht selbst kennt, gibt er die Anfrage an einen anderen DNS weiter. Die DNS sind hierarchisch organisiert.

VORSICHT

Die Konfiguration eines lokalen DNS hat den Nachteil, dass bei jeder Anfrage nach einem Internet-Namen (oder nach einem ungültigen Rechnernamen, und sei es nur wegen eines Tippfehlers) ein externer DNS kontaktiert wird. Oft werden solche Anfragen nicht durch Anwender erzeugt, sondern durch Programme, die auf irgendeinem Rechner im Hintergrund laufen und regelmäßig aktiv werden (etwa `sendmail`).

Wenn Sie Ihren Internet-Zugang im Dial-on-Demand-Modus konfiguriert haben, wird dabei jedes Mal eine Verbindung hergestellt. Dieses Problem ist schwer in den Griff zu bekommen, weil es genau genommen kein Fehlverhalten ist. (Ausnahmsweise stimmt hier wirklich der Spruch: *It's not a bug, it's a feature!*) Hinweise, wie Sie der Ursache eines unerwünschten Verbindungsaufbaus auf die Spur kommen, finden Sie in der ISDN- und PPP-Dokumentation (siehe auch Kapitel 10).

Generell ist eine DNS-Konfiguration meist nur zweckmäßig, wenn Sie entweder einen günstigen Internet-Zugang haben (idealerweise ohne Zeittarif) oder aber auf Dial-on-Demand verzichten.

VERWEIS

Dieser Abschnitt beschreibt die Inbetriebnahme von `named`, geht aber nicht weiter auf die Hintergründe oder auf die Details der Konfigurationsdateien ein. Aus Platzgründen wird ausschließlich die Konfiguration als Name-Cache und als DNS für das lokale (private) Netz behandelt. Weiterführende Informationen zu DNS finden Sie im DNS-HOWTO, im Domain-Setup-Mini-HOWTO, in der sehr umfangreichen Dokumenation zum Paket `bind8` sowie im Internet:

`http://www.isc.org/products/BIND/`
`http://www.acmebw.com/cats.htm`

Ein lesenswerter, praxisorientierter Artikel zur Konfiguration eines lokalen Netzes mit DHCP, DNS etc. befindet sich unter:

`http://www.linuxgazette.com/issue51/nielsen.html`

Konfiguration als Name-Server-Cache

Bei jeder DNS-Konfiguration arbeitet `named` als Cache. Die einfachste Konfigurationsvariante besteht darin, dass das die einzige Aufgabe von `named` ist. Dazu müssen Sie die mitgelieferten Konfigurationsdateien meist nicht oder nur minimal verändern.

TIPP: Lassen Sie sich von der fürchterlichen Syntax der `named`-Konfigurationsdateien nicht abschrecken! Normalerweise können Sie die mitgelieferten Musterdateien (mit ein paar kleinen Änderungen) verwenden.

`/etc/named.conf`: Diese Datei ist der Ausgangspunkt für die Konfiguration. Zur Einrichtung eines Name-Caches (die einfachste Form einer DNS-Konfiguration) sollte `/etc/named.conf` wie das folgende Muster aussehen. Bei den meisten Distributionen wird eine derartige Datei gleich mitgeliefert. Sie müssen darin eventuell einige Zeilen löschen.

Die einzige Veränderung betrifft die IP-Adressen im `forwarders`-Bereich. Hier geben Sie die IP-Adresse an, die Ihnen Ihr Internet-Service-Provider zur Verfügung stellt. (`named` funktioniert auch ohne `forwarders`-Abschnitt. Mit dieser Ergänzung funktioniert die Namensauflösung aber besser und vor allem effizienter.)

```
# /etc/named.conf
options {
        directory "/var/named";
        pid-file  "/var/run/named.pid";
        files unlimited;
        recursion yes;
        multiple-cnames no;

        forwarders {
          199.85.37.2;
        };
};

zone "."  {
        type hint;
        file "root.hint";
};

zone "0.0.127.in-addr.arpa"  {
        type master;
        file "127.0.0.zone";
        check-names fail;
        allow-update { none; };
};
```

Die wichtigste Option ist `directory`. Sie gibt an, wo sich alle weiteren Konfigurationsdateien befinden und wo die IP- und Namensdatenbanken des DNS gespeichert werden.

`/etc/named.conf` setzt voraus, dass sich in `/var/named` die Dateien `root.hint` und `127.0.0.zone` befinden. Sie können diese Dateien vorerst unverändert lassen. `127.0.0.zone` sollte etwa wie dieses Muster aussehen. Achten Sie darauf, dass darin als einziger Rechnername `localhost` vorkommt.

```
; /var/named/127.0.0.zone
$ORIGIN 0.0.127.in-addr.arpa.
@    1D IN SOA       localhost. root.localhost. (
                     42               ; serial (d. adams)
                     3H               ; refresh
                     15M              ; retry
                     1W               ; expiry
                     1D )             ; minimum
     1D IN NS        localhost.
1    1D IN PTR       localhost.
```

/etc/resolv.conf: In dieser Datei muss nameserver jetzt ausschließlich auf 127.0.0.1 verweisen (also auf den lokalen Rechner). Die restlichen Einstellungen können bleiben, wie sie sind.

Falls Sie einen Internet-Zugang via PPP haben, müssen Sie aus der PPP-Optionendatei die Option usepeerdns entfernen – sonst wird /etc/resolv.conf bei jedem Verbindungsaufbau durch provider-spezifische Daten überschrieben. Wenn Sie mit SuSE arbeiten, sollten Sie in /etc/rc.config die Variable CREATE_RESOLVCONF auf no stellen, damit in Zukunft auch YaST von eigenmächtigen Veränderungen dieser Datei absieht.

```
# /etc/resolv.conf
search sol
nameserver 127.0.0.1
```

/etc/nsswitch: Diese Datei muss die Zeile hosts: files dns enthalten. Das ist normalerweise schon der Fall.

Name-Server erstmals starten: Falls Sie gerade keine Verbindung zum Internet haben, stellen Sie diese her. Anschließend führen Sie das Kommando ndc start aus. (ndc ist ein Steuerungsprogramm zu named. Das folgende Kommando startet unter anderem named als Dämon.)

```
root# ndc start
```

In /var/log/messages sollten jetzt in etwa die folgenden Meldungen protokolliert werden. (Generell ist es eine gute Idee, irgendwo ein Fenster mit tail -f /var/log/messages zu öffnen, damit Sie verfolgen können, was auf Ihrem Rechner vor sich geht.)

```
named[9101]: starting.  named 8.2.2-REL Mon Nov  8 20:26:44 GMT 1999 ...
named[9101]: hint zone "" (IN) loaded (serial 0)
named[9101]: master zone "0.0.127.in-addr.arpa" (IN) loaded (serial 42)
named[9101]: listening on [127.0.0.1].53 (lo)
named[9101]: listening on [10.0.0.142].53 (eth0)
named[9101]: listening on [192.168.0.1].53 (eth1)
named[9101]: listening on [213.33.23.96].53 (ppp0)
named[9101]: Forwarding source address is [0.0.0.0].1024
named[9102]: Ready to answer queries.
```

Name-Server testen: Testen Sie mit einem `ping`-Kommando, ob die Namensauflösung von Internet-Adressen funktioniert. Noch besser können Sie die Funktion des Name-Servers mit `nslookup` überprüfen. Wenn Sie das Kommando ohne Parameter ausführen, wird es im interaktiven Modus gestartet. Die folgenden Zeilen zeigen, wie die IP-Adresse von Yahoo ermittelt wird.

```
root# nslookup
Default Server:  localhost
Address:  127.0.0.1
> www.yahoo.com
Server:  localhost
Address:  127.0.0.1

Non-authoritative answer:
Name:    www.yahoo.akadns.net
Addresses:  216.32.74.54, 216.32.74.55, 216.32.74.50, 216.32.74.51
            216.32.74.52, 216.32.74.53
Aliases:  www.yahoo.com
> <Strg>+<D>
```

`/etc/dhcpd.conf`: Falls Sie einen DHCP-Server verwenden und mit diesem DNS-Adressen weitergeben, müssen Sie die entsprechende Zeile in `dhcpd.conf` ändern. In Zukunft sollen die Clients ja nicht mehr den DNS Ihres Internet-Providers, sondern Ihren eigenen DNS kontaktieren (der dann seinerseits die Verbindung zu externen DNS herstellt, falls die Adresse sich nicht schon im Cache befindet). Tragen Sie in `dhcpd.conf` alle IP-Adressen des Rechners ein, auf dem Sie gerade den DNS installiert haben. (In vielen Fällen wird das derselbe Rechner sein, auf dem auch der DHCP-Server läuft – aber das ist nicht notwendigerweise so.)

```
# in /etc/dhcpd.conf
option domain-name-servers 192.168.0.1;
```

Name-Server automatisch starten: Bei den meisten Distributionen wird `named` bei jedem Rechnerstart automatisch im Rahmen des Init-V-Prozesses gestartet. Bei SuSE ist das allerdings nur dann der Fall, wenn Sie in `/etc/rc.config` die folgende Einstellung vornehmen:

```
# in /etc/rc.config
START_NAMED=yes
```

Wartungsarbeiten: Der Grund, warum `named` fast ohne Konfigurationsaufwand auf Anhieb funktioniert (oder zumindest funktionieren sollte) ist die Datei `/var/named /root.hint`. Diese Datei enthält eine Liste zentraler DNS (sogenannte *root server*), die über die ganze Welt verteilt sind. Es besteht zwar die Möglichkeit, dass einzelne Einträge dieser Datei nach der Installation nicht ganz aktuell sind, aber zumindest ein Teil der Adressen sollte noch stimmen.

Es ist allerdings erforderlich, diese Datei hin und wieder zu aktualiseren. Dazu führen Sie das folgende Kommando aus. Damit wird vom *root server* A die zur Zeit aktuelle Liste `root.hint` angezeigt. (Falls dieser Server gerade nicht erreichbar ist, ersetzen Sie A durch B, C etc.)

```
root#  dig @A.ROOT-SERVERS.NET
; <<>> DiG 8.2 <<>> @A.ROOT-SERVERS.NET
; (1 server found)
;; res options: init recurs defnam dnsrch
;; got answer:
...
E.ROOT-SERVERS.NET.      6D IN A        192.203.230.10
D.ROOT-SERVERS.NET.      6D IN A        128.8.10.90
;; Total query time: 339 msec
```

Wenn das funktioniert, leiten Sie die Ausgabe von `dig` einfach in `/var/named /root.hint` um. (Erstellen Sie zur Sicherheit vorher eine Kopie von `root.hint`.)

```
root#  cd /var/named
root#  cp root.hint root.hint.bak
root#  dig @A.ROOT-SERVERS.NET > root.hint
```

TIPP: Das DNS-HOWTO-Dokument enthält ein `cron`-Script, mit dem Sie diesen Vorgang automatisieren können. Damit wird `root.hint` einmal monatlich aktualisiert.

Konfiguration zur Verwaltung lokaler Rechnernamen

Die DNS-Konfiguration soll nun so erweitert werden, dass auch die Rechner der privaten Domain `sol` verwaltet werden. Die Informationen über die Adressen sind daher nur innerhalb des lokalen Netzes von Interesse und sollen nicht nach außen dringen. (Da die Adressen des lokalen Netzes aus dem für LANs reservierten IP-Adressbereich stammen, würde das zu Konflikten führen.)

HINWEIS: Oft ist die Aufgabe eines DNS gerade umgekehrt: Wenn die Rechner in Ihrem Netz international gültige IP-Adressen haben, dann soll diese Information natürlich auch in der ganzen Welt bekannt sein. Soweit sich nicht Ihr Provider darum kümmert, müssen Sie selbst den DNS entsprechend konfigurieren. In den meisten DNS-Büchern bzw. -Dokumenten wird das als Normalfall beschrieben. Da das Ziel dieses Kapitels aber gerade die Verwaltung kleiner lokaler Netze ist, wird dieser Fall hier nicht beschrieben.

Für das Beispiel in diesem Abschnitt befindet sich `sol` im Adressraum 192.168.0.*. Der DNS läuft auf `jupiter.sol` mit der Adresse 192.168.0.1.

`/etc/named.conf`: Die zentrale Konfigurationsdatei muss um einen Zoneneintrag für `sol` erweitert werden. Dabei handelt es sich um eine sogenannte Master-Zone. (`named` kann also nicht auf externe Quellen zur Auflösung der Namen zurückgreifen, sondern ist selbst für die Auflösung verantwortlich.) `notify no` verhindert, dass `named` Informationen über das lokale Netz an externe DNS weitergibt.

```
# Ergänzung in /etc/named.conf
zone "sol"
             type master;
             notify no;
             file "sol.zone";
     ;
```

/var/named/sol.zone: Die dazugehörende Zonendatei entspricht in den ersten Zeilen einem vorgegebenen Muster. Beachten Sie, dass Sie in der zweiten Zeile `sol.` und `root.sol.` angeben müssen (wobei Sie `sol` natürlich durch den Namen Ihrer eigenen Domain ersetzen müssen). In der `NS`-Zeile geben Sie den Namen des lokalen Name-Servers an (mit einem Punkt am Ende!), in der Zeile darunter dessen IP-Nummer.

Jetzt folgen die eigentlichen Daten, d.h. eine Liste mit den Rechnernamen und deren IP-Nummern. Beachten Sie, dass hier auch `localhost` und der eigentlich schon genannte Name-Server `jupiter` nochmals angeführt werden.

```
; /var/named/sol.zone
$TTL 86400
@          IN   SOA     sol. root.sol. (
                        1       ; Serial
                        8H      ; Refresh 8 hours
                        2H      ; Retry   2 hours
                        1W      ; Expire  1 week
                        1D      ; Minimum 1 day
                        )

           IN   NS      jupiter.sol.

localhost  IN   A       127.0.0.1
jupiter    IN   A       192.168.0.1
uranus     IN   A       192.168.0.2
mars       IN   A       192.168.0.10
venus      IN   A       192.168.0.12
```

DNS testen: Starten Sie `named` neu, und testen Sie die neuen Funktionen – beispielsweise durch `ping` oder mit `nslookup`.

```
root# nslookup venus
Server:  localhost
Address:  127.0.0.1

Name:    venus.sol
Address:  192.168.0.12
```

/etc/named.conf: Bis jetzt funktioniert der DNS noch einseitig. Er kann zwar die IP-Adresse zu `venus` ermitteln, er kann aber nicht umgekehrt den Rechnernamen zu 192.168.0.12 herausfinden. Damit auch das funktioniert, muss `named.conf` nochmals erweitert werden. Beachten Sie, dass die Adressangabe in umgekehrter Reihenfolge erfolgt. Aus 192.168.0.* wird 0.168.192. Die Ergänzung mit `.in-addr.arpa` ist durch die Syntax von `named.conf` vorgeschrieben.

```
zone "0.168.192.in-addr.arpa" {
             type master;
             notify no;
             file "192.168.0.zone";
     };
```

`/var/named/192.168.0.zone`: Die ersten Zeilen der dazugehörenden Zonendatei sehen wie bei `sol.zone` aus. Die nachfolgende Liste ist aber gerade umgekehrt, d.h. es wird die Zuordnung zwischen IP-Adressendungen und Namen hergestellt. (Die Datei bezieht sich auf die Zone 192.168.0.*. Daher muss von der IP-Adresse nur noch die letzte Ziffer angegeben werden.)

```
; /var/named/192.168.0.zone
$TTL 86400
@       IN  SOA    sol. root.sol. (
                   1       ; Serial
                   8H      ; Refresh 8 hours
                   2H      ; Retry   2 hours
                   1W      ; Expire  1 week
                   1D )    ; Minimum 1 day

        IN  NS     jupiter.sol.

1       IN  PTR    jupiter.sol.
2       IN  PTR    uranus.sol.
10      IN  PTR    mars.sol.
12      IN  PTR    venus.sol.
```

DNS testen: Starten Sie `named` neu, und testen Sie, ob auch der Reverse-Lookup funktioniert. Dazu fragen Sie `nslookup` nach den Informationen zu einer IP-Adresse Ihres lokalen Netzes.

```
root# nslookup 192.168.0.10
Server:  localhost
Address:  127.0.0.1

Name:    mars.sol
Address:  192.168.0.10
```

HINWEIS: Wenn Sie einen neuen Rechner in Ihr lokales Netz einfügen, müssen Sie somit drei Dateien verändern: `/etc/dhcpd.conf`, `/var/spool/sol.conv` und `/var/spool/192.168.0.conf`. Die Informationen in allen drei Dateien müssen zusammenpassen!

DNS-Client-Konfiguration

Aus der Sicht des Clients ändert sich durch das Einrichten eines eigenen DNS im lokalen Netz eigentlich nichts (abgesehen davon, dass die Internet-Adressauflösung für Internet-Adressen wegen des lokalen Caches ein wenig schneller funktionieren müsste). Dennoch kann eine kurze Zusammenfassung der korrekten Client-Konfiguration nicht schaden:

Host- und Domainname: Wie bereits im DHCP-Abschnitt sowie auf Seite 427 erwähnt, wird die Client-Einstellung von Host- und Domainname durch DHCP *nicht* verändert. Es ist daher essentiell, dass diese Einstellung am Client korrekt durchgeführt wird und nicht verändert wird. Wenn der Host- und der Domainname am Client nicht mit den Informationen des DNS übereinstimmen, kann die Namensauflösung keine korrekten Ergebnisse liefern!

/etc/hosts: Diese Datei besteht im Regelfall nur noch aus einer einzigen Zeile:

```
# /etc/hosts
127.0.0.1   localhost
```

Alle anderen Informationen über IP-Adressen werden ja vom Name-Server zur Verfügung gestellt.

/etc/resolv.conf: In dieser Datei müssen sich die IP-Adresse des lokalen Name-Servers und die Zeile `search sol` befinden (wobei Sie statt `sol` Ihren Domainnamen angeben müssen).

Wenn Sie DHCP verwenden, wird diese Datei beim Rechnerstart automatisch erstellt. Enthält die Datei falsche Informationen, ist wahrscheinlich die Option `domain-name-servers` in der Konfigurationsdatei `/etc/dhcpd.conf` für den DHCP-Server falsch eingestellt (siehe Seite 572).

```
# /etc/resolv.conf (wird automatisch durch DHCP erzeugt!)
search sol
nameserver 192.168.0.1
```

DNS und DHCP

Es ist Ihnen vielleicht aufgefallen, dass die obige DNS-Konfiguration vollkommen statisch ist. Das ganze Konzept funktioniert nur, wenn die Rechner im Netzwerk immer dieselben IP-Adressen haben. Wie bereits im DHCP-Abschnitt beschrieben, ist dieser Ansatz trotz des Einsatzes eines DHCP-Servers nicht unüblich.

Vielleicht hätten Sie aber dennoch lieber einen wirklich dynamischen DHCP-Server, der IP-Adressen nach Bedarf (und jedes Mal anders) vergibt? Das ist prinzipiell möglich, aber es macht die DNS-Konfiguration deutlich komplizierter. Die

DNS-Konfiguration muss jetzt jedes Mal verändert werden, wenn der DHCP-Server einem Rechner eine IP-Adresse zuweist! Dazu kann beispielsweise das Perl-Script `dhcp2dns` eingesetzt werden, das aus der Leases-Datei von `dhcpd` Update-Informationen für `named` erzeugt. Zukünftige Versionen von `dhcpd` (dieses Buch beschreibt Version 2) sollen diese Art des Updates noch einfacher machen.

VERWEIS

Dynamische DHCP-DNS-Konfigurationsvarianten werden hier allerdings nicht beschrieben. Stattdessen finden Sie hier einige Internet-Adressen, wo Sie weitere Informationen finden:

http://www.isc.org/
http://www.cpl.net/~carville/DHCP-DNS/dhcp-dns.html
http://www.pcquest.com/linux/dhcp.asp
http://www.linuxyes.com/en/scenter/dns_dhcp.html

14.5 FTP- und Telnet-Server

Wahrscheinlich werden Sie sich fragen, was zwei so unterschiedliche Dienste wie FTP (siehe Seite 502) und Telnet (siehe Seite 507) miteinander zu tun haben: Beide Dienste (und noch eine Reihe weiterer) werden bei Bedarf durch den Internet-Dämon `inetd` gestartet. `inetd` wird während des Init-V-Prozesses gestartet.

Red Hat: `/etc/rc.d/init.d/inet`
SuSE: `/sbin/init.d/inetd`

`inetd` wertet zwei Dateien aus:

`/etc/services` stellt die Zuordnung zwischen verschiedenen Internet-Diensten (`ftp`, `telnet` etc.) und deren Protokolltypen und Portnummern her.

```
# /etc/services (auszugsweise)
# name       port/proto   alias   comment
ftp-data     20/tcp               # File Transfer [Default Data]
ftp-data     20/udp               # File Transfer [Default Data]
ftp          21/tcp               # File Transfer [Control]
ssh          22/tcp               # SSH Remote Login Protocol
ssh          22/udp               # SSH Remote Login Protocol
telnet       23/tcp               # Telnet
telnet       23/udp               # Telnet
smtp         25/tcp       mail    # Simple Mail Transfer
smtp         25/udp       mail    # Simple Mail Transfer
...
```

`/etc/inetd.conf` gibt an, welche Programme gestartet werden sollen, wenn ein bestimmter Dienst angefordert wird. In den folgenden Beispielen wird bei einer FTP-Anfrage das Programm `/usr/sbin/tcpd` gestartet. Dieses startet wiederum den FTP-Dämon `in.ftpd`:

```
# /etc/inetd.conf  (auszugsweise)
# name   sock_type proto  flags   user   server_path         args
ftp      stream    tcp    nowait  root   /usr/sbin/tcpd      in.ftpd
telnet   stream    tcp    nowait  root   /usr/sbin/tcpd      in.telnetd
smtp     stream    tcp    nowait  root   /usr/sbin/sendmail  sendmail -bs
...
```

Vielleicht fragen Sie sich, warum `in.ftpd` (oder ein anderer FTP-Dämon) nicht direkt gestartet wird, sondern über den Umweg durch `tcpd`, der manchaml auch als Wrapper-Dämon bezeichnet wird. Der Grund ist einfach: `tcpd` dient dazu, um einerseits alle Netzwerk-Zugriffe einfach protokolliert zu können, und um andererseits eine sehr effektive Zugriffskontrolle durchzuführen. `tcpd` wertet dazu zwei Dateien aus:

/etc/hosts.allow und **/etc/hosts.deny** geben an, wer Zugriff auf welche Dienste hat (siehe auch `man 5 hosts_access`). Wenn beide Dateien leer sind, darf jeder alle Internet-Dienste starten (eine ebenso einfache wie unsichere Konfiguration).

In `/etc/hosts.deny` kann nun angegeben werden, wem der Zugriff verboten wird. Wenn Sie beispielsweise Telnet und FTP generell verbieten möchten, sieht `/etc/hosts.deny` so aus:

```
# /etc/hosts.deny
in.telnetd : all
in.ftpd    : all
```

In `/etc/hosts.allow` können Sie diese Verbote wieder ein wenig auflockern. Beispielsweise wird durch die folgenden Zeilen erreicht, dass Telnet und FTP allen Benutzern innerhalb des lokalen Netzes 192.168.0.* zur Verfügung stehen:

```
# /etc/hosts.allow
in.telnetd : 192.168.0.0/255.255.255.0 *.sol : ALLOW
in.ftpd    : 192.168.0.0/255.255.255.0 : ALLOW
```

Analog können Sie für alle anderen Dienste verfahren.

FTP-Server

Wenn Sie die oben beschriebenen Konfigurationsdateien richtig eingestellt und einen FTP-Server installiert haben (bei Red Hat z.B. das Paket `wu-ftpd`), müsste FTP eigentlich auf Anhieb funktionieren. Führen Sie auf dem Server-Recher `ftp localhost` aus, um zu testen, ob der FTP-Dämon gestartet wird. Wenn das nicht der Fall ist, überprüfen Sie, ob in `inetd.conf` und in den Dateien `hosts.allow` und `hosts.deny` die korrekten Namen angegeben sind. (Es gibt viele verschiedene FTP-Server für Linux. Nicht alle werden unter demselben Namen gestartet.)

Zur Verwendung von FTP muss der Client den Namen und das Passwort eines am Server-Rechner bekannten Nutzers (Datei `/etc/passwd`) angeben. Anschließend kann auf alle Dateien des Home-Verzeichnisses dieses Nutzers zugegriffen werden.

Aus Sicherheitsgründen ist `ftp` nicht für Logins ohne Passwort erlaubt. Außerdem können in der Datei `/etc/ftpusers` Benutzer aufgezählt werden, die `ftp` *nicht* verwenden dürfen. Dort ist aus Sicherheitsgründen zumeist auch `root` genannt, weswegen ein FTP-Login für `root` unmöglich ist. (Sie sollten das nicht ändern!)

Falls Sie Anonymous-FTP erlauben möchten, müssen Sie auf dem Server-Rechner einen Account für den Benutzer `anonymous` anlegen. Anonymous-FTP ist ohne die Angabe eines Passworts möglich.

Telnet-Server

Zur Inbetriebnahme eines Telnet-Servers ist lediglich die Installation eines Telnet-Dämons erforderlich. Bei vielen Distributionen ist das schon per Default der Fall, bei Red Hat muss das Paket `telnet-server` installiert werden. Falls der Telnet-Zugang nicht funktioniert, werfen Sie einen Blick auf die Dateien `inetd.conf`, `hosts.allow` und `hosts.deny`.

Aus Sicherheitsgründen ist Telnet für `root` nicht zugelassen. Wenn Sie via Telnet als `root` arbeiten möchten, müssen Sie sich zuerst anders anmelden und dann `su -l` ausführen.

14.6 NFS-Server

NFS steht für *Network File System* und ermöglicht es, dass ein Rechner seine lokalen Verzeichnisse einem anderen Rechner via Netzwerk zur Verfügung stellen kann. Dieser Abschnitt setzt voraus, dass das bzw. die entsprechenden NFS-Pakete installiert sind (Red Hat: Paket `nfs-utils`, SuSE: Paket `knfsd`).

HINWEIS

Seit dem Kernel 2.2 werden die Basisfunktionen für NFS direkt vom Kernel zur Verfügung gestellt, um so eine höhere Geschwindigkeit zu erzielen. Die meisten gängigen Distributionen verwenden mittlerweile das Kernel-NFS. Dazu sind im Vergleich zu herkömmlichen NFS-Varianten andere Dämonen und Tools erforderlich, die bei manchen Distributionen durch den Anfangsbuchstaben `k` gekennzeichnet sind. Dieser Abschnitt geht davon aus, dass Sie Kernel-NFS verwenden.

NFS ist auf der Basis von *Remote Procedure Calls* (RPCs) realisiert. Insgesamt ist ein ganzes Bündel von Programmen erforderlich, damit NFS funktioniert:

- `[k]nfsd` oder `rpc.[k]nfsd` ist der eigentliche NFS-Dämon.
- `portmap` oder `rpc.portmap` kümmern sich um die dynamische Zuordnung von UDP-Port-Nummern an die Clients.
- `rpc.[k]mountd` verarbeitet die `mount`-Anforderungen der Clients.
- `rpc.[k]statd` und `rpc.[k]lockd` kümmern sich um das Locking.

Optional können einige weitere Dämonen laufen:

- `rpc.rquotad` kümmert sich darum, dass auch für NFS-Verzeichnisse die File-Quotas eingehalten werden (d.h., dass kein Anwender mehr Daten beansprucht, als ihm zustehen). Das ist natürlich nur sinnvoll, wenn ein Quota-System aktiv ist.
- `rpc.rstad` verwaltet statistische Informationen über die Geschwindigkeit der NFS-Funktionen. (Das ist praktisch zur Performance-Optimierung.)
- `rpc.rusersd` verwaltet eine Liste über die zur Zeit aktiven NFS-Clients. (Die Liste kann mit `rusers` angesehen werden.)

Normalerweise brauchen Sie sich über diese Programme nicht allzu viele Gedanken zu machen – sobald NFS installiert und aktiviert ist, werden die erforderlichen Dämonen automatisch während des Init-V-Prozesses gestartet. Die einzige Voraussetzung (außer der Installation der Pakete) ist die Aktivierung von NFS.

Red Hat: Seit Version 6.2 wird NFS nicht mehr automatisch gestartet. In `/etc/rc.d/rcn.d` fehlen die erforderlichen Links auf `/etc/rc.d/init.d/nfs`. Diese Links können am einfachsten mit dem folgenden Kommando erstellt werden:

```
root#  chkconfig --level 35 nfs on
```

Die für NFS erforderlichen Dämonen werden in den folgenden Init-V-Script-Dateien gestartet:

`/etc/rc.d/init.d/portmap` (startet `portmap`)
`/etc/rc.d/init.d/nfs` (startet NFS-Dämonen)
`/etc/rc.d/init.d/nfslock` (startet NFS-Locking-Dämonen)

SuSE: Bei SuSE ist die folgende Einstellung in `rc.config` erforderlich. (Daneben existieren noch einige weitere Variablen für Zusatzfunktionen – suchen Sie nach NFS, RPC etc.)

```
# /etc/rc.config          NFS bei SuSE aktivieren
NFS_SERVER="yes"
START_PORTMAP="yes"
USE_KERNEL_NFSD="yes"
```

Die folgenden Script-Dateien sind für den Start der NFS-Dämonen verantwortlich:

`/sbin/init.d/rpc` (startet `portmap`)
`/sbin/init.d/rstatd` (startet `rpc.rstatd`)
`/sbin/init.d/nfsserver` (startet NFS-Dämonen)
`/sbin/init.d/pcnfsd` (startet den PC-NFS-Dämon)

HINWEIS: `pcnfsd` ist eine Variante zum normalen NFS-Server, die kompatibel zu ONC-Clients ist *Open Network Computing*, die manchmal auf PCs unter DOS, OS/2 etc. eingesetzt werden. Im Regelfall ist es vernünftiger, stattdessen Samba zu verwenden.

NFS-Status: Ob die Dämonen für den Betrieb des Rechners als NFS-Server laufen, stellen Sie am einfachsten mit den Kommandos `ps` und `rpcinfo` fest. Die folgenden Ergebnisse wurden unter SuSE 6.4 erzielt. Bei anderen Distributionen sehen die Ergebnisse eventuell ein wenig anders aus.

```
root#  ps -ax | grep nfs
  170 ?        S      0:00 /usr/sbin/rpc.kmountd --no-nfs-version 3
  173 ?        SW     0:00 [nfsd]
  174 ?        SW     0:00 [nfsd]
  175 ?        SW     0:00 [nfsd]
  176 ?        SW     0:00 [nfsd]
root#  ps -ax | grep rpc
  162 ?        SW     0:00 [rpciod]
  166 ?        S      0:00 /usr/sbin/rpc.kstatd
  170 ?        S      0:00 /usr/sbin/rpc.kmountd --no-nfs-version 3
root#  rpcinfo -p
   program vers proto   port
    100000    2   tcp    111  portmapper
    100000    2   udp    111  portmapper
    100021    1   udp   1024  nlockmgr
    100021    3   udp   1024  nlockmgr
    100021    1   tcp   1024  nlockmgr
    100021    3   tcp   1024  nlockmgr
    100005    1   udp    770  mountd
    100005    1   tcp    772  mountd
    100005    2   udp    775  mountd
    100005    2   tcp    777  mountd
    100024    1   udp    767  status
    100024    1   tcp    769  status
    100003    2   udp   2049  nfs
```

`/etc/exports`: Die zentrale Konfigurationsdatei für NFS ist `/etc/exports`. Diese Datei steuert, welcher Rechner auf welche Verzeichnisse wie (read-only oder read-write) zugreifen darf. Die Rechner können wahlweise durch IP-Nummern oder durch Namen angegeben werden. IP-Adressen können maskiert werden (z.B. mit 192.168.0.0/255.255.255.0). IP-Adressen und Rechnernamen dürfen außerdem das Jokerzeichen * enthalten (z.B. `*.sol`).

Die folgende Beispieldatei gibt an, dass alle Clients mit IP-Nummern in Netz 192.168.0.* oder mit Namen `*.sol` auf das Verzeichnis `/usr/local` zugreifen (dieses aber nicht verändern) dürfen. Der Rechner `saturn.dol` hat Lese- und Schreibzugriff auf das Verzeichnis `/usr/share`.

```
# /etc/exports
/usr/local    192.168.0.*(ro) *.sol(ro)
/usr/share    saturn.sol(rw)
```

Damit eine Veränderung von `/etc/exports` wirksam wird, muss das Kommando `[k]exportfs -a` ausgeführt werden:

```
root# exportfs -a
```

HINWEIS

Beachten Sie bitte, dass IP-Adressen in `/etc/exports` nur dann Gültigkeit haben, wenn die dazugehörenden Rechnernamen *nicht* bekannt sind.

Nehmen Sie an, Sie lassen in `/etc/exports` den Zugriff für alle Rechner aus dem Adressraum 192.168.0.* zu. Gleichzeitig ist die IP-Adresse 192.168.0.55 des Rechners `jupiter.sol` dem Server bekannt (entweder durch einen Name-Server oder durch `/etc/hosts`). Die Regel 192.168.0.* gilt dann *nicht* für `jupiter`, weil dessen Name bekannt ist. `jupiter` darf nur dann auf Daten zugreifen, wenn sein Name in `/etc/exports` erscheint.

Fazit: Rechner, die dem Server namentlich bekannt sind, müssen auch in `/etc/exports` namentlich angeführt werden. (Dabei sind Jokerzeichen erlaubt, etwa `*.sol`, um allen Rechnern der `sol`-Domain den Zugriff zu gewähren.)

CD-ROM als NFS-Verzeichnis anbieten: Eigentlich ist es ja naheliegend, den Inhalt einer CD-ROM via NFS auch solchen Rechnern anzubieten, die kein CD-ROM-Laufwerk besitzen (etwa einem Notebook). Leider gibt es dabei häufig Probleme: Obwohl der Client das Verzeichnis durch `umount` wieder freigibt, bleibt die CD auf dem Server blockiert. Die CD kann also nicht durch `umount` aus dem Dateisystem des Servers entfernt und dann aus dem Laufwerk entnommen werden.

In Newsgroup-Beiträgen wird als Lösungsvorschlag öfters `exportfs -u /mnt/cdrom` vorgeschlagen (wobei Sie `/mnt/cdrom` durch das Verzeichnis ersetzen müssen, an dem das CD-ROM-Laufwerk im lokalen Dateisystem eingebunden ist). Leider führt das weder unter Red Hat 6.2 noch unter SuSE 6.4 zum gewünschten Erfolg.

Unter SuSE können Sie sich stattdessen mit dem folgenden Kommando behelfen:

```
root# /sbin/init.d/nfsserver restart
```

Unter Red Hat hilft aber nicht einmal ein Neustart des gesamten Netzwerks (`init 1`, dann `init 3` oder `init 5` (mit X))! Bleibt nur ein Shutdown, was eigentlich auch nicht das ist, was man sich von Linux erwartet, nur um eine CD zu wechseln. (Welche Verzeichnisse durch NFS blockiert werden, sehen Sie übrigens in `/proc/fs/nfs/exports` – aber dieses Wissen hilft Ihnen auch nicht weiter.)

14.7 Netzwerkdrucker einrichten

Prinzipiell ist es unter Linux sehr einfach, einen lokalen Drucker auch anderen Linux-Rechnern im lokalen Netz zur Verfügung zu stellen. (Wenn Sie einen lokalen Drucker so einrichten möchten, dass auch Windows-Clients darauf zugreifen können, finden Sie auf Seite 611 die entsprechenden Informationen.)

Der erste Schritt besteht darin, den Drucker ganz normal für die lokale Verwendung zu konfigurieren (siehe Seite 229). Achten Sie darauf, dass der Eintrag in `/etc/printcap` das Schlüsselwort `rs` nicht enthalten darf. (Wenn `rs` enthalten ist, dürfen nur solche Anwender drucken, die einen lokalen Account auf dem Rechner haben.)

Anschließend tragen Sie in `/etc/hosts.lpd` die Namen aller Rechner ein, die den lokalen Drucker verwenden dürfen. Der Aufbau dieser Datei ist denkbar einfach – in jeder Zeile wird der Name eines Rechners angegeben. Beachten Sie bitte, dass die angegebenen Rechnernamen dem Server bekannt sein müssen. Der Server muss also entweder über einen DNS-Server oder via `/etc/hosts` in der Lage sein, eine Zuordnung zwischen den IP-Adressen und den Namen der Clients durchzuführen.

```
# /etc/hosts.lpd
mars
jupiter
saturn
```

Prinzipiell können Sie in `/etc/hosts.lpd` auch IP-Nummern angeben – das ändert aber nichts daran, dass `lpd` nur dann funktioniert, wenn eine Auflösung der IP-Nummer des Clients in dessen richtigen Rechnernamen gelingt.

Damit Veränderungen in `/etc/hosts.lpd` bzw. `/etc/hosts` wirksam werden, müssen Sie `lpd` neu starten. Die erforderlichen Kommandos für Red Hat und SuSE sehen so aus:

```
root#  /etc/rc.d/init.d/lpd restart
root#  /sbin/init.d/lpd restart
```

Filterprobleme

Wenn der an den Server angeschlossene Drucker ein PostScript-Drucker ist, kann es keine Mißverständnisse geben: Der Client versendet die zu druckenden Daten im PostScript-Format (keine Filterung), und der Server leitet die Daten unverändert an den Client weiter (ebenfalls keine Filterung).

Handelt es sich bei dem Drucker allerdings nicht um einen PostScript-Drucker, müssen die PostScript-Daten in das Format des Druckers umgewandelt werden (siehe Seite 233). Dafür gibt es eine Matrix mit vier Möglichkeiten: Filterung beim Client ja/nein, Filterung beim Server ja/nein. Ein Ausdruck wird nur gelingen, wenn die Daten exakt einmal einen Filter durchlaufen!

Jetzt bleibt noch die Frage, was vernünftiger ist: die Filterung beim Client oder beim Server? Der übliche Weg besteht darin, die Filterung beim Client durchzuführen. Das ist insofern vernünftig, als damit der (oft erhebliche) Rechenaufwand zur Umwandlung der PostScript-Daten in das Format des Druckers an die Clients delegiert wird. Der entscheidende Nachteil besteht aber darin, dass PostScript-Daten im Regelfall deutlich kompakter sind als Druckerdaten. Wenn die Filterung also schon beim Client durchgeführt wird, müssen anschließend oft riesige Datenmengen durch das lokale Netzwerk bewegt werden.

- **Filterung auf dem Client:** In diesem Fall müssen Sie den Drucker auf dem Server ohne Filter konfigurieren. Falls Sie dazu YaST oder YaST2 verwenden, wird das automatisch erledigt. Diese Programme richten nämlich automatisch für jeden Drucker gleich drei Drucker-Warteschlangen ein. Eine davon hat den Namen `raw` oder `printer`*n*`-raw`. Das ist der Druckername, den die Clients verwenden müssen. (Sie können in `/etc/printcap` auch einen plausibler klingenden Alias-Namen einfügen.)

  Bei den meisten anderen Distributionen (Red Hat, Mandrake, Corel etc.) wird dagegen pro Drucker nur eine Warteschlange eingerichtet. Wenn Sie den Drucker für den lokalen Betrieb mit Filter konfiguriert haben, müssen Sie den Drucker daher ein zweites Mal unter einem anderen Namen ohne Filter einrichten bzw. als Druckermodell PostScript angeben!

- **Filterung auf dem Server:** Wenn die Filterung auf dem Server stattfinden soll, müssen Sie Ihre Anwender darauf hinweisen, dass sie bei einer Drucker-Konfiguration am Client keine Filterung verwenden bzw. den Netzwerkdrucker als PostScript-Drucker konfigurieren sollen (obwohl der Drucker gar kein PostScript-Drucker ist – aber für den Client sieht es eben so aus).

Für welche Variante Sie sich entscheiden, hängt letztlich natürlich auch von der Art der Daten ab, die üblicherweise gedruckt werden. Wichtig ist aber, dass Sie sich im Klaren darüber sind, wo die Filterung durchgeführt werden soll. (Bei SuSE bis einschließlich Version 6.4 wird Ihnen die Entscheidung insofern abgenommen, als weder in YaST noch in YaST2 die Client-Konfiguration für einen Netzwerkdrucker mit Filterung vorgesehen ist. Die Filterung muss auf dem Server erfolgen.)

TIPP: Weitere Informationen zur Client-Konfiguration von Netzwerkdruckern finden Sie auf Seite 434.

14.8 Samba

Samba ist ein Paket von Programmen, das bei der Integration von Windows- und Unix-/Linux-Rechnern hilft. Der Name Samba ist von der Abkürzung SMB abgeleitet, die wiederum für das Protokoll *Server Message Block* steht. SMB wird in der Windows-Welt dazu eingesetzt, dass Rechner im Netzwerk gegenseitig auf Ihre Daten zugreifen können, sich einen gemeinsamen Drucker teilen können etc.

Sehr oft wird in Windows-Netzwerken ein Windows-NT- oder Windows-2000-Server eingesetzt, der diese Funktionen zentral für alle Windows-Clients zur Verfügung stellt. Mit Samba können Sie das unter Linux auch. Das ist auf jeden Fall billiger. Über Stabilität und Geschwindigkeit gibt es geteilte Meinungen (je nachdem, ob Sie mit Microsoft- oder Linux-Anhängern sprechen). Sicher ist, dass Samba Windows NT in fast allen Anwendungsfällen ersetzen kann und dass es in den meisten Anwendungsfällen effizienter und stabiler läuft. (Sie müssen aber selbstverständlich nicht gleich ein ganzes Windows-Netzwerk umstellen, damit Sie Samba einsetzen können. Dank Samba kann sich ein Linux-Rechner weitgehend nahtlos in ein Windows-Netz einfügen, dabei einerseits Daten und Drucker von Windows-Rechnern nutzen und andererseits selbst Daten oder einen lokalen Drucker zur Verfügung stellen.)

VERWEIS

Dieser Abschnitt beschreibt Samba aus Server-Sicht. Einzelne Samba-Kommandos können aber auch für Client-Funktionen verwendet werden – etwa um Windows-Verzeichnisse auf Linux-Rechnern zu bearbeiten oder um Windows-Drucker unter Linux zu nutzen. Diese Samba-Funktionen werden auf Seite 431 bzw. 435 beschrieben.

Eine Menge weiterer Informationen finden Sie im SMB-HOWTO sowie auf der offiziellen Samba-Seite im Internet:

`http://www.samba.org/`

Grundlagen/Glossar

Eine Voraussetzung für die Konfiguration eines Samba-Servers ist, dass Sie eine Vorstellung davon haben, wie Windows-Netze funktionieren. Dieses Wissen kann hier nur andeutungsweise vermittelt werden. Dieser Abschnitt hat einzig das Ziel, anschließend die Samba-Funktionen klar beschreiben zu können und dabei auf das Windows-Vokabular zurückgreifen zu können. Besorgen Sie sich gegebenenfalls ein gutes Buch über Windows-Netzwerkkonfiguration. Wenn Sie sich mehr für die technischen Aspekte interessieren (also für Protokolle, Locking-Mechanismen und ähnliches), ist das Buch *Using Samba* ein idealer Startpunkt (siehe Literaturverzeichnis).

Protokolle und Services

NetBIOS: Diese Abkürzung steht eigentlich für das von IBM entwickelte *Network Basic Input/Output System*. Mittlerweile bezieht sich NetBIOS allerdings auf ein mehrfach renoviertes Protokoll.

NetBIOS sollte nicht mit NetBEUI verwechselt werden. NetBEUI ist ein Protokoll in der Art wie TCP/IP. Es wurde früher häufig unter Windows eingesetzt, verliert aber immer mehr zu Gunsten von TCP/IP an Bedeutung. NetBIOS kann wahlweise auf der Basis von NetBEUI als auch auf der Basis von TCP/IP verwendet werden (NetBIOS over TCP/IP, kurz **NBT**). Wenn Sie Windows-Clients mit Samba vernetzen, müssen Sie TCP/IP als Basisprotokoll verwenden.

NBNS: NetBIOS sieht unter anderem Verfahren zum Austausch der Rechnernamen vor (Name-Service). Die Verwaltung der Namen kann wahlweise zentral durch einen NetBIOS-Name-Server (NBNS) oder dezentral erfolgen. In diesem Fall sendet jeder Client beim Rechnerstart eine Meldung an alle anderen Clients im Netzwerk und teilt ihnen mit, unter welchem Namen er präsent ist.

Datagrams/sessions: Außerdem stellt NetBIOS zwei Kommunikationsmechanismen zur Verfügung: den *Session-Service* und den *Datagram-Service*. Beide dienen zum Datenaustausch zwischen Rechnern. Im ersten Fall wird eine feste Verbindung zwischen zwei Rechnern hergestellt. Im zweiten Fall ist die Verbindung dagegen lose, es gibt keine Überprüfung, ob die Daten ordnungsgemäß ankommen. Der *Datagram-Service* hat dafür den Vorteil, dass Daten an mehrere Rechner gleichzeitig versendet werden können.

WINS: Unter Windows wird der NBNS durch den Windows Internet Name Service (WINS) realisiert. WINS ist also das Gegenstück zu DNS unter Linux/Unix. WINS-Server können nur mit Windows NT/2000 eingerichtet werden (oder natürlich mit Samba, nicht aber mit Windows 9x). Samba kann dabei optional auf einen schon vorhandenen DNS zurückgreifen.

Anders als unter Unix funktioniert unter Windows die Namensauflösung aber auch ohne einen expliziten Name-Server. Allerdings müssen dazu *Datagram*-Pakete an alle Rechner des Netzwerks gesendet werden, weswegen das Verfahren in großen Windows-Netzen zunehmend ineffizient wird.

HINWEIS

Die Rechner-Namen für NetBIOS und für TCP/IP sind voneinander unabhängig. Theoretisch ist es also möglich, dass ein Rechner je nach Protokoll unter verschiedenen Namen konfiguriert ist. In der Praxis wird man diesen Fall natürlich vermeiden. Unterschiedliche Namen stiften nicht nur Verwirrung, sondern machen auch die Nutzung mancher Funktionen unmöglich.

Browsing: Woher weiß ein Windows-Client, welche anderen Rechner sich im Netz befinden? Die Antwort lautet: durch Browsing. Mit diesem Begriff wird die Verwaltung der im Netz befindlichen Rechner bezeichnet. Damit sich nicht jeder Rechner selbst darum kümmern muss, übernimmt ein sogenannter *Master-Browser* diese Verwaltungsaufgabe. In größeren Netzen wird er von einem oder mehreren *Backup-Browser* unterstützt. Samba ist bei Bedarf ebenfalls in der Lage, als *Browser* aufzutreten.

Wer die Rolle als *Browser* übernimmt, ist nicht fest vorgeschrieben, sondern wird unter den im Netz befindlichen Rechnern dynamisch ausgehandelt – je nachdem, welche Rechner sich gerade im Netz befinden und welcher dieser Rechner am besten dazu geeignet ist (im Regelfall der Rechner mit der neuesten Betriebssystemversion; NT wird gegenüber 9x bevorzugt etc.). Dabei muss es sich keineswegs automatisch um den WINS-Server handeln, sofern es im Netz überhaupt einen gibt. Der Browsing-Ansatz wird also sehr dezentral gehandhabt.

Leider gelingt es nicht immer, die Browsing-Liste mit dem tatsächlichen Zustand des Netzwerks synchron zu halten. Das liegt auch daran, dass die Clients einen Cache mit dem zuletzt gültigen Zustand verwalten, um die Netzbelastung zu minimieren. Die Aktualisierung dieses Caches (F5 im Windows Explorer) gelingt nicht immer bzw. erst nach geraumer Zeit. Wenn Sie im Windows Explorer also einen Rechner nicht finden, obwohl Sie wissen, dass dieser Rechner läuft, wissen Sie jetzt, dass es ein Browsing-Problem ist!

Zugriffsrechte und Sicherheitssysteme

Windows war ursprünglich weder als Multi-User- noch als Netzwerk-System konzipiert. Das hat sich mittlerweile zwar vollkommen geändert; die Ursprünge von Windows sind aber noch gut zu erkennen, wenn es darum geht, wer auf welche Daten eines anderen Benutzers zugreifen darf und wie diese Zugriffsrechte geregelt werden. Aus Unix-Sicht wirkt das Konzept einigermaßen verwirrend.

Shares: Dieser Begriff bezeichnet gleichermaßen Verzeichnisse oder Drucker, die via NetBIOS anderen Rechnern zur Verfügung gestellt werden. (Die deutsche Übersetzung lautet wenig elegant 'Freigaben', dieses Buch bleibt aber beim englischen Begriff oder spricht von Verzeichnissen.)

Share-Level-Sicherheit: Bei der einfachsten Form der Zugriffssteuerung bekommt jedes Verzeichnis und jeder Drucker ein eigenes Passwort. (Sie können die Objekte auch ganz freigeben. Dann brauchen Sie kein Passwort, es gibt dann aber natürlich auch keinerlei Zugriffskontrolle.) Alle Rechner mit Windows ab Version 3.11 (Windows for Workgroups) unterstützen die Share-Level-Sicherheit.

Die Idee ist so einfach, dass sie immer noch sehr gebräuchlich und in sehr kleinen Netzen durchaus praktikabel ist. Zudem funktioniert sie ohne das User-Konzept. (Bis Windows 95 war die Anmeldung mit unterschiedlichen Benutzernamen auf einem Rechner ja gar nicht vorgesehen. Selbst in Windows 9x ist dieses Merkmal oft nicht aktiviert – siehe Systemsteuerung, Benutzerverwaltung.)

Dieses Verfahren hat folgenden Nachteil: Wenn auf zehn Rechnern jeweils nur drei Objekte freigegeben werden, sind 30 Passwörter erforderlich. In größeren Rechnern führt das naturgemäß zu vollkommen chaotischen Zuständen. Beinahe auf jedem

Monitor kleben Post-It-Zettel mit Passwörtern, weil sich kein Mensch merken kann, was mit welchem Passwort abgesichert ist.

Arbeitsgruppen (Workgroups): Der gegenseitige Zugriff auf Shares funktioniert nur, wenn die Rechner derselben Arbeitsgruppe angehören. Auf den ersten Blick sieht ein Arbeitsgruppenname wie ein Domainname unter Unix/Linux aus. Dieser Eindruck täuscht insofern, als der Arbeitsgruppenname weder mit TCP/IP-Adressen in Zusammenhang steht und noch Hierarchien erlaubt.

Außerdem gibt es keine zentrale Administration. Indem sich der Rechner als zur Arbeitsgruppe G zugehörig deklariert, gehört er dieser Gruppe auch schon an. Share-Level-Sicherheit funktioniert also nach einem dezentralen Peer-to-Peer-Verfahren (im Gegensatz zu den zunehmend zentralistischeren Client/Server-Verfahren für User-Level- und Domain-Level).

User-Level-Sicherheit: Die User-Level-Sicherheit setzt auf Client-Seite voraus, dass sich der Anwender mit Name und Passwort anmeldet. Wenn der Anwender nun irgendwelche Daten vom Server nutzen möchte, gelten sein aktueller Name und sein Passwort als Zugangsberechtigung. (Neben der korrekten Authentifizierung ist es auch bei User-Level-Sicherheit erforderlich, dass Client und Server zur selben Arbeitsgruppe gehören.)

Einem Verzeichnis auf dem Server ist also nicht einfach ein Passwort zugeordnet, sondern einem Benutzer (oder einer Liste namentlich aufgezählter Benutzer oder allen Benutzern einer Gruppe). Dazu ist auf Server-Seite eine eigene Datenbank mit den Benutzernamen, der Gruppenzugehörigkeit und Passwörtern erforderlich.

Dazu noch ein Beispiel: Anwender X arbeitet auf Rechner A. Damit X Daten vom Server S abrufen kann, muss X sowohl auf A als auch auf S als Benutzer registriert sein (jeweils mit dem gleichen Namen und Passwort). Nun geht Rechner A kaputt. X weicht auf Rechner B aus. Damit er auf seine Daten auf S zugreifen kann, muss auch auf B der Benutzer X (wieder mit Passwort) geschaffen werden.

Wenn sich X entschließt, sein Passwort zu ändern, muss diese Änderung auf dem Server S und in der Folge auf jedem Client (A, B, ...) durchgeführt werden. Die dezentrale Passwortverwaltung und Authentifizierung ist also ein immanentes Problem bei diesem Konzept. (Dieses Problem führt dazu, dass Passwörter nur dann geändert werden, wenn dies vom Server-Administrator erzwungen wird.)

Noch eine letzte Anmerkung: Die Clients A, B etc. greifen zwar im User-Level-Verfahren auf Server-Daten zu, sie können aber untereinander weiterhin das Share-Level-Verfahren verwenden. Es ist also möglich, auf Client A ein Verzeichnis freizugeben (wieder mit einem objektspezifischen Passwort). Dieses Verzeichnis kann von Client B genutzt werden (egal wer sich dort eingeloggt hat), sofern das Passwort bekannt ist.

User-Level-Sicherheit setzt auf der Client-Seite Windows 9x voraus, als Server zumindest Windows NT 3.5 (üblicherweise aber Windows NT 4 Server oder Windows 2000 Server).

Domain-Level-Sicherheit: Mit Windows NT 4 hat Microsoft das Konzept der Domänen in seine Netzwerkwelt eingeführt. Das Konzept der Zugriffsverwaltung bleibt das gleiche (Zugriffsrechte je nach Benutzername), und auch sonst ist das Prinzip einer Domain mit dem einer Arbeitsgruppe (Workgroup) verwandt. Die Unterschiede betreffen die Art und Weise, wie die Benutzerdatenbank verwaltet wird und wie die Authentifizierung erfolgt:

- Die Clients können beim Login auf die zentral vom Server verwaltete Benutzerdatenbank zurückgreifen. Anstatt die Benutzerdaten auf jedem Rechner getrennt zu verwalten (mit allen Synchronisierungsproblemen), gibt es jetzt eine zentrale Benutzerdatenbank. (Client-Konfiguration: Systemsteuerung, Netzwerk, Konfiguration, Client-Eigenschaften, an Windows-NT-Domäne anmelden.)
- Auch die Clients können jetzt Verzeichnisse für bestimmte Anwender freigeben. Damit kann das Konzept der User-Level-Sicherheit auch auf die Verwaltung von Client-Ressourcen ausgeweitet werden. (Client-Konfiguration: Systemsteuerung, Netzwerk, Zugriffssteuerung, Zugriffssteuerung auf Benutzerebene.)
- Die Zugriffsrechte werden durch eine Art Login-Token verwaltet. Der Client erhält beim Login eine Zugriffsinformation, die bis zum Logout im gesamten Netzwerk gilt. Dieser Unterschied ist für den Anwender zwar nicht sichtbar, stellt aber einen fundamentalen Unterschied bei der internen Verwaltung dar und ist (für den Server) deutlich effizienter zu handhaben.

Nicht alle obigen Punkte müssen für alle Clients in einer Domain gelten – aber sie sind möglich und sinnvoll. Als Client-Betriebssystem kommt Windows 9x oder (besser!) Windows NT Workstation oder 2000 Professional in Frage. Als Server muss Windows NT 4 oder 2000 Server eingesetzt werden. Dabei muss einer dieser Server als *Primary Domain Controller* (PDC) konfiguriert sein. In größeren Netzen können dem PDC einige *Backup Domain Controller* (BDC) zur Seite gestellt werden, damit nicht das gesamte System still steht, nur weil der PDC gerade abgestürzt ist.

Samba: Nach diesem Ausflug in die Welt der bunten Fenster zurück zu Linux! Samba unterstützt alle drei oben aufgezählten Sicherheitsverfahren, allerdings unterschiedlich gut: Am besten kann Samba als Server auf der Basis von User-Level-Sicherheit eingesetzt werden. Das ist zur Zeit sicherlich die populärste Form der Samba-Nutzung. Als User-Level-Server stellt Samba einen vollständigen Ersatz für Windows NT dar.

Share-Level-Sicherheit kann ebenfalls nachgebildet werden, allerdings ist das aus Sicht des Samba-Administrators wenig intuitiv. (Das Problem besteht darin, dass Samba darauf besteht, Verzeichnisse oder Drucker einem Benutzer zuzuordnen. Genau das ist bei der Share-Level-Sicherheit aber gar nicht vorgesehen. Details folgen ab Seite 608.)

Die Unterstützung von Samba 2.0 für Domain-Level-Sicherheit ist noch nicht vollendet, d.h. nicht alle Funktionen, die Windows NT Server bietet, stehen unter Samba bereits zur Verfügung. (An der Vollendung der noch fehlenden Funktionen wird gearbeitet.)

- Samba kann als Datei- und Drucker-Server in einer Domain arbeiten und dabei die Authentifizierung an einen anderen Rechner delegieren (einen NT/2000-PDC, oder auch einen Samba-PDC).
- Samba kann selbst als PDC konfiguriert werden. Der wesentliche Nachteil gegenüber einem NT/2000-PDC besteht darin, dass die von Windows vorgesehenen client-seitigen Administrationswerkzeuge nur teilweise funktionieren und dass als Clients nur Windows-9x-Rechner in Frage kommen (nicht aber NT Workstation oder 2000 Professional).
- Samba kann zur Zeit nicht als BDC eingesetzt werden, unabhängig davon, ob der PDC nun mit Samba oder mit NT/2000 realisiert wurde.

TIPP: Dieser Abschnitt beschreibt nur den Einsatz von Samba in Share-Level- oder User-Level-Systemen. Wenn Sie Samba in einem Domain-Level-System einsetzen möchten, benötigen Sie Spezialliteratur. Sehr hilfreich ist auch die Samba-NT-Domain-FAQ (`www.samba.org`).

Inbetriebnahme und Administration

Die Samba-Server-Funktionen werden von den beiden Dämonen `smbd` und `nmbd` zur Verfügung gestellt.

- `nmbd` dient zur internen Verwaltung und als Name-Server. Der Dämon kümmert sich auch um die Browsing-Funktionen. `nbmd` kann bei Bedarf als *Master-Browser* und/oder als WINS-Server fungieren.
- `smbd` stellt die Schnittstelle für die Clients dar und stellt diesen den Zugang zu Verzeichnissen, Druckern und der aktuellen Browsing-Liste zur Verfügung.

Konfiguration

Als zentrale Konfigurationsdatei für Samba dient `/etc/smb.conf`. Eine minimale Version für erste Tests könnte so aussehen:

```
; /etc/smb.conf
[global]
   workgroup = SOL
   security = SHARE
[public]
   path = /data/public
   guest ok = yes
   guest only = yes
```

Damit bietet Samba der Arbeitsgruppe `SOL` das Verzeichnis `public` an. Dieses Verzeichnis enthält die Daten des Verzeichnisses `/data/public` des lokalen Rechners. (Dieses Verzeichnis muss natürlich existieren, und es sollte zu Testzwecken auch ein paar Dateien enthalten!)

Sowohl der Zugriff auf den Samba-Server an sich (`security = Share`) als auch auf das `public`-Verzeichnis (`guest ok = yes`, `guest only = yes`) ist ohne Passwort möglich. Die Daten dürfen aber nicht verändert werden. (Es gilt per Default `read only = yes`.)

Erster Start

`nmbd` und `smbd` werden nach der Installation des Samba-Pakets bei jedem Rechnerstart im Rahmen des Init-V-Prozesses gestartet. Nach der Erstinstallation müssen Sie Samba selbst starten.

Red Hat: Beachten Sie, dass Samba bei Red Hat auf drei Pakete aufgeteilt ist: `samba` mit den Server-Funktionen, `samba-client` mit den Client-Funktionen und `samba-common` mit einigen Dateien, die sowohl für die Client- als auch für die Server-Funktionen benötigt werden. Die Pakete sind an unterschiedlichen Orten in der schwer durchschaubaren Red-Hat-Pakethierarchie untergebracht, nämlich in System Environment/Daemons und in Applications/System.

```
root#  /etc/rc.d/init.d/smb start
```

Damit Samba bei Red Hat im Rahmen des Init-V-Prozesses in Zukunft automatisch gestartet wird, müssen Sie die entsprechenden Links in `/etc/rc.d/rc`*n*`.d` einrichten:

```
root#  chkconfig --level 35 smb on
```

SuSE: Bei SuSE müssen Sie in `/etc/rc.d` die Variable `START_SMB` auf `yes` stellen.

```
root#  /sbin/init.d/smb start
```

Test: Als erste Kontrolle, ob alles funktioniert, führen Sie auf dem Server das Kommando `smbclient localhost` aus. Sie brauchen kein Passwort anzugeben (drücken Sie einfach ⏎).

```
root#  smbclient -L localhost
added interface ip=192.168.0.2 bcast=192.168.0.255
  nmask=255.255.255.0
Password:  <Return>
```

```
Domain=[SOL] OS=[Unix] Server=[Samba 2.0.6]

        Sharename      Type      Comment
        ---------      ----      -------
        public         Disk
        IPC$           IPC       IPC Service (Samba 2.0.6)

        Server              Comment
        ---------           -------
        URANUS              Samba 2.0.6

        Workgroup           Master
        ---------           -------
        SOL                 URANUS
```

Wenn das funktioniert, sollten Sie überprüfen, ob der Rechner `uranus` und das Verzeichnis `public` auch für Windows-Clients sichtbar sind. Auch dabei sollte kein Passwort erforderlich sein (weil dieser erste Test mit minimalen Sicherheitseinstellungen durchgeführt wird (`security = SHARE` und `guest ok = yes`)).

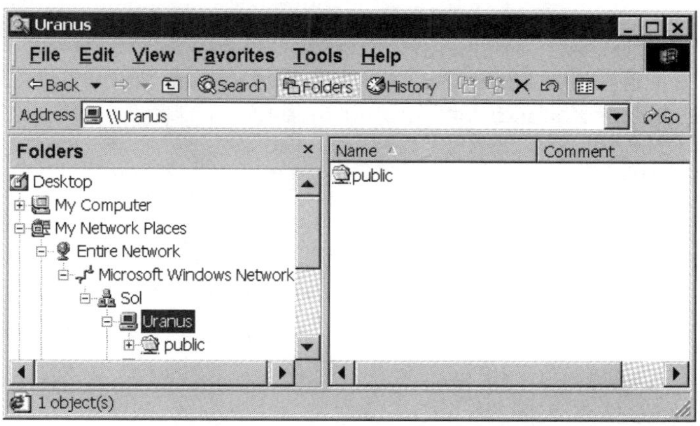

Abbildung 14.3: Der Samba-Server Uranus aus der Sicht des Windows Explorers

Administration

HINWEIS Samba muss nach jeder Veränderung der Konfigurationsdateien neu gestartet werden! Führen Sie dazu das entsprechende Init-V-Kommando mit `restart` aus. (Immerhin müssen Sie dazu nicht den Rechner neu starten, wie dies unter Windows üblich ist.)

Syntaxkontrolle für smb.conf: Wenn Sie größere Änderungen an `smb.conf` durchführen, sollten Sie die Datei zuerst auf syntaktische Fehler überprüfen, bevor

Sie Samba neu starten. Dazu gibt es das Kommando `testparm`, das nicht nur eine Syntaxkontrolle ausführt, sondern anschließend auch eine (schier endlose) Liste mit den Defaulteinstellungen aller Optionen angibt, die in `smb.conf` nicht explizit angeführt sind.

```
root#  testparm
Load smb config files from /etc/smb.conf
Processing section "[public]"
Processing section "[readwrite]"
Loaded services file OK.
WARNING: You have some share names that are longer than 8 chars
These may give errors while browsing or may not be accessible
to some older clients
Press enter to see a dump of your service definitions  <Return>
# Global parameters
[global]
        workgroup = SOL
        netbios name =
        netbios aliases =
        server string = Samba 2.0.6
...
```

Samba-Status: Mit `smbstatus` können Sie den aktuellen Status von Samba feststellen (inklusive der zur Zeit aktiven Verbindungen):

```
root#  smbstatus
Samba version 2.0.6
Service      uid      gid      pid     machine
----------------------------------------------
public       nobody   nogroup   1347    venus    (192.168.0.12)
                                                 Wed May 17 11:13 2000
No locked files

Share mode memory usage (bytes):
   1048464(99%) free + 56(0%) used + 56(0%) overhead =
   1048576(100%) total
```

Protokollierung: Samba verwendet zwei eigene Protokolldateien, `/var/log/log.smb` und `./log.nmb`. Wenn es Probleme beim Start (oder später im Betrieb) gibt, sollten Sie unbedingt einen Blick in diese Dateien werfen.

Konfiguration mit SWAT

Zusammen mit Samba wird das Samba Web Administration Tool (kurz SWAT) installiert. Damit können Sie Samba über einen Webbrowser konfigurieren. Das Programm bietet sich insbesondere zur Fernwartung an (d.h., Sie können von jedem beliebigen Rechner eine Verbindung zum Samba-Server herstellen und dort Veränderungen durchführen.)

Bevor SWAT das erste Mal verwendet werden kann, müssen zwei Konfigurationsdateien ein wenig verändert werden. (Bei manchen Distributionen sind diese Veränderungen schon vorgesehen, die entsprechenden Zeilen müssen nur auskommentiert werden.)

```
# in /etc/services
swat           901/tcp

# in /etc/inetd.conf
swat   stream  tcp    nowait.400     root    /usr/sbin/swat  swat
```

Anschließend muss `inetd` neu gestartet werden. Die folgenden Kommandos gelten wie üblich für Red Hat und SuSE:

```
root#  /etc/rc.d/init.d/inet restart
root#  /sbin/init.d/inetd restart
```

Jetzt starten Sie (wahlweise auf dem lokalen Rechner oder auf einem beliebigen anderen Rechner im Netz) einen Webbrowser und geben als Adresse die folgende Zeile ein:

```
http://servername:901
```

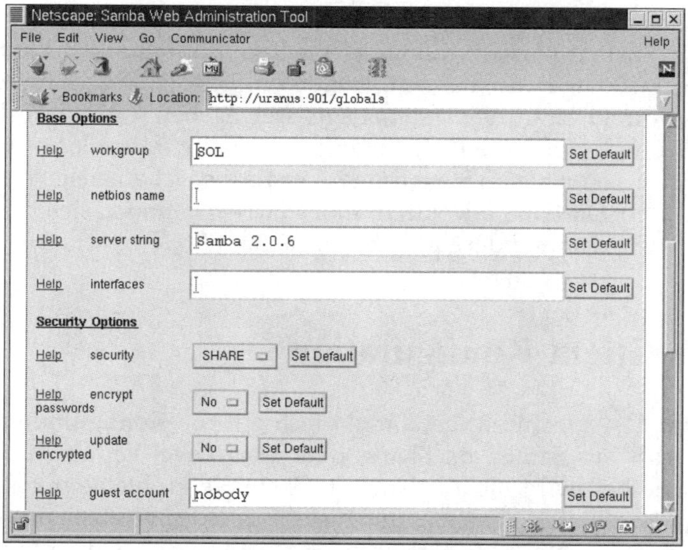

Abbildung 14.4: Samba-Konfiguration mit SWAT

Es erscheint ein Login-Dialog, in dem Sie sich mit Ihrem Linux-Benutzernamen und dem Passwort anmelden müssen. (Als normaler Benutzer können Sie allerdings nicht allzu viel verändern – eigentlich nur Ihr Passwort. Zur Administration müssen Sie sich als `root` anmelden.) Zu den attraktivsten Merkmalen von SWAT zählt die direkte Verbindung des Programms mit dem Hilfesystem. Bei jedem Eingabefeld verweist ein Link auf den dazugehörenden Hilfetext, der in einem zweiten Fenster angezeigt wird. Sehr nützlich ist auch, dass für alle nicht explizit eingestellten Optionen automatisch die Defaulteinstellungen angezeigt werden.

VORSICHT

SWAT löscht alle Kommentare in `/etc/smb.conf`. SWAT eliminiert auch sämtliche Einstellungen in der Datei, die ohnedies per Default gelten. Erstellen Sie daher vor dem ersten Test eine Sicherungskopie der Datei!

Auch für SWAT gilt, dass Veränderungen an der Konfiguration erst nach einem Neustart von Samba aktiv werden. Die Veränderungen müssen zuerst mit COMMIT CHANGES durchgeführt werden. Anschließend starten Sie auf der STATUS-Seite `smbd` und/oder `nmbd` neu.

TIPP

Neben SWAT gibt es gut ein halbes Dutzend weiterer grafischer Konfigurations-Tools, unter anderem `linuxconf`, Webmin, GSMB (Gnome) und KSamba (KDE). Für Emacs-Freunde wie mich gibt es den Modus `smb-mode`, mit dem die Bearbeitung von `smb.conf` gleich noch mehr Vergnügen macht. (Dazu müssen Sie eventuell die Datei `smb-mode.el` installieren, die Sie bei `www.samba.org` finden.)

TIPP

Besonders komfortabel ist die Samba-Konfiguration bei Corel Linux – zumindestens solange Sie sich mit dem zufrieden geben, was Corel an Konfigurationsmöglichkeiten vorsieht. Einige elementare Einstellungen können im Steuerzentrum durchgeführt werden. Außerdem können Verzeichnisse wie unter Windows direkt im Corel-Dateimanager freigegeben werden (rechte Maustaste). Allerdings erfolgt die Freigabe in jedem Fall auf der Basis von Benutzern (selbst dann, wenn Sie im Steuerungszentrum als Sicherheitslevel SHARE angegeben haben). Die Samba-Konfigurationsdateien befinden sich bei Samba übrigens nicht in `/etc`, sondern in `/etc/samba`.

Windows-Client-Konfiguration

HINWEIS

Die folgende Aufzählung beschränkt sich auf die Konfiguration von Clients zum Zugriff auf Samba im Share- oder User-Level-Verfahren. Die Domain-Level-Sicherheit wird nicht behandelt. Wenn Sie Probleme mit der Windows-Netzwerkkonfiguration haben (und die ist – gerade in Netzen mit Windows NT – trotz schöner Dialoge auch nicht viel einfacher als jene unter Linux!), müssen Sie auf ein gutes Buch zu diesem Thema zurückgreifen.

Damit Windows-Clients auf die von Samba zur Verfügung gestellten Verzeichnisse bzw. Drucker zugreifen können, müssen einige Voraussetzungen erfüllt sein. (Dieselben Voraussetzungen gelten natürlich auch, wenn Windows-Clients auf einen Windows-NT- oder Windows-2000-Server zugreifen möchten.)

- TCP/IP muss zur Verfügung stehen. (Auf älteren Windows-9x-Installationen ist dieses Protokoll nicht installiert bzw. nicht aktiv. Es befindet sich aber auf der Windows-Installations-CD.)
- Um mit User-Level-Sicherheit auf Verzeichnisses zugreifen zu können, muss Windows 9x für den Multi-User-Betrieb konfiguriert sein (Benutzer-Dialog in der Systemsteuerung), und es müssen Passwörter verwendet werden. Im Gegensatz zu Windows NT und Linux bietet der Multi-User-Betrieb zwar auf dem lokalen Rechner keine Sicherheitsvorteile (Benutzer X kann ohne weiteres die Daten von Benutzer Y löschen), wohl aber beim Server-Zugriff. (Hier kann Benutzer X nicht auf die Daten von Y zugreifen, es sei denn, der Server-Administrator sieht dies explizit vor.)
- Benutzernamen, Passwörter und Workgroup-Namen unter Windows müssen mit den entsprechenden Informationen der Samba-Konfiguration bzw. der Accounts unter Linux übereinstimmen.
- Der Server muss natürlich im Netzwerk erreichbar sein! (Testen Sie das in einem DOS-Fenster mit `ping` *`servername`*. Das Kommando `ping` steht glücklicherweise unter Windows ebenso zur Verfügung wie unter Linux.)

Sicherheitsstufen, Benutzerverwaltung, Passwörter

Sicherheitsstufen

Samba kennt vier Sicherheitsstufen. Die gewünschte Stufe wird mit der Option `security` in `smb.conf` eingestellt.

- **`security = share`:** Samba arbeitet mit Share-Level-Sicherheit. In dieser Einstellung verlangt Samba beim Verbindungsaufbau vorerst weder einen Loginnamen noch ein Passwort. Erst beim Zugriff auf Verzeichnisse oder Drucker (soweit diese nicht ebenfalls ohne Passwort freigegeben sind) ist eine Identifizierung erforderlich.
- **`security = user`:** Bei dieser Einstellung müssen sich Clients mit Name und Passwort anmelden, bevor Sie auf irgendwelche Daten zugreifen können. Diese Einstellung gilt seit Samba 2.0 als Defaulteinstellung.
- **`security = server`:** Samba delegiert die Authentifizierung an einen anderen Rechner (der mit `password server =` *name* eingestellt wird). Dabei wird es sich in der Regel um einen Rechner mit Windows NT/2000 handeln. Aus Sicht der Clients ergibt sich kein Unterschied zu `security = user`. Aus Sicht des Samba-Administrators erleichtert dieser Modus die Arbeit (es ist keine eigene Samba-Passwort-Datei erforderlich, siehe unten), er setzt aber auch voraus, dass es im Netzwerk einen anderen Server gibt, der sich um die Authentifizierung kümmert.
- **`security = domain`:** Wie `security = user`, allerdings muss es sich beim externen Server um einen PDC handeln (Primary Domain Controller). Der Samba-Server muss Teil der Domain sein.

HINWEIS

Die drei Varianten `user`, `server` und `domain` sind aus Anwendersicht identisch. Auch die Art der Zugriffsverwaltung bleibt gleich (User-Level). Die Unterschiede dieser drei Varianten beziehen sich darauf, wie der Benutzername und das Passwort überprüft werden. Bei `user` liegt die gesamte Verantwortung (und Administrationsarbeit) beim Samba-Server. In den beiden anderen Fällen wird diese Arbeit delegiert, wobei `domain` das effizientere Verfahren bietet.

Dieser Abschnitt geht nur auf die Varianten `share` und `user` ein.

Benutzerverwaltung

Ein elementares Grundprinzip von Samba besteht darin, dass der Zugriff auf Verzeichnisse auf der Basis der Linux-Benutzerverwaltung erfolgt. Jeder Windows-Loginname wird einem Linux-Loginnamen zugeordnet.

HINWEIS

Die Informationen in diesem Abschnitt sind selbst dann für Sie relevant, wenn Sie Samba mit Share-Level-Sicherheit betreiben möchten! Samba ordnet auch dann allen Verzeichnissen einen Benutzer zu. Wenn das Verzeichnis passwortgeschützt ist, erfolgt auch die Passwortkontrolle auf die gleiche Weise wie bei der User-Level-Sicherheit.

Am einfachsten ist die Zuordnung anhand eines Beispiels zu verstehen. Mit den folgenden Zeilen wird das Verzeichnis `/data/test` des Samba-Servers unter dem Share-Namen `test` für den Benutzer `peter` freigegeben:

```
[global]
    security = user
[test]
    path = /data/test
    writeable = True
    username = peter
```

`peter` muss ein gültiger Benutzername auf dem Linux-System sein. (Achten Sie auf die korrekte Groß- und Kleinschreibung!) Außerdem muss das Verzeichnis `/data/test` dem Linux-Benutzer `peter` gehören (oder die Zugriffsrechte auf das Verzeichnis und die darin enthaltenen Benutzer müssen so eingestellt sein, dass `peter` – wenn er am Linux-System eingeloggt wäre – die Dateien bearbeiten könnte). Der entscheidende Punkt ist: Durch `username = peter` gelten für den Benutzer `peter` (der von irgendeinem Windows-Client aus auf `test` zugreift) alle Unix-Regeln der Zugriffsverwaltung.

Zuordnung zwischen Windows- und Linux-Benutzernamen

Unter Windows ist als Benutzername beinahe jede beliebige Zeichenkette mit bis zu 128 Zeichen möglich, unter Linux dagegen nur eine Zeichenkette mit maximal acht Zeichen ohne Sonderzeichen oder Leerzeichen. Wenn ein Windows-Benutzer einen Benutzernamen verwendet, der sich nicht unmittelbar zu einem

Linux-Benutzernamen zuordnen lässt, muss die Zuordnung über eine Datei hergestellt werden. Der Name dieser Datei wird in `/etc/smb.conf` durch die Option `username map` angegeben.

```
# /etc/smb.conf
[global]
    username map = /etc/smb.users
```

Jede Zeile der Datei `smb.users` enthält zuerst einen Linux-Benutzernamen, dann das Zeichen = und schließlich einen oder mehrere Windows-Benutzernamen. (Sie können die Datei auch dazu benutzen, mehrere Windows-Benutzer einem Linux-Benutzer zuzuordnen.) Oft wird auch der Windows-Name `administrator` dem Linux-Namen `root` zugeordnet, und der Windows-Name `guest` dem Linux-Namen `nobody`. Wenn `peter` unter Windows den Loginnamen `Peter Mayer` verwendet, müsste der entsprechende Eintrag in `smb.users` so aussehen:

```
# /etc/smb.users
peter = "Peter Mayer"
# root = administrator
# nobody = guest
```

VORSICHT

`/etc/smb.users` (oder wie immer Sie die Datei nennen) kann das ganze Sicherheitssystem von Samba bzw. Linux aushebeln. Achten Sie darauf, dass die Datei nur von `root` verändert werden kann!

Verschlüsselte Passwörter

Bevor `peter` tatsächlich auf `test` zugreifen kann, muss er sich identifizieren. Dazu werden beim Verbindungsaufbau zwischen dem Windows-Client und Samba automatisch der Windows-Loginname und das Passwort übertragen. Bei Windows-95-Rechnern und bei Rechnern mit Windows NT 4 bis Service Pack 3 wird das Passwort im Klartext übertragen. Samba kann dank der Linux-Passwort-Datei `/etc/passwd` überprüfen, ob das Passwort korrekt ist.

Seit Windows 98 bzw. seit Windows NT 4 Service Pack 3 werden Passwörter aus Sicherheitsgründen nicht mehr im Klartext, sondern verschlüsselt übertragen. Nun sind sowohl Linux- als auch Windows-Passwörter mit zwei verschiedenen Algorithmen verschlüsselt, die beide eine Rekonstruktion des Passworts unmöglich machen. Anhand der verschlüsselten Windows-Passwort-Informationen und der anders verschlüsselten Informationen in `/etc/passwd` kann daher nicht länger festgestellt werden, ob das Passwort korrekt ist. (Die meisten Linux-Systeme speichern die Passwörter übrigens gar nicht in `/etc/passwd`, sondern in `/etc/shadow`. In diesem Abschnitt bleibe ich aber bei `passwd`, um die Erklärung nicht komplizierter als notwendig zu machen.)

Der Ausweg aus diesem Dilemma ist lästig, aber unvermeidbar: Es müssen zwei Passwort-Dateien verwaltet werden, `/etc/passwd` für Linux und `/etc/smbpasswd` für Samba. Damit `peter` also ein Samba-Verzeichnis nutzen kann, müssen Sie als Linux-Systemadministrator in `smbpasswd` einen neuen Eintrag für `peter` vorsehen:

```
root# smbpasswd -a peter
New SMB password: ******
Retype new SMB password: ******
Added user peter.
Password changed for user peter.
```

Wegen der unterschiedlichen Verschlüsselungsverfahren ist es nicht möglich, `/etc/smbpasswd` automatisch aus `/etc/passwd` zu erstellen. Damit Samba verschlüsselte Passwörter akzeptiert und zur Kontrolle `/etc/smbpasswd` auswertet, ist die folgende Ergänzung in `/etc/smb.conf` erforderlich:

```
# /etc/smb.conf
[global]
   encrypt passwords = Yes
```

HINWEIS

Für den Rest dieses Kapitels wird angenommen, dass Sie mit verschlüsselten Passwörtern arbeiten.

Passwortverwaltung durch den Client

Meist ist es wünschenswert, dass die Clients selbst Ihre Passwörter verändern dürfen. Dazu bietet sich SWAT an. (Der Anwender startet einen Webbrowser und gibt als Adresse den Netzwerknamen des Samba-Servers plus `:901` ein, also etwa `uranus.sol:901`.) SWAT erfordert, dass sich der Anwender anmeldet – und dazu ist das Linux-Passwort erforderlich (nicht das Samba-Passwort)!

Innerhalb von SWAT kann der Anwender dann sein Samba-Passwort ändern. Praktikabel ist das aber nur dann, wenn zugleich mit dem Samba-Passwort auch das Linux-Passwort geändert wird. Das ist möglich, erfordert aber etwas Geduld bei der Einstellung des Parameters für `passwd chat`. Die folgende Zeichenkette funktioniert bei Red-Hat-Linux. Wenn Sie eine andere Distribution verwenden, müssen Sie den `chat`-Dialog an das `passwd`-Kommando anpassen. Die Zeichenkette muss in einer Zeile angegeben werden (und ist hier nur aus Platzgründen auf drei Zeilen verteilt):

```
# /etc/smb.conf
[global]
    passwd program = /usr/bin/passwd %u
    passwd chat = *New*UNIX*password* %n\n \
       *ReType*new*UNIX*password* %n\n \
       *passwd:*all*authentication*tokens*updated*successfully*
    unix password sync = Yes
```

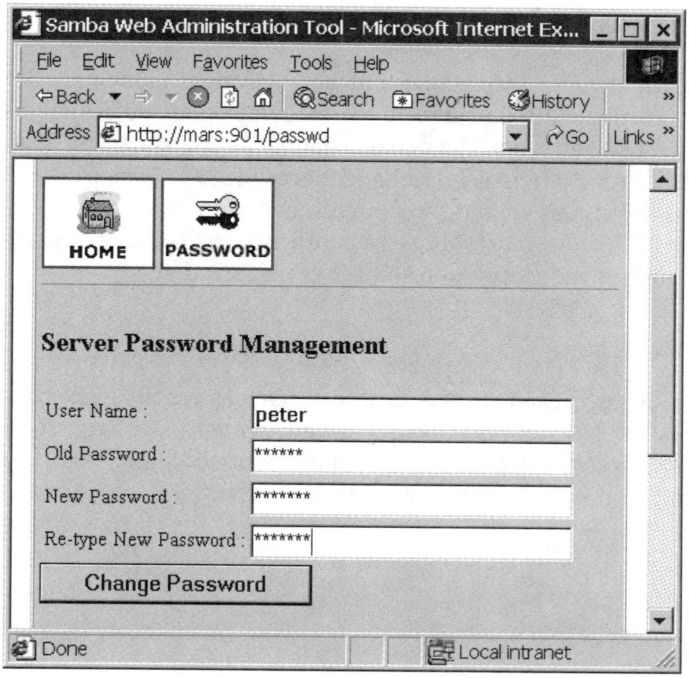

Abbildung 14.5: Änderung des Passworts durch den Client mit SWAT

HINWEIS: Damit die Passwort-Veränderung funktioniert, muss Samba das Kommando `passwd` mit `root`-Rechten ausführen, was ein potenzielles Sicherheitsrisiko ist. Außerdem muss `/etc/smb.conf` von allen Nutzern lesbar sein, die ihr Passwort verändern möchten.

Aus Sicherheitsgründen ist es nicht erwünscht, dass die Benutzer, für die am Samba-Server Verzeichnisse zur Verfügung gestellt werden und für die daher ein Linux-Account existieren muss, sich tatsächlich am Linux-Rechner anmelden können (z.B. mit Telnet). Um das zu vermeiden, stellen Sie mit `chsh` das Programm `/bin/false` als Login-Shell ein:

```
root#  chsh -s /bin/false peter
```

Die Zeile für `peter` in `/etc/passwd` sieht jetzt so aus:

```
# /etc/passwd
peter:x:503:100::/home/peter:/bin/false
```

Verzeichnisse freigeben

Es gibt unbegrenzt viele Möglichkeiten, Verzeichnisse einzelnen Benutzern, aber auch ganzen Gruppen zur Verfügung zu stellen, wobei detailliert bestimmt werden kann, wer Dateien verändern bzw. neu erstellen darf etc. Dieser Abschnitt gibt einige einführende Beispiele, anhand derer Sie das Prinzip der Konfiguration von `smb.conf` erkennen sollten. Zusammen mit der exzellenten Beschreibung von `smb.conf` (im HTML-Format) sollte es eigentlich kein Problem mehr darstellen, weitergehende Konfigurationsoptionen selbst herauszufinden.

Share-Level-Sicherheit

Verzeichnisse ohne Passwort: Das Einführungsbeispiel für `smb.conf` war so gewählt, dass das Erfolgserlebnis praktisch garantiert war: Der Zugriff auf den Samba-Server und das Verzeichnis `public` funktioniert unabhängig vom Loginnamen auf dem Client und ist nicht durch Passwörter abgesichert:

```
# /etc/smb.conf (Share Level, Teil 1)
[global]
   workgroup = SOL
   security = Share
   encrypt passwords =  Yes

[public]
   path = /data/public
   guest ok = Yes
   guest only = Yes
```

Dennoch sind hier noch einige Hintergrunderklärungen angebracht: Wie bereits erwähnt, ordnet Samba jedem Verzeichniszugriff einen Linux-Benutzer zu. Durch die Optionen `guest ok` und `guest only` wird erreicht, dass jeder Zugriff auf das Verzeichnis `public` ohne Passwort erlaubt ist und dass der Zugriff immer dem Default-Account für `guest` zugeordnet wird. Normalerweise ist das der Linux-Benutzer `nobody`, der bei den meisten Linux-Distributionen automatisch eingerichtet ist.

Welches der Default-Account für `guest` ist, können Sie mit dem folgenden Kommando feststellen:

```
root#  testparm -s | grep "guest account"
   guest account = nobody
```

Damit Windows-Clients tatsächlich auf das Verzeichnis `public` zugreifen können, muss also sichergestellt sein, dass es den Benutzer `nobody` gibt und dass das Verzeichnis `/data/public` für `nobody` zugänglich ist. Mit der Option `guest account` können Sie das Verzeichnis auch einem beliebigen anderen Linux-Account zuordnen.

Verzeichnis mit Passwort: Die folgenden Zeilen stellen den Versuch dar, mit Samba ein passwort-geschütztes Verzeichnis zu definieren, wie dies bei der Share-Level-Sicherheit üblich ist. Das Problem besteht darin, dass Sie dieses Passwort nicht einfach angeben können. Stattdessen müssen Sie das Verzeichnis einem Linux-Account zuordnen – hier also `dummy1`. Mit `smbpasswd` bestimmen Sie ein Passwort für `dummy1`. Genau dieses Passwort sichert den Zugang zum Verzeichnis `readwrite` jetzt ab.

Wenn ein Client auf das Verzeichnis zugreifen möchte, versucht Samba zuerst eine Authentifizierung für den Benutzername und das Passwort. Gelingt dies, erfolgt der Zugriff auf das Verzeichnis unter diesem Account. Gelingt dies dagegen nicht (beim Share-Level-Modell ist das der Regelfall), wird das übergebene Passwort mit dem des Benutzers `dummy1` verglichen. Ist das Passwort korrekt, wird der Zugang auf das Verzeichnis gewährt. (In Wirklichkeit erfolgt die Login-Authentifizierung in fünf Stufen – die Details finden Sie in der Beschreibung zu `smb.conf`.) Die Option `browseable` bewirkt, dass das Verzeichnis auf dem Client-Rechner sichtbar ist, bevor noch ein Zugang gewährt wird.

```
# /etc/smb.conf (Share Level, Teil 2)
[readwrite]
   path = /data/readwrite
   writeable = True
   user =  dummy1
   browseable = True
```

Generell ist Samba denkbar ungeeignet, um Objekte auf Share-Level-Ebene freizugeben. Sie sollten `security = share` eigentlich nur dann verwenden, wenn Sie sämtliche Objekte (Verzeichnisse, Drucker) ohne Passwort freigeben möchten.

User-Level-Sicherheit

Home-Verzeichnisse: User-Level-Sicherheit entspricht eher dem Linux-Sicherheitsmodell und ist insofern viel leichter nachzuvollziehen. Eine Standardeinstellung für viele Samba-Server sieht so aus:

```
# /etc/smb.conf (User Level, Teil 1)
[global]
   workgroup = SOL
   security = User
   encrypt passwords =  Yes
[homes]
   writeable = True
   browseable = False
```

Die Gruppe `[homes]` nimmt eine Sonderstellung ein. Damit wird das Home-Verzeichnis des gerade aktiven Benutzers unter dessen Namen sichtbar. Die drei Zeilen ersparen Ihnen also eine endlose Liste von Einzeleinträgen in der Art:

```
[peter]
  writeable = True
  user = peter
```

Die Option `browseable = False` bewirkt nicht (wie man vielleicht glauben könnte), dass der Benutzer sein Verzeichnis sieht. Sie verhindert nur, dass das Verzeichnis nicht doppelt sichtbar ist, einmal unter dem jeweiligen Benutzernamen (etwa `peter`) und einmal als `homes`.

Ein Zugriff auf das Home-Verzeichnis ist nur möglich, wenn dieses existiert (der Pfad ist in `/etc/passwd` eingestellt) und dem jeweiligen Benutzer auch gehört. Eine weitere Voraussetzung besteht natürlich darin, dass in `smb.conf` ein Passwort für den Nutzer angegeben ist.

Trotz dieser Einschränkungen kann es ein Sicherheitsrisiko sein, den Zugriff auf das Home-Verzeichnis generell zu erlauben. Wenn es Benutzer gibt, denen Sie den Zugriff verwehren möchten, können Sie diese mit der Option `invalid users` aufzählen.

Falls Sie möchten, dass die Benutzer nicht auf Ihr Home-Verzeichnis, sondern auf ein anderes Verzeichnis zugreifen, hilft das Schlüsselwort `path` weiter. Mit der folgenden Anweisung wird statt des in `/etc/passwd` eingestellten Verzeichnisses `/data/sambahome/`*name* verwendet. (`%u` wird also durch den Linux-Benutzernamen ersetzt.)

```
path = path=/data/sambahome/%u
```

Gruppenverzeichnisse: Das Home-Verzeichnis ist immer nur für einen bestimmten Benutzer zugänglich. Oft werden aber auch Verzeichnisse benötigt, auf die mehrere Mitglieder einer Gruppe gemeinsam zugreifen können. Um das zu bewerkstelligen, müssen Sie zuerst den Linux-Account dieser Mitglieder einer Gruppe zuordnen (siehe auch Seite 141). Anschließend können Sie in `smb.conf` ein Verzeichnis definieren, das alle Mitglieder der Gruppe nutzen können. Dabei meint die Schreibweise `@name` alle Mitglieder dieser Gruppe. (Sie ersparen sich so, die Mitglieder namentlich aufzuzählen, was natürlich auch möglich wäre.)

```
# /etc/smb.conf (User Level, Teil 2)
[salesdata]
  path = /data/sales
  writeable = True
  browseable = True
  user = @sales
  create mask = 0770
  directory mask = 0770
```

Beim Zugriff auf Gruppenverzeichnisse ist die richtige Einstellung der Zugriffsrechte von Dateien und Verzeichnissen besonders wichtig. Das gilt auch für Dateien, die von Mitgliedern der Gruppe neu erstellt werden. Die zwei `mask`-Optionen stellen sicher, dass auch von Gruppenmitgliedern neu erstellte Dateien und Verzeichnisse von allen anderen Gruppenmitgliedern bearbeitet werden können. (Die Zahl entspricht dem chmod-Wert – siehe Seite 701.)

Netzwerkdrucker

Samba kann auch verwendet werden, um Zugang zu Linux-Druckern zu geben. Die Konfiguration ist denkbar einfach (setzt aber natürlich voraus, dass Sie den Drucker vorher schon für die lokale Verwendung konfiguriert haben – siehe Seite 229).

Wenn Sie allen in smbpasswd bekannten Benutzern Zugang zum allen in /etc /printcap genannten Druckern geben möchten, sehen die entsprechenden Zeilen in smb.conf so aus:

```
# /etc/smb.conf    (Zugriff auf alle Drucker in /etc/printcap)
[printers]
   printable =  True
   path =  /var/spool/samba
   browseable =  False
```

browsable = False bewirkt, dass nur die Drucker, nicht aber das Verzeichnis printers sichtbar ist. Der Pfad wird für temporäre Druckdateien verwendet. Alle Benutzer müssen das Recht haben, in diesem Verzeichnis zu schreiben – sonst ist kein Ausdruck möglich!

Wenn Sie nicht alle Drucker, sondern nur einen bestimmten Drucker freigeben möchten, sind folgende Zeilen erforderlich:

```
# /etc/smb.conf    (Zugriff auf den Drucker raw unter dem Namen hp3)
[hp3]
   printable =  Yes
   printer =  raw
   path =  /var/spool/samba
```

Falls Sie bei Share-Level-Sicherheit allen Benutzern (auch ohne Passwort) die Berechtigung zum Ausdruck geben möchten, fügen Sie die Zeile guest ok = Yes hinzu.

HINWEIS

Falls Ihr Drucker kein PostScript-Drucker ist, sollten Sie auf der Client-Seite den geeigneten Windows-Druckertreiber verwenden (etwa für einen HP-LaserJet). Auf der Server-Seite müssen Sie einen Drucker definieren, der die Daten ungefiltert weitergibt. (Bei SuSE wird ein entsprechender Drucker automatisch unter dem Namen raw angelegt.)

Es ist nicht sinnvoll (wie dies in einem reinen Linux-Netzwerk möglich ist), den Drucker client-seitig als PostScript-Drucker anzusprechen und die PostScript-Daten auf dem Server in das Format des Druckers umzuwandeln. Der Grund: ghostscript kommt mit dem von Windows erzeugtem PostScript-Code meistens nicht zurecht (siehe auch Seite 590).

14.9 Sicherheit, Firewalls

Dieser Abschnitt beschreibt, wie Sie mit minimalen Mitteln (ein alter 486er-PC reicht) Ihr lokales Netz mit einem Firewall vom Internet trennen. Die vorgestellte Lösung ist weder perfekt noch vollkommen sicher, aber sie ist besser als gar kein Schutz.

Der Ausgangspunkt für die Überlegungen in diesem Kapitel ist ein kleines lokales Netz, in dem ein (Linux-)Rechner den Internet-Zugang herstellt und diesen Zugang an die anderen Rechner via Masquerading weitergibt (siehe auch Abbildung 14.1 auf Seite 564).

Andere Szenarien werden hier nicht berücksichtigt. Das gilt insbesondere für den Fall, dass Sie selbst einen öffentlich erreichbaren Internet-Server betreiben (HTTP, FTP, News etc.). Hier muss der Internet-Server außerhalb des Firewalls betrieben werden (in einer sogenannten demilitarisierten Zone, kurz DMZ), und viele Konfigurationsdetails sehen anders aus als hier beschrieben.

VORSICHT

Das Thema Sicherheit hat in diesem Buch den Charakter einer Fußnote. Dieser Umstand ergibt sich aus der Zielgruppe des Buchs und den Platzbeschränkungen. Das Ziel dieses Abschnitts ist es auch gar nicht, Ihnen auf zehn Seiten alles über Linux-Sicherheit zu vermitteln. Das ist unmöglich und erfordert ein Buch für sich (leider!). Das vorrangige Ziel ist es vielmehr, in Ihnen das Bewusstsein für dieses Thema zu wecken und Ihnen eine erste Vorstellung zu vermitteln, wie die Sicherheit in Netzen vergrößert werden kann und was ein Firewall eigentlich ist.

Warnung 1: Die folgenden Informationen (und generell in diesem Buch) sind nicht ausreichend, um ein Linux-System oder -Netzwerk gegen einen ernst zunehmenden Angriff abzusichern.

Warnung 2: Noch gefährlicher als ein unsicheres System ist der Glaube, das eigene System sei sicher. Lesen Sie weiter bei Warnung 1!

Einführung

Arten von Sicherheit

Der Begriff Sicherheit ist sehr weitläufig. Dazu gehört:

- Sicherheit vor Datenverlust: Eine defekte Festplatte ist immer noch die wahrscheinlichste Ursache für den Verlust von Daten. Abhilfe schaffen nur regelmäßige Backups.
- Sicherheit vor zerstörerischen Programmen und Viren: Das ist unter Linux insofern ein kleineres Problem, als Viren-Programmierer einerseits Windows-Systeme bevorzugen und Linux/Unix andererseits (bei vernünftiger Verwendung) vergleichsweise schwer durch Viren beeinträchtigt werden kann. 'Vernünftige Ver-

wendung' bedeutet insbesondere, dass Sie ein unbekanntes Programm nicht als `root` starten. Generell sollten Sie nur als `root` arbeiten, wenn das unbedingt notwendig ist.

- Sicherheit vor unliebsamen Inhalten (Web-Filter): Gerade wenn ein Internet-Zugang für Schulen oder ähnliche Einrichtungen hergestellt wird, gibt es oft den Wunsch, bestimmte Inhalte des Internets (z.B. pornografische Seiten) zu sperren. Der Wunsch ist leichter ausgesprochen als erfüllt. Zwar ist die Sperrung einzelner Websites mit einem Webproxy leicht möglich, aber auf Grund der dynamischen Natur des Internets und der vielen alternativen Kommunikationsmöglichkeiten (News, Chat etc.) greifen derartige Lösungen zwangsläufig zu kurz. Andererseits ist ein unvollkommener Schutz immer noch besser als gar keiner (ein Grundsatz, der für alle Sicherheitsaspekte gilt).
- Absicherung privater Daten innerhalb des lokalen Netzes: Nicht jeder Benutzer im lokalen Netz soll alle Daten sehen, geschweige denn verändern können. Dieser Punkt betrifft vor allem die richtige Verwaltung von Benutzerrechten (auch bei NFS, Samba, FTP etc.) und den konsequenten Einsatz von nichttrivialen Passwörtern.
- Absicherung aller Daten vor fremden Zugriffen: Das Internet ist keine Einbahnstraße. Während aus dem lokalen Netz heraus ein Zugang zum Internet möglich ist, kann ein potenzieller Angreifer von außen auch versuchen, auf Daten Ihres Rechners bzw. Ihres Netzwerks zuzugreifen, und diese eventuell sogar verändern.

Dieser Abschnitt beschränkt sich bei der Behandlung des Themas Sicherheit einzig auf die letzte Facette.

VERWEIS

Ein guter Startpunkt zum Thema Sicherheit und Linux ist das Security-HOWTO. Geradezu erschlagen von Informationen werden Sie im Internet. Die folgenden Adressen sind ein guter Startpunkt:

`http://linuxsecurity.com/`
`http://lwn.net/security/`
`http://www.securityportal.com/lasg/`
`http://www.linuxgazette.com/issue46/pollman.html`
`http://www2.little-idiot.de/firewall/` (in deutscher Sprache!)
`http://www.cert.org/`
`http://www.securityfocus.com/`
`http://www.w3.org/Security/`

Außerdem sollten Sie natürlich regelmäßig einen Blick auf die Sicherheitsseiten Ihrer Distribution werfen. Dort finden Sie auch sicherheitsrelevante Updates.

Firewalls

Der übliche Weg, ein Netzwerk vor Zugriffen aus dem Internet zu schützen, ist ein sogenannter Firewall. Dieser Begriff ist zwar allgegenwärtig, es gibt aber keine allgemein akzeptierte Definition dafür.

- Der Begriff Firewall kann sich auf die Hardware beziehen: Dann ist damit meist ein Rechner gemeint, der die Schnittstelle zwischen dem lokalen Netz und dem Internet herstellt. Falls die Internet-Verbindung via Modem/ISDN/ADSL erfolgt, übernimmt der Firewall in den meisten Fällen auch die Steuerung des Internet-Zugangs. Umgekehrt stellen manche (ISDN- oder ADSL-)Router auch gleich elementare Firewall-Funktionen zur Verfügung.
- Oft wird mit Firewall aber auch ein (eventuell kommerzielles) Software-Paket bezeichnet, das auf dem Rechner installiert wird und das (bei korrekter Konfiguration) die Sicherheit verbessern soll. Gerade unter Unix/Linux bezieht sich der Software-Aspekt eines Firewalls oft ausschließlich auf einen sogenannten IP-Paketfilter. (Was ein Paketfilter ist, wird etwas weiter unten erklärt.)

Ein Firewall für den Privat-PC?

Bis vor kurzem wäre diese Frage eher absurd gewesen. Privat-PCs waren (wenn überhaupt) nur unregelmäßig und langsam mit einem Modem oder einer ISDN-Karte mit dem Internet verbunden. Nicht nur, dass ein derartiger Rechner ein eher unattraktives Ziel für einen Angreifer ist, wegen der Natur der Internet-Verbindung ist auch ein Angriff schwer möglich.

Mittlerweile ändert sich das Bild insofern, als auch im Privatbereich immer häufiger ADSL-Verbindungen oder TV-Kabel-Modems eingesetzt werden. Damit ist es (je nach Gebührenmodell) ohne weiteres möglich, dass ein PC den ganzen Tag ohne Unterbrechung mit dem Internet verbunden ist. Während dieses Zeitraums ist Ihr Rechner von außen unter der von Ihrem Provider zugewiesenen IP-Adresse erreichbar.

Das bedeutet natürlich noch nicht, dass ein Angreifer einfach eindringen kann. Aber er kann IP-Pakete an Ihren Rechner senden – z.B. mit `ping` – und Ihr Rechner wird je nach Konfiguration antworten. (Das stellt noch kein Problem dar.) Wenn auf dem Rechner ein Telnet-Server läuft, kann der Angreifer versuchen, sich mit `telnet` einzuloggen. (Dazu muss er natürlich einen Benutzernamen und ein Passwort angeben – aber wenn Sie einfallslose Passwörter verwenden, führen oft schon ein paar Versuche zum Erfolg. Login-Versuche lassen sich auch automatisieren – dann werden eben der Reihe nach Tausende von Wörtern aus einem Wörterbuch probiert.) Wenn Sie ein Windows-Netzwerk mit Share-Sicherheit ohne Passwort über das TCP/IP-Protokoll betreiben, können Windows-Verzeichnisse unter Umständen ohne Passwort vom Internet aus gelesen werden!

Privatanwender haben naturgemäß meist keine Vorstellung von Sicherheitsaspekten. Daher stehen zu solchen Rechnern oft sprichwörtlich Tür und Tor offen. Auf der anderen Seite (also auf der des Angreifers) stehen dagegen professionelle und kostenlose Werkzeuge zur Verfügung, mit denen Angreifer ganze IP-Adressbereiche automatisch nach offensichtlichen Sicherheitslöchern durchsuchen können. Die Anwendung dieser Werkzeuge erfordert nur ein relativ geringes Wissen.

Vielleicht wenden Sie jetzt ein, dass sich auf Ihrem Rechner ohnedies keine Daten befinden, die irgendjemanden interessieren könnten. Das mag zutreffen. Allerdings hat nicht jeder Angriff das Ziel, Daten auszuspionieren oder diese gar gezielt zu manipulieren. Oft handelt es sich einfach um ein 'Spiel' technikbegeisterter Jugendlicher. Letztlich ist es gleichgültig, ob Ihre Daten durch einen böswilligen Angriff oder durch ein eher spielerisches Experiment bedroht sind.

VERWEIS

ZDNet (Ziff Davis Net) berichtete im April 2000 darüber, dass etwa 25 Prozent aller PCs mit Breitband-Internet-Zugang (xDSL, TV-Kabel) ein leichtes Ziel für Angreifer wären. Über Statistiken lässt sich immer streiten, aber die Größenordnung des Problems sollte klar sein.

Konfiguration und Wartung eines einfachen Linux-Firewall

Egal, ob Sie ein ganzes Netzwerk oder nur einen einzigen PC absichern möchten, im Idealfall sollten Sie einen eigenen PC als Firewall (und nur für diese Funktion!) einsetzen.

Das klingt teuer – ist es aber nicht. Die Linux-Netzwerkfunktionen sind so effizient, dass ein alter 486er PC mit 8 bis 16 MByte RAM und idealerweise einem CD-ROM-Laufwerk vollkommen ausreicht. (Das CD-ROM-Laufwerk erleichtert die Linux-Installation. Prinzipiell können Sie Linux auch über ein schon vorhandenes Netz installieren – dann sparen Sie auch das Laufwerk.) Sobald auf dem Rechner Linux installiert ist, benötigen Sie weder eine eigene Tastatur noch einen Monitor. Die Wartung des Rechners können Sie von einem anderen Rechner via `telnet` oder `ssh` durchführen. Wenn Sie nicht ohnedies einen derartigen Rechner im Keller stehen haben, bekommen Sie ihn als Gebrauchtgerät für etwa 150 DM. Dazu kommen noch ein paar DM für zwei billige Netzwerkkarten.

Weniger ist mehr: Warum ist es sinnvoll, einen PC ausschließlich als Firewall zu verweden? Generell ist jedes auf dem Rechner laufende Programm ein potenzielles Sicherheitsrisiko. Auf dem Firewall können Sie sich auf das absolute Minimum beschränken – Sie benötigen eigentlich nur Netzwerkfunktionen und einen Editor zur Administration.

Wenn Sie den Rechner aber auch zum Arbeiten oder gar als Server einsetzen möchten, müssen Sie alle möglichen weiteren (Netzwerk-)Programme installieren. Je weniger Sie vom Thema Sicherheit verstehen, desto weniger können Sie abzuschätzen, welche Programme ein Risiko darstellen, wie sie sicher konfiguriert werden etc.

> **HINWEIS**
>
> Im Mai 2000 wurde der Webserver von `apache.org` angegriffen. Es gelang den Angreifern, das Apache-Logo durch ein Microsoft-Logo auszutauschen. Wie dieser Angriff durchgeführt wurde, ist unter der angegebenen Adresse dokumentiert. Die Kurzfassung: Sicherheitslücken in einer ganzen Reihe von Programmen waren erforderlich, damit die Angreifer `root`-Zugang erlangen konnten.
>
> `http://www.dataloss.net/papers/how.defaced.apache.org.txt`
>
> Die Text illustriert nachdrücklich den Sinn des Mottos 'weniger ist mehr' – und das umso mehr, als `apache.org` ja nicht von dem in diesem Abschnitt so oft zitierten Privatanwender betrieben wird, sondern von echten Netzwerkprofis!

Die folgenden Hinweise gelten im Prinzip natürlich auch dann, wenn Sie den Rechner nicht nur als Firewall, sondern auch als Linux-Workstation verwenden möchten – aber Sie gehen dann einen Kompromiss zwischen Sicherheit und Funktion ein. Auch mein Netzwerk ist dafür ein Beispiel (siehe Abbildung 14.1 auf Seite 564): Dort laufen auf dem Firewall-Rechner auch DHCP- und DNS-Server.

Linux-Installation: Wählen Sie die kleinste Installationsvariante! Es ist einfacher, nachträglich ein oder zwei fehlende Pakete nachzuinstallieren, als herauszufinden, welche schon installierten Pakete aus Sicherheitsgründen wieder entfernt werden sollen. Verzichten Sie außerdem auf X! Linux lässt sich auch im Textmodus wunderbar administrieren, und gerade auf alter Hardware ist X quälend langsam.

Apache, Inn, Sendmail: Bei manchen Distributionen wird der HTTP-Server Apache automatisch installiert – selbst bei einer Minimalinstallation. Der Grund besteht zumeist darin, dass das Hilfesystem darauf aufbaut. Deinstallieren Sie dieses Paket. Dasselbe gilt für eventuell installierte News-Server (meist Inn).

Nicht ganz so eindeutig ist die Sache bei einem Mail-Server (meist Sendmail). Eine ganze Reihe von Systemdiensten – auch solche, die zur Überwachung von Sicherheitsfunktionen dienen – versenden Nachrichten an `root`, wenn Fehler auftreten. Insofern ist es praktisch, wenn die lokale Mail-Zustellung funktioniert. Andererseits kann ein ungewarteter und in der Default-Konfiguration betriebener Mail-Server durchaus ein zusätzliches Sicherheitsrisiko darstellen.

TCP-Wrapper/inetd: Die Datei `/etc/inetd.conf` steuert eine ganze Reihe von Internet-Server-Diensten (siehe Seite 584). Diese Programme werden automatisch gestartet, sobald jemand via Internet auf den entsprechenden TCP/IP-Port zugreift. Die von `inetd.conf` verwalteten Server-Dienste sind in den meisten Fällen das erste Ziel eines Angreifers, um sich zuerst Informationen über den Rechner zu beschaffen und um dann mit diesen Informationen einen ersten Login-Versuch durchzuführen (etwa mittels FTP).

Das potenzielle Sicherheitsrisiko, das von /etc/inetd.conf ausgeht, lässt sich recht leicht entschärfen:

- Deinstallieren Sie nicht benötigte Server so weit wie möglich. Vom Sicherheitsstandpunkt sind FTP und Finger besonders problematisch. Bei manchen Distributionen sind die Server allerdings Teil eines Komplettpakets (SuSE: nkitb), das als Ganzes zumeist nicht entfernt werden sollte.
- Kommentieren Sie in /etc/inetd.conf alle Zeilen aus, mit denen Dienste gestartet werden, die Sie nicht benötigen (oder nicht kennen). Eigentlich sollte jetzt nur eine Zeile für telnet übrig bleiben.

  Noch sicherer ist es, wenn Sie statt telnet das Programm ssh verwenden. Der ssh-Dämon wird allerdings bei den meisten Distributionen nicht über den TCP-Wrapper gestartet, sondern durch ein eigenes Init-V-Script. ssh wird in diesem Buch nicht beschrieben. Informationen finden Sie in der Online-Dokumentation zu diesem Paket sowie unter: www.openssh.com
- Für die verbliebenen Dienste konfigurieren Sie hosts.deny und hosts.allow (siehe Seite 584) so, dass nur die erforderlichen Dienste ausschließlich für lokale Benutzer verwendet werden dürfen.

all:all in hosts.deny verbietet generell jeden Start irgendeines TCP-Wrapper-Dienstes. (Damit sind Sie also auf der sicheren Seite!) Außerdem wird jeder Versuch, irgendeinen Dienst zu starten, in der Datei /var/log/deny.log protokolliert:

```
# /etc/hosts.deny
all:all : spawn (echo Attempt from %h %a to %d at $(date) \
             >> /var/log/deny.log)
```

Zur Wartung des Firewall-Rechners innerhalb des lokalen Netzes via telnet gibt es in hosts.allow eine einzige Ausnahme zur restriktiven Einstellung in hosts.deny. Das Beispiel geht davon aus, dass das lokale Netz im Adressraum 192.168.0.* betrieben wird – Sie müssen die IP-Adresse natürlich entsprechend ändern:

```
# /etc/hosts.allow
in.telnetd : 192.168.0.0/255.255.255.0 : ALLOW
```

Jetzt müssen Sie noch inetd neu starten – je nach Distribution (Red Hat oder SuSE) mit einem der folgenden Kommandos:

```
root#  /etc/rc.d/init.d/inet restart
root#  /sbin/init.d/inetd restart
```

deny.log verrät Ihnen von nun an, wann wer versucht, in Ihren Rechner einzudringen. (Nicht jeder Versuch muss zwangsläufig einen Angriff darstellen. Vielleicht hat sich jemand bei der Eingabe einer IP-Adresse vertippt ...)

Als Beispiel können meine eigenen Erfahrungen dienen: Laut Provider-Abrechnung ist mein Netzwerk rund 200 Stunden pro Monat online, also mit dem Internet verbunden. Seit host.deny in der obigen Art und Weise auf meinem Rechner installiert ist, hat sich im Schnitt einmal pro Monat jemand hierher verirrt – mit welchen Absichten auch immer. (Ich hatte ursprünglich vermutet, die Datei würde leer bleiben!)

Dämonen-Kontrolle: Wenn Sie den Rechner so weit konfiguriert haben, testen Sie, welche Dämonen wirklich laufen. (Fast alle Dämonen sind am Endbuchstaben d zu erkennen.) Die folgenden Zeilen zeigen die Liste auf meinem Rechner.

```
root# ps -ax
  PID TTY      STAT   TIME COMMAND
    1 ?        S      0:03 init [2]
    2 ?        SW     0:00 [kflushd]
    3 ?        SW     0:00 [kupdate]
    4 ?        SW     0:00 [kpiod]
    5 ?        SW     0:00 [kswapd]
    6 ?        SW     0:00 [md_thread]
   84 ?        S      0:00 /usr/sbin/syslogd
   88 ?        S      0:04 /usr/sbin/klogd -c 1
  106 ?        S      0:00 /usr/sbin/named
  121 ?        S      0:00 /usr/sbin/inetd
  141 ?        S      0:00 /usr/sbin/cron
  145 ?        S      0:00 /usr/sbin/in.identd -e
  156 ?        S      0:00 /usr/sbin/dhcpd -q eth1
  ...
```

Vielleicht entdecken Sie auf Ihrem Rechner weitere Dämonen, deren Namen Sie nicht kennen. Machen Sie sich bitte die Mühe und stellen Sie fest, welche Funktion der Dämon erfüllt und ob diese Funktion tatsächlich erforderlich ist. Wenn nicht, deaktivieren Sie den Dämon durch Deinstallation oder indem Sie den entsprechenden Init-V-Link entfernen. (Dabei ist natürlich Vorsicht angebracht. Wenn Sie irrtümlich einen systemwichtigen Dämon entfernen, funktioniert Ihr Rechner unter Umständen nicht mehr wie gewünscht!)

IP-Paketfilter: TCP-Wrapper- und andere Server-Dienste sind zumeist das erste Ziel eines einfacheren Angriffs. Intellektuell schon raffinierter sind Angriffe, bei denen manipulierte IP-Pakete an Ihren Rechner gesandt werden. Ein einfaches Beispiel: In den IP-Paketen könnte vom Angreifer die Absenderadresse manipuliert worden sein, so dass die IP-Pakete so aussehen, als kämen sie aus dem lokalen Netz. Solche Pakete können unter bestimmten Umständen dazu genutzt werden, um Informationen auszuspionieren (und schlimmeres). Einen Schutz gegen solche Pakete können IP-Paketfilter darstellen, denen der gesamte nächsten Abschnitt gewidmet ist.

Dial-on-Demand: Falls der Firewall-Rechner auch für den Internet-Zugang via PPP zuständig ist (in kleinen Netzen der Regelfall), sollten Sie eine Dial-on-Demand-Konfiguration erwägen – selbst dann, wenn Ihnen Ihr Internet-Provider ohne Mehrkosten einen unbeschränkten Zugang gewährt. Der Verbindungsaufbau bei ISDN/ADSL ist so schnell, dass Dial-on-Demand keine nennenswerte Einschränkung darstellt. Es wird aber immer wieder vorkommen, dass längere Zeit kein Internet-Zugang benötigt wird. (Das gilt umso mehr, wenn der Firewall-Rechner nachts nicht ausgeschaltet wird.)

Vom Sicherheitsstandpunkt ist Dial-on-Demand ein deutlicher Vorteil gegenüber einer ununterbrochenen Verbindung. Zum einen erschweren die unregelmäßigen Verbindungszeiten einen möglichen Angriffsversuch; zum anderen weisen Ihnen die meisten Provider bei jedem Verbindungsaufbau eine andere IP-Nummer zu, was die Sache für den Angreifer zu einem Lotteriespiel macht. (Sie sind der Gewinner!)

Sicherheits-Updates: Beinahe täglich werden in diversen Netzwerk-Programmen (und zum Teil auch im Linux-Kernel) selbst Sicherheitsmängel oder Konfigurationsfehler entdeckt. Ein Firewall ist nur dann wirksam, wenn die erforderlichen Sicherheits-Updates durchgeführt werden. Das ist zweifellos lästig, aber unvermeidbar.

Logging-Dateien: Zur Wartung des Firewalls zählt auch ein regelmäßiger Blick in die Logging-Dateien. Ein ganz deutliches Alarmzeichen wäre etwa die Häufung von *Failed-Login*-Einträgen.

IP-Paketfilter

HINWEIS

Dieser Abschnitt bezieht sich ausschließlich auf Kernel 2.2! Der Umgang mit IP-Paketen ändert sich mit momentan mit jeder Kernel-Version grundlegend (Linux wird immer besser, wenn Sie so wollen), und damit ändern sich auch Werkzeuge (und deren Syntax) zur Definition der Filterregeln.

VERWEIS

Wenn Sie weiterführende Literatur zu diesem Thema suchen, lesen Sie zuerst das IPChains- und das Firewall-HOWTO. Für Kernel 2.4 ist bereits das IPTables-HOWTO in Arbeit.

Es gibt für Linux eine ganze Reihe vorgefertiger Firewall-Lösungen – angefangen bei einfachen Filter-Scripts, bei denen lediglich einige Variablen konfiguriert werden müssen, bis hin zu kommerziellen Firewall-Produkten. Suchen Sie im Internet nach 'Linux Firewall'!

Grundlagen

IP-Pakete: Um IP-Paketfilter verstehen zu können, müssen Sie vorher wissen, wie IP-Pakete durch den Rechner geschleust werden. Neben den eigentlichen Daten enthalten IP-Pakete (unter anderem) vier wesentliche Informationen: Absender-IP-Adresse, Absenderport, Zieladresse und Zielport. Diese Daten geben an, woher das Paket kommt und wohin es gehen soll.

Die Bedeutung der IP-Adresse sollte klar sein (siehe Kapitel 9). IP-Ports werden dazu verwendet, um verschiedene Dienste zu identifizieren. Beispielsweise wird zur Anforderung eines WWW-Dokuments üblicherweise der Port 80 verwendet. Bei Port-Nummern handelt es sich um 16-Bit-Zahlen. Die Ports bis 1024 gelten als privilegiert und sind für Server-Dienste reserviert (z.B. eben für den HTTP-Server). Die verbleibenden Ports können von Clients eingesetzt werden.

Schließlich gibt es noch unterschiedliche Protokolle für IP-Pakete: Die meisten Internet-Dienste verwenden TCP. Dieses Protokoll verlangt eine Bestätigung des Empfangs. Es gibt aber Protokolle, die keine derartige Bestätigung erwarten, nämlich ICMP (wird z.B. von `ping` verwendet) und UDP (wird z.B. von DNS und NFS verwendet).

HINWEIS

Kurz eine Zusammenstellung der wichtigsten Abkürzungen aus den vorigen Absätzen:

DNS: Domain Name Service
HTTP: Hypertext Transfer Protocol
ICMP: Internet Control Message Protocol
IP: Internet Protocol
NFS: Network File System
TCP: Transmission Control Protocol
UDP: User Datagram Protocol

Kernel-Interna: IP-Pakete können von außen in den Rechner kommen (also über eines der Netzwerk-Interfaces, z.B. `eth0` oder `ppp0`). Sie können aber auch lokal erzeugt werden, beispielsweise durch ein Netzwerkprogramm auf dem lokalen Rechner. In Abbildung 14.6 werden solche Programme durch die Box *Local Process* symbolisiert.

In jedem Fall ist jetzt der Kernel für die Weiterleitung zuständig. Der Kernel steht dabei immer wieder vor der Entscheidung zwischen drei Alternativen:

- *Deny*: Die Weiterleitung des Pakets wird ohne Rückmeldung abgelehnt. (Das Paket wird damit gewissermaßen gelöscht. Es existiert nicht mehr weiter.) Der Sender erfährt nie, was mit seinem Paket passiert ist.
- *Reject*: Die Weiterleitung wird mit Rückmeldung abgelehnt. Die Folgen für das Paket sind dieselben, allerdings bekommt der Sender durch ein (anderes) ICMP-Paket die Nachricht, dass sein Paket abgelehnt wurde.
- *Accept*: Das Paket wird weitergeleitet.

Abbildung 14.6 veranschaulicht, welche Wege die Pakete dabei gehen können. Dabei sind nur die Deny/Reject-Möglichkeiten explizit eingezeichnet. Wenn ein Paket zur nächsten Stufe weitergeleitet wird, gilt es automatisch als aktzeptiert.

Die folgende Liste beschreibt ganz kurz die Stationen eines IP-Pakets im Kernel:

- *Checksum*: Bei von außen kommenden Paketen wird die Prüfsumme des IP-Pakets kontrolliert. Ist diese falsch, wird das Paket kommentarlos gelöscht.
- *Sanity Check*: Pakete, die nicht den Regeln des Internet Protocols entsprechen, werden ebenfalls gelöscht. (Gewissermaßen ist das ein Syntax-Test.)

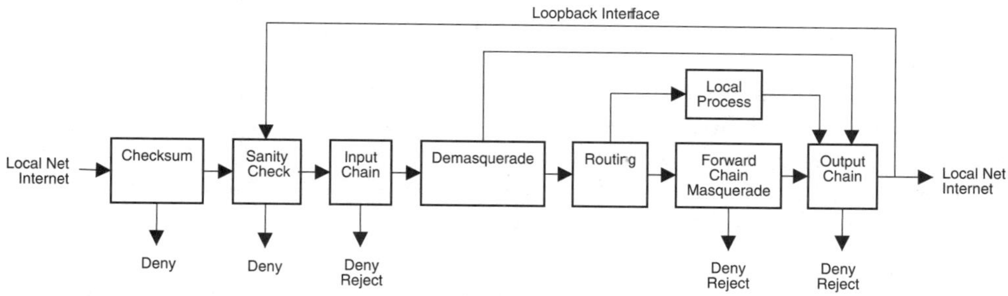

Abbildung 14.6: *IP-Filterung im Kernel*

- *Input Chain*: Anhand einer Reihe von Regeln wird getestet, ob das Paket zur weiteren Verarbeitung durch den Kernel akzeptiert wird oder nicht.
- *Demasquerading*: Falls das Paket maskiert ist, wird es demaskiert. Maskierte Pakete gelangen nur dann in den Rechner, wenn der Rechner als Masquerading-Internet-Gateway verwendet wird (siehe Seite 565). Maskierte Pakete stellen die Antwort auf Internet-Anfragen eines Rechners Ihres lokalen Netzes dar. Der Kernel muss nun entscheiden, welcher Rechner die Anfrage initiiert hat. Die IP-Adresse des Pakets wird entsprechend geändert (das Paket wird also demaskiert). Dann wird es zur Weiterleitung an das lokale Netz an die Output Chain übergeben.
- *Routing*: Anhand der IP- und Port-Adresse entscheidet der Kernel, ob das Paket lokal bearbeitet werden soll oder ob es an einen anderen Rechner (sei es im lokalen Netz oder auch im Internet) weitergeleitet werden soll.
- *Forward Chain*: Anhand einer Reihe von Regeln wird getestet, ob das Paket zur Weiterleitung akzeptiert wird oder nicht. An dieser Stelle wird auch das Masquerading durchgeführt. (Die *Forward Chain* gilt ausschließlich für Pakete, die durch den Rechner nur durchgeschleust werden. Sie gilt nicht für Pakete, die lokal erzeugt oder lokal verarbeitet werden.)
- *Output Chain*: Eine dritte Liste von Regeln entscheidet, ob das Paket den Kernel verlassen darf oder ob es gelöscht wird.

VORSICHT

Bei vielen Firewall-Abbildungen sehen Sie links das (gefährliche) Internet, dann den Firewall und rechts das (sichere) lokale Netz. Abbildung 14.6 entspricht nicht diesem Schema! Die Pakete, die links in den Rechner kommen, stammen sowohl aus dem lokalen Netz als auch aus dem Internet. *Input* bezieht sich auf die Netzwerk-Interfaces des Firewall-Rechner, nicht auf die Logik des gesamten Netzes! Ebenso meint *Output* alle Pakete, die den Firewall-Rechner verlassen – egal, ob diese Pakete jetzt in das lokale Netz oder in das Internet fließen.

HINWEIS

Abbildung 14.6 veranschaulicht sehr gut die Rolle des Loopback-Interface, das in Kapitel 9 erstmals erwähnt wurde. Selbst wenn der Rechner nicht an ein externes Netz angeschlossen ist, kann ein lokaler Prozess ein IP-Paket erzeugen. Dieses durchläuft den Kernel, das Loopback-Interface und wird schließlich einem anderen Prozess übergeben. Wenn Sie etwa `telnet localhost` ausführen, kommunizieren die Prozesse `telnet` (Client) und `telnetd` (Server) auf diesem Weg miteinander.

Die Box *Local Process* in Abbildung 14.6 ist im Allgemeinen keine Kernel-Funktion, sondern ein Programm auf dem lokalen Rechner (z.B. Sendmail, Apache, der Telnet-Dämon etc.). Ausnahmen stellen vom Kernel selbst realisierte Netzwerkfunktionen dar (etwa NFS).

Filter

Es gibt drei Orte, an denen Sie in die Paketweiterleitung eingreifen können: an der *Input-*, der *Forward-* und der *Output-Chain*. Das ganze Geheimnis eines Paketfilter-Firewalls besteht also darin, für diese drei Kernel-Komponenten die richtigen Regeln zu definieren. Die Summe dieser Regeln wird als Filter bezeichnet. (Bei einem Rechner ohne Firewall-Konfiguration werden an diesen drei Komponenten einfach alle Pakete durchgelassen. Es gibt also keine Default-Regeln.)

Mit dem Kommando `ipchains` (bei Kernel-Version 2.2) können Sie derartige Regeln definieren. Das Prinzip lässt sich am einfachsten anhand eines Beispiels demonstrieren. Das Beispiel geht davon aus, dass die Beispielregel auf dem Rechner `jupiter` (192.168.0.1) definiert wird. Rechner `uranus` wird verwendet, um die Regel zu testen. Beginnen Sie damit, dass Sie prüfen, ob das lokale Netz zwischen `uranus` und `jupiter` funktioniert:

```
root@uranus#  ping -c 1 jupiter
PING jupiter.sol (192.168.0.1): 56 data bytes
64 bytes from 192.168.0.1: icmp_seq=0 ttl=255 time=1.428 ms
...
1 packets transmitted, 1 packets received, 0% packet loss
```

Nun definieren Sie auf dem Rechner `jupiter` die folgende Regel: Weise alle ICMP-Pakete zurück, die von `uranus` (also von 192.168.0.2) stammen. (ICMP wird von `ping` verwendet.)

```
root@jupiter#  ipchains -A input -s 192.168.0.2 -p icmp -j DENY
```

Wiederholen Sie nun auf `uranus` den ursprünglichen `ping`-Test. Sie werden feststellen, dass `jupiter` nicht mehr antwortet (obwohl beispielsweise eine Telnet-Verbindung zu `jupiter` noch immer funktioniert).

```
root@uranus#  ping -c 1 jupiter
PING jupiter.sol (192.168.0.1): 56 data bytes
...
1 packets transmitted, 0 packets received, 100% packet loss
```

Um die Regel auf `jupiter` wieder zu löschen, führen Sie noch ein `ipchains`-Kommando aus, diesmal aber mit der Option `-D` (delete) statt `-A` (add).

```
root@jupiter# ipchains -D input -s 192.168.0.2 -p icmp -j DENY
```

ipchains-Syntax

Die folgende Übersicht zählt nur die allerwichtigsten Syntaxoptionen auf! Eine vollständige Beschreibung von `ipchains` finden Sie in der sehr ausführlichen Manualseite sowie im IPChains-HOWTO.

ipchains -P input/output/forward policy

`ipchains -P` (policy) bestimmt das Defaultverhalten für eine Filterliste. Statt `policy` müssen Sie `ACCEPT`, `REJECT` oder `DENY` angeben. `ipchains -P output DENY` bedeutet also, dass keine IP-Pakete den Rechner verlassen dürfen. (Anschließend müssen Ausnahmeregeln zu diesem Defaultverhalten definiert werden.)

Grundsätzlich gibt es daher zwei Strategien beim Filterentwurf: alles verbieten und dann Ausnahmen erlauben, oder alles erlauben und Ausnahmen verbieten. Naturgemäß ist der erste Ansatz der sicherere Weg. Wenn Sie einen Sonderfall vergessen, funktioniert ein Dienst nicht, aber das ist kein Sicherheitsrisiko. Allerdings passiert es leicht, dass Sie zu viel verbieten, und die Teilnehmer im lokalen Netz werden sich bei Ihnen beschweren, was alles nicht mehr funktioniert (FTP, IRC, MP3-Streaming etc.).

ipchains -A input/output/forward optionen

`ipchains -A` (add) fügt eine neue Regel in eine der Filterlisten `input`, `output` oder `forward` ein. Generell gilt eine Regel für alle möglichen Fälle (z.B. für alle IP-Protokolle). Durch Optionen kann die Gültigkeit eingeschränkt werden. Die meisten Optionen können mit einem Ausrufezeichen auch verneint eingesetzt werden. Mit `-p udp` gilt eine Regel also beispielsweise nur für UDP-Pakete. Mit `-p !udp` gilt sie hingegen für alle Pakete außer für UDP-Pakete.

`-d` *ipadresse [port:port]*
: gibt die Zieladresse und optional einen Port-Bereich an (destination).

`-dport` *port:port*
: gibt den Port-Bereich für das Ziel an (ohne Adresse).

`-s` *ipadresse [port:port]*
: gibt die Absenderadresse und deren Port-Bereich an (source).

`-sport` *port:port*
: gibt den Port-Bereich für den Absender an (ohne Adresse).

`-p` *protocol*
: bestimmt das Protokoll (z.B. `tcp`, `udp` oder `icmp`).

`-y` gibt an, dass die Regel nur für solche TCP-Pakete gelten soll, bei denen das SYN-Bit gesetzt ist. Derartige Pakete werden dazu verwendet, um eine Verbindung zu initiieren (etwa für alle TCP-Wrapper-Funktionen, für HTTP etc.).

`-i` *interface*
: gibt an, für welches Interface die Regel gelten soll (z.B. `eth0`, `lo` für das Loopback-Interface). Bei *Input*-Regeln ist das Interface gemeint, von dem die Pakete kommen. Bei *Forward*- und *Output*-Regeln ist das Interface gemeint, zu dem die Pakete fließen. Beim Interface-Namen ist das Sonderzeichen + als Platzhalter für alle Interface-Nummern erlaubt, also `ppp+` für `ppp0`, `ppp1` etc.

`-j ACCEPT/REJECT/DENY/..`
: gibt an, was mit dem Paket geschehen soll (normalerweise `ACCEPT`, `REJECT` oder `DENY`).

Daneben gibt es noch zwei seltener eingesetzte Varianten: `MASQ` aktiviert das Masquerading für alle von der Regel betroffenen Pakete. `REDIRECT port` leitet alle Pakete auf einen anderen Port um.

Eine weitere Möglichkeit besteht darin, dass Sie statt eines der fünf Schlüsselwörter eine selbst definierte Filterkette (siehe unten) angeben. In diesem Fall werden alle Regeln dieser Kette angewandt. (In der prozeduralen Programmierung würde das einem Unterprogrammaufruf entsprechen.)

`-l` gibt an, dass Informationen über alle Datenpakete, die der Regel entsprechen, protokolliert werden (üblicherweise in `/var/log/messages`). Vorsicht, damit können Sie in kurzer Zeit sehr viele Protokolleinträge erzeugen (und gleichzeitig Ihr Netz massiv ausbremsen)!

ipchains -N userchain

`ipchains -N` (new) definiert eine neue, eigene Filterkette. Die Filterkette kann wie eine der drei vordefinierten Filterketten aufgebaut werden, d.h. Sie stellen mit `-P` das Defaultverhalten ein und definieren dann mit `-A` Regeln. Sie können Ihre eigene Filterkette dann in Regeln für die drei Standardfilterketten *Input*, *Output* oder *Forward* einsetzen (Option `-j`, siehe oben).

ipchains -L input/output/forward/userchain

`ipchains -L` (list) zeigt die Liste aller definierten Regeln an.

ipchains -D input/output/forward/userchain opts

`ipchains -D` (delete) löscht die angegebene Regel. Es müssen exakt dieselben Optionen wie bei der Definition durch `-A` angegeben werden.

ipchains -F input/output/forward/userchain

`ipchains -F` (flush) löscht alle Regeln aus der angegebenen Filterkette. Wird keine Filterkette angegeben, werden alle Regeln aller Filterketten gelöscht.

ipchains -X userchain

`ipchains -X` löscht die gesamte selbst definierte Filterkette. Wird keine Filterkette angegeben, werden alle selbst definierten Filter gelöscht.

VORSICHT

Die Reihenfolge der Regeln ist relevant! Die Regeln werden in der Reihenfolge abgearbeitet, in der sie definiert wurden. Sobald eine Regel gefunden wird, die zutrifft (ganz egal ob die Konsequenz nun *Accept, Reject* oder *Deny* heißt), wird diese Regel ausgeführt. Alle weiteren Regeln kommen nicht mehr zum Zuge. Das bedeutet, dass Spezialregeln (Ausnahmeregeln) *vor* allgemeineren Regeln angegeben werden müssen.

Das widerspricht der menschlichen Logik, die wie folgt formuliert: Akzeptiere Pakete für die Ports 3000-4000 mit der Ausnahme von Port 3462. Wenn hier die erste Regel zuerst definiert wird, kommt die zweite nie zum Einsatz!

Die einzige Ausnahme vom Grundsatz *zuerst speziell, dann allgemein* ist das Defaultverhalten des Filters. Trifft keine einzige Filterregel zu, dann wird das Paket gemäß dem mit `-P` eingestellten Defaultverhalten behandelt.

Beispiele

Der Ausgangspunkt für alle Beispiele ist die Netzwerktopologie aus Abbildung 14.1 (siehe Seite 564). Der Firewall läuft auf dem Rechner Jupiter mit der IP-Adresse 192.168.0.1. Das lokale Netzwerk im Adressbereich 192.168.0.* ist über das Interface `eth1` angeschlossen und soll geschützt werden. Der Internetzugang erfolgt über das Interface `ppp0`. Via Masquerading wird allen Rechnern im lokalen Netz Internet-Zugang gewährt. Alle Regeln werden in der Shell-Script-Datei `sbin/myiprules` definiert.

TIPP

Es ist keine gute Idee, Firewall-Regeln via Telnet auszuprobieren! Es wird Ihnen unweigerlich passieren, dass Sie während der Definition der Regeln die Netzwerkverbindung trennen – und dann können Sie natürlich nur noch lokal am Rechner arbeiten.

Variablen: Öfter vorkommende IP-Adressen, Interfaces etc. sollten in Variablen gespeichert werden. Das erleichtert spätere Änderungen und reduziert die Gefahr von Tippfehlern:

```
#!/bin/sh
# /sbin/myiprules (einfaches Firewall-Beispiel)
# Variablen
IPC=/sbin/ipchains
LAN=192.168.0.0/24   # lokales Netz
ETHLAN=eth1          # Ethernet-Device für das lokale Netz
PPPIN=ppp0           # Netzwerk-Device für den Internet-Zugang
```

Ausgangszustand herstellen: Zu Beginn muss ein klar definierter Grundzustand hergestellt werden. Dazu werden alle vorhandenen Regeln gelöscht und das Default-Verhalten für die drei Filterlisten definiert.

Mit `input DENY` ist der Firewall vorerst dicht, d.h. von außen können keine IP-Pakete in den Rechner. (Außen meint sowohl vom lokalen Netz als auch vom Internet aus!)

Mit `forward DENY` wird zudem jeder direkte Verkehr zwischen dem lokalen Netz und dem Internet unterbunden (also IP-Pakete, die den Firewall unverändert passieren möchten). Vorerst ist diese Regel noch übervorsichtig, weil der *Input*-Filter ja ohnedies nichts durchlässt. Der *Input*-Filter muss aber natürlich im Folgenden durch eine Menge Ausnahmeregeln geöffnet werden, damit das Netzwerk überhaupt funktioniert.

`output ACCEPT` bedeutet, dass alle Pakete, die die *Input*- und *Forward*-Filter passieren durften, das Netzwerk auch wieder verlassen dürfen. Der *Output*-Filter wird bei diesem Beispiel nicht mehr verändert. Der Firewall verlässt sich also auf die Wirksamkeit der beiden anderen Regeln – und darauf, dass auf dem Firewall-Rechner selbst keine (vom Angreifer hineingeschmuggelten) bösartigen Programme ausgeführt werden, die den Firewall unterlaufen. (Wenn es einmal so weit ist, hat der Angreifer ohnedies schon mehr oder weniger die Kontrolle über den Rechner.)

```
# Defaulteinstellungen
$IPC -F                   # vorhandene Standardfilter löschen
$IPC -X                   # selbst definierte Filter löschen
$IPC -P input   DENY      # Defaultverhalten für die Standardfilter
$IPC -P forward DENY
$IPC -P output  ACCEPT
```

Masquerading: Die Masquerading-Regel besagt, dass alle Datenpakete aus dem lokalen Netz maskiert und an das Interface `PPPIN` weitergeleitet werden sollen. Die Regel aktiviert automatisch auch das Demasquerading (damit auch die Antworten empfangen werden können). Das `echo`-Kommando aktiviert eine Kernel-Option, die für das Masquerading erforderlich ist. Unter Umständen müssen Sie noch zusätzliche Kernel-Module (z.B. `ip_masq_ftp`) laden, um so Masquerading-Probleme mit bestimmten Protokollen zu vermeiden. Weitere Informationen zum Masquerading finden Sie auf Seite 565.

```
# Masquerading
echo 1 > /proc/sys/net/ipv4/ip_forward
$IPC -A forward -s $LAN -i PPPIN -j MASQ
```

Input-Regeln: Im Folgenden wird der *Input*-Filter für die verschiedenen Interfaces eingerichtet. Durch `input DENY` ist ja momentan alles blockiert.

Loopback-Interface: Das Kommando aktiviert das Loopback-Interface (ohne Einschränkungen).

```
# Input-Regeln für das Loopback-Device
$IPC -A input -i lo -j ACCEPT
```

LAN-Interface: Das erste Kommando akzeptiert alle Pakete, die vom Ethernet-Device `$ETHLAN` kommen und aus dem lokalen Netz (Maske `$LAN`) stammen.

Das zweite Kommando ist spezifisch für mein System, das außer als Firewall auch als DHCP-Server dient. Die DHCP-Kommunikation erfolgt mit UDP-Paketen über die Ports 67 und 68. (Das erste Kommando blockiert auch die UDP-Pakete, weil diese anfänglich noch keine IP-Adresse aus dem LAN haben, sondern 0.0.0.0.)

```
# Input-Regeln für das LAN-Netzwerk-Device
$IPC -A input -i $ETHLAN -s $LAN -j ACCEPT
$IPC -A input -i $ETHLAN -p udp --dport 67:68 --sport 67:68 -j ACCEPT
```

PPP-Interface: Jetzt folgt eine ganze Reihe von Regeln, die angeben, welche Pakete aus dem Internet weitergeleitet werden dürfen. Die Regeln sind in drei Gruppen für die Protokolle ICMP, UDP und TCP gegliedert. Diese Regeln bestimmen, wie sicher der Firewall ist (und es gäbe natürlich noch viele Optimierungsmöglichkeiten).

ICMP-Pakete werden ohne Ausnahme akzeptiert. (Wenn Sie Ihr Netzwerk vor Angriffen schützen möchten, deren einziges Ziel darin besteht, Ihren Rechner lahm zu legen, sind hier viel restriktivere Regeln erforderlich.)

```
# Input-Regeln für das Internet-Device: ICMP-Pakete
$IPC -A input -i $PPPIN -p icmp -j ACCEPT
```

UDP-Pakete für die Ports 0 bis 1023 und 2049 (NFS) werden abgelehnt, alle anderen werden akzeptiert.

```
# Input-Regeln für das Internet-Device: UDP-Pakete
$IPC -A input -i $PPPIN -p udp --dport 0:1023 -j DENY
$IPC -A input -i $PPPIN -p udp --dport 2049   -j DENY
$IPC -A input -i $PPPIN -p udp                -j ACCEPT
```

Etwas feinmaschiger ist der Filter für TCP-Pakete. SYN-Pakete (das sind besondere TCP-Pakete mit gesetztem SYN-Bit, die zur Initiierung von Verbindungen dienen) werden für die Ports 0 bis 1023 abgelehnt. Die einzige Ausnahme ist Port 113, auf dem der Service `identd` läuft. Dieser Service wird oft von externen Mail- und News-Servern verwendet, um die Herkunft empfangener Nachrichten zu prüfen. Es gibt unterschiedliche Meinungen dazu, ob es ein Risiko darstellt, Port 113 für diesen Zweck offen zu lassen oder nicht.

Beachten Sie bitte, dass die Ports 0 bis 1023 nicht generell für TCP-Pakete blockiert werden können – dann würde niemand im lokalen Netz ein HTML-Dokument empfangen oder via FTP ein Dokument übertragen. Blockiert werden nur die SYN-Pakete (Option `-y`).

Die weiteren Kommandos blockieren einige Ports vollständig: 139 (NetBIOS/SMB), 1433 (Microsoft SQL Server), 2049 (NFS), 5999-6003 (X-Displays), 7100 (X-Font-Server) und 31337 (Back Orifice). Was bis jetzt nicht blockiert ist, wird schließlich mit der letzten Regel akzeptiert:

```
# Input-Regeln für das Internet-Device: TCP-Pakete
$IPC -A input -i $PPPIN -p tcp -y --dport 113       -j ACCEPT
$IPC -A input -i $PPPIN -p tcp -y --dport 0:1023    -j DENY
$IPC -A input -i $PPPIN -p tcp    --dport 139       -j DENY
$IPC -A input -i $PPPIN -p tcp    --dport 1433      -j DENY
$IPC -A input -i $PPPIN -p tcp    --dport 2049      -j DENY
$IPC -A input -i $PPPIN -p tcp    --dport 5999:6003 -j DENY
$IPC -A input -i $PPPIN -p tcp    --dport 7100      -j DENY
$IPC -A input -i $PPPIN -p tcp    --dport 31337     -j DENY
$IPC -A input -i $PPPIN -p tcp                      -j ACCEPT
```

PPTP: Die letzte Regel ist wieder sehr spezifisch für meine eigenen Netzwerkanforderungen. Meine Internet-Verbindung erfolgt durch ADSL via PPTP. Die Verbindung zwischen dem Firewall-Rechner und dem ANT erfolgt über das Ethernet-Device `eth0`. (Das lokale Netz ist an `eth1` angeschlossen.) Die folgende Regel akzeptiert Pakete von `eth0`, allerdings nur, wenn sie vom ANT kommen (IP-Adresse 10.0.0.138):

```
# Input-Regeln für das ADSL-Netzwerk-Device
$IPC -A input -i eth0 -s 10.0.0.138  -j ACCEPT
```

Firewall testen

Logging: `ipchains` bietet mit der Logging-Option `-l` die Möglichkeit, die Wirksamkeit einzelner Regeln zu protokollieren. Wenn Sie als letzte Regel für eine Filterliste `ipchains -A input/output/forward -l` angeben, werden alle Pakete protokolliert, die durch das Regelwerk gelangen (und dann, je nach Defaultverhalten, akzeptiert oder abgelehnt werden).

Paketsimulation: Um zu testen, ob Ihre Regeln dem entsprechen, was Sie beabsichtigt haben, können Sie mit `ipchains -C` Pakete simulieren. (Sie müssen also nicht warten, bis Ihr Rechner wirklich angegriffen wird.)

Zur Ausführung des Kommandos müssen Sie zumindest das Interface, das Protokoll sowie Sender- und Empfängeradresse angeben. Die zwei folgenden Beispiele zeigen, dass 1.2.3.4 auf dem Rechner 192.168.0.2 keine Telnet-Verbindung (Port 23) mit einem SYN-Paket initiieren kann. TCP-Pakete ohne SYN-Bit kommen aber zum Rechner 192.168.0.2 durch (so dass dieser Rechner Telnet als Client verwenden kann):

```
root#  ipchains -C input -i ppp0 -p tcp -y \
                 -s 1.2.3.4 23 -d 192.168.0.2 23
denied
root#  ipchains -C input -i ppp0 -p tcp \
                 -s 1.2.3.4 23 -d 192.168.0.2 23
accpeted
```

Scanner: Ideal wäre, wenn Sie Ihr Firewall von außen testen könnten, also von einem Rechner, der nicht Teil Ihres lokalen Netzwerks ist und der über einen anderen Provider mit dem Internet verbunden ist. Es gibt eine Reihe sogenannter Scanner mit klingenden Namen wie SATAN oder SAINT, um derartige Sicherheitstests durchzuführen. (Die Werkzeuge können natürlich umgekehrt auch für einen Angriff eingesetzt werden. Auf keinen Fall sollten Sie diese Werkzeuge ohne genaues Studium der Dokumentation auf Ihr eigenen Firewall loslassen – und schon gar nicht auf ein fremdes Netz!)

Wenn Sie keinen Zugang zu einem externen Rechner haben, auf dem Sie gewissermaßen spielen dürfen, können Sie sich diverser Websites bedienen, die Sicherheitstests nach der Angabe der Netzparameter automatisch durchführen (meist gegen eine kleine Gebühr). Relativ bekannt ist etwa Shields Up (`www.grc.com`). Dabei stellt sich natürlich immer die Frage, wem Sie so weit vertrauen können, dass Sie ihm quasi die Erlaubnis zu einem Angriff auf Ihr eigenes Netz geben. Kurzum: Auch hier ist sehr viel Vorsicht angebracht.

Filterregeln automatisch ausführen

Damit die Filterregeln bei jedem Rechnerstart im Rahmen des Init-V-Prozesses automatisch ausgeführt werden, müssen Sie das Filter-Script im `init.d`-Verzeichnis speichern und in den `rc`*n*`.d`-Verzeichnissen die entsprechenden Links einrichten. Bei manchen Distributionen ist bereits ein Firewall-Script vorgesehen – dann ersparen Sie sich diese Arbeit.

IP-Spoofing

Beim IP-Spoofing versucht der Angreifer, Ihnen Pakete unterzujubeln, die so aussehen, als kämen sie aus dem lokalen Netz. Dazu wird die Absenderadresse im IP-Paket manipuliert. Sie zeigt nicht auf den tatsächlichen Absender, sondern enthält eine IP-Adresse aus Ihrem Netzwerk (oder auch eine andere IP-Adresse). Das Ziel kann darin bestehen, auf diese Weise Ihre Firewall-Regeln zu durchlaufen, oder aber bei bestimmten Attacken die wahre Herkunft des Angreifers zu verschleiern. Naturgemäß soll beides verhindert werden!

Zum Glück ist es sehr einfach, das IP-Spoofing zu verhinden. Seit Kernel 2.2 müssen Sie dazu keine komplizierten Filterregeln, sondern lediglich den Kernel-Parameter `rp_filter` für jedes Interface verändern:

```
# /sbin/myiprules (Fortsetzung)
# IP-Spoofing verhindern
for rpf in /proc/sys/net/ipv4/conf/*/rp_filter; do
  echo 1 > $rpf
done
```

Teil IV

Anwendung

Kapitel 15

bash – Ein moderner Kommandointerpreter

Im Mittelpunkt dieses Kapitels steht die 'bourne again shell' (kurz `bash`). Dieses Programm wird normalerweise automatisch nach dem Einloggen gestartet und ermöglicht in der Folge die bequeme Eingabe und Ausführung von Linux-Kommandos – daher auch die Bezeichnung Kommandointerpreter. Gleichzeitig stellt die `bash` eine eigene Programmiersprache zur Verfügung, die zur Erstellung von Shell-Programmen (Shell-Scripts) verwendet werden kann.

Die Beschreibung der `bash` ist auf zwei Kapitel verteilt. Dieses Kapitel behandelt die Verwendung der `bash` als Kommandointerpreter. Wesentliche Themen dieses Kapitels sind eine Einführung in den Umgang mit der `bash`, die Ein- und Ausgabeumleitung, die Kommunikation zwischen mehreren Prozessen (Pipes, Kommandosubstitution) und die Verwaltung von Shell-Variablen.

Kapitel 16 ab Seite 655 geht auf die Programmiermöglichkeiten der `bash` ein, beschreibt die wichtigsten Sprachelemente und zeigt deren Anwendung anhand einiger Beispiele. Das Kapitel endet mit einer Referenz der wichtigsten Kommandos für die Programmierung und einer Tabelle aller Sonderzeichen der `bash`.

15.1 Was ist eine Shell?

`bash` steht für 'bourne again shell' und ist eigentlich ein englisches Wortspiel. Es handelt sich dabei um einen Nachfolger der Bourne-Shell, die neben der Korn-Shell und der C-Shell zu den drei klassischen Unix-Shells zählt. Unter Linux sind alle drei Shells verfügbar, standardmäßig wird aber zumeist die `bash` eingerichtet.

Was ist nun eine Shell? Die Shell ist eine Art Benutzerschnittstelle zwischen dem Linux-System und dem Anwender. In erster Linie wird die Shell zum Aufruf von Linux-Kommandos und Programmen eingesetzt. Sie stellt damit eine Art Kommandointerpreter dar (vergleichbar in etwa mit `command.com` aus der MS-DOS-Welt).

Gleichzeitig stellt die Shell eine leistungsfähige Programmiersprache zur Verfügung, mit der Arbeitsabläufe automatisiert werden können. Einige besondere Shell-Kommandos ermöglichen es, innerhalb dieser Programme Variablen zu verwenden, Abfragen und Schleifen zu bilden etc. Die resultierenden Programme werden je nach den Präferenzen des Autors als Stapeldateien, Batch-Dateien, Scripts, Shell-Prozeduren oder Ähnliches bezeichnet. In jedem Fall handelt es sich dabei um einfache Textdateien, die von der Shell ausgeführt (interpretiert) werden. Details dazu finden Sie in Kapitel 16 ab Seite 655.

TIPP

Zur `bash` existiert ein umfangreicher `man`-Text (5000 Zeilen) und eine ebenso umfangreiche `info`-Datei, die mit dem Kommando `info -f /usr/info/bash` gelesen werden kann. Manche Distributionen liefern außerdem die HTML-Datei `bashref.html` mit, die denselben Inhalt sauber formatiert liefert.

HINWEIS

Dieses Kapitel beschreibt die `bash`-Version 2.0. Fallweise ist auch noch die Version 1.14 im Einsatz. In der gewöhnlichen Anwendung sind kaum Unterschiede erkennbar. Mehr getan hat sich für Programmierer (siehe auch Seite 655) – aber auch hier sind die beiden `bash`-Versionen bis auf ganz wenige Details kompatibel. Wenn Sie nicht wissen, mit welcher Shell-Version Sie arbeiten, führen Sie einfach das folgende Kommando aus:

```
user$ echo $BASH_VERSION
2.03.0(1)-release
```

In eine andere Shell wechseln

Die `bash` gilt unter GNU/Linux als Standard-Shell. Je nachdem, wie Sie Linux installiert haben, stehen Ihnen aber auch andere Shells zur Verfügung. Diese Shells unterscheiden sich durch eine leicht abweichende Syntax bei der Kommandoeingabe und andere Kommandos zur Programmierung. Die Entscheidung für oder gegen die eine oder andere Shell ist daher in erster Linie eine Frage persönlicher Präferenzen, der Gewöhnung etc. Wenn in diesem Buch nur die `bash` beschrieben wird, dann vor allem aus Platzgründen.

Wenn Sie mehrere Shells installiert haben, können Sie im laufenden Betrieb jederzeit die Shell wechseln: Mit `bash` oder `sh` gelangen Sie in die `bash`, mit `ash` in die Shell des BSD-Systems (ideal für Rechner mit wenig RAM), mit `ksh` oder `pdksh` in die Korn-Shell und mit `csh` oder `tcsh` in die C-Shell bzw. in deren Variante tcsh. `exit` führt Sie jeweils in die zuletzt aktive Shell zurück.

Beachten Sie bitte, dass es sich bei allen mit Linux mitgelieferten Shells um GNU- oder Public-Domain-Versionen handelt. Aus diesem Grund können fallweise – zumeist minimale – Abweichungen von den jeweiligen Original-Shells auftreten.

Falls Sie nicht wissen, in welcher Shell Sie sich gerade befinden, geben Sie am einfachsten das Kommando `echo $0` ein, das in allen drei Shells zur Verfügung steht und dieselbe Bedeutung hat. Damit wird der Name der Shell ausgegeben.

```
user$  echo $0
-bash
```

TIPP: Falls jetzt Ihre Neugier auf unterschiedliche Shell-Versionen geweckt ist: Zu `ash`, `ksh` und `tcsh` existieren sehr umfangreiche `man`-Texte.

Default-Shell verändern

Für jeden unter Linux angemeldeten Anwender ist eine eigene Default-Shell vorgesehen. Diese Shell wird nach dem Anmelden (login) automatisch gestartet. Wenn Sie die Default-Shell verändern möchten, müssen Sie die Datei `/etc/passwd` bearbeiten. Die Shell wird als letzter Eintrag in der Zeile jedes Anwenders genannt.

Statt der unmittelbaren Veränderung der `passwd`-Datei, die nur von `root` durchgeführt werden darf, können Sie auch das Kommando `chsh` (change shell) aufrufen. Die Shell-Programme sind im Verzeichnis `/bin` gespeichert. Sie müssen also beispielsweise `/bin/csh` angeben, wenn Sie in Zukunft mit der C-Shell arbeiten möchten. Eine Liste der verwendbaren Shells befindet sich in `/etc/shells`.

15.2 Basiskonfiguration

Funktionstasten in der bash

Beim Arbeiten in der Shell werden Sie möglicherweise feststellen, dass Sie dort keine deutschen Sonderzeichen eingeben können und die Tasten (Entf), (Pos1) und (Ende) nicht wie erwartet funktionieren.

Die Tastaturkonfiguration der bash kann global in der Datei /etc/inputrc oder individuell in ~/.inputrc eingestellt werden. Falls die Datei noch nicht existiert, muss sie neu angelegt werden.

```
# /etc/inputrc oder ~/.inputrc
set meta-flag on
set convert-meta off
set output-meta on
"\e[1~": beginning-of-line
"\e[3~": delete-char
"\e[4~": end-of-line
```

Die Datei steuert die Funktion readline, die bash-intern zur Verarbeitung von Tastatureingaben verwendet wird. Durch die drei ersten Anweisungen wird erreicht, dass erstens 8-Bit-Zeichen bei der Eingabe erkannt werden, dass sie zweitens nicht in andere Zeichen konvertiert werden und drittens auch tatsächlich ausgegeben werden. Die nächsten drei Zeilen steuern die Reaktion auf das Drücken der Tasten (Pos1), (Entf) und (Ende).

Die Veränderungen werden erst nach einem Neustart der Shell wirksam. (In einer Textkonsole loggen Sie sich aus und dann wieder ein. Unter X starten Sie ein neues Konsolenfenster.) Zum Testen ist es allerdings praktischer, einfach das Kommando bash auszuführen. Dann wird eine neue Shell geladen, und Sie können mit exit zur alten Shell zurückkehren. Das ist insbesondere dann vorteilhaft, wenn die Einstellung nicht zum erwünschten Ergebnis führt – in der alten Shell gilt nämlich weiterhin die alte Tastenbelegung.

VERWEIS

Wenn Sie unter X arbeiten, funktionieren die Funktionstasten unter Umständen trotz inputrc nicht ordnungsgemäß. Die Ursache ist dann vermutlich eine unzureichende Konfiguration des X Window Systems bzw. des Terminal-Programms (z.B. xterm). Tipps zur Lösung von X-Tastaturproblemen finden Sie auf Seite 339.

Eingabe-Prompt

In der Shell wird am Beginn der Eingabezeile üblicherweise einfach das Zeichen ~ bzw. # (für root) angezeigt. Stattdessen können Sie aber auch den Namen des Rechners, den Namen des aktuellen Verzeichnisses oder einen anderen Text anzeigen lassen. Um beispielsweise das aktuelle Verzeichnis anzuzeigen, verändern Sie in /etc/profile einfach die Voreinstellung der Umgebungsvariablen PS1:

```
# Ergänzung/Veränderung in /etc/profile oder ~/.profile
PS1="\w \$ "
```

VERWEIS

Die Hintergründe dieser Einstellung werden auf Seite 652 behandelt. Dort werden alle Umgebungsvariablen der bash beschrieben. Weitere Informationen zur profile-Datei finden Sie auf Seite 678.

15.3 Kommandoeingabe

Der erste Kontakt mit der `bash` findet bei der Eingabe ganz gewöhnlicher Kommandos statt. Die `bash` unterstützt Sie dabei durch eine Menge praktischer Tastenkürzel und Sondertasten. Insbesondere können Sie mit den Cursortasten (↑) und (↓) die zuletzt eingegebenen Kommandos wieder bearbeiten, was eine Menge Tipparbeit spart. Beim Ausloggen aus einer Shell werden die zuletzt eingegebenen Kommandos in einer Datei gespeichert und stehen so auch nach dem nächsten Einloggen wieder zur Verfügung. (Wenn Sie in mehreren Terminals unter demselben User-Namen arbeiten, werden nur die Kommandos eines dieser Terminals gespeichert.)

Kommandozeilen können wie in einem Texteditor verändert werden, d.h., Sie können an beliebigen Stellen Zeichen einfügen und löschen. Die Tastaturbelegung der `bash` ist praktisch vollständig konfigurierbar. Insbesondere können Sie Sonderzeichen (Funktions- und Cursortasten) mit den von Ihnen gewünschten Kommandos belegen. Außerdem können Sie zwischen dem `emacs`- und dem `vi`-Modus umschalten. Damit gelten für alle grundlegenden Edit-Kommandos dieselben Tastenkürzel wie im jeweils ausgewählten Editor. Die Defaulteinstellung ist in der Regel der `emacs`-Modus. In diesem Kapitel werden alle Tastenkürzel ebenfalls für diesen Modus angegeben.

TIPP Informationen zur Konfiguration von `bash` finden Sie auf Seite 635. Dort wird die korrekte Einstellung der Konfigurationsdatei `.inputrc` beschrieben.

Expansion von Kommando- und Dateinamen

Der wohl größte Unterschied bei der Eingabe von Kommandos gegenüber anderen Shells (insbesondere im Vergleich zu dem von MS-DOS gewohnten Kommandointerpreter) besteht in der automatischen Expansion von Dateinamen durch (Tab). Sobald Sie die ersten Buchstaben eines Datei- oder Kommandonamens eingegeben haben, können Sie die Tabulator-Taste drücken. Wenn die Datei bereits eindeutig identifizierbar ist, wird der Name vollständig ergänzt. Wenn es mehrere Namen gibt, die gleich beginnen, wird nur so weit erweitert, wie die Namen übereinstimmen. Außerdem erklingt in diesem Fall ein Signalton, der darauf hinweist, dass der Dateiname möglicherweise noch nicht vollständig ist.

Am leichtesten ist die Expansion von Dateinamen anhand eines Beispiels zu verstehen. Die Eingabe

```
user$ em (Tab) com (Tab)
```

wird auf meinem Rechner automatisch zu

```
user$ emacs command.tex
```

erweitert. Dabei ist `emacs` der Name eines Kommandos (eines Editors). Zur Vervollständigung von `em` durchsucht `bash` alle in der `PATH`-Variablen angegebenen Verzeichnisse nach ausführbaren Programmen. `command.tex` ist eine Textdatei im aktuellen Verzeichnis, die durch die Angabe der ersten drei Buchstaben ebenfalls eindeutig identifizierbar ist. Die Expansion funktioniert auch bei Dateinamen, denen mehrere Verzeichnisse vorangestellt sind. Wenn Sie

```
user$ ls /usr/doc/ger (Tab)
```

eingeben, erweitert `bash` diese Eingabe zu:

```
user$ ls /usr/doc/german/
```

`bash` berücksichtigt dabei alle Datei- und Verzeichnisnamen im Verzeichnis `/usr/doc`. Wenn eine eindeutige Erweiterung nicht möglich ist (Signalton), können Sie einfach nochmals (Tab) drücken. `bash` zeigt dann in den Zeilen unterhalb der aktuellen Eingabezeile alle möglichen Ergänzungen an. Die Eingabe

```
user$ e (Tab) (Tab)
```

führt zur Ausgabe:

```
user$ e
echo        elif        emacs-nox    eqn      exec        expand
ed          elm         emacsclient  esac     exit        export
editres     elmalias    enable       etags    exmh        expr
egrep       else        encaps       eval     exmh-async
eject       emacs       env          ex       exmh-bg
```

Die Eingabe kann jetzt fortgesetzt werden. Die tatsächlich auf Ihrem Rechner erscheinende Dateiliste hängt natürlich davon ab, welche Dateien sich im aktuellen Verzeichnis befinden, welche Programme auf Ihrem Linux-System installiert sind etc.

TIPP

Programme und Kommandos im gerade aktuellen Verzeichnis werden bei der Kommandoexpansion nur dann berücksichtigt, wenn das aktuelle Verzeichnis in der `PATH`-Variablen enthalten ist. (`echo $PATH` zeigt `PATH` an. Das aktuelle Verzeichnis wird durch '.' abgekürzt.) Bei einigen Linux-Distributionen fehlt aus Sicherheitsgründen das aktuelle Verzeichnis in `PATH`. Damit Programme aus dem aktuellen Verzeichnis ausgeführt werden können, muss `./name` eingegeben werden. Die `PATH`-Voreinstellung kann in `/etc/profile` verändert werden.

HINWEIS

Die automatische Kommandoexpansion verschleiert, wo sich ein Programm nun wirklich befindet. Mit `whereis name` werden alle Standardverzeichnisse für Programmdateien durchsucht, was in den meisten Fällen zum Ziel führt. `which` durchsucht `PATH` und ermittelt das Programm, das bei der Eingabe des Kommandos ohne Pfad ausgeführt würde. `which` ist dann interessant, wenn es mehrere Versionen eines Programms gibt, die sich in unterschiedlichen Verzeichnissen befinden.

Die `bash` bietet analoge Expansionsmechanismen auch für die Namen von Heimatverzeichnissen (`~ro` Tab liefert `~root/`) und für Variablennamen an (`$PA` Tab liefert `$PATH`).

Wichtige Tastenkürzel

Bei der folgenden Tabelle wird davon ausgegangen, dass `bash` für den `emacs`-Modus konfiguriert ist. Wenn manche Tasten auf Ihrem Rechner eine andere Reaktion hervorrufen, lesen Sie bitte die Konfigurationshinweise auf Seite 635. Falls Sie unter X arbeiten, kann es sein, dass Ihnen auch bei einer korrekten Konfiguration von `bash` die Tastaturverwaltung von X in die Quere kommt (siehe ab Seite 336).

bash-Tastenkürzel	
↑, ↓	durch die zuletzt eingegebenen Kommandos scrollen
←, →	Cursor zurück / vor bewegen
Pos1, Ende	Cursor an den Beginn / an das Ende der Zeile bewegen
Strg+A, Strg+E	wie oben, falls Pos1 oder Ende nicht funktioniert
Alt+B, Alt+F	Cursor um ein Wort rückwärts / vorwärts bewegen
⟵, Entf	Zeichen rückwärts / vorwärts löschen
Alt+D	Wort löschen
Strg+K	bis zum Ende der Zeile löschen
Strg+T	die beiden vorangehenden Zeichen vertauschen
Alt+T	die beiden vorangehenden Wörter vertauschen
Tab	Expansion des Kommando- oder Dateinamens
Strg+L	löscht den Bildschirm
Strg+R	Suche nach früher eingegebenen Kommandos

Das Tastenkürzel Strg+R bedarf einer ausführlicheren Erklärung: Damit ist es möglich, bereits eingegebene Kommandos zu suchen: Drücken Sie am Beginn der Zeile Strg+R, und geben Sie dann die ersten Zeichen der gesuchten Kommandozeile ein. `bash` zeigt daraufhin automatisch die erste passende Zeile an. Mehrmaliges Drücken von Strg+R wechselt zwischen verschiedenen passenden Möglichkeiten. Tab bricht die Suche ab und ermöglicht das Editieren der gefundenen Zeile.

Alias-Abkürzungen

Mit dem Kommando `alias` können Sie sich bei der Eingabe von Kommandos in der Shell einige Tipparbeit ersparen. Mit dem Kommando werden Abkürzungen definiert. Bei der Verarbeitung der Kommandozeile wird überprüft, ob das erste Wort eine Abkürzung enthält. Wenn das der Fall ist, wird die Abkürzung durch den vollständigen Text ersetzt.

Abkürzungen für eine bestimmte Kombination von Optionen oder für Dateinamen sind nicht möglich, weil die `bash` die weiteren Parameter eines Kommandos nicht nach Abkürzungen durchsucht. Die `bash` erkennt aber Sonderfälle, bei denen in einer Kommandozeile mehrere Programme genannt werden (Pipes, Kommandosubstitution, sequenzielle Ausführung von Kommandos mit ';') und durchsucht alle vorkommenden Kommandonamen auf Abkürzungen.

```
user$  alias cdb='cd /home/mk/buch'
```

Durch das obige Kommando wird die Abkürzung `cdb` definiert, mit der rasch in das oft benötigte Verzeichnis `/home/mk/buch` gewechselt werden kann.

`alias`-Aufrufe können auch verschachtelt eingesetzt werden. Beachten Sie, dass `alias`-Abkürzungen Vorrang gegenüber gleichnamigen Kommandos haben. Das kann dazu genutzt werden, um den unerwünschten Aufruf eines Kommandos zu vermeiden:

```
user$  alias more=less
```

Von nun an führt jeder Versuch, das Kommando `more` aufzurufen, zum Start des leistungsfähigeren, aber ansonsten gleichwertigen Programms `less`. Sollten Sie aus irgendeinem Grund dennoch `more` benötigen, müssten Sie den gesamten Pfadnamen angeben (`/bin/more`).

`alias`-Abkürzungen können mit `unalias` wieder gelöscht werden. Ansonsten gelten sie bis zum Verlassen der Shell (also spätestens bis zum Logout). Wenn Sie bestimmte Abkürzungen immer wieder benötigen, sollten Sie die `alias`-Anweisungen in die Dateien `.profile` und `.bashrc` in Ihrem Heimatverzeichnis aufnehmen (siehe Seite 678).

VERWEIS

Eine ähnliche Wirkung wie Abkürzungen können auch Shell-Programme haben, die unter einem prägnanten Dateinamen gespeichert werden. Shell-Scripts haben zudem den Vorteil, dass sie mit Parametern (`$1`, `$2` etc.) zurechtkommen und viel flexibler eingesetzt werden können (siehe Seite 655).

15.4 Ein- und Ausgabeumleitung

Bei der Ausführung von Kommandos in der `bash` existieren drei sogenannte Standarddateien. Der Begriff Datei stiftet dabei ein wenig Verwirrung; es handelt sich eigentlich nicht um richtige Dateien, sondern um Dateideskriptoren, die auf Betriebssystemebene wie Dateien behandelt werden können.

- Standardeingabe: Aus der Standardeingabe lesen die gerade ausgeführten Programme Ihre Eingaben (etwa bei der Texteingabe in einem Editor). Als Standardeingabequelle gilt normalerweise die Tastatur.

- Standardausgabe: An die Standardausgabe werden alle Ausgaben des Programmes geleitet (etwa die Auflistung aller Dateien durch `ls`). Als Standardausgabe gilt normalerweise der Bildschirm (das aktuelle Terminal bzw. unter X das aktuelle Terminalfenster).
- Standardfehler: Fehlermeldungen werden üblicherweise ebenfalls im aktuellen Terminal angezeigt.

Relativ oft besteht der Wunsch, bei der Ausführung von Kommandos die drei Standarddateien zu verändern. Beispielsweise kann der Fall auftreten, dass das Inhaltsverzeichnis des aktuellen Verzeichnisses nicht am Bildschirm angezeigt, sondern in einer Datei gespeichert werden soll. Die Standardausgabe soll also in eine echte Datei umgeleitet werden. Das erfolgt in der `bash` durch das Zeichen >:

```
user$  ls *.tex > inhalt
```

In der Textdatei `inhalt` befindet sich jetzt eine Liste aller `*.tex`-Dateien im aktuellen Verzeichnis. Diese Form der Ausgabeumleitung ist sicherlich die häufigste Anwendung. Daneben existieren aber viele weitere Varianten: `2> datei` leitet alle Fehlermeldungen in die angegebene Datei. `>& datei` leitet sowohl die Standardausgabe als auch alle Fehlermeldungen in die angegebene Datei. Wenn statt > die Verdoppelung >> verwendet wird, dann werden die jeweiligen Ausgaben am Ende einer bereits bestehenden Datei angehängt.

Eine Eingabeumleitung erfolgt mit `< datei`: Kommandos, die Eingaben von der Tastatur erwarten, lesen diese damit aus der angegebenen Datei.

VORSICHT

Es ist nicht möglich, eine Datei zu bearbeiten und gleichzeitig das Ergebnis wieder in diese Datei zu schreiben!

`sort dat > dat` oder auch `sort < dat > dat` führt dazu, dass `dat` gelöscht wird!

Pipes

Pipes werden mit dem Zeichen | gebildet. Dabei wird die Ausgabe des ersten Kommandos als Eingabe für das zweite Kommando verwendet. In der Praxis werden Sie Pipes vermutlich am häufigsten zusammen mit den Kommandos `more` oder `less` bilden, wenn Sie längere Ausgaben seitenweise betrachten möchten.

```
user$  ls -l | less
```

Durch das obige Kommando wird das Inhaltsverzeichnis des aktuellen Verzeichnisses ermittelt und in eine Pipe geschrieben. Von dort liest das parallel ausgeführte Kommando `less` seine Eingaben und zeigt sie auf dem Bildschirm an.

Statt Pipes können zur Ein- und Ausgabeumleitung auch sogenannte FIFO-Dateien verwendet werden. FIFO steht für *first in first out* und realisiert die Idee einer Pipe in Form einer Datei. FIFOs sind bei der Eingabe viel umständlicher als Pipes, sie machen aber deutlich, was das Zeichen | eigentlich bewirkt. In der Praxis werden sie verwendet, damit zwei voneinander unabhängige Programme miteinander kommunizieren können.

```
user$  mkfifo fifo
user$  ls -l > fifo &
user$  less < fifo
```

Durch die drei obigen Kommandos wird zuerst eine FIFO-Datei eingerichtet. Anschließend wird `ls` als Hintergrundprozess gestartet und schreibt seine Ausgaben in die Datei. Von dort liest `less` die Daten wieder aus und zeigt sie auf dem Bildschirm an.

Ausgabevervielfachung mit tee

Gelegentlich kommt es vor, dass die Ausgaben eines Programms zwar in einer Datei gespeichert werden sollen, dass aber dennoch (parallel) am Bildschirm der Programmverlauf verfolgt werden soll. In diesem Fall ist eine Verdoppelung der Ausgabe erforderlich, wobei eine Kopie am Bildschirm angezeigt und die zweite Kopie in einer Datei gespeichert wird. Diese Aufgabe übernimmt das Kommando `tee`:

```
user$  ls | tee inhalt
```

Das Inhaltsverzeichnis des aktuellen Verzeichnisses wird am Bildschirm angezeigt und gleichzeitig in der Datei `inhalt` gespeichert. Dabei erfolgt zuerst eine Weiterleitung der Standardausgabe an das Kommando `tee`. Dieses Kommando zeigt standardmäßig die Standardausgabe am Terminal an und speichert die Kopie davon in der angegebenen Datei. Dass es sich wirklich um eine Vervielfachung der Ausgabe handelt, bemerken Sie, wenn Sie auch die Standardausgabe von `tee` in eine Datei weiterleiten:

```
user$  ls | tee inhalt1 > inhalt2
```

Das Ergebnis sind zwei identische Dateien `inhalt1` und `inhalt2`. Das obige Kommando hat reinen Beispielcharakter. Etwas schwieriger zu verstehen, dafür aber sinnvoller ist das letzte Beispiel:

```
user$  ls -l | tee inhalt1 | sort +4 > inhalt2
```

In `inhalt1` befindet sich wiederum das 'normale' Inhaltsverzeichnis, das von `ls` automatisch nach Dateinamen sortiert wurde. Die Kopie dieser Ausgabe wurde an `sort` weitergegeben, dort nach der Dateigröße (fünfte Spalte, also Option +4) sortiert und in `inhalt2` gespeichert.

Syntaxzusammenfassung

Ein- und Ausgabeumleitung	
`kommando > datei`	leitet Standardausgaben zur angegebenen Datei
`kommando < datei`	liest Eingaben aus der angegebenen Datei
`kommando 2> datei`	leitet Fehlermeldungen zur angegebenen Datei
`kommando >& datei`	leitet Ausgaben *und* Fehler um
`kommando >> datei`	hängt Standardausgaben an die vorhandene Datei an
`kommando1 | kommando2`	leitet Ausgaben von Kommando 1 an Kommando 2 weiter
`komm | tee datei`	zeigt die Ausgaben an und speichert gleichzeitig eine Kopie in der Datei

15.5 Kommandoausführung

Üblicherweise starten Sie Kommandos einfach durch die Eingabe des Kommandonamens. Innerhalb der Kommandozeile können Sie zahllose Sonderzeichen angeben, die von der `bash` vor dem eigentlichen Start des Kommandos ausgewertet werden. Auf diese Weise können Sie Kommandos im Hintergrund starten, durch Jokerzeichen mehrere ähnliche Dateinamen erfassen (z.B. `*.tex`), die Ergebnisse des einen Kommandos in die Parameterliste eines anderen Kommandos substituieren etc.

Hintergrundprozesse

Das wichtigste und am häufigsten benötigte Sonderzeichen ist `&`. Wenn es am Ende der Kommandozeile eingegeben wird, startet `bash` dieses Programm im Hintergrund. Das ist vor allem bei zeitaufwendigen Programmen sinnvoll, weil sofort weitergearbeitet werden kann.

```
user$  find / -name '*sh' > ergebnis &
[1] 334
```

Das obige Kommando durchsucht das gesamte Dateisystem nach Dateien, die mit den Buchstaben 'sh' enden. Die Liste der Dateien wird in die Datei `ergebnis` geschrieben. Da das Kommando im Hintergrund ausgeführt wird, kann sofort weitergearbeitet werden. Die Ausgabe `[1] 334` bedeutet, dass der Hintergrundprozess die PID-Nummer 334 hat. PID steht dabei für Prozessidentifikation. Die PID-Nummer ist dann von Interesse, wenn der Prozess vorzeitig durch `kill` beendet werden soll. Die Nummer in eckigen Klammern gibt die Nummer des Hintergrundprozesses an, der in `bash` gestartet wurde, und ist im Regelfall nicht von Interesse.

TIPP

Wenn Sie beim Start eines Kommandos das &-Zeichen vergessen, brauchen Sie weder zu warten, noch müssen Sie das Programm mit (Strg)+(C) gewaltsam stoppen. Vielmehr sollten Sie das Programm mit (Strg)+(Z) unterbrechen und mit bg als Hintergrundprozess fortsetzen.

Ausführung mehrerer Kommandos

Nach dem &-Zeichen kann auch ein weiteres Kommando angegeben werden. In diesem Fall wird das erste Kommando im Hintergrund, das zweite dagegen im Vordergrund ausgeführt. Im folgenden Beispiel wird nochmals das obige `find`-Kommando im Hintergrund gestartet. Gleichzeitig wird aber mit `ls` das aktuelle Inhaltsverzeichnis ausgegeben:

```
user$  find / -name '*sh' > ergebnis & ls
```

Wenn statt des &-Zeichens ein Semikolon angegeben wird, führt `bash` die Kommandos nacheinander und im Vordergrund aus:

```
user$  ls; date
```

Das obige Kommando zeigt zuerst das aktuelle Inhaltsverzeichnis an und gibt anschließend das aktuelle Datum aus. Wenn die Gesamtheit dieser Informationen mit > in eine Datei umgeleitet werden soll, müssen beide Kommandos in runde Klammern gestellt werden. Dadurch werden beide Kommandos von ein und derselben Shell ausgeführt (während sonst für jedes Kommando eine eigene, neue Shell gestartet wird).

```
user$  (ls; date) > inhalt
```

In der Datei `inhalt` befinden sich nun die von `ls` erstellte Dateiliste sowie das mit `date` ermittelte aktuelle Datum. Die runden Klammern bewirken, dass die beiden Kommandos innerhalb derselben Shell ausgeführt werden und daher auch ein gemeinsames Ergebnis liefern. (Normalerweise wird bei der Ausführung jedes Kommandos eine neue Shell gestartet.)

Mit den Zeichenkombinationen `&&` und `||` können Sie Kommandos bedingt ausführen, d.h. in Abhängigkeit vom Ergebnis eines anderen Kommandos:

```
user$  kommando1 && kommando2
```
führt Kommando 1 aus. Nur wenn dieses Kommando erfolgreich war (kein Fehler, Rückgabewert 0), wird anschließend auch Kommando 2 ausgeführt.

```
user$  kommando1 || kommando2
```
führt Kommando 1 aus. Nur wenn bei der Ausführung dieses Kommandos ein Fehler auftritt (Rückgabewert ungleich 0), wird anschließend auch Kommando 2 ausgeführt.

Weitere Möglichkeiten zur Bildung von Bedingungen und Verzweigungen bietet das Shell-Kommando `if`, das allerdings nur für die Shell-Programmierung von Interesse ist (siehe Seite 666).

Syntaxzusammenfassung

Kommandoausführung	
`kommando1; kommando2`	führt die Kommandos nacheinander aus
`kommando1 && kommando2`	führt K. 2 aus, wenn K. 1 erfolgreich war
`kommando1 || kommando2`	führt K. 2 aus, wenn K. 1 einen Fehler liefert
`kommando &`	startet das Kommando im Hintergrund
`kommando1 & kommando2`	startet K. 1 im Hintergrund, K. 2 im Vordergrund
`(kommando1 ; kommando2)`	führt beide Kommandos in der gleichen Shell aus

15.6 Substitutionsmechanismen

Der Begriff *Substitutionsmechanismus* klingt sehr abstrakt und kompliziert. Die Grundidee besteht darin, dass die durch Sonderzeichen gebildeten Kommandos durch ihre Ergebnisse ersetzt werden. Im einfachsten Fall bedeutet das, dass bei der Auswertung des Kommandos `ls *.tex` die Zeichenkombination `*.tex` durch die Liste der passenden Dateien – etwa `buch.tex command.tex` – ersetzt wird. Das Kommando `ls` bekommt also nicht `*.tex` zu sehen, sondern eine Liste mit realen Dateinamen.

Das Ziel dieses Abschnitts ist es, die wichtigsten Mechanismen bei der Interpretation der Kommandozeile kurz zusammenzufassen: Jokerzeichen zur Bildung von Dateinamen, geschweifte Klammern zum Zusammensetzen von Zeichenketten, eckige Klammern zur Berechnung arithmetischer Klammern, umgekehrte Apostrophe zur Kommandosubstitution etc.

VERWEIS

Ein Substitutionsmechanismus wird Ihnen an dieser Stelle unterschlagen, nämlich die sogenannte Parametersubstitution. Damit können Sie in Variablen gespeicherte Zeichenketten analysieren und verändern. Die generelle Syntax lautet `${var__text}`, wobei `var` der Name einer Variablen ist, `__` für ein oder zwei Sonderzeichen steht und `text` das Suchmuster oder eine Defaulteinstellung enthält. Details zu diesem Substitutionsmechanismus finden Sie ab Seite 663 im Kapitel zur Shell-Programmierung.

Dateinamenbildung mit Jokerzeichen

Wenn Sie `rm *~` eingeben und das Kommando `rm` tatsächlich alle Dateien löscht, die mit der Tilde ~ enden, dann ist dafür die `bash` verantwortlich. Die Shell durchsucht das aktuelle Verzeichnis nach passenden Dateien und ersetzt `*~` durch die entsprechenden Dateinamen.

Als Jokerzeichen sind ? (genau ein beliebiges Zeichen) und * (beliebig viele (auch null) beliebige Zeichen) erlaubt. Die Zeichenkette [a,b,e-h]* steht für Dateinamen, die mit einem der Zeichen a, b, e, f, g oder h beginnen. Wenn als erstes Zeichen innerhalb der eckigen Klammern ^ oder ! angegeben wird, dann sind alle Zeichen außer den angegebenen Zeichen zulässig. ~ kann als Abkürzung für das Heimatverzeichnis verwendet werden (siehe auch Seite 133).

Die Funktion von Sonderzeichen können Sie einfach mit dem folgenden echo-Kommando testen. Das erste Kommando liefert alle Dateien und Verzeichnisse im Wurzelverzeichnis. Das zweite Kommando ist eine Variante dazu, bei der nur Namen zugelassen sind, die einen der Buchstaben a bis c enthalten. Das dritte Kommando beweist, dass die Bildung von Dateinamen auch über mehrere Verzeichnisebenen funktioniert. (Die Ausgabe wurde hier aus Platzgründen stark reduziert. /*/* liefert auf meinem Rechner eine Liste von etwa 700 Dateien und Verzeichnissen.)

```
user$  echo /*
/CD /bin /boot /cdrom /dev /dist /dosa /dosc /dosemu /dosi /etc
/home /install /lib /local /lost+found /mnt /proc /root /sbin
/test /tmp /usr /var /vmlinuz /zImage

user$  echo /*[a-c]*
/bin /boot /cdrom /dosa /dosc /etc /install /lib /local /proc
/sbin /var /zImage

user$  echo /*/*
/bin/Mail /bin/arch /bin/bash ....
/boot/any_b.b /boot/any_d.b ...
/dev/MAKEDEV /dev/arp /dev/bmouseatixl ...
...
```

TIPP

Da die Bildung der Dateinamen nicht durch das jeweilige Programm, sondern durch die bash erfolgt, sehen die Resultate manchmal anders aus, als Sie es wahrscheinlich erwarten würden. So kann ls * zu einer schier endlosen Liste von Dateien führen, auch wenn sich im aktuellen Verzeichnis nur wenige Dateien befinden. ls wird nach der Expansion von * eine Liste aller Dateien und Verzeichnisse übergeben. ls wiederum zeigt bei Verzeichnissen nicht einfach deren Namen, sondern den ganzen Inhalt dieser Verzeichnisse an! Wenn Sie nur eine einfache Liste aller Dateien und Verzeichnisse haben möchten, müssen Sie die Option -d verwenden. Sie verhindert, dass der Inhalt der in der Parameterzeile angegebenen Verzeichnisse angezeigt wird.

TIPP

Wenn Sie ein Feedback haben möchten, wie die bash intern funktioniert, können Sie set -x ausführen. Die bash zeigt dann vor der Ausführung jedes weiteren Kommandos an, wie die Kommandozeile ausgewertet wird (mit allen eventuell voreingestellten Optionen und mit den expandierten Dateinamen).

Zeichenkettenbildung mit geschweiften Klammern

bash setzt aus Zeichenketten, die in geschweiften Klammern angegeben werden, alle denkbaren Zeichenkettenkombinationen zusammen. Die offizielle Bezeichnung für diesen Substitutionsmechanismus lautet 'Klammererweiterung' (brace expansion). Aus `teil{1,2,3}` wird `teil1 teil2 teil3`. Klammererweiterungen können den Tippaufwand beim Zugriff auf mehrere ähnliche Dateinamen oder Verzeichnisse reduzieren. Gegenüber Jokerzeichen wie `*` und `?` haben Sie den Vorteil, dass auch noch nicht existierende Dateinamen gebildet werden können (etwa für `mkdir`).

```
user$  echo {a,b}{1,2,3}
a1 a2 a3 b1 b2 b3

user$  echo {a,b,c}{e,f,g}.{1,2,3}
ae.1 ae.2 ae.3 af.1 af.2 af.3 ag.1 ag.2 ag.3 be.1 be.2 be.3
bf.1 bf.2 bf.3 bg.1 bg.2 bg.3 ce.1 ce.2 ce.3 cf.1 cf.2 cf.3
cg.1 cg.2 cg.3
```

Berechnung arithmetischer Ausdrücke in eckigen Klammern

bash ist normalerweise nicht in der Lage, Berechnungen auszuführen. Wenn Sie `2+3` eingeben, weiß die Shell nicht, was sie mit diesem Ausdruck anfangen soll. Wenn Sie innerhalb der Shell eine Berechnung ausführen möchten, müssen Sie den Ausdruck in eckige Klammern setzen und ein `$`-Zeichen voranstellen.

```
user$  echo $[2+3]
5
```

Innerhalb der eckigen Klammern sind die meisten aus der Programmiersprache C bekannten Operatoren erlaubt: `+ - * /` für die vier Grundrechenarten, `%` für Modulo-Berechnungen, `== != < <= >` und `>=` für Vergleiche, `<<` und `>>` für Bitverschiebungen, `! &&` und `||` für logisches NICHT, UND und ODER etc. Alle Berechnungen werden für 32-Bit-Integerzahlen ausgeführt (Zahlenbereich zwischen +/-2147483648). Wenn einzelne Werte aus Variablen entnommen werden sollen, muss ein `$`-Zeichen vorangestellt werden (siehe Seite 650 zur Variablenverwaltung).

> **TIPP** Eine alternative Möglichkeit, Berechnungen durchzuführen, bietet das Kommando `expr`. Dabei handelt es sich um ein eigenständiges Linux-Kommando, das unabhängig von `bash` funktioniert (siehe Seite 711).

Kommandosubstitution

Die Kommandosubstitution ermöglicht es, ein Kommando innerhalb der Kommandozeile durch dessen Ergebnis zu ersetzen. Dazu muss dieses Kommando zwischen zwei `-Zeichen eingeschlossen werden. Eine alternative Schreibweise lautet `$(kommando)`. Diese Schreibweise ist vorzuziehen, weil sie erstens die Verwirrung durch die Verwendung von drei verschiedenen Anführungszeichen mindert (" ' und `) und zweitens verschachtelt werden kann.

Das so gekennzeichnete Kommando wird also durch sein Ergebnis substituiert. Diese Substitution ermöglicht den verschachtelten Aufruf mehrerer Kommandos, wobei ein Kommando sein Ergebnis an das andere Kommando übergibt. Am besten verdeutlicht folgendes Beispiel diesen sehr leistungsfähigen Mechanismus:

```
user$  ls -l `find /usr/doc -name '*README*'`
user$  ls -l $(find /usr/doc -name '*README*') # gleichwertig
```

Durch das obige Kommando wird zuerst `find /usr/doc -name '*README*'` ausgeführt. Das Ergebnis dieses Kommandos ist eine Liste aller Dateien im Verzeichnis `/usr/doc`, in denen die Zeichenkette README vorkommt. Diese Liste wird nun anstelle des `find`-Kommandos in die Kommandozeile eingesetzt. Die Kommandozeile lautet nun beispielsweise:

```
user$  ls -l /usr/doc/xpm33/README /usr/doc/term/README.gz \
    >  /usr/doc/mt-st/README /usr/doc/README.gz
```

Dieses (nur intern zusammengesetzte) Kommando führt dann zum folgenden Ergebnis:

```
-rw-r--r--   1 root   root   1854 Apr 24 22:49 /usr/doc/README.gz
-rw-r--r--   1 root   root    847 Sep 21  1993 /usr/doc/mt-st/README
-rw-r--r--   1 root   root   5796 Apr 20  1994 /usr/doc/term/README.gz
-rw-rw-r--   1 root   root   5550 Jan 30  1994 /usr/doc/xpm33/README
```

Dieses Ergebnis wäre durch eine einfache Pipe mit dem |-Zeichen nicht möglich. `ls` erwartet keine Eingaben über die Standardeingabe und ignoriert daher auch die Informationen, die `find` über die Pipe liefert. Das folgende Kommando zeigt daher nur einfach den Inhalt des aktuellen Verzeichnisses an. Die Ergebnisse von `find` werden nicht angezeigt!

```
user$  find /usr/doc -name '*README*' | ls -l  # funktioniert nicht
```

Es gibt aber eine andere Lösung, die ohne Kommandosubstitution auskommt: Durch die Zuhilfenahme des Kommandos `xargs` werden Daten aus der Standardeingabe an das nach `xargs` angegebene Kommando weitergeleitet:

```
user$  find /usr/doc -name 'README' | xargs ls -l
```

Sonderzeichen in Zeichenketten

Da in der bash praktisch jedes Zeichen mit Ausnahme der Buchstaben und Ziffern irgendeine besondere Bedeutung hat, scheint es so gut wie unmöglich, diese Zeichen in Zeichenketten oder Dateinamen zu verwenden. Das Problem kann auf zwei Arten gelöst werden. Entweder wird dem Sonderzeichen ein Backslash \ vorangestellt, oder die gesamte Zeichenkette wird in einfache oder doppelte Apostrophe gestellt. Durch die Angabe von Apostrophen können Sie also beispielsweise eine Datei mit dem Dateinamen `ab* $cd` löschen:

```
user$  rm 'ab* $cd'
```

Beachten Sie bitte den Unterschied zwischen ' (zur Kennzeichnung von Zeichenketten) und ` (zur Kommandosubstitution, siehe oben)!

Doppelte Apostrophe haben eine ähnliche Wirkung wie einfache. Sie sind allerdings weniger restriktiv und ermöglichen die Interpretation einiger weniger Sonderzeichen (`$` \ und `). In Zeichenketten, die in doppelte Apostrophe gestellt sind, werden daher Shell-Variablen mit vorangestelltem `$`-Zeichen ausgewertet.

```
user$  echo "Das ist der Zugriffspfad: $PATH"
```

Das Kommando liefert als Ergebnis die Zeichenkette 'Das ist der Zugriffspfad:' gefolgt vom Inhalt der Shell-Variablen `PATH`. Wenn statt der doppelten Anführungszeichen einfache verwendet werden, wird die gesamte Zeichenkette unverändert durch `echo` ausgegeben. Mehr Informationen zum Thema Shell-Variablen enthält der folgende Abschnitt.

TIPP Eine Zusammenfassung aller Sonderzeichen der bash finden Sie am Ende des Kapitels zur bash-Programmierung auf Seite 691.

Syntaxzusammenfassung

Substitutionsmechanismen	
	Jokerzeichen für Dateinamen
`?`	genau ein beliebiges Zeichen
`*`	beliebig viele (auch null) beliebige Zeichen (aber keine .*-Dateien!)
`[abc]`	eines der angegebenen Zeichen
`[a-f]`	ein Zeichen aus dem angegebenen Bereich
`[!abc]`	keines der angegebenen Zeichen
`[^abc]`	wie oben
`~`	Abkürzung für das Heimatverzeichnis
`.`	aktuelles Verzeichnis
`..`	übergeordnetes Verzeichnis

	Zeichenkettenzusammensetzungen
`ab{1,2,3}`	liefert ab1 ab2 ab3
	Arithmetik
`$[3*4]`	arithmetische Berechnungen
	Kommandosubstitution
`` `kommando` ``	substituiert das Kommando durch sein Ergebnis
`$(kommando)`	wie oben, alternative Schreibweise
	Auswertung von Zeichenketten
`kommando "zeichen"`	verhindert die Auswertung von Sonderzeichen
`kommando 'zeichen'`	wie oben, aber noch restriktiver

15.7 Shell-Variablen

Die Funktionalität der `bash` und die vieler anderer Linux-Programme wird durch den Zustand sogenannter Shell-Variablen gesteuert. Shell-Variablen sind mit Variablen einer Programmiersprache vergleichbar, können allerdings nur Zeichenketten (keine Zahlen) speichern. Die Zuweisung von Shell-Variablen erfolgt durch den Zuweisungsoperator `=`. Der Inhalt einer Shell-Variablen kann am einfachsten durch `echo` angezeigt werden, wobei dem Variablennamen ein `$`-Zeichen vorangestellt werden muss.

```
user$  var=abc
user$  echo $var
abc
```

Wenn der Inhalt von Shell-Variablen Leerzeichen oder andere Sonderzeichen enthalten soll, muss bei der Zuweisung die gesamte Zeichenkette in einfache oder doppelte Hochkommata gestellt werden:

```
user$  var='abc efg'
```

Bei der Zuweisung können mehrere Zeichenketten unmittelbar aneinander gereiht werden. Im folgenden Beispiel wird der Variablen a eine neue Zeichenkette zugewiesen, die aus ihrem alten Inhalt, der Zeichenkette 'xxx' und nochmals dem ursprünglichen Inhalt besteht.

```
user$  a=3
user$  a=$a'xxx'$a
user$  echo $a
3xxx3
```

Im folgenden Beispiel wird die vorhandene Variable PATH (mit einer Liste aller Verzeichnisse, die nach ausführbaren Programmen durchsucht werden), um das bin-Verzeichnis im Heimatverzeichnis (Abkürzung ~) ergänzt. Damit können nun auch alle Kommandos ausgeführt werden, die sich in diesem Verzeichnis befinden (ohne dass der Pfad vollständig angegeben wird).

```
user$  echo $PATH
/usr/bin:/bin:/usr/local/sbin:/usr/sbin:/sbin:/usr/bin/X11:
/usr/bin/TeX:/usr/openwin/bin:/usr/games:.
user$  PATH=$PATH':~/bin'
user$  echo $PATH
/usr/bin:/bin:/usr/local/sbin:/usr/sbin:/sbin:/usr/bin/X11:
/usr/bin/TeX:/usr/openwin/bin:/usr/games:.:~/bin
```

Berechnungen mit Variablen können in der bereits vorgestellten Schreibweise in eckigen Klammern durchgeführt werden:

```
user$  a=3
user$  a=$[$a*4]
user$  echo $a
12
```

Wenn das Ergebnis eines Kommandos in einer Variablen gespeichert werden soll, muss die ebenfalls bereits beschriebene Kommandosubstitution mit $(kommando) durchgeführt werden. Im folgenden Beispiel wird das aktuelle Verzeichnis in a gespeichert:

```
user$  a=$(pwd)
user$  echo $a
/home/mk
```

Die Inhalte von Variablen werden nur innerhalb der Shell gespeichert. Sie gehen beim Verlassen der Shell (also spätestens beim Ausschalten des Rechners) wieder verloren. Wenn bestimmte Variablen immer wieder benötigt werden, sollten die Zuweisungen in der Datei /etc/profile bzw. in .profile im Heimatverzeichnis durchgeführt werden. Diese beiden Dateien werden (sofern vorhanden) beim Start der bash automatisch ausgeführt.

Wenn Sie den Inhalt einer Variablen in einer Datei speichern möchten, führen Sie am einfachsten echo mit einer Ausgabeumleitung durch:

```
user$  echo $var > datei
```

Lokale und globale Variablen (Umgebungsvariablen)

Die Begriffe lokal und global zur Beschreibung von Variablen sind aus der Welt der Programmiersprachen entlehnt. Bei Shell-Variablen gilt eine Variable dann als global, wenn sie beim Start eines Kommandos oder eines Shell-Programms weitergegeben wird. Globale Variablen werden oft auch als Umgebungsvariablen (environment variables) bezeichnet.

Beachten Sie bitte, dass alle durch eine einfache Zuweisung entstandenen Variablen als lokal gelten! Um eine globale Variable zu definieren, müssen Sie `export` oder `declare -x` aufrufen.

Zur Variablenverwaltung innerhalb der Shell existieren zahlreiche Kommandos, wobei es funktionelle Überlappungen gibt. Zur Definition einer globalen Variablen können Sie sowohl `export` als auch `declare -x` verwenden etc. In der folgenden Tabelle wird versucht, die Verwirrung durch ähnliche Kommandos ein wenig zu mindern:

`a=3`	Kurzschreibweise für `let`, `a` ist lokal
`declare a=3`	weist der lokalen Variablen `a` einen Wert zu (wie `let`)
`declare -x a=3`	weist der globalen Variablen `a` einen Wert zu (wie `export`)
`export`	zeigt alle globalen Variablen an
`export a`	macht `a` zu einer globalen Variablen
`export a=3`	weist der globalen Variablen `a` einen Wert zu
`let a=3`	weist der lokalen Variablen `a` einen Wert zu
`local a=3`	definiert `a` als lokal (nur in Shell-Funktionen)
`printenv`	zeigt wie `export` alle globalen Variablen an
`set`	zeigt *alle* (lokale und globale) Variablen an
`unset a`	löscht die Variable `a`

VORSICHT

Wenn Sie Variablen einrichten, die das Verhalten von anderen Linux-Kommandos steuern sollen, müssen diese Variablen immer global sein! Damit Sie einerseits die Substitutionsmechanismen der Shell ausnutzen können und andererseits globale Variablen definieren, sollten Sie Variablen zuerst mit `x=...` zuweisen und anschließend mit `export x` als global definieren.

VORSICHT

Variablenzuweisungen gelten immer nur für *eine* Shell. Wenn Sie in mehreren Terminals bzw. Terminalfenstern arbeiten, laufen darin jeweils eigenständige und voneinander unabhängige Shells. Die Veränderung einer Variablen in einer Shell hat keinerlei Einfluss auf die anderen Shells. Sie können aber oft benötigte Variablenzuweisungen in der Datei `.profile` in Ihrem Heimatverzeichnis festlegen, die automatisch beim Start jeder Shell ausgeführt wird (siehe Seite 678).

Wichtige Shell-Variablen

Prinzipiell können Sie beliebig viele neue Variablen einführen und nach Gutdünken benennen und verwenden. Dabei sollten Sie aber versuchen, bereits vorhandene Variablen zu vermeiden, da diese zumeist von der `bash` und häufig auch von anderen Linux-Kommandos ausgewertet werden. Eine unkontrollierte Veränderung dieser Variablen kann zur Folge haben, dass die Verarbeitung von Kommandos nicht mehr richtig funktioniert, Linux plötzlich Dateien nicht mehr findet etc. Dieser Abschnitt beschreibt die wichtigsten Shell-Variablen in alphabetischer Reihenfolge:

BASH
enthält den Dateinamen der bash.

glob_dot_filenames
steuert die Expansion von Dateijokerzeichen: Wenn die Variable (mit einem beliebigen Wert) gesetzt ist, werden durch * auch Dateien erfasst, die mit einem Punkt beginnen. `unset glob_dot_filenames` beendet diesen Zustand wieder.

HOME
enthält den Pfad des Heimatverzeichnisses, beispielsweise /home/mk.

LOGNAME
enthält den Login-Namen (User-Namen).

HOSTNAME
enthält den Hostnamen (Rechnernamen).

MAIL
enthält den Pfad des Verzeichnisses, in dem ankommende Mail gespeichert wird.

MANPATH
enthält den Pfad zu allen Verzeichnissen, die man-Seiten enthalten.

OLDPWD
enthält den Pfad des zuletzt aktiven Verzeichnisses.

PATH
enthält eine Liste von Verzeichnissen. Wenn die bash ein Kommando ausführen soll, durchsucht es alle in PATH aufgezählten Verzeichnisse nach dem Kommando. Die Verzeichnisse sind durch Doppelpunkte voneinander getrennt.

PATH wird in /etc/profile voreingestellt. Wenn Sie ein Verzeichnis zu PATH hinzufügen möchten, müssen Sie /etc/profile nach dem folgenden Muster ergänzen:

```
# Ergänzung in /etc/profile
PATH=$PATH:/opt/kde/bin
```

Aus Sicherheitsgründen (um das unbeabsichtigte Ausführen von Programmen im aktuellen Verzeichnis zu vermeiden) fehlt in PATH bei den meisten Distributionen das lokale Verzeichnis. Wenn Sie Programme im gerade aktuellen Verzeichnis ohne vorangestelltes ./ ausführen möchten, müssen Sie PATH um . erweitern. Eine Alternative besteht darin, eigene Programme im Verzeichnis ~/bin zu speichern und PATH um dieses Verzeichnis zu erweitern.

PS1
enthält eine Zeichenkette, deren Inhalt am Beginn jeder Eingabezeile angezeigt wird (Prompt). Innerhalb dieser Zeichenkette sind unter anderem folgende Zeichenkombinationen vorgesehen: \t für die aktuelle Zeit, \d für das Datum, \w für das aktuelle Verzeichnis, \W für den letzten Teil des aktuellen Verzeichnisses (also X11 für

/usr/bin/X11), \u für den User-Namen, \h für den Hostnamen (Rechnernamen) sowie \$ für das Promptzeichen ($ für normale Anwender, # für root). PS1 wird in /etc/profile voreingestellt. Eine typische Einstellung lautet "\w\$ ".

PS2
wie PS1, allerdings wird die Zeichenkette nur bei mehrzeiligen Eingaben angezeigt (also wenn die erste Zeile mit \ abgeschlossen wurde). Eine typische Einstellung lautet ">".

PWD
enthält den Pfad des aktuellen Verzeichnisses.

HINWEIS

Neben den hier beschriebenen Variablen kennt die Shell zahlreiche weitere Variablen, zu denen Sie in den man-Seiten zur bash detaillierte Informationen finden. Weiterhin existieren zahlreiche Linux-Kommandos, deren Funktion ebenfalls durch (globale!) Shell-Variablen gesteuert werden kann. Ein typisches Beispiel ist less, das deutsche Sonderzeichen anzeigt, sobald der Variablen LESSCHARSET die Zeichenkette latin1 zugewiesen wird. Die Bedeutung solcher kommandoabhängiger Variablen ist in den man-Seiten zum jeweiligen Kommando dokumentiert.

Kapitel 16

bash-Programmierung

Shell-Programme sind einfache Textdateien mit einigen Linux- und/oder bash-Kommandos. Nach dem Start eines Shell-Programms werden diese Kommandos der Reihe nach ausgeführt. Dem Shell-Programm können Parameter wie einem normalen Kommando übergeben werden. Diese Parameter können innerhalb des Programms ausgewertet werden.

Da die einfache sequenzielle Ausführung einiger Kommandos keinen allzu großen Spielraum für komplexe Aufgabenstellungen lässt, unterstützt die bash die Shell-Programmierung durch Kommandos zur Bildung von Verzweigungen und Schleifen. Damit steht Ihnen eine echte Programmiersprache zur Verfügung, für die Sie weder einen Compiler noch C-Kenntnisse benötigen. (Zugegebenermaßen hinkt der Vergleich: C-Programme sind ungleich schneller in der Ausführung, unterstützen mehrere Variablentypen, kennen zahlreiche Spezialfunktionen etc. Dennoch reichen die Möglichkeiten der bash für überraschend viele Problemstellungen vollkommen aus.)

Typische Anwendungen für Shell-Programme sind die Automatisierung von oft benötigten Kommandofolgen zur Installation von Programmen, zur Administration des Systems, zur Durchführung von Backups, zur Konfiguration und Ausführung einzelner Programme etc.

VERWEIS

Dieses Kapitel baut auf den Grundlagen zur bash auf, die in Kapitel 15 beschrieben wurden. Insbesondere sollten Sie die Ein- und Ausgabeumleitung, die Kommandosubstitution und den Umgang mit Variablen beherrschen.

16.1 Einführung

Beispiel 1: grepall

Angenommen, Sie verwenden häufig die Kommandos `grep` und `find`, um im gerade aktuellen Verzeichnis und allen Unterverzeichnissen nach Dateien zu suchen, die eine bestimmte Zeichenkette enthalten. Das richtige Kommando sieht so aus:

```
user$  find -type f -exec grep -q $1 {}  \; -print
```

Wenn Sie wie ich jedes Mal neu rätseln, welche Kombination der Optionen dazu erforderlich ist, liegt es nahe, das neue Kommando `grepall` zu definieren, das eben diese Aufgabe übernimmt.

Dazu starten Sie Ihren Lieblingseditor, um die Textdatei `grepall` zu schreiben. Die Datei besteht aus nur einer einzigen Zeile, nämlich dem oben abgedruckten Kommando. Geben Sie die Textzeichen ein, und speichern Sie die Datei.

TIPP

Wenn Sie sich den Editoraufruf sparen möchten, können Sie die Datei auch mit `cat` erstellen: Geben Sie das Kommando `cat > grepall` ein. Das Kommando erwartet jetzt Daten aus der Standardeingabe (Tastatur) und schreibt diese in die Datei `grepall`. Geben Sie nun das Kommando mit all seinen Optionen ein. Anschließend beenden Sie `cat` mit (Strg)+(D) (das entspricht EOF, also *end of file*). Die resultierende Datei können Sie mit `cat grepall` ansehen.

Der Versuch, die gerade erstellte Datei `grepall` auszuführen, endet mit der Fehlermeldung *permission denied*. Der Grund für diese Meldung besteht darin, dass bei neuen Dateien generell die Zugriffsbits (x) zum Ausführen der Datei deaktiviert sind. Das können Sie aber rasch mit `chmod` ändern. `grepall abc` liefert jetzt die gewünschte Liste aller Dateien, die die Zeichenkette 'abc' enthalten.

```
user$  grepall abc
bash: ./grepall: Permission denied
user$  chmod a+x grepall
user$  grepall abc
./bashprg.tex
```

TIPP

Wenn die Variable `PATH` das aktuelle Verzeichnis `.` nicht enthält, können Sie `grepall` nur durch das Kommando `./grepall` ausführen (also mit den vorangestellten Zeichen ./ zur Pfadangabe). Generell können nur Programme ausgeführt werden, die in einem in `PATH` angegebenen Verzeichnis enthalten sind oder deren Pfad vollständig und eindeutig angegeben wird.

Beispiel 2: applysedfile

Das obige Beispiel zeigt zwar gut, wie Sie sich etwas Tipp- und Denkarbeit ersparen können, es deutet die weitreichenden Möglichkeiten der Script-Programmierung aber noch nicht einmal an. Daher noch ein zweites Beispiel: Nehmen Sie an, Sie stehen vor der Aufgabe, in einem ganzen Bündel von Dateien eine Reihe gleichartiger Suchen-und-Ersetzen-Läufe durchzuführen. (Das kommt immer wieder vor, wenn Sie in einem über mehrere Dateien verteilten Programmcode einen Variablen- oder Prozedurnamen verändern möchten. Ich stand bei der Überarbeitung dieses Buchs für die fünfte Auflage vor einem ähnlichen Problem auf Grund der neuen Rechtschreibung: in Dutzenden von `*.tex`-Dateien sollte 'daß' durch 'dass', 'muß' durch 'muss' etc. ersetzt werden.)

Das Script-Programm `applysedfile` hilft bei derartigen Aufgaben. Der Aufruf dieses Scripts sieht folgendermaßen aus:

```
user$  applysedfile *.tex
```

Das Programm erstellt nun von allen `*.tex`-Dateien eine Sicherheitskopie `*.bak`. Anschließend wird das Unix-Kommando `sed` verwendet (siehe Seite 742), um eine ganze Liste von Kommandos für jede `*.tex`-Datei auszuführen. Diese Kommandos müssen sich in der Datei `./sedfile` befinden, die von `applysedfile` automatisch benutzt wird. Der Code von `applysedfile` sieht folgendermaßen aus:

```
#! /bin/bash
# use: applysedfile *.tex
# applies ./sedfile to given list of files
for i in $*
do
  echo "process $i"
  # make a backup of old file file
  cp $i $i%.*.bak
  # build new file
  sed -f ./sedfile < $i%.*.bak > $i
done
```

Kurz einige Anmerkungen zur Funktion dieses kleinen Programms: Bei den drei ersten Zeilen handelt es sich um Kommentare, die mit dem Zeichen # eingeleitet werden. Eine besondere Bedeutung hat die erste Zeile, die mit `#!` beginnt: Sie gibt den Programmnamen des Interpreters an, mit dem die Script-Datei ausgeführt werden soll. (Wenn Sie darauf wie im ersten Beispiel verzichten, wird das Script vom gerade laufenden Shell-Interpreter ausgeführt. Falls ein Benutzer nicht die `bash`, sondern einen anderen Kommandointerpreter einsetzt, kann diese Nachlässigkeit zu Problemen führen.)

Mit `for` wird eine Schleife eingeleitet. Für jeden Schleifendurchgang wird ein Dateiname in die Variable `i` eingesetzt. Die Liste der Dateinamen stammt aus `$*`. Diese Zeichenkombination ist ein Platzhalter für alle an das Programm übergebenen Parameter und Dateinamen.

Innerhalb der Schleife wird der Name jeder Datei auf dem Bildschirm ausgegeben. Mit `cp` wird eine Sicherungskopie der Datei erstellt. (Dabei werden zuerst alle Zeichen ab dem ersten Punkt im Dateinamen gelöscht. Anschließend wird `.bak` angehängt.) Schließlich wird das Kommando `sed` für die Datei ausgeführt, wobei die die Steuerungsdatei `sedfile` aus dem lokalen Verzeichnis verwendet wird.

Für die Umstellung auf die neue Rechtschreibung sahen die ersten Zeilen dieser Datei wie folgt aus:

```
s.daß.dass.g
s.muß.muss.g
s.paßt.passt.g
s.läßt.lässt.g
```

Dabei handelt es sich bei jeder Zeile um ein `sed`-Kommando, um die erste Zeichenkette durch die zweite zu ersetzen (Kommando `s`). Der nachgestellte Buchstabe `g` bedeutet, dass das Kommando auch mehrfach innerhalb einer Zeile ausgeführt werden soll (falls 'daß' oder 'muß' mehrere Male innerhalb einer Zeile auftreten sollten).

bash Version 2

Seit einiger Zeit ist `bash` Version 2 verfügbar, wenngleich manche Distributionen noch immer mit der als sehr stabil geltenden Version 1.14 ausgestattet sind. (Führen Sie `echo $BASH_VERSION` aus!)

Programmierern kann die neue `bash`-Version einige Unannehmlichkeiten bereiten: Die `bash` wurde weitestgehend an den POSIX-Standard angeglichen. Manche Syntaxvarianten, die von `bash` 1.14 noch toleriert werden, gelten jetzt als Verstoß gegen die Syntax und führen zu Fehlermeldungen. Das betrifft insbesondere fehlende Strichpunkte bei Kommandoketten, die bisher akzeptiert wurden:

bash 1.14: { `kommando1; kommando2; kommando3` }
bash 2.0: { `kommando1; kommando2; kommando3;` }

Ein ähnliches Problem kann auch bei `case-esac`-Blöcken auftreten: Das letzte Kommando einer solchen Konstruktion wurde bisher auch dann ausgeführt, wenn die beiden abschließenden Strichpunkte ;; gefehlt haben. Seit Version 2 sind diese Strichpunkte unbedingt erforderlich.

Eine Menge weiterer Details zu Neuerungen und eventuellen Inkompatibilitäten (die fast ausnahmslos durch Fehler in der bisherigen `bash`-Implementierung verursacht wurden), finden Sie in den Dateien im Verzeichnis `/usr/doc/bash/` bzw. mit `man bash`.

Formale Aspekte von Shell-Programmen

Alle Shell-Dateien sollten mit einer Zeile beginnen, die aus den Zeichen `#!` und dem gewünschten Shell-Namen zusammengesetzt ist. In diesem Fall wird zur Ausführung der Datei automatisch die gewünschte Shell gestartet. `bash`-Shell-Dateien sollten mit `#!/bin/sh` beginnen. Damit ist das Programm portabel und kann auch auf einem anderen Rechner ausgeführt werden, wo statt der `bash` die Bourne-Shell installiert ist. (Unter Linux ist `/bin/sh` ein Link auf `/bin/bash`.)

Solange Sie Shell-Programme nur für den Eigenbedarf schreiben und ein Shell-Wechsel bzw. eine Verwendung des Programms durch andere Anwender unwahrscheinlich ist, können Sie natürlich auch auf die Shell-Identifizierung verzichten. Dasselbe gilt, wenn Sie sicher sind, dass die anderen Shells bei der Ausführung Ihrer Datei keine Probleme haben, Sie also keine shell-spezifischen Besonderheiten verwendet haben. Die meisten Probleme ergeben sich aus den Syntaxabweichungen zwischen der C-Shell und den meisten anderen Shells.

VORSICHT

Shell-Script-Programme können nur ausgeführt werden, wenn die Zugriffsbits für den Lesezugriff (r) und die Ausführung (x) gesetzt sind (`chmod a+rx datei`). In der ersten Zeile eines Scripts dürfen keine deutschen Sonderzeichen verwendet werden, auch nicht in Kommentaren. Die `bash` weigert sich sonst, die Datei auszuführen, und liefert die Meldung 'cannot execute binary file'.

Wenn Sie eine Sammlung eigener Shell-Script-Programme für den täglichen Gebrauch schreiben, ist es sinnvoll, diese an einem zentralen Ort zu speichern. Als Verzeichnis bietet sich `~/bin` an. Wenn Sie anschließend folgende Änderung in `.profile` vornehmen, können diese Script-Programme ohne eine komplette Pfadangabe ausgedruckt werden.

```
# Ergänzung in ~/.profile bzw. in ~/.bashrc
PATH=$PATH':~/bin'
```

TIPP

Online-Texte zur Shell-Programmierung erhalten Sie mit `man bash` und mit `info -f /usr/info/bash`. `help` zeigt eine Hilfeübersicht der `bash`-internen Kommandos an. `help kommando` gibt nähere Informationen zu diesem Kommando.

Andere Script-Sprachen

Als Script-Sprachen werden Programmiersprachen bezeichnet, die Kommandos in einer Textdatei verarbeiten. Script-Sprachen stehen im Gegensatz zu 'echten' Programmiersprachen wie C, bei denen das Programm zuvor kompiliert werden muss. Script-Sprachen haben im Regelfall den Vorteil, dass sie erheblich einfacher zu erlernen sind.

Wenn Ihnen die Möglichkeiten der bash nicht mehr ausreichen, sollten Sie einen Blick auf die zahlreichen weiteren Script-Sprachen werfen, die Ihnen unter Linux zur Verfügung stehen: So kann etwa die ksh Felder verwalten, während sich die tcsh durch eine C-ähnliche (von der bash oft stark abweichende) Syntax auszeichnet.

Vollkommen unabhängig von den Besonderheiten einer Shell-Sprache sind perl und awk. perl steht für *Practical Extraction and Report Language* und eignet sich vor allem zur Bearbeitung von Textdateien. Sie können mit perl Texte analysieren, verändern etc. perl vereint die Fähigkeiten des sed (Stream-Editor) mit denen einer Programmiersprache. Eine ähnliche Zielsetzung, aber eine andere Syntax hat die Programmiersprache awk. Der Name awk ergibt sich aus den Namen der ursprünglichen Autoren, Alfred Aho, Peter Weinberger und Brian Kernighan.

Eine recht leicht zu erlernende Script-Sprache ist Tcl/Tk. Viele Kommandos sind denen der bash ähnlich – aber der Sprachumfang von Tcl/Tk reicht weit über den der bash hinaus. Zwei Besonderheiten zeichnen Tcl/Tk aus: Die Sprache kann durch C-Funktionen erweitert und so den Wünschen des Programmierers angepasst werden, und sie eignet sich zur einfachen Oberflächenprogrammierung unter X. Dialoge mit Buttons, Listenfeldern etc. können in Tcl/Tk in wenigen Programmzeilen realisiert werden.

Erwähnenswert ist schließlich die Sprache Python, die in der Linux-Szene (aber nicht nur dort) sehr beliebt ist. Im Gegensatz zu anderen Script-Sprachen ist Python objektorientiert. Außerdem wurde beim Entwurf der Sprache großer Wert darauf gelegt, dass die Struktur des Codes möglichst gut sichtbar bleibt. (So *müssen* Zeilen in Schleifen, Abfragen etc. eingerückt werden.) Noch ein Argument spricht für Python: Die Sprache ist exzellent dokumentiert. (Bei einigen Distributionen muss die Dokumentation wegen ihrer Größe separat installiert werden; bei SuSE befindet sich die Dokumentation beispielsweise im Paket pyth_doc.)

16.2 Variablenverwaltung in Shell-Programmen

Einleitende Informationen zum Umgang mit Variablen wurden bereits in Kapitel 15 ab Seite 650 gegeben. Dort wurde unter anderem der Unterschied zwischen normalen Shell-Variablen und Umgebungsvariablen erwähnt. Außerdem wurden die wichtigsten Variablen der bash, also etwa PATH oder PWD, beschrieben.

In diesem Abschnitt werden weitere Aspekte der Variablenverwaltung behandelt, die besonders für die Shell-Programmierung relevant sind. Im Detail geht es um den Gültigkeitsbereich von Variablen, um einige in der bash vordefinierte Variablen (z.B. $* oder $?), um den Mechanismus der Parametersubstitution zur Analyse und Verarbeitung von Zeichenketten in Variablen und schließlich um die Eingabe von Variablen in Shell-Programmen.

Gültigkeitsbereich von Variablen

Um die Feinheiten der Variablenverwaltung bei der Ausführung von Shell-Programmen zu verstehen, sind Grundkenntnisse über die Mechanismen beim Start von Kommandos und Shell-Programmen erforderlich:

Zur Ausführung eines Kommandos oder eines Programms erzeugt die `bash` einen neuen Prozess mit einer eigenen PID-Nummer (Linux-interne Nummer zur Identifizierung und Verwaltung des Prozesses). Von den Shell-Variablen werden nur jene an den neuen Prozess weitergegeben, die als Umgebungsvariablen deklariert wurden (`export` oder `declare -x`, siehe Seite 650). Wenn ein Kommando im Vordergrund gestartet wird, tritt die `bash` während der Ausführung in den Hintergrund und wartet auf das Ende des Kommandos. Andernfalls laufen beide Programme (also die `bash` und das im Hintergrund gestartete Programm) parallel.

Einen Sonderfall stellt der Start eines Shell-Programms dar. Die Abarbeitung des Shell-Programms erfolgt nämlich nicht in der laufenden Shell, sondern in einer eigens dazu gestarteten Subshell. Es laufen nun also zwei Instanzen der `bash` – die eine als ihr Kommandointerpreter und die zweite zur Ausführung des Shell-Programms. Wenn innerhalb dieses Programms ein weiteres Shell-Programm gestartet wird, wird dazu eine dritte `bash`-Instanz gestartet etc. Die Ausführung eigener Subshells für Shell-Programme ist erforderlich, damit mehrere Shell-Programme parallel und ohne gegenseitige Beeinflussung (gegebenenfalls auch im Hintergrund) ausgeführt werden können.

Das Konzept der Subshells wirkt sich insofern auf die Variablenverwaltung aus, als jede (Sub-)Shell ihren eigenen Satz an Variablen besitzt. Der Subshell werden wie beim Start jedes beliebigen anderen Programms nur die Variablen der interaktiven Shell übergegeben, die als Umgebungsvariablen deklariert waren. Anschließend sind die Variablen in den beiden Shells vollkommen unabhängig voneinander, d.h. die Veränderung von Variablen in der einen Shell hat keinerlei Einfluss auf Variablen der anderen Shell.

Manchmal möchte man mit einem Shell-Programm neue Variablen deklarieren bzw. vorhandene Variablen bleibend verändern. Um das zu ermöglichen, können Sie Shell-Programme auch innerhalb der aktuellen `bash`, also ohne den automatischen Start einer Subshell ausführen. Dazu müssen Sie vor den Dateinamen des Shell-Programms einen Punkt und ein Leerzeichen stellen. (Das entspricht der Kurzschreibweise des Shell-Kommandos `source`.)

Dazu ein Beispiel: Sie möchten ein Shell-Programm schreiben, das die `PATH`-Variable um den Pfad des gerade aktuellen Verzeichnisses erweitert. Das erforderliche Programm `addpwd` ist ganz einfach:

```
#! /bin/sh
# Shell-Programm addpwd ergaenzt Pfad mit dem aktuellen Verzeichnis
#
PATH=$PATH":"$(pwd)
```

In der Variablen PATH wird also der bisherige Inhalt dieser Variablen, ein Doppelpunkt und schließlich via Kommandosubstitution das Ergebnis des Kommandos pwd gespeichert. Der folgende Testlauf beweist, dass sich der Inhalt der PATH-Variablen in der aktuellen Shell erst dann ändert, wenn addpwd mit einem vorangestellten Punkt gestartet wird. (Innerhalb der Subshell, die beim ersten Aufruf von addpwd gestartet wurde, wird PATH natürlich geändert – diese Änderung gilt aber nur, solange addpwd läuft.)

```
user$  echo $PATH
/usr/local/bin:/usr/bin:/bin:/usr/local/sbin:/usr/sbin:/sbin:
/usr/bin/X11:/usr/bin/TeX:/usr/openwin/bin:/usr/games:.
user$  addpwd
user$  echo $PATH
/usr/local/bin:/usr/bin:/bin:/usr/local/sbin:/usr/sbin:/sbin:
/usr/bin/X11:/usr/bin/TeX:/usr/openwin/bin:/usr/games:.
user$  . addpwd
user$  echo $PATH
/usr/local/bin:/usr/bin:/bin:/usr/local/sbin:/usr/sbin:/sbin:
/usr/bin/X11:/usr/bin/TeX:/usr/openwin/bin:/usr/games:.:/home/mk/buch
```

Durch die Shell vordefinierte Variablen

Innerhalb von Shell-Programmen kann auf einige von der bash vordefinierte Variablen zugegriffen werden. Diese Variablen können nicht durch Zuweisungen verändert, sondern nur gelesen werden. Der Name der Variablen wird durch verschiedene Sonderzeichen gebildet. In der folgenden Tabelle werden die Variablen gleich mit dem vorangestellten $-Zeichen angegeben.

$-Variablen	
$?	Rückgabewert des letzten Kommandos
$!	PID des zuletzt gestarteten Hintergrundprozesses
$$	PID der aktuellen Shell
$0	Dateiname des gerade ausgeführten Shell-Scripts (oder des symbolischen Links, der auf die Datei zeigt)
$#	Anzahl der dem Shell-Programm übergebenen Parameter
$1 bis $9	Parameter 1 bis 9
$* oder $@	Gesamtheit aller übergebenen Parameter

Noch einige Anmerkungen zur Anwendung dieser Variablen: $0 bis $9, $# und $* dienen zur Auswertung der Parameter, die dem Batch-Programm übergeben wurden. Beinahe jedes Script-Beispiel in diesem Kapitel zeigt dafür Anwendungsmöglichkeiten.

Im Zusammenhang mit der Auswertung von Parametern ist das bash-Kommando shift interessant. Dieses Kommando schiebt die übergebenen Parameter quasi durch die neun Variablen `$1` bis `$9`. Wenn Sie `shift 9` ausführen, gehen die ersten neun dem Programm übergebenen Parameter verloren, dafür können jetzt aber die nächsten neun bequem angesprochen werden. `shift` ohne weitere Angaben verschiebt die Parameterliste um einen Parameter.

`$?` kann zur Bildung von Bedingungen verwendet werden, um den weiteren Programmverlauf vom Ergebnis des letzten Kommandos abhängig zu machen. Prinzipiell ist es auch möglich, ein Kommando direkt als Bedingung in `if` anzugeben. Die Variable `$?` hat den Vorteil, dass allzu lange und unübersichtliche Anweisungen vermieden werden können (siehe Seite 668).

Die Variable `$$` enthält die PID (process identification number). Dieser Zahlenwert wird Linux-intern zur Verwaltung der Prozesse verwendet. Die PID ist eindeutig, d.h. im ganzen System existiert mit Sicherheit kein zweiter Prozess mit derselben Nummer. Deswegen eignet sich dieser Wert hervorragend zur Bildung einer temporären Datei. Beispielsweise speichern Sie mit `ls > tmp.$$` eine Liste aller Dateien in der Datei `tmp.`*nnn*. Selbst wenn dieselbe Stapeldatei gleichzeitig in einem anderen Terminal läuft, wird es wegen der unterschiedlichen PIDs der beiden Shells mit Sicherheit zu keinem Namenskonflikt kommen.

Parametersubstitution

Die `bash` stellt unter dem Begriff Parametersubstitution einige Kommandos zur Verfügung, mit denen in Variablen gespeicherte Zeichenketten bearbeitet werden können. Die Syntax dieses Substitutionsmechanismus lautet `${var__muster}` (mit zwei Unterstrichen _). Dabei steht __ für ein oder zwei Sonderzeichen, die den Typ des Substitutionskommandos angeben. Beachten Sie, dass der Variablenname *ohne* vorangestelltes `$`-Zeichen angegeben wird. Wenn hingegen das Vergleichsmuster aus einer Variablen gelesen werden soll, muss dort ein `$`-Zeichen verwendet werden.

`${var:-default}`
wenn die Variable leer ist, liefert die Konstruktion die Defaulteinstellung als Ergebnis, andernfalls den Inhalt der Variablen. Die Variable wird nicht geändert.

`${var:=default}`
wie oben, es wird aber gleichzeitig der Inhalt der Variablen geändert, wenn diese bisher leer war.

`${var:+neu}`
wenn die Variable leer ist, bleibt sie leer. Wenn die Variable dagegen bereits belegt ist, wird der bisherige Inhalt durch eine neue Einstellung ersetzt. Die Konstruktion liefert den neuen Inhalt der Variablen.

`${var:?fehlermeldung}`
wenn die Variable leer ist, werden der Variablenname und die Fehlermeldung ausgegeben, und das Shell-Programm wird anschließend beendet. Andernfalls liefert die Konstruktion den Inhalt der Variablen.

${#var}
liefert die Anzahl der in der Variablen gespeicherten Zeichen als Ergebnis (0, falls die Variable leer ist). Die Variable wird nicht geändert.

${var#muster}
vergleicht den Anfang der Variablen mit dem angegebenen Muster. Wenn das Muster erkannt wird, liefert die Konstruktion den Inhalt der Variablen abzüglich des kürzestmöglichen Textes, der dem Suchmuster entspricht. Wird das Muster dagegen nicht gefunden, wird der ganze Inhalt der Variablen zurückgegeben. Im Suchmuster können die zur Bildung von Dateinamen bekannten Joker-Zeichen verwendet werden (`* ? [abc]`). Die Variable wird in keinem Fall verändert:

```
user$  dat=/home/mk/buch/buch.tar.gz
user$  echo ${dat#*/}
home/mk/buch/buch.tar.gz
user$  echo ${dat#*.}
tar.gz
```

${var##muster}
wie oben, allerdings wird jetzt die größtmögliche Zeichenkette, die dem Muster entspricht, eliminiert:

```
user$  dat=/home/mk/buch/buch.tar.gz
user$  echo ${dat##*/}
buch.tar.gz
user$  echo ${dat##*.}
gz
```

${var%muster}
wie `${var#muster}`, allerdings erfolgt der Mustervergleich jetzt am Ende des Variableninhalts. Es wird die kürzestmögliche Zeichenkette vom Ende der Variablen eliminiert. Die Variable selbst bleibt unverändert.

```
user$  dat=/home/mk/buch/buch.tar.gz
user$  echo ${dat%/*}
/home/mk/buch
user$  echo ${dat%.*}
/home/mk/buch/buch.tar
```

${var%%muster}
wie oben, allerdings wird die größtmögliche Zeichenkette eliminiert.

```
user$  dat=/home/mk/buch/buch.tar.gz
user$  echo ${dat%%/*}
```

-- keine Ausgabe --

```
user$  echo ${dat%%.*}
/home/mk/buch/buch
```

TIPP

Auf Seite 674 finden Sie ein Beispiel, in dem die hier vorgestellten Substitutionskommandos eingesetzt werden, um Dateigruppen zu kopieren bzw. umzubenennen (`regmv *.ps *.eps`).

${!var}
liefert den Inhalt der Variablen, dessen Name in `var` als Zeichenkette enthalten ist.

```
user$  abc="123"
user$  efg=abc
user$  echo ${!efg}
123
```

HINWEIS

Die Syntax `${!var1}` ist erst ab `bash`-Version 2 erlaubt. Wenn Sie in einer älteren `bash`-Version den Inhalt einer Variablen ermitteln möchten, deren Name in einer anderen Variablen angegeben ist, müssen Sie die folgende Syntax verwenden (die auch in Version 2 zulässig ist):

```
user$ eval var2=\$${var1}
```

Variablen mit read einlesen

Mit dem `bash`-Kommando `read` können Sie während des Ablaufs eines Shell-Programms Eingaben durchführen. In der Regel geben Sie dazu zuerst mit `echo` einen kurzen Text aus, in dem Sie den Anwender darüber informieren, welche Eingabe Sie erwarten (beispielsweise `y/n`, einen nummerischen Wert etc.). Dabei ist die Option `-n` sinnvoll, damit die Eingabe unmittelbar hinter dem `echo`-Text und nicht in der nächsten Zeile erfolgt. Bei der Ausführung des anschließenden `read`-Kommandos wartet die `bash` solange, bis der Anwender eine Zeile eingibt und diese mit (↩) abschließt.

Im folgenden Beispielprogramm wird die `while`-Schleife solange ausgeführt, bis die Zeichenkette in der Variablen `a` nicht mehr leer ist. Ein Testlauf demonstriert die Funktion des kleinen Programms:

```
user$  readvar
Geben Sie eine Zahl ein:  a
Ungültige Eingabe, bitte Eingabe wiederholen
Geben Sie eine Zahl ein:  12
12
```

Nach der Eingabe durch `read` wird der gesamte Inhalt der Variablen via Parametersubstitution gelöscht, wenn darin irgendein Zeichen außer einer Ziffer, einem Minuszeichen oder einem Leerzeichen vorkommt. Diese Kontrolle ist zwar nicht vollkommen (die Zeichenketten `"12-34-5"` und `"12 34"` sind demnach beide gültig), aber schon recht wirkungsvoll. Informationen zu `while` finden Sie auf Seite 671.

```
#! /bin/sh
```

```
# readvar: nummerischen Wert einlesen
a=                          # a löschen
while [ -z "$a" ]; do
  echo -n "Geben Sie eine Zahl ein: "
  read a
  a=${a##*[^0-9,' ',-]*}  # Zeichenketten eliminieren, die
                          # irgendwelche Zeichen außer 0-9, dem
                          # Minuszeichen und dem Leerzeichen
                          # enthalten
  if [ -z "$a" ]; then
    echo "Ungültige Eingabe, bitte Eingabe wiederholen"
  fi
done
echo $a
```

16.3 Verzweigungen

Verzweigungen in Shell-Programmen können mit den Kommandos `if` und `case` gebildet werden. Während sich `if` eher für einfache Fallunterscheidungen eignet, ist `case` für die Analyse von Zeichenketten prädestiniert (Mustervergleich).

if-Verzweigungen

In der Shell-Datei `iftst` wird durch eine `if`-Abfrage getestet, ob zwei Parameter übergeben wurden. Wenn das nicht der Fall ist, wird eine Fehlermeldung ausgegeben. Das Programm wird durch `exit` mit einem Rückgabewert ungleich 0 (Indikator für Fehler) beendet. Andernfalls wird der Inhalt der beiden Parameter auf dem Bildschirm angezeigt.

```
#! /bin/sh
# Shell-Datei iftst
if test $# -ne 2; then
  echo "Dem Kommando müssen genau zwei Parameter übergeben werden!"
  exit 1
else
  echo "Parameter 1: $1, Parameter 2: $2"
fi
```

Ein kurzer Testlauf demonstriert das Verhalten des Programms:

```
user$ iftst a
Dem Kommando müssen genau zwei Parameter übergeben werden!
user$ iftst a b
Parameter 1: a, Parameter 2: b
```

Als Kriterium für die Verzweigung gilt der Rückgabewert des letzten Kommandos vor `then`. Die Bedingung ist erfüllt, wenn dieses Kommando den Rückgabewert 0 liefert. Wenn `then` noch in derselben Zeile angegeben wird (und nicht erst in der nächsten), dann muss das Kommando mit einem Semikolon abgeschlossen werden.

VORSICHT

Beachten Sie bitte, dass in der `bash` die Wahrheitswerte für wahr (0) und falsch (ungleich 0) genau umgekehrt definiert sind als in den meisten anderen Programmiersprachen! Kommandos, die ordnungsgemäß beendet werden, liefern den Rückgabewert 0. Jeder Wert ungleich 0 deutet auf einen Fehler hin. Manche Kommandos liefern je nach Fehlertyp unterschiedliche Fehlerwerte.

Im obigen Beispiel wurde die Bedingung unter Zuhilfenahme des `bash`-Kommandos `test` gebildet. Der Operator `-ne` steht dabei für ungleich (not equal). `test` kommt immer dann zum Einsatz, wenn zwei Zeichenketten oder Zahlen miteinander verglichen werden sollen, wenn getestet werden soll, ob eine Datei existiert etc. Das Kommando wird im nächsten Abschnitt beschrieben.

Das obige Programm könnte auch anders formuliert werden: Statt des `test`-Kommandos kann eine Kurzschreibweise in eckigen Klammern verwendet werden. Dabei muss nach `[` und vor `]` jeweils ein Leerzeichen angegeben werden!

Außerdem kann das zweite `echo`-Kommando aus der `if`-Struktur herausgelöst werden, weil wegen der `exit`-Anweisungen alle Zeilen nach `fi` nur dann ausgeführt werden, wenn die Bedingung erfüllt ist.

```
#! /bin/sh
# Shell-Datei iftst, zweite gleichwertige Variante
#
if [ $# -ne 2 ]; then
  echo "Dem Kommando müssen genau zwei Paramater übergeben werden!"
  exit 1
fi
echo "Parameter 1: $1, Parameter 2: $2"
```

Zum Abschluß noch ein etwas realitätsnäheres Beispiel: Die Shell-Datei `savequit` sichert alle `*.tex`-Dateien in der komprimierten Archivdatei `backup.tgz`. Wenn beim Erstellen der Archivdatei keine Fehler aufgetreten sind (Operator `&&`), wird die resultierende Datei anschließend auf eine Diskette in Laufwerk A: kopiert. Das Kriterium für die `if`-Abfrage ist der Rückgabewert von `mcopy`. Wenn alles in Ordnung geht (und nicht eine volle Diskette – oder überhaupt keine – in Laufwerk A: steckt), wird der Rechner anschließend mit `shutdown` abgeschaltet.

```
#! /bin/sh
# Shell-Datei savequit: *.tex-Dateien sichern, System abschalten
#
if tar -czf backup.tgz *.tex && mcopy -n backup.tgz a:; then
  shutdown -t 5 -h -q now
fi
```

Dasselbe Programm kann auch etwas übersichtlicher gestaltet werden. Dazu werden die `tar`- und `mcopy`-Kommandos in einer eigenen Zeile angegeben. In `if` wird das Ergebnis dieser beiden Kommandos dann über die Variable `$?` getestet:

```
#! /bin/sh
# Shell-Datei savequit: *.tex-Dateien sichern, System abschalten
#
tar -czf backup.tgz *.tex && mcopy -n backup.tgz a:
if [ $? = 0 ]; then
  shutdown -t 5 -h -q now
fi
```

Formulierung von Bedingungen mit test

In der `bash` ist es nicht möglich, Bedingungen – etwa den Vergleich einer Variablen mit einem Wert – direkt anzugeben. Zum einen basiert die ganze Konzeption der `bash` darauf, dass alle Aktionen über ein einheitliches Kommandokonzept durchgeführt werden, zum anderen sind Sonderzeichen wie > und < bereits für andere Zwecke vergeben. Aus diesem Grund müssen Sie zur Formulierung von Bedingungen in Schleifen und Verzweigungen das `bash`-Kommando `test` verwenden. (`test` existiert übrigens auch als eigenständiges Linux-Kommando außerhalb der `bash`. Es wurde in erster Linie deswegen in die `bash` integriert, um eine höhere Verarbeitungsgeschwindigkeit zu erzielen.)

`test` liefert als Rückgabewert 0 (wahr), wenn die Bedingung erfüllt ist, oder 1 (falsch), wenn die Bedingung nicht erfüllt ist. Um den Schreibaufwand zu verringern, ist eine Kurzschreibweise in eckigen Klammern vorgesehen. Das Kommando ist in der Referenz am Ende des Kapitels (siehe Seite 688) ausführlich beschrieben.

`test` wird in drei Aufgabenbereichen eingesetzt: zum Vergleich zweier Zahlen, zum Vergleich von Zeichenketten und zum Test, ob eine Datei existiert und bestimmte Eigenschaften aufweist. Die folgenden Beispiele zeigen einige mögliche Anwendungsfälle:

`test "$x"`
überprüft, ob x belegt ist (d.h. das Ergebnis ist falsch, wenn die Zeichenkette 0 Zeichen aufweist, andernfalls wahr).

`test $x -gt 5`
testet, ob die Variable x einen Zahlenwert größer 5 enthält. Wenn x keine Zahl enthält, kommt es zu einer Fehlermeldung. Statt `-gt` (greater than) können auch die folgenden Vergleichsoperatoren verwendet werden: `-eq` (equal), `-ne` (not equal), `-lt` (less than), `-le` (less equal) und `-ge` (greater equal).

```
test -f $x
```

testet, ob eine Datei mit dem in x angegebenen Namen existiert.

Wenn `test` interaktiv in der Shell ausgeführt werden soll, muss nach dem `test`-Kommando die Variable `$?` (Rückgabewert des letzten Kommandos) mit `echo` gelesen werden:

```
user$  a=20
user$  test $a -eq 20; echo $?
0
user$  test $a -gt 20; echo $?
1
```

case-Verzweigungen

`case`-Konstruktionen werden mit dem Schlüsselwort `case` eingeleitet, dem der zu analysierende Parameter (zumeist eine Variable) folgt. Nach dem Schlüsselwort `in` können dann mehrere mögliche Musterzeichenketten angegeben werden, mit denen der Parameter verglichen wird. Dabei sind die gleichen Jokerzeichen wie bei Dateinamen erlaubt. Das Muster wird mit einer runden Klammer) abgeschlossen, also etwa `--*)` zur Erkennung von Zeichenketten, die mit zwei Minuszeichen beginnen. Mehrere Muster können durch | voneinander getrennt werden – in diesem Fall werden beide Muster getestet. Beispielsweise dient `*.c|*.h)` zur Erkennung von `*.c`- und `*.h`-Dateien im selben Zweig.

Die der Klammer folgenden Kommandos müssen durch zwei Semikola abgeschlossen werden. Wenn ein `else`-Zweig benötigt wird, dann muss als letztes Muster `*` angegeben werden – alle Zeichenketten entsprechen diesem Muster. Bei der Abarbeitung einer `case`-Konstruktion wird nur der erste Zweig berücksichtigt, bei dem der Parameter dem angegebenen Muster entspricht.

Das folgende Beispiel `casetst` zeigt die Anwendung von `case` zur Klassifizierung der übergebenen Parameter in Dateinamen und Optionen. Die Schleife für die Variable `i` wird für alle der Shell-Datei übergebenen Parameter ausgeführt. Innerhalb dieser Schleife wird jeder einzelne Parameter mit `case` analysiert. Wenn der Parameter mit einem Bindestrich (-) beginnt, wird der Parameter an das Ende der Variablen `opt` angefügt, andernfalls an das Ende von `dat`.

```
#! /bin/sh
# Shell-Datei casetst
opt=        # opt und var löschen
dat=
```

```
for i do     # Schleife für alle übergebenen Parameter
  case "$i" in
    -* ) opt="$opt $i";;
    *  ) dat="$dat $i";;
  esac
done         # Ende der Schleife
echo "Optionen: $opt"
echo "Dateien:  $dat"
```

Ein Beispiellauf der Shell-Datei beweist die Wirkungsweise dieser einfachen Fallunterscheidung. Die in ihrer Reihenfolge wahllos übergebenen Parameter werden in Optionen und Dateinamen untergliedert:

```
user$  casetst -x -y dat1 dat2 -z dat3
Optionen:  -x -y -z
Dateien:   dat1 dat2 dat3
```

Nach demselben Schema können `case`-Verzweigungen auch zur Klassifizierung von bestimmten Dateikennungen verwendet werden (indem im Suchmuster `*.abc` angegeben wird). Wenn Sie sich eingehender mit `case`-Analysen beschäftigen möchten, sollten Sie sich die Shell-Datei `/usr/bin/gnroff` ansehen. Die Datei bereitet die in der Syntax von `nroff` übergebenen Parameter so auf, dass das verwandte Kommando `groff` damit zurechtkommt.

16.4 Schleifen

Die `bash` kennt drei Kommandos zur Bildung von Schleifen: `for` führt eine Schleife für alle Elemente einer angegebenen Liste aus. `while` führt eine Schleife solange aus, bis die angegebene Bedingung nicht mehr erfüllt ist, `until` solange, bis die Bedingung zum ersten Mal erfüllt ist. Alle drei Schleifen können mit `break` vorzeitig verlassen werden. `continue` überspringt den restlichen Schleifenkörper und setzt die Schleife mit dem nächsten Schleifendurchlauf fort.

for-Schleifen

Im ersten Beispiel werden der Variablen `i` der Reihe nach die Zeichenketten a, b und c zugewiesen. Im Schleifenkörper zwischen `do` und `done` wird der Inhalt der Variablen ausgegeben. Beachten Sie, dass sowohl am Ende der Liste als auch am Ende des `echo`-Kommandos ein Strichpunkt erforderlich ist. Auf diese Strichpunkte kann nur verzichtet werden, wenn die Eingabe auf mehrere Zeilen verteilt wird (was in Script-Dateien häufig der Fall ist).

```
user$  for i in a b c; do echo $i; done
a
b
c
```

Die Liste für `for` kann auch mit Jokerzeichen für Dateinamen oder mit {..}-Konstruktionen zur Bildung von Zeichenketten (Seite 647) gebildet werden. Im folgenden Beispiel werden alle `*.tex`-Dateien in `*.tex~`-Dateien kopiert. (Das Zeichen ~ am Ende eines Dateinamens identifiziert unter Unix/Linux üblicherweise eine Backup-Datei.)

```
user$  for i in *.tex; do cp $i $i~; done
```

Wenn `for`-Schleifen ohne `in ...` gebildet werden, dann werden der Schleifenvariablen der Reihe nach alle beim Aufruf übergebenen Parameter übergeben (das entspricht also `in $*`). Ein Beispiel für so eine Schleife finden Sie bei der Beschreibung von `case`.

while-Schleifen

Im folgenden Beispiel wird der Variablen `i` der Wert 1 zugewiesen. Anschließend wird die Variable im Schleifenkörper zwischen `do` und `done` so oft um 1 erhöht, bis der Wert 5 überschritten wird. Beachten Sie, dass Bedingungen wie bei `if`-Verzweigungen mit dem Kommando `test` bzw. mit dessen Kurzschreibweise in eckigen Klammern angegeben werden müssen.

```
user$  i=1; while [ $i -le 5 ]; do echo $i; i=$[$i+1]; done
1
2
3
4
5
```

until-Schleifen

Der einzige Unterschied von `until`-Schleifen gegenüber `while`-Schleifen besteht darin, dass die Bedingung logisch negiert formuliert wird. Das folgende Kommando ist daher zur obigen `while`-Schleife äquivalent. Dabei wird `-gt` zur Formulierung der Bedingung `i>5` (greater than) verwendet.

```
user$  i=1; until [ $i -gt 5 ]; do echo $i; i=$[$i+1]; done
1
2
3
4
5
```

16.5 Beispiele für Shell-Programme

Unter Linux wimmelt es nur so von Beispielen für die bash-Programmierung, auch wenn Sie bisher möglicherweise nichts davon bemerkt haben. Viele Kommandos, die Sie während der Installation, Konfiguration und Administration von Linux ausgeführt haben, waren in Wirklichkeit bash-Programme.

Das folgende find/grep-Kommando durchsucht den gesamten Verzeichnisbaum ab dem aktuellen Verzeichnis nach shell-Programmen. Dabei werden alle Dateien erkannt, die als ausführbar gekennzeichnet sind und die Zeichenkette \#! ... sh enthalten. Die Liste aller Dateien wird in liste im Heimatverzeichnis gespeichert. Die Ausführung des Kommandos nimmt einige Zeit in Anspruch, weil das gesamte Dateisystem durchsucht wird.

```
user$  cd /
user$  find -type f -perm +111 -exec \
    >    grep -q '#!.*sh' {} \; -print > ~/liste
```

Filter zur Textkonvertierung

Auf Seite 778 werden die Kommandos fromdos, todos und recode vorgestellt, die Textdateien zwischen DOS und Linux konvertieren. Wenn es nur darum geht, ein Carriage-Return-Zeichen am Ende jeder Zeile zu eliminieren (DOS → Linux) bzw. dort einzufügen (Linux → DOS), können Sie das auch mit Hilfe von zwei kleinen Shell-Dateien erledigen.

Zuerst zur Konvertierung von DOS nach Linux, bei der einfach alle CR-Zeichen eliminiert werden müssen: Dazu kann das Kommando tr eingesetzt werden. Dieses Kommando liest Daten aus der Standardeingabe, ersetzt oder löscht einzelne Zeichen und schreibt das Ergebnis in die Standardausgabe. tr -d '\r' entfernt die überflüssigen Leerzeichen. Um den Aufruf von dos2linux möglichst bequem zu gestalten, sieht das folgende Programm drei Verwendungsvarianten vor:

```
user$  dos2linux datei
user$  dos2linux quelldatei zieldatei
user$  dos2linux < quelldatei > zieldatei
```

Bei der ersten Variante liest dos2linux die angegebene Datei und schreibt das Ergebnis in dieselbe Datei zurück. Bei der zweiten Variante wird die Quelldatei gelesen und das Ergebnis in die Zieldatei geschrieben. Bei der dritten Variante wird dos2linux als Filter verwendet. Damit wäre auch eine Verwendung des Kommandos in der folgenden Form denkbar:

```
user$  cat text.dos | dos2linux > /dev/lp1
```

Die angegebene Textdatei wird mit `cat` in die Standardausgabe geleitet, von `dos2linux` gefiltert und schließlich an die erste parallele Schnittstelle (Drucker) weitergeleitet.

Der Programmcode für `dos2linux` enthält wenig Überraschungen. Die drei Syntaxvarianten werden je nach Anzahl der Parameter erkannt. Wenn mehr als drei Parameter übergeben werden, zeigt das Kommando einen Hilfetext an. Die Ausgabe des Textes erfolgt durch `cat`. Dabei wird mit dem Operator << der Text aus der aktuellen Datei als Standardeingabe interpretiert, bis das Muster EOF auftritt.

```
#! /bin/sh
# dos2linux: eliminiert CR-Zeichen
if [ $# -eq 0 ]; then    # als Filter verwenden
  tr -d '\r'
elif [ $# -eq 1 ]; then # eine Datei bearbeiten
  mv $1 $1.$$
  tr -d '\r' < $1.$$ > $1
  rm $1.$$
elif [ $# -eq 2 ]; then # zwei Dateien bearbeiten
  tr -d '\r' < $1 > $2
else
  cat << EOF
dos2linux: eliminiert CR-Zeichen in Textdateien
Verwendung: dos2linux datei
            dos2linux quelldatei zieldatei
            dos2linux < quelldatei > zieldatei
EOF
fi
```

Nun zur umgekehrten Variante, zur Konvertierung von Linux nach DOS. Um am Ende jeder Zeile ein CR-Zeichen einzufügen, muss das Programm `sed` zu Hilfe genommen werden. Der Stream-Editor zeichnet sich durch große Flexibilität bei der Bearbeitung von Textdateien aus, aber leider auch durch eine ebenso undurchsichtige Syntax.

```
#! /bin/sh
# linux2dos: fügt an jedem Zeilenende ein CR-Zeichen ein
if [ $# -eq 0 ]; then    # als Filter verwenden
  sed -e s/$/^M/
elif [ $# -eq 1 ]; then # eine Datei bearbeiten
  mv $1 $1.$$
  sed -e s/$/^M/ < $1.$$ > $1
  rm $1.$$
elif [ $# -eq 2 ]; then # zwei Dateien bearbeiten
  sed -e s/$/^M/ < $1 > $2
else
  cat << EOF
```

```
linux2dos: fügt an jedem Zeilenende ein CR-Zeichen ein
Verwendung: linux2dos datei
            linux2dos quelldatei zieldatei
            linux2dos < quelldatei > zieldatei
EOF
fi
```

Im vorliegenden Beispiel wird ein globales Ersetzen-Kommando ausgeführt, bei dem jedes Zeilenende durch CR ersetzt wird. Beachten Sie dabei, dass `^M` nicht aus den beiden Zeichen ^ und `M` besteht, sondern ein Zeichen mit dem Code 13 ist. Die Eingabe solcher Zeichen erfolgt von Editor zu Editor unterschiedlich. Im Emacs müssen Sie (Strg)+(Q), (Strg)+(M) eingeben. Die Bedienung von `linux2dos` erfolgt analog wie bei `dos2linux`.

Die beiden vorgestellten Programme können auch als Filter zum Ausdruck von Textdateien verwendet werden, wenn der Drucker wegen fehlender CR-Zeichen eine endlose Zeichenkette produziert oder wegen überflüssiger LF-Zeichen lauter Leerzeilen liefert.

mv und cp für reguläre Ausdrücke

Aufgrund der automatischen Substitution von Sonderzeichen wie * und ? sind Kommandos wie `mv *.bak *.old` in Linux nicht möglich. Fortgeschrittene `bash`-Anwender geben in solchen Fällen eine kleine `for`-Schleife ein, um alle gewünschten Dateien zu erfassen, und verwenden die Substitutionskommandos zur Veränderung des Dateinamens (siehe Seite 663). Beispielsweise ersetzt die folgende Anweisung alle `*.eps`-Dateien durch `*.ps`-Dateien:

```
user$  for i in *.eps; do mv $i ${i%.*}.ps; done
```

Solche Lösungen beweisen zwar die Leistungsfähigkeit der `bash`, sind letztendlich aber für den tagtäglichen Umgang mit Dateien zu umständlich. Daher liegt es nahe, solche Operationen zu vereinfachen. Die beiden hier vorgestellten Kommandos `regmv` und `regcp` stellen Varianten zu `mv` und `cp` dar. Als Parameter muss eine in einfache Anführungsstriche gestellte Zeichenkette übergeben werden. Sowohl das Muster für die Quelldateien als auch das für die Zieldateien müssen genau ein Sternchen enthalten. Einige Beispiele zur Anwendung der beiden Kommandos:

```
user$                           # benennt
user$  regmv '*.eps *.ps'       #    *.eps-Dateien      in *.ps um
user$  regmv 'bild*.eps b*.ps'  #    bild*.eps-Dateien  in b*.ps um
user$  regmv '*~ *.old'         #    *~-Dateien         in *.old um
user$  regcp '* *.dup'          # dupliziert alle Dateien zu  *.dup
user$  regcp '#*# *.bak'        # kopiert #*#-Dateien, neu *.bak
```

Der Programmcode der beiden neuen Kommandos ist zugegebenermaßen nicht ganz leicht zu verstehen. Im Prinzip handelt es sich nur um eine mehrfache Anwendung der schon im obigen Beispiel angewandten Substitutionskommandos.

Für die folgende Beschreibung der Kommandos wird angenommen, dass dem Kommando die Zeichenkette `bild*.eps b*.ps` übergeben wurde. Dieser Parameter wird an der Stelle des Leerzeichens in zwei Teile zerlegt und in zwei Variablen gespeichert (`bild*.eps` in `quelle` und `b*.ps` in `ziel`). Anschließend werden `quelle` und `ziel` wiederum an der Stelle des * in zwei Teile zerlegt (`bild` in `quelle1`, `.eps` in `quelle2` etc.).

Wenn `quelle` und `ziel` überhaupt Zeichenketten enthalten, wird getestet, ob die Zeichenanzahl in `quelle` um genau eins größer ist als die Zeichenanzahl in `quelle1` und `quelle2`. Wenn das nicht der Fall ist, wurden entweder zu viele Jokerzeichen oder überhaupt keines übergeben. Ein analoger Test wird auch für `ziel` durchgeführt.

Die Anweisung `dateien=$(echo $quelle)` bewirkt nicht einfach eine Duplikation von `quelle`. Vielmehr wird bei der Ausführung von `echo` die übliche Expansion der Jokerzeichen ausgeführt. Daher enthält `dateien` anschließend die Liste aller Dateien, auf die das Quellmuster zutrifft. Der folgende Test überprüft, ob überhaupt eine Expansion stattgefunden hat. Wenn das nicht der Fall war, existieren keine Dateien, die dem Quellmuster entsprechen, und das Kommando wird nach einer Fehlermeldung abgebrochen.

Wenn alles geklappt hat, wird in der `for`-Schleife das Kopierkommando für jede gefundene Datei ausgeführt. Der neue Dateiname wird dazu Stück für Stück in der Variablen `tmp` zusammengesetzt. Im ersten Schritt wird aus dem gefundenen Dateinamen der eine Teil des Quellmusters eliminiert (`bild`), im zweiten Schritt wird der andere Teil entfernt (`.eps`). Im dritten Schritt wird der Dateiname um die Teile des Zielmusters erweitert (`b` und `.ps`).

Damit der Anwender eine Rückmeldung erhält, was eigentlich passiert, wird jedes Kommando auch auf dem Bildschirm angezeigt. Die Option `-i` bei `cp` bewirkt, dass `cp` automatisch eine Rückfrage anzeigt, bevor eine schon bestehende Datei überschrieben wird.

Der Programmcode für das Kommando `regmv` sieht genauso aus wie der für `regcp`. Der einzige Unterschied besteht darin, dass statt `cp -ip` das Kommando `mv -i` ausgeführt wird.

```
#! /bin/sh
#  regcp:   copies files using patterns
#  Example: regcp *~ *.old
if [ $# -eq 1 ]; then
  source=${1%% *}          # fist part of parameter (before space)
  target=${1##* }          # second part (after the space)
  source1=${source%\**}    # first part of source pattern
  source2=${source#*\*}    # second part (following *)
  target1=${target%\**}    # first part of target pattern
  target2=${target#*\*}    # second part (following *)
  # Check whether source or target are empty
  if [ -z "$source" ]; then
```

```
    echo regcp: Source pattern is missing
    exit
  fi
  if [ "$source" = "$target" ]; then
    echo regcp: Target pattern is missing or same as source pattern
    exit
  fi
  # Check whether source and target contain exactly one * each
  if [ $[ ${#source1} + ${#source2} +1 ] -ne ${#source} ]; then
    echo regcp: Source pattern must contain exactly one *
    exit
  fi
  if [ $[ ${#target1} + ${#target2} +1 ] -ne ${#target} ]; then
    echo regcp: Target pattern must contain exactly one *
    exit
  fi
  # Check whether any source files are found at all
   files=$(echo $source)  # source files to be processed
  if [ "$ files" = "$source" ]; then
    echo "regcp: cannot find any $source files"
    exit
  fi
  # copy
  for i in $files; do
    tmp=${i#$source1}            # eliminate character preceding *
    tmp=${tmp%$source2}          # eliminate character following *
    tmp=$target1$tmp$target2     # assemble target file name
    echo "cp -ip $i $tmp"
    cp -ip $i $tmp
  done
else
  echo "regcp: copies files using patterns"
  echo "The whole parameter must be enclosed in '"
  echo "Source and target pattern must contain exactly one *"
  echo
  echo "Example: regcp '*.bak *.old'"
fi
```

Endlosschleife zum automatischen Start von LaTeX

Das folgende Beispiel demonstriert nicht nur die Möglichkeiten der Shell-Programmierung, sondern auch die Multitasking-Fähigkeiten unter Linux. Wenn Sie mit LaTeX oder mit irgendeinem beliebigen Compiler arbeiten, sieht Ihre Arbeitsweise vermutlich so aus: Sie editieren den Text bzw. das Programm, starten LaTeX oder den Compiler, sehen sich die Fehlermeldungen an, führen einige Korrekturen durch, starten den Compiler erneut etc. Unter Linux werden Sie dazu zwei Terminals bzw. Shell-Fenster verwenden, so dass Sie den Editor nie zu verlassen brauchen. Zum Kompilieren wechseln Sie einfach in das betreffende Fenster/Terminal und starten dort den Compiler neu.

Es geht aber noch einfacher: Wenn Sie in einem Terminal das unten abgedruckte Shell-Programm `latexauto datei` starten, testet dieses Programm in einer Endlosschleife alle drei Sekunden, ob sich die LaTeX-Datei verändert hat. Wenn das der Fall ist, wird LaTeX automatisch ausgeführt. Falls LaTeX erfolgreich ist, wird die resultierende `*.dvi`-Datei sofort mit `dvips` zu einer PostScript-Datei weiterverarbeitet, die dann mit dem im Hintergrund laufenden Programm `ghostview` betrachtet werden kann.

In der Praxis bedeutet das, dass Ihre Textdatei nach jedem Speichern *automatisch* übersetzt wird – Sie brauchen dazu den Editor gar nicht zu verlassen. Das Ende der Übersetzung wird durch einen Signalton gemeldet, so dass Sie dann in das Fenster/Terminal wechseln können, in dem `latexauto` läuft.

```
#!/bin/bash
# latexauto: automatische Übersetzung von LaTeX-Dateien
#
tmp2=$(ls -l --full-time $1.tex)
while true                          # Endlosschleife
do
  if [ "$tmp1" != "$tmp2" ]; then   # Test, ob Veränderung
    tmp2=$(ls -l --full-time $1.tex) # tmp2 aktualisieren
    echo "neuer Versuch"
    latex $1 && dvips $1 -o test.ps
    echo -e "\a"                    # Signalton
  fi
  sleep 3                           # drei Sekunden 'schlafen'
  tmp1=$(ls -l --full-time $1.tex)  # tmp1 regelmäßig aktualisieren
done
```

Das obige Programm weist einige Besonderheiten auf: Dank der Schleifenbedingung `while true` läuft es ununterbrochen, d.h. bis es mit (Strg)+(C) gestoppt wird. Der Test, ob sich die als Parameter angegebene Datei verändert hat, erfolgt durch den Vergleich der beiden Variablen `tmp1` und `tmp2`. In diesen Variablen werden via `ls` die Größe und das Änderungsdatum der angegebenen Datei gespeichert. Ein Speichern der Datei im Texteditor führt zu einer Veränderung von `tmp1`. Damit das Programm nicht durch ununterbrochene Vergleiche zu viel Rechenzeit konsumiert, wird nach jedem Test `sleep 3` ausgeführt. Das Programm wird damit für drei Sekunden in den Ruhezustand versetzt. Es konsumiert während dieser Zeit praktisch keine Rechenzeit.

Nach demselben Prinzip können Sie auch ein Backup-Programm erstellen, das im Hintergrund läuft. Dieses Programm könnte alle fünf Minuten testen, ob sich eine bestimmte Datei (oder mehrere Dateien) verändert haben. Wenn das der Fall ist, werden diese Dateien in ein eigenes Backup-Verzeichnis kopiert.

Die Dateien profile und bashrc

Je nachdem, wie die `bash` gestartet wird, werden unterschiedliche Konfigurationsdateien eingelesen. Die folgende Beschreibung ist ein wenig vereinfacht, d.h. es gibt noch mehr Varianten und Spielarten. Der Abschnitt sollte aber ausreichend Informationen geben, um die `bash` für die interaktive Benutzung zu konfigurieren. (Im Detail ist das Startverhalten der `bash` in der Manual-Seite unter dem Stichwort 'invocation' beschrieben.)

Wesentlich für das Startverhalten ist, ob die `bash` als Login-Shell gestartet wird oder nicht. Dabei werden folgende Konfigurationsdateien gelesen (sofern diese existieren):

- Login-Shell: `/etc/profile`, `~/.bash_profile`, `~/.bash_login`, `~/.profile`
- Nicht-Login-Shell: `~/.bashrc`

Was ist nun eine Login-Shell? Wenn Sie sich in einer Textkonsole einloggen, liegt erwartungsgemäß eine Login-Shell vor. Nicht so eindeutig ist das unter X, wo Sie ja schon eingeloggt sind, wenn ein Terminalfenster (z.B. `xterm`, `kvt` etc.) mit der `bash` gestartet wird. Ob die `bash` dort als Login-Shell läuft oder nicht, hängt davon ab, wie das Terminalprogramm gestartet wurde (und wenn Sie dazu ein Startmenü oder Icon verwenden, hängt das Verhalten wiederum von der Konfiguration von KDE, Gnome etc. ab!). Um eine Login-Shell handelt es sich nur dann, wenn `xterm`, `kvt` etc. mit der Option `-ls` ausgeführt wird. Bei `gnome-terminal` lautet diese Option `-login`. In eine Login-Shell gelangen Sie auch durch einen User-Wechsel mit `su -l`.

Welche Konfigurationsdatei ist nun für welchen Zweck geeignet? Wenn es darum geht, mit `export` Umgebungsvariablen zu definieren, ist `/etc/profile` bzw. `~/.profile` der richtige Ort (je nachdem, ob die Einstellung global oder nur für einen bestimmten Nutzer gelten soll). Der Grund: Der Inhalt von Umgebungsvariablen wie `PATH` oder `MANPATH` wird vom Programm, das die Shell startet, an die neue Shell gleichsam vererbt. (Falls Sie unter X arbeiten, bedeutet das, dass Änderungen in `/etc/profile` erst nach einem erneuten Login gültig werden!)

Etwas schwieriger ist es, wenn `alias`-Einstellungen durchgeführt werden sollen. Diese sollten in jedem Fall zur Verfügung stehen, also unabhängig davon, ob es sich um eine Login-Shell handelt oder nicht. Mögliche Lösungsansätze bestehen darin, `alias`-Definitionen doppelt durchzuführen (in `~/.profile` und in `~/.bashrc`), oder sicherzustellen, dass `~/.bashrc` auch bei Login-Shells eingelesen wird.

Noch komplizierter wird die korrekte Beschreibung der `bash`-Konfigurationsdateien dadurch, dass unterschiedliche Distributionen unterschiedlichen Default-Code in diesen Script-Dateien verwenden.

Red Hat: Am Ende von `/etc/profile` werden alle Dateien `/etc/profile.d/*.sh` eingelesen. Daher sind individuelle Anpassungen hier besser als in `/etc/profile` untergebracht.

Außerdem wird von `~/.bash_profile` auch `~/.bashrc` eingelesen, so dass alle dort durchgeführten Einstellungen immer gelten (unabhängig davon, ob es sich um eine Login-Shell handelt oder nicht).

Schließlich wird von `~/.bashrc` die Datei `/etc/bashrc` eingelesen. Damit eignet sich `/etc/bashrc` für globale alias-Einstellungen.

SuSE: In `/etc/profile` werden `/etc/SuSEconfig/profile` sowie alle Dateien im Verzeichnis `/etc/profile.d` eingelesen. Die `profile`-Einstellungen verteilen sich also auf sehr viele Dateien.

Eigene Änderungen sollten allerdings in keiner dieser Dateien durchgeführt werden, sondern in `/etc/profile.local`. Diese Datei wird am Ende von `/etc/profile` ebenfalls eingelesen.

Außerdem sieht SuSE vor, dass in `~/.profile` die Datei `~/.bashrc` eingelesen wird. Deswegen gelten auch bei SuSE Veränderungen in `~/.bashrc` sowohl für Login- als auch für Nicht-Login-Shells.

16.6 Kommandoreferenz zur Shell-Programmierung

Die nachfolgende Referenz liefert in alphabetischer Reihenfolge eine kurze Beschreibung der wichtigsten Kommandos zur Shell-Programmierung (ohne jeden Anspruch auf Vollständigkeit!). Bei vielen der hier besprochenen Kommandos handelt es sich um eingebaute `bash`-Kommandos, zum Teil aber auch um reguläre Linux-Kommandos, die sich besonders zur Anwendung bei der Shell-Programmierung eignen.

VERWEIS

Eine Referenz der wichtigsten Linux-Kommandos finden Sie in Kapitel 17 ab Seite 693. Alle dort beschriebenen Kommandos können natürlich ebenfalls in Shell-Programmen verwendet werden. Die Referenz hier enthält nur jene Kommandos, die *typisch* für die Shell-Programmierung sind und normalerweise nicht bei der direkten Eingabe von Kommandos in der Shell verwendet werden. Eine Referenz aller Sonderzeichen, die bei der Eingabe von Kommandos, aber natürlich auch bei der Shell-Programmierung verwendet werden dürfen, finden Sie am Ende dieses Kapitels.

Variablenverwaltung und Parameterauswertung

`alias`	definiert eine Abkürzung
`declare`	definiert eine (Umgebungs-)Variable
`export`	definiert eine Umgebungsvariable
`local`	definiert lokale Variablen in einer Funktion

`read`	liest eine Variable ein
`readonly`	zeigt alle schreibgeschützten Variablen an
`shift`	verschiebt die Parameterliste
`unalias`	löscht eine Abkürzung
`unset`	löscht eine Variable

Umgang mit Zeichenketten

`basename`	ermittelt den Dateinamen eines Pfads
`dirname`	ermittelt das Verzeichnis eines Pfads
`expr`	führt einen Mustervergleich durch

Verzweigungen, Schleifen

`break`	beendet eine Schleife vorzeitig
`case`	leitet eine Fallunterscheidung ein
`continue`	überspringt den Schleifenkörper
`exit`	beendet das Shell-Programm
`for`	leitet eine Schleife ein
`function`	definiert eine neue Funktion
`if`	leitet eine Verzweigung ein
`local`	definiert lokale Variablen in einer Funktion
`return`	beendet eine Funktion
`source`	führt die angegebene Shell-Datei aus
`test`	wertet eine Bedingung aus
`until`	leitet eine Schleife ein
`while`	leitet eine Schleife ein

Ausgabe

`cat`	gibt eine Datei auf dem Bildschirm aus
`echo`	gibt eine Zeile Text aus
`printf`	ermöglicht eine formatierte Ausgabe wie unter C
`setterm`	verändert die Schriftart, löscht den Bildschirm

Sonstiges

`dialog`	zeigt eine Dialogbox an
`dirs`	zeigt die Liste der gespeicherten Verzeichnisse an
`eval`	wertet das angegebene Kommando aus
`file`	versucht, den Typ einer Datei festzustellen
`popd`	wechselt in das letzte gespeicherte Verzeichnis
`pushd`	speichert das aktuelle und wechselt in ein neues Verzeichnis
`sleep`	wartet eine vorgegebene Zeit
`trap`	führt beim Eintreten eines Signals ein Kommando aus

`ulimit`	kontrolliert die von der Shell beanspruchten Ressourcen
`wait`	wartet auf das Ende eines Hintergrundprozesses

```
alias abkürzung='kommando'
```

`alias` definiert eine Abkürzung (siehe Seite 639).

```
basename zeichenkette [endung]
```

`basename` liefert den Dateinamen des übergebenen Pfads. `basename /usr/man /man1/gnroff.1` führt also zum Ergebnis `gnroff.1`. Wenn als zusätzlicher Parameter eine Dateiendung angegeben wird, so wird diese Dateiendung (falls vorhanden) aus dem Dateinamen entfernt.

```
break [n]
```

`break` bricht eine `for`-, `while`- oder `until`-Schleife vorzeitig ab. Das Shell-Programm wird beim nächsten Kommando nach dem Schleifenende fortgesetzt. Durch die Angabe eines optionalen Zahlenwerts können *n* Schleifenebenen abgebrochen werden.

```
case ausdruck in
  muster1 ) kommandos;;
  muster2 ) kommandos;;
  ...
esac
```

`case` wird zur Bildung von Mehrfachverzweigungen verwendet, wobei als Kriterium für die Verzweigung eine Zeichenkette angegeben wird (zumeist eine Variable oder ein dem Shell-Programm übergebener Parameter). Diese Zeichenkette wird der Reihe nach mit den Mustern verglichen, wobei in diesen Mustern die Jokerzeichen für Dateinamen (`*?[]`) verwendet werden können. In einem `case`-Zweig können auch mehrere durch | getrennte Muster angegeben werden.

Sobald ein Muster zutrifft, werden die Kommandos ausgeführt, die zwischen der runden Klammer) und den beiden Strichpunkten folgen. Anschließend wird das Programm nach `esac` fortgesetzt.

```
cat << ende
```

`cat` liest in dieser Syntaxvariante solange Text der aktuellen Shell-Datei und zeigt diesen auf dem Bildschirm an, bis die Zeichenkette 'ende' auftritt. `cat` kann damit zur bequemen Ausgabe größerer Textmengen verwendet werden, ohne für jede Zeile ein `echo`-Kommando ausführen zu müssen. Die Syntax `<< ende` kann aber natürlich auch für alle anderen Kommandos verwendet werden, um Text bis zur Zeichenkette 'ende' aus der aktuellen Datei zu lesen.

continue [n]

`continue` überspringt den Körper einer `for`-, `while`- oder `until`-Schleife und setzt die Schleife mit dem nächsten Durchlauf fort. Durch den optionalen Zahlenwert kann dieser Vorgang auch für äußere Schleifenebenen durchgeführt werden.

declare [optionen] var[=wert]

`declare` weist Shell-Variablen einen (neuen) Wert und/oder diverse Eigenschaften zu. Wenn das Kommando ohne Parameter aufgerufen wird, werden alle bekannten Variablen mit ihrem Inhalt aufgelistet. Vor und nach dem Gleichheitszeichen dürfen keine Leerzeichen angegeben werden.

`-r` die Variable darf nur noch gelesen, aber nicht mehr verändert werden.

`-x` die Variable wird als Umgebungsvariable definiert und steht damit auch anderen Kommandos bzw. in Subshells zur Verfügung.

dialog [--clear] [--title text] [dialogoptionen]

`dialog` kann zur Anzeige von Dialogen verwendet werden. Das Kommando hat genau genommen nichts mit der `bash` zu tun, sondern ist ein eigenständiges Programm zur textorientierten Ein- und Ausgabe von Daten. Diese Kurzbeschreibung orientiert sich an Version 0.6, die seit geraumer Zeit mit vielen Linux-Distributionen mitgeliefert wird.

Die Optionen `--clear` und `--title` können mit jeder der angegebenen Dialogoptionen kombiniert werden. `--clear` bewirkt, dass der Dialog nach seinem Ende vom Bildschirm entfernt wird. (Der gesamte Bildschirm ist anschließend blau! Führen Sie dann `setterm -clear` aus.) `--title` ermöglicht die Einstellung des Dialogtitels. `dialog` kennt die folgenden Dialogformen:

`--msgbox text höhe breite`
: zeigt einen Meldungstext an, der mit ↵ bestätigt werden muss.

`--infobox text höhe breite`
: wie oben, aber ohne Bestätigung. Das Programm wird sofort fortgesetzt. Die Dialogbox bleibt solange auf dem Bildschirm stehen, bis dieser gelöscht wird.

`--yesno text höhe breite`
: zeigt eine Dialogbox für eine Ja/Nein-Entscheidung an.

`--inputbox text höhe breite`
: ermöglicht die Eingabe einer Textzeile.

`--textbox datei höhe breite`
: zeigt die Textdatei an (ohne Editiermöglichkeit, aber mit Scrolling).

`--menu text h b menühöhe menüpkt1 menütext1 mp2 mt2 ...`
ermöglicht die Auswahl einer Option (eines Menüpunkts).

`--checklist text höhe breite listenhöhe`
`option1 text1 status1 option2 text2 status2 ...`
ermöglicht die gleichzeitige Auswahl mehrerer Optionen.

`dialog` liefert als Rückgabewert 0, wenn der Dialog mit OK oder YES beendet wurde, 1, wenn der Dialog mit CANCEL oder NO beendet wurde, oder 255, wenn der Dialog mit (Esc) beendet wurde. Bei den Dialogtypen, die einen Text, Menütitel oder eine Liste von Optionen als Ergebnis liefern, werden die Resultate in die Standardfehlerdatei geschrieben. Im Normalfall ist daher eine Umleitung in eine temporäre Datei mit `2> tmp` erforderlich. Nach Ende der Eingabe kann diese Datei ausgewertet werden.

Dialogboxen können sowohl über die Tastatur als auch (ab Version 0.4) mit der Maus bedient werden. Die Anzeige oder Eingabe deutscher Sonderzeichen ist leider (noch) nicht möglich.

Beispiel

```
user$  dialog --clear --inputbox \
      'Geben Sie einen Dateinamen ein' 10 60 2> tmp
```

Das obige Kommando fordert den Anwender zur Eingabe eines Dateinamens auf. Der Name kann anschließend aus der Datei `tmp` gelesen werden. Ein eventueller Abbruch des Dialogs kann durch die Auswertung von `$?` festgestellt werden.

dirname zeichenkette

`dirname` liefert den Pfad eines vollständigen Dateinamens. `dirname /usr/bin/groff` liefert also `/usr/bin`.

dirs

`dirs` zeigt die Liste der durch `pushd` gespeicherten Verzeichnisse an (siehe Seite 687).

echo [optionen] zeichenkette

`echo` gibt die angegebene Zeichenkette auf dem Bildschirm aus. Die Zeichenkette sollte in doppelte oder einfache Hochkommata gestellt werden.

`-e` beachtet unter anderem die Sonderzeichen `\a` (Beep), `\n` (Zeilenende) und `\t` (Tabulator) in der Zeichenkette. Durch `echo -e "\a"` kann also ein Warnton ausgegeben werden.

-n wechselt beim Ende der Ausgabe nicht in eine neue Zeile. Die Ausgabe kann durch eine weitere echo-Anweisung fortgesetzt werden.

eval $var

eval interpretiert den Inhalt der Variablen als Kommandozeile, wertet diese Zeile aus (mit allen bekannten Substitutionsmechanismen) und führt das Kommando schließlich aus. eval ist immer dann erforderlich, wenn ein in einer Variablen gespeichertes Kommando ausgeführt werden soll und dieses Kommando diverse Sonderzeichen der Shell enthält.

Beispiel

```
user$  kom="ls | more"
user$  $kom
ls: |: No such file or directory
ls: more: No such file or directory
user$  eval $kom
```

Erst mit der Verwendung von eval kann das in der Variablen kom gespeicherte Kommando ausgeführt werden. Der erste Versuch, das Kommando auszuführen, scheitert, weil die bash das Pipe-Zeichen | nicht mehr auswertet, nachdem es $kom durch seinen Inhalt ersetzt hat.

exec kommando

exec startet das angegebene Kommando als Ersatz zur laufenden bash. Das Kommando kann beispielsweise dazu verwendet werden, eine andere Shell zu starten. Die laufende Shell wird dadurch auf jeden Fall beendet. (Bei einem normalen Kommandostart bleibt die bash im Hintergrund aktiv, bis das Kommando beendet ist.)

exit [rückgabewert]

exit beendet ein Shell-Programm. Wenn kein Rückgabewert angegeben wird, gibt das Programm 0 (ok) zurück.

export [optionen] variable [=wert]

export deklariert die angegebene Shell-Variable als Umgebungsvariable. Damit ist die Variable auch in allen aufgerufenen Kommandos und Subshells verfügbar. Optional kann dabei auch eine Variablenzuweisung erfolgen. Wenn das Kommando ohne Parameter aufgerufen wird, werden alle Umgebungsvariablen angezeigt.

-n macht eine Umgebungsvariable wieder zu einer normalen Shell-Variablen. Das Kommando hat damit genau die umgekehrte Wirkung wie bei der Verwendung ohne Optionen.

```
expr zeichenkette : muster
```

`expr` kann zur Auswertung arithmetischer Ausdrücke, zum Vergleich zweier Zeichenketten etc. eingesetzt werden. Von `test` und dem Substitutionsmechanismus `$[...]` unterscheidet sich `expr` insofern, als es in der oben angeführten Syntaxvariante Mustervergleiche für Zeichenketten durchführen kann (reguläre Ausdrücke). Im Muster können die bei `grep` beschriebenen Jokerzeichen verwendet werden (siehe Seite 719). Das Muster muss normalerweise in Apostrophe gestellt werden, um eine Auswertung der Sonderzeichen durch die Shell zu vermeiden.

`expr` liefert als Ergebnis die Anzahl der Zeichen zurück, die dem Muster entsprechen. Wenn das Muster oder Teile des Musters zwischen `\(` und `\)` eingeschlossen sind, liefert `expr` die passende Zeichenkette.

Beispiele

```
user$  expr abcdefghi : a.*g
7
user$  expr abc_efg_hij : '.*_\(.*\)_.*'
efg
```

```
file [optionen] datei
```

`file` versucht festzustellen, welchen Datentyp die als Parameter angegebene Datei hat. Als Ergebnis liefert `file` eine Zeichenkette mit dem Dateinamen und dem Typ der Datei (z.B. 'test.ps: PostScript text conforming'). *Achtung*: Textdateien mit deutschen Sonderzeichen werden nicht als Textdateien klassifiziert, sondern als 'data'. Auch sonst funktioniert die Klassifizierung nicht für alle Dateitypen zuverlässig.

`-z` versucht den Datentyp einer komprimierten Datei zu erkennen. Dabei wird die Datei `/etc/magic` ausgewertet.

```
for var [in liste;] do
  kommandos
done
```

`for` bildet eine Schleife. In die angegebene Variable werden der Reihe nach alle Listenelemente eingesetzt. Die Liste kann auch mit Jokerzeichen für Dateinamen oder mit `{...}`-Elementen zur Zusammensetzung von Dateinamen gebildet werden. Wenn auf die Angabe der Liste verzichtet wird, durchläuft die Variable alle der Shell-Datei übergebenen Parameter (also `in $*`).

```
[ function ] name()
  { kommandos }
```

`function` definiert eine Subfunktion, die innerhalb der Shell-Datei wie ein neues Kommando aufgerufen werden kann. Innerhalb der Funktion können mit `local` lokale Variablen definiert werden. Funktionen können rekursiv aufgerufen werden. Den einzelnen Funktionen können Parameter wie Kommandos übergeben werden. Innerhalb der Funktion können diese Parameter den Variablen `$1`, `$2` etc. entnommen werden.

```
if bedingung; then
  kommandos
[elif bedingung; then
  kommandos]
[else
  kommandos]
fi
```

Das `if`-Kommando leitet eine Verzweigung ein. Der Block nach `then` wird nur ausgeführt, wenn die Bedingung erfüllt ist. Andernfalls werden (beliebig viele, optionale) `elif`-Bedingungen ausgewertet. Gegebenenfalls wird der ebenfalls optionale `else`-Block ausgeführt.

Als Bedingung können mehrere Kommandos angegeben werden. Nach dem letzten Kommando muss ein Strichpunkt folgen. Als Kriterium gilt der Rückgabewert des letzten Kommandos. Vergleiche und andere Tests können mit dem Kommando `test` durchgeführt werden (siehe Seite 688). Statt `test` ist auch eine Kurzschreibweise in eckigen Klammern zulässig, dabei muss aber nach `[` und vor `]` jeweils ein Leerzeichen angegeben werden.

```
local var[=wert]
```

`local` definiert eine lokale Variable. Das Kommando kann nur innerhalb einer selbst definierten Funktion verwendet werden (siehe `function`). Vor und nach dem Gleichheitszeichen dürfen keine Leerzeichen angegeben werden.

```
popd
```

`popd` wechselt zurück in ein zuvor mit `pushd` gespeichertes Verzeichnis. Das Verzeichnis wird aus der Verzeichnisliste entfernt.

printf format para1 para2 para3 ...

`printf` erlaubt es, formatierte Ausgaben in der Syntax des C-Kommandos `printf` durchzuführen. Detaillierte Informationen zu den Formatierungsmöglichkeiten erhalten Sie mit `man 3 printf`.

pushd verzeichnis

`pushd` speichert das aktuelle Verzeichnis und wechselt anschließend in das angegebene Verzeichnis. Mit `popd` kann in das ursprüngliche Verzeichnis zurückgewechselt werden. `dirs` zeigt die Liste der gespeicherten Verzeichnisse an.

read [var1 var2 var3 ...]

`read` liest eine Zeile Text in die angegebenen Variablen. `read` erwartet die Daten aus der Standardeingabe. Wenn keine Variable angegeben wird, schreibt `read` die Eingabe in die Variable `REPLY`. Wenn genau eine Variable angegeben wird, schreibt `read` die gesamte Eingabe in diese eine Variable. Wenn mehrere Variablen angegeben werden, schreibt `read` das erste Wort in die erste Variable, das zweite Wort in die zweite Variable ... und den verbleibenden Rest der Eingabe in die letzte Variable. Wörter werden dabei durch Leer- oder Tabulatorzeichen getrennt.

Das `read`-Kommando sieht keine Möglichkeit vor, einen Infotext als Eingabeaufforderung auszugeben. Deswegen ist es zweckmäßig, den Anwender vor der Ausführung von `read`-Kommandos mit `echo -n` über den Zweck der Eingabe zu informieren.

readonly

`readonly` zeigt die schreibgeschützten Variablen der Shell an. Variablen können mit `declare -r` vor Veränderungen geschützt werden.

setterm [option]

`setterm` verändert diverse Einstellungen des Terminals. Wenn das Kommando ohne die Angabe einer Option ausgeführt wird, zeigt es eine Liste aller möglichen Optionen an. Einige Optionen werden auf Seite 743 beschrieben. Nützliche Optionen zur Shell-Programmierung sind:

`-bold on | off`
: aktiviert/deaktiviert die fette Schrift. In Textkonsolen erscheint der Text zwar nicht fett, aber immerhin in einer anderen Farbe als der sonstige Text.

`-clear`
: löscht den Bildschirm.

`-default`
: stellt Farben und Textattribute auf die Defaulteinstellung zurück.

`-half-bright on | off`
: hervorgehobene Schrift ein/aus.

`-reverse on | off`
: inverse Schrift ein/aus.

`-underline on | off`
: unterstrichene Schrift ein/aus.

shift [n]

`shift` schiebt die dem Shell-Programm übergebene Parameterliste durch die vordefinierten Variablen `$1` bis `$9`. Wenn `shift` ohne Parameter verwendet wird, werden die Parameter um eine Position verschoben, andernfalls um *n* Positionen. `shift` ist besonders dann eine wertvolle Hilfe, wenn mehr als neun Parameter angesprochen werden sollen. *Achtung*: Einmal mit `shift` aus den Variablen geschobene Parameter können nicht mehr angesprochen werden. Sie werden auch aus der Variablen `$*` entfernt.

sleep zeit

`sleep` versetzt das laufende Programm für die angegebene Zeit in den Ruhezustand. Das Programm konsumiert in dieser Zeit praktisch keine Rechenzeit. Die Zeitangabe erfolgt normalerweise in Sekunden. Optional können die Buchstaben `m`, `h` oder `d` angehängt werden, um die Zeit in Minuten, Stunden oder Tagen anzugeben.

source datei

`source` führt die angegebene Shell-Datei so aus, als befänden sich die darin enthaltenen Kommandos an der Stelle des `source`-Kommandos. Nach der Ausführung der Datei wird das laufende Shell-Programm in der nächsten Zeile fortgesetzt. Zur Ausführung der angegebenen Datei wird keine neue Shell gestartet. Alle Variablen (inklusive der Parameterliste) gelten daher auch für die angegebene Datei. Wenn in dieser Datei `exit` ausgeführt wird, kommt es *nicht* zu einem Rücksprung in das Programm mit dem `source`-Kommando, sondern zu einem sofortigen Ende der Programmausführung. Zu `source` existiert die Kurzform `.␣datei` (␣ steht für ein Leerzeichen).

test ausdruck

`test` wird zur Formulierung von Bedingungen verwendet und zumeist in `if`-Abfragen und Schleifen eingesetzt. Je nachdem, ob die Bedingung erfüllt ist, liefert es den Wahrheitswert 0 (wahr) oder 1 (falsch). Statt `test` kann auch die Kurzschreibweise `[ ausdruck ]` verwendet werden, wobei nach `[` und vor `]` ein Leerzeichen angegeben werden muss.

Zeichenketten

`[ zk ]`	wahr, wenn die Zeichenkette nicht leer ist
`[ -z zk ]`	wahr, wenn die Zeichenkette leer ist (0 Zeichen)
`[ zk1 = zk2 ]`	wahr, wenn die Zeichenketten übereinstimmen
`[ zk1 != zk2 ]`	wahr, wenn die Zeichenketten voneinander abweichen

Wenn Zeichenketten aus Variablen verglichen werden, sollten die Variablen in Hochkommata gestellt werden (z.B. `[ "$a" = "$b" ]`). Andernfalls kann es zu einer Fehlermeldung kommen, wenn die Variable mehrere durch Leerzeichen getrennte Wörter enthält.

Zahlen

`[ z1 -eq z2 ]`	wahr, wenn die Zahlen gleich sind (equal)
`[ z1 -ne z2 ]`	wahr, wenn die Zahlen ungleich sind (not equal)
`[ z1 -gt z2 ]`	wahr, wenn z1 größer z2 ist (greater than)
`[ z1 -ge z2 ]`	wahr, wenn z1 größer gleich z2 ist (greater equal)
`[ z1 -lt z2 ]`	wahr, wenn z1 kleiner z2 ist (less than)
`[ z1 -le z2 ]`	wahr, wenn z1 kleiner gleich z2 ist (less equal)

Dateien (auszugsweise)

`[ -d dat ]`	wahr, wenn es sich um ein Verzeichnis handelt (directory)
`[ -e dat ]`	wahr, wenn die Datei existiert (exist)
`[ -f dat ]`	wahr, wenn es sich um eine einfache Datei (und nicht um ein Device, ein Verzeichnis ...) handelt (file)
`[ -L dat ]`	wahr, wenn es sich um einen symbolischen Link handelt
`[ -r dat ]`	wahr, wenn die Datei gelesen werden darf (read)
`[ -s dat ]`	wahr, wenn die Datei mindestens 1 Byte lang ist (size)
`[ -w dat ]`	wahr, wenn die Datei verändert werden darf (write)
`[ -x dat ]`	wahr, wenn die Datei ausgeführt werden darf (execute)
`[ dat1 -ef dat2 ]`	wahr, wenn beide Dateien denselben I-Node haben (equal file)
`[ dat1 -nt dat2 ]`	wahr, wenn Datei 1 neuer als Datei 2 ist (newer than)

Verknüpfte Bedingungen

`[ ! bed ]`	wahr, wenn die Bedingung nicht erfüllt ist
`[ bed1 -a bed2 ]`	wahr, wenn beide Bedingungen erfüllt sind (and)
`[ bed1 -o bed2 ]`	wahr, wenn mindestens eine der Bedingungen erfüllt ist (or)

```
trap [kommando] n
```

`trap` führt das angegebene Kommando aus, wenn in der `bash` das angegebene Signal auftritt. Wenn kein Kommando angegeben wird, ignoriert das Programm bzw. die `bash` das betreffende Signal. Eine Liste aller möglichen Signale und der ihnen zugeordneten Kennnummern liefert `trap -l`.

```
ulimit option grenzwert
```

`ulimit` begrenzt die von der Shell und den daraus gestarteten Prozessen maximal in Anspruch genommenen Systemressourcen. Größenangaben erfolgen generell in kByte.

`-d speicher`
: limitiert den Speicher für das Datensegment von Prozessen.

`-f dateigröße`
: verhindert die Erzeugung von Dateien, die größer als der angegebene Grenzwert sind. Funktioniert nur im `ext2`-Dateisystem.

`-s speicher`
: limitiert den Stackspeicher.

```
unalias abkürzung
```

`unalias` löscht eine vorhandene Abkürzung. Wenn das Kommando mit der Option `-a` aufgerufen wird, löscht es alle bekannten Abkürzungen.

```
unset variable
```

`unset` löscht die angegebene Variable.

```
until bedingung; do
  kommandos
done
```

`until` dient zur Bildung von Schleifen. Die Schleife wird solange ausgeführt, wie die angegebene Bedingung erfüllt ist. Das Schleifenkriterium ist der Rückgabewert des Kommandos, das als Bedingung angegeben wird. Vergleiche und Tests werden mit dem Kommando `test` oder dessen Kurzform in eckigen Klammern durchgeführt (siehe Seite 688).

```
wait [prozessnummer]
```

`wait` wartet auf das Ende des angegebenen Hintergrundprozesses. Wenn keine Prozessnummer angegeben wird, wartet das Kommando auf das Ende aller laufenden, von der Shell gestarteten Hintergrundprozesse.

```
while bedingung; do
  kommandos
done
```

`while` dient zur Bildung von Schleifen. Die Schleife wird solange ausgeführt, bis die angegebene Bedingung zum ersten Mal nicht mehr erfüllt ist. Das Schleifenkriterium ist der Rückgabewert des Kommands, das als Bedingung angegeben wird. Vergleiche und Tests werden mit dem Kommando `test` oder dessen Kurzform in eckigen Klammern durchgeführt (siehe Seite 688).

16.7 Referenz aller Sonderzeichen

Sowohl bei der Eingabe von Kommandos als auch bei der Shell-Programmierung kann eine unüberschaubare Fülle von Sonderzeichen für diverse Aktionen verwendet werden. Die folgende Tabelle fasst alle Sonderzeichen zusammen, die in Kapitel 15 (bash-Einführung) und in diesem Kapitel behandelt wurden.

bash-Sonderzeichen	
`;`	trennt mehrere Kommandos
`:`	Shell-Kommando, das nichts tut
`.`	Shell-Programm ohne eigene Subshell starten (`. datei`) (entspricht `source datei`)
`#`	leitet einen Kommentar ein
`#!/bin/sh`	identifiziert die gewünschte Shell für das Shell-Programm
`&`	führt das Kommando im Hintergrund aus (`kom &`)
`&&`	bedingte Kommandoausführung (`kom1 && kom2`)
`&>`	Umleitung von Standardausgabe und Standardfehler
`|`	bildet Pipes (`kom1 | kom2`)
`||`	bedingte Kommandoausführung (`kom1 || kom2`)
`*`	Jokerzeichen für Dateinamen (beliebig viele Zeichen)
`?`	Jokerzeichen für Dateinamen (ein beliebiges Zeichen)
`[abc]`	Jokerzeichen für Dateinamen (ein Zeichen aus 'abc')
`[ ausdruck ]`	Kurzschreibweise für `test`
`~`	Abkürzung für das Heimatverzeichnis

>	Ausgabeumleitung in eine Datei (kom > dat)
>>	Ausgabeumleitung; an vorhandene Datei anhängen
>&	Umleitung von Standardausgabe und Standardfehler
<	Eingabeumleitung aus einer Datei (kom > dat)
<< ende	Eingabeumleitung aus der aktiven Datei bis zu 'ende'
(...)	Kommandos in derselben Shell ausführen ((kom1; kom2))
{...}	Kommandos gruppieren
{ , , }	Zeichenketten zusammensetzen (a{1,2,3} → a1 a2 a3)
[...]	Kurzschreibweise für test ...
$	Kennzeichnung von Variablen (echo $var)
$!	PID des zuletzt gestarteten Hintergrundprozesses
$$	PID der aktuellen Shell
$0	Dateiname des gerade ausgeführten Shell-Scripts
$1 bis $9	die ersten neun dem Kommando übergebenen Parameter
$#	Anzahl der dem Shell-Programm übergebenen Parameter
$* oder $@	Gesamtheit aller übergebenen Parameter
$(...)	Kommandosubstitution (echo $(ls))
${...}	diverse Spezialfunktionen zur Bearbeitung von Zeichenketten
$[...]	arithmetische Auswertung (echo $[2+3])
"..."	Auswertung der meisten Sonderzeichen verhindern
'...'	Auswertung aller Sonderzeichen verhindern
\`...\`	Kommandosubstitution (echo \`ls\`)
zeichen	hebt die Wirkung des Sonderzeichens auf

Kapitel 17

Kommandoreferenz

Dieses Kapitel enthält eine alphabetische Referenz der wichtigsten Linux-Kommandos. Probleme bereitet dabei der Begriff Kommando. Genau genommen kennt Linux keine Unterscheidung zwischen Kommandos, wie sie in diesem Kapitel beschrieben werden, und sehr viel komplexeren Programmen (etwa Texteditoren oder Programmiersprachen), die jeweils in eigenen Kapiteln beschrieben werden. Außerdem werden in diesem Kapitel einige Kommandos beschrieben, die gar keine echten Linux-Programme, sondern nur Kommandos der geraden aktiven Shell (zumeist der `bash`, siehe Kapitel 15) sind. Ein typisches Beispiel dafür ist das ständig eingesetzte Kommando `cd` zum Wechseln des aktuellen Verzeichnisses.

Dieses Kapitel soll Ihnen eine einheitliche Übersicht über alle Kommandos geben, die Sie beim täglichen Gebrauch von Linux zur Verwaltung des Dateisystems, zum Starten und Beenden von Prozessen, zur Bearbeitung von Textdateien und für administrative Aufgaben benötigen. Diese Zielsetzung war letztendlich auch das Kriterium für die Auswahl der Kommandos für dieses Kapitel. Auf manche – selten benötigte – Kommandos wurde aus Platzgründen ganz verzichtet. Andere Kommandos werden in Kapiteln beschrieben, in die sie inhaltlich besser passen. (So finden Sie Kommandos zur Shell-Programmierung in Kapitel 16.)

HINWEIS Je nach Umfang der Linux-Distribution, die auf Ihrem Rechner installiert ist, kann es vorkommen, dass einige der hier beschriebenen Kommandos fehlen bzw. separat installiert werden müssen. Das gilt beispielsweise für die `mtools`-Kommandos zur Bearbeitung von DOS-Disketten, die oft in einem eigenen Paket untergebracht sind.

17.1 Thematische Übersicht der Kommandos

Dateiverwaltung

`cat`	verbindet mehrere Dateien zu einer Gesamtdatei
`cd`	wechselt das aktuelle Verzeichnis
`cp`	kopiert Dateien
`ln`	stellt feste und symbolische Links zu Dateien her
`ls`	zeigt das Inhaltsverzeichnis an
`mkdir`	erzeugt ein neues Verzeichnis
`mv`	verschiebt Dateien bzw. ändert ihren Namen
`rm`	löscht Dateien
`rmdir`	löscht Verzeichnisse
`split`	zerlegt eine Datei in Teildateien mit vorgegebener Größe
`tee`	dupliziert die Standardeingabe

Dateien suchen

`find`	sucht Dateien nach Name, Datum, Größe etc.
`locate`	sucht Dateien in einer dafür vorbereiteten Datenbank
`whereis`	sucht Dateien in typischen `bin`-Verzeichnissen
`which`	durchsucht die `PATH`-Verzeichnisse nach Kommandos

Zugriff auf MS-DOS-Disketten

`fdformat`	formatiert eine Diskette (low level)
`mattrib`	verändert die Attribute der Datei
`mcd`	wechselt das aktuelle Verzeichnis
`mcopy`	kopiert Dateien von/nach Linux
`mdel`	löscht Dateien
`mdir`	zeigt das Inhaltsverzeichnis an
`mformat`	richtet ein DOS-Dateisystem ein
`mlabel`	verändert den Namen der Diskette
`mmd`	erzeugt ein neues Verzeichnis
`mrd`	löscht Verzeichnisse
`mread`	kopiert Dateien von DOS nach Linux
`mren`	ändert den Namen von Dateien
`mtype`	zeigt den Inhalt von Textdateien an
`mwrite`	kopiert Dateien von Linux nach DOS

Bearbeitung von Texten

`cat`	zeigt die Datei an bzw. vereint mehrere Texte
`csplit`	zerlegt den Text an vorgegebenen Stellen in Einzeldateien
`cut`	extrahiert Spalten aus jeder Zeile des Textes

`expand`	ersetzt Tabulator- durch Leerzeichen
`fold`	zerlegt lange Textzeilen in kürzere
`fromdos`	konvertiert DOS-Zeilenenden in das Linux-Format
`grep`	sucht Texte innerhalb der Datei
`head`	zeigt die ersten Zeilen der Datei an
`less`	zeigt Dateien seitenweise an (mit Rückwärtsbewegung)
`more`	zeigt Dateien seitenweise an
`paste`	vereint mehrere Texte zeilenweise
`recode`	konvertiert zwischen verschiedenen Zeichensätzen
`sed`	Stream-Editor (programmierbarer Editor)
`sort`	sortiert Dateien
`tac`	zeigt Dateien 'verkehrt' an (die letzte Zeile zuerst)
`tail`	zeigt das Ende der Datei an
`todos`	konvertiert Linux-Zeilenenden in das DOS-Format
`tr`	ersetzt vorgegebene Zeichen durch andere Zeichen
`uniq`	eliminiert mehrfach auftretende Zeilen in einer Textdatei
`zcat`	zeigt eine komprimierte Textdatei an
`zless`	zeigt eine komprimierte Textdatei an (auch rückwärts)
`zmore`	zeigt eine komprimierte Textdatei seitenweise an

Komprimieren und Archivieren von Dateien

`bunzip2`	dekomprimiert Dateien, die mit `bzip2` komprimiert wurden
`bzip2`	komprimiert Dateien; leistungsfähiger als `gzip`
`cpio`	überträgt Archivdateien zwischen unterschiedlichen Dateisystemen
`compress`	komprimiert Dateien
`gunzip`	dekomprimiert Dateien, die mit `gzip` komprimiert wurden
`gzip`	komprimiert Dateien; leistungsfähiger als `compress`
`mt`	steuert den Streamer (Vor- und Rückspulen etc.)
`tar`	vereint mehrere Dateien (und Verzeichnisse) in einer Datei
`uncompress`	dekomprimiert durch `compress` komprimierte Dateien

Prozessverwaltung

`bg`	setzt einen Prozess im Hintergrund fort
`fg`	setzt einen Prozess im Vordergrund fort
`halt`	beendet Linux und hält den Rechner an
`kill`	versendet Signale (meist zum vorzeitigen Beenden von Prozessen)
`killall`	wie `kill`, der Prozess wird mit Namen genannt
`nice`	startet einen Prozess mit verringerter Priorität
`nohup`	startet einen 'unzerstörbaren' Prozess
`ps`	zeigt die Liste der laufenden Prozesse an

`ps`	wie `ps`, macht die Abhängigkeiten besser sichtbar
`reboot`	beendet Linux und startet den Rechner neu
`shutdown`	beendet Linux
`top`	zeigt alle fünf Sekunden eine Liste aller Prozesse an

Verwaltung von Benutzern und Gruppen

`adduser`	richtet einen neuen Benutzer ein (interaktiv)
`chsh`	verändert die Default-Shell nach dem Einloggen
`groups`	zeigt die Gruppen des aktuellen Benutzers an
`passwd`	verändert das Passwort eines Benutzers

Administration des Dateisystems

`badblocks`	testet, ob Datenträger (Disketten) defekte Sektoren enthalten
`dd`	kopiert Datenblöcke zwischen Devices (low level)
`dumpe2fs`	zeigt interne Informationen über ein ext2-Dateisystem an
`e2fsck`	repariert ein ext2-Dateisystem
`fdformat`	formatiert eine Diskette
`fdisk`	partitioniert die Festplatte
`fsck`	repariert ein Dateisystem (Frontend)
`mkfifo`	erzeugt eine FIFO-Datei (eine benannte Pipe)
`mkfs`	richtet ein Dateisystem ein
`mknod`	erstellt Device-Dateien
`mkswap`	richtet eine Datei oder eine Partition als Swap-Bereich ein
`mount`	bindet ein Device (etwa eine Festplatte) in das Dateisystem ein
`swapoff`	deaktiviert eine Swap-Datei oder -Partition
`swapon`	aktiviert eine Swap-Datei oder -Partition
`tune2fs`	verändert Systemparameter eines ext2-Dateisystems

Bildschirm und Terminal

`reset`	stellt die Zeichensatzzuordnung wieder her
`restorefont`	stellt den VGA-Zeichensatz wieder her
`restore-palette`	stellt die VGA-Farbpalette wieder her
`setfont`	verändert den VGA-Zeichensatz
`setterm`	verändert diverse Terminaleinstellungen

Online-Hilfe

`apropos`	sucht Kommandos zu einem Thema
`info`	startet das `info`-System
`man`	zeigt die Beschreibung eines Kommandos an
`whatis`	zeigt eine Kurzbeschreibung (eine Zeile) eines Kommandos an

Sonstiges

`alias`	definiert eine Abkürzung
`cksum`	berechnet die CRC-Prüfsumme zu einer Datei
`date`	zeigt Datum und Uhrzeit an
`dmesg`	zeigt die Kernel-Meldungen des Bootvorgangs an
`expr`	führt einfache Integer-Berechnungen durch
`free`	zeigt den freien Speicherplatz (RAM und Swap-Speicher) an
`hash`	zeigt die Hash-Tabelle an
`ldd`	zeigt die erforderlichen Libraries für ein Programm an
`lpr`	druckt eine Datei aus
`printenv`	zeigt nur die Umgebungsvariablen an
`rdev`	verändert einige Bytes in der Kernel-Datei
`set`	zeigt alle der Shell bekannten Variablen an
`sum`	berechnet die Prüfsumme zu einer Datei
`tty`	zeigt den Device-Namen des aktuellen Terminals an
`type`	gibt den Typ eines Kommandos an (z.B. Shell-Kommando)
`unalias`	löscht eine Abkürzung
`uname`	zeigt den Betriebssystemnamen und die Versionsnummer an

VERWEIS

In Kapitel 15 wird die `bash` beschrieben. Diese Linux-Standard-Shell ist nicht nur Ihr Interpreter bei der Eingabe von Kommandos. Die Shell ermöglicht es auch, einfache Shell-Script-Programme (das sind Batch- oder Stapeldateien) zu schreiben. Diese einfachste Form der Linux-Programmierung wird sehr häufig zur Automatisierung einfacher Aufgaben (etwa zur Durchführung eines Backups) eingesetzt. In ihrer Anwendung sehen Shell-Script-Programme oft wie echte Unix-Kommandos aus. Kapitel 16 führt in die Grundlagen der Shell-Programmierung ein und liefert einige Beispiele, in denen auch die hier vorgestellten Kommandos eingesetzt werden.

17.2 Alphabetische Kommandoreferenz

Die meisten in diesem Kapitel beschriebenen Kommandos können durch zahllose Optionen gesteuert werden. Die Angabe der Optionen erfolgt *vor* allen weiteren Parametern. Optionen werden entweder mit dem Bindestrich `-` eingeleitet, dem ein oder mehrere Buchstaben folgen, oder mit zwei Bindestrichen `--` zur Angabe von längeren Optionsnamen, die zu den Optionsbuchstaben äquivalent (aber aussagekräftiger) sind.

Die beiden folgenden `ls`-Kommandos sind gleichwertig und zeigen jeweils alle Dateien und Verzeichnisse im `/root`-Verzeichnis an, wobei (mit Ausnahme von `.` und `..`) auch alle Dateien berücksichtigt werden, die mit dem Zeichen `.` beginnen. (Eine genaue Beschreibung des Kommandos und seiner Optionen finden Sie auf Seite 726.)

```
user$  ls -l -A /root
user$  ls --format=long --almost-all /root
```

Bei manchen Kommandos können mehrere Optionen als Gruppe angegeben werden (also `-ab` statt `-a -b`). Manche Kommandos kommen auch mit Optionen zurecht, die hinter dem oder den eigentlichen Parametern angegeben werden. Das sollte Sie aber nicht zu dem Schluss verleiten, dass das für alle Kommandos gilt!

```
user$  ls -lA /root
user$  ls /root -lA
```

Bei einigen wenigen Kommandos hat auch die Reihenfolge der Parameter einen Einfluss darauf, wie das Kommando ausgeführt wird. Wenn Optionen angegeben werden, die einander gegenseitig logisch ausschließen, gilt in der Regel die letzte angegebene Option.

Um das Kapitel nicht unnötig aufzublähen, wurden bei den meisten Kommandos nur die wichtigsten Optionen beschrieben. Eine vollständige Übersicht aller Optionen liefert bei den meisten Kommandos *kommandoname* –help ↵. Ausführlichere Informationen sind zumeist in den Manualseiten enthalten, die mit `man` *name* bzw. mit `man 1` *name* angezeigt werden können. Bei manchen Kommandos enthalten die `man`-Seiten lediglich einen Verweis auf die `info`-Texte, die entsprechend mit `info` *name* angezeigt werden.

adduser name

`adduser` meldet einen neuen Anwender an. Je nach Distribution arbeitet das Kommando interaktiv (mit Rückfragen für alle Eingaben) oder vollautomatisch. `adduser` kann nur von `root` ausgeführt werden.

alias [abkürzung [=kommando]]

`alias` definiert eine neue Abkürzung bzw. zeigt eine vorhandene Abkürzung an. Wenn `alias` ohne weitere Parameter verwendet wird, werden alle definierten Abkürzungen angezeigt. `alias` ist ein `bash`-Kommando und wird auf Seite 639 ausführlicher behandelt.

Beispiel

```
user$  alias ll="ls -l"
```

definiert die Abkürzung `ll` für das Kommando `ls -l`.

apropos thema

`apropos` liefert eine Liste aller `man`-Texte, die Informationen zum angegebenen Thema enthalten. Wenn `apropos` nicht funktioniert, fehlen wahrscheinlich die zu Grunde liegenden Datenbanken, die mit `makewhatis` erzeugt werden können (siehe Seite 115).

badblocks device blocks

`badblocks` überprüft die durch `block` angegebene Anzahl von Blöcken des Datenträgers. Das Kommando wird in erster Linie zur Überprüfung von Disketten verwendet:

```
user$  badblocks /dev/fd0 1440
```

bg [prozess]

`bg` setzt einen unterbrochenen Prozess im Hintergrund fort. Wenn keine Prozessnummer angegeben wird, gilt `bg` für den zuletzt (meist mit (Strg)+(Z)) unterbrochenen Prozess. Andernfalls muss der Prozess durch seinen Namen oder durch die `bash`-interne Jobnummer (nicht PID) angegeben werden. `bg` ist ein `bash`-Kommando.

bunzip2 datei.bz2

`bunzip2` dekomprimiert eine zuvor mit `bzip2` komprimierte Datei. Dabei wird automatisch die Kennung `.bz2` im Dateinamen entfernt. `bunzip` ist ein Link auf `bzip2`, wobei automatisch die Option `-d` aktiviert ist.

bzip2 datei

`bzip2` ist ein relativ neues Kommando zur Komprimierung von Dateien. Das Kommando liefert im Regelfall um 20 bis 30 Prozent kleinere Dateien als `gzip` (Seite 721). Allerdings ist die erforderliche Rechenzeit zum Komprimieren deutlich größer.

`-c` bzw. `--stdout` oder `--to-stdout`
: lässt die zu (de)komprimierende Datei unverändert und leitet das Ergebnis auf die Standardausgabe (in der Regel auf den Bildschirm) um. Von dort kann es mit > in eine beliebige Datei umgeleitet werden.

`-d` bzw. `--decompress` oder `--uncompress`
: dekomprimiert die angegebene Datei, anstatt sie zu komprimieren (entspricht `bunzip2`).

`-1` bis `-9`
: bestimmt die Menge des erforderlichen Speicherbedarfs für den Komprimieralgorithmus (`-1` beansprucht nur 1,1 MByte, `-9` immerhin 6,7 MByte). Die Defaulteinstellung lautet `-9` und liefert die besten Ergebnisse.

cat dateien

cat zeigt den Inhalt der angegebenen Textdatei auf dem Bildschirm an. Bei längeren Texten sollten Sie statt cat die Kommandos more oder less verwenden, die die Anzeige nach jeder Seite stoppen und (nur less) auch eine Rückwärtsbewegung im Text ermöglichen (siehe auch tac auf Seite 747 zur umgekehrten Textausgabe, also mit der letzten Zeile zuerst).

cat wird häufig auch dazu verwendet, mehrere Dateien zu einer größeren Datei zusammenzusetzen. Dazu muss die Standardausgabe mit > in eine Datei umgeleitet werden (siehe Beispiel).

Wenn cat irrtümlich auf Binärdateien (statt auf Textdateien) angewandt wird, kann es vorkommen, dass anschließend der Zeichensatz im Text-Terminal zerstört ist – d.h. dass statt Buchstaben und Ziffern nur wirre Zeichen angezeigt werden. Abhilfe: Führen Sie das Kommando reset aus.

Beispiel

```
user$  cat teil*.tex > total.tex
```

setzt die Einzeldateien teil1.tex, teil2.tex etc. zu einer Gesamtdatei total.tex zusammen.

cd [verzeichnis]

cd wechselt in das angegebene (Unter-)Verzeichnis. Wenn kein Verzeichnis angegeben wird, wechselt cd in das Heimatverzeichnis. Wenn als Verzeichnis - angegeben wird, wechselt cd in das zuletzt gültige Verzeichnis. Das gerade aktuelle Verzeichnis kann mit pwd angezeigt werden. (cd ist kein eigenständiges Linux-Kommando, sondern ein Shell-Kommando.)

chattr [optionen] [+/-csSu] dateien

chattr verändert die Version der Datei sowie sechs zusätzliche Dateiattribute, die nur bei ext2fs-Dateisystemen (Linux-Standard) unterstützt werden. Die Dateiversion gibt an, wie oft die Datei bereits geändert wurde. Die Attribute werden durch + gesetzt und durch - deaktiviert (also beispielsweise +S, um das sync-Attribut zu aktivieren). Zur Zeit werden die Attribute c und u vom Linux-Kernel allerdings noch nicht unterstützt.

+/-a (append)
: die Datei kann nicht gelöscht oder überschrieben, wohl aber verlängert werden.

+/-c (compressed)
: die Datei wird automatisch komprimiert / dekomprimiert.

`+/-s` (secure deletion)
: die Datei wird beim Löschen durch Zufallsdaten überschrieben und kann nicht mehr rekonstruiert werden).

`+/-S` (synchronous update)
: jede Änderung der Datei wird sofort physikalisch ausgeführt und nicht in einem Puffer zwischengespeichert.

`+/-u` (undelete)
: die Datei wird beim Löschen nicht physikalisch gelöscht und kann 'gerettet' werden.

`-R` führt das Kommando auch für alle Unterverzeichnisse aus. Nur sinnvoll bei Dateiangaben mit Jokerzeichen.

`-v version`
: verändert die gespeicherte Versionsnummer der Datei.

chgrp [optionen] gruppe dateien

`chgrp` ändert die Gruppenzugehörigkeit von Dateien. Der Besitzer einer Datei kann diese Datei nur seinen eigenen Gruppen zuordnen. Für einen Benutzer ist das Kommando also nur dann von Bedeutung, wenn er mehreren Gruppen angehört. `root` kann beliebige Zuordnungen treffen.

`-R` bzw. `--recursive`
: verändert auch die Gruppenzuordnung von Dateien in allen Unterverzeichnissen. Die Option ist nur sinnvoll, wenn die Dateien durch Jokerzeichen beschrieben werden (etwa `*.tex`).

chmod [optionen] änderungen dateien

`chmod` ändert die neun Zugriffsbits von Dateien. Zusammen mit jeder Datei wird gespeichert, ob der Besitzer (owner), die Gruppenmitglieder (group) und andere Benutzer (others) die Datei lesen, schreiben und ausführen dürfen. Die Änderung der Zugriffsbits erfolgt durch die Zeichenkombination *Gruppe* +/- *Zugriffstyp*, also beispielsweise `g+w`, um allen Gruppenmitgliedern eine Schreiberlaubnis zu geben. Für die Gruppe sind die Zeichen `u` (user), `g` (group), `o` (others) oder `a` (all) vorgesehen. Der Zugriffstyp wird durch `r` (read), `w` (write) oder `x` (execute) beschrieben.

Wenn statt `x` der Zugriffstyp `s` (setuid) verwendet wird, verhält sich das ausgeführte Programm, als ob es vom Inhaber der Datei ausgeführt würde (siehe Beispiel). Wenn das setuid-Bit für Dateien privilegierter Nutzer (etwa `root`) gesetzt wird, kann das ein erhebliches Sicherheitsrisiko darstellen. Gewöhnliche Benutzer können das Programm ausführen, als wären sie `root`. Achten Sie darauf, dass gewöhliche Benutzer mit dem Programm wirklich nur das tun können, wofür das Programm vorgesehen ist.

Alternativ kann der Zugriffstyp auch durch eine Oktalzahl angegeben werden. Dabei ist u, g und o jeweils eine Ziffer zugeordnet. Jede Ziffer ist aus den Werten 4, 2 und 1 für r, w und x zusammengesetzt. 660 bedeutet daher rw-rw----, 777 meint rwxrwxrwx.

-R bzw. --recursive
: verändert auch die Zugriffsrechte von Dateien in allen Unterverzeichnissen. Die Option ist nur sinnvoll, wenn die Dateien durch Jokerzeichen beschrieben werden (etwa *.tex).

Beispiele

```
user$  chmod a+rx sichere
```

ermöglicht allen Benutzern die Ausführung der Datei sichere. Dabei könnte es sich etwa um ein Shell-Script (eine Stapeldatei) zur Erstellung eines Backups handeln.

```
user$  chmod -R o-rw *.doc
```

entzieht allen Benutzern außerhalb der eigenen Gruppe die Lese- und Schreiberlaubnis für alle *.doc-Dateien im aktuellen Verzeichnis und in allen Unterverzeichnissen.

```
root#  chmod a+xr /usr/bin/local/newsflash
root#  chmod a+w /usr/bin/local/newsflash
root#  chmod u+rws /usr/bin/local/newsflash
root#  chown news.news /usr/bin/local/newsflash
```

ermöglicht allen Anwendern die Ausführung von newsflash. Wegen des setuid-Bits verhält sich newsflash aber so, als wäre es vom Benutzer news gestartet worden.

chown [optionen] user[.gruppe] dateien

chown ändert den Besitzer und (optional) auch die Gruppenzugehörigkeit einer Datei. Der Besitzer einer Datei kann nur von root verändert werden, während die Gruppe auch von anderen Benutzern eingestellt werden kann (siehe chgrp).

-R bzw. --recursive
: verändert auch die Gruppenzuordnung von Dateien in allen Unterverzeichnissen.

chsh [user]

chsh verändert die Default-Shell, die automatisch nach dem Einloggen aufgerufen wird. Zur Auswahl stehen alle in /etc/shells eingetragenen Shells, normalerweise /bin/bash, /bin/csh und /bin/ksh. chsh verändert die Datei /etc/passwd und trägt dort die neue Shell ein. Die Shell eines anderen Anwenders kann nur von root verändert werden (während jeder Anwender seine eigene Shell nach Belieben verändern kann).

cksum datei

cksum ermittelt die Prüfsumme und die Länge der Datei in Bytes. Die Prüfsumme kann verwendet werden, um rasch und zuverlässig festzustellen, ob zwei Dateien identisch sind (etwa nach einer Datenübertragung per Modem oder bei Virenverdacht). cksum liefert zuverlässigere Ergebnisse als das verwandte Kommando sum.

clear

clear löscht den Bildschirm (die Textkonsole). Das Kommando entspricht dem DOS-Kommando cls.

cmp [optionen] datei1 datei2

cmp vergleicht zwei Dateien Byte für Byte und liefert die Position der ersten Abweichung. Wenn die Dateien identisch sind, zeigt das Kommando überhaupt keine Meldung an (siehe auch diff auf Seite 709).

-c bzw. --show-chars
: zeigt das jeweils erste Textzeichen an, bei dem sich die Dateien voneinander unterscheiden.

-l bzw. --verbose
: liefert eine Liste aller Abweichungen.

compress [optionen] datei

compress komprimiert bzw. dekomprimiert die angegebene Datei. Komprimierten Dateien wird an den Dateinamen die Kennung .Z angehängt. Leistungsfähiger als compress ist das Kommando gzip (siehe Seite 721).

-d
: dekomprimiert die angegebene Datei, anstatt sie zu komprimieren (entspricht uncompress).

cp [-optionen] quelle ziel
cp [-optionen] dateien zielverzeichnis

cp dient zum Kopieren von Dateien. Einzelne Dateien können dabei umbenannt werden. Wenn mehrere Dateien (z.B. durch die Angabe von Jokerzeichen) bearbeitet werden sollen, können diese lediglich in ein anderes Verzeichnis kopiert, nicht aber umbenannt werden. Anweisungen der Art `cp *.tex *.bak` sind nicht zulässig. Mit cp vergleichbare Kommandos sind mv zum Verschieben und Umbenennen von Dateien sowie ln zur Herstellung von Links. cp unterstützt unter anderem folgende Optionen:

-a bzw. --archive
: behält möglichst alle Attribute der Dateien bei. -a ist eine Abkürzung für -dpR.

-b bzw. --backup
: bennent bereits bereits vorhandene Dateien in Backup-Dateien um (Dateiname plus ~) (statt sie zu überschreiben).

-d bzw. --dereference
: kopiert bei Links nur den Verweis, nicht aber die Datei, auf die der Link zeigt.

-i bzw. --interactive
: fragt, bevor vorhandene Dateien überschrieben werden.

-l bzw. --link
: erstellt feste Links (hard links), anstatt die Dateien zu kopieren. Wenn cp mit dieser Option verwendet wird, hat es dieselbe Funktionalität wie ln (siehe Seite 724).

-p bzw. --preserve
: lässt die Informationen über Besitzer, Gruppenzugehörigkeit, Zugriffsrechte und den Zeitpunkt der letzten Änderung unverändert. Ohne diese Option gehört die Kopie demjenigen, der cp ausführt (Benutzer und Gruppe) und die Zeitangabe wird auf die aktuelle Zeit gesetzt.

-R bzw. --recursive
: kopiert auch Unterverzeichnisse und die darin enthaltenen Dateien.

-s bzw. --symbolic-link
: erstellt symbolische Links, anstatt die Dateien oder Verzeichnisse zu kopieren. cp hat damit die Funktionalität von ln -s (siehe Seite 724).

-u bzw. --update
: kopiert Dateien nur dann, wenn dabei keine gleichnamige Datei mit neuerem Datum überschrieben wird.

Zum Kopieren ganzer Verzeichnisbäume (womöglich zwischen verschiedenen Festplattenpartitionen) eignet sich auch tar (siehe Seite 747).

Beispiel

```
user$  cp buch/*.tex .
```

kopiert alle `*.tex`-Dateien aus dem Unterverzeichnis `buch` in das aktuelle Verzeichnis. Der Punkt gibt dabei als Zielverzeichnis das aktuelle Verzeichnis an.

cpio kommando [optionen] [muster]

`cpio` fasst mehrere Dateien zu einem Archiv zusammen und kopiert sie auf einen anderen Datenträger (z.B. auf einen Streamer) oder in ein anderes Verzeichnis. Analog kann das Kommando auch zum Wiedereinlesen solcher Daten verwendet werden. Unter Linux ist `cpio` eher ungebräuchlich, stattdessen wird zumeist `tar` verwendet. Der größte Vorteil von `cpio` besteht darin, dass umfangreiche Archive automatisch auf mehrere Dateien verteilt bzw. von ihnen gelesen werden können (ähnlich wie die DOS-Programme `BACKUP` und `RESTORE`).

`cpio` wird beispielsweise bei der Installation von Programmen benötigt, die vom Hersteller mit `cpio` auf Disketten oder Magnetbänder gespielt wurden. Die drei zentralen `cpio`-Kommandos sind:

`-o` (output) zum Speichern von Daten. Die Dateien werden zu einem Archiv zusammengefasst und an die Standardausgabe geschrieben.

`-i` (input) zum Einlesen archivierter Daten.

`-p` (pass through) zur Übertragung von Archiven zwischen verschiedenen Verzeichnissen.

Diese drei Hauptkommandos können durch verschiedene Optionen gesteuert werden. Details dazu finden Sie in den `man`-Seiten.

csplit [optionen] datei trennposition

`csplit` zerlegt eine Textdatei an vorgegebenen Stellen in mehrere Einzeldateien. Die Trennposition kann entweder durch eine direkte Zeilenangabe oder durch ein Suchmuster angegeben werden. Das Kommando liefert als Ergebnis die Dateien `xx00`, `xx01` etc. und gibt am Bildschirm deren Längen aus. Durch die Angabe entsprechender Optionen sind natürlich auch 'schönere' Dateinamen möglich. Durch `cat` kann aus diesen Einzeldateien wieder die Originaldatei zusammengesetzt werden. (Siehe auch `split` auf Seite 745 zum Zerlegen von beliebigen – auch binären – Dateien in kleinere Dateien zu je *n* Bytes.)

Angabe der Trennpositionen

Die Trennpositionen werden entweder durch eine Zeilenanzahl oder durch ein Suchmuster angegeben. Im einen Fall wird die Datei nach *n* Zeilen zerlegt, im anderen

Fall vor oder nach dem Auftreten des Suchmusters. Wenn `csplit` die Datei mehrfach zerlegen soll (was zumeist der Fall ist), muss hinter der Zeilenanzahl bzw. dem Trennmuster angegeben werden, wie oft die Operation wiederholt werden soll.

n trennt die Datei nach *n* Zeilen.

/muster/
: trennt die Datei in der Zeile vor dem Auftreten des Musters. (Die Zeile mit dem gefundenen Muster wird zur ersten Zeile der nächsten Datei.)

/muster/+n
/muster/-n
: trennt die Datei *n* Zeilen nach (+) oder vor (-) dem Auftreten des Musters.

{*n*} zerlegt die Datei in *n*+1 Einzeldateien (und nicht nur in zwei Dateien).

Optionen

`-f` *datei* bzw. `--prefix=`*datei*
: verwendet den angegebenen Dateinamen zur Benennung der Ausgabedateien.

`-k` bzw. `--keep-files`
: bereits erzeugte Dateien werden beim Auftreten eines Fehlers nicht wieder gelöscht. Die Option muss insbesondere bei Musterangaben in der Form *n* {*} verwendet werden. Die Musterangabe erfolgt wie bei `grep`.

`-z` bzw. `--elide-empty-files`
: verhindert die Erzeugung leerer Dateien. Ohne diese Option können leere Dateien insbesondere dann auftreten, wenn bereits die erste Zeile der Ausgangsdatei dem Suchmuster entspricht.

Beispiele

```
user$ csplit -k -f teil. total.txt 100 {*}
```

zerlegt `total.txt` in die Dateien `teil.00`, `teil.01` etc. Die Einzeldateien sind jeweils 100 Zeilen lang.

```
user$ csplit -k -f teil. total.txt '/^% ---/' {*}
```

wie oben, allerdings erfolgt die Trennung immer dann, wenn eine Zeile mit dem Text `% ---` beginnt.

cut [optionen] datei

cut extrahiert aus jeder Zeile eines Textes die durch Optionen angegebenen Spalten.

-b *liste* bzw. --bytes *liste*
: extrahiert die in einer Liste angegebenen Zeichen. Einzelne Einträge dürfen durch Kommata (aber nicht durch Leerzeichen) getrennt werden. Statt einzelner Zeichen dürfen auch ganze Bereiche angegeben werden, etwa -b 3-6,9,11-15.

-f *liste* bzw. --fields *liste*
: wie oben, aber jetzt für Felder (Datensätze), die durch Tabulatorzeichen getrennt sein müssen.

-d *zeichen* bzw. --delimiter *zeichen*
: gibt das Trennzeichen für -f an, das statt des Tabulatorzeichens verwendet werden soll.

-s bzw. --only-delimited
: eliminiert alle Zeilen, die keine Daten enthalten, die der Option -f entsprechen. Kann nicht zusammen mit -b verwendet werden.

Beispiel

```
user$ ls -l | cut -b 1-11,56-
```

filtert das mit ls erstellte Dateiverzeichnis durch cut. Als Ergebnis werden nur die Zugriffsrechte und die Dateinamen (Zeichen 1 bis 11 sowie alle Zeichen ab dem 56. Zeichen) angezeigt.

date [optionen] [zeit]

date zeigt das aktuelle Datum und die Uhrzeit an bzw. verändert diese Daten. (Eine Veränderung darf nur von root vorgenommen werden.) date kann die Zeit in den verschiedensten Formaten anzeigen (siehe man-Texte).

-s verändert das Datum und/oder die Uhrzeit (anstatt diese Informationen nur anzuzeigen).

dd [optionen]

dd überträgt Daten zwischen verschiedenen Speichermedien (Festplatte, Diskette etc.) und führt dabei auf Wunsch eine Konvertierung der Daten durch. Das Kommando kann unter anderem dazu eingesetzt werden, Daten zwischen verschiedenen Rechnerarchitekturen auszutauschen.

`dd` kann nicht nur einzelne Dateien kopieren, sondern auch direkt auf Devices zugreifen. Damit können ganze Festplatten(partitionen) kopiert, der Bootsektor der Festplatte verändert werden etc. Auf der Festplatte oder Diskette muss kein Dateisystem eingerichtet werden.

Wenn `dd` ohne Optionen verwendet wird, liest es die Daten aus der Standardeingabe (Tastatur, Ende mit (Strg)+(Z)) und schreibt in die Standardausgabe (auf den Bildschirm). Beachten Sie, dass die Optionen von `dd` ohne vorangehende Minus-Zeichen angegeben werden!

`conv=`*modus*
: konvertiert die Daten während des Kopierens. Für *modus* sind verschiedene Einstellungen erlaubt, unter anderem `lcase` (Großbuchstaben in Kleinbuchstaben), `ucase` (Klein- in Großbuchstaben), `swab` (vertauscht jeweils zwei Bytes) etc.

`bs=`*n*
: bestimmt die Blockgröße für die Ein- und Ausgabedatei. (Die Blockgröße gibt an, wie viele Bytes jeweils in einem Durchgang gelesen bzw. geschrieben werden.)

`count=`*n*
: kopiert nur *n* Blöcke (und nicht die gesamten Daten).

`ibs=`*n*
: bestimmt die Blockgröße der Quelldatei.

`if=`*quelldatei*
: gibt die Quelldatei (statt der Standardeingabe) an.

`obs=`*n*
: bestimmt die Blockgröße der Zieldatei.

`of=`*zieldatei*
: gibt die Zieldatei (statt der Standardausgabe) an.

Beispiele

```
user$  dd if=/dev/hda of=/boot/bootsektor.bak bs=512 count=1
```

überträgt den Bootsektor der ersten IDE-Festplatte in die Backup-Datei `bootsektor.bak`.

```
user$  dd if=/vmlinuz of=/dev/fd0
```

kopiert den Kernel direkt in die ersten Sektoren der Diskette. Diese kann dann als Bootdiskette verwendet werden.

df [optionen]

`df` gibt Auskunft darüber, an welcher Stelle im Dateibaum Festplatten(partitionen) oder andere Laufwerke eingebunden sind und wie viel Speicherplatz darauf verfügbar ist.

`-i` bzw. `--inodes`
: gibt Informationen über die verfügbaren I-Nodes an (statt des freien Speicherplatzs in kByte).

diff [optionen] datei1 datei2

`diff` vergleicht zwei Textdateien. Das Ergebnis ist eine Liste aller Zeilen, die voneinander abweichen. Das Kommando ist relativ 'intelligent', d.h. wenn in einer Datei gegenüber der anderen einige Zeilen eingefügt sind, so wird nur diese Abweichung gemeldet. Weitere Zeilen werden wieder als identisch erkannt, obwohl jetzt unterschiedliche Zeilennummern vorliegen. Das Kommando kann also tatsächlich dazu verwendet werden, die Abweichungen zwischen zwei Versionen eines Programmlistings rasch zu dokumentieren.

`-b` betrachtet mehrfache Leerzeichen und Leerzeilen wie einfache Leerzeichen bzw. Leerzeilen.

`-w` ignoriert Leerzeichen und Leerzeilen ganz.

dmesg

Die während des Bootvorgangs vom Kernel angezeigten Meldungen können zu einem späteren Zeitpunkt durch `dmesg` angezeigt werden. Die Kernel-Meldungen können beispielsweise bei der Feststellung helfen, welche Hardware erkannt wurde. Die Kernel-Meldungen werden (je nach Einstellung in `/etc/syslog.conf`) auch in `/var/log/messages` gespeichert.

Die nach dem Bootvorgang angezeigten Texte des Init-V-Prozesses (Seite 181) werden nicht gespeichert und können daher auch nicht mit `dmesg` angezeigt werden. Manche Programme oder sogenannte Dämonen, die üblicherweise während des Init-V-Prozesses gestartet werden, schreiben aber Protokoll- oder Fehlermeldungen in diverse `/var/log/`xxx-Dateien.

du [optionen] [verzeichnis]

`du` gibt Informationen über den Speicherbedarf von Dateien bzw. von Verzeichnissen aus. Wenn im Verzeichnisparameter eine Dateispezifikation angegeben wird (etwa `*` oder `*.tex`), dann liefert `du` eine Liste mit der Größe aller Dateien. Wird dagegen nur ein Verzeichnis angegeben, ermittelt du den Speicherbedarf für alle untergeordneten Verzeichnisse. Die Speicherangaben umfassen auch den Speicherbedarf aller untergeordneten Verzeichnisse. Der letzte Zahlenwert gibt den Gesamtspeicherbedarf aller Dateien und Unterverzeichnisse ab dem angegebenen Verzeichnis an. Alle Angaben erfolgen in kByte.

`-b` bzw. `--bytes`
: zeigt die Größenangaben in Byte (statt in kByte) an.

`-c` bzw. `--total`
: zeigt als abschließenden Wert die Endsumme an. Diese Option ist nur notwendig, wenn du auf Dateien (und nicht auf Verzeichnisse) angewandt wird. Mit dieser Option kann relativ einfach festgestellt werden, wie viel Speicherbedarf alle Dateien mit einer bestimmten Kennung (z.B. `*.tex`) beanspruchen.

`-s` bzw. `--summarize`
: zeigt *nur* die Endsumme an. Diese Option ist nur sinnvoll, wenn der Speicherbedarf von Verzeichnissen angezeigt wird.

`-S` bzw. `--dereference`
: zeigt nur den Speicherbedarf unmittelbar im Verzeichnis an. Der Speicherbedarf in Unterverzeichnissen wird *nicht* berücksichtigt.

Beispiele

```
user$  du -bsS
129377
```

Die Dateien des aktuellen Verzeichnisses beanspruchen 129377 Byte.

```
user$  du
101     ./a/a1
4       ./a/a2
114     ./a
5       ./b
251
```

Der Speicherbedarf der Dateien in `a1` beträgt 101 kByte, in `a2` 4 kByte, in `a` (inklusive `a1` und `a2`) 114 kByte, in `b` 5 kByte und im aktuellen Verzeichnis (inklusive `a` und `b`) 251 kByte.

```
user$  du -S
101     ./a/a1
4       ./a/a2
9       ./a
5       ./b
132     .
```

Mit der Option `-s` zeigt du den Speicherbedarf unmittelbar in den Verzeichnissen an. (Die Summe dieser Werte ergibt wiederum 251 kByte.)

```
user$  du -c *.tex
100     emacs.tex
26      grundl.tex
126     total
```

Alle `*.tex`-Dateien im aktuellen Verzeichnis belegen insgesamt etwa 126 kByte.

dumpe2fs device

`dumpe2fs` gibt viele interne Informationen über den Zustand des Dateisystems aus (siehe auch Seite 161).

e2fsck [optionen] device

`e2fsck` überprüft die Konsistenz eines ext2-Dateisystems und führt gegebenenfalls Reparaturen durch. Das Kommando kann via `fsck` gestartet werden. Seine wichtigsten Optionen werden ab Seite 717 beschrieben.

echo zeichenkette

`echo` zeigt die angegebene Zeichenkette auf dem Bildschirm an. In den meisten Shells ist `echo` als Shell-Kommando implementiert, um eine höhere Geschwindigkeit zu erzielen. `echo` ist vor allem zur Shell-Programmierung nützlich, um während des Ablaufs eines Shell-Scripts Informationen an den Anwender auszugeben. Wenn die Zeichenkette Leer- oder Sonderzeichen enthält, muss sie in einfache oder doppelte Apostrophe eingeschlossen werden (siehe auch Seite 649).

expand [optionen] datei

`expand` ersetzt alle Tabulator-Zeichen durch eine entsprechende Zahl von Leerzeichen. Wenn keine Optionen angegeben werden, nimmt `expand` einen Tabulator-Abstand von acht Zeichen an. Das Ergebnis wird am Bildschirm angezeigt und kann mit > in eine Datei umgeleitet werden.

`-`*n* verändert den Tabulator-Abstand auf *n* Zeichen.

expr ausdruck

`expr` wertet den angegebenen Ausdruck arithmetisch aus oder führt einen Mustervergleich für Zeichenketten aus. Zwischen den angegebenen Variablen, Zahlen und

Operatoren müssen jeweils Leerzeichen angegeben werden. Eine kurze Beschreibung aller zulässigen Operatoren finden Sie in den `man`-Seiten zu `expr`.

Wenn Sie die `bash` als Shell verwenden, können Sie darin auch ohne `expr` rechnen: Arithmetische Ausdrücke können dort in der Form `$[ausdruck]` angegeben werden.

Beispiel

`user$` **`expr 2 + 3`**
liefert das Ergebnis 5.

fdformat [-n] laufwerk

`fdformat` führt eine Low-Level-Formatierung einer Diskette durch. Auf die so vorbereitete Diskette kann anschließend mit `mformat` oder mit `mkfs` ein Dateisystem installiert, mit `tar` eine Sicherungskopie oder mit `dd` ein Bootkernel geschrieben werden (siehe Seite 730, 731, 707 bzw. 747).

Die Option `-n` verhindert eine anschließende Überprüfung der Diskette auf Fehler (verify). Die Laufwerksangabe erfolgt durch die Angabe der Gerätedatei, beispielsweise `/dev/fd0H1440` zur Formatierung einer $3\frac{1}{2}$-Zoll-HD-Diskette in Laufwerk A. Folgende Gerätedateien sind gebräuchlich:

`/dev/fd0`	$3\frac{1}{2}$-Zoll-Diskette HD in A: (Default 1,4 MByte)
`/dev/fd0d360`	$5\frac{1}{4}$-Zoll-Diskette in A:
`/dev/fd0D720`	$3\frac{1}{2}$-Zoll-Diskette DD in A:
`/dev/fd0H1440`	$3\frac{1}{2}$-Zoll-Diskette HD in A:
`/dev/fd0H2880`	$3\frac{1}{2}$-Zoll-Diskette mit 2,88 MBytes in A:
`/dev/fd1d360`	$5\frac{1}{4}$-Zoll-Diskette in B:
`/dev/fd1D720`	$3\frac{1}{2}$-Zoll-Diskette DD in B:
`/dev/fd1h1200`	$5\frac{1}{4}$-Zoll-Diskette HD in B:

Wenn Sie `fdformat` verwenden, ohne vorher auf die Diskette zugegriffen zu haben, meldet sich das Kommando mit dem Fehler *no such device*. Abhilfe schafft `mdir`, wodurch auf die Diskette zugegriffen wird und die Diskettenparameter gelesen werden. In zukünftigen Linux-Versionen wird `fdformat` möglicherweise durch `superformat` ersetzt.

Beispiel

`user$` **`fdformat /dev/fd0 > /dev/null &`**
formatiert eine HD-Diskette im Laufwerk A. Der Prozess wird durch die Angabe von `&` im Hintergrund ausgeführt, so dass Sie sofort weiterarbeiten können. Außerdem leitet die Angabe von `> /dev/null` die Ausgaben von `fdformat` ins Nichts, so dass Sie beim Arbeiten nicht ständig durch die Meldung 'Formatting *n*' gestört werden.

fdisk [optionen] [device]

fdisk dient zum Partitionieren von Festplatten. Das Kommando kann nur von root ausgeführt werden. Wenn keine Device-Datei angegeben wird, bezieht sich fdisk automatisch auf die erste IDE-Festplatte (/dev/hda). fdisk -l liefert eine Liste aller Partitionen auf allen IDE- und SCSI-Platten. Die Bedienung des Kommandos wird im Zusammenhang mit der Installation von Linux ausführlich beschrieben (siehe Seite 76).

Verwenden Sie fdisk nicht für Festplatten, deren Partitionen zur Zeit in das Linux-Dateisystem eingebunden (gemountet) sind! Wenn sich das nicht vermeiden lässt, müssen Sie den Rechner nach der Veränderung der Partitionstabelle neu starten, damit die Änderungen wirksam werden. (fdisk gibt eine diesbezügliche Warnung aus, die Sie unbedingt ernst nehmen sollten!)

Nachdem Sie Ihr System konfiguriert haben, sollten Sie einen Ausdruck der Ausgaben von fdisk -l erstellen und irgendwo aufbewahren, wo Sie ihn wiederfinden können. Diese Informationen sind oft ausreichend, um eine zerstörte Partitionstabelle einer Festplatte wieder herzustellen.

fg [prozess]

fg setzt einen Prozess im Vordergrund fort. Wenn kein Prozess angegeben wird, gilt fg für den zuletzt unterbrochenen bzw. für den zuletzt im Hintergrund gestarteten Prozess. Andernfalls muss der Prozess durch seinen Namen oder durch die bash-interne Jobnummer (nicht PID) angegeben werden. fg ist ein bash-Kommando. Es kann auch in der Kurzschreibweise %prozess verwendet werden. Unterbrechungen können bei vielen Programmen durch (Strg)+(Z) erreicht werden.

file datei

file versucht festzustellen, welchen Typ von Daten eine Datei enthält. Das Kommando wertet dazu die Datei /etc/magic aus. Das Ergebnis wird auf dem Bildschirm angezeigt (z.B. data, text, executable etc.). Achtung: Textdateien mit deutschen Sonderzeichen werden als data interpretiert (nicht als text).

find [pfadangabe] [suchoptionen]

find hilft bei der Suche nach Dateien, die in den Verästelungen des Verzeichnisbaums versteckt sind. Dabei können verschiedene Suchkriterien (Muster für den Dateinamen, Dateigröße, Datum der Erstellung oder des letzten Zugriffs etc.) bei der Suche berücksichtigt werden. Es besteht sogar die Möglichkeit, auf alle Dateien, die diese Bedingungen erfüllen, mit einem anderen Programm (etwa grep) weitere Selektionskriterien anzuwenden. Auf diese Weise könnten beispielsweise alle *.tex-

Dateien gefunden werden, die in den letzten drei Tagen bearbeitet wurden und die den Text 'Grafikprogrammierung' enthalten.

Die große Anzahl möglicher Suchkriterien führt leider auch dazu, dass die Beschreibung aller Optionen von `find` zehn `man`-Seiten beansprucht, was naturgemäß eher abschreckend wirkt. Bevor Sie dort die Details nachlesen, sollten Sie sich die unten angegebenen Beispiele ansehen, die eine Vorstellung davon vermitteln, wie das Kommando eingesetzt wird.

Die Syntax von GNU-`find` unterscheidet sich ein wenig von den `find`-Varianten diverser Unix-Systeme. Dort *muss* eine Pfadangabe erfolgen, während GNU-`find` das aktuelle Verzeichnis als Defaultverzeichnis verwendet. Zumeist *muss* auch die Option `-print` verwendet werden, sonst werden zwar Dateien gesucht, die Ergebnisse aber nicht angezeigt!

Allgemeine Optionen

Im Gegensatz zu praktisch allen anderen Linux-Kommandos durchsucht `find` automatisch alle Unterverzeichnisse. Wenn das nicht erwünscht ist, muss die Anzahl der Unterverzeichnisse durch `-maxdepth` eingeschränkt werden.

`-depth`
: bearbeitet zuerst das aktuelle Verzeichnis und erst dann die Unterverzeichnisse. (Je nachdem, wo Sie die gesuchte Datei vermuten, kann diese Vorgehensweise erheblich schneller sein.)

`-follow`
: bearbeitet auch Verzeichnisse, die durch symbolische Links erfasst werden.

`-maxdepth` *n*
: schränkt die Suche auf *n* Verzeichnisebenen ein. Mit `-maxdepth 1` werden überhaupt keine Unterverzeichnisse berücksichtigt.

Suchkriterien

Es können mehrere Suchkriterien gleichzeitig genannt werden. Diese Kriterien werden logisch mit UND verknüpft. Die Suche wird abgebrochen, sobald das erste Kriterium nicht erfüllt ist – die Reihenfolge der Kriterien kann also Einfluss auf die Geschwindigkeit des Kommandos haben. Kriterien können mit `\(` und `\)` gruppiert, mit ! negiert und mit `-o` logisch ODER-verknüpft werden.

`-ctime` *n*
: findet Dateien, die zuletzt vor genau *n* Tagen verändert wurden. Wenn vor der Zahl ein + angegeben wird, dann werden alle Dateien erfasst, die älter als *n* Tage sind. Ein vorangestelltes - liefert Dateien, die jünger als *n* Tage sind.

`-group` *gruppenname* oder `-nogroup` *gruppenname*
: findet Dateien, die der angegebenen Gruppe angehören (bzw. die ihr nicht angehören).

`-name` *suchmuster*
findet Dateien, die dem angegebenen Suchmuster entsprechen. Wenn das Suchmuster Jokerzeichen enthält, muss es in Apostrophe gestellt werden.

`-path` *suchmuster*
findet Dateien, die dem angegebenen Suchmuster entsprechen. Die Option geht über `-name` hinaus, weil das Suchmuster jetzt nicht nur den Dateinamen, sondern auch den Pfad dorthin betrifft. Diese Option ist flexibler als die direkte Pfadangabe im ersten Argument von `find`, weil hier die Jokerzeichen auch das Zeichen / erfassen (siehe Beispiel).

`-perm` *zugriffsbits*
findet Dateien, deren Zugriffsbits genau dem angegebenen Oktalwert (siehe `chmod`) entsprechen. Wenn dem Oktalwert ein - vorangestellt wird, dann reicht es, wenn die Datei mindestens eines dieser Zugriffsbits enthält. Wenn ein + vorangestellt wird, darf die Datei auch darüber hinausgehende Zugriffsrechte haben.

`-size` *dateigröße*
gibt die gewünschte Dateigröße vor. Die Angabe erfolgt standardmäßig in Vielfachen von 512. `3` bezeichnet also Dateien zwischen 1024 und 1536 Bytes. Durch die zusätzlichen Zeichen `c` oder `k` kann die Größe in Byte oder kByte angegeben werden. Ein vorangestelltes + erfasst alle größeren Dateien, ein vorangestelltes - alle kleineren Dateien. `-size +10k` liefert daher alle Dateien, die größer als 10 kByte sind.

`-type` *zeichen*
schränkt die Suche auf bestimmte Dateitypen ein. Die wichtigsten Zeichen sind `f` für reguläre Dateien, `d` für Verzeichnisse (directories) und `l` für symbolische Links.

`-user` *username* oder `-nouser` *username*
findet Dateien, die dem angegebenen Benutzer gehören (bzw. die ihm nicht gehören).

Aktion beim Finden einer Datei

`-exec` *kommando [optionen]* `{} \;`
ruft das angegebene Kommando auf und übergibt den Dateinamen der gefundenen Datei, die alle bisher verarbeiteten Kriterien erfüllt hat. Das Kommando kann nun einen Test durchführen, ob die Datei weiteren Kriterien entspricht. Ein typisches Programm, das durch `-exec` aufgerufen wird, ist `grep` (siehe Beispiel). `{}` steht als Platzhalter für den Dateinamen. `;` schließt den Kommandoaufruf ab, d.h. dahinter können weitere `find`-Optionen angegeben werden. \ ist innerhalb der Shell erforderlich, um die Interpretation von `;` als Sonderzeichen zu verhindern.

`-print`
: gibt die gefundenen Dateinamen auf dem Bildschirm aus. Diese Option ist die Standardeinstellung, sofern nicht `-exec` verwendet wird.

`-printf` *format*
: gibt die gefundenen Dateinamen und andere Informationen auf dem Bildschirm aus. In der Formatzeichenkette kann angegeben werden, in welcher Form die Ausgabe erfolgt und welche Zusatzinformationen mit ausgegeben werden (etwa die Dateigröße, das Datum der letzten Änderung etc.). Die Syntax für die Formatzeichenkette ist in den `man`-Seiten beschrieben.

`find` ist ein vergleichsweise langsames Kommando, besonders dann, wenn der gesamte Dateibaum durchsucht werden muss. Oft kommen Sie mit den Kommandos `locate`, `whereis` oder `which` in viel kürzerer Zeit auch zum Ergebnis (siehe Seite 725, 755 und 755). Falls Sie KDE installiert haben, bietet `kfind` eine komfortable Benutzeroberfläche zu `find` und `grep`.

Beispiele

`user$` **`find`**
liefert eine Liste aller Dateien im aktuellen Verzeichnis und in allen Unterverzeichnissen.

`user$` **`find -name '.e*'`**
findet alle Dateien im aktuellen Verzeichnis und in allen Unterverzeichnissen, die mit `.e` beginnen.

`user$` **`find / -path '*latex/*.tex'`**
findet alle `*.tex`-Dateien in einem Verzeichnis, das mit `latex` endet. (Dieses Suchmuster ist ausreichend, um die Dateien in `/usr/lib/texmf/tex/latex` in relativ kurzer Zeit zu finden!)

`root#` **`find /home -group users -ctime -5`**
findet alle Dateien in den (Unter)Verzeichnissen von `/home`, die Benutzern der Gruppe `users` gehören und in den letzten fünf Tagen in irgendeiner Form (Inhalt, Zugriffsrechte etc.) verändert wurden. `-ctime +5` findet Dateien, die vor mehr als fünf Tagen verändert wurden, `-ctime 5` solche, die vor genau fünf Tagen verändert wurden.

`user$` **``head `find -name '.e*'` ``**
zeigt die ersten zehn Zeilen aller `.e*`-Dateien auf dem Bildschirm an. Beachten Sie, dass das Suchmuster in linksgerichteten Apostrophen steht, das gesamte `find`-Kommando als Argument von `head` dagegen in rechtsgerichteten Apostrophen. Wenn Sie statt `head` ein anderes Kommando verwenden, können Sie die gefundenen Dateien kopieren, löschen, komprimieren etc.

```
user$ find -name '*.tex' -type f -exec grep -q emacs {} \; -print
```

durchsucht alle `*.tex`-Dateien, ob darin die Zeichenkette 'emacs' vorkommt. Wenn das der Fall ist, wird der Dateiname auf dem Bildschirm ausgegeben. Beachten Sie, dass die Option `-print` nicht vor `-exec` angegeben werden darf, sonst werden alle `*.tex`-Dateinamen ausgegeben, unabhängig davon, ob darin 'emacs' gefunden wurde oder nicht (siehe auch `grep` auf Seite 719).

```
user$ find -name '*' -maxdepth 1 -size -10k -exec grep -q \
    > case.*in {} \; -print > ergebnis
```

durchsucht alle Dateien im aktuellen Verzeichnis, die kleiner als 10 kByte sind, nach dem regulären Ausdruck `case.*in`. Die Liste der gefundenen Dateien wird in der Datei `ergebnis` gespeichert. Durch die Einschränkung der Dateigröße auf 10 kByte wird versucht, die (zumeist erheblich größeren) binären Dateien aus der Suche auszuschließen.

fold [optionen] datei

`fold` bricht Textzeilen bei einer Länge von 80 Zeichen um und zeigt das Ergebnis auf dem Bildschirm an.

`-w` *n* bzw. `--width` *n*
: stellt eine maximale Textbreite von *n* Zeichen ein.

`-s` bzw. `--spaces`
: versucht, den Umbruch an der Stelle eines Leerzeichens (also zwischen zwei Wörtern) durchzuführen. Die Zeilen werden damit kürzer oder gleich *n* Zeichen.

free

`free` zeigt an, wie der verfügbare Speicherplatz (RAM und Swap-Speicher) genutzt ist.

fromdos datei
fromdos < quelle > ziel

`fromdos` ersetzt in der angegebenen Datei alle Kombinationen aus Carriage Return und Line Feed durch ein einfaches Line Feed. Damit werden DOS-Textdateien unter Linux ohne die lästigen `^M`-Zeichen am Ende jeder Zeile dargestellt (siehe auch `recode` auf Seite 740 und `todos` auf Seite 752).

fsck [optionen] device

`fsck` überprüft die Konsistenz des Dateisystems und führt gegebenenfalls Reparaturen durch. Statt der Device-Datei kann auch das Verzeichnis angegeben werden, an dem der Datenträger in das Dateisystem eingebunden ist (Mount-Punkt).

Je nach Typ des Dateisystems ruft `fsck` die Programme `e2fsck`, `fsck.xias` oder `fsck.minix` auf. `fsck` ist also nur die Oberfläche zu weiteren Programmen. Eine Überprüfung anderer Dateisysteme ist zur Zeit nicht möglich. Sie können also nicht die Integrität einer eingebundenen DOS-Partition überprüfen.

`fsck` ist am ehesten mit dem DOS-Kommando `chkdsk` zu vergleichen. Es darf nur von `root` ausgeführt werden. Nach einer bestimmten Anzahl von Bootvorgängen wird das Kommando automatisch (d.h. während des Startens von Linux) ausgeführt. Außerdem wird das Kommando automatisch ausgeführt, wenn der Rechner zuletzt unkontrolliert abgeschaltet wurde (Stromausfall, Totalabsturz).

Eine Überprüfung des Dateisystems kann auch bei einem zur Zeit aktiven Dateisystem durchgeführt werden. Wenn tatsächlich Fehler gefunden werden, sollten Änderungen nur dann vorgenommen werden, wenn das Device nicht in das Dateisystem eingebunden ist (Sie müssen also vorher `umount` durchführen). Beim Root-Device (also jener Festplattenpartition, der das Wurzelverzeichnis / zugeordnet ist) ist ein `umount` nicht möglich. Eine Ausführung von `fsck` ist dennoch möglich, wenn das System read-only gebootet wurde. (Das ist der Fall, wenn es unmittelbar nach dem Hochfahren des Systems bei der routinemäßigen Überprüfung des Dateisystems zu Problemen kommt.)

Wenn `fsck` Fehler im Dateisystem entdeckt und diese behebt (was zumeist mit dem Verlust von Daten verbunden ist), *muss* das System anschließend mit `reboot` neu gestartet werden! Fehlerhafte Dateien (bzw. das, was noch von ihnen übrig geblieben ist) werden im Verzeichnis `lost+found` gespeichert.

`-A` überprüft alle in `/etc/fstab` genannten Dateisysteme.

`-t` *typ*
gibt den Typ des Dateisystems an (etwa `ext2`).

Die folgenden Optionen gelten nur für `e2fsck`, das von `fsck` aufgerufen wird, wenn es sich um ein Standard-Linux-Dateisystem handelt. (`e2fsck` kann natürlich auch direkt – also nicht über den Umweg von `fsck` – aufgerufen werden).

`-n` beantwortet alle Rückfragen mit `n` (no), führt keine Änderungen durch.

`-p` führt Reparaturen (Änderungen) im Dateisystem ohne Rückfrage durch.

`-y` beantwortet alle Rückfragen mit `y` (yes), führt Änderungen durch.

Lesen Sie vor der Ausführung von `fsck` und `e2fsck` unbedingt die Manualseiten dieser Kommandos. Dort sind auch alle weiteren Optionen beschrieben. Außerdem kann es sein, dass die Online-Dokumentation aktueller als dieses Buch ist. Während der Entwicklung von Linux hat sich die Organisation und Verwaltung des Dateisystems schon mehrfach geändert (und verbessert), was sich zumeist auch auf `fsck` auswirkte. Weitere Änderungen sind natürlich auch für die Zukunft nicht auszuschließen.

`grep [optionen] suchmuster datei`

`grep` durchsucht die angegebene Textdatei nach einem Suchmuster. Je nach Einstellung der Optionen zeigt das Kommando anschließend die gefundenen Textpassagen an oder gibt einfach nur an, in wie vielen Zeilen das Suchmuster gefunden wurde. `grep` kann mit `find` kombiniert werden, um alle Dateien, die bestimmten Bedingungen entsprechen, nach Texten zu durchsuchen.

`-n` zeigt nicht nur die Zeile mit dem gefundenen Text, sondern zusätzlich die *n* unmittelbar vorangehenden und nachfolgenden Zeilen.

`-c` gibt nur die Anzahl der Zeilen an, in denen das Suchmuster gefunden wurde, nicht aber die Zeilen selbst.

`-f` *Dateiname*
liest die hier aufgezählten Optionen der angegebenen Datei (für komplexe oder häufig benötigte Suchmuster).

`-i` unterscheidet nicht zwischen Groß- und Kleinschreibung.

`-l` zeigt nur die Dateinamen an, in denen das Suchmuster gefunden wurde.

`-n` gibt bei der Ausgabe jeder Zeile auch deren Zeilennummer an.

`-q` liefert keine Bildschirmausgaben und gibt lediglich den Rückgabewert 0 (Suchtext gefunden) oder 1 (nicht gefunden) zurück. Diese Option ist sinnvoll, wenn `grep` von anderen Programmen aufgerufen wird (siehe Beispiel bei `find` ab Seite 713).

`-v` inverse Wirkung. `grep` liefert alle Zeilen, die dem Suchmuster *nicht* entsprechen.

`-w` findet nur ganze Wörter. Das Suchmuster 'die' wird im Wort 'dieser' bei Angabe dieser Option nicht mehr erkannt.

Aufbau des Suchmusters

Das Suchmuster wird prinzipiell aus zwei Komponenten zusammengesetzt: Der Angabe, nach welchen Zeichen gesucht wird, und der Angabe, wie oft diese Zeichen auftreten dürfen:

abc	die Zeichenkette 'abc'
[abc]	eines der Zeichen a, b oder c
[^abc]	keines der Zeichen a, b oder c (also ein beliebiges anderes Zeichen)
[a-z]	eines der Zeichen zwischen a und z
.	ein beliebiges Zeichen
?	das vorangegangene Zeichen darf gar nicht oder einmal auftreten
*	das Zeichen darf beliebig oft (auch gar nicht) auftreten

+	das Zeichen darf beliebig oft, muss aber mindestens einmal auftreten
{*n*}	das Zeichen muss genau *n*-mal auftreten
{,*n*}	das Zeichen darf höchstens *n*-mal auftreten
{*n*,}	das Zeichen muss mindestens *n*-mal auftreten
{*n*,*m*}	das Zeichen muss mindestens *n*- und höchstens *m*-mal auftreten

Wenn Sonderzeichen wie `? * + [ ] ( )` oder `!` im Suchmuster verwendet werden sollen, muss `\` vorangestellt werden. Für manche Zeichengruppen sind bereits Muster vordefiniert, etwa `[:digit:]` für Ziffern (siehe `man`-Seite).

Abschließend einige Beispiele: `'abc'` sucht nach genau dieser Zeichenkette. `'[a-z][0-9]+'` sucht nach Zeichenketten, die mit einem Kleinbuchstaben beginnen und in denen eine oder mehrere Ziffern folgen. `'\(.*\)'` sucht nach beliebigen Zeichenketten, die in zwei runde Klammern eingeschlossen sind.

`grep` wendet das Suchmuster nur zeilenweise an. Textpassagen, die durch einen Zeilenumbruch unterbrochen sind, können nicht erkannt werden. `grep` ist naturgemäß nicht in der Lage, Zeichenketten in komprimierten Dateien zu finden! Sie können dazu aber das Kommando `zgrep` einsetzen – siehe die entsprechende `man`-Seite.

Varianten: Zum Kommando `grep` gibt es einige Varianten. `egrep` entspricht `grep -E` und unterstützt eine erweiterte Syntax für das Suchmuster. `fgrep` entspricht `grep -F` und liest die Suchmuster zeilenweise aus einer angegebenen Datei. `grepmail` hilft dabei, E-Mail-Dateien nach Zeichenketten durchsuchen. Der Vorteil gegenüber `grep` besteht darin, dass nicht eine einzelne Zeile, sondern die gesamte E-Mail aus der Datei extrahiert wird.

Beispiele

```
user$  grep emacs *.tex
```
durchsucht alle `*.tex`-Dateien des aktuellen Verzeichnisses nach der Zeichenkette 'emacs'. Eine Liste aller gefundenen Zeilen (denen jeweils der Dateiname vorangestellt ist) wird am Bildschirm angezeigt.

```
user$  grep -c arctan\(.*\) *.c
```
ermittelt, wie oft die Funktion `arctan` in den angegebenen `*.c`-Dateien verwendet wird.

groups

`groups` zeigt eine Liste aller Gruppen an, denen der aktuelle Benutzer angehört. Dabei handelt es sich um die in `/etc/passwd` angegebene Hauptgruppe sowie um die optional in `/etc/group` angegebenen Gruppen.

gunzip datei

Dekomprimiert die angegebene Datei, unabhängig davon, ob sie mit `gzip` oder mit `compress` komprimiert wurde. Dabei wird automatisch die Kennung `.gz` bzw. `.Z` im Dateinamen entfernt. `gunzip` ist ein Link auf `gzip`, wobei automatisch die Option `-d` aktiviert ist.

gzip [optionen] datei

`gzip` komprimiert bzw. dekomprimiert die angegebene Datei. Komprimierten Dateien wird automatisch die Kennung `.gz` angehängt. `gzip` eignet sich nur zur Komprimierung einzelner Dateien. Wenn Sie mehrere Dateien (oder ganze Verzeichnisse) in einer komprimierten Datei speichern möchten, müssen Sie zusätzlich das Kommando `tar` verwenden (siehe Seite 747).

`-c` bzw. `--stdout` oder `--to-stdout`
: lässt die zu (de)komprimierende Datei unverändert und leitet das Ergebnis auf die Standardausgabe (in der Regel auf den Bildschirm) um. Von dort kann es mit > in eine beliebige Datei umgeleitet werden (siehe Beispiel unten).

`-d` bzw. `--decompress` oder `--uncompress`
: dekomprimiert die angegebene Datei, anstatt sie zu komprimieren (entspricht `gunzip`).

`-r` bzw. `--recursive`
: (de)komprimiert auch Dateien in allen Unterverzeichnissen.

`-`*n*`, --fast, --best`
: steuert die Geschwindigkeit und Qualität der Kompression. `-1` entspricht `--fast` und bewirkt eine schnelle Kompression, aber etwas größere Dateien. `-9` entspricht `--best` und führt zu höheren Rechenzeiten, aber kleineren Dateien. Die Defaulteinstellung ist `-6`.

Beispiele

```
user$  gzip *.tex
```
komprimiert alle `*.tex`-Dateien des aktuellen Verzeichnisses. Das Ergebnis sind lauter `*.tex.gz`-Dateien.

```
user$  gzip -c datei > backup.gz
```
komprimiert `datei`, lässt diese Datei aber unverändert und schreibt das Ergebnis in `backup.gz`.

halt [optionen]

`halt` beendet alle laufenden Prozesse. Linux bleibt anschließend stehen und reagiert nicht mehr auf Eingaben.

hash [option]

hash zeigt den Inhalt der Hash-Tabelle an. Dabei handelt es sich um eine Tabelle, in der sich die Shell die Pfadnamen aller bereits ausgeführten Kommandos merkt. Dadurch wird die abermalige Ausführung eines bereits bekannten Kommandos beschleunigt, weil jetzt nicht mehr alle PATH-Verzeichnisse nach dem Programm durchsucht werden müssen. hash ist ein eingebautes Kommando der bash.

-r löscht die Hash-Tabelle der bash. Das ist notwendig, wenn sich das Verzeichnis eines in der Hash-Tabelle befindlichen Programms ändert. Die bash findet das Kommando sonst nicht mehr. In der tcsh muss statt hash -r das Kommando rehash verwendet werden.

head [optionen] datei

head gibt die ersten zehn Zeilen einer Textdatei am Bildschirm aus.

-n *zeilen*
gibt die angegebene Anzahl von Zeilen aus.

hostname [name]

hostname zeigt den aktuellen Netzwerknamen des Systems an bzw. verändert ihn. Wenn die Option -a verwendet wird, wird auch der vollständige Hostname (samt Domainname) angezeigt.

id

id gibt den Namen und die ID-Nummer des Benutzers, seiner primären Gruppe und der weiteren zugeordneten Gruppen an.

info [kommandoname]

info startet das gleichnamige Online-Hilfesystem. Darin sind diverse GNU-Tools sowie Emacs dokumentiert. Mehr Lesequalität erzielen Sie, wenn Sie statt info den Emacs zum Lesen verwenden. Das info-System ist auf Seite 119 ausführlich beschrieben.

kill [-s signal] prozessnr

kill versendet Signale an einen laufenden Prozess. Wenn kill ohne die -s-Option verwendet wird, wird das SIGTERM-Signal (15) gesendet, um den Prozess gewaltsam zu beenden (daher auch der Name des Kommandos). Bei besonders hartnäckigen Fällen hilft `-9` bzw. `-s SIGKILL` oder kürzer `-KILL`. Der Prozess hat dann allerdings keine Chance, noch irgendwelche Aufräumarbeiten zu erledigen.

`kill` kann aber auch zum Versenden 'harmloserer' Signale verwendet werden. Recht häufig wird `-1` bzw. `-s SIGHUP` bzw. `-HUP` verwendet, um einen Dämon dazu aufzufordern, seine Konfigurationsdateien neu einzulesen. Auf diese Weise können Sie Konfigurationsdaten verändern, ohne den Dämon vollständig stoppen und neu starten zu müssen.

Die erforderliche Prozessnummer (PID) wird am einfachsten mit dem Kommando `ps` ermittelt (siehe Seite 738). Unter X gibt es mit `xkill` eine bequeme Variante zu `kill`: Das Programm, das beendet werden soll, kann damit einfach per Maus 'abgeschossen' werden.

killall [-signal] prozessname

`killall` funktioniert wie das oben beschriebene `kill`-Kommando. Der Unterschied besteht darin, dass nicht die Prozessnummer (PID), sondern der Name des Prozesses angegeben wird. Wenn es mehrere Prozesse dieses Namens gibt, erhalten alle das angegebene Signal (Default wieder SIGTERM).

Das gewünschte Signal wird entweder als Nummer -*n* oder mit Namen wie `-HUP` angegeben, und zwar im Gegensatz zu `kill` ohne vorangestelltes `SIG`. Eine Liste aller Signalnamen erhalten Sie mit `killall -l`.

ldd programmdatei

`ldd` zeigt alle für die Ausführung des Programms erforderlichen Dateien (mit Pfad) an. Mit dem Programm kann sehr rasch festgestellt werden, ob und welche Libraries fehlen. Mehr Informationen zum Thema Libraries finden Sie auf Seite 177.

less [optionen] datei

`less` zeigt die angegebene Testdatei seitenweise an. Das Kommando stellt eine (leistungsfähigere) Variante zu `more` dar. Es wird häufig als Filter verwendet (beispielsweise `ls -l | less` zur seitenweisen Anzeige eines sehr langen Inhaltsverzeichnisses).

Die wichtigsten Kommandos während der Verwendung von `less` sind: (h) zur Anzeige eines kurzen Hilfetextes, die Cursortasten zum Bewegen im Text, (↵), um eine Zeile nach unten zu scrollen, (Leertaste), um eine Seite nach unten zu scrollen, (b), um eine Seite zurück zu scrollen, (/) zur Eingabe eines Suchtextes sowie (q) zum Beenden von `less`. (Es existieren unzählige weitere Kommandos, die in der `man`-Seite beschrieben sind.)

Auch beim Aufruf des Kommandos können diverse Optionen genannt werden, von denen hier ebenfalls nur die wichtigsten aufgezählt sind:

`-p` *suchtext*
: zeigt die erste Zeile an, in der der zu suchende Text gefunden wurde.

`-s` mehrere Leerzeilen werden zu einer Leerzeile reduziert.

`less` hat Schwierigkeiten mit den deutschen Sonderzeichen. Dieses Problem kann ganz einfach dadurch behoben werden, dass der Variablen `LESSCHARSET` die Zeichenkette `latin1` zugewiesen wird – am besten gleich in `/etc/profile`. Auf Seite 202 werden diese und andere Konfigurationsmöglichkeiten für `less` beschrieben.

Beispiel

```
user$ less command.tex
```

zeigt die Datei `command.tex` am Bildschirm an.

```
ln [optionen] quelle [ziel]
ln [optionen] dateien zielverzeichnis
```

`ln` stellt feste oder symbolische Links zu Dateien und Verzeichnissen her. (Einige Informationen dazu, was Links sind und wie sie verwendet werden, finden Sie in Kapitel 5 ab Seite 146.) Die gleiche Funktionalität wie `ln` hat auch das Kommando `cp`, wenn dort die Optionen `-l` oder `-s` angegeben werden.

`-b` bzw. `--backup`
: benennt bereits vorhandene gleichnamige Dateien in Backup-Dateien (Name plus ~-Zeichen) um, anstatt sie zu überschreiben.

`-d` bzw. `--directory`
: erzeugt einen festen Link für ein Verzeichnis. Diese Operation ist nur `root` gestattet. Alle anderen Anwender können symbolische Links auf Verzeichnisse erzeugen.

`-s` bzw. `--symbolic`
: erzeugt symbolische Links. (Ohne diese Option liefert `ln` feste Links.)

Beispiel

```
user$ ln -s abc xyz
```

erzeugt den symbolischen Link `xyz` auf die bereits vorhandene Datei `abc`.

lpr datei

lpr druckt die angegebene Datei aus. Voraussetzung ist, dass der Druckerdämon lpd durch die Datei /etc/printcap richtig konfiguriert wurde. Wenn das nicht der Fall ist, können Sie einen Ausdruck mit dem Kommando cp datei /dev/lp1 starten. Dabei ist /dev/lp1 der Device-Name für die erste parallele Schnittstelle. Informationen zur Konfiguration des lpd finden Sie auf Seite 232.

locate muster

locate ist das wichtigste und am häufigsten eingesetzte Kommando für die schnelle Suche nach Dateien. Es durchsucht die Datenbank locatedb nach Dateien, in denen das angegebene Muster im vollständigen Dateinamen (inklusive Pfad) vorkommt. Da locate auf einer Datenbank aufbaut, ist es im Vergleich zu find ungeheuer schnell. Dateien, die erst nach der Datenbank entstanden oder verschoben wurden, können aber natürlich nicht gefunden werden.

locate setzt voraus, dass die locatedb-Datenbank zuvor mit updatedb eingerichtet wurde. Die Datenbank wird zumeist in /var/lib gespeichert. Je nach System kann updatedb in regelmäßigen Abständen automatisch durch crond gestartet oder aber nach größeren Systemveränderungen manuell ausgeführt werden. (Wenn nur Sie mit Ihrem Rechner arbeiten, ist die zweite Variante sinnvoller.)

Beispiele

root# **updatedb**
aktualisiert die locate-Datenbank. Dieses Kommando muss vor der ersten Verwendung von locate bzw. nach Änderungen im Dateisystem von root ausgeführt werden.

user$ **locate XF86config**
stellt fest, wo sich XF86config befindet. (Das variiert je nach Distribution.)

user$ **locate dvips**
findet alle Dateien, in deren Namen 'dvips' vorkommt (das sind meist ziemlich viele).

user$ **locate '*dvips'**
findet Dateien, die mit 'dvips' enden. Auf diese Weise werden die Binärdatei, eventuelle Links darauf und gleichnamige Verzeichnisse aufgespürt.

user$ **locate '*X*doc*' | less**
findet die Online-Dokumentation zu X und zeigt die Dateien mit less an.

logname

logname zeigt den Login-Namen (Benutzernamen) an.

logout

Mit logout beendet ein Anwender seine Arbeit in einer Textkonsole bzw. in einer X-Shell. Häufig kann statt logout auch die Kurzform (Strg)+(D) verwendet werden.

ls [-optionen] [pfad]

ls zeigt eine Liste aller Dateien und Verzeichnisse an und entspricht im Wesentlichen dem DOS-Kommando dir. Wenn ls ohne weitere Parameter oder Optionen verwendet wird, liefert das Kommando eine mehrspaltige, nach Dateinamen sortierte Tabelle, in der alle Dateien, Links und Verzeichnisse im aktuellen Verzeichnis angezeigt werden.

Nun zu den wichtigsten Optionen von ls (eine vollständige Übersicht liefert ls --help, eine Beschreibung man ls):

-a bzw. -all
: zeigt auch Dateien an, die mit . beginnen. Eine ganz ähnliche Wirkung hat die Option -A. Der einzige Unterschied besteht darin, dass die Dateien . und .. (Verweis auf das aktuelle und das übergeordnete Verzeichnis) nicht angezeigt werden.

--color
: verwendet unterschiedliche Farben für unterschiedliche Dateitypen (Links, Verzeichnisse etc.). Auf vielen Systemen gibt es eine alias-Definition der Art alias ls='ls --color' (etwa in /etc/profile, weswegen ls automatisch Farben verwendet). Die Konfiguration der Farbeffekte kann wahlweise durch die Systemvariable $LS_COLORS oder durch die Datei /etc/DIR_COLORS erfolgen (Details siehe man-Text).

-d bzw. --directory
: zeigt nur den Namen des Verzeichnisses, nicht aber seinen Inhalt an. Die Option ist beispielsweise dann sinnvoll, wenn als Pfad ein Verzeichnisname angegeben wird und die Zugriffsrechte dieses Verzeichnisses überprüft werden sollen (und nicht sein Inhalt).

-i bzw. --inode
: zeigt zusätzlich zu den restlichen Informationen auch den I-Node der Datei an. (Der I-Node ist eine interne Identifikationsnummer der Datei, die zur Linux-internen Dateiverwaltung benötigt wird.) Die Option kann zur Erkennung von Links eingesetzt werden (durch Links verknüpfte Dateien haben denselben I-Node).

-I *datei* bzw. --ignore *datei*
-I*muster*
: schließt die angegebenen Dateien von der Anzeige aus. -I*ps verhindert beispielsweise, dass Dateien mit der Endung ps angezeigt werden. Wenn nach -I

nicht eine einzelne Datei, sondern ein Dateimuster angegeben wird, dann darf zwischen `-I` und dem Muster kein Leerzeichen eingegeben werden!

`-l` bzw. `--format=long` oder `--format=verbose`
: zeigt zusätzlich zum Dateinamen weitere Informationen an: die Dateigröße in Bytes, die Zugriffsrechte etc. Zur Anzeige jeder Datei wird eine eigene Zeile verwendet (statt der Platz sparenden mehrspaltigen Auflistung).

`-L` bzw. `--dereference`
: zeigt bei einem symbolischen Link auf ein Verzeichnis nicht den Pfad des Links, sondern den Inhalt des Ursprungsverzeichnisses an. Ein Beispiel zur Anwendung dieser Option finden Sie auf Seite 147.

`-o` bzw. `--no-color`
: verzichtet auf unterschiedliche Farben oder Schriftarten. Die Systemvariable `$LS_COLORS` wird ignoriert.

`-p` bzw. `-F`
: hängt an die Dateinamen ein Sonderzeichen an, das den Typ der Datei kennzeichnet. Diese Option wird bei manchen Linux-Distributionen in `/etc/profile` durch eine `alias`-Abkürzung standardmäßig aktiviert. Die wichtigsten Sonderzeichen sind: / für Verzeichnisse, @ für symbolische Links, * für ausführbare Dateien und | für FIFOs (siehe Seite 641).

`-r` bzw. `--reverse`
: dreht die Sortierreihenfolge um. Die Option wird oft in Kombination mit `-t` oder `-S` verwendet.

`-R` bzw. `--recursive`
: erfasst auch Dateien in Unterverzeichnissen (wie `/S` beim DOS-Kommando `DIR`).

`-S` bzw. `--sort=size`
: sortiert die Dateien nach ihrer Größe (die größte Datei zuerst).

`-t` bzw. `--sort=time`
: sortiert die Dateien nach Datum und Uhrzeit der letzten Änderung (die neueste Datei zuerst).

`-u` bzw. `--sort=access`
: sortiert die Dateien nach Datum und Uhrzeit des letzten Lesezugriffs. Die Option muss zusammen mit `-t` angegeben werden (sonst sortiert `ls` überhaupt nicht).

`-X` bzw. `--sort=extension`
: sortiert die Dateien nach ihrer Kennung (der Buchstabenkombination nach dem letzten . im Dateinamen).

Die Ausgaben von `ls` mit der Option `-l` sind ein wenig erklärungsbedürftig. Eine typische Zeile sieht etwa so aus:

```
-rw-r--r--   1 michael  users        3529 Oct  4 15:43 header.tex
```

Es handelt sich also um die Datei `header.tex`, die am 4. Oktober des laufenden Jahres um 15:43 zum letzten Mal verändert wurde. Die Datei ist 3529 Bytes groß und gehört einer Person mit dem User-Namen `michael` aus der Gruppe `users`. Die zehn Zeichen am Beginn der Zeile geben den Dateityp und die Zugriffsbits an. Als Dateityp kommen in Frage: der Bindestrich `-` für eine normale Datei, `d` für ein Verzeichnis (directory), `b` oder `c` für eine Device-Datei (block oder char) oder `l` für einen symbolischen Link. Die nächsten drei Zeichen (RWX) geben an, ob der Besitzer die Datei lesen, schreiben und ausführen darf. Analoge Informationen folgen für die Mitglieder der Gruppe sowie für alle anderen Systembenutzer.

Im Gegensatz zum DOS-Kommando `dir` zeigt `ls` nicht den gesamten Speicherbedarf aller aufgelisteten Daten an. Diese Aufgabe übernimmt ein eigenes Kommando, nämlich `du` (siehe Seite 709).

`ls` unterscheidet sich in einem Punkt grundlegend vom DOS-Kommando `DIR`: Während `DIR /S *.abc` alle `*.abc`-Dateien in allen Unterverzeichnissen anzeigt, versagt das scheinbar analoge Kommando `ls -R *.abc`. Der Grund liegt darin, dass Dateinamenserweiterungen für `*.abc` nicht vom jeweiligen Kommando, sondern bereits vom Kommandointerpreter (der `bash`, siehe Kapitel 15) ausgeführt werden, und zwar für das gerade aktuelle Verzeichnis. Wenn Sie Dateien in beliebigen Unterverzeichnissen suchen, müssen Sie `find` verwenden (siehe Seite 713).

Beispiele

`user$` **`ls -ltr /root`**
zeigt alle Dateien im `/root`-Verzeichnis an und sortiert sie nach dem Datum (die neueste Datei zuletzt).

`user$` **`ls -ld */.`**
zeigt die Liste aller Verzeichnisse (keine Dateien) des Arbeitsverzeichnisses an.

`lsattr` `[optionen] dateien`

`lsattr` zeigt den Zustand der vier vom `ext2fs`-Dateisystem zusätzlich verwalteten Attribute `c` (compressed), `s` (secure deletion), `S` (sync) und `u` (undelete) sowie die Version der Datei an (siehe auch `chattr` auf Seite 700).

`-a, -R`
wie bei `ls`, siehe oben.

`-v` zeigt die Version der Datei an.

man [gruppe] [optionen] name

man zeigt Online-Informationen zum angegebenen Kommando bzw. zur angegebenen Datei an. Durch die Angabe einer Gruppe kann die Suche eingeschränkt werden. Wichtige Gruppen sind 1 (Benutzerkommandos), 5 (Konfigurationsdateien) und 8 (Kommandos zur Systemadministration). Mit der Option -a werden alle gefundenen man-Texte angezeigt (sonst nur der erste). man wird ausführlich auf Seite 114 beschrieben.

mattrib [+/-ahrs] dateien

mattrib liest bzw. verändert die Attribute von Dateien auf Disketten im MS-DOS-Format. mattrib ist das (alphabetisch) erste Kommando einer ganzen Sammlung von Kommandos, die unter dem Oberbegriff mtools zusammengefasst werden (siehe Seite 735).

mcd verzeichnis

mcd macht das angegebene Verzeichnis auf einer Diskette im MS-DOS-Format zum aktuellen Arbeitsverzeichnis aller mtools-Kommandos. Dabei kann auch das Defaultlaufwerk (A: oder B:) eingestellt werden.

mcopy [optionen] quelle ziel
mcopy [optionen] dateien zielverzeichnis

mcopy kopiert Dateien von oder auf Disketten im MS-DOS-Format. Das Kommando funktioniert prinzipiell wie cp, die Bedeutung der Optionen ist allerdings abweichend. Die beiden wichtigsten Optionen sind:

-n verzichtet auf die Anzeige einer Warnung vor dem Überschreiben einer Datei.

-t übersetzt die unter DOS übliche Zeichenkombination Carriage Return, Line Feed durch ein einfaches Line-Feed-Zeichen. Damit werden die störenden ^M-Zeichen am Ende jeder Zeile einer von DOS importierten Textdatei vermieden (siehe auch Seite 778). Diese Option darf nur für Textdateien verwendet werden!

mdel dateien

mdel löscht die angegebenen Dateien auf einer Diskette im MS-DOS-Format.

mdir [pfad]

mdir zeigt den Inhalt der Diskette im MS-DOS-Format an.

-w listet nur die Dateinamen in mehreren Spalten nebeneinander auf. Standardmäßig werden die Dateien mit einigen zusätzlichen Informationen untereinander ausgegeben.

mformat laufwerk

mformat richtet ein MS-DOS-Dateisystem auf einer mit fdformat bereits vorformatierten Diskette ein (siehe auch Seite 712).

mkdir verzeichnis

mkdir erstellt ein neues Verzeichnis. Die beiden wichtigsten Optionen lauten:

-m modus bzw. --mode=modus
: setzt die Zugriffsrechte des neuen Verzeichnisses wie durch *modus* angegeben (siehe chmod auf Seite 701).

-p bzw. --parents
: erstellt auch Zwischenverzeichnisse. Wenn Sie mkdir a/b/c ausführen und die Verzeichnisse a sowie a/b noch nicht existieren, werden auch diese Verzeichnisse erstellt.

mkfifo datei

mkfifo richtet eine FIFO-Datei ein (first in first out). FIFO-Dateien funktionieren im Prinzip wie Pipes und ermöglichen den Datenaustausch zwischen zwei Programmen.

Beispiel

```
user$ mkfifo fifo
user$ ls -l > fifo &
user$ more < fifo
```

richtet eine FIFO-Datei ein, leitet das Inhaltsverzeichnis auf diese Datei um und liest es von dort mit more. ls muss mit & als Hintergrundprozess gestartet werden, weil der Prozess ls erst dann zu Ende ist, wenn more alle Daten aus fifo gelesen hat. Die Anzeige des Inhaltsverzeichnisses via more könnte natürlich viel einfacher auch ohne eine FIFO-Datei bewerkstelligt werden, nämlich durch ls -l | more.

mkfs [optionen] device [blocks]

`mkfs` richtet auf einer zuvor mit `fdformat` formatierten Diskette oder auf einer mit `fdisk` partitionierten Festplatte ein Dateisystem ein. `mkfs` kann nur von `root` ausgeführt werden. Das Programm verzweigt je nach angegebenem Dateisystem in eines der Programme `mkfs.minix` oder `mke2fs`, `mkxfs`. Wenn auf einer Diskette ein MS-DOS-Dateisystem eingerichtet werden soll, muss statt `mkfs` das Kommando `mformat` verwendet werden.

`-t` *dateisystem*
: gibt den Typ des Dateisystems an. In Frage kommen zur Zeit `minix` (Defaulteinstellung), `ext2` (Standard-Linux-Dateisystem) oder `xias` (Alternative zu `ext2`). Wenn die Option `-t` nicht angegeben wird, versucht `mkfs`, das Dateisystem aus der Datei `/etc/fstab` zu entnehmen. Die Option `-t` muss als erste Option angegeben werden!

Optionen für mke2fs

Weitere Optionen werden an das Programm weitergegeben, das das Dateisystem tatsächlich einrichtet. Sie sind daher vom Typ des Dateisystems abhängig. Hier werden nur die Optionen für `mke2fs` angegeben, das am häufigsten benutzt wird. Die Interna dieses Dateisystems sind auf Seite 161 beschrieben. Die Optionen der anderen `mkfs`-Programme sind in den dazugehörigen `man`-Seiten beschrieben.

`-b` *n*
: bestimmt die Blockgröße (Default: 1024 Bytes). `n` muss eine Zweier-Potenz größer gleich 1024 sein (also 1024, 2048, 4096 etc.).

`-c` führt vor dem Einrichten des Datenträgers einen Test durch, ob defekte Blöcke existieren.

`-i` *n*
: gibt an, nach jeweils wie vielen Bytes ein I-Node eingerichtet wird. Die Defaulteinstellung lautet 4096, d.h. dass bei einer Gesamtkapazität von einem MByte 256 I-Nodes vorgesehen werden. (Es können daher maximal 256 Dateien plus Verzeichnisse gespeichert werden, egal wie klein die Dateien sind.) Der Minimalwert für *n* beträgt 1024. Die Wahl eines größeren Werts als 4096 führt dazu, dass mehr Platz für tatsächliche Daten zur Verfügung steht. Wenn sehr viele kleine Dateien gespeichert werden sollen, kann es allerdings passieren, dass zu wenig I-Nodes zur Verfügung stehen.

`-m` *n*
: gibt an, wie viel Prozent des Datenträgers für Daten von `root` reserviert werden sollen (Default: 5 Prozent).

Beispiel

```
root# mkfs -t ext2 /dev/fd0
mke2fs 0.5a, 5-Apr-94 for EXT2 FS 0.5, 94/03/10
360 inodes, 1440 blocks
72 blocks (5.00%) reserved for the super user
First data block=1
Block size=1024 (log=0)
Fragment size=1024 (log=0)
1 block group
8192 blocks per group, 8192 fragments per group
360 inodes per group

Writing inode tables: done
Writing superblocks and filesystem accounting information: done
```

Das obige Kommando richtet auf einer vorher mit `fdformat` formatierten Diskette ein `ext2`-Dateisystem ein.

mknod devicedatei {bc} majornumber minornumber

`mknod` richtet eine neue Device-Datei ein. Device-Dateien befinden sich in der Regel im Verzeichnis `/dev` und dienen zur Verwaltung der Hardware, die unter Linux angesprochen wird (Festplatten, Schnittstellen, RAM etc.). Device-Dateien werden durch drei Informationen charakterisiert: `major`- und `minordevicenumber` geben den Treiber an, mit dessen Hilfe auf die Geräte zugegriffen werden kann. Die Zeichen `b` oder `c` geben an, ob das Gerät gepuffert oder ungepuffert arbeitet. Die Einrichtung neuer Device-Dateien kann nur von `root` durchgeführt werden und setzt grundlegende Kenntnisse der Interna von Linux voraus.

Eine detaillierte Beschreibung aller Devices und der erforderlichen Device-Nummern finden Sie in der Datei `/usr/src/linux/Documentation/devices.txt`.

Beispiel

```
root# mknod /dev/sbpcd b 25 0
```
erstellt eine Device-Datei für ein CD-ROM-Laufwerk der Typen Matsushita-, Panasonic- und CreativeLabs. (Diese nicht mehr gebräuchlichen CD-ROM-Laufwerke der ersten Generation werden nicht über die standardisierte EIDE-Schnittstelle, sondern über eine eigene Schnittstelle angesprochen.)

mkswap device/datei

`mkswap` richtet ein Device (eine Festplattenpartition) oder eine Datei als Swap-Bereich ein. `mkswap` kann nur von `root` ausgeführt werden. Damit dieser Swap-Bereich tatsächlich genutzt wird, muss er anschließend mit `swapon` aktiviert werden. Linux kann jetzt bei RAM-Mangel Speicher in den Swap-Bereich auslagern.

mlabel laufwerk

`mlabel` zeigt den Namen (volume label) der MS-DOS-Diskette im angegebenen Laufwerk an. Anschließend werden Sie aufgefordert, einen neuen Namen einzugeben und mit (↵) zu bestätigen.

mmd verzeichnis

`mmd` erzeugt ein neues Verzeichnis auf einer MS-DOS-Diskette.

more datei

`more` zeigt den Inhalt einer Textdatei seitenweise an. Nach jeder Seite wird die Anzeige unterbrochen. `more` wartet jetzt auf eine Tastatureingabe. Die wichtigsten Eingabemöglichkeiten sind (↵) (eine Zeile nach unten), (Leertaste) (eine Seite nach unten), (B) (eine Seite nach oben) und (Q) (Quit). Weitere Tastaturkommandos sind in der Manualseite zu `more` beschrieben. Die wichtigsten Optionen beim Aufruf von `more` sind:

`-s` zeigt nur eine Leerzeile an, auch wenn im Text mehrere Leerzeilen hintereinander auftreten.

`+`*zeilennummer*
startet die Anzeige mit der angegebenen Zeilennummer.

`+\`*text*
startet die Anzeige beim ersten Auftreten des angegebenen Suchtextes.

Ein verwandtes Kommando zu `more` ist `less` (siehe Seite 723). Das Kommando ist leistungsfähiger als `more`. Es erlaubt beispielsweise auch dann ein Rückwärts-Scrollen, wenn `less` als Filter verwendet wird.

Beispiel

```
user$ ls -l | more
```

zeigt den Inhalt des aktuellen Verzeichnisses seitenweise an. Das Beispiel demonstriert die Verwendung von `more` als Filterprogramm.

mount
mount [optionen] device verzeichnis

`mount` bindet einen Datenträger (Festplatte, Diskette, CD ...) in das Linux-Dateisystem ein. Als Parameter müssen die Device-Bezeichnung des Datenträgers (beispielsweise `/dev/cdrom`, siehe Seite 72 bzw. 151) und das Verzeichnis angegeben werden, bei dem das Dateisystem des Datenträgers mit dem aktuellen Dateisystem verbunden wird. Der Aufruf des Kommandos ohne Parameter führt zu einer Liste, in der alle momentan verfügbaren Datenträger aufgezählt werden.

Der Aufbau des Dateisystems beim Start von Linux wird durch die Datei `/etc /fstab` gesteuert. Die Daten in dieser Datei entsprechen im Wesentlichen den Parametern von `mount` (siehe auch Seite 209).

Für alle in `/etc/fstab` eingetragenen Laufwerke kann `mount` in einer Kurzform verwendet werden, bei der nur das Device- oder das Mount-Verzeichnis angegeben wird. `mount` liest die fehlenden Daten und Optionen selbstständig aus `fstab`.

Datenträger können mit `umount` wieder aus dem Dateisystem entfernt werden (siehe Seite 754). Sowohl `mount` als auch `umount` können im Regelfall nur von `root` ausgeführt werden. Eine Ausnahme stellen Laufwerke dar, die in `fstab` mit der Option `user` angemeldet wurden. (Das ist vor allem bei CD-ROM-Laufwerken üblich.)

`-o optionen`
: ermöglicht die Angabe zusätzlicher Optionen (wie in `/etc/fstab`).

`-r` verhindert Schreiboperationen am Datenträger (read only).

`-t` *dateisystem*
: gibt das Dateisystem an. In Frage kommen unter anderem `ext2` (für Linux-Festplatten(partitionen)), `msdos` für MS-DOS-Datenträger, `vfat` für das Windows-95-Dateisystem mit langen Dateinamen, `hpfs` für Datenträger im OS/2-Dateisystem (read only) und `iso9660` für CDs.

Eine ausführlichere Behandlung von `mount`-Optionen finden Sie bei der Beschreibung der Datei `/etc/fstab` auf Seite 209.

Beispiele

`root#` **`mount -r -t msdos /dev/hda3 /dos`**
ermöglicht das Lesen von Dateien aus einer DOS-Partition. Die Partition wird über das Verzeichnis `/dos` angesprochen.

`root#` **`mount /cdrom`**
bindet das CD-ROM-Laufwerk in das Dateisystem ein. Das Kommando setzt voraus, dass die restlichen Parameter zum CD-ROM-Laufwerk in `/etc/fstab` eingetragen sind.

`root#` **`mount -t iso9660 -r /dev/mcd /cdrom`**
wie oben, aber diesmal mit allen Parametern für ein altes Mitsumi-CD-ROM-Laufwerk (für den Fall, dass der `fstab`-Eintrag fehlt).

`root#` **`mount -o remount /`**

versucht die Systempartition neu zu einzubinden. Dieses Kommando ist ungemein wertvoll, wenn während des Bootvorgangs ein Fehler auftritt und die Systempartition aus Sicherheitsgründen automatisch nur read-only eingebunden wird. Um den Fehler zu beheben, müssen Sie in vielen Fällen eine Datei ändern – und das ist natürlich nur möglich, wenn Sie Schreibzugriff erhalten. Genau das bewirkt das obige Kommando.

mrd verzeichnis

`mrd` löscht das angegebene Verzeichnis von der MS-DOS-Diskette, falls es leer ist.

mread dosdatei linuxdatei

`mread` kopiert die angegebene Datei von der MS-DOS-Diskette in das Linux-Dateisystem. Das Kommando ist eine eingeschränkte Variante von `mcopy`, das Kopiervorgänge in beide Richtungen erlaubt.

mren altername neuername

`mren` benennt eine Datei auf einer MS-DOS-Diskette um.

mt [-f device] kommando

`mt` wird zur Steuerung von Streamern eingesetzt. Als Default-Device wird `/dev/tape` verwendet. Wenn Ihr Streamer nicht unter diesem Namen erreichbar ist, müssen Sie die Device-Datei exakt angeben (etwa `-f /dev/nst0` für einen SCSI-Streamer). Die häufigste Anwendung von `mt` ist das Rückspulen von Bändern mit dem Kommando `rewind` bzw. das Auswerfen von Bändern mit `offline`. Mit `setblk` kann die Blockgröße verändert werden, `stat` zeigt Statusinformationen zur Streamer-Einstellung an.

Eine Übersicht der weiteren Kommandos finden Sie in den `man`-Seiten zu `mt` bzw. zu `mt-st` (Slackware). Hintergrundinformationen finden Sie in der Datei `st_info.txt` oder `mt-st`; eine der beiden Dateien wird meist zusammen mit `mt` installiert.

Es gibt zwei `mt`-Varianten: eine GNU-Variante und eine BSD-Variante. Mit den meisten Distributionen wird automatisch die BSD-Variante mitgeliefert. Der GNU-Variante fehlen viele Kommandos der BSD-Variante.

mtools

`mtools` ist ein Programm, das den einfachen und bequemen Zugriff auf Disketten im DOS/Windows-Format erlaubt. Die `mtools`-Kommandos (etwa `mattrib`, `mdir` etc.) sind durch Links auf das zentrale Programm `mtools` realisiert. `mtools` selbst kann nicht unmittelbar ausgeführt werden, sondern nur über diese Links. (In diesem Kapitel sind weder alle mtools-Kommandos noch alle Optionen beschrieben. Werfen Sie einen Blick in die umfassende Online-Dokumentation!)

Prinzipiell können DOS/Windows-Disketten wie alle anderen Laufwerke mit mount in das Dateisystem eingebunden werden. Diese Vorgehensweise ist allerdings umständlicher als der Einsatz der mtools-Kommandos (siehe auch Seite 156).

Die mtools-Kommandos haben einige gemeinsame Merkmale: Laufwerksangaben erfolgen wie unter DOS mit A: oder B:. Wenn kein Laufwerk angegeben wird, greifen die Kommandos automatisch auf A: bzw. auf das durch mcd eingestellte Arbeitsverzeichnis zu. In Pfadangaben kann zur Trennung von Verzeichnissen sowohl / als auch \ verwendet werden. Das Jokerzeichen * funktioniert wie unter Unix üblich, weswegen zur Bearbeitung aller Dateien * (und nicht *.*) eingegeben werden muss. Dateinamen sind auf die DOS-Konventionen (acht plus drei Zeichen) limitiert.

Zur Konfiguration von mtools dient die Datei /etc/mtools. Falls Sie Probleme bei der Verwendung der mtools-Kommandos haben, können Sie dort den korrekten Laufwerkstyp einstellen. Im Regelfall sind aber keine Veränderungen an der Konfigurationsdatei erforderlich.

mtype datei

mtype zeigt eine Textdatei von einer MS-DOS-Diskette auf dem Bildschirm an. Das Kommando entspricht im Wesentlichen dem Unix-Kommando cat.

mv quelle ziel
mv dateien zielverzeichnis

mv benennt eine Datei um bzw. verschiebt (eine oder mehrere) Dateien in ein anderes Verzeichnis. Die Wirkung von mv entspricht im Wesentlichen der des cp-Kommandos, wenn nach dem Kopieren die Ursprungsdateien gelöscht werden. Die wichtigste Option ist:

-b bzw. --backup
: benennt bereits vorhandene gleichnamige Dateien in Backup-Dateien (Name plus ~-Zeichen) um, anstatt sie zu überschreiben.

-i bzw. --interactive
: fragt, bevor vorhandene Dateien überschrieben werden.

Beispiel

```
user$ mv *~ backup
```

verschiebt alle Backup-Dateien im aktuellen Verzeichnis (d.h. alle Dateien, deren Namen mit ~ enden) in das Unterverzeichnis backup.

mwrite linuxdatei dosdatei

mwrite kopiert die Datei aus dem Linux-Dateisystem auf eine MS-DOS-Diskette. Das Kommando ist eine eingeschränkte Variante von mcopy, das Kopiervorgänge in beide Richtungen erlaubt.

nice [optionen] programm

nice startet das angegebene Programm mit einer verringerten oder erhöhten Priorität. Das Kommando wird in der Regel dazu eingesetzt, nicht allzu zeitkritische (Hintergrund-)Programme mit kleiner Priorität zu starten, damit das restliche System nicht zu stark beeinträchtigt wird.

+/- *n*
: gibt den nice-Wert vor. Standardmäßig (also ohne nice) werden Programme mit dem nice-Wert 0 gestartet. Ein Wert von -20 bedeutet höchste Priorität, ein Wert von +19 bedeutet niedrigste Priorität. Werte kleiner 0 dürfen nur von root angegeben werden, d.h. die meisten Anwender können mit nice nur Programme mit reduzierter Priorität starten. Wenn auf diese Option verzichtet wird, startet nice das Programm mit dem nice-Wert von +10.

nl [optionen] datei

nl nummeriert alle nicht leeren Zeilen der angegebenen Textdatei. Durch die Einstellung der zahlreichen Optionen kann eine seitenweise Nummerierung, eine Nummerierung von Kopf- und Fußzeilen etc. erreicht werden.

nohup kommando

Wenn Sie ein Kommando als Hintergrundprozess in einem Shell-Fenster starten und das Fenster dann schließen, oder wenn Sie das Kommando in einer Textkonsole starten und dann ausloggen, wird der Hintergrundprozess automatisch beendet. Das ist im Regelfall ein sinnvolles Verhalten.

Manchmal möchten Sie aber einen Prozess starten, der nach dem Ausloggen weiterläuft – und genau dazu dient nohup. Das Kommando muss mit seinem vollständigen Pfad angegeben werden. Es kann keine Textausgaben an die Standardausgabe schreiben. (Ausgaben werden gegebenenfalls in die Datei nohup.out im lokalen Verzeichnis umgeleitet.)

passwd [username]

passwd ohne Parameter ermöglicht es, das Passworts des aktuellen Benutzers zu ändern. Dazu müssen zuerst das alte und dann zweimal hintereinander das neue

Passwort eingegeben werden. Das neue Passwort wird in verschlüsselter Form in die Datei /etc/passwd eingetragen. Jeder Benutzer hat das Recht, sein eigenes Passwort zu verändern. Allerdings muss das Passwort mindestens sechs Zeichen lang sein, und es muss entweder Ziffern oder sowohl Klein- als auch Großbuchstaben enthalten.

Wenn passwd mit der Angabe eines Benutzernamens aufgerufen wird, kann das Passwort dieses Benutzers verändert werden. Der Aufruf dieser passwd-Variante ist allerdings nur root gestattet. Das alte Passwort muss nicht angegeben werden, d.h. root kann das Passwort auch dann verändern, wenn der Benutzer sein Passwort vergessen hat. Für root gelten die obigen Passwortrestriktionen nicht, er kann also auch ein Passwort aus nur einem einzigen Zeichen definieren. Es ist aber nicht einmal root gestattet, überhaupt kein Passwort (also einfach ⏎) anzugeben.

paste datei1 datei2 ...

paste setzt die Zeilen der angegebenen Dateien zu neuen (längeren) Zeilen zusammen und gibt das Ergebnis auf dem Bildschirm aus. Die erste Zeile des resultierenden Textes ergibt sich also aus der ersten Zeile der ersten Datei plus der ersten Zeile der zweiten Datei etc. Zwischen den Bestandteilen der neuen Zeile werden Tabulator-Zeichen eingefügt. Durch > zieldatei kann das Ergebnis in einer Datei gespeichert werden.

printenv

printenv zeigt alle Umgebungsvariablen an. Umgebungsvariablen sind von der aktuellen Shell unabhängig. Die Shell-Variablen der bash können mit set angezeigt werden.

ps [optionen]

ps zeigt die Liste der laufenden Prozesse (Programme) an. Das Kommando ist insbesondere im Zusammenspiel mit kill sehr praktisch, um hängende Programme gewaltsam zu beenden (siehe Seite 722). ps ist mit zahllosen Optionen ausgestattet, die im Online-Manual (man ps) ausführlich beschrieben sind. Dort finden Sie auch Erklärungen dazu, was die zahlreichen Informationen bedeuten, die von ps ausgegeben werden.

Im Gegensatz zu anderen Kommandos dürfen ps-Optionen auch ohne den vorangehenden Bindestrich verwendet werden (z.B. ps ax, um alle zur Zeit laufenden Prozesse anzuzeigen). Die wichtigsten Optionen lauten:

-a zeigt auch die Prozesse anderer Benutzer an.

-l zeigt diverse Zusatzinformationen (Speicherbedarf, Priorität etc.) an.

-m zeigt ausführliche Zusatzinformationen speziell zum Speicherbedarf an.

-u zeigt zusätzlich zur Prozessnummer eine Menge weiterer Informationen an, darunter auch den Namen der Benutzer der jeweiligen Prozesse. Die Option umfasst automatisch -a.

-x zeigt auch Prozesse an, denen kein Terminal zugeordnet ist. Dabei handelt es sich unter anderem um Linux-interne Prozesse zur Verwaltung des Systems (engl. daemons).

pstree [optionen] [pid]

pstree gibt einen Baum mit allen Prozessen auf dem Bildschirm aus. Der Baum macht deutlich, welcher Prozess von welchem anderen Prozess gestartet wurde. Wenn eine Prozessnummer angegeben wird, beginnt der Baum an dieser Stelle (sonst bei init, also dem ersten Prozess, der beim Systemstart ausgeführt wird).

pwd

pwd zeigt das aktuelle Verzeichnis an. pwd ist kein eigenständiges Linux-Kommando, sondern ein Shell-Kommando von bash.

rdev

rdev ermöglicht es, einige Bytes in der Linux-Kernel-Datei (zumeist /vmlinuz oder /zImage) zu verändern. Mit rdev können der VGA-Textmodus, die Größe der RAM-Disk und einige weitere Einstellungen verändert werden. Wenn rdev ohne Parameter aufgerufen wird, zeigt es einfach das aktuelle Bootdevice an (also den Namen der Festplattenpartition, auf der der Verzeichnisbaum mit dem Wurzelverzeichnis / beginnt).

Viele der Kernel-Einstellungen können auch über den LILO gesteuert werden (VGA-Modus, Root-Device etc.). Diese Vorgehensweise ist transparenter und daher vorzuziehen. rdev ist daher nur dann sinnvoll, wenn der Kernel direkt (ohne LILO) auf eine Bootdiskette übertragen werden soll.

kerneldatei device
verändert das Root-Device der Kernel-Datei.

-R *kerneldatei* 1
Dateisystem zuerst read only einbinden, damit beim Booten eine Überprüfung des Dateisystems durchgeführt werden kann.

-v *kerneldatei n*
stellt den VGA-Modus ein. Für *n* sind die folgenden Werte zulässig: -1 für den Standard-VGA-Modus (80*25 Zeichen), -2 für den erweiterten VGA-Modus

(80*50 Zeichen), `-3` für eine Abfrage nach dem gewünschten Modus während des Bootprozesses oder ein Wert größer 0 zur Einstellung dieses Modus der VGA-Karte.

Beispiel

```
user#  cp /vmlinuz /dev/fd0
user#  rdev /dev/fd0 /dev/hda3
user#  rdev -R /dev/fd0 1
```

erzeugt eine Bootdiskette: Die Kernel-Datei `/vmlinuz` wird auf eine leere Diskette kopiert. Als Partition für das Wurzelverzeichnis wird `/dev/hda3` eingestellt. Ein Starten des Linux-Systems von dieser Bootdiskette gelingt nur, wenn sich das Wurzelverzeichnis tatsächlich in dieser Partition befindet (siehe auch Seite 66)!

reboot [optionen]

`reboot` beendet alle laufenden Prozesse und startet den Rechner anschließend neu. Wenn sich der Rechner im Runlevel 1 bis 5 befindet, wird dazu `shutdown` aufgerufen.

recode zeichensatz1:zeichensatz2 datei
recode zeichensatz1:zeichensatz2 < quelle > ziel

`recode` führt eine Zeichensatzkonvertierung von Zeichensatz 1 nach Zeichensatz 2 durch. `recode` kennt eine umfangreiche Liste von Zeichensätzen, die mit `recode -l` angesehen werden kann. `recode` gehört nicht bei allen Linux-Distributionen zum Standardsystem.

Beispiel

```
user$  recode ibmpc:latin1 < dosdat > linuxdat
```

konvertiert in der Datei `dosdat` alle Zeilenenden und deutschen Sonderzeichen in den unter Linux geltenden Zeichensatz Iso-Latin 1. Das Ergebnis wird in `linuxdat` gespeichert.

reset

`reset` stellt die Zeichensatzzuordnung, die durch die Ausgabe von Sonderzeichen am Bildschirm zerstört worden ist, wieder her. `reset` setzt auch die Terminaleinstellungen auf die früher mit `setterm -store` gespeicherte Defaulteinstellung zurück. `reset` sollte immer dann ausgeführt werden, wenn statt Buchstaben und Ziffern plötzlich merkwürdige Zeichen auf dem Bildschirm erscheinen. Wenn `reset` nichts hilft, muss außerdem `setfont` oder `restorefont` ausgeführt werden.

restorefont -w datei
restorefont -r datei

`restorefont -w` speichert den aktuell gültigen VGA-Zeichensatz in einer Datei. Wenn das Kommando mit der Option `-r` verwendet wird, kann diese Datei wieder eingelesen und so ein (zumeist durch eine alte XFree86-Version) zerstörter Zeichensatz wiederhergestellt werden. `restorefont` kann nur in einer Textkonsole und nicht unter X ausgeführt werden.

Merken Sie sich, in welcher Datei Sie den Zeichensatz gespeichert haben! Falls X Ihren Zeichensatz wirklich einmal zerstört, müssen Sie das Kommando blind eingeben können. Noch günstiger ist es, eine kleine Shell-Datei (z.B. `newfont`) zu schreiben, die diesen Aufruf übernimmt. Kopieren Sie diese Datei in `/usr/bin`, und setzen Sie für alle Anwender das x-Zugriffsbit. Alternativ zu `restorefont` können Sie auch `setfont` aufrufen, um einen der vordefinierten Zeichensätze zu laden.

restorepalette

`restorepalette` stellt die VGA-Farbpalette für den Textmodus wieder her. Das kann bei manchen VGA-Karten nach einem Wechsel zwischen X und einer Textkonsole notwendig sein. `restorepalette` kann nur in einer Textkonsole und nicht unter X ausgeführt werden.

rm [optionen] dateien

`rm` löscht die angegebenen Dateien. Verzeichnisse werden – sofern nicht die Option `-r` verwendet wird – nicht gelöscht. Zum Löschen einzelner Verzeichnisse ist das Kommando `rmdir` (siehe Beispiel) vorgesehen. Wenn Dateien mit Sonderzeichen gelöscht werden sollen, müssen die Dateinamen in einfache Apostrophe eingeschlossen werden. Die wichtigsten Optionen vom `rm` sind:

`-f` löscht ohne Rückfragen (auch Verzeichnisse). Vorsicht!

`-i` bzw. `--interactive` oder `-v` bzw. `--verbose`
: zeigt vor dem Löschen jeder einzelnen Datei eine Rückfrage an.

`-r` bzw. `-R` bzw. `--recursive`
: löscht auch Dateien in allen Unterverzeichnissen (Vorsicht!). Wenn dabei der gesamte Inhalt des Unterverzeichnisses gelöscht wird, wird auch das Unterverzeichnis selbst eliminiert.

Beispiele

```
user$ rm *~
```
löscht alle Backup-Dateien (Dateien, die mit ~ enden) im aktuellen Verzeichnis.

```
user$  rm -r backup
```

löscht die Datei oder das Verzeichnis backup. Wenn backup ein Verzeichnis ist, werden auch alle darin enthaltenen Unterverzeichnisse und Dateien gelöscht!

```
user$  rm '#'*
```

löscht alle Dateien, die mit dem Doppelkreuz # beginnen. Die Apostrophe sind erforderlich, damit die Shell # nicht als Kommentar interpretiert.

rmdir [optionen] verzeichnis

rmdir löscht das angegebene Verzeichnis. rmdir kann nur ausgeführt werden, wenn das Verzeichnis leer ist. Eventuell vorhandene Dateien müssen vorher mit rm (eventuell mit der Option -r) gelöscht werden. Die wichtigste Option lautet:

-p bzw. --parents
: löscht auch Unterverzeichnisse im angegebenen Verzeichnis (sofern die Verzeichnisse – mit Ausnahme von Unterverzeichnissen – leer sind).

rpm

rpm ermöglicht die Administration von Paketen im RPM-Format. Das Programm ist ausführlich auf Seite 300 beschrieben.

sed [optionen] kommando [< quelle > ziel]

sed ist ein sogenannter Stream-Editor. Das Kommando wird normalerweise als Textfilter verwendet, um bestimmte Zeichen oder Zeichenkombinationen im Ausgangstext zu finden und zu bearbeiten (löschen, durch andere Zeichen ersetzen etc.). Die Steuerung des sed erfolgt durch Kommandos, die entweder auf alle Zeilen des Textes angewendet werden oder nur auf solche Zeilen, die bestimmten Ausgangsbedingungen entsprechen. Die Bedienung des sed ist leider ziemlich kompliziert und wegen der vielen Sonderzeichen vollkommen unübersichtlich. Aus diesen Gründen wird hier auf eine detaillierte Beschreibung verzichtet und die Anwendung des sed nur anhand zweier Beispiele vorgestellt:

```
user$  sed 1,3d < test
```

löscht die erste bis dritte Zeile der Datei test und zeigt den Rest der Datei am Bildschirm an (Standardausgabe). Dabei steht d für das sed-Kommando *delete*. 1,3 gibt den Adreßbereich an, in dem dieses Kommando wirkt.

```
user$  sed s/a/A/ < test
```

ersetzt alle 'a' durch 'A'. Dabei steht s für das Kommando *regular find and replace*. Die in / eingeschlossenen Texte sind das Suchmuster und der einzusetzende Text. Da vor dem Kommando keine Adreßangabe steht, wird es auf alle Zeilen angewandt.

set

set zeigt alle der Shell bekannten Variablen an (inklusive der Umgebungsvariablen, die auch mit printenv angezeigt werden können). set -x bewirkt, dass die bash vor der Ausführung jedes Kommandos anzeigt, wie die interne Kommandozeile (nach der Berücksichtigung von alias-Abkürzungen und Expansion der Dateinamen) aussieht. set ist kein eigenständiges Kommando, sondern ein Kommando der bash-Shell.

setfont zeichensatz

setfont liest eine Zeichensatzdatei aus dem Verzeichnis /usr/lib/kbd/consolefonts und aktiviert diesen Zeichensatz im VGA-Textmodus. setfont kann nur in einer Textkonsole und nicht unter X verwendet werden. Brauchbare Zeichensätze sind default8x16 (für den 25-zeiligen Textmodus) und default8x9 (für den 50-zeiligen Textmodus).

setterm [option]

setterm verändert diverse Einstellungen des Terminals. Wenn das Kommando ohne die Angabe einer Option ausgeführt wird, zeigt es eine Liste aller möglichen Optionen an. Wichtige Optionen sind:

-blank n
: aktiviert nach *n* Minuten ohne Eingabe den Bildschirmschoner.

-clear
: löscht den Bildschirm.

-inversescreen on oder off
: invertiert den Bildschirm (schwarzer Text auf weißem Hintergrund) bzw. stellt wieder den Normalzustand her.

Einige weitere Optionen, die vor allem zum Einsatz bei der Shell-Programmierung von Interesse sind (Veränderung der Schriftart etc.) werden auf Seite 687 beschrieben.

shutdown [optionen] zeitpunkt [nachricht]

shutdown ist der sicherste Weg, um Linux zu beenden. Als Zeitpunkt muss entweder eine Uhrzeit (hh:mm), die Anzahl der Minuten gerechnet von der aktuellen Zeit (+m) oder das Schlüsselwort now (also sofort) angegeben werden. shutdown kann nur von root ausgeführt werden. Oft ist Linux so konfiguriert, dass Anwender ohne root-Rechte den Rechner mit (Alt)+(Strg)+(Entf) neustarten können.

shutdown informiert alle anderen Benutzer davon, dass das System in Kürze abgeschaltet wird, und lässt keine neuen Logins mehr zu. Anschließend werden alle Prozesse gewarnt, dass sie in Kürze gestoppt werden. Einige Programme (etwa `emacs`, `vi` ...) nutzen diese Warnung und speichern alle offenen Dateien in Backup-Kopien.

`-c` bricht einen bereits eingeleiteten `shutdown`-Vorgang ab (sofern das noch möglich ist).

`-f` wie `-r`, aber schneller.

`-h` nach dem Herunterfahren wird das System angehalten, d.h. es reagiert nicht mehr auf Eingaben. Am Bildschirm erscheint die Meldung 'system halted'. Der Rechner kann anschließend ausgeschaltet werden.

`-n` führt den Shutdown besonders schnell aus (unter Umgehung der Init-V-Prozesse).

`-r` nach dem Herunterfahren des Systems wird ein Neustart veranlaßt.

`-t` *sekunden*
bestimmt, wie lange zwischen der Warnnachricht und dem Kill-Signal für die Prozesse gewartet werden soll (Default: 20 Sekunden).

Beispiel

`root#` **`shutdown -h -t 3 now`**
fährt das System blitzartig herunter. Wenn Sie diese `shutdown`-Variante wählen, sollten keine Texteditoren oder anderen Programme mit ungesicherten Dateien mehr laufen, da die Zeit von drei Sekunden zur Durchführung von Sicherheitsbackups oft nicht ausreicht.

sort [optionen] datei

`sort` sortiert die angegebene Datei und gibt das Ergebnis auf dem Bildschirm aus. Deutsche Sonderzeichen werden dabei *nicht* richtig eingeordnet (sondern nach ihren Zeichencodes, also nach allen gewöhnlichen Buchstaben). `sort` kann mit einer großen Anzahl von Optionen beeinflusst werden, von denen hier nur die wichtigsten beschrieben werden.

`-c` überprüft, ob die Datei sortiert ist oder nicht.

`-f` behandelt Klein- und Großbuchstaben als gleichwertig.

`-m` fügt zwei oder mehrere vorsortierte Dateien zu einer großen sortierten Datei zusammen. Das geht schneller, als die Dateien vorher zusammenzufügen und erst dann zu sortieren.

`-o` *ergebnisdatei*
schreibt das Ergebnis in die angegebene Datei. Die Datei darf mit der zu sortierenden Datei übereinstimmen.

`-r` sortiert in umgekehrter Reihenfolge.

`-t`*z*

gibt das Trennzeichen zwischen zwei Spalten an (Defaulteinstellung ist 'white space', also eine beliebige Mischung aus Leer- und Tabulatorzeichen).

`+`*n1* `[-`*n2*`]`

berücksichtigt nur die Zeichen zwischen der *n1*-ten (inklusive) und der *n2*-ten Spalte (exklusive). Die Spaltennummerierung beginnt mit 0! Spalten werden normalerweise durch Leer- oder Tabulatorzeichen voneinander getrennt, siehe aber `-t`. Wenn *n2* nicht angegeben wird, dann werden alle Zeichen ab *n1* bis zum Zeilenende berücksichtigt.

Das Kommando `sort datei > datei` hat nicht die erwünschte Wirkung, sondern führt dazu, dass `datei` gelöscht wird. Wenn Sie das Ergebnis des Sortierkommandos in eine Datei umleiten, müssen Sie einen anderen Dateinamen als den der zu sortierenden Datei angeben oder die Option `-o` verwenden. Deutsche Sonderzeichen werden von `sort` nicht korrekt behandelt.

Beispiel

```
user$ ls -l | sort +2
```

sortiert das von `ls` übergebene Inhaltsverzeichnis nach Anwender- und Gruppennamen. Dateien mit übereinstimmenden Anwender- und Gruppennamen werden ihrer Größe nach sortiert.

split [optionen] datei [zieldatei]

`split` zerlegt die angegebene Datei in mehrere Einzeldateien. Die Ausgangsdatei wird dabei (je nach Optionen) alle *n* Byte, kByte oder Zeilen getrennt. Wenn keine Zieldatei angegeben wird, liefert das Kommando die Dateien `xaa`, `xab` etc. Wenn eine Zieldatei angegeben wird, dann wird für die Ergebnisdateien dieser Dateiname zusammen mit der Zeichenkombination `aa`, `ab` etc. verwendet.

`-`*n* bzw. `-l` *n* bzw. `--lines=`*n*

zerlegt die Ausgangsdatei in Einzeldateien mit je *n* Zeilen.

`-b` *n* bzw. `--bytes=`*n*

trennt die Ausgangsdatei alle *n* Bytes. Wenn hinter *n* die Buchstaben `k` oder `m` angegeben werden, sind kByte oder MByte gemeint.

`-C` *n* bzw. `--line-bytes=`*n*

wie `-b`, allerdings werden die Dateien an Zeilengrenzen zerlegt und sind daher zumeist einige Byte kleiner als *n*.

Beispiel

`user$` **`split -c 1430k backup.tar disk.`**

zerlegt die Archivdatei `backup.tar` in Einzeldateien zu je 1430 kByte und benennt sie mit `disk.aa`, `disk.ab` etc. Diese Dateien könnten anschließend auf Disketten gespeichert werden.

`user$` **`cat disk.* > total.tar`**

setzt die Einzeldateien wieder zu einer Gesamtdatei zusammen.

su [optionen] [user]

`su` (substitute user) ohne Optionen wechselt ohne mühseliges `logoff` und `login` (aber natürlich mit Passworteingabe) in den `root`-Modus. Damit ist bis zum nächsten `exit`-Kommando `root` der aktive User.

Optional kann bei `su` statt des Default-Users `root` auch ein anderer User angegeben werden. Wenn `su` von `root` ausgeführt wird, muss beim User-Wechsel nicht einmal ein Passwort angegeben werden.

`-l` bzw. `--login`
: beim User-Wechsel wird die neue Shell als Login-Shell gestartet, d.h. es werden alle Login-Dateien mit eingelesen. Das ist erforderlich, damit Umgebungsvariablen wie `PATH` korrekt konfiguriert werden.

sum datei

`sum` berechnet eine 16-Bit-Prüfsumme und ermittelt die Anzahl der Blöcke, die die Datei auf der Festplatte belegt (siehe auch `cksum` auf Seite 703).

swapoff device

`swapoff` deaktiviert die angegebene Swap-Datei oder -Festplattenpartition (siehe `swapon`).

swapon device

`swapon` aktiviert das angegebene Device (zumeist eine Festplattenpartition) bzw. die stattdessen angegebene Datei als Swap-Bereich. Die Partition bzw. Datei muss vorher mit `mkswap` als Swap-Bereich formatiert werden. `swapon` wird beim Hochfahren von Linux für alle in `/etc/fstab` aufgezählten Swap-Bereiche automatisch ausgeführt. Das Kommando kann nur von `root` ausgeführt werden. Die richtige Einstellung von `fstab` im Rahmen der Systemkonfiguration ist auf Seite 209 beschrieben.

`sync`

Führt alle gepufferten Schreiboperationen auf den Festplatten aus. Wenn aus irgendeinem Grund ein geordnetes Beenden von Linux nicht möglich ist, d.h. wenn die Kommandos `shutdown`, `reboot` und `halt` nicht ausführbar sind und der Rechner nicht auf (Alt)+(Strg)+(Entf) reagiert, sollte `sync` unmittelbar vor dem Ausschalten ausgeführt werden. Das ist aber nur eine Notlösung!

`tac datei`

`tac` gibt die angegebene Textdatei in umgekehrter Reihenfolge am Bildschirm aus, d.h. die letzte Zeile zuerst (siehe auch `cat` auf Seite 700).

`tail [optionen] datei`

`tail` gibt die letzten zehn Zeilen einer Textdatei auf dem Bildschirm aus.

`-n` *zeilen*
: gibt die angegebene Anzahl von Zeilen aus.

`-f`
: liest die Datei regelmäßig aus und gibt alle neuen Zeilen aus. In dieser Form eignet sich `tail` vor allem zur Beobachtung von Protokolldateien.

Beispiel

```
root#  tail -f /var/log/messages
```

zeigt die letzten zehn Zeilen von `messages` an. Wenn neue Zeilen hinzukommen, werden auch diese angezeigt (so dass nach kurzer Zeit der ganze Bildschirm – und nicht nur zehn Zeilen – genutzt wird).

`tar aktion [optionen] dateien`
`tar aktion [optionen] verzeichnisse`

`tar` vereint mehrere Dateien oder ganze Verzeichnisse in einem sogenannten Archiv bzw. extrahiert aus diesem Archiv wieder ihre Bestandteile. `tar` war ursprünglich als Tool zum Lesen und Schreiben von Daten auf einem Streamer konzipiert. `tar` greift deswegen standardmäßig auf den installierten Streamer (zumeist `/dev/tape` oder `/dev/rmt0`) zu. Wenn Sie ein Archiv in einer Datei anlegen möchten (beispielsweise, um diese Datei anschließend auf einer Diskette zu sichern), müssen Sie die Option `-f` *datei* angeben.

Da `tar` je nach Angabe der Optionen die zu archivierenden Dateien mit `compress` oder `gzip` auch komprimiert, ist es in seiner Funktion mit typischen Kompressionsprogrammen unter DOS (etwa LHA) zu vergleichen. Sein Hauptzweck – abgesehen vom Sichern von Daten auf Streamern – besteht darin, mehrere Dateien oder Verzeichnisse in eine handliche und möglichst kleine Datei zu verpacken. Auf praktisch allen Linux-CDs befinden sich zahlreiche Archivdateien, die auf diese Weise entstanden sind.

Die typische Kennung für Archivdateien ist `.tar`. Wenn die Archivdatei komprimiert ist, lauten die Kennungen zumeist `.tgz`, `.tpz` oder `.tar.gz`.

Die Steuerung von `tar` erfolgt in zwei Stufen: Zum einen muss eine Aktion angegeben werden, die `tar` ausführen soll, und zum anderen kann diese Aktion durch eine oder mehrere Optionen gesteuert werden. Auch wenn Aktionen und Optionen formal gleich aussehen, besteht ein wesentlicher Unterschied: Es muss genau eine Aktion (nicht mehr und nicht weniger) vor allen anderen Optionen angegeben werden. Während in den nächsten Zeilen alle Aktionen kurz beschrieben sind, wurden hier nur die wichtigsten Optionen aufgezählt (siehe `man`-Seiten). Wenn Sie sich nicht mit den zahllosen `tar`-Optionen auseinander setzen möchten, bietet das Programm `xtar` eine komfortable Benutzeroberfläche für die wichtigsten Kommandos.

Auf vielen Unix-Systemen erfolgt die Steuerung von `tar` zwar (zumeist) mit denselben Kommandos und Optionen, die Syntax ist aber anders: Es werden alle Kommandos und Optionen als ein Block ohne die üblichen Optionsstriche angegeben, etwa `tar cvf name.tar pfad`. GNU-`tar` versteht auch diese Syntax.

Aktionen

`-A` bzw. `--catenate` bzw. `--concatenate`
: hängt an ein vorhandenes Archiv ein weiteres Archiv an. Nur für Streamer (nicht für Archivdateien) geeignet.

`-c` bzw. `--create`
: erzeugt ein neues Archiv, d.h. ein eventuell vorhandenes Archiv wird überschrieben.

`-d` bzw. `--diff` bzw. `--compare`
: vergleicht die Dateien des Archivs mit den Dateien des aktuellen Verzeichnisses und stellt eventuelle Unterschiede fest.

`-r` bzw. `--append`
: erweitert das Archiv um zusätzliche Dateien.

`--delete`
: löscht Dateien aus dem Archiv. Nur für Archivdateien (nicht für Streamer) geeignet.

`-t` bzw. `--list`
: zeigt das Inhaltsverzeichnis des Archivs an.

`-u` bzw. `--update`
: erweitert das Archiv um neue oder geänderte Dateien. Die Option kann nicht für komprimierte Archive verwendet werden. Vorsicht: Das Archiv wird immer

größer, weil bereits vorhandene Dateien nicht überschrieben werden! Die neuen Dateien werden einfach am Ende des Archivs angehängt.

`-x` bzw. `--extract`
: extrahiert die angegebenen Dateien aus dem Archiv und kopiert sie in das aktuelle Verzeichnis. Die Dateien werden dabei nicht aus dem Archiv gelöscht.

Optionen

`-C` *verzeichnis*
: extrahiert die Dateien in das angegebene (statt in das aktuelle) Verzeichnis.

`-f` *datei*
: verwendet die angegebene Datei als Archiv (anstatt auf den Streamer zuzugreifen).

`-I` komprimiert bzw. dekomprimiert das gesamte Archiv durch `bzip2`. Siehe auch `-z`!

`-L` *n* bzw. `--tape-length` *n*
: gibt die Kapazität des Streamers in kByte an. Wenn die Kapazität durch die Größe des Archivs überschritten wird, fordert `tar` zu einem Wechsel des Magnetbands auf.

`-N` *datum* bzw. `--after-date` *datum* bzw. `--newer` *datum*
: archiviert nur Dateien, die aktueller als das angegebene Datum sind.

`-T` *datei* bzw. `--files-from` *datei*
: archiviert bzw. extrahiert die in der Datei angegebenen Dateinamen.

`-v` bzw. `--verbose`
: zeigt während der Arbeit alle Dateinamen auf dem Bildschirm an. Wenn `-v` in Kombination mit dem Kommando `t` verwendet wird, werden zusätzliche Informationen zu den Dateien angezeigt (Dateigröße etc.). Wenn die Option zweimal angegeben wird, werden die Informationen noch ausführlicher.

`-W` bzw. `--verify`
: überprüft nach dem Schreiben die Korrektheit der gerade archivierten Dateien. Kann nicht für komprimierte Archive verwendet werden.

`-z` bzw. `--gzip`
: komprimiert bzw. dekomprimiert das gesamte Archiv durch `gzip`. Für das Anlegen von `*.tgz`-Dateien ist diese Option sehr praktisch. Wenn dagegen tatsächlich Daten auf einem Streamer gespeichert werden, kann die Option gefährlich sein:

  Ein einziger Fehler am Magnetband kann das gesamte Archiv unbrauchbar machen! (Ohne Kompression werden dann zwar auch Dateien zerstört, im Regelfall ist der Schaden aber deutlich geringer.) DAT-Streamer sind in der Lage, die zu verarbeitenden Daten selbst zu komprimieren (das geht schneller, ist aber nicht so effektiv wie `gzip`). Die `-z`-Option ist inkompatibel zu den `tar`-Versionen der meisten anderen Unix-Dialekte.

Beispiele

```
user$  tar -cv text/buch
```

speichert alle Dateien aus dem angegebenen Verzeichnis und seinen Unterverzeichnissen auf dem angeschlossenen Streamer und zeigt die gespeicherten Dateien am Bildschirm an.

```
user$  tar -cvf /dev/nst0 text/buch
```

wie oben, aber für den an `/dev/nst0` angeschlossenen Streamer (wenn der Default-Streamer von `tar` nicht mit Ihrem Streamer übereinstimmt).

Generell sollten Sie immer einen Pfad beim Erstellen von Archiven angeben. Das macht später das Entpacken einfacher (weil die Dateien automatisch in Unterverzeichnisse extrahiert werden und so ein Durcheinander im aktuellen Verzeichnis vermieden wird).

```
user$  tar -czf buch.tgz text/buch
```

archiviert alle Dateien aus dem Verzeichnis `text/buch` und aus allen Unterverzeichnissen in der komprimierten Datei `buch.tgz`.

```
user$  find . -mtime 7 -print > /tmp/lastweek
user$  tar -cT /tmp/lastweek
```

speichert alle Dateien auf das Band, die sich in der letzten Woche geändert haben.

```
user$  tar -tzf backup.tgz
```

zeigt alle Dateien des Archivs an.

```
user$  tar tIf linux-2.2.0.tar.bz2
```

zeigt alle Dateien eines mit `bzip2` komprimierten Linux-Archivs an.

```
user$  tar -xzf backup.tgz
```

extrahiert das Archiv in das aktuelle Verzeichnis.

Sehen Sie sich Archive vor dem Entpacken immer zuerst mit `tar -t` an. Damit erfahren Sie, ob im Archiv Pfadinformationen gespeichert sind und wohin die Dateien installiert werden. Sie können dann vor `tar -x` noch ein Verzeichnis anlegen und in dieses Verzeichnis wechseln oder die Option `-C` verwenden, um ein unkontrolliertes Schreiben von Dateien in das lokale Verzeichnis zu vermeiden.

```
user$  tar -xzf backup.tgz -C /tst
```

extrahiert das Archiv in das Verzeichnis `tst`.

```
user$  tar xzfC backup.tgz /tst
```

wie oben, aber alternative Schreibweise.

```
user$  tar -xzf backup.tgz '*.tex'
```

extrahiert nur `*.tex`-Dateien aus dem Archiv. Achten Sie auf die Hochkommas für das Dateimuster, um eine sofortige Auswertung durch die Shell zu vermeiden!

```
root#  (cd /verz1 ; tar cf - .) | (cd /verz2 ; tar xvf -)
```

kopiert alle Dateien aus `/verz1` nach `/verz2`. Der Vorteil gegenüber einem normalen `cp`-Kommando besteht darin, dass symbolische Links als solche kopiert werden (und nicht die Daten, auf die die Links verweisen). Das obige Kommando eignet sich besonders dazu, um ganze Dateibäume von einer Partition auf eine andere zu übertragen.

DAT-Datenaustausch zwischen unterschiedlichen Unix-Systemen

Der Austausch von DAT-Streamer-Bändern, die auf unterschiedlichen Unix-Systemen gelesen bzw. geschrieben werden, bereitet oft Probleme. (Es gibt keine Spur von einem Standard!) Die folgenden Absätze geben einige Tipps, die zum Teil aus eigenen Erfahrungen resultieren (SGI), zum Teil auf entsprechenden Beiträgen in Linux-Newsgruppen basieren.

Die wahrscheinlichste Fehlerursache ist die unterschiedliche Blockanzahl (Option `-b`), die beim Lesen und Schreiben übereinstimmen muss. Es sieht so aus, als gäbe es keine zwei Unix-Varianten, deren `tar`-Kommandos die gleiche Blockanzahl als Defaulteinstellung verwenden. Bei GNU-`tar` gilt `-b 20` als Defaulteinstellung. Eventuell müssen Sie auch mit `mt setblk n` die Voreinstellung des Streamers verändern. Auf manchen Unix-Systemen ist neben dem Original-`tar` des jeweiligen Herstellers auch noch GNU-`tar` installiert, das dann aber oft als `gtar` angesprochen werden muss.

Wenn alles nichts hilft, gibt es noch andere Möglichkeiten, den Datenaustausch über ein DAT-Band zu Wege zu bringen. Die eine Variante besteht darin, das Kommando `cpio` zu verwenden. Noch eine Ebene tiefer arbeitet das Kommando `dd`, d.h. zum Schreiben verwenden Sie `dd if=`*datei* `of=/dev/`*streamer*, zum Lesen `dd if=`*streamer* `of=/dev/`*datei*. Mit der `dd`-Option `conv=swap` kann zur Not sogar die Byte-Reihenfolge umgekehrt werden.

Wenn Sie nicht auf `tar` verzichten möchten, können Sie auch Pipes verwenden. Das Kommando zum Schreiben der Daten auf ein DAT-Band sieht dann so aus:

```
root#  tar -cvf - daten | dd obs=10240 of=/dev/tapedevice
```

Zum Lesen verwenden Sie:

```
root#  dd ibs=10240 if=/dev/tapedevice | tar -xvf -
```

SGI: Zum Schreiben von Daten auf einem SGI-System hat es sich bewährt, das Device `tps0d3ns` direkt anzusprechen; `tar cvBf /dev/rmt/tps0d3ns dateien`. Damit Sie die Daten anschließend unter Linux lesen können, müssen Sie zuerst die Blockgröße auf 512 setzen: `mt setblk 512`. Anschließend sollte `tar` ohne weitere Probleme funktionieren.

tee datei

`tee` dupliziert die Standardeingabe, zeigt eine Kopie an und speichert die andere in einer Datei. In der Praxis ist das dann sinnvoll, wenn die Ausgabe eines Kommandos auf dem Bildschirm beobachtet, aber gleichzeitig auch in einer Datei gespeichert werden soll. Eine einfache Umleitung mit > in eine Datei hätte zur Folge, dass auf dem Bildschirm nichts zu sehen ist.

Beispiel

```
user$  ls -l | tee inhalt
```

zeigt das Inhaltsverzeichnis des aktuellen Verzeichnisses auf dem Bildschirm an und speichert es gleichzeitig in der Datei `inhalt`.

todos datei
todos < quelle > ziel

`todos` fügt an jedes Zeilenende der angegebenen Textdatei ein Carriage-Return-Zeichen ein. Damit kann die Textdatei unter DOS wie gewohnt verarbeitet werden. (Siehe auch `fromdos` auf Seite 717 und `recode` auf Seite 740.)

top [q]

`top` zeigt alle fünf Sekunden die Liste aller laufenden Prozesse an, wobei die Prozesse nach ihrem Anteil der Rechenzeit geordnet werden. Wenn beim Aufruf der optionale Parameter `q` angegeben wird, aktualisiert `top` die Liste ständig und beansprucht die gesamte freie Rechenzeit. (Q) beendet das Programm. Das Programm sollte nach Möglichkeit in einem eigenen Terminal(fenster) ausgeführt werden.

touch [optionen] dateien

`touch` verändert den zusammen mit der Datei gespeicherten Zeitpunkt der letzten Änderung. Wenn das Kommando ohne Optionen verwendet wird, wird als Änderungszeit die aktuelle Zeit gespeichert. Wenn die Datei noch nicht existiert, wird eine neue, 0 Byte lange Datei erzeugt.

`-d` *zeit*
: speichert den angegebenen Zeitpunkt (Datum plus Uhrzeit).

`-r` *datei*
: verwendet die gespeicherte Änderungszeit der angegebenen Datei.

tr [optionen] zk1 [zk2] [< quelle > ziel]

tr ersetzt in der angegebenen Quelldatei alle Zeichen der Zeichenkette 1 durch die entsprechenden Zeichen der Zeichenkette 2. Die beiden Zeichenketten sollten gleich lang sein. Zeichen, die in der ersten Zeichenkette nicht vorkommen, bleiben unverändert. Es ist nicht möglich, ein einzelnes Zeichen durch mehrere Zeichen zu ersetzen (etwa ö durch "o) – dazu müssen Kommandos wie recode oder sed verwendet werden.

-d die in Zeichenkette 1 angegebenen Zeichen werden gelöscht. Zeichenkette 2 braucht nicht angegeben zu werden.

Beispiel

```
user$  tr a-zäöü A-ZÄÖÜ < text.lin
```

ersetzt in text.lin alle Klein- durch Großbuchstaben.

tty

tty zeigt den Device-Namen des Terminals an (für die Textkonsolen: /dev/tty1 bis tty6, für X-Shell-Fenster /dev/ttyp*n*).

tune2fs [optionen] device

Mit tune2fs können nachträglich diverse Systemparameter eines ext2-Dateisystems verändert werden.

-c *n*
: gibt an, nach wie vielen mount-Vorgängen die Partition beim Booten auf Fehler kontrolliert werden soll (mke2fs-Default: 20 mount-Vorgänge). Wenn Sie Linux täglich (mehrfach) starten und beenden, ist es empfehlenswert, hier einen etwas höheren Wert anzugeben. Sie vermeiden damit, dass alle paar Tage die zeitaufwendige Überprüfung der Datenintegrität durchgeführt wird.

-i *n*
: gibt an, wie oft (in Tagen) die Partition beim Booten auf Fehler kontrolliert werden soll (mke2fs-Default: 180 Tage).

-m *n*
: gibt an, wie viel Prozent des Datenträgers für Daten von root reserviert werden sollen (mke2fs-Default: 5 Prozent).

Das Kommando darf nur auf Partitionen angewendet werden, die momentan nicht in das Dateisystem eingebunden sind! Führen Sie also vorher umount aus! (Zur

Veränderung der Root-Partition müssen Sie den Rechner mit einer Notfall- oder Installationsdiskette starten.)

type kommando

`type` ermittelt, ob es sich beim angegebenen Kommando um ein Shell-Kommando (beispielsweise `cd`) oder um eine `alias`-Abkürzung handelt. Die Meldung 'kommando is hashed' bedeutet, dass es sich um ein in dieser Sitzung bereits ausgeführtes Linux-Kommando handelt, dessen Pfadnamen sich die `bash` in einem Hash-Verzeichnis gemerkt hat (siehe auch `hash` auf Seite 722). `type` ist ein Kommando der `bash`, so dass `type type` zur Meldung *type is shell builtin* führt.

umount device
umount verzeichnis

`umount` entfernt einen Datenträger aus dem Linux-Dateisystem. Die Angabe des Datenträgers erfolgt entweder durch seine Device-Bezeichnung oder durch das Verzeichnis, durch das er in das Dateisystem eingebunden ist. Das Kommando kann nur von `root` ausgeführt werden. Es führt zu einer Fehlermeldung, wenn auf dem angegebenen Datenträger noch geöffnete Dateien existieren (siehe auch `mount` auf Seite 733).

unalias abkürzung

`unalias` löscht die angegebene Abkürzung. `unalias` ist ein `bash`-Kommando. Der Umgang mit Abkürzungen wird auf Seite 639 näher beschrieben.

uname [optionen]

`uname` zeigt den Namen des Betriebssystems an (also Linux). Durch die Angabe von Optionen können auch andere Informationen angezeigt werden.

`-a` zeigt alle verfügbaren Informationen an, nämlich das Betriebssystem, die Versionsnummer, Datum und Uhrzeit sowie den Prozessor (z.B. i486).

uncompress datei

`uncompress` dekomprimiert eine mit `compress` komprimierte Datei. Dabei wird die Dateikennung `.Z` automatisch entfernt. `uncompress` ist ein Link auf `compress`, wobei automatisch die Option `-d` aktiviert wird.

uniq datei

`uniq` gibt die Zeilen einer Textdatei auf der Standardausgabe aus, wobei unmittelbar aufeinanderfolgende gleichlautende Zeilen eliminiert werden. Bei vorsortierten Dateien eliminiert `uniq` alle mehrfach auftretenden Zeilen.

Beispiel

```
user$  sort test | uniq > test1
```

sortiert die Datei `test`, eliminiert doppelte Zeilen und speichert das Resultat in `test1`.

wc dateien

`wc` zählt die Anzahl der Zeilen, Wörter und Zeichen in den angegebenen Dateien. Wenn durch Jokerzeichen mehrere Dateien erfasst werden, berechnet `wc` auch die Gesamtsumme der drei Angaben. `wc` ist auch gut für die Kombination mit anderen Programmen geeignet.

Beispiel

```
user$  find / -type f -print | wc
```

liefert die Gesamtanzahl aller Dateien. (`find` liefert für jede reguläre Datei eine Zeile. `wc` zählt die Zeilen.)

whatis datei

`whatis` gibt eine kurze Beschreibung (meist einzeilig) des angegebenen Kommandos bzw. Schlüsselworts an. `whatis`-Beschreibungen existieren nur zu Themen, zu denen `man`-Texte installiert sind. Wenn `whatis` nicht funktioniert, fehlen wahrscheinlich die zu Grunde liegenden Datenbanken, die mit `makewhatis` erzeugt werden können (siehe Seite 115).

whereis datei

`whereis` durchsucht alle 'üblichen' Pfade für Binärdateien, `man`-Dateien und Quellcode nach dem angegebenen Dateinamen. `whereis` ist damit weniger gründlich als `find`, dafür aber deutlich schneller. Die `man`-Seite zu `whereis` zählt auf, welche Verzeichnisse durchsucht werden.

which kommando

`which` durchsucht alle in `PATH` angegebenen Pfade nach dem Kommando. `which` liefert als Antwort den vollständigen Namen des Kommandos, das ausgeführt würde, wenn das Kommando ohne Pfadinformationen aufgerufen wird. Das ist vor allem dann eine Hilfe, wenn zu einem Kommando mehrere Versionen in unterschiedlichen Verzeichnissen existieren.

who [optionen]

who zeigt eine Liste aller zur Zeit eingeloggten Systembenutzer an. (Auch wenn Sie allein mit Ihrem Rechner arbeiten, können Sie sich mit unterschiedlichen Namen an verschiedenen Textkonsolen einloggen.)

-m gibt den Benutzernamen der gerade aktiven Konsole an. Das Kommando who am i hat dieselbe Bedeutung.

write username

write ermöglicht es, einem anderen Benutzer eine Nachricht zu senden. Nach der Ausführung des Kommandos werden alle eingegebenen Zeichen bis (Strg)+(D) zum Terminal des angegebenen Benutzers übertragen.

zcat datei.gz
zless datei.gz
zmore datei.gz

Die drei Kommandos funktionieren wie cat, less und more. Der einzige Unterschied besteht darin, dass mit gzip komprimierte Dateien direkt (ohne vorheriges Dekomprimieren mit gunzip) gelesen werden können. Das ist besonders praktisch, wenn sich die Dateien auf einer CD-ROM befinden.

less kann so konfiguriert werden, dass es ohne Unterschied für komprimierte und nicht komprimierte Dateien verwendet werden kann (siehe Seite 202).

Kapitel 18

Tools und Utilities

Dieses Kapitel beschreibt zahlreiche kleine und größere Programme, die aus der täglichen Arbeit mit Linux praktisch nicht wegzudenken sind. Der wesentliche Unterschied zu den in Kapitel 17 vorgestellten Kommandos liegt in der Bedienung: Die meisten der hier vorgestellten Programme sind mit einer Benutzeroberfläche ausgestattet; die Steuerung erfolgt also interaktiv und nicht durch zahllose Optionen.

Das Spektrum dieses Kapitels ist recht breit:

- X-Utilities (`xterm`, `xclock`, `xcalc` etc.)
- Dateimanager
- Programme, die Dokumente und Grafiken zwischen verschiedenen Formaten konvertieren (DVI, PS, HTML, Datenaustausch zwischen DOS und Linux)
- Programme, die Dokumente und Grafiken anzeigen
- Programme, um Screenshots zu erzeugen
- Terminalemulatoren (`minicom`, `seyon`)
- Audio-Tools (MP3-Player, -Converter etc.)
- Programme, um CD-ROMs schreiben

HINWEIS

Im Rahmen dieses Kapitels werden auch eine Menge Gnome- und KDE-Programme beschrieben. Das Auswahlkriterium war im Regelfall, dass diese Programme einigermaßen stabil sind und mit normalen Distributionen mitgeliefert werden. Natürlich gibt es über die hier beschriebenen Programme hinaus unzählige weitere Tools und Werkzeuge, die zum Teil ebenfalls bereits so ausgereift sind, dass eine vernünftige Anwendung möglich ist.

VERWEIS

Nicht in diesem Kapitel beschrieben werden Internet- und Netzwerk-Tools – siehe Kapitel 9 bis 14. Standardkommandos wie `ls` oder `cp` finden Sie in Kapitel 17. Ausreichend Platz für eine detaillierte Beschreibung wurde schließlich den Programmen (X)Emacs, LaTeX, LyX und Gimp eingeräumt – siehe Kapitel 19, 20, 21 und 22.

18.1 X-Utilities

In diesem Abschnitt werden einige einfache X-Programme vorgestellt. Dies soll weniger eine Bedienungsanleitung zu diesen Programmen sein als vielmehr auf ihre Existenz hinweisen.

xterm und andere Terminalprogramme

Das X-Programm, mit dem Sie vermutlich die meiste Zeit arbeiten werden, ist `xterm`. Dabei handelt es sich um ein Terminalfenster, in dem Linux-Kommandos ausgeführt werden können. So wie Sie im Textmodus mit mehreren Textkonsolen arbeiten können, besteht unter X die Möglichkeit, in beliebig vielen Terminalfenstern zu arbeiten. Wenn Sie in einem Fenster ein Kommando ausgeführt haben, das länger dauert als beabsichtigt, können Sie einfach über das Menü des Windows-Managers ein neues Fenster öffnen.

Gegenüber den Textkonsolen hat `xterm` den Vorteil, dass alle Ein- und Ausgaben über einen längeren Zeitraum gespeichert werden. Über die Bildlaufleiste können Sie sich auch ältere Ausgaben nochmals ansehen. Die Bildlaufleiste kann mit den folgenden Zeilen in einer Ressourcendatei eingestellt werden.

```
xterm*scrollBar:        true
xterm*saveLines:        1000
```

> TIPP
> Bei gedrückter (Strg)-Taste können mit den drei Maustasten verschiedene Menüs zur Einstellung diverser Eigenschaften von `xterm` aufgerufen werden. Unter anderem können Sie damit die Textgröße im laufenden Betrieb verändern.

Sie können die gewünschte Textgröße natürlich auch in einer Ressourcendatei einstellen. (Einige weitere Ressourceneinstellungen zur Unterstützung der Tasten (Entf), (Pos1) und (Ende) wurden bereits auf Seite 339 beschrieben.)

```
xterm*VT100*font:       9x15
```

xterm [optionen]

Wenn `xterm` durch Script-Dateien (etwa `.Xsession` oder `xinitrc`) oder vom `fvwm` aufgerufen wird, gewinnen die zahlreichen Kommandooptionen an Bedeutung:

`+cm`
: aktiviert die ANSI-Farbcodes. Das ist notwendig, damit Programme mit Farbausgabe wunschgemäß funktionieren (z.B. `ls`).

`-e kommando optionen`
: führt in `xterm` das angegebene Programm aus. `-e` muss als letzte Option verwendet werden.

`-fn zeichensatz -fg farbe -bg farbe`
: gibt die gewünschte Schriftart sowie Vorder- und Hintergrundfarbe an.

`-geometry 80x35+100+200`
: startet `xterm` in einer Größe von 35 Zeilen mal 80 Spalten an den Pixelkoordinaten (100/200).

`-ls`
: startet `xterm` mit einer Login-Shell. Das bedeutet, dass beim Start der Shell `.profile` ausgewertet wird (siehe auch Seite 678).

`-sl` *n*
: Gibt die Anzahl der zu speichernden Zeilen an (wie `saveLines`).

`-title name`
: gibt den Fenstertitel an.

> **TIPP** Wenn Sie alle Features von `xterm` nutzen möchten, sollten Sie einen Blick auf die `man`-Seiten werfen: Der Umfang von mehr als 30 Seiten lässt erahnen, wie weit `xterm` konfigurierbar ist!

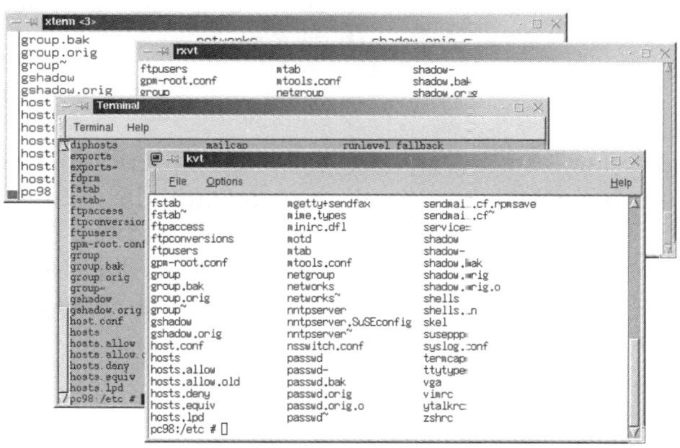

Abbildung 18.1: Auf den ersten Blick unterscheiden sich die Terminalvarianten nur durch unterschiedliche Bildlaufleisten

Neben `xterm` stehen unter X noch einige weitere Terminalprogramme zur Verfügung. Im Prinzip ist die Verwendung immer dieselbe, Unterschiede gibt es aber bei der Konfiguration, bei der Darstellung farbiger Texte (`ls`), bei den Tastenkürzeln, im Speicherverbrauch etc.

- `gnome-terminal`: der Name sagt schon alles; bequeme Konfiguration
- `kvt`: die KDE-Variante, ebenso komfortabel bei der Konfiguration
- `nxterm`: ähnlich `xterm`, wird mit Red Hat mitgeliefert
- `rxvt`: im Hinblick auf geringen Speicherverbrauch optimiert

X-Standardtools (xclock, xcalc)

Mit dem X Windows System werden neben `xterm` traditionell einige weitere Programme mitgeliefert. Diese Programme stehen damit auf praktisch jedem Unix/Linux-Rechner zur Verfügung, unabhängig von der X-Version, der Distribution etc. Die wichtigsten dieser Tools werden im Folgenden in alphabetischer Reihenfolge aufgezählt.

xbiff

Das Programm zeigt durch ein Briefkastensymbol an, ob neue Mail eingetroffen ist.

xcalc

Das Programm simuliert einen einfachen wissenschaftlichen Taschenrechner. (Die KDE-Variante kann mit `kcalc` gestartet werden, bei Gnome ist es `gcalc` und `genius`.)

xclock

Das Programm zeigt die aktuelle Uhrzeit an. Neben der klassischen `xclock` gibt es zahllose Varianten, die sich zumeist durch ihr extravagantes Design auszeichnen (etwa `xdaliclock`).

xev

Bei der Ergründung der Tastaturverwaltung ist das Programm `xev` eine große Hilfe. Es öffnet ein neues Fenster und zeigt anschließend alle X-Ereignisse (Maus, Tastatur etc.) in dem Terminalfenster an, in dem das Programm gestartet wurde. Das Programm kann unter anderem dazu verwendet werden, um festzustellen, welcher Code einer bestimmten Taste zugeordnet ist und welche `KeySym`-Zeichenkette das X-System dabei generiert.

xkill

`xkill` hilft dabei, hängen gebliebene oder halb abgestürzte X-Programme endgültig zu beenden. Die Bedienung ist denkbar einfach: Sie führen `xkill` aus und klicken dann mit der Maus das betreffende Fenster an.

xlsfonts

`xlsfonts` zeigt eine Liste aller verfügbaren Zeichensätze an. Ähnlich wie bei `ls` kann die Liste durch ein Suchmuster eingegrenzt werden. Allerdings muss dieses Muster in Anführungszeichen gesetzt werden, damit es nicht von der `bash` ausgewertet wird:

```
user$ xlsfonts '*24*'
```

xmodmap

Mit dem Programm xmodmap kann die Tastaturzuordnung für X verändert werden. Das Programm ist nützlich, um Probleme wie die Unterscheidung zwischen (Backspace) und (Entf) in den Griff zu bekommen (siehe Seite 338).

HINWEIS: In diesem Zusammenhang ist das Programm xkeycaps erwähnenswert. Es ist zwar nicht Teil der üblichen X-Windows-Tools und fehlt daher bei vielen Distributionen, es ist aber dennoch ein unglaublich hilfreiches Programm beim Erstellen und Verändern von xmodmap-Konfigurationsdateien.

xrdb

Mit xrdb können zusätzliche Ressourcendateien eingelesen werden. Das Kommando wird vor allem in den xinitrc-Dateien zum Start des X-Systems verwendet. Es kann aber auch eingesetzt werden, um Änderungen in einer xresources-Datei sofort auszuprobieren. (Veränderte Ressourcen, die sich nicht in ~/.Xdefaults befinden, müssen mit xrdb neu eingelesen werden – andernfalls gelten sie erst nach einem Neustart von X.) xrdb -query zeigt die aktuell gespeicherten Ressourceninformationen an.

xset

Mit xset können Einstellungen des X-Servers verändert werden. Das Programm kann unter anderem dazu verwendet werden, die Reaktionszeit des Bildschirmschoners und den Zustand von NumLock einzustellen. Die folgenden Anweisungen können in die xinitrc-Dateien zum Start von X aufgenommen werden.

```
user$  xset s 60     # nach 60 Sekunden Bildschirm schwarz
user$  xset led 3    # NumLock einschalten
```

xsetroot

xsetroot verändert das Muster und/oder die Farbe des Hintergrunds von X. Im Regelfall wird das Programm mit der Option -solid verwendet, um einen einfarbigen Hintergrund zu definieren:

```
user$  xsetroot -solid blue
```

TIPP: Wenn Sie unter KDE oder Gnome arbeiten, sind deren Konfigurationsprogramme für die Einstellung der Hintergrundfarbe bzw. des Hintergrundmusters zuständig.

Textanzeige, Texteditoren

Unter X können natürlich alle für den Textmodus vorgesehenen Editoren verwendet werden. Darüber hinaus gibt es zahlreiche reine X-Editoren:

- `xedit` zeichnet sich durch eine sehr spartanische Oberfläche aus.
- `xjed` ist eine Variante zu `jed`, ohne aber nennenswerte Bedienungsvorteile zu bieten.
- Seltener mitgeliefert, dafür aber ansprechender in der Bedienung sind die Editoren `asedit` und `axe`. `asedit` besticht mehr durch sein schönes Layout als durch seine Funktionen. `axe` zeichnet sich durch eine hervorragende Online-Dokumentation und eine gute Konfigurierbarkeit aus.
- `kedit`, `kwrite` und `gedit` sind die zu KDE und Gnome gehörenden Editoren. Die Bedienung (Cursorsteuerung, Text markieren, kopieren und einfügen etc.) orientiert sich weitgehend am Microsoft-Windows-Standard.

`xless` und `kless` (die KDE-Variante) stellen Varianten zum allseits beliebten Kommando `less` dar. Der wesentliche Vorteil besteht in der Bildlaufleiste.

System- und Prozesskontrolle, CPU-Überwachung

`xosview` zeigt die wichtigsten Parameter für die Systemauslastung in Form von bunten Balkendiagrammen an: die CPU-Auslastung, den Speicherverbrauch, die Verwendung der Swap-Partition, die Netzwerkaktivität, den Zustand der seriellen Schnittstelle und die Interrupt-Aktivität. Genauere Informationen über die angezeigten Informationen gibt die `man`-Seite zu `xosview`.

`xsysinfo` ist eine abgemagerte Version von `xosview`. Es werden nur die CPU-Auslastung und der Speicherverbrauch angezeigt. Noch spartanischer ist nur noch `xcpustate`. `xload` zeigt schließlich in einem kleinen Diagramm die Anzahl der aktiv laufenden Prozesse an (den sogenannten CPU-Load).

Gnome: `logview` hilft dabei, in endlosen Logging-Dateien den Überblick zu behalten. `gtop` vereint die Funktionen von `ps` und `top`; das Programm zeigt Informationen über die laufenden Prozesse, deren Speicher- und CPU-Bedarf etc. an. Gegebenenfalls können außer Kontrolle geratene Prozesse damit beendet werden.

Die Miniprogramme `cpuload_applet`, `cpumemusage_applet`, `diskusage_applet` und `drivemount_applet` zeigen Statusinformationen über diverse Systemparameter im Gnome-Panel an.

KDE: `ktop` und `kpm` sind KDE-Varianten zu `gtop`. `kcpumon` zeigt die CPU-Belastung als Icon im KDE-Panel an.

18.2 Dateimanager

An Programm- und Dateimanagern für Linux herrscht wahrlich kein Mangel. Dieser Abschnitt zählt allerdings nur jene auf, die sich in der täglichen Praxis bewährt haben:

- `mc`: Midnight-Commander, ein professionelles Programm mit Farb- und Mausunterstützung; Bedienung ähnlich wie beim Norton-Commander. Das Programm eignet sich insbesondere zur Verwendung in einer Textkonsole.
- `tkdesk`: Dateimanager in der Programmiersprache Tcl/Tk; sehr leistungsfähig und flexibel, wird allerdings nicht mit allen Distributionen mitgeliefert.
- `kfm`, `gmc`: Diese beiden Dateimanager gehören zum KDE- bzw. Gnome-Projekt, können aber davon unabhängig eingesetzt werden. Mit KDE 2.0 bzw. Gnome 2.0 werden diese Programme durch vollkommen überarbeitete Neuversionen ersetzt. Der KDE-Dateimanager bekommt bei dieser Gelegenheit gleich einen neuen, klingenden Namen: `konqueror`!
- `kruiser` ist ein weiterer Dateimanager für das KDE-System, der aber zur Zeit kein integraler Bestandteil von KDE ist und daher nicht mit allen Distributionen mitgeliefert wird. Das besondere Merkmal von `kruiser` besteht darin, dass das Programm beinahe genauso wie der Microsoft Explorer aussieht und zu bedienen ist.

Midnight-Commander (mc)

Der Midnight-Commander ist ein komfortables Tool zur Dateiverwaltung, das sehr stark dem seinerzeit unter DOS gebräuchlichen Norton Commander ähnelt. Es ist allerdings um zahlreiche Unix-spezifische Details erweitert worden (Umgang mit Links, Veränderung von Zugriffsrechten, Bearbeitung von `ftp`-Verzeichnissen etc.).

`mc` wird durch ein Menü gesteuert. Das Programm reagiert sowohl in einer Textkonsole (dazu muss `gpm` installiert sein) als auch unter X auf Mauskommandos.

In zwei Bildschirmhälften werden jeweils die Dateien eines Verzeichnisses angezeigt. Der Wechsel zwischen den beiden Bildschirmhälften erfolgt mit der Maus oder mit (Tab). Mit der rechten Maustaste können Sie Dateien markieren. Anschließend können Sie die markierten Dateien löschen oder in das jeweils andere Fenster verschieben oder kopieren. Viele Kommandos können Sie sowohl mit der Maus (Menü) als auch mit Funktionstasten (siehe Statuszeile) ausführen.

Sie können Dateien natürlich auch über die Tastatur auswählen: (Einfg) selektiert/deselektiert die Datei unter dem Cursor. Mit (+) und (-) (jeweils vom nummerischen Tastenblock) selektieren bzw. deselektieren Sie eine Gruppe von Dateien. Dabei müssen Sie ein Dateimuster angeben (etwa `*.bak`). Mit (Strg)+(S) (search) bewegen Sie den Cursor zur ersten Datei, die dem angegebenen Anfangsbuchstaben entspricht.

In einer Befehlszeile am unteren Bildschirmrand können Sie Befehle auch über die Tastatur eingeben. In dieser Zeile können Sie Alt+Tab als Tastenkürzel zur Ergänzung unvollständiger Dateinamen verwenden (wie Tab in der bash). Damit die Ergebnisse eines Kommandos nicht hinter der Benutzeroberfläche von `mc` verborgen bleiben, können Sie diese vorübergehend mit Strg+O aus- und wieder einschalten.

Zu den herausragenden Merkmalen dieses Programms gehört die Verzeichnisbaum-Ansicht (LEFT|TREE) sowie die Möglichkeit, zu allen Verzeichnissen die enthaltene Datenmenge anzuzeigen (COMMAND|SHOW DIRECTORY SIZE). Die beiden Sichtweisen lassen sich leider nicht kombinieren.

Bemerkenswert sind auch die Möglichkeiten, Dateinamen im Rahmen eines COPY- oder MOVE-Kommandos zu verändern. Im Gegensatz zu den Unix-Gepflogenheiten sind auch im Zielnamen Jokerzeichen möglich, so dass Sie beispielsweise alle `*.bak`- in `*.old`-Dateien umbenennen können.

Angesichts der umfassenden Online-Hilfe, die Sie mit F1 aufrufen können, sollte diese kurze Beschreibung ausreichen, um Sie auf den Geschmack zu bringen. Sobald Sie sich einmal an `mc` gewöhnt haben (das dauert etwa eine halbe Stunde), werden Sie das Programm nie mehr missen wollen.

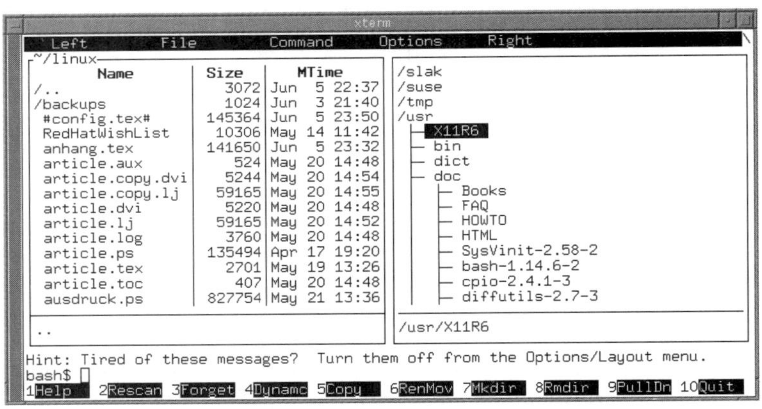

Abbildung 18.2: Der Midnight-Commander

> **TIPP** `mc` eignet sich hervorragend, um den Inhalt von `*.rpm`-Paketen sowie von `*.tar`- bzw. `*.tgz`-Archiven anzusehen und daraus einzelne Dateien zu extrahieren. Der Inhalt der Archive wird wie ein Unterverzeichnis dargestellt.

Tcl/Tk-Dateimanager (tkdesk)

`tkdesk` basiert auf der Programmiersprache Tcl/Tk, d.h. deren Bibliotheken müssen in der richtigen Version installiert sein. Beim Start des Programms werden ein dreistufiges Browser-Fenster und eine Icon-Leiste geöffnet. Über das Browser-Fenster können drei Verzeichnisebenen dargestellt werden. Die Anzahl der Verzeichnisebenen ist variabel. Außerdem können beliebig viele Browser-Fenster geöffnet werden. Innerhalb der Verzeichnisfenster werden unterschiedliche Farben verwendet, um die verschiedenen Dateitypen zu kennzeichnen.

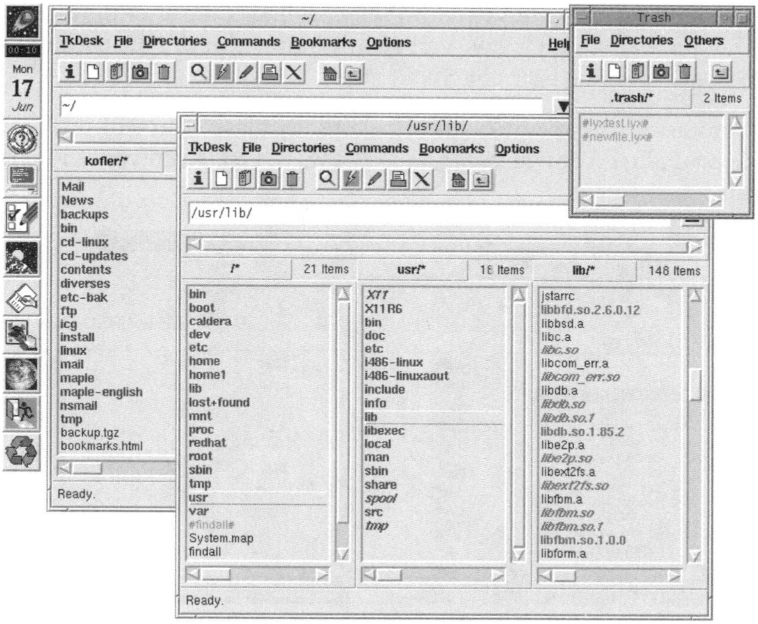

Abbildung 18.3: Der Dateimanager tkdesk

In jeder Verzeichnisliste können mit der linken Maustaste Dateien markiert werden. Mit der mittleren Maustaste können die markierten Dateien in ein anderes Verzeichnis (auch in einen anderen Browser) verschoben werden (Drag-and-Drop). Die rechte Maustaste führt zu einem Kontextmenü mit diversen Kommandos. `tkdesk` hat einen eigenen einfachen Editor, der auch zur Anzeige von Textdateien verwendet wird.

Neben der komfortablen und sofort einleuchtenden Bedienung unterscheidet sich `tkdesk` auch durch einige besondere Fähigkeiten von anderen Dateimanagern:

- Beim Löschen von Dateien werden diese in einen Papierkorb kopiert, der (über ein eigenes Fenster) getrennt gelöscht werden kann. (Sicherheitskopien von gleichnamigen Dateien können allerdings nur einfach gespeichert werden.)
- Wichtige Verzeichnisse können wie in einem WWW-Browser als Lesezeichen gespeichert werden.
- Das Kommando DISK USAGE liefert eine sehr übersichtliche Anzeige des Speicherverbrauchs einzelner Verzeichnisse.
- `tkdesk` ist praktisch beliebig konfigurierbar.
- Der Dateimanager ist mit einer hervorragenden Online-Hilfe ausgestattet.

Gnome-Dateimanager (gmc)

Wie der Name bereits andeutet, ist der Gnome-Dateimanager gmc vom oben beschriebenen Programm mc abgeleitet. Rein optisch ist davon allerdings nicht mehr viel zu bemerken – das Programm hat eine sehr moderne Benutzeroberfläche bekommen, die sich in vielen Punkten am Windows-Explorer orientiert (beispielsweise in der exzellenten Darstellung des Verzeichnisbaums, in der Listendarstellung von Dateien mit bequemer Sortiermöglichkeit etc).

Wie mc kommt auch gmc mühelos mit ftp-Verzeichnissen zurecht und zeigt den Inhalt von *.rpm-Paketen sowie von *.tar- bzw. *.tgz-Archiven wie virtuelle Verzeichnisse an.

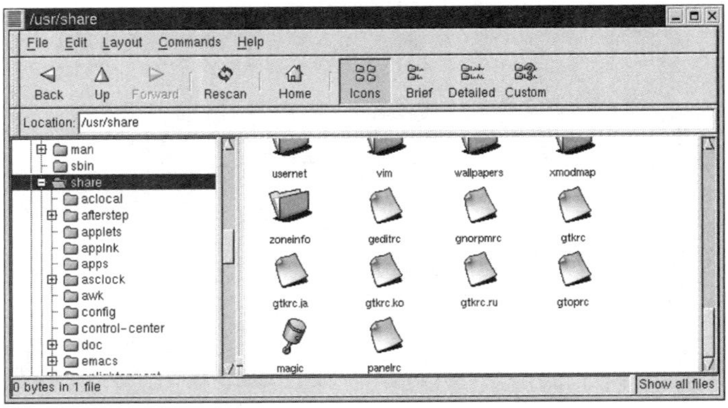

Abbildung 18.4: Der Gnome-Dateimanager

gmc ist natürlich mit den anderen Gnome-Programmen verbunden – ein Doppelklick auf eine *.gif-Datei startet das Grafikprogramm ee etc. (Dass ee und nicht beispielsweise netscape oder xv gestartet wird, liegt an den MIME-Einstellungen, die die Verbindung zwischen Dateitypen und Programmen festlegen. Sie können diese Einstellungen mit dem Gnome-Kontrollzentrum verändern; siehe auch Seite 769.)

HINWEIS

gmc kümmert sich auch um die Verwaltung von Icons auf dem Gnome-Desktop (lesen Sie dazu auch den Gnome-Abschnitt ab Seite 387). Aus diesem Grund ist es im Allgemeinen nicht sinnvoll, das Programm mit EXIT zu verlassen. Wenn Sie es dennoch tun (und nicht einfach nur das Fenster schließen), können Sie den Dateimanager jederzeit mit dem Kommando gmc neu starten.

TIPP

Wenn Sie eine Datei mit der rechten Maustaste anklicken, können Sie diese Datei ansehen (VIEW), verändern (EDIT) etc. Den dabei eingesetzten Editor können Sie im Gnome-Kontrollzentrum einstellen (Dialogblatt GNOME EDIT PROPERTIES).

KDE-Dateimanager (kfm)

`kfm` ist der KDE-Dateimanager. Die Dateien können wahlweise als Icons oder im Textformat angezeigt werden. Die Bedienung ist weitgehend problemlos, wenngleich noch einige Kleinigkeiten stören (etwa die fehlenden Sortiermöglichkeiten für Dateilisten). Wenn Sie eine Datei mit der Maus nur markieren, aber nicht gleich öffnen möchten, müssen Sie zusammen mit der Maustaste (Strg) drücken. Einfacher geht es mit der Tastatur – drücken Sie einfach die (Leertaste). Besondere Merkmale von `kfm` sind:

- Der Inhalt von `tar`-Archiven kann wie ein Verzeichnis betrachtet und bearbeitet werden.
- Bei Bilddateien kann der Inhalt des Bilds als Icon dargestellt werden (ANSICHT|-BILDERVORSCHAU).
- HTML-Dokumente werden direkt angezeigt – `kfm` ist also auch ein Webbrowser. Auf wichtige Verzeichnisse, egal ob lokal auf der Festplatte oder im Internet, können Lesezeichen gesetzt werden. (Diese werden als `*.kdelink`-Dateien im Verzeichnis `.kde/share/apps/kfm/bookmarks` gespeichert.
- Beim Anklicken von Dokumenten mit bekannten Dateikennungen werden automatisch entsprechende Programme zur Anzeige des Inhalts gestartet (etwa `kview` bei Bildern, `kdvi` bei `*.dvi`-Dateien etc.

  Neue Dokumenttypen können mit BEARBEITEN|MIME-TYPEN und DATEI|NEU|MIME-TYPE definiert werden. Anschließend müssen die Merkmale über das Kontextmenü EIGENSCHAFTEN eingestellt werden. Analog ist die Vorgehensweise beim Einrichten neuer Programme zur Anzeige bzw. zur Bearbeitung solcher Dokumente: zuerst BEARBEITEN|ANWENDUNGEN, dann DATEI|NEU|PROGRAMM. Hintergrundinformationen zur MIME-Konfiguration finden Sie auf Seite 769.

kfm-Tastenkürzel	
(Alt)+(←)	zum vorherigen Verzeichnis / zur vorigen WWW-Datei
(Alt)+(→)	Undo zu (Alt)+(←)
(Alt)+(↑)	eine Verzeichnisebene hinauf (`cd ..`)
(Strg)+(F)	Dateien suchen (find)
(Strg)+(S)	Dateien nach einem Muster auswählen (select)
(Strg)+(T)	Terminalfenster zum aktuellen Verzeichnis öffnen

TIPP

`kfm` sollte nach Möglichkeit aus einem KDE-Menü heraus gestartet werden. Für einen Start aus einem Shell-Fenster heraus müssen Sie die Option `-ws` verwenden, also `kfm -ws`.

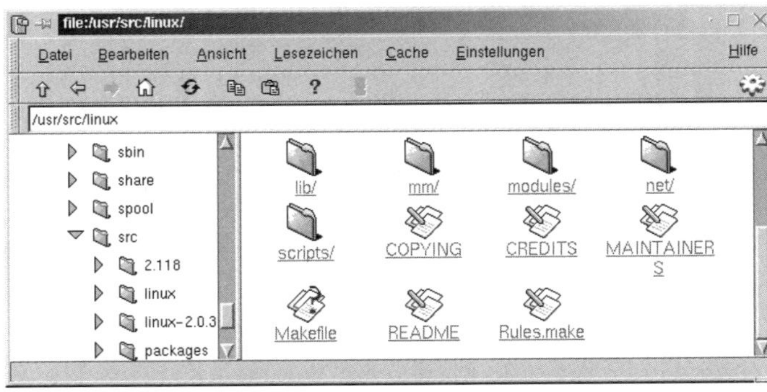

Abbildung 18.5: Der KDE-Dateimanager

> **TIPP**
>
> Wenn Sie als normaler Anwender `kfm` mit `root`-Rechten ausführen möchten, führen Sie einfach `kfmsu -ws` aus. (Dazu brauchen Sie weder X zu verlassen noch `su` auszuführen. Sie werden automatisch nach dem `root`-Passwort gefragt.) `kfm` zeigt jetzt einen roten Balken neben der Menüleiste an und stellt einige zusätzliche Kommandos zur Verfügung (BEARBEITEN|GLOBALE MIME-TYPEN und -|GLOBALE ANWENDUNGEN).

kzip

`kfm` kommt zwar ausgezeichnet mit `tar`-Archiven zurecht, nicht aber mit `zip`-Archiven, wie sie unter Windows üblich sind (WinZip etc.). In solchen Fällen hilft `kzip` weiter. Wie bei allen KDE-Programmen können Dateien per Drag-and-Drop zwischen unterschiedlichen KDE-Anwendungen ausgetauscht werden.

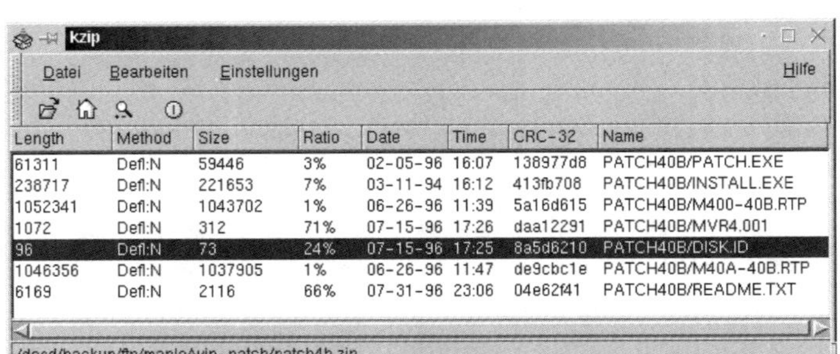

Abbildung 18.6: Windows-ZIP-Archive bearbeiten

kruiser

`kruiser` bietet sich vor allem für Umsteiger aus der Windows-Welt an, weil es das Aussehen und Verhalten des Microsoft Windows Explorer sehr gut imitiert. `kruiser` kann auch zum Betrachten von FTP- und Samba-Verzeichnissen verwendet werden. Die Inhalte von TAR-, RPM- und ZIP-Archiven können wie Verzeichnisse betrachtet werden. Bei Bitmap-Dateien ist optional eine Vorschau möglich (sogenannte *thumbnails*, also eine verkleinerte Anzeige in Icon-Form).

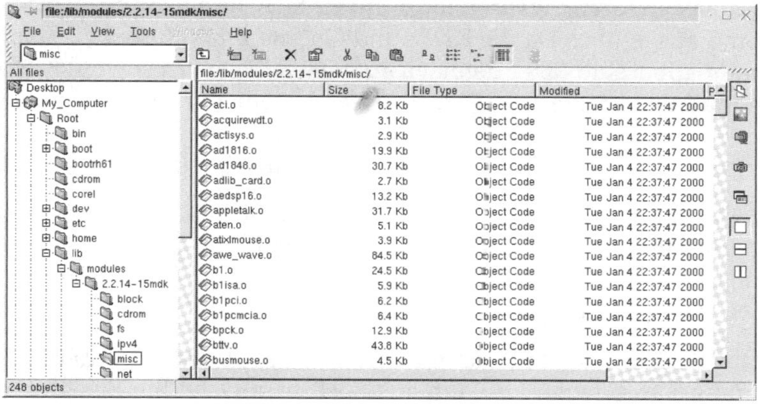

Abbildung 18.7: kruiser – Ein Dateimanager, der dem Windows Explorer nachempfunden ist

18.3 MIME-Konfiguration

Sie klicken in Netscape oder in einem Webbrowser oder Dateimanager unter KDE oder Gnome auf einen Link, der auf eine MP3-Datei verweist – und anstatt automatisch einen MP3-Player zu starten, passiert nichts! Schuld daran ist in den meisten Fällen MIME.

MIME steht eigentlich für *Multipurpose Internet Mail Extensions.* Ursprünglich bezog sich MIME auf E-Mail-Attachements. Wenn mit einer E-Mail beispielsweise eine PostScript- oder GIF-Datei mitgesandt wird, dann sollte der E-Mail-Client wissen, mit welchem Programm diese Datei betrachtet bzw. bearbeitet werden kann. Damit das funktioniert, ist die MIME-Konfiguration erforderlich.

Mittlerweile reicht die Anwendung von MIME aber viel weiter: Wenn Sie im Dateimanager oder in Netscape einen Link auf eine Datendatei verfolgen, sollte auch dieses Programm wissen, wie es mit diesen Daten umgehen soll. Die Bedeutung einer korrekten MIME-Konfiguration betrifft also nicht nur E-Mails, sondern alle Programme, die mit unterschiedlichen Datentypen zurechtkommen müssen.

Es wäre nicht Linux (oder Unix), wenn es einen zentralen Ort für die MIME-Konfiguration gäbe. Stattdessen gibt es (zumindest) drei: Einen für KDE-Programme, einen für Gnome-Programme und einen für alle anderen Programme. Sie werden denken: Typisch! Warum einfach, wenn es auch kompliziert geht!

Die Aufteilung der MIME-Konfiguration auf drei Orte hat durchaus seine Gründe. Sowohl KDE als auch Gnome entwickeln sich hin zu einem Komponentenkonzept, in dem (auf der Basis objektorientierter Bibliotheken) Komponenten zur Bearbeitung verschiedener Datentypen eingesetzt werden. Wenn im KDE-Dateimanager eine PNG-Bilddatei angezeigt werden soll, wird einfach die entsprechende Komponente geladen und ausgeführt. Da die KDE- und Gnome-Bibliotheken zueinander weitgehend inkompatibel sind (aber dennoch auf vielen Rechnern sowohl KDE- als auch Gnome-Programme installiert sind), wäre es fatal, wenn der KDE-Dateimanager versuchen würde, eine Gnome-Komponente auszuführen (oder umgekehrt). Um das zu vermeiden, verwenden KDE- und Gnome jeweils ihre eigene MIME-Datenbank.

Bei allen drei Varianten gibt es darüber hinaus eine globale Konfiguration (sozusagen die Defaulteinstellung für alle Anwender) und eine individuelle Konfiguration (benutzerspezifische Einstellungen). Das bedeutet also, dass die MIME-Einstellungen auf bis zu sechs Orte verteilt sind.

HINWEIS

Normalerweise wird der Dateityp über die Dateikennung ermittelt. (Die Dateikennung `*.ps` deutet also auf eine PostScript-Datei hin.) Es gibt allerdings auch Verfahren, mit denen durch Auswertung der ersten Bytes einer Datei versucht wird, den Dateityp zu erkennen. Diese Erkennungsverfahren basieren auf einer sogenannten Magic-Datei, in der Informationen darüber gespeichert sind, welches Muster die ersten Bytes einer Datei aufweisen können.

Allgemeine MIME-Konfiguration

Die Einstellungen für die allgemeine MIME-Konfiguration sind auf jeweils zwei Dateien verteilt:

```
/etc/mime.types         global: Dateitypen
/etc/mailcap            global: Programme
~/.mime.types           lokal:  Dateitypen
~/.mailcap              lokal:  Programme
```

`mime.types` enthält eine Liste, die die Zuordnung zwischen Dateitypen (erste Spalte) und Dateikennungen (alle weiteren Spalten) herstellt. Die erste Beispielzeile ordnet dem Typ 'image/png' die Kennung `*.png` zu. Die zweite Zeile ordnet dem Typ 'image/jpeg' die Kennungen `*.jpeg`, `*.jpg` und `*.jpe` zu. In `mime.types` wird zum Teil zwischen Text- und X-Applikationen unterschieden, weswegen Sie Dateitypen wie 'application/x-gtar' finden werden.

```
# in /etc/mime.types
image/png           png
image/jpeg          jpeg jpg jpe
```

mailcap gibt an, welches Programm zur Anzeige/Bearbeitung eines bestimmten Dateityps verwendet werden soll. Die folgende Zeile besagt, dass zur Anzeige aller 'image/*'-Typen das Programm xv verwendet werden soll. Im Gegensatz zu mime.types müssen die Spalten in mailcap durch Semikola getrennt werden. %s ist ein Platzhalter für den Dateinamen.

```
# in /etc/mailcap
image/*;            xv %s
```

Das wichtigste Programm, das die allgemeinen MIME-Konfigurationsdateien auswertet, ist Netscape. Es überrascht daher wenig, dass Netscape einen eigenen Dialog zur Veränderung der MIME-Einstellungen besitzt (BEARBEITEN|EINSTELLUNGEN|NAVIGATOR|PROGRAMME, siehe Seite 493). Eine Veränderung dieser Einstellungen wird in den lokalen MIME-Konfigurationsdateien gespeichert. Netscape verwendet allerdings eine etwas deutlichere Syntax in ~/.mime.types. Die folgende Zeilen geben ein Beispiel:

```
#--Netscape Communications Corporation MIME Information
#Do not delete the above line. It is used to identify the file type.
#mime types added by Netscape Helper
type=application/postscript  \
  desc="Postscript Document"  \
  exts="ai,eps,ps"
```

Soweit es Plug-Ins betrifft, speichert Netscape MIME-Einstellungen auch in ~/.netscape/preferences.js und in ./plugin-list.

KDE-MIME

In KDE werden MIME-Informationen in *.kdelnk-Dateien gespeichert. Der Ort der globalen Dateien variiert allerdings von Distribution zu Distribution.

```
/usr/X11R6/share/mimelnk    globale MIME-Dateitypen Corel
/usr/share/mimelnk          globale MIME-Dateitypen Red Hat/Mandrake
/opt/kde/share/mimelnk      globale MIME-Dateitypen SuSE
~/.kde/share/mimelnk        lokale  MIME-Dateitypen

/usr/X11R6/share/applnk     globale MIME-Anwendungen Corel
/usr/share/applnk           globale MIME-Anwendungen Red Hat/Mandrake
/opt/kde/share/applnk       globale MIME-Anwendungen SuSE
~/.kde/share/applnk         lokale  MIME-Anwendungen
```

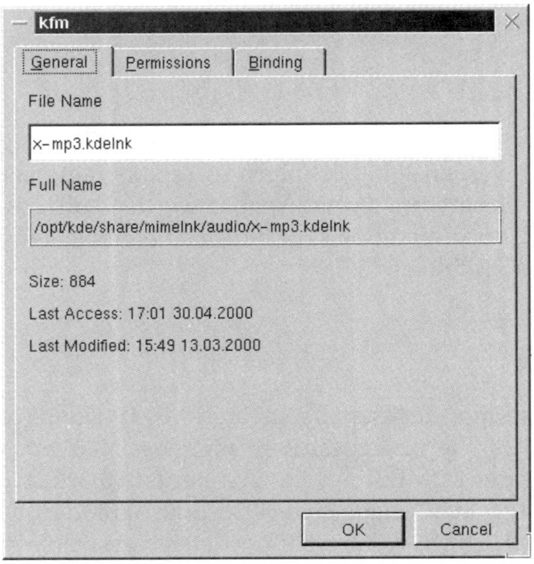

Abbildung 18.8: *MIME-Konfiguration in KDE*

Die folgende Beispieldatei für `*.mp3`-Dateien hat den Dateinamen `mimelnk/audio/mp3.kdelnk`. Der Aufbau der Datei ist selbsterklärend:

```
# KDE Config File
[KDE Desktop Entry]
Type=MimeType
MimeType=audio/x-mp3
DefaultApp=kmpg
Icon=sound.xpm
Patterns=*.mp3;*.MP3;
Comment=MPEG Sound file
Comment[de]=MPEG-komprimierte Musikdatei
Comment[fr]=Fichier son au format MP3
# ... Beschreibungen in vielen weiteren Sprachen
```

Die dazugehörende Applikationsdatei sieht folgendermaßen aus:

```
# KDE Config File
[KDE Desktop Entry]
Type=Application
Exec=kmpg %f
DocPath=kmpg/kmpg.html
BinaryPattern=kmpg;
```

```
MimeType=audio/x-mp1;audio/x-mp2;audio/x-mp3;audio/x-m3u;audio/x-wav;
Icon=kmpg.xpm
Name=Audio Mpeg Player
Comment=Kmpg MPEG Audio Player
Info=An MPEG audio player
```

MIME-Typen können im KDE-Dateimanager bearbeitet werden. Dazu führen Sie BEARBEITEN|MIME bzw. ANWENDUNGEN aus. Sie gelangen damit in das Verzeichnis mit den lokalen MIME-Dateien. Die Einstellungen dieser Dateien können Sie dann durch einen einfachen Klick in einem Dialog anzeigen und verändern (siehe Abbildung 18.8). Mit der rechten Maustaste können Sie neue MIME-Dateien erstellen.

TIPP Wenn Sie den KDE-Dateimanager als `root` ausführen, gelangen Sie mit BEARBEITEN|GLOBALE MIME-TYPEN bzw. GLOBALE ANWENDUNGEN in die globalen KDE-MIME-Verzeichnisse.

Noch viel eleganter geht es freilich in Corel. Dort steht ein eigener MIME-Editor zur Verfügung (das Programm `meditor`; siehe Abbildung 18.9).

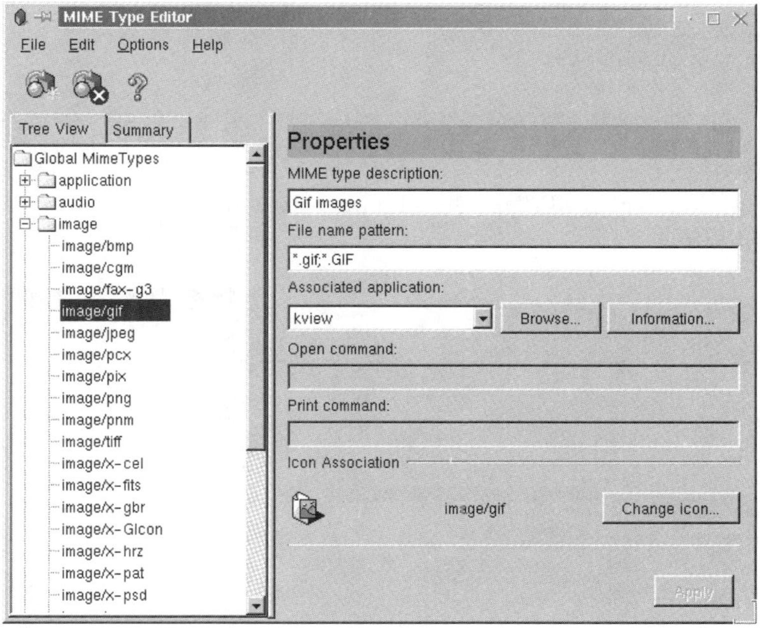

Abbildung 18.9: Corel-MIME-Editor

Gnome-MIME

Ähnlich wie bei der klassischen Unix-MIME-Konfiguration erfolgt die Definition der Dateitypen und die der Anwendungsprogramme in getrennten Dateien mit den Endungen `*.mime` bzw. `*.keys`.

```
/usr/share/mime-info/gnome.mime    globale MIME-Dateitypen
/usr/share/mime-info/mc.keys       globale MIME-Anwendungen
/usr/share/mime-info/*.mime        applikationsspezifische Ergänzungen
/usr/share/mime-info/*.keys        applikationsspezifische Ergänzungen
~/.gnome/user.mime                 lokale  MIME-Dateitypen
~/.gnome/user.keys                 lokale  MIME-Anwendungen
```

Die folgenden Zeilen zeigen zueinander passende Ausschnitte aus einer `*.mime`- und einer `*.keys`-Datei:

```
# /usr/share/mime-info/gnome.mime
application/postscript
  ext: ps eps
...

# /usr/share/mime-info/mc.keys
application/postscript:
  open=gv %f
  icon-filename=/usr/share/pixmaps/mc/gnome-application-postscript.png
...
```

Die Konfiguration der MIME-Typen erfolgt über das Gnome-Kontrollzentrum (siehe Abbildung 18.10).

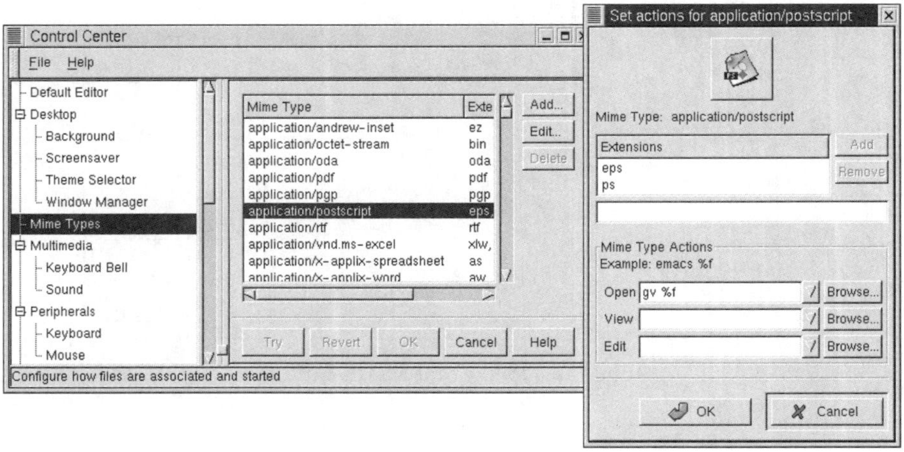

Abbildung 18.10: MIME-Konfiguration in Gnome

18.4 Linux Office

Dieser Abschnitt gibt einen knappen Überblick über die wichtigsten Software-Angebote von Linux für den Office-Bereich (natürlich ohne jeden Anspruch auf Vollständigkeit!). Die einzelnen Programme können hier nicht beschrieben werden – das gäbe genug Stoff für einige weitere Bücher. Das Ziel dieses Abschnitts ist es vielmehr, Ihnen einen ersten Eindruck zu vermitteln, was es bereits gibt und was zur Zeit entwickelt wird. Linux für den Desktop (d.h. Linux für das Büro, für das Sekretariat etc.) rückt in Reichweite!

VERWEIS

Eine weitere Informationsquelle ist das Commercial HOWTO, das eine lange (wenn auch nicht immer ganz aktuelle) Aufzählung kommerzieller Linux-Programme enthält. Aktualisierte Internet-Links finden Sie auch auf meiner Homepage (`www.kofler.cc`).

Vollständige Office-Pakete

- Applixware Office: kommerziell
  `http://www.vistasource.com`
- Corel Office: kommerziell
  `http://linux.corel.com`
- KOffice (KDE): frei (GPL), aber leider noch im Alpha-Stadium
  `http://koffice.kde.org`
- SIAG: frei (GPL)
  `http://siag.nu`
- Sun StarOffice: kostenlos, Quellcode verfügbar; voraussichtlich ab Version 6.0 GPL
  `http://www.sun.com/staroffice`

Einzelne Office-Komponenten

- Abiword (Textverarbeitungsprogramm): frei (GPL)
  `http://www.abisource.com`
- Gnumeric (Gnome-Tabellenkalkulation): frei (GPL)
  `http://www.gnome.org/gnumeric/`
- LyX/KLyX (LaTeX-Frontend): frei (GPL), siehe Kapitel 21
  `http://www.lyx.org`

Groupware

- Evolution (Gnome): frei (GPL), noch in Entwicklung
  `http://www.helixcode.com/apps/evolution.php3`
- Magellan (KDE): frei (GPL), noch in Entwicklung
  `http://www.kalliance.org`
- Lotus Notes: kommerziell, zur Zeit nur Server (Domino)
  `http://notes.net/linux`

Zeichenprogramme

- Corel Draw (vektororientiert): kommerziell
  `http://linux.corel.com`
- Dia (vektororientiert): Ähnlichkeit mit Visio Professional, frei (GPL) (siehe Abbildung 14.1 auf Seite 564)
  `http://www.lysator.liu.se/~alla/dia/`
- Gimp (pixelorientiert): wie Adobe Photoshop, frei (GPL), siehe Kapitel 22
  `http://www.gimp.org`
- Sketch (vektororientiert): frei (GPL)
  `http://sketch.sourceforge.net/`

18.5 Dokument- und Grafikkonvertierung

Linux-Dokumente und -Grafiken liegen in den unterschiedlichsten Formaten vor. Die folgende Liste gibt einen ersten Überblick:

- ASCII: Linux verwendet einen 8-Bit-Zeichensatz, der mit dem von Microsoft Windows (ANSI) weitgehend übereinstimmt.
- DVI (Device Independent Format): DVI-Dateien sind das Ergebnis des Satzprogramms LaTeX. DVI-Dateien stehen in der Mitte des Wegs von einem LaTeX-Quelltext (TEX-Datei) zu einer Druckdatei (zumeist PS).
- Grafikformate: Aus historischen Gründen gibt es zahllose Grafikformate (GIF, TIF, JPEG etc.). Die Konvertierung und Bearbeitung solcher Programme kann mit einer ganzen Palette von Programmen erfolgen.
- HTML (Hypertext Markup Language): Das HTML-Format wurde zwar für das Internet entwickelt, hat sich mittlerweile aber auch als wichtiges Format für Online-Dokumentationen durchgesetzt.
- `man`-Dateien: Die Quelltexte zu den `man`-Texten liegen im Format des `groff`-Textformatiersystems vor.

- PCD (Photo-CD): Auf PCD-Dateien stoßen Sie, wenn Sie Bilder einer Photo-CD unter Linux weiterverarbeiten möchten.
- PS, EPS (PostScript): PostScript ist eine Seitenbeschreibungssprache für bestimmte Drucker. Das Format spielt unter Linux eine viel größere Rolle als unter Windows: Praktisch alle Linux-Programme können Druckdateien nur in diesem Format erzeugen. PostScript stellt damit den Druckerstandard in der Linux- (und allgemein in der Unix-)Welt dar. Aber auch wenn Sie keinen PostScript-Laserdrucker besitzen, besteht kein Grund zur Verzweiflung. Mit `gs` (GhostScript) können Sie PostScript-Dateien in das Format sehr vieler anderer Drucker umwandeln.
- SGML (Standard Generalized Markup Language): Hierbei handelt es sich um eine Variante zu HTML. Die Quelltexte der meisten Linux-HOWTOs liegen im SGML-Format vor.
- TEX (LaTeX): TEX-Dateien enthalten den Quelltext für eine LaTeX- oder TeX-Übersetzung. (Aus Platzgründen werden bei manchen Programmen zur Dokumentation nur die TEX-Dateien mitgeliefert, die Umwandlung in andere Formate wird dem Anwender überlassen.)
- TEXI (TeXInfo): Hierbei handelt es sich um eine Variante zu TEX-Dateien, die speziell zur Erzeugung von Online-Dokumentationen im `info`-Format dient.

Dieser Abschnitt stellt eine Menge Werkzeuge vor, mit deren Hilfe Sie Dokumente von einem Format in ein anderes verwandeln können. Wenn Sie beispielsweise eine `*.tex`-Datei mit der Dokumentation zu einem Programm zuerst am Bildschirm lesen und dann auf einem Epson-Tintenstrahldrucker ausdrucken möchten, sind folgende Konvertierungsschritte erforderlich:

TEX → DVI mit `latex`; Anzeige z.B. mit `xdvi`
DVI → PS mit `dvips`; Anzeige z.B. mit `ghostview`
PS → Druckdatei mit `gs`

VERWEIS

Bei einer geeigneten Druckerkonfiguration kann diese Konvertierung automatisch erfolgen – siehe auch Seite 229 bzw. das Printing-HOWTO.

Programme zur Anzeige unterschiedlicher Dokumente werden im nächsten Abschnitt ab Seite 794 behandelt.

Je nach Drucker kann es mehrere Möglichkeiten geben, einen Ausdruck durchzuführen. Sie können beispielsweise eine ASCII-Datei zuerst mit `a2ps` in eine PostScript-Datei umwandeln und diese dann via `gs` auf einem HP-Laserjet ausdrucken. Der Umweg über das PostScript-Format wirkt oft umständlich, kann aber zu qualitativ besseren Ergebnissen führen.

Die folgende Tabelle (geordnet nach dem Quellformat) gibt einen Überblick über die wichtigsten unter Linux verfügbaren Konvertierungsprogramme und zeigt an, auf welchen Seiten diese behandelt werden:

Konvertierungsprogramme		
`to/fromdos`	ASCII → ASCII (DOS/Linux-Konvertierung)	Seite 778
`a2ps`	ASCII → PS	Seite 780
`mpage`	ASCII → PS	Seite 781
`dvips`	DVI → PS	Seite 783
`xv`	Grafikkonvertierung	Seite 791
`ee`	Grafikkonvertierung	Seite 792
`gimp`	Grafikkonvertierung	Seite 951
`lynx`	HTML → ASCII	Seite 497
`html2ps`	HTML → PS	Seite 790
`groff`	man-Seite → ASCII, DVI oder PS	Seite 787
`rman`	man-Seite → HTML	Seite 789
`xpcd, hpcdtoppm`	PCD → Grafikformat XY	Seite 793
`pdf2ps`	PDF → PS	Seite 790
`gs`	PS → diverse Druckerformate	Seite 784
`mpage`	PS → PS (mehrere Seiten auf einem Blatt)	Seite 781
`psutils`	PS → PS (Tools zur Bearbeitung von PS-Dateien)	Seite 786
`ps2pdf`	PS → PDF	Seite 790
`sgml2xy`	SGML → ASCII, `info`, HTML, TEX	Seite 789
`latex, tex`	TEX → DVI	Seite 869
`latex2html`	TEX → HTML	Seite 789
`pdftex`	TEX → PDF	Seite 918
`makeinfo`	TEXI → `info`-Datei	Seite 788
`texi2html`	TEXI → HTML	Seite 789

Textkonvertierung DOS ↔ Linux (fromdos, todos)

Wenn Sie versuchen, Texte zwischen DOS/Windows und Linux auszutauschen, werden Sie auf zwei Probleme stoßen: Erstens werden die Zeilenenden unterschiedlich markiert (gilt für DOS und Windows), und zweitens gelten unterschiedliche Zeichensätze, was sich bei den deutschen Sonderzeichen auswirkt (gilt nur für DOS).

Kurz die Details: Sowohl unter DOS als auch unter Windows wird das Ende einer Zeile durch die Zeichenkombination Carriage Return und Line Feed gekennzeichnet. Unix und damit auch Linux spart sich das Carriage-Return-Zeichen und begnügt sich mit Line Feed. Das hat zur Folge, dass eine DOS-Datei, die in einem Linux-Editor betrachtet wird, lauter ^M-Zeichen am Zeilenende aufweist. Umgekehrt wird eine Linux-Datei, die in einem DOS-Editor betrachtet werden soll, zu einer endlosen Zeichenwurst, weil DOS und manche Windows-Programme (etwa der Editor `NOTEPAD`) die Zeilenenden nicht erkennen.

Nun zu den deutschen Sonderzeichen: DOS, Windows und Linux verwenden drei unterschiedliche Zeichensätze: Unter DOS ist eine Variante des ASCII-Zeichensatzes üblich, unter Windows der ANSI-Zeichensatz und unter Linux der Zeichensatz ISO

8859/1. Die Zeichen mit den Codes von 0 bis 127 sind immerhin bei allen drei Zeichensätzen identisch. Abweichungen gibt es bei den anderen 128 Zeichen, zu denen unter anderem die deutschen Sonderzeichen gehören. Bei den Windows- und Linux-Zeichensätzen geht die Übereinstimmung sogar noch weiter – auch die deutschen Sonderzeichen sind gleich kodiert (einige andere Zeichen leider nicht, das fällt aber bei deutschen Texten kaum ins Gewicht).

Manuelle Konvertierung von Textdateien

Zur Lösung dieser Probleme gibt es zwei Varianten: Wenn nur die Zeilenenden verändert werden sollen, können die beiden Kommandos `fromdos` und `todos` verwendet werden:

```
user$  fromdos datei                # DOS -> Linux
user$  todos datei                  # Linux -> DOS
```

Wenn gleichzeitig eine Konvertierung der deutschen Sonderzeichen von DOS nach Linux erfolgen soll, ist das GNU-Tool `recode` besser geeignet.

```
user$  recode ibmpc:latin1 datei  # DOS -> Linux
user$  recode latin1:ibmpc datei  # Linux -> DOS
```

Beim Aufruf aller vier Kommandos ist Vorsicht geboten – die ursprüngliche Datei wird durch die neue ersetzt. Sicherer sind die folgenden Varianten, in denen `dos` und `linux` als Namen für Textdateien verwendet werden.

```
user$  fromdos < dos > linux        # DOS -> Linux, Zeilenende
user$  todos < linux > dos          # Linux -> DOS, Zeilenende
user$  recode ibmpc:latin1 < dos > linux   # D -> L, Sonderz.
user$  recode latin1:ibmpc < linux > dos   # L -> D, Sonderz.
```

`recode` kommt mit weit über 100 Zeichensätzen zurecht. Einzelheiten zu anderen Zeichensätzen und weiteren Anwendungsmöglichkeiten erhalten Sie mit `info recode`.

`recode` darf mit `ibmpc` nicht zur Konvertierung von Windows-Texten verwendet werden, weil der in Windows verwendete ANSI-Zeichensatz andere Codes für die deutschen Sonderzeichen verwendet.

VERWEIS

Auf Seite 672 wird als Beispiel für die bash-Programmierung beschrieben, wie Sie einfache Konvertierungs-Tools unter Zuhilfenahme der Kommandos `tr` und `sed` selbst programmieren können.

Automatische Konvertierung

Falls Sie eine DOS/Windows-Partition in Ihr Linux-Dateisystem eingebunden haben, können Sie die Transformation der Zeilenenden auch automatisch durchführen.

Dazu geben Sie beim `mount`-Kommando die Option `-o conv=auto` bzw. in `/etc/fstab` die Option `conv=auto` an. Wenn Sie eine Textdatei von Linux aus lesen, erscheinen alle Zeilenenden korrekt. Umgekehrt werden beim Schreiben die DOS-typischen Carriage-Return-Zeichen eingefügt – paradiesische Zustände also!

Die automatische Konvertierung betrifft nur die Zeilenenden. Der Zeichensatz (deutsche Sonderzeichen bei DOS-Textdateien) wird nicht verändert. Eine Liste mit allen Dateikennungen, die von der automatischen Konvertierung ausgenommen sind, finden Sie in der Datei `/usr/src/linux/fs/fat/misc.c`.

VORSICHT

Der Haken an der Sache ist die Erkennung von Textdateien. Jede Datei, die keine bekannte Kennung hat (`*.exe`, `*.dll`, `*.gif` etc.), wird als Textdatei interpretiert. Falls es sich aber dennoch um eine Binärdatei handelt, wird diese bei einem Zugriff falsch interpretiert. Wenn Sie beispielsweise mit `tar` eine DOS-Partition sichern, laufen Sie Gefahr, dass ein gewisser Anteil der Backup-Dateien unbrauchbar ist! Die Option `conv=auto` ist also bequem, aber gleichzeitig eine akute Gefahrenquelle! Aktivieren Sie die Option nur, wenn Sie sich bewusst sind, welchen Schaden Sie damit anrichten können.

Konvertierung ASCII → PostScript (a2ps, mpage)

Da PostScript-Drucker jede Ausgabe in Form von Kommandos erwarten, ist es nicht möglich, eine ASCII-Datei ohne vorherige Bearbeitung direkt an den Drucker zu senden. Zur Umwandlung von ASCII-Dateien in das PostScript-Format gibt es die Kommandos `a2ps`, `mpage` und `enscript` (wird hier nicht explizit beschrieben).

`a2ps` `[optionen] asciidatei -o psdatei`

In der Defaulteinstellung (also ohne Optionen) formatiert `a2ps` den Text in einer zweispaltigen Seite im Querformat. Die beiden Spalten werden automatisch gerahmt und mit Überschriften versehen. Im Folgenden werden nur solche Optionen angegeben, die nicht ohnedies als Defaulteinstellung gelten.

`-1` einspaltiger Druck (statt zweispaltig im Landscape-Modus).

`-8` ISO-Latin-Zeichensatz verwenden. Ermöglicht den Ausdruck deutscher Sonderzeichen, allerdings nur auf Level-2-PostScript-Druckern.

`-F`*n*

stellt die Schriftgröße auf *n* Punkt ein. Damit ändert sich automatisch auch der Zeilenabstand und damit die Anzahl der Zeilen pro Seite. *n* wird durch eine Fließkommazahl angegeben.

`-p` Längsformat (Portrait) statt Querformat (Landscape).

`-nd, -nL, -nH, -nu`

Datum, Login-Info, Kopfzeile, Dateiname nicht drucken.

`-ns`
: keinen Rahmen um den Text drucken.

`-o dateiname`
: speichert den resultierenden PostScript-Code in der angegebenen Datei. Wird diese Option nicht verwendet, überträgt `a2ps` den PostScript-Code automatisch an den Standarddrucker.

Zu `a2ps` existiert eine ausführliche `man`-Seite. Einen Überblick über alle Optionen erhalten Sie mit `a2ps -h`. In diesem Hilfetext sind die Defaulteinstellungen durch Großbuchstaben markiert.

HINWEIS

Auf meinem PostScript-Drucker sind zum Teil Probleme mit den von `a2ps` produzierten Dateien aufgetreten: Dateien mit deutschen Sonderzeichen (Option `-8`) und `man`-Dateien, die das Zeichen Backspace (Code 8) verwenden, konnten nicht ausgedruckt werden. Der Grund für das Fehlverhalten: `a2ps` verwendet zum Teil PostScript-Kommandos, die erst ab PostScript Level 2 offiziell definiert sind. Auf den älteren Level-1-Druckern sind diese Kommandos manchmal (je nach Implementation) ebenfalls schon vorhanden, zum Teil (wie auf meinem Drucker) fehlen sie allerdings. `ghostview` kommt übrigens mit beiden Sonderfällen problemlos zurecht. Auch eine Umwandlung mit `gs` in das HP-Laserjet-Format und ein Ausdruck in diesem Modus (was mit den meisten PostScript-Druckern möglich ist) funktioniert.

`mpage` `[optionen] quelldateien > zieldatei`

`mpage` verarbeitet die angegebenen Quelldateien (ASCII- oder PostScript)-Format und schreibt die neue PostScript-Datei an die Standardausgabe (die in die Zieldatei umgeleitet wird). Die folgende Liste nennt nur die wichtigsten Optionen (es gibt noch mehr!).

`-1    -2    -4    -8`
: ordnet eine, zwei, vier oder acht Seiten auf einem Blatt an. Bei zwei oder acht wird das Querformat verwendet (Default: vier Seiten).

`-A` Ausgabe im DIN-A4-Format (Default: US-Letter).

`-C ISO-8859.1`
: verwendet die ISO-8859/1-Kodierung für den Zeichensatz. Die Option ist für den Ausdruck von Texten mit deutschen Sonderzeichen erforderlich. Andere Kodierungstabellen befinden sich in `/usr/lib/mpage`.

`-c` beim Druck mehrerer Dateien wird nicht für jede Datei ein neues Blatt begonnen.

`-f` lange Zeilen werden auf mehrere Zeilen verteilt (Default: Sie werden abgeschnitten).

`-j` *n-m*
: druckt nur Blatt *n* bis *m* (Default: alle).

`-l` druckt im Querformat mit 55 Zeilen und 132 Spalten und einer entsprechend geringeren Schriftgröße (Default: Hochformat: 66 Zeilen, 80 Spalten).

`-L` *n*
: druckt *n* Zeilen pro Seite und passt die Zeichensatzgröße entsprechend an (Default: 66 Zeilen).

`-o` verzichtet auf Rahmenlinien um die Seiten.

`-v` druckt auch die Blattnummer aus (Default: nur Seitennummer).

`-W` *n*
: druckt *n* Spalten pro Seite und passt die Zeichensatzgröße entsprechend an (Default: 80 Spalten).

`mpage` ist wie `a2ps` in der Lage, aus einer ASCII-Datei eine PostScript-Datei zu erzeugen. Gegenüber `a2ps` zeichnet es sich aber durch zwei weitere Merkmale aus: Erstens kann `mpage` bis zu acht Seiten auf ein Blatt drucken (dann brauchen Sie allerdings eine Lupe zum Lesen). Zweitens akzeptiert `mpage` als Eingabe nicht nur ASCII-Dateien, sondern auch PostScript-Dateien. Sie können also eine vorhandene PostScript-Datei platzsparend neu formatieren und anschließend mit zwei Seiten pro Blatt ausdrucken. (Das funktioniert allerdings nur bei manchen PostScript-Dateien. Mit dem in der Linux-Welt wichtigsten PostScript-Generator, nämlich mit `dvips`, ist `mpage` kompatibel.)

Die Defaulteinstellungen können mit der Umgebungsvariablen `MPAGE` verändert werden. Die Variable kann in `/etc/profile` voreingestellt werden. Eine sinnvolle Einstellung (für den deutschen Sprachraum) lautet:

```
# Ergänzung in /etc/profile
export MPAGE='-A -C ISO-8859.1'
```

Konvertierung DVI → PostScript (dvips)

```
dvips [optionen] datei
```

`dvips` wandelt `*.dvi`-Dateien in das PostScript-Format um. Das Programm hängt die Kennung `.dvi` automatisch an den übergebenen Dateinamen an. `*.dvi`-Dateien sind das Ergebnis der Programme TEX und LATEX (siehe Kapitel 20 ab Seite 869). `*.dvi`-Dateien werden häufig als Online-Dokumentation zu diversen Programmen zur Verfügung gestellt.

`-A` nur ungerade Seiten umwandeln.

`-B` nur gerade Seiten umwandeln.

`-i -S` *n*
: zerlegt die Ausgabe in Dateien zu je *n* Seiten. Die Dateien werden automatisch durchnummeriert. Die Option ist wichtig, wenn ein längerer Text belichtet werden soll. Die meisten Belichtungsgeräte können nur eine relativ kleine Zahl von Seiten (typische Werte sind 20 bis 50) auf einmal auf einen Film belichten.

`-l` *letzteseite*
: beendet die Umwandlung mit der angegebenen Seite.

`-o` *zieldatei*
: schreibt das Ergebnis in die angegebene Datei (anstatt es an das Programm `lpr` weiterzuleiten).

`-p` *ersteseite*
: beginnt die Umwandlung mit der angegebenen Seite.

`-pp` *n1,n2-n3,n4,n5,n6-n7*
: druckt die angegebenen Seiten. Beachten Sie, dass in der Seitenliste keine Leerzeichen vorkommen dürfen.

LATEX-Dokumente verwenden normalerweise nicht die originalen PostScript-Zeichensätze, sondern LATEX-eigene Zeichensätze. Das hat den Vorteil, dass eine anschließende Konvertierung der PostScript-Datei in das Format eines anderen Druckers praktisch ohne Qualitätsverlust möglich ist. Falls die LATEX-Zeichensätze nicht schon bei einem früheren Ausdruck (als komprimierte Bitmap-Dateien) berechnet wurden, startet `dvips` für jeden fehlenden Zeichensatz automatisch das LATEX-Zusatzprogramm Metafont. Deswegen kann die erstmalige Umwandlung eines LATEX-Dokuments in eine PostScript-Datei relativ lange dauern.

VERWEIS

`dvips` ist normalerweise so installiert, dass es LATEX-Zeichensätze in einer Auflösung von 300 dpi (dots per inch) erzeugt. Wenn Sie das LATEX-Dokument auf einem Drucker in einer anderen Auflösung ausdrucken möchten, müssen Sie die Datei `/usr/TeX/lib/texmf/dvips/config.ps` ändern. Alle weiteren Informationen zu diesem Thema, das sehr LATEX-spezifisch ist, finden Sie auf Seite 911.

Konvertierung PostScript → Druckerformat (gs)

GhostScript (also das Programm `gs`) ist in der Lage, PostScript-Dokumente in zahlreiche Druckformate zu konvertieren (inklusive einem Format für Fax). Wenn im PostScript-Dokument LaTeX-Zeichensätze verwendet werden, kommt es nicht einmal zu Qualitätseinbußen. Wenn dagegen die Original-PostScript-Schriften verwendet werden, muss `gs` stattdessen die Zeichensatzdateien aus `/usr/share/ghostscript/fonts` verwenden, von denen nicht alle mit der Qualität der Originalfonts mithalten können.

```
gs [optionen] postscriptdatei [quit.ps]
```

Damit `gs` korrekt funktioniert, müssen mindestens zwei Optionen angegeben werden: `-sOutputFile=` zur Angabe der Datei, in die das Ergebnis geschrieben werden soll sowie `-sDEVICE=`*name* oder @*name.upp* zur Einstellung des Ausgabeformats.

Beachten Sie, dass es zwei unterschiedliche Methoden zur Angabe des Druckertyps gibt. Die herkömmliche Methode lautet `-sDEVICE=`*name*. (Eine Liste aller Device-Treiber bekommen Sie mit `gs -h`.) Die neuere Methode lautet @*name.upp*. Dabei wird der sogenannte Uniprint-Treiber in Kombination mit einer `*.upp`-Datei verwendet. Die zur Verfügung stehenden Uniprint-Dateien finden Sie in `/usr/share/ghostscript/`*n*.

In der Regel ist es sinnvoll, auch die Option `-dNOPAUSE` zu verwenden. Falls Sie auf DIN-A4-Papier drucken möchten, sollten Sie schließlich noch `-sPAPERSIZE=a4` angeben.

`-dNODISPLAY`
: verzichtet auf die Anzeige von diversen Meldungen am Bildschirm. Außerdem ist es nun nicht mehr notwendig, die Vollendung jeder Seite mit (↵) zu bestätigen.

`-dSAFER`
: alle Dateien werden ausschließlich read-only geöffnet. Die Option muss verwendet werden, wenn `gs` als Filter (z.B. für einen Drucker-Spooler) verwendet wird.

`-q` unterdrückt diverse Statusmeldungen (*quiet*).

`-r`*auflösung*
: stellt die Grafikauflösung ein. Die Option ist zur Konvertierung in das Format diverser Nadeldrucker notwendig.

`-sDEVICE=`*druckerformat*
: bestimmt das Format, in das `gs` die PostScript-Datei übersetzen soll. Eine Liste aller möglichen Formate erhalten Sie mit `gs -h`. Wichtige Formate sind unter anderem `deskjet`, `laserjet`, `ljet3` und `ljet4`. PostScript-Dateien, die nur eine einzige Seite (ein Bild) enthalten, können auch in diverse Grafikformate wie

`tiffg3` oder `png256` konvertiert werden. Eine Konvertierung in ASCII-Text ist nicht möglich.

@*name.upp*
: alternative Möglichkeit zur Angabe des gewünschten Druckformats (vor allem für viele Tintenstrahldrucker).

`-sOutputFile=`*Dateiname*
: schreibt das Ergebnis der Konvertierung in die angegebene Datei.

`-sPAPERSIZE=`*papierformat*
: bestimmt das Papierformat der Ausgabe. In den meisten Fällen muss hier `a4` eingesetzt werden, weil `gs` vom amerikanischen Standardpapierformat ausgeht, das etwas kleiner ist.

`gs` arbeitet interaktiv und meldet sich nach der Bearbeitung der letzten Seite mit einer Eingabeaufforderung. Um `gs` klarzumachen, dass die Übersetzung beendet ist, geben Sie Strg+D ein. Wenn Sie diese Eingabe vermeiden möchten, können Sie als zweite Datei `quit.ps` angeben. Sie wird aus `/usr/lib/ghostscript/` geladen und enthält nur den Text 'quit'.

Die folgende Anweisung übersetzt `test.ps` in das Format des HP-Laserjet 3. Das Ergebnis wird in die Datei `test.hp` geschrieben. `quit.ps` bewirkt, dass `gs` anschließend sofort beendet wird.

```
user$  gs -sDEVICE=ljet3 -sOutputFile=test.hp \
   >      -sPAPERSIZE=a4 -dNOPAUSE test.ps quit.ps
```

`gs` liegt in mehreren Versionen vor, die ein unterschiedliches Copyright haben: Die jeweils neueste Version heißt 'Aladdin Ghostscript *n*'. Diese Version ist zwar über das Internet frei verfügbar, eine kommerzielle Verbreitung (etwa in Linux-Distributionen) ist aber nur nach einer Lizenzvereinbarung möglich. Ältere Versionen bekommen nach einer Weile den Namen 'GNU Ghostscript *n*'. Für sie gilt die GPL, d.h. die Verbreitung unterliegt (fast) keinen Einschränkungen. Je nach der Vereinbarung mit Aladdin Enterprises werden Linux-Distributionen daher teilweise mit Aladdin und teilweise mit GNU Ghostscript ausgeliefert. Für den Anwender hat GNU Ghostscript den Nachteil, dass darin die neuesten Treiber noch nicht enthalten sind.

VERWEIS

Mit GhostScript wird eine umfassende Online-Dokumentation mitgeliefert – üblicherweise im Verzeichnis `/usr/share/ghostscript/`*n*`/doc/`. Aktuelle Informationen zu den verschiedenen GhostScript-Versionen und den unterstützten Druckern finden Sie im Internet:

```
http://www.cs.wisc.edu/~ghost/
http://www.cs.wisc.edu/~ghost/printer.html
http://www.picante.com/~gtaylor/pht/printer_list.cgi
```

PostScript-Tools (psutils)

Mit `ghostview` können Sie unter anderem einzelne Seiten einer Datei markieren und als eigene PostScript-Datei speichern. Wenn Sie solche oder ähnliche Operationen automatisieren möchten, werden Sie sich über die Kommandos des `psutils`-Pakets freuen. Dabei handelt es sich teils um eigenständige Programme, teils um `bash`- oder Perl-Script-Dateien.

Dieser Abschnitt verzichtet aus Platzgründen auf eine detaillierte Beschreibung der zahlreichen Kommandos – aber allein die Auflistung der wichtigsten Kommandos sollte eigentlich ausreichen, um Sie auf den Geschmack zu bringen. Weitere Details finden Sie dann in den `man`-Pages.

`epsffit`	passt die Größe einer EPS-Datei an.
`extractres`	analysiert die Datei und liefert `%%IncludeResource`-Kommentare für alle benötigten Fonts, Dateien etc.
`fixfmps`	passt FrameMaker-Dateien an die `psutils`-Konventionen an.
`fixmacps`	passt Macintosh-Dateien an die `psutils`-Konventionen an.
`fixscribeps`	passt Scribe-Dateien an die `psutils`-Konventionen an.
`fixtpps`	passt Troff/Tpscript-Dateien an die `psutils`-Konventionen an.
`fixwfwps`	passt MS Word-Dateien an die `psutils`-Konventionen an.
`fixwpps`	passt WordPerfect-Dateien an die `psutils`-Konventionen an.
`fixwwps`	passt MS Write-Dateien an die `psutils`-Konventionen an.
`getafm`	erzeugt AFM-Dateien zur Beschreibung von Fonts.
`includeres`	fügt die mit `extractres` erzeugten Kommentare in eine PostScript-Datei ein.
`psbook`	ordnet die Seiten eines Textes so an, dass ganze Bögen (etwa mit je 16 Seiten) gedruckt werden können.
`psnup`	ordnet mehrere verkleinerte Seiten auf einem Blatt an.
`psresize`	verändert die erforderliche Papiergröße eines Dokuments; das Kommando löst das regelmäßig auftretende Problem des Ausdrucks von PostScript-Dokumenten, die für das US-Letter-Format erzeugt wurden.
`psselect`	extrahiert einzelne Seiten aus einer PostScript-Datei.
`pstops`	ordnet die Seiten eines Dokuments in einer neuen Reihenfolge.

Die obigen Kommandos funktionieren leider nur dann, wenn die PostScript-Dateien DSC-konforme Kommentare enthalten. (DSC steht für *Document structuring Conventions*. Die Kommentare werden nicht ausgedruckt, enthalten aber wichtige Informationen über die Größe einer Seite, über Beginn und Ende von Seiten etc.) EPS-Dateien sind einseitige PostScript-Dateien, die spezielle Kommentare zur Einbettung in andere Dokumente enthalten (insbesondere Bounding-Box-Angaben über die Größe des Ausdrucks).

Die Bearbeitung von PostScript-Dateien, die unter MS-Windows erzeugt werden, ist generell eine ausgesprochen mühsame Angelegenheit; auch die aufgezählten Kommandos führen nicht immer zu den erwünschten Ergebnissen. Eine Chance auf Erfolg haben Sie in jedem Fall nur dann, wenn Sie beim Windows-Druckertreiber die Option zur Erzeugung von DSC-konformen PostScript-Dateien aktivieren.

TIPP Wenn es nur darum geht, eine PostScript-Datei so zu formatieren, dass mehrere verkleinerte Seiten pro Blatt ausgedruckt werden, ist das auf Seite 781 beschriebene Programm `mpage` zumeist einfacher zu bedienen als die obigen Kommandos.

Formatierung von man-Texten (groff)

`groff` ist ein übergeordnetes Kommando, das zur Steuerung einer ganzen Familie von Textformatierungsprogrammen eingesetzt wird. Zu diesen Programmen zählt unter anderem `gtroff` für den eigentlichen Text, `geqn` für mathematische Formeln, `gpic` für Abbildungen, `gtbl` für Tabellen, `grefer` für Querverweise etc. Die Gesamtheit der `groff`-Programme bildet damit ein Satzsystem, das mit LaTeX zu vergleichen ist. Es bietet aber viel weniger Formatierungsmöglichkeiten und ist daher einfacher zu bedienen.

In der Praxis haben die `groff`-Programme eine eher untergeordnete Bedeutung – mit einer Ausnahme: `groff` wird zur Formatierung der `man`-Texte verwendet. `man`-Texte werden also in einer `groff`-konformen Syntax formuliert. Erst nach der Übersetzung durch `groff` werden daraus leicht lesbare ASCII-Texte.

Die folgende Beschreibung von `groff` geht nur auf die Optionen ein, die zur Konvertierung von `man`-Quellen in `*.dvi`- oder PostScript-Dateien erforderlich sind.

`groff` `[optionen] datei [> zieldatei]`

`-m`*name*
: verwendet die Makrodatei `tmac.`*name* aus dem Verzeichnis `/usr/lib/groff/tmac`. Zur Übersetzung von `man`-Texten muss als Name `andoc` verwendet werden.

`-T`*format*
: bestimmt das Format der Ausgabe. Die Defaulteinstellung ist `ps` für PostScript. Andere mögliche Einstellungen sind `dvi` (für `dvi`-Dateien), `ascii` für ASCII-Texte (ergibt die von `man` gewohnten Resultate) und `latin1` (wie `ascii`, aber mit deutschen Sonderzeichen).

Das folgende Kommando erzeugt vom Quelltext der `man`-Seite zu `groff` eine PostScript-Datei.

```
user$  groff /usr/man/man1/groff.1 -mandoc > ~/buch/test.ps
```

Zum selben Ergebnis – wenn auch ohne weitergehende Steuerungsmöglichkeiten – kommt auch das folgende Kommando:

```
user$  man -t groff  > ~/buch/test.ps
```

Wenn von einem man-Text nicht nur die formatierte Version, sondern auch der Quelltext vorhanden ist, kann groff dazu verwendet werden, diese Datei in eine qualitativ hervorragende PostScript-Datei umzuwandeln. man-Quellen befinden sich in manx-Verzeichnissen (x steht für 1 bis 9, n, g), beispielsweise in /usr/man/manx. Das oben abgedruckte Kommando konvertiert die man-Quelldatei groff.1 in das PostScript-Format und schreibt das Ergebnis in die Datei test.ps im Heimatverzeichnis.

VERWEIS

Bei manchen Linux-Distributionen stehen die man-Texte nur vorformatiert zur Verfügung. groff kann daher nicht eingesetzt werden. In solchen Fällen kann mit dem Kommando rman eine Übersetzung der formatierten man-Seite in ein anderes Format (PostScript, HTML etc.) vorgenommen werden (siehe Seite 789).

Formatierung von info-Texten (Texinfo)

info-Texte werden mit Texinfo erzeugt. Der große Vorteil des Texinfo-Systems besteht darin, dass aus denselben Quelldateien (Kennung *.texi) gleichzeitig sowohl eine info- als auch eine DVI-Datei erzeugt werden kann. Die resultierenden *.dvi-Dateien können mit dvips zu PostScript-Dateien konvertiert und anschließend ausgedruckt werden. Damit eignen sich *.texi-Dateien sowohl zur Erzeugung von Online-Dokumentationen als auch zur Erstellung von satztechnisch hervorragenden Manuals. (LaTeX und dvips werden in einem eigenen Kapitel ab Seite 869 beschrieben.)

Die Übersetzung einer *.texi-Datei in eine *.info-Datei erfolgt mit dem Kommando makeinfo name.texi. Bei komplexen Dokumenten, die aus mehreren Dateien zusammengesetzt sind (etwa dem Emacs-Manual), existiert oft die Datei Makefile, die den Übersetzungsprozess steuert. In diesem Fall müssen Sie nur im jeweiligen Verzeichnis make ausführen.

```
user$  makeinfo name.texi
```

Die Übersetzung in eine DVI-Datei erfolgt mit einer Sequenz von drei Kommandos. (Eigentlich wäre ein tex-Durchlauf schon ausreichend – allerdings fehlen dann das Stichwortverzeichnis und die Querverweise.) Mit dvips wird daraus eine PostScript-Datei erzeugt. Die Übersetzung kann nur durchgeführt werden, wenn TeX installiert ist.

```
user$  tex name.texi
user$  texindex name.??
user$  tex name.texi
user$  dvips name.dvi -o name.ps
```

Sie können die obige Kommandosequenz also dazu verwenden, sich selbst ein Handbuch zu GNU C, zum Emacs etc. zu erzeugen. Die einzige Voraussetzung (neben einer Installation von TEX) besteht darin, dass die `*.texi`-Dateien zur Verfügung stehen.

TIPP: Zu Texinfo gibt es eine ausführliche Online-Dokumentation – wenig überraschend im `info`-System.

HINWEIS: Bei vielen Linux-Distributionen werden aus Platzgründen nur die fertigen `*.info`-Dateien mitgeliefert. Die `*.texi`-Dateien finden Sie aber auf jeden Fall in den GNU-Originalpaketen:

`http://www.gnu.org`

HTML-Konverter

Texinfo → HTML: `texi2html` ist ein Perl-Script, das aus einer `*.texi`-Datei eine oder mehrere HTML-Dateien erzeugt. Durch die Optionen `-split_chapter` und `-split_node` kann erreicht werden, dass lange Texte zu kürzeren Abschnitten zusammengefasst werden. Das führt zwar zu einer großen Anzahl von Einzeldateien, erhöht dafür aber die Lesegeschwindigkeit enorm. (Haben Sie schon einmal versucht, eine 2 MByte große `*.html`-Datei zu lesen?)

Info → HTML: `info2html` verfolgt einen vollständig anderen Ansatz: Das Perl-Programm wird in das cgi-Verzeichnis eines http-Servers installiert. Wenn in einer WWW-Seite ein entsprechend gekennzeichneter Verweis auf einen Info-Text auftritt, erzeugt das Programm aus der vorhandenen `*.info`-Datei 'on the fly' eine Übersetzung in das `*.html`-Format. Der Vorteil dieses Verfahrens besteht darin, dass keine `*.texi`-Dateien erforderlich sind und dass der Speicherbedarf praktisch null ist. Es kann transparent auf alle vorhandenen `*.info`-Dateien zugegriffen werden. Der Nachteil: Ohne einen laufenden http-Server geht nichts.

LATEX→ HTML: `latex2html` funktioniert im Prinzip wie `texi2html`: Das Perl-Script erzeugt aus einer LATEX-Datei eine oder mehrere `*.html`-Dateien. Formeln und LATEX-Sonderzeichen werden in `*.gif`-Bilder übersetzt – das setzt allerdings das umfangreiche Grafikpaket `netpbm` voraus.

Generell ist die Anwendung von `latex2html` nicht so einfach wie die von `texi2html`: Zum einen sind die Anforderungen an den Rechner groß (Rechenleistung, RAM), zum anderen funktioniert die Übersetzung nur dann wunschgemäß, wenn wirklich nur LATEX-Standardkommandos eingesetzt werden (nicht aber diverse eigene Makros, Zusatzpakete etc.). Der Versuch, dieses Buch in ein `*.html`-Dokument zu übersetzen, scheiterte aus diesem Grund kläglich. Für einfachere Texte klappt die Übersetzung dagegen hervorragend. Das Programm wird bevorzugt dazu verwendet, wissenschaftliche Veröffentlichungen, die mit LATEX geschrieben wurden, in eine WWW-taugliche Form zu bringen.

Man → HTML: `rman` (die Kurzform für RossettaMan) übersetzt formatierte `man`-Seiten in andere Formate (ASCII, HTML, SGML, LaTeX etc.). Die Besonderheit von `rman` besteht darin, dass es nicht auf den `groff`-Quelltexten für `man`-Seiten aufbaut, sondern mit bereits formatierten `man`-Seiten zurechtkommt. `rman` kann wie `info2www` auch in cgi-Script-Dateien eingesetzt werden. Das Hilfesystem der SuSE-Distribution verwendet `rman`, um `man`-Texte nach Bedarf in HTML-Texte zu konvertieren.

Das folgende Beispiel zeigt die Anwendung von `rman`: Die `man`-Seite zu `ls` wird in das HTML-Format konvertiert und in die Datei `ls.html` geschrieben:

```
user$  rman -f html /var/catman/cat1/ls.1 > ls.html
```

Linuxdoc-SGML: Während die oben beschriebenen Programme Werkzeuge sind, um eine herkömmliche Online-Dokumentation in ein neues Format zu bringen, ist das Software-Paket Linuxdoc-SGML von Anfang an mit der Absicht entstanden, aus einem Quelltext Dateien in verschiedenen Formaten (ASCII, HTML, PostScript) zu erzeugen. Die Texte werden dabei als SGML-Dokumente formuliert. (SGML steht für Standard Generalized Markup Language und hat eine ähnliche Syntax wie die WWW-Sprache HTML.) SGML-Texte können dann mit `sgml2txt`, `sglm2html` etc. in diverse Formate übersetzt werden. Fast alle HOWTO-Texte und viele andere Linux-Dokumente sind mit Linuxdoc-SGML entstanden.

HTML → PS: Wenn Sie eine HTML-Datei ausdrucken möchten, können Sie dazu einen Webbrowser (etwa Netscape) verwenden. Für die automatische Konvertierung vom HTML- in das PostScript-Format eignet sich das Perl-Script `html2ps` allerdings erheblich besser. Die Bedienung ist denkbar einfach: `html2ps -D name.html > name.ps`. Die Option `-D` bewirkt, dass `html2ps` DSC-konforme Kommentare in die PostScript-Datei einbaut, was deren Weiterverarbeitung sehr erleichtert. Falls `html2ps` nicht Teil Ihrer Distribution ist, finden Sie den Konverter im Internet:

`http://www.tdb.uu.se/~jan/html2ps.html`

PDF-Konverter

LaTeX→ PDF: Mit PDFTeX können Sie LaTeX-Dokumente direkt in PDF-Dateien umwandeln. PDFTeX wird auf Seite 918 beschrieben.

PS → PDF: `ps2pdf quelle.ps ziel.pdf` erzeugt aus einer beliebigen PostScript-Datei eine PDF-Datei. Das Kommando basiert auf Ghostscript. Die Ergebnisse sind nur dann brauchbar, wenn die PostScript-Datei ausschließlich Texte in den Schriftarten Courier, Times, Helvetica enthält. Andernfalls werden Bitmaps zur Darstellung der Zeichen verwendet, was sowohl die Qualität reduziert als auch die Dateigröße ins Unendliche wachsen lässt. Die resultierende PDF-Datei wird zudem nicht komprimiert.

PDF → PS: Den umgekehrten Weg geht `pdf2ps quelle.pdf ziel.ps`. Auch dieses Kommando greift auf GhostScript zurück.

Grafikkonvertierung

xv

Das populärste Tool der Unix-Welt zur Konvertierung von Grafikdateien zwischen verschiedenen Formaten ist ohne jeden Zweifel xv. Mit dem Programm können Sie Grafikdateien in den verschiedensten Formaten lesen und in einem anderen Format speichern. Gleichzeitig werden diverse Operationen zur Bildbearbeitung (Drehen, Spiegeln etc.) und Farbmanipulation (Helligkeit, Kontrast) angeboten. Darüber hinaus können Sie das Programm auch als einfachen Dateimanager verwenden (Button VISUAL SCHNAUZER).

HINWEIS

xv ist im Gegensatz zu den meisten anderen Linux-Komponenten Shareware. Eine kommerzielle Anwendung ist nur nach einer Lizenzierung zulässig. Die Lizenzbedingungen werden nach dem Anklicken des LICENSE-Buttons angezeigt.

Abbildung 18.11: Das Linux-Logo, dargestellt mit xv

Ganz kurz zur Bedienung des Programms: Nach dem Start erscheint ein Fenster mit einem bunten Logo. Das eigentliche Steuerungsfenster von xv erscheint erst, wenn dieses Logo mit der rechten Maustaste angeklickt wird. Über das Steuerungsfenster können Sie eine Datei laden. Wenn xv das Grafikformat erkennt, zeigt es die Datei in einem Grafikfenster an.

Anschließend können Sie einige elementare Bearbeitungsschritte direkt über Buttons des Steuerungsfensters ausführen. Wenn Sie Helligkeit, Kontrast oder andere Farbeinstellungen verändern möchten, steht Ihnen dazu nach dem Anklicken von WINDOWS|COLOR EDITOR ein eigenes Fenster mit zahllosen Einstellmöglichkeiten zur Verfügung.

Wenn Sie im 256-Farben-Modus arbeiten, können Sie jede einzelne Farbe getrennt verändern. Die gewünschte Farbe kann mit der mittleren Maustaste direkt am Bild ausgewählt werden.

HINWEIS

Bei Bildern in Echtfarben besteht diese Möglichkeit nicht, Sie können aber mit 24/8 BIT|8 BIT MODE das Bild auf 256 Farben reduzieren. Vorher sollten Sie mit 24/8 BIT|BEST 24->8) dafür sorgen, dass dabei eine optimale Bildqualität gewährleistet ist.

Unabhängig vom 24- oder 8-Bit-Farbmodus können Sie die Helligkeitsverteilung sowohl für das gesamte Farbspektrum als auch für einen einzelnen Farbanteil (Rot, Grün, Blau) verändern. Dazu verschieben Sie einfach die Bestimmungspunkte der Kurve für die Helligkeitsverteilung.

Das Menü ALGORITHMS stellt Ihnen diverse Algorithmen zur Bildverarbeitung zur Verfügung. Beispielsweise können Sie eine Bitmap in geringer Auflösung zuerst mit IMAGE SIZE|DOUBLE SIZE vergrößern und die Pixel anschließend mit ALGORITHMS|BLUR verwaschen darstellen.

Mit der linken Maustaste können Sie einen beliebigen Bildausschnitt markieren und anschließend mit CROP das Bild entsprechend verkleinern. Damit haben Sie die Möglichkeit, nur einen Teil des Bilds zu speichern. (Alle Bildverarbeitungsschritte werden aber für das gesamte Bild durchgeführt. Wenn Sie UNCROP ausführen, wird wieder das gesamte Bild angezeigt.)

Nach der Bildbearbeitung können Sie das Bild mit SAVE in einem der folgenden Formate (auszugsweise) speichern: BMP, GIF, IRIS, JPEG, PBM, PostScript, TIFF. Dabei lassen sich noch diverse Optionen einstellen (Farbe/SW, Komprimierungsfaktoren etc.). xv stellt damit ein unglaublich leistungsfähiges Hilfsmittel zur Bildbearbeitung und -konvertierung dar.

TIPP

Zu xv existiert ein hundertseitiges Manual, das bei den meisten Distributionen als PostScript-Datei mitgeliefert wird (`xvdocs.ps`).

Electric Eyes

Das Gnome-Programm Electric Eyes wird mit dem Kommando ee gestartet.Die Bedienung erfolgt wahlweise über Kontextmenüs (rechte Maustaste) oder über einen

Dialog, der mit EDIT|SHOW EDIT WINDOW angezeigt wird. Das Programm ist in der gegenwärtigen Version zwar einfach zu benutzen (siehe auch den im HTML-Format verfügbaren Hilfetext), aber es ist bei weitem noch kein Ersatz für `xv` (wie im Red Hat-Manual anpriesen).

Abbildung 18.12: Das Linux-Logo, dargestellt mit Electric Eyes

xpcd, hpcdtoppm (Photo-CD)

Am bequemsten können Sie Bilder einer Photo-CD mit dem Programm `xpcd` lesen. Die CD muss vorher ganz normal mit `mount` in das Dateisystem eingebunden werden. `xpcd /cdrom` zeigt dann ein Inhaltsverzeichnis der CD an. Anschließend können Sie die einzelnen Bilder in unterschiedlichen Auflösungen ansehen und dann in den Formaten JPEG, PPM oder TIFF speichern. Zur automatischen Konvertierung mehrerer Dateien in das PPM-Format können Sie stattdessen auch das Kommando `hpcdtoppm` verwenden.

Abbildung 18.13: Der Inhalt einer Photo-CD

Andere Programme zur Bildverarbeitung und Grafikkonvertierung

Wenn Sie die Bildverarbeitungsfunktionen von xv und ee zu inflexibel sind, sollten Sie einen Blick auf das Programm gimp werfen. Das Programm ist in Kapitel 22 ab Seite 951 ausführlich beschrieben.

Wenn Sie andererseits mit sehr exotischen Grafikformaten konfrontiert werden oder wenn Sie eine ganze Kollektion von Dateien mit einem Script (also ohne Benutzerinteraktion) in ein anderes Format umwandeln möchten, gibt es auch in dieser Beziehung Alternativen: Das Programmpaket Image Magick stellt sowohl Einzelkommandos als auch eine interaktive Oberfläche zur Verfügung. Für die Konvertierung wird ein eigenes Zwischenformat (MIFF) verwendet.

Einen ähnlichen Ansatz verfolgt auch das NetPBM-Paket (ehemals Portable Bitmap Utilites). Hier wird als Zwischenformat das PBM-Format verwendet. Wenn Sie also beispielsweise Hunderte MS-Windows-Bitmaps in das PostScript-Format übersetzen müssen, sind diese Utilities die richtige Wahl.

18.6 Dokumente und Grafiken anzeigen

PostScript-Dateien anzeigen (ghostview, kghostview, gv)

ghostview ist eigentlich nur eine grafische Benutzeroberfläche zu dem bereits vorgestellten Programm gs (GhostScript). ghostview ermöglicht es, PostScript-Dateien auf dem Bildschirm zu betrachten bzw. zu lesen. ghostview kommt sowohl mit einzelnen PostScript-Grafiken als auch mit Dokumenten zurecht, die Hunderte von Seiten umfassen. Wenn das Dokument den PostScript-Normen entspricht, kann beliebig zwischen den Seitennummern hin- und hergesprungen werden. Andernfalls ist nur ein sequenzielles Lesen der Datei möglich (also eine Seite nach der anderen und ohne die Möglichkeit, Seiten zu überspringen oder zurückzublättern).

Je nach Distribution ist ghostview mit unterschiedlichen Widget-Libraries kompiliert. Das hat zur Folge, dass die Buttons und Bildlaufleisten von ghostview anders als in Abbildung 18.14 aussehen können. Dieser Unterschied betrifft aber nur die Optik, die Funktion des Programms bleibt dieselbe.

ghostview wird üblicherweise ganz ohne Parameter oder mit dem Dateinamen der zu betrachtenden Datei gestartet. Das Programm arbeitet vollkommen menügesteuert. Zum Öffnen neuer Dateien wird ein Fenster zur bequemen Dateiauswahl per Maus angezeigt. Durch einen Mausklick in den Bildausschnitt wird ein kleines Fenster mit einer Vergrößerung des Bereichs um die Maus angezeigt. Ein Wechsel zu einer beliebigen Seitennummer kann durch Anklicken einer Seitennummer mit der mittleren Maustaste erreicht werden.

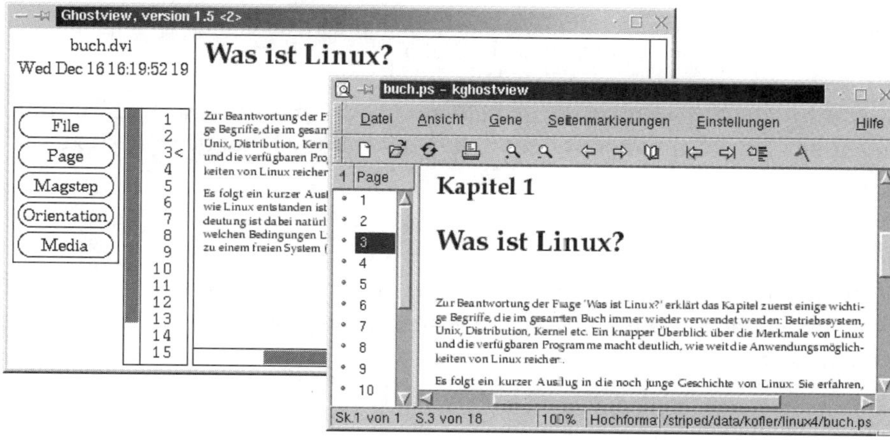

Abbildung 18.14: Eine Seite aus diesem Buch, dargestellt mit ghostview und kghostview

Als schnelle Alternative zur Steuerung durch die Maus sind auch zahlreiche Tastenkürzel vorgesehen, von denen die wichtigsten in der folgenden Tabelle zusammengefasst sind.

ghostview Tastenkürzel	
(Bild ↑), (Bild ↓)	vorige/nächste Seite
(Leertaste), (↵)	nächste Seite
(↑), (↓)	Ansicht um 90 Grad drehen
(Backspace), (Entf)	vorige Seite
(+), (-)	Vergrößerungsfaktor verändern
(O)	neue Datei öffnen (open)
(Q)	Programmende (quit)
(R)	veränderte Datei neu einlesen (reopen)
(H), (L)	Bildausschnitt nach rechts/links verschieben
(U), (D)	Bildausschnitt nach oben/unten verschieben (up/down)

`ghostview` ermöglicht es, einzelne Seiten oder Seitenbereiche aus dem Dokument zu extrahieren und diese in einer eigenen Datei zu speichern. Dazu markieren Sie den gewünschten Seitenbereich, indem Sie die Maus mit gedrückter Maustaste bewegen, und führen anschließend das Kommando SAVE|MARKED PAGES aus.

Wenn Sie Wert auf eine hohe Darstellungsqualität legen (und dafür eine längere Rechenzeit und mehr Speicherverbrauch in Kauf nehmen), sollten Sie die Antialiasing-Funktion aktivieren. Das bedeutet, dass das PostScript-Abbild zuerst in einer höheren Auflösung erstellt wird und dann in ein Graustufenbild verkleinert wird. Dazu verwenden Sie entweder beim Start von `ghostview` die Option `-sDEVICE=x11alpha`, oder Sie erweitern `~/.Xdefaults` um die folgenden Zeile:

```
! Ghostview-Antialaising in ~/.Xdefaults aktivieren
Ghostview*arguments: -sDEVICE=x11alpha
```

TIPP Ausführliche Informationen zur Bedienung von `ghostview`, eine Zusammenstellung aller Kommandooptionen und Tastenkürzel gibt der `man`-Text.

kghostview

Die KDE-Variante zu `ghostview` heißt `kghostview` und besticht durch die wesentlich einfachere Bedienung. (Eingefleischte `ghostview`-Anwender werden aber die einmal erlernten Tastenkürzel vermissen.)

gv, ggv

Das Programm `gv` ist eine weitere `ghostview`-Variante. Das Programm sieht moderner aus als `ghostview`, bietet aber keine wesentlichen Zusatzfunktionen. Mit Red Hat Linux wird gegenwärtig nur `gv` mitgeliefert, `ghostview` ist lediglich ein Link auf `gv`. `ggv` ist schließlich die Gnome-Variante zu `gv`.

DVI-Dateien anzeigen (xdvi, kdvi)

`xdvi` hat im Prinzip dieselbe Funktion für `*.dvi`-Dateien wie `ghostview` für PostScript-Dateien. Das Programm ermöglicht es, `*.dvi`-Dateien auf dem Bildschirm anzusehen und darin vorwärts und rückwärts zu blättern.

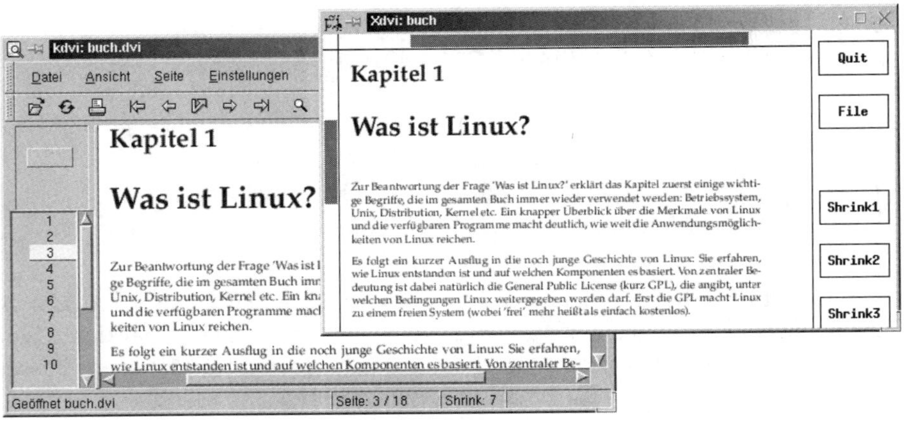

Abbildung 18.15: Eine Seite dieses Buchs, dargestellt mit xdvi und kdvi

`xdvi` wird mit dem Dateinamen der `*.dvi`-Datei als Parameter gestartet. Anschließend kann mit den Buttons NEXT, PREVIOUS etc. in dem Dokument geblättert werden. Wenn Sie die Maus mit gedrückter Taste über den Bildausschnitt bewegen, wird (verzögerungsfrei) ein vergrößerter Ausschnitt des Rechtecks unter der Maus dargestellt. Die folgende Tabelle gibt eine Übersicht der wichtigsten Tastenkürzel zur Steuerung von `xdvi`.

xdvi-Tastenkürzel	
(Bild ↑), (Bild ↓)	vorige/nächste Seite
(Leertaste), (↩)	nächste Seite
(Backspace), (Entf)	vorige Seite
(↑), (↓), (←), (→)	Bildausschnitt verschieben
(G)	springt zur vorher eingegebenen Seitennummer
(V)	(de)aktiviert die Anzeige von PostScript-Grafiken

Bei der Bearbeitung von LaTeX-Texten haben Sie die freie Wahl zwischen `xdvi` und `ghostview`. Beide Programme haben Vorteile: `xdvi` stellt die Seiten normalerweise schneller dar. Wenn LaTeX-Originalschriften verwendet werden, ist die Bildqualität bei `xdvi` besser, wenn dagegen PostScript-Schriften verwendet werden, schneidet `ghostview` besser ab.

Bei der teTeX-Distribution kann `xdvi` über die Datei `XDvi` (Verzeichnis `/usr/lib/texmf/texmf/xdvi`) konfiguriert werden. Die Datei hat vier Einträge: `mfmode` gibt den Druckertyp an, `pixelsPerInch` die dpi-Zahl, `shrinkFactor` den Verkleinerungsfaktor innerhalb von `xdvi` und `paper` die Papiergröße. Die beiden ersten Einstellungen sollten mit den Parametern übereinstimmen, die Sie bei `dvips` zum Erzeugen von PostScript-Dateien verwenden. Auf diese Weise vermeiden Sie, dass unnötig viele Bitmap-Fontdateien erzeugt werden müssen, was beim ersten Mal Zeit kostet und außerdem die Platte unnötig füllt.

Die dpi-Zahl und der Druckertyp müssen übereinstimmen (siehe Datei `MakeTeXPK` bzw. Seite 911). Je größer die dpi-Zahl gewählt wird, desto größer muss der Verkleinerungsfaktor gewählt werden (sonst werden die Textseiten in `xdvi` viel zu groß angezeigt.) Falls Sie `*.dvi`-Dateien auf einem 300-dpi-Laserdrucker ausdrucken, sind die folgenden Einstellungen sinnvoll:

```
XDvi*mfmode: cx
XDvi*pixelsPerInch: 300
XDvi*shrinkFactor: 4
XDvi*paper: a4
```

Wenn Sie auf das Pixel genau kontrollieren möchten, wie das Ergebnis einer Belichtung mit 1270 dpi aussehen würde, verwenden Sie folgende Einstellungen:

```
Dvi*mfmode: linoone
XDvi*pixelsPerInch: 1270
XDvi*shrinkFactor: 16
XDvi*paper: a4
```

kdvi

Die KDE-Variante zu `xdvi` lautet `kdvi`. Im Gegensatz zu `kghostview` bietet `kdvi` wesentliche Verbesserungen gegenüber dem Original – insbesondere die Anzeige von Seitennummern, die eine sehr viel einfachere Navigation in großen Dokumenten ermöglicht. Bemerkenswert ist auch die Druckfunktion – Sie können mit `kdvi` beispielsweise ganz bequem eine PostScript-Datei erzeugen, die je vier Seiten pro Blatt enthält. (`kdvi` greift dabei auf die in diesem Kapitel bereits erwähnten Programme `dvips`, `dvilj`, `mpage` und `psnup` zurück.)

PDF-Dateien anzeigen (acroread)

PDF-Dateien können mit den schon erwähnten Programmen `ghostview` und `kghostview` sowie mit den Spezialprogrammen `xpdf` und `acroread` angezeigt werden. Von diesen Programmen liefert `acroread` die bei weitem besten Ergebnisse (gestochen scharfe Textdarstellung). Zudem ist es am komfortabelsten zu bedienen.

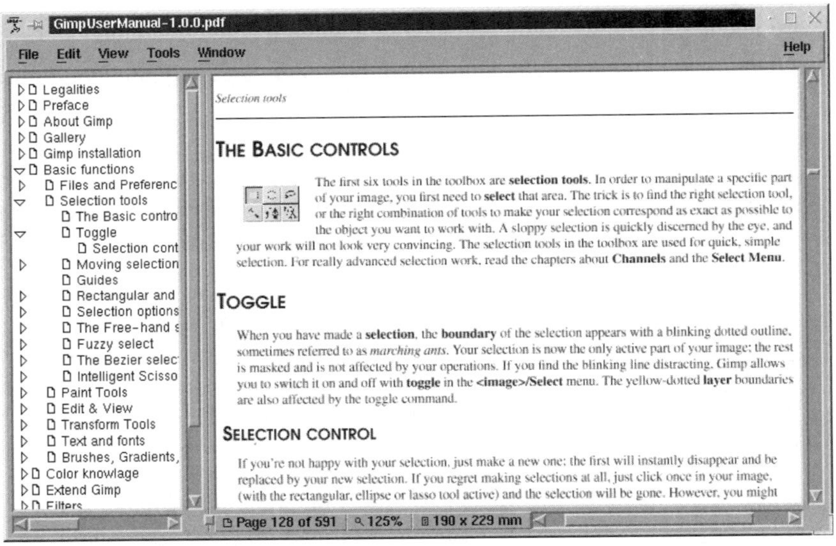

Abbildung 18.16: Eine Seite des Gimp User Manuals, dargestellt mit acroread

`acroread` ist ein kommerzielles Programm der Firma Adobe (von der auch das PDF-Format stammt), das aber frei weitergegeben werden kann. Dennoch fehlt `acroread` leider bei vielen Distributionen. Sie finden das Programm gegebenenfalls im Internet:

`http://www.adobe.com` bzw.
`http://www.adobe.de`

Die Bedienung des Programms ist problemlos. Die einzige Besonderheit, die oft übersehen wird, ist die mögliche Zweiteilung des Fensters zur Darstellung eines hierarchischen Inhaltsverzeichnisses (siehe Abbildung 18.16). Das klappt allerdings nur bei Dokumenten, die mit einem entsprechenden Verzeichnis ausgestattet sind.

Grafikdateien betrachten

Das KDE-Programm `kview` ermöglicht ein komfortables Anzeigen von Grafikdateien der Formate BMP, EPS, GIF, ILBM, JPEG, PCX, PNM, TGA, XBM und XPM. Das ebenfalls zu KDE gehörende Programm `kfax` übernimmt dieselbe Aufgabe für Fax-Dateien.

VERWEIS

Die meisten anderen Linux-Programme zur Anzeige von Grafikdateien können gleichzeitig auch zur Bildverarbeitung oder -konvertierung verwendet werden. Sie werden daher an anderen Stellen im Buch beschrieben:

`xv`: siehe Seite 791
`ee`: siehe Seite 792
`gimp`: siehe Seite 951

18.7 Screenshots erstellen

Ein Screenshot ist ein Abbild des aktuellen Bildschirm- oder Fensterinhalts in einer Grafikdatei. Neben den hier beschriebenen Programmen weist auch Gimp eine einfache Screenshot-Funktion auf (Kommando XTNS|SCREENSHOT).

TIPP

Wenn Sie in einem Screenshot mehrere Fenster darstellen möchten, sollten Sie vorher den Bildschirmhintergrund auf Weiß stellen, damit dieser nicht stört:

```
user$ xsetroot -solid white
```

Wenn das Screenshot-Programm nicht in der Lage ist, den gewünschten Bereich einzugrenzen, erstellen Sie einfach einen Screenshot des gesamten Bildschirms. Anschließend können Sie ein Bildverarbeitungsprogramm – am einfachsten `xv` – dazu verwenden, den tatsächlich benötigten Ausschnitt zu extrahieren.

xv

Das auf Seite 791 schon erwähnte Programm `xv` kann auch zur Erstellung von Screenshots eingesetzt werden. Dazu klicken Sie zuerst den Button GRAB und anschließend ein Fenster oder den Hintergrund des X-Systems an. `xv` liest daraufhin den Inhalt des Fensters oder des ganzen Bildschirms ein. Anschließend kann dieses Bild, wie oben beschrieben, bearbeitet und gespeichert werden.

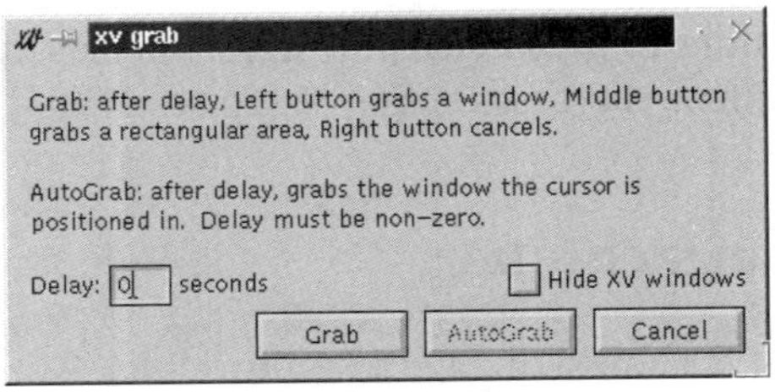

Abbildung 18.17: Das Screenshot-Steuerungsfenster von xv

HINWEIS

Die Screenshot-Funktion von xv bereitet je nach X-Server und Windows-Manager immer wieder Probleme, deren genaue Ursache unklar geblieben ist. xv scheint insbesondere Probleme mit dem Desktop-Wechsel des KDE-Windows-Managers zu haben. Setzen Sie `ksnapshot` ein.

xgrab

Die Bedienung von `xgrab` ist ein wenig ungewöhnlich: Sie müssen im Voraus alle Optionen einstellen: den gewünschten Bildschirmbereich (ein Fenster, den ganzen Bildschirm oder ein vorher mit der Maus markiertes Rechteck), das Grafikformat (PostScript oder diverse Bitmap-Formate), gegebenenfalls PostScript-Optionen (für Abbildungen muss zumeist PS-FIGURE gewählt werden) und den Dateinamen.

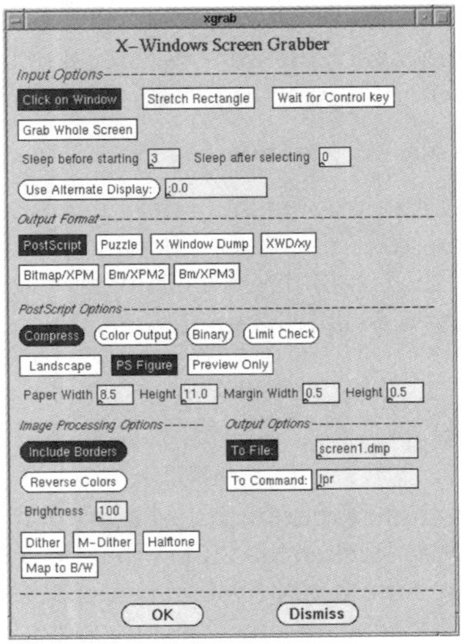

Abbildung 18.18: Das Steuerungsfenster von xgrab

Wenn OK angeklickt wird, verschwindet das Steuerungsfenster vom Bildschirm. Nach einer voreingestellten Zeit, in der Sie beispielsweise ein Menü auswählen können, wird der jetzt aktuelle Bildschirminhalt in der Datei gespeichert. Wenig später erscheint das Steuerungsfenster wieder. `xgrab` bietet keine Möglichkeit, die erzeugten Bilder anzusehen – dazu müssen Sie ein anderes Programm verwenden.

ksnapshot

Das Programm `ksnapshot` gehört zum KDE. Sein wesentlicher Vorzug besteht darin, dass es mit KDE harmoniert und sich (im Gegensatz etwa zu `xv`) durch dessen Desktop-Verwaltung nicht aus dem Konzept bringen lässt. Die Bedienung ist einfach: Sie geben zuerst den Dateinamen, das Grafikformat für die Snapshot-Datei und eine Verzögerungszeit für das Auslösen der Snapshot-Funktion an. Die Snapshot-Funktion wird dann durch GRAB ausgelöst. Das resultierende Bild wird nicht automatisch gespeichert – dazu müssen Sie SAVE anklicken.

TIPP

Die Defaulteinstellung GIF für das Grafikformat hat sich nicht bewährt, weil dabei Farbschattierungen teilweise durch Dithering (also durch die abwechslende Verwendung zweier ähnlicher Farben) verunziert werden. Verwenden Sie ein anderes Format – z.B. BMP oder XPM –, und konvertieren Sie die Datei dann mit `xv` in ein anderes Format. (Verwenden Sie in `xv` die Option 24/8-BIT|BEST 24 → 8 BIT.) Sie erreichen damit eine deutlich höhere Bildqualität!

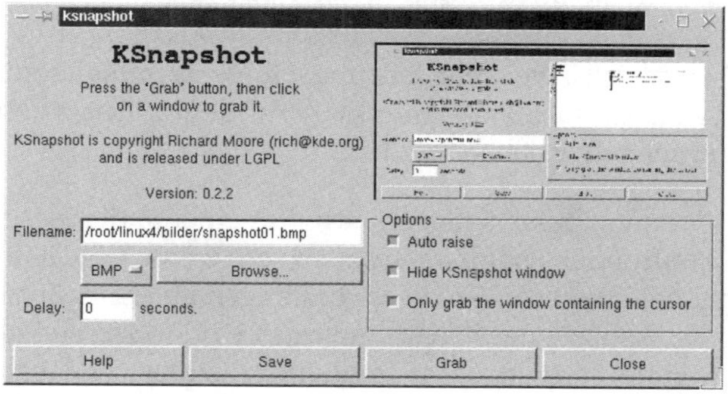

Abbildung 18.19: Das Steuerungsfenster von ksnapshot

18.8 Terminalemulatoren

Terminalemulatoren benötigen Sie immer dann, wenn Sie mit Ihrem Modem im Textmodus kommunizieren möchten. Das Terminalprogramm liest dazu Ihre Tastatureingaben und überträgt sie an das Modem. Gleichzeitig liest es die vom Modem eintreffenden Daten und zeigt sie auf dem Bildschirm an. Einen Terminalemulator verwenden Sie also, wenn Sie mit einer interaktiven Internet-Online-Verbindung arbeiten oder eine Mailbox benutzen.

Der etwas abenteuerliche Begriff 'Terminalemulator' ist daraus entstanden, dass Terminals früher eigenständige Geräte waren, die aus einem Bildschirm und einer Tastatur bestanden und über eine serielle Schnittstelle mit einem zentralen Unix-Rechner verbunden waren.

Ein Terminalemulator ist das ideale Programm, um Ihr Modem besser kennen zu lernen. Durch die Eingabe von Kommandos (direkt als ASCII-Zeichen) können Sie mit Ihrem Modem kommunizieren. Wenn Sie beispielsweise `ATZ` ↵ eingeben, fordern Sie Ihr Modem damit zu einem Reset auf. Das Modem antwortet nach einigen Sekunden mit der Zeichenkette `OK`, die vom Terminalemulator auf dem Bildschirm angezeigt wird.

Mit `ATDT45678` wählen Sie die Nummer 45678 und stellen eine Verbindung her. Wenn der Verbindungsaufbau gelingt, antwortet das Modem mit `CONNECT`, wenn die Leitung besetzt ist, mit `BUSY`. Das Modem geht jetzt vom Befehlsmodus in den normalen Arbeitsmodus, in dem es Texteingaben nicht als Kommandos interpretiert, sondern über die Telefonleitung überträgt. Durch die Eingabe von +++ (diese Zeichen haben eine Art Escape-Funktion) kann wieder in den Befehlsmodus gewechselt werden. Jetzt kann die Verbindung mit dem Kommando `ATH` (Hangup) wieder unterbrochen werden (Auflegen).

TIPP

Falls Sie noch an eine alte Telefonanlage mit Puls-Wahlsystem angeschlossen sind, lautet die Zeichenkette zum Wählen `ATDP45678`.

Unter Linux stehen gleich zwei sehr leistungsfähige Terminalemulatoren zur Auswahl, nämlich `minicom` (für den Textmodus) und `seyon` (für X), die in den beiden folgenden Abschnitten beschrieben werden.

HINWEIS

Unter Linux werden Sie übrigens ständig mit einer anderen Art von Terminalemulatoren konfrontiert, nämlich immer dann, wenn Sie sich in einer Textkonsole anmelden (einloggen). Um dieses Einloggen zu ermöglichen, läuft für jede nicht aktive Textkonsole das Programm `getty` oder dessen Variante `mingetty`. Diese Programme greifen auf Linux-interne Devices zur Kommunikation mit den Textkonsolen zu.

minicom

`minicom` ist ein Terminalprogramm für den Textmodus. Seine Bedienung hat Ähnlichkeiten mit dem DOS-Programm TELIX. `minicom` greift über die Device-Datei `/dev/modem` auf das Modem zu. Zur Konfiguration von `minicom` sollten Sie das Programm mit der Option `-s` als `root` starten. Jetzt können Sie statt `/dev/modem` die serielle Schnittstelle direkt angeben (z.B. `/dev/ttyS1`). Das ist notwendig, wenn mehrere Programme auf die serielle Schnittstelle zugreifen und Sie auch Anrufe beantworten möchten (z.B. Fax-Empfang). Gleichzeitig mit der seriellen Schnittstelle können Sie auch die gewünschte Übertragungsgeschwindigkeit einstellen. Die Konfiguration wird in `/etc/minirc.dfl` gespeichert.

Mitunter ist `minicom` so konfiguriert, dass es nur von `root` benutzt werden kann. Damit das Programm auch von anderen Anwendern verwendet werden darf, müssen deren Namen von `root` in die Konfigurationsdatei `/etc/minicom.users` eingetragen werden. Normalerweise ist das nach der Einstellung der seriellen Schnittstelle der zweite Schritt vor der Inbetriebnahme von `minicom`.

`minicom` arbeitet menügesteuert. Das Hauptmenü (eine Art Hilfetext) wird über (Strg)+(A), (Z) aufgerufen. Durch die Eingabe eines weiteren Buchstabens gelangen Sie in Untermenüs, beispielsweise zur Veränderung diverser Konfigurationsdaten. Sobald Sie die betreffenden Buchstaben kennen, können Sie das Hauptmenü umgehen und ein Kommando direkt mit (Strg)+(A), (Buchstabe) aufrufen (beispielsweise (Strg)+(A), (D) zum Wählen).

In vielen Fällen ist außer der Erweiterung von `minicom.users` keine Konfiguration von `minicom` notwendig, d.h. die Defaulteinstellungen können unverändert belassen werden. Falls Sie ein Modem verwenden, das nicht den AT-Befehlssatz kennt, wenn Sie zusätzliche Initialisierungskommandos an das Modem übertragen möchten etc., gelangen Sie über das Kommando (Strg)+(A), (O) in das Konfigurationsmenü. Die Konfiguration sollte von `root` vorgenommen werden und gilt dann für alle `minicom`-Anwender.

Unabhängig von den restlichen Konfigurationsdaten verwaltet `minicom` ein Telefonnummernverzeichnis, das über (Strg)+(A), (D) erreicht werden kann. Die Erweiterung des Verzeichnisses erfolgt menügesteuert. Zu jeder Nummer können der gewünschte Typ der Terminalemulation (VT 102 oder ANSI) und eine Script-Datei angegeben werden, die nach dem Verbindungsaufbau automatisch ausgeführt wird (siehe unten). Welche Terminalemulation Sie verwenden müssen, hängt von dem Rechner ab, mit dem Sie per Modem in Kontakt stehen.

Das Nummernverzeichnis wird im jeweils aktuellen Heimatverzeichnis unter dem Namen `.dialdir` gespeichert, d.h. Sie können immer nur auf die Nummern zugreifen, die Sie selbst definiert haben.

minicom-Tastenkürzel	
(Strg)+(A), (D)	Wählen, Verbindungsaufbau (dial)
(Strg)+(A), (G)	Script-Datei ausführen (go)
(Strg)+(A), (H)	Verbindung unterbrechen (hangup)
(Strg)+(A), (L)	Protokollierung der Bildschirmausgaben in Datei
(Strg)+(A), (Q)	Programmende ohne Modem-Reset (quit)
(Strg)+(A), (R)	Dateien empfangen (receive)
(Strg)+(A), (S)	Dateien senden
(Strg)+(A), (X)	Programmende mit Reset (exit)

Übertragung von Dateien

Die meisten Mailboxen und Internet-Provider bieten die Möglichkeit an, über ein besonderes Kommando einzelne Dateien binär zu übertragen (in beide Richtungen). `minicom` unterstützt zu diesem Zweck die Datenübertragungsprotokolle `x/y/zmodem`. Eine Datenübertragung vom lokalen Rechner wird mit (Strg)+(A), (S) (send) gestartet, in die umgekehrte Richtung mit (Strg)+(A), (R). Anschließend wird das gewünschte Protokoll ausgewählt.

Die eigentliche Datenübertragung erfolgt durch den Aufruf der Zusatzprogramme `sz`, `sb`, `sx`, `rz`, `rb` oder `rx`. Für die Programme muss in der Umgebungsvariablen `RZSZLINE` der Device-Name des Modems angegeben werden.

```
# Ergänzung zu /etc/profile
# setzen Sie statt ttyS1 den Namen Ihrer Schnittstelle ein
export RZSZLINE="/dev/ttyS1"
```

Online-Informationen zu `sz`, `sb`, `sx`, `rz`, `rb` und `rx` erhalten Sie mit dem Kommando `man rz` und `man sz`.

Script-Programmierung

Vielleicht stellen Sie sich jetzt die Frage, was bei einem Terminalemulator noch zu programmieren ist. Aber spätestens wenn Sie sich das zehnte Mal in ein Internet-System oder ein Mailbox-Programm eingeloggt und durch fünf Menüebenen endlich bis zum Mail-System durchgearbeitet haben, wird auch bei Ihnen der Wunsch nach einer Automatisierung solcher immer wiederkehrender Operationen aufkommen.

Dazu sieht `minicom` eine einfache Script-Sprache vor. Diese Sprache dient in erster Linie dazu, bestimmte Schlüsselwörter (wie login, password) zu erkennen und darauf mit der Übertragung von Zeichenketten (dem User-Namen, dem Passwort etc.) zu antworten. Die Ausführung von Script-Dateien erfolgt nicht direkt durch `minicom`, sondern durch den Interpreter `runscript`. Die folgende Liste fasst die wichtigsten Kommandos dieses Interpreters zusammen. Eine vollständige Übersicht aller Kommandos gibt `man runscript`.

minicom-Scriptkommandos

`# kommentar`
: Kommentar

`exit`
: beendet das Script-Programm

`expect { "muster" kommando "muster" kommando ... }`
: führt eines der Kommandos aus, sobald ein Muster erkannt wird

`goto marke`
: springt zu der Zeile, die mit `marke:` gekennzeichnet ist

`print "zeichenkette"`
: gibt die Zeichenkette auf dem Bildschirm aus

`send "zeichenkette"`
: überträgt die Zeichenkette an das Modem

`sleep n`
: wartet *n* Sekunden

`timeout n`
: begrenzt die Wartezeit von `expect` auf *n* Sekunden

Die Syntax von `runscript` ist nicht immer besonders einleuchtend: Ein besonders ärgerliches Kommando ist `expect`: Es funktioniert nur dann, wenn erstens die beiden geschweiften Klammern in eigenen Zeilen stehen, und wenn zweitens nach der Klammer { ein Leerzeichen folgt (obwohl in dieser Zeile ohnedies keine weiteren Kommandos erlaubt sind). Das Erstellen von `runscript`-Programmen ist aus diesem Grund in erster Linie ein Geduldspiel (nach dem Verfahren: Versuch und Irrtum).

Zum Austesten von Script-Programmen können Sie diese direkt mit `runscript` ausführen, ohne vorher `minicom` zu starten. Die Muster, die das Programm vom Modem erwartet, müssen Sie jetzt selbst über die Tastatur eingeben.

Das folgende Beispiel zeigt ein Script für einen typischen Login auf einem Unix-System. Das Programm wartet auf die Zeichenkette 'ogin' (damit sowohl 'Login' als auch 'login' erkannt wird), sendet dann den User-Namen, wartet auf 'word:', sendet dann das Passwort etc.

```
print "Login-Versuch"
expect {
  "ogin:"
  timeout 20 goto fehler
  }
# hier muss der User-Name angegeben werden
send "moser"
expect {
  "word:"
  timeout 5 goto fehler
  }
# hier muss das Passwort angegeben werden
send "sfd4kDs"
exit
fehler:
print "Irgendetwas ist schief gegangen!"
```

Zur Speicherung von Script-Dateien sollten Sie ein eigenes Verzeichnis anlegen. Damit `minicom` die Dateien dort findet, müssen Sie das Verzeichnis mit (Strg)+(A), (O), FILENAMES AND PATHS, (C) einstellen.

Achten Sie bei den Zugriffsrechten darauf, dass wirklich niemand außer Ihnen das Verzeichnis und die darin enthaltenen Dateien lesen kann. Die obige Datei enthält immerhin Ihr Passwort für den Internet-Account! Wenn Sie die Script-Datei in Ihr Telefonnummernverzeichnis aufnehmen (dort ist ein eigener Eintrag für Script-Dateien vorgesehen), dann führt `minicom` die Datei automatisch aus, sobald eine Verbindung hergestellt ist. Nach dem Schema der obigen Datei lassen sich natürlich auch komplexere Vorgänge automatisieren.

seyon

`seyon` erfüllt im Wesentlichen dieselben Funktionen wie `minicom`, läuft aber unter X und ist etwas einfacher zu bedienen. Die Bedienung erfolgt über Buttons, die zum größten Teil einleuchtend beschriftet sind. (Einige Zusatzfunktionen können über den Button MISC ausgeführt werden. Dort findet sich beispielsweise der Button CAPTURE, nach dessen Anklicken sämtliche Ein- und Ausgaben – leider mit zahllosen Sonderzeichen garniert – in die Datei `~/.seyon/capture` geschrieben werden.)

Wegen der einfachen Bedienung konzentriert sich dieser Abschnitt vor allem auf die korrekte Konfiguration von `seyon`. Sehr ausführliche Online-Informationen zu `seyon` erhalten Sie mit `man seyon` oder durch das Anklicken des HELP-Buttons.

Der erste Start von `seyon` kann auch ohne lange Konfigurationseinstellungen erfolgen. Eventuell müssen Sie beim Aufruf die Option `-modems /dev/ttySn` angeben, damit `seyon` weiß, welche Schnittstelle es zum Ansprechen des Modems verwenden soll.

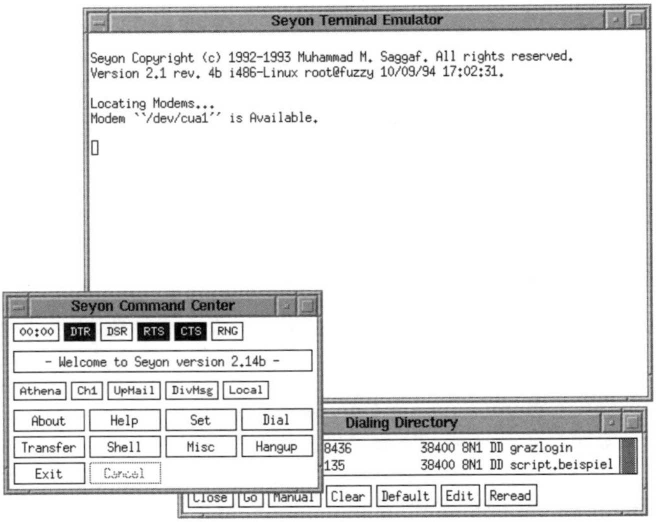

Abbildung 18.20: Der Terminalemulator seyon

Konfiguration

seyon wird durch mehrere Konfigurationsdateien gesteuert. Die meisten Dateien befinden sich im Verzeichnis ~/.seyon, etwa die Initialisierungsdatei startup, das Telefonnummernverzeichnis phonelist und die Definition verschiedener Übertragungsprotokolle in protocols. Beispiele für diese Konfigurationsdateien zum Kopieren in Ihr eigenes Heimatverzeichnis finden Sie in /root/.seyon.

Zahlreiche weitere Einstellungen können in ~/.Xdefaults vorgenommen werden. Die wahrscheinlich wichtigste Einstellung in .Xdefaults ist die Einstellung der seriellen Schnittstelle:

```
! in ~/.Xdefaults
! Einstellung der seriellen Schnittstelle für seyon
Seyon.modems:   /dev/ttyS1
```

Im Telefonnummernverzeichnis phonelist sind nur zwei Angaben pro Zeile zwingend: die Telefonnummer und ein Text zur Identifizierung der Nummer. Alle weiteren Angaben erfolgen in der Form OPTION=.... Die beiden wichtigsten in Frage kommenden Optionen sind SCRIPT (automatische Ausführung einer Script-Datei nach dem Verbindungsaufbau) und BPS (gewünschte Übertragungsgeschwindigkeit). Das Telefonnummernverzeichnis kann auch während des Betriebs von seyon erweitert werden.

```
# ~/.seyon/phonelist
123456 tugraz     SCRIPT=grazlogin BPS=38400
234567 mailboxxy  SCRIPT=xylogin   BPS=38400
```

startup enthält einige allgemeine Konfigurationseinstellungen wie etwa die gewünschte Übertragungsgeschwindigkeit, die Anzahl der zu übertragenden Bits etc.

Script-Programmierung

seyon ist ähnlich wie minicom mit einer Script-Sprache ausgestattet. Diese Sprache hat allerdings eine sehr viel leistungsfähigere Syntax, die der bash ähnlich ist. Im Vergleich zu den Erfahrungen mit minicom ist die Script-Programmierung für seyon das reinste Vergnügen. Script-Dateien werden üblicherweise im Verzeichnis ~/.seyon gespeichert.

Eine genaue Definition aller Script-Kommandos gibt der man-Text. Die folgende Tabelle fasst lediglich die wichtigsten Kommandos zusammen.

seyon-Script-Kommandos

`# kommentar`
    Kommentar

`echo "zeichenkette"`
    gibt die Zeichenkette auf dem Bildschirm aus

`exit`
    beendet das Script-Programm

`goto marke`
    springt zu der Zeile, die mit `marke:` gekennzeichnet ist

`pause n`
    wartet *n* Sekunden

`transmit "zeichenkette"`
    überträgt die Zeichenkette an das Modem

`waitfor "zeichenkette" [n]`
    wartet maximal *n* Sekunden, bis das Modem die angegebene Zeichenkette empfängt; wenn *n* nicht angegeben wird, beträgt die Timeout-Zeit 30 Sekunden

Beachten Sie bitte, dass `transmit` kein Carriage-Return-Zeichen ausgibt! Ein Zeilenende muss explizit durch die beiden Zeichen `^M` ausgedrückt werden. `^` kann auch diverse weitere Steuerzeichen einleiten. Das folgende Minimalbeispiel kann dazu verwendet werden, einen Login in ein Unix-System (Angabe von Usernamen und Passwort) zu automatisieren.

```
# ~/.seyon/script.beispiel
echo "Login Script"
waitfor "ogin:" 10
transmit "moser^M"
waitfor "word:" 3
transmit "asd4jKl^M"
```

18.9 MP3- und Audio-Tools

Unter Linux gibt es zahllose Audio- und MP3-Tools, die ein weites Spektrum von Anwendungen abdecken. Dieser Abschnitt gibt einen Überblick über die wichtigsten Audio-CD- und MP3-Player sowie über diverse Konverter zwischen verschiedenen Audio-Formaten. Beschrieben wird auch die Installation des RealAudio-Players unter Linux. Damit können Sie über das MP3-Format hinaus auch einige kommerzielle Audio-Formate abspielen, die im Internet zunehmende Verbreitung finden.

VERWEIS

Dieser Abschnitt setzt voraus, dass Ihre Sound-Karte korrekt konfiguriert ist. Tipps zu diesem Thema finden Sie auf Seite 243.

Ab Seite 822 finden Sie Informationen, wie Sie Audio-Tracks von CDs lesen bzw. wie Sie Audio-CDs mit einem CD-Recorder selbst schreiben können.

Audio-CD-Player

Die Aufgabe eines CD-Players ist ziemlich trivial: Das Programm soll das Inhaltsverzeichnis einer Audio-CD einlesen und die Audio-Tracks dann abspielen. Das Programm überlässt dabei dem CD-Laufwerk praktisch die gesamte Arbeit (also das Auslesen der Daten, die Fehlerkorrektur, die Umwandlung in analoge Signale). Der CD-Player erfüllt also nur Steuerungsaufgaben (und nicht wie bei einem MP3-Player auch eine Decodierung). Wie bei einem 'richtigen' CD-Player bieten auch deren virtuelle Gegenstücke Buttons zur Navigation innerhalb eines Tracks bzw. zum Vor- und Zurückspringen.

Im Gegensatz zu Daten-CDs werden Audio-CDs nicht in das Dateisystem eingebunden. Der Zugriff auf die CD erfolgt normalerweise direkt über das Device. Die meisten CD-Player gehen davon aus, dass `/dev/cdrom` auf das richtige Device zeigt, beispielsweise auf `/dev/hdc`.

Eine Besonderheit vieler CD-Player besteht darin, dass Sie (sofern eine Internet-Verbindung besteht), Kontakt mit dem CDDB-Server `www.cddb.com` aufnehmen. Auf diesem Server befindet sich eine riesige Datenbank, die zu allen dort registrierten CDs den Titel, die Gruppe bzw. die Interpreten sowie das Inhaltsverzeichnis in Textform speichert. Wenn Ihre CD bei CDDB bekannt ist, zeigt der CD-Player also nicht mehr einfach die Track-Nummer an, sondern vielleicht 'Led Zeppelin: Dazed and Confused'. (Bei einigen CD-Playern müssen Sie CDDB in einem Optionendialog explizit aktivieren, d.h. die Funktion ist per Default abgeschaltet.)

TIPP

Die Internet-Adresse für CDDB-Anfragen hat sich vor einiger Zeit geändert. Bei älteren CD-Playern müssen Sie unter Umständen diese Änderung selbst eintragen. Ersetzen Sie im CDDB-Konfigurationsdialog `www.cddb.com` durch `cddb.cddb.com`.

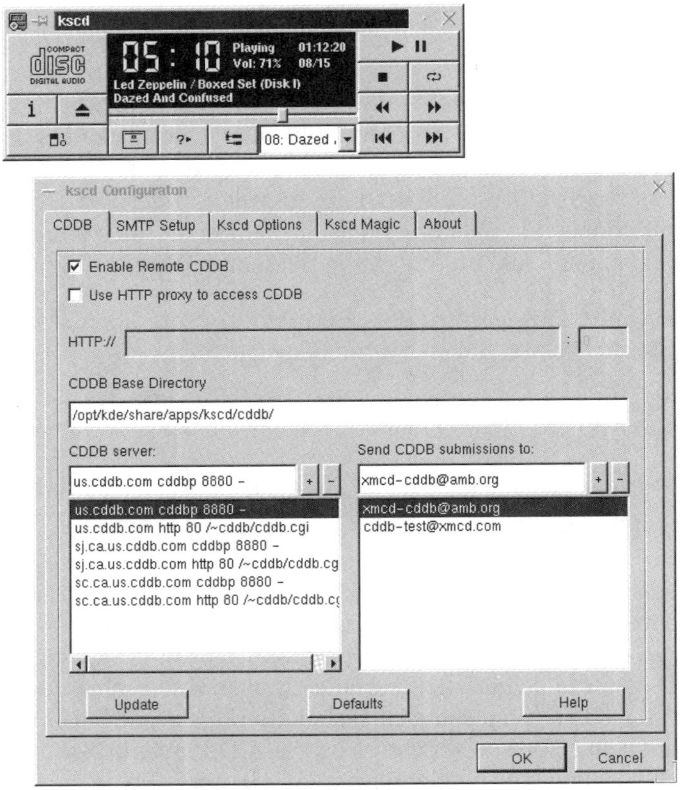

Abbildung 18.21: KSCD – Ein CD-Player mit CDDB-Unterstützung

Die Bedienung der diversen Player ist so einfach, dass hier keine weitere Beschreibung erforderlich ist. Die folgende Liste nennt einige Player (ohne Anspruch auf Vollständigkeit):

- `cdplayer`, `tcd` und `workbone`: können im Textmodus verwendet werden
- `xcdplayer`: einfache X-Variante
- `kscd`: KDE-Variante
- `gtcd`, `gcd`: Gnome-Varianten
- `grip`: noch ein Gnome-Player, der aber außerdem Audio-Tracks digital einlesen und diese in MP3-Dateien umwandeln kann (siehe Seite 818)
- `workman`: OpenLook-Variante
- `xmcd`: Motif-Variante (muss mit dem Script `/usr/X11R6/lib/X11/xmcd/config/config.sh` konfiguriert werden)
- `xsadp`: noch ein Player für X, mit Graphics Equalizer

HINWEIS

Einige Trivialitäten: Damit Sie die abgespielte Musik tatsächlich hören, muss das CD-Laufwerk mit einem Kabel mit der Sound-Karte Ihres Rechners verbunden sein. Außerdem muss die Sound-Karte korrekt konfiguriert sein (siehe Seite 243). Die Lautstärke der Sound-Karte darf nicht auf 0 gestellt sein. Und schließlich muss die Sound-Karte mit Boxen oder mit Ihrer Stereo-Anlage verbunden sein.

Grundsätzlich können Sie Audio-CDs auch dann abspielen, wenn Sie keine Sound-Karte besitzen. Die meisten CD-Laufwerke besitzen dazu vorne eine Kopfhörerbuchse, an die Sie einen Kopfhörer anschließen können. An diese Buchse können Sie auch die für PCs üblichen Aktiv-Boxen anschließen (wie an eine Sound-Karte).

MP3-Player

Grundlagen

MP3-Format: MP3 steht für *MPEG-1, audio layer 3,* wobei MPEG wiederum eine Abkürzung für *Moving Pictures Experts Group* ist. MP3 ist ein verhältnismäßig neues Format, mit dem Audio-Daten stark komprimiert werden können, ohne dabei allzu große Verluste in der Musikqualität zu verursachen. MP3 ist das zur Zeit wahrscheinlich wichtigste Format zur Übertragung von Audio-Daten im Internet. MP3 ist aber auch ein ideales Format, um Musik am Computer zu archivieren und abzuspielen (Jukebox-Systeme).

MP3 ist bei weitem nicht das einzige Audio-Format! Zwei weitere, weit verbreitete Formate sind WAV und AU. (Derart codierte Dateien sind allerdings viel größer als MP3-Dateien.) Daneben gibt es eine ganze Reihe kommerzieller Formate, zu denen es keine Open-Source-Player gibt. Wenn Sie auf kommerzielle Formate stoßen, können Sie in vielen Fällen den RealPlayer zum Abspielen verwenden (siehe Seite 819).

M3U-Format: Ein gemeinsames Merkmal der meisten MP3-Player besteht darin, dass sie Listen von MP3-Dateien verwalten können. Die Titel können der Reihe nach oder in zufälliger Reihenfolge abgespielt werden. Der Quasi-Standard zur Speicherung solcher Listen ist das M3U-Format (`*.m3u`). Das Format solcher Dateien ist denkbar einfach: In jeder Zeile wird einfach ein Dateiname (oder eine Internet-Adresse) eines MP3-Titels gespeichert.

PL-Format: Einige MP3-Player unterstützen darüber hinaus auch das PL-Format (`*.pl`). Dabei handelt es sich ebenfalls um Listen von MP3-Dateien. Allerdings werden außer dem Dateinamen weitere Informationen zu jedem Stück gespeichert.

Streaming: Das Abspielen von MP3-Dateien, die sich auf der Festplatte oder einer CD-ROM befinden, bereitet mit den diversen MP3-Playern kaum Probleme. Erheblich schwieriger wird es, wenn Audio-Dateien direkt beim Surfen angehört werden sollen. Die zwei Hauptanwendungen dafür sind Internet-Radio sowie Hörproben. (Wenn Sie in `www.mp3.com` stöbern, wollen Sie ja nicht immer gleich die großen

MP3-Dateien herunterladen. Oft reicht ein kurzes Hineinhören, um zu entscheiden, ob die Musik den Erwartungen entspricht oder nicht.)

Damit die Wiedergabe der Musik sofort nach dem Start der Übertragung beginnen kann (und nicht erst nach dem Ende der Übertragung), wird eine sogenannte Streaming-Technik verwendet. Außerdem werden die Daten zumeist deutlich höher komprimiert, was sich zwar negativ auf die Tonqualität auswirkt, dafür aber selbst bei einer Internet-Verbindung via Modem oder ISDN-Karte eine Direktübertragung ermöglicht.

Mittlerweile haben sich mehrere unterschiedliche Streaming-Formate etabliert. Mit MP3-Streams kommen viele der unten aufgezählten MP3-Player zurecht (z.B. freeamp, GQmpeg und XMMS). Die meisten anderen Streaming-Formate sind allerdings kommerziell. Auf Grund diverser Copyright-Einschränkungen ist wohl auch in Zukunft nicht damit zu rechnen, dass diese Formate von Open-Source-Playern unterstützt werden. In den meisten Fällen stellt auch hier der RealPlayer eine Lösung dar (siehe Seite 819).

VERWEIS

Einen sehr guten Überblick über das Thema MP3 und die für Linux verfügbaren MP3-Programme finden Sie im MP3-HOWTO. Wenn Sie sich mehr für die Grundlagen von MP3 interessieren, finden Sie auf den folgenden Websites eine Menge Informationen:

`http://www.iis.fhg.de/audio`
`http://www.mpeg.org/MPEG/mp3.html`

MP3-Player

Die Aufgabe eines MP3-Players besteht darin, die MP3-Daten in Audio-Signale zurückzuverwandeln (zu decodieren) und an die Sound-Karte weiterzugeben. Viele MP3-Player bieten darüber hinaus noch diverse Funktionen zur Verwaltung einer ganzen Sammlung von MP3-Dateien. Die folgende Liste erhebt keinen Anspruch auf Vollständigkeit. Weitere MP3-Player finden Sie im MP3-HOWTO.

Die Bedienung der hier aufgezählten Programme ist so einfach, dass eine ausführliche Beschreibung nur unnötig die Seiten füllen würde. Sehen Sie einfach nach, welches der Programme mit Ihrer Distribution mitgeliefert wird, und probieren Sie es aus.

- `DigitalDJ` ist eine Gnome-Benutzeroberfläche zum Verwalten und Abspielen von MP3-Dateien. Das Programm hat selbst keinen MP3-Player eingebaut, ist hierfür also auf externe Tools angewiesen. Dafür kann es MP3-Dateien in einer mysql-Datenbank verwalten, die Stücke nach verschiedenen Kriterien suchen etc. Wie der Name schon andeutet: für (professionelle) DJs.
- `freeamp` wird in der SuSE-Paketbeschreibung ganz einfach als 'the best digital audio player available' beschrieben. Mehr braucht wohl nicht gesagt werden! `freeamp` kommt auch mit MP3-Streams zurecht (kann also mit dem Abspielen

von MP3-Daten aus dem Internet beginnen, bevor alle Daten vollständig übertragen wurden). Weitere Informationen und die aktuellste Version von `freeamp` finden Sie unter: `http://www.freeamp.org`

- Das herausstechende Merkmal von `GQmpeg` ist seine optische Verwandlungsfähigkeit durch sogenannte Skins. (Das sind Zusatzdateien, die das Aussehen der Benutzeroberfläche verändern.)
- Das Aussehen von `kmp3` errinnert an einen traditionellen CD-Player. Mit dem Programm wird das Kommando `kmp3player` mitgeliefert, das das Abspielen von MP3-Titeln in einer Kommandozeile ermöglicht (also ohne Benutzeroberfläche).
- `kjukebox` hilft bei der Verwaltung von MP3-Archiven und der Zusammenstellung längerer Musikprogramme. MP3-Listen werden in einem eigenen Format gespeichert (Dateikennung `*.jbd`), das Programm besitzt aber einen Import- und Export-Filter für `*.m3u`-Dateien. Eine Besonderheit des Programms besteht darin, dass eine Überblendung zwischen zwei Titeln möglich ist. (Dazu werden im Hintergrund zwei MP3-Player gestartet.)
- `mp3blaster` ist ein sehr minimalistischer Player, dessen Benutzeroberfläche im Textmodus läuft. Damit kann das Programm auch ohne X Window System verwendet werden.
- `mpg123` ist ein weiterer, weit verbreiteter MP3-Player für den Textmodus.
- Das Aussehen von `xmms` lässt sich durch verschiedene Oberflächen (Skins) verändern. Flexibel ist `xmms` aber auch bei seinen Funktionen, die sich durch Module erweitern lassen.

Abbildung 18.22: freeamp

Tipp

Wenn Sie in Netscape, einem KDE- oder Gnome-Browser einen Link zu einer MP3-Datei anklicken und kein MP3-Player startet, liegt das Problem meistens an einer fehlenden oder missglückten MIME-Konfiguration.

Die folgenden Zeilen zeigen die korrekte Konfiguration für `freeamp`, so dass Netscape das Programm automatisch startet. Damit auch KDE und Gnome das Programm berücksichtigen, müssen aber auch die MIME-Einstellungen von KDE/Gnome geändert werden! Details dazu finden Sie auf Seite 769.

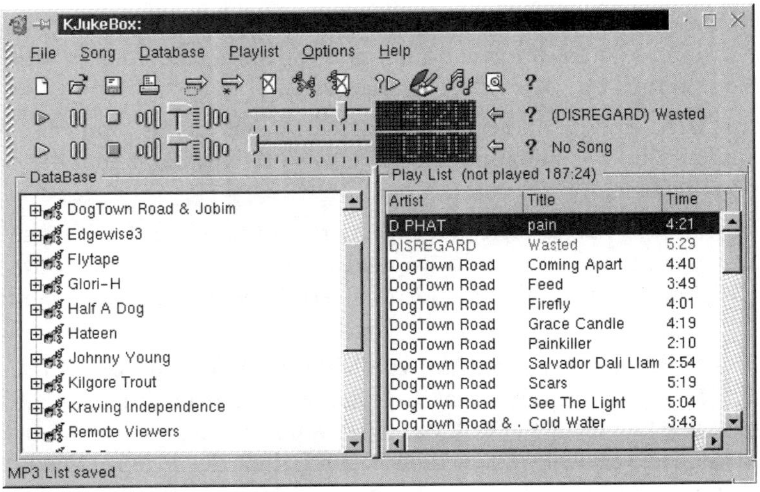

Abbildung 18.23: KJukeBox – ein MP3-Player im KDE-Look

```
# ~/.mime.types  oder /etc/mime.types
type=audio/mpeg                  exts="mp3,mp2,mpa,abs,mpega"
type=audio/x-mpeg                exts="mp3,mp2,mpa,abs,mpega"
type=audio/x-mpegurl             exts="m3u"
type=audio/x-mp3
type=audio/mp3
type=audio/mpegurl
type=audio/scpls
type=application/x-freeamp-theme
type=application/vnd.rn-rn_music_package

# ~/.mailcap  oder /etc/mailcap
application/vnd.rn-rn_music_package;freeamp %s
application/x-freeamp-theme;freeamp %s
audio/mp3;freeamp %s
audio/mpeg;freeamp %s
audio/mpegurl;freeamp %s
audio/scpls;freeamp %s
audio/x-mp3;freeamp %s
audio/x-mpeg;freeamp %s
audio/x-mpegurl;freeamp %s
audio/x-scpls;freeamp %s
```

MP3- und Audio-Konverter, CD-Ripper

Dieser Abschnitt gibt einen Überblick über die wichtigsten Programme, um Audio-Dateien zwischen den diversen Formaten zu konvertieren. Der Abschnitt behandelt auch Programme, um Musik-Tracks von Audio-CDs in digitaler Form auszulesen. Vorweg ein kurzes Glossar:

Ripper oder **Grabber** lesen Musik-Tracks einer Audio-CD digital aus. Das ist schwieriger, als es auf ersten Blick klingt. Die Audio-Tracks liegen zwar in digitaler Form vor, aber nicht wie bei einer Daten-CD mit einem richtigen Dateisystem. Wenn es beim Auslesen der Daten Probleme gibt, ist es für das CD-Laufwerk sehr schwierig, exakt die Stelle zu finden, an der das Auslesen fortgesetzt werden soll. Ebenso ist es beinahe unmöglich, Lesefehler – etwa durch verdreckte oder zerkratzte CDs – zu korrigieren. Sowohl die Auslesegeschwindigkeit als auch die Qualität der Audio-Dateien hängt stark von der Qualität des CD-Laufwerks ab, das Sie verwenden. Ripper liefern als Ergebnis üblicherweise WAV-Dateien. (WAV ist ein von Microsoft definiertes, einfaches, unkomprimiertes und weit verbreitetes Audio-Format.)

Encoder wandeln WAV-Dateien in MP3-Dateien um. Die Aufgabe des Encoders ist es, die Daten dabei einerseits möglichst stark zu komprimieren, andererseits aber möglichst geringe Qualitätsverluste einzugehen. Das ist ein sehr rechenintensiver und daher verhältnismäßig langsamer Vorgang.

Decoder sind für die umgekehrte Richtung zuständig, also für die Umwandlung der MP3-Daten in ein Format, das an Sound-Karten weitergegeben werden kann. Alle MP3-Player basieren auf Decodern. Decoder benötigen Sie aber auch, wenn Sie MP3-Dateien in WAV-Dateien umwandeln möchten (etwa um MP3s auf einer herkömmlichen Audio-CD zu speichern).

HINWEIS

Eine Menge weiterer Informationen finden Sie im MP3-HOWTO und im Sound-Playing-HOWTO.

MP3-Dateien von kommerziellen CDs dürfen im Allgemeinen nicht weitergegeben werden. Beachten Sie die Copyright-Bestimmungen!

Ripper

Die zwei populärsten Linux-Ripper sind `cdda2wav` und `cdparanoia`, wobei Zweiteres den Ruf hat, besonders bei alten CD-ROM-Laufwerken, zerkratzten CDs und ähnlichen Problemen die besseren Ergebnisse zu liefern. Beide Kommandos werden mit einer Unzahl von Parametern gesteuert – siehe die jeweiligen Manualseiten. Hier zwei Beispiele: Das erste Kommando liest Track 3 einer CD im ersten SCSI-CD-Laufwerk. Die resultierende Datei bekommt den Namen `audio.wav`:

```
root#  cdda2wav -D /dev/scd0 -t 3
```

Das folgende Kommando liest Track 4 von einer CD im selben Laufwerk. Das Ergebnis ist die Datei `cdda.wav` im lokalen Verzeichnis:

```
root# cdparanoia -d /dev/scd0 "4"
```

Encoder

Das Verfahren, MP3-Dateien zu erzeugen, ist patentiert. MP3-Encoder, die auf dem Code des von der Fraunhofer Gesellschaft entwickelten Encoders aufbauen, müssen daher lizenziert werden – selbst dann, wenn sie kostenlos weitergegeben werden sollen. Die für Linux verfügbaren freien Encoder basieren zwar nicht direkt auf dem Fraunhofer-Code, sondern auf einer ISO-Referenzimplementierung oder vollständig auf eigenem Code (spätere Versionen von LAME), das scheint die Lizenzprobleme aber nicht zu lösen. Um überhaupt noch kompilierte Encoder (und nicht nur den Quellcode) weitergeben zu können, werden MP3-Encoder mittlerweile fast nur noch von Websites in solchen Ländern zum Download angeboten, wo die MP3-Patente nicht gelten. (Wie nicht anders zu erwarten, gibt es bereits Bestrebungen, ein vollkommen neues Audio-Format zu entwickeln, das wirklich frei im Sinne der Open-Source-Bewegung ist.)

VERWEIS

Weitere Informationen zu Lizenz- und Patentfragen finden Sie unter:

http://mp3licensing.com
http://www.mp3-tech.org/patents.html
http://hive.me.gu.edu.au/not_lame/patent.html
http://www.sulaco.org/mp3/free.html
http://www.xiph.org/ogg/vorbis/

Von den rechtlichen Problemen einmal abgesehen, unterscheiden sich Encoder durch die erzielte Musikqualität und ihre Geschwindigkeit. Die Qualität ist vor allem davon abhängig, welches akustische Modell verwendet wird. Die beste Qualität bietet der von der Fraunhofer Gesellschaft entwickelte Code. Dieser kommt aus lizenzrechtlichen Gründen in der Linux-Szene allerdings selten zum Einsatz. (Die Qualität hängt auch von der Bitrate der Codierung ab. Generell gilt: Je größer die Bitrate, desto größer auch die Datei. Eine Bitrate von 128 kBit gilt als guter Kompromiss zwischen Qualität und Dateigröße.) Die Geschwindigkeit hängt in erster Linie davon ab, wie gut der Code optimiert ist (u.U. sogar mit Assembler-Code, MMX-Unterstützung etc.).

bladeenc: `bladeenc` ist aus der ISO-Implementierung entstanden, die aber stark verbessert wurde. Als diese Zeilen geschrieben wurden, war `bladeenc` auf der unten angegebenen Homepage nur im Quellcode erhältlich (nicht als Binärdatei).

LAME, NotLame: LAME (*LAME Ain't an MP3 Encoder*) versuchte das Lizenzproblem so zu umgehen, dass das Programm nur als Patch zur ISO-Implementierung angeboten wurde. Zur Zeit ist eine neue LAME-Version im Betatest, die nur noch eigenen Code enthält – ob das den rechtlichen Problemen ein Ende setzt, muss aber leider bezweifelt werden. Auch wenn der Name das Gegenteil andeutet, codiert LAME einigermaßen schnell und qualitativ gut. (LAME hat ein eigenes psychoakustisches Modell entwickelt, das eine bessere Codierung als die anderen freien Encoder verspricht – und eine beinahe so gute Qualität wie die kommerziellen Encoder Xing und mp3enc. Auf der LAME-Website gibt es allerdings nur den LAME-Quellcode. Kompilierte Binaries finden Sie auf der NotLame-Website.)

GOGO: GOGO ist aus einer nicht mehr ganz aktuellen LAME-Version entstanden. Um eine noch höhere Codierungsgeschwindigkeit zu erzielen, wurden Teile des C-Codes durch Assembler-Code (mit MMX-Optimierung) ersetzt.

Xing: Xing war eine der ersten Firmen, die einen kommerziellen MP3-Encoder anbot (zu vernünftigen Preisen). Xing hat aber auch maßgeblich zur Weiterentwicklung von MP3 beigetragen, etwa durch die Einführung einer variablen Bitrate (VBR) für die Codierung. Xing zählt zu den schnellsten MP3-Encodern (insbesondere bei der Verwendung von VBR).

mp3enc: Der Vollständigkeit halber sollte auch `mp3enc`, der kommerzielle Encoder der Fraunhofer Gesellschaft erwähnt werden. Er verspricht die beste Musikqualität. Das spiegelt sich aber auch im Preis wider ($ 200, als dieser Text geschrieben wurde). Die kostenlose Demoversion ist nur für 30-Sekunden-Samples geeignet und daher nutzlos.

VERWEIS

Da mit Ihrer Distribution möglicherweise kein Encoder mitgeliefert wird (bzw. werden kann/darf), folgen hier Links zu einigen freien Encodern sowie zum kommerziellen Xing-Encoder:

```
http://bladeenc.mp3.no
http://www.sulaco.org/mp3/
http://hive.me.gu.edu.au/not_lame/
http://homepage1.nifty.com/herumi/gogo_e.html
http://www.xingtech.com/mp3/encoder/
```

Der Umgang mit den Encodern ist unkompliziert. Im Regelfall reicht das Kommando `kommando *.wav` aus, um alle `*.wav`-Dateien mit einer Bitrate von 128 kBit in MP3-Dateien umzuwandeln. Wenn Sie besondere Einstellungen wünschen, gibt es dafür (wie immer!) zahllose Optionen.

Decoder

Die lizenz- und patentrechtlichen Encoder-Probleme treffen auf Decoder glücklicherweise nicht zu. Für Decoder, die frei weitergegeben werden, sind keine Lizenzgebühren erforderlich. Alle auf Seite 812 aufgezählten MP3-Player – soweit es sich nicht nur um Oberflächen zu anderen Kommandos handelt – sind Decoder. Ein Teil dieser Programme kann die MP3-Dateien allerdings nur abspielen, nicht aber in WAV-Dateien speichern. Wenn Sie WAV-Dateien erzeugen möchten, bieten sich die folgenden Kommandos an:

```
root# mpg123 -w out.wav in.mp3
root# kmp3player -cw in.mp3 out.wav
```

Sonstige Audio-Konverter

Die **Audio File Bibliothek** (SuSE-Paket `audiofil`) enthält das Kommando `sfconvert`, mit dem Audio-Dateien zwischen den Formaten `aiff`, `aifc`, `next` und `wave` konvertiert werden. `sfinfo` versucht zu ermitteln, in welchem Format eine bestimmte Datei vorliegt.

SoX steht für *sound exchange* ist bietet mit dem Kommando `sox` einer weitere Möglichkeit, Audio-Dateien von einem Format in ein anderes zu verwandeln. `sox` kennt mehr Formate als `sfconvert`. Zu `sox` gibt es die Gnome-Oberfläche `gsox`.

ID3-Tags

Am Ende von MP3-Dateien sind üblicherweise Informationen über den Titel gespeichert (Name des Titels, Gruppe oder Interpreten etc.) Die meisten MP3-Player lesen diese Information aus und zeigen sie während die Wiedergabe an. Wenn Sie die ID3-Tags manuell auslesen oder verändern möchten, bieten sich dazu die Programme `mp3info` (Kommandozeilenversion), `kmp3info` (KDE) und `gmp3info` (Gnome) an.

Benutzeroberflächen

grip: Das Gnome-Programm `grip` vereint die Funktionen eines CD-Players mit CDDB-Unterstützung, mit denen eines Rippers, Encoders und ID3-Editors unter einer ausgesprochen einfach zu bedienenden Oberfläche. Die einzulesenden Tracks werden mit der rechten Maustaste ausgewählt. Das Ripping kann wahlweise mit dem eingebauten Ripper (`cdparanoia`) oder einem externen Programm erfolgen. Ein MP3-Encoder ist hingegen nicht integriert, es muss also ein externes Programm installiert werden (z.B. `bladeenc`).

Sofern die CD in der CDDB-Datenbank registriert ist, gibt `grip` den erzeugten MP3-Dateien gleich die richtigen Dateinamen. Falls `mp3info` installiert ist, werden diese Informationen auch im ID3-Tag der MP3-Datei gespeichert. Die resultierenden MP3-Dateien werden schließlich unter dem Namen `~/mp3/gruppenname/cdname/tracktitel.mp3` gespeichert.

krabber: Dieses KDE-Programm bietet im Wesentlichen dieselben Funktionen wie `grip`, ermöglicht aber darüber hinaus auch das Brennen von Audio-CDs. Für den vollen Funktionsumfang setzt `grabber` voraus, dass die folgenden Programme installiert sind: `cdparanoia` (Ripper), `sox` (Konverter), `mpg123` (Decoder), ein beliebiger Encoder sowie `cdrecord` (CD schreiben). Das Programm ist gut dokumentiert (Online-Hilfe).

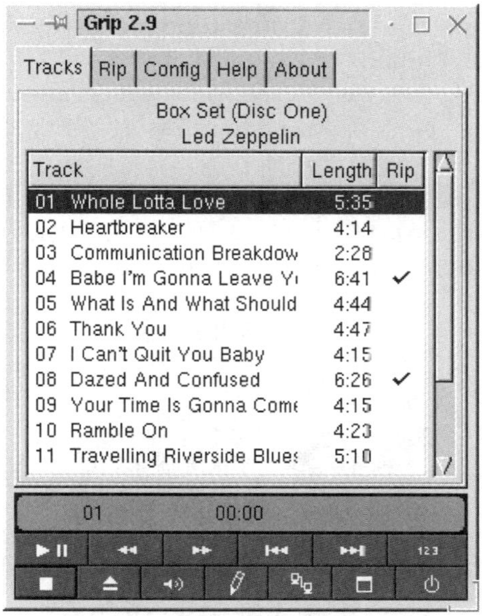

Abbildung 18.24: CD-Tracks in MP3-Dateien umwandeln mit grip

TIPP: Drei weitere Benutzeroberflächen für den gesamten Prozess Ripping/CDDB-Anfrage/Encoding sind `ripperX` (Gnome), `keasycd` (KDE) und `Mp3-Maker.app` (WindowMaker-Oberfläche).

ripit: Auch das Perl-Script `ripit` vereinfacht das Einlesen von Audio-Tracks und deren Umwandlung in MP3-Dateien – wenn auch ohne Benutzeroberfläche. `ripit` setzt voraus, dass `cdparanoia` (Ripper), `bladeenc` (Encoder) und `xmcd` (für CDDB-Anfragen) installiert sind.

RealPlayer konfigurieren

Wie bereits erwähnt, ist MP3 nicht das einzige Audio-Format. Gerade im kommerziellen Bereich sind diverse RealAudio-Formate sehr populär (Audio, Streaming Audio, Video etc.). Zur Wiedergabe derartiger Dateien (üblicherweise mit den Kennung `*.ram`, `*.ra`, `*.rm`, `*.smi`) benötigen Sie den RealPlayer (Version G2 oder besser Version 7 oder höher). Dabei handelt es sich um ein kommerzielles Programm, dessen einfachste Variante aber kostenlos erhältlich ist (allerdings ohne Quellcode). RealPlayer unterstützt neben den schon erwähnten eigenen Formaten auch eine ganze Reihe anderer Audio-Formate (via Plug-Ins).

VERWEIS

Sofern das Programm mit Ihrer Distribution nicht mitgeliefert wird, finden Sie es im Internet, zuletzt unter:
`http://www.real.com/products/player/linux.html`
`http://proforma.real.com/real/player/linuxplayer.html`

Dieser Abschnitt spiegelt die Erfahrungen mit der Beta-Version für den RealPlayer 7 für Linux wider. Bis Sie dieses Buch in den Händen halten, gibt es wahrscheinlich schon eine bessere Version, die vermutlich weniger Installationsprobleme bereitet.

Abbildung 18.25: RealPlayer

Im Gegensatz zu den meisten anderen Linux-Programmen wird RealPlayer in Form eines richtigen Setup-Programms weitergegeben. Nach dem Download müssen Sie die Datei mit `chmod` als Programmdatei kennzeichnen. Anschließend starten Sie das Programm:

```
root#  chmod u+x rp7_linux20_libc6_i386_b1.bin
root#  ./rp7_linux20_libc6_i386_b1.bin
```

Das Setup-Programm installiert den RealPlayer nun in ein Verzeichnis Ihrer Wahl (üblicherweise `/usr/local/RealPlayer7`). Anschließend versucht es, die neuen Dateitypen und das Programm RealPlayer in der MIME-Konfiguration zu verankern. Ob die Installation prinzipiell erfolgreich war, können Sie durch einen direkten Start von `realplay` feststellen. Das Programm sollte eine kurze Melodie abspielen.

```
root#  /usr/local/RealPlayer7/realplay
```

Probleme gibt es zur Zeit allerdings noch bei der MIME-Konfiguration. Erstens verändert das Installationsprogramm zwar `/root/.mailcap` bzw. `.mime.types`, nicht aber die globalen MIME-Dateien in `/etc`. Zweitens setzt das Installationsprogramm bei der KDE-MIME-Konfiguration anscheinend den Red-Hat-Installationspfad von KDE voraus. Andere Distributionen verwenden andere Pfade und werden vom Installationsprogramm offensichtlich ignoriert. Außerdem ignoriert das Installationsprogramm Gnome zur Zeit gänzlich.

Um das Problem mit minimalem Arbeitsaufwand zu lösen, können Sie (für den Login, der den RealPlayer verwenden möchte), das Programm `/usr/local/RealPlayer7/mimeinstall.sh` ausführen. Dazu müssen Sie vorher in das RealPlayer-Installationsverzeichnis wechseln, sonst trägt das Installationsprogramm die falschen Pfade in `.mailcap` ein! Damit gelingt die lokale KDE-MIME-Konfiguration sowie die Erweiterung von `~/.mailcap` und `~/.mime.types`. (Falls Sie Wert auf die RealAudio-Multimedia-Präsentationen legen, sollten Sie `~/.mime.types` allerdings noch um die `smil`-Zeile ergänzen – siehe unten.)

```
user$  cd /usr/local/RealPlayer7
user$  mimeinstall.sh
```

Sie können diese Konfiguration aber auch selbst übernehmen. Die erforderlichen Änderungen in `mailcap` und `mime.types` sehen folgendermaßen aus:

```
# ~/.mime.types  oder /etc/mime.types
audio/x-pn-realaudio    ra rm ram
application/smil        smil

# ~/.mailcap  oder /etc/mailcap
audio/x-pn-realaudio;/usr/local/RealPlayer7/realplay %u
audio/vnd.rn-realaudio;/usr/local/RealPlayer7/realplay %u
application/smil;/usr/local/RealPlayer7/realplay %u
```

Wenn Sie möchten, dass RealPlayer auch MP3s abspielt, müssen Sie `mailcap` entsprechend ergänzen. (Sie können diese Aufgabe aber durchaus auch einem anderen Programm überlassen – z.B. `freeamp`!)

```
# ~/.mailcap  oder /etc/mailcap, falls RealPlayer
# auch MP3s spielen soll
audio/mp3;/usr/local/RealPlayer7/realplay %s
audio/mpeg;/usr/local/RealPlayer7/realplay %s
audio/mpegurl;/usr/local/RealPlayer7/realplay %s
audio/x-mp3;/usr/local/RealPlayer7/realplay %s
audio/x-mpeg;/usr/local/RealPlayer7/realplay %s
audio/x-mpegurl;/usr/local/RealPlayer7/realplay %s
```

Nach diesem Muster müssen auch die KDE- und Gnome-MIME-Dateien erstellt bzw. verändert werden. Hintergrundinformationen finden Sie auf Seite 769.

18.10 CD-ROMs schreiben

Dieser Abschnitt beschreibt, wie Sie mit Linux eigene Daten- und Audio-CDs schreiben können. Vorweg ein Überblick über die wichtigsten Schritte:

- Bevor Sie eine CD-ROM schreiben können, müssen Sie die Daten vorbereiten. Bei Audio-CDs benötigen Sie dazu nur die WAV-Dateien mit den Audio-Tracks. Bei Daten-CDs müssen Sie dagegen ein sogenanntes ISO-Image mit den für das CD-ROM-Dateisystem aufbereiteten Daten erzeugen. Dazu wird in der Regel das Kommando `mkisofs` verwendet.
- Zum Schreiben der CD-ROM stehen die Programme `cdwrite` (alt, wird nicht mehr weiterentwickelt) und `cdrecord` zur Auswahl. Insbesondere `cdrecord` unterstützt fast alle marktüblichen CD-R-Laufwerke.
- Daten-CDs können Sie anschließend noch testen. Dazu gibt es verschiedene Programme, mit denen entweder alle Datenblöcke bzw. alle Dateien gelesen werden oder mit denen der Inhalt der CD-ROM mit einem vorhandenen Dateisystem verglichen wird.
- Statt der kommandoorientierten Programme `mkisofs` und `cdrecord` können Sie auch diverse Benutzeroberflächen verwenden (z.B. `xcdroast`).

VERWEIS

Ausführliche Informationen zum Erstellen/Schreiben eigener CDs finden Sie im CD-Writing-HOWTO. Sehr detailliert ist außerdem die Dokumenation zum Programm `cdrecord`, wo viele Spezialthemen behandelt werden, die in diesem Abschnitt zu kurz kommen.

ISO-Image für Daten-CDs erstellen und testen

Am einfachsten ist das Erstellen eines ISO-Image, wenn Sie eine Daten-CD (keine Audio-CD!) unverändert kopieren möchten. Ein einziges Kommando reicht aus, um die Daten von der CD in eine ISO-Datei zu übertragen.

```
root# dd if=/dev/cdrom of=/usr/local/iso.img bs=2048
```

mkisofs [optionen] -o isodatei verzeichnis

Der Regelfall ist allerdings, dass Sie die Daten für eine neue CD-ROM zuerst selbst in einem Verzeichnis zusammenstellen und anschließend daraus ein ISO-Image bilden. Eben diese Aufgabe erfüllt `mkisofs`: Mit dem Kommando erzeugen Sie eine Datei, die alle Dateien eines Verzeichnisses enthält und die gemäß der ISO-9660-Konventionen (optional mit Rockridge-Extension und/oder Joliet-Extension) formatiert wird.

`-a` Auch Dateien, die mit # beginnen oder mit ~ enden, werden berücksichtigt. Normalerweise ist das nicht der Fall, weil es sich bei diesen Dateien zumeist um Backup-Dateien handelt.

`-b` *datei*
Die angegebene Datei wird als Bootimage gespeichert. Beim Rechnerstart wird diese Datei automatisch ausgeführt (sofern das BIOS entsprechend konfiguriert ist). Die Größe der Datei muss exakt dem entsprechen, was auf einer $3\frac{1}{2}$- oder $5\frac{1}{4}$-Zoll-Diskette Platz hat (1,2, 1,44 oder 2,88 MByte).

`-c` *name*
Gibt an, unter welchem Dateinamen der sogenannte Bootkatalog auf der CD gespeichert werden soll. Der Katalog wird von `mkisofs` erzeugt. Sie müssen bei der Angabe des Namens lediglich darauf achten, dass es keinen Konflikt mit einer vorhandenen Datei gibt. (Der `man`-Text von `mkisofs` rät dazu, einen Namen wie `boot.catalog` zu verwenden.)

`-D` Der ISO-Standard erlaubt maximal acht Verzeichnisebenen. `mkisofs` hält sich normalerweise an diesen Standard und verändert gegebenenfalls die Verzeichnishierarchie (und die Namen der betroffenen Dateien). Die Option `-D` verhindert das, was aber auf manchen Systemen, die eine exakte Einhaltung des ISO-Standards verlangen, zu Problemen führt.

`-f` Symbolische Links werden verfolgt, d.h. der Inhalt der so angegebenen Dateien oder Unterverzeichnisse wird in das ISO-Image mit aufgenommen. (Ohne diese Option wird nur der Link an sich im ISO-Image gespeichert. Symbolische Links können allerdings nur auf CDs mit Rockridge-Extension abgebildet werden.)

`-J` Das ISO-Image nutzt die Joliet-Extension (Microsoft), um Informationen über lange Dateinamen zu speichern. Die Option kann auch in Kombination mit `-R` verwendet werden – dann ist das Ergebnis eine Hybrid-CD, bei der lange Dateinamen sowohl unter Unix als auch unter Windows sichtbar sind.

`-o` *datei*
Das ISO-Image wird in *datei* gespeichert.

`-R` Das ISO-Image nutzt die Rockridge-Extension (Unix), um Informationen über lange Dateinamen zu speichern. Die Option kann auch in Kombination mit `-J` verwendet werden – dann ist das Ergebnis eine Hybrid-CD.

`-r` Wie `-R`, es werden aber für alle Dateien UID und GID auf 0 gesetzt (entspricht `root`). Gleichzeitig werden alle R-Zugriffsbits gesetzt, außerdem alle X-Zugriffsbits, wenn in der ursprünglichen Datei zumindest ein X-Bit gesetzt war (siehe auch `chmod` auf Seite 701).

`-T` In jedes Verzeichnis wird die Datei `TRANS.TBL` geschrieben, die angibt, unter welchem kurzen ISO-9660-Namen Dateien mit langem Unix-Dateinamen zu finden sind. (Das ist notwendig, um die Zuordnung zu langen Dateien auch unter DOS/Windows zu ermöglichen.)

-V *name*
: Diese Option gibt die Volume-ID an, also den Namen der CD-ROM (maximal 32 Zeichen), wie er beispielsweise unter Windows angezeigt wird.

Beispiel

```
root# mkisofs -o /mnt/dos/iso.img -r -T -V Linux_3_98 /master
```

Das obige Kommando schreibt alle Dateien innerhalb des `/master`-Verzeichnisses in die Datei `iso.img`. Diese Datei befindet sich aus Platzgründen in einer DOS-Partition, die an der Stelle `mnt/dos` in das Dateisystem eingebunden ist. `master` ist selbst *kein* Verzeichnis im ISO-Image.

```
root# mkisofs -o /mnt/dos/iso.img -r -T /master \
    > -b /images/boot.img -c boot.catalog
```

Wie oben, allerdings wird diesmal eine bootfähige CD erstellt.

TIPP

Falls Sie die Option `-r` nicht verwenden, noch einige Tipps: Achten Sie darauf, dass alle Dateien im `master`-Verzeichnis `root` gehören und von allen lesbar sind!

```
root# chown -R root.root /master
root# chmod -R a+r /master
```

ISO-Image testen

Sofern Sie Ihren Kernel mit der Option *Loopback device support* kompiliert haben (Kategorie *Block devices*) bzw. das entsprechende Modul `loop.o` zur Verfügung steht und gegebenenfalls mit `insmod` aktiviert werden kann, können Sie die eben erzeugte Datei `linimg.raw` im Read-Only-Modus in das Dateisystem einbinden:

```
root# mkdir /iso-test
root# mount -t iso9660 -o loop,ro /mnt/dos/linimg.raw /iso-test/
```

Über das Verzeichnis `iso-test` können Sie jetzt den Inhalt der zukünftigen CD-ROM testen (Zugriffsrechte, `TRANS.TBL` etc.)

Hybrid-CDs für den Apple Macintosh

Hybrid-CDs enthalten zwar die eigentlichen Daten nur einfach, ermöglichen aber je nach Betriebssystem den Zugriff auf diese Daten durch unterschiedliche Dateisysteme. Mit `mkisofs` können Sie bereits Hybrid-CDs erstellen, bei denen lange Dateinamen sowohl unter Unix (Rockridge-Extension) als auch unter Windows (Joliet-Extension) sichtbar sind.

mkhybrid geht noch einen Schritt weiter und unterstützt auch die zwei Spielarten, mit denen Informationen über lange Dateinamen auf CDs für Apple-Computer gespeichert werden: im HFS-Dateisystem oder mit der Apple-Extension zum ISO-9660-Standard. Damit ist es möglich, CD-ROMs mit langen Dateinamen zu erzeugen, die auf fast allen Betriebssystemen richtig erkannt werden.

mkhybrid ist eine Variante zu mkisofs. Viele Optionen sind identisch, es gibt aber einige Erweiterungen. Hier werden nur die Optionen angegeben, die das Dateisystem bzw. die ISO-Erweiterungen betreffen. Beachten Sie, dass Sie wahlweise -apple oder -hfs verwenden können, aber nicht beide gemeinsam. (Die Unterschiede zwischen diesen beiden Varianten sind in der Manualseite zu mkhybrid ausführlich beschrieben.)

-apple
: Verwendet die Apple-Extension zu ISO9660.

-hfs
: Erzeugt eine Hybrid-CD mit HFS-Informationen (Apple).

-J Verwendet die Joliet-Extension zu ISO9660 (Microsoft Windows).

-R Verwendet die Rockridge-Extension zu ISO9660 (Unix).

CDs mit cdrecord schreiben

cdrecord überträgt ein ISO-Image (Daten-CDs) oder Audio-Dateien (für Audio-CDs) an das CD-R-Laufwerk. cdrecord ist prinzipiell multisession-fähig, d.h. die CD kann in mehreren Durchgängen erweitert werden.

```
cdrecord [optionen] dev=channel,id,lun isoimage
cdrecord [optionen] dev=channel,id,lun audiofiles
```

dev=c,id,l
: Die Option (*ohne* vorangestellten Bindestrich!) gibt das CD-R-Laufwerk an. Dabei wird nicht wie sonst unter Linux üblich der Device-Name angegeben, sondern eine Kombination aus drei Nummern: der SCSI-Bus-Nummer (meistens 0), dem SCSI-ID des Gerätes und schließlich der Logical Unit Number (kurz LUN, ebenfalls meist 0). Wie Sie diese Nummern ermitteln können, wird im Anschluss an die Optionen beschrieben.

driver=*name*
: Die Option gibt den Typ des CD-R-Laufwerks an. Die unterstützten Typen werden mit cdrecord driver=help angezeigt. Mit cdrecord -checkdrive dev=*n*,*n*,*n* kann versucht werden, den Typ des vorhandenen CD-R-Laufwerks zu erkennen.

`fs=`*n*
: Die Option gibt die Größe des FIFO-Zwischenspeichers an, der zur Pufferung der Datenübertragung zwischen Festplatte und CD dient. Vernünftige Werte liegen zwischen 2 und 8 MByte (also `fs=2m` oder `fs=8m`). Der Defaultwert beträgt 4 MByte.

`speed=`*n*
: Die Option gibt die Schreibgeschwindigkeit an (üblicherweise 1, 2 oder 4).

`-dao`
: Die Option (*mit* vorangestelltem Bindestrich) aktiviert den Disk-at-Once-Modus. Das verhindert lästige Pausen zwischen den Tracks von Audio-CDs. Außerdem sind derart hergestellte Daten-CDs als Master für die Massenproduktion geeignet. Die Option funktioniert allerdings nur mit manchen Laufwerken. (Zum Schreiben von DAO-CDs können Sie statt `cdrecord` auch das Kommando `cdrdao` verwenden – siehe den nächsten Abschnitt.)

`-audio`
: Bei den angegebenen Dateinamen handelt es sich um Audio-Dateien (üblicherweise `*.au`- oder `*.wav`-Dateien).

`-pad`
: Diese Option bewirkt in Kombination mit `-audio`, dass die Länge von Audio-Dateien auf ein Vielfaches von 2352 Byte ergänzt wird (wenn das nicht ohnedies der Fall ist).

`-multi`
: Die Option muss bei allen Sessions einer Multi-Session-CD mit Ausnahme der letzten Session angegeben werden.

`-msinfo`
: Liest vorhandene Session-Informationen von der CD. Die Option muss ab der zweiten Session angegeben werden.

`-swab`
: Vertauscht die Byte-Reihenfolge der Daten. Verschiedene CD-Recorder erwarten eine unterschiedliche Reihenfolge der Bytes in Datenworten. `cdrecord` erkennt das selbstständig, so dass die Option im Regelfall nicht angegeben werden muss.

`-dummy`
: Der Schreibprozess wird nur simuliert. Ideal zum Testen!

`-eject`
: Wirft die CD nach dem Schreibprozess aus. Manche CD-R-Laufwerke verlangen den Auswurf, bevor die nächste CD geschrieben werden kann, selbst wenn zuletzt nur mit `-dummy` simuliert wurde.

`-v`
: `cdrecord` gibt ausführliche Meldungen aus, was gerade geschieht.

Die Device-Nummern Ihres CD-R-Laufwerks können Sie am einfachsten mit `cat /proc/scsi/scsi` ermitteln:

```
root#  cat /proc/scsi/scsi
Attached devices:
Host: scsi0 Channel: 00 Id: 04 Lun: 00
  Vendor: TOSHIBA  Model: CD-ROM XM-3601TA Rev: 0725
  Type:    CD-ROM                          ANSI SCSI revision: 02
Host: scsi0 Channel: 00 Id: 05 Lun: 00
  Vendor: TEAC     Model: CD-R50S-000      Rev: 1.0E
  Type:    CD-ROM                          ANSI SCSI revision: 02
Host: scsi0 Channel: 00 Id: 06 Lun: 00
  Vendor: HP       Model: HP35480A         Rev: T503
  Type:    Sequential-Access               ANSI SCSI revision: 02
```

Im obigen Beispiel wäre die korrekte Bezeichnung für das Teac-CD-R-Laufwerk `dev=0,5,0`.

Beispiele

Mit den beiden folgenden Kommandos wird zuerst das Brennen einer Daten-CD simuliert (`-dummy`) und dann tatsächlich durchgeführt.

```
root#  cdrecord -dummy -v speed=2 dev=0,5,0 iso.img
root#  cdrecord -v speed=2 dev=0,5,0 iso.img
```

Theoretisch ist es möglich, `mkisofs` und `cdrecord` mit einer Pipe zu verbinden. Der Vorteil: Sie sparen den Platz für das ISO-Image. Allerdings benötigen Sie dazu einen schnellen und stabilen Rechner.

```
root#  mkisofs -r -T -V Linux_3_01 /master | \
    >  cdrecord -v speed=4 dev=0,5,0 -
```

Das folgende Kommando erzeugt eine Audio-CD. Die Ausgangsdaten liegen als `track*.wav`-Dateien vor. Die Dateien werden in alphabetischer Reihenfolge verarbeitet. Wenn Sie eine andere Reihenfolge wünschen, müssen Sie die Dateien der Reihe nach angeben.

```
root#  cdrecord -v speed=4 dev=0,5,0 -pad -audio track*.wav
```

HINWEIS: CD-R-Laufwerke am IDE-Bus werden wie SCSI-Laufwerke angesprochen. Dazu muss das Modul zur ATAPI-SCSI-Emulation (`ide-scsi`) aktiv sein. Außerdem werden die SCSI-Module benötigt (soweit diese nicht fest in den Kernel integriert sind). Detailinformationen finden Sie bei der Dokumentation zu `cdrecord` (Datei `README.ATAPI`). Mangels IDE-CD-R-Laufwerk kann ich leider keine eigenen Erfahrungen beisteuern.

HINWEIS

`cdrecord` kann auch mit CD-RWs umgehen, also mit wiederbeschreibbaren CD-Medien. Allerdings werden CD-RWs momentan wie normale CD-Rs behandelt. `cdrecord blank=xy` kann dazu verwendet werden, die Daten auf einer derartigen CD-RW wieder zu löschen. `cdrecord` unterstützt zur Zeit allerdings kein *packet writing* im UDF-Dateisystem (was die Möglichkeit bieten würde, selektiv Daten zu ändern). Mangels eigener Testmöglichkeit muss ich abermals auf die `cdrecord`-Dokumentation verweisen – diesmal auf die Datei `README.cdrw`.

TIPP

Wenn Sie eine Linux-Daten-CD erstellen möchten, aber `cdrecord` mit Ihrem CD-R-Laufwerk nicht zurechtkommt, können Sie auch Windows-Software zum Schreiben der CD-R verwenden. Erstellen Sie dazu das ISO-Image mit `mkisofs`, und kopieren Sie es in eine Windows-Partition. Fast alle Programme zum Schreiben von CD-Rs unter Windows akzeptieren derartige ISO-Images als Datenquelle.

cdrdao

Disk at Once (kurz DAO) ist ein eigener Schreibmodus, der bewirkt, dass zwischen den einzelnen Tracks einer Audio-CD keine hörbaren Pausen auftreten. `cdrecord` sieht zwar die Option `-dao` vor, diese funktioniert allerdings nur bei ausgewählten CD-R-Laufwerken. In solchen Fällen stellt das Programm `cdrdao` eine Alternative dar. Das Programm setzt allerdings voraus, dass ein sogenanntes TOC-File existiert (eine Art Inhaltsangabe für die CD, die angibt, welche Daten in welchem Format wie gespeichert werden). Ein derartiges TOC-File kann am einfachsten aus einer vorhandenen Audio-CD ermittelt werden (wenn diese kopiert werden soll).

In der Praxis besteht die gebräuchlichste Anwendung von `cdrdao` darin, Audio-CDs zu kopieren. Zwei CD-Laufwerke und einen schnellen Rechner vorausgesetzt, können Sie die Kopie sogar in einem einzigen Schritt durchführen:

```
root#  cdrdao copy --source-device 0,4,0 --device 0,5,0 --buffers 64
```

VERWEIS

Weitere Informationen finden Sie in der Manualseite, in den sehr ausführlichen Dokumentationsdateien sowie auf der folgenden Website:

`http://www.ping.de/sites/daneb/cdrdao.html`

Daten-CDs testen

Insbesondere bei den ersten unter Linux erstellten Daten-CD-ROMs sollten Sie überprüfen, ob die CD-ROMs die erwünschten Daten enthalten und ob diese Daten auch lesbar sind. (Idealerweise sollten Sie diesen Test nicht mit dem CD-R-Laufwerk, sondern mit einem anderen CD-ROM-Laufwerk durchführen.)

Mit dem folgenden Kommando wird der Inhalt der CD-ROM mit dem des `master`-Verzeichnisses Datei für Datei und Byte für Byte verglichen. Sämtliche Unterschiede werden in die Datei `diff.log` in das Heimatverzeichnis geschrieben:

```
root#  diff -qrd /data /cdrom/  >& ~/diff.log
```

In einem zweiten Fenster bzw. in einer zweiten Konsole können Sie das Entstehen von `diff.log` verfolgen:

```
root#  tail -f ~/diff.log
```

Wenn Sie bei `mkisofs` die Option `-T` verwendet haben, dann unterscheiden sich die CD-ROM und die Originaldaten in jedem Verzeichnis durch die Datei `TRANS.TBL`. Die entsprechenden Warnungen können Sie mit `grep` aus `diff.log` herausfiltern:

```
root#  grep  -v TRANS.TBL ~/diff.log | less
```

Benutzeroberflächen zu cdrecord und mkisofs

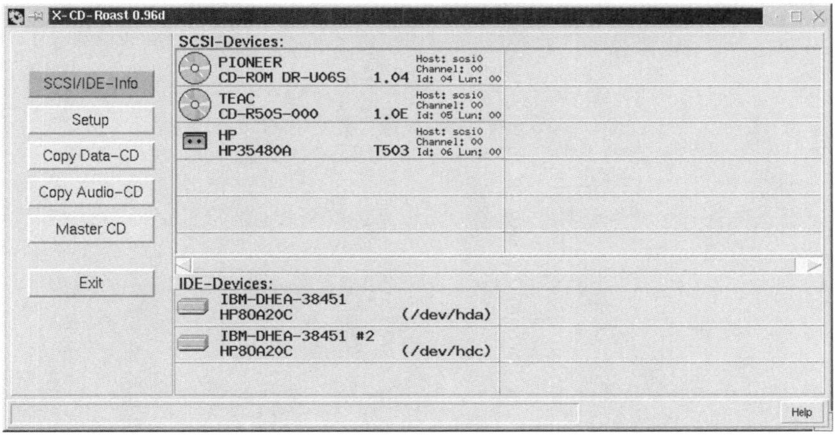

Abbildung 18.26: xcdroast – CDs mit Windows-Komfort erstellen

Die unzähligen Optionen von `cdrecord` und `mkisofs` haben offensichtlich ganze Scharen von Programmierern motiviert, einfach zu bedienende Benutzeroberflächen zu gestalten. Die älteste und bekannteste ist vermutlich `xcdroast`, daneben gibt es aber ca. ein Dutzend weitere, von denen hier einige aufgezählt werden:

- ECLiPt Roaster: Gnome-Oberfläche für `cdrecord` und `mkisofs`
- `fryit`: KDE-Oberfläche für `cdrecord` (besonders für CD-Kopien)
- `gcombust`: Gnome-Oberfläche `cdrecord`, `mkisofs`, `mkhybrid` und `cdlabelgen`
- `keasycd`: KDE-Oberfläche für `cdrecord`, `cdda2wav`, `cdparanoia` und `mkisofs`
- `kisocd`: KDE-Oberfläche `mkisofs`
- `koncd`: KDE-Oberfläche für `cdrecord`
- `krabber`: KDE-Oberfläche für `cdrecord`, `cdparanoia`, `sox`, `mpg123` und einen beliebigen MP3-Encoder
- `kreatecd`: KDE-Oberfläche für `cdrecord`, `cdparanoia` und `mkisofs`
- `xdaodio`: X-Oberfläche für `cdrdao` (auch für Kopien von Audio-CDs)
- `xcdroast`: X-Oberfläche für `cdrecord` und `mkisofs`; der Klassiker

Kapitel 19

Emacs – Der König der Editoren

Unter Linux stehen Ihnen zahlreiche Editoren zur Verfügung. Einige davon wurden ganz knapp ab Seite 107 beschrieben. Diese Editoren eignen sich ohne weiteres für einfache Aufgaben – sozusagen als Wald- und Wiesen-Editor. *Der* Editor unter Linux ist aber zweifellos der Emacs. Wenn Sie anspruchsvollere Projekte planen und große Textmengen (auch Programmcode) effizient verarbeiten möchten, führt am Emacs praktisch kein Weg vorbei.

Der wichtigste Vorteil des Emacs gegenüber anderen Editoren besteht darin, dass er beinahe beliebig erweiter- und programmierbar ist. Ob Sie nun ein einfaches Tastaturmakro aufzeichnen oder ein Online-Hilfesystem wie `info` programmieren möchten – der Emacs macht's möglich! Noch ein Argument spricht für den Emacs: Der Editor ist auf praktisch jedem Unix-System verfügbar; daneben existieren Versionen für die meisten anderen Betriebssysteme (inklusive DOS). Wenn Sie mit dem Emacs einmal umgehen können, werden Sie kaum noch einen anderen Editor benötigen.

Wo viel Licht ist, da gibt es bekanntlich auch Schatten. Die Bedienung des Emacs sieht auf ersten Blick ein wenig abschreckend aus. Es wimmelt nur so von (Strg)- und (Alt)-Seqenzen, mit denen die zahllosen Kommandos aufgerufen werden. Dennoch lohnt es sich, die wichtigsten Tastaturabkürzungen zu erlernen – viele Kürzel können nämlich auch bei der Eingabe von Kommandos in den Terminalkonsolen bzw. -Fenstern verwendet werden.

TIPP

Emacs-Kommandos, die mit (Alt)+(X) ausgeführt werden können, sind in diesem und im nächsten Kapitel durch eine etwas kleinere Courier-Schrift gekennzeichnet, z.B. byte-compile-file.

19.1 Schnelleinstieg

Es gibt zur Zeit *zwei* Emacs-Versionen, den GNU Emacs und den X Emacs (ehemals Lucid Emacs, oft kurz XEmacs). Die beiden Versionen weisen zwar große Ähnlichkeiten auf, was Tastenkürzel und Funktionsumfang betrifft, werden aber schon seit Jahren parallel entwickelt.

Die Informationen in diesem und dem nächsten Kapitel gelten für beide Versionen auf der Basis der Versionen 20.4 (GNU Emacs) und 21.1 (XEmacs). Wenn sich die Versionen signifikant unterscheiden, wird explizit darauf hingewiesen. Bis Sie dieses Buch in den Händen halten, gibt es sicher schon wieder neuere Versionen. Es ist aber unwahrscheinlich, dass es spürbare Änderungen an den elementaren Funktionen gibt (und viel mehr wird in diesem Kapitel ohnedies nicht beschrieben).

Ob Sie lieber mit dem GNU Emacs oder mit dem XEmacs arbeiten, ist eigentlich Geschmacksache. Der Start der Programme erfolgt durch die Kommandos `emacs` bzw. `xemacs`. Der Autor hat die ersten drei Auflagen dieses Buchs mit dem GNU Emacs geschrieben und ist für die vierte Auflage (und mit einem schnelleren Rechner) auf den XEmacs umgestiegen.

Beide Programme arbeiten sehr stabil und werden mit einer Fülle von Erweiterungen und einer umfangreichen Dokumentation ausgeliefert. Der XEmacs zeichnet sich durch ein schöneres Menü und eine Symbolleiste aus und ist generell etwas einfacher zu bedienen. Er beansprucht allerdings sowohl auf der Festplatte als auch bei der Ausführung deutlich mehr Speicher. GNU Emacs und XEmacs können übrigens beide sowohl in einer Textkonsole als auch unter X verwendet werden; beide unterstehen derselben GPL-Lizenz. Insofern sind die Namen GNU-Emacs und XEmacs eher irreführend. Die Entscheidung zwischen GNU und XEmacs ist also weder eine Frage der Lizenz noch eine der Unterstützung für X Windows, sondern eine des Geschmacks.

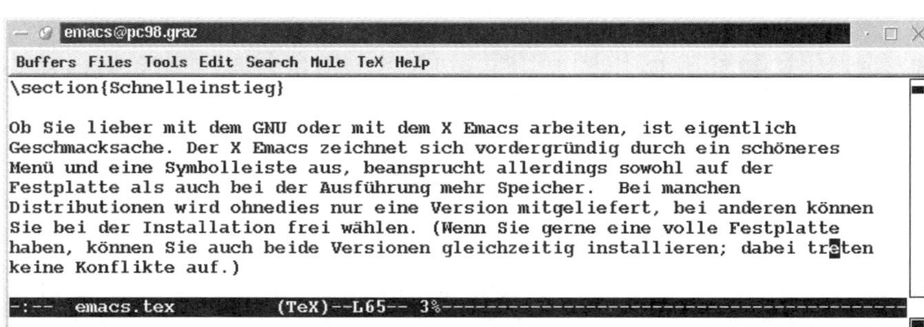

Abbildung 19.1: Der GNU Emacs

Manche Distributionen nehmen Ihnen die Entscheidung ab und liefern aus Platzgründen nur eine Version mit; bei anderen können Sie bei der Installation frei wählen. (Sofern Ihre Distribution eine Parallelinstallation in unterschiedliche Verzeichnisse

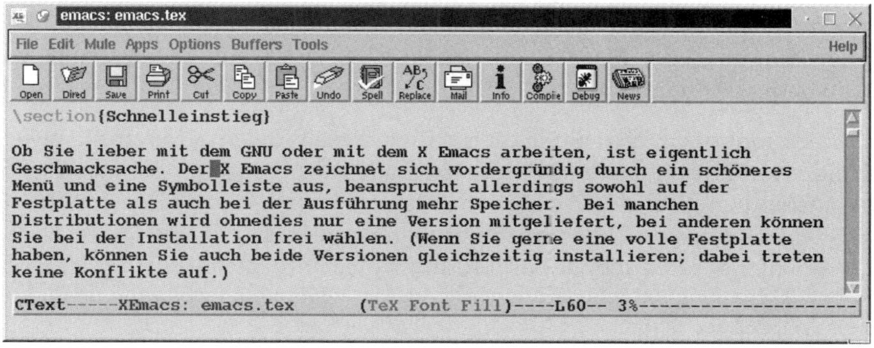

Abbildung 19.2: Der XEmacs

vorsieht, können Sie auch beide Versionen gleichzeitig installieren. Beachten Sie aber, dass Emacs-Lisp-Dateien inkompatibel zueinander sind!)

HINWEIS

Wenn Sie den Emacs – egal welche Version – nachträglich installieren, achten Sie darauf, dass Sie zumeist mehrere Pakete benötigen: das Basispaket und das Emacs-Lisp-Paket mit dem Code für viele Erweiterungen und Bearbeitungsmodi. Vom Emacs-Lisp-Paket gibt es wiederum zwei Versionen, eine kompilierte und eine mit den Quelltexten. Zur Ausführung reicht die kompilierte Version aus (schneller, weniger Platzbedarf). Bei SuSE heißen die Emacs-Pakete übrigens nicht `emacs*` bzw. `xemacs*`, sondern `ge_*` bzw. `xe_*`.

Neben den beiden großen Emacs-Versionen existieren einige kleinere Varianten: `jove` und `jed` sind beispielsweise sehr brauchbare Miniversionen. (Vorteil: viel geringerer Platzbedarf sowohl auf der Festplatte als auch im RAM.) Insbesondere `jed` ist dank seines eingebauten Hilfesystems und seiner Konfigurierbarkeit ein guter Ersatz für den GNU Emacs, wenn dafür zu wenig Platz oder Rechenkapazität zur Verfügung steht.

TIPP

Falls Sie auch unter Windows 9x bzw. Windows NT arbeiten, gibt es vom GNU Emacs und vom XEmacs jeweils ausgezeichnet funktionierende Windows-Version.

Minimalkonfiguration

Der GNU Emacs zeigt im Grundzustand keine deutschen Sonderzeichen an. Außerdem haben beide Emacs-Versionen bisweilen Probleme bei der Interpretation von Tasten wie (Pos1) oder (Entf). (Vielleicht fragen Sie sich, warum derart elementare Probleme nicht durch eine andere Defaultkonfiguration vermieden werden. Der Grund ist einfach: Der Emacs läuft nicht nur unter Linux, sondern auf zahllosen anderen Plattformen, die sich durch unterschiedliche Tastatur- und Zeichensatz-

Konventionen auszeichnen. Die Minimalannahmen des Emacs stellen sicher, dass das Programm auf jeder Plattform überhaupt läuft. Weitere Anpassungen werden dem Anwender überlassen.)

Manche Distributionen (etwa SuSE) vermeiden diese Probleme, indem sie gleich entsprechende Konfigurationsdateien mitliefern oder das Programm mit abweichenden Defaulteinstellungen für diverse Optionen kompilieren. Ist das nicht der Fall, fügen Sie nach Bedarf einzelne Zeilen aus dem folgenden Listing in die Datei `~/.emacs` ein. (Diese Datei wird von Emacs und XEmacs gleichermaßen ausgewertet.)

```
; Datei ~/.emacs
(standard-display-european 1)          ;deutsche Sonderzeichen anzeigen
(set-language-environment 'Latin-1)  ;richtige Wortgrenzen bei äöüß
(set-input-mode                        ;deutsche Sonderzeichen eingeben
   (car (current-input-mode))
   (nth 1 (current-input-mode)) 0)
(global-set-key [delete] 'delete-char)        ;Entf: Zeichen löschen
(global-set-key [home]   'beginning-of-line) ;Pos1: Anfang Zeile
(global-set-key [end]    'end-of-line)        ;Ende: Ende Zeile
```

VERWEIS

Informationen zum leidigen Problem mit (Backspace) und (Entf) unter X finden Sie auf Seite 338. Falls Sie sich für eine weitergehende Konfiguration des Emacs interessieren, müssen Sie sich ein wenig in die Emacs-Lisp-Programmierung einlesen, die in diesem Buch allerdings nicht behandelt wird.

HINWEIS

Die aktuellen Versionen von GNU Emacs und XEmacs unterstützen die Eingabe und Bearbeitung asiatischer und anderer ausländischer Sonderzeichen durch das neue *MULti-lingual Enhancement* (kurz MULE). Diese Erweiterung ist allerdings noch nicht so ausgereift wie andere Emacs-Funktionen. Längerfristig ist zudem geplant, den Emacs auf Unicode umzustellen. Solange Sie mit gewöhnlichen 8-Bit-Zeichensätzen zufrieden sind (ISO-Latin-Zeichensätze), benötigen Sie MULE nicht. MULE wird in diesem Kapitel nicht weiter beschrieben.

Texte laden und speichern, Programm beenden

Der Emacs wird durch die Eingabe von `emacs` bzw. `xemacs` gestartet. Wenn Sie gerade unter X arbeiten und Emacs richtig installiert ist, erscheint Emacs automatisch in einem eigenen Fenster mit Menüs und Schiebebalken.

Wenn Sie beim Start des Programms einen oder mehrere Dateinamen angeben, werden diese Dateien automatisch geladen. Dabei sind auch Suchmuster erlaubt: `emacs Makefile *.[ch]` lädt die Datei `Makefile` sowie alle `*.c`- und `*.h`-Dateien des aktuellen Verzeichnisses. Unabhängig davon können Sie mit (Strg)+(X), (Strg)+(F) *Dateiname* (Return) auch nachträglich Dateien laden.

Zum Speichern der veränderten Datei verwenden Sie das Tastaturkommando Strg+X, Strg+S. Anschließend können Sie den Emacs mit Strg+X, Strg+C verlassen. Wenn der Emacs dabei irgendwelche noch nicht gespeicherten Dateien entdeckt, erscheint eine Sicherheitsabfrage, ob Sie den Emacs tatsächlich ohne zu speichern verlassen möchten. Antworten Sie auf diese Abfrage durch die Eingabe von *yes* ↵, falls Sie die Änderungen tatsächlich verwerfen möchten. Sie können die Datei auch unter einem anderen Namen speichern, und zwar mit Strg+X, Strg+W *Dateiname* ↵.

Wenn Sie den Emacs in einer Textkonsole verwenden, können Sie das Programm mit Strg+Z vorübergehend verlassen. Mit `fg` nehmen Sie die Arbeit wieder auf. (Unter X bewirkt Strg+Z lediglich die Verkleinerung in ein Icon.)

Dateien laden und speichern, Emacs beenden	
Strg+X, Strg+F *datei* ↵	Datei laden (find)
Strg+X, I	Datei in den vorhandenen Text einfügen (insert)
Strg+X, Strg+S	Datei speichern (save)
Strg+X, S, !	Alle offenen Dateien speichern
Strg+X, Strg+W *datei* ↵	Datei unter neuem Namen speichern (write)
Strg+X, S	Alle Dateien (mit Rückfrage) speichern
Strg+X, Strg+C	Emacs verlassen

Der Emacs erstellt beim Speichern automatisch eine Sicherheitskopie `name~`, in der der ursprüngliche Text enthalten ist. Außerdem speichert der Emacs in regelmäßigen Abständen den aktuellen Zustand des Textes in der Datei `#name#`. Auf diese Datei können Sie zurückgreifen, wenn während des Arbeitens der Strom ausgefallen ist oder wenn Sie aus einem anderen Grund den Emacs nicht ordnungsgemäß verlassen konnten. Der Emacs meldet sich dann beim nächsten Versuch, die Datei zu bearbeiten, automatisch mit der Warnung, dass eine Backup-Datei existiert. Mit Alt+X recover-file kann die alte Datei wiederhergestellt werden.

HINWEIS

Wenn der Emacs unter X verwendet wird, steht beim XEmacs ein umfangreiches, beim GNU Emacs immerhin noch ein eingeschränktes Menü zur Verfügung, mit dem eine Menge Kommandos ausgeführt werden können, ohne Hunderte Tastenkürzel auswendig zu wissen. Dieses Kapitel geht auf das Menü allerdings nicht weiter ein – seine Verwendung ist ohnedies problemlos.

Elementare Kommandos

Nun zu den elementaren Kommandos zur Bearbeitung eines Textes: Wenn die Tastatur richtig installiert ist, sollte sich der Cursor mit den Cursortasten sowie mit Bild↑ bzw. Bild↓ bewegen lassen. Falls das nicht funktioniert, klappt es auf jeden Fall mit den folgenden Kommandos:

Tastenkürzel, falls die Cursortasten versagen	
Strg+F	Cursor ein Zeichen nach links (forwards)
Strg+B	Cursor ein Zeichen nach rechts (backwards)
Strg+P	Cursor eine Zeile nach oben (previous)
Strg+N	Cursor eine Zeile nach unten (next)
Strg+V	Text eine Seite nach oben
Alt+V	Text eine Seite nach unten

Sie können an jeder beliebigen Stelle neuen Text eingeben. Wenn Sie Zeichen löschen möchten, stehen Ihnen dazu ← und bei korrekter Installation auch Entf zur Verfügung. Alternativ existiert das Tastaturkommando Strg+D zum Löschen des Zeichens an der Cursorposition (delete).

TIPP

Mit Strg+X, U (undo) oder mit Strg+_ (das entspricht bei einem deutschen Tastaturlayout Strg+Shift+-) können Sie die letzten Änderungen widerrufen. Diese Undo-Funktion funktioniert für beliebig komplexe Kommandos und praktisch unbegrenzt!

Wenn Ihnen während der Eingabe eines Kommandos ein Fehler unterläuft, können Sie die Kommandoeingabe mit Strg+G abbrechen. Das ist besonders dann praktisch, wenn Sie irrtümlich Esc drücken.

19.2 Grundlagen

Bearbeitungsmodi

Der Emacs kennt verschiedene Bearbeitungsmodi, in denen zusätzliche Kommandos zur Bearbeitung spezieller Dateien zur Verfügung stehen. Dabei wird zwischen Haupt- und Nebenmodi unterschieden: Es kann immer nur ein Hauptmodus aktiv sein, dieser kann aber durch mehrere Nebenmodi ergänzt werden.

Zu den wichtigsten Hauptmodi gehören der C-Mode (zur Bearbeitung von C-Programmen) und der LaTeX-Mode (zur Bearbeitung von LaTeX-Dateien). Der Emacs aktiviert beim Laden einer Datei automatisch den ihm passend erscheinenden Modus (z.B. den C-Modus, wenn der Dateiname mit `.c` endet). Wenn der Emacs keinen passenden Modus erkennen kann, wählt er den Fundamental-Modus als Defaulteinstellung.

Zu den wichtigsten Nebenmodi gehören der Fill-Modus (zur Bearbeitung von Fließtext mit Absätzen über mehrere Zeilen) und der Abbrev-Modus (zur automatischen Expansion von Abkürzungen).

Die elementaren Emacs-Kommandos funktionieren in allen Modi gleich, weswegen Sie sich mit den Bearbeitungsmodi vorläufig noch nicht beschäftigen müssen. Wenn Sie Eigenmächtigkeiten des Emacs auf Grund eines bestimmten Modus deaktivieren möchten (z.B. das automatische Einrücken von Programmzeilen im C-Modus), schalten Sie einfach mit Alt+X fundamental-mode ↵ in den Grundmodus. Genauere Informationen zu den Bearbeitungsmodi finden Sie ab Seite 855.

Tastaturkonventionen

Generell gibt es drei Möglichkeiten zur Eingabe von Emacs-Kommandos: Das Menü, die Verwendung von Tastenkürzeln (zumeist eine Kombination mit Strg oder Alt) oder die Eingabe des gesamten Kommandonamens. Die dritte Variante wird mit Alt+X eingeleitet, also etwa Alt+X delete-char ↵.

Die Eingabe von Kommandos und anderen Parametern wird durch zwei Mechanismen erleichtert:

- Während der Eingabe können Sie den Kommandonamen wie bei der Kommandoeingabe im Shell-Terminal mit Tab ergänzen. Der Emacs unterscheidet dabei zwischen Groß- und Kleinschreibung. In gleicher Weise können auch Dateinamen ergänzt werden. Wenn mehrere Möglichkeiten bestehen, zeigt der Emacs diese auf dem Bildschirm an.
- Auf früher bei Alt+X angegebene Kommandos können Sie (nach der Einleitung des neuen Kommandos durch Alt+X) mit Alt+P (previous) und Alt+N (next) zurückgreifen.

In diesem Buch werden die Tastenfolgen so angegeben, wie sie auf einer deutschen Tastatur bei korrekter Installation eingegeben werden können. Dabei bedeutet ein Plus-Zeichen, dass mehrere Tasten gleichzeitig gedrückt werden müssen, während ein Komma darauf hindeutet, dass die Tasten nacheinander gedrückt werden. Buchstaben werden immer als Großbuchstaben angegeben, obwohl die Shift-Taste dabei nicht gedrückt werden muss! Alt+X bedeutet also, dass Sie die Tasten Alt und X gleichzeitig drücken sollen, nicht aber Shift!

HINWEIS

In der Dokumentation zum Emacs werden Tastenkürzel etwas abweichend dargestellt: `DEL` bedeutet nicht Entf, sondern ←! `C` steht für Control (gemeint ist Strg) und `M` für Meta.

Eine direkte Entsprechung der Meta-Taste existiert auf einer Standard-PC-Tastatur nicht. `M-x` kann auf einer PC-Tastatur auf zwei Weisen nachgebildet werden, durch Esc und X (nacheinander) oder durch Alt+X. In diesem Buch wird generell die bequemere Alt-Tastenkombination angegeben.

Bei manchen Emacs-kompatiblen Programmen bzw. bei der Verwendung des Emacs in einer Textkonsole gibt es allerdings Probleme mit der Taste Alt. Statt Alt+X müssen Sie dort also Esc benutzen.

TIPP

Beachten Sie, dass der Emacs zwischen Strg+X, Strg+B und der ähnlich aussehenden Kombination Strg+X, B unterscheidet. Es ist also nicht egal, wie lange Sie die Strg-Taste gedrückt halten.

Mausunterstützung

Es wird Sie nicht besonders überraschen, dass Sie mit der Maus die Cursorposition verändern, Text markieren und kopieren können. (Es gelten die unter X üblichen Konventionen, d.h. zuvor markierter Text wird mit der mittleren Maustaste eingefügt.) Wenn Sie mehrere Texte gleichzeitig anzeigen, können Sie zudem die Trennleiste zwischen den Textbereichen mit der linken Maustaste verschieben.

Schon etwas verwirrender ist die Bedienung der Bildlaufleiste: Beim GNU Emacs kann diese wie in `xterm` nur mit der mittleren Maustaste verschoben werden, beim XEmacs ist dazu auch die linke Maustaste geeignet.

Weitere Mausfunktionen sind von der Emacs-Version abhängig. Beim XEmacs erscheint beim Drücken der rechten Maustaste ein positionsabhängiges Kontextmenü. (Probieren Sie die rechte Maustaste in verschiedenen Bereichen der Statuszeile aus!) Dafür können Sie beim GNU Emacs mit Shift bzw. Strg in Kombination mit den Maustasten diverse Kommandos ausführen.

X-spezifische Optionen und Ressourcen

Beim Start des Emacs unter X können Sie durch Kommandozeilenoptionen zahlreiche Einstellungen für Farben, Zeichensätze etc. durchführen. Die folgende Tabelle zählt die wichtigsten Optionen auf. Eine vollständige Beschreibung finden Sie in der Manual-Seite zum Emacs.

Kommandozeilenoptionen	
`-nw`	Standard-Emacs im Shell-Fenster starten (und nicht die X-Variante in einem eigenen Fenster)
`-fg farbe`	Vordergrundfarbe (Textfarbe; Default: Schwarz)
`-bg farbe`	Hintergrundfarbe (Default: Weiß)
`-cr farbe`	Farbe des Textcursors (Default: Schwarz)
`-geometry bxh+x+y`	Größe (Breite mal Höhe) und Position des Emacs-Fensters voreinstellen; alle Angaben in Textzeichen
`-fn zeichensatz`	Startet Emacs mit dem angegebenen Zeichensatz

Alle obigen Optionen können auch in der `.Xdefaults`-Konfigurationsdatei in Ihrem Heimatverzeichnis eingestellt werden. Die Syntax der möglichen Einstellungen wird ebenfalls in den Manual-Seiten beschrieben. Das folgende Beispiel zeigt einige mögliche Einstellungen für den GNU Emacs und den XEmacs.

```
! ~/.Xdefaults
emacs.cursorColor: black
emacs.pointerColor: blue
emacs*menubar.background: bisque1
emacs*background: white
xemacs.geometry:81x45
xemacs.font:-adobe-courier-bold-r-normal--18-180-75-75-m-110-iso8859-1
```

Emacs in der Textkonsole

Dieses Kapitel geht davon aus, dass Sie den Emacs unter X verwenden. Beide Emacs-Versionen können aber auch in einer Textkonsole gestartet werden, wenngleich es dabei gewisse Einschränkungen gibt: kein Menü, keine Symbolleiste, keine Bildlaufleiste, keine Schriftattribute (fett, kursiv) beim Syntax-Highlighting etc.

Unter Umständen versagen auch manche Tastenkombinationen (etwa (Alt)+(>)). Wenn es Probleme gibt, müssen Sie mit (Esc) arbeiten (siehe den obigen Hinweis).

Probleme kann es auch mit der Maus geben: Diese wird eigentlich nur unter X unterstützt. Falls Sie das Programm `gpm` installiert haben, können Sie die Maus im Textmodus immerhin zum Kopieren und Einfügen von Textausschnitten verwenden (siehe Seite 199). Der XEmacs erkennt `gpm` automatisch, so dass die Maus dort auch zur Cursor-Positionierung verwendet werden kann. Beim GNU Emacs verhelfen die folgenden Zeilen zu etwas mehr Mauskomfort:

```
; Ergänzung in .emacs
(or window-system                          ;nur im Textmodus
  (progn (load "t-mouse" 1)))              ;gpm-Mausroutinen wie unter X
```

HINWEIS Sie können auch unter X auf die Benutzeroberfläche des Emacs verzichten und das Programm direkt in einem Shell-Fenster ausführen. (Das kann beispielsweise sinnvoll sein, wenn das Programm auf einem anderen Rechner läuft und nur eine langsame Netzwerkverbindung zur Verfügung steht.) Falls Sie den Emacs in `xterm` ausführen, können Sie auch dort die Maus verwenden: Führen Sie (Esc), (X) xterm-mouse-mode aus.

19.3 Online-Hilfe

Der Emacs stellt zahlreiche Kommandos zum Aufruf der Online-Hilfe zur Verfügung. Das für den Einstieg wichtigste lautet (F1), (T) (tutorial). Mit (Strg)+(X), (B), (↵) gelangen Sie in den ursprünglichen Text zurück.

Wenn nach der Ausführung eines Hilfe-Kommandos mehrere Textabschnitte (Fenster) übrig bleiben, können Sie mit (Strg)+(X), (O) ('Oh') den Textcursor in das jeweils nächste Fenster stellen. Strg+X, 0 ('Null') entfernt das aktuelle Fenster, Strg+X, 1 löscht alle Fenster außer dem aktuellen Fenster. Mit den drei Kommandos können Sie also zwischen dem Hilfe- und dem Textfenster hin- und herspringen und schließlich das Hilfefenster wieder entfernen.

Wird der Hilfetext dagegen Seiten füllend angezeigt, können Sie mit Strg+X, B, ↵ zurück in Ihren eigentlichen Text springen. (Intern wird die Verwaltung mehrerer Texte – also beispielsweise Ihres Textes und des Hilfetextes – durch sogenannte Puffer realisiert. Mehr zum Umgang mit Puffern und Fenstern erfahren Sie auf Seite 853.)

Online-Dokumentation nutzen	
F1, F1	Übersicht über vorhandene Hilfekommandos
F1, A *text* ↵	Übersicht über alle Kommandos, die *text* enthalten (apropos)
F1, B	Übersicht über alle Tastenkürzel (bindings)
F1, C *tastenkürzel*	Kurzbeschreibung des zugeordneten Kommandos (command)
F1, F *kommando* ↵	Kurzbeschreibung des Kommandos (function)
F1, Shift+F	Emacs-FAQ (Frequently Asked Questions)
F1, I	Startet das Info-System zur Anzeige hierarchischer Hilfetexte (Bedienung siehe Seite 119)
F1, N	Zusammenfassung der Neuerungen in der aktuellen Version im Vergleich zu den früheren Versionen
F1, T	Einführung in die Bedienung von Emacs (help tutorial)
F1, Strg+F *name*	Startet das `info`-System und zeigt Informationen zum angegebenen Kommando an
F1, Strg+P	Informationen über die Idee freier Software

Die wichtigste Informationsquelle zum Emacs ist das interne `info`-System, das offiziell als Emacs-Handbuch gilt. Bei manchen Distributionen wird dieses Handbuch auch im HTML-Format mitgeliefert, so dass es noch komfortabler gelesen werden kann.

TIPP

Bei GNU-Emacs-Versionen vor 19.29 muss statt F1 die Tastenkombination Strg+H gedrückt werden. Weitere Informationen zu GNU- und XEmacs gibt es natürlich auch im Internet:

```
http://www.gnu.org/software/emacs/emacs.html
http://www.xemacs.org
```

Tastenkürzelreferenz

Die TEX-Datei `refcard.tex` enthält eine Tabelle mit den Tastenkürzeln der wichtigsten Emacs-Kommandos. Die Datei befindet sich im Emacs-`etc`-Verzeichnis (z.B. `/usr/share/emacs/20.2/etc/`). Falls Sie TEX installiert haben und einen PostScript-Drucker besitzen, sollten Sie die folgenden Anweisungen ausführen:

- Laden Sie die Datei `refcard.tex` in den Emacs, und ersetzen Sie in der Zeile `\columnsperpage=1` durch `..=3`. Speichern Sie die Datei.
- Erstellen Sie daraus eine DVI-Datei:
  `tex refcard`
- Wandeln Sie die DVI-Datei in eine PostScript-Datei um:
  `dvips refcard -o test.ps -t landscape`
- Drucken Sie die Datei mit `lpr test.ps` aus. (Informationen zur korrekten Druckerkonfiguration finden Sie auf Seite 232.)

Das Ergebnis ist ein zweiseitiger Ausdruck, wobei die Seiten (im Querformat) jeweils drei Spalten mit beinahe allen wichtigen Emacs-Kommandos enthalten. Die Kommandos sind nach Themen geordnet (z.B. Files, Getting Help, Error Recovery etc.). Die beiden Seiten liegen bei mir ständig auf dem Schreibtisch und sind meine wichtigste Nachschlagequelle zum Emacs!

Eine weitere Informationsquelle stellt die `man`-Seite zum Emacs dar. Sie enthält allerdings nur Details zu den Kommandooptionen sowie zur Einstellung der X-Defaultwerte für die Farben, den Zeichensatz etc.

Der Info-Modus

Die eingebaute Online-Hilfe des Emacs liegt im GNU-Info-Format vor (siehe auch Seite 119). Beim Lesen von Info-Texten wird im Emacs ein eigener Info-Modus aktiviert. In diesem Modus gelten einige besondere Tastenkürzel, die auf Seite 120 beschrieben sind. Außerdem können Sie (unter X) Querverweise bzw. Menüeinträge einfach durch Klicken mit der mittleren Maustaste verfolgen. Mit (L) gelangen Sie zurück zur zuletzt sichtbaren Seite.

19.4 Cursorbewegung

Die wichtigsten Tastenkombinationen zur Cursorbewegung haben Sie im vorigen Abschnitt bereits kennengelernt: die vier Cursortasten sowie (Bild ↑) und (Bild ↓). Daneben existiert aber eine ganze Reihe weiterer Kommandos:

Cursorbewegung	
Alt+F / Alt+B	Cursor ein Wort vor/zurück (for-/backwards)
Strg+A / Strg+E	Cursor an den Beginn / das Ende der Zeile
Alt+A / Alt+E	Cursor an den Beginn / das Ende des Absatzes
Strg+V / Alt+V	Text eine Seite nach unten / oben
Alt+< / Alt+Shift+>	Cursor an den Beginn / das Ende des Textes
Strg+L	Text scrollen, so dass der Cursor in der Bildmitte steht
Alt+G *n* ↵	Cursor in Zeile *n* bewegen

Wenn Sie wissen möchten, in welcher Zeile Sie sich gerade befinden, geben Sie Alt+X what-line ↵ ein; der Emacs zeigt jetzt die aktuelle Zeilennummer in der untersten Bildschirmzeile an. Noch praktischer ist es, mit Alt+X line-number-mode ↵ eine ständige Anzeige der Zeilennummer zu aktivieren. Leider funktioniert diese Anzeige bei sehr langen Texten (im MByte-Bereich) nicht mehr. Natürlich kann auch die Spaltennummer angezeigt werden – aktivieren Sie den column-number-mode!

Der Emacs ist in der Lage, ein beliebiges Kommando mehrfach hintereinander auszuführen. Dazu müssen Sie zuerst Alt+*n* eingeben, wobei *n* eine beliebige (auch mehrstellige) Zahl ist. Die Ziffern müssen vom alphanummerischen Tastaturteil stammen (nicht vom Zehnerblock im rechten Teil der Tastatur). Während der gesamten Zahleneingabe müssen Sie Alt gedrückt halten. Anschließend geben Sie ein beliebiges Kommando ein – beispielsweise Bild↓. Der Emacs scrollt den Text daraufhin um *n* Seiten nach unten. Dieses Verfahren kann für alle Emacs-Kommandos (inklusive der Eingabe von Textzeichen) verwendet werden.

Cursorpositionen in Registern speichern

In einem längeren Text ist es oft wünschenswert, wenn rasch zwischen verschiedenen Stellen im Text hin- und hergesprungen werden kann. Zu diesem Zweck kann die aktuelle Cursorposition mit einem Kommando (siehe unten) in einem sogenannten Register gespeichert werden. Ein Register ist ein Speicherplatz, der durch ein Textzeichen (Buchstabe oder Ziffer) identifiziert wird. Zu einem späteren Zeitpunkt kann durch die Angabe dieses Registers wieder an den ursprünglich gespeicherten Ort gesprungen werden. Beachten Sie bitte, dass Register beim Verlassen des Emacs nicht gespeichert werden.

Register für Cursorpositionen	
Strg+X, r, Leertaste *zeichen* ↵	speichert die aktuelle Cursorposition im Register *zeichen*
Strg+X, R, J *zeichen* ↵	springt zu der im Register *zeichen* gespeicherten Cursorposition

19.5 Text markieren, löschen, einfügen

Die Tasten (Entf) oder (Strg)+(D) sowie (←) zum Löschen einzelner Zeilen haben Sie schon kennen gelernt. Der Emacs kann aber auch größere Textmengen löschen:

Text löschen und wieder einfügen	
(Alt)+(D)	löscht das nächste Wort bzw. das Ende des Wortes ab der Cursorposition
(Alt)+(←)	löscht das vorige Wort bzw. den Beginn des Wortes bis zur Cursorposition
(Strg)+(K)	löscht das Zeilenende ab der Cursorposition
(Alt)+(0), (Strg)+(K)	löscht den Zeilenanfang vor der Cursorposition
(Alt)+(M)	löscht den nächsten Absatz
(Alt)+(Z), *z*	löscht alle Zeichen bis zum nächsten Auftreten von z (das Zeichen z wird mit gelöscht)
(Strg)+(Y)	fügt den zuletzt gelöschten Text an der aktuellen Cursorposition wieder ein

Wenn Sie eines der obigen Löschkommandos mehrmals unmittelbar hintereinander ausführen, fügt (Strg)+(Y) den gesamten gelöschten Text wieder ein. (Strg)+(Y) kann mehrfach und an beliebigen Stellen im Text ausgeführt werden. Das Kommando ermöglicht es daher, den gelöschten Text an eine andere Stelle zu verschieben bzw. zu kopieren.

Die obigen Kommandos sind relativ unflexibel, weil die zu löschende Textmenge starr vorgegeben ist. Der Emacs kann aber selbstverständlich auch beliebige Textausschnitte löschen (und anschließend wieder einfügen). Ungewöhnlich ist allerdings die Methode, wie Sie einen Textbereich markieren: Dazu müssen Sie zuerst mit (Strg)+(Leertaste) den Anfang oder das Ende des Bereichs markieren (diese Markierung bleibt unsichtbar, der Emacs zeigt aber die Meldung 'Mark set' an). Als markierter Bereich gilt von nun an der Text zwischen dem markierten Punkt und der aktuellen Position des Textcursors.

Text markieren	
(Strg)+(Leertaste)	setzt einen (unsichtbaren) Markierungspunkt
(Strg)+(W)	löscht den Text zwischen dem Markierungspunkt und der aktuellen Cursorposition
(Strg)+(Y)	fügt den gelöschten Text wieder ein
(Strg)+(X), (Strg)+(X)	vertauscht Cursorposition und Markierungspunkt

Das Kommando (Strg)+(X), (Strg)+(X) dient in erster Linie, zur Überprüfung, welcher Punkt gerade markiert ist. Die zweimalige Ausführung dieses Kommandos stellt den Cursor wieder an seine ursprüngliche Position zurück.

Beim Löschen mit Strg+W gilt das erste Zeichen zwischen Markierungspunkt und Cursorposition als zur Markierung gehörig und wird gelöscht, während das letzte Zeichen als außerhalb stehend interpretiert und nicht gelöscht wird.

Nach dem Einfügen eines zuvor gelöschten Textes durch Strg+Y (egal, ob dieser Text mit Strg+W oder mit einem anderen Kommando gelöscht wurde) gilt das erste Zeichen des eingefügten Textes als neuer Markierungspunkt. Aus diesem Grund kann ein mit Strg+Y eingefügter Text sofort mit Strg+W wieder gelöscht werden (z.B. nach einem irrtümlichen Einfügen).

HINWEIS

Wenn Sie sich nicht an die Bereichsmarkierung mit Strg+X gewöhnen möchten, können Sie im GNU Emacs auch die unter Windows übliche Form der Markierung mit Shift aktivieren. Dazu führen Sie einfach Alt+X pc-selection-mode aus. Wenn Sie diese Form der Markierung als Defaulteinstellung benutzen möchten, fügen Sie die folgenden Zeilen in `.emacs` ein:

```
(custom-set-variables
   '(pc-selection-mode t nil (pc-select)))
```

Einen entsprechenden Modus für den XEmacs gibt es leider nicht.

Texte in Registern zwischenspeichern

Wie aus den obigen Absätzen hervorgegangen ist, verwaltet der Emacs standardmäßig einen Puffer, in dem der zuletzt gelöschte Text zwischengespeichert und anschließend mit Strg+Y wieder eingefügt werden kann. Außerdem kann über Strg+X, U ein mehrstufiges Undo durchgeführt werden.

Daneben bietet der Emacs die Möglichkeit, Texte in Registern zwischenzuspeichern. Die durch einen Buchstaben oder eine Ziffer identifizierbaren Register können beliebig oft in den Text eingefügt werden. Die Verwendung von Registern ist insbesondere dann sinnvoll, wenn Sie innerhalb eines Textes häufig gleichartige Formulierungen oder Schlüsselwörter brauchen. Register werden beim Verlassen des Emacs (ebenso wenig wie der Löschpuffer) nicht gespeichert! Wenn Sie häufig dieselben Register definieren, sollten Sie sich überlegen, stattdessen Makros oder Abkürzungen zu definieren, die auch gespeichert werden können (siehe ab Seite 863).

Register für Text	
Strg+Leertaste	setzt einen (unsichtbaren) Markierungspunkt
Strg+X, R, S *zeichen* ↵	speichert den Text zwischen der aktuellen Cursorposition und dem Markierungspunkt im Register *zeichen* (register save)
Strg+X, R, I *zeichen* ↵	fügt den Inhalt des Registers *zeichen* ein (register insert)

19.6 Elementare Edit-Kommandos

Text einfügen/überschreiben

Der Emacs befindet sich normalerweise im Einfügemodus, d.h. neu eingegebener Text wird an der aktuellen Cursorposition in den vorhandenen Text eingefügt. Wenn Sie stattdessen den vorhandenen Text überschreiben möchten, müssen Sie mit (Alt)+(X) overwrite-mode (↵) in den Überschreibmodus wechseln. Die nochmalige Ausführung des Kommandos schaltet den Modus wieder um. Bei einer korrekten Konfiguration der Tastatur können Sie den Modus auch einfach mit (Einfg) umschalten.

TIPP: Sie brauchen das Kommando overwrite-mode nicht ausschreiben. Die Eingabe von (Alt)+(X) ov (↵) ist ausreichend. Der Emacs kann aus den beiden Buchstaben den vollständigen Kommandonamen ergänzen. Sie können diese Ergänzung auch selbst mit (Tab) durchführen.

Groß- und Kleinschreibung verändern

Zur Veränderung der Groß- und Kleinschreibung bereits geschriebener Wörter bietet der Emacs diverse Kommandos an:

Groß- und Kleinschreibung	
(Alt)+(C)	Buchstabe an der Cursorposition groß, alle weiteren Buchstaben des aktuellen Wortes klein (capitalize)
(Alt)+(L)	alle Buchstaben des Wortes ab Cursorpos. klein (lower)
(Alt)+(U)	alle Buchstaben des Wortes ab Cursorpos. groß (upper)
(Esc), (-), (Alt)+(C)	erster Buchstabe groß, Rest klein; wenn der Cursor am Beginn eines Wortes steht, wird das vorige Wort verändert
(Esc), (-), (Alt)+(L)	alle Buchstaben des Wortes bis zur Cursorposition klein; wenn der Cursor am Beginn eines Wortes steht, dann das vorige Wort klein
(Esc), (-), (Alt)+(U)	alle Buchstaben des Wortes bis zur Cursorposition groß; wenn der Cursor am Beginn eines Wortes steht, dann das vorige Wort groß
(Strg)+(Leertaste)	Markierungspunkt setzen
(Strg)+(X), (Strg)+(L)	Bereich zwischen Markierungspunkt und Cursor klein
(Strg)+(X), (Strg)+(U)	Bereich zwischen Markierungspunkt und Cursor groß

In der aktuellen XEmacs-Version bleiben deutsche Sonderzeichen durch die obigen Kommandos unverändert. Dieses Problem tritt beim GNU Emacs nicht auf, dafür interpretiert dieser die deutschen Sonderzeichen als Wortgrenzen. Das kann durch das Kommando (Alt)+(X) set-language-environment (↵) Latin-1 (↵) verhindert werden.

Buchstaben, Wörter und Zeilen vertauschen

Ein häufiger Tippfehler ist das Vertauschen zweier Buchstaben. Mit (Strg)+(T) können Sie solche Vertauschungen bequem korrigieren. Der Cursor muss dabei auf dem zweiten der beiden betroffenen Buchstaben stehen, im Wort 'Vertaushcen' also auf 'c'.

Analog können mit (Alt)+(T) zwei Wörter vertauscht werden. Wenn der Cursor dabei am Beginn eines Wortes steht, wird dieses Wort mit dem vorangegangenen vertauscht. Steht der Cursor dagegen irgendwo im Wort, dann wird das Wort mit dem folgenden Wort vertauscht. Das mehrfache Ausführen von (Alt)+(T) führt dazu, dass das erste der beiden Wörter immer weiter nach vorn bewegt wird.

Mit (Strg)+(X), (Strg)+(T) können Sie schließlich die aktuelle Zeile mit der vorherigen Zeile vertauschen. Die mehrfache Ausführung des Kommandos führt dazu, dass die Zeile oberhalb des Curors immer weiter nach unten rutscht.

Tabulatoren

In einigen Bearbeitungsmodi ersetzt der Emacs lange Folgen von Leerzeichen durch Tabulatoren. Mit den beiden Kommandos (Alt)+(X) tabify können Sie im vorher markierten Bereich alle Leerzeichenserien durch Tabulator-Zeichen ersetzen. (Alt)+(X) untabify funktioniert genau umgekehrt und fügt Tabulator-Zeichen ein.

Tabulatoren sind nicht sichtbar. Ob an einer Stelle ein Tabulatorzeichen oder mehrere Leerzeichen stehen, merken Sie erst, wenn Sie den Cursor darüber bewegen. Bei Tabulatoren bewegt sich der Cursor in Sprüngen.

Als Tabulatorweite gelten normalerweise acht Zeichen. Mit (Alt)+(X) set-variable tab-width können Sie aber auch eine andere Tabulatorweite einstellen. (Wenn Sie generell mit vier statt acht Zeichen pro Tabulator arbeiten möchten, können Sie diese Einstellung auch in der Konfigurationsdatei `.emacs` vornehmen.)

Text manuell ein- und ausrücken

Das Ein- und Ausrücken von Text ist insbesondere in Programmlistings zur Strukturierung des Codes erforderlich. Das wichtigste Kommando wird mit (Strg)+(X), (Tab) aufgerufen und rückt den Text zwischen dem Markierungspunkt ((Strg)+(Leertaste)) und der aktuellen Cursorposition um ein Leerzeichen ein. Wenn Sie vor diesem Kommando (Alt)+*n* ausführen, wird der markierte Textbereich um *n* Zeichen eingerückt. Durch ein vorangestelltes (Esc), (-) wird der Text aus- statt eingerückt.

Text ein- und ausrücken	
Strg+Leertaste	Markierungspunkt setzen
Strg+X, Tab	Text zwischen Markierungspunkt und Cursorposition um ein Zeichen einrücken
Esc, -, Strg+X, Tab	Text um ein Zeichen ausrücken
Alt+*n*, Strg+X, Tab	Text um *n* Zeichen einrücken
Esc, -, Alt+*n*, Strg+X, Tab	Text um *n* Zeichen ausrücken

Mit den obigen Kommandos können nur Leerzeichen am Beginn von Zeilen eingefügt bzw. wieder entfernt werden. Wenn Sie dagegen Leerzeichen innerhalb von Zeilen einfügen oder löschen möchten (etwa bei der Bearbeitung von Tabellen oder zum Ein- oder Ausrücken von Kommentaren am Ende von Programmzeilen), müssen Sie mit den sogenannten Rechteck-Kommandos arbeiten. Als Rechteck gelten dabei alle Zeichen im Bereich zwischen dem Markierungspunkt und der Cursorposition.

Rechteck-Kommandos	
Strg+Leertaste	Markierungspunkt setzen
Strg+X, R, O	Rechteckigen Bereich öffnen (rectangle open), d.h. in den rechteckigen Bereich Leerzeichen einfügen
Strg+X, R, K	Rechteckigen Bereich löschen (rectangle kill)
Strg+X, R, Y	Gelöschten rechteckigen Bereich an der Cursorposition einfügen (rectangle yank)
Alt+X string-rectangle	Einen Text vor jede Zeile des markierten Bereichs einfügen

Der Emacs kennt darüber hinaus einige Bearbeitungsmodi, in denen Einrückungen automatisch durchgeführt werden. So werden im C-Modus Programmzeilen bei jeder geschweiften Klammer { oder } um einige Leerzeichen ein- oder ausgerückt (siehe Seite 855).

19.7 Fließtext

Bisher wurde angenommen, dass Sie mit dem Emacs Texte bearbeiten, bei denen jede Zeile eine Einheit darstellt (also etwa Programmlistings, Konfigurationsdateien etc.). Etwas anders sieht der Umgang mit dem Emacs aus, wenn Sie Fließtext bearbeiten möchten. Dabei stellen mehrere Zeilen (also ein Absatz) eine Einheit dar. Bei der Eingabe von langen Zeilen soll der Text automatisch in eine neue Zeile 'weiterfließen'.

Der Emacs führt normalerweise keinen automatischen Umbruch durch. Wenn Zeilen länger sind als die Bildschirm- oder Fensterbreite, dann wird am linken Ende ein \-Zeichen dargestellt und der Text in der nächsten Zeile fortgesetzt.

Wenn Sie eine einzelne längere Zeile umbrechen möchten, können Sie (in jedem Bearbeitungsmodus) das Kommando Alt+Q ausführen: Damit werden dann an geeigneten Stellen Leerzeichen durch Zeilenumbrüche ersetzt. Aus einer langen Zeile werden so mehrere kurze Zeilen. Beachten Sie bei der Anwendung dieses Kommandos aber, dass der Emacs alle Zeilen, die nicht explizit durch eine vollkommen leere Zeile von anderen Zeilen getrennt sind, als einen Absatz betrachtet. Der Emacs formatiert den gesamten Absatz neu (also alle zusammengehörigen Zeilen)! Bei einem Programmlisting sind die Folgen dieses Kommandos natürlich fatal! Führen Sie mit Strg+X, U ein Undo durch.

HINWEIS

Wenn Sie TEX- oder LATEX-Dateien bearbeiten, gilt für Alt+Q eine Besonderheit: Zeilen, die mit einem \-Zeichen beginnen, gelten als Absatzgrenze und werden nicht umbrochen. Um einen Umbruch dennoch durchzuführen, müssen Sie diese Zeile manuell mit der vorhergehenden Zeile verbinden und nochmals Alt+Q ausführen.

Bei der Eingabe eines neuen Textes ist die ständige Ausführung von Alt+Q natürlich lästig. Daher existiert ein eigener Fließtextmodus, der mit Alt+X auto-fill-mode ↵ aktiviert wird. Wenn sich der Emacs in diesem Modus befindet, werden alle Neueingaben automatisch umbrochen. Bereits vorhandener Text wird durch diesen Modus nicht verändert. Auch das Löschen von Text führt nicht zu einem automatischen Umbruch, weswegen nach Änderungen in einem bereits vorhandenen Fließtext häufig ein manueller Umbruch mit Alt+Q erzwungen werden muss.

Der Umbruch erfolgt normalerweise spätestens nach 70 Zeichen. Sie können die Umbruchspalte mit dem folgenden Kommando verändern: Alt+X set-variable ↵ fill-column ↵ *n* ↵.

Fließtext umbrechen	
Alt+Q	führt einen manuellen Zeilenumbruch durch
Alt+X auto-fill-mode ↵	aktiviert den Fließtextmodus (automatischer Zeilenumbruch)

Einrückungen im Fließtext

Wenn Sie mehrere Absätze eingerückten Textes eingeben möchten, können Sie die erste gültige Spalte voreinstellen. Dazu müssen Sie so viele Leer- oder Tabulatorzeichen in einer sonst leeren Zeile eingeben, wie Ihr Text eingerückt werden soll. Anschließend führen Sie Strg+X, . (also Strg+X, Punkt) aus. Das Programm rückt jetzt ab der zweiten Zeile eines Absatzes alle Zeilen bis zur Einrückspalte ein.

Die Einrückspalte gilt nur für neu eingegebenen Text. Das Einrücken bereits vorhandener Texte muss nach der oben beschriebenen Methode erfolgen, wobei dazu keine (!) Einrückspalte definiert sein darf. Sie müssen die Einrückspalte daher wieder deaktivieren, indem Sie den Cursor an den Beginn einer Zeile stellen und nochmals (Strg)+(X), (.) ausführen.

VORSICHT

Das Kommando (Strg)+(X), (.) speichert eigentlich die Zeichen, die zwischen der aktuellen Cursorposition und dem Zeilenanfang stehen, und fügt diese automatisch am Beginn einer neuen Zeile ein, die durch einen Wortumbruch entsteht. Wenn Sie (Strg)+(X), (.) ausführen, während sich in den Zeichen links von der Cursorposition Text befindet, dann wird dieser Text am Beginn jeder neuen Zeile eingefügt. Das kann dazu verwendet werden, mehrere Zeilen zu schreiben, die mit einer bestimmten Zeichenkette (beispielsweise mit >) anfangen).

Zum Neuformatieren größerer Textmengen, die unterschiedlich stark eingerückt sind, eignet sich das Kommando (Alt)+(x) fill-individual-paragraphs (↵). Dieses Kommando formatiert den gesamten Bereich zwischen dem Markierungspunkt ((Strg)+ (Leertaste)) und der aktuellen Cursorposition. Dabei werden die aktuellen Einrückungen beibehalten.

Fließtext einrücken	
(Strg)+(X), (.)	definiert die Einrückspalte durch die aktuelle Cursorposition; der Cursor muss dazu in einer leeren (!) Zeile stehen
(Alt)+(M)	bewegt den Cursor an den Beginn einer eingerückten Zeile (ähnlich wie (Strg)+(A))
(Strg)+(Leertaste)	setzt den Markierungspunkt
(Alt)+(x) fill-individ (↵)	formatiert den Bereich zwischen Markierungspunkt und Cursorposition neu und behält die aktuellen Einrückungen bei

Textmodus

Wenn Sie sehr viel mit Einrückungen arbeiten, ist der Textmodus bequemer als die oben beschriebene Vorgehensweise: Der Modus wird mit (Alt)+(X) text-mode (↵) aktiviert. Wenn Sie in diesem Modus Fließtext bearbeiten möchten (was zumeist der Fall sein wird), müssen Sie außerdem den dafür vorgesehenen Nebenmodus mit (Alt)+(X) auto-fill-mode (↵) aktivieren. (Nebenmodi definieren einige zusätzliche Kommandos, die parallel zu einem beliebigen Hauptmodus verwendet werden können – siehe auch Seite 855.)

Die einzig wesentliche Neuerung des Textmodus besteht darin, dass der Emacs beim Zeilenumbruch jede neue Zeile automatisch so weit einrückt wie die vorhergehende Zeile. Auch (Alt)+(Q) für den manuellen Umbruch orientiert sich jetzt automatisch an der Einrückung der ersten Zeile.

Im Textmodus sind darüber hinaus zwei neue Kommandos definiert: (Alt)+(S) zentriert die aktuelle Zeile, (Alt)+(Shift)+(S) den ganzen Absatz.

Textmodus	
(Alt)+(X) text-mode	aktiviert den Textmodus
(Alt)+(X) auto-fill-mode	aktiviert den Nebenmodus für Fließtext
(Alt)+(Q)	führt einen manuellen Umbruch durch und orientiert sich dabei an der Einrückung der aktuellen Zeile
(Alt)+(S)	zentriert die aktuelle Zeile
(Alt)+(Shift)+(S)	zentriert den aktuellen Absatz

Wenn Sie Zeilen oder Absätze zentrieren möchten, ohne deswegen in den Textmodus zu wechseln, können Sie die entsprechenden Kommandos in den anderen Modi mit (Alt)+(X) center-line (↵) bzw. mit (Alt)+(X) center-paragraph (↵) aufrufen.

19.8 Suchen und Ersetzen

Inkrementelles Suchen

Wenn Sie einen Text suchen, finden Sie ihn am schnellsten mit (Strg)+(S) *suchtext*. Das Kommando weist gegenüber den Suchkommandos anderer Programme eine Besonderheit auf: Es beginnt die Suche sofort nach der Eingabe des ersten Zeichens. Wenn Sie also 'Nebenmodus' suchen und (Strg)+(S) *Neb* eingeben, dann springt der Cursor bereits zum ersten Wort, das mit 'Neb' beginnt. Statt der Eingabe der weiteren Buchstaben können Sie jetzt durch das abermalige Drücken von (Strg)+(S) zum nächsten Wort springen, das auch mit 'Neb' beginnt. (Wenn Sie nur Kleinbuchstaben eingeben, wird nicht zwischen Groß- und Kleinschreibung unterschieden.)

Wenn Sie jetzt auf die Idee kommen, dass Sie eigentlich nach 'Neuigkeit' suchen, löschen Sie das 'b' mit (←). Der Emacs springt zum ersten Wort zurück (ausgehend von der Position beim Beginn der Suche), das mit 'Ne' beginnt. Wenn Sie jetzt zusätzlich das 'u' eingeben, springt der Emacs weiter zum ersten Wort, das mit 'Neu' beginnt. Probieren Sie es einfach einmal aus – Sie werden von diesem Konzept sofort begeistert sein!

Sobald Sie (↵) oder eine Cursortaste drücken, nimmt das Programm an, dass die Suche beendet ist, und setzt den Cursor an die gefundene Stelle. Der Beginn der Suche wird dabei durch einen Markierungspunkt gespeichert. Daher können Sie mit (Strg)+(X), (Strg)+(X) den Cursor mühelos wieder dorthin zurückstellen, wo er zu Beginn der Suche stand. Ein abermaliges (Strg)+(X), (Strg)+(X) führt Sie wieder an die Stelle des Suchtextes.

Durch zweimaliges Drücken von Strg+S können Sie die Suche wieder aufnehmen und zum nächsten Auftreten des Suchtextes springen. Wenn Sie rückwärts suchen möchten, drücken Sie einfach Strg+R statt Strg+S.

Inkrementelle Suche	
Strg+S	Inkrementelle Suche vorwärts
Strg+R	Inkrementelle Suche rückwärts
Alt+P	wählt einen früher verwendeten Suchtext aus (previous)
Alt+N	wählt einen früher verwendeten Suchtext aus (next)
Strg+G	Abbruch der Suche
Strg+X, Strg+X	vertauscht Markierungspunkt (Beginn der Suche) und aktuelle Cursorposition

Wenn Sie zu einem späteren Zeitpunkt nach einem Text suchen möchten, den Sie früher schon einmal gesucht haben, können Sie nach Strg+S mit Alt+P (previous) und Alt+N (next) einen Text aus der gespeicherten Liste der Suchtexte auswählen.

Suche nach Mustern (mit regulären Ausdrücken)

Die inkrementelle Suche findet Texte, die exakt dem Suchtext entsprechen. Häufig ist es aber wünschenswert, nach Texten zu suchen, die einem bestimmten Muster entsprechen.

Suche nach regulären Ausdrücken	
Strg+Alt+S	Inkrementelle Suche nach Muster vorwärts
Strg+Alt+R	Inkrementelle Suche nach Muster rückwärts
Aufbau des Suchmusters	
`\<`	Anfang eines Wortes
`\>`	Ende eines Wortes
`^`	Anfang der Zeile
`$`	Ende der Zeile
`.`	ein beliebiges Zeichen mit Ausnahme eines Zeilenumbruchs
`.*`	beliebig viele (auch 0) beliebige Zeichen (wie * in Dateinamen)
`.+`	beliebig viele (aber mindestens ein) beliebige(s) Zeichen
`.?`	kein oder ein beliebiges Zeichen
`[abc..]`	eines der aufgezählten Zeichen
`[^abc..]`	keines der aufgezählten Zeichen
`\(`	Beginn einer Gruppe (siehe Suchen und Ersetzen)
`\)`	Ende einer Gruppe
`\x`	Sonderzeichen *x* (z.B. `\\` zur Suche nach einem \-Zeichen oder `\.` zur Suche nach einem Punkt)

Im Suchtext wird zwischen Groß- und Kleinschreibung unterschieden. Zur Syntax der Musterzeichenkette noch einige erklärende Beispiele: `\<[Dd]ie\>` sucht nach dem Artikel 'die', egal ob er klein- oder großgeschrieben ist. Wortzusammensetzungen mit 'die' (also etwa 'dieser') werden ignoriert.

`[Dd]ie[a-z]+` sucht nach Wortzusammensetzungen, die mit 'Die' oder 'die' beginnen und denen mindestens ein weiterer Buchstabe folgt. Der Cursor bleibt jeweils am Ende des Wortes stehen (beim ersten Zeichen, das kein Buchstabe zwischen a und z ist).

`[Dd]ie[a-zäöüß]+` funktioniert wie oben, findet aber auch Wortzusammensetzungen, die deutsche Sonderzeichen enthalten.

Die Zeichenpaare `\(` und `\)` haben keinen Einfluss auf die eigentliche Suche. Die Zeichen im gesuchten Text, die den in der Gruppe enthaltenen Zeichen entsprechen, können dann aber zum Bilden des Ersetzen-Textes wieder verwendet werden (siehe unten).

Suchen und Ersetzen

Auch beim Suchen und Ersetzen unterscheidet der Emacs zwischen dem normalen Kommando und der erweiterten Version mit Mustersuche. Bei der normalen Variante wird Groß- und Kleinschreibung bei der Suche ignoriert. Beim Ersetzen bleiben die Anfangsbuchstaben von Wörtern so erhalten, wie sie bisher waren, wenn der Ersetzen-Text vollständig kleingeschrieben ist. Das Suchen- und Ersetzen-Kommando kann nicht für mehrzeilige Texte verwendet werden, weil die Joker-Zeichen * und + nicht über eine Zeile hinaus wirksam sind.

Suchen und Ersetzen	
(Alt)+(%)	Kommando zum Suchen und Ersetzen ohne Muster
(Alt)+(X) query-replace-r (↵)	Suchen und Ersetzen mit Muster
Platzhalter im Suchtext: siehe Seite 851	
Platzhalter im Ersetzen-Text (für die Variante mit Muster)	
`\&`	Platzhalter für den gesamten gefundenen Text
`\1`	Platzhalter für die erste `\(...\)`-Gruppe im Suchtext

Wie aus der obigen Syntaxübersicht hervorgeht, können beim Suchen und Ersetzen mit Mustern auch in der Ersetzen-Zeichenkette Platzhalter des Musters angegeben werden. Damit lassen sich sehr komplexe Operationen effizient durchführen. Zur Veranschaulichung ein Beispiel:

`funktion(\([^,]*\),\([^,]*\))` ersetzen durch `funktion(\2,\1)`: Bei jedem Aufruf von `funktion` werden die beiden Parameter vertauscht. Aus `funktion(a+b,2*e)` wird daher `funktion(2*e,a+b)`. Einzige Bedingung: In den Parametern der Funktion dürfen keine Kommata auftreten. Beim Vertauschen der Parameter in `funktion(f(a,b), g(x,y))` versagt das Kommando.

Verwenden Sie das Kommando zum Suchen und Ersetzen mit Mustern zunächst mit Vorsicht, und speichern Sie zuvor Ihren Text. Gerade bei den ersten Versuchen kommt es häufig vor, dass mit dem Suchmuster ganz andere (oft viel größere) Texte erfasst werden, als Sie geplant haben. (Mit Strg+_ (Undo) können Sie ein fehlerhaftes Ersetzen-Kommando Schritt für Schritt wieder rückgängig machen.)

Tastenkürzel zur Bearbeitung des gefundenen Texts	
Leertaste oder Y	ersetzen, Suche fortsetzen
,	ersetzen, aber Cursor stehen lassen (damit das Ergebnis kontrolliert werden kann; wenn ok, kann das Kommando mit Leertaste fortgesetzt werden)
← oder N	nicht ersetzen, Suche fortsetzen
Esc	nicht ersetzen, Kommando abbrechen
!	alle weiteren Ersetzungen ohne Rückfrage durchführen (Vorsicht!)
Strg+R	Kommando vorläufig unterbrechen, um an der aktuellen Cursorposition eine manuelle Korrektur vorzunehmen (recursive edit)
Strg+Alt+R	Kommando wieder aufnehmen

19.9 Puffer und Fenster

Sie können mit dem Emacs mehrere Texte gleichzeitig bearbeiten. Dabei wird jeder Text in einem sogenannten Puffer verwaltet. Selbst wenn Sie mit nur einem Text arbeiten, existieren zumeist mehrere Puffer: einer für den Text (der Name des Puffers stimmt mit dessen Dateinamen (ohne Pfad) überein), einer für ein irgendwann geöffnetes Info- oder Hilfefenster (Puffername `*info*` oder `*help*`), einer für die zuletzt angezeigte Liste mit möglichen Kommandos, die durch Tab ergänzt wurden (`*completions*`), einer für die Abkürzungsliste (`*abbrevs*`, wenn irgendwann Alt+X edit-abbrevs ausgeführt worden ist; siehe unten) etc.

Neben dem Begriff des Puffers kennt der Emacs auch Fenster: Ein Fenster ist ein Bereich des Bildschirms, in dem ein Puffer angezeigt wird.

Normalerweise wird nur ein einziges Fenster verwendet, das den gesamten zur Verfügung stehenden Raum nutzt. Bei der Ausführung mancher Kommandos (z.B.

zur Anzeige von Hilfe- oder anderen Emacs-internen Informationen) wird der Bildschirm horizontal in zwei Fenster geteilt. Auch eine Unterteilung in mehrere horizontale oder vertikale Streifen ist möglich. Dabei kann in jedem Bereich (Fenster) ein anderer Puffer angezeigt werden. Es besteht aber auch die Möglichkeit, in zwei Fenstern denselben Puffer darzustellen. (Das ist vor allem bei sehr langen Texten praktisch: Sie können so zwei unterschiedliche Abschnitte des Textes bearbeiten, ohne ständig umständliche Cursor-Bewegungen durchführen zu müssen.)

HINWEIS

Der Fensterbegriff in Emacs hat nichts mit einem X-Fenster zu tun, sondern meint nur einen Teilbereich innerhalb eines Fensters. Wenn Sie tatsächlich ein weiteres X-Fenster des Emacs benötigen (etwa um zwei Programmlistings bequem parallel zu bearbeiten), können Sie das leicht mit FILE|NEW FRAME erreichen.

Die folgenden Kommandos beziehen sich auf das gerade aktuelle Fenster (also auf das Fenster, in dem der Cursor steht). Die Kommandos wechseln den Puffer, der in diesem Fenster angezeigt wird.

Pufferkommandos	
Strg+X, B, ↵	aktiviert den zuvor verwendeten Puffer
Strg+X, B, *name* ↵	aktiviert den angegebenen Puffer
Strg+X, Strg+B	zeigt in einem Fenster die Liste aller möglichen Puffer an; das Fenster kann mit Strg+X, 1 wieder gelöscht werden
Strg+X, K *name* ↵	löscht den angegebenen Puffer; wenn der Puffer eine noch nicht gespeicherte Datei enthält, erscheint eine Sicherheitsabfrage

Die folgenden Kommandos wirken sich nur auf die Anzeige der Puffer in verschiedenen Bildschirmbereichen (Fenstern) aus. Die Trennlinie zwischen den Fenstern kann mit der Maus bewegt werden.

Fensterkommandos	
Strg+X, O	springt zum nächsten Fenster ('Oh')
Strg+X, 0	löscht das aktuelle Fenster ('Null')
Strg+X, 1	löscht alle Fenster außer dem, in dem der Cursor steht
Strg+X, 2	teilt das aktuelle Fenster in zwei horizontale Bereiche
Strg+X, 3	teilt das aktuelle Fenster in zwei vertikale Bereiche
Strg+X, <	verschiebt den Fensterinhalt nach links
Strg+X, >	verschiebt den Fensterinhalt nach rechts

Die Puffer werden durch das Löschen eines Fensters nicht berührt (sie werden zwar unsichtbar, bleiben aber weiterhin im Speicher und können jederzeit wieder angezeigt werden).

19.10 LaTeX- und C-Modus

Ein besonderes Merkmal des Emacs besteht darin, dass zahlreiche Bearbeitungsmodi existieren, die die Funktionalität des Editors verändern und jeweils einige zusätzliche Spezialkommandos zur Verfügung stellen. Damit wird der Emacs optimal an den jeweiligen Texttyp angepasst. Wenn der Emacs unter X verwendet wird, kann je nach Modus auch eine farbliche Kennzeichnung des Textes (Hervorhebung von Schlüsselwörtern und Kommentaren) erreicht werden (siehe Seite 859).

Der Emacs unterscheidet zwischen Haupt- und Nebenmodi. Es kann immer nur ein Hauptmodus aktiv sein. Dieser Modus wird automatisch entsprechend der Kennung des Dateinamens und nach Schlüsselwörtern im Text gewählt. Der Hauptmodus kann durch keinen, einen oder mehrere Nebenmodi ergänzt werden. Für jede im Emacs bearbeitete Datei (für jeden Puffer) gilt eine eigene Moduseinstellung. Die manuelle Veränderung des Modus wirkt sich immer nur auf den gerade aktuellen Puffer aus. Durch den Wechsel in einen anderen Hauptmodus wird der bisherige Modus deaktiviert. Das Ein- oder Ausschalten eines Nebenmodus verändert den Hauptmodus nicht.

Wichtige Emacs-Hauptmodi	
Alt+X fundamental-mode ↵	Standardmodus (Defaulteinstellung)
Alt+X text-mode ↵	Modus zur bequemen Einrückung von Text (siehe Seite 849)
Alt+X tex-mode ↵	TeX-Modus (Seite 856)
Alt+X latex-mode ↵	LaTeX-Modus (Seite 856)
Alt+X c-mode ↵	C-Modus (Seite 857)

Wichtige Emacs-Nebenmodi	
Alt+X auto-fill-mode ↵	Fließtextmodus (automatischer Wortumbruch; Seite 847)
Alt+X font-lock-mode ↵	farbige Syntaxmarkierung (Seite 859)
Alt+X abbrev-mode ↵	Abkürzungsmodus (automatische Expansion von Abkürzungen; Seite 861)
Alt+X iso-accents-mode ↵	Eingabe fremdsprachiger Sonderzeichen (Seite 864)

Neben den hier aufgezählten Modi existieren zahllose weitere Haupt- und Nebenmodi, unter anderem für die meisten unter Linux verfügbaren Programmiersprachen. Eine Übersicht gibt (F1), (A) mode (↩). Informationen zum gerade aktiven Hauptmodus gibt (F1), (M).

TIPP Der Emacs versucht beim Laden einer Datei aus der Dateikennung und dem Inhalt der ersten Zeilen automatisch zu erkennen, um welchen Dateityp es sich handelt, und aktiviert dann den entsprechenden Modus. Wenn das bei einer Datei nicht funktioniert, können Sie in der ersten Zeile der Datei einen Kommentar einfügen, der die Zeichen `*-*` *name* `*-*` enthält. Statt *name* müssen Sie den Namen des gewünschten Modus angeben (etwa `tex`).

TEX- und LATEX-Modus

Die beiden Modi sind praktisch identisch, weswegen sie hier gemeinsam beschrieben werden. Sie werden entweder beim Laden einer Datei automatisch oder durch die Kommandos (Alt)+(X) tex-mode bzw. (Alt)+(X) latex-mode manuell aktiviert.

Zwei Änderungen im Verhalten des Emacs betreffen Sonderzeichen: Der Emacs fügt jetzt statt dem Anführungszeichen (`"`) `` bzw. `''` ein, also jeweils ein Paar einfacher Hochkommata. Die Eingabe eines `"`-Zeichens kann nur unmittelbar nach einem Backslash (\) durchgeführt werden.

Bei der Eingabe jedes zweiten $-Zeichens springt der Cursor kurz zum vorangegangenen $-Zeichen, um so anzudeuten, wo die mathematische Formel begonnen hat. ($...$ hat unter TEX bzw. LATEX die Funktion eines Klammernpaars, das Kommandos zur Definition einer mathematischen Formel einschließt.) Außerdem bietet der Emacs jetzt einige zusätzliche Eingabehilfen:

LATEX-Modus	
(Strg)+(C), (Strg)+(E)	erzeugt die Anweisung `\end{name}` zum letzten offenen Kommando `\begin{name}`
(Strg)+(C), (Strg)+(O) *name* (↩)	erzeugt das Anweisungspaar `\begin{name}`, Leerzeile, `\end{name}`
(Strg)+(C), (})	springt zur schließenden Klammer der gerade aktuellen Klammernebene
(Strg)+(J)	beendet einen Absatz, fügt eine zusätzliche Leerzeile ein und führt einen Syntaxtest für den Absatz durch (vergessene Klammern etc.)

In den beiden Modi sind einige Kommandos zum Aufruf von TEX bzw. von LATEX definiert. Diese Kommandos sind allerdings nur dann sinnvoll, wenn sich das gesamte Dokument in einer Datei befindet. Unter Linux ist es meist praktischer, TEX bzw. LATEX von einer eigenen Konsole bzw. von einem Shell-Fenster aus zu starten.

Erheblich attraktiver ist das Kommando (Alt)+(X) validate-tex-buffer: Damit wird der aktuelle Text nach TeX- bzw. LaTeX-Syntaxfehlern durchsucht. Auch wenn das Kommando fallweise Fehler meldet, die gar keine sind (besonders wenn das LaTeX-Kommando `\verb` bzw. die LaTeX-Umgebung `verbatim` verwendet wird), habe ich mit dem Kommando schon so manche fehlende {- oder }-Klammer aufgespürt.

HINWEIS

Für professionelle LaTeX/Emacs-Anwender bietet das AUC TeX-Paket noch eine erhebliche Steigerung des LaTeX-Modus an: Das AUC TeX-Paket definiert eine ganze Menge weiterer Emacs-Makros. Zu den attraktivsten Merkmalen zählt die Möglichkeit, nach einer LaTeX-Übersetzung per Tastenklick zum nächsten Fehler zu springen. AUC TeX ist in neuere XEmacs-Versionen integriert; beim GNU Emacs bzw. bei älteren XEmacs-Versionen muss es getrennt installiert werden. Anschließend müssen Sie in `.emacs` die Zeile `(require 'tex-site)` einfügen. Damit stehen im LaTeX-Modus automatisch eine Menge zusätzlicher Kommandos von AUC TeX zur Verfügung. Die Dokumentation zu AUC TeX finden Sie sowohl im Rahmen der Emacs-Info-Dokumentation als auch in der Datei `auc-tex.dvi`.

C-Modus

Das auffälligste Merkmal des C-Modus besteht darin, dass der Emacs alle geschweiften Klammern bei der Neueingabe einrückt. Dadurch wird – quasi vollautomatisch – die Struktur des Programmcodes sichtbar. Dennoch kann es oft störend sein, wenn der Emacs die Klammern irgendwohin stellt, wo Sie sie am wenigsten erwarten.

Wie stark die Klammern bei unterschiedlichen C-Strukturen eingerückt werden, lässt sich durch diverse Emacs-Variablen steuern. Die Variablen sind in der Online-Hilfe zum aktuellen Modus ((F1), (M)) beschrieben. Um eine Variable zu verändern, geben Sie (Alt)+(X) set-variable (↩) *varname* (↩) *wert* (↩) ein.

HINWEIS

Falls Sie die Meinung von Linus Torvalds interessiert, was das sinnvolle Einrücken von C-Programmcode betrifft, sollten Sie die Datei `/usr/src/linux/Documentation/CodingStyle` lesen. Dort finden Sie auch einige Emacs-Lisp-Kommandos zur Verwendung in der Konfigurationsdatei `.emacs`.

Zusätzlich zur automatischen Texteinrückung bei der Eingabe von Klammern sind im C-Modus zwei eigene Kommandos zur Cursorbewegung in Klammerebenen definiert:

C-Modus	
(Alt)+(A)	springt an den Anfang der aktuellen Klammernebene
(Alt)+(E)	springt an das Ende der aktuellen Klammernebene

Viel praktischer als die Eingabehilfen des C-Modus sind zwei andere Merkmale dieses Modus: Die Etags-Funktion und das Kompilieren des C-Programms direkt vom Emacs aus.

Zuerst zur Etags-Funktion: `etags` ist ein Linux-Kommando, das eine Querreferenz aller C-Funktionen erstellt, die in mehreren Dateien definiert sind. Das Programm muss vor der Verwendung der Etags-Funktion im Emacs aufgerufen werden. Wenn der Emacs schon läuft, können Sie das Kommando `etags *.[ch]` mit Esc, ! direkt vom Emacs aus starten. Das Ergebnis des Aufrufs ist eine `TAGS`-Datei, die im Emacs mit Alt+x visit-tags-table eingelesen wird.

Von nun an können Sie mit Alt+. zur Definition jeder beliebigen Funktion springen, die sich in einer der von `etags` erfassten Dateien befindet. Gerade bei größeren Projekten, in denen die Funktionen oft auf zahllose Dateien verteilt sind, ist das eine enorme Hilfestellung.

Etags-Funktion	
Esc, ! etags *.[ch] ↵	erstellt die Datei `TAGS` mit Querreferenzen auf alle Funktionsdefinitionen in den erfassten `*.c`- und `*.h`-Dateien
Alt+X visit-tag-table ↵	liest die `TAGS`-Datei ein
Alt+. *funktionsname* ↵	wechselt in jene Datei, in der die Funktion definiert ist
Strg+U, Alt+.	Suche nach dem nächsten Auftreten der Funktion
Alt+X tags-search ↵ *fname* ↵	Mustersuche nach einem regulären Ausdruck

Nun zum Kompilieren des C-Programms: Mit Alt+x compile starten Sie vom Emacs aus die Kompilierung. Als Kommando wird dabei `make -k` verwendet – im Verzeichnis Ihrer C-Programme muss sich also ein `Makefile` befinden. Vor dem Start von `make` fragt der Emacs automatisch nach, ob Sie irgendwelche noch nicht gespeicherten Dateien vorher sichern möchten. Anschließend zeigt der Emacs das Ergebnis der Kompilierung (zumeist eine Liste mit Fehlermeldungen) in einem eigenen Fenster an.

Mit Strg+X, ` (Eingabe: Strg+X, dann Shift+´ und – falls ` als Deadkey definiert ist – Leertaste) bewegen Sie nun den Cursor an die Stelle des ersten Fehlers. Dieses Kommando können Sie verwenden, sobald der erste Fehler angezeigt wird (auch wenn die Kompilierung noch gar nicht abgeschlossen ist)! Eine abermalige Ausführung von Strg+X, ` bewegt den Cursor zum nächsten Fehler. Esc, -, Strg+X, ` bewegt den Cursor zurück zum vorigen Fehler, Strg+U, Strg+X, ` in die erste fehlerhafte Zeile.

Code kompilieren und korrigieren	
Alt+X compile ↵	startet die Kompilierung
Strg+X, `	bewegt den Cursor zum nächsten Fehler
Esc, - Strg+X, `	bewegt den Cursor zum vorigen Fehler
Strg+U, Strg+X, `	bewegt den Cursor zum ersten Fehler

Generell lassen sich vom Emacs aus beliebige Programme (nicht nur `etags` oder `make`) starten. Der Aufruf erfolgt mit Esc ! *name* ↵. Wenn beim Aufruf ein abschließendes &-Zeichen angegeben wird, startet der Emacs das Programm im Hintergrund. Das hat den Vorteil, dass im Emacs weitergearbeitet werden kann, während das Programm noch läuft. Die Ausgaben des Programms werden in einem eigenen Puffer gespeichert und in einem Fenster angezeigt.

Es besteht allerdings keine Möglichkeit, dem Programm Eingaben zu übermitteln. Wenn das Programm einen Fehler entdeckt und dann auf eine Eingabe wartet (das kommt beispielsweise bei einem Aufruf von `latex` oft vor), wartet es auf diese Eingabe endlos. Das Programm kann jetzt nur noch mit Strg+C, Strg+K beendet werden (kill). Um das zu vermeiden, sollten Sie nur solche Programme aufrufen, die (auch bei Fehlern) selbstständig laufen.

Shell-Script-Modus

Mit Alt+X shell-script-mode aktivieren Sie den Shell-Script-Modus. Dieser Modus eignet sich besonders zum Bearbeiten von Shell-Script-Dateien (z.B. für die bash) sowie für Konfigurationsdateien, die eine Shell-ähnliche Syntax aufweisen (und das ist die überwiegende Mehrheit aller unter Linux verwendeten Konfigurationsdateien).

Syntaxhervorhebung

In Kombination mit vielen Hauptmodi kann der Emacs ein sogenanntes Syntax-Highlighting vornehmen. Dabei werden Kommandos, Kommentare etc. durch Farben oder Schriftattribute gekennzeichnet. Programmcode, LaTeX-Dokumente etc. gewinnen dadurch erheblich an Übersichtlichkeit.

Dazu muss nach der Aktivierung des jeweiligen Hauptmodus Alt+x font-lock-mode ausgeführt werden: Der Emacs analysiert jetzt den gesamten Text und markiert die gefundenen Elemente farbig bzw. durch Schriftattribute.

TIPP

Der Emacs kann nur dann verschiedene Schriftattribute anzeigen, wenn die aktive Schriftart in diesen Attributen zur Verfügung steht. Nicht geeignet sind etwa die Schriften mit Namen in der Art 8x13 (weil das Attribut kursiv nicht vorhanden ist). Sie können verschiedene Schriftarten bequem mit (Shift) und der linken Maustaste testen. Bewährt haben sich beispielsweise die folgenden Schriftarten:

```
-adobe-courier-medium-r-normal--14-100-100-100-m-90-iso8859-1
-adobe-courier-medium-r-normal--14-140-75-75-m-90-iso8859-1
```

Bei umfangreichen Texten dauert die Syntaxanalyse recht lange. Wenn der Text eine bestimmte Größe überschreitet, wird die automatische Syntaxanalyse beim Laden der Datei überhaupt nicht mehr ausgeführt.

Um auch bei langen Texten eine schnelle Syntaxhervorhebung zu erreichen, können Sie die Emacs-Erweiterung `lazy-lock` benutzen. Die Erweiterung bewirkt, dass die Hervorhebungen nicht für den gesamten Text durchgeführt werden, sondern immer nur für die gerade sichtbare Seite. Die Erweiterung wird durch die drei folgenden Zeilen in `.emacs` aktiviert:

```
(autoload 'turn-on-lazy-lock "lazy-lock"
  "Unconditionally turn on Lazy Lock mode.")
(add-hook 'font-lock-mode-hook 'turn-on-lazy-lock)
```

Bei wirklich langen Texten (etwa beim Text dieses Buchs, der mehr als 2 MByte umfasst), wird allerdings auch `lazy-lock` unerträglich langsam. Da ist es dann doch praktischer, manuell `font-lock-fontify-buffer` auszuführen und eben zehn oder zwanzig Sekunden zu warten, bis dieser Vorgang abgeschlossen ist. (Anschließend funktioniert der Emacs in gewohnter Geschwindigkeit.)

LaTeX-Fontlock-Problem

Wenn der Fontlock-Modus (egal ob 'lazy' oder nicht) gemeinsam mit dem LaTeX-Modus verwendet wird, tritt manchmal das Problem auf, dass der Emacs bei der Syntaxanalyse durcheinander gerät und große Textbereiche falsch kennzeichnet. Die Ursache ist zumeist ein einzelnes `$`-Zeichen, das in einer `verbatim`-Umgebung oder in einem einzelnen `\verb`-Kommando verwendet wird.

Das Problem lässt sich lösen, wenn Sie in der Datei `font-lock.el` eine Zeile ändern (das Zeichen `\"` wird durch ein Leerzeichen ersetzt) und damit auf die Hervorhebung von Formeln in LaTeX-Texten verzichten. Damit die Änderung wirksam wird, müssen Sie `font-lock.elc` umbenennen bzw. die geänderte Datei `font-lock.el` neu kompilieren. Falls in Ihrem `lisp`-Verzeichnis nur `*.elc`-Dateien installiert sind, müssen Sie vorher die Emacs-Lisp-Quelldateien installieren. (Dabei handelt es sich bei vielen Distributionen um ein eigenes Paket.)

```
; Änderung in /usr/X11R6/lib/xemacs-21.1/lisp/packages/font-lock.el
; ursprünglich:
; (put 'tex-mode 'font-lock-defaults
;      '(tex-font-lock-keywords nil nil ((?$ . "\"")))))
; neu:
(put   'tex-mode 'font-lock-defaults
       '(tex-font-lock-keywords nil nil ((?$ . "  "))))
```

19.11 Fortgeschrittene Funktionen

Abkürzungen

Eine besondere Eigenschaft des Emacs besteht darin, dass Sie ohne jede Vorarbeit Abkürzungen verwenden können. Dazu geben Sie die ersten Buchstaben eines Wortes ein und drücken anschließend (Alt)+(/). Der Emacs sucht daraufhin zuerst im vorangehenden, dann im nachfolgenden Text und schließlich in allen geöffneten Dateien nach Wörtern, die mit diesen Zeichen beginnen. Wenn Sie an dieser Stelle im Text Um (Alt)+(/) eingeben, ersetzt der Emacs 'Um' durch 'Umgebung'. Wenn Sie (Alt)+(/) öfters drücken, bietet der Emacs weitere mögliche Ergänzungen an, etwa 'Umgang' und 'Umgehen'.

Dynamische Erweiterungen funktionieren nur, wenn sich ein Wort bereits im Text befindet und wenn die Anfangsbuchstaben übereinstimmen. Für manche Fälle ist das nicht ausreichend. Zum E-Mail- und Briefeschreiben wäre es beispielsweise praktisch, wenn der Emacs 'mfg' durch 'Mit freundlichen Grüßen' ersetzen würde.

Der Emacs unterstützt auch solche vordefinierten Abkürzungen. Leider ist die Definition solcher Abkürzungen ziemlich umständlich: Sie müssen zuerst in Ihrem Text die Abkürzungszeichen (z.B. `sgdh`) eintippen, dann das Kommando (Strg)+(X), (A), (I), (G) aufrufen, den vollständigen Text (z.B. Sehr geehrte Damen und Herren!) eingeben und schließlich (↵) drücken. Damit ist die Abkürzung gespeichert; die ursprünglich eingegebenen Zeichen `sgdh` werden sofort durch den neuen Text ersetzt.

Wenn Sie nun in Ihrem Text abermals `sgdh` eingeben und unmittelbar anschließend das Kommando (Strg)+(X), (A), (E) aufrufen (abbreviation expand), ersetzt der Emacs die vier Buchstaben durch 'Sehr geehrte Damen und Herren!'.

Es geht aber noch einfacher: Mit dem Kommando (Alt)+(X) abbrev-mode (↵) können Sie den Abkürzungsmodus aktivieren. Von jetzt an ersetzt der Emacs alle Abkürzungen automatisch durch den vollständigen Text, wenn Sie unmittelbar hinter der Abkürzung ein Leer- oder Interpunktionszeichen eingeben. (Sie müssen den Emacs also nicht mehr explizit dazu auffordern, eine Abkürzung zum vollen Text zu erweitern.) Wegen dieser automatischen Erweiterung der Abkürzungen müssen Sie die Abkürzungen so definieren, dass sie für sich kein eigenes Wort darstellen (weil dieses Wort sonst immer durch den Abkürzungstext ersetzt würde).

Die Liste aller definierten Abkürzungen können Sie sich mit Alt+X edit-abbrevs ↩ ansehen. Diese Liste enthält in der ersten Spalte (in Hochkommata eingeschlossen) die Abkürzungen, in der zweiten Spalte eine Zahl, die angibt, wie oft die Abkürzung schon verwendet wurde, und in der dritten Spalte (wiederum in Hochkommata) den vollständigen Text. Die Abkürzungsliste ist in mehrere Abschnitte für verschiedene Emacs-Bearbeitungsmodi gegliedert. Mit dem oben beschriebenen Kommando werden Abkürzungen immer global definiert, d.h. sie funktionieren unabhängig vom Bearbeitungsmodus und werden im Abschnitt `global-abbrev-table` gespeichert.

```
(c-mode-abbrev-table)
(text-mode-abbrev-table)
(lisp-mode-abbrev-table)
(fundamental-mode-abbrev-table)
(global-abbrev-table)
"ret"          6    "\\keys{$\\hookleftarrow$}"
"stg"         19    "\\keys{Strg}+\\keys{}"
"lt"          25    "\\keys{Alt}+\\keys{}"
"ky"          22    "\\keys{}"
```

Prinzipiell können Sie diese Abkürzungsliste nicht nur ansehen, sondern auch verändern. Das Löschen von Abkürzungen funktioniert problemlos, Sie müssen lediglich die betreffende Zeile mit Strg+K entfernen. In der Regel ist es auch möglich, selbst neue Abkürzungen einzugeben oder vorhandene Abkürzungen zu ändern, sofern Sie sich an die Syntax von Emacs halten. (Beachten Sie besonders, dass das Zeichen \ doppelt angegeben werden muss, damit es einmal in den Text eingefügt wird!) Anschließend müssen Sie die geänderte Abkürzungsliste mit Strg+X, Strg+S Emacs-intern speichern. Strg+X, B führt zum eigentlichen Text zurück.

Abkürzungen	
Alt+/	dynamische Erweiterung eines Wortes
Strg+X, A, I, G *text* ↩	definiert zum zuvor eingegebenen Kürzel einen globalen Abkürzungstext
Strg+X, A, E	manuelle Expansion einer Abkürzung
Alt+X edit-abbrevs ↩	aktiviert den Abkürzungsmodus (automatische Expansion)
Alt+X edit-abbrevs ↩	Abkürzungstabelle editieren
Strg+X, Strg+S, Strg+X, B, ↩	Abkürzungstabelle Emacs-intern speichern, zurück zum Text

Abkürzungen gelten üblicherweise nur bis zum Verlassen des Emacs. Die Abkürzungsliste wird in einem Puffer im RAM, nicht aber in einer Datei gespeichert. Im Regelfall wäre es aber wünschenswert, wenn einmal definierte Abkürzungen später wieder verwendet werden könnten. Daher bietet der Emacs die Kommandos Alt+X write-abbrev-file bzw. Alt+X read-abbrev-file zum Speichern bzw. Laden von Dateien mit den Abkürzungsdefinitionen an.

VERWEIS

Mit den beiden Kommandos können Sie zwar jetzt Abkürzungen speichern und wieder laden, die Anwendung der Kommandos ist aber ziemlich umständlich. Insbesondere müssen Sie jedes Mal beim Verlassen des Emacs daran denken, neue oder veränderte Abkürzungen zu speichern.

Makros

Neben Abkürzungen, die ausschließlich eine Tipperleichterung darstellen, kennt der Emacs auch echte Makros, mit denen sich komplexere Kommandofolgen aufzeichnen und später wieder ausführen lassen. Die Aufzeichnung eines Makros beginnt mit (Strg)+(X), (() und endet mit (Strg)+(X), ()). Alle zwischen diesen beiden Kommandos durchgeführten Tastatureingaben werden aufgezeichnet. Mit (Strg)+(X), (E) kann dieses Makro ausgeführt werden.

Der Emacs speichert immer nur ein Makro. Sobald Sie ein neues Makro aufzeichnen, wird das alte gelöscht. Sie können aber vor dem Beginn einer neuen Aufzeichnung dem letzten Makro mit (Alt)+(X) name-last-kbd-macro (↵) *name* (↵) einen Namen geben. Dann wird das Makro unter diesem Namen gespeichert und kann jederzeit wieder mit (Alt)+(X) name (↵) ausgeführt werden.

Allerdings werden auch benannte Makros nur so lange gespeichert, bis Sie den Emacs verlassen. Darüber hinaus ist es nicht möglich, einem eigenen Makro eine Tastenkombination zuzuweisen, um so einen bequemeren Aufruf zu ermöglichen. Diese Eigenschaften können Sie nur erreichen, wenn Sie die Definition des Makros und anschließend eine Verbindung zu einem Tastenkürzel in die Konfigurationsdatei `.emacs` aufnehmen. Alternativ dazu können Sie auch eine eigene Makrodatei erstellen, die Sie dann aber mit (Alt)+(X) *eval-current-buffer* (↵) manuell ausführen müssen (während `.emacs` beim Start des Emacs automatisch ausgeführt wird).

Zur Übernahme von zuvor aufgezeichneten und benannten Tastaturmakros in eine Datei steht das Kommando (Alt)+(X) insert-kbd-macro (↵) *name* (↵) zur Verfügung. Dieses Kommando fügt den äquivalenten Lisp-Code zum Makro name in die aktuelle Datei ein. Das Kommando kann auch zum Einfügen des Lisp-Codes für alle anderen im Emacs definierten Kommandos eingesetzt werden. Allerdings sieht der Code nicht gerade besonders übersichtlich aus, weil es darin nur so von unverständlichen Tastencodes wimmelt. Eine Veränderung vorhandener Makros ist daher kaum möglich.

Damit sieht die Vorgehensweise zur Erstellung eines Makros, das ständig zur Verfügung stehen soll, folgendermaßen aus:

- Makro mit (Strg)+(X), (() und (Strg)+(X), ()) aufzeichnen.
- Makro mit (Strg)+(X), (E) testen und eventuell nochmals aufzeichnen, wenn es nicht so funktioniert, wie es soll.
- Makro mit (Alt)+(X) name-last-kbd-macro (↵) *name* (↵) benennen.

- Konfigurationsdatei `.emacs` aus dem Heimatverzeichnis laden.
- Makro dort mit (Alt)+(X) insert-kbd-macro (↵) *name* (↵) einfügen, `.emacs` speichern.

VERWEIS: Makros können eigenen Tastenkürzeln zugeordnet werden. Außerdem bietet der Emacs neben der hier beschriebenen Makroaufzeichnung auch die Möglichkeit, selbst Makros in der Emacs-internen Programmiersprache Lisp zu programmieren. Eine kurze Einführung zu diesem Thema finden Sie in einem eigenen PDF-Dokument auf meiner Website: `www.kofler.cc`.

Eingabe fremdsprachiger Sonderzeichen

Ab Seite 833 wurde beschrieben, wie der Emacs konfiguriert werden muss, damit deutsche Sonderzeichen eingegeben werden können. Dabei wurde natürlich vorausgesetzt, dass eine deutsche Tastatur zur Verfügung steht. Aber was tun, wenn Sie mit einer Tastatur mit US-Layout (oder einer anderen Tastatur ohne deutsche Sonderzeichen) arbeiten? Oder wenn Sie auf einer deutschen Tastatur Zeichen wie á, à, â, ã oder ç eingeben möchten?

Für solche Fälle gibt es natürlich einen eigenen Emacs-Modus: Mit (Alt)+(X) iso-accents-mode aktivieren Sie einen speziellen Eingabemodus. Die Tasten ("), (^), (') und (`) haben jetzt eine neue Bedeutung: Wird direkt anschließend ein passender Buchstabe eingegeben, verbindet der Emacs die beiden Zeichen zu einem neuen Buchstaben. Die Eingabe (")(O) liefert also den Buchstaben Ö, (")(s) ein ß. Wenn Sie ein " eingeben müssen, geben Sie einfach nach (") ein zusätzliches Leerzeichen ein.

Neue Emacs-Versionen mit MULE (*MULti-lingual Enhancement*) kennen darüber hinaus eine Menge weiterer Möglichkeiten zur Eingabe fremdsprachiger Zeichen. Führen Sie das Kommando (Alt)+(X) select-input-method aus, und drücken Sie dann (Tab). Emacs zeigt eine Liste mit über 50 Möglichkeiten an! Die Variante `latin-1-prefix` entspricht im Wesentlichen dem oben erwähnten `iso-accents-mode`.

Emacs als Shell verwenden

Mit dem Kommando (Alt)+(X) shell aktivieren Sie den Shell-Modus. Der Emacs öffnet ein neues Fenster und ermöglicht es Ihnen, darin beliebige Kommandos auszuführen. Das Ergebnis der Kommandos wird in einem Puffer gespeichert und kann mit allen Kommandos des Editors weiterverarbeitet werden! Sie können die Ergebnisse eines Kommandos problemlos in einen anderen Text kopieren, können sich auch bei einem zehnseitigen Dateilisting in Ruhe nochmals alle Einträge ansehen, mit (Strg)+(S) nach bestimmten Texten suchen etc.

Der Shell-Modus kombiniert also die Textverarbeitungsmöglichkeiten des Emacs mit der Kommandovielfalt der Shell. Wenn Sie eine Zeile ändern und mit (↵) abschließen, wird diese Zeile als neues Kommando interpretiert. Auf diese Weise können Sie falsch geschriebene Kommandos korrigieren oder bereits ausgeführte Kommandos in einer anderen Variante nochmals ausführen.

Leider treten bei der Kommunikation zwischen dem Emacs und einigen Shell-Kommandos Probleme auf – und zwar immer dann, wenn die Kommandos besondere Terminalkommandos verwenden möchten, die der Emacs nicht zur Verfügung stellen kann. Ein typisches Beispiel ist `less` (das Sie aber im Emacs ohnedies nicht benötigen; falls doch, können Sie `more` verwenden).

Client/Server-Betrieb

Wer den GNU Emacs intensiv verwendet, wird allmählich einen Großteil der Arbeit unter Linux damit erledigen – ganz gleich, ob nur schnell eine Textdatei angesehen oder verändert werden soll, ob eine E-Mail verfasst oder ein komplexes Programmierprojekt verwaltet werden muss. Nun macht es aber keinen Sinn, den Emacs für jede Kleinigkeit neu zu starten – das kostet Zeit (und eine Menge Speicherplatz, falls das Programm mehrfach gleichzeitig gestartet wird).

Um diese Nachteile zu vermeiden, kann der GNU Emacs mit (Alt)+(X) server-start in einen speziellen Server-Modus versetzt werden. (Das Kommando kann auch in der Konfigurationsdatei `.emacs` oder mit der Kommandozeilenoption `-f server-start` ausgeführt werden. Ein vergleichbares Kommando für den XEmacs existiert leider nicht.)

An der Verwendung des GNU Emacs ändert sich dadurch nichts. Neu ist nur, dass Sie jetzt mit `emacsclient datei` einen neuen Emacs-Client starten können. Die jeweilige Datei wird einfach im laufenden Emacs angezeigt. (Wenn Sie im Textmodus arbeiten, müssen Sie in die jeweilige Konsole wechseln; unter X müssen Sie in das Emacs-Fenster wechseln.)

Zum Beenden eines Emacs-Clients existiert ein neues Kommando: (Strg)+(X), (#). ((Strg)+(C) darf nicht verwendet werden, weil damit auch der Emacs-Server beendet würde.)

Damit der Emacs-Client von verschiedenen Programmen automatisch aufgerufen wird, müssen Sie in `/etc/profile` oder in `~/.profile` die Umgebungsvariablen `EDITOR` und `VISUAL` mit `emacsclient` voreinstellen.

Einige Programme müssen individuell konfiguriert werden, damit zum Editieren einer Datei der Emacs-Client aufgerufen wird. Beim E-Mail-Programm `pine` muss beispielsweise die folgende Zeile in `~/.pinerc` geändert werden:

```
# in ~/.pinerc
editor=emacsclient
```

Der Emacs kann nun zum Verfassen von E-Mail mit (Strg)+(_) aufgerufen werden. Analoge Konfigurationsschritte sind für viele andere Programme möglich.

19.12 Konfiguration per Mausklick

Unzählige Optionen und Modi des Emacs können voreingestellt werden. Dazu führen Sie (Alt)+(X) customize-browse aus. Der Emacs zeigt daraufhin ein hierarchisches Menü an, das mit der mittleren Maustaste bedient werden kann. Wenn Sie ein wenig in diesem Menü navigieren, erhalten Sie rasch einen guten Eindruck, wie riesig die Konfigurationsmöglichkeiten sind.

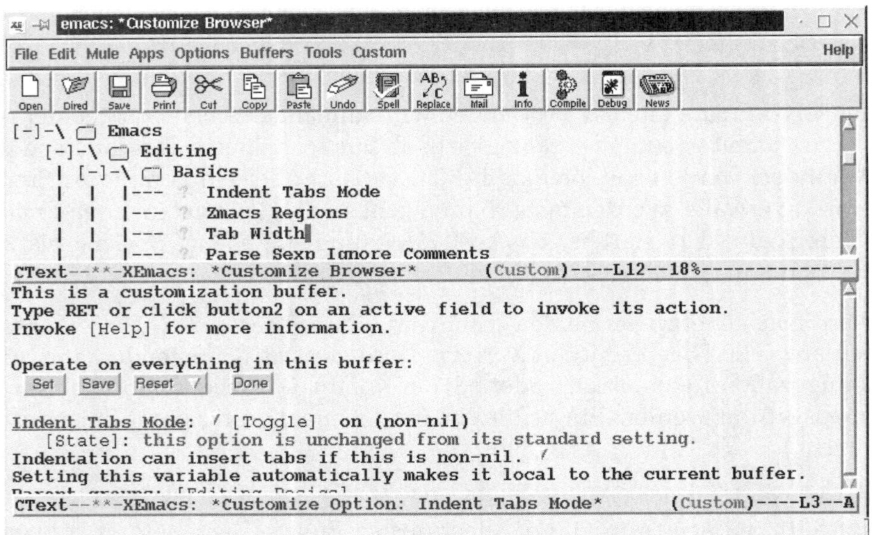

Abbildung 19.3: Komfortable Emacs-Konfiguration

Wenn Sie eines der Icons anklicken, wird in einem zweiten Fenster die entsprechende Option mit einem kurzen Hilfetext angezeigt und kann dort verändert werden. Mausoperationen sind im GNU Emacs immer mit der mittleren Maustaste durchzuführen; nur im XEmacs kann fallweise auch die linke Maustaste verwendet werden.

VORSICHT

Die Veränderungen werden erst wirksam, wenn Sie den Button SET anklicken. Die Änderungen gelten jetzt allerdings nur für das laufende Programm. Wenn Sie die Änderung bleibend speichern möchten, müssen Sie SAVE anklicken – und zwar für jede durchgeführte Änderung! Die Einstellungen werden in der Datei `.emacs` gespeichert.

customize-browse steht sowohl im GNU Emacs als auch im XEmacs zur Verfügung. Beim XEmacs sind die Menüs und Konfigurationsmöglichkeiten aber optisch ansprechender und übersichtlicher gestaltet. Der GNU Emacs verzichtet in der aktuellen Version noch auf Icons und stellt dieselben Informationen als ASCII-Text dar. Die in

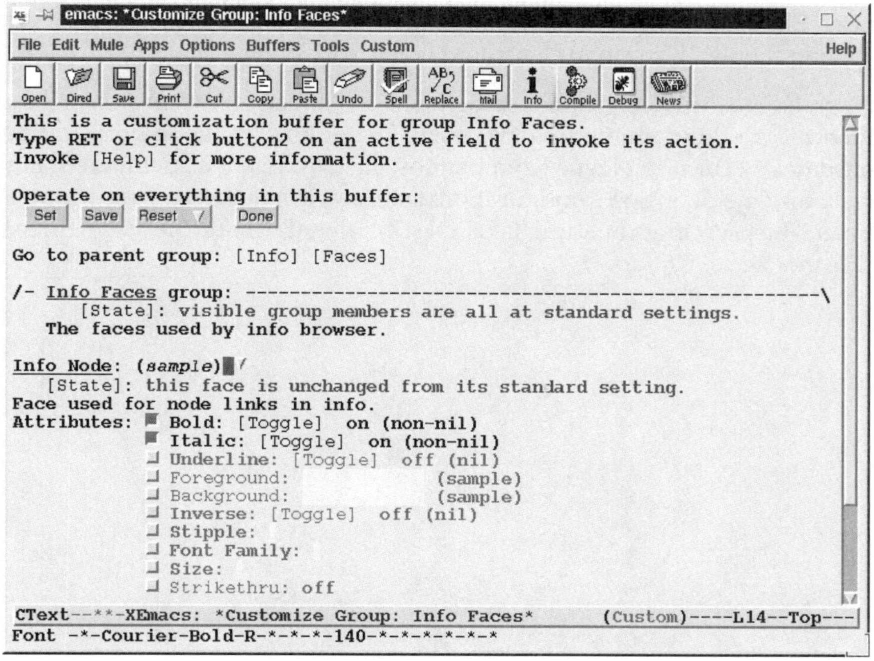

Abbildung 19.4: Veränderung der Schriftattribute für Überschriften im Info-Modus

`.emacs` gespeicherten Einstellungen gelten automatisch für beide Emacs-Versionen (GNU und XEmacs).

Zu customize-browse gibt es noch einige Varianten:

- Alt+X customize ermöglicht dieselben Einstellungen, allerdings erfolgt die Navigation durch sehr viel unübersichtlichere Dialoge. (customize ist der Vorgänger von customize-browse.)
- Beim XEmacs können Sie die customize-Einstellungen auch in einem unglaublich verschachtelten Menü durchführen, das mit Options|Customize|Emacs beginnt.
- Alternativ dazu können Sie beim XEmacs viele Einstellungen mit den restlichen Einträgen des Options-Menüs durchführen. Vergessen Sie nicht, diese Einstellungen mit Options|Save Options auch zu speichern!

  Das Options-Menü ist keine weitere Variante zum Options|Customize|-Emacs-Submenü, sondern eine im Verlauf der XEmacs-Entwicklung entstandene Alternative. Die Einstellungen werden in `.xemacs-options` gespeichert (nicht in `.emacs`) und gelten nur für den XEmacs (nicht für die GNU-Version). Je nachdem, ob sich die Zeilen zum Laden von `.xemacs-options` vor oder nach den anderen Optionen in `.emacs` befinden, haben entweder die Menü- oder die customize-Einstellungen Vorrang. Um Konflikte und Verwirrung zu vermeiden, sollten Sie die OPTIONS- und CUSTOMIZE-Einstellungen nicht parallel verwenden. Entscheiden Sie sich für eine der beiden Varianten!

VERWEIS

Noch viel mehr Konfigurationsmöglichkeiten haben Sie, wenn Sie sich auf die Emacs-Lisp-Programmierung einlassen. Damit können Sie in der Konfigurationsdatei `~/.emacs` eigene Kommandos, Tastenkürzel etc. definieren. Ein Beispiel für eine derartige Konfigurationsdatei sowie eine kurze Einführung in die Emacs-Lisp-Programmierung (als PDF-Dokument) finden Sie auf meiner Website: `www.kofler.cc`.

Kapitel 20

LaTeX 2ε

TeX ist ein Satzprogramm, das vor allem in der Unix-Welt sehr stark verbreitet ist. Es wurde zur Erstellung wissenschaftlicher Texte konzipiert und ist frei verfügbar. TeX hat den Nachteil, dass es relativ kompliziert ist. Aus diesem Grund existiert zu TeX das Makropaket LaTeX, das die Formatierung von Texten etwas vereinfacht. Mit LaTeX können Sie vom Brief bis hin zu einem Buch beinahe jeden beliebigen Text schreiben.

Im Mittelpunkt dieses Kapitels steht die aktuelle LaTeX-Version, nämlich LaTeX 2ε. Linux stellt auf einem PC die ideale Arbeitsumgebung für LaTeX dar: Erstens ist LaTeX zusammen mit wichtigen Zusatzprogrammen (etwa `dvips` und `ghostview`) ein fester Bestandteil aller Linux-Distributionen – daher entfällt das sonst nicht unerhebliche Problem, eine LaTeX-Version für DOS oder gar für Windows zu beschaffen und zu installieren. Zweitens ermöglicht die Multitasking-Umgebung von Linux ein effizientes Arbeiten.

Dieses Kapitel gibt einen Schnelleinstieg in LaTeX und fasst die wichtigsten LaTeX-Anweisungen zusammen. Hierbei stehen vor allem die formalen und zum Teil Linux-spezifischen Aspekte der Bedienung von LaTeX im Vordergrund, also der Ausdruck von LaTeX-Dateien, Probleme mit Zeichensätzen etc.

VERWEIS

Wenn Sie die vielen Vorteile von LaTeX genießen möchten, ohne sich in seine nicht ganz einfache Bedienung einzuarbeiten, stellt LyX eine attraktive Ergänzung dar. LyX ist eine Art Benutzeroberfläche zu LaTeX, die beinahe WYSIWYG realisiert (what you see is what you get). Mehr dazu erfahren Sie im nächsten Kapitel ab Seite 921.

20.1 Einführung

Die besonderen Vorzüge von LaTeX gegenüber anderen Programmen bestehen in der überragenden Satzqualität (beispielsweise im automatischen Kerning, d.h. in 'Vektor' wird das 'e' näher an das 'V' gerückt) und dem grandiosen Formelsatz ($\pi \sum_{i=1}^{n} \frac{a_i x^i}{i!}$). LaTeX hat aber auch Nachteile: Die Bedienung des Programms ist steinzeitlich. Scheinbar triviale Dinge wie Trennungen oder Seitenumbrüche müssen oft in einem mühseligen Prozess manuell verändert werden, wenn LaTeX standardmäßig nicht die gewünschten Resultate liefert.

Kurz einige Worte zur Herkunft von TeX und LaTeX: TeX wurde in seiner ursprünglichen Form von Donald Knuth programmiert, das dazugehörige Makropaket LaTeX von Leslie Lamport. Seit Leslie Lamport die LaTeX-Weiterentwicklung mit Version 2.09 eingestellt hat, sind es vor allem Frank Mittelbach und Rainer Schöpf, denen die aktuelle Version LaTeX 2ε und die Pläne zur Weiterentwicklung in Richtung LaTeX 3 zu verdanken sind.

LaTeX und die wichtigsten Hilfsprogramme

LaTeX ist ein Satzprogramm und kein Textverarbeitungsprogramm. Der Unterschied besteht darin, dass LaTeX nicht mit einem eigenen Editor ausgestattet ist. Vielmehr muss der zu setzende Text als ganz normale Textdatei mit einem beliebigen Editor geschrieben werden. Daraus ergibt sich auch, dass LaTeX kein WYSIWYG-Programm ist – ganz im Gegenteil: Sämtliche Satzanweisungen müssen in einer ziemlich unübersichtlichen Syntax im Text angegeben werden. Wenn Sie beispielsweise ein Wort klein schreiben möchten, lautet die LaTeX-Syntax hierfür `{\small klein}`.

Der nächste Schritt nach der Texteingabe in einem Editor besteht darin, aus der Textdatei (Kennung `*.tex`) eine DVI-Datei zu erstellen (Kennung `*.dvi`). Dabei handelt es sich um eine Datei, in der alle Anweisungen für das Seitenlayout in einer drucker- bzw. device-unabhängigen Sprache angegeben werden.

Die DVI-Datei wird durch das Programm LaTeX erzeugt. Das Kommando `latex datei` macht also nichts anderes, als die angegebene Textdatei zu lesen und daraus eine gleichnamige Datei mit der Kennung `.dvi` zu erstellen. Dabei kommt es häufig zu Fehlermeldungen, die auf Syntaxfehler in der LaTeX-Datei zurückzuführen sind. Einige Informationen zum Umgang mit Fehlermeldungen und zur Fehlersuche finden Sie auf Seite 872.

Sobald die DVI-Datei vorliegt, kann sie mit dem X-Programm `xdvi` am Bildschirm betrachtet werden. Wenn Sie die Datei ausdrucken möchten, ist noch ein weiterer Arbeitsschritt erforderlich – die Umwandlung der DVI-Datei in das Format des jeweiligen Druckers. Während mit der DOS-Version von LaTeX (insbesondere mit emTeX) zahlreiche Programme mitgeliefert werden, mit denen DVI-Dateien in das Format spezifischer Drucker umgewandelt werden können, dominiert unter Linux ein einziges Programm: `dvips` wandelt die DVI-Datei in eine PostScript-Datei um.

PostScript-Dateien können mit `ghostview` am Bildschirm betrachtet werden. Das Programm erfüllt damit eine ähnliche Funktion wie `xdvi`. Falls Sie einen PostScript-Drucker haben, können Sie die PostScript-Datei nun direkt ausdrucken, indem Sie die Datei mit `cp` an die parallele oder serielle Schnittstelle senden (je nachdem, wo Ihr Drucker angeschlossen ist). Bei allen anderen Druckern muss vorher mit dem Kommando `gs` eine Umwandlung vom PostScript-Format in das Format des jeweiligen Druckers durchgeführt werden.

Im Einzelnen sieht der Weg von der Textdatei `test.tex` im LaTeX-Format bis hin zum Ausdruck auf einem HP-Deskjet folgendermaßen aus:

```
user$  latex test                                  #liefert test.dvi
user$  dvips -o test.ps test                       #liefert test.ps
user$  ghostview test.ps &                         #Ergebnis überprüfen
user$  gs -sDEVICE=deskjet -sOutputFile=test.hp
          -sPAPERSIZE=a4 -dNOPAUSE test.ps         #liefert test.hp
user$  cp test.hp /dev/lp1 &                       #Ausdruck an LPT1:
```

Während der Ausführung von `dvips` oder `xdvi` müssen beim ersten Mal neue Zeichensätze generiert werden. Die beiden Kommandos starten dazu automatisch das Programm `mf` (metafont). Hintergrundinformationen zum Thema Metafont und zu PostScript-Zeichensätzen finden Sie ab Seite 910.

Falls Sie einen HP-Laserjet-kompatiblen Drucker besitzen, können Sie mit dem Programm `dvilj` Dateien im Laserjet-Format direkt erzeugen und so den Umweg über eine PostScript-Datei einsparen.

VERWEIS

Im weiteren Verlauf dieses Kapitels steht das Programm LaTeX im Vordergrund. Die Programme `dvips`, `dvilj`, `xdvi`, `ghostview` und `gs` werden zusammen mit anderen Tools und Utilities in Kapitel 18 ab Seite 776 beschrieben. Dem Programm LyX ist ebenfalls ein eigenes Kapitel gewidmet, das auf Seite 921 beginnt.

Online-Dokumentation zu LaTeX

Die Online-Dokumentation zu LaTeX ist eher unübersichtlich, stark von der gewählten Distribution abhängig (siehe unten) und richtet sich außerdem zumeist an erfahrene LaTeX-Anwender. Die `man`-Seiten beschreiben ganz kurz den Aufruf der Programme TeX, LaTeX etc., geben aber keine Informationen zur Syntax von LaTeX-Dokumenten. Eine gute Einführung gibt `lshort2e.dvi` (englisch) bzw. `lkurz.dvi` (deutsch). Sehr brauchbar ist auch der englische Text `essential.dvi`. Die Dateien `usrguide.tex`, `fntguide.tex` und `clsguide.tex` fassen auf ca. 80 Seiten die Änderungen von LaTeX 2_ε gegenüber LaTeX 2.09 zusammen. Dabei werden aber gute Kenntnisse von LaTeX 2.09 vorausgesetzt.

LaTeX im Internet

Auch wenn die mit Linux mitgelieferten LaTeX-Distributionen schon unüberschaubar groß sind, gibt es noch weit mehr LaTeX-Utilities, Erweiterungen und Speziallayouts (etwa zum Dokumentieren von Schachstellungen, zum Notensatz etc.). Zur Sammlung dieser LaTeX-Erweiterungen haben sich drei Internet-Server unter dem Namen CTAN (Comprehensive TeX Archive Network) zusammengetan. Daneben gibt es eine Menge weiterer Internet-Server, die das gesamte Archiv oder zumindest Teile davon spiegeln.

```
http://www.dante.de
ftp://ftp.dante.de/tex-archive
ftp://ftp.shsu.edu/tex-archive
ftp://ftp.tex.ac.uk/tex-archive
```

Fehlersuche in LaTeX-Texten

Der erste Kontakt mit dem Programm LaTeX ist in der Regel frustrierend. Das Programm arbeitet interaktiv, reagiert auf den ersten auftretenden Fehler mit einer fast immer unverständlichen Fehlermeldung und erwartet dann auch noch von Ihnen, dass Sie durch die Eingabe eines Buchstabens angeben, wie es weitergehen soll. Eine typische Fehlermeldung sieht beispielsweise so aus:

```
LaTeX error.  See LaTeX manual for explanation.
              Type  H <return>  for immediate help.
! Text for \verb command ended by end of line.
\@latexerr ...rcontextlines \m@ne \errmessage {#1}
                                                  \endgroup
l.46 ...TeX-Syntax hierf^^fcr {\sm\verb?{\small
?
```

Die Fehlerursache ist in diesem Fall ein `\verb`-Kommando in Zeile 46, dessen Wirkung über das Ende dieser Zeile hinausreicht (und das ist nicht erlaubt). Sie haben jetzt folgende Möglichkeiten, LaTeX fortzusetzen:

- (↩) setzt die Verarbeitung der LaTeX-Datei ohne Rücksicht auf den gerade aufgetretenen Fehler fort. Manchmal funktioniert das, sehr häufig führt es zu zahlreichen Folgefehlern (auf die ebenfalls mit (↩) reagiert werden kann).
- (H) (↩) zeigt zusätzliche Informationen zur Fehlermeldung an. Der Infotext ist allerdings nur in den seltensten Fällen eine echte Hilfe.
- (R) (↩) setzt die Verarbeitung fort, zeigt weitere Fehlermeldungen an, erwartet aber keine Eingaben mehr.
- (Q) (↩) wie oben, aber ohne die Anzeige von Fehlermeldungen.
- (X) (↩) beendet LaTeX.

In der Regel werden Sie LaTeX entweder mit (X) sofort beenden, wenn Sie die Fehlerursache erkannt haben, oder die Bearbeitung mit (Q) im Quiet-Modus fortsetzen. Im zweiten Fall können Sie darauf hoffen, dass LaTeX trotz der höchstwahrscheinlich auftretenden Folgefehler in der Lage ist, zumindest die beanstandete Seite fertig zu übersetzen. In diesem Fall können Sie mit `xdvi` das Ergebnis (die gesetzte Seite) ansehen und dort vielleicht die Fehlerursache erkennen.

In jedem Fall werden Sie anschließend in den Editor wechseln und dort den Fehler in der LaTeX-Datei suchen. Dabei ist die Datei `name.log` eine wesentliche Hilfe. In dieser Datei werden alle Fehlermeldungen von LaTeX gespeichert (unabhängig davon, ob sie auf dem Bildschirm angezeigt wurden oder nicht). Der Dateiname dieser Protokolldatei ergibt sich aus dem Namen der übersetzten LaTeX-Datei und der Kennung `.log`. Die wichtigste Information in dieser Datei ist in der Regel die Zeilennummer, in der der Fehler aufgetreten ist.

Wenn Sie Probleme beim Aufspüren eines Fehlers haben, sollten Sie versuchen, den kritischen Textausschnitt zu isolieren und in eine eigene, möglichst kleine Datei zu kopieren. Generell empfiehlt sich bei umfangreichen Texten eine Zerlegung in mehrere Dateien (siehe Seite 916). Wenn Sie im Emacs arbeiten, können Sie mit dem Kommando (Alt)+(X) validate-tex-buffer eine Syntaxkontrolle durchführen. Der Emacs meldet zwar gelegentlich auch Fehler, die gar keine sind, spürt aber die meisten fehlenden Klammern auf.

LaTeX liefert während der Bearbeitung von Texten nicht nur Fehlermeldungen, sondern auch Warnungen. Bei Warnungen wird die Bearbeitung des Textes nicht unterbrochen. Viele Warnungen beginnen zumeist mit einem Text wie 'overfull hbox' und deuten darauf hin, dass LaTeX Probleme beim Zeilen- oder Seitenumbruch hat. In solchen Fällen sind zumeist manuelle Eingriffe im Text erforderlich (Trennvorschläge, erzwungene Seitenumbrüche etc.). Die Problematik wird ab Seite 905 beschrieben.

TIPP

Das interaktive Verhalten von LaTeX – also bei jedem Fehler eine Unterbrechung – kann sehr lästig sein, vor allem, wenn die Übersetzung automatisiert werden soll. Wenn Sie am Beginn der LaTeX-Datei die Anweisung `batchmode` einfügen, arbeitet LaTeX auch bei Fehlern interaktiv (so, als würde beim ersten Fehler (Q) eingegeben). Nach dem Ende der Übersetzung können Sie in Ruhe die `*.log`-Datei lesen.

VORSICHT

Während LaTeX eine Tastatureingabe erwartet, reagiert das Programm nicht auf (Strg)+(C)! Wenn Sie das Programm während einer Eingabe beenden möchten, müssen Sie (Strg)+(D) (für End of File) drücken! Dieser Notausstieg ist insbesondere dann praktisch, wenn LaTeX auf einen falschen Dateinamen gestoßen ist und von Ihnen die Angabe einer anderen Datei erwartet. Einen alternativen Ausweg stellt die Eingabe von `null` dar. LaTeX lädt dann die leere Datei `null.tex` bzw. `null.sty`, die extra für diesen Zweck in der LaTeX-Verzeichnisstruktur vorgesehen ist.

TIPP

In Ihrer Linux-Distribution werden Sie immer wieder auf `*.tex`-Dateien mit der Dokumentation zu diversen Programmen stoßen. Wenn bei der Übersetzung solcher Dateien durch LaTeX zahlreiche unerklärliche Fehlermeldungen auftreten, dann liegt das zumeist daran, dass es sich nicht um eine LaTeX-, sondern um eine TeX-Datei handelt. TeX-Dateien weisen ebenfalls die Kennung `*.tex` auf, müssen aber mit `tex datei` übersetzt werden!

Einführungsbeispiel

Bevor der nächste Abschnitt eine systematische Beschreibung der wichtigsten LaTeX-Kommandos liefert, soll das folgende Beispiel den prinzipiellen Umgang mit LaTeX demonstrieren. Die unten abgedruckten LaTeX-Anweisungen ergeben nach der Übersetzung durch LaTeX die in Abbildung 20.1 dargestellte Seite. Bei einem längeren Artikel wäre es natürlich sinnvoll, das Inhaltsverzeichnis auf einer eigenen Seite darzustellen und dem ganzen Artikel eine Titelseite voranzustellen – darauf wurde hier aus Platzgründen verzichtet.

```
\documentclass[twocolumn,11pt]{article}  % Typ: zweispaltiger Artikel
\usepackage{ngerman}                      % deutsche Überschriften
\usepackage{isolatin1}                    % ISO-Latin-Zeichensatz (äöüß)
\parindent0pt                             % kein Einrücken der ersten Zeile
\parskip1ex                               % Leerraum zw. Absätzen
\columnsep1cm                             % 1 cm Abstand zwischen den Spalten
\begin{document}                          % Beginn des eigentlichen Textes
\tableofcontents                          % Inhaltsverzeichnis einfügen


\section{\LaTeX-Einführung}

\subsection{Gestaltung des Schriftbilds}

Dieser Text zeigt einige Gestaltungsmöglichkeiten in \LaTeX:
\textbf{fette Schrift}, \textit{kursive Schrift},
\textsc{Kapitälchen}, \textsf{Sans Serif}, \texttt{Typewriter}. Neu in
\LaTeXe\ ist die Tatsache, dass sich Schriftattribute jetzt weitgehend
problemlos kombinieren lassen -- beispielsweise \textbf{\textit{fett
und kursiv}}. Natürlich kann auch die Schriftgröße verändert werden
von {\tiny ganz winzig} über {\small klein} bis {\Large ziemlich
groß}.

\subsection{Textblöcke und Rahmen}

{\small
\begin{minipage}[t]{4cm}
Mit der {\sm\verb?minipage?}-Um\-ge\-bung können Textblöcke
nebeneinander angeordnet werden.
\end{minipage}
\hfill
\begin{minipage}[t]{3cm}
Das ist die zweite, etwas schmalere Minipage.
\end{minipage}
}
```

Inhaltsverzeichnis

1 LaTeX-Einführung

1.1 Gestaltung des Schriftbilds

Dieser Text zeigt einige Gestaltungsmöglichkeiten in LaTeX: **fette Schrift**, *kursive Schrift*, KAPITÄLCHEN, Sans Serif, `Typewriter`. Neu in LaTeX 2_ε ist die Tatsache, dass sich Schriftattribute jetzt weitgehend problemlos kombinieren lassen – beispielsweise ***fett und kursiv***. Natürlich kann auch die Schriftgröße verändert werden von ganz winzig über klein bis ziemlich groß.

1.2 Textblöcke und Rahmen

Mit der `minipage`-Umgebung können Textblöcke nebeneinander angeordnet werden.

Das ist die zweite, etwas schmalere Minipage.

Hier wurde eine 5 cm breite Minipage durch ein vor- und ein nachgestelltes `\hfill`-Kommando zentriert und mit `\fbox` eingerahmt.

1.3 Aufzählungen

LaTeX hat viele Vorteile gegenüber anderen Programmen:

- Die Qualität der Ergebnisse spricht für sich.
- Die Verarbeitungsgeschwindigkeit ist nach einer Gewöhnung an die Syntax sehr hoch.
- LaTeX-Texte sind portabel und werden in der Unix-Welt oft zur Online-Dokumentation eingesetzt.

1.4 Fußnoten

Dieser Absatz liefert zwei Beispiele für Fußnoten.[1] LaTeX nummeriert die Fußnoten[2] natürlich automatisch.

1.5 Mathematische Formeln

Seine noch immer große Bedeutung verdankt LaTeX in erster Linie seinem hervorragenden Formelsatz. Versuchen Sie, die folgenden Formeln einmal in einem anderen Programm einzugeben! Formeln können übrigens auch direkt im Text (etwa hier: $\pi \int x^2 dx$) verwendet werden.

$$\lim_{n \to \infty} \sum_{k=1}^{n} \sqrt[3]{1 + \frac{k^2}{n^3}} - n$$

$$\begin{bmatrix} \frac{\partial}{\partial x} f & \frac{\partial}{\partial y} f \\ \frac{\partial}{\partial x} g & \frac{\partial}{\partial y} g \end{bmatrix}$$

[1] Das ist die erste Fußnote.
[2] Die zweite Fußnote.

1

Abbildung 20.1: Der von LaTeX bearbeitete Text `article.tex`

```
\hbox{}\hfill\fbox{
\begin{minipage}{5cm}
Hier wurde eine 5 cm breite Mini\-page durch ein vor- und ein
nachgestelltes {\small\tt \char92hfill}-Kom\-man\-do zentriert und mit
{\small\tt \char92fbox} eingerahmt.
\end{minipage}
}\hfill\hbox{}

\subsection{Aufzählungen}

\LaTeX\ hat viele Vorteile gegenüber anderen Programmen:

\begin{itemize}
\item Die Qualität der Ergebnisse spricht für sich.
\item Die Verarbeitungsgeschwindigkeit ist nach einer Gewöhnung
      an die Syntax sehr hoch.
\item \LaTeX-Texte sind portabel und werden in der Unix-Welt oft
      zur Online-Dokumentation eingesetzt.
\end{itemize}

\subsection{Fußnoten}

Dieser Absatz liefert zwei Beispiele für Fuß\-noten.\footnote{Das ist
die erste Fußnote.} \LaTeX\ nummeriert die Fuß\-noten\footnote{Die
zweite Fußnote.} natürlich automatisch.

\subsection{Mathematische Formeln}

Seine noch immer große Bedeutung verdankt \LaTeX\ in erster Linie
seinem hervorragenden Formelsatz.  Versuchen Sie, die folgenden
Formeln einmal in einem anderen Programm einzugeben! Formeln können
übrigens auch direkt im Text (etwa hier: $\pi \, \int x^2 dx$)
verwendet werden.

\[\lim _{n\rightarrow \infty }\sum _{k=1}^{n}\sqrt [3]{1+{\frac {k^{2}}
{n^{3}}}}-n\]

\[\left [\begin {array}{cc}
{\frac {\partial }{\partial x}}f&{\frac {\partial }{\partial y}}f\\
\noalign{\medskip}
{\frac {\partial }{\partial x}}g&{\frac {\partial }{\partial y}}g
\end {array}\right ]\]

\end{document}
```

Wenn Sie nach dem Studium dieses Abschnitts den Eindruck gewonnen haben, dass die Arbeit mit LaTeX eine mühselige Angelegenheit ist, dann haben Sie prinzipiell recht. Sie sollten sich nur dann intensiver mit LaTeX beschäftigen, wenn Sie bereit sind, relativ viel Zeit für Experimente zu investieren. Der Weg bis zu einem wirklich optimalen Ergebnis ist oft dornig. Zum Teil sind manuelle Eingriffe notwendig, damit LaTeX deutsche Wörter richtig trennt und Seiten dort umbricht, wo es aus ästhetischen Gründen sinnvoll ist.

Sie sollten aber auch die Vorteile sehen: Die Qualität von LaTeX-Texten spricht für sich. LaTeX ist praktisch für jedes Betriebssystem verfügbar – daher können LaTeX-

Texte mühelos zwischen verschiedenen Rechnerplattformen ausgetauscht werden. Es gibt einen hervorragenden HTML-Konverter (latex2html), mit dem LaTeX-Texte in das HTML-Format umgewandelt werden können.

Im mathematisch/naturwissenschaftlichen Sektor gibt es praktisch keine nenneswerte Alternative zu LaTeX. Textverarbeitungsprogramme wie MS Word sind für umfangreiche wissenschaftliche Texte mit Formeln und Bildern ganz einfach zu ineffizient und vor allem zu instabil. Was nützt eine tolle Benutzeroberfläche, wenn ein Textverarbeitungsprogramm bei längeren Texten plötzlich abstürzt, Querverweise nicht mehr findet, statt Abbildungen nur noch ein rotes 'X' anzeigt etc.? Mag sein, dass der Einstieg in LaTeX ein paar Tage länger dauert als bei anderen Programmen – aber diese Zeit holen Sie später wieder auf, wenn das Programm auch mit hundert- oder tausend-seitigen Dokumenten noch problemlos funktioniert! (Dieses Buch ist selbstredend ebenfalls mit LaTeX gesetzt worden.)

TIPP

Wenn Sie nur gelegentlich einen Brief schreiben wollen, werfen Sie einen Blick in das nächste Kapitel. Dort wird das Programm LyX beschrieben, das eine komfortable Benutzeroberfläche zu den wichtigsten Funktionen von LaTeX bietet.

Probleme mit unterschiedlichen LaTeX-Distributionen

Das Programm LaTeX kann nicht isoliert gesehen werden, sondern muss in seiner Gesamtheit mit diversen Style-Dateien, dem Zusatzprogramm Metafont, dessen Zeichensätzen etc. betrachtet werden. Diese Gesamtheit wird als LaTeX-Distribution bezeichnet. Während LaTeX für sich weitgehend standardisiert ist, fehlen definierte Standards, was die Mitlieferung der übrigen Komponenten betrifft.

In den letzten Jahren habe ich mit vier verschiedenen LaTeX-Paketen bzw. Distributionen gearbeitet. Dabei kam es immer wieder zu Änderungen im Verzeichnisbaum der Dateien. Einzelne Style-Dateien, die in der einen Distribution dabei sind, fehlen in der nächsten oder haben dort einen anderen Namen. Fallweise werden andere Zeichensätze als Defaultzeichensätze installiert.

Diese Faktoren führen dazu, dass LaTeX-Dokumente doch nicht so portabel sind, wie sie sein sollten. Bei der Übersetzung eines LaTeX-Textes auf einem anderen Rechner kann es passieren, dass die Übersetzung überhaupt nicht klappt (fehlende Style-Datei), dass sich der Umbruch ändert (anderer Defaultzeichensatz) oder dass die Trennungen nicht funktionieren (keine deutsche Trenntabelle) etc.

Es gibt zwei wichtige LaTeX-Distributionen: NTeX (zusammengestellt von Frank Langbein) und teTeX (von Thomas Esser). Beide Distributionen sind riesig. teTeX ist etwas besser strukturiert und gewartet, verfügt über mehr Online-Dokumentation und verwendet ein schnelleres System zur Suche nach Dateien. Aus diesen Gründen enthalten die meisten aktuellen Linux-Distributionen mittlerweile teTeX. (Ich habe übrigens mit beiden Distributionen hervorragende Erfahrungen gemacht. Die erste

Auflage dieses Buchs wurde mit NTeX gesetzt, seit der zweiten Auflage ist teTeX in Verwendung. Die Umstellung war problemlos.)

TIPP

Alle Pfadangaben in diesem Kapitel basieren auf der teTeX-Distribution 1.0 und der Annahme, dass das Installationsverzeichnis `/usr/share/texmf` lautet. Wenn Sie Dateien nicht finden können, verwenden Sie `which` (bei Programmen) oder `locate`!

HINWEIS

Ein großer Vorteil von teTeX ist die Strukturierung der verfügbaren Online-Dokumentation im Verzeichnis `/usr/share/texmf/doc`. Wenn Sie in diesem Verzeichnis `make` ausführen, werden automatisch diverse `*.dvi`- und `*.ps`-Dateien sowie als zentraler Index die HTML-Datei `helpindex.html` erzeugt. Sofern Ihr WWW-Browser richtig konfiguriert ist (siehe Seite 506), wird durch das Anklicken der Querverweise im Index `ghostview` oder `xdvi` direkt gestartet. (Ein Großteil der Online-Dokumentation von teTeX steht auch unter NTeX zur Verfügung, nur ist es dort ungleich schwieriger, die Dateien zu finden.)

Der LaTeX-Verzeichnisbaum

Wenige Programmpakete unter Linux weisen einen derart unübersichtlichen Verzeichnisbaum auf wie LaTeX (auf meinem Rechner: ca. 7000 Dateien in 370 Verzeichnissen!). Die folgende Tabelle vermittelt einen ersten Überblick. Sie orientiert sich an der teTeX-Distribution 1.0. Die folgenden Pfadangaben sind relativ zu `/usr/share/texmf/`.

teTeX-Verzeichnisse	
`./bibtex`	Style-Dateien zu bibtex
`./doc`	Online-Dokumentation
`./dvips`	Dateien für dvips
`./fontname`	TeX-internes Namensschema für Zeichensätze
`./fonts/source`	Font-Definition (Metafont-Dateien `*.mf`)
`./fonts/tfm`	Font-Größe (Grundlage für TeX/LaTeX, `*.tfm`)
`./fonts/vf`	virtuelle Fonts (für PostScript-Fonts, `*.vf`)
`./lists`	Dateiverzeichnis für teTeX-Pakete
`./metafont`	Style-Dateien für Metafont (`*.mf`)
`./teTex`	teTeX-spezifische Erweiterungen
`./teTex/bin`	alle Programme (`tex`, `latex`, `xdvi` etc.) (`/usr/bin` enthält Links auf dieses Verzeichnis)
`./teTex/info`	Online-Dokumentation im info-Format
`./teTex/man`	Online-Dokumentation im man-Format

`./tex`	das eigentliche TEX/LATEX-Verzeichnis
`./tex/amstex`	amsTeX (Makropaket für TEX)
`./tex/generic`	Trenntabellen, Fremdsprachen
`./tex/plain`	TEX-Basis
`./tex/texinfo`	texinfo (Makropaket für TEX)
`./tex/latex`	LATEX (Makropaket für TEX)
`./tex/latex/base`	LATEX-Basisdateien
`./tex/latex/*/`	diverse LATEX-Erweiterungen (Grafik, andere Layouts, Style-Dateien)
`./texmf/xdvi`	Konfiguration für `xdvi`

Einige veränderliche Dateien befinden sich in `/var/lib/texmf`. Je nach Distribution befinden sich diverse Konfigurationsdateien in `/etc/texmf`. Der `/usr/share/texmf/`-Verzeichnisbaum enthält dann Links auf die Konfigurationsdateien.

Bei der Konvertierung von `*.dvi`-Dateien in das PostScript-Format (`dvips`) bzw. beim Anzeigen der Dateien am Bildschirm (`xdvi`) werden außerdem Bitmap-Dateien von den benötigten Fonts erzeugt. Diese Dateien haben die Kennung `*.pk` und werden im folgenden Verzeichnis gespeichert:

`/var/cache/fonts/pk/`	Font-Bitmaps (*.pk)

Wenn Sie Platzprobleme haben, können Sie die `*.pk`-Dateien unbedenklich löschen. Allerdings müssen die Dateien beim nächsten Aufruf von `dvips` oder `xdvi` wieder neu erzeugt werden, was einige Zeit kostet.

HINWEIS

Angesichts der unüberschaubaren Anzahl von Dateien kann die Suche nach einer bestimmten Font- oder Style-Datei relativ lange dauern. Bei der teTeX-Distribution wird daher eine zusätzliche Datenbank verwaltet, die eine Liste aller TEX-Dateien enthält. Die Datenbank besteht im Wesentlichen aus dem Ergebnis von `ls -R` und hat daher den Dateinamen `ls-R`. Falls Sie teTeX um zusätzliche Dateien erweitern, müssen Sie unbedingt das Kommando `texhash` ausführen, damit die Datenbank erweitert wird. Auch sonst sollte dieses Kommando die erste Maßnahme sein, wenn es Probleme beim Auffinden von TEX-Dateien gibt. Intern ist die Kpathsea-Library für die Suche nach TEX-Dateien zuständig. Wenn Sie die Details interessieren, lesen Sie `kpathsea.dvi` oder die äquivalenten `info`-Texte sowie die sehr kurzen `man`-Pages zu `texhash` und `ls-R`.)

20.2 Elementare LaTeX-Kommandos

In diesem Abschnitt werden die wichtigsten LaTeX-Kommandos zusammengefasst. Die hier vorgestellten Kommandos sollten ausreichen, um einfache LaTeX-Dokumente zu erstellen. Wenn Sie intensiver mit LaTeX arbeiten möchten, geht aber an weiterführender Literatur kein Weg vorbei. Besonders zu empfehlen sind dabei die Bücher von Helmut Kopka (siehe Literaturverzeichnis auf Seite 1067) und der LaTeX-Begleiter von Michael Goosens, Frank Mittelbach und Alexander Samarin.

Formale Details

Der zur Bearbeitung durch LaTeX bestimmte Text wird mit einem Texteditor erstellt. Dabei gilt eine Gruppe zusammenhängender Zeilen als Absatz. Wörter werden durch Leerzeichen oder Zeilenumbrüche voneinander getrennt, Absätze durch mindestens eine Leerzeile. Der eigentliche Zeilenumbruch innerhalb eines Absatzes wird von LaTeX durchgeführt. Deswegen spielt es keine Rolle, an welcher Stelle im Ausgangstext eine neue Zeile begonnen wird.

LaTeX-Kommandos beginnen immer mit einem Backslash `\`. Wenn die Kommandos Parameter benötigen, müssen diese in geschweiften Klammern angegeben werden, also beispielsweise `\chapter{Kapitelüberschrift}`. Manche Kommandos kennen auch optionale Parameter, die in eckigen Klammern angegeben werden müssen – beispielsweise `$\sqrt[3]{x}$` für $\sqrt[3]{x}$. Ohne `[3]` liefert `\sqrt` eine gewöhnliche Quadratwurzel, also $\sqrt{x}$.

Geschweifte Klammern können auch dazu verwendet werden, die Wirksamkeit von Kommandos einzuschränken. So wird durch `{\bf Wort}` nur ein einziges Wort fett gedruckt, während das ungeklammerte Kommando `\bf` das Attribut 'Fett' bis auf Widerruf einstellt.

Umgebungen stellen einen besonderen Typ von Kommandos dar. Sie werden mit `\begin{umgebung}` eingeleitet und mit `\end{umgebung}` abgeschlossen. Für den gesamten Text zwischen diesen beiden Kommandos gelten die besonderen Formatierungsmerkmale der Umgebung. Typische Umgebungsnamen sind `tabbing` (für Tabellen) oder `verbatim` für Listings mit Sonderzeichen.

Innerhalb des LaTeX-Textes können mit `%` Kommentare eingeleitet werden. Der Rest der Zeile ab diesem Zeichen wird von LaTeX nicht beachtet.

Strukturierung von Texten

LaTeX-Texte beginnen mit dem Kommando `\documentclass[optionen]{typ}`. Dieses Kommando bestimmt den Texttyp. LaTeX kennt in der Standardkonfiguration vier wichtige Texttypen: `book`, `report`, `article` und `letter`. Die drei ersten Texttypen sind einander relativ ähnlich und unterscheiden sich primär in der vorgesehenen Textlänge. `article` kennt im Gegensatz zu `book` und `report` keine Kapitel; die kleinste Gliederungseinheit ist dort ein Abschnitt (section). In `book` werden alle Seiten automatisch mit Kopfzeilen ausgestattet, in denen neben der Seitennummer auch der Name des aktuellen Kapitels (gerade Seiten) und der Name des aktuellen Abschnitts (ungerade Seiten) angegeben werden. Am leichtesten erkennen Sie die Unterschiede zwischen den drei Texttypen `book`, `report` und `article`, wenn Sie die erste Zeile der Beispieldatei des vorangegangenen Abschnitts ändern und dort der Reihe nach alle drei Typen einsetzen.

Der Texttyp `letter` kann zum Verfassen von Briefen verwendet werden. Auf diesen Texttyp wird hier aus Platzgründen allerdings nicht eingegangen. LaTeX-intern werden Texttypen durch Makrodateien mit der Kennung `*.cls` realisiert. Diese Dateien sind im Verzeichnis `./tex/latex/base` gespeichert. Manche Verlage, Universitäten etc. stellen darüber hinaus eigene Makrodateien zur Verfügung, die sich speziell zur Formatierung von wissenschaftlichen Artikeln, Diplomarbeiten etc. eignen.

Vor dem Texttyp können in eckigen Klammern Optionen angegeben werden. Wichtige Optionen sind `11pt` und `12pt` (verändern die Standardschriftgröße) und `twocolumn` (für zweispaltige Texte).

LaTeX-Dokumentklassen

`\documentclass[optionen]{typ}`

Texttypen

`book`	für lange Texte (Bücher), Gliederung in Teile, Kapitel, Abschnitte
`report`	wie oben, aber für kürzere Texte; andere Titelseite etc.
`article`	für Artikel, Gliederung in Abschnitte, Unterabschnitte; im Gegensatz zu `book` und `report` keine Unterscheidung zwischen geraden und ungeraden Seitenzahlen
`letter`	für Briefe (wird in diesem Buch nicht behandelt)

Optionen

`11pt`	Standardschriftgröße 11 (statt 10) Punkt
`12pt`	Standardschriftgröße 12 (statt 10) Punkt
`twoside`	Unterscheidung gerade/ungerade Seite (Standard bei `book`)
`twocolumn`	zweispaltiger Text

Das Layout des Textes kann durch einige weitere Packages gesteuert werden. Packages sind LaTeX-Dateien mit der Kennung `*.sty`, die diverse Systemeinstellungen verändern. Diese Packages werden mit `\usepackage{datei}` geladen. Das bzw. die `\usepackage`-Kommandos müssen unmittelbar nach `\documentclass` angegeben werden.

Zusatzpakete	
\usepackage{isolatin1}	unmittelbare Eingabe deutscher Sonderzeichen
\usepackage{german}	deutsche Trennungen, Überschriften etc.
\usepackage{ngerman}	wie german, aber neue Trennregeln
\usepackage{epsf}	Einbindung von PostScript-Grafiken

Der eigentliche Text wird mit dem Kommando \begin{document} eingeleitet und mit \end{document} abgeschlossen. Der Text innerhalb dieser beiden Kommandos wird dann durch LaTeX verarbeitet und gesetzt. Dabei stehen einige Kommandos zur Verfügung, mit denen der Text strukturiert werden kann:

Dokumentstrukturierung	
\part{Überschrift}	Teil (nur für book und report)
\chapter{Überschrift}	Kapitel (nur für book und report)
\section{Überschrift}	Abschnitt
\subsection{Überschrift}	Unterabschnitt
\subsubsection{Überschrift}	Unterunterabschnitt

LaTeX kümmert sich selbstständig um die Nummerierung der Kapitel und Abschnitte. Gleichzeitig wählt LaTeX automatisch geeignete Schriftarten und Textabstände für die Überschriften. Beim Texttyp book werden die Texte des \chapter- und \section-Kommandos auch beim Erstellen der Kopfzeilen berücksichtigt. Wenn die Kommandos in der Form \section[kurzfassung]{vollständig} verwendet werden, wird die Kurzfassung für die Kopfzeile und das Inhaltsverzeichnis, die vollständige Variante unmittelbar im Text verwendet.

Falls der Text mit einem Anhang ausgestattet werden soll, wird dieser mit \begin{appendix} eingeleitet und mit \end{appendix} abgeschlossen. Innerhalb des Anhangs können wieder \chapter, \section etc. verwendet werden, wobei Kapitel jetzt mit A, B, C ... nummeriert werden.

Die prinzipielle Struktur eines typischen LaTeX-Textes sieht damit etwa so aus:

```
\documentclass[11pt]{article}  % Dokumententyp: Artikel, 11 Punkt
\usepackage{ngerman}           % deutsche Überschriften
\usepackage{isolatin1}         % ISO-Latin1-Zeichensatz (äöüß)
% Platz für Makrodefinitionen, Variablenzuweisungen etc.
% eventuell Inhaltsverzeichnis mit \tableofcontents

\begin{document}
% der eigentliche Text, strukturiert durch
% \section{...}, \subsection{...} etc.
```

```
\begin{appendix}
% der Text des Anhangs, wiederum strukturiert durch
% \section{...}, \subsection{...} etc.
\end{appendix}
\end{document}
```

Gestaltung des Schriftbilds

Von herkömmlichen Textverarbeitungsprogrammen sind Sie vermutlich gewohnt, dass Sie bei der Auswahl von Schriftarten und -größen praktisch unbeschränkt flexibel sind. In LaTeX ist das aus historischen Gründen nicht der Fall. Im Regelfall sind Sie in LaTeX auf drei Schriftfamilien beschränkt: eine Standardschrift, die für den Fließtext, die Überschriften etc. verwendet wird, die Schrift `Typewriter` für Programmlistings und die Schrift Sans Serif für Hervorhebungen und andere Aufgaben.

Diese drei Schriften (genau genommen handelt es sich um 'Schriftfamilien') können in unterschiedlichen Attributen formatiert werden. Die meisten Attribute existieren bei der Standardschrift, die fett, kursiv, geneigt und in Kapitälchen dargestellt werden kann.

Die Unterscheidung zwischen kursiv und geneigt wird Ihnen vermutlich unbekannt vorkommen: Bei geneigten Schriften verwendet LaTeX den normalen Zeichensatz und neigt die Buchstaben ein wenig nach rechts. Bei kursiven Schriften wird dagegen ein eigener Zeichensatz verwendet, in dem die Zeichen stärker geneigt und auch ein wenig anders geformt sind. Diese feine Unterscheidung gilt allerdings nur dann, wenn LaTeX-eigene Zeichensätze verwendet werden. Dieses Buch verwendet dagegen PostScript-Zeichensätze, bei denen im Regelfall kein Unterschied zwischen kursiver und geneigter Schrift sichtbar ist.

Standardschrift	normal	*kursiv*	KAPITÄLCHEN
	fett	***fett kursiv***	**FETT KAPITÄLCHEN**
Sans Serif	normal	*kursiv*	KAPITÄLCHEN
	fett	***fett kursiv***	**FETT KAPITÄLCHEN**
`Typewriter`	`normal`	*`kursiv`*	KAPITÄLCHEN
	`fett`	***`fett kursiv`***	**FETT KAPITÄLCHEN**

VERWEIS

LaTeX ist normalerweise nicht in der Lage, die Schriftart `Typewriter` fett hervorzuheben. In der obigen Aufstellung ist das dennoch gelungen, weil zum Satz dieses Buchs nicht die LaTeX-eigenen Zeichensätze, sondern PostScript-Zeichensätze verwendet wurden. Mehr Informationen zum Thema LaTeX- und PostScript-Schriften finden Sie ab Seite 910, wo das LaTeX-Zusatzprogramm Metafont sowie der Umgang mit PostScript-Schriften behandelt wird.

Nun aber zu den Kommandos, mit denen Schriftfamilien und -attribute verändert werden. Aus historischen Gründen und aus Gründen der Kompatibilität zu Vorgängerversionen herrscht hier eine babylonische Kommandoverwirrung. In der folgenden Tabelle sind in den beiden ersten Spalten die nunmehr 'offiziellen' Kommandos von LaTeX 2ε, in der dritten Spalte die noch immer erlaubte alte Syntax und in der vierten Spalte das Resultat aufgelistet. Das Ergebnis der verschiedenen Kommandos ist nur scheinbar dasselbe (siehe unten):

Schriftattribute			
LaTeX 2ε		**LaTeX2.09**	**Ergebnis**
`\textrm{text}`	`{\rmfamily text}`	`{\rm text}`	Standard (Roman)
`\textsf{text}`	`{\sffamily text}`	`{\sf text}`	Sans Serif
`\texttt{text}`	`{\ttfamily text}`	`{\tt text}`	`Typewriter`
`\textbf{text}`	`{\bfseries text}`	`{\bf text}`	**fett**
`\textmd{text}`	`{\mdseries text}`	`{\rm text}`	normal
`\textit{text}`	`{\itshape text}`	`{\it text}`	*kursiv (italic)*
`\textsl{text}`	`{\slshape text}`	`{\sl text}`	*geneigte (slanted)*
`\textsc{text}`	`{\scshape text}`	`{\sc text}`	KAPITÄLCHEN
`\textup{text}`	`{\ipshape text}`	`{\rm text}`	normal
`\emph{text}`		`{\em text}`	hervorgehoben

Dazu noch einige Anmerkungen: `\emph` schaltet nicht einfach auf kursive Schrift um, sondern wechselt das Schriftattribut zwischen normal und kursiv. Innerhalb einer kursiven Schrift liefert `\emph` daher eine normale Schrift.

Die Kurzkommandos wie `\sl`, `\bf` etc. wirken zwar wegen des minimalen Tippaufwands attraktiv, haben aber aus Kompatibilitätsgründen eine recht eigenwillige Funktionsweise: So wechseln `\bf`, `\it`, `\sl` und `\sc` in die Standardschriftart und deaktivieren alle anderen Attribute! Es ist mit diesen Kommandos also nicht möglich, Schriftattribute zu kombinieren. Verwenden Sie die neueren `\textxy`-Kommandos, etwa `\textbf{\textit{text}}`!

Nun zu den Schriftgrößen: Auch hier unterscheidet sich LaTeX von dem, was Sie von anderen Textverarbeitungsprogrammen gewöhnt sind. Es gibt eine Standardschriftgröße, die für das gesamte Dokument gilt. Diese Schriftgröße kann nur zwischen 10 und 12 Punkt variieren. 10 Punkt ist die Defaulteinstellung, auf 11 oder 12 Punkt können Sie durch die `\documentstyle`-Optionen `11pt` oder `12pt` umstellen.

Von dieser Standardschriftgröße ausgehend berechnet LaTeX automatisch passende Schriftgrößen für Überschriften durch `\chapter` oder `\section`, für Fußnoten, mathematische Formeln etc. Gleichzeitig gilt diese Größe als Anhaltspunkt für die Kommandos zur Veränderung der Schriftgröße:

Schriftgröße			
`\tiny`	nur noch mit der Lupe zu lesen	`\Large`	größer
`\scriptsize`	winzig	`\LARGE`	noch größer
`\footnotesize`	sehr klein	`\huge`	riesig
`\small`	klein	`\Huge`	kingsize
`\normalsize`	Standardschrift		
`\large`	groß		

Sonderzeichen und Akzente

Sehr viele Sonderzeichen wie `%` oder `$` gelten in LaTeX als Kommandos. Einige weitere Sonderzeichen haben zwar nur im mathematischen Modus eine besondere Bedeutung (z.B. ^ und _), können aber im normalen Textmodus ebenfalls nicht verwendet werden. Die folgende Tabelle fasst die Bedeutung der wichtigsten Sonderzeichen zusammen:

Bedeutung von Sonderzeichen	
`%`	leitet Kommentare ein
`~`	festes Leerzeichen (z.B. in `5~cm`)
`{..}`	klammert Textbereiche ein (z.B. für eine besondere Formatierung)
`$formel$`	klammert Formeln im Fließtext ein
`_`	tiefstellen (nur im mathematischen Modus)
`^`	hochstellen (nur im mathematischen Modus)

Der Versuch, Sonderzeichen im laufenden Text unverändert darzustellen, ist eine Quelle beständigen Ärgers: Zum einen wird es Ihnen auch nach monatelangem Arbeiten mit LaTeX noch passieren, dass Sie einfach übersehen, dass ein Zeichen eine besondere Bedeutung hat. Zum anderen fehlt eine einheitliche Methode, um Sonderzeichen im Text darzustellen. In vielen Fällen reicht es, wenn dem Sonderzeichen einfach ein Backslash vorangestellt wird (etwa `\%`, um ein %-Zeichen zu erzeugen). Wenn das nichts hilft, kann der Code des Zeichens direkt mit `\char`*n* angegeben werden. Bei den meisten Textzeichen gilt dabei der normale ASCII-Code.

<table>
<tr><th colspan="6">Darstellung von Sonderzeichen</th></tr>
<tr><td>--</td><td>– (Bindestrich)</td><td>\ae</td><td>æ</td><td>\char34{}</td><td>”</td></tr>
<tr><td>_</td><td>_ (Unterstrich)</td><td>\AE</td><td>Æ</td><td>\char92{}</td><td>“</td></tr>
<tr><td>{\tt\char95{}}</td><td>_ (Unterstrich)</td><td>\aa</td><td>å</td><td>{\tt\char92}</td><td>\</td></tr>
<tr><td>\#</td><td>#</td><td>\AA</td><td>Å</td><td>\char94{}</td><td>^</td></tr>
<tr><td>\$</td><td>$</td><td>\oe</td><td>œ</td><td>{\tt<}</td><td><</td></tr>
<tr><td>\&</td><td>&</td><td>\OE</td><td>Œ</td><td>{\tt>}</td><td>></td></tr>
<tr><td>\%</td><td>%</td><td>\o</td><td>ø</td><td>\pounds</td><td>£</td></tr>
<tr><td>\{</td><td>{</td><td>\O</td><td>Ø</td><td>\copyright</td><td>©</td></tr>
<tr><td>\}</td><td>}</td><td></td><td></td><td>$\sim$</td><td>~</td></tr>
<tr><td>$|$</td><td>|</td><td></td><td></td><td></td><td></td></tr>
</table>

Die folgende Tabelle fasst die Kommandos von LaTeX zur Bildung von Buchstaben mit Akzenten zusammen:

Akzente							
\'a	á	\`a	à	\^a	â	\~a	ã
\.a	ȧ	\=a	ā	\b{a}	a̲	\d{a}	ạ
\u{a}	ă	\v{a}	ǎ	\c{a}	a̧		

Zahlreiche weitere Sonderzeichen sind im mathematischen Modus möglich – etwa π mit `$\pi$` oder $\leftarrow$ mit `$\leftarrow$`. Eine Zusammenstellung der wichtigsten mathematischen Zeichen finden Sie auf Seite 903.

Einen alternativen Weg zur Darstellung von Texten mit Sonderzeichen bietet das Kommando `\verb_text_`. `\verb_ls | more_` liefert `ls | more`. In diesem Beispiel wurde als Klammerzeichen für den eigentlichen Text der Unterstrich verwendet. Sie können aber ebenso ein beliebiges anderes Zeichen verwenden, das im darzustellenden Text nicht vorkommt. Der Text innerhalb von `\verb` wird in der Schriftart `typewriter` dargestellt. `\verb` kann in zahlreichen Umgebungen und insbesondere zur Definition von Makros nicht verwendet werden. `\verb`-Texte sind auf maximal eine Zeile beschränkt. Es gibt keine Möglichkeit, `\verb`-Texte fett darzustellen.

Wenn Sie nicht nur einige Zeichen oder Wörter mit Sonderzeichen darstellen möchten, sondern einige Zeilen, bietet sich dazu die `verbatim`-Umgebung an. Diese Umgebung wird mit `\begin{verbatim}` eingeleitet und mit `\end{verbatim}` abgeschlossen. Alle dazwischen angegebenen Programmzeilen werden unverändert in der `typewriter`-Schriftart dargestellt. Die `verbatim`-Umgebung eignet sich insbesondere zur Wiedergabe von Programmlistings, in denen es zumeist nur so von Sonderzeichen wimmelt.

verbatim-Umgebung	
`\verb_text_`	stellt den Text inklusive aller Sonderzeichen dar

`\begin{verbatim}`
`Beispieltext mit`
`Sonderzeichen $ % ^ ~`
	leitet Text ein, der unverändert ausgegeben wird

`\end{verbatim}`	Ende der `verbatim`-Umgebung

Probleme gibt es nicht nur mit Sonderzeichen, sondern manchmal auch mit Leerzeichen. LaTeX eliminiert nach manchen Kommandos das erwünschte Leerzeichen. So wird aus `\copyright Michael Kofler` beispielsweise '©Michael Kofler'. Damit zwischen © und dem folgenden Text ein Leerzeichen angezeigt wird, muss das Kommando mit einem Backslash abgeschlossen werden: `\copyright\ Michael Kofler`.

Probleme mit europäischen Sonderzeichen gibt es in den gängigen Versionen von LaTeX kaum mehr. Sie müssen lediglich am Beginn des Texts die Anweisung `\usepackage{isolatin1}` angeben. In der Folge können die deutschen Sonderzeichen direkt im Text verwendet werden. In früheren Versionen war eine eher umständliche Schreibweise in der Form `"a` für ein ä erforderlich. Diese Schreibweise ist auch weiterhin zu empfehlen, wenn Sie vorhaben, Ihre Texte auf anderen Unix-Rechnern (unter Umständen mit älteren LaTeX-Versionen) weiterzuverwenden.

Euro-Symbol

Es gibt mehrere Möglichkeiten, um unter LaTeX das Euro-Symbol darzustellen. Die einfachste besteht darin, das Paket `textcomp` und das darin definierte Kommando `\texteuro` zu verwenden. Das Ergebnis hat allerdings wenig Ähnlichkeit mit dem offiziellen Symbol und ist zudem inkompatibel mit den für dieses Buch verwendeten PostScript-Fonts (Paket `palatino`) – daher fehlt hier auch ein Beispiel.

Eine weitere sehr einfache Variante besteht darin, die folgenden Zeilen an den Beginn des LaTeX-Dokuments zu stellen. Das damit definierte Euro-Symbol € kann mit `\euro` im LaTeX-Dokument verwendet werden, entspricht aber ebenfalls nicht exakt dem offiziellen Symbol.

```
\newcommand\euro{{\sffamily C%
  \makebox[0pt][l]{\kern-.70em\mbox{--}}%
  \makebox[0pt][l]{\kern-.68em\raisebox{.25ex}{--}}}}
```

Deutlich eleganter sehen die Euro-Symbole des LaTeX-Pakets `marvosym` aus. Dieses Paket muss am Beginn des LaTeX-Dokuments mit `usepackage` eingebunden werden. Damit stehen die Kommandos `\EUR` `\EURtm` `\EURhv` `\EURcr` zur Verfügung, die die folgenden Ergebnisse liefern: €€€€. Der Einsatz von `marvosym` führt leider zu Problemen mit manchen mathematischen Sonderzeichen.

Die deutschsprachige LaTeX-FAQ von DANTE nennt noch einige weitere Möglichkeiten, die aber die Installation zusätzlicher Pakete und/oder Zeichensätze voraussetzt:

```
http://www.dante.de/faq/
ftp://ftp.dante.de/tex-archive/fonts/euro*
```

Tabellen

LaTeX kennt mehrere Möglichkeiten zur Definition von Tabellen. An dieser Stelle wird nur die einfachste Variante beschrieben, nämlich die `tabbing`-Umgebung. Die Syntax dieser Umgebung sieht folgendermaßen aus:

Tabellen	
`\begin{tabbing}`	
`muster \= muster \= \kill`	Musterzeile: \= definiert Tabulatoren
`term1 \> term2 \> term3\\`	Tabelle: \> für Tabulator, \\ für Zeilenende
`term4 \> term5`	letzte Zeile ohne \\
`\end{tabbing}`	

Tabellen werden also mit einer Musterzeile eingeleitet. In dieser Musterzeile werden die Positionen der linksbündigen Tabulatoren mit \= festgelegt. Als Musterzeile verwenden Sie normalerweise die breiteste Zeile aus Ihrer Tabelle. In diese Zeile sollten Sie vor jedem \= einen zusätzlichen Leerraum einfügen, beispielsweise mit einer `\qquad`-Anweisung (Leerraum in der Größe zweier Gedankenstriche (siehe Seite 906). `\kill` löscht die Musterzeile, so dass diese Zeile nur als Muster verwendet, aber nicht ausgegeben wird.

Abschließend ein Beispiel: Die Sonderzeichentabelle von Seite 885 wurde mit den folgenden LaTeX-Anweisungen produziert:

```
\begin{tabbing}
{\sm\verb?$formel$?}\qquad\=\kill
{\sm\verb?%?}
  \> leitet Kommentare ein\\
{\sm\verb?~?}
  \> festes Leerzeichen (z.B. in {\sm\verb?5~cm?})\\
{\sm\verb?{..}?}
  \> klammert Textbereiche ein (z.B. für eine besondere
     Formatierung)
```

```
{\sm\verb?$formel$?}
  \> klammert Formeln im Fließtext ein\\
{\sm\verb?_?}
  \> tiefstellen (nur im mathematischen Modus)\\
{\sm\verb?^?}
  \> hochstellen (nur im mathematischen Modus)
\end{tabbing}
```

HINWEIS

Wenn Ihnen diese einfache Form von Tabellen nicht ausreicht, bietet LaTeX die `tabular`-Umgebung an: Damit können Sie Tabellen mit wechselnder Spaltenbreite, mit Umrandung etc. erzeugen. Wenn Sie außerdem noch die `table`-Umgebung einsetzen, wird die Tabelle je nach Platzangebot automatisch wie ein Bild platziert, ohne dass Löcher im Text entstehen.

Aufzählungen

In LaTeX sind mehrere Möglichkeiten zur Formatierung von Aufzählungen vorgesehen. Die einfachste Variante stellt die `itemize`-Umgebung dar.

Aufzählungen

```
\begin{itemize}
\item Text des ersten Punktes
\item Zweiter Punkt
\end{itemize}
```

Das folgende Beispiel demonstriert die optische Gestaltung von Aufzählungen:

```
\begin{itemize}
\item \LaTeX\ markiert die einzelnen Einträge einer Aufzählung mit
      dicken schwarzen Punkten (\verb?$\bullet$?).
\item Gleichzeitig werden die Einträge gegenüber dem normalen Text
      eingerückt.
\end{itemize}
```

- LaTeX markiert die einzelnen Einträge einer Aufzählung mit dicken schwarzen Punkten (`$\bullet$`).
- Gleichzeitig werden die Einträge gegenüber dem normalen Text eingerückt.

Wenn statt `itemize` der Umgebungsname `enumerate` verwendet wird, verwendet LaTeX statt der Aufzählungspunkte Zahlen (1., 2. etc.). Beide Umgebungen können ineinander verschachtelt werden. Dabei werden je nach Schachtelungstiefe unterschiedliche Symbole für die Aufzählungspunkte bzw. unterschiedliche Nummerierungsziffern (Kleinbuchstaben, römische Ziffern etc.) verwendet. Außerdem werden die Aufzählungspunkte unterschiedlich stark eingerückt.

Mehrspaltiger Text

Bereits auf Seite 880 wurde beschrieben, dass durch die Option `twocolumn` im Kommando `documentclass` der gesamte Text zweispaltig angeordnet werden kann. Für viele Problemstellungen ist diese Lösung aber ungeeignet. Oft sollen nur kleine Textportionen nebeneinander angeordnet werden, während der restliche Text einspaltig über die volle Breite geht. Auch für solche Situationen bietet LaTeX mehrere Varianten an, von denen hier wiederum nur die wichtigste vorgestellt wird: der Umgang mit der `minipage`-Umgebung. Die Syntax sieht folgendermaßen aus:

minipage-Umgebung

```
\begin{minipage}[t]{4cm}  % die erste, 4 cm breite Minipage
text ...                  % der Text in der ersten Minipage
\end{minipage}
\hfill                    % Abstand zwischen den beiden Minipages
\begin{minipage}[t]{4cm}  % die zweite Minipage
text ...
\end{minipage}
\hfill
\begin{minipage}[t]{4cm}  % die dritte Minipage
text ...
\end{minipage}
```

Die Breite aller angegebenen `minipage`-Umgebungen darf die gesamte Textbreite nicht überschreiten. Der optionale Parameter `t` (top) bewirkt, dass die Textblöcke vertikal an der oberen Kante ausgerichtet werden. Alternativ könnten Sie `b` (bottom) angeben, um die Textblöcke an der unteren Kante auszurichten, oder auf den Parameter ganz verzichten, um die Blöcke vertikal zu zentrieren. Das Kommando `\hfill` zwischen den Blöcken bewirkt, dass der verbleibende horizontale Freiraum zwischen den Blöcken verteilt wird.

```
\begin{minipage}[t]{6cm}
Das ist der erste 6 cm breite Textblock.
\end{minipage}
\hfill
\begin{minipage}[t]{6cm}
Der zweite Block wird daneben platziert und ist ebenso breit. Die
beiden Blöcke werden nach ihrer oberen Kante ausgerichtet.
\end{minipage}
```

Das ist der erste 6 cm breite Textblock.	Der zweite Block wird daneben platziert und ist ebenso breit. Die beiden Blöcke werden nach ihrer oberen Kante ausgerichtet.

Rahmen

Zur Hervorhebung von Texten können diese in einen Rahmen gestellt werden. Das erforderliche Kommando lautet `\fbox{text}` und liefert Resultate wie | diesen Text |. Wenn mehrzeilige Blöcke gerahmt werden sollen, muss mit `\fbox` eine `minipage`-Umgebung definiert werden.

Im folgenden Beispiel wird ein kleiner Textblock zentriert und mit `\fbox` gerahmt. Beim Einsatz von `\hfill` muss beachtet werden, dass damit nur ein Füllabstand zwischen vorhandenen Objekten eingefügt werden kann. Daher muss vor und nach `\hfill` mit `\hbox{ }` eine leere Textbox angegeben werden.

```
\hbox{}              % leere Box links
\hfill               % Füllabstand zur minipage
\fbox{
\begin{minipage}{5cm}
Hier wurde eine 5 cm breite Minipage durch ein vor-
und ein nachgestelltes {\tt\char92hfill}-Kom\-man\-do
zentriert und mit {\tt\char92fbox} eingerahmt.
\end{minipage}}
\hfill               % Füllabstand zur nächsten Box
\hbox{}              % leere Box
```

Hier wurde eine 5 cm breite Minipage durch ein vor- und ein nachgestelltes `\hfill`-Kommando zentriert und mit `\fbox` eingerahmt.

Innerhalb von `\fbox` darf das Kommando `\verb_text_` nicht verwendet werden. Um diese Einschränkung zu umgehen, existiert seit LaTeX 2_ε die neue Umgebung `lrbox`, mit der (über Umwege) ein gerahmter Text mit `\verb_text_` realisiert werden kann (siehe Seite 918).

20.3 Gestaltung wissenschaftlicher Texte

Prinzipiell können Sie jeden beliebigen Text mit LaTeX setzen. Seine Vorteile gegenüber anderen Satz- und Textverarbeitungsprogrammen spielt LaTeX aber erst bei der Gestaltung wissenschaftlicher Texte aus, wo es darum geht, mit geringem Aufwand Inhalts-, Abbildungs-, Literatur- und Stichwortverzeichnisse zu erstellen, Querverweise zu verwenden, Fußnoten einzufügen etc. Dieser Abschnitt fasst die Kommandos von LaTeX zur Realisierung solcher 'typisch wissenschaftlicher' Gestaltungsmerkmale zusammen.

Inhaltsverzeichnis

Das Inhaltsverzeichnis kann mit dem Kommando `\tableofcontents` an jeder beliebigen Stelle in den Text eingefügt werden. Üblicherweise wird das Inhaltsverzeichnis am Anfang des Texts oder nach dem Vorwort platziert.

Zur Erstellung des Inhaltsverzeichnisses verarbeitet LaTeX die Datei `name.toc`. In diese Datei trägt LaTeX bei jedem Durchlauf mit dem Kommando `\tableofcontents` alle Informationen für das Inhaltsverzeichnis ein (Kapitel-, Abschnitts- und Teilabschnittsnamen zusammen mit ihren Seitennummern). Diese Vorgehensweise hat zur Folge, dass LaTeX im ungünstigsten Fall *dreimal* ausgeführt werden muss, bis das Inhaltsverzeichnis korrekt ist:

Beim ersten Mal existiert `name.toc` noch nicht, d.h. es kann kein Inhaltsverzeichnis erzeugt werden. Beim zweiten Mal kann zwar ein Inhaltsverzeichnis angelegt werden, da dieses aber zumeist ebenfalls einige Seiten beansprucht, verschieben sich alle Seitennummern! Erst beim dritten Durchlauf stimmen die Seitennummern im Inhaltsverzeichnis mit den tatsächlichen Seitennummern überein.

In das Inhaltsverzeichnis werden normalerweise die Texte aller `\part`-, `\chapter`-, `\section`-, `subsection`- und `\subsubsection`-Kommandos aufgenommen. Die Anzahl der Gliederungsebenen kann mit `\setcounter{tocdepth}{n}` vermindert werden (siehe Seite 910).

Die Formatierung des Inhaltsverzeichnisses erfolgt automatisch. LaTeX wählt dabei passende Schriftgrößen, rückt untergeordnete Einträge ein und füllt den Zeilenfreiraum zwischen dem Eintrag und der Seitennummer mit Punkten. Das Inhaltsverzeichnis dieses Buchs ist kein typisches Beispiel, weil hier das Standardlayout von LaTeX aus ästhetischen Gründen verändert wurde. Eine bessere Vorstellung, wie ein Inhaltsverzeichnis von LaTeX normalerweise aussieht, bietet Abbildung 20.1 auf Seite 875.

Inhaltsverzeichnis	
`\tableofcontents`	fügt an dieser Stelle das Inhaltsverzeichnis ein

Querverweise

Querverweise im Buch werden mit den drei Kommandos `\label`, `\ref` und `\pageref` erstellt. Welche Nummer `\ref` liefert, hängt vom Ort ab, in dem `\label` ausgeführt wurde: In der Regel handelt es sich um eine Abschnittsnummer, die den aktuellen Abschnitt bezeichnet. `\label` kann aber auch in Umgebungen wie `equation`, `figure` oder `tabbing` verwendet werden. `\ref` liefert in diesem Fall die Nummer der Formel, Abbildung, Tabelle etc.

Mit Querverweisen verhält es sich ähnlich wie mit den Seitenzahlen des Inhaltsverzeichnisses: Sie werden der Datei `name.aux` entnommen, die beim letzten LaTeX-

Durchlauf erstellt wurde. Nach Änderungen in einem LaTeX-Text sind daher zwei Durchläufe notwendig, bis alle Seitennummern korrekt sind.

Abschließend ein Beispiel: Wenn an dieser Stelle im Text ein Markierungspunkt mit `\label{verweis-bsp}` erstellt wird, dann liefert `\ref{verweis-bsp}` das Ergebnis 20.3 und `\pageref{verweis-bsp}` die Seitennummer 893.

Querverweise	
`\label{marke}`	definiert einen Markierungspunkt
`\pageref{marke}`	liefert die Seitennummer der Markierung
`\ref{marke}`	liefert die Abschnitts-, Abbildungs-, Tabellennummer

Fußnoten

Fußnoten werden mit `\footnote{text}` erstellt. LaTeX fügt daraufhin an dieser Stelle eine hochgestellte Nummer als Fußnote ein und platziert den Fußnotentext an das Ende der laufenden Seite.

Fußnoten werden automatisch durchnummeriert, wobei die Nummerierung bei den Texttypen `book` und `report` in jedem Kapitel neu beginnt. Das Aussehen von Fußnoten ist in Abbildung 20.1 auf Seite 875 dokumentiert.

Fußnoten	
`\footnote{text}`	fügt eine neue Fußnote in den Text ein

Literaturverzeichnis

Die Verwaltung des Literaturverzeichnisses erfolgt in zwei Schritten: Zuerst muss am Ende des Buchs (dort, wo das Literaturverzeichnis erscheinen soll) eine Liste mit allen Einträgen erstellt werden. Anschließend kann im gesamten Text auf die Einträge dieses Verzeichnisses verwiesen werden.

Literaturverzeichnis

```
% im laufenden Text
\cite{marke1}              % Verweis auf den Eintrag 'marke1'

% am Ende des Artikels/Buchs
\begin{thebibliography}{n}
\bibitem{marke1} Text1  % Autor, Titel etc.
\bibitem{marke2} Text2
\end{thebibliography}
```

LaTeX erzeugt an der Stelle der `thebibliography`-Umgebung eine Liste, in der alle Einträge in eckigen Klammern durchnummeriert werden ([1], [2] etc.). Der Parameter `n` gilt als Maß für die Einrückung der Einträge. Für bis zu neun Einträge kann für `n` die Zahl 9 eingesetzt werden, für bis zu 99 Einträge die Zahl 99 etc. Die `\bibitem`-Einträge werden nicht automatisch sortiert – Sie müssen sich also selbst um eine geeignete Ordnung kümmern. Die Einträge werden auch nicht automatisch formatiert. Sie können aber alle Kommandos zur Einstellung der Schriftart verwenden und so den Namen des Autors fett, den Titel kursiv etc. formatieren.

Im laufenden Text können Sie nun mit `\cite{marke}` auf einen Eintrag im Literaturverzeichnis verweisen. LaTeX setzt an dieser Stelle im Text eine eckige Klammer mit der entsprechenden Nummer ein.

HINWEIS

Während das `\bibitem`-Kommando für gelegentliche Publikationen vollkommen ausreichend ist, bietet LaTeX eine noch viel leistungsstärkere Alternative durch das Zusatzprogramm `bibtex`. Die vollständige Liste aller jemals (etwa in einer ganzen Abteilung) verwendeten Referenzen wird in einer eigenen Datei gespeichert. In der eigentlichen Publikation kann darauf durch Kürzel verwiesen werden. `bibtex` wertet diese Informationen aus und erstellt automatisch ein Quellenverzeichnis, das nur die tatsächlich genutzten Referenzen enthält. Dieses Zusatzprogramm ist im LaTeX-Begleiter von Michel Goosens et al. ausführlich beschrieben.

Das Quellenverzeichnis dieses Buchs wurde übrigens nicht mit den gerade beschriebenen Methoden erstellt. (Die wenigen Quellen erfordern keine Nummerierung, und einen wissenschaftlichen Anspruch erhebt das Buch ja ohnedies nicht.)

Abbildungen

LaTeX sieht zur Integration von Bildern in den Text die `figure`-Umgebung vor. Die Hauptaufgabe dieser Umgebung besteht in der Platzierung und Beschriftung der Abbildung. Der optionale Parameter nach `\begin{figure}` bestimmt, wie die Grafik im Text platziert wird. Dabei ist entweder `h` (here) oder eine beliebige Kombination der Buchstaben `t` (top), `b` (bottom) und `p` (page) erlaubt: Die Abbildung selbst wird durch Kommandos innerhalb dieser Umgebung erzeugt (siehe unten).

figure-Umgebung

```
\begin{figure}[h]
% Kommandos zur Erzeugung der eigentlichen Grafik
\caption{\label{marke-fuer-querverweis}Beschriftungstext}
\end{figure}
```

Platzierung der Abbildung

h: Die Abbildung wird genau an dieser Stelle im Text angezeigt.
t: Die Abbildung wird am Beginn der laufenden Seite platziert.
b: Die Abbildung wird am Ende der laufenden Seite platziert.
p: Mehrere Abbildungen werden auf einer eigenen Seite zusammengefasst.

In zweispaltigen Texten kann statt `figure` der Umgebungsname `figure*` verwendet werden. In diesem Fall geht die Abbildung über beide Spalten (anstatt auf die Breite einer Spalte beschränkt zu sein). `figure*` kann nicht mit der Option `h` kombiniert werden.

Zur Beschriftung der Grafik wird `\caption` eingesetzt. LaTeX stellt dem eigentlichen Beschriftungstext 'Abbildung *n*:' voran, wobei für *n* entweder eine laufende Nummer (Texttyp `article`) oder eine Kapitelnummer (3.5 für das fünfte Bild im dritten Kapitel) eingesetzt wird. Wenn innerhalb von `\caption` eine `\label`-Anweisung verwendet wird, kann mit `\ref` auf die Abbildungsnummer und mit `\pageref` auf die dazugehörige Seitennummer verwiesen werden.

Der Beschriftungstext wird automatisch zentriert. Wenn das Bild schmaler als der Beschriftungstext ist, sollte dieser mit `\parbox{7cm}{\caption{...}}` auf die Breite des Bildes (hier 7 cm) beschränkt werden.

Die eigentliche Abbildung wird durch Kommandos innerhalb der `figure`-Umgebung erzeugt. Diese Kommandos bestimmen auch die Größe der Abbildung. LaTeX kennt einige Grafikkommandos, mit denen einfache Abbildungen direkt im LaTeX-Text erstellt werden können. Diese Kommandos können hier aus Platzgründen leider nicht beschrieben werden. In der Praxis kommt das Einfügen fertiger PostScript-Grafiken ohnehin viel häufiger vor.

PostScript-Grafiken einbinden

```
\usepackage{epsf}    % muss unmittelbar nach \documentstyle
% ...                % ausgeführt werden
\epsfxsize=5cm       % bestimmt die Breite der nächsten Grafik
\epsfysize=4cm       % bestimmt die Höhe der nächsten Grafik
\epsffile{datei}     % fügt die angegebene PostScript-Datei ein
```

Die Anwendung der drei `\epsf...`-Kommandos ist verhältnismäßig einfach: `\epsffile{datei}` fügt eine PostScript-Datei in das Dokument ein. Wenn die Größe der Grafik nicht zuvor durch die Veränderung von `\epsfx/ysize` eingestellt wurde, belässt LaTeX die Grafik in der Originalgröße. Wenn nur ein Maß angegeben wurde, skaliert LaTeX das andere Maß so, dass die Grafik nicht verzerrt wird. Aus diesem Grund ist es zumeist ausreichend, nur eines der beiden `\epsfx/y...`-Kommandos auszuführen.

Abbildungen werden generell weder zentriert noch eingerahmt. Wenn diese Formatierungsmerkmale erwünscht sind, kann die Zentrierung durch `\centerline` und die Rahmung durch `\fbox` erreicht werden.

Die folgende Aufstellung gibt einige Beispiele für Kommandos innerhalb der `figure`-Umgebung an. Dabei sind auch Kommandos angegeben, mit denen statt einer Abbildung einfach nur ein (eventuell eingerahmter) Leerraum eingefügt wird, in den dann später eine Abbildung eingeklebt werden kann (zugegebenermaßen eine etwas steinzeitliche Methode). Dabei treten einige neue Kommandos auf: `\rule{b}{h}` erzeugt ein $b*h$ großes, schwarzes Rechteck und wird hier eingesetzt, um durch einen (unsichtbaren) vertikalen Strich Platz für das später einzuklebende Bild zu schaffen. `\framebox` erzeugt ein eingerahmtes Rechteck vorgegebener Breite.

```
\centerline{                                 % zentrierte PostScript-Grafik
  \epsfxsize=30mm                            %   ohne Rahmen, 3 cm breit
  \epsffile{online.eps}}                     %
\centerline{\fbox{                           % zentrierte PostScript-Grafik
  \epsfysize=40mm                            %   mit Rahmen, 4 cm hoch
  \epsffile{online.eps}}}                    %
\centerline{                                 % leerer zentrierter Rahmen
  \framebox[4cm]{\rule{0cm}{3cm}}}           %   4 cm breit, 3 cm hoch
\rule{0cm}{3cm}                              % ungerahmter Freiraum,
                                             %   3 cm hoch
```

Wenn mehrere Abbildungen nebeneinander platziert werden sollen, müssen innerhalb der `figure`-Umgebung mehrere Minipages platziert werden (siehe auch Seite 890). Der umgekehrte Fall – also die Verwendung einer `figure`-Umgebung innerhalb einer Minipage – ist nicht möglich. Aus diesem Grund ist es nicht ohne weiteres möglich, eine beschriftete Grafik und Text nebeneinander zu platzieren. Sie können aber eine unbeschriftete PostScript-Grafik durch die direkte Verwendung der `\epsf...`-Kommandos ohne `figure`-Umgebung in einer Minipage ausgeben.

```
\begin{figure}[h]
\begin{minipage}[t]{6.1cm}
\centerline{\framebox[6cm]{\rule{0cm}{4.1cm}}}
\caption{\label{latex-b2} \textsl{Ein leerer Rahmen, in den
später ein Bild eingeklebt werden kann.}}
\end{minipage}
\hfill
```

```
\begin{minipage}[t]{6cm}
\centerline{\epsfysize=4,1cm\epsffile{b-latex-kurven.ps}}
\caption{\label{latex-b3} \textsl{Dieses Diagramm ... eingebunden.}}
\end{minipage}
\end{figure}
```

Abbildung 20.2: Ein leerer Rahmen, in den später ein Bild eingeklebt werden kann.

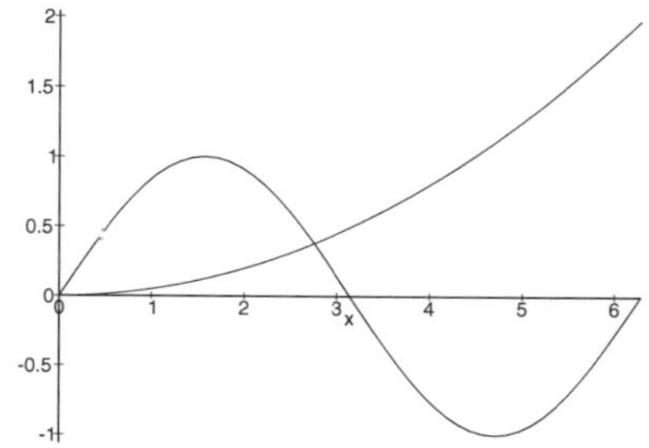

Abbildung 20.3: Dieses Diagramm wurde mit dem Mathematikprogramm Maple berechnet und als PostScript-Datei in den Text eingebunden.

Die Beispielabbildungen 20.2 und 20.3 wurden mit den obigen Kommandos erzeugt. Die Verweise auf die Bildnummern wurden mit `\ref{latex-b2}` bzw. mit `\ref{latex-b3}` erzeugt.

Stichwortverzeichnis

Wenn Sie Ihren Text mit einem Stichwortverzeichnis ausstatten möchten, dann sind dazu mehrere Arbeitsschritte erforderlich: Sie müssen mit `\usepackage` das Package `makeindex` laden und vor `\begin{document}` das Kommando `\makeindex` ausführen. Die Indexeinträge müssen im Text mit dem Kommando `\index` markiert werden. Schließlich muss an der Stelle im Text, an der das Stichwortverzeichnis erscheinen soll, das Kommando `\printindex` angegeben werden.

Doch damit nicht genug: Nachdem die so präparierte Textdatei zum ersten Mal mit LaTeX bearbeitet wurde, muss das Linux-Kommando `makeindex name.idx` ausgeführt werden. Dabei wird die von LaTeX erstellte Datei `name.idx` mit allen Indexeinträgen ausgewertet und sortiert. Das Ergebnis wird in der Datei `name.ind` gespeichert. Beim nächsten LaTeX-Durchlauf wird diese Datei bei der Ausführung von `\printindex` eingelesen.

Einträge in das Stichwortverzeichnis

```
\usepackage{makeidx}                    % nach \documentclass
...
\makeindex                              % vor \begin{document}
\newcommand{\ii}[1]{{\it #1}}           % kursive Seitenzahlen
...
\index{Eintrag}                         % normaler Indexeintrag
\index{Haupteintrag!Subeintrag}         % Subeintrag
\index{Haupt!Sub!Subsub}                % Subsubeintrag
\index{Eintrag|(}                       % Eintrag von Seite
\index{Eintrag|)}                       % Eintrag bis Seite
\index{Eintrag|ii}                      % Seitennummer kursiv
\index{Pi@$\pi$}                        % Formel wie 'Pi' sortieren
\index{Eintrag@{\bf Eintrag}}           % fett, richtig  sortieren
...
\printindex                             % vor \end{document}
```

Die wichtigsten Syntaxvarianten von `\index{eintrag}` gehen aus der obigen Tabelle bereits hervor. Mit den Zeichenkombinationen `|(` und `|)` lassen sich Seitenbereiche angeben. Der resultierende Indexeintrag sieht dann beispielsweise so aus: Eintrag 34-38. Ein nach `|` und *ohne* vorangestelles `\`-Zeichen angegebenes Kommando kann zur Formatierung der Seitenzahl eingesetzt werden. Ein Muster für die Definition eines geeigneten Kommandos wurde mit `\ii` angegeben. `@` kann dazu eingesetzt werden, auch Formeln oder speziell sortierte Einträge richtig im Indexverzeichnis einzuordnen. Alle genannten Formatierungsmethoden können auch kombiniert werden, beispielsweise um einen Subeintrag besonders hervorzuheben.

Abschließend noch einige Beispiele, die die Wirkungsweise des `\index`-Kommandos demonstrieren. Die Ergebnisse können Sie sich im Stichwortverzeichnis am Ende des Buchs ansehen.

```
\index{Indexbeispiel}
\index{Indexbeispiel!Subeintrag}
\index{Indexbeispiel!Subeintrag@{\tt Subeintrag Courier}}
\index{Indexbeispiel!Sonderz@{\verb?Sonderzeichen % \?}}
\index{Indexbeispiel!kursiver Eintrag@{\it kursiver Eintrag}}
\index{Indexbeispiel!kursive Seitenziffer|ii}
\index{index@{\verb?\index?}}
\index{printindex@{\verb?\printindex?}}
\index{makeindex@{\verb?makeindex?}}
\index{usepackage@\verb?\usepackage?!makeidx@{\tt makeidx}}
\index{Stichwortverzeichnis!LaTeX@\LaTeX}
\index{Index}
```

HINWEIS

Zum Programm `makeindex` existiert eine detaillierte Beschreibung als `man`-Seite. Der Text hat allerdings den Nachteil, dass er nicht LaTeX-spezifisch ist. (`makeindex` kann auch zur Bearbeitung von Indexdateien anderer Programme eingesetzt werden.)

20.4 Mathematische Formeln

Damit in LaTeX mathematische Formeln dargestellt werden können, muss in den mathematischen Modus umgeschaltet werden. Sämtliche hier vorgestellten Kommandos können nur im mathematischen Modus ausgeführt werden!

Zur Aktivierung dieses Modus haben Sie drei Möglichkeiten: Die Formel wird im laufenden Text zwischen zwei `$`-Zeichen geklammert, die Formel wird in einem eigenen Absatz mit `\[` eingeleitet und mit `\]` beendet, oder die Formel wird in einer `equation`-Umgebung geschrieben. Bei den beiden letzteren Varianten wird die Formel in einem eigenen Absatz zentriert dargestellt, wobei sie in der `equation`-Umgebung zusätzlich automatisch nummeriert wird.

LaTeX-Formelmodi	
`$formel$`	Formel im Fließtext
`\[ formel \]`	eigenständige Formel

`\begin{equation}`
`  formel`
`\end{equation}`
	eigenständige Formel mit Nummerierung

Beachten Sie bitte, dass Formeln im Fließtext anders aussehen als eigenständige Formeln: Bei `$`-Formeln verwendet LaTeX eine etwas kleinere Schriftart und versucht, die Formel so zu setzen, dass sie vertikal möglichst wenig Platz beansprucht. Insbesondere werden Hoch- und Tiefstellungen bei manchen mathematischen Symbolen (Limes, Integrale, Summen) anders platziert.

Im Folgenden sehen Sie dreimal dieselbe Formel `\int_{i=1}^{n} x^i dx`: Im Fließtext sieht die mit `$` geklammerte Formel so aus: $\int_{i=1}^{n} x^i dx$. Mit `\[ ... \]` bzw. zwischen `\begin{equation}` und `\end{equation}` ergeben sich dagegen folgende Ergebnisse:

$$\int_{i=1}^{n} x^i dx$$

$$\int_{i=1}^{n} x^i dx \qquad (20.1)$$

Wenn Sie möchten, dass eigenständige Formeln nicht zentriert, sondern linksbündig dargestellt werden, können Sie am Beginn des LaTeX-Dokuments die Anweisung `\usepackage{fleqno}` verwenden. Anschließend können Sie mit `\mathindent2cm` eine Einrücktiefe vom linken Rand (hier: 2 cm) angeben. Alternativ dazu können Sie mit `\usepackage{leqno}` erreichen, dass LaTeX Formeln in der `equation`-Umgebung nicht rechts-, sondern linksbündig nummeriert.

Innerhalb von Formeln wird Text generell kursiv dargestellt. Für Variablen ist das die übliche mathematische Schreibweise. Funktionsnamen sollen dagegen zumeist in aufrechter Schrift dargestellt werden. Dazu existieren eigene LaTeX-Kommandos wie `\sin`. $\sin(x^2)$ wird durch den Text `$\sin(x^2)$` erzeugt. LaTeX kennt die folgenden Kommandos zur Ausgabe von Funktionen:

Schlüsselwörter für mathematische Funktionen

`\arccos, \arcsin, \arctan, \arg, \cos, \cosh, \cot, \coth, \csc, \deg, \det, \dim, \exp, \gcd, \hom, \inf, \ker, \lg, \lim, \liminf, \limsup, \ln, \log, \max, \min, \Pr, \sec, \sin, \sinh, \sup, \tan, \tanh`

Wenn innerhalb von Formeln normaler Text oder ein oben nicht angeführter Funktionsname dargestellt werden soll, muss der Text mit `\mbox{...}` angegeben werden. Es sind auch Anweisungen wie `{\it varname}` oder `{\bf X}` erlaubt, um längere Variablennamen auszugeben oder Texte hervorzuheben.

LaTeX geht manchmal recht sparsam mit Abständen um. In der Formel $\sin(xy)$ (`\sin(x y)`) ist kaum zu erkennen, dass x und y zwei eigenständige Variablen sind, die miteinander multipliziert werden. Zur Vergrößerung der Abstände können Sie die drei Kommandos `\,` (kleiner Abstand), `\:` (mittlerer Abstand) und `\;` (großer Abstand) einsetzen: `\sin(x \: y)` wird dann zu $\sin(x\:y)$.

Konstruktion mathematischer Formeln

`a^{b}`	a^b	`\sum_{a}^{b} c`	$\sum_a^b c$
`a_{b}`	a_b	`\prod_{a}^{b} c`	$\prod_a^b c$
`\frac{a}{b}`	$\frac{a}{b}$	`{a \choose b}`	${a \choose b}$
`\sqrt{a}`	$\sqrt{a}$	`\overline{abc}`	$\overline{abc}$
`\sqrt[n]{a}`	$\sqrt[n]{a}$	`\underline{abc}`	$\underline{abc}$
`\int_{a}^{b} c`	$\int_a^b c$	`\overbrace{abc}^{d}`	$\overbrace{abc}^{d}$
`\oint_{a}^{b} c`	$\oint_a^b c$	`\underbrace{abc}_{d}`	$\underbrace{abc}_{d}$

Die folgenden Kommandos werden zur Zusammensetzung von Brüchen, Wurzeln, Integralen, Summen etc. eingesetzt. Die Kommandos können beliebig verschachtelt werden, um Wurzeln in Brüchen oder Ähnliches zu erreichen. LaTeX kümmert sich automatisch um eine geeignete Schriftgröße und andere Formatierungsdetails. Beachten Sie, dass Sie beim Hoch- und Tiefstellen den jeweiligen Ausdruck in geschweifte Klammern setzen – andernfalls gilt ^ bzw. _ nur für das erste nachfolgende Zeichen.

Wenn Sie mit den von LaTeX automatisch gewählten Schriftgrößen nicht zufrieden sind, können Sie diese durch vier Kommandos beeinflussen:

Schriftgröße in mathematischen Formeln	
`\displaystyle`	normal
`\textstyle`	etwas kleiner (Schriftart in $-Formeln)
`\scriptstyle`	noch kleiner (Indizes und Hochzahlen erster Ordnung)
`\scriptscriptstyle`	winzig (Indizes und Hochzahlen zweiter Ordnung)

Die folgenden Formeln demonstrieren das Zusammenspiel von einigen der hier aufgezählten Kommandos. In den Formeln kommen auch einige Kommandos vor, die erst in den weiteren Abschnitten behandelt werden.

```
\[ \frac{ \frac{a+1}{b-1} }{ \frac{c+1}{d-1}}
   \qquad \mbox{und} \qquad
   \frac{\displaystyle \frac{a+1}{b-1}}
        {\displaystyle \frac{c+1}{d-1}}  \]
```

$$\frac{ \frac{a+1}{b-1} }{ \frac{c+1}{d-1}} \qquad \mbox{und} \qquad \frac{\displaystyle \frac{a+1}{b-1}}{\displaystyle \frac{c+1}{d-1}}$$

```
\[ \oint_C f(z) \, dz = \int_0^{2 \pi} f(z(t)) \,
   \frac{d \, z(t)}{dt} \, dt
   \qquad\mbox{mit}\qquad
   z(t)= z0 + r\, (\cos(t) + I\, sin(t)) \]
```

$$\oint_C f(z) \, dz = \int_0^{2 \pi} f(z(t)) \, \frac{d \, z(t)}{dt} \, dt \qquad\mbox{mit}\qquad z(t)= z0 + r\, (\cos(t) + I\, sin(t))$$

```
\[   \left[      {\begin{array}{c}
  {\displaystyle \frac {{\frac {{ \partial}}{{ \partial}{u}}}\,
    {\rm f}(\,{u}, {v}, {z}\,)}{{a}\,\sqrt {{\rm sin}(\,{v}\,)^{2} +
    {\rm sinh}(\,{u}\,)^{2}}}} \\[5mm]
  {\displaystyle \frac {{\frac {{ \partial}}{{ \partial}{v}}}\,
    {\rm f}(\,{u}, {v}, {z}\,)}{{a}\,\sqrt {{\rm sin}(\,{v}\,)^{2} +
    {\rm sinh}(\,{u}\,)^{2}}}} \\[5mm]
  {\frac {{ \partial}}{{ \partial}{z}}}\,{\rm f}(\,{u}, {v}, {z}\,)
\end{array}}   \right]   \]
```

$$\left[\begin{array}{c} \displaystyle\frac{\frac{\partial}{\partial u}\,\mathrm{f}(\,u,v,z\,)}{a\,\sqrt{\sin(\,v\,)^2+\sinh(\,u\,)^2}} \\[5mm] \displaystyle\frac{\frac{\partial}{\partial v}\,\mathrm{f}(\,u,v,z\,)}{a\,\sqrt{\sin(\,v\,)^2+\sinh(\,u\,)^2}} \\[5mm] \frac{\partial}{\partial z}\,\mathrm{f}(\,u,v,z\,) \end{array}\right]$$

Klammern

Klammern werden prinzipiell direkt mit `(..)` oder `[...]` gebildet. Da geschweifte Klammern eine besondere Bedeutung haben, muss ihnen ein Backslash vorangestellt werden, also `\{...\}`.

In mathematischen Formeln soll die Größe der Klammern im Normalfall dem geklammerten Ausdruck entsprechen. Standardmäßig ist das nicht der Fall, das Verhalten kann aber mit den Kommandos `\left` und `\right` realisiert werden, die der linken bzw. der rechten Klammer vorangestellt werden. Das vorangegangene Beispiel zeigt die Anwendung dieser beiden Kommandos. `\left` und `\right` können auch vor einigen weiteren mathematischen Symbolen verwendet werden, etwa vor | für Beträge.

Matrizen

Zur Darstellung von Matrizen wird die `array`-Umgebung verwendet. Die generelle Syntax lautet:

array-Umgebung

```
\begin{array}{ccc}        % für jede Spalte ein c (centered)
term1 & term2 & term3\\   % Terme durch & trennen, Zeilenende mit \\
term4 & term5 & term6     % in letzer Zeile kein \\
\end{array}
```

Die array-Umgebung produziert ungeklammerte Matrizen. Wenn die Matrix geklammert werden soll, müssen den runden oder eckigen Klammern die Kommandos \left bzw. \right vorangestellt werden.

```
\[                          % Anfang der Formel
\left (                     % große Klammer auf
\begin{array}{cc}           % zweispaltige Matrix
x^y   & \frac{\alpha}{\beta}\\[2.5mm]
a+b+c & \frac{a+b+c}{x^2}
\end{array}                 % Ende der Matrix
\right )                    % große Klammer zu
\]                          % Ende der Formel
```

$$\left(\begin{array}{cc} x^y & \frac{\alpha}{\beta} \\[2.5mm] a+b+c & \frac{a+b+c}{x^2} \end{array} \right)$$

Mathematische Sonderzeichen

Die Zeichen + - / = ! ' | ( ) [und] können ohne besondere Umstände direkt in Formeln verwendet werden. Daneben existieren unzählige weitere Sonderzeichen (Operatoren, Pfeile, mathematische Symbole), die durch LaTeX-Kommandos gebildet werden können. Die folgenden Tabellen geben (auszugsweise) die Kommandos für die wichtigsten Sonderzeichen an. Wenn Sie diese Sonderzeichen im normalen Text (und nicht in einer Formel) verwenden möchten, müssen Sie das Kommando zwischen zwei $-Zeichen klammern!

Sonderzeichen							
\infty	∞	\cdot	$\cdot$	\pm	$\pm$	\neq	$\neq$
\partial	∂	\circ	$\circ$	\times	$\times$	\sim	$\sim$
\Re	$\Re$	\bullet	$\bullet$	\div	$\div$	\simeq	$\simeq$
\Im	$\Im$	\ldots	$\ldots$	\ast	$\ast$	\approx	$\approx$
\forall	$\forall$	\vdots	$\vdots$	\\|	$\|$	\equiv	$\equiv$
\exists	$\exists$	\cdots	$\cdots$	\vee	$\vee$	\le	$\le$
		\ddots	$\ddots$	\wedge	$\wedge$	\ge	$\ge$
				\nabla	∇	\ll	$\ll$
				\oplus	$\oplus$	\gg	$\gg$
				\ominus	$\ominus$		
				\otimes	$\otimes$		

Pfeile					
\leftarrow	$\leftarrow$	\Leftarrow	$\Leftarrow$	\nearrow	$\nearrow$
\rightarrow	$\rightarrow$	\Rightarrow	$\Rightarrow$	\searrow	$\searrow$
\uparrow	$\uparrow$	\Uparrow	$\Uparrow$	\swarrow	$\swarrow$
\downarrow	$\downarrow$	\Downarrow	$\Downarrow$	\nwarrow	$\nwarrow$
\leftrightarrow	$\leftrightarrow$	\Leftrightarrow	$\Leftrightarrow$		
\updownarrow	$\updownarrow$	\Updownarrow	$\Updownarrow$		
\hookleftarrow	$\hookleftarrow$				

In Formeln müssen einzelne Variablen häufig durch Vektorpfeile, Ableitungsstriche oder -punkte oder durch andere Zusatzsymbole gekennzeichnet werden. Die folgende Tabelle beschreibt die wichtigsten Markierungsbefehle. Beachten Sie bitte, dass Kommandos wie `\vec` nur für einzelne Buchstaben verwendet werden können (und nicht für Buchstabengruppen oder noch längere Ausdrücke).

Vektoren und Ableitungen							
\bar{x}	$\bar{x}$	\tilde{x}	$\tilde{x}$	x'	x'	x'''	x'''
\dot{x}	$\dot{x}$	\ddot{x}	$\ddot{x}$	\vec{x}	$\vec{x}$		

Griechische und kalligraphische Buchstaben

Griechische Buchstaben werden ebenfalls durch $\LaTeX$-Kommandos dargestellt. Der Kommandoname ergibt sich aus dem Namen des Buchstabens, also `\alpha` für ein kleines α und `\Delta` für ein großes Δ.

Mathematische Buchstaben							
\alpha	α	\kappa	κ	\Psi	Ψ	\Upsilon	Υ
\beta	β	\lambda	λ	\omega	ω	\varupsilon	ε
\chi	χ	\Lambda	Λ	\Omega	Ω	\varphi	φ
\delta	δ	\mu	μ	\rho	ρ	\varpi	ϖ
\Delta	Δ	\nu	ν	\sigma	σ	\varrho	ϱ
\epsilon	ϵ	\phi	ϕ	\Sigma	Σ	\varsigma	ς
\eta	η	\Phi	Φ	\tau	τ	\vartheta	ϑ
\gamma	γ	\pi	π	\theta	θ	\xi	ξ
\Gamma	Γ	\Pi	Π	\Theta	Θ	\Xi	Ξ
\iota	ι	\psi	ψ	\upsilon	υ	\zeta	ζ

Kalligraphische Buchstaben stehen nur als Großbuchstaben zur Verfügung. Zur Darstellung dieser Buchstaben müssen Sie mit `\cal` die Schriftart verändern, also beispielsweise `{\cal A} \cup {\cal B}` für $\mathcal{A} \cup \mathcal{B}$ schreiben.

20.5 Steuerung des Layouts

Im Großen und Ganzen führt LaTeX den Zeilen- und Seitenumbruch selbstständig durch und kommt dabei zu recht guten Ergebnissen. Es gibt aber auch Situationen, in denen LaTeX versagt. Fallweise (aber nicht immer) zeigt LaTeX Probleme beim Umbruch durch Warnungen der Form *over-/underfull hbox/vbox* an. Damit ist gemeint, dass LaTeX Text außerhalb des Seitenrands platziert hat oder dass im Text sehr große Löcher auftreten. Die wahrscheinlichste Fehlerursache ist ein langes Wort, in dem LaTeX keine Trennmöglichkeit erkannt hat.

Aber auch wenn LaTeX keine Warnungen liefert, kann es vorkommen, dass Sie mit dem Ergebnis nicht zufrieden sind – etwa weil LaTeX versucht hat, eine Seite optimal auszunutzen und dabei eine oder zwei Zeilen eines neuen Absatzes noch auf dieser Seite platziert hat, obwohl der Beginn einer neuen Seite der Übersichtlichkeit halber sinnvoller wäre. Dieser Abschnitt fasst die wichtigsten Möglichkeiten zusammen, manuell (also durch zusätzliche Kommandos) in den Umbruch einzugreifen.

Trennungen

LaTeX trennt prinzipiell automatisch. Die dabei angewandten Trennregeln sind überraschend zuverlässig, d.h. es kommt nur sehr selten vor, dass LaTeX wirklich falsch trennt. Sehr viel öfter tritt der Fall ein, dass LaTeX keine eindeutige Trennposition entdeckt, das Wort daher ungetrennt lässt und dann beim Zeilenumbruch in Schwierigkeiten gerät (große Löcher oder Text, der über den Seitenrand hinausragt). In diesem Fall können Sie in das betreffende Wort mit `\-` sogenannte weiche Trennungen einfügen. LaTeX trennt das Wort dann – falls notwendig – an einer der von Ihnen angegebenen Stellen. Am häufigsten treten Trennprobleme bei Wörtern mit deutschen Sonderzeichen auf, beispielsweise bei `an\-schlie\-ßend` oder `Schlüs\-sel\-wör\-ter`.

Manchmal tritt auch das umgekehrte Problem auf – Sie möchten vermeiden, dass LaTeX ein (oft kurzes) Wort trennt. Dazu stellen Sie einfach das gesamte Wort in ein `\mbox{ }`-Kommando.

Trennung beeinflussen	
`\-`	weiche Trennung
`\mbox{wort}`	Wort nicht trennen

In den LaTeX-Distributionen NTeX und teTeX sind bereits die Trenndateien für Englisch, Amerikanisch, Deutsch und einige andere Sprachen eingebaut. Die deutschen Trennungen werden durch das `german`-Package aktiviert. Wenn Ihr Text gemäß der neuen Rechtschreibung getrennt werden soll, müssen Sie statt `german` das neue Paket `ngerman` verwenden.

Wortzwischenräume und horizontale Leerräume

Um die einzelnen Zeilen eines Absatzes im Blocksatz darzustellen, fügt LaTeX zwischen allen Wörtern einen (innerhalb einer Zeile) einheitlichen Leerraum ein, nach einem Punkt (Satzende) einen etwas größeren Leerraum. Wenn nach einem Punkt nur ein normaler Abstand verwendet werden soll (etwa bei Abkürzungen), muss nach dem Punkt `\␣` angegeben werden: `Dr.\ Huber` für Dr. Huber. (␣ steht für ein Leerzeichen.) Wenn zwei Wörter nicht durch einen Zeilenumbruch getrennt werden sollen, kann ein fixes Leerzeichen mit `~` angegeben werden, beispielsweise `3~cm`.

Zusätzlicher Leerraum zwischen zwei Wörtern kann durch `\quad`, `\qquad` oder `\hspace{abstand}` eingefügt werden. Syntaktisch überflüssige Leerzeichen vor bzw. nach diesen Kommandos sollten vermieden werden, weil sich dadurch ungewollt ein größerer Leerraum ergeben kann.

Die drei oben genannten Kommandos erzeugen Abstände einer genau vorgegebenen Breite. Ganz anders sieht die Wirkung von `\hfill` aus. Dieses Kommando fügt den gesamten zur Verfügung stehenden Freiraum einer Zeile an der aktuellen Position ein. Wird `\hfill` in einer Zeile mehrfach verwendet, verkleinert sich der eingefügte Raum entsprechend. Wenn `\hfill` am Ende einer Zeile verwendet wird, muss die Zeile mit `\hbox{}` abgeschlossen werden. Damit wird ein unsichtbares LaTeX-Objekt erzeugt, das als Grenze für `\hfill` gilt. Beispiel:

```
\hfill zentriert \hfill\hbox{}
```

zentriert

Zusätzliche vertikale und horizontale Abstände	
`\␣`	Wortzwischenraum nach Interpunktionszeichen
`~`	fixes Leerzeichen; an dieser Stelle erfolgt kein Zeilenumbruch
`\quad`	zusätzlicher Leerraum der Größe 1 em (siehe unten)
`\qquad`	zusätzlicher Leerraum von 2 em (siehe unten)
`\hspace{abstand}`	Leerraum der angegebenen Größe einfügen
`\hspace*{abstand}`	wie oben, aber auch bei Zeilenumbruch
`\hfill`	so großen Abstand einfügen, dass Zeile ausgefüllt wird
`\dotfill`	wie oben, aber statt Leerraum punktierte Linie
`\hrulefill`	wie oben, aber durchgezogene Linie
`\hbox{}`	unsichtbares LaTeX-Objekt (als Abgrenzung für `\hfill`)

Zahlenwerte in Kommandos wie `\hspace` können sowohl mit einem Dezimalpunkt als auch mit Komma angegeben werden. Der Zahlenwert muss immer mit einer Einheit abgeschlossen werden (auch bei 0).

Maßeinheiten	
mm	Millimeter
cm	Zentimeter
pt	Punkt (1 Punkt = 0.353 mm)
ex	die Höhe eines x im aktuellen Zeichensatz
em	die Breite eines Gedankenstrichs (–) im aktuellen Zeichensatz

Zeilenumbruch und vertikale Leerräume

Innerhalb eines Absatzes beginnt LaTeX generell nur dann eine neue Zeile, wenn in der aktuellen Zeile kein Platz mehr ist. Einen vorzeitigen Zeilenwechsel können Sie mit `\\` erreichen. Wenn Sie dahinter in eckigen Klammern einen Abstand angeben, fügt LaTeX außerdem einen entsprechenden vertikalen Leerraum ein: `\\[1cm]`. Wenn zwischen `\\` und der Maßangabe ein `*` steht, wird der Leerraum auch dann eingefügt, wenn ein Seitenwechsel durchgeführt wird. (Das ist nur in den seltensten Fällen sinnvoll!) Zwischen zwei Absätzen kann mit `\vspace{abstand}` ein zusätzlicher Abstand eingefügt werden. Für alle Maße sind auch negative Zahlen erlaubt.

Manueller Zeilenumbruch	
`\\`	Zeilenwechsel ohne Randausgleich (kein Blocksatz in dieser Zeile)
`\\[abstand]`	Zeilenwechsel mit erhöhtem Abstand zur nächsten Zeile
`\\*[abstand]`	wie oben, aber Abstand auch bei Seitenwechsel
`\linebreak`	Zeilenwechsel mit Randausgleich (Blocksatz)
`\vspace{abstand}`	zusätzlicher Abstand zwischen zwei Absätzen
`\vspace*{abstand}`	wie oben, aber Abstand auch bei Seitenwechsel

Fester Seitenumbruch

Ein fester Seitenumbruch kann mit den drei Kommandos `\newpage`, `\pagebreak` und `\clearpage` erreicht werden. Die Unterschiede gehen aus der folgenden Tabelle hervor.

Manueller Seitenumbruch	
`\newpage`	beginnt eine neue Seite/Spalte, der Rest der Seite bleibt leer
`\pagebreak`	wie oben, aber vertikaler Randausgleich (größerer Absatzabstand)
`\clearpage`	neue Seite, auch bei zweispaltigem Text

Eigene Kopfzeilen

Normalerweise kümmert sich LaTeX selbstständig um Kopfzeilen und gestaltet diese je nach Texttyp. Am aufwendigsten geht LaTeX dabei beim Texttyp `book` vor. Es unterscheidet zwischen geraden und ungeraden Seiten und nimmt die Kapitel- und Abschnittsüberschrift mit in die Kopfzeilen auf. Wenn Sie mit den Kopf- und Fußzeilen nicht zufrieden sind, können Sie über `\pagestyle` die automatischen Kopfzeilen deaktivieren und via `\markright` oder `\markboth` eigene Kopfzeilen definieren. Den so definierten Kopfzeilen wird durch LaTeX automatisch die laufende Seitenzahl hinzugefügt.

Kopfzeilen	
`\pagestyle{headings}`	automatische Gestaltung der Kopfzeile (Defaulteinstellung)
`\pagestyle{empty}`	keine Kopfzeile, keine Seitenzahl
`\pagestyle{plain}`	keine Kopfzeile, Seitenzahl zentriert in der Fußzeile
`\pagestyle{myheadings}`	eigene Kopfzeile, siehe `\markright` und `\markboth`
`\thispagestyle`	wie `\pagestyle`, aber nur für eine Seite
`\markright{Kopfzeile}`	Kopfzeile für einseitige Texte
`\markboth{links}{rechts}`	Kopfzeile für zweiseitige Texte

Über die hier beschriebenen Kommandos ist es nicht möglich, die optische Gestaltung der automatischen LaTeX-Kopfzeilen zu verändern. LaTeX stellt die Überschriften in den Kopfzeilen standardmäßig in Großbuchstaben und ohne Unterstreichung dar, also ganz anders als in diesem Buch. Wenn ein anderes Layout gewünscht wird, muss die Einstellung durch eine eigene Style-Datei verändert werden. Noch eleganter geht es, wenn die Style-Datei `fancyheadings.sty` zur Verfügung steht. Bei der NTeX-Distribution fehlt diese Datei zur bequemen Einstellung des Layouts der Kopf- und Fußzeilen leider.

Globale Layouteinstellung

Das Layout eines LaTeX-Textes kann nicht nur durch diverse, zumeist nur auf kleine Textausschnitte angewandte Kommandos beeinflusst werden, sondern auch durch globale Einstellungen. Diese Einstellungen werden normalerweise vor dem eigentlichen Beginn des Textes (also vor `\begin{document}`) vorgenommen und gelten dann für den gesamten Text. Viele der im Folgenden aufgelisteten Kommandos können aber auch irgendwo im Text verwendet werden und entfalten ihre Wirkung dann erst ab dieser Stelle.

Zur Veränderung der meisten Maßangaben existieren eigene Kommandos. Dabei gilt folgende Syntax: `\kommando`*maß* (ohne Leerzeichen zwischen Kommando und Einstellung). Einige Einstellungen müssen durch eine direkte Veränderung von LaTeX-Variablen durchgeführt werden. In diesem Fall lautet die Syntax: `\setcounter{name}{wert}`.

Die folgende Tabelle fasst die Maße zur Einstellung der bedruckten Bereiche einer Seite zusammen. Die Kommandos sind dabei logisch von links nach rechts bzw. von oben nach unten geordnet.

Seitenlayout	
`\oddsidemargin`*maß*	Abstand linker Papierrand – Text bei ungeraden Seiten
`\evensidemargin`*maß*	Abstand linker Papierrand – Text bei geraden Seiten
`\textwidth`*maß*	Textbreite (bedruckter Seitenbereich)
`\topmargin`*maß*	Abstand oberer Papierrand – Kopfzeile
`\headheight`*maß*	Höhe der Kopfzeile
`\headsep`*maß*	Abstand Kopfzeile – Text
`\textheight`*maß*	Texthöhe (für den eigentlichen Text ohne Kopf- und Fußzeilen)
`\columnsep`*maß*	Spaltenabstand (nur bei zweispaltigem Text)
`\columnseprule`*maß*	Stärke der Linie zwischen den Spalten (Standard: 0)
`\footskip`*maß*	Abstand zwischen Text und dem unteren (!) Ende der Fußzeile
`\headheight`*maß*	Höhe der Fußzeile

Standardmäßig fügt LaTeX zwischen zwei Absätzen keinen Zwischenraum ein. Dafür wird ab dem zweiten Absatz eines Abschnitts die jeweils erste Zeile des Absatzes ein wenig eingerückt. Wenn Sie eine Absatzgestaltung wie in diesem Buch erreichen möchten (kein Einzug, dafür spürbarer Absatzabstand), müssen Sie `\parindent` auf 0 setzen (Maßeinheit nicht vergessen – trotz 0) und für `\parskip` einen vernünftigen Wert – beispielsweise `2ex` – setzen.

Erklärungsbedürftig ist auch das Kommando `\flushbuttom`: Es bewirkt, dass LaTeX einen vertikalen Randausgleich durchführt. Dabei wird zwischen Absätzen und Überschriften so viel Leerraum einfügt, dass alle Seiten exakt gleich lang sind. Standardmäßig ist diese Formatierung nur beim Texttyp `book` aktiviert und kann dort mit `\raggedbottom` abgeschaltet werden.

Absatzlayout	
`\parindent`*maß*	Einzug der ersten Zeile des Absatzes
`\parskip`*maß*	Abstand zwischen zwei Absätzen
`\raggedright`	kein Blocksatz, sondern Flattersatz
`\flushbottom`	vertikaler Randausgleich (gleichbleibende Seitenhöhe)
`\raggedbottom`	kein vertikaler Randausgleich

Die Syntax zur Veränderung des Zeilenabstands weicht von der der obigen Kommandos ab: Mit `\renewcommand{\baselinestrech`*faktor*`}` wird der normale Zeilenabstand um den angegebenen Faktor vergrößert oder verkleinert. Diese etwas ungewöhnliche Definition ist notwendig, weil der Zeilenabstand von der aktuellen Schriftgröße abhängig ist und daher nicht auf einen starren Wert gesetzt werden sollte.

Üblicherweise nummeriert LaTeX alle Überschriften bis einschließlich `\subsubsection` automatisch durch, was zu Abschnittsnummern wie 3.5.2.1 führt. In diesem Buch wurde die Nummerierung durch eine Veränderung der Variablen `secnumdepth` auf zwei Ebenen (Kapitel und Abschnitte) reduziert. Analog kann die Anzahl der Ebenen für das Inhaltsverzeichnis über die Variable `tocdepth` gesteuert werden (in diesem Buch drei Ebenen).

Nummerierung von Überschriften	
`\setcounter{secnumdepth}{n}`	n+1 Gliederungsebenen nummerieren
`\setcounter{tocdepth}{n}`	n+1 Gliederungsebenen ins Inhaltsverzeichnis
`\setcounter{page}{n}`	verändert die laufende Seitenzahl
`\setcounter{chapter}{n}`	verändert die laufende Kapitelzahl
`\setcounter{section}{n}`	verändert die laufende Abschnittszahl

20.6 Metafont- und PostScript-Zeichensätze

Vermutlich die größten Verständnisprobleme bei der Arbeit mit LaTeX bereitet der Umgang mit Zeichensätzen. Dieser Abschnitt versucht, ein wenig Klarheit zu schaffen. Die zwei zentralen Themen dieses Abschnitts sind das LaTeX-Zusatzprogramm Metafont, mit dem die LaTeX-eigenen Zeichensätze erzeugt werden (zumeist dynamisch während des Ausdrucks), und die Verwendung von echten PostScript-Zeichensätzen an Stelle der LaTeX-Originalschriften.

Metafont-Grundlagen

Als LaTeX ursprünglich entwickelt wurde, war der Druckermarkt noch unübersichtlicher als jetzt. Einen etablierten Standard wie PostScript mit zahllosen vordefinierten Schriftarten zu einem für (beinahe) jedermann erschwinglichen Preis gab es noch nicht. Aus diesem Grund wurde gleichzeitig mit LaTeX das Programm Metafont entwickelt. Dieses Programm ist für die Berechnung der Zeichensätze zuständig. Das Ziel war es, möglichst jeden beliebigen Drucker in optimaler Qualität unterstützen zu können. Vor diesem Hintergrund ist auch zu verstehen, warum Metafont mit Bitmap-Zeichensätzen (und nicht wie PostScript mit beliebig skalierbaren Vektorzeichensätzen) arbeitet. LaTeX und Metafont bilden bis heute ein integratives Paket, jedes Programm für sich ist praktisch wertlos.

Wie funktioniert Metafont? Ausgangspunkt für alle Zeichensätze sind `name.mf`-Dateien. Diese Textdateien enthalten Kommandos zum Zeichnen der einzelnen Buchstaben eines Zeichensatzes. Das Programm Metafont erzeugt je nach den angegebenen Optionen eine oder zwei Dateien: in jedem Fall eine Bitmap-Datei `name.nnnpk` und manchmal (wenn diese Datei noch nicht existiert) die Metrikdatei `name.tfm`.

Die Bitmap-Dateien `*.nnnpk` enthalten den Zeichensatz in komprimierter Form. In dieser Bitmap ist jeder Buchstabe durch Tausende von Einzelpunkten (Pixeln) dargestellt. `nnn` steht dabei für einen Faktor aus Auflösung in dpi (dots per inch) und Vergrößerung. Typische dpi-Werte sind 300 oder 600 dpi bei Laserdruckern sowie 1270 oder 2540 dpi bei Belichtungsgeräten. Der Vergrößerungsfaktor kommt ins Spiel, wenn ein Zeichensatz in einer anderen Größe als in seiner Entwurfsgröße benötigt wird (z.B. bei `\small` oder `\large`). Daraus ergeben sich dann Werte wie 720 (600 mal 1,2).

Die Metrikdateien `*.tfm`-Datei enthalten alle Angaben über die Größen der einzelnen Buchstaben. Auch wenn es zu einem Zeichensatz mehrere `*pk`-Dateien gibt, existiert immer nur eine Metrikdatei (die wahre Größe der Buchstaben ist ja von der Druckerauflösung unabhängig).

Nun zur realen Bedeutung dieser beiden Dateitypen: Die Metrikdateien `*.tfm` werden während der Bearbeitung eines Textes durch LaTeX benötigt. LaTeX entnimmt diesen Dateien die Information, wie groß die jeweiligen Buchstaben sind, und führt anhand dieser Daten den Zeilen- und Seitenumbruch durch. Das Ergebnis ist eine DVI-Datei (*device independent*), die die eigentlichen Zeichensätze noch nicht enthält und in dieser Form weder ausgedruckt noch angezeigt werden kann.

Die `*pk`-Dateien werden erst beim Ausdruck bzw. bei der Anzeige der Datei am Bildschirm (`xdvi`) benötigt. Wenn die gerade erforderliche `*pk`-Datei in der Auflösung des Druckers bzw. Bildschirms und in der gewünschten Vergrößerung noch nicht existiert, wird Metafont automatisch gestartet. Deswegen kann es beim ersten Ausdruck eines Textes mit vielen Schriftarten und -größen zu erheblichen Verzögerungen kommen. Beim nächsten Mal stehen die erforderlichen `*pk`-Dateien dann aber bereits zur Verfügung.

Im Regelfall müssen Sie sich um Zeichensatzdateien nicht kümmern und brauchen das Programm Metafont (Kommandoname `mf`) nie selbst aufzurufen. Alle erforderlichen `*.mf`- und `*.tfm`-Dateien sind bereits vorinstalliert, die `*.nnnpk`-Dateien werden je nach Bedarf automatisch erzeugt.

Ausdruck in einer höheren Auflösung als 300 dpi

`dvips` konvertiert DVI-Dateien in PostScript-Dateien. Das Programm startet bei fehlenden Zeichensatzdateien automatisch das Programm Metafont. Zur Veränderung der Auflösung sieht dvips die Option -D vor. Der Standardwert ist in der dvips-Konfigurationsdatei config.ps im Verzeichnis ./dvips/config voreingestellt (meist mit 600 dpi).

Eine Veränderung der Auflösung durch -D funktioniert allerdings nicht für jede Auflösung. Der Grund dafür liegt in der Shell-Datei mktexpk (die via MakeTeXPK von dvips zur Generierung fehlender Zeichensätze aufgerufen wird). Dort sind nur für die genannten Auflösungsstufen die entsprechenden Druckermodi voreingestellt. Das folgende Listing zeigt den dafür relevanten Ausschnitt aus mktexpk:

```
# /usr/bin/mktexpk
...
 if test -z "$MODE" || test "x$MODE" = xdefault; then
    case "$BDPI" in
      85) MODE=sun;;
     180) MODE=toshiba;;
     300) MODE=cx;;
     400) MODE=nexthi;;
     600) MODE=ljfour;;
    1270) MODE=linoone;;
       *) echo "$progname: Can't guess mode for " >&2
          echo "$progname: $BDPI dpi devices." >&2
          echo "$progname: Use a config file, or update me." >&2
          exit 1
    esac
  fi
...
```

Das Programm Metafont erwartet als Parameter zum Erzeugen eines Zeichensatzes nämlich nicht nur die gewünschte Auflösung, sondern auch zusätzliche Informationen über den Druckertyp. Wenn der Druckertyp bekannt ist, kann Metafont die Datei modes.mf im Verzeichnis /usr/share/texmf/metafont/misc auswerten. In dieser Datei sind zahllose Drucker und Belichtungsmaschinen aufgezählt. Dazu sind diverse druckerspezifische Daten gespeichert, um die Zeichensätze optimal an die Besonderheiten des Druckers anzupassen. Beispielsweise werden bei Druckern, die einzelne Pixel zu groß darstellen, dünnere Zeichensätze generiert, um diesen Mangel zu kompensieren. Ein typischer Eintrag in modes.mf sieht beispielsweise so aus (hier für einen Canon-Tintenstrahldrucker mit 360 dpi):

```
% /usr/share/texmf/metafont/misc/modes.mf
...
% From {\tt sjwright@cix.compulink.co.uk}, 9 February 1994.
mode_def bjtenex =                        % Canon BubbleJet 10ex
  mode_param (pixels_per_inch, 360);
  mode_param (blacker, .6);
  mode_param (fillin, 0);
  mode_param (o_correction, .6);
  mode_common_setup_;
enddef;
```

...

Um einen Ausdruck für diesen Drucker zu erzeugen, müssen Sie in `MakeTeXPK` die folgende Zeile in die `case`-Verzweigung einfügen:

```
# in /usr/bin/mktexpk einfügen
360) MODE=bjtenex;;
```

Anschließend können Sie `dvips` mit der Option `-D 360` aufrufen und die resultierende PostScript-Datei mittels `gs` mit der Option `-sDEVICE=bj10e` in das Format des Canon-Druckers konvertieren. Beachten Sie, dass diese Vorgehensweise nur bei der Verwendung von LaTeX-Schriften zufrieden stellende Ergebnisse liefert. PostScript-Schriften können nur dann in einer ansprechenden Qualität in das Format eines anderen Druckers konvertiert werden, wenn die erforderlichen PostScript-Schriften zur Verfügung stehen.

VERWEIS

Weitere Informationen zu PostScript-Schriften folgen im übernächsten Abschnitt. Das Programm `dvips` wird detailliert in Kapitel 18.5 auf Seite 783 behandelt. In diesem Kapitel werden auch alle anderen Linux-Programme zum Drucken von Texten beliebiger Herkunft beschrieben.

Zeichensatzdateien

Wenn Sie wissen möchten, welche Zeichensatzdateien Ihnen zur Verfügung stehen, können Sie in das Verzeichnis `/usr/share/texmf` wechseln. Dort führen Sie das Kommando

```
user$ find -name '*.mf'
```

aus. Das Ergebnis ist eine lange Liste von Zeichensätzen (auf meinem Rechner etwa 1500). Von diesen Zeichensätzen werden Sie normalerweise nur einen Bruchteil benötigen, nämlich die aus den Unterverzeichnissen `./fonts/source/public`. Die restlichen Zeichensätze sind für diverse TeX- und LaTeX-Erweiterungen (z.B. AmsTeX) vorgesehen, die beispielsweise im Buch 'LaTeX– Ergänzungen Band 2' von Helmut Kopka beschrieben werden.

Die Dateinamen der LaTeX-Standardschriften beginnen mit den beiden Buchstaben 'cm', die für 'computer modern' stehen. Die cm-Schriften sind nach wie vor der Defacto-Standard für alle LaTeX-Dokumente. Parallel dazu wurde in den letzten Jahren eine neue Generation von Schriftarten entwickelt, die als dc-Schriften bezeichnet werden. Die dc-Schriften unterscheiden sich vor allem durch einen erweiterten Zeichensatz (mehr Sonderzeichen) von den cm-Schriften. Ihr größter Nachteil besteht darin, dass die Zeichencodes zum Teil von denen der cm-Schriften abweichen und daher Inkompatibilitäten auftreten. Die Verwendung der dc-Schriften setzt daher neue Trenndateien etc. voraus. (Informationen dazu finden Sie ebenfalls im gerade erwähnten Buch von Kopka.)

Verwendung von PostScript-Schriftarten

In diesem Abschnitt geht es nicht einfach darum, einen LaTeX-Text auf einem PostScript-Drucker auszudrucken – dazu ist ja lediglich das Programm `dvips` erforderlich. Das eigentliche Thema ist es vielmehr, beim Ausdruck nicht die Original-LaTeX-Schriften zu verwenden, sondern die bekannten PostScript-Schriftarten wie Courier, Helvetica, Times Roman oder Palatino.

Der Hauptvorteil bei der Verwendung von PostScript-Schriften besteht darin, dass Sie einen größeren Spielraum bei der Auswahl von Schriftarten haben. Ein weiteres Argument, das für PostScript-Schriften spricht, ist die bessere Skalierbarkeit. PostScript-Schriften werden von jedem PostScript-Drucker immer in der bestmöglichen Qualität wiedergegeben. Wenn Sie dagegen mit LaTeX-Schriftarten arbeiten, müssen Sie für jeden Drucker eine eigene Datei erzeugen, um eine optimale Qualität zu erzielen. (Die Durchführung eines Ausdrucks in einer höheren Auflösung als 300 dpi wurde auf Seite 911 besprochen.)

Die Verwendung von PostScript-Schriften ist im Prinzip ganz einfach: Sie müssen lediglich das Kommando `\usepackage` am Beginn Ihres Dokuments ausführen und dabei einen der folgenden Package-Namen angeben:

PostScript-Font-Pakete	
`avant`	AvantGarde statt Sans Serif, andere Schriften: Original-LaTeX
`bookman`	Bookman als Standardschrift, AvantGarde statt Sans Serif, Courier statt Typewriter
`helvetica`	Helvetica statt Sans Serif, andere Schriften: Original-LaTeX
`newcentury`	Standardschrift NewCenturySchoolbook, AvantGarde statt Sans Serif, Courier statt Typewriter
`palatino`	Standardschrift Palatino, Helvetica statt Sans Serif, Courier statt Typewriter
`times`	Standardschrift Times Roman, Helvetica statt Sans Serif, Courier statt Typewriter

Je nach Distribution finden Sie in `.//tex/latex/psnfss/` weitere Packages.

Beachten Sie, dass Sie auch bei der Verwendung von PostScript-Schriften noch immer die `dvips`-Option `-D` zur Einstellung der gewünschten Auflösung Ihres Druckers verwenden müssen. Mathematische Sonderzeichen werden nämlich weiterhin über LaTeX-Zeichensätze (und damit auflösungsabhängig) erzeugt.

Eine Eigenheit bei der Verwendung von PostScript-Zeichensätzen besteht darin, dass die beiden Apostrophe ' und ' nur mit einer Lupe voneinander zu unterscheiden sind. Typografisch mag das durchaus korrekt sein, wenn die Zeichen aber in Programmlistings benötigt werden, ist das ein großes Problem. Eine Notlösung besteht darin, den nach rechts gerichteten Apostroph durch das Mathematikkommando `$\grav$` zu bilden (liefert `). Dieser Weg wurde auch in diesem Buch beschritten.

20.7 LaTeX für Fortgeschrittene

Dieser Abschnitt behandelt einige fortgeschrittene Themen und richtet sich damit vor allem an LaTeX-Anwender, die vorhaben, umfangreichere Texte zu gestalten und die Möglichkeiten von LaTeX bis zum Limit auszuschöpfen. Die Teilabschnitte zeigen, wie Sie eigene Makros definieren und Texte in mehrere Dateien zerlegen können. Schließlich verrät der letzte Teilabschnitt einige Tricks, die beim Satz dieses Buchs eingesetzt wurden.

Makros

Beim Erstellen längerer LaTeX-Texte werden Sie feststellen, dass Sie bestimmte LaTeX-Kommandos immer wieder benötigen. Zur Minimierung des Tippaufwands, aber auch zur Erhöhung der Übersichtlichkeit können Sie in solchen Fällen Makros definieren, die sich dann wie LaTeX-Kommandos verhalten. Die Definition von Makros muss vor `\begin{document}` erfolgen.

Es existieren drei Typen von Makrodefinitionen: Einfache Kommandos ohne Parameter, Kommandos mit Parametern und schließlich eigene Umgebungen. Die Syntax für die Definition neuer Kommandos sieht folgendermaßen aus:

Definition eigener Makros und Umgebungen	
`\newcommand{\name}{code}`	Kommando ohne Parameter
`\newcommand{\name}[n]{code}`	Kommando mit n Parametern
`\newenvironment{name}{code1}{code2}`	neue Umgebung

Bei Kommandos mit Parametern können diese im Codebereich mit `#1`, `#2` etc. verwendet werden. Umgebungen kennen zwei Codebereiche: Der erste wird am Beginn der Umgebung ausgeführt, der zweite am Ende der Umgebung. Neue Kommandos können anschließend mit `\name` bzw. `\name{para1}{para2}{...}` aufgerufen werden. Neue Umgebungen werden mit `\begin{name}` und `\end{name}` verwendet.

Die folgenden Zeilen zeigen ein Beispiel für neue Kommandos, einmal mit und einmal ohne Parameter. Ein Beispiel für eine neue Umgebung finden Sie auf Seite 918.

```
\newcommand{\dat}{\small\tt}                      % Schriftart für Dateien
\newcommand{\bild}[3]{\begin{figure}[h]           % Bild einfügen und
  \centerline{\epsfxsize=90mm\epsffile{#1}}  % beschriften
  \caption{\label{#2} {\it #3}}
  \end{figure}}
```

Nun zur Anwendung dieser Kommandos: `{\dat Datei\-name}` liefert den Text `Dateiname`. Die Anweisung `\bild{datei}{marke}{Beschriftung}` fügt die angegebene PostScript-Datei in den Text ein, definiert eine Marke für Querverweise und beschriftet die Abbildung mit dem angegebenen Text. Die meisten Abbildungen in diesem Buch – sofern keine Spezialwünsche bestanden – wurden mit diesem Makro eingefügt.

Im nächsten Beispiel wird die neue Umgebung `mycomment` definiert. Text innerhalb dieser Umgebung wird klein, kursiv und beidseitig eingerückt gesetzt.

```
\newenvironment{mycomment}{\begin{quote}\small\sl}{\end{quote}}
```

> *Text, der zwischen* `\begin{mycomment}` *und* `\end{mycomment}` *gesetzt wird, sieht aus wie dieser Absatz.*

Bearbeitung umfangreicher Texte

Wenn Sie längere Texte mit LaTeX schreiben möchten, ist es sinnvoll, den Text in mehrere Dateien zu zerlegen. Bewährt hat sich dabei die Unterteilung in eine zentrale Steuerungsdatei (`buch.tex`), eine Datei mit globalen Einstellungen und Makrodefinitionen (`header.tex`) sowie je eine Datei für jedes Kapitel. (LaTeX hat übrigens auch bei solcherart zusammengesetzten Dokumenten keinerlei Probleme mit dem Inhalts- und Stichwortverzeichnis. Querverweise können ohne weiteres von einem Kapitel in ein anderes verweisen.)

Das wichtigste Kommando zum Zusammensetzen von Texten aus mehreren Dateien lautet `\input{datei}`. Es liest an der Stelle seines Auftretens die angegebene Datei und verarbeitet sie, als stünde der darin enthaltene Text an der Stelle des `\input`-Kommandos. `\input` darf auch verschachtelt auftreten. Wenn in `\input` keine Dateikennung angegeben wird, hängt LaTeX selbstständig `.tex` an den Dateinamen an.

externe Datei einlesen	
`\input{datei}`	fügt an dieser Stelle die angegebene LaTeX-Datei ein

Die Zerlegung langer Texte in mehrere Dateien hat nicht nur den Vorteil einer besseren Übersichtlichkeit, sie beschleunigt auch das Arbeitstempo. Während der Arbeit an einem Kapitel können alle anderen `\input`-Zeilen in `buch.tex` durch ein vorangestelltes `%`-Zeichen auskommentiert werden. Die Bearbeitung des Textes durch LaTeXwird dadurch erheblich beschleunigt. Die Dateien `buch.tex` und `header.tex` sehen in der Regel etwa so aus:

```
% BUCH.TEX: zentrale Steuerungsdatei
\input{header}
\makeindex
\begin{document}
\tableofcontents          % Inhaltsverzeichnis einfügen
\input{vorwort}
\input{kapitel1} \input{kapitel2} \input{kapitel3} % ...
% ...
```

```
\begin{appendix}
\input{anhanga}  \input{anhangb}  \input{anhangc}  % ...
\end{appendix}
\printindex             % Stichwortverzeichnis einfügen
\end{document}
```

```
% HEADER.TEX: globale Einstellungen, Makros
\documentclass{book}    % Dokumenttyp
\usepackage{ngerman}    % diverse Makrodateien
\usepackage{isolatin1}
\parindent0pt           % globale Einstellungen
\parskip2ex             % etc.
\newcommand{\dat}[1]{{\small\tt #1}}   % Makrodefinitionen
```

Besonderheiten beim Satz dieses Buchs

Wenn Sie dieses Buch durchblättern, werden Ihnen vielleicht einige Besonderheiten des Layouts auffallen, die nicht ganz LaTeX-typisch sind. Dieser Abschnitt verrät einige Tricks, die dabei eingesetzt wurden. Eine detaillierte Erklärung, warum das funktioniert, würde allerdings in die Tiefen von LaTeX und TeX führen und ist hier leider aus Platzgründen unmöglich.

In diesem Buch werden Tastensymbole in der Form (Strg)+(C) durch das Kommando `\keys{Strg}+\keys{C}` dargestellt. Die Tastensymbole werden dabei nicht durch eine besondere Schriftart erzeugt, sondern durch ein Makro, das auf einige elementare Grafikbefehle von LaTeX zurückgreift. Die vielen `%`-Zeichen am Ende jedes Kommandos haben übrigens auch einen Zweck: Sie verhindern eventuell störende Zwischenräume.

```
\newbox\mybox%                  Variable für LaTeX-Box
\newcount\laenge%               Variable für Integerzahl
\newcount\laengehalbe%          noch eine Variable
\newcommand{\keys}[1]{%         als Parameter wird Text übergeben
\setbox\mybox=%                 Parameter in der Box speichern
\hbox{\footnotesize #1}%
\laenge=\wd\mybox%              Länge der Box ermitteln
\advance\laenge by 370000%      um 2 mm verlängern
\laengehalbe=\laenge%           die Hälfte davon
\divide \laengehalbe by 2%
\unitlength1sp%                 alle Maße in sp (1/65536 pt)
%  Picture-Umgebung für Grafik-Kommandos:
%  \laenge breit, 600000 sp = 3,2 mm hoch
%  horizontaler Offset 0,
%  vertikaler Offset 140000 sp (0,7 mm) unter normalen Text
\begin{picture}(\laenge,600000)(0, 140000)%
%  Oval zeichnen
\put(\laengehalbe, 300000){\oval(\laenge, 600000)}%
```

```
% gespeicherte Box in diesem Oval ausgeben
% horiz. Offset 1 mm, vert. Offset 0.7 mm
\put(185000, 140000){\unhbox\mybox}%
\end{picture}}
```

Relativ häufig werden in diesem Buch Syntaxboxen für diverse Zusammenfassungen und zum Teil auch für Überschriften verwendet. Das normale `\fbox`-Kommando ist hierfür nicht geeignet, weil darin das ständig benötigte Kommando `\verb` nicht verwendet werden darf. Das folgende Makro greift auf die neue LaTeX 2ε-Umgebung `lrbox` zurück. Um die Box zusätzlich grau zu hinterlegen, wird das Kommando `\fcolorbox` verwendet, das im Package `color` definiert ist.

```
\fboxsep1.36mm%                  Freiraum zwischen Syntaxbox und Text
\definecolor{g1}{gray}{0.92}%    Grauton definieren
\newsavebox{\syntaxbox}%         wie oben
\newenvironment{sybox}%
{\begin{lrbox}{\syntaxbox}%
\begin{minipage}{12.5cm}}%
{\end{minipage}%
\end{lrbox}%                     Inhalt von \syntaxbox in einer grau
{\fcolorbox{g1}{g1}%             hinterlegten \fcolorbox ausgeben
{\parbox{12.5cm}{\usebox{\syntaxbox}\hfill\hbox{}}}}}
```

Die Anwendung der neuen Umgebung sieht dann so aus:

```
\begin{sybox}
Syntaxbox, in der Sonderzeichen wie \verb?%~^? dargestellt
werden können.
\end{sybox}
```

Syntaxbox, in der Sonderzeichen wie `%~^` dargestellt werden können.

PDFTeX

Wenn Sie LaTeX-Dokumente in PDF-Dateien umwandeln möchten, können Sie zuerst mit `dvips` PostScript-Dateien erstellen und diese dann (etwa mit Adobe Distiller) in das PDF-Format umwandeln. Dieser Weg führt allerdings um drei Ecken (DVI → PS → PDF) und liefert nur dann überzeugende Ergebnisse, wenn Sie in Ihrem LaTeX-Dokument PostScript-Zeichensätze verwenden. Außerdem können PDF-spezifische Merkmale (Querverweise, Inhaltsverzeichnis) nicht genutzt werden. Dem steht der Vorteil gegenüber, dass keinerlei Änderungen am LaTeX-Dokument erforderlich sind.

Einen anderen Weg beschreitet das relativ neue Paket PDFTeX, das mit neueren Versionen von teTeX bereits mitgeliefert wird. Dabei handelt es sich um eine Variante zu TeX bzw.LaTeX, die speziell dafür entwickelt wurde, um PDF-Dateien erzeugen. Dementsprechend gibt es eine Reihe zusätzlicher Kommandos.

Die Anwendung von PDFTeX ist prinzipiell einfach: Anstatt eine LaTeX-Datei mit `latex` in eine DVI-Datei umzuwandeln, verwenden Sie das Kommando `pdflatex`. Die einzige Einschränkung besteht darin, dass `pdflatex` nicht mit allen LaTeX-Erweiterungen zurechtkommt.

```
$ pdflatex datei.tex
```

VERWEIS

Weitere Informationen und Beispiele finden Sie in den Dateien des Verzeichnisses `usr/share/texmf/doc/pdftex/base`. Die zentrale Anlaufstelle im Internet finden Sie unter:

`http://www.tug.org/applications/pdftex/`

Kapitel 21

LyX – LaTeX leicht gemacht

Die Intention von LyX besteht darin, die Verwendung von LaTeX so einfach und komfortabel zu machen, dass selbst Einsteiger damit auf Anhieb zurechtkommen. LyX stellt dazu einen WYSIWYG-Editor zur Verfügung, in den das LaTeX-Dokument eingegeben werden kann. Der Text wird dabei beinahe so angezeigt, wie er später beim Ausdruck aussieht. (WYSIWYG steht für *What you see is what you get*. Echtes WYSIWYG ist in Kombination mit LaTeX bei einer interaktiven Bearbeitung von Texten praktisch unmöglich. LyX nähert sich aber erstaunlich weit an diese Idealvorstellung an.)

Vielleicht wundern Sie sich, warum dieses Kapitel nach dem LaTeX-Kapitel angeordnet ist und nicht davor. LyX ist sicherlich viel einfacher zu bedienen als LaTeX. Dennoch ist es für das Verständnis von LyX ungemein praktisch, wenn Sie eine Vorstellung davon haben, wie LaTeX funktioniert. Lesen Sie daher zumindest den Einführungsabschnitt des LaTeX-Kapitels, bevor Sie sich mit LyX beschäftigen – es lohnt sich!

Einige Worte zur Herkunft von LyX: Sowohl LyX (Start 1995) als auch die Portierung KLyX (1997) gehen auf Initiativen von Matthias Ettrich zurück (der auch der Initiator von KDE ist). Eine lange Liste von Mitentwicklern kann über das HILFE-Menü angezeigt werden. LyX und KLyX sind gemäß der GPL freie Software.

HINWEIS: Dieses Kapitel wurde vollständig mit LyX bzw. KLyX geschrieben. Der (mehr oder weniger) endgültige Text wurde dann in LaTeX-Code konvertiert und an die Layoutbesonderheiten dieses Buchs angepasst. Besondere Probleme gab es dabei keine.

21.1 Einführung

Was ist LyX (und was ist es nicht)?

LyX ist ein moderner Texteditor. Textteile können in verschiedenen Schriftgrößen und -attributen formatiert werden und werden nicht nur so ausgedruckt, sondern auch innerhalb von LyX entsprechend angezeigt (WYSIWYG). Zur Formatierung von Absätzen stehen Formatvorlagen zur Verfügung (deren Namen Ihnen vertraut sind, wenn Sie einen Blick in das LaTeX-Kapitel geworfen haben: *Itemize, List, Chapter, Section* etc.

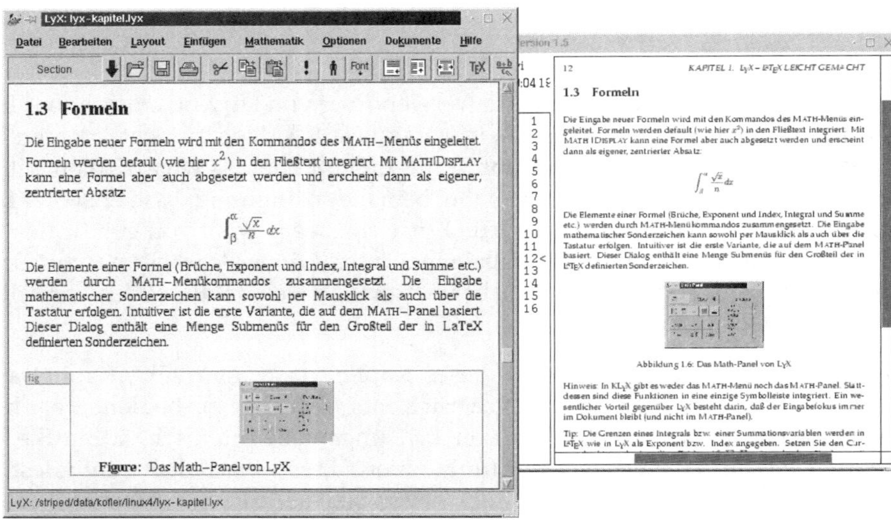

Abbildung 21.1: Links LyX, rechts die Seitenvorschau mit ghostview

Die Bedienung des Programms ähnelt in vielen Details einem herkömmlichen Textverarbeitungsprogramm. Die meisten Tastenkürzel – etwa zur Cursor-Bewegung, zum Markieren und Kopieren von Blöcken etc. – funktionieren wie in Windows-Programmen. (Wenn Sie das stört, können Sie übrigens auch eine andere Tastaturbelegung wählen, etwa mit einer größeren Ähnlichkeit zum Emacs.)

LyX zeichnet sich durch eine Reihe professioneller Merkmale aus:

- In den Dokumenten können Tabellen, Bilder, mathematische Formeln, Querverweise etc. verwendet werden.
- Die Eingabe mathematischer Formeln wird durch eigene Dialoge, Symbolleisten etc. unterstützt und ist sehr komfortabel.
- LyX hilft bei der automatischen Erzeugung von Inhalts-, Stichwort- und Abbildungsverzeichnissen.

- Sofern auf dem Rechner das Programm `ispell` zur Rechtschreibprüfung installiert ist, können LyX-Texte ganz einfach auf eine korrekte Schreibweise überprüft werden.
- LyX unterstützt ein mehrstufiges Undo. Außerdem werden von allen geänderten LyX-Dateien regelmäßig automatische Sicherungskopien mit dem Dateinamen `#name.lyx#` erstellt. Die Gefahr, unbeabsichtigt Daten zu verlieren, ist also ausgesprochen gering.
- Die Menüs und Dialogtexte liegen in mehreren Sprachen vor. Standardmäßig erscheint LyX mit englischen Menüs. Wenn Sie deutsche Menüs bevorzugen, müssen Sie vor dem Start die Environment-Variable `LANG` auf `"de"` setzen, beispielsweise in der `bash` mit `export LANG="de"`.

HINWEIS

Die in diesem Kapitel angegebenen Menü- und Dialogtexte beziehen sich immer auf die deutsche LyX-Version. (Die KLyX-Texte weichen in einzelnen Fällen ein wenig davon ab.) Tastenkürzel beziehen sich auf die Defaulttastaturbelegung von LyX, gelten aber im Regelfall ebenfalls auch in KLyX.

Layouteinschränkungen

LyX ist kein Textverarbeitungsprogramm im Stil von MS Word, WordPerfect oder StarWriter. Insbesondere wird die Formatierung von LyX-Dokumenten durch die Möglichkeiten von LaTeX limitiert. Wenn Sie bisher mit einem herkömmlichen Textverarbeitungsprogramm gearbeitet haben (etwa mit MS Word), müssen Sie umdenken. Dazu einige Beispiele:

- Es ist nicht möglich, den Abstand zwischen zwei Absätzen einfach durch ein paar Leerzeilen zu vergrößern – das ist in LaTeX nicht vorgesehen. (Sie können aber mit (Strg)+(↵) feste Zeilenumbrüche einfügen, die in LaTeX mit `\\` gebildet werden.)
- Ebenso ist es unmöglich, zwei Wörter durch mehrere Leerzeichen weiter voneinander zu trennen. (Sie können aber den Abstand zwischen zwei Wörtern vergrößern, indem Sie LaTeX-Kommandos wie `\quad` in den Text einfügen. Generell können Sie in LyX-Texten auf alle LaTeX-Kommandos zurückgreifen.)
- Auch bei der Auswahl von Zeichensätzen sind Sie eingeschränkt – wie in LaTeX-Dokumenten üblich, gibt es lediglich eine Standardschrift sowie zwei Zusatzschriften (Sans Serif und `Typewriter`).
- LyX kennt keine Tabulatoren. (Es gibt ein eigenes Kommando zum Erstellen einfacher Tabellen. Mehrspaltiger Text kann durch sogenannte Minipages erreicht werden. LyX kann in dieser Beziehung aber nicht mit herkömmlichen Textverarbeitungsprogrammen mithalten.)

Die obigen Punkte stellen nur dann eine echte Einschränkung dar, wenn Sie – etwa zur Gestaltung eines Plakats – großen Wert auf ein eigenes Layout legen. Dafür ist LyX schlicht ungeeignet. Aber für die überwiegende Mehrzahl von 'normalen' Texten – Briefen, Magister- und Diplomarbeiten – bietet sich LyX geradezu an. Das automatisch von LyX (bzw. LaTeX) erzeugte Layout sieht in solchen Fällen fast immer professioneller aus als eigene Kreationen.

TIPP Ein Blick in das vorangegangene LaTeX-Kapitel hilft sehr, die Layouteinschränkungen von LyX besser zu verstehen.

WYSIWYG-Einschränkungen

Es wurde bereits erwähnt, dass LyX *beinahe* WYSIWYG beherrscht. Wo also sind die Einschränkungen?

- In LyX ist weder der Zeilen- noch der Seitenumbruch zu sehen. (Um festzustellen, wie das gesetzte Dokument endgültig aussieht, müssen Sie das Dokument zur Seitenvorschau in das DVI- oder PostScript-Format übersetzen.)
- Trennungen werden nicht angezeigt.
- Seitennummern, Kopf- und Fußzeilen etc. sind ebenfalls unsichtbar.

Sonstige Einschränkungen

Ein zentrales Merkmal von LyX besteht darin, dass die Texteingabe in das Programm integriert ist. Der zu LyX gehörende Texteditor ist zwar ausgezeichnet, dennoch werden Emacs-Fans (wie der Autor dieses Buchs) ihre Makros vermissen. Ein weiterer Nachteil besteht darin, dass sehr umfangreiche LyX-Dokumente nicht ohne weiteres in mehrere kleinere Dateien zerlegt werden.

LaTeX-Import

LyX-Dokumente können naturgemäß problemlos in das LaTeX-Format exportiert werden (LyX ist nichts anderes als eine Art Benutzeroberfläche zu LaTeX). Seit LyX 1.0 funktioniert auch der umgekehrte Weg: LaTeX-Dateien können importiert werden. Hinter den Kulissen wird diese Umwandlung vom LaTeX- in das LyX-Format durch das Perl-Script `reLyX` erledigt. Die Qualität des Ergebnisses hängt allerdings stark vom LaTeX-Dokument ab. Nur wenn sich dieses auf Standard-LaTeX-Kommandos beschränkt (keine Makros, keine besonderen Packages etc.), klappt die Umwandlung einigermaßen problemlos.

LyX versus KLyX

Es gibt momentan zwei LyX-Versionen, die sich primär durch ihre Benutzeroberfläche unterscheiden. Die Standardversion (also LyX) basiert auf der Forms-Bibliothek, während KLyX die Qt-Bibliothek verwendet. KLyX eignet sich deswegen besonders gut für die Integration in ein KDE-System und macht einen etwas moderneren Eindruck. Ausgesprochen praktisch ist auch die Möglichkeit, mehrere Fenster zu öffnen sowie Fenster zu teilen. In den (Teil-)Fenstern können mehrere Dokumente sowie unterschiedliche Bereiche eines langen Dokuments gleichzeitig angezeigt werden.

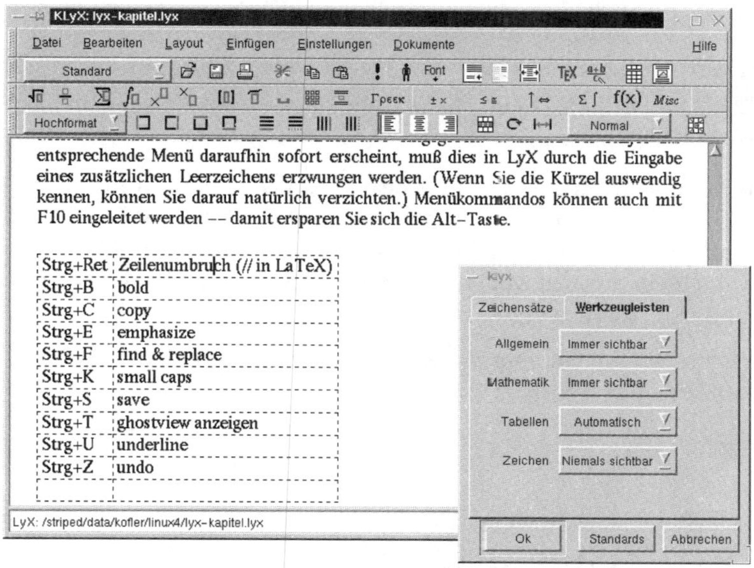

Abbildung 21.2: KLyX, die KDE-Variante von LyX

Beachten Sie, dass KLyX zwar von LyX abgeleitet ist, dass beide Versionen nunmehr aber getrennt gewartet werden. Aus diesem Grund kann es unter Umständen zu kleinen Inkompatibilitäten kommen. (Für die Zukunft ist geplant, die Versionen wieder zu vereinen und den eigentlichen LyX-Code vom Code für die Benutzeroberfläche zu trennen. Bis es so weit ist, versuchen die beiden Teams, die Programme so weit wie möglich synchron zu halten. Insbesondere sollten die `*.lyx`-Dateien kompatibel sein.)

Als diese Zeilen geschrieben wurden, stand von LyX die stabile Version 1.0 zur Verfügung, während die entsprechende KLyX-Version 0.10 noch Beta-Status hatte. Bei der praktischen Arbeit war allerdings kein Unterschied festzustellen, beide Programme funktionierten problemlos.

HINWEIS In diesem Kapitel wird nicht ständig zwischen LyX und KLyX unterschieden. Grundsätzlich gelten alle Aussagen zu LyX auch für KLyX. Nur wenn sich die beiden Versionen deutlich unterscheiden, wird explizit angeführt, welche Version gemeint ist.

Online-Dokumentation

Mit LyX werden mehrere Online-Handbücher mitgeliefert, die bequem über das Hilfemenü aufgerufen werden können. Diese Texte sind durchweg mit LyX erstellt, demonstrieren also ausgezeichnet die weit reichenden Möglichkeiten. Sie können natürlich auch problemlos ausgedruckt werden.

Die mitgelieferten Beispieldateien im Verzeichnis `/usr/share/lyx/examples` bzw. in `/opt/kde/share/apps/klyx/examples` sind ebenfalls sehr hilfreich, um LyX kennen zu lernen.

TIPP

Damit Sie gleichzeitig Ihren Text bearbeiten und den Hilfetext lesen können, öffnen Sie in KLyX einfach ein zweites Fenster (DATEI|FENSTER|NEUES FENSTER). In LyX besteht diese Möglichkeit nicht – aber es spricht nichts dagegen, LyX einfach ein zweites Mal zu starten und die zweite Instanz nur zur Anzeige der Hilfetexte zu verwenden.

Im Internet finden Sie eine Menge weiterer Informationen zu LyX (inklusive Links auf das KLyX-Projekt):

`www.lyx.org`

21.2 Arbeitstechniken

Das erste LyX-Dokument

Um ein neues, leeres Dokument zu erzeugen, führen Sie DATEI|NEU aus und geben einen Dateinamen an. LyX ergänzt den Namen automatisch mit der Kennung `*.lyx`. Jetzt können Sie bereits losschreiben. Bei der Formatierung der Absätze – etwa als Überschrift, als Aufzählung etc. – hilft vor allem das Absatzformatlistenfeld (links in der Symbolleiste). Eine Menge weiterer Details zur Formatierung von Absätzen, Zeichen sowie des gesamten Dokuments werden in den folgenden drei Teilabschnitten erläutert.

Wie bereits eingangs erwähnt, bietet LyX nur ein unvollkommenes WYSIWYG. Wenn Sie wissen möchten, wie die Seitengestaltung wirklich aussieht, müssen Sie mit DATEI|DVI ANZEIGEN oder -| POSTSCRIPT ANZEIGEN die Seitenvorschau starten. Der Unterschied zwischen den beiden Varianten besteht darin, dass im ersten Fall nur eine temporäre `*.dvi`-Datei erzeugt wird, im zweiten Fall daraus auch noch eine PostScript-Datei entsteht. Der Inhalt der beiden Dateien ist – was das Seitenlayout betrifft – absolut identisch; es werden allerdings unterschiedliche Programme zur Anzeige verwendet (`xdvi` / `ghostview` bei `lyx` bzw. `kdvi` / `kghostview` bei `klyx`).

Für welche der beiden Varianten Sie sich entscheiden, ist letztlich Geschmackssache. Die DVI-Variante ist im Regelfall etwas schneller. Der PostScript-Variante werden Sie wahrscheinlich den Vorzug geben, wenn Sie viele Abbildungen verwenden.

HINWEIS

Das erste Anzeigen eines LyX-Dokuments – egal ob im DVI- oder PostScript-Format – kann einige Zeit dauern, während der die LaTeX-Zeichensätze in der erforderlichen Größe erzeugt werden. Diese Verzögerung tritt aber nur beim ersten Mal auf (bzw. jedes Mal, wenn Sie erstmalig eine neue Schriftart/-größe verwenden).

TIPP

Sie brauchen `xdvi` bzw. `ghostview` nicht für jede Seitenvorschau neu zu starten. Verwenden Sie stattdessen die Kommandos DATEI| DVI AKTUALISIEREN oder -|POSTSCRIPT AKTUALISIEREN, mit denen lediglich die jeweiligen Vorschaudateien aktualisiert werden. `xdvi` erkennt die Veränderung automatisch; bei `ghostview` müssen Sie (R) (für *reload*) eingeben, damit die Datei neu eingelesen wird.

Die Qualität der Schriften in `ghostview` verbessert sich spürbar, wenn Sie die Aliasing-Funktion für die Zeichensätze aktivieren (siehe Seite 794).

Der Ausdruck von LyX-Dokumenten ist problemlos, sofern die Druckkonfiguration korrekt durchgeführt wurde (siehe Seite 229). Mit DATEI|DRUCKEN erzeugt LyX dieselbe PostScript-Datei wie für die Seitenvorschau und übergibt sie mit `lpr` an den Defaultdrucker `lp`.

Absatzformatierung

Zur Absatzformatierung verwenden Sie in erster Linie das Listenfeld links in der Symbolleiste. Damit können Sie den Typ eines oder mehrerer markierter Absätze verändern. Die Auswahl der zur Verfügung stehenden Absatztypen hängt von der gewählten Dokumentklasse ab (LAYOUT|DOKUMENT, siehe unten).

Absatztypen	
standard	Standardabsatz
verse	links eingerückter Absatz
list, description	links eingerückter Absatz, Text bis zum ersten Leerzeichen linksbündig
quote, quotation	beidseitig eingerückter Absatz
part, chapter, section, subsection, subsubsection	nummerierte Überschriften / Dokumentstruktur

part, chapter*, section*, subsection*, subsubsection**	wie oben, aber ohne Nummerierung
itemize, enumerate	Aufzählungen mit Punkten oder Nummern
caption	nummerierte Über- oder Unterschrift (nur für Tabellen, Bilder etc.)
lyx-code	Programmcode (ohne Abstand), Schriftart Typewriter
lyx-code-sans	wie oben, aber Schriftart Sans Serif
comment	Kommentar, wird nicht gedruckt

lyx-code entspricht im Wesentlichen der `verbatim`-Umgebung von LaTeX. Der Vorteil: Innerhalb der Umgebung kann die Schriftauszeichnung verändert werden (z.B. fette oder kursive Schrift). Der Nachteil: Die Listings werden eingerückt, das Maß der Einrückung kann aber nicht verändert werden. Zudem werden Leerzeilen nicht akzeptiert. (Abhilfe: Geben Sie einfach in leeren Zeichen ein Leerzeichen ein, oder verwenden Sie Strg+↩.)

TIPP

Einige oft benötigte Absatzformatierungen suchen Sie in den ABSATZFORMAT-Dialogen vergeblich. Wenn Sie den Abstand zwischen den Absätzen oder den Zeilenabstand innerhalb von Absätzen verändern möchten, müssen Sie diese Einstellungen global im Dialog LAYOUT|DOKUMENT durchführen (siehe unten).

Wenn Sie zwei Absätze ohne Abstand, Einrückungen etc. aneinander reihen möchten, verwenden Sie Strg+↩ statt einfach ↩ zur Trennung. (In LaTeX entspricht das dem Kommando \\.)

Mit Strg+Shift+C können Sie das Absatzlayout des gerade aktuellen Absatzes kopieren. Mit Strg+Shift+V können Sie dieses Layout auf einen anderen Absatz anwenden. Auf diese Weise können Sie mit wenig Aufwand einmal durchgeführte Einstellungen weiterverwenden.

Mit Alt+↩ zerlegen Sie einen Absatz in zwei Teile, wobei für beide neuen Absätze dasselbe Layout gilt. (Wenn Sie einfach nur ↩ verwenden, hat der neue Absatz den Typ *standard*.)

Wenn Sie mit diesen vordefinierten Absatztypen nicht auskommen, können Sie die Formatierung von Absätzen auch individuell mit LAYOUT|ABSATZFORMAT verändern. Damit verändern Sie die Ausrichtung (linksbündig / rechtsbündig / zentriert / Blocksatz), fügen Linien über bzw. unter dem Absatz ein, vergrößern oder verkleinern den Abstand zum vorherigen oder nachfolgenden Absatz, erzwingen einen Seitenumbruch am Beginn oder Ende des Absatzes etc. Über den Button MEHR gelangen Sie in ein weiteres Dialogfeld, mit dessen Hilfe Absätze in `minipage`-Umgebungen gesetzt werden können (siehe Seite 890).

Die Definition eigener (zusätzlicher) Absatztypen direkt in LyX ist in der aktuellen Version nicht vorgesehen. Die vorgegebenen Dokumentformate sind im

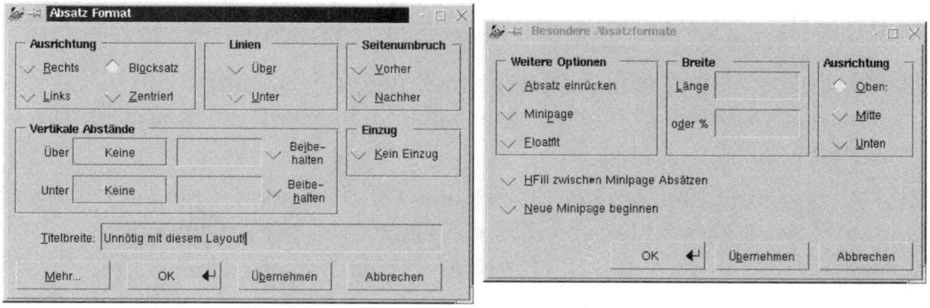

Abbildung 21.3: Individuelle Absatzformatierung

Verzeichnis `/usr/share/lyx/layouts` bzw. in `/opt/kde/share/apps/klyx /layouts` definiert. Auf der Basis dieser Textdateien können Sie prinzipiell neue Dokumentformate erstellen – allerdings nur dann, wenn Sie die LyX- und LaTeX-Interna sehr gut verstehen.

Zeichenformatierung

Der LAYOUT|ZEICHENSÄTZE-Dialog ist so umständlich zu bedienen, dass Sie sich die übermäßige Formatierung Ihrer Dokumente wohl rasch abgewöhnen werden. Mag sein, dass das ein Gewinn für das Gesamtlayout Ihres Dokuments ist – vom Standpunkt einer intuitiven Bedienung ist die Zeichenformatierung von LyX noch verbesserungswürdig.

Die Idee ist an sich simpel: Im ZEICHENSÄTZE-Dialog können Sie in mehreren Listenfeldern die Schriftfamilie (Standard, Sans Serif, Typewriter), die Schriftserie (fett), die Schriftform (kursiv, Kapitälchen), die Größe und die Farbe einstellen. ÜBERNEHMEN bzw. der FONT-Button der Symbolleiste wendet die so ausgewählte Formatierung auf den gerade markierten Text an. Das Problem besteht darin, dass Sie jedes Mal alle Attribute neu einstellen müssen, wenn Sie eine andere Formatierung benötigen (z.B. einmal `Typewriter`-Schrift, dann wieder eine kleinere Standardschrift).

TIPP

Verwenden Sie Tastenkürzel zur Zeichenformatierung! Strg+B für fette Schrift (*bold*), Strg+E für kursive Schrift (*emphasized*), Strg+K für Kapitälchen sowie Shift+Strg+P für Typewriter (*program code*). Eine nochmalige Anwendung des Kommandos macht die Formatierung rückgängig.

Dokumentlayout

Mit LAYOUT|DOKUMENT können Sie Einstellungen vornehmen, die das Aussehen des gesamten Dokuments betreffen. Die folgenden Absätze beschreiben die wichtigsten Optionen:

- KLASSE bestimmt den Typ des Dokuments (Buch, Artikel, Brief etc.). Je nach Dokumentklasse stehen unterschiedliche Absatztypen zur Auswahl.
- SEITENFORMAT gibt an, wie die Kopf- und Fußzeilen aussehen sollen.
- FORMAT gibt an, ob die Position von Abschnitts- und Seitennummer in den Kopfzeilen auf jeder zweiten Seite vertauscht werden soll (für zweiseitiges Layout wie in diesem Buch).
- SPALTEN bestimmt die Anzahl der Spalten. Bei zweispaltigem Text werden einfach zwei Spalten der Reihe nach gefüllt. Dieses Layout ist in LyX nicht sichtbar (erst in der Seitenvorschau).
- SCHRIFTARTEN bestimmt das Aussehen der Standardschrift. Mit *default* werden die LaTeX-Schriften verwendet, mit *Times, Palatino* etc. werden stattdessen PostScript-Zeichensätze eingesetzt. (Dieses Buch ist beispielsweise in Palatino gesetzt.)
- SCHRIFTGRÖSSE bestimmt die Größe der Standardschrift im Bereich zwischen 10 und 12 Punkt. Alle anderen Schriftgrößen (für Überschriften etc.) werden entsprechend verändert.
- SPRACHE bestimmt die Sprache für die Trennregeln sowie für einige vordefinierte Texte (etwa *Figure/Abbildung* bei der Beschriftung von Abbildungen).
- ABSATZTRENNUNG gibt an, ob die Absätze durch einen Einzug der ersten Zeile (Default) oder durch einen Abstand (wie in diesem Buch) getrennt werden sollen.
- NORMALABSTAND gibt an, wie groß der Abstand zwischen zwei Absätzen sein soll.
- ZEILENABSTAND gibt an, wie groß der Zeilenabstand innerhalb eines Absatzes sein soll.
- PLATZIERUNG VON FLOATS bestimmt, wo bewegliche Elemente (Tabellen, Abbildungen) nach Möglichkeit platziert werden sollen. Zulässige Einstellungen sind `t` (*top*), `h` (*here*) und `b` (*bottom*).

VORSICHT

Bei einer nachträglichen Veränderung der Dokumentklasse gehen die Informationen über das gewünschte Absatzformat verloren, wenn es dieses Format in der gewählten Dokumentklasse nicht gibt (z.B. *chapter* in einem Brief). Am Beginn solcher Absätze weist ein 'error'-Kästchen auf das Problem hin. Dieses Kästchen muss gelöscht und für den Absatz muss ein neues Format ausgewählt werden. Die Veränderung der Dokumentklasse kann nicht rückgängig gemacht werden.

TIPP

Verwenden Sie LAYOUT|SEITE zur Einstellung der Papiergröße und Orientierung (Querformat).

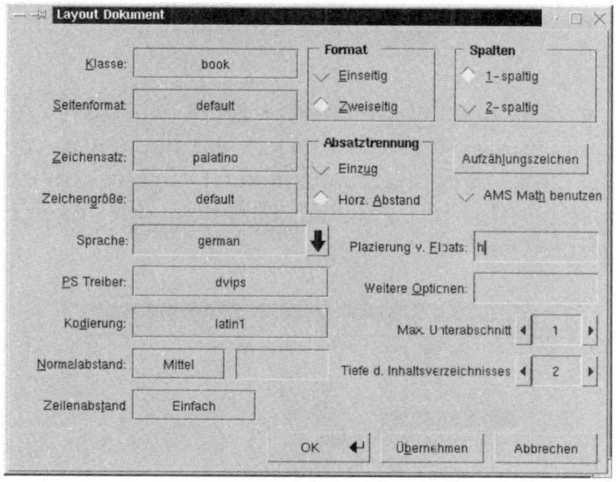

Abbildung 21.4: Einstellmöglichkeiten für das Layout des Dokuments

Vorlagen

Mit LyX werden sogenannte Vorlagen mitgeliefert. Dabei handelt es sich um ganz gewöhnliche `*.lyx`-Dateien, bei denen diverse Layouteinstellungen im Voraus durchgeführt wurden. Außerdem enthalten diese Dokumente einige Schablonentexte, die nur noch durch eigene Texte zu ersetzen sind. Vor allem ungeübten LyX-Anwendern soll damit der Weg zu eigenen Dokumenten erleichert werden. Die Vorlagen befinden sich im Verzeichnis `/usr/share/lyx/templates` (bzw. in `/opt/kde/share/apps/klyx/templates`).

Zum Öffnen einer Schablone verwenden Sie DATEI|NEU VON VORLAGE. Im Dateiauswahldialog klicken Sie den Button VORLAGEN an, um in das `templates`-Verzeichnis zu wechseln. (Warum dieses Verzeichnis nicht automatisch verwendet wird, bleibt schleierhaft.) Dort wählen Sie die gewünschte Vorlage aus – etwa `dinbrief` für einen Brief auf DIN-A4-Papier.

Wenn Sie versuchen, Ihr Dokument zu speichern, weist LyX darauf hin, dass Sie die Vorlagendatei nicht ändern dürfen (dazu würden Sie `root`-Rechte benötigen). Speichern Sie das Dokument also unter einem anderen Namen in Ihrem Heimatverzeichnis.

Bearbeitung umfangreicher Dokumente

Mit BEARBEITEN|INHALTSVERZEICHNIS aktivieren Sie einen Dialog, in dem das Inhaltsverzeichnis des aktuellen Dokuments angezeigt wird. Das Verzeichnis basiert auf den im Text verwendeten Absätzen der Typen *part, chapter, section, subsection* etc. Dieser Dialog ermöglicht eine sehr effiziente Navigation auch in sehr umfangreichen Dokumenten.

Noch leistungsfähiger ist der entsprechende KLyX-Dialog: Zum einen können Sie dort über einen Schieberegler einstellen, wie viele Ebenen in dieser Struktur angezeigt werden sollen. Zum anderen können Sie dort die Struktur des Dokuments auch verändern, d.h. einzelne Abschnitte weiter nach vorn oder nach hinten verschieben, die Tiefe der Gliederung verändern etc.

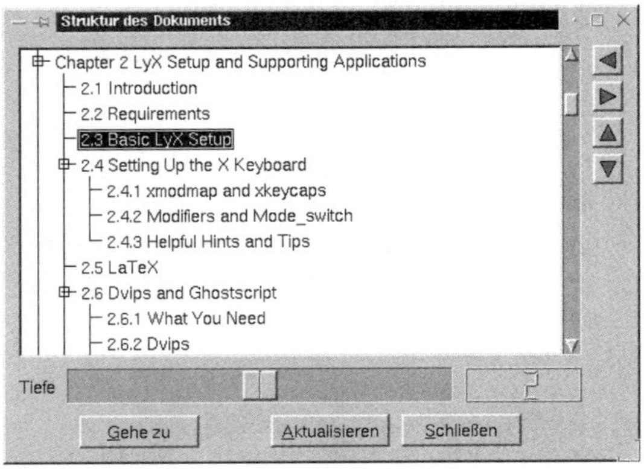

Abbildung 21.5: Die Struktur des User's Manual, dargestellt im KLyX-Dialog

21.3 Gestaltung wissenschaftlicher Dokumente

Abbildungen

Wie LaTeX kommt auch LyX nur mit PostScript-Grafiken zurecht. Diese können direkt mit EINFÜGEN|ABBILDUNG bzw. mit dem entsprechenden Button der Symbolleiste als eigener Absatz oder aber als kleine Grafik in den Fließtext eingefügt werden (jeweils an der Stelle der Cursor-Position). LyX zeigt vorläufig nur einen leeren Rahmen an. Sobald Sie diesen anklicken, erscheint ein Dialog zur Auswahl des Dateinamens sowie zur Einstellung diverser Optionen (inklusive der Qualität, mit der die Vorschau der Grafik in LyX angezeigt wird).

TIPP Allein stehende Grafiken können wie Absätze mit LAYOUT|ABSATZFORMAT formatiert (und auf diese Weise beispielsweise zentriert) werden.

HINWEIS

LyX zeigt zwar eine Vorschau der Grafik direkt im Dokument an (intern wird dazu `ghostview` eingesetzt); dabei wird der Zoom-Faktor allerdings ignoriert, weswegen die Größe der Grafik meist nicht zur Textgröße passt. Erst die Seitenvorschau (DVI/PostScript) zeigt die korrekten Proportionen.

Etwas komplizierter wird es, wenn Sie Abbildungen mit einer Über- oder Unterschrift versehen möchten. Dazu fügen Sie zuerst mit EINFÜGEN|FLOATS|ABBILDUNG eine `figure`-Umgebung in das Dokument ein. Diese Umgebung sieht einen Absatz mit dem Format `caption` zur Beschriftung vor. Der Text 'figure' wird im endgültigen Dokument durch 'Abbildung *n*' ersetzt, d.h. LyX (bzw. LaTeX) kümmert sich automatisch um die Nummerierung.

Die eigentliche Grafik müssen Sie mit dem oben behandelten Kommando in die `figure`-Umgebung einfügen. Wenn die Grafik unter der Überschrift platziert werden soll, klappt das problemlos. Umständlich ist es hingegen, eine Grafik über eine Unterschrift zu setzen – der Eingabecursor kann nämlich nicht vor die Beschriftungszeile gesetzt werden. Sie müssen den Cursor an den Beginn der Zeile setzen und mit (↵) eine neue Zeile einfügen.

TIPP

Sobald es einmal gelungen ist, eine Abbildung samt Über-/Unterschrift in der gewünschten Formatierung zu erstellen, können Sie diese Abbildung in der Folge durch Kopieren und Einfügen vervielfältigen und brauchen nur noch die Grafik und die Beschriftung auszutauschen.

HINWEIS

Bei der Formatierung des Dokuments durch LaTeX kommt es vor, dass das Programm die Abbildung etwas weiter oben oder unten platziert, um eine optimale Seitennutzung zu ermöglichen. Wenn Sie möchten, dass Abbildungen möglichst dort bleiben, wo Sie sie angegeben haben, geben Sie in LAYOUT|DOKUMENT|PLATZIERUNG VON FLOATS den Buchstaben `h` (engl. *here*) ein. Andere Alternativen wären `t` (*top*, also am Beginn der Seite) und `b` (*bottom*).

Tabellen

Es ist nicht ganz einfach, mit LaTeX eine übersichtliche Tabelle zu gestalten. In LyX gelingt das dank WYSIWYG zwar etwas leichter, wirklich intuitiv ist die Bedienung aber auch nicht. (KLyX ist hier dank der Tabellensymbolleiste deutlich im Vorteil gegenüber LyX.) Zudem sind die Layoutmöglichkeiten im Vergleich zu richtigen Textverarbeitungsprogrammen empfindlich eingeschränkt. Das ist allerdings nicht LyX, sondern LaTeX anzulasten.

VORSICHT

Tabellen zählen zu den ganz wenigen Features, die sowohl in LyX als auch in KLyX Stabilitätsprobleme verursachen können. Der einzige Absturz, der während des Schreibens dieses Kapitels aufgetreten ist, betraf eine Tabellenoperation. (Dabei ist es KLyX allerdings gelungen, noch eine vollständige Emergency-Speicherung durchzuführen – mal sehen, wann MS Word so weit ist.)

Wenn Sie mit EINFÜGEN|TABELLE eine neue Tabelle in Ihr Dokument einfügen, sieht diese folgendermaßen aus (natürlich anfangs ohne Inhalt).

Überschrift 1	Ü2	Ü3	Ü4	Ü5
Zeile 1	A	B	C	D
Zeile 2	EE	FF	GG	HH
Zeile 3	III	JJJ	KKK	LLL

Die Tabelle als Ganzes wird von LyX wie ein Absatz betrachtet. Wenn Sie die gesamte Tabelle also links- oder rechtsbündig ausrichten möchten, müssen Sie LAYOUT|ABSATZFORMAT verwenden. (LyX fügt übrigens vor und nach der Tabelle einen Abstand von 3 mm ein. Dieser kann gegebenenfalls auch im ABSATZFORMAT-Dialog verändert bzw. gelöscht werden.)

Oft ist es zweckmäßig, Tabellen mit EINFÜGEN|FLOATS|TABELLE in eine Float-Umgebung zu stellen. Damit ist der Ort der Tabelle auf der Seite variabel, und LaTeX kann beim Seitenumbruch große Löcher vermeiden. (Die Beschriftung von Tabellen in Float-Umgebungen funktioniert wie bei Abbildungen – siehe oben.)

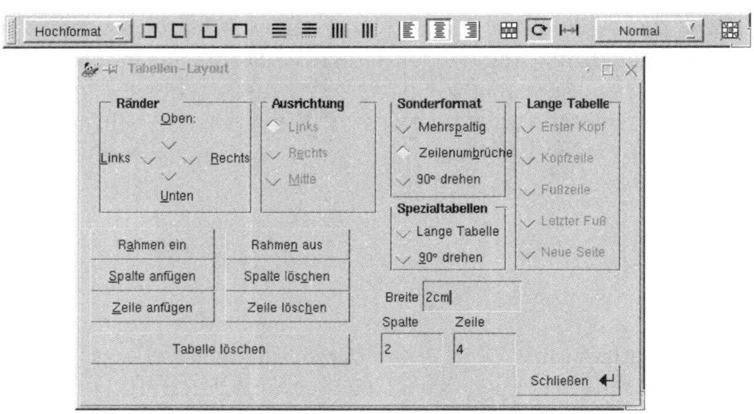

Abbildung 21.6: Oben die KLyX-Tabellensymbolleiste, unten der entsprechende LyX-Dialog

Tabelleninhalt: In den Zellen der Tabelle kann nicht nur normaler Text eingegeben werden (inklusive aller Möglichkeiten zur Veränderung der Schriftart), auch Abbildungen und in den Text integrierte Formeln sind zulässig. Nicht erlaubt sind hingegen die Verwendung von Absatzformaten (die gelten für die gesamte Tabelle) und das Einfügen von Floats oder Subtabellen.

Das Kopieren und Einfügen funktioniert grundsätzlich auch in Tabellen. Allerdings können keine Spalten markiert bzw. bearbeitet werden. Ebenso klappt die Übertragung von Daten zwischen zwei Tabellen nur dann einigermaßen problemlos, wenn die Spaltenanzahl übereinstimmt.

TIPP

Wenn Sie eine ganze Tabelle (nicht nur Teile des Tabelleninhalts) kopieren möchten, müssen Sie die gesamte Tabelle sowie einige Zeichen des vorangehenden und des nachfolgenden Absatzes markieren.

Tabellenstruktur: Zur Veränderung der Tabellenstruktur – also etwa zum Einfügen und Löschen von Zeilen und Spalten etc. – steht in LyX ein eigener Dialog (Aufruf am einfachsten mit der rechten Maustaste), in KLyX eine Symbolleiste zur Verfügung. Dazu einige Anmerkungen:

- Die AUSRICHTUNG (links / rechts / mittig) gilt jeweils für die gesamte Spalte, in der sich der Cursor gerade befindet.
- Mit SONDERFORMAT|MEHRSPALTIG können mehrere Felder einer Zeile zu einem größeren Feld vereint werden.
- Mit SONDERFORMAT|90° kann der Text eines einzelnen Felds um 90° gedreht werden (etwa zur Spaltenbeschriftung).
- Die Breite von Spalten wird normalerweise an den längsten Eintrag angepasst. Die Breite einzelner Spalten kann aber auch fixiert werden (z.B. auf 5 cm). In diesem Fall wird der Inhalt der Felder automatisch über mehrere Zeilen verteilt. Allerdings ist dieser Effekt in LyX nicht sichtbar (sondern erst in der Vorschau). Bei langem Text können Sie innerhalb von LyX mit (Strg)+(↵) einen Zeilenumbruch erzwingen. Dieser Zeilenumbruch gilt allerdings nur für LyX und hilft dabei, bei längeren Zeilen den Überblick zu bewahren. LaTeX behandelt diesen Umbruch wie ein Leerzeichen und umbricht den Inhalt des Tabellenfelds selbst. (Achtung: Ein einmal mit (Strg)+(↵) eingefügter Umbruch kann in der aktuellen Version von LyX/KLyX nur noch entfernt werden, indem Sie die gesamte Zeile löschen!)
- Schließlich bietet der Tabellendialog einige Möglichkeiten für spezielle Tabellen im Querformat oder Tabellen, die über mehrere Seiten reichen. Diese Funktionen werden hier aber nicht behandelt.

	Spalte 1	Spalte 2	Spalte 3
Text über mehrere Zeilen (die Spaltenbreite ist auf 5 cm fixiert)	123	456	789
	mehrspaltiger Text		
	100	200	300
Summe	**223**	**656**	**1089**

TIPP

Einige besondere Tabellenfeatures – etwa die 90°-Drehung einzelner Felder oder ganzer Tabellen – sind weder in LyX noch in der DVI-Vorschau zu sehen. Verwenden Sie die PostScript-Vorschau!

Rahmenlinien: Grundsätzlich kann bei jeder Spalte eine Linie links und/oder rechts sowie bei jeder Zeile eine Linie über- und/oder unterhalb gezeichnet werden. Wenn *zwei* Linien aufeinandertreffen, wird automatisch ein kleiner Abstand zwischen den Zeilen oder Spalten eingefügt. (Die Doppellinie vor der Summenzeile in der obigen Tabelle ist also dadurch entstanden, dass in der vierten Zeile eine Linie unten *und* in der fünften Zeile eine Linie oben gezeichnet wurde.)

Die Buttons und Symbole zur Bearbeitung der Rahmenlinien gelten grundsätzlich für alle markierten Zeilen oder Spalten. Allerdings wird bei vielen Kommandos die Markierung anschließend aufgelöst, so dass das Markieren oft mehrfach wiederholt werden muss.

HINWEIS

Es ist nicht möglich, Linien individuell für einzelne Felder zu zeichnen. Alle Einstellungen gelten zeilen- oder spaltenweise. (Auch zu dieser Regel gibt es natürlich eine Ausnahme – nämlich Felder, die mit dem Attribut MEHRSPALTIG gekennzeichnet sind. Ein entsprechendes Beispiel finden Sie im Benutzerhandbuch.)

TIPP

Während der Arbeit an diesem Buch ist es mehrfach vorgekommen, dass Tabellenoperationen die Tabelle unbeabsichtigt in einen inkorrekten Zustand brachten. (Beispielsweise fehlte in der letzten Zeile ein Tabellenfeld. LaTeX versagte beim Versuch, die Tabelle zu setzen, weil offensichtlich auch `\end{tabular}` verloren gegangen war.) Der einzige Ausweg bestand darin, eine neue Tabelle zu erzeugen und in diese die korrekten Teile durch Kopieren und Einfügen zu übertragen. Die defekte Tabelle wurde anschließend komplett gelöscht.

Inhaltsverzeichnis

Das Erstellen eines Inhaltsverzeichnisses ist denkbar einfach: Sie müssen das Verzeichnis lediglich an der gewünschten Stelle in Ihrem Dokument (meist am Anfang oder am Ende) mit EINFÜGEN|LISTEN UND INHALT|INHALTSVERZEICHNIS einfügen. In LyX sehen Sie jetzt zwar nur ein kleines Kästchen, in der Seitenvorschau ist aber das gesamte Verzeichnis zu sehen.

LyX berücksichtigt bei der Erstellung des Verzeichnisses automatisch alle Absätze der Typen *chapter, section, subsection* etc. (Ausgenommen sind die gleichnamigen Absatztypen mit Stern, also *chapter**, *section** etc.) Die gewünschte Tiefe des Inhaltsverzeichnisses (also die Anzahl der Hierarchieebenen) kann mit LAYOUT|DOKUMENT eingestellt werden.

Stichwortverzeichnis

Etwas mehr Arbeit ist erforderlich, wenn Sie ein Stichwortverzeichnis haben möchten. Dazu müssen Sie zuerst im Text mit EINFÜGEN|INDEXEINTRAG die gewünschten Einträge einfügen. Dabei gilt dieselbe Syntax wie in LaTeX (siehe Seite 897). Das eigentliche Stichwortverzeichnis fügen Sie dann (meist am Ende des Dokuments) mit EINFÜGEN|LISTEN UND INHALT|INDEX LISTE ein.

Querverweise

Wenn Sie Querverweise verwenden möchten, dann müssen Sie zuerst mit EINFÜGEN|MARKE eine Textmarke einfügen und dieser einen Namen geben. In der Folge können Sie mit EINFÜGEN|QUERVERWEIS eine Seiten- oder Abschnittsnummer (Referenz) einfügen. Im LyX-Dokument wird an dieser Stelle nur ein Kästchen angezeigt. Erst die Seitenvorschau zeigt die korrekten Zahlen. Die zwei folgenden Verweise zeigen auf den Beginn dieses Absatzes: siehe Seite 937 in Abschnitt 21.3.

Literaturverzeichnis

LyX kann dabei helfen, ein einfaches Quellenverzeichnis zu verwalten. Die Einträge in dieses Verzeichnis müssen am Ende des Dokuments durchgeführt werden. Dazu fügen Sie einen neuen Absatz ein und wählen als Typ *bibliography*. In diesen Absatz geben Sie einfach die Quellenangabe im gewünschten Format ein.

Die Besonderheit des *bibliography*-Absatzformats besteht darin, dass links von der Quelleneingabe ein Button mit einer fortlaufenden Nummer erscheint. Wenn Sie diesen Button anklicken, können Sie die Nummer durch zwei Referenzinformationen erweitern, den EINTRAG und die MARKE. Der EINTRAG ist erforderlich, damit Sie im laufenden Text auf die Quellenangabe verweisen können. Die MARKE ist jener Text, der im ausgedruckten Dokument erscheint. Wenn Sie die Marke leer lassen, werden alle *bibliography*-Absätze einfach in der Reihenfolge durchnummeriert, in der sie im Quellenverzeichnis genannt sind.

Um einen Verweis auf eine Quellenangabe in Ihren Text einzufügen, führen Sie EINFÜGEN|VERWEIS AUF ZITAT aus und wählen aus einer Auswahlliste den gewünschten Eintrag aus. (Achtung: In LyX wird der Inhalt des EINTRAGS angezeigt, erst im endgültigen Dokument der Inhalt der MARKE!)

Dazu ein Beispiel: Eine sehr kompakte Einführung zu LyX und insbesondere zu KLyX gibt [Ett98]. Der Eintrag im Literaturverzeichnis sieht so aus:

[Ett98] *Ettrich, Matthias:* Schöner schreiben mit Linux. LyX – die etwas andere Textverarbeitung. In: PC Magazin Spezial 8/98, WEKU-Verlag 1998, S. 24-27.

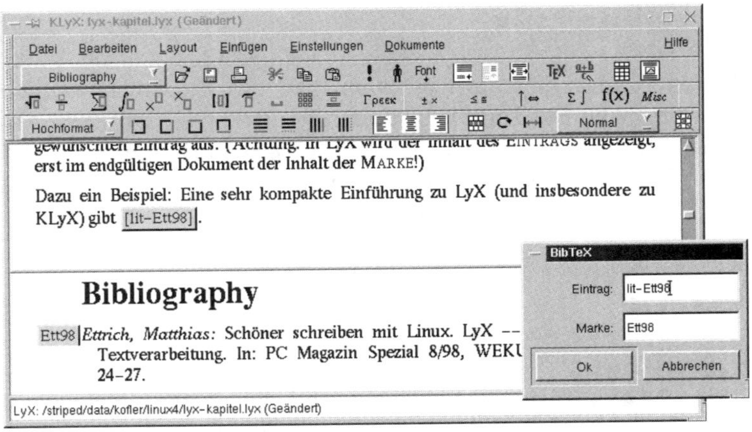

Abbildung 21.7: Verwaltung eines Quellenverzeichnisses mit KLyX

HINWEIS

Die hier beschriebene Methode zur Erstellung des Literaturverzeichnisses entspricht den LaTeX-Kommandos `\cite` und `\bibitem` (siehe Seite 893). In künftigen Versionen wird LyX wahrscheinlich auch das LaTeX-Zusatzprogramm `bibtex` unterstützen, das sehr viel weitergehende Möglichkeiten zur Verwaltung von Literaturangaben bietet.

21.4 Mathematische Formeln

Die Eingabe von Formeln wird mit den Kommandos des MATHEMATIK-Menüs eingeleitet. Formeln werden per Voreinstellung (wie hier x^2) in den Fließtext integriert. Mit MATHEMATIK|ABGESETZTE FORMEL kann eine Formel aber auch hervorgehoben werden und erscheint dann als eigener, zentrierter Absatz:

$$\int_\beta^\alpha \frac{\sqrt{x}}{n} dx$$

Die Elemente einer Formel (Brüche, Exponent und Index, Integral und Summe etc.) werden durch MATHEMATIK-Menükommandos zusammengesetzt. Die Eingabe mathematischer Sonderzeichen kann sowohl per Mausklick als auch über die Tastatur erfolgen. Intuitiver ist die erste Variante: Mit MATHEMATIK|SYMBOLE öffnen Sie einen kleinen Dialog, der eine Menge Submenüs für den Großteil der in LaTeX definierten Sonderzeichen enthält. Wer schon einige Übung mit LyX hat, wird sich dagegen eine Tastatureingabe von Formeln wünschen (mehr dazu auf Seite 949).

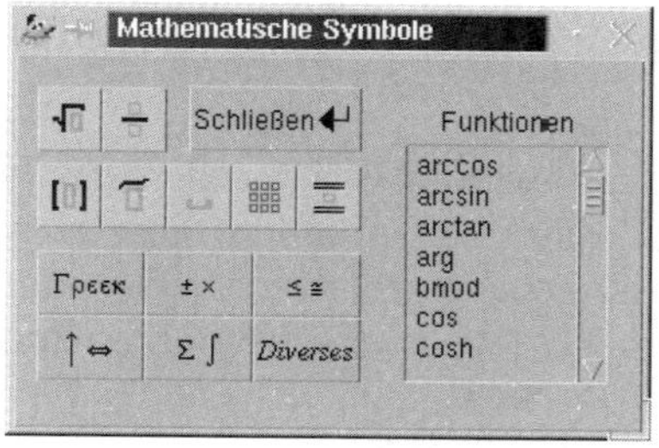

Abbildung 21.8: Eingabe mathematischer Symbole

HINWEIS

In KLyX gibt es weder das MATHEMATIK-Menü noch den gerade erwähnten Dialog. Stattdessen sind diese Funktionen in eine einzige Symbolleiste integriert. Ein wesentlicher Vorteil gegenüber LyX besteht darin, dass der Eingabefokus immer im Dokument bleibt.

TIPP

Die Grenzen eines Integrals bzw. einer Summationsvariablen werden in LaTeX wie in LyX als Exponent bzw. Index angegeben. Setzen Sie den Cursor also hinter das jeweilige Zeichen ($\int$, $\sum$, $\prod$ etc.), und geben Sie dann mit MATHEMATIK|EXPONENT (oder einfach ^) bzw. mit MATHEMATIK|INDEX (oder _) die Grenzwerte ein.

Klammern: LaTeX passt die Größe von Klammern automatisch an den Inhalt der darin enthaltenen Elemente (z.B. einer Matrix) an. Das funktioniert allerdings nur dann, wenn die Klammern entweder mit dem entsprechenden Math-Panel-Dialog oder mit (Alt)+(M), (() bzw. (Alt)+(M), ([) eingegeben werden. Eine direkte Eingabe von Klammerzeichen über die Tastatur führt dagegen nicht zum gewünschten Ergebnis.

Formelnummerierung: Der einfachste Weg zur Nummerierung abgesetzter Formeln besteht darin, dass Sie die Formel mit einer Marke versehen (EINFÜGEN|MARKE). In LyX wird neben der Formel nun diese Marke angezeigt; erst in der Seitenvorschau wird die Marke durch eine rechtsbündige Nummer ersetzt.

$$E = m\,c^2 \tag{21.1}$$

Leerzeichen und Abstände: In LaTeX ist die Eingabe von Leerzeichen in Formeln nicht vorgesehen – LaTeX kümmert sich selbst um die richtigen Abstände. In LyX bewirkt die (Leertaste) daher keine Eingabe, sondern das Verlassen der gerade aktiven Formelebene. Wenn Sie einen kleinen Abstand zwischen zwei Symbolen eingeben möchten (etwa um bei einer Multiplikation klar zu machen, dass es sich bei $a\,b$ um das Produkt zweier Variablen und nicht um die Variable ab handelt), verwenden Sie dazu einfach (Strg)+(Leertaste). Zur Feineinstellung des Layouts stehen darüber hinaus auch andere Abstände zur Verfügung (sogar ein negativer, um zwei Elemente näher aneinander zu rücken). Sie werden in LyX über den ABSTÄNDE-Dialog des MATH-Panels eingegeben.

Funktionsnamen: Damit die Namen von mathematischen Standardfunktionen in LyX aufrecht (und nicht kursiv wie Variablen) gesetzt werden, dürfen diese nicht einfach über die Tastatur eingegeben werden. Verwenden Sie stattdessen entweder die Funktionsliste aus dem MATH-Panel oder den entsprechenden LaTeX-Code (z.B. `\sin` für die sin-Funktion).

Matrizen: Leere Matrizen können Sie über den entsprechenden Button des MATH-Panels bzw. der Symbolleiste einfügen. Überlegen Sie sich vorher, wie groß die Matrix sein soll – Sie können die Größe später nicht mehr ändern! Matrizen werden nicht automatisch in Klammern gesetzt. Sie können entweder das Klammernpaar mit (Alt)+(M), (() eingeben, bevor Sie die Matrix erstellen, oder Sie markieren alle Elemente einer bereits vorhandenen Matrix und führen dann das Klammer-Kommando des MATH-Panels bzw. der Symbolleiste aus.

$$\begin{pmatrix} a & 1+b & \sqrt{c} \\ a^2 & 2+b^2 & c \\ a^3 & 3+b^3 & \sqrt{c^3} \end{pmatrix}$$

21.5 Tipps und Tricks

Gedankenstriche: Wie in LaTeX werden Gedankenstriche auch in LyX einfach durch zwei normale Minuszeichen eingegeben, also `--`.

Wortzwischenräume: Um die einzelnen Zeilen eines Absatzes im Blocksatz darzustellen, fügt LaTeX zwischen allen Wörtern einen (innerhalb einer Zeile) einheitlichen Leerraum ein, nach einem Punkt (Satzende) einen etwas größeren Leerraum. Wenn nach einem Punkt nur ein normaler Abstand verwendet werden soll (etwa bei Abkürzungen), muss zwischen dem Punkt und dem Leerraum ein \-Zeichen im LaTeX-Modus eingefügt werden (Eingabe mit (Alt)+(C), (T), (\), (Alt)+(C), (T)). In LyX sieht das also so aus: `Dr.\ Huber`. Wenn zwei Wörter nicht durch einen Zeilenumbruch getrennt werden sollen, kann ein fixes Leerzeichen mit (Strg)+(Leertaste) angegeben werden, beispielsweise bei 3 cm.

Worttrennungen: LaTeX erkennt nicht immer alle Trennmöglichkeiten (oder trennt gar falsch). In solchen Fällen können Sie mit (Strg)+(-) eine weiche Trennung einfügen, die LaTeX bei Bedarf benutzt.

Anführungszeichen: Ähnlich wie der Emacs im LaTeX-Modus bemüht sich auch LyX um typografische Anführungszeichen in der Form "zitat", die wahrscheinlich wenig Begeisterung hervorrufen werden. (Obwohl beide Anführungszeichen einfach mit (") eingegeben wurden, haben sie eine unterschiedliche Form und bilden eine Gruppe.)

Wenn Sie normale (gerade) Anführungszeichen benötigen – etwa bei der Eingabe von Kommandos, Programmlistings etc. – müssen Sie Strg+" verwenden.

Rechtschreibprüfung: LyX verfügt über keine eigene Rechtschreibprüfung, sondern greift auf das in der Unix-/Linux-Welt etablierte Programm `ispell` zurück. Wenn dieses Programm inklusive der Worttabellen für die betreffende Sprache installiert ist, können Sie die Rechtschreibprüfung mit BEARBEITEN|RECHTSCHREIBPRÜFUNG oder bequemer mit F7 starten. (Die Überprüfung beginnt an der aktuellen Cursor-Position.)

Bei nichtenglischen Dokumenten (Einstellung in LAYOUT|DOKUMENT) findet `ispell` zumeist das Wörterbuch nicht. Der Grund: LyX übergibt beispielsweise 'german' als gewünschte Sprache, das Wörterbuch heißt aber 'deutsch'. Dieses Problem lässt sich leicht lösen: Entweder geben Sie im Optionsdialog für die Rechtschreibprüfung explizit die Sprache 'deutsch' an, oder Sie richten (als `root`) Links von `german.*` auf `deutsch.*` ein:

```
root# cd /usr/lib/ispell
root# ln -s deutsch.aff german.aff
root# ln -s deutschlxg.hash german.hash
```

Ein zweites Problem bei nichtenglischen Dokumenten ist die Codierung von Sonderzeichen: Die Rechtschreibprüfung vermutet bei jedem Wort mit deutschen Sonderzeichen einen Fehler. Auch hier ist die Abhilfe einfach: Aktivieren Sie im Optionsdialog für die Rechtschreibprüfung die Option INPUT ENCODING FÜR ISPELL.

Eine sehr lästige Eigenheit der Rechtschreibprüfung in der aktuellen Version von LyX/KLyX besteht darin, dass beim Ersetzen falsch geschriebener Wörter die Zeichenformatierung (etwa die kursive Hervorhebung) verloren geht.

Seitenumbruch einfügen: LyX kennt kein eigenes Kommando zum Einfügen eines Seitenumbruchs. Stattdessen können Sie mit LAYOUT|ABSATZFORMAT einen Seitenumbruch am Anfang bzw. am Ende eines Absatzes erzwingen.

Kommentare: Mit EINFÜGEN|NOTIZ können Sie Kommentare zum Text eingeben, die nicht ausgedruckt werden. Eine Alternative dazu sind Absätze des Typs *comment*.

Fehler: Eigentlich sollte LyX immer korrekten LaTeX-Code produzieren. In der Praxis passiert es aber leider manchmal, dass bei der Übersetzung Fehler auftreten. LaTeX-Fehler werden in LyX durch einen Button angezeigt. Wenn Sie diesen Button anklicken, erhalten Sie (meist schwer verständliche) Informationen über die Ursache des Fehlers . Nun ist guter Rat teuer. Am wirkungsvollsten ist es zumeist, das betreffende LyX-Element (z.B. eine Abbildung) zu löschen und neu einzugeben. Außerdem müssen Sie den Fehler-Button aus dem Text entfernen. Anschließend versuchen Sie es einfach noch einmal. LyX-Profis können auch mit einem Texteditor einen Blick in die `*.lyx`-Datei werfen und versuchen, den Fehler direkt zu beheben. Dabei ist allerdings größte Vorsicht angebracht. Erstellen Sie auf jeden Fall eine Sicherungskopie der `*.lyx`-Datei!

In sehr seltenen Fällen kann es auch vorkommen, dass LaTeX hängenbleibt (beispielsweise, wenn das Ende eines LaTeX-Konstrukts – z.B. einer Tabelle – verloren gegangen ist). Sie erkennen das daran, dass die LaTeX-Übersetzung einfach kein Ende nimmt und LyX blockiert ist. In diesem Fall müssen Sie in einem Shell-Fenster mit `ps` den `latex`-Prozess suchen und mit `kill` beenden. (Erheblich komfortabler ist das in KDE mit `ktop` möglich.)

VERWEIS: Wie so oft in diesem Buch kann auch dieses Kapitel nur eine erste Einführung geben. LyX bietet natürlich noch weit mehr Möglichkeiten zur Dokumentgestaltung, aber der Platz reicht hier nicht aus, um sie alle zu beschreiben. Greifen Sie auf die hervorragende Online-Dokumentation zurück!

21.6 Konfiguration

LyX bzw. KLyX kann umfassend an die eigenen Vorstellungen angepasst werden. Dieser Abschnitt gibt einen ersten Überblick über die Konfigurationsdateien und zeigt, wie die Arbeit mit LyX mit wenig Aufwand noch komfortabler gestaltet werden kann. (Viele weitere Informationen erhalten Sie mit HILFE|ANPASSUNG.)

Konfigurationsdateien

LyX und KLyX unterscheiden zwischen globalen und lokalen (also benutzerspezifischen) Konfigurationsdateien. Die globalen Konfigurationsdateien befinden sich im Verzeichnis `LyXDir`. Wo sich dieses Verzeichnis befindet, kann zumindest in LyX rasch durch einen Blick in den Dialog HILFE|VERSION festgestellt werden. Auf meinem Rechner waren es für LyX und KLyX die folgenden Verzeichnisse:

```
/usr/share/lyx
/opt/kde/share/apps/klyx/
```

Die zentrale Konfigurationsdatei in diesem Verzeichnis heißt `lyxrc` (und der Rest dieses Abschnitts beschäftigt sich ausschließlich mit ihr). Wichtig sind aber auch die Dateien in den Unterverzeichnissen `bind` (Tastenkürzel) und `kbd` (Tastaturbelegung).

Falls es gleichnamige lokale Konfigurationsdateien gibt, werden diese automatisch statt der globalen Dateien verwendet. Die lokalen Konfigurationsverzeichnisse für LyX bzw. für KLyX lauten:

```
~/.lyx
~/.kde/share/apps/klyx
```

HINWEIS

Die Konfigurationsdateien für LyX und KLyX werden zwar an unterschiedlichen Orten gespeichert, das Format der Dateien ist aber zum Glück identisch. KLyX kennt allerdings eine weitere Konfigurationsdatei: In ~/.kde/share/config/klyxrc werden benutzerspezifische Einstellungen gespeichert, die direkt durch KLyX-Dialoge eingestellt werden können (etwa der Zoom-Faktor durch EINSTELLUNGEN|BILDSCHIRMOPTIONEN). Diese Einstellungen haben Vorrang gegenüber den Einstellungen in lyxrc. KLyX folgt in dieser Hinsicht dem KDE-Paradigma, dass Programme direkt in der Benutzeroberfläche konfiguriert werden sollen (und nicht durch eine umständliche Veränderung von Konfigurationsdateien).

Tastenkürzel

Die unter LyX/KLyX zur Verfügung stehenden Tastenkürzel (soweit sie nicht das Menü betreffen) werden durch die *.bind-Dateien im bind-Verzeichnis festgelegt. Die zwei Hauptdateien sind cua.bind mit den in der Windows-Welt üblichen Tastenkürzeln sowie emacs.bind und xemacs.bind mit Kürzeln, wie sie im (X)Emacs definiert sind. Alle drei Dateien greifen darüber hinaus auf menus.bind und math.bind zurück.

Die Auswahl, welches Tastenschema Sie grundsätzlich verwenden möchten, treffen Sie mit dem Kommando \bind_file in lyxrc. Die Defaulteinstellung lautet cua, die Alternativen sind emacs und xemacs.

```
# lyxrc-Konfigurationsdatei; Emacs-Tastenkürzel verwenden
bind_file emacs
```

Wenn Sie möchten, können Sie eine Kopie der *.bind-Dateien verändern und statt der vorgegebenen Dateien verwenden bzw. einzelne Tastenkürzel direkt in lyxrc angeben. Auch dazu ein Beispiel:

```
# F5: PostScript-Vorschau; Shift+F5: Vorschau aktualisieren
\bind "F5"    "buffer-view-ps"
\bind "S-F5"  "buffer-typeset-ps"
```

Toolbar

Eine Veränderung der Symbolleiste ist nur für LyX, nicht aber für KLyX möglich! Wenn Sie die Symbolleiste verändern möchten, müssen Sie die Kommentarzeichen im toolbar-Abschnitt von lyxrc entfernen. Die Kommandos werden jetzt beim Start von LyX verwendet, um die Standardsymbolleiste durch eine eigene zu ersetzen. Sie können die Symbolleiste nun ganz einfach verändern, indem Sie einzelne \add-Kommandos entfernen bzw. eigene Kommandos einfügen.

```
\begin_toolbar
\layouts
```

```
\add buffer-open
\add buffer-write
...
\separator
\add buffer-view-ps
\add buffer-typeset-ps
\end_toolbar
```

Zeichensätze

Die Optimierung der Darstellung von Zeichensätzen kann den Arbeitskomfort in LyX ganz erheblich steigern. LyX verwendet zur Darstellung des Textes drei Zeichensatzfamilien. In der Defaulteinstellung sind das:

```
\screen_font_roman -*-times-*
\screen_font_sans -*-helvetica-*
\screen_font_typewriter -*-courier-*
```

Je nachdem, welche Zeichensätze Ihr endgültiges Dokument verwendet (Einstellung durch LYAOUT|DOKUMENT|ZEICHENSATZ) und welche Zeichensätze auf Ihrem Rechner installiert sind (führen Sie `xlsfonts | less` aus!), kann eine andere Einstellung einen besseren WYSIWYG-Effekt bewirken. Wenn Sie beispielsweise die Standardschrift durch Palatino-Fonts anzeigen möchten, lautet die entsprechende Einstellung:

```
\screen_font_roman -*-palatino-*
```

Für die Größe, in der die Zeichensätze dargestellt werden, sind zwei Parameter verantwortlich: der dpi-Wert des Grafiksystems und der Zoomfaktor von LyX. XFree86 geht normalerweise von 75 dpi aus. Auf vielen Rechnern mit hoch auflösenden Monitoren werden aber eher 100 Pixel pro Inch dargestellt. Der Text sieht deswegen ziemlich klein aus. Einfacher, als den dpi-Wert von XFree86 zu verändern (siehe Seite 354), ist es zumeist, den dpi-Wert nur für LyX in `lyxrc` einzustellen:

```
\screen_dpi 100
```

Der Zoomfaktor kann sowohl in OPTIONEN|ZEICHENSÄTZE als auch in `lyxrc` eingestellt werden.

```
\screen_zoom 133
```

TIPP

Unabhängig davon, welchen dpi-Faktor Sie eingestellt haben, sollten Sie unbedingt sowohl die 75- als auch die 100-dpi-Zeichensätze des X Window Systems installieren und in `XF86Config` eintragen! (Oft sind aus Platzgründen nur die 75-dpi-Zeichensätze installiert.) Nach Berücksichtigung von dpi- und Zoomfaktor verwendet LyX automatisch den Zeichensatz, der der gewünschten Größe am nächsten kommt, ganz egal, für welchen dpi-Wert dieser Zeichensatz ursprünglich konzipiert war.

Eine letzte Maßnahme zur Verbesserung der Schriftqualität kann darin bestehen, dass Sie LyX verbieten, Zeichensätze zu skalieren. X-Zeichensätze stehen normalerweise nur in wenigen Größen zur Verfügung (typisch sind die Größen 8, 10, 12, 14, 18 und 24 Punkt). Wenn LyX nun einen Zeichensatz in einer anderen Größe benötigt, fordert es das X-System auf, einen vorhandenen Zeichensatz entsprechend zu skalieren. Das funktioniert zwar problemlos, sieht aber nicht schön aus. Die Zeichensätze sehen unscharf und 'pixelig' aus. Die Einstellung

```
\screen_font_scalable false
```

bewirkt, dass LyX nur Zeichensätze anfordert, die zur Verfügung stehen. Der Vorteil: Der Text sieht viel schärfer aus. Der Nachteil: Da die Größenauswahl jetzt stark limitiert ist, kann es vorkommen, dass Texte, die in Wirklichkeit unterschiedlich groß gesetzt werden, am Bildschirm nicht zu unterscheiden sind.

Farben

`lyxrc` sieht nur Einstellmöglichkeiten für die Vorder- und Hintergrundfarbe des Textfensters vor. Fast alle anderen Farben (die für mathematische Formeln, LaTeX-Code etc. verwendet werden) können durch Optionen beim Start von LyX angegeben werden. Die Einstellmöglichkeiten sind im `man`-Text zu LyX dokumentiert.

Keine Einstellmöglichkeit scheint es für die Hintergrundfarbe von LyX-Dialogen zu geben. Diese werden leider in einem so dunklen Grau dargestellt, dass der dort angegebene Text schwer zu lesen ist.

Zusatzprogramme

Je nachdem, ob Sie `(k)ghostview` oder `x/kdvi` zur Seitenvorschau bevorzugen, können Sie das gewünschte Programm in `lyxrc` eintragen:

```
\view_dvi_command "kdvi"
\view_ps_command "ghostview"
```

Sonstiges

LyX führt in regelmäßigen Abständen (per Voreinstellung alle fünf Minuten) eine Sicherungskopie durch. In `lyxrc` können Sie natürlich auch eine andere Zeitspanne einstellen.

```
# Sicherungskopie alle zwei Minuten
\autosave 120
```

21.7 Tastenkürzel

Die folgenden Informationen gelten für die LyX-Version 0.12 und (mit wenigen Ausnahmen) auch für KLyX 0.9.n in der Defaulteinstellung. Aus Platzgründen können bei weitem nicht alle Kürzel angegeben werden – siehe auch die Dateien `cua.bind`, `math.bind` und `menus.bind` im Verzeichnis `/usr/share/lyx/bind/` bzw. in `/opt/kde/share/apps/klyx/bind`.

Die Cursortasten sowie (Pos1) und (Ende) funktionieren wie in Microsoft-Windows-Programmen. Wenn zusätzlich (Strg) gedrückt wird, werden ganze Wörter oder Absätze erfasst. Wenn zusätzlich (Shift) gedrückt wird, dient die Cursorbewegung zur Markierung eines Textbereichs.

Markierter Text kann mit (Strg)+(C) kopiert, mit (Entf) oder (Strg)+(X) gelöscht und mit (Strg)+(V) oder (Shift)+(Einfg) wieder eingefügt werden. Im Gegensatz zu vielen anderen Programmen gibt es allerdings keine Möglichkeit, zwischen einem Eingabe- und einem Überschreibmodus zu wechseln. Die Taste (Einfg) ist wirkungslos, LyX kennt keinen Überschreibmodus.

Menükommandos können mit (Alt)+(Buchstabe) eingegeben werden. Während bei KLyX das entsprechende Menü sofort erscheint, muss dies in LyX durch die Eingabe eines zusätzlichen Leerzeichens erzwungen werden. (Wenn Sie die Kürzel auswendig kennen, können Sie darauf natürlich verzichten.) Menükommandos können auch mit (F10) eingeleitet werden – damit ersparen Sie sich (Alt).

HINWEIS

Wenn LyX nicht mit den englischen Originalmenüs verwendet wird (sondern beispielsweise mit deutschen Menüs), gibt es bei der Tastatureingabe von Menükommandos sowohl mit (Alt) als auch mit (F10) Probleme. Außerdem bereiten einige Tastenkürzel Schwierigkeiten, unter anderem die meisten (Alt)+(S)-Kommandos zur Veränderung der Zeichensatzgröße.

KLyX ist in dieser Beziehung robuster. Unabhängig von der eingestellten Sprache kann das Menü weitgehend problemlos per Tastatur bedient werden (wenngleich auch hier (F10) versagt). Probleme bereiten allerdings diverse Tastenkürzel, die nicht wie in LyX funktionieren (etwa (Alt)+(P), (Leertaste) zur Auswahl eines Absatztyps).

Textmodus

Elementare Kommandos	
Strg+←	Zeilenumbruch (\\ in LaTeX)
Alt+←	neuer Absatz mit gleichem Layout
Strg+-	weiche Trennung (\- in LaTeX)
Strg+"	gerade Anführungszeichen
Strg+Leerzeichen	festes Leerzeichen einfügen
Strg+C	Text kopieren
Shift+Strg+C	Absatzlayout kopieren
Strg+D	DVI-Vorschau
Shift+Strg+D	DVI-Vorschau aktualisieren
Strg+F	Suchen und Ersetzen (*find*)
Strg+I	Kontextdialog öffnen (*inset*)
Strg+L	LaTeX-Modus
Strg+M	Mathematik-Modus
Strg+N	neues Dokument
Strg+O	Datei öffnen
Strg+P	Datei drucken
Strg+Q	LyX beenden
Strg+R	Datei neu laden (*reload*)
Strg+S	Datei speichern
Shift+Strg+S	Datei speichern unter
Strg+T	PostScript-Vorschau
Shift+Strg+T	PostScript-Vorschau aktualisieren
Strg+V	Text einfügen
Shift+Strg+V	Absatzlayout anwenden
Strg+W	Datei schließen
Strg+X	Text ausschneiden
Strg+Z	Undo
Shift+Strg+Z	Redo

Alt+C	Schriftart auswählen (siehe unten)
Alt+M	Mathematische Funktionen (siehe unten)
Alt+P	Absatztyp auswählen (siehe unten)
Alt+S	Schriftgröße auswählen (siehe unten)
Alt+X	LyX-Kommando ausführen
F2	Datei speichern
F3	Datei öffnen
Strg+F4	Datei schließen
Alt+F4	LyX beenden
F7	Rechtschreibprüfung
F10, Buchstabe	Menü öffnen (zur Zeit nur mit englischen Menüs)

Absatzformatierung

Shift+Strg+C	Absatzlayout kopieren
Shift+Strg+V	Absatzlayout anwenden
Alt+P, Leertaste	Dropdown-Menü für Absatztypen (leider nicht in KLyX)
Alt+P, 1-4	Absatztyp *chapter, section, subsection, subsubsection*
Alt+P, Shift+1-4	Absatztyp *chapter*, section*, subsection*, subsubsection**
Alt+P, I	Absatztyp *itemized*
Alt+P, S	Standard

Zeichenformatierung

Strg+B	fett (*bold*)
Strg+E	kursiv (*emphasize*)
Strg+K	Kapitälchen
Shift+Strg+P	Typewriter (*program code*)
Strg+U	unterstrichen

Alt+C, Leertaste	keine Formatierung (Standardschrift)
Alt+C, B	fett (*bold*)
Alt+C, E	kursiv (*emphasize*)
Alt+C, M	Formel (Mathematik-Modus)
Alt+C, P	Typewriter (*program code*)
Alt+C, R	Roman
Alt+C, S	Sans Serif
Alt+C, T	LaTeX-Modus
Alt+C, U	unterstrichen
Alt+S, 1, 2, 3 - 0	ganz klein bis ganz groß (5 ... normal)
Alt+S, T	*tiny*
Alt+S, Shift+S	*smaller*
Alt+S, S	*small*
Alt+S, N	*normal*
Alt+S, L	*large*
Alt+S, Shift+L	*larger*
Alt+S, H	*huge*
Alt+S, Shift+H	*huger*
Alt+S, +	größer
Alt+S, -	kleiner

Mathematik-Modus

LyX ist vielen anderen Formeleditoren (etwa dem von MS Word) in einer Beziehung weit voraus: Die Formeleingabe kann beinahe vollständig per Tastatur erfolgen. Besonders LaTeX-Profis werden aufatmen – beinahe alle LaTeX-Kommandos können wie gewohnt eingegeben werden. Sobald Sie danach die Leertaste drücken, ersetzt LyX das Kommando durch das jeweilige Zeichen oder Konstrukt. Wenn Sie im Mathematik-Modus beispielsweise `\frac` und ein Leerzeichen eingeben, erzeugt LyX daraus einen Bruchstrich, und Sie können im WYSIWYG-Modus weiterarbeiten.

Mathematische Formeln	
Strg+M	wechselt in den Mathematik-Modus
Esc	verlässt den Mathematik-Modus, setzt den Cursor an das Ende der Formel
Leertaste	Mathematisches Element (z.B. Bruch, Klammernebene) verlassen
Strg+Leertaste	kleiner Abstand zwischen zwei mathematischen Elementen
`\code` Leertaste	ersetzt `\code` (siehe Seite 899) durch das entsprechende Symbol
_	tiefstellen
^	hochstellen
Alt+M, 8	Unendlich-Symbol (∞)
Alt+M, (oder [etc.	Klammernpaar einfügen
Alt+M, =	Ungleichheitszeichen ($\neq$)
Alt+M, +	Plus/Minus ($\pm$)
Alt+M, F	Bruch (*frac*)
Alt+M, G, Buchstabe	griechische Buchstaben (z.B. Alt+M, G, B für β)
Alt+M, I	Integral
Alt+M, P	Symbol für partielle Ableitung (∂)
Alt+M, S	Wurzel (*sqrt*)
Alt+M, V	Vektorpfeil über das nächste Zeichen ($\vec{v}$)

Abschließend noch zwei Beispiele:

$\int_\alpha^\beta x\,dx$	Strg+M, \int, Leertaste, ^, Leertaste, \beta, Leertaste, Leertaste, _, \alpha, Leertaste, x, Strg+Leertaste, dx, Esc
$\sin\left(\frac{\pi}{8}\right)$	Strg+M, \sin, Alt+M, (, \frac, Leertaste, \pi, Cursor nach unten, 8, Esc

Kapitel 22

Gimp – Die Photoshop-Alternative

Hinter dem Kürzel Gimp (*GNU Image Manipulation Program*) verbirgt sich ein Programm zur Bildverarbeitung, das in vielerlei Hinsicht ähnliche und bisweilen sogar bessere Funktionen als das kommerzielle Programm Adobe Photoshop bietet. Der wesentliche Unterschied: Gimp ist freie Software (GPL). Die Hauptautoren sind Peter Mattis und Spencer Kimball, unterstützt von zahlreichen anderen, die bei der Fehlersuche und Optimierung geholfen oder eines der zahllosen Plug-Ins (Erweiterungsmodule) geschrieben haben.

Dieses Kapitel gibt eine erste Einführung in Gimp. Auch wenn es aus Platzgründen nicht einmal ansatzweise möglich ist, die vielen Features von Gimp ausführlich zu beschreiben, so vermittelt das Kapitel zumindest detaillierte Informationen zu allen elementaren Funktionen.

HINWEIS

Dieses Kapitel bezieht sich auf Gimp Version 1.0. Die Arbeit an der nächsten stabilen Gimp-Version 1.2 war bei Manuskriptabgabe bereits weit fortgeschritten. Mit etwas Glück sollte Gimp 1.2 also bereits verfügbar sein, wenn Sie dieses Buch in den Händen halten. Gimp bekommt mit Version 1.2 eine Menge neuer Funktionen. Die Grundfunktionen arbeiten aber im Wesentlichen wie bisher, so dass dieses Kapitel weiterhin eine gute Grundlage zum Erlernen von Gimp bietet. (Einzelne Distributionen werden bereits jetzt mit Entwicklerversionen von Gimp – Versionsnummer 1.1.n – ausgeliefert. Trotz des Entwicklungsstatus laufen diese Versionen bereits relativ stabil.)

TIPP

Einige kleinere Tools zur einfachen Konversion von Grafikdateien, zur Ausführung elementarer Bildverarbeitungsfunktionen sowie zur Herstellung von Screen-Shots werden in Kapitel 18 ab Seite 757 beschrieben.

22.1 Einführung

Was ist Gimp?

Gimp ist ein Bildverarbeitungsprogramm – so viel wissen Sie schon aus der Einleitung. Wenn Sie keine Erfahrung mit Adobe Photoshop oder einem vergleichbaren Programm haben, ist dieser Begriff vielleicht noch etwas vage. Mit Gimp können Sie:

- Bitmap-Dateien in den unterschiedlichsten Formaten lesen und speichern; zu den unterstützten Formaten zählen unter anderem GIF, JPEG, PNG und TIFF
- PostScript-Dateien (EPS/PS) und Photoshop-Dateien (PSD) importieren
- sich künstlerisch betätigen und vollkommen neue Bilder malen
- die Farb- und Helligkeitsverteilung von Bildern ändern (d.h. beispielsweise das Bild heller machen, den Kontrast verstärken etc.; diese Operationen werden bevorzugt eingesetzt, um die Qualität eingescannter Bilder zu verbessern)
- diverse Filter auf das Bild anwenden, etwa um Kanten hervorzuheben, optische Effekte zu erzielen etc.
- Teile des Bilds markieren, ausschneiden, separat bearbeiten und zu neuen Bildern zusammensetzen (Fotomontage)
- neue Grafikelemente in das Bild einarbeiten (Linien, Füllmuster, Farbverläufe, Texte etc.)
- animierte `*.gif`-Dateien erzeugen (etwa zur Gestaltung nervtötender Webseiten)
- Gimp-Operationen automatisieren (dazu müssen Sie sich allerdings mit der in Gimp integrierten Programmiersprache Script-Fu anfreunden)
- Gimp im Batch-Betrieb auf eine ganze Sammlung von Dateien anwenden
- die resultierenden Bilder drucken bzw. speichern (als Bitmap, als PostScript-Datei oder im Gimp-eigenen Format XCF, das neben den eigentlichen Bilddaten auch Bearbeitungsinformationen wie Masken und Ebenen speichert). Gimp enthält übrigens Druckertreiber für eine ganze Reihe von Druckern (nicht wie andere Unix/Linux-Programme nur für PostScript).

VERWEIS

Gimp enthält keine Funktionen zum Scannen von Bildern. Eine reichhaltige Funktionsbibliothek zur Bedienung Ihres Scanners unter Linux bietet dafür das Paket SANE (*Scanner Access Now Easy*), das mit den meisten Distributionen mitgeliefert wird. Bei korrekter Installation kann SANE über ein Plug-In direkt von Gimp aus genutzt werden – siehe den `man`-Text zu `xscanimage`. Aktuelle Informationen zu SANE finden Sie bei `http://panda.mostang.com/sane`.

Gimp enthält auch keinen Import-Filter für Photo-CD-Dateien (Dateikennung PCD). Wenn Sie Bilder von Photo-CDs lesen möchten, können Sie auf das sehr komfortable Programm `xpcd` zurückgreifen – siehe Seite 793.

Traum und Wirklichkeit

Gimp ist ein unglaublich vielseitiges und leistungsfähiges Programm (und dieses Kapitel beschreibt gerade einmal die ersten fünf Prozent!). Dennoch ist die Gefahr groß, dass Sie das Programm nach einigen ersten Experimenten enttäuscht wieder von Ihrer Festplatte löschen. Das hat vor allem zwei Gründe:

- Gimp ist zwar ein mächtiges Werkzeug, Sie müssen sich aber intensiv einarbeiten, bis Sie es effizient nutzen können. Für gelegentliche Spielereien für eine `*.gif`-Datei auf der Homepage ist das Programm nur eingeschränkt geeignet. (Das liegt nicht nur an Gimp. Generell ist die professionelle Bildverarbeitung eine Tätigkeit, die erheblich schwieriger ist, als es den Anschein hat.)
- Gimp stellt erhebliche Ansprüche an Ihre Hardware. Dasselbe gilt für das Gimp-Handbuch, das normalerweise mit `acroread` gelesen wird. Um komfortabel arbeiten zu können, sollten Sie über ausreichend Speicher (mindestens 64 MByte, besser mehr), eine schnelle CPU, einen großen Monitor, eine fein auflösende Maus und über eine Grafikkarte mit *Truecolor* verfügen (also 2^{24} Farben).

Falsche Erwartungen resultieren auch daraus, dass Gimp oft als freie, ansonsten aber gleichwertige Variante zu Adobe Photoshop beschrieben wird. Das greift (noch, Gimp wird intensiv weiter entwickelt!) ein wenig zu kurz. Die folgenden Punkte fassen die wichtigsten Einschränkungen bzw. Unterschiede zusammen:

- Die Bedienung von Gimp unterscheidet sich zum Teil erheblich von der Photoshops. Echte Gimp-Fans werden natürlich einwenden, dass die Bedienung von Gimp intuitiver und effizienter sei. Für manche Funktionen stimmt das, bei anderen hat man hingegen den Eindruck, das Programm sei von Technikern für Techniker geschrieben. Zudem ist es für Photoshop-Umsteiger oft schwierig, die richtigen Funktionen im verschachtelten Kontextmenü zu finden.
- Das Erstellen von (PostScript-)Dateien für professionelle Druckaufgaben ist mit Gimp schwieriger als mit anderen Programmen. Die Durchführung einer CMY(K)-Farbseparation oder die Herstellung von Bildern mit Sonder- oder Schmuckfarben (Duplex-Bildformat) ist zwar prinzipiell möglich, die Funktionen sind aber wenig komfortabel. Eine direkte Unterstützung von Pantone-Farben fehlt ganz.
- Wenn Sie Grafiken mit eigenen Texten erstellen, sind Sie auf die unter X verfügbaren Zeichensätze festgelegt. Zwar steht mittlerweile schon eine beachtliche Auswahl freier skalierbarer Zeichensätze zur Verfügung, mit dem Font-Angebot der Windows- oder Macintosh-Welt kann Unix/Linux aber nicht mithalten. (Die Installation neuer Zeichensätze wird auf Seite 347 beschrieben.)
- Es gibt zwar ein exzellentes Handbuch, aber keine kontextsensitive Online-Hilfe.
- Es stehen zur Zeit nur englische Menü- und Dialogtexte zur Verfügung.

Online-Dokumentation

Zu Gimp gibt es mittlerweile eine Reihe Bücher. Darüber hinaus existiert ein 600-seitiges Benutzerhandbuch (das Gimp User Manual, kurz GUM), das normalerweise mit Gimp mitgeliefert wird. GUM liegt in mehreren Versionen vor:

- als `*.pdf`-Datei (Adobe-Acrobat-Dokument, 13 MByte)
- als `*.ps.gz`-Datei (PostScript, komprimiert, 43 MByte)
- als `*.html.tar.bz2`-Datei (HTML-Dateien, komprimiert, 16 MByte)
- als `*.fm.tar.bz2`-Datei (FrameMaker-Quelldateien, komprimiert, 54 MByte)
- als richtiges Buch (auch in deutscher Übersetzung)

Die HTML-Version steht auch online zur Verfügung: `http://manual.gimp.org/`

Bei den meisten Distributionen wird aus Platzgründen nur die `*.pdf`-Version mitgeliefert. Die Datei kann sehr komfortabel mit `acroread` gelesen werden. (Prinzipiell eignen sich auch `xpdf`, `ghostview` und `kghostview` zum Lesen, in der Praxis haben sich diese Programme aber als nicht geeignet herausgestellt: abgeschnittene Seiten, kein Inhaltsverzeichnis, schlechtere Font-Qualität etc.)

Die in `acroread` angezeigten Seitennummern stimmen nicht mit denen des GUM-Inhaltsverzeichnisses bzw. des Index überein. Der Grund: `acroread` beginnt die Seitennummerierung mit Seite 1, während sich im GUM vorher 52 Seiten mit römischen Seitennummern befinden.

Mit `acroread` kann das Handbuch auch ausgedruckt bzw. ins PostScript-Format exportiert werden – aber Vorsicht: ein Ausdruck kostet nicht nur eine Menge Papier, sondern dauert auch beinahe endlos, weil riesige Datenmengen (Bilder!) zum Drucker übertragen und dort verarbeitet werden müssen.

HINWEIS

Im GUM werden zum Teil Gimp-Merkmale von Plug-Ins beschrieben, die nicht zur Standardinstallation gehören. Informationen über verfügbare Gimp-Plug-Ins und deren Installation finden Sie im Internet unter:

`http://www.gimp.org/links.html`
`http://registry.gimp.org`

Wenn Sie vom Umfang des Gimp-Handbuchs überwältigt sind, wird Ihnen die PostScript-Datei `gimp_quick_reference.ps` vielleicht besser gefallen. Auf einer einzigen Seite sind sehr übersichtlich alle wichtigen Tastenkürzel von Gimp zusammengefasst. Wenn Sie einen PostScript-Drucker besitzen, können Sie die Seite sofort ausdrucken – andernfalls müssen Sie zum Ausdruck `gs` verwenden (Seite 784).

Nicht so ansprechend gestaltet, aber auch sehr praktisch ist `cheat_sheet.txt`: Dort sind zu allen Buttons der Toolbar die entsprechenden Tastenkürzel zusammengefasst.

Schließlich folgt noch der obligatorische Verweis in das Internet: Bei `www.gimp.org` finden Sie die neuesten Informationen zu Gimp, eine Menge Tipps und Tricks, eine Reihe sehr brauchbarer, beispielorientierter Tutorials etc.

TIPP

Das Erlernen der Funktionen von Gimp ist nur der erste Schritt zu tollen Ergebnissen. Zumindest ebenso wichtig ist das Verständnis, wie diese Funktionen in der Praxis sinnvoll angewandt werden können. Bevor Sie Ihre Ergebnisse in einem Print-Shop in Plakatgröße ausdrucken, sollten Sie sich zudem mit den zahlreichen Problemen der Farbdarstellung am Bildschirm und am Drucker beschäftigen (Kalibrierung). Ein Photoshop-Buch, das sich primär mit solchen Grundlagen der Bildverarbeitung beschäftigt (und weniger mit Bedienungsdetails), kann auch für Gimp-Anwender eine sinnvolle Investition sein. Die im Quellenverzeichnis dieses Buchs genannten Bücher haben mir in dieser Hinsicht gute Dienste geleistet.

22.2 Beispiele

In diesem Kapitel steht eine Beschreibung der wichtigsten Funktionen von Gimp im Vordergrund. Vorher gibt dieser Abschnitt zwei konkrete Beispiele, die vor allem für Einsteiger in die Bildverarbeitung einen ersten Anhaltspunkt geben, wie man mit einem Bildverarbeitungsprogramm umgeht. Wahrscheinlich werden Sie die Beispiele nicht auf Anhieb nachvollziehen können – aber keine Angst! Die Details zur Bedienung der vielen hier vorgestellten Funktionen folgen in den weiteren Abschnitten.

Logos, Buttons etc.

Eine beliebte Anwendung von Gimp besteht darin, Logos, Buttons und Schriftzüge zu zeichnen, die sich dann auf allen möglichen Webseiten wiederfinden. Dabei stehen Tausende Möglichkeiten offen (ich übertreibe sicher nicht!), von denen eine exemplarisch herausgegriffen wurde.

Um den punktierten Linienzug in Abbildung 22.1 nachzubilden, fügen Sie einen Text in ausreichender Größe ein (hier wurden 100 Punkt verwendet). Stellen Sie dabei BORDER auf 10, damit die Floating Selection um 10 Pixel größer ist als der eigentliche Schriftzug. (Das ist notwendig, damit die Punkte des Schriftzugs nicht an den Rändern der Floating Selection abgeschnitten werden. Sie können die Floating Selection aber natürlich auch nachträglich im LAYER-Dialog vergrößern.) Füllen Sie den Schriftzug mit der Hintergrundfarbe (EDIT|FILL), so dass nur noch die Markierung sichtbar ist.

Im BRUSHES-Dialog wählen Sie nun einen punktförmigen Pinsel (z.B. Circle Fuzzy 9*9) und stellen SPACING auf 100. Damit erreichen Sie, dass der Punkt nicht kontinuierlich verwendet wird, sondern mit einem gewissen Abstand. (Die Einheit für den Regler ist unbekannt, Pixel sind es aber nicht.)

Jetzt müssen Sie im LAYER-Dialog noch KEEP TRANSPARENCY deaktivieren, damit die runden Punkte auch außerhalb des Linienzugs sichtbar werden. EDIT|STROKE vollendet das Meisterwerk. (Experimentieren Sie mit anderen Pinselformen und SPACING-Einstellungen!)

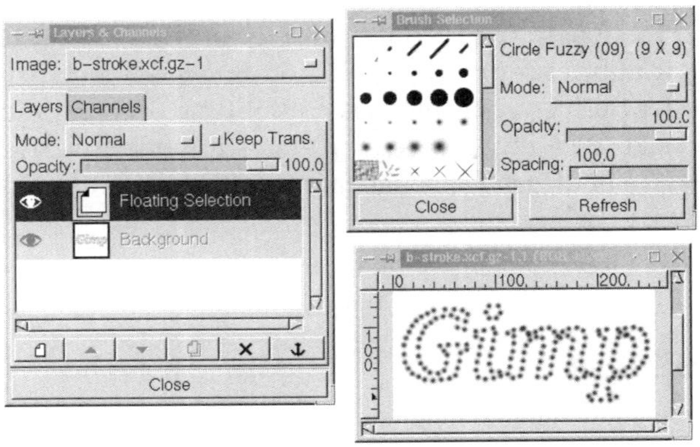

Abbildung 22.1: Ein punktierter Schriftzug mit dem Stroke-Kommando

Wenn Sie die Punkte jetzt noch mit einem Farbverlauf einfärben möchten, können Sie nicht einfach das GRADIENT-Werkzeug verwenden. Es ist nämlich jetzt der gesamte Schriftzug inklusive der punktförmigen Ausbuchtungen selektiert (nicht nur die sichtbaren Punkte). Lösen Sie die Floating Selection auf weißem Hintergrund auf, und verwenden Sie SELECT|BY COLOR mit einem TRESHOLD von 60, um nur die Punkte zu selektieren. Anschließend wird die Auswahl durch SELECT|FEATHER mit einem Wert von 5 noch ein wenig ausgeweitet. Jetzt können Sie das GRADIENT-Werkzeug problemlos einsetzen.

Wenn Sie es stattdessen gern dreidimensional haben, dann wenden Sie auf Abbildung 22.1 noch einen Filter an: FILTER|MAP|BUMP MAP. Das Ergebnis sehen Sie in Abbildung 22.2.

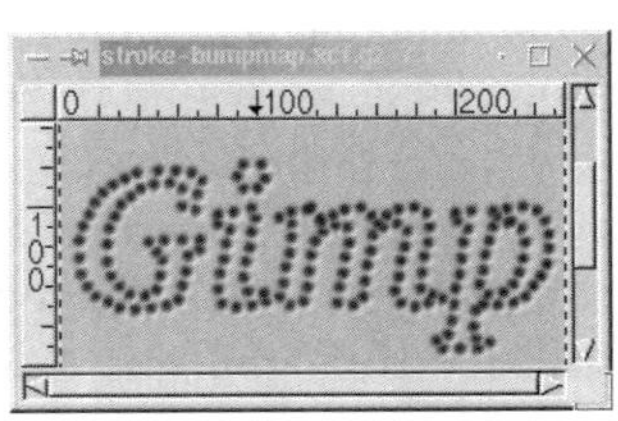

Abbildung 22.2: Schriftzug mit 3D-Effekt

Schatten für ein 3D-Objekt

Das Ausgangsbild für dieses Beispiel sind drei mit Mathematica (übrigens unter Linux) berechnete, ineinander verschlungene Spiralen. Das Bild liegt als TIF-Datei mit 1771*1713 Pixeln vor (ca. 9 MByte, Abbildung 22.3 links), der Hintergrund ist weiß. Das Ziel besteht darin, die Spiralen mit einem Schatten zu versehen, so dass das Bild plastischer wirkt. (Die Spiralen wurden wirklich für das Titelbild meines Mathematica-Buchs verwendet. Die tatsächliche Cover-Gestaltung führte allerdings die Firma Hommer DesignProduction durch – vermutlich nicht mit Gimp, sondern mit Photoshop.)

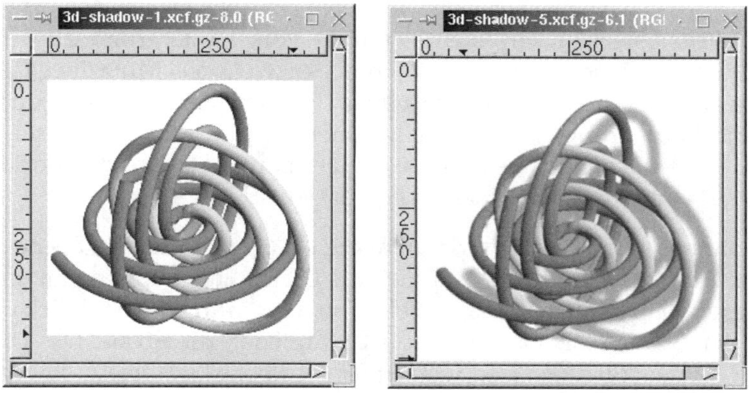

Abbildung 22.3: Links das Ausgangsbild, rechts das Endergebnis

Vorweg einige Anmerkungen dazu, wie ein Schatten mit einem Bildverarbeitungsprogramm prinzipiell erstellt wird:

- Das eigentliche Objekt wird vom Hintergrund getrennt (ausgeschnitten) und in eine eigene Ebene kopiert.
- Das Objekt wird dupliziert, schwarz eingefärbt und unscharf gemacht. (Dadurch ergibt sich der Eindruck einer diffusen Beleuchtung.)
- Die Schattenebene wird gegenüber der Objektebene verschoben und perspektivisch verzerrt.
- Die Ebenen werden korrekt angeordnet (oben das Objekt, dann der Schatten, ganz unten der Hintergrund. Der Schatten kann jetzt noch ein wenig aufgehellt werden.

TIPP

Die Arbeit mit sehr großen Bitmaps ist einigermaßen mühsam. Die Ausführung jedes Gimp-Kommandos beansprucht erhebliche Zeit. Wenn Sie nicht schon ganz genau wissen, wie Sie vorgehen, ist es zweckmäßig, zuerst einige Experimente mit einer kleinen Bitmap durchzuführen. Zum Verkleinern verwenden Sie das Kommando IMAGE|SCALE.

HINWEIS

Vom Standpunkt der Computergrafik betrachtet ist diese Schattenberechnung natürlich haarsträubend. Der tatsächliche Schatten dieser Spiralen müsste durch die Projektion des 3D-Objekts auf eine Fläche ermittelt werden – und er würde sich ganz deutlich von dem Schatten unterscheiden, der hier erstellt wird. Da die Ausgangsdaten als flaches Bild (und nicht als 3D-Objekt) vorliegen, müssen zweidimensionale Bildverarbeitungsfunktionen eingesetzt werden. Zum Glück lässt sich das Auge leicht täuschen; nur wer wirklich genau hinsieht, wird feststellen, dass der Schatten unmöglich korrekt sein kann.

Vorgehensweise

Der erste Schritt besteht darin, das 3D-Objekt vom Hintergrund zu trennen. Das ist hier einfach, weil der Hintergrund homogen weiß ist. Mit SELECT|BY COLOR wird der gesamte Hintergrund durch einen einzigen Mausklick markiert. (Strg)+(I) invertiert die Markierung, so dass die Markierung nun exakt die Form der Spiralen hat. Um störende halbweiße Randpixel zu eliminieren, wird die Markierung mit SELECT|SHRINK um die Breite eines Pixels verkleinert.

Die so gewonnene Markierung wird nun mit SELECT|FLOAT in eine Ebene umgewandelt. LAYERS|LAYERS & CHANNELS öffnet den Dialog zum Umgang mit Ebenen. Die neue Ebene mit dem Namen 'Floating Selection' wird durch Doppelklick umbenannt und erhält den Namen '3D Object'. (Strg)+(D) dupliziert die Ebene. Das Duplikat bekommt den Namen 'Shadow' und wird unter die Ebene '3D Object' bewegt.

Die weiteren Operationen beziehen sich jetzt auf die Ebene 'Shadow', die dazu mit der Maus ausgewählt wird. Um Verwirrung zu vermeiden, werden alle anderen Ebenen unsichtbar gemacht. Mit (Strg)+(A) wird die gesamte Ebene ausgewählt. Mit dem Tool BUCKET FILL wird der Schatten schwarz gefärbt. Anschließend wird die LAYERS-Option KEEP TRANSPARENCY deaktiviert, damit der undurchsichtige Bereich der Ebene vergrößert werden kann. Außerdem wird die Schattenebene mit LAYER RESIZE etwas vergrößert, damit genug Platz für den zusätzlichen unscharfen Rand vorhanden ist. FILTER|BLUR|GAUSSION BLUR IIR mit einem Radius von 10 verwischt die Schattenebene schließlich.

Um einen ersten Eindruck von der Gesamtkomposition zu bekommen, wird die Hintergrundebene ganz weiß eingefärbt und die Schattenebene gegenüber der Objektebene etwas verschoben. Es stellt sich heraus, dass das Gesamtbild vergrößert werden muss (sonst rutscht der Schatten aus dem Bild heraus). Dazu wird zuerst das Bild mit IMAGE|RESIZE und danach die Hintergrundebene mit LAYER RESIZE vergrößert. Nachdem alle drei Ebenen sichtbar gemacht wurden, ergibt sich Abbildung 22.4.

Damit der Schatteneffekt etwas realistischer wirkt, wird der Schatten mit dem Tool TRANSFORM ein bisschen perspektivisch verzerrt (d.h. der Schatten wird nach hinten hin größer). Außerdem wird der Schatten mit dem OPACITY-Regler des LAYERS-Dialogs abgeschwächt, damit der Kontrast nicht zu stark ist. Mit IMAGE|COLORS|-LEVEL bekommt der Schatten schließlich noch einen leichten Blaustich, damit das

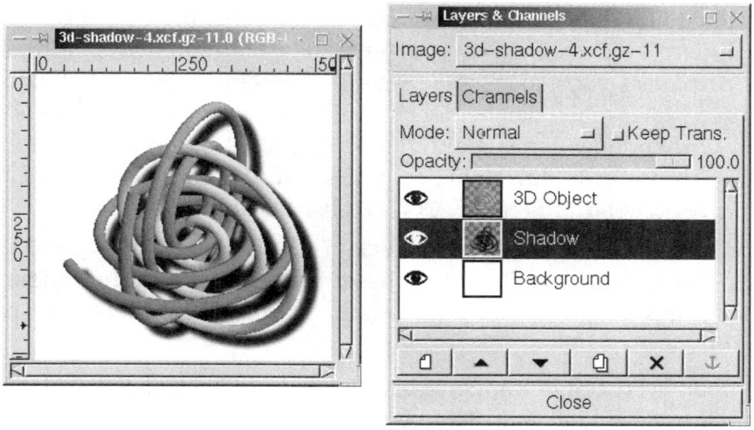

Abbildung 22.4: Das Zwischenergebnis besteht aus drei Ebenen

Bild besser zum restlichen Cover passt. Jetzt stört noch, dass die ausgeschnittenen Spiralen so eckig aussehen. Hier hilft wie beim Schatten ein BLUR-Filter, allerdings mit einem viel kleineren Radius (z.B. 2).

22.3 Grundlagen

Überlebensregeln

- **Menübedienung:** In Gimp gibt es zwei Hauptmenüs: ein kleines Toolbox-Menü und ein riesiges, verschachteltes Kontextmenü, das beinahe alle für die ständige Arbeit relevanten Kommandos enthält. (Außerdem gibt es in einigen Dialogen eigene Kontextmenüs.)

  Das Kontextmenü wird mit der rechten Maustaste im Bildfenster bedient. Im GUM wird zwischen den beiden Hauptmenüs <TOOLBOX>|MENÜ ... und <IMAGE>|MENÜ ... unterschieden. Dieses Kapitel verzichtet auf die Angabe von <IMAGE>. Menüangaben ohne Zusatzinformationen beziehen sich also immer auf das Kontextmenü des Bildfensters.
- **Tastaturbedienung:** Fast alle Funktionen von Gimp können per Tastatur ausgewählt und durchgeführt werden. Dabei tritt aber immer wieder das Problem auf, dass sich der Tastaturfokus im zuletzt benutzten Dialog und nicht wie gewünscht im Bildfenster befindet. Versuchen Sie, Ihren Windows-Manager (bzw. KDE) so einstellen, dass automatisch das Fenster unterhalb der Maus den Tastaturfokus erhält.
- **Mausaktionen abbrechen:** Wenn Sie eine schon begonnene Mausaktion abbrechen möchten, drücken Sie (bei noch gehaltener linker Taste) zusätzlich die rechte Taste, und lassen Sie dann zuerst die linke und dann die rechte Taste wieder los.

- **Hilfslinien:** Die exakte Mauspositionierung fällt in Gimp oft schwer. Verwenden Sie Hilfslinien (*guides*)! Der Mauszeiger rastet in unmittelbarer Nähe dieser Linien ein (wird quasi magnetisch angezogen). Zum Zeichnen von Hilfslinien klicken Sie mit der Maus eines der beiden Lineale an und ziehen es heraus. Zum Verschieben vorhandener Lineale aktivieren Sie zuerst den MOVE-Button der Toolbox (Vierfachpfeil). Sie dürfen beliebig viele Lineale verwenden, und Sie können diese vorübergehend mit VIEW|TOGGLE GUIDES ausblenden.
- **Toolbox:** Mit einem einfachen Mausklick in die Toolbox wählen Sie die elementaren Gimp-Funktionen aus. Zu vielen dieser Funktionen steht außerdem ein Optionendialog zur Verfügung, der durch einen Doppelklick auf den entsprechenden Button aktiviert wird.

  Alle Toolbox-Werkzeuge können auch per Tastatur aktiviert werden, und zwar entweder durch einfache Buchstaben (z.B. (R) für RECTANGULAR SELECTION) oder mit (Shift) (z.B. (Shift)+(M) für ZOOM). In Abbildung 22.5 sind die entsprechenden Buchstaben unterstrichen (kursiv für (Shift)).

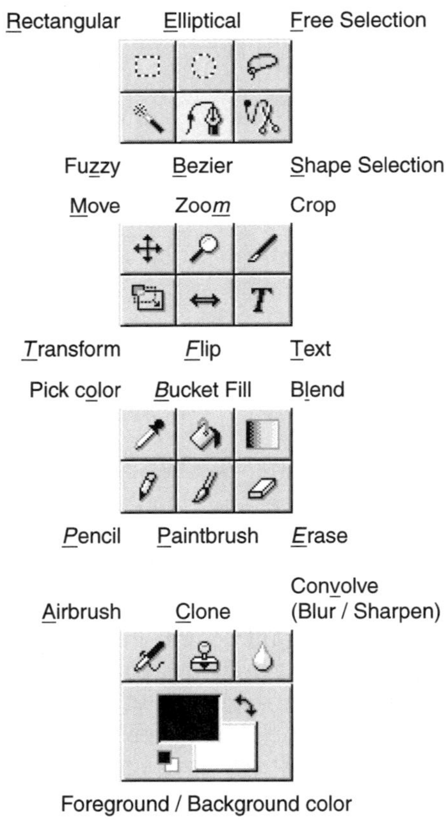

Abbildung 22.5: Die Gimp-Toolbox mit Tastenkürzeln

- **Farben:** Alle Mal- und Zeichenkommandos berücksichtigen die in der Toolbox eingestellte Vorder- und Hintergrundfarbe. Der Dialog zum Verändern dieser Farben wird durch einen Doppelklick auf das jeweilige Farbfeld aufgerufen. Das kleine Symbol links unten stellt die Defaultfarben Schwarz und Weiß wieder her, der Doppelpfeil vertauscht Vorder- und Hintergrundfarbe.
- **Dialoge:** Darüber hinaus werden viele elementare Funktionen durch die Einstellungen der Dialoge BRUSHES (Stift- und Pinselformen) und PATTERN (Füllmuster) beeinflusst. Diese Dialoge werden durch das Kontextmenükommando DIALOGS geöffnet.
- **Undo und Redo:** Mit (Strg)+(Z) können Sie die letzten fünf Operationen rückgängig machen. (Strg)+(R) stellt die zurückgenommenen Operationen wieder her. In FILE|PREFERENCES können Sie die Anzahl der Undo-Ebenen einstellen. (Vorsicht: Der dafür benötigte Speicherplatz ist sehr groß.)
- **Speichern:** Speichern Sie regelmäßig! Im Gegensatz zu den Aussagen in GUM ist in Gimp 1.0 noch keine Auto-Save-Funktion implementiert. Abstürze sind selten, kommen aber vor. Außerdem passiert es gerade während der ersten Experimente oft, dass Sie ungewollt Ihr Bild zerstören. Verwenden Sie FILE|SAVE AS, und verwenden Sie Dateinamen wie `name`*`nn`*`.xcf.gz`. *nn* ist eine fortlaufende Nummer und ermöglicht den Zugriff auf alte Versionen Ihres Meisterwerks.

  Die Kennung `*.xcf` deutet an, dass Sie das Gimp-eigene Dateiformat verwenden. (Das ist das einzige Format, in dem wirklich alle Informationen gespeichert werden. Verwenden Sie Formate wie GIF, TIFF, PNG etc. nur für das Endprodukt!) Die zusätzliche Kennung `*.gz` bewirkt eine gleichzeitige Komprimierung der Datei.
- **Zoom:** Natürlich können Sie das zu bearbeitende Bild beliebig vergrößern und verkleinern. Wenn Sie die ZOOM-Funktion der Toolbox aktivieren, bewirkt ein normaler Maustastenklick eine Vergrößerung, ein Klick in Kombination mit (Shift) eine Verkleinerung. Unabhängig vom ZOOM-Tool können Sie jederzeit mit (1) den Maßstab 1:1 aktivieren.
- **Ansichten:** Oft ist es praktisch, parallel zum vergrößerten bzw. verkleinerten Bild eine zweite Ansicht im Maßstab 1:1 anzuzeigen. Dazu öffnen Sie einfach mit VIEW|NEW VIEW ein zweites Fenster des aktuellen Bilds. Dort können Sie unabhängig vom ersten Fenster die Vergrößerung einstellen sowie die Kennzeichnung der Markierung ('marching ants') mit (Strg)+(T) sowie die der Lineale mit (Shift)+(Strg)+(T) abschalten. Dadurch erhalten Sie einen guten Eindruck, wie das endgültige Bild aussieht.
- **Desktop:** In Gimp sind normalerweise zumindest ein halbes Dutzend Fenster geöffnet. Um das Chaos auf dem Bildschirm zu minimieren, sollten Sie für Gimp einen eigenen Desktop verwenden. (Beinahe jeder Windows-Manager für X kann komfortabel zwischen mehreren Desktops umschalten, die sich wie virtuelle Bildschirme verhalten.)
- **Feedback:** Gimp gibt leider keinerlei Rückmeldung, ob ein Kommando entgegengenommen wurde, noch ausgeführt wird oder bereits beendet ist. (Beinahe

jedes andere Programm zeigt zu diesem Zweck einen Sanduhr-Mauscursor an.) Bei manchen Operationen ist dieses fehlende Feedback ausgesprochen irritierend.

Zur Abhilfe können Sie ein kleines Programm starten, das die altuelle CPU-Auslastung anzeigt (z.B. `xosview`, `kcpumon` etc.). Wenn die CPU voll ausgelastet ist, ist das zumeist ein Hinweis darauf, dass Gimp noch mit der letzten Operation beschäftigt ist.

- **Schriftgröße:** In der Defaultkonfiguration ist die Schrift in den Gimp-Menüs und -Dialogen beinahe unleserlich klein. Werfen Sie kurz einen Blick auf Seite 998 am Ende dieses Kapitels (Konfiguration), und stellen Sie eine größere Schrift ein!

TIPP

Je größer die zu bearbeitende Bitmap ist, desto langsamer wird Gimp (und desto mehr Speicher benötigt es). Verwenden Sie für erste Experimente kleine Bitmaps (maximal 500*500 Pixel) – der Arbeitskomfort ist damit ungleich höher.

TIPP

Viele Wege führen zum Ziel! Lassen Sie sich weder von diesem Buch noch durch andere Gimp-Anleitungen vom Experimentieren abhalten. Verwenden Sie die Operationen, die Ihnen am einleuchtendsten erscheinen!

Dateiformate

Gimp unterstützt sowohl beim Laden als auch beim Speichern eine ganze Menge Formate. Dieser Abschnitt gibt einen kurzen Überblick über die wichtigsten Formate und erklärt, wann welches Format geeignet ist.

Wichtige Bitmap-Formate

BMP: Dieses Format wird nur zum Datenaustausch mit der Microsoft-Windows-Welt benötigt.

GIF: Das Format ist noch immer das beliebteste Internet-Format für Bilder und kleine Animationen. Die Bitmaps werden zwar ziemlich effizient und verlustfrei komprimiert, allerdings stehen nur 256 Farben zur Verfügung. Das Format unterstützt Transparenz (d.h. ein Teil der rechteckigen Bitmap wirkt durchsichtig). Um Gimp-Bilder als GIFs zu speichern, müssen diese vorher mit IMAGE|INDEXED in den 256-Farben-Modus umgewandelt werden.

JPEG: Dieses Format zeichnet sich durch einen außergewöhnlich effizienten Kompressionsalgorithmus aus, der sich insbesondere für Fotos eignet (weniger für technische Zeichnungen oder Screen-Shots). Die JPEG-Kompression ist allerdings nicht verlustfrei, d.h. JPEG-Bilder unterscheiden sich vom Original. Die Unterschiede sind mit bloßem Auge zumeist nicht sichtbar, wenn der Qualitätsfaktor beim Speichern nicht zu niedrig angesetzt wird. Die Defaulteinstellung von 75 Prozent ist meist vernünftig.

VORSICHT

Wenn ein JPEG-Bild mehrfach geladen, bearbeitet und wieder gespeichert wird, nimmt die Qualität jedes Mal ab. Während die JPEG-Verluste bei einmaliger Anwendung des Algorithmus mit bloßem Auge kaum sichtbar sind (zumindest solange der Qualitätsfaktor beim Speichern nicht zu tief angesetzt wird), summieren sich die Veränderungen auf eine unangenehme Weise. Das JPEG-Format ist daher für Arbeitskopien absolut ungeeignet! Speichern Sie erst das endgültige Bild im JPEG-Format (und archivieren Sie eine XCF-Kopie)!

PNG: Das Format wurde als Nachfolgeformat zu GIF konzipiert und ist in jeder Hinsicht besser (keine Einschränkung auf 256 Farben, trotz besserer Kompression weiterhin verlustfrei etc.). Im Gegensatz zu GIF sind auch Lizenzprobleme ausgeschlossen, d.h. das Format ist samt Quellcode frei verfügbar. PNG ist allerdings ein ziemlich neues Format, alte Grafikprogramme und Webbrowser kommen deswegen oft nicht mit PNG-Bildern zurecht.

TIFF: Das Format ist in der professionellen Bildverarbeitung überraschend beliebt, was aber eher historische Gründe hat. Bilder werden verlustfrei gespeichert, die (relativ schwache) Kompression ist optional. Es gibt unzählige TIFF-Varianten, weswegen der Austausch von TIFF-Bildern zwischen unterschiedlichen Programmen manchmal problematisch ist.

VORSICHT

Wenn Sie mit Ebenen (layers) arbeiten, wird beim Speichern in Bitmap-Formaten immer nur die gerade aktive Ebene gespeichert, nicht die Gesamtkomposition! Verwenden Sie für Arbeitskopien unbedingt das Format XCF. Zum Speichern der endgültigen Bitmap müssen Sie die Ebenen mit LAYERS|FLATTEN IMAGE zu einem Gesamtergebnis vereinen. Dieser Hinweis gilt auch für das Speichern im PostScript-Format.

PostScript

Das PostScript-Format (PS, EPS) genießt zwar einen guten Ruf als *das* Format zur professionellen Weitergabe von Bildern. Dieser Ruf bezieht sich allerdings nur auf Text und Vektorgrafiken, nicht auf Bitmaps!

Sie sollten Bilder nur dann im PostScript-Format speichern, wenn Sie die Datei später in einem anderen Programm weiterverwenden möchten (etwa in einem Textverarbeitungsprogramm). Dabei sind zwei Optionen interessant:

ENCAPSULATED POSTSCRIPT bedeutet, dass am Beginn der PostScript-Datei ein Kommentar gespeichert wird, der den Koordinatenbereich des Bilds angibt. Diese Information ist erforderlich, damit die Abbildung später korrekt in ein anderes Programm eingebunden werden kann. PostScript-Dateien, die für die Weiterverwendung in anderen Programmen gedacht sind (und nicht einfach für den Ausdruck), bekommen üblicherweise die Dateikennung `*.eps` (nicht einfach `*.ps`).

PREVIEW bedeutet, dass zusätzlich zu den PostScript-Kommandos eine Bitmap gespeichert wird. Das ermöglicht auch in solchen Programmen eine Vorschau, die keinen Zugriff auf einen PostScript-Interpreter haben. Durch die Vorschau-Bitmap wird die Datei allerdings wesentlich größer, ohne für den Ausdruck relevante Informationen hinzuzufügen. Aktivieren Sie diese Option daher nur, wenn Sie die PostScript-Datei auf Windows- oder Apple-Rechnern verwenden möchten (wo zumeist kein `gs` für eine einfache PostScript-Vorschau installiert ist).

Gimp kann PostScript- und PDF-Dateien auch lesen. (PDF ist ein von Adobe definiertes Format zur Weitergabe von Dokumenten. Im Wesentlichen handelt es sich dabei um stark komprimierten PostScript-Code. PDF-Dokumente werden im Regelfall mit `acroread` gelesen.)

Gimp greift beim Import auf den PostScript-Interpreter `gs` zurück. Zwei Faktoren beeinflussen die dabei erreichbare Qualität: Eine hohe Auflösung (RESOLUTION) liefert sehr große Bitmaps (die dann in Gimp optimiert und anschließend verkleinert werden können). Durch die ANTIALIASING-Optionen erreichen Sie, dass bereits `gs` eine hoch auflösende Bitmap erzeugt und diese anschließend selbst verkleinert. Die Farbe der einzelnen Pixel kann daher von mehreren Punkten abgeleitet werden; es treten Graustufen bzw. Zwischentöne auf, die das Bild schärfer erscheinen lassen.

XCF und PSD

XCF ist das Gimp-eigene Dateiformat. Es ist das einzige Format, mit dem wirklich alle Bearbeitungsinformationen (Masken, Ebenen, die aktuelle Markierung etc.) gespeichert werden. Die Datei wird nicht komprimiert. Während der Arbeit an einem Bild ist XCF das einzig geeignete Format für Arbeitskopien.

Das PSD-Format ist das Photoshop-Gegenstück zu XCF. Gimp kann PSD-Dateien nur lesen, aber nicht schreiben (und es ist wohl eher unwahrscheinlich, dass Photoshop in nächster Zeit einen Gimp-Importfilter bekommt).

TIPP

Für alle Formate gilt: Wenn Sie beim Speichern die Kennungen `*.gz` bzw. `*.bz2` anhängen, wird die Datei automatisch komprimiert. Das ist natürlich nur sinnvoll, wenn nicht ohnedies schon ein komprimiertes Format (JPEG, GIF, PNG) vorliegt. Dateien mit diesen Kennungen werden beim Laden natürlich ebenso automatisch wieder dekomprimiert. `bzip2` komprimiert ein wenig besser als `gzip`, ist aber deutlich langsamer. Bei einer Testdatei wurden folgende Ergebnisse erzielt: `.xzf` 250 kByte, `.xzf.gz` 100 kByte, `.xzf.bz2` 93 kByte.

22.4 Malwerkzeuge

Mit Malwerkzeugen wie PENCIL, PAINTBRUSH und AIRBRUSH können Sie sowohl ganz neue Grafiken erstellen als auch vorhandene Bilder verändern. Dabei sollte Ihnen aber immer bewusst sein, dass Gimp ein pixelorientiertes Bildverarbeitungsprogramm ist und kein vektororientiertes: Das Ergebnis einer Maloperation sind veränderte Pixel. Gimp speichert aber keinerlei Informationen über das gezeichnete Objekt; dieses kann daher nachträglich nicht mehr manipuliert werden.

TIPP Erste Experimente mit den Malwerkzeugen führen Sie am besten in einem leeren, weißen Bild aus. Ihre bisherigen Ergebnisse können Sie ganz bequem mit (D) (Defaultfarben), (Strg)+(A) (alles markieren) und (Strg)+(X) (ausschneiden) löschen. Zum Experimentieren mit Farben können Sie mit FILTERS|RENDER|PLASMA rasch ein buntes Bild erzeugen.

VERWEIS In Gimp fehlen selbst die trivialsten Zeichenkommandos – etwa zum Zeichnen eines Rechtecks oder eines Kreises. Das heißt aber keineswegs, dass das in Gimp unmöglich wäre! Eine Möglichkeit besteht darin, Markierungen zu benutzen – mehr dazu ab Seite 974. Eine weitere Möglichkeit bietet das in diesem Kapitel nicht beschriebene Tool FILTERS|RENDER|GFIG.

Die andere Alternative, nämlich der Einsatz echter, vektororientierter Zeichenprogramme, fällt unter Linux schwer. Das Angebot hält sich noch in Grenzen. Recht vielversprechend sehen zwei Neuentwicklungen aus – `sketch` und `dia` (siehe auch Seite 776).

Pencil, Paintbrush, Airbrush, Erase

Die Malwerkzeuge PENCIL ((Shift)+(P)), PAINTBRUSH ((P)) und AIRBRUSH ((A)) sind miteinander eng verwandt. Alle drei Werkzeuge verwenden als Zeichenstift die im BRUSH-Dialog eingestellte Form. Während der PENCIL diese Form als Schwarzweiß-Muster interpretiert und daher sehr scharfe Kanten liefert, berücksichtigt der PAINTBRUSH auch die Graustufen.

Abbildung 22.6: Anwendungsbeispiele für Pencil (oben), Paintbrush und Airbrush (unten)

Mit dem AIRBRUSH kommt schließlich noch die Bearbeitungszeit ins Spiel: Je länger diese Sprühdose angewandt bzw. je öfter sie über einen Punkt bewegt wird, desto intensiver fällt das Ergebnis aus. Die Intensität pro Zeit und pro Mausbewegung kann durch Optionen gesteuert werden. Abbildung 22.6 zeigt alle drei Werkzeuge, wobei jeweils dasselbe Zeichenmuster verwendet wurde.

ERASE ((Shift)+(E)) scheint auf ersten Blick einfach nur die inverse Funktion zu PAINTBRUSH darzustellen. Statt der Vordergrundfarbe wird eben die Hintergrundfarbe angewandt. Ein Unterschied wird sichtbar, wenn das Werkzeug in sogenannten *Floating Selections* verwendet wird (siehe den nächsten Abschnitt): Dann wird nämlich der markierte Bereich um die Zeichenform verkleinert.

TIPP

Wenn Sie mit den vier Werkzeugen eine gerade Linie zeichnen bzw. löschen möchten, drücken Sie am Startpunkt einmal kurz die Maustaste. Dann bewegen Sie die Maus zum Zielpunkt und drücken dort ein zweites Mal kurz die Maustaste, diesmal aber in Kombination mit (Shift).

Füllen mit Farben und Mustern (Bucket Fill)

Mit BUCKET FILL ((Shift)+(B)) können Sie einen farblich abgeschlossenen Bereich mit der Vordergrundfarbe oder einem in DIALOGS|PATTERNS eingestellten Muster füllen. Wenn Sie die Maustaste zusammen mit (Shift) drücken, füllt das Werkzeug den Bereich mit der Hintergrundfarbe (nur bei COLOR FILL).

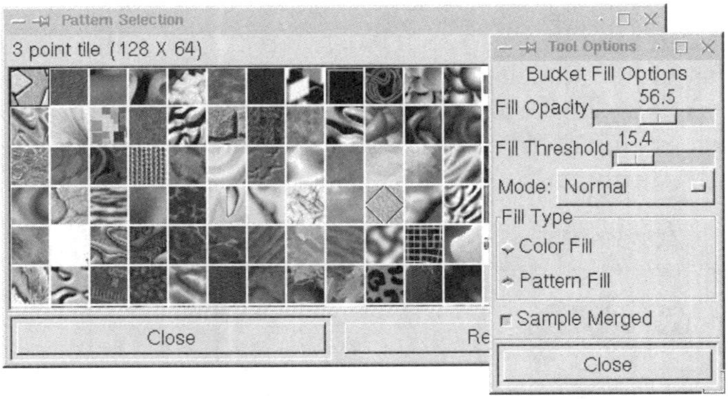

Abbildung 22.7: Füllmuster und Optionen für Bucket Fill

In der Defaulteinstellung erfasst das Werkzeug den zusammenhängenden Bereich aller Pixel, deren Farben um maximal 15 Werte vom Startpixel abweichen (bei einer Werteskala von 0 bis 255). Der zulässige Wertebereich kann mit FILL TRESHOLD im Optionendialog verändert werden. In Abbildung 22.8 wurde FILL mit einem kachelförmigen Muster und einer reduzierten Deckung (OPACITY 50) auf die mittleren Grauschattierungen angewandt.

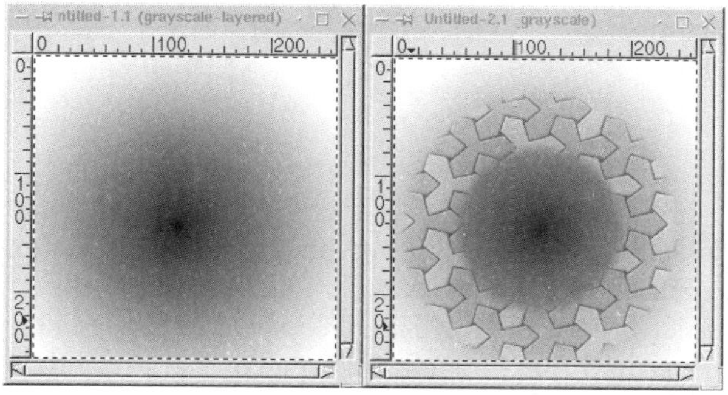

Abbildung 22.8: Anwendungsbeispiel für Bucket Fill

TIPP

Die Abgrenzung auf einen Farbbereich gilt nur, wenn keine Markierung vorhanden ist! Wenn es eine Markierung gibt, wird diese vollständig, also ohne Rücksicht auf die Farben des Inhalts, gefüllt. Lösen Sie gegebenenfalls Markierungen mit (Shift)+(Strg)+(A) auf, oder verwandeln Sie die Markierung mit SELECT|FLOAT in eine Floating Selection!

Klonen ohne Gentechnik

Der Hilfetext zum CLONE-Tool ((C)) in der Toolbox lautet *paint using patterns or image regions*. Das verdeutlicht bereits, dass CLONE zwei recht unterschiedliche Anwendungen kennt, je nachdem, ob im Toolbox-Dialog PATTERN oder IMAGE als Quelle angegeben wird:

- PATTERN SOURCE: Hier funktioniert CLONE ähnlich wie PAINTBRUSH. Der Unterschied besteht darin, dass nicht in einer Farbe, sondern mit einem Muster gemalt wird. Die Musterauswahl erfolgt im PATTERN-Dialog. Außerdem müssen Sie im BRUSHES-Dialog einen Zeichenstift einstellen.
- IMAGE SOURCE: Statt eines vorgegebenen Musters verwenden Sie jetzt das aktuelle (oder ein anderes) Bild als Quelle. Dazu markieren Sie mit (Strg) und der Maustaste den Startpunkt des Quellbereichs. Anschließend können Sie mit der Maustaste Bereiche aus dem Quellbereich kopieren. In der Praxis wird dieses Tool meist dazu verwendet, Mängel im Bild (etwa Verdeckungen) zu kaschieren. Es eignet sich aber auch dazu, bequem einen Bildbereich von einem Bild in ein anderes (oder von einer Ebene in eine andere) zu kopieren.

Die Option ALIGNED gibt an, wie sich das Tool bei wiederholter Anwendung verhalten soll. In der Defaulteinstellung ist diese Option aktiviert; wenn beim Klonen die Maustaste losgelassen wird und der Vorgang anschließend an einer anderen Stelle fortgesetzt wird, bildet das Gesamtmuster eine nahtlose Einheit. Wird die Option dagegen abgeschaltet, wird der Kopierpunkt nicht relativ mit der Maus mitbewegt.

(Wenn Sie aus einer IMAGE SOURCE klonen, wird die aktuelle Position des Kopierpunkts angezeigt.)

Farben

Beinahe alle Werkzeuge, die keine Füllmuster verwenden, greifen auf die aktuelle Vorder- und/oder Hintergrundfarbe zurück. Die Defaulteinstellung lautet Schwarz / Weiß und kann mit (D) hergestellt werden. Die beiden Farben können sehr bequem mit (X) vertauscht werden. Zur Einstellung von Vorder- und Hintergrundfarbe gibt es zahlreiche Möglichkeiten:

- Per Doppelklick auf das Vorder- bzw. Hintergrundfarbfeld in der Toolbox aktivieren Sie den Standarddialog zur Farbauswahl. Es lohnt sich, mit diesem Dialog ein wenig zu experimentieren! Mit den sechs Optionsbuttons können Sie zwischen unterschiedlichen Darstellungsformen für die Farbebene wählen. Die sechs dazugehörenden Schieberegler verändern den Farbton (*hue*), die Sättigung, die Helligkeit (*value*) sowie die Intensität des Rot-, Grün- und Blauanteils.
- Mit DIALOGS|PALETTE oder mit (Strg)+(P) aktivieren Sie einen Dialog, in dem einige vordefinierte Farbpaletten zur Auswahl stehen.
- Falls Sie im INDEXED-Farbmodus arbeiten (siehe den folgenden Hinweis), können Sie die tatsächlich verfügbaren Farben mit DIALOGS|INDEXED PALETTE in einem dritten Farbdialog anzeigen.
- Schließlich können Sie mit dem COLOR PICKER ((O)) per Mausklick die Vorder- oder Hintergrundfarbe aus dem Bild auswählen.

HINWEIS

Wenn Sie GIF-Bilder bearbeiten, stehen maximal 256 Farben zur Verfügung. In der Defaulteinstellung arbeitet Gimp immer mit RGB-Farben (2^{24} Farben, d.h. je 256 Rot-, Grün- und Blautöne). Zwischen dem RGB-Modus und einer limitierten Farbanzahl kann mit IMAGE|RGB und IMAGE|INDEXED umgeschaltet werden. Als dritter Modus kommt noch der GREYSCALE-Modus mit 256 Grauschattierungen in Frage.

Der Farbmodus hat keinen Einfluss auf das Aussehen der Farbauswahldialoge. Bei den diversen Maloperationen wird automatisch die am ehesten passende Farbe verwendet. Beachten Sie auch, dass im INDEXED-Farbmodus eine Menge Operationen (insbesondere Filter) nicht zur Verfügung stehen.

Farbübergänge (Blend)

Das BLEND-Tool (ein anderer Name ist GRADIENT FILL; Tastenkürzel (L)) füllt einen zuvor markierten Bereich mit einem kontinuierlichen Übergang zwischen zwei oder mehreren Farben. Dazu wird mit der Maus inner- oder außerhalb der Markierung eine unsichtbare Linie gezeichnet. Die Farben werden im Verlauf dieser Linie angewandt, wobei für den Startpunkt (und den Bereich davor) die Vordergrundfarbe und für den Endpunkt die Hintergrundfarbe eingesetzt wird. Mit anderen Worten: Es ist entscheidend, in welche Richtung Sie die Gradationslinie zeichnen!

BLEND kann sinnvollerweise nur mit Markierungen verwendet werden, die erst im nächsten Abschnitt behandelt werden. Ohne Markierung wird das gesamte Bild erfasst, was bestenfalls zur Herstellung eines Hintergrunds dienen kann.

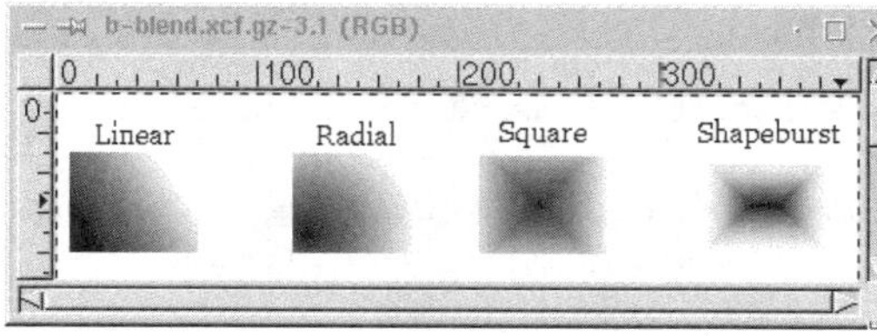

Abbildung 22.9: Anwendungsbeispiel für Blend

Der Farbverlauf kann durch unzählige Optionen beeinflusst werden, die im Toolbox-Dialog zu BLEND eingestellt werden:

- Der OFFSET-Regler steuert, wie weich (0) oder hart die Farbübergänge aussehen sollen.
- Der BLEND-Modus gibt an, wie die Farben für den Farbübergang gemischt werden. Besonders attraktiv ist der Modus FG TO TRANSPARENT, bei dem die Vordergrundfarbe mit einer transparenten Farbe gemischt wird. Wenn Ihnen der Übergang zwischen zwei Farben nicht reicht, stellen Sie den Modus CUSTOM ein und wählen mit DIALOGS|GRADIENT EDITOR einen der zahlreichen vordefinierten Farbverläufe mit so klingenden Namen wie *Burning Paper, Carribean Blues, Sunrise* oder *Tropical Colors* aus. (Über das Kontextmenü dieses Dialogs können Sie übrigens auch eigene Farbverläufe erzeugen.)
- Der GRADIENT-Modus gibt an, ob der Verlauf linear, kreisförmig (radial), sternförmig etc. aussehen soll. Abbildung 22.9 zeigt Beispiele für die wichtigsten Formen. Die Unterschiede zwischen den Modi kommen vor allem bei unregelmäßigen Verläufen zur Geltung.
- Normalerweise werden im Bereich vor und hinter der Gradationslinie einfach die Vorder- und Hintergrundfarben angewendet. Mit der Option REPEAT können Sie den Gradientenverlauf auch wiederholen. Abbildung 22.10 zeigt dafür ein Beispiel.
- Bei ADAPTIVE SUPERSAMPLING wird der Farbübergang durch ein mathematisch aufwendigeres Verfahren hergestellt. Ein sichtbarer Unterschied ist vor allem dann zu bemerken, wenn der Farbübergang (mit REPEAT) sehr häufig wiederholt wird, wenn also sehr rasche Übergänge stattfinden (z.B. zur Darstellung von Schallplattenrillen). Solche Übergänge wirken dank Supersampling glatter (weniger pixelig). Dieser Effekt wird durch den Ausdruck allerdings teilweise wieder zunichte gemacht, weswegen Abbildung 22.11 den Eindruck nur näherungsweise zeigt.

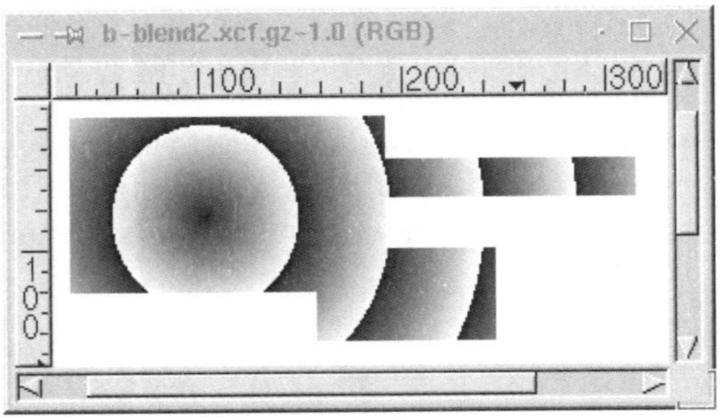

Abbildung 22.10: Ein radialer, sägezahnförmig wiederholter Gradientenverlauf

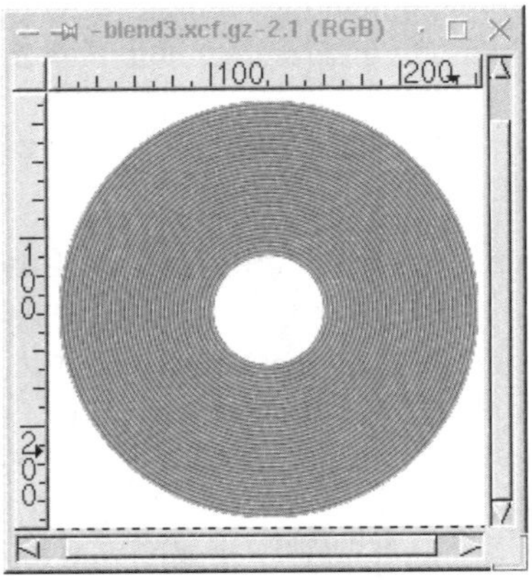

Abbildung 22.11: Dank Supersampling sehen die Kreise einigermaßen glatt aus

Bild schärfen / verwischen (Sharpen / Blur)

Mit dem CONVOLVER-Tool (*to convolve*: zusammen- oder aufrollen; Tastenkürzel (V)) können Sie je nach Einstellung im zugehörigen Optionsdialog die Farben im Bereich des Pinsels verwischen oder verstärken (und dadurch die Kanten hervorheben). Vorsicht: Beim Verwischen wird das Bild immer dunkler, die jeweils dunkelsten Farbanteile der betroffenen Pixel werden also bevorzugt.

TIPP

Wenn Sie die Schärfe in einem größeren Bildbereich verändern möchten, markieren Sie diesen Bereich und wenden dann einen BLUR- oder ENHANCE-Filter an.

Zusätzliche Optionen

Fast alle in diesem Abschnitt vorgestellten Operationen lassen sich durch einige Optionen noch genauer steuern. Einstellungsmöglichkeiten für diese Optionen finden Sie im Toolbox-Dialog des jeweiligen Werkzeugs sowie in den BRUSHES- und PATTERN-Dialogen. Der folgende Überblick beschränkt sich auf eine Kurzbeschreibung, die eigenes Experimentieren natürlich nicht ersetzen kann:

- MODE: Gibt an, auf welche Weise die bisherigen und die neuen Farben kombiniert werden sollen, z.B. durch Addition, Subtraktion, Multiplikation oder durch die Veränderung der Sättigung. Die Wirkung der Modi ist im Voraus oft nur schwer zu erraten. Am anschaulichsten sind die Modi DARKEN ONLY bzw. LIGHTEN ONLY.
- OPACITY: Gibt an, ob die Operation (100 Prozent) deckend oder transparent durchgeführt werden soll. Im zweiten Fall scheint das bisherige Bild unter dem neuen Muster durch. Die Operation kann jetzt mehrfach angewandt werden, die Intensität nimmt dabei immer mehr zu.
- SAMPLE MERGED: Diese Option ist nur interessant, wenn Sie mit mehreren Ebenen (layers) arbeiten. Normalerweise gelten dann alle Operationen nur für die aktive Ebene. Wenn SAMPLE MERGED aktiv ist, werden dagegen die am Bildschirm tatsächlich sichtbaren Farben berücksichtigt. (Unabhängig von dieser Option wird aber in jedem Fall die aktive Ebene *verändert*. SAMPLE MERGED bezieht sich also nur auf das Lesen von Farben, nicht auf das Verändern.)
- SPACING: Gibt an, nach welcher Mausbewegung (in Pixel) ein Muster wiederum angewendet werden soll. Wenn SPACING 25 beträgt, müssen Sie die Maus also 25 Pixel (bei einem Zoomfaktor von 1:1) bewegen, bevor das Muster zum zweiten Mal angewandt wird. Beachten Sie, dass die BRUSH-Formen jeweils unterschiedliche Voreinstellungen für SPACING haben.

22.5 Text

Um Text in Ihr Bild einzufügen, aktivieren Sie zuerst das TEXT-Tool und klicken dann mit der Maus an die ungefähre Position im Bild, wo der Text später erscheinen soll. Jetzt erscheint ein Dialog, in dem Sie den gewünschten Zeichensatz auswählen und den einzufügenden Text eingeben. (Der Dialog sieht leider keinen mehrzeiligen Text vor. Beachten Sie auch, dass Sie einmal in das Bild eingefügten Text nicht mehr ändern können – Gimp ist ja kein Vektorgrafikprogramm! Achten Sie daher ganz besonders darauf, Tippfehler zu vermeiden.)

Wenn Sie den Dialog nun mit OK abschließen, wird der Text an der zuvor angeklickten Position eingefügt. Der Text kann jetzt noch beliebig verschoben werden. Um den Text endgültig mit dem Bild zu verschmelzen, wählen Sie entweder ein SELECT-Tool aus und klicken mit der Maus außerhalb des Texts, oder Sie drücken (Strg)+(H). Wenn

Sie dagegen nicht zufrieden sind, können Sie den Text mit (Strg)+(X) löschen und einen neuen Versuch starten.

HINWEIS

Nach dem Einfügen eines Texts gilt dieser als sogenannte 'Floating Selection'. Dabei handelt es sich um eine Variante zu einer normalen Markierung, deren Eigenschaften ab Seite 981 beschrieben werden. Sie können den Text jetzt verschieben, transformieren, mit Farben füllen etc., ohne das dahinter befindliche Bild zu beeinflussen.

Font-Auswahl

Der Dialog zur Zeichensatzauswahl erscheint nicht besonders intuitiv – schon gar nicht, wenn Sie bisher unter Windows bzw. auf einem Apple Macintosh gearbeitet haben. Der Grund besteht in der internen Verwaltung von Zeichensätzen im X Window System. Jeder Zeichensatz hat einen Namen der folgenden Form (verkürzt):

```
-foundry-family-weight-slant-width-size-spacing-encoding
```

Ein konkretes Beispiel verdeutlicht das Prinzip:

```
-adobe-helvetica-bold-o-normal--10-100-75-75-p-60-iso8859-1
```

- Es handelt sich also um einen Zeichensatz der Firma Adobe.
- Der Schrifttyp ist Helvetica (so ähnlich wie Arial, also ohne Serifen).
- Es handelt sich um einen fetten Zeichensatz. (Andere Möglichkeiten wären *normal, medium, black, extrabold* etc.).
- Die Neigung des Zeichensatzes ist `o` (*oblique*, also schräg). (Andere Optionen sind `r` (*roman*, also aufrecht) oder `i` (*italic*, kursiv).)
- Die Weite des Zeichensatzes ist nicht angegeben. (Manche Zeichensätze kennen hier *condensed, extended* etc.)
- Die Größe beträgt 10 Punkt.
- Der Spacing-Typ ist `p` (*proportional*). (Andere Möglichkeiten sind `c` oder `m` für *character cell* oder *monospaced*. Beides bedeutet, dass alle Zeichen der Schriftart gleich breit sind, wie dies etwa bei der Schriftart Courier der Fall ist.)
- Die Zeichen sind gemäß ISO-Latin 1 codiert. (Diese Codierung umfasst alle Zeichen des westeuropäischen Sprachraums.)

Sie sehen anhand der obigen Liste, dass X viel mehr Möglichkeiten vorsieht, Zeichensätze zu beschreiben, als dies unter Windows der Fall ist. (Es kann durchaus sein, dass Sie zwei Courier-Zeichensätze von unterschiedlichen Herstellern installiert haben. Diese Zeichensätze sehen auch unterschiedlich aus; Sie können sich für den entscheiden, der Ihnen besser gefällt.)

Diese Vielfalt macht allerdings auch den Dialog etwas umständlicher, als man es sich wünschen würde. Auf der Suche nach einem geeigneten Zeichensatz geben Sie zuerst einige Zeichen Text im Textfeld unten an. Dann wählen Sie die gewünschte Größe. Schließlich suchen Sie den gewünschten Zeichensatz aus und verändern (falls erforderlich) die restlichen Optionen. Die Einstellung * bedeutet, dass sich Gimp für die alphabetisch erste Variante entscheidet.

TIPP Es kommt häufig vor, dass Zeichensätze default kursiv dargestellt werden. Stellen Sie SLANT auf r, um die aufrechte Variante des Zeichensatzes zu erhalten.

Nach einer Veränderung der Schriftgröße müssen Sie (Tab) eingeben, damit die Eingabe von Gimp berücksichtigt wird. Beachten Sie bitte, dass viele Zeichensätze unter X nur in einer Reihe vordefinierter Größen zur Verfügung stehen. (Typisch sind 10, 11, 12, 14, 17, 18, 20, 24, 25 und 34 Punkt.) Solche Zeichensätze können zwar auch in allen anderen Größen dargestellt werden, sehen dann aber hässlich aus.

TIPP Gimp greift bei der Darstellung von Text auf die vom X Window System angebotenen Zeichensätze zurück. Grundlageninformationen sowie Tipps zur Installation zusätzlicher Zeichensätze finden Sie auf Seite 347. Wenn Sie nur die üblichen Fonts und keinen Font-Server installiert haben, sollten zumindest die Schriftarten *charter, courier* und *utopia* in allen Größen in ansprechender Qualität zur Verfügung stehen.

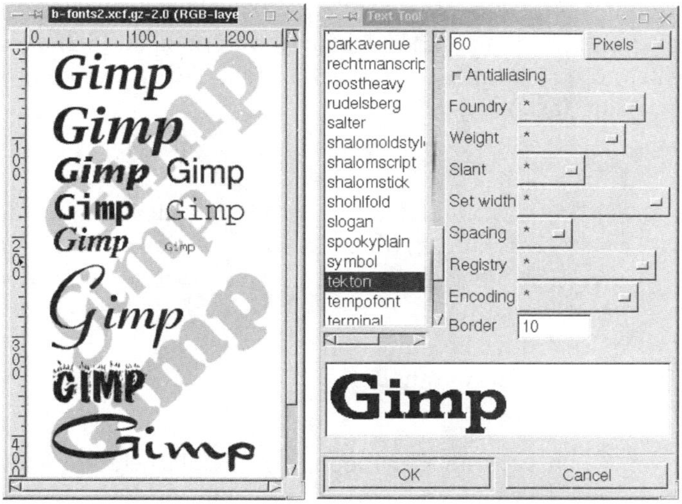

Abbildung 22.12: Gimp-Zeichensatzauswahl

Antialiasing, Border

Zwei Gimp-spezifische Einstellungen des Textdialogs sind jetzt noch zu beschreiben: ANTIALIASING und BORDER. Die ANTIALIASING-Option führt dazu, dass die Ränder des eingefügten Texts mit Grau- bzw. Farbschattierungen dargestellt werden.

Der Text wirkt deshalb am Bildschirm schärfer und weniger pixelig. Sie sollten diese Option nur dann deaktivieren, wenn Sie sehr kleine Zeichensätze verwenden und das resultierende Bild später ausdrucken möchten.

Wenn Sie im BORDER-Feld einen Zahlenwert angeben, wird der Rahmen der Floating Selection rund um den Text um diese Anzahl von Pixeln vergrößert. Dafür gibt es zwei Gründe: Bei manchen Zeichensätzen wird ohne diese Option der Text abgeschnitten (etwa der erste, kursive Buchstabe oder Unterlängen wie beim Buchstaben g). Zum anderen ist es dann möglich, in weiteren Bearbeitungsschritten den ausgewählten Teil der Floating Selection zu vergrößern. (Sie können den Rahmen der Floating Selection auch nachträglich im LAYERS-Dialog vergrößern.)

22.6 Markierungen (Selections)

Die Anwendung von Malwerkzeugen auf das gesamte Bild ist die Ausnahme. Vielmehr sollen die meisten Operationen zumeist nur auf ganz bestimmte Teile des Bilds angewandt werden. Das Problem besteht darin, den gewünschten Bereich eines Bilds vorher möglichst exakt zu markieren. (Besonders schwierig ist das in Fotos, wenn beispielsweise eine Person oder ein Objekt vom Hintergrund getrennt werden soll.)

Der markierte Bereich wird durch einen blinkenden Rand gekennzeichnet. (Im GUM wird dieser Rand als *marching ants* bezeichnet, weil er so ähnlich aussieht wie eine Kolonne Ameisen, die sich langsam weiterbewegt.) Bevor es richtig losgeht, noch einige unentbehrliche Tastenkürzel:

Markierungen bearbeiten	
Strg+T	schaltet die blinkende Kennzeichnung der Markierung aus bzw. wieder an (*toggle*); die Markierung bleibt dabei erhalten
Strg+I	invertiert die Markierung, d.h. alles, was bisher außerhalb war, ist jetzt innerhalb
Strg+A	markiert das gesamte Bild
Shift+Strg+A	löst die Markierung auf

HINWEIS

Es gibt zwei Typen von Markierungen, die gewöhnliche und die sogenannte Floating Selection. Der Unterschied wird auf Seite 981 beschrieben. Nur so viel vorweg: Manche Malwerkzeuge funktionieren je nach Markierungstyp unterschiedlich! So berücksichtigt etwa BUCKET FILL in einer gewöhnlichen Markierung beim Füllen nicht mehr die Farben der Pixel im betroffenen Bereich, sondern füllt einfach den gesamten Bereich mit einem Muster oder einer Farbe. Erst in einer Floating Selection funktioniert das Werkzeug wieder, wie auf Seite 966 beschrieben.

TIPP

Markierungen (allerdings keine Floating Selections) können mit SELECT|SAVE TO CHANNEL bleibend gespeichert und später wieder hergestellt werden. Der Umgang mit Kanälen wird allerdings erst auf Seite 985 beschrieben. Kanäle stellen oft eine interessante Alternative zu Markierungen dar!

Rechteckige und elliptische Markierungen

Rechteckige, elliptische und kreisförmige Markierungen werden mit den Werkzeugen RECTANGULAR bzw. ELLIPTICAL SELECT (R bzw. E) und der Maus gezeichnet. Während der Auswahl können zusätzlich zur linken Maustaste die folgenden Tasten gedrückt werden:

Markierungsform beeinflussen	
Shift	Quadrat bzw. ein Kreis
Strg	der Startpunkt ist kein Eckpunkt, sondern der Mittelpunkt
Shift+Strg	Quadrat/Kreis um den Mittelpunkt

TIPP

Um Markierungen möglichst exakt an den Grenzen eines Objekts herzustellen, sollten Sie vorher Hilfslinien zeichnen.

Wenn Sie den Rand eines Recktecks oder einer Ellipse markieren möchten, können Sie entweder zwei entsprechende Objekte voneinander abziehen (siehe unten) oder das Kommando SELECT|BORDER verwenden (siehe Seite 980).

Markierungen zusammensetzen

Oft möchten Sie die Markierung aus mehreren Teilen zusammensetzen – etwa einem Kreis und zwei Rechtecken. Vielleicht wollen Sie daraus noch einen Teil ausschneiden. Wenn bereits eine Markierung besteht, haben die Tasten Shift und Strg am *Beginn* der Markierung folgende Bedeutung:

Markierungen kombinieren	
Shift	zur Markierung hinzufügen
Strg	von der Markierung abziehen
Shift+Strg	gemeinsame Schnittmenge aus bisheriger und neuer Markierung bilden

Wahrscheinlich erscheint Ihnen das als Widerspruch zur vorherigen Tabelle, die die Bedeutung von Shift und Strg bei der Markierung von Rechtecken und Ellipsen beschrieb. Entscheidend ist aber der Zeitpunkt, wann Shift und Strg gedrückt werden!

Wenn Sie beispielsweise die Markierung in Abbildung 22.13 herstellen möchten, markieren Sie zuerst das Rechteck. Anschließend drücken Sie (E), bewegen die Maus in die Mitte der unteren Linie des Reckecks, drücken (Strg) (Subtraktion) und beginnen die Markierung. Während Sie die Ellipse zeichnen, drücken Sie zusätzlich noch (Shift). (Die Tastenkombination (Shift)+(Strg) bewirkt jetzt, dass ein Kreis rund um den Startpunkt markiert wird.) Die Veränderung von (Shift)+(Strg) während der Markierung, d.h. während die linke Maustaste gedrückt bleibt, erfordert einige Übung, klappt dann aber recht gut.

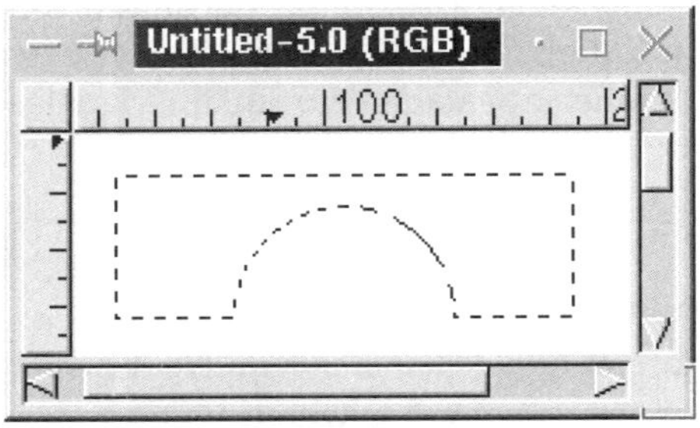

Abbildung 22.13: Markierungen zusammensetzen

TIPP

Zur Wiederholung nochmals eine Überlebensregel: Wenn Sie eine schon begonnene Markierung abbrechen möchten, drücken Sie (bei noch gehaltener linker Maustaste) zusätzlich die rechte Taste, und lassen Sie dann zuerst die linke und dann die rechte Taste wieder los. Einige Stunden Übung mit Gimp – und Sie haben die Fingerfertigkeit einer Pianistin!

Lasso (Free / Shape Selection)

Mit der Lasso-Funktion (FREE SELECTION, (F)) markieren Sie einfach den Bereich, den Sie mit der Maus bei gedrückter Maustaste umranden. (Wenn die Umrandung nicht geschlossen ist, verbindet Gimp die Start- und Endpunkte durch eine Linie.)

Die Funktion SHAPE SELECTION ((S)) geht noch einen Schritt weiter: Wie bei FREE SELECTION zeichnen Sie mit der Maus die Umrisse der Markierung. Gimp versucht anschließend, die Markierung anhand des Bildinhalts zu verbessern. (Das Werkzeug wird deswegen auch INTELLIGENT SCISSOR genannt.) Mehrere Experimente mit der Funktion sind allerdings enttäuschend verlaufen: Gimp konnte nie erraten, was eigentlich markiert werden sollte. Die zahllosen Regler des dazugehörigen Dialogs können die Markierung nicht im Nachhinein verändern, was ein Experimentieren weitgehend unmöglich macht. Am attraktivsten scheint noch die Möglichkeit, die Kurve anschließend in die Bezier-Form umzuwandeln (was allerdings auch nicht immer problemlos funktioniert).

Zauberstab (Fuzzy / Color Selection)

Mit dem Tool FUZZY SELECTION (Z) wird ein zusammenhängender Bereich ähnlichfarbiger Pixel ausgewählt (z.B. die glänzend rote Autokarosserie in einem Bild). Dazu klicken Sie einfach mit der Maus einen Startpunkt an, dessen Farbe möglichst charakteristisch für den gewünschten Bereich ist. Mit noch immer gedrückter Maustaste können Sie nun die Selektionsschwelle vergrößern (Bewegung nach rechts unten) oder verkleinern (nach links oben).

Eine ganz ähnliche Aufgabe wie FUZZY SELECT erfüllt SELECT|BY COLOR. Dieses Werkzeug wird allerdings über einen eigenen Dialog gesteuert, in dem die aktuelle Auswahl als Schwarzweiß-Maske angezeigt wird (Abbildung 22.14). Die Auswahl kann sehr komfortabel durch Bereiche einer bestimmten Farbe erweitert bzw. vermindert werden. Dabei können Sie sowohl das Bild als auch die Vorschaumaske im Dialog anklicken.

Der FUZZINESS-Regler bestimmt, wie groß der Farbbereich sein soll. Der Regler gilt allerdings nicht für bereits durchgeführte Markierungen, sondern erst für alle weiteren Operationen. Bei Markierungen, die schrittweise zusammengesetzt werden, gibt es leider keine Undo-Funktion. (Versuchen Sie es mit SUBSTRACT!) Zum Tool BY COLOR gibt es einen Optionendialog (FEATHER, ANTIALIASING und SAMPLE MERGED), der automatisch angezeigt wird, wenn bereits bisher ein Toolbox-Dialog sichtbar war.

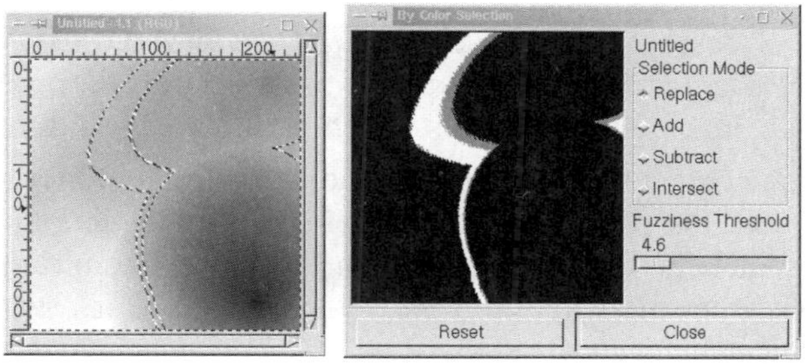

Abbildung 22.14: Gleichfarbige Bereiche markieren

So faszinierend beide Tools sind, so selten können die damit durchgeführten Markierungen ohne weitere Verfeinerung verwendet werden. Erwarten Sie also keine Wunder!

> **TIPP**
>
> SELECT|BY COLOR bietet eine einfache Möglichkeit, ein Objekt auf einem einfarbigen Hintergrund durchsichtig zu machen: Markieren Sie einfach den Hintergrund, und schneiden ihn mit (Strg)+(X) aus! (Das klappt natürlich nur dann problemlos, wenn die Hintergrundfarbe nicht auch im Objekt selbst vorkommt.)

22.7 Bezier-Kurven

Von allen in diesem Abschnitt vorgestellten Markierungswerkzeugen sind BEZIER SELECTIONS (B) wahrscheinlich am schwierigsten zu bedienen; dafür gelingt es damit zumeist wirklich, das gewünschte Objekt einigermaßen exakt einzugrenzen – daran scheitern die anderen Werkzeuge trotz all des dort gebotenen Komforts.

Zuerst ein kurzer mathematischer Exkurs: Bezier-Kurven werden aus Linienstücken zusammengesetzt, die jeweils durch Polynome dritter Ordnung beschrieben werden. In der Praxis bedeutet das, dass für jedes Linienstück der Start- und der Endpunkt sowie die Tangenten (also die Richtung) der Kurven an diesen Punkten angegeben werden können. Das BEZIER-Werkzeug hilft dabei, diese Punkte sowie die Tangenten zu bestimmen.

Eine Bezier-Kurve wird in mehreren Schritten gebildet. Üben Sie ein wenig, bevor Sie eine aufwendige Form markieren – zu den meisten Operationen mit Bezier-Kurven gibt es keine Undo-Möglichkeit, und Sie müssen nach einem Fehler von vorn beginnen.

- Setzen Sie mit einer Folge einfacher Mausklicks die Stützpunkte der Kurve. Sie brauchen für jedes Kurvenstück nur einen Stützpunkt (idealerweise dort, wo die Krümmung zwischen konkav und konvex wechselt). Sie schließen die Kurve, indem Sie zuletzt den ersten Punkt nochmals anklicken.
- Sobald die (noch eckige) Kurve geschlossen ist, verändert die linke Maustaste ihre Bedeutung. Sie dient jetzt dazu, die quadratischen Kontrollpunkte der Tangenten aus den runden Stützpunkten herauszuziehen und zu verändern.
- Normalerweise liegen zwei zusammengehörende Tangentenpunkte auf einer Linie. Mit (Shift) und der Maustaste können Sie die Punkte aber auch getrennt voneinander verschieben. Dadurch gewinnen Sie mehr Gestaltungsmöglichkeiten. Allerdings bekommt die Kurve am Stützpunkt einen Knick (während der Übergang sonst glatt ist).
- Mit (Strg) und der Maus können Sie die Stützpunkte nachträglich verschieben.
- Zuletzt klicken Sie mit der Maus innerhalb des Kurvenzugs. Damit wird die Bezierkurve in eine gewöhnliche Markierung umgewandelt.

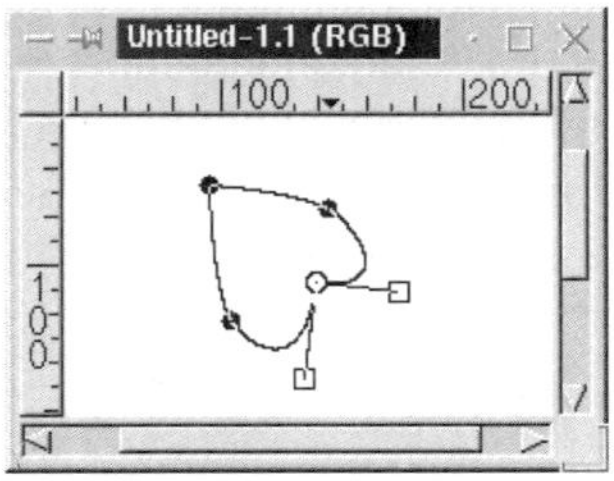

Abbildung 22.15: Eine einfache Bezierkurve

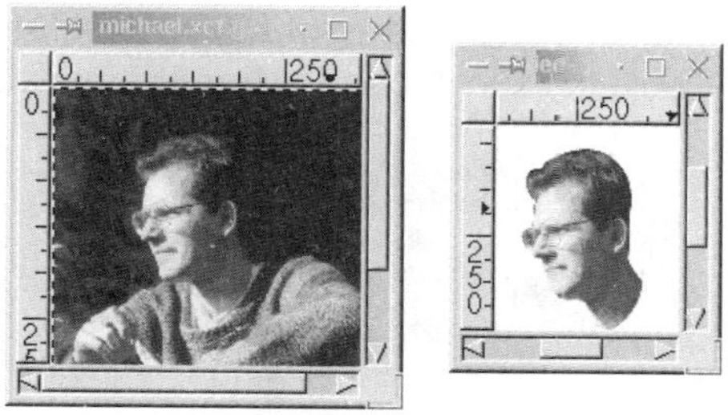

Abbildung 22.16: *Der mit einer Bezierkurve ausgeschnittene Kopf des Autors*

VORSICHT

Die Zahl der Stützpunkte einer Bezierkurve kann nachträglich nicht verändert werden. Zu viele Stützpunkte vergrößern andererseits den Arbeitsaufwand unnötig – übertreiben Sie also nicht!

Während der Markierung darf der Zoomfaktor des Bilds nicht verändert werden – sobald Sie das versuchen, ist die bisherige Arbeit verloren! Vergrößern Sie den relevanten Bereich Ihres Bilds also schon vor Beginn der Beziermarkierung so weit wie möglich – das erleichtert die Arbeit erheblich!

Sobald Sie mit der Maus innerhalb des Kurvenzugs klicken, wird die Kurve in eine normale Markierung umgewandelt. Sie können die Kurve jetzt nicht mehr verändern. Die Umwandlung kann nicht rückgängig gemacht werden, d.h. Undo funktioniert nicht.

Markierungsoptionen

In den Toolbox-Dialogen der oben behandelten Werkzeuge stehen die folgenden Optionen zur Verfügung. Die Optionen müssen *vor* Beginn der Markierung eingestellt werden; eine nachträgliche Veränderung ist wirkungslos!

- FEATHER: Diese Option bewirkt, dass der Rand der Markierung keine scharfe Trennlinie ist, sondern einen fließenden Übergang darstellt. Dieser Übergangsbereich wird erst bemerkbar, wenn die Markierung bearbeitet wird, es gibt aber ansonsten kein optisches Feedback.
- ANTIALIASING: Diese Option führt dazu, dass die Grau- bzw. Farbschattierungen an einer schrägen oder runden Begrenzungskurve interpoliert werden. Die markierte Form sieht deswegen deutlich glatter aus, die Kanten sind weniger scharf. ANTIALIASING ist standardmäßig aktiviert. Der Effekt ist allerdings nur bemerkbar, wenn FEATHER deaktiviert ist.
- SAMPLE MERGED: Wenn diese Option aktiv ist, werden die auf dem Bildschirm tatsächlich sichtbaren Farben berücksichtigt (und nicht nur die Farben der aktiven Ebene).

In Abbildung 22.17 wurde ein Kreis einmal ohne ANTIALIASING, einmal mit dieser Funktion und ein drittes Mal mit FEATHER (Radius 15) markiert und verschoben.

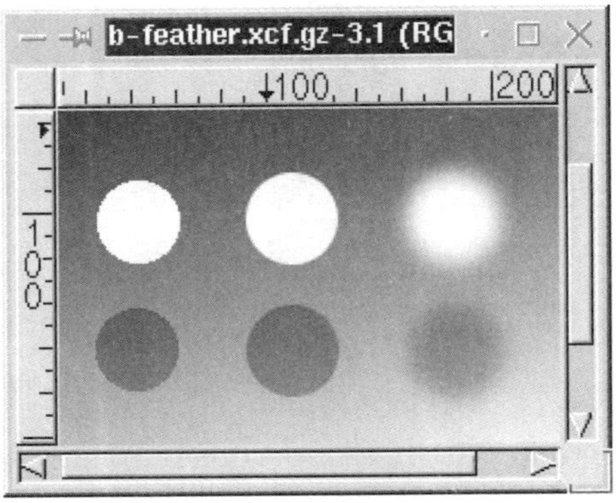

Abbildung 22.17: Markierung ohne Antialiasing, mit Antialiasing und mit Feather

Markierungen vergrößern / verkleinern

Wennn eine Markierung bereits hergestellt ist, bietet Gimp einige Möglichkeiten, um die Form nachträglich noch zu verändern. Die entsprechenden Kommandos befinden sich durchweg im SELECT-Menü.

SELECT|GROW und -|SHRINK vergrößert bzw. verkleinert die Markierung um eine beliebige Anzahl von Pixeln.

Mit SELECT|FEATHER können Sie die Markierung nachträglich mit einem Übergangsbereich umgeben (siehe oben). Durch mehrmalige Anwendung des Kommandos kann dieser Übergangsbereich nur noch vergrößert, nicht aber verkleinert werden. (Undo funktioniert aber.)

SELECT|SHARPEN ist eine Art Umkehrfunktion zu FEATHER und ANTIALIASING: Eine so bearbeitete Markierung folgt exakt den Pixelgrenzen und wirkt daher scharf (aber auch pixelig).

Sehr interessant ist SELECT|BORDER: Damit wird ein Streifen links und rechts von der bisherigen Begrenzung markiert. Aus einer kreisförmigen Markierung wird also ein Kreisring. Die neue Markierung hat automatisch einen Übergangsbereich (FEATHER), der eine wesentliche Schwäche des Tools verbergen soll: Der Rand wird nicht in jeder Richtung gleich stark aufgetragen, was in Abbildung 22.18 deutlich zu erkennen ist.

TIPP

Einen ähnlichen Effekt wie in Abbildung 22.18 können Sie auch mit EDIT|-STROKE erzielen. Dieses Kommando wendet einen Zeichenstift entlang einer Markierungskurve an (siehe Seite 984).

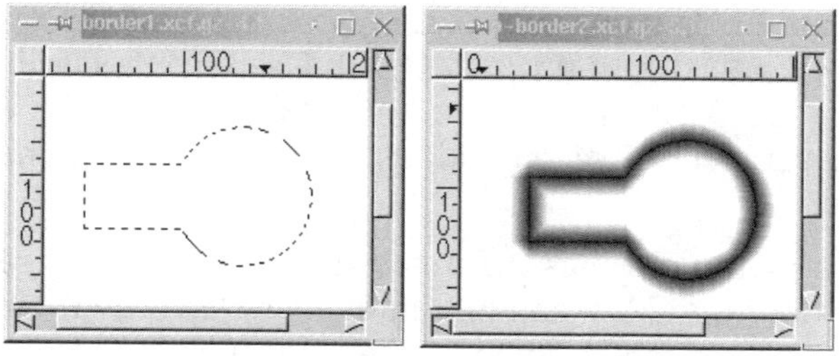

Abbildung 22.18: Links die Ausgangsmarkierung, rechts die gefüllte Umrandung

Schwebende Auswahl (Floating Selection)

Floating Selections sind der wohl verwirrendste Aspekt beim Umgang mit Markierungen. Floating Selections sehen auf den ersten Blick wie normale Markierungen aus (d.h. zur Markierung werden die bekannten *marching ants* verwendet). Intern werden sie aber anders dargestellt (nämlich als Ebene) und bieten einige zusätzliche Möglichkeiten (die allerdings auch mit einigen Einschränkungen verbunden sind).

VERWEIS

Eine Floating Selection ist eine Sonderform einer Ebene (eines Layers). Hintergrundinformationen zu diesem Thema finden Sie ab Seite 985 in einem eigenen Abschnitt. Vorweg nur ein Hinweis: Den Dialog zur Verwaltung von Ebenen öffnen Sie mit IMAGE|LAYERS AND CHANNELS.

Wie entstehen Floating Selections?

Floating Selections entstehen oft durchaus ungewollt. Die folgende Liste zählt die wichtigsten Möglichkeiten auf:

- Sie markieren einen Bildbereich und führen SELECT|FLOAT aus.
- Sie verschieben eine Markierung mit der Maus.
- Sie transformieren eine Markierung (TRANSFORM- und FLIP-Tool).
- Sie kopieren eine Markierung (CUT & PASTE).
- Sie fügen Text ein.

Wozu dienen Floating Selections?

- Floating Selections lassen sich bequem innerhalb des Bilds verschieben. (Sie müssen dazu allerdings das MOVE-Tool verwenden.)
- Der Umriss der Floating Selection kann mit dem ERASE-Tool verkleinert werden. (Sie löschen also mit einem Zeichenstift Teile der Floating Selection. Dabei wird die eingestellte Hintergrundfarbe ignoriert – die Floating Selection wird im gelöschten Bereich einfach unsichtbar.)

- Umgekehrt kann die Floating Selection mit den Malwerkzeugen vergrößert werden (PENCIL, PAINTBRUSH und AIRBRUSH). Das klappt allerdings nur, wenn im LAYERS-Dialog die Option KEEP TRANSPARENCY abgeschaltet wird. (Diese Option verhindert normalerweise, dass Maloperationen über den markierten Bereich hinaus wirken.)

  Maloperationen sind allerdings auf ein rechteckiges Gebiet eingeschränkt, das die Floating Selection umgibt. Wenn Sie die Floating Selection darüber hinaus vergrößern möchten, müssen Sie zuerst die entsprechende Ebene vergrößern. Dazu klicken Sie im LAYERS-Dialog die Floating-Selection-Ebene an und führen RESIZE LAYER aus.
- Das Kommando BUCKET FILL funktioniert in Floating Selections anders als in Markierungen (nämlich so, wie auf Seite 966 beschrieben). Wenn Sie den gesamten Inhalt einer Floating Selection mit der Hintergrundfarbe füllen möchten, verwenden Sie statt BUCKET FILL das Kommando EDIT|FILL.
- Im LAYERS-Dialog kann der Transparenzgrad der Floating Selection frei eingestellt werden (OPACITY-Regler). Damit kann eine Markierung durchscheinend gemacht werden.
- Sie können aus einer Floating Selection eine gewöhnliche Ebene machen. Ein Doppelklick im LAYERS-Dialog und ein neuer Name reichen dazu aus.

Normale Markierungen versus Floating Selections

Sehr viele Gimp-Operationen funktionieren in Floating Selections wie in gewöhnlichen Markierungen, d.h. ihre Wirkung ist auf diesen Bereich beschränkt.

Auch wenn Floating Selections so aussehen – es sind keine Markierungen. Aus diesem Grund funktionieren die SELECT-Kommandos nicht. Daher ist es leider auch unmöglich, eine Floating Selection einfach mit (Strg)+(I) zu invertieren.

HINWEIS

Während eine Floating Selection existiert, kann zusätzlich innerhalb oder außerhalb eine Markierung durchgeführt werden. Die Floating Selection ist dann nur im Bereich dieser Markierung sichtbar. Der Ort der Markierung bleibt aber unverändert, wenn die Floating Selection verschoben wird. Das macht das gleichzeitige Arbeiten mit einer Floating Selection *und* einer Markierung verwirrend. Gelegentlich ist diese Kombination aber ein nützliches Hilfsmittel, um den Gültigkeitsbereich einer verschiebbaren Floating Selection einzuschränken.

Floating Selection auflösen

Sofern Sie in der Toolbox kein Malwerkzeug aktiviert haben, reicht es, die Floating Selection einfach mit der Maus anzuklicken. Die Floating Selection wird damit wieder in das Bild integriert. Denselben Effekt erzielen Sie auch mit dem Kommando LAYERS|ANCHOR bzw. mit (Strg)+(H). Eine Rückverwandlung in eine normale Markierung ist leider nicht möglich.

Markierungen kopieren und einfügen

Wie in beinahe allen Programmen kann ein kopierter Bereich mit (Strg)+(C) in einen Buffer kopiert bzw. mit (Strg)+(X) ausgeschnitten werden. (Strg)+(V) fügt die Markierung wieder ein – und zwar als Floating Selection.

Das EDIT-Menü kennt allerdings noch einige exotischere Kommandos: PASTE INTO ist eine Variante von PASTE. Dazu muss vor dem Einfügen eine neue Markierung erstellt werden. Durch PASTE INTO wird der Inhalt der Zwischenablage darin eingefügt und durch den Rand der Markierung beschnitten. Wie beim normalen PASTE kann die Floating Selection natürlich nach dem Kommando noch verschoben werden.

Mit NAMED COPY bzw. CUT kann der kopierten bzw. ausgeschnittenen Floating Selection ein Name gegeben werden, über den diese dann später eingefügt werden kann. Der Vorteil: Sie können mehrere Floating Selections im Zwischenbuffer lassen und bei Bedarf darauf zugreifen. (Wenn Sie das XCF-Format verwenden, wird dieser Zwischenbuffer übrigens auch gespeichert!)

Markierungen verschieben bzw. transformieren

Das Gimp User Manual meint, dass das Verschieben von Markierungen nicht besonders intuitiv funktioniert – und dem muss man zustimmen. Nachdem Sie einen Bereich markiert haben, können Sie ihn bequem *einmal* mit der Maus verschieben. Wenn Sie nun versuchen, den Bereich ein zweites Mal zu verschieben, klebt er quasi am Bild fest. (Um es exakter zu formulieren: die Floating Selection wurde mit dem Bild verschmolzen.)

Der Grund für dieses seltsame Verhalten besteht darin, dass Markierungen zwar problemlos verschoben werden können; dabei werden sie aber automatisch in eine Floating Selection umgewandelt. (Das gilt übrigens für alle in diesem Abschnitt behandelten Operationen!) In Floating Selections hat ein normaler Mausklick aber eine andere Bedeutung als in Markierungen – er entspricht dem Kommando LAYERS|ANCHOR LAYER. Natürlich können Sie auch Floating Selections verschieben – aber dazu müssen Sie vorher das MOVE-Werkzeug der Toolbox aktivieren!

VORSICHT

MOVE ist nur für Ebenen (inklusive dem Spezialfall Floating Selection), aber nicht für normale Markierungen gedacht! Wenn Sie eine normale Markierung durchgeführt haben und MOVE verwenden, verschieben Sie nicht nur die Markierung, sondern gleich die gesamte Ebene!

Während MOVE aktiv ist, kann die Floating Selection auch mit den Cursor-Tasten bewegt werden. Das ermöglicht oft eine bessere Positionierung als mit der Maus. Allerdings gilt jede Tasteneingabe als eigene Operation, so dass die wenigen Undo-Ebenen sehr rasch erschöpft sind!

Mit den beiden Toolbox-Kommandos TRANSFORM und FLIP können Sie die Markierungen bzw. die Floating Selection spiegeln, rotieren, verzerren etc. Die Bedienung der Werkzeuge ist einfach. (Öffnen Sie per Doppelklick auf die Toolbox den dazugehörigen Dialog!)

TIPP

Vermeiden Sie bei der perspektivischen Verzerrung mit TRANSFORM eine zu starke Vergrößerung – das Bild wird sonst deutlich unscharf! Vermeiden Sie es auch, allzu viele Transformationen hintereinander auszuführen – mit jeder Transformation nimmt die Bildqualität (Schärfe) ab!

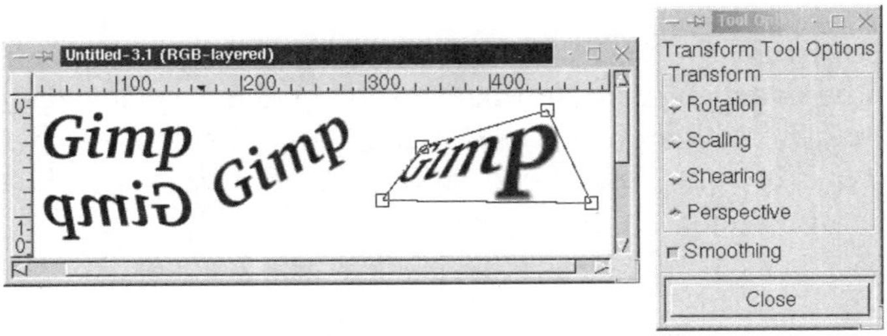

Abbildung 22.19: Anwendungsbeispiele für Flip, Rotation und perspektivische Verzerrung

Markierungsrand nachzeichnen (Stroke)

Mit EDIT|STROKE können Sie den Rand einer Markierung mit einem Zeichenstift nachfahren. Wählen Sie einen geeigneten Stift (BRUSHES-Dialog) aus, bevor Sie das Kommando ausführen, und experimentieren Sie mit der SPACING-Einstellung dieses Dialogs. Um das Bild in Abbildung 22.20 zu zeichnen, wurde ein Kreis markiert und dann der Stift 'Diagonal Star' mit SPACING 100 angewendet.

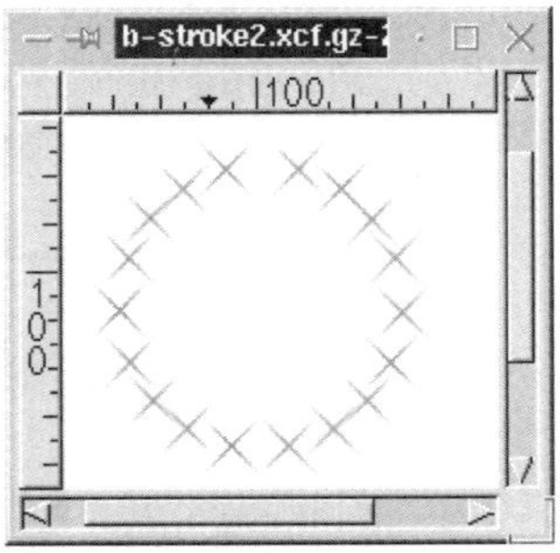

Abbildung 22.20: Ein Heiligenschein mit Gimp

TIPP

Wenn Sie mit einer Floating Selection arbeiten, sollten Sie im LAYERS-Dialog die Option KEEP TRANSPARENCY deaktivieren, damit STROKE nicht nur innerhalb, sondern auch außerhalb der Grenzen der Markierung funktioniert. Außerdem sollten Sie die Größe des Rahmens der Floating Selection erhöhen (RESIZE-Kommando im Kontextmenü des LAYERS-Dialogs). Ein Anwendungsbeispiel zu STROKE finden Sie auf Seite 955 am Anfang des Kapitels.

22.8 Ebenen, Masken und Kanäle

Ebenen (Layers)

Ein Gimp-Bild kann aus mehreren Ebenen zusammengesetzt sein. Stellen Sie sich vor, Sie wollen per Fotomontage ein Aquarium bilden: Dazu verwenden Sie als Hintergrundebene ein Bild mit Wasser, in das Sie eventuell noch einige Luftblasen einfügen. Darüber ordnen Sie einige Ebenen mit Fischen an und ganz oben eine Ebene, die das Aquarium einrahmt. Im endgültigen Bild verdecken die Pixel der oberen Ebenen die Pixel der unteren Ebenen. Die Gesamtkomposition klappt natürlich nur, wenn in jeder Ebene alle nicht relevanten Teile durchsichtig sind – und nicht etwa weiß! (Andernfalls würde die oberste Ebene alle anderen Ebenen verdecken.) Der große Vorteil von Ebenen besteht darin, dass jede Ebene individuell für sich verändert werden kann, ohne das restliche Bild zu beeinflussen.

In der Praxis verwenden Sie Ebenen, um ein (zuvor ausgeschnittenes) Objekt mit einem Schatten zu versehen, um ein Bild aus mehreren Fotos zu montieren, um besondere Effekte zu erzielen etc. (Oft steuert eine Ebene, in welchem Ausmaß ein Effekt auf eine zweite Ebene angewendet wird.) Sobald Sie sich einmal an die Arbeit mit Ebenen gewöhnt haben (es ist nicht schwierig!), werden Ihnen Ebenen rasch so unentbehrlich sein, dass Sie kein Bild mehr ohne Ebenen erstellen bzw. bearbeiten.

Der Ebenendialog

Die Manipulation von Ebenen erfolgt in einem eigenen Dialog, der mit LAYERS|LAYERS & CHANNELS geöffnet wird (siehe Abbildung 22.21). Einige Operationen können direkt mit den Buttons am unteren Ende des Dialogs ausgeführt werden, für die restlichen Kommandos gibt es ein Kontextmenü. (Alle in diesem Abschnitt angegebenen Kommandos beziehen sich auf dieses Kontextmenü! Einige Ebenenkommandos können aber auch über das LAYERS-Menü des Bildfensters ausgeführt werden.)

VORSICHT

Achten Sie darauf, dass innerhalb des Ebenendialogs andere Tastenkürzel gelten als im Bildfenster. Beispielsweise löscht (Strg)+(X) die aktuelle Ebene endgültig (d.h. die Ebene wird nicht in die Zwischenablage übertragen). Natürlich können Sie das Kommando mit (Strg)+(Z) rückgängig machen – dazu müssen Sie aber zuerst in das Bildfenster wechseln.

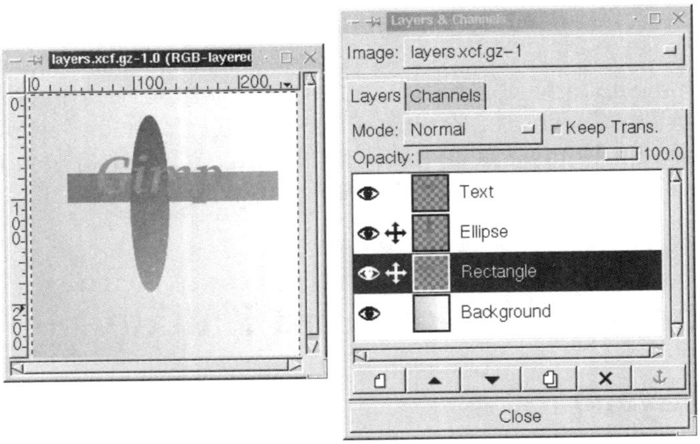

Abbildung 22.21: Erste Experimente mit dem Ebenendialog

VORSICHT — Wenn Sie Ihr Bild als Bitmap oder im PostScript-Format speichern, wird nur die aktuelle Ebene gespeichert! Wenn Sie alle Ebenen speichern möchten, müssen Sie das Gimp-eigene XCF-Format verwenden. Wenn Sie dagegen eine Bitmap der Gesamtkomposition speichern möchten, müssen Sie die Ebenen vorher vereinen.

VORSICHT — Wenn Sie mehrere Bilder geöffnet haben, gilt der LAYERS-Dialog aus unerfindlichen Gründen *nicht* für das gerade aktuelle Bild! Die wahrscheinlichste Ursache dafür, dass Gimp scheinbar Ihre LAYERS-Kommandos missachtet, besteht darin, dass im Listenfeld ganz oben im Dialog das falsche Bild ausgewählt ist. Das ist insofern gefährlich, als die Kommandos sehr wohl ausgeführt wurden, aber eben für ein anderes Bild. (Klicken Sie dieses Bild an, und führen Sie dort Strg+Z aus, um den Schaden zu beheben!)

Neue Ebenen einfügen: Gimp fragt Sie, ob die Ebene durchsichtig, weiß oder mit der aktuellen Hintergrundfarbe gefüllt sein soll. Im Regelfall ist TRANSPARENT die beste Entscheidung. Sie können aber in jedem Fall mit dem ERASE-Tool oder durch Ausschneiden einer Markierung Teile der Ebene durchsichtig machen.

Sichtbarkeit von Ebenen: Durch Anklicken des Augensymbols im LAYERS-Dialog können Sie entscheiden, welche Ebene im Bildfenster sichtbar sein soll.

TIPP — Wenn Sie nur eine einzige Ebene sehen möchten, klicken Sie das Augensymbol mit Shift und der Maustaste an – damit werden alle anderen Ebenen unsichtbar.

Ebenenhierarchie: Ebenen können im LAYERS-Dialog durch die Pfeil-Buttons nach oben bzw. nach unten verschoben werden. Die oberste (sichtbare) Ebene hat Vorrang. Nichttransparente Teile dieser Ebene verdecken alle darunter liegenden Ebenen.

Ebenen bearbeiten: Unabhängig von der Sichtbarkeit können Sie immer nur eine Ebene bearbeiten (verändern). Diese Ebene wählen Sie im LAYERS-Dialog durch einen einfachen Mausklick an. Die Ebene wird dort durch einen blauen Balken hervorgehoben. (In Abbildung 22.21 sind zwar alle Ebenen sichtbar, aber nur die Ebene 'Rectangle' ist aktiv.)

Um erste Experimente mit Ebenen zu machen, erzeugen Sie einfach ein paar neue Ebenen. Klicken Sie die Ebenen der Reihe nach an, und malen Sie irgendwelche Muster darauf. Dann verschieben Sie die Ebenen im LAYERS-Dialog nach oben bzw. unten, verändern den Deckungsgrad (OPACITY) einzelner Ebenen etc.

VORSICHT

Ganz egal, welche Ebenen gerade *angezeigt* werden: sämtliche Bearbeitungsschritte gelten nur für die gerade aktive Ebene – selbst wenn diese gerade unsichtbar ist. Es wird Ihnen beinahe unweigerlich passieren, dass Sie zwar die Sichtbarkeit der Ebenen verändern, dann aber eine noch aktive, unsichtbare Ebene bearbeiten. Achten Sie also darauf, dass die richtige Ebene markiert ist!

TIPP

Markierungen sind von Ebenen unabhängig. Sie können in einer Ebene etwas markieren, dann eine andere Ebene aktivieren und die Markierung dort weiterverwenden.

Ebenen (um)benennen: Um einer Ebene einen neuen Namen zu geben, reicht ein Doppelklick auf die Ebene im LAYERS-Dialog. (Auf diese Weise können Sie übrigens auch eine Floating Selection in eine normale Ebene umwandeln – geben Sie ihr einfach einen neuen Namen.)

Ebenen vereinen: Es gibt drei Kommandos, mit denen mehrere Ebenen zu einer neuen Ebene kombiniert werden. ANCHOR vereint eine Floating Selection mit der zuletzt aktiven Ebene. MERGE VISIBLE LAYERS vereint alle sichtbaren Ebenen (also alle Ebenen, bei denen das Augen-Icon angezeigt wird). FLATTEN IMAGE vereint wirklich alle Ebenen (egal ob sie sichtbar oder unsichtbar sind).

TIPP

Speichern Sie die Datei in einer XCF-Backup-Datei, bevor Sie Ebenen vereinen! Immer wieder ergibt sich die Notwendigkeit, ein vollendet geglaubtes Bild doch noch einmal verändern zu müssen. Wenn Sie dann keine Ebeneninformationen mehr besitzen, sind viele Veränderungen fast unmöglich.

Transparenz (Keep Trans.): Die Option KEEP TRANS. bezieht sich immer auf die gerade aktuelle Ebene. Sie gibt an, ob Mal- und Filteroperationen auf den bereits sichtbaren Teil der Ebene beschränkt sind. Das ist in vielen Fällen zweckmäßig. Wenn z.B. eine Ebene nur einen Text enthält und Sie die Farbe dieses Texts ändern möchten, muss die Option aktiviert sein. Wenn Sie in die Ebene dagegen weitere Muster, Texte etc. einfügen möchten, müssen Sie die Option abschalten. (Wenn Ihre Kommandos ignoriert werden, ist eine mögliche Ursache die falsche Einstellung der Option KEEP TRANS.)

> **TIPP**
>
> Der durchsichtige Teil einer Ebene bzw. des ganzen Bilds wird durch ein graues Schachbrettmuster angedeutet. Sowohl der Grauton als auch die Größe dieses Schachbrettmusters kann mit FILE|PREFERENCES eingestellt werden.
>
> Auch die Größe der im LAYERS-Dialog angezeigten Ebenenvorschau-Icons können Sie mit FILE|PREFERENCES verändern.

> **HINWEIS**
>
> Die unterste Ebene ('Background') nimmt eine Sonderstellung ein. Zum einen kann kein Teil der Ebene durch Ausschneiden unsichtbar gemacht werden (es sei denn, die Ebene wurde schon bei FILE|NEW als transparent gekennzeichnet). Zum anderen muss die 'Background'-Ebene immer die unterste Ebene sein. Beide Einschränkungen können ganz einfach überwunden werden, wenn Sie ADD ALPHA CHANNEL ausführen und damit auch der Hintergrundebene Transparenzinformationen geben.

Bild- und Ebenengröße

In Gimp sind die Größe der Ebenen und die Größe des Bilds voneinander unabhängig. Das spart zwar Speicherplatz (weil viele Ebenen deutlich kleiner als das gesamte Bild sind), stiftet aber auch viel Verwirrung. Ebenen, die kleiner als das gesamte Bild sind, werden durch einen gelb-schwarzen Rand gekennzeichnet.

Die Größe einer Ebene kann durch die Kommandos RESIZE und SCALE im LAYERS-Kontextmenü verändert werden. Diese Kommandos sind aber keineswegs gleichwertig! RESIZE lässt den Ebeneninhalt unverändert und fügt nur zusätzlich einen Rand ein bzw. beschneidet die Ebene (bei einer Verkleinerung). SCALE verkleinert bzw. vergrößert dagegen den Bildinhalt (ähnlich wie das TRANSFORM-Kommando). Die analogen Kommandos für das gesamte Bild lauten (jetzt im Bild-Kontextmenü) IMAGE|RESIZE bzw. -|SCALE.

> **TIPP**
>
> Wenn Sie ein Bild nachträglich vergrößern möchten, müssen Sie RESIZE sowohl für das Bild (Image) als auch für alle betroffenen Ebenen ausführen!

Ebenen verschieben: Ebenen können mit dem MOVE-Tool relativ zum Gesamtbild verschoben werden. (Das wird Ihnen wahrscheinlich öfter unbeabsichtigt passieren, wenn Sie nämlich versuchen, eine Markierung mit MOVE zu verschieben. Zur Erinnerung: MOVE eignet sich nur für Ebenen und für Floating Selections!)

Eine Ebene darf aus dem Rahmen des Gesamtbilds hinaus bewegt werden. Die außerhalb befindlichen Informationen gehen dabei nicht verloren, werden aber nicht angezeigt. (Dazu müssten Sie das Bild vergrößern – siehe oben.)

Oft gehören mehrere Ebenen inhaltlich zusammen und sollen daher gemeinsam verschoben werden. MOVE wirkt aber immer nur auf die gerade aktuelle Ebene. Die Lösung des Problems besteht darin, in allen betroffenen Ebenen den Vierfachpfeil zu aktivieren, der dann in der Spalte neben dem Augen-Icon angezeigt wird. Sobald eine mit diesem Pfeilsymbol gekennzeichnete Ebene verschoben wird, werden alle anderen so markierten Ebenen mit verschoben. In Abbildung 22.21 sind die Ebenen 'Ellipse' und 'Rectangle' auf diese Weise miteinander verbunden.

Bild und Ebenen verkleinern (Crop): Während die oben beschriebenen Kommandos jeweils für eine Ebene oder für die Bildgröße gelten, beschneidet das CROP-Werkzeug der Toolbox das Bild sowie alle darin enthaltenen Ebenen gleichzeitig. Nachdem Sie CROP in der Toolbox aktiviert haben, können Sie die neue Bildgröße mit der Maus zeichnen. Es erscheint ein Dialog, mit dem Sie die CROP-Grenzen der aktuellen Markierung anpassen können.

TIPP: Eine praktische Variante zu CROP ist das Kommando IMAGE|TRANSFORMS|-AUTOCROP. Es entfernt den weißen Rand an den Rändern eines Bilds.

GIF-Animationen

Wie bereits erwähnt, wird beim Speichern eines Bilds mit mehreren Ebenen in einem Bitmap- oder PostScript-Format nur die aktuelle Ebene gespeichert. Zu dieser Regel gibt es allerdings eine Ausnahme: das GIF-Format. Bilder mit mehreren Ebenen werden automatisch als GIF-Animation gespeichert.

Die meisten Parameter – etwa die Defaultanzeigezeit pro Bild – können im GIF-SPEICHERN-Dialog angegeben werden. Die Option MAKE FRAME FROM CUMULATIVE LAYERS bewirkt bei Bildfolgen, wo sich nur relativ wenig von Bild zu Bild ändert, eine besonders kompakte Speicherung.

TIPP: Wenn Sie die Anzeigezeit pro Bild individuell steuern möchten, können Sie die Zeit in Klammern im Beschriftungstext der jeweiligen Ebene (also im LAYERS-Dialog) angeben – beispielsweise 'Startbild (250 ms)'.

TIPP: Animationen können in Gimp nicht als solche angezeigt werden. Dazu starten Sie am einfachsten den Netscape Navigator oder Communicator und laden das Bild.

Masken

Ebenen können teilweise unsichtbar sein, so dass beim Übereinanderlegen der Eindruck von Transparenz entsteht. Masken bieten eine andere Möglichkeit, Transparenz zu erzeugen.

Eine Maske ist eine zusätzliche Informationsschicht (technisch ausgedrückt: eine Graustufen-Bitmap; noch technischer: ein zusätzlicher Alpha-Kanal), die mit dem Kontextmenükommando ADD LAYER MASK parallel zu jeder Ebene angelegt werden kann.

Die Helligkeit der Pixel in der Maske gibt an, wie durchsichtig die Maske an dieser Stelle ist: Weiß bedeutet, dass die Maske an dieser Stelle transparent ist, Schwarz bedeutet vollkommen deckend, die Graustufen dazwischen geben den Übergangsbereich an. (Man kann die Maskenfarben übrigens auch umgekehrt aus der Sicht des Gesamtbilds interpretieren, wie dies im Dialog zum Kommando ADD MASK der Fall ist: Teile der Ebene, die in der Maske schwarz maskiert sind, erscheinen im Gesamtbild transparent.)

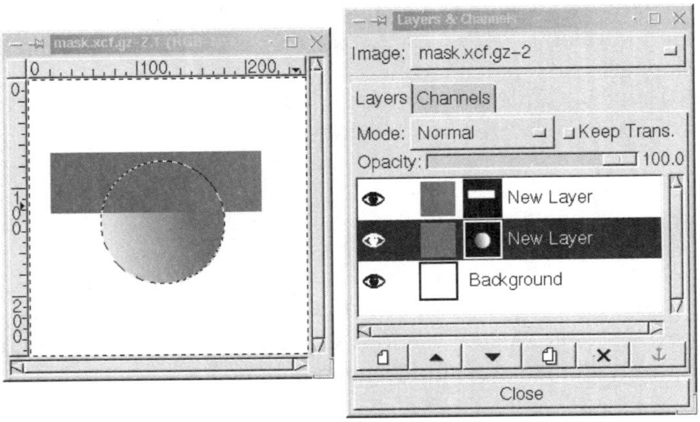

Abbildung 22.22: Eine einfache Anwendung von Masken

> **TIPP** Die Background-Ebene kann normalerweise nicht maskiert werden. Wenn Sie das möchten, müssen Sie ADD ALPHA CHANNEL ausführen und damit auch der Hintergrundebene Transparenzinformationen geben.

Bearbeitung von Masken

Zur Bearbeitung von Masken klicken Sie im LAYERS-Dialog das Icon der Maske an. Ab jetzt gelten sämtliche Gimp-Kommandos, die Sie im Bildfeld ausführen, für die Maske. Farben werden dabei automatisch in Graustufen umgesetzt. Bei der Ausführung von Kommandos sehen Sie allerdings als einziges Feedback die Veränderung des Masken-Icons – und das ist oft zu wenig.

Wenn Sie im Bildfenster nicht den Inhalt der Ebene, sondern ein exaktes Bild der Maske sehen möchten, klicken Sie das Masken-Icon mit (Alt) und der Maustaste an. Damit wird die Maske sichtbar; das Masken-Icon wird grün umrandet. Ein nochmaliges Anklicken mit (Alt) schaltet diesen Modus wieder ab.

> **TIPP** Einige Windows-Manager – insbesondere der von KDE 1.0 – beanspruchen Mauskombinationen mit (Alt) für sich. Drücken Sie in Gimp (Shift)+(Alt) – dann klappt es!

Ob momentan die eigentliche Ebene oder deren Maske aktiv ist, können Sie anhand eines zusätzlichen Rands um das jeweilige Icon leider nur schwer erkennen. Es wird Ihnen daher wohl immer wieder passieren, dass Sie vergessen, was gerade aktiv ist. Undo mit (Strg)+(Z) hilft natürlich auch hier!

TIPP

Eine Maske eignet sich oft besser als eine Markierung dazu, Teile eines Bilds auszuschneiden. Dazu machen Sie zuerst alle Ebenen mit Ausnahme der aktuellen unsichtbar und fügen eine weiße Maske hinzu. Jetzt können Sie mit allen Zeichenwerkzeugen die Maske bearbeiten. Wenn Sie mit Schwarz malen oder füllen, werden Teile des Bilds ausgeblendet. Mit Weiß können Sie wieder Teile einblenden. Wenn Sie das Werkzeug BUCKET FILL verwenden möchten, müssen Sie die Option SAMPLE MERGE verwenden.

Der große Vorteil von Masken besteht darin, dass uneingeschränkt alle Gimp-Kommandos zur Verfügung stehen und dass die Maske beliebig oft verändert werden kann (während die Form von Markierungen nachträglich nur sehr schwer verändert werden kann). Mit MASK TO SELECTION können Sie eine Maske sogar in eine Markierung umwandeln. Ein umgekehrtes Kommando gibt es nicht – aber Sie brauchen ja nur Fülloperationen mit Weiß und Schwarz auf die Markierung und deren Inversion anzuwenden, um den gewünschten Effekt zu erzielen.

TIPP

Sie können Bildinformationen zwischen verschiedenen Ebenen oder Masken natürlich auch durch Kopieren und Einfügen übertragen!

Wenn Sie die Maske wieder entfernen möchten, führen Sie APPLY LAYER MASK aus. Im nun erscheinenden Dialog können Sie die Maske entweder auf die Ebene anwenden (damit werden also Teile der Ebene endgültig transparent) oder einfach löschen.

Kanäle (Channels)

Farbkanäle: In der CHANNELS-Seite des LAYERS-Dialogs werden bei RGB-Bildern drei Kanäle für die Farben Rot, Grün und Blau angezeigt. Diese Kanäle sind im Regelfall immer ausgewählt und sichtbar. Für Spezialeffekte kann es sinnvoll sein, nur einzelne Farbkanäle zu bearbeiten. Beachten Sie aber, dass manche Gimp-Operationen (insbesondere das Kopieren und Einfügen von Bildausschnitten) immer alle Kanäle betreffen.

Es besteht in Gimp gegenwärtig keine Möglichkeit, eine andere Kanalaufteilung zu wählen (etwa für Bilder im CMY-Farbmodell). Stattdessen gibt es aber das Kommando IMAGE|CHANNEL OPS|DECOMPOSE: Damit kann ein Farbbild in mehrere Einzelbilder zerlegt werden, die jeweils ein Graustufenbild der Kanäle diverser Farbmodelle (RGB, HSV, CMY, CMYK) enthalten. Das ist auch sinnvoll, wenn Sie PostScript-Dateien für eine CMY-Belichtung erstellen möchten. (Die Ebenen des Ausgangsbilds müssen vor dem DECOMPOSE-Kommando mit LAYERS|FLATTEN IMAGE vereint werden.)

Jedes dieser Graustufenbilder kann nun getrennt bearbeitet werden. IMAGE|CHANNEL OPS|COMPOSE fügt die Einzelbilder dann wieder zu einem Farbbild zusammen.

Alpha-Kanäle: Während sich die gezielte Bearbeitung einzelner Farbkanäle eher an fortgeschrittene Anwender richtet, sind Alpha-Kanäle ein unentbehrliches Hilfsmittel für die alltägliche Arbeit mit Gimp. Kanäle stellen neben den oben beschriebenen Masken eine weitere Variante zu Markierungen dar. Einmal erstellte Markierungen können mit SELECT|SAVE TO CHANNEL als Alpha-Kanal gespeichert werden. Dabei wird allen Punkten in der Markierung ein Helligkeitswert von 255 zugewiesen, den Punkten außerhalb 0. Im LAYER-Dialog kann ein Alpha-Kanal jederzeit mit CHANNEL TO SELECTION wieder in eine Markierung umgewandelt werden. Alpha-Kanäle bieten damit eine ideale Möglichkeit, um komplizierte Markierungen für eine spätere Verwendung zu speichern.

Alpha-Kanäle können ähnlich wie Masken ein- und ausgeblendet, aktiviert und mit allen Gimp-Kommandos bearbeitet werden. Ähnlich wie bei Masken ergeben sich dadurch unzählige Manipulationsmöglichkeiten. (Sichtbare Kanäle werden halbtransparent über dem Bild eingeblendet und lassen sich dann besonders komfortabel bearbeiten. Das Transparenzmaß kann durch Doppelklick eingestellt werden.)

TIPP

Aus unerfindlichen Gründen können Sie einen Alpha-Kanal nicht deaktivieren, indem Sie einen RGB-Kanal anklicken. Stattdessen müssen Sie den schon aktiven Alpha-Kanal nochmals anklicken.

HINWEIS

Wenn Sie mit Ebenen arbeiten, wird auch die Transparenz jeder Ebene durch eine Alpha-Kanal verwaltet. Dieser Kanal erscheint allerdings nicht explizit in der Kanalliste des LAYERS. Der Alpha-Kanal kann aber durch IMAGE|CHANNEL OPS|DECOMPOSE|ALPHA als eigenes Graustufenbild sichtbar gemacht werden.

22.9 Gimp für Fortgeschrittene

An dieser Stelle stößt das Kapitel an seine Grenzen. Für eine detaillierte Behandlung der zahllosen Spezialfunktionen von Gimp fehlt in diesem Buch nicht nur der Platz, sondern auch ein Farbdruck. Dieser Abschnitt soll daher lediglich als Ausgangspunkt für eigene Experimente dienen. Werfen Sie auch einen Blick in das Gimp User Manual, das allein dem Thema Filter über 150 Seiten widmet!

Filter

Die zahllosen Gimp-Filter können für die unterschiedlichsten Aufgaben eingesetzt werden:

- Zur Identifizierung bestimmter Merkmale (etwa Kanten), die anschließend besonders bearbeitet werden sollen.
- Zur Erzielung vielfältiger Effekte (etwa um das Bild zu verwischen, zu schärfen, den Eindruck einer Ölmalerei zu erzielen, um das Bild wie unter einem Vergrößerungsglas zu verzerren, um ein Bild horizontal und vertikal wiederholbar zu machen etc.)
- Zur Erzeugung vollkommen neuer Farbmuster (FILTERS|RENDER).

TIPP

Einige Filter bearbeiten nicht einfach die aktuelle Ebene, sondern berücksichtigen auch Informationen aus einer zweiten Ebene. Wenn ein Filter keine Wirkung zeigt, fehlt möglicherweise die zweite Steuerungsebene. Werfen Sie einen Blick in das GUM!

TIPP

Zum Ausprobieren von Filtern ist es oft nützlich, vorher mit (Strg)+(D) eine Kopie des aktuellen Bilds zu erstellen. Der zuletzt benutzte Filter kann mit (Alt)+(F) wiederholt werden. (Shift)+(Alt)+(F) zeigt den dazugehörigen Dialog noch einmal an.

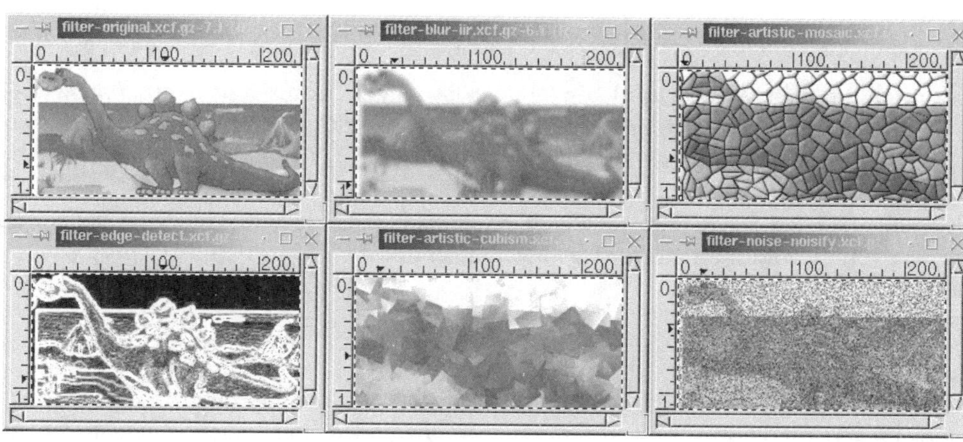

Abbildung 22.23: Einige Filter, angewandt auf den Dinosaurier des Titelbilds

Farbmanipulation

Die Kommandos zur Veränderung der Farbverteilung verstecken sich im Submenü IMAGE|COLORS. Sie eignen sich insbesondere zur Optimierung eingescannter Bilder sowie zum Erzielen bizarrer Farbeffekte. Die folgende Tabelle fasst die wichtigsten Kommandos zusammen:

Filter zur Farbmanipulation	
EQUALIZE	Farben gleichmäßig verteilen
INVERT	Farben invertieren
POSTERIZE	Farbanzahl reduzieren
TRESHOLD	S/W-Bild aus Helligkeitsverteilung erstellen
COLOR BALANCE	RGB-Farbabgleich (z.B. für gescannte Fotos)
BRIGHTNESS – CONTRAST	Helligkeit und Kontrast einstellen
HUE – SATURATION	Farbverteilung und Sättigung einstellen
CURVES	Helligkeit durch eine eigene Kurve neu verteilen
LEVELS	Farbverteilung einschränken
DESATURATE	Farben in Graustufen umwandeln
AUTO-STRETCH HSV	optimiert die Farbverteilung, die Sättigung und die Helligkeit
AUTO-STRETCH CONTRAST	optimiert den Kontrast in allen drei RGB-Kanälen
NORMALIZE	optimiert den Gesamtkontrast

HINWEIS

Wie bereits erwähnt wurde, können Gimp-Bilder in drei unterschiedlichen Modi erstellt und bearbeitet werden (256 Graustufen, 256^3 RGB-Schattierungen oder limitierte Farbanzahl für GIFs). Die obigen Kommandos zur Farbmanipulation stehen allerdings zumeist nur für RGB-Bilder zur Verfügung. Führen Sie gegebenenfalls IMAGE|RGB aus.

TIPP

Weitere Funktionen zur Farbmanipulation finden Sie in FILTERS|COLOR!

Script-Fu

Script-Fu ist die Makroprogrammiersprache zu Gimp. Die Sprache ist eine Lisp-Variante, syntaktisch gibt es daher viele Ähnlichkeiten zu Emacs-Lisp. Mit Script-Fu lassen sich oft benötigte Kommandofolgen automatisieren. Mit Gimp wird eine ganze Reihe fertiger Script-Dateien mitgeliefert, die über diverse SCRIPT-FU-Submenüs aufgerufen werden können.

Leider ist die Dokumentation zu den mitgelieferten Script-Dateien dürftig. Auch das GUM gibt hierzu nur überblicksmäßige Informationen. Das Problem besteht darin, dass die Script-Programme ganz unterschiedliche Voraussetzungen an das aktuelle Bild stellen. So können manche Script-Programme nur auf eine Markierung bzw. eine Floating Selection angewandt werden. Sind die Voraussetzungen nicht gegeben, bleibt das Script wirkungslos oder führt zu einer (meist kryptischen) Fehlermeldung. Auch die Resultate sehen ganz unterschiedlich aus: Manche Script-Programme verändern die aktuelle Ebene, andere erzeugen neue Ebenen, wieder andere erzeugen ein vollkommen neues Bild etc.

> TIPP
> In vielen Fällen lohnt sich ein Blick in den Quellcode der Script-Programme, wo sich in den Kommentaren zumeist eine kurze Beschreibung findet. Die Script-Dateien befinden sich im Gimp-Unterverzeichnis `scripts`, also z.B. in `/usr/share/gimp/scripts`.

Abbildung 22.24 zeigt drei Script-Beispiele. Die beiden Schatten wurden mit den SCRIPT-FU|SHADOW-Kommandos erzeugt. Der Text lag dazu als Floating Selection vor. Für das Bild links unten wurde die Floating Selection aufgelöst und anschließend SCRIPT-FU|ALCHEMY|UNSHARP MASK eingesetzt. Die ursprüngliche Bildebene wurde ausgeblendet, die beiden neuen Ebenen eingeblendet. Außerdem bekam das Bild einen neuen Hintergrund (einen Graustufenverlauf).

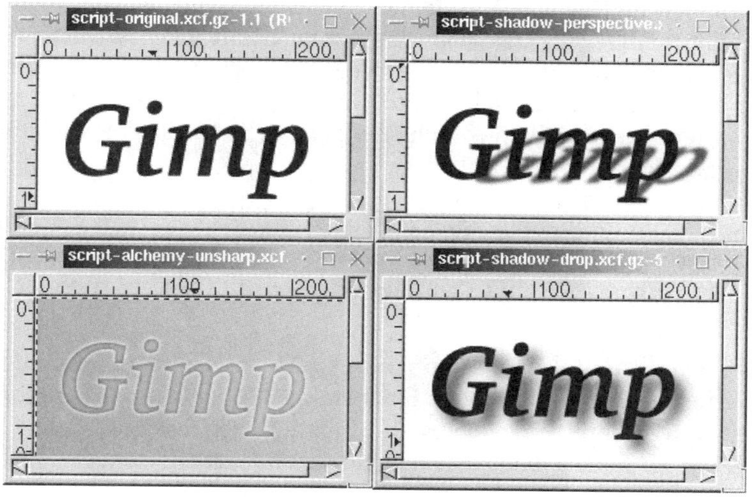

Abbildung 22.24: Einige Script-Programme angewandt auf einen kurzen Text

Plug-Ins

Plug-Ins sind Erweiterungen zu Gimp. Der wesentliche Unterschied zu Script-Fus besteht darin, dass Plug-Ins kompilierte Binärdateien sind. Sehr viele der Grundfunktionen von Gimp sind als Plug-Ins implementiert. Außerdem gibt es eine Menge optionaler Erweiterungen (etwa das am Beginn des Kapitels erwähnte SANE-Paket zur Scanner-Steuerung), die im Regelfall über das XTNS-Menü der Toolbox aufgerufen werden.

Mitgelieferte Plug-Ins befinden sich normalerweise im Verzeichnis /usr/lib/gimp /1.0/plug-ins (siehe auch FILE|PREFERENCES|DIRECTORIES). Benutzerspezifische Ergänzungen werden am besten durch einen Link von ~/.gimp/plug-ins /name auf die Binärdatei eingerichtet.

Installation von Zusatzkomponenten

Vielleicht der faszinierendste Aspekt von Gimp besteht darin, dass Gimp beinahe universell erweiterbar ist: ob zusätzliche Farbpaletten, neue Pinselformen, Script-Programme zum bequemen Herstellen unglaublicher Effekte, Plug-Ins für neue Dateiformate – all das gibt es im Internet:

```
http://www.gimp.org/data.html
http://www.gimp.org/links.html
http://registry.gimp.org
```

Die Installation ist im Regelfall problemlos: Sie müssen die entsprechenden Dateien lediglich in die richtigen Verzeichnisse kopieren. Gimp erkennt die Erweiterungen beim nächsten Start automatisch. Wenn Erweiterungen nur für einen bestimmten Anwender zur Verfügung stehen sollen (um Gimp für Standardanwender nicht durch zu viele Erweiterungen unübersichtlich zu machen), bietet das Verzeichnis ~/.gimp dazu alle Möglichkeiten.

TIPP

Besonders komfortabel kommen Sie zu einer ganzen Palette von Füllmustern und Pinselformen, wenn Sie das Paket gimp-data-extras installieren. Das Paket wird mit manchen Distributionen gleich mitgeliefert und ist ansonsten im Internet zu finden.

Plug-Ins stehen im Internet sowohl als Quelltext als auch in kompilierter Form zur Verfügung (zumindest für Intel-Systeme). Die zweite Variante ist zumeist bequemer, weil damit ein eigenes Kompilieren überflüssig wird. Die Binärdatei muss lediglich in ein plugin-Verzeichnis installiert werden.

HINWEIS

Sie können Füllmuster und Pinselformen ganz leicht selbst erstellen. Ein neues Füllmuster ergibt sich einfach aus einem Gimp-Bild, das Sie mit der Dateikennung *.pat speichern. (Sie müssen das Bild so gestalten, dass es übergangslos aneinandergereiht werden kann. Dabei ist FILTERS|MAP|MAKE SEAMLESS hilfreich.)

Um eine neue Pinselform zu erzeugen, markieren Sie einen Bereich Ihres Bilds und führen SCRIPT-FU|SELECTION|TO BRUSH aus. Das Ergebnis ist eine *.gbr-Datei im Verzeichnis ~/.gimp/brushes.

Konfiguration

Gimp lässt sich weitgehend konfigurieren. Wie viele andere Programme unterscheidet auch Gimp zwischen globalen Einstellungen, die im Gimp-Installationsverzeichnis durchgeführt werden, und lokalen Einstellungen im Verzeichnis `~/.gimp`. (Die lokalen Dateien haben jeweils Vorrang.)

Gimp-Konfigurationsdateien	
`gimprc`	allgemeine Konfigurationseinstellung
`gtkrc`	Konfiguration der Bibliothek der Benutzeroberfläche
`menurc`	eigene Tastenkürzel
`pluginrc`	Informationen über Plug-Ins

Die meisten allgemeinen Einstellungen können sehr komfortabel im Dialog FILES|-PREFERENCES durchgeführt werden. Eine direkte Veränderung von `gimprc` ist nur bei wenigen Spezialeinstellungen notwendig.

`pluginrc` wird bei jedem Start von Gimp automatisch aktualisiert. Eine direkte Veränderung sollte nie erforderlich sein. (Wenn es Plug-In-Probleme gibt, rät das GUM, diese Datei einfach zu löschen.)

Swap-Datei, Tile-Cache, Undo-Ebenen

Besonders bei der Bearbeitung sehr großer Bilder beansprucht Gimp eine Menge Speicher. Im Gegensatz zu beinahe allen anderen Linux/Unix-Programmen verlässt sich Gimp dabei nicht nur auf die Speicherverwaltung des Betriebssystems, sondern verwaltet zusätzlich eine eigene Swap-Datei, in der unter anderem Undo-Informationen gespeichert werden. (Das hat den Vorteil, dass ein exzessiver Speicherverbrauch von Gimp nicht die Stabilität des Gesamtsystems beeinträchtigt.) Das Verzeichnis für die Swap-Datei wird im DIRECTORIES-Blatt des PREFERENCES-Dialogs eingestellt.

Im Zusammenhang mit der Speicherverwaltung steht auch der sogenannte Tile-Cache. Tiles sind Teile eines Bilds. Gimp ist in der Lage, Bilder zu bearbeiten, die mehr Platz beanspruchen, als RAM zur Verfügung steht. Dazu wird das Bild stückweise (eben in Tiles) bearbeitet. Die Einstellung TILE CACHE SIZE gibt an, wie viel Hauptspeicher maximal verwendet wird, um Tiles zu speichern. Je kleiner dieser Wert ist, desto früher beginnt Gimp, Teile großer Bilder in eine Datei auszulagern. (Gimp wird dadurch erheblich langsamer!)

TIPP

Die Größe des Tile-Cache sollte in einem vernünftigen Verhältnis zum RAM stehen. Wenn Sie viel RAM besitzen (z.B. 128 MByte), können Sie den Tile-Cache ohne weiteres auf 64 MByte stellen. Gerade die Bearbeitung sehr großer Bilder wird dadurch enorm beschleunigt.

Eine der häufigsten Tastenkombinationen beim Umgang mit Gimp ist (Strg)+(Z) für die Undo-Funktion. In der Defaulteinstellung ist diese Funktion allerdings auf die fünf letzten Operationen beschränkt. Im INTERFACE-Blatt des PREFERENCES-Dialogs können Sie einen höheren Wert einstellen.

VORSICHT

Wenn Sie mit großen Bildern arbeiten und viele Undo-Ebenen zulassen, steigt der Platzbedarf der Auslagerungsdatei von Gimp rasch ins Unermessliche! Mehrere 100 MByte sind keine Seltenheit. Gleichzeitig wird das Arbeitstempo unerträglich langsam (es sei denn, sie haben ein riesiges RAM, d.h. 256 MByte und mehr).

Achten Sie auch darauf, dass Gimp bei einem Absturz die Swap-Datei nicht entfernt. Wenn Ihre Festplatte unerwartet voll ist, werfen Sie einen Blick in das Verzeichnis für die Gimp-Swap-Datei!

Tastenkürzel neu definieren

Vielen Menükommandos sind Tastenkürzel zugewiesen, die im Menütext angezeigt werden. Nichts ist leichter, als stattdessen ein anderes Kürzel zu verwenden bzw. überhaupt ein neues Kürzel zuzuweisen. Beginnen Sie die Menüauswahl mit der Maus, und lassen Sie diese über dem Menükommando stehen, ohne die Auswahl durch einen Mausklick abzuschließen. Dann drücken Sie die gewünschte Tastenkombination – fertig. Einfacher geht es wirklich nicht. (Die geänderten Tastenkürzel werden in der lokalen Datei `menurc` gespeichert.)

Einstellung der Menüschriftgröße

In der Defaultkonfiguration werden die Menüs von Gimp in einer winzigen Schrift angezeigt. Abhilfe schafft die Veränderung von `~/.gimp/gtkrc` (lokal) bzw. von `/usr/share/gimp/gtkrc` (global). Die folgenden Zeilen verhelfen zu einer Schriftgröße von 17 Punkt in Menüs und Dialogen.

```
# Konfigurationsdatei gktrc
style "ruler"
  { font = "-adobe-helvetica-medium-r-normal--17-*" }
style "default"
  { font = "-adobe-helvetica-medium-r-normal--17-*" }
widget_class "*Ruler*" style "ruler"
widget_class "*" style "default"
```

Anhang A

Corel Linux 1.0/1.1/1.2

Corel Linux ist eine ziemlich neue Distribution, deren erste Version Mitte 1999 vorgestellt wurde. Die Distribution tritt mit dem Anspruch auf, dass sie einfacher zu installieren und zu bedienen sei als andere Distributionen. Wie die folgenden Seiten zeigen, entspricht Corel Linux diesem Anspruch im Prinzip – freilich nur dann, wenn alles auf Anhieb klappt. Diese Einschränkung ist nicht unerheblich: es gibt viel, was während einer Installation schief gehen kann – und dann ist ein vielleicht weniger elegantes, dafür aber flexibleres Installationsprogramm im Vorteil.

Corel Linux basiert auf der Debian-Distribution, die (rein optisch) allerdings nicht wiederzuerkennen ist. Corel hat die Distribution nicht nur mit eigenen Installations- und Konfigurationsprogrammen ausgestattet, sondern auch einen sehr ansprechenden Dateimanager entwickelt. Der Desktop präsentiert sich in Form eines liebevoll konfigurierten KDE-Systems.

Versionen

Dieser Anhang beschreibt gleichermaßen die deutsche Download-Version von Corel 1.0 und die englische Version Corel 1.1. Seit August 2000 steht auch Corel Linux 1.2 zur Verfügung (wie Version 1.1 nur in englischer Sprache). Diese Version wird von Corel auch 'Second Edition' bezeichnet, wenngleich die Zählweise nicht ganz nachvollziehbar ist: Nach 1.0 und 1.1 müsste es ja eigentlich die Third Edition sein.

Ursprünglich wollte ich diesen Anhang mit Informationen zu Version 1.2 aktualisieren – aber leider bin ich auf meinem Testrechner trotz mehrfacher Versuche an der Installation gescheitert (und ich habe wirklich schon sehr viele Linux-Installationen hinter mir ...). Zusätzlich zu den in diesem Anhang beschriebenen LILO-Problemen der bisherigen Corel-Versionen (die unbegreiflicherweise noch immer nicht behoben sind), scheiterte nun auch der automatische Start von X: der Monitor wird schwarz und schaltet sich schließlich in den Energiesparmodus, weil er kein Signal mehr erhält. Alle Versuche, per Tastatur in den Textmodus zu gelangen, scheitern ebenfalls. Der Rechner muss schließlich mit der Reset-Taste neu gestartet werden. Da Corel die Angewohnheit hat, alle gefundenen Partitionen einzubinden, müssen beim nächsten

Neustart sämtliche Linux-Partitionen auf Fehler überprüft werden. Der verwendete Testrechner enthält ausschließlich Standard-Hardware (unter anderem eine ATI-Grafikkarte, die bisher von zahllosen anderen Linux-Distributionen korrekt erkannt wurde).

Alles in allem sind meine Erfahrungen mit Corel Linux also eher negativ: Zwar setzt Corel neue Maßstäbe, was den Bedienungskomfort bei der Installation und die Integration in vorhandene Unix- und Windows-Netzwerke betrifft; die Tatsache, dass es selbst bei Standard-Hardware fundamentale Installationsprobleme geben kann und der Umstand, dass es bei Corel Linux beinahe unmöglich ist, derartige Probleme irgendwie zu beheben (weil weder das Installationsprogramm noch die installierten Konfigurationstools dazu die Möglichkeit geben), lassen die Distribution aber für viele Fälle als ungeeignet erscheinen.

Weitere Informationen zu den verfügbaren Versionen von Corel Linux finden Sie im Internet unter:

```
http://linux.corel.com
http://www.corel.de
```

Installation

VERWEIS

Dieser Abschnitt basiert auf Kapitel 2, das allgemeine Informationen über die Installation von Linux gibt: zur Partitionierung der Festplatte, zum Erstellen von Installationsdisketten mit `RAWRITE` etc.

Das grafische Installationsprogramm startet direkt von der Installations-CD. Gelingt das nicht, können Sie auch eine Bootdiskette erstellen. Die erforderliche Image-Datei hat den Namen `boot/boot1440.img`.

Das Installationsprogramm versucht, alle Hardware-Komponenten des Rechners zu erkennen. Das gelingt im Regelfall recht gut – aber leider nicht immer. Dann ist guter Rat teuer, denn das Installationsprogramm sieht weder irgendeine Eingriffsmöglichkeit vor, noch gibt es im fertig installierten System irgendwelche Möglichkeiten, Zusatz-Hardware zu konfigurieren. (Bei Corel 1.1 funktioniert die automatische Hardware-Erkennung etwas besser als bei Corel 1.0.)

Die folgenden Konfigurationsschritte beschränken sich auf ein absolutes Minimum:

- Sie müssen einen Benutzernamen angeben – für diesen Namen wird ein Login-Account angelegt. (Außerdem gibt es natürlich noch `root`.)
- Sie müssen einen Installationsmodus wählen: *Standard* oder *Erweitert*.
- Falls Sie sich für *Erweitert* entschieden haben, können Sie nun den Installationsumfang angeben: *Standard* (entspricht dem gleichnamigen Installationsmodus), *Entwickler* (mit Compiler etc.), *Server* oder *Benutzerdefiniert*. Bei der letzten Va-

riante können Sie jedes Paket einzeln zur Installation auswählen. (Das Installationsprogramm gibt keine Informationen über den vermutlichen Speicherbedarf. Ich habe mich für die *Entwickler*-Variante entschieden, die gut 400 MByte beanspruchte.)

- Schließlich müssen Sie angeben, wohin Linux installiert werden soll. Zur Wahl stehen *Festplatte übernehmen* (löscht alle Daten auf der Festplatte, Vorsicht!), *freien Speicher verwenden* (füllt den gesamten nichtpartitionierten Bereich der Festplatte mit Partitionen für Corel), *Partitionstabelle bearbeiten* (führt in einen sehr komfortablen Partitionseditor) oder *DOS/Windows-Partition*. Diese Variante bedeutet, dass Corel-Linux in ein Verzeichnis einer vorhandenen Windows-9x-Partition installiert wird. Das resultierende System ist deutlich langsamer als eine normale Installation, erspart Ihnen aber unter Umständen eine Neupartitionierung der Festplatte (ideal zum Ausprobieren). Die Variante funktioniert allerdings nicht mit Windows NT bzw. Windows 2000.

Bei Corel 1.0 besteht im Partitionseditor keine Möglichkeit, eine bereits vorhandene Linux-Partition auszuwählen. Corel Linux muss daher in eine neue Partition am Ende der bisherigen Partitionstabelle installiert werden. Seit Corel 1.1 gibt es diese Einschränkung nicht mehr.

HINWEIS

Bei Anlegen neuer Partitionen müssen Sie im Listenfeld *Abschnitt* den richtigen Zylinderbereich auswählen. Der Partitionseditor zeigt in diesem Listenfeld zum Teil ungültige Partitionsbereiche zwischen zwei Zylindern an. Außerdem müssen Sie die gewünschte Größe der Partition explizit angeben. Der Default-Vorschlag von Corel Linux – magere 7 MByte – ist nicht wirklich hilfreich. Merkwürdig ist schließlich die deutsche Übersetzung der Begriffe. Die Swap-Partition wird als *ausgelagert* bezeichnet.

TIPP

Lassen Sie sich bei der nachfolgenden Installation nicht von der Zustandsanzeige irritieren. Diese bleibt eine Weile bei 98 Prozent stehen. Das Installationsprogramm ist aber nicht abgestürzt – es dauert nur ein wenig länger, als die Corel-Entwickler offenbar gedacht haben.

Damit beginnt der fragwürdigste Teil des Installationsprogramms: Corel Linux installiert ohne Rückfragen LILO in den MBR der ersten Festplatte. Das kann nicht nur für ein Windows-NT-System fatale Folgen haben, auch ein evtuell für eine andere Linux-Distribution eingerichtetes LILO-System muss daran glauben. Aber es kommt noch schlimmer: Corel testet weder, ob die LILO-Konfiguration überhaupt erfolgreich war, noch bietet es die Möglichkeit, eine Bootdiskette zu erstellen.

Das Installationsprogramm startet jetzt den Rechner neu – in der Hoffnung, dass mit diesem Neustart Corel Linux in voller Pracht erscheinen werde. Diese Hoffnung erfüllte sich auf meinem Rechner allerdings nicht. Der Neustart führte dazu, dass das ebenfalls auf dem Rechner vorhandene Windows gestartet wurde. Keine Spur von LILO! (Wie sich später herausstellte, ist die LILO-Installation am 1024-Zylinder-Limit gescheitert.)

Jetzt ist guter Rat teuer! Die Corel-Installations-CD bietet zwar einen Rescue-Modus (drücken Sie beim Erscheinen des Begrüßungsbildschirms (Shift)) – gibt aber keine Möglichkeit, ein schon vorhandenes Linux-System zu booten.

Ich habe mir schließlich mit einer Bootdiskette zu Red Hat 6.1 geholfen und habe als Bootinformationen die folgende Zeile eingegeben:

```
linux root=/dev/hda n
```

Die Vorgehensweise hat noch einen Nachteil: Wenn die Kernel-Version der Bootdiskette (hier 2.2.15) nicht zufällig mit der von Corel (2.2.12) übereinstimmt, können die Kernel-Module nicht verwendet werden – d.h. Sie haben keinen Zugriff auf das CD-ROM-Laufwerk, auf die Netzwerkkarten etc. Aber immerhin kann Corel Linux überhaupt gestartet werden – um dort als Erstes eine funktionierende Bootdiskette zu erstellen.

TIPP: Auch die Installations-CD von SuSE Linux ist für einen Notstart geeignet. Nachdem Sie den Rechner gestartet haben, erscheint das SuSE-Installationsprogramm YaST2. Brechen Sie das Programm ab, um in den Textmodus zu gelangen. Führen Sie dort zuerst START INSTALLATION / SYSTEM aus, dann BOOT INSTALLED SYSTEM. Jetzt müssen Sie nur noch die Partition angeben, in die Sie Corel Linux installiert haben.

Bootdiskette erstellen

Damit Corel-Linux auch außerhalb des 1024-Zylinder-Limits gestartet werden kann, muss der Kernel auf die Bootdiskette kopiert werden. Die günstigste Vorgehensweise ist hierfür eine LILO-Diskette mit Kernel (siehe Seite 264). Legen Sie eine leere Diskette ein und führen Sie in einer Konsole die folgenden Kommandos aus:

```
root#  mkfs -t ext2 /dev/fd0 1440                # ext2-Dateisystem anlegen
root#  mkdir /floppy                              # falls Verz. nicht existiert
root#  mount -t ext2 /dev/fd0 /floppy/            # ins Dateisystem einbinden
root#  mkdir /floppy/boot
root#  cp /boot/vmlinuz-2.2.12 /floppy/boot       # Kernel kopieren
root#  cp /boot/boot.b /floppy/boot/              # boot.b kopieren
root#  cp /etc/lilo.conf /etc/lilo.conf.floppy
```

Anschließend bearbeiten Sie die Datei `/etc/lilo.conf.floppy` so, dass Sie wie das folgende Muster aussieht. (Dabei müssen Sie natürlich `/dev/hdc15` durch das Device der Partition ersetzen, in die Sie Corel Linux installiert haben. Die zu ändernden Passagen sind fett hervorgehoben.)

```
# /etc/lilo.conf.floppy
boot= /dev/fd0
install= /floppy/boot/boot.b
# message = /floppy/boot/splash.lilo  # auskommentieren,
                                      # sonst LILO error 01
map= /floppy/boot/map
compact
prompt
delay=300
timeout=300
image= /floppy/boot/vmlinuz-2.2.12
        label=corel
        vga=0xf04
        append="no-scroll"
         root=/dev/hdc15
        read-only
image= /floppy/boot/vmlinuz-2.2.12
        label=console
        vga=normal
        append="1"
         root=/dev/hdc15
        read-only
other=/dev/hda1
        label=Win
        table=/dev/hda
```

Jetzt müssen Sie LILO auf Basis dieser Datei nur noch auf der Diskette installieren.

```
root#  lilo -C /etc/lilo.conf.floppy     # LILO installieren
root#  umount /floppy
```

Mit der so erstellten Diskette sollte jetzt ein direkter Start von Corel Linux möglich sein.

Konfiguration

Wenn alles geklappt hat, erscheint nach dem ersten Start ein X-Login-Dialog. Dort loggen Sie sich als `root` ein. `root` ist nach der Installation noch nicht durch ein Passwort abgesichert. Sie werden aber unmittelbar nach dem ersten Login aufgefordert, ein Passwort anzugeben (und sollten dies unbedingt tun!).

Jetzt ist es Zeit für einige Konfigurationsarbeiten. (Das ist ja ein Grund, warum die Installation so einfach war! Corel verschiebt die meisten Konfigurationsarbeiten einfach auf später. An sich eine sehr vernünftige Vorgehensweise.)

Die meisten Einstellungen lassen sich über das sogenannte Corel-Steuerzentrum durchführen. Dabei handelt es sich im Prinzip um das KDE-Steuerzentrum, das von Corel allerdings in einigen wesentlichen Punkten erweitert wurde.

Tastatureinstellung: Falls Sie die englische Version von Corel Linux installiert haben, gilt das US-Tastaturlayout. (Es gibt während der Installation keine Einstellmöglichkeit.) Sie können das Tastaturlayout für X aber im Steuerzentrum verändern (Eingabegeräte|Internationale Tastatur). Dort fügen Sie das gewünschte Tastaturlayout ein und entfernen stattdessen das bisherige Layout. Anschließend müssen Sie KDE verlassen und sich neu einloggen.

Bildschirmauflösung: X wird standardmäßig in einer Auflösung von 1024 * 768 Punkten bei einer Bildwiederholfrequenz von 60 Hertz betrieben. Jeder einigermaßen zeitgemäße Monitor sollte in der Lage sein, diese Auflösung stabil darzustellen. Viele Monitore unterstützen aber auch eine höhere Auflösung bzw. eine höhere Bildfrequenz.

Um zu einem flimmerfreien Bild zu kommen, starten Sie über das KDE-Menü das Steuerzentrum. Im Menüpunkt Arbeitsoberfläche|Bildschirmeinstellung können Sie sowohl die Eigenschaften Ihres Monitors (Listenfeld *Bildschirmtypen*) als auch die gewünschte Auflösung und Bildfrequenz auswählen. Sie können diese Einstellung gefahrlos testen. (Wenn kein stabiles Bild sichtbar wird, drücken Sie einfach (Esc). Andernfalls können Sie den Test per Maus abbrechen. Nach 15 Sekunden wird der Test auf jeden Fall beendet.) Wenn Sie mit der neuen Einstellung zufrieden sind, bestätigen Sie den Dialog mit OK. Anschließend müssen Sie sich abmelden und dann (Strg)+(Alt)+(Backspace) drücken, um X neu zu starten.

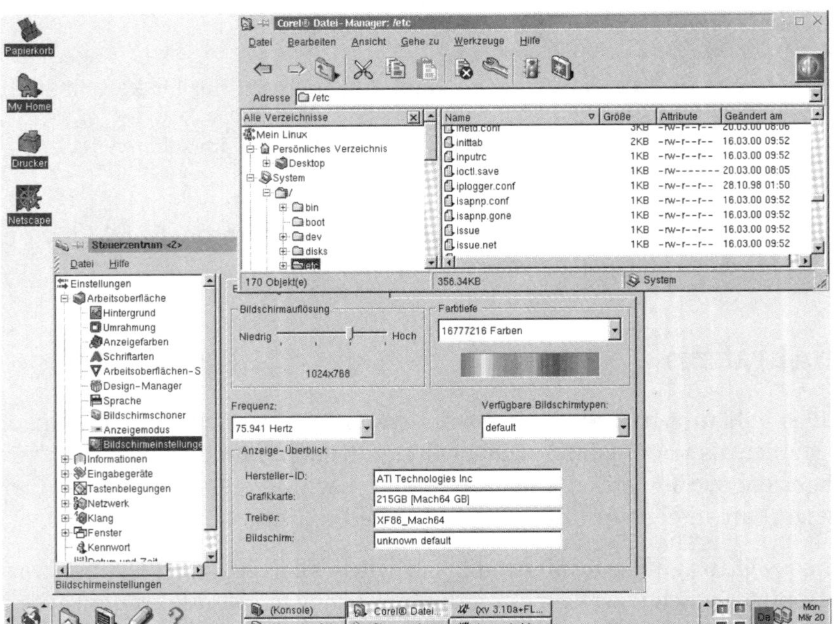

Abbildung A.1: *Der Corel-Desktop mit dem Corel-Datei-Manager und dem Steuerzentrum*

Netzwerk: Mit etwas Glück kann Corel ohne weitere Konfigurationsarbeiten sofort als Client in einem lokalen Netzwerk verwendet werden. (Während der Installation wird die erste Netzwerkkarte automatisch im DHCP-Modus konfiguriert.) Funktioniert das nicht, können Sie die erforderlichen Einstellungen abermals im Steuerzentrum, Punkt NETZWERK, durchführen.

HINWEIS

Falls Ihre Ethernet-Karte bei der Installation von Corel Linux nicht erkannt wurde oder wenn Sie die Karte erst nach der Installation eingebaut haben, ist der Spaß mit den ansprechenden Konfigurationsdialogen leider vorbei. Corel Linux sieht keine Möglichkeit vor, eine Ethernet-Karte einzurichten.

Sie müssen die Karte daher manuell konfigurieren. Dabei gehen Sie vor, wie auf Seite 418 beschrieben. Der einzige Unterschied besteht darin, dass Sie bei Corel Linux die Datei `/etc/conf.modules` nicht direkt verändern sollten. Stattdessen ändern Sie `/etc/modutils/aliases` und/oder `/etc/modules` und führen anschließend das Kommando `update-modules` aus, das aus den Dateien in `/etc/modutils` die Modulkonfigurationsdatei erzeugt. Details zu diesem System zur Verwaltung der Modulinformationen finden Sie auf der `man`-Seite zu `update-modules`.

Anschließend muss `/etc/init.d/network` korrekt eingestellt werden. Dazu kann wieder das Steuerzentrum eingesetzt werden. Funktioniert dies nicht, enthält die Datei `/usr/doc/sysvinit/examples/network` ein Beispiel, wie die `network`-Datei eingestellt werden soll. Für Linux-Einsteiger ist diese Art der Konfiguration allerdings ungeeignet!

Drucker: Die Druckerkonfiguration erfolgt ebenfalls über das Steuerzentrum. Es kann wahlweise ein lokaler Drucker oder ein Netzwerkdrucker (Unix/Linux oder Samba/Windows) konfiguriert werden. Diverse Spezialeinstellungen (etwa die gewünschte Papiergröße) können erst durchgeführt werden, nachdem der Druckertyp ausgewählt wurde und der Drucker in die Liste der zur Verfügung stehenden Drucker eingefügt wurde.

In der Praxis gab es bei der Druckerkonfiguration allerdings erhebliche Probleme. Es ist weder mit Corel 1.0 noch mit Version 1.1 gelungen, einen (von Windows NT verwalteten) Netzwerkdrucker so zu konfigurieren, dass dieser auch verwendet werden konnte. (Mit allen anderen in diesem Anhang beschriebenen Distributionen ist das mehr oder weniger problemlos gelungen.)

Modem/ISDN: Zur Installation eines Internet-Zugangs via Modem wird mit Corel Linux `kppp` mitgeliefert (siehe Seite 451). Das Programm wird mit ANWENDUNGEN||NETZWERK|KPPP gestartet. Die DNS-Adresse können Sie im Steuerzentrum angeben (NETZWERK|TCP/IP).

Eine ISDN-Unterstützung ist in Corel Linux 1.0 leider nicht vorgesehen. Es fehlen nicht nur entsprechende Konfigurations-Tools, es werden nicht einmal die erforderlichen Pakete mitgeliefert. (Daran merkt man, dass Corel Linux in den USA entwickelt wurde, wo ISDN weniger populär als in Europa ist.) Wenn Sie ISDN benötigen, können Sie die erforderlichen Pakete zur Not aus einer Debian-Distribution übernehmen. Die korrekte Installation und Inbetriebnahme wird aber wohl nur ziemlich fortgeschrittenen Linux-Anwendern gelingen – und dann stellt sich die Frage, ob nicht eine andere Distribution die einfachere Lösung wäre.

TIPP

Corel 1.1 ist ISDN-kompatibel. Das bedeutet, dass ein ISDN-fähiger Kernel installiert wird; Pakete mit ISDN-Tools befinden sich auf der CD und können nachinstalliert werden. Einzig ein grafisches Konfigurations-Tool fehlt. Sie können die Konfiguration mit dem Textkommando `isdn setup` durchführen. Komfortabler geht es freilich, wenn Sie sich das kommerzielle `kisdn` besorgen.

Sound-Karte: Die Sound-Karte wird während der Installation nicht automatisch konfiguriert. Bei den meisten Sound-Karten lässt sich dieses Manko aber rasch beheben. Führen Sie einfach `sound_setup` aus. (Dieses Script startet seinerseits das auch von anderen Distributionen eingesetzte Programm `sndconfig` – siehe Seite 1032.)

MIME-Einstellungen: Corel Linux ist mit einem komfortablen MIME-Editor ausgestattet, der über das Startmenü aufgerufen wird: ANWENDUNGEN|SYSTEM|MIME-EDITOR.

Paketverwaltung (Corel Update)

Die Paketverwaltung von Corel Linux basiert auf dem Debian-Paketsystem. Statt der dafür üblichen Debian-Kommandos (`apt-get`, `dpkg` etc.), die nicht ganz einfach zu bedienen sind, sieht Corel Linux ein komfortables Programm mit grafischer Benutzeroberfläche vor. Das Programm hat den merkwürdigen Namen `get_it` und verbirgt sich als ANWENDUNGEN|SYSTEM|COREL UPDATE im Startmenü.

Das Programm zeigt wahlweise die bereits auf dem Rechner installierten Pakete (*aktuelles Softwareprofil*) oder eine Liste mit zusätzlichen verfügbaren Paketen an (auf CD-ROM oder im Internet).

Damit die verfügbaren Pakete angezeigt werden, muss mit OPTIONEN|DATEIQUELLEN angegeben werden, wo nach neuen Paketen gesucht werden soll. Zur Auswahl stehen die Corel-CD, der Corel-FTP-Server oder weitere FTP-Quellen im Internet. Auf jeden Fall müssen diese Dateiquellen gemäß der bei Corel üblichen Verzeichnishierarchie strukturiert sein. (Das Schema ist dasselbe wie bei Debian und zeichnet sich durch tief verzweigte Verzeichnisbäume aus.) Nach der Optionseinstellung müssen Sie noch Icon PROFIL AKTUALISIEREN anklicken.

Der aktuelle Status der Pakete wird durch Symbole angezeigt, die allerdings nicht alle intuitiv sind:

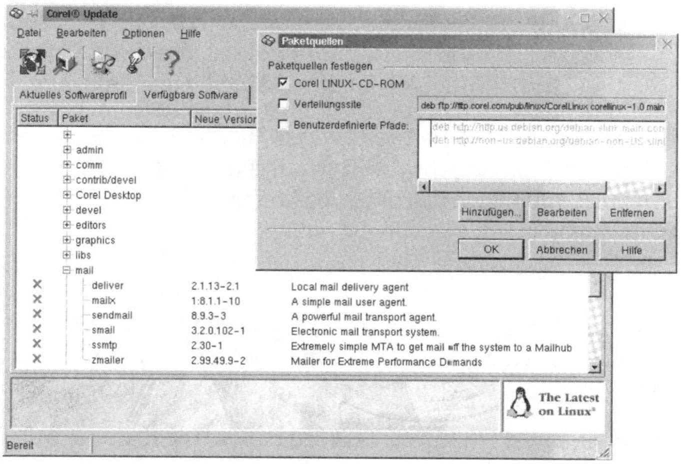

Abbildung A.2: Die Corel-Paketverwaltung

- Vorhängeschloss: Das Paket ist installiert.
- Rotes Kreuz: Das verfügbare Paket ist nicht installiert.
- Rot/grüner Pfeil: Das Paket soll aktualisiert bzw. neu installiert werden.
- Mülltonne: Das vorhandene Paket soll entfernt werden.

Der Status kann durch ein einfaches Anklicken des Symbols mit der Maus verändert werden. Um die Pakete anschließend tatsächlich zu installieren bzw. entfernen etc., müssen Sie das Icon PAKETE AKTUALISIEREN anklicken.

TIPP

Sie können mit dem Programm auch ein einzelnes Debian-Paket (Kennung `*.deb`) installieren. Dazu führen Sie DATEI|DEB-DATEI INSTALLIEREN aus und wählen die gewünschte Datei aus. Dazu ist es nicht erforderlich, dass eine CD bzw. ein FTP-Archive mit der gesamten Debian-Verzeichnisstruktur vorliegt.

RPM-Pakete unter Corel Linux

Unter Corel Linux 1.0 steht auch das Kommando `rpm` zur Verfügung (allerdings nur in der schon ziemlich alten Version 2.5). Damit können Sie prinzipiell auch `rpm`-Pakete installieren. Allerdings wird dieser Versuch in den meisten Fällen scheitern, weil sich `rpm` über nicht erfüllte Abhängigkeiten beklagt. In vielen Fällen sind diese Fehlermeldungen gar nicht zutreffend: die benötigten Bibliotheken stehen vielleicht durchaus zur Verfügung, nur weiß `rpm` nichts davon. (Es handelt sich ja um Debian-Pakete, die der `rpm`-Datenbank unbekannt sind.)

Sie können nun versuchen, die Installation des `rpm`-Paktes mit der Option `--nodeps` zu erzwingen – aber ob das Programm danach tatsächlich läuft, können Sie nur durch Ausprobieren feststellen. Generell sollten Sie von derartigen Experimenten Abstand nehmen, wenn Sie nicht wirklich wissen, was Sie tun. Das Vermischen von zwei Paketsystemen in einer Distribution kann fatale Folgen für das Gesamtsystem haben (etwa wenn Bibliotheken irrtümlich doppelt installiert werden).

Etwas besser sieht die RPM-Unterstützung bei Corel 1.1 aus. Dessen Update-Manager kommt mit RPMs zurecht. Die prinzipiellen Probleme eines doppelgleisigen DEB/RPM-Systems bleiben allerdings bestehen.

dpkg

Wenn Sie textbasierten Kommandos den Vorzug geben (oder wenn X nicht läuft und Sie versuchen, aktualisierte Pakete über das Internet zu besorgen), steht als Alternativ zum Corel-Update-Manager das Kommando `dpkg` zur Verfügung.

Informationen über installierte und verfügbare Pakete (egal, ob sie mit `dpkg` oder mit dem Corel-Update-Manager installiert wurden) befinden sich in `/var/lib/dpkg`. Eine über die `man`- und `info`-Texte hinausgehende Dokumentation zu den installierten Paketen finden Sie normalerweise in `/usr/doc/paketname`.

```
dpkg --install paketdatei
```

Installiert das angegebene Paket. Wenn bereits eine ältere Version installiert ist, wird diese durch die neue Version ersetzt.

```
dpkg --configure paketname
```

Damit wird ein bereits installiertes Paket neu konfiguriert. Bitte beachten Sie, dass Sie jetzt nicht den vollständigen Dateinamen (mit der Kennung `*.deb`) angeben müssen, sondern den Paketnamen ohne Pfad und Kennung.

```
dpkg --remove paketname
dpkg --purge paketname
```

Die beiden Kommandos entfernen die angegebenen Pakete. Bei der zweiten Variante werden auch die Konfigurationsdateien gelöscht.

```
dpkg --list
dpkg --list 'muster'
```

In der ersten Syntaxvariante zeigt `dpkg` alle tatsächlich installierten Pakete an. Bei der zweiten Variante werden auch alle nicht installierten Pakete berücksichtigt, die zuletzt in `dselect` im Menüpunkt UPDATE als verfügbar registriert wurden.

```
dpkg --listfiles paketname
```

Das Kommando zeigt alle Dateien eines Pakets an. Das Kommando funktioniert nur für bereits installierte Pakete. Der Inhalt nicht installierter Pakete kann mit `dpkg-deb --contents dateiname` angezeigt werden.

```
dpkg --search dateiname
```

In dieser Syntaxvariante sucht `dpkg` nach dem Paket, aus dem die angegebene Datei stammt. Beispielsweise liefert `dpkg --search /etc/aliases` den Paketnamen `sendmail` (sofern `sendmail` installiert ist und die Datei `/etc/aliases` existiert).

Corel-Datei-Manager

Zu den Highlights von Corel Linux zählt der Corel-Datei-Manager. Das Programm zeichnet sich nicht nur durch eine ansprechende Benutzeroberfläche aus (die dem Windows-Explorer sehr ähnlich sieht), sondern auch dadurch, dass das Programm gleichermaßen mit lokalen Verzeichnissen, Windows-Netzwerkverzeichnissen (SMB), Unix-Netzwerkverzeichnissen (NFS) und FTP-Servern zurechtkommt.

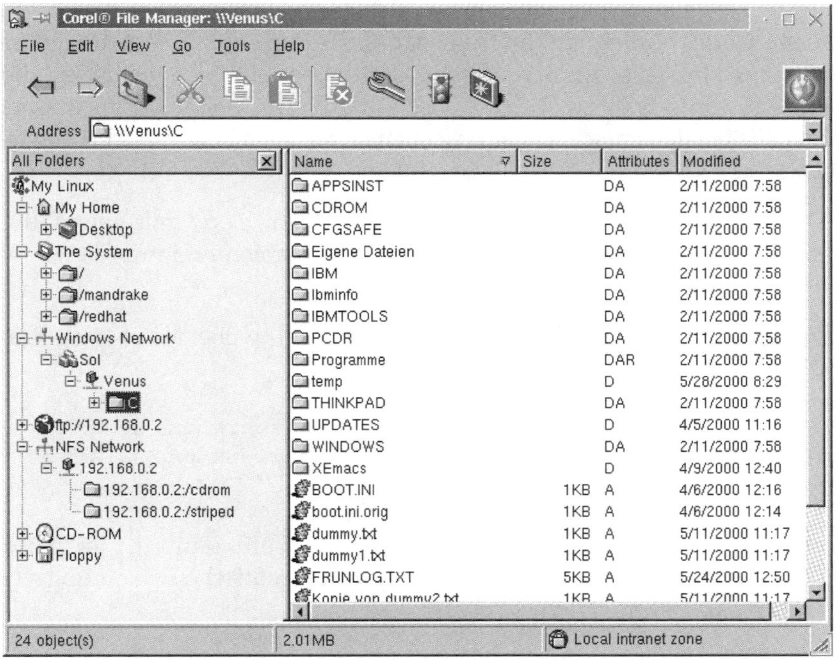

Abbildung A.3: Der Corel-Datei-Manager

Das Programm sucht selbstständig nach allen im Netz verfügbaren SMB- und NFS-Servern. SMB-Verzeichnisse können direkt per Mausklick geöffnet werden. (Sie müssen lediglich Verbindungsinformationen, also Benutzername und Passwort angeben.) Bei NFS-Verzeichnissen funktioniert das leider nicht so problemlos. Diese müssen Sie mit WERKZEUGE|NETZWERKFREIGABE wie mit `mount` richtig in das Dateisystem einbinden.

TIPP

Wenn Sie über den Datei-Manager auf eine CD-ROM zugreifen, wird diese automatisch unter dem Pfad `.cdl_amnt/cdrom1/cdrom1` in das Dateisystem eingebunden. Intern wird dazu `automount` eingesetzt (siehe Manualseite). Um die CD wieder aus dem Laufwerk zu entfernen, klicken Sie das CD-Symbol im Datei-Manager mit der rechten Maustaste an und führen das Kommando EJECT aus.

Corel-Besonderheiten und -Interna

Netscape: Mit der Download-Version von Corel Linux wird ärgerlicherweise nur der Netscape Navigator mitgeliefert (und nicht der ebenfalls kostenlos verfügbare Communicator). Das bedeutet, dass die Messenger-Funktionen (Mail/News) nicht zur Verfügung stehen. Als einziger E-Mail-Client steht `elm` zur Verfügung, dessen spartanische Oberfläche wirklich nicht zu Corel Linux passt.

Partitionen: Corel bindet automatisch sämtliche auf der Festplatte gefundenen Windows- und Linux-Partitionen in das Dateisystem ein. Sicherer ist es, die vierte Spalte in `/etc/fstab` so zu ändern, dass wirklich nur benötigte Partitionen aktiv sind. Fügen Sie bei den entsprechenden Zeilen `noauto` an bzw. ersetzen Sie `default` durch `noauto`.

syslog-Dateien: Anstatt die Logging-Dateien in `/var/log/` mit einem Texteditor (oder mit `less`) anzusehen, können Sie den komfortablen Ereignis-Viewer verwenden: ANWENDUNGEN|SYSTEM|EREIGNIS-VIEWER.

Init-V-Runlevel: Corel kennt folgende Init-V-Runlevel (wobei als Default-Runlevel 2 verwendet wird):

```
0 Halt              2-4 Multi User mit Netzwerk und X (kdm)
1 Single User       5   Multi User mit Netzwerk und X (xdm)
6 Reboot
```

USB: Corel Linux 1.0 sieht keinen USB-Support vor. Corel Linux 1.1 ist in dieser Beziehung fortschrittlicher, allerdings gelingt eine automatische Erkennung von USB-Geräten nur in Ausnahmefällen.

Anhang B

Mandrake 7.0

Linux Mandrake ist eine von Red Hat abgeleitete Distribution. Das bedeuetet einerseits, dass die Distribution weitestgehend mit Red Hat kompatibel ist. Das betrifft sowohl die meisten Konfigurationsdateien als auch die überwiegende Mehrheit der Pakete. (Ein Paket, das zur Installation für eine aktuelle Red-Hat-Version gedacht ist, kann fast immer auch unter einer aktuellen Mandrake-Version installiert werden. Das gilt in der Regel auch für Sicherheits-Updates.)

Andererseits hebt sich Mandrake von Red Hat durch eine Reihe eigener bzw. zusätzlicher Konfigurations-Tools sowie (bei der kommerziellen Version) durch einen weitaus größeren Systemumfang ab. Mandrake ist in vielen Details benutzerfreundlicher und intuitiver zu bedienen als Red Hat und eignet sich insofern sehr gut für Linux-Einsteiger.

Die FTP-Version von Mandrake (umfasst eine CD) ist kostenlos via Internet erhältlich. Das Mandrake Powerpack (also die kommerzielle Vollversion) umfasst sechs CDs (inklusive einer stattlichen Auswahl kommerzieller Programme und Demo-Versionen) und zwei Handbücher. Dieser Anhang beschreibt die kostenlos erhältliche FTP-Variante.

VERWEIS

Aktuelle Informationen zu Mandrake Linux finden Sie im Internet unter:
`http://www.linux-mandrake.com`

Die Dokumentation zu Mandrake Linux ist in mehreren Sprachen verfügbar (aber aus Platzgründen befinden sich unter Umständen nicht alle Sprachen auf Ihrer Mandrake-CD, Verzeichnis `doc`). Abermals lohnt sich ein Blick ins Internet:

`http://www.linux-mandrake.com/en/fdoc.php3`

Installation

VERWEIS Dieser Abschnitt basiert auf Kapitel 2, das allgemeine Informationen über die Installation von Linux gibt: zur Neupartitionierung der Festplatte mit `FIPS` oder `FDISK`, zum Erstellen von Installationsdisketten mit `RAWRITE`, zum Umgang mit dem Linux-Programm `fdisk` etc.

Mandrake Linux wird normalerweise direkt von der CD-ROM installiert. Das Installationsprogramm DrakX zeichnet sich durch eine sehr komfortable grafische Benutzeroberfläche aus (wenn auch mit einer ausgewöhnlich hässlichen und zum Teil kontrastarmen Farbgebung).

Installationsdisketten: Falls eine Installation direkt von der CD-ROM nicht möglich sein sollte, finden Sie auf der CD-ROM im Verzeichnis `images` Dateien zum Erstellen von Bootdisketten. Dabei führt `cdrom.img` zu der hier beschriebenen grafischen Installation. `txt_boot.img` müssen Sie verwenden, wenn Sie die Installation im Textmodus durchführen möchten. Das Erstellen von Bootdisketten ist auf Seite 66 beschrieben.

Windows-Installation: Sie können Mandrake Linux auch direkt unter Windows 9x (nicht aber unter Windows NT/2000) in eine große Datei installieren. Diese Installationsvariante erspart Ihnen eine Neupartitionierung der Festplatte. Eine Windows-Installation eignet sich gut zum Ausprobieren von Linux, ist aber mit einer Reihe anderer Nachteile verbunden (insbesondere mit einer sehr geringen Geschwindigkeit).

Zur Installation führen Sie (unter Windows) zuerst das Programm `lnx4win/install.bat` aus und geben einige elementare Parameter an (Laufwerksbuchstabe des CD-ROM-Laufwerks, Laufwerksbuchstabe für die Partition, in die Linux installiert werden soll). Anschließend führen Sie `setup.bat` aus. Dort müssen Sie die gewünschte Größe der Datei für Linux (entscheiden Sie sich je nach dem verfügbaren Speicherplatz für ein bis zwei GByte) und die Größe der Swap-Datei angeben (möglichst so groß wie Ihr RAM).

Die weitere Installation erfolgt wie unten beschrieben. Dabei werden die Windows-Startdateien so ergänzt, dass Sie beim Rechnerstart zwischen Windows und Linux wählen können.

Falls Sie Linux später wieder deinstallieren möchten, starten Sie den Rechner unter Windows und führen `lnx4win/uninstall.bat` von der Mandrake-CD aus. Anschließend löschen Sie das Verzeichnis `lnx4win` auf Ihrer Festplatte.

Standardinstallation von der CD-ROM

DrakX zeigt am rechten Bildschirmrand den Installationsfortschritt an. Sie können die bereits abgeschlossenen Punkte jederzeit anklicken, um nachträglich Veränderungen durchzuführen. Am unteren Rand werden Hilfetexte zum gerade aktuellen Konfigurationspunkt angezeigt.

Die Maus sollte automatisch erkannt werden. Gelingt das nicht, kann das Installationsprogramm vollständig per Tastatur bedient werden. Es ist allerdings unmöglich, durch die Hilfetexte zu scrollen.

Installationsarten: DrakX unterscheidet zwischen drei Installationsarten: RECOMMENDED (für Linux-Einsteiger), CUSTOMIZED und EXPERT. Erwartungsgemäß haben Sie mit RECOMMENDED den geringsten Einfluss auf Installationsparameter, mit EXPERT den größten. Dieser Anhang beschreibt den goldenen Mittelweg, also CUSTOMIZED.

Verwendungszweck: Bei der CUSTOMIZED-Installation müssen Sie sich als nächstes zwischen drei möglichen Verwendungszwecken entscheiden: NORMAL, DEVELOPER (für Programmierer) und SERVER (wenn Sie den Rechner als Netzwerk-Server verwenden möchten). Hier wird NORMAL beschrieben. (Sie können selbstverständlich in jedem Fall nach Ende der Installation Pakete nachinstallieren.)

SCSI-Konfiguration: DrakX fragt nun, ob SCSI-Karten vorhanden sind, und versucht diese dann zu erkennen. Gelingt das nicht, müssen Sie die richtige SCSI-Karte aus einer Liste auswählen.

Installation/Update: Wenn sich auf Ihrem Rechner bereits eine Mandrake-Version (seit 5.1) befindet, können Sie diese aktualisieren.

Tastatur: Hier gegeben Sie das gewünschte Tastaturlayout an.

Verschiedenes: Hier werden Sie gefragt, ob Sie eine obskure Festplattenoptimierung (hard drive optimisations) verwenden möchten. Dahinter verbirgt sich die Aktivierung des auf Seite 221 beschriebenen Bus-Master-DMA-Modus für IDE-Festplatten. Da es damit bei einigen wenigen Mainboards/Festplatten Probleme geben kann, ist es sicherer, diesen Modus erst später zu aktivieren (siehe Seite 1016).

Mit der gewünschten Sicherheitsstufe bestimmen Sie, wie gut das System abgesichert werden soll. Beachten Sie aber, dass eine zu hohe Sicherheitsstufe oft eine unbequeme Bedienung mit sich bringt. Die Sicherheitsstufe kann auch im laufenden Betrieb verändert werden (Kommando `draksec`).

Falls die von DrakX erkannte RAM-Größe nicht mit der Realität übereinstimmt (das sollte nur bei sehr alten Mainboards passieren), können Sie den richtigen Wert angeben.

Die SUPERMOUNT-Option hat Einfluss darauf, wie Mandrake Linux später mit Disketten und CD-ROM-Laufwerken umgeht. Wenn Sie die Option aktivieren (Defaulteinstellung), werden CDs beim Einlegen automatisch in das Dateisystem eingebunden. Sie können ohne `umount` wieder entfernt werden. Damit das funktioniert, ist allerdings ein Kernel-Patch erforderlich. SUPERMOUNT ist komfortabel und bietet sich vor allem für Linux-Einsteiger an. Einige Hintergrundinformationen finden Sie auf Seite 154. Wie Sie Supermount nachträglich aktivieren bzw. deaktivieren können, ist ab Seite 1016 beschrieben.

Die Option NUM-LOCK bestimmt, ob NumLock bereits beim Start aktiviert wird. Damit kann der nummerische Ziffernblock direkt genutzt werden. Das gilt leider nur für die Arbeit in Textkonsolen – unter X bleibt Ihnen das Drücken von (Num) nicht erspart.

Dateisystem einrichten: Mit dem grafischen Partitionseditor können Sie nun eine neue Partition erstellen, in die Linux installiert werden soll. Die Bedienung ist außerordentlich einfach. Die Festplatte wird durch ein Balkendiagramm symbolisiert. Sobald Sie den unpartitionierten Bereich anklicken, haben Sie die Möglichkeit, eine neue Partition anzulegen, deren Typ (unter anderem Linux, Swap, Linux RAID) und den gewünschten Mount-Punkt anzugeben. Wenn die Partition außerhalb der 1024-Zylinder-Grenze liegt, warnt DrakX Sie, dass ein Systemstart via LILO unmöglich ist (siehe auch Seite 268).

Anschließend müssen Sie noch bestätigen, welche Partitionen formatiert werden sollen. Das wird daraufhin sofort erledigt.

Paketgruppen: Als Nächstes müssen Sie entscheiden, welche Paketgruppen installiert werden soll. Wenn Sie die mit * markierten Gruppen auswählen, haben Sie eine recht solide Grundkonfiguration (Platzbedarf etwa 660 MByte bei der vollständigen Installation dieser Pakete).

```
  Graphics Manipulation              Games
+ KDE                              + System configuration
  Gnome                              WebServer
  Other window managers            + Network Management Workstation
+ Mail/WWW/News                    + Documentation
+ Communication facilities           Databases
  Office                             Miscellaneous
+ Multimedia support
```

Ein originelles Feature ist der nächste Punkt: Hier geben Sie mit einem Schiebebalken an, ob die gerade ausgewählten Pakete vollständig oder nur teilweise installiert werden sollen. Bei einer teilweisen Installation reduziert sich der erforderliche Festplattenplatz entsprechend, so dass Sie den Installationsumfang sehr genau steuern können. Sobald Sie diesen Dialog bestätigen, beginnt DrakX mit der Installation der Pakete. (Das dauert einige Minuten.)

Netzwerkkonfiguration: Hier bietet DrakX drei Optionen: Konfiguration der gefundenen Netzwerkkarte für ein lokales Netzwerk, Modem-Konfiguration oder gar keine Netzwerkkonfiguration. Bei der LAN-Konfiguration können Sie die erforderlichen IP-Adressen entweder direkt angeben oder sich für DHCP entscheiden (wenn es in Ihrem Netzwerk einen DHCP-Server gibt).

Zusätzlich müssen Sie den gewünschten Rechnernamen (inklusive Domain) und bei Bedarf die IP-Adresse des DNS-Servers und des Internet-Gateways angeben. Optional können Sie auch die Parameter von HTTP- und FTP-Proxies angeben. (Das ist nur erforderlich, wenn in Ihrem lokalen Netz ein Proxy-Server eingerichtet ist.)

Zeitzone: Hier wählen Sie die gewünschte Zeitzone aus. DrakX geht davon aus, dass die Uhr Ihres Rechners die lokale Zeit (nicht UTC) verwendet.

Drucker: Die Druckerkonfiguration in DrakX ist vorbildlich. Im ersten Schritt geben Sie an, ob es sich um einen lokalen oder um einen Netzwerkdrucker handelt (Unix, Samba bzw. Windows oder Novell). Bei einem lokalen Drucker müssen Sie angeben, an welcher Schnittstelle er angeschlossen ist (normalerweise `/dev/lp0`). Bei einem Netzwerkdrucker geben Sie stattdessen die Netzparameter an: Adresse bzw. Hostname, Queue-Name (Druckername) etc.

Im zweiten Schritt müssen Sie den Druckertyp, die Seitengröße etc. angeben. Anschließend können Sie die Konfiguration sofort durch den Druck von zwei Testseiten überprüfen und gegebenenfalls korrigieren.

Root-Passwort, Benutzername: Hier geben Sie zweimal das gewünschte Root-Passwort an. Anschließend können Sie einen oder mehrere Benutzer einrichten.

Bootdiskette: In diesem Dialog geben Sie an, ob Sie eine Bootdiskette erstellen möchten. (Das sollten Sie auf jeden Fall tun!)

LILO: LILO kann wahlweise in den MBR einer Festplatte (z.B. `/dev/hda` für die erste IDE-Festplatte), in den MBR einer beliebigen Partition oder auf eine Diskette installiert werden (`/dev/fd0`). Falls Sie sich für die Diskettenvariante wählen und gerade vorher eine Bootdiskette erstellt haben, müssen Sie eine neue Diskette einlegen. (Sie haben dann zwei Bootdisketten, eine mit und eine ohne Kernel.)

LILO kann nicht installiert werden, wenn es keine (Boot-)Partition unterhalb des 1024-Zylinder-Limits gibt. In diesem Fall *müssen* Sie eine Bootdiskette erstellen. Gehen Sie gegebenenfalls zurück zum vorigen Punkt.

X-Konfiguration: Die folgenden Angaben entscheiden darüber, in welcher Auflösung und Bildfrequenz im Grafikmodus gearbeitet wird. Sie können die Einstellungen sofort testen. (Der Test wird automatisch nach zehn Sekunden abgebrochen falls kein stabiles Bild zustandekommt.)

Als Nächstes werden Sie gefragt, ob X beim Rechnerstart automatisch ausgeführt werden soll (grafischer Login mit `kdm`). Sofern der Test des Grafikmodus erfolgreich war, spricht nichts dagegen.

Damit ist die Installation abgeschlossen, der Rechner wird neu gestartet.

Mandrake-Besonderheiten und -Interna

Spracheinstellung: Mandrake Linux versucht, Menüs, Fehlermeldungen etc. in der jeweiligen Landessprache anzuzeigen. Wenn Sie möchten, dass generell englische Texte angezeigt werden sollen, müssen Sie die Zeilen in der Datei `/etc/sysconfig/i18n` auskommentieren.

Windows-Partitionen: Mandrake sieht unter KDE für jede Windows-9x-Partition ein Icon vor. Wenn Sie dieses Icon anklicken, erscheint der KDE-Dateimanager mit dem Inhaltsverzeichnis der Partition. Das ist zwar bequem, bedingt aber, dass sämtliche Windows-Partitionen immer in das Dateisystem eingebunden sind. (Zum Glück hat nur `root` Schreibrechte.)

Sicherer ist es, `/etc/fstab` so zu ändern, dass wirklich nur benötigte Windows-Partitionen aktiv sind. Fügen Sie bei den entsprechenden Zeilen `noauto` an. Mandrake sieht außerdem die Option `conv=auto` vor. Das ist ebenfalls bequem, aber nicht ganz ungefährlich: Linux versucht jetzt, Textdateien zu erkennen und automatisch beim Export bzw. Import an das Linux- bzw. Windows-Format anzupassen. Bei Textdateien funktioniert das gut, bei Binärdateien kann es aber Probleme geben (siehe auch Seite 209).

`/etc/fstab`-Einträge nach dem folgenden Muster sind sicherer:

```
# Änderung in /etc/fstab
# /dev/hda1 /mnt/DOS_hda1 vfat user,exec,conv=auto 0 0  # Mandrake
/dev/hda1   /mnt/DOS_hda1 vfat user,exec,noauto 0 0     # neu
```

Generell werden sämtliche Laufwerke, Partitionen und CD-ROMs unter dem Pfad `/mnt/name` angesprochen (also z.B. `/mnt/cdrom`, `mnt/DOS_hda6` etc.).

Supermount: Wenn Sie bei der Installation die Supermount-Option aktiviert haben, können Sie CD-ROMs und Disketten ohne `mount` verwenden und ohne `umount` wieder entfernen. (Bei CD-ROMs muss allerdings manchmal das Kommando `eject` ausgeführt werden – sonst bekommen Sie die CD nicht aus dem Laufwerk.)

Intern setzt `supermount` das Modul `/lib/modules/`*n*`/fs/supermount.o` voraus. Außerdem muss bei den betreffenden Laufwerken in `/etc/fstab` als Dateisystem `supermount` angegeben sein.

Um Supermount nachträglich zu aktivieren oder zu deaktivieren, können Sie das folgende Kommando ausführen. Anschließend müssen Sie den Rechner neu starten.

```
root#  supermount -i disable
root#  supermount -i enable
```

Festplattenoptimierung: Der Bus-Master-DMA-Modus (siehe auch Seite 221) wird im Script `/etc/rc.d/init.d/mandrake_everytime` aktiviert, wenn wahlweise die Variable `HDPARM` irgendeine Zeichenkette enthält oder wenn beim Booten als Kernel-Parameter die Zeichenkette 'opti' angegeben wurde. (Dieser Parameter kann auch via LILO eingestellt werden.) Um die Optimierung nachträglich zu aktivieren, fügen Sie die folgende Zeile in `/etc/sysconfig/system` ein:

```
# Ergänzung in /etc/sysconfig/system
HDPARM=on
```

Um die Optimierung zu deaktivieren, entfernen Sie die Zeile wieder. (Die Einstellung `off` oder `no` würde die Optimierung ebenfalls aktivieren, weil nicht der Inhalt der Variablen `HDPARM`, sondern nur die Existenz überprüft wird.)

Online-Dokumentation: Die Dokumentation zu den einzelnen Paketen befindet sich wie bei Red Hat in den Verzeichnissen `/usr/doc/`*paketname*.

VERWEIS

Die Mandrake-Handbücher für verschiedene Sprachen befinden sich in den Paketen `Mandrake/RPMS/mandrake_doc*`. Sie müssen gegebenenfalls nachinstalliert werden. Beachten Sie aber, dass (insbesondere die Übersetzungen) zum Teil weniger umfassend und weniger aktuell sind als die Handbücher auf der Mandrake-Website:

`http://www.linux-mandrake.com/en/fdoc.php3`

Bei Mandrake wird per Default nicht einmal die englische Version der HOWTO-Dokumente installiert. HOWTO-Pakete in mehreren Sprachen finden Sie auf der Powertools-CD-ROM. Installieren Sie die Pakete mit `rpm`, `kpackage` oder `rpmdrake`.

Init-V-Prozess: Der Init-V-Prozess funktioniert bis auf ganz wenige Details genauso wie bei Red Hat (siehe Seite 181 und 1043).

Konfigurationshilfe

Mit Mandrake wird eine Fülle von Konfigurationswerkzeugen mitgeliefert. Ein Teil der Tools ist mit denen von Red Hat identisch, weswegen Sie hier einige Verweise auf den Red-Hat-Abschnitt dieses Anhangs finden werden.

Basiskonfiguration: Die meisten Mandrake-spezifischen Konfigurations-Tools können via `DrakConf` gestartet werden. Leider sind die meisten Mandrake-spezifischen Konfigurationshilfen schlecht oder gar nicht dokumentiert. Einen Überblick über die Programme gibt der nächste Abschnitt.

Paketverwaltung: Soweit Sie zur Paketverwaltung nicht das Kommando `rpm` verwenden möchten, stehen Ihnen drei weitere Tools zur Verfügung:

- `kpackage` eignet sich vor allem zur Verwaltung schon installierter Pakete sowie zur Installation einzelner Pakete (siehe Seite 308).
- `rpmdrake` hilft bei der Installation von Mandrake-Paketen, die sich auf den Mandrake-CD-ROMs befinden (siehe Seite 1021).

- `MandrakeUpdate` aktualisiert bereits installierte Pakete, sofern diese zur Mandrake-Distribution gehören und offizielle Updates verfügbar sind.

Modem/PPP-Konfiguration: Um eine Internet-Verbindung via Modem/PPP herzustellen, können Sie wahlweise `linuxconf` (siehe Seite 453) oder `kppp` (siehe Seite 451) verwenden.

ISDN-Konfiguration: Mit Mandrake werden zwar die `ISDN4Linux`-Pakete mitgeliefert, zur Zeit aber leider noch keine grafischen Installationswerkzeuge. Sie können die Konfiguration mit dem Textkommando `isdn setup` durchführen. Komfortabler geht es freilich, wenn Sie sich das kommerzielle `kisdn` besorgen.

HINWEIS

Natürlich würde es sich anbieten, einfach das Red-Hat-Paket `isdn-config` zu installieren – aber da zeigt sich, dass Red Hat und Mandrake doch nicht vollständig kompatibel sind. `isdn-config` setzt die QT-Bibliothek 2.1 sowie das Paket `initscripts` zumindest in der Version 4.95 voraus. Die Initscript-Voraussetzung können Sie ignorieren, und die QT-Bibliothek lässt sich leicht installieren. Dennoch lässt sich das so installierte `isdn-config` dann nicht starten und meldet fehlende Bibliotheken.

Sound-Karte: Zur Konfiguration der Sound-Karte verwenden Sie am besten `lothar` (siehe Seite 1020). Alternativ steht auch das von Red Hat bekannte Tool `sndconfig` zur Verfügung (siehe Seite 1032).

DrakConf

`DrakConf` ist eigentlich nur eine Sammlung von Icons zum Start diverser Konfigurationsprogramme. Aus nicht nachvollziehbaren Gründen wurden bei zwei Testinstallationen die Pakete mit den Mandrake-Konfigurationswerkzeugen nur unvollständig installiert. Die folgenden Kommandos schaffen Abhilfe:

```
root#  cd /mnt/cdrom/Mandrake/RPMS/
root#  rpm -i /mnt/cdrom/Mandrake/RPMS/drakxtools*.rpm
root#  rpm -i /mnt/cdrom/Mandrake/RPMS/gnome-linuxconf*.rpm
```

X-Konfiguration: Mit `XFdrake` können Sie den Monitor, die gewünschte Auflösung und das Startverhalten (Text-Login oder grafischer Login) einstellen.

Benutzerverwaltung: `adduserdrake` ermöglicht in einem einfachen Dialog das Anlegen neuer Benutzer.

Sicherheitsstufen: Mit `draksec` können Sie zwischen drei Sicherheitsstufen wählen (low, medium und high). Je nach Sicherheitsstufe werden verschiedene Dienste deaktiviert, Zugriffsrechte auf Dateien und Devices restriktiver eingestellt etc.

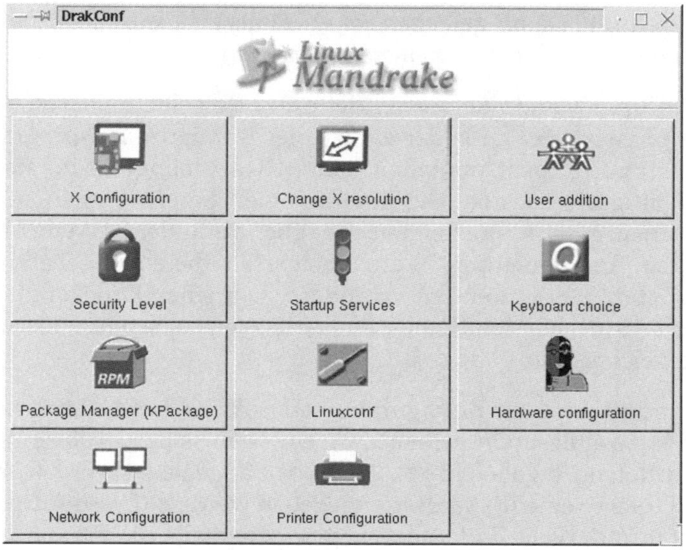

Abbildung B.1: DrakConf

Intern kennt Mandrake sogar sechs Sicherheitsstufen von 0 (unsicher) bis 5 (maximale Sicherheit). Diese Sicherheitsstufen können mit `/etc/security/msec /init.sh` *n* eingestellt werden. Die Einstellungen werden in `/etc/security /msec/security.conf` gespeichert.

TIPP Detaillierte Hintergrundinformationen zum Mandrake-Sicherheitssystem MSEC finden Sie im Mandrake User Guide.

Startup-Dienste: Mit `drakxservices` können Sie einstellen, welche Init-V-Scripts beim Systemstart ausgeführt werden sollen. Allerdings ist unklar, für welchen Runlevel die Einstellungen gelten (vermutlich für den gerade gültigen).

Tastaturauswahl: Mit `keyboarddrak` können Sie das gewünschte Tastaturlayout einstellen.

Paketmanager: Hiermit wird das Programm `kpackage` gestartet (siehe Seite 308).

Linuxconf: Hiermit wird erwartungsgemäß das Programm `linuxconf` gestartet – allerdings in vielen Fällen nur im Textmodus. Um dem abzuhelfen, müssen Sie das Paket `gnome-linuxconf*.rpm` nachträglich installieren. (Warum Mandrake das nicht automatisch tut, ist nicht nachvollziehbar.) Informationen zum Umgang mit `linuxconf` finden Sie auf Seite 1032.

Hardware-Einstellung: Mit diesem Button wird das Programm `lothar` gestartet (siehe Seite 1020).

Netzwerkeinstellung: Damit gelangen Sie ebenfalls zu `linuxconf`, allerdings wird gleich der Dialog für die Netzwerkeinstellungen geöffnet.

Druckereinstellung: Mandrake verwendet exakt dasselbe Filterverfahren wie Red Hat, aber mit `printerdrake` leider ein eigenes Konfigurationsprogramm, das mit Red Hats `printtool` nicht mithalten kann. Zwar gelingt es im Regelfall, einen Drucker zu konfigurieren, aber Sie können einen bereits eingerichteten Drucker nicht mehr löschen, geschweige denn nachträglich verändern. (Wenn Sie wissen, wie das Drucksystem funktioniert, ist es am einfachsten, die entsprechenden Dateien in `/var/spool/lpd/`*name* direkt zu verändern. Um einen Drucker zu löschen, entfernen Sie den entsprechenden Eintrag aus `/etc/printcap` und löschen das dazugehörende Verzeichnis `/var/spool/lpd/`*name*.)

Falls Sie `printerdrake` zur Konfiguration eines Windows-Netzwerkdruckers verwenden, gibt es zwei Besonderheiten: Zum einen muss der Druckername im etwas seltsam beschrifteten Eingabefeld SHARE NAME angegeben werden. Zum anderen muss für den Drucker eine IP-Adresse angegeben werden. (Diese Adresse ist normalerweise *nicht* erforderlich. Entfernen Sie gegebenenfalls die Zeile `hostip=..` aus `/var/spool/lpd/`*name*`/.config`.)

Hardware-Erkennung mit Lothar

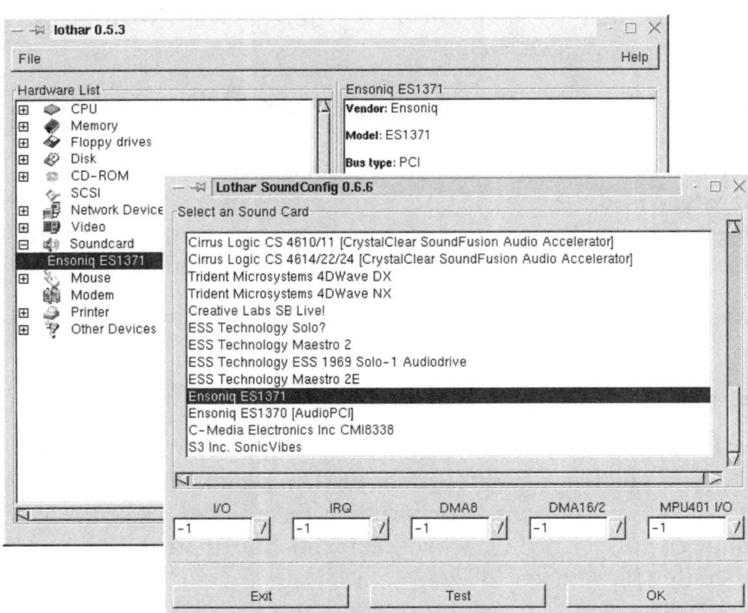

Abbildung B.2: Hardware-Erkennung mit Lothar

Das Programm `lothar` zählt zu den absoluten Mandrake-Highlights. Dabei handelt es sich um ein Programm mit grafischer Benutzeroberfläche, das die gesamte eingebaute Hardware zu erkennen versucht und in einem Baum (ähnlich der Systemsteuerung unter Windows) darstellt.

Bei einem Teil der Geräte (z.B. Netzwerkkarten, Sound-Karten) erscheint im rechten Fensterteil ein Button RUN CONFIGURATION TOOL, mit dem das Gerät sofort konfiguriert werden kann. Diese Konfiguration betrifft allerdings nur die Hardware-Einstellungen, soweit sie die Datei `/etc/conf.modules` betreffen, nicht aber darüber hinausgehende Dinge wie etwa die Netzwerkkonfiguration.

Paket-Installation mit rpmdrake

`rpmdrake` zeigt wahlweise alle bereits installierten Pakete oder die auf der CD-ROM oder im Internet verfügbaren Zusatzpakete an. Damit das funktioniert, muss das Programm allerdings zuerst entsprechend konfiguriert werden (Angabe von FTP- oder HTTP-Adressen).

Um einfach ein Paket von einer Mandrake-CD zu installieren, legen Sie die CD ein und führen gegebenenfalls `mount` aus (wenn Sie nicht `Supermount` verwenden). Anschließend führen Sie CONFIGURATION|UPDATE LOCATION|INSTALLATION aus. Damit wird die gesamte CD-ROM nach RPM-Paketen durchsucht. Alle nicht schon installierten Pakete werden im rechten Fensterbereich angezeigt, die dazugehörende Beschreibung im linken Fensterbereich. Mit dem Button INSTALL führen Sie die Installation durch.

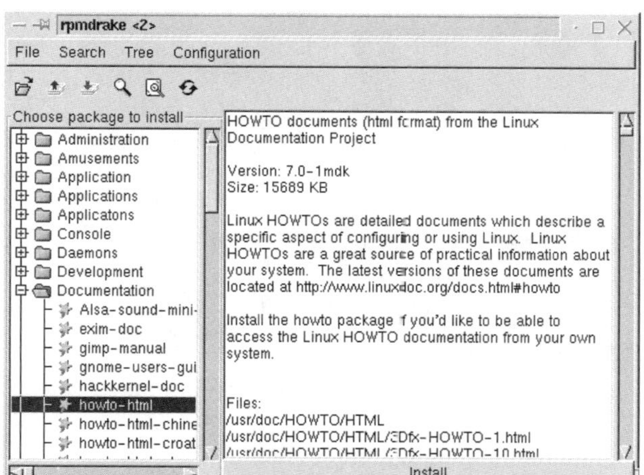

Abbildung B.3: Paket-Installation mit rpmdrake

Paket-Updates mit MandrakeUpdate

`MandrakeUpdate` hält das, was das Red-Hat-Tool `up2date` verspricht. Es führt rasch und unkompliziert ein Update aller installierten Mandrake-Basispakete durch, zu denen es mittlerweile aktualisierte Versionen gibt (Behebung von Fehlern oder Sicherheitslücken). Die einzige Voraussetzung ist ein Internet-Zugang.

Das Programm stellt automatisch eine Verbindung zum nächstgelegenen Mandrake-FTP-Mirror her und zeigt dann eine Liste aller Pakete an, zu denen Updates verfügbar sind. Jetzt müssen Sie nur noch jene Pakete anklicken, die Sie aktualisieren möchten, und GO anklicken. Das war's!

TIPP

Bei Systemprogrammen müssen Sie den Rechner neu starten, damit die Programme auch neu gestartet werden.

Vorsicht ist bei der Aktualisierung des Kernels geboten. Damit der Rechner danach neu gestartet werden kann, muss LILO neu ausgeführt werden. Details zu diesem Thema finden Sie ab Seite 288.

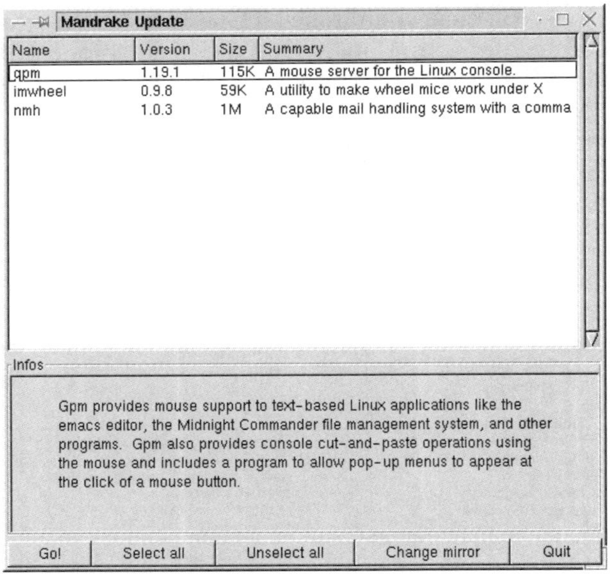

Abbildung B.4: Paket-Updates mit MandrakeUpdate

Anhang C

Red Hat 6.2

Red Hat ist die wahrscheinlich populärste und am weitesten verbreitete Distribution im englischen Sprachraum. Eine ganze Reihe weiterer Distributionen sind von Red Hat abgeleitet. Dieser Anhang beschreibt die Installation sowie einige Besonderheiten der Red Hat-Distribution 6.2 (etwa `linuxconf`, `gnorpm`, `sndconfig`).

Red Hat Linux zeichnet sich durch eine einfache Installation und eine Menge moderner Tools zur Administration des Systems aus. Zu den größten Stärken der Distribution zählt der transparente Umgang mit Mängeln und Sicherheitsproblemen. Sobald Schwierigkeiten mit einzelnen Paketen der Red-Hat-Distribution bekannt werden, finden Sie auf der Website von Red Hat entsprechende Warnungen und Hinweise, im Regelfall auch Updates der betroffenen Pakete. Auf diese Weise ist es möglich, ein Red-Hat-System relativ leicht auf dem aktuellen Stand zu halten, ohne gleich ein Distributions-Update durchzuführen.

Red Hat Linux ist in mehreren kommerziellen Versionen (mit Handbüchern und kommerzieller Zusatzsoftware) sowie als kostenlose FTP-Version erhältlich. Dieser Anhang beschreibt die FTP-Version.

TIPP: Red-Hat-spezifische Informationen finden Sie nicht nur in diesem Anhang, sondern im gesamten Buch. Werfen Sie einen Blick in das Stichwortverzeichnis, insbesondere bei den Schlagwörtern *Red Hat* und `linuxconf`.

Internet

Aktuelle Informationen zur Red Hat Linux finden Sie wie üblich im Internet:

```
http://www.redhat.com
ftp://ftp.redhat.com
```

Zwar ist auch der Umfang von Red Hat mit jeder Version gewachsen, im Vergleich zu anderen Distributionen ist die Anzahl der offiziell mitgelieferten Pakete jedoch klein. Wenn Sie Programmpakete vermissen, sollten Sie als Erstes einen Blick auf die Red

Hat Powertools werfen: Das ist eine ebenfalls von Red Hat gewartete Sammlung von Zusatzprogrammen. Die Powertools werden von Red Hat als eigenes Produkt verkauft, stehen aber auch auf dem FTP-Server zur Verfügung und werden manchmal auf Red-Hat-CDs von Drittanbietern mitgeliefert.

Sozusagen die zweite Wahl ist das `contrib`-Verzeichnis des FTP-Servers: Dort finden Sie ebenfalls zahllose RPM-Pakete mit exotischen und weniger exotischen Programmen. Der Unterschied zu den Powertools besteht darin, dass es für das `contrib`-Verzeichnis keine so umfassende Qualitätskontrolle gibt – es garantiert also niemand, dass die Programme funktionieren etc. (Normalerweise ist das natürlich der Fall.)

Installation

VERWEIS

Dieser Abschnitt basiert auf Kapitel 2, das allgemeine Informationen über die Installation von Linux gibt: zur Neupartitionierung der Festplatte mit `FIPS` oder `FDISK`, zum Erstellen von Installationsdisketten mit `RAWRITE`, zum Umgang mit dem Linux-Programm `fdisk` etc.

TIPP

Falls Ihnen das Red-Hat-Handbuch nicht in gedruckter Form zur Verfügung steht, finden Sie es auch im Internet (HTML/PDF):
`http://www.redhat.com/support/manuals/`

Installation starten: Wenn Sie ein modernes Mainboard bzw. BIOS besitzen, startet die Installation direkt von der CD-ROM. Ist das nicht der Fall, werfen Sie einen Blick auf Ihre BIOS-Einstellung: Womöglich ist das Booten von CD-ROMs deaktiviert!

Funktioniert die Installation direkt von der CD-ROM nicht, benötigen Sie eine, in manchen Fällen auch zwei leere Disketten. Unter Windows öffnen Sie ein DOS-Fenster und führen die folgenden Kommandos aus. (Dabei bezeichnet `X:` den Laufwerksbuchstaben des CD-ROM-Laufwerks.)

```
> X:\DOSUTILS\RAWRITE -f X:\images\boot.img -d A:
```

Falls Sie bereits ein Linux-System installiert haben, können Sie die beiden Disketten natürlich auch unter Linux erstellen:

```
root# dd if=/cdrom/images/boot.img of=/dev/fd0 bs=1440k
```

Wenn Sie während der Installation auf PCMCIA-Komponenten Ihres Notebooks zugreifen möchten oder wenn die Installationsdaten von einem Netzwerk-Server gelesen werden sollen, müssen Sie statt `boot.img` den Dateinamen `bootnet.img` oder `pcmcia.img` verwenden.

Installationsformen: Egal ob die Installation von der Diskette oder von der CD-ROM gestartet wird, können Sie nun zwischen vier Installationsformen wählen: der Standardinstallation im Grafikmodus sowie *Text*, *Expert* oder *Kickstart*.

In diesem Anhang wird nur die Standardkonfiguration im Grafikmodus behandelt. Dennoch ganz kurz einige Worte zu den anderen Varianten: Die *Text*-Variante entspricht im Wesentlichen der Normalinstallation, allerdings werden die Installationsinformationen im Textmodus (nicht im Grafikmodus) abgefragt. Das ist vorteilhaft bei Systemen mit wenig RAM oder bei Systemen mit Problemen im Grafikmodus. Die *Expert*-Variante ermöglicht eine individuelle Angabe Ihrer Hardware; das ist dann erforderlich, wenn die automatische Hardware-Erkennung der Standardinstallation versagt (also nur in seltenen Fällen). Die *Kickstart*-Variante ermöglicht eine unbeaufsichtigte Installation, bei der sämtliche Einstellungen aus einer entsprechenden Konfigurationsdatei entnommen werden. Diese Variante eignet sich besonders dazu, ein- und dieselbe Red-Hat-Installation auf einer Vielzahl von Rechnern durchzuführen.

Statt diesen vier Installationsvarianten können Sie auch `linux rescue` eingeben. Dann wird ein sogenanntes Rescue-System gestartet, also ein minimales Linux-System, mit dem Sie unter Umständen ein defektes Linux-System reparieren können. (Das setzt allerdings gute Linux-Kenntnisse voraus.) Der direkter Start eines vorhandenen Linux-Systems ist mit dem Rescue-System leider nicht möglich. (Das unterstreicht, wie wichtig es ist, dass Sie eine funktionierende Boot-Diskette besitzen!)

Tastaturbedienung: Wenn alles funktioniert, erscheint das Installationsprogramm im Grafikmodus und mit funktionierender Maus. Wenn die Maus nicht funktioniert, können Sie das Programm auch über die Tastatur bedienen. Dabei gelten die aus Windows bekannten Konventionen, d.h. Wechsel des gerade aktiven Eingabefelds durch (Tab) etc. Ein Problem besteht allerdings darin, dass das gerade aktive Eingabefeld nicht immer erkennbar ist (d.h., manche Eingabefelder werden nicht wie sonst üblich durch einen besonderen Rand gekennzeichnet).

Bei der Tastaturkonfiguration können angeben, ob Sie die sogenannte Deadkeys aktivieren oder deaktivieren möchten. Wenn Sie diese Symbole aktivieren, können Sie Zeichen wie ˜ direkt eingeben, andernfalls werden diese Symbole zur Kombination mit anderen Zeichen verwendet. Um eine Tilde einzugeben, müssen Sie zuerst die Tilde und dann ein Leerzeichen eingeben.

Installationstypen: Red Hat Linux unterstützt vier sogenannte Installationstypen: *GNOME Workstation*, *KDE Workstation*, *Server* und *Benutzerdefiniert*. Wenn Sie unsicher sind, entscheiden Sie sich für *Benutzerdefiniert*! Neben diesen Installationstypen gibt es noch eine fünfte Variante: Falls Sie auf Ihrem Rechner bereits eine frühere Version von Red Hat Linux installiert haben, können Sie diese aktualisieren.

VORSICHT

Bei den *Workstation*-Installationstypen werden alle schon existierenden Linux-Partitionen gelöscht! Mit einer *Server*-Installation verlieren Sie außerdem auch alle anderen Partitionen (auch Windows-Partitionen) aller Festplatten! In beiden Fällen haben Sie keinen Einfluss auf die Größe der neuen Linux-Partitionen. Die beiden Installationsklassen eignen sich also in erster Linie zur raschen Installation von Linux auf neuen Rechnern.

Wenn auf Ihrem Rechner dagegen bereits andere Betriebssysteme oder Linux-Distributionen installiert sind, müssen Sie den Installationstyp *Benutzerdefiniert* wählen! Die folgenden Informationen beziehen sich auf diesen Installationstyp.

Die Option FDISK im Installationstypendialog bewirt, dass statt des unten beschriebenen Disk Druids das klassische Linux-Tool `fdisk` zur Partitionierung der Festplatte verwendet wird. `fdisk` ist schwieriger zu bedienen, es stellt aber manchmal eine Notlösung dar, wenn Disk Druid nicht wie erwartet funktioniert.

Partitionierung der Festplatte (Disk Druid): Das Partitionierungsprogramm Disk Druid ist Teil des Installationsprogramms. Sie können damit vorhandene Partitionen löschen, ändern (d.h. einen Mount-Point angeben) und neue Partitionen anlegen. Mit RESET können Sie die Partitionstabelle neu einlesen. Alle durchgeführten Einstellungen gehen damit verloren; es werden aber keine Veränderungen an den Festplatten vorgenommen.

Im Dialog zum Anlegen einer neuen Partition müssen Sie drei Informationen angeben: Den Mount-Point (d.h. den Punkt, an dem die Partition in das Linux-Dateisystem integriert wird), die gewünschte Größe der Partition und den Partitionstyp (LINUX NATIVE oder LINUX SWAP).

Als Optionen können Sie angeben, ob die Partition GROWABLE sein soll und auf welchen Festplatten die Partition angelegt werden darf (nur, wenn Sie mehrere Festplatten besitzen). GROWABLE bedeutet, dass der Disk Druid automatisch eine größere Partition erzeugt, wenn mehr Platz zur Verfügung steht. Wenn Sie die Option auch nur bei einer einzigen Partition auswählen, wird die gesamte Festplatte gefüllt. Besser ist es meistens, diese Option zu deaktivieren; bei Platzmangel können Sie gegebenenfalls immer noch später weitere Linux- oder Windows-Partitionen anlegen.

Wenn es von einer früheren Linux-Installation schon Partitionen gibt, die Sie nutzen möchten, können Sie mit EDIT auch zu diesen Partitionen einen Mount-Point angeben.

TIPP

Eine neue Installationsvariante, die sogenannte partitionsslose Installation, ist gut versteckt. Sie können Red Hat Linux nämlich auch in eine Windows-Partition installieren. Dazu wählen Sie einfach eine vorhandene Windows-Partition aus, die noch ausreichend freien Platz hat. Diese Partition wird nicht gelöscht. Stattdessen wird Linux dort in einer sehr großen Datei installiert.

Diese Installationsvariante ist dann praktisch, wenn Sie die Partitionierung Ihrer Festplatte nicht verändern, aber dennoch Linux ausprobieren möchten. Ein derartiges Linux-System ist allerdings deutlich langsamer als bei einer normalen Installation.

Im nächsten Schritt bestätigen Sie, dass die Installationspartitionen auch formatiert werden sollen. (Schon vorhandene Linux-Partitionen dürfen natürlich nicht formatiert werden, wenn Sie die dort enthaltenen Daten weiter verwenden möchten!)

Bootdiskette/LILO: Im nächsten Dialog können Sie auswählen, ob Sie eine Bootdiskette erstellen und/oder LILO auf die Festplatte installieren möchten. Wenn auf Ihrem Rechner als einziges anderes Betriebssystem Windows 9x installiert ist, sollte die LILO-Konfiguration eigentlich klappen. Dennoch meine Empfehlung: Erstellen Sie nur eine Bootdiskette, und verschieben Sie die LILO-Installation auf später. Wenn Red Hat Linux stabil läuft und Sie gelernt haben, damit umzugehen, ist immer noch Zeit für die LILO-Installation.

Netzwerkkonfiguration: Falls Ihr Rechner in ein Netzwerk eingebunden werden soll, können Sie hier die Netzwerkparameter (IP-Adresse, Rechnername etc.) angeben. Andernfalls klicken Sie einfach WEITER an – dann wird nur ein Loopback-Netzwerk konfiguriert; Host- und Domainname lauten `localhost.localdomain`.

Zeitzone: Hier geben Sie an, in welcher Zeitzone Sie sich befinden und ob die Systemuhr die lokale Zeit oder die UTC-Standardzeit enthält.

Konto konfigurieren: Unter diesem merkwürdigen Titel geben Sie das Root-Passwort an. Außerdem können Sie mehrere User-Logins definieren. Sie sollten zumindestens einen Login anlegen, damit Sie Ihre ersten Experimente mit Red Hat Linux nicht als `root` durchführen müssen. Vergessen Sie nicht, Ihre Eingabe mit dem Button HINZUFÜGEN zu bestätigen.

Sicherheitsüberprüfung: Hier werden Sie gefragt, ob Sie NIS benötigen (Verwaltung gemeinsamer Passwörter in einem Netzwerk), ob Sie Shadow-Passwörter verwenden möchten (das ist sicherer) und ob Sie MD5-Passwörter verwenden möchten (das erlaubt Passwörter mit bis zu 256 Zeichen statt des sonst gültigen Limits von acht Zeichen). Per Default ist NIS deaktivert, Shadow- und MD5-Passwörter sind aktiviert; diese Einstellung sollten Sie im Regelfall einfach akzeptieren.

Auswahl von Paketgruppen: Als Nächstes erfolgt die Auswahl der zu installierenden Paketgruppen. Folgende Punkte stehen zur Auswahl:

```
* Printer Support
* X Window System
* GNOME
* KDE
* Mail/WWW/News Tools
* DOS/Windows Connectivity
  Graphics Manipulation
  Games
* Multimedia Support
* Networked Workstation
* Dialup Workstation
  News Server
  NFS Server
  SMB (Samba) Server
  IPX/Netware(tm) Connectivity
  Anonymous FTP Server
  Web Server
  DNS Name Server
  Postgres (SQL) Server
  Network Management Workstation
  Authoring/Publishing
* Emacs
  Development
  Kernel Development
  Clustering
  Utilities
```

Wenn Sie die mit * markierten Gruppen auswählen, haben Sie eine recht solide Grundkonfiguration (Platzbedarf etwa 550 MByte). Größenangaben zu den einzelnen Serien sind leider nicht möglich, weil diese sich stark überschneiden.

Falls Sie bei der Serienauswahl die Option SETUP INDIVIDUAL PACKAGES aktivieren, können Sie anschließend einzelne Pakete der diversen Serien gezielt aktivieren bzw. deaktivieren. Generell macht es allerdings wenig Sinn, während der Installation eine Menge Zeit in die Paketauswahl zu investieren – nachdem die Installation einmal geglückt ist, können Sie dazu immer noch die Tools `rpm` oder `gnorpm` verwenden.

HINWEIS

Die Zusammensetzung der Serien wird durch die Datei `Red Hat/base/comps` auf der Installations-CD-ROM gesteuert. Diese Textdatei enthält eine Liste aller Pakete, die pro Serie installiert werden. Die Textdatei kann eine wertvolle Hilfe sein, wenn Sie später zusätzliche Pakete installieren möchten: `gnorpm` kennt nämlich keine Paketgruppen wie das Installationsprogramm, sondern zeigt alle zur Verfügung stehenden Pakete in einer anderen Hierarchie an.

X-Konfiguration: Das Installationsprogramm versucht, sowohl die Grafikkarte als auch den Monitor automatisch zu erkennen. Die Monitoreinstellungen müssen Sie bestätigen bzw. durch eigene Angaben ersetzen. (Wenn Ihr Monitor nicht in der langen Monitorliste enthalten ist, wählen Sie ein GENERIC-Modell und geben für die Horizontalfrequenz (Zeilenfrequenz) und die Bildwiederholrate die für Ihren Monitor gültigen Werte an.

Sie haben nun die Wahl, die X-Konfiguration mit dieser Einstellung zu testen oder aber den Punkt zu überspringen und die X-Konfiguration erst später (im laufenden System) durchzuführen. Der Test des Grafikmodus wird automatisch nach zehn Sekunden beendet. (Das ist vor allem dann praktisch, wenn kein stabiles Bild zustande kommen sollte.)

Die Option X-KONFIGURATION INDIVIDUELL FESTLEGEN ermöglicht es, den Grafikmodus (Auflösung, Farbanzahl) individuell einzustellen.

Die Option GRAFISCHE ANMELDUNG VERWENDEN gibt an, ob der Login in das System später im Textmodus oder im Grafikmodus (mit gdm) erfolgen soll. Sicherer ist die erste Variante, weil diese auch dann funktioniert, wenn es mit der X-Konfiguration Probleme gibt.

Installation starten: Erst jetzt (d.h., sobald Sie in diesem Dialog den Button WEITER anklicken) beginnt die eigentliche Installation. Das Installationsprogramm formatiert die dafür vorgesehenen Partitionen und kopiert die Programmpakete von der CD-ROM auf die Festplatte. Ein Protokoll der Installation wird in der Datei `/tmp/install.log` gespeichert.

Anschließend wird die Bootdiskette erzeugt und/oder die LILO-Installation durchgeführt, je nachdem, für welche Option Sie sich zuvor entschieden haben. Entfernen Sie die Installations-CD-ROM und starten Sie das System mit der Bootdiskette neu.

Systemoptimierung

Updates

Informationen über Updates zur Behebung von Bugs und Sicherheitslücken finden Sie im Internet unter der folgenden Adresse:

`http://www.redhat.com/support/docs/errata.html`

Bei vielen Red-Hat-CDs werden alle dort aufgezählten Update-Pakete, soweit sie bei der Pressung der CD schon verfügbar waren, gleich mitgeliefert (üblicherweise im Verzeichnis `updates`).

Ein Update brauchen Sie natürlich nur durchzuführen, wenn Sie das jeweilige Paket überhaupt installiert haben. Dad können Sie leicht mit `rpm -q name` testen. Das Kommando für ein Update lautet einfach `rpm -U dateiname.rpm`.

VORSICHT Manchmal befinden sich auf unter obigen Webadresse auch Kernel-Updates. Zur Durchführung eines Kernel-Updates reicht `rpm` allerdings nicht aus! Sie müssen anschließend auch LILO neu installieren (und dazu gegebenenfalls `mkinitrd` ausführen, wenn Sie zum Booten besondere Kernel-Module benötigen). Hintergrundinformationen dazu finden Sie ab Seite 256. Red-Hat-spezifische Ergänzungen finden Sie bei der obigen Adresse im Internet.

TIPP Sie können Updates auch mit `up2date` durchführen (siehe Seite 1042).

Handbücher

Die FTP-Version von Red Hat 6.2 enthält keine Manuals. Sie können sich aber eine HTML-Version (in Form einfach zu installierender `*.rpm`-Dateien) vom FTP-Server von Red Hat (oder von einem Mirror) herunterladen. Sie finden die Dateien im Verzeichnis `redhat-n/doc/RPMS`.

```
rhl-gsg-xxx.rpm   Getting Started Guide
rhl-ig-xxx.rpm    Installation Guide
rhl-ma-xxx.rpm    Installation Guide Alpha/Sparc
rhl-rg-xxx.rpm    Resource Guide
```

TIPP

In diesem Buch wird immer wieder auf die Dokumentationsdateien im Verzeichnis `/usr/src/linux` hingewiesen. Diese Dateien sind eigentlich Teil des Kernel-Codes (ca. 50 MByte). Wenn Sie nur die Dokumentationsdateien lesen möchten, am Kernel-Code aber kein Interesse haben, können Sie das viel kleinere Paket `kernel-doc` installieren. Die Dokumentationsdateien finden Sie dann im Verzeichnis `/usr/doc/kernel-doc-n`.

Konfigurationsdetails

Prinzipiell haben Sie nun ein funktionsfähiges Linux-System. Bis es perfekt läuft, müssen Sie allerdings noch einige Kleinigkeiten erledigen. Die folgenden Maßnahmen sind Empfehlungen, die nach meiner Meinung den Arbeitskomfort in Red Hat Linux erheblich verbessern. Es bleibt aber selbstverständlich Ihnen überlassen, wie weit Sie diesen Empfehlungen folgen. (Noch viel mehr Konfigurationstipps enthält Kapitel 6.)

Spracheinstellung: Red Hat Linux versucht, Menüs, Fehlermeldungen etc. in der jeweiligen Landessprache anzuzeigen. Im Prinzip ist das erfreulich, in der Praxis ergeben sich daraus aber oft Probleme. Wenn Sie möchten, dass generell englische Texte angezeigt werden sollen, müssen Sie die Zeile `LANG=de_DE` in der Datei `/etc/sysconfig/i18n` auskommentieren.

Default-Desktop: Als Default-Desktop-System gilt Gnome. Die Alternativen dazu sind (sofern installiert) `fvwm` und KDE. Zur Einstellung des Default-Systems verwenden Sie einfach das Programm `switchdesk`. Dieses Programm verändert die Datei `~/.Xclients` bzw. `~/.Xclients-xxx`.

Sicherheitsabfragen bei mv und rm: Wenn Sie als `root` arbeiten, erscheinen bei der Ausführung von `mv` und `rm` ständig Sicherheitsabfragen, ob Sie die Operation wirklich durchführen möchten. Diese Sicherheitsabfragen hören auf, wenn Sie die `alias`-Anweisungen aus `~/.bashrc` entfernen.

Systemmeldungen beim Start anzeigen: Während des Starts von Red Hat Linux geben der Kernel und diverse Init-V-Script-Programme Meldungen am Bildschirm aus. Diese Meldungen werden allerdings gelöscht, sobald die Login-Aufforderung erscheint. Da diese Meldungen unter Umständen Rückschlüsse auf Konfigurationsprobleme zulassen, ist dieses Verhalten wenig durchdacht. Abhilfe schafft eine kleine Änderung in `/etc/inittab`: Fügen Sie die Option `--noclear` beim Start von `mingetty` für die Konsole 1 ein.

```
# Änderung in /etc/inittab
1:12345:respawn:/sbin/mingetty --noclear tty1
```

Konfigurationshilfen

Red Hat Linux ist mit einer unüberschaubaren Fülle von Konfigurationstools ausgestattet (und mit jeder Version werden es mehr). Es gibt fast kein Konfigurationsdetail, das nicht mit mehreren unterschiedlichen Programmen verändert werden kann. Vorweg ein Überblick:

Basiskonfiguration: Die zentrale Anlaufstelle für die meisten Konfigurationsarbeiten ist `linuxconf`. Einführende Informationen zu diesem Programm finden Sie auf Seite 1032.

Historisch gesehen ist das `control-panel` der Vorgänger zu `linuxconf`. Das Programm hat aber trotz `linuxconf` noch immer seine Berechtigung: Zum einen ist es bisweilen intuitiver zu bedienen als das endlos verschachtelte `linuxconf`, zum anderen bietet es Funktionen, die in `linuxconf` noch fehlen (etwa zur Druckerkonfiguration). Einen Überblick über die `control-panel`-Funktionen finden Sie ab Seite 1037.

Red Hat versucht darüber hinaus bei jedem Systemstart zu erkennen, ob neue Hardware in den Rechner eingebaut bzw. bisher vorhandene Geräte entfernt wurden. Das dafür verantwortliche Programm lautet `kudzu`. Einige Informationen zu diesem Tool gibt es auf Seite 1044.

Diese Programme werden durch diverse KDE-Konfigurationstools ergänzt, z.B. `ksysv` zur Konfiguration des Init-V-Prozesses und `kuser` zur Benutzerverwaltung.

Paketverwaltung: Falls Sie zur Paketverwaltung nicht das Kommando `rpm` verwenden möchten, steht unter Red Hat das komfortable Programm `gnorpm` zur Verfügung (siehe Seite 1039). Als Alternative dazu können Sie das KDE-Programm `kpackage` benutzen (siehe Seite 308). Zur Durchführung von Software-Updates der Red-Hat-Basispakete gibt es schließlich noch den Update-Agenten `up2date` (siehe Seite 1042).

X-Konfiguration: X wird üblicherweise schon während der Installation korrekt konfiguriert. Klappt das nicht, müssen Sie `xf86config` oder das Red-Hat-spezifische Programm `Xconfigurator` einsetzen. Mehr dazu erfahren Sie auf Seite 1043.

Ob Sie lieber KDE, Gnome oder `fvwm` als Desktop bzw. Windows Manager verwenden möchten, geben Sie mit dem schon erwähnten Programm `switchdesk` an.

Modem/PPP-Konfiguration: Red Hat sieht nicht weniger als fünf verschiedene Programme vor, um eine Internet-Verbindung via Modem/PPP herzustellen. Die wichtigsten Vertreter sind auf Seite 453 beschrieben.

ISDN-Konfiguration: Red Hat stellt mit `isdn-config` ein ausgezeichnetes Tool zur ISDN-Konfiguration zur Verfügung. Allerdings lassen sich manche Dialoge dieses Programms zur Zeit nur unter KDE nutzen (nicht aber unter Gnome, vermutlich wegen eines Window-Manager-Problems). Der Umgang mit `isdn-config` ist auf Seite 465 beschrieben.

Sound-Karte: Falls die Sound-Karte nicht schon während der Installation korrekt erkannt wurde, kann die Konfiguration nachträglich mit `sndconfig` durchgeführt werden. Das Programm versucht, die Sound-Karte automatisch zu erkennen (was sehr häufig gelingt). `sndconfig` trägt dann die erforderlichen Zeilen in `/etc/conf.modules` ein (siehe auch Seite 243). Die Funktion der Sound-Karte wird sofort durch das Abspielen einer kleinen Sound-Datei getestet. Falls Sie nichts hören, haben Sie nun die Möglichkeit, Ihre Sound-Karte aus einer vordefinierten Liste auszuwählen.

usermount/userinfo/userpasswd: Diese drei X-Programme helfen den normalen Benutzern (also nicht `root`) bei häufig vorkommenden administrativen Arbeiten: bei dem Einbinden/Abmelden von CD-ROM- und Diskettenlaufwerken (sofern in `/etc/fstab` die Option `user` verwendet wurde), bei dem Verändern der Benutzerinformationen inklusive der gewünschten Default-Shell und schließlich bei der Veränderung des eigenen Passworts.

Linux-Configuration-Tool (linuxconf)

`linuxconf` ist ein faszinierendes Projekt. Es versucht, ein einheitliches Konfigurationsprogramm für Linux zu schaffen, das zum einen mehrere Benutzerschnittstellen hat (Kommandomodus zur Script-Programmierung, Textmodus, Grafikmodus sowie Steuerung über einen Webbrowser) und das zum anderen für verschiedene Distributionen geeignet ist.

Im Gegensatz zu manchen anderen Konfigurationsprogrammen (besonders aus der Windows-Welt) verändert `linuxconf` nicht nur ein paar Dateien, sondern kümmert sich anschließend auch darum, dass die entsprechenden Programme gestartet bzw. wieder gestoppt werden (und das alles ohne Rechnerneustart!).

In der aktuellen Version entspricht das Programm allerdings noch nicht ganz diesen Zielen. Das wohl größte Problem besteht darin, dass sich die verschiedenen Linux-Distributionen in den Konfigurationsdetails sehr stark unterscheiden (und dass darin eine Menge Know-how und Arbeit verborgen ist). Daher ist es nicht verwunderlich, dass es einerseits für `linuxconf` schwierig ist, zu allen Distributionen kompatibel zu sein, und dass andererseits die einzelnen Distributoren ihr eigenes Konfigurationskonzept nicht ohne weiteres zugunsten von linuxconf aufgeben. Zudem kann linuxconf momentan noch keineswegs alle Aspekte der Konfiguration abdecken.

Wirklich gut ist linuxconf zur Zeit nur in die Red-Hat-Distribution bzw. in dazu kompatible Distributionen wie Mandrake integriert – und selbst hier gibt es noch viele Probleme.

VERWEIS

Zu den meisten Dialogen von linuxconf stehen zwar Hilfetexte zur Verfügung, es gibt aber keine einleitende Dokumentation. Einen guten Überblick über das linuxconf-Projekt gibt die folgende Website:

http://www.solucorp.qc.ca/linuxconf/

Die zur Zeit wohl umfassendste Bedienungsanleitung zu linuxconf gibt das Kapitel 'System Configuration' des Red-Hat-Referenzhandbuchs (online verfügbar als /usr/doc/rhl-rg-*n*/index.html).

TIPP

Dieser Abschnitt gibt eine Einführung in linuxconf. Details zur Bedienung finden Sie aber über das ganze Buch verteilt (jeweils in den betreffenden Kapiteln, also etwa in Kapitel 9 für die Netzwerkkonfiguration). Werfen Sie einen Blick in das Stichwortverzeichnis unter dem Schlagwort linuxconf!

Start

Wenn Sie linuxconf unter X starten, erscheint automatisch eine an das Gnome-Projekt angepasste Variante von linuxconf. Falls Sie linuxconf nicht als root starten, können Sie das Programm erst nach der Eingabe des root-Passworts verwenden.

Anstatt linuxconf in seiner Gesamtheit zu starten, können Sie auch Einzelkomponenten des Programms starten, die nur für bestimmte Konfigurationsaspekte zuständig sind – etwa userconf (Benutzerverwaltung), netconf (Netzwerke), mailconf, dnsconf und fsconf. (Intern handelt es sich dabei nur um Links auf linuxconf.)

Wenn Sie linuxconf dagegen im Textmodus verwenden möchten, müssen Sie beim Start die Option --text angeben. Optisch ansprechende Ergebnisse erhalten Sie unter X nur, wenn Sie das Programm in einem nxterm-Fenster ausführen (nicht xterm). In der Textkonsole sollten Sie vor dem Start mit setfont einen Zeichensatz mit Linienzeichen aktivieren – andernfalls sehen die Dialoge grauenhaft aus. Geeignete Zeichensätze sind lat1-16 bzw. lat1-08, falls Sie mit 80*50 Zeichen arbeiten.

Die dritte Variante – Bedienung von linuxconf durch einen Webbrowser – ist vor allem für die Administration anderer Rechner über eine Netzverbindung attraktiv. Allerdings ist diese Variante aus Sicherheitsgründen deaktiviert. Zur Aktivierung starten Sie linuxconf im Textmodus oder unter X und verändern die Einstellungen im Dialog NETWORKING|MISC|LINUXCONF NETWORK ACCESS. Anschließend können Sie mit einem beliebigen Webbrowser (auch mit `lynx`) auf `linuxconf` zugreifen. Die Adresse lautet *rechnername*`:98`, also etwa `http://localhost:98/`. Bevor Sie irgendwelche Änderungen durchführen können, müssen Sie sich allerdings einloggen (`root` plus Passwort).

Module

Obwohl das `linuxconf`-Menü bereits unübersichtlich groß wirkt, sind in der Defaulteinstellung noch bei weitem nicht alle `linuxconf`-Module aktiv. Im Dialog Control|Control Files|Configure Linuxconf Modules können Sie eine ganze Reihe von Zusatzmodulen aktivieren, etwa zur RPM-Verwaltung (noch eine Möglichkeit zur Paketverwaltung!), zur Server-Konfiguration (Apache, DHCP, Firewalls, Samba etc.). Erst hier merken Sie, wie weitreichend die Möglichkeiten von `linuxconf` eigentlich sind!

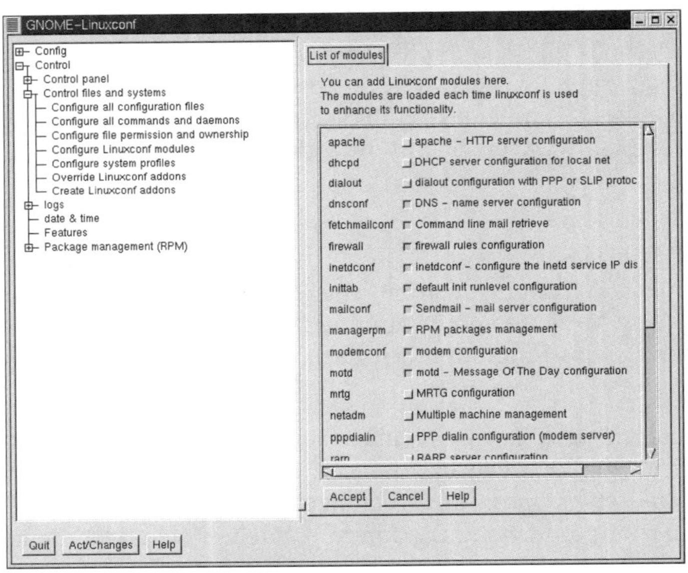

Abbildung C.1: Linuxconf-Module

Bedienung

Im Folgenden wird angenommen, dass Sie mit der X-Variante von `linuxconf` arbeiten. Dabei wird im linken Fensterbereich eine hierarchische Liste dargestellt. Jeder Eintrag dieser Liste entspricht einem der zahlreichen Konfigurationsdialoge. Sobald Sie einen Listeneintrag anklicken, erscheint der Dialog im rechten Fensterbereich. Zu vielen Dialogen steht via Help ein (bisweilen recht ausführlicher) Hilfetext zur Verfügung.

Etwas ungewöhnlich ist das Verhalten von `linuxconf`, wenn nach einem Blick auf den Dialog dieser als ungeeignet erkannt und ein anderer Dialog ausgewählt wird:

Nun werden beide Dialoge, der bisherige und der neue, in der Art von Windows-Dialogblättern übereinander dargestellt. Das wird rasch unübersichtlich. Schließen Sie nicht mehr benötigte Dialogblätter!

Einstellung der Sprache: `linuxconf` versucht, Dialog- und Hilfetexte automatisch in der jeweiligen Landessprache darzustellen. Allerdings ist die Datenbank für nicht-englische Sprache ziemlich unvollständig, weswegen in den meisten Dialogen ein buntes Sammelsurium englischer und anderssprachiger Texte erscheint. Zudem ist die Online-Dokumentation nur in englischer Sprache verfügbar.

Aus diesem Grund wurden für die Beschreibung in diesem Anhang generell die englischen Texte verwendet. Um `linuxconf` von Übersetzungsversuchen abzuhalten, deaktivieren Sie im Dialog VERWALTUNG|EIGENSCHAFTEN (englisch: CONTROL|FEATURES) die Option AUTOMATISCHE SPRACHAUSWAHL und wählen im darunter liegenden Listenfeld die englische Sprache aus. Nach einem Neustart werden alle Texte englisch angezeigt. (`linuxconf`-spezifische Informationen werden übrigens in der Datei `/etc/conf.linuxconf` gespeichert.)

Aktivierung der Änderungen: `linuxconf` führt einfache Änderungen an Konfigurationsdateien normalerweise sofort mit der Bestätigung der Eingaben eines Dialogs durch. Anders sieht es aus, wenn Änderungen erst durch den Start eines neuen Dienstes (Dämons) wirksam werden. In diesem Fall erfolgt spätestens beim Versuch, `linuxconf` zu verlassen, eine Rückfrage, ob die Änderung tatsächlich durchgeführt werden soll. Erst wenn Sie hier bestätigen, wird die veränderte Einstellung aktiv.

VORSICHT

`linuxconf` ist manchmal recht eigenmächtig, was die Durchführung von Konfigurationsänderungen betrifft. Einmal ist es mir passiert, dass `linuxconf` unvermutet LILO installiert hat. Prinzipiell hat die Installation funktioniert (d.h. Red Hat Linux wurde automatisch gestartet), aber anschließend konnte ich Windows NT und noch andere auf dem Rechner vorhandenen Linux-Distributionen nicht mehr starten! Mit `lilo -u` ließ sich diese ungewollte LILO-Installation zum Glück rückgängig machen.

Bevor Sie `linuxconf` also erlauben, die Änderungen durchzuführen, sollten Sie sich ansehen, was `linuxconf` vorhat (PREVIEW CHANGES). Sollte dazu eine LILO-Installation zählen, wechseln Sie in das Dialogblatt CONFIG|BOOT MODE|LILO DEFAULTS und deaktivieren die Option LILO IS USED TO BOOT THIS SYSTEM. `linuxconf` sieht jetzt von eigenmächtigen Änderungen an `lilo` ab.

Benutzer und Gruppen CONFIG|USER ACCOUNTS|NORMAL: Das Anlegen neuer Benutzer und Gruppen ist problemlos. Dabei wird für jeden neuen Benutzer automatisch auch eine gleichnamige Gruppe angelegt. Im Benutzerdialog können über den Button TASK sehr komfortabel `crontab`-Einträge erstellt werden. (Das ermöglicht die automatische Ausführung von Programmen in regelmäßigen Abständen.)

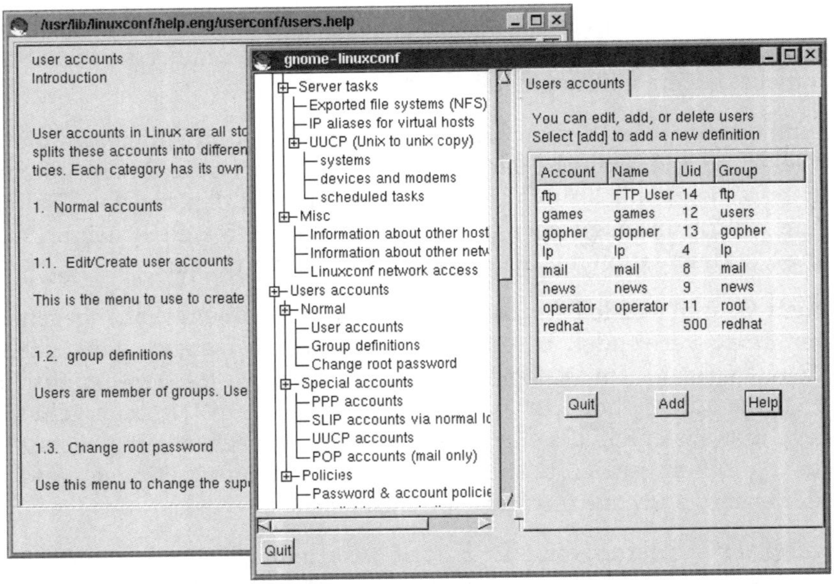

Abbildung C.2: Benutzerverwaltung mit Linuxconf

Die Dialoge der Untergruppe SPECIAL ACCOUNTS ermöglichen es, Accounts für externe Anwender zu schaffen, die sich via PPP einwählen. Das ist nur sinnvoll, wenn der Rechner als PPP-Server konfiguriert wird (beispielsweise für einen Internet-Service-Provider).

> **VORSICHT**
>
> Wenn Sie mit `linxuconf` einen neuen Benutzer anlegen, dessen Heimatverzeichnis schon existiert (etwa von einer früheren Linux-Installation her), werden in diesem Verzeichnis diverse `.name`-Konfigurationsdateien aus dem Verzeichnis `/etc/skel` ohne Warnung und ohne Sicherheitskopie überschrieben! Erstellen Sie unbedingt vorher eine Sicherheitskopie dieser Dateien.

Administration des Dateisystems CONFIG|FILE SYSTEMS: Im Dialog ACCESS LOCAL DRIVE können Sie Partitionen der lokalen Festplatte in den Verzeichnisbaum einbinden. Besonders komfortabel sind die vielen Möglichkeiten, Optionen einzustellen (inklusive Quotas). Der Dialog ACCESS NFS VOLUME erfüllt dieselbe Aufgabe für NFS-Verzeichnisse auf anderen Rechnern. Beide Dialoge verändern `/etc/fstab`.

LILO-Konfiguration (CONFIG|BOOT MODE|LILO): Die Dialoge zur Konfiguration von LILO überzeugen nicht wirklich. Sie können nur bedient werden, wenn Sie ausreichend Wissen haben, um `/etc/lilo.conf` selbst zu erstellen – und in diesem Fall sind Sie mit einem Editor rascher am Ziel (siehe auch Seite 277).

Netzwerkkonfiguration (CONFIG|NETWORKING): Die Bedienung der wichtigsten Dialoge zur Client-Konfiguration ist auf Seite 406 beschrieben. Informationen zur PPP-Konfiguration finden Sie auf Seite 453.

Datum und Uhrzeit (CONTROL|DATE & TIME): Hier können Sie die gewünschte Zeitzone auswählen und angeben, ob die CMOS-Uhr Ihres Rechner GMT oder die lokale Zeit (der Normalfall) enthält.

Control-Panel

Das Programm `control-panel` kann von `root` gestartet werden. Es ermöglicht einen bequemen Start der Red-Hat-Konfigurationstools, die im Folgenden beschrieben werden.

Die einzelnen Tools können selbstverständlich auch ohne `control-panel` direkt gestartet werden. Trotz der komfortablen Oberfläche setzt die Bedienung der Programme ein solides Grundlagenwissen voraus. Lesen Sie im Zweifelsfall die Abschnitte zur manuellen Konfiguration der jeweils betroffenen Dateien (siehe Kapitel 6)!

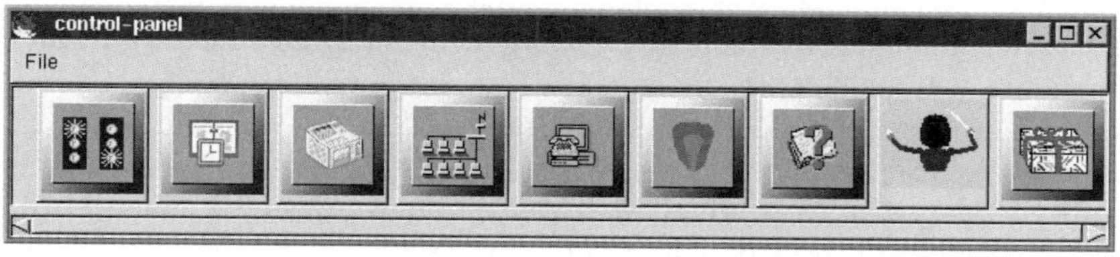

Abbildung C.3: Das Control Panel

Runlevel-Editor: `tksysv` ist ein komfortables Programm zur Steuerung des Init-V-Prozesses. Per Mausklick kann bestimmt werden, welche Prozesse bzw. Dämonen in welchem Runlevel gestartet bzw. gestoppt werden sollen. Lassen Sie sich aber von der schönen Oberfläche nicht blenden: Die Veränderung des Init-Prozesses setzt sehr grundlegende Kenntnisse voraus! Eine kurze Beschreibung des System-V-Init-Prozesses gibt das Kommando HELP. Mehr Informationen finden Sie auf Seite 181.

Datum und Uhrzeit: Mit `timetool` können Sie Datum und Uhrzeit neu einstellen.

Konfiguration des Druckers: `printtool` ist die wichtigste und am häufigsten eingesetzte Komponente des Control Panels. Es hilft beim Einrichten von lokalen Druckern und Druckern im Netzwerk. Dabei werden die Dateien `/etc/printcap` und `/var/spool/lpd/lp/filter` geändert. Falls Sie keinen PostScript-Drucker besitzen, wird automatisch `gs` aufgerufen, um das PostScript-Format in das Format des Druckers zu konvertieren.

VERWEIS

Hintergrundinformationen zum Filterkonzept finden Sie auf Seite 229. Die Anwendung von `printtool` zur Konfiguration von Unix- und Windows-Netzwerkdruckern wird ab Seite 434 beschrieben.

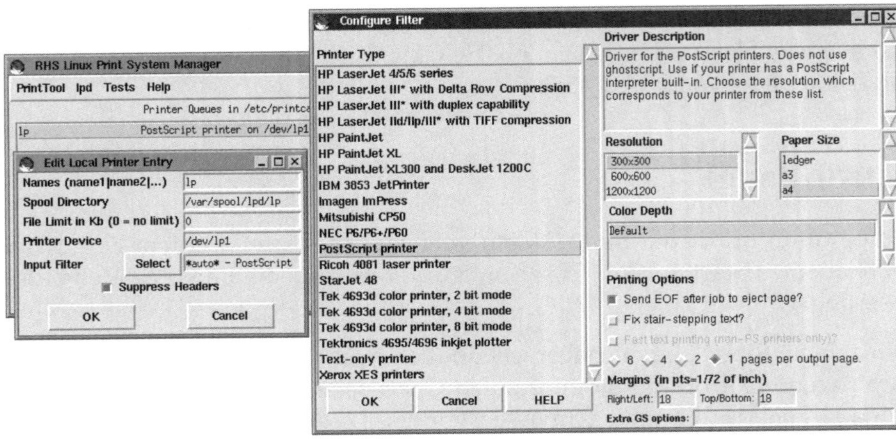

Abbildung C.4: Druckerkonfiguration mit printtool

Administration des Netzwerks: Mit `netcfg` können der Hostname eingestellt werden, Netzwerk-Interfaces (Ethernet, PPP, SLIP) eingerichtet werden usw. `netcfg` verändert unter anderem die Dateien `/etc/HOSTNAME`, `/etc/hosts`, `/etc/resolv.conf`, `/etc/sysconfig/network` sowie Dateien im Verzeichnis `/etc/sysconfig/network-scripts`. Beachten Sie bitte, dass Sie einen Großteil der mit `netcfg` durchgeführten Arbeiten auch mit `linuxconf` erledigen können. Hintergrundinformationen finden Sie in Kapitel 9 ab Seite 405.

Schnittstelle für Modem einrichten: Mit `modemtool` können Sie die serielle Schnittstelle für das Modem auswählen. Das Programm richtet lediglich einen Link von `/dev/modem` auf die Schnittstelle (`/dev/ttyS`*n*) ein. Wenn Sie `linuxconf` oder `rp3` zur PPP-Konfiguration einsetzen, können Sie auf `modemtool` ganz verzichten.

Administration des Kernel-Dämons: Das Programm ist nicht viel mehr als ein Editor für `/etc/conf.modules`. Hintergrundinformationen finden Sie auf Seite 281.

Suche nach Online-Dokumentation: `helptool` hilft bei der Suche nach einer Online-Dokumentation. Das Programm berücksichtigt alle `man`- und `info`-Texte sowie Dateien im Verzeichnis `/usr/doc`. Das Programm führt dabei eine Volltextsuche durch, die relativ lange dauern kann und oft Hunderte von Dateien als Ergebnis liefert. Ein Doppelklick auf ein Dokument zeigt dieses in Textform an – leider auch dann, wenn es sich um einen HTML-Text handelt (und eigentlich Netscape zum Anzeigen gestartet werden sollte). Kurz und gut: `helptool` lässt viele Wünsche offen, kann aber manchmal hilfreich sein.

TIPP

Gute Verweise auf die Red-Hat-Infothemen gibt die `*.html`-Datei `/usr/doc/HTML/index.html`. Die Seite enthält Links sowohl auf lokale Dateien als auch auf den Red-Hat-Webserver.

Systemkonfiguration: Hinter diesem Icon verbirgt sich das oben schon beschriebene Programm `linuxconf`.

Paketmanagement mit gnorpm

Das Gnome-Programm `gnorpm` ersetzt ab Red Hat Version 6.0 das Programm `glint` und erleichtert die Verwaltung von Red-Hat-Paketen. Im Vergleich zu `glint` ist das Programm etwas schneller und intuitiver zu bedienen. Sein größter Vorzug besteht darin, dass es Pakete auch im Internet suchen und von dort installieren kann. Das Programm ist allerdings nicht in der Lage, bei der Installation neuer Pakete nicht erfüllte Paketabhängigkeiten automatisch aufzulösen.

TIPP: `gnorpm` ist im Reference Guide, Kapitel 'Gnome-RPM' ausführlich beschrieben (siehe `/usr/doc/rhl-rg-`*n*`/index.html`).

Verwaltung installierter Pakete

Nach dem Start zeigt `gnorpm` alle installierten Pakete an. Die Pakete werden dabei hierarchisch geordnet. Einzelne Pakete können durch Mausklick ausgewählt werden. (Strg) bzw. (Shift) plus Maus erweitert die Auswahl, wie unter Windows gewohnt. (Sie können sogar mehrere Pakete gleichzeitig markieren, die sich in unterschiedlichen Hierarchien befinden. Das passiert oft unbeabsichtigt - also Vorsicht beim Deinstallieren! Verwenden Sie UNSELECT, um die bisherige Auswahl ganz aufzulösen.)

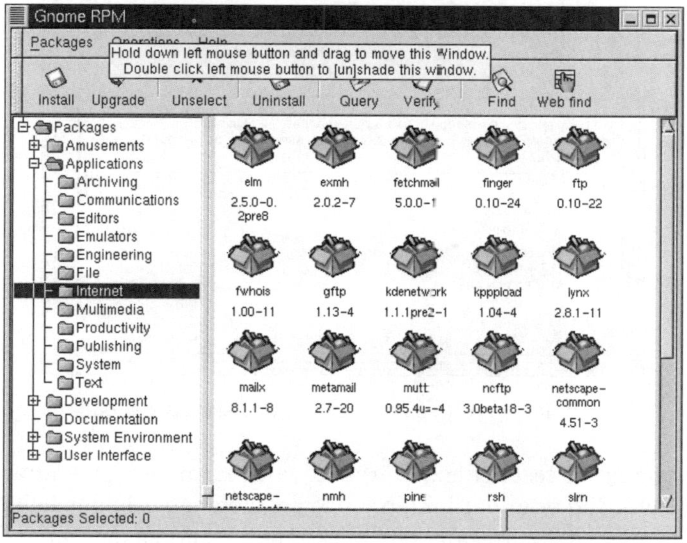

Abbildung C.5: gnorpm gruppiert die Pakete nach Kategorien

TIPP

Wenn Sie ein Paket nicht finden können, aber sicher sind, dass es installiert ist, können Sie die Einordnung in die Hierarchie auch mit `rpm` ermitteln. `rpm -qi perl` liefert beispielsweise die Kurzbeschreibung des installierten Perl-Pakets. Die Zeile `group` gibt Auskunft darüber, wie Perl eingeordnet ist (nämlich unter Development/Languages). Die in `gnorpm` angezeigte Hierarchie hat übrigens nichts mit den Serien (components) zu tun, die während der Erstinstallation zur Auswahl stehen!

Auf selektierte Pakete können Sie drei Operationen anwenden: UNINSTALL, QUERY und VERIFY.

UNINSTALL entfernt alle Dateien der ausgewählten Pakete. (Dateien, die von mehreren Paketen gleichzeitig beansprucht werden, werden erst bei der Deinstallation des letzten Pakets entfernt!)

QUERY zeigt eine Liste aller Dateien dieses Pakets an. Dabei werden Konfigurationsdateien mit dem Buchstaben C und Dateien mit Online-Dokumentation mit D gekennzeichnet. (Die D-Kennzeichnung ist bisweilen unvollständig, `man`-Texte sind oft ausgenommen.) Wofür der Buchstabe S steht, ist nicht dokumentiert. Vom Query-Fenster gelangen Sie mit DETAILS in ein weiteres Fenster, das einige weitere Informationen über das Paket enthält (Platzbedarf, Herkunft, Versions- und Release-Nummer etc.).

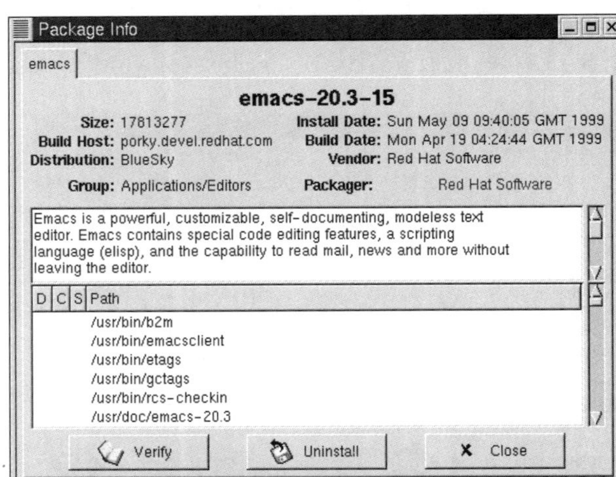

Abbildung C.6: Die Dateiliste des `emacs`-Pakets

Mit VERIFY können Sie feststellen, ob irgendwelche Dateien gegenüber der Installation verändert wurden oder gar fehlen. `gnorpm` bietet aber leider keine Möglichkeit an, einzelne Dateien nachzuinstallieren. Sie können lediglich das ganze Paket de- und anschließend neu installieren.

Pakete suchen

In bereits installierten Paketen können Sie mit FIND nach Dateinamen, Abhängigkeiten etc. suchen. (Das Kommando hilft beispielsweise dabei festzustellen, welches Paket eine bestimmte Datei zur Verfügung stellt.)

Paketinstallation von einer CD-ROM

Um Pakete von der Red-Hat-Installations-CD zu installieren, führen Sie zuerst `mount` aus und starten dann `gnorpm`. Der Button INSTALL liefert nach einer Weile eine Liste aller auf der CD befindlichen Pakete. Sie können dort einzelne Pakete auswählen und installieren. Zum Update eines schon vorhandenen Pakets klicken Sie den Button UPGRADE an.

> TIPP: Die Verzeichnisse, in denen nach `*.rpm`-Dateien gesucht wird, können mit OPERATIONS|PREFERENCES|INTERFACE eingestellt werden.

Paketinstallation vom Internet

Sofern Sie eine Internet-Verbindung haben, können Sie mit WEBFIND im Internet nach Red-Hat-Paketen suchen. `gnorpm` erstellt dazu beim ersten Start eine Liste aller verfügbaren Pakete. Je nach der Geschwindigkeit Ihrer Internet-Verbindung kann das einige Zeit dauern. Die Liste bleibt automatisch 14 Tage gültig. Der Ort der Datenbank wird mit |OPERATIONS|PREFERENCES|RPMFIND eingestellt. Die Defaulteinstellung lautet `http://www.redhat.com/RDF`.

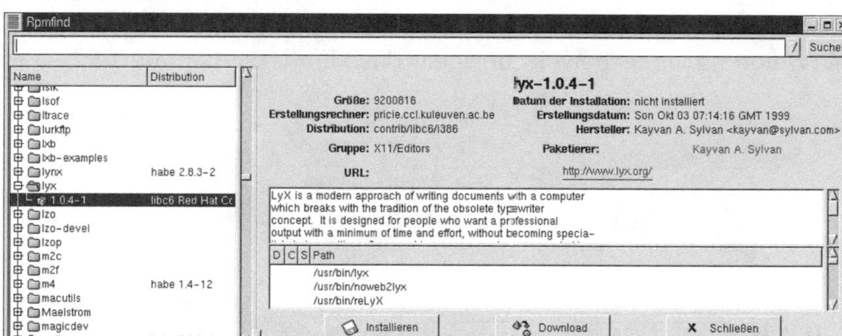

Abbildung C.7: Paketinstallation vom Internet

Paket-Updates mit up2date

Sofern Sie einen Internet-Zugang haben, sollte das X-Programm `up2date` eine komfortable Update-Möglichkeit bieten. (Meine Experimente mit dem Programm scheiterten allerdings.) Bevor Sie `up2date` einsetzen können, müssen Sie das Programm konfigurieren. (Wenn Sie dies unterlassen, erscheint nach dem Anklicken von CONNECT lediglich ein Fehlerdialog ohne Text! Immerhin wird ein Text mit einer Fehlerbeschreibung als E-Mail an `root` versandt.)

Die Konfiguration hängt davon ab, ob Sie ein registrierter Besitzer eines offiziellen Red-Hat-Produkts sind oder nicht. Im ersten Fall müssen Sie die User-ID (eine Art Login-Name) und das Passwort für Ihre Registrierung angeben. Im zweiten Fall ändern Sie die Server-Adresse von `priority.redhat.com` auf `ftp.redhat.com`. (Zugriff auf den Priority-Server ist nur für registrierte Anwender möglich. Der normale FTP-Server von Red Hat steht allen Anwendern offen, er ist allerdings häufig überlastet.)

Jetzt können Sie den Button CONNECT anklicken. `up2date` ermittelt, welche der auf Ihrem Rechner installierten Pakete aktualisiert werden sollten. Das Ergebnis – eine Liste von Paketen – wird in einem Netscape-Fenster angezeigt. Dort können Sie alle Pakete auswählen, die Sie aktualisieren möchten. Anschließend klicken Sie den Button REQUEST SELECTED PACKAGES an. Damit übernimmt wieder `up2date` die Kontrolle und überträgt und installiert die angeforderten Pakete.

In der Praxis hat dies allerdings nicht funktioniert. `up2date` war nicht in der Lage, das gewünschte Paket auf dem FTP-Server von Red Hat zu finden. `up2date` zeigt wieder einen Fehlerdialog ohne Text an. Die dazugehörende Fehler-E-Mail ist auch eher lakonisch: *Some sort of error has occurred.* (Wie gut ein derartiges Update-Tool funktionieren könnte, beweist übrigens das Mandrake-Update-Tool – siehe Seite 1022.)

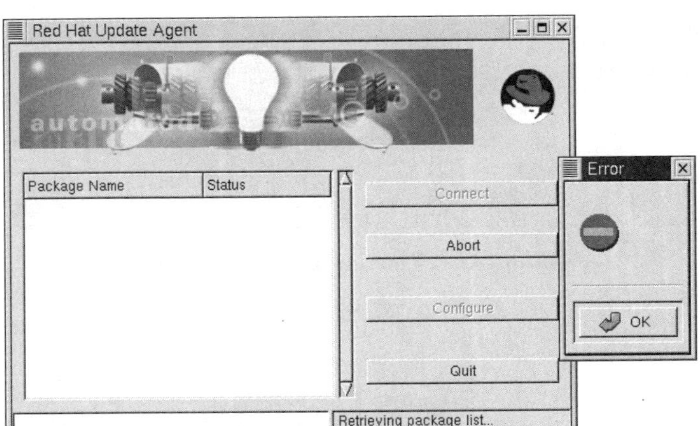

Abbildung C.8: up2date mit seinem nicht sehr informativen Fehler-Dialog

TIPP Der Umgang mit `up2date` ist im Reference Guide, im Kapitel 'Update Agent' ausführlich beschrieben (siehe `/usr/doc/rhl-rg-`*n*`/index.html`).

Xconfigurator

Für den eher unwahrscheinlichen Fall, dass die X-Konfiguration während der Installation nicht erfolgreich war, kann diese nachträglich mit dem Red-Hat-spezifischen Programm `Xconfigurator` durchgeführt werden. Vorher sollten Sie eine Backup-Datei der bisherigen Konfigurationsdatei anlegen:

```
root#  cp /etc/X11/XF86Config /etc/X11/XF86Config.backup
```

`Xconfigurator` versucht, Ihre Grafikkarte anhand der PCI-Informationen automatisch zu erkennen. Wenn das nicht funktioniert, müssen Sie selbst den Typ der Grafikkarte angeben.

Die folgenden Angaben zum Monitor entscheiden darüber, in welcher Auflösung und Bildfrequenz im Grafikmodus gearbeitet wird. Falls Sie Ihren Monitor in der Liste der vorgesehenen Monitore nicht finden, wählen Sie CUSTOM. Jetzt können Sie einen Menüpunkt gemäß den technischen Daten Ihres Monitors auswählen (z.B. 1024*768 Punkte bei 70 Hz). Der zulässige Bereich der Bildfrequenz Ihres Monitors wird in einem weiteren Dialog nachgefragt (z.B. 50-100 Hz).

Die Erkennung der Grafikkarte und deren Eckdaten (z.B. der verfügbare Grafikspeicher) erfolgt wiederum zumeist automatisch. Aus diesen Informationen und den Monitordaten wählt das Konfigurationsprogramm automatisch einen geeigneten Grafikmodus aus. Alternativ können Sie einen oder mehrere Grafikmodi auch manuell angeben. (Zwischen den Modi können Sie später mit (Strg)+(+) auf dem nummerischen Tastenblock wechseln.)

HINWEIS `Xconfigurator` bietet keine Möglichkeit, das Tastenlayout einzustellen. Aus diesem Grund läuft X jetzt zwar (hoffentlich) in voller Auflösung, dafür gilt aber das US-Tastaturlayout! Sie müssen `/etc/X11/XF86Config` in einen Editor laden und dort die Keyboard-Einstellungen anpassen (siehe Abschnitt 7.3).

Red-Hat-Interna

Init-V-Prozess: Red Hat kennt folgende Init-Level:

```
0 - Halt                     3 - Multi User (mit Netz)
1 - Single User              5 - X11 (xdm)
2 - Multiuser (ohne Netz)    6 - Reboot
```

Der Init-V-Prozess kann interaktiv ausgeführt werden. Dazu muss am Beginn des Prozesses die Taste (I) gedrückt werden. Anschließend kann für jedes Init-V-Script angegeben werden, ob es ausgeführt werden soll oder nicht. Das ermöglicht selbst dann einen Systemstart, wenn das System sonst auf Grund einer unglücklichen Konfiguration während des Init-V-Prozesses hängen bleibt.

Die Links in `/etc/rc.d/rcn.d` können mit dem Kommando `chkconfig` relativ bequem gesetzt bzw. gelöscht werden. Die Bedienung ist in einer Manualseite beschrieben. Weitere Details des Init-Prozesses finden Sie auf Seite 181.

Automatische Hardware-Erkennung (kudzu): Im Rahmen des Init-V-Prozesses versucht das System automatisch, Veränderungen an der eingebauten bzw. angeschlossenen Hardware zu erkennen. Dazu wird das Programm `kudzu` ausgeführt, das PCI- und Kernel-Meldungen auswertet und andere Mechanismen der Hardware-Erkennung nutzt, um den Hardware-Status des Rechners festzustellen. Der aktuelle Status wird mit den zuletzt in `/etc/sysconfig/hwconf` gespeicherten Daten verglichen. Treten dabei Abweichungen auf, erscheint ganz im Stil von Microsoft Windows (allerdings im Textmodus) ein Dialog, der ein neu entdecktes Gerät meldet und fragt, ob dieses Gerät konfiguriert werden soll.

Während die Hardware-Erkennung verblüffend gut funktioniert, führen die Konfigurationsversuche von `kudzu` nicht immer zum Erfolg. Oft ist es besser, auf die Konfiguration zu verzichten und diese später mit einem anderen Konfigurationsprogramm (`control-panel`, `linuxconf` etc.) durchzuführen.

`kudzu` kann prinzipiell auch im laufenden Betrieb (von `root`) ausgeführt werden. Wenn Sie nicht möchten, dass dabei die seriellen Schnittstellen gestört werden, verwenden Sie die Option `-s`.

CD-ROM-Autorun: Wenn Sie unter KDE oder Gnome arbeiten, werden CD-ROMs beim Einlegen automatisch in das Dateisystem eingebunden. Außerdem wird das Programm oder Script `autorun` ausgeführt, falls es eine derartige Datei auf der CD-ROM gibt. Diese Autorun-Funktion ist für KDE und Gnome unterschiedlich realisiert. Details dazu (und Tipps, wie Sie diesen Unfug abstellen können) finden Sie auf Seite 154.

USB: Red Hat 6.2 sieht zur Zeit keine USB-Unterstützung vor.

Windows-NT-Dateisysteme: Aus schwer nachvollziehbaren Gründen fehlt bei Red Hat Linux fehlt das Kernel-Modul zum Lesen von Windows-NT-Partitionen. Wenn Sie Windows-NT-Partitionen unter Linux lesen möchten, müssen Sie den Kernel neu kompilieren.

Anhang D

SuSE 7.0

Zu den wesentlichen Vorzügen von SuSE-Linux zählen:

YaST (Yet another Setup Tool): Dieses Programm ist das zentrale Installations-, Konfigurations- und Administrationsprogramm von SuSE. Es ist mittlerweile derart ausgereift, dass Sie in einfachen Anwendungsfällen keine einzige Konfigurationsdatei jemals selbst verändern müssen.

YaST liegt in zwei Formen vor, in einer textbasierten und in einer modernen Variante mit grafischer Benutzeroberfläche (YaST2). YaST2 ist zwar komfortabler zu bedienen, bietet allerdings noch nicht so viele Konfigurationsmöglichkeiten; daher muss bei manchen Aufgaben weiterhin das ältere YaST eingesetzt werden.

Paketangebot: So manches Programm, das Sie sonst erst mühsam im Internet oder auf anderen Linux-CDs suchen müssen, ist integrativer Bestandteil von SuSE und kann jederzeit installiert werden. Die Professional-Version der SuSE-Distribution besteht zur Zeit aus weit mehr als tausend vorkonfigurierten.

Handbücher: In die sehr praxisnahen Handbücher sind offensichtlich auch die Erfahrungen aus der Support-Abteilung eingeflossen – selten finden Sie so viele konkrete und hilfreiche Tipps zu den unterschiedlichsten Hard- und Software-Problemen!

Versionen: Seit Version 7.0 gibt es zwei SuSE-Linux-Versionen für Intel-kompatible Prozessoren: Die Personal Version umfasst 3 CDs, die Professional Version dagegen sechs CDs. Die Unterschiede im Lieferumfang betreffen vor allem Spezial- und Server-Software, die nur bei der Professional Version mitgeliefert wird. Diese Version bietet auch ein etwas besseres Support-Angebot. Schließlich gibt es eine sogenannte Evaluationsversion, die die wichtigsten Teile von SuSE-Linux auf einer einzigen CD bündelt.

Neben den Intel-kompatiblen Varianten gibt es SuSE Linux auch für eine Reihe anderer Plattformen: Alpha-AXP, PowerPC, IBM S/390. Die SuSE-Distribution wird zwar in Deutschland entwickelt, steht aber in mehreren unterschiedlichen Sprachen zur Verfügung. Im Prinzip handelt es sich dabei immer um dieselbe Distribution; der wesentlichste Unterschied betrifft die Handbücher, die als Übersetzung für die jeweilige Landessprache vorliegen. (Unabhängig davon, mit welcher SuSE-Version Sie arbeiten, können Sie in jedem Fall während der Installation auswählen, in welcher Sprache die Texte des Installationsprogramms angezeigt werden.)

Die Basis für die Arbeit an diesem Anhang war die Professional Version. Mitgelieferte kommerzielle Zusatzsoftware wird aus Platzgründen hier aber nicht beschrieben.

TIPP

SuSE-spezifische Informationen finden Sie nicht nur in diesem Anhang, sondern im gesamten Buch. Werfen Sie einen Blick in das Stichwortverzeichnis, insbesondere bei den Schlagwörtern *SuSE* und *YaST*.

SuSE im Internet

Die zwei Websites von SuSE haben die folgenden Adressen:

```
http://www.suse.de
http://www.suse.com
```

Sehr wertvoll (selbst wenn Sie nicht SuSE verwenden!) sind die Support- und die Hardware-Datenbanken, die momentan schon in mehreren Sprachen (deutsch, englisch, französisch) zur Verfügung stehen. Allerdings überwiegen die deutschen Beiträge noch bei weitem, d.h. nicht alle Artikel liegen in allen Sprachen vor:

```
http://sdb.suse.de
http://cdb.suse.de
```

Eine Zusammenstellung der Probleme und Bugs von SuSE 6.4 (natürlich mit Lösungsvorschlägen) enthält der folgende Text. (Vergleichbare Artikel gibt es natürlich auch für ältere SuSE-Versionen – und wird es wohl auch für zukünftige Versionen geben.)

```
http://sdb.suse.de/sdb/de/html/bugs70.html
```

Wenn Ihnen ein Paket fehlt (weil Sie nur die Evaluation-Version haben), wenn Sie Updates suchen oder einen Blick auf die neueste SuSE-Betaversion werfen möchten, helfen der SuSE-FTP-Server bzw. die zahlreichen Mirrors weiter:

```
ftp://ftp.suse.com
http://www.suse.de/ftp.html      (Mirror-Liste)
```

Falls Sie auf der Suche nach dem ausgezeichneten SuSE-Handbuch sind, werfen Sie einen Blick in das `docu`-Verzeichnis in `/pub/suse`.

Installation mit YaST2

Dieser Abschnitt beschreibt die Installation unter Verwendung des grafischen Installationstools YaST2. Zum Start legen Sie die CD-ROM 1 des SuSE-Pakets in das CD-ROM-Laufwerk ein und starten den Rechner neu. YaST2 ist einfacher zu bedienen als das herkömmliche YaST, es ist aber auch weniger flexibel. Eine wesentliche Voraussetzung für den Einsatz von YaST2 besteht darin, dass der Rechner direkt von der CD-ROM booten kann. Ein Start via Diskette ist nicht vorgesehen.

HINWEIS

YaST2 erscheint standardmäßig im Grafikmodus. Es kann auch im Textmodus verwendet werden. Dazu müssen Sie unmittelbar nach Beginn des Bootprozesses – so lange der SuSE-Begrüßungstext mit den Adressen von SuSE in Deutschland und in den USA angezeigt wird – die Taste (Strg) drücken. (Achten Sie bei der Bedienung darauf, dass Sie mit (Tab) das richtige Eingabefeld aktivieren. Es ist durch einen gelben Rand gekennzeichnet. Erst dann sind dort Eingaben möglich.)

Ebenfalls zu diesem Zeitpunkt können Sie die Taste (Alt) drücken, wenn Sie eine Update-Diskette ('extension disk') zu YaST2 besitzen. In diesem Fall werden Korrekturen, die sich nach der Fertigstellung der SuSE-CDs noch ergeben haben, von der Diskette eingelesen. SuSE stellt derartige Updates auf seinen Internet-Seiten zur Verfügung.

TIPP

YaST kann im Textmodus auch dazu verwendet werden, ein schon existierendes Linux-System zu starten. Das ist dann praktisch, wenn LILO nicht funktioniert und keine Bootdiskette zur Verfügung steht. Wählen Sie in YaSt zuerst START INSTALLATION / SYSTEM, dann BOOT INSTALLED SYSTEM, und geben Sie dann das Root-Device an (z.B. `/dev/hda6`).

Falls YaST2 Ihre Maus erkennt (das ist bei allen Standardmodellen der Fall), können Sie die Maus bereits während der Installation verwenden. Andernfalls wird eine Liste der bekannten Mausmodelle angezeigt, aus der Sie den Typ Ihrer Maus auswählen können. Funktioniert auch das nicht, kann YaST2 vollständig per Tastatur gesteuert werden. Die Bedienung orientiert sich an den Gepflogenheiten unter Windows, d.h. der Wechsel des aktiven Eingabefelds erfolgt durch (Tab), die Auswahl von Buttons durch (Alt)+(Buchstabe) etc.

Einstellungen

Im ersten Dialog von YaST2 können Sie eine Sprache aus gut einem Dutzend Installationssprachen auswählen. Sobald Sie den Button ÜBERNEHMEN anklicken, wird die Auswahl aktiv, und der Hilfetext am linken Fensterrand erscheint in der jeweiligen Sprache. Im nächsten Dialog wählen Sie das Tastaturlayout und die Zeitzone aus. Ein Textfeld ermöglicht es, die Tastaturkonfiguration zu testen.

Im nächsten Schritt müssen Sie sich zwischen einer Neuinstallation und einem Update entscheiden. (Ein Update ist nur möglich, wenn auf dem Rechner eine frühere SuSE-Version installiert ist.)

Festplatte vorbereiten: YaST2 zeigt eine Optionsliste aller gefundenen Festplatten an. Wenn Sie eine dieser Festplatten auswählen, legt YaST2 im noch freien Bereich dieser Festplatte selbstständig drei Partitionen an: eine Boot-Partition `/boot`, eine System-Partition / und eine Swap-Partition. (Vorher können Sie gegebenenfalls vorhandene Partitionen löschen, um Platz zu schaffen. Sie haben aber keinen Einfluss auf die Größe der neuen Partitionen. Bereits vorhandene Swap-Partitionen werden ignoriert.)

Für fortgeschrittene Linux-Anwender ist es zu empfehlen, nicht eine Festplatte auszuwählen, sondern die Option ERWEITERTE EINSTELLUNGEN, MANUELLE PARTITIONIERUNG. Damit gelangen Sie im nächsten Schritt in einen sehr komfortablen Partitionseditor. Dort können Sie vorhandene Partitionen löschen und neue Partitionen anlegen.

Um eine schon vorhandene Partition zu nutzen, verwenden Sie den Button BEARBEITEN und geben den gewünschten Mount-Punkt an (z.B. /). Wahlweise können Sie die Partition auch formatieren – damit gehen alle darin enthaltenen Daten verloren.

Eine Besonderheit von YaST2 besteht darin, dass es bereits bei der Installation das Anlegen von Partitionen im neuen Reiser-Dateisystem ermöglicht. Dieses Dateisystem bietet sich vor allem für Partitionen an, auf denen sehr viele sehr kleine Dateien gespeichert werden (z.B. für einen News-Server). Diese Option sollte nur von Linux-Profis genutzt werden, weil die Entwicklung und Stabilisierung des Reiser-Dateisystems noch nicht abgeschlossen ist.

Falls die Systempartition (und, soweit vorhanden, auch die Bootpartition) oberhalb der 1024-Zylinder-Grenze liegen, warnt YaST2 Sie, dass Sie das System nicht direkt booten werden können. Das bedeutet, dass Sie zum Systemstart eine Diskette verwenden müssen. (Sie können aber eventuell LILO anschließend manuell einrichten, um dennoch ein Booten direkt von der Festplatte zu ermöglichen – siehe Seite 256.)

Software-Auswahl: In diesem Dialog können Sie einstellen, was installiert werden soll. Per Default wird ein Standardsystem mit StarOffice eingerichtet (Platzbedarf ca. 1.2 GByte). Als Varianten stehen ein minimales System (ohne X/KDE), eine Standardinstallation ohne Office-Pakete (ca. 900 MByte) sowie eine Vollinstallation (Menüpunkt FAST ALLES) zur Auswahl. Letztere Variante ist aber selten sinnvoll! Die zahlreichen Pakete sind sich zum Teil gegenseitig im Weg, und die Rieseninstallation ist nur sehr schwer zu warten.

Mit dem Button ERWEITERTE AUSWAHL können Sie (ausgehend von der gewählten Option) einige Software-Gruppen hinzufügen: Multimedia-Tools, Spiele, Entwicklerwerkzeuge, Server-Komponenten, zusätzliche KDE-Anwendungen, GNOME etc. YaST2 zeigt dabei an, wie viel freier Platz auf Ihrer Festplatte nach der Installation ungefähr noch verfügbar sein wird.

Mit dem Button KOMMERZIELLE SOFTWARE können Sie einige Programme auswählen, die zwar kostenlos mitgeliefert werden (zum Teil nur als Demo-Versionen), die aber nicht im Sinne der GPL frei sind bzw. im auch Quellcode vorliegen. Empfehlenswert sind hier insbesondere der PDF-Viewer `acroread` und das Bildverarbeitungsprogramm `xv`. Die Auswahl von Paketen erfolgt durch einen Doppelklick mit der Maus.

Der Button EINZELNE ANWENDUNGEN AUSWÄHLEN führt zu einem ähnlichen Dialog, mit dem bei jedem der unzähligen Software-Pakete bestimmt werden kann, ob es installiert werden soll oder nicht.

Systemstart: YaST2 schlägt normalerweise eine LILO-Installation in den MBR der ersten Festplatte vor. Mit dem Button ANDERE KONFIGURATION können Sie sich aber auch dafür entscheiden, eine Bootdiskette zu erstellen oder LILO auf eine Diskette zu installieren. Bei einem System, auf dem sonst nur Windows 9x installiert ist, funktioniert die MBR-Installation in den meisten Fällen. Mit einer Bootdiskette sind Sie aber immer auf der sicheren Seite. Wie Sie LILO später manuell installieren, wird ab Seite 256 beschrieben.

Benutzerverwaltung: In den zwei folgenden Schritten müssen Sie einen Benutzer-Login erstellen und das Root-Passwort angeben.

Installation durchführen

YaST2 zeigt jetzt eine Zusammenfassung aller Schritte an, die durchgeführt werden sollen. Sie können sämtliche Einstellungen noch einmal kontrollieren und gegebenenfalls auch ändern. (Bis jetzt ist also noch nichts passiert!) Es ist eine gute Idee, sich hier die Namen der Partitionen (z.B. `/dev/hda6`) und den Login-Namen aufzuschreiben. Erst wenn Sie WEITER anklicken, beginnt die Installation wirklich.

Es werden nun die neuen Partitionen eingerichtet und formatiert. Anschließend werden alle elementaren Pakete von den CD-ROMs auf die Festplatte kopiert. Danach wird das System neu gestartet. Nach einigen Textausgaben erscheint abermals YaST2 und fordert Sie mehrmals zum Wechsel der CD-ROM auf, um weitere Pakete von diesen CD-ROMs zu installieren.

Anschließend wird die Konfiguration fortgesetzt. Wenn Sie möchten, können Sie die folgenden Punkte (mit Ausnahme der Bildschirmeinstellung) vorerst überspringen und erst nach dem erfolgreichen Abschluss der Installation durch den Aufruf von `yast2` nachholen.

Bildschirmeinstellung: Hier können Sie die gewünschte Auflösung und Farbanzahl für XFree86 angeben. Die Einstellungen können mit einem Testbild überprüft werden. (Wenn Ihr Monitor kein stabiles Bild anzeigt, drücken Sie (Esc), um zurück zu YaST2 zu gelangen.)

Drucker: Hier geben Sie an, ob der Drucker an der parallelen Schnittstelle angeschlossen ist oder ob es sich um ein USB-Gerät handelt. YaST2 versucht, das Modell automatisch zu erkennen – das funktioniert aber nicht immer (und auf jeden Fall nur, wenn der Drucker angeschlossen und eingeschaltet ist!). Wählen Sie das Modell gegebenenfalls selbst aus, wählen Sie das gewünschte Papierformat, und führen Sie einen Testdruck durch.

Sound-Karte: YaST2 sollte Ihre Sound-Karte automatisch erkennen. Auch hier gibt es eine Testmöglichkeit, YaST2 spielt einige Takte Musik.

Netzwerk: Hier können Sie eine Netzwerkkarte konfigurieren, um Linux an ein lokales Netzwerk anzuschließen. YaST2 sollte Ihre Karte automatisch erkennen. Anschließend können Sie entweder DHCP wählen (automatische Konfiguration, sofern es im lokalen Netz einen DHCP-Server gibt) oder die Daten (IP-Adresse, Gateway etc.) manuell eingeben.

Internet: Hiermit ist eigentlich die Konfiguration Ihres Modems bzw. der ISDN-Karte gemeint. Auch hier sollte die Hardware automatisch erkannt werden.

TIPP

Weitere Informationen zur Konfiguration von Drucker, Sound-Karte, Netzwerk und Modem / Internet finden Sie auf den Seiten 229, 243, 405 und 439.

Installation mit YaST

Sollte eine Installation mit YaST2 nicht möglich sein (alte Hardware, zu wenig Speicher etc.), bietet sich als Alternative das alte YaST an. Das Programm sieht weniger elegant aus, bietet aber wesentlich mehr Eingriffsmöglichkeiten und Optionen. Um YaST zu verwenden, starten Sie den Rechner mit CD-ROM 2. (Sie können auch von der CD-ROM 1 starten und YaST2 nach seinem Start wieder beenden. Auch auf diese Weise können Sie YaST auch von der SuSE-Evaluations-CD bzw. von einer DVD starten.)

VERWEIS

Dieser Abschnitt baut auf Kapitel 2 auf, in dem allgemeine Grundlagen einer Linux-Installation sehr ausführlich beschrieben werden.

Falls Ihnen das SuSE-Handbuch nicht in ausgedruckter Form zur Verfügung steht, finden Sie es auch auf der ersten CD-ROM im Verzeichnis `docu` als DVI-, komprimierte PostScript-, PDF- und Textdatei. So lange Linux noch nicht läuft, ist die PDF-Variante am attraktivsten. In diesem Format können Sie das Handbuch beispielsweise unter Windows lesen bzw. relevante Seiten ausdrucken. Sie müssen dazu lediglich Adobe Acroread installieren (was bei vielen Windows-Systemen ohnedies schon der Fall ist). Dieses Programm finden Sie bei `www.adobe.de` bzw. `www.adobe.com`.

Installation starten: Wenn Sie ein modernes Mainboard bzw. BIOS besitzen, startet die Installation direkt von der zweiten CD-ROM (mit der ersten wird YaST2 gestartet). Wenn der Start von der CD-ROM nicht funktioniert, werfen Sie einen Blick auf Ihre BIOS-Einstellung: Möglicherweise ist das Booten von CD-ROMs deaktiviert!

Ist ein direkter Start nicht möglich, müssen Sie die mitgelieferte Bootdiskette verwenden. Falls Sie keine Bootdiskette besitzen, können Sie diese leicht selbst erstellen – am einfachsten durch das DOS-Programm `SETUP.EXE`. Das Programm kann auch unter Windows 95 verwendet werden (aber nicht unter Windows NT).

Falls Sie die Bootdisketten manuell (mit `RAWRITE.EXE`) schreiben möchten, finden Sie die Bootimages im Verzeichnis `disks` der ersten CD-ROM. Normalerweise benötigen Sie nur eine Diskette mit dem Image `eide01`, in seltenen Fällen eine zweite Diskette `modules` mit zusätzlichen Hardware-Modulen.

Unmittelbar beim Beginn der Installation zeigt das Installationsprogramm die Zeile `boot:` an. An dieser Stelle haben Sie für einige Sekunden die Möglichkeit, Kernel-Parameter anzugeben. In seltenen Fällen ist das z.B. erforderlich, wenn Sie eine große Festplatte besitzen, deren Größe von Linux nicht korrekt erkannt wird. Beispielsweise war es zur Installation von Linux auf einer 16-GByte-Festplatte in einem Fall erforderlich, die Bootzeile `linux hda=2055,255,63` anzugeben (ohne Leerzeichen!). Die drei Zahlen geben die Anzahl der Zylinder, Köpfe und Sektoren an (siehe Kapitel 2). Die `hda`-Option muss dann in gleicher Weise auch bei der LILO-Konfiguration verwendet werden.

linuxrc: Zum Start der Installation wird ein minimaler Kernel geladen, der wiederum das Programm `linuxrc` startet. Dieses Programm ermöglicht eine komfortable Auswahl von Kernel-Modulen, die eventuell für die Installation benötigt werden (SCSI-, Netzwerk- oder PCMCIA-Karten). Bei Problemen mit dem Einbinden von Kernel-Modulen gibt der Menüpunkt SYSTEMINFORMATION Aufschluss über die vorhandene Hardware und deren Ressourcen.

Sie müssen nun die Installationsquelle angeben (üblicherweise das CD-ROM-Laufwerk). Vorher müssen Sie die CD-ROM 1 einlegen, weil sich darauf die weiteren Installationsdaten befinden. (Das ist zugegebenermaßen nicht ganz logisch. Die CD-ROM 2 wird zwar zum Booten verwendet, aber die CD-ROM 1 enthält das Installationsprogramm!)

YaST: Sobald die Hardware-Fragen geklärt sind, beginnt die zweite Phase der Installation, die durch das Programm YaST gesteuert wird. Die erste Entscheidung betrifft die Art der Installation. In diesem Anhang wird nur eine NEUINSTALLATION behandelt. Andere Varianten sind das Update einer schon bestehenden SuSE-Distribution oder eine Installation im Experten-Modus.

Partitionierung der Festplatte: Das Installationsprogramm fragt, ob es einfach den gesamten freien Speicher der Festplatte für Linux verwenden soll. In diesem Fall kümmert sich YaST selbstständig um die Platzaufteilung und Partitionierung. Das mag bequem sein, zweckmäßiger ist es im Regelfall aber, hier zu verneinen und die Partitionierung selbst vorzunehmen. Auch dabei ist Ihnen YaST behilflich, d.h. Sie werden nicht direkt mit dem unkomfortablen Programm `fdisk` konfrontiert. (Die Option LVM EINRICHTEN ist nur in sehr seltenen Sonderfällen von Interesse. LVM steht für *logical volume manager*. Was das ist, wird auf der SuSE-Website erläutert.)

Weiterhin müssen Sie bei den für Linux reservierten Partitionen den Mount-Point angeben. Damit bestimmen Sie, welche Partition wie in das System eingebunden werden soll. Wählen Sie die gewünschte Linux-Partition mit den Cursor-Tasten aus, drücken Sie (F4), und geben Sie den Mount-Punkt ein. Bei einer Partition muss als Mount-Point das Wurzelverzeichnis / verwendet werden. (Das ist die Systempartition.)

Schließlich müssen bei einer Neuinstallation alle Linux-Partitionen formatiert werden. Dazu wählen Sie die betreffenden Partitionen mit den Cursor-Tasten aus und drücken (F6). (Damit werden die Partitionen lediglich für ein späteres Formatieren vorgemerkt; die eigentliche Formatierung erfolgt erst nach dem Abschluss des Dialogs und weiteren Sicherheitsabfragen.)

VORSICHT

Falls YaST keinen freien Platz auf der Festplatte findet, fragt es, ob es einfach die gesamte Festplatte für Linux nutzen soll (GESAMTE PLATTE VERWENDEN). Wenn Sie hier bejahen (es folgt noch eine Sicherheitsabfrage), verlieren Sie alle auf dieser Festplatte gespeicherten Daten!

Paketauswahl: Im Menüpunkt KONFIGURATION LADEN können Sie zwischen mehreren vorkonfigurierten Paketzusammenstellungen wählen. DEFAULT SYSTEM ist hier meistens die beste Wahl. (Damit werden ein Linux-Grundsystem und eine Auswahl wichtiger Zusatzprogramme installiert, unter anderem KDE, Netscape, Emacs etc.) Informationen über den erforderlichen Platzbedarf erhalten Sie, wenn Sie das Kommando WAS WÄRE WENN ausführen.

Mit INSTALLATION STARTEN beginnt der Kopierprozess, der einige Minuten dauert. Anschließend führt HAUPTMENÜ zurück in das Installationsprogramm.

Basiskonfiguration: Als Nächstes müssen Sie den Bootkernel für das fertige System angeben. Es handelt sich um einen modularisierten Kernel. Es ist aber wichtig, dass dieser Kernel alle Teile enthält, die zum Booten erforderlich sind. Deswegen stellt SuSE hier mehrere SCSI-Kernel zur Auswahl. Falls Sie eine SCSI-Karte verwenden, müssen Sie hier den zu Ihrer Karte passenden Kernel auswählen – sonst misslingt der spätere Linux-Neustart!

Die Frage, ob eine Bootdiskette erstellt werden soll, müssen Sie unbedingt mit JA beantworten! Von der LILO-Installation rate ich wegen des damit verbundenen Risikos generell ab – das können Sie später auch noch erledigen. (Bei einem Windows-95-System sind die Chancen mittlerweile recht gut, dass es tatsächlich funktioniert – aber man weiß ja nie. Nun, es ist Ihre Entscheidung ...) Als Zeitzone wählen Sie MET, die Hardware-Zeit ist üblicherweise 'lokal'.

Falls Ihr Rechner nicht in ein Netzwerk eingebunden wird, geben Sie als Rechner- und Domainnamen beliebige Zeichenketten ein. Wenn Ihnen nichts Besseres einfällt, wählen Sie `myhost` bzw. `mydomain`. Bei der TCP/IP-Konfiguration geben Sie an, dass Sie das Netzwerk nur im Loopback-Modus (also lokal) nutzen möchten. In diesem Fall können Sie auch auf eine weitere Netzwerkkonfiguration verzichten.

Bei der `sendmail`-Konfiguration können Sie zwischen mehreren Varianten wählen. Am sinnvollsten ist zumeist 'Rechner mit temporärer Netzverbindung (Modem oder ISDN)', wenn Sie später einen Internet-Zugriff via PPP herstellen und E-Mail bei Ihrem Provider abholen möchten.

Jetzt müssen Sie zweimal ein Passwort für `root` angeben. Anschließend können Sie einen Beispiel-User anlegen. Das ist sehr zu empfehlen – Sie sollten es nämlich vermeiden, Ihre alltägliche Arbeit als `root` zu erledigen. Als Name für den Beispiel-User können Sie z.B. `suse` verwenden.

Die folgende Maus- und Modemkonfiguration sollte keine Probleme bereiten. Die richtige Schnittstelle für das Modem ist `/dev/ttyS0` (für COM1:) oder `/dev/ttyS1` (für COM2:).

X-Konfiguration: SuSE ist damit fertig installiert und fordert Sie nach einer Neu-Initialisierung zum Login auf (zuerst `root`, dann das Passwort). Ein wichtiger Installationspunkt ist jetzt allerdings noch offen: Die Konfiguration des XFree86-Servers. Dazu starten Sie YaST und wählen den Menüpunkt ADMINISTRATION|XFREE86.

Sie haben hier die Wahl zwischen drei Konfigurationstools: SaX (SuSE advanced X Configuration), `xf86config` (ein uraltes textbasiertes Tool) sowie `XF86Setup` (das Standardkonfigurationsprogramm von XFree86). An dieser Stelle wird nur SaX behandelt. Details zu den anderen Konfigurationsprogrammen (sowie eine Menge Hintergrundinformationen) finden Sie in Kapitel 7. Eine klare Aussage, welches das 'beste' Konfigurationsprogramm ist, ist leider unmöglich – je nach Hardware funktioniert mal das eine, mal das andere Programm besser.

SaX: Die Bedienung von SaX ist ausgesprochen intuitiv. Das Programm versucht, Ihre Hardware selbstständig zu erkennen. Falls das nicht gelingt, müssen Sie die entsprechenden Informationen per Mausklick nachliefern. Das Programm lässt sich vollständig per Tastatur bedienen ((Alt)+(Taste), (Tab)), was vor allem dann wichtig ist, wenn die Maus nicht sofort erkannt wird.

Falls Sie Ihren Monitor nicht in der Liste finden, klicken Sie auf ERWEITERT und geben die Eckdaten Ihres Monitors (Zeilen- und Bildfrequenz) direkt an. Wenn alles funktioniert, erscheint ein Testbild. Sobald Sie die Konfiguration bestätigen, sollte YaST wieder erscheinen. Ist das nicht der Fall, müssen Sie eventuell mit (Alt)+(F1), (Alt)+(F2) etc. in die Konsole zurückspringen, in der Sie YaST ausgeführt haben. Verlassen Sie YaST, und starten Sie das X-System mit `startx`.

SaX meldet möglicherweise nach der Auswahl der Grafikkarte, dass der entsprechende X-Server noch nicht installiert ist. Diesen Server müssen Sie in YaST nachinstallieren. Danach starten Sie SaX nochmals.

Zur Installation des X-Servers starten Sie YaST, führen INSTALLATION FESTLEGEN |KONFIGURATION ÄNDERN aus und wählen aus der Gruppe `xsrv` den betreffenden Server aus. Wenn Sie zweimal (F10) drücken, gelangen Sie zurück in das Installationsmenü. Dort wählen Sie INSTALLATION STARTEN aus.

TIPP

Mit SuSE 7.0 wird zwar automatisch XFree86 3.*n* zusammen mit SaX installiert, auf den CD-ROMs finden Sie aber auch das neuere XFree86 Version 4.0 zusammen mit dem ebenfalls neuen Konfigurationsprogramm SaX2. Allerdings ist zur Zeit weder die neue XFree86-Version noch SaX2 vollständig ausgereift. Wenn Sie XFree86 4.0 nicht aus einem bestimmten Grund unbedingt benötigen, sollten Sie vorerst beim älteren, aber dafür bewährten XFree86 3.*n* bleiben.

Updates

Nachdem Sie SuSE installiert haben, sollten Sie unbedingt einen Blick auf die folgenden drei Seiten der SuSE-Website werfen. Dort finden Sie Informationen über Updates, bekannte Fehler und Probleme.

```
http://sdb.suse.de/sdb/de/html/bugs70.html
http://www.suse.de/de/support/security/index.html
http://www.suse.de/de/support/download/updates/index.html
```

Administration mit YaST2

YaST (*Yet another Setup Tool*) hilft nicht nur bei der Installation, es ist auch das zentrale Programm der SuSE-Distribution, wenn es um die Administration des Systems, die Einbindung neuer Hardware sowie um die Paketverwaltung geht.

YaST liegt in zwei Varianten vor, dem textbasierten YaST (Kommando `yast`) und dem neueren YaST2 (Kommando `yast2`) mit grafischer Benutzeroberfläche. Dieser Abschnitt beschreibt die wichtigsten Funktionen von YaST2. Dieses Programm ist zwar sehr einfach zu bedienen, bietet aber zur Zeit noch nicht so viele Konfigurationsmöglichkeiten wie das ältere YaST. Aus diesem Grund finden Sie ab Seite 1057 auch Informationen zum Umgang mit dem älteren YaST. (Es ist zu erwarten, dass YaST2 mit weiteren SuSE-Versionen sukzessive alle Aufgaben von YaST erfüllt.)

TIPP

Obwohl sich YaST2 ja gerade durch seine grafische Benutzeroberfläche von YaST unterscheidet, kann es auch im Textmodus gestartet und verwendet werden. Besonders intuitiv ist die Bedienung aber nicht (Tab wird Ihre wichtigste Taste sein!). Wenn Sie im Textmodus arbeiten, ist das ältere YaST meist die bessere Wahl.

TIPP

Ein gemeinsames Merkmal aller YaST2-Module besteht darin, dass es keinen Button ABBRECHEN gibt. Wenn Sie ein Modul beenden möchten, ohne Veränderungen zu speichern und zu aktivieren, müssen Sie so lange ZURÜCK anklicken, bis Sie zurück in das Hauptmenü gelangen. Wollen Sie Ihre Einstellungen hingegen speichern bzw. aktivieren, müssen Sie den auch nicht besonders glücklich benannten Button BEENDEN anklicken.

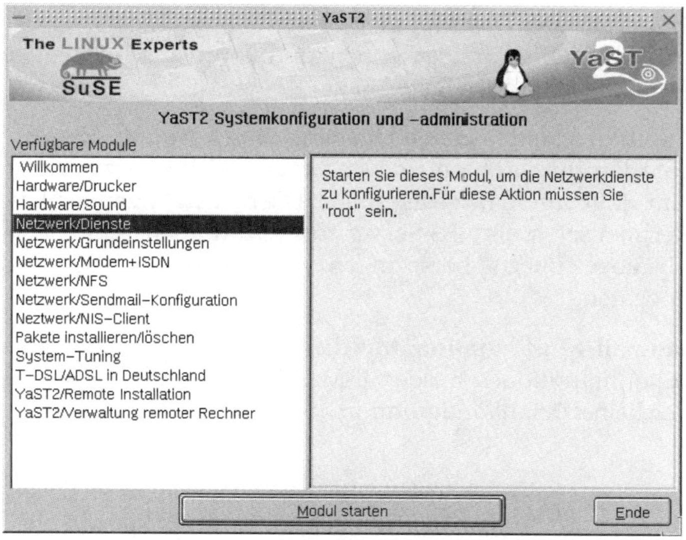

Abbildung D.1: Die Module von YaST2

Hardware/Drucker: Das Druckermodul ist leider noch ein wenig unausgegoren. Zwar muss man positiv anmerken, dass es auch die Konfiguration von USB-Druckern zulässt – dafür hapert es aber an den elementaren Dingen: Ein einmal eingerichteter Drucker ist im Druckermodul nicht sichtbar und kann weder verändert noch gelöscht werden.

Hardware/Sound: Das Modul versucht, die eingebaute Sound-Karte zu erkennen (was im Regelfall gelingt). Die automatische Konfiguration basiert auf ALSA (siehe Seite 243). Anschließend kann die Sound-Karte sofort getestet werden, wobei auch die Default-Lautstärke eingestellt werden kann.

Netzwerk/Dienste: Dieses Modul hilft bei der Veränderung der Datei `/etc/inted.conf`, die zur Steuerung von elementaren Netzwerkdiensten dient (z.B. FTP, telnet etc., siehe Seite 584). Sie können diese Netzwerkdienste vollständig deaktivieren, eine Default-Konfiguration aktivieren oder einzelne Netzwerkfunktionen manuell steuern.

Netzwerk/Grundeinstellungen: Falls Ihr Rechner mit einer Netzwerkkarte (Ethernet) ausgestattet ist, können Sie ihn hier in das lokale Netz einbinden. Die Netzwerkkarte wird im Regelfall automatisch erkannt. Anschließend können Sie sich für eine automatische IP-Konfiguration via DHCP entscheiden oder die IP-Adressen selbst eingeben (siehe Seite 408). Bei der DHCP-Variante werden übrigens auch der Rechner- und der Domainname via DHCP eingestellt; eine manuelle Einstellung dieser Daten ist nur möglich, wenn auch die IP-Adressen manuell angegeben werden.

Netzwerk/Modem+ISDN: Das Modul versucht ein angeschlossenes Modem bzw. die ISDN-Karte automatisch zu erkennen und führt anschließend eine Internet-Konfiguration durch (siehe auch Seite 467).

Netzwerk/NFS: In den beiden ersten Dialogen dieses Moduls können Sie eine NFS-Client-Konfiguration durchführen und angeben, welche Netzwerkverzeichnisse in das Dateisystem eingebunden werden sollen. Die beiden folgenden Dialoge ermöglichen es, den Rechner selbst als NFS-Server zu konfigurieren. (Gegebenenfalls können Sie die Client-Dialoge einfach überspringen, wenn Sie nur eine Server-Konfiguration durchführen möchten.)

Netzwerk/Sendmail-Konfiguration: Mit diesem Modul können Sie zwischen mehreren Standardkonfigurationen für den E-Mail-Server Sendmail wählen. Das Modul ermöglicht aber keine Detailkonfiguration. (Sendmail kennt Hunderte von Parametern!)

Netzwerk/NIS-Client: Falls Ihr Rechner Benutzerinformationen (Login-Namen und Paßwörter) von einem zentralen NIS-Server ermitteln soll, können Sie in diesem Modul die Parameter des Servers (Domain, IP-Adresse) angeben.

Pakete installieren/löschen: Dieses Modul ist wohl das am häufigsten eingesetzte Modul von YaST2. Es ermöglicht die (De-)Installation von Software-Paketen. Im Gegensatz zu den vergleichbaren Funktionen in YaST ist die Bedienung relativ einfach. Einzelne Pakete werden durch einen Doppelklick oder durch den Button ÜBERNEHMEN zur (De-)Installation ausgewählt. Der Status des Pakets wird durch Buchstaben ausgedrückt:

YaST2-Kürzel für den Installationszustand	
`X`	das Paket ist zur Installation vorgemerkt
`a`	wie X, aber automatische Auswahl durch YaST2, weil das Paket von anderen Paketen benötigt wird (Paketabhängigkeit)
`i`	das Paket ist schon installiert
`d`	das Paket soll entfernt werden (de-install)

Im Gegensatz zu YaST bietet YaST2 zur Zeit leider keine Suchmöglichkeiten in den Paketbeschreibungstexten.

System Tuning: Hinter dieser etwas hochtrabenden Beschreibung verbirgt sich ein Dialog, in dem mit einem einzigen Auswahlkästchen der Bus-Master-DMA-Modus (Ultra-DMA) ein- bzw. ausgeschaltet werden kann (siehe Seite 221). Die Einstellung gilt nur für Festplatten, nicht aber für CD-ROM- oder DVD-Laufwerke. Vielleicht kommen in zukünftigen YaST2-Versionen ja noch mehr Tuning-Möglichkeiten hinzu. Intern wird der Bus-Master-Modus übrigens durch das Init-Script `/sbin/init.d/idedma` eingestellt.

T-DSL/ADSL in Deutschland: Mit dem Dialog können Sie einen von T-Online (Deutschland) zur Verfügung gestellten ADSL-Zugang konfigurieren. Das Modul

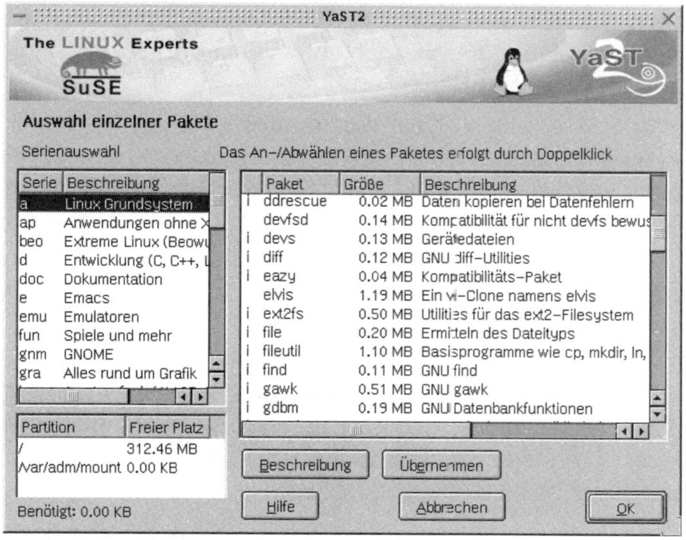

Abbildung D.2: Installation von Software-Paketen mit YaST2

bietet allerdings keine allgemein gültige ADSL-Konfiguration, sondern eignet sich ausschließlich für T-DSL.

YaST2/Remote Installation und **Verwaltung remoter Rechner**: Diese in einem grandiosen deutschenglischen Sprachmix beschrifteten Module sollen bei der zentralen Administration mehrerer Rechner mit SuSE-Linux helfen (wurden von mir aber nicht getestet).

Administration mit YaST

Die Bedienung von YaST mit seinen verschachtelten Menüs und zahllosen Dialogebenen erinnert zwar eher an ein Adventure-Spiel, dafür stellt das Programm aber nur geringe Anforderungen an die Hardware und setzt kein X Window System voraus. Außerdem bietet es viel mehr Konfigurationsfunktionen als YaST2.

Administration und Konfiguration

YaST wird mit dem Kommando `yast` gestartet. In den Administrationsteil von YaST gelangen Sie über das Kommando ADMINISTRATION DES SYSTEMS im Hauptmenü. Die folgende Liste gibt einen Überblick über die weiteren Möglichkeiten:

- HARDWARE-KONFIGURATION: Damit verändern Sie die Einstellungen für die Maus, das Modem, CD-ROM-Laufwerke, Drucker, ISDN-Hardware, Scanner und Netzwerkkarten.

- KERNEL- UND BOOTKONFIGURATION: Hier können Sie einen neuen Bootkernel auswählen (was im laufenden Betrieb eher selten vorkommt), eine Bootdiskette erzeugen und LILO konfigurieren.
- NETZWERK KONFIGURIEREN: Über die Submenüeinträge können Sie verschiedene Aspekte der Netzwerkeinbindung verändern, unter anderem den Rechnernamen, den Name-Server, `sendmail`, Netzwerkdrucker, ISDN und PPP.
- LOGIN-KONFIGURATION: Hier können Sie Ihr System so einstellen, dass automatisch nach dem Rechnerstart ein grafischer Login (wahlweise `xdm` oder `kdm`) erscheint. Verändern Sie den Login aber nur dann, wenn sowohl das Grundsystem als auch X zuverlässig funktionieren!
- EINSTELLUNGEN SUSEWM: In diesem Dialog können Sie den Default-Windows-Manager für das gesamte System (also für alle Benutzer) einstellen. Natürlich kann der Windows-Manager auch individuell für jeden Benutzer eingestellt werden, und zwar wahlweise durch eine Veränderung der Datei `~/.xinitrc` oder der Umgebungsvariablen `WINDOWMANAGER`.

  Das Paket `susewm` ist dafür verantwortlich, dass für verschiedene X-Windows-Manager Menüs zur Verfügung stehen, mit denen Sie (fast) alle installierten Programme starten können. (Im Gegensatz zu anderen Distributionen handelt es sich dabei nicht um Dummy-Menüs, von denen die meisten Einträge mangels installierter Programme ins Leere führen.) Diese Menüs müssen bei jeder Installation bzw. Deinstallation von Software aktualisiert werden. Dafür ist das Programm `SuSEconfig.wm` zuständig. Da die Aktualisierung der Menüs einige Zeit beansprucht, kann sie im Einstellungsdialog ganz abgeschaltet oder zumindest auf wenige Windows-Manager beschränkt werden.
- BENUTZER- UND GRUPPENVERWALTUNG: Die Dialoge helfen dabei, neue Benutzer und Gruppen anzulegen und einander zuzuordnen.
- CONSOLE-FONT EINSTELLEN: Damit können Sie den Zeichensatz für die Textkonsole verändern.
- ZEITZONE VERÄNDERN: Wenn die mit `date` angezeigte Uhrzeit nicht mit der tatsächlichen Zeit übereinstimmt, können Sie hier die korrekte Zeitzone auswählen.
- XFREE86 KONFIGURIEREN: Das Kommando startet wahlweise SaX, `xf86config` oder `XF86Setup`.
- GPM KONFIGURIEREN: `gpm` ist der Maus-Server für die Textkonsole. Das Programm wird mit dem Menüpunkt HARDWARE|MAUS konfiguriert. An dieser Stelle können Sie nur angeben, ob das Programm nach dem Booten automatisch gestartet werden soll. (Falls es Konflikte zwischen `gpm` und XFree86 gibt, sollten Sie `gpm` deaktivieren.)
- SYSTEMSICHERHEIT: Hier können Sie einige Einstellungen zur Systemsicherheit durchführen. Im Regelfall ist keine Veränderung der Voreinstellung notwendig. Hintergrundinformationen bietet die Online-Hilfe mit (F1).

KONFIGURATIONSDATEI VERÄNDERN: Ein Großteil der Konfigurationseinstellungen von SuSE wird in der zentralen Datei `/etc/rc.config` gespeichert (oder in Dateien des Verzeichnisses `/etc/rc.config.d`). Der Menüpunkt KONFIGURATIONSDATEI VERÄNDERN ermöglicht die Veränderung der zahllosen Variablen der Datei `/etc/rc.config`. Bequemer ist es im Regelfall, für diesen Zweck einen Editor zu verwenden und anschließend das Programm `SuSEconfig` auszuführen, damit die Einstellungen auch in den diversen Linux-Konfigurationsdateien durchgeführt werden.

Paketverwaltung

Bevor Sie die Paketfunktionen von YaST verwenden können, müssen Sie dem Programm mitteilen, in welchem Laufwerk sich die SuSE-CD-ROMs befinden. Dazu geben Sie in EINSTELLUNGEN ZUR INSTALLATION|INSTALLATIONSQUELLE an, über welche Schnittstelle (IDE / SCSI) das Laufwerk angesprochen werden soll.

TIPP

Achten Sie beim Start von YaST darauf, dass sich eine beliebige SuSE-CD-ROM im Laufwerk befindet, dass die CD-ROM aber nicht in das Dateisystem eingebunden ist! YaST führt selbst `mount` / `umount` aus.

In die Paketverwaltungskomponente von YaST gelangen Sie über den eigenwillig benannten Hauptmenü-Eintrag INSTALLATION FESTLEGEN / STARTEN. YaST liest jetzt von der CD-ROM eine Datenbank aller zur Verfügung stehenden Pakete ein und zeigt dann ein neues Menü an. Alle im Weiteren beschriebenen Kommandos beziehen sich auf dieses Menü, nicht auf das YaST-Hauptmenü!

KONFIGURATION LADEN bzw. SPEICHERN: Diese beiden Menüpunkte ermöglichen es, eine vorselektierte Auswahl von Paketen zur Installation zu markieren bzw. die aktuelle Auswahl als Paketprofil zu speichern. Die beiden Kommandos haben im laufenden Betrieb nur eine geringe Bedeutung. (Bei der Installation ermöglicht KONFIGURATION LADEN eine bequeme Auswahl eines ganzen Bündels von Programmen.)

Paketauswahl: Das wichtigste Kommando ist zweifellos KONFIGURATION ÄNDERN. Damit gelangen Sie in einen neuen Dialog, der mehrere Paketgruppen (so genannte Serien) enthält (`a` für das Grundsystem, `kde` für KDE-Komponenten etc.) Aus jeder dieser Gruppen können Sie einzelne Programme auswählen und zur Installation markieren. In eckigen Klammern wird für jede Gruppe angezeigt, wie viel Platz die daraus installierten Programme beanspruchen. (F10) führt jeweils in die übergeordnete Ebene und schließlich zurück in das Installationsmenü.

Detaillierte Informationen zu den einzelnen Paketen liefert (F2) (inklusive einer vollständigen Dateiliste). Der aktuelle Installationszustand jedes Pakets wird durch einen Buchstaben angegeben und kann durch die entsprechenden Tasten bzw. durch (↵) verändert werden.

YaST-Kürzel für den Installationszustand

`X`	das Paket ist zur Installation vorgemerkt
`i`	schon installiert
`D`	schon installiert, soll entfernt werden (de-install)
`R`	schon installiert, soll aktualisiert werden (replace)

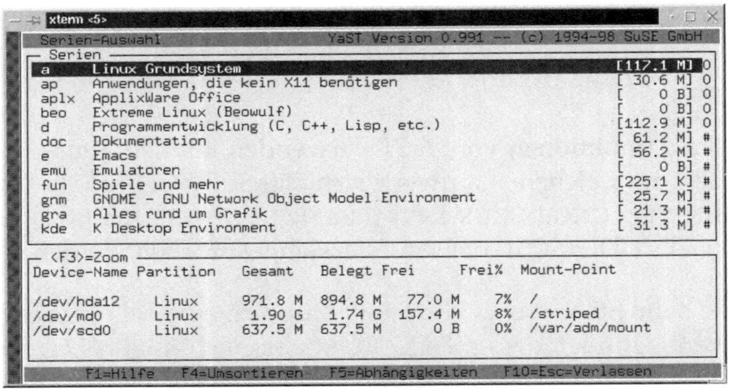

Abbildung D.3: YaST während der Paketauswahl

Mit WAS WÄRE WENN können Sie testen, was im Falle einer Installation passieren würde. Im Wesentlichen erfahren Sie damit, wie viele Pakete (de)installiert würden und wie viel Platz das beanspruchen bzw. frei machen würde.

Paketabhängigkeiten: Als Nächstes können Sie mit PAKETABHÄNGIGKEITEN ÜBERPRÜFEN testen, ob Ihre Paketauswahl sinnvoll ist. Wenn Sie ein Paket installieren möchten, das ein anderes Paket erfordert (das Sie noch nicht ausgewählt haben), macht YaST Sie darauf aufmerksam. Besonders anschaulich sind die Ergebnisse zwar nicht, aber zumindest geübte Programmierer werden erraten, was gemeint ist.

Im folgenden Beispiel soll die X-Oberfläche zum GNU-Debugger `xxgdb` (aus der Serie `xdev`) installiert werden. YaST hat erkannt, dass `xxgdb` nur dann verwendet werden kann, wenn auch der GNU-Debugger `gdb` (aus der Serie `d`) installiert wird. Wenn Sie den Dialog mit dem Button AUTO beenden, wird dieses Paket automatisch für die Installation markiert. (Dabei kann es vorkommen, dass jetzt ein anderes Paket Voraussetzung für `gdb` ist – dann wiederholt sich das Spiel.)

```
xxgdb (xdev):
   [AND]
    gdb       d

 <AUTO> sceglierà i seguenti pacchetti
    gdb       d
```

Installation durchführen: Wenn Sie sicher sind, dass Ihre Auswahl korrekt ist, wird es Zeit für INSTALLATION STARTEN. Wenn sich die ausgewählten Pakete nicht zufällig auf der eingelegten CD-ROM befinden, fordert YaST Sie zu einem CD-Wechsel auf.

Bei der Deinstallation von Paketen fragt YaST, ob ein Backup aller veränderten Dateien der betroffenen Verzeichnisse durchgeführt werden soll. Dazu wird die etwas weiter unten beschriebene Backup-Komponente von YaST eingesetzt.

Pakete suchen: Die SuSE-Serien sind zwar zum Glück nicht so verschachtelt wie jene von Red Hat, dennoch fällt es auch in SuSE oft schwer, ein bestimmtes Paket zu finden. In solchen Fällen hilft das INDEX-Kommando weiter, das eine alphabetische Liste aller Pakete erzeugt. Bereits installierte Pakete sind mit einem Stern gekennzeichnet. Zu jedem Paket wird der Platzbedarf und die Serie angegeben.

Noch leistungsfähiger ist das Kommando PAKETAUSKUNFT: Hier können Sie einen Text eingeben, nach dem in den Beschreibungen aller Pakete gesucht wird. In der Ergebnisliste können Sie dann das gewünschte Paket gleich zur Installation markieren.

Hilfesystem

Das SuSE-Hilfesystem kann wahlweise über das KDE-Startmenü oder mit den Kommandos `hilfe` bzw. `susehelp` gestartet werden. Es gibt einen zentralen Zugang auf eine umfassende Sammlung von Dokumentationstexten, von denen einige SuSE-spezifisch sind. Das Hilfesystem wurde für Version 7.0 stark überarbeitet und erweitert, was sich allerdings auch in einigen Unstimmigkeiten in der Bedienung auswirkt.

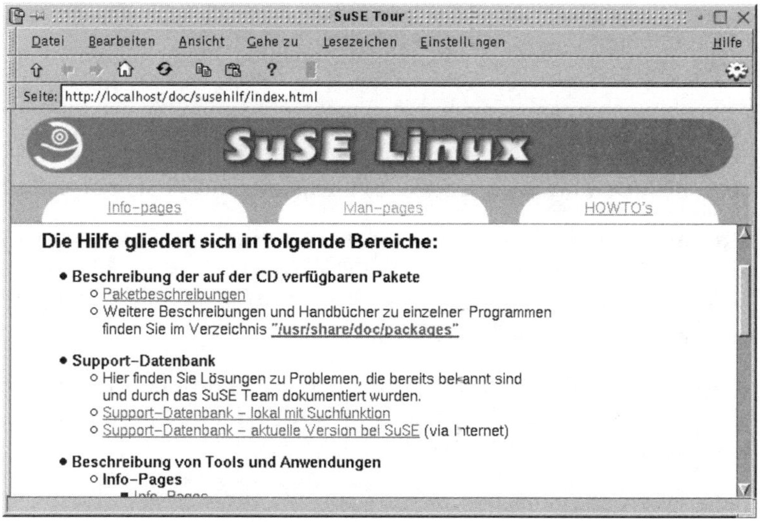

Abbildung D.4: Die Startseite des Hilfesystems

Ein besonders attraktives Feature ist die so genannte Support-Datenbank mit Stichwortsuche (erfordert die Installation des Webservers Apache, was standardmäßig der

Fall ist). Diese Datenbank enthält wertvolle Hard- und Software-Tipps, die aus der jahrelangen Erfahrung der SuSE-Support-Abteilung hervorgegangen sind. (Die mit der Distribution mitgelieferte Fassung dieser Datenbank ist natürlich nicht ganz aktuell. Die jeweils aktuelle Version befindet sich auf der Website von SuSE.)

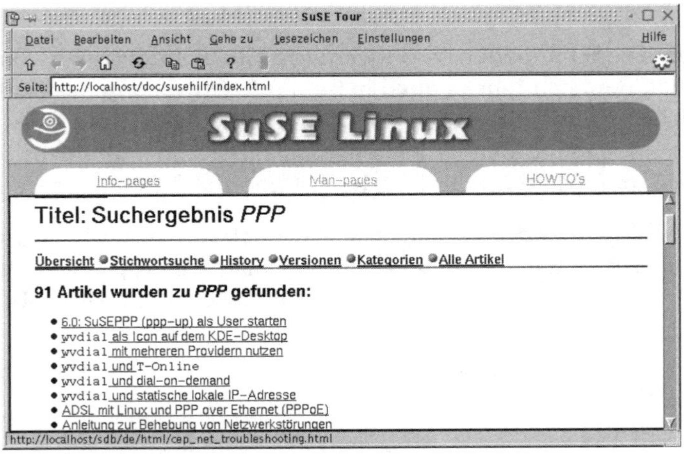

Abbildung D.5: Die SuSE-Support-Datenbank

TIPP Neben der hier beschriebenen zentralen HTML-Dokumentation gibt es auch eine Menge paketspezifischer Dokumentationen. Die README-Dateien und anderen Texte werden generell in die Verzeichnisse `/usr/share/doc/packages/`*name* installiert.

SuSE-Besonderheiten und -Interna

Init-V-Prozess: Informationen zum SuSE-Systemstart finden Sie auf Seite 190.

Shadow-Passwortsystem: SuSE verwendet das Shadow-Passwortsystem. Passwörter werden bei diesem System nicht direkt in `/etc/passwd`, sondern in der eigenen, nur von `root` lesbaren Datei `/etc/shadow` gespeichert. Zum Einrichten neuer Benutzer verwenden Sie am einfachsten YaST.

libc-Kompatibilität: SuSE wurde mit Version 6 auf die neue glibc-Bibliothek umgestellt. Falls Sie noch alte libc-Programme ausführen können, müssen Sie das libc-Kompatibilitätspaket installieren (`shlibs5`, Serie `a`).

Die Bibliotheken werden in das Verzeichnis `/usr/i486-linux-libc5/lib` installiert und in `/etc/ld.so.conf` eingebunden. (Der Platzbedarf für dieses Paket ist übrigens erheblich – mehr als 40 MByte! Der Grund: nicht nur die Grundbibliothek, sondern auch die davon abgeleiteten X-Bibliotheken sind enthalten. Selbst die Qt-Bibliothek für alte KDE-Programme fehlt nicht.)

Anhang E

Die beiliegenden CD-ROMs

Auf den beiden CD-ROMs befindet sich eine Evaluationsversion von SuSE 7.0 (CD-ROM 1) sowie eine Try-Out-Version von Corel Linux 1.0 deutsch (CD-ROM 2) – Sie haben also die Wahl! Um Ihnen die Entscheidung leichter zu machen: Wenn Sie Linux einfach als LAN-Client in einem vorhandenen Netzwerk nutzen möchten, bietet Corel Linux ausreichend Funktionen. Wenn Sie hingegen Linux und seine Programme ausprobieren möchten, selbst an der Konfiguration herumspielen möchten, Linux also verstehen lernen möchten, ist SuSE die bessere Wahl. Die Evaluationsversion von SuSE ist zudem bei weitem umfassender, kompletter und aktueller (insbesondere was die Hardware-Unterstützung betrifft).

SuSE-Evaluationsversion 7.0

Bei der Evaluationsversion handelt es sich um eine voll funktionsfähige und zeitlich uneingeschränkt lauffähige Variante von SuSE-Linux. Die Installation ist ausführlich ab Seite 1045 beschrieben. Eine Standardinstallation inklusive StarOffice 5.2 beansprucht ca. 1100 MByte. Es gibt folgende Unterschiede zur den kommerziellen Versionen:

- Man könnte die Evaluationsversion als 'Best of SuSE' bezeichnen: die Paketauswahl ist aus Platzgründen eingeschränkt. (Die Professional-Version füllt immerhin sechs CD-ROMs!) Wenn ein einzelnes Paket fehlt, ist das aber noch kein Grund zur Verzweiflung: Sie können sich das Paket auch vom FTP-Server von SuSE besorgen.
- Die Vollversion umfasst mehrere ausgedruckte Handbücher. Bei der Evaluationsversion finden Sie das Standardhandbuch auf der CD-ROM (Datei `docu/book-de.pdf`). Am besten können Sie das Handbuch mit dem Programm `acroread` lesen (erhältlich bei `www.adobe.com`). Das Quick-Install-Handbuch finden Sie im Internet unter:

  `http://www.suse.de/de/produkte/susesoft/linux/qim/`

- SuSE kann für die Evaluationsversion aus verständlichen Gründen keinen Support geben.

Trotz dieser Einschränkungen liegt eine vollständige und sehr umfassende Distribution vor, die sich nicht nur zum Ausprobieren, sondern auch für die tägliche Arbeit mit Linux eignet! (Ich selbst habe diese Version auf meinem Notebook installiert, auf dem ich ohnedies nicht Platz für die Fülle der SuSE-Pakete habe.)

Sun StarOffice 5.2: Auf der Evaluations-CD befindet sich auch Sun StarOffice 5.2. Das Paket wird normalerweise schon bei der Installation auf die Festplatte kopiert, es kann aber gegebenenfalls auch nachträglich mit YaST2 installiert werden (Serie `pay`). StarOffice kann über das SuSE-Kurzmenü oder über das SuSE-KDE-Menü EDITORS / OFFICE|ANDERE|STAROFFICE gestartet werden.

Beim ersten Start (als normaler Nutzer, nicht als `root`!) erscheint das StarOffice-Installationsprogramm. StarOffice ist zwar eigentlich schon installiert, es müssen aber noch einige Konfigurationsdateien in Ihr Heimatverzeichnis kopiert werden. Wählen Sie dazu als Installationsvariante STANDARD WORKSTATION INSTALLATION. Den Java-Setup-Dialog brauchen Sie nur zu bestätigen. (StarOffice verwendet damit das im SuSE-System bereits installierte Java Development Kit.)

Ab dem zweiten Start erscheint dann statt des Installationsprogramms tatsächlich StarOffice, wobei automatisch der Internet-Setup-Pilot gestartet wird. Wenn Sie die Internet-Funktionen von StarOffice (vorläufig) nicht nutzen möchten, können Sie den Piloten mit KEIN INTERNET BENUTZEN beenden. Damit ist StarOffice funktionsbereit.

Corel Linux 1.0 Deutsch (Download-Version)

Bei der Download-Version von Corel Linux handelt es sich um eine voll funktionsfähige und zeitlich uneingeschränkt lauffähige Variante von Corel Linux. Die Installation ist ausführlich ab Seite 999 beschrieben. Eine aktuellere deutsche Version von Corel Linux stand leider nicht zur Verfügung, als dieses Buch in Druck ging. Kurz eine Zusammenfassung der Unterschiede zur kommerziellen Version:

- Die kommerziellen Versionen (Standard, Deluxe) enthalten kommerzielle Zusatzsoftware (Word Perfect, Bitstream-Fonts etc.).
- Die kommerziellen Versionen enthalten den Netscape Communicator. (Die Download-Version enthält dagegen nur den Netscape Navigator ohne die E-Mail- und News-Komponente Messenger.)
- Bei den kommerziellen Versionen können Sie den Corel-Support in Anspruch nehmen.
- Zusammen mit der Deluxe-Version erhalten Sie ein Benutzerhandbuch.

VORSICHT

Während der Installation wird LILO in den MBR Ihrer Festplatte geschrieben. Sie können das nicht verhindern. Installieren Sie Corel Linux nur, wenn Sie sicher sind, dass sich daraus keine Probleme ergeben. (Lesen Sie gegebenenfalls den LILO-Abschnitt ab Seite 256, wenn Sie diese Warnung nicht verstehen. Sofern sich Corel Linux anschließend starten lässt, können Sie eine Bootdiskette erstellen und den MBR anschließend mit `lilo -u` restaurieren.)

Die Corel-Installation klappt nur dann, wenn die Root-Partition (oder eine zusätzliche Boot-Partition) vollständig unterhalb der 1024-Zylinder-Grenze liegt. Ist das nicht der Fall, wird die Installation zwar ohne Fehlermeldung abgeschlossen, aber LILO wird nicht installiert. Sie können Corel Linux anschließend nicht starten.

Corel Linux 1.0 unterstützt weder USB noch ISDN.

Beispieldateien und Ergänzungen

Einige Beispieldateien zum Buch (z.B. ein erstes LaTeX-Dokument zum Ausprobieren) finden Sie auf meiner Website. Dort finden Sie auch eine umfangreiche Sammlung von Linux-Links sowie Updates, Korrekturen und Ergänzungen zum Buch:

`http://www.kofler.cc`

Anhang F

Literaturverzeichnis

In dieses Buch sind Informationen aus Hunderten von `man`-, `info`-, `readme`-, `faq`- und HOWTO-Dokumenten eingeflossen, ebenso aus zahllosen Beiträgen diverser Linux-Newsgroups, aus Artikeln in den Zeitschriften ct und ix sowie im deutschen Linux-Magazin und im amerikanischen Linux-Journal etc. Es ist daher unmöglich, ein exaktes und vollständiges Quellenverzeichnis zusammenzustellen. Ich beschränke mich daher auf eine Liste von Büchern, die ich während der Arbeit an diesem Buch genutzt habe:

Adobe Systems: *PostScript Language Reference Manual* (2. Auflage), Addison-Wesley 1990

Alcatel: *Alcatel 1000 ADSL Network Termination User Guide*, Alcatel 1999

Anonymous: *Linux Hacker's Guide*, Markt & Technik Verlag 2000

Donald Barnes, Kit Cosper, Marc Ewing, Erik Troan: *Red Hat Linux 6.2 – The Official Red Hat Linux User's Guide*, Red Hat Software, Inc. 2000

Bodo Bauer, Rüdiger Berlich ...: *SuSE Linux 7.0 Handbuch – Installation, Netzwerk, Know-how*. SuSE Linux 7.0, SuSE GmbH 2000

Günther Born: *PostScript enträtselt*, Systhema-Verlag 1991

Debra Cameron, Bill Rosenblatt: *Learning GNU Emacs*, O'Reilly 1991

Linnea Dayton, Jack Davis: *Photoshop Wow!*, Addison-Wesley 1998

Robert Eckstein, David Collier-Brown, Peter Kelly: *Using Samba*, O'Reilly 2000

Simson Garfinkel, Gene Spafford: *Practical Unix & Internet Security*, O'Reilly 1996

Daniel Gilly: *UNIX in a Nutshell*, O'Reilly 1992

Michel Goossens, Frank Mittelbach, Alexander Samarin: *Der LaTeX-Begleiter*, Addison-Wesley 1995

Jochen Hein: *Linux-Systemadministration* (3. Auflage), Addison-Wesley 1999

Sebastian Hetze, Dirk Hohndel, Olaf Kirch, Martin Müller: *Linux Anwenderhandbuch* (5. Auflage), LunetIX 1995

Helmut Holz, Bernd Schmitt, Andreas Tikart: *Linux für Internet und Intranet* (3. Auflage), MITP 1999

Craig Hunt: *Linux Network Servers*, Sybex 1999

Lar Kaufmann, Matt Welsh: *Running Linux*, O'Reilly 1995

Olaf Kirch: *Linux Network Administrator's Guide*, O'Reilly 1995

Helmut Kopka: *LaTeX– Eine Einführung*, Addison-Wesley 1992

Helmut Kopka: *LaTeX– Erweiterungsmöglichkeiten*, Addison-Wesley 1992

Helmut Kopka: *LaTeX– Ergänzungen*, Addison-Wesley 1995

Helmut Kraus: *Photoshop 4*, Addison-Wesley 1998

Karin Kylander, Olof Kylander: *The Gimp User Manual version 1.0.0.* (Das Buch ist als Online-Dokument frei verfügbar – siehe `www.gimp.org`.)

Neil Mattew, Richard Stones: *Beginning Linux Programming*, Wrox Press, 1996

Bill McCarthy: *Learning Red Hat Linux*, O'Reilly 1999

Andreas Mertz, Martin Pollakowski: *xDSL & Access Networks*, Prentice Hall 2000

Microsoft: *Microsoft Windows NT Workstation Resource Kit.* Microsoft Press 1996.

Jerry Peek, Tim O'Reilly, Mike Loukides: *Unix Power Tools*, O'Reilly 1993

Bernhard Röhrig: *Linux im Netz*, Computer & Literatur 1997

Peter Samulat: *Linux-Server im kommerziellen Netzwerk*, Addison-Wesley 2000

Mark Sobell: *A Practical Guide to Linux*, Addison-Wesley 1997

Wes Sonnenreich, Tom Yates: *Building Linux and OpenBSD Firewalls*, Wiley Computer Publishing 2000

Stefan Strobel, Thomas Uhl: *Linux – Vom PC zur Workstation* (2. Auflage), Springer Verlag 1995

Peter Termöllen: *Shell-Programmierung im Alleingang*, Springer Verlag 1993

Robert Ziegler: *Linux Firewalls*, New Riders 1999

TIPP Aktuelle Empfehlungen für weiterführende Linux-Literatur finden Sie auf meiner Website: `www.kofler.cc`.

Stichwortverzeichnis

Die Einträge im Stichwortverzeichnis sind nach dem ersten Buchstaben sortiert. Daher finden Sie die Einträge zum LaTeX-Kommando `\end`, zu den Dateien im Verzeichnis `/etc` und zur Konfigurationsdatei `.emacs` alle unter dem Buchstaben E.

Z